Guy MALGORN

Traducido, revisado y aumentado por
MARÍA RODRÍGUEZ RODRÍGUEZ
con la colaboración de PEDRO ARMISÉN

DICCIONARIO TECNICO

Inglés - Español

MAQUINAS-HERRAMIENTAS, MINAS, MOTORES DE COMBUSTIÓN INTERNA, AVIACIÓN, ELECTRICIDAD, RADIOCOMUNICACIÓN, CONSTRUCCIONES NAVALES, METALURGIA, OBRAS PÚBLICAS, COMERCIO.

1995

Traducido por:
MARÍA RODRÍGUEZ RODRÍGUEZ

Impreso en España
Printed in Spain

ISBN: 84-283-0923-X

Depósito Legal: M. 23.789-1995

Magallanes, 25 - 28015 MADRID (062/52/17

Gráficas ROGAR, Polígono Industrial Cobo Calleja - Fuenlabrada (Madrid)

ABREVIATURAS

(*Verlas* también a lo largo de la obra)

A.	Ampere.	Amperio.
a./c.	Account.	Cómputo.
A.C.	Alternating current.	Corriente alterna.
A.F.	Audio frequency.	Audiofrecuencia.
A.M.	Ante meridiem	De la mañana (horas).
A.O.V.	Automatically operated valve.	Válvula accionada automáti-amente.
A.S.T.M.	American Society for Testing Materials.	Sociedad americana de prue-ba de materiales.
A.W.G.	American wire gauge.	Galga americana para alambres.
B.	Symbol of magnetic in-duction.	Signo que indica las líneas de inducción magnética.
bar.	barrel.	Medida de capacidad.
B.B.C.	British Broadcasting Cor-poration	Compañía inglesa de radio-difusión.
B.H.P.	Brake horse-power.	Caballo de fuerza indicado al freno.
B.O.L.	Bill of lading.	Conocimiento de embarque.
B.P.	Between perpendiculars.	Entre perpendiculares.
B.a.S.G.	Brown and Sharps gauge	Galga Brown y Sharps.
B.S.W.G.	British standard wire gauge.	Galga Standard británica de alambres.
B.T.	Board of Trade.	Ministerio de Comercio.
B.T.U.	British Thermal Unit.	Unidad inglesa de calor.
B.W.G.	Birmingham Wire gauge.	Galga británica para alambres
C.P.	Candle power	Potencia lumínica.
cwt	hundred-weight.	quintal.
cub.ft.	cubic foot.	pié cúbico.
d.	penny.	penique.
db.	decibel.	decibelio.
D.C.	Direct current.	Corriente continua.

deg.	degree.	grado.
dol., dols.	dollar, dollars.	dólar, dólares.
doz.	dozen.	docena.
d.W.	deadweight.	peso muerto.
E.H.P.	Effective horse-power.	Caballo de fuerza eficaz.
E.M.F.	Electro-motive force.	Fuerza electromotriz.
ft.	foot or feet.	pie o pies.
gall.	gallon.	galón.
H.F.	High frequency.	Alta frecuencia.
H.T.	High tension.	Alta tensión.
I.D.	Inside diameter.	Diámetro interior.
i.e.	id est.	es decir.
I.H.P.	Indicated horse-power.	Caballo de fuerza indicado.
in.	inch.	pulgada.
I.O.U.	I owe you.	Le debo.
Kw.	kilowatt.	kilovatio.
K.V.A.	Kilovolt-ampere.	Kilovoltio-amperio.
lb, lbs.	pound, pounds.	Libra, libras.
£.	Pound sterling.	Libra esterlina.
L.R.	Lloyd's Register.	Registro del Lloyd.
Ld. or **Lted.** or **L.T.D.**	Limited.	Sociedad anónima de responsabilidad limitada.
L.F.	Low frequency.	Baja frecuencia.
L.T.	Low tension.	Baja tensión.
L.W.L.	Load water line.	Flotación en carga.
m.b.	= 1000 B.T.U.	= 1000 "B.T.U.".
Mbh.	= 1000 B.T.U. per hour.	= 1000 "B.T.U." por hora.
mld.	moulded.	moldeado.
m.p.g.	miles per gallon.	millas por galón.
m.p.h.	miles per hour.	millas por hora.
O.A.	Over all.	Globar, total.
O.D.	Outside diameter.	Diámetro exterior.
oz.	ounce.	onza.
p./ct.	per cent.	por ciento.
P.M.	Post meridiem.	De la tarde (horas).
p.h.	per hour.	por hora.
p.s.i.	per square inch.	por pulgada cuadrada.
pt.	point.	medida de capacidad.
qr.	quarter.	medida de peso.
R.F.	Radio-frequency.	Radiofrecuencia.

R.P.M.	Revolutions per minute.	Revoluciones por minuto.
R.M.S.	Root mean square.	Raíz de la medida de los cuadrados.
$.	Dollar	Dólar.
S.A.E.	Siciety of automotive Engineers.	Sociedad de ingenieros del automóvil.
sh.	shilling.	chelín.
sq.ft.	square foot.	pie cuadrado.
sq. in.	square inch.	pulgada cuadrada.
stg.	sterling.	esterlina.
S.W.G.	Standard Wire gauge.	Galga normal de los alambres
W.T.	Wireless telegraphy.	Telegrafía sin hilos.

TERMINOS COMERCIALES

C.F. or **C.A.F.** **Cost and freight.**– El vendedor proporciona la mercancía y paga el flete hasta el lugar convenido de entrega (sin que esté ningún gasto a su cargo). Todos los riesgos durante el tránsito de la mercancía quedan a cargo del comprador.

C.I.F. **Cost insurance freight.**– El vendedor proporciona la mercancía, paga el flete y el seguro hasta el lugar de entrega. Todos los demás riesgos, durante el tránsito de la mercancía, quedan a cargo del comprador.

F.A.A. **Free of all average.**– Libre de averías.

F.A.S. **Free alongside steamer.**– El vendedor debe entregar la mercancía al costado del buque, sobre la barcaza o sobre el muelle de embarque de la compañía de navegación; en buenas condiciones, todos los riesgos posteriores quedan a cargo del comprador.

F.I.T. **Free of income tax.**– Exento de impuesto sobre la renta.

F.O.B. **Free on board-destination.**– El vendedor paga todos los gastos y asume todas las responsabilidades hasta que la mercancía llegue al lugar convenido de entrega.

F.O.B.	**Free on board-steamer.**– El vendedor debe entregar la mercancía al costado del buque, en buenas condiciones de embarque; todos los riesgos y gastos posteriores quedan por cuenta del comprador.
F.O.R.	**Franco on rail.**– Franco sobre vía.
F.O.T.	**Franco on truck.**– Puesto sobre camión.
F.P.A.	**Free of particular average.**– Franco de averías particulares (seguro).

MEDIDAS DE VOLUMEN

Medidas españolas	Valor inglés
1 metro cúbico	35,3165 cubic feet
	1,31 cubic yards

Medidas inglesas	Valor español
1 cubic inch	16,386 centímetros cúbicos
1 cubic foot	0,028 metro cúbico
1 cubic yard	0,764 metro cúbico

VELOCIDAD DE LOS BUQUES

El *nudo* está ligado a la milla marina (*nautical mile* Int.) que equivale a 1852 metros (definición adoptada por la Conferencia Hidrográfica Internacional de 1929, pese a la oposición del Reino Unido y de los Estados Unidos).

En la *Gran Bretaña* se emplea siempre la milla náutica: *nautic mile* (U.K.) que equivalía.

6080 feet (U.K.) = 1853, 18 metros.
= 1,00064 mile (Int.)

En los *Estados Unidos* se emplea la milla náutica: *nautic mile* (U.S.) que equivale

6080,20 feet (U.S.) = 1853,248 metros
= 1,00067 nautical mile (Int.)

CONVERSION DE FRACCIONES DE PULGADA Y DE SUS EQUIVALENTES EN MILIMETROS.

Cuartos	Octavos	16 avos.	32 avos.	Fracciones decimales	Milímetros
			1	0,03125	0,79373
		1	2	0,06250	1,58747
			3	0,09375	2,38120
	1	2	4	0,125	3,17494
			5	0,15625	3,96867
		3	6	0,18750	4,76240
			7	0,21875	5,55613
1	2	4	8	0,250	6,34988
			9	0,28125	7,14360
		5	10	0,31250	7,93735
			11	0,34375	8,73468
	3	6	12	0,375	9,52841
			13	0,40625	10,29214
		7	14	0,43750	11,11226
			15	0,46875	11,90601
2	4	8	16	0,500	12,66976
			17	0,53125	13,49349
		9	18	0,5625	14,28720
			19	0,59375	15,08093
	5	10	20	0,625	15,87470
			21	0,65625	16,66843
		11	22	0,68750	17,46936
			23	0,71875	18,29709
3	6	12	24	0,750	19,04964
			25	0,78125	19,84335
		13	26	0,81250	20,63708
			27	0,84375	21,43080
	7	14	28	0,875	22,22452
			29	0,90625	23,01825
		15	30	0,93750	23,81205
			31	0,968725	24,60578
4	8	16	32	1,000	25,39954

. 1 = 0,1

. 01 = 0,01

. 332 = 0,332

3'6: = 3 pies 6 pulgadas.

2 1/4 " bare = 2 pulgadas 1/4 (escasas)

2 1/4 " full = 2 pulgadas 1/4 (sobradas)

PULGADAS, PIES, YARDAS, MEDIDAS DE LONGITUD.

	Inches en centímetros	Feet en metros	Yards en metros
1.........	2,539954	0,304794	0,914383
2.........	5,079908	0,609589	1,828767
3.........	7,619862	0,914383	2,743150
4.........	10,159816	1,219178	3,657534
5.........	12,699770	1,523972	4,571917
6.........	15,239724	1,828767	5,486300
7.........	17,77968	2,133561	6,400684
8.........	20,31963	2,438360	7,315068
9.........	22,85959	2,743150	8,229451
10.........	25,39954	3,047949	9,143835
11.........	27,93949	3,352739	10,058218
12.........	30,47945	3,657534	10,972602

CONVERSION DE MEDIDAS DE SUPERFICIE.

	Square inches en centímetros cuadrados	Square feet en metros cuadrados	Square yards en metros cuadrados
1.........	6,451366	0,0928997	0,836097
2.........	12,902732	0,1858	1,6722
3.........	19,354098	0,2787	2,5083
4.........	25,805464	0,3716	3,3443
5.........	32,256830	0,4645	4,1804
6.........	38,708196	0,5574	5,0165
7.........	45,159562	0,6503	5,8526
8.........	51,610928	0,7432	6,6887
9.........	58,062294	0,8361	7,5248
10.........	64,513660	0,9290	8,3609
11.........	70,965026	1,0219	9,1971
12.........	77,416392	1,1148	10,0336

CONVERSION DE MEDIDAS DE VOLUMEN.

	Cubic inches en centímetros cúbicos	Cubic feet en metros cúbicos	Cubic yards en metros cúbicos
1..........	16,386176	0,0283154	0,76451328
2..........	32,772352	0,056630	1,52902
3..........	49,158528	0,084946	2,29353
4..........	65,544704	0,113261	3,05805
5..........	81,930880	0,141577	3,82256
6..........	98,317056	0,168892	4,58707
7..........	114,703232	0,198207	5,35159
8..........	131,082908	0,226523	6,11610
9..........	147,475584	0,254838	6,68061
10..........	163,861760	0,283154	7,64513
11..........	180,247936	0,311469	8,40964
12..........	196,634112	0,339784	9,17415

MEDIDAS LINEALES

Medidas españolas	Valor inglés
1 centímetro	0,3937 inch
1 metro	39,3708 inches; 3,2809 feet; 1,0936 yard
1 kilómetro	1093,633 yards; 0,6213 mile
1 milla marina (1851^{m},52)...	2025,246 yards

Medidas inglesas	Valor español
1 inch	0,025399 metros
1 foot (12 inches)	0,3047 "
1 yard (3 feet)	0,9143 "
1 chain (22 yards)	20,1164 "
1 furlong (220 yards)	201,1643 "
1 statue mile (1760 yards)	1609,3140 "
1 nautical mile (6080 feet)	1853,154 "

MEDIDAS DE SUPERFICIE

Medidas españolas	Valor inglés
1 metro cuadrado	1,196 square yard
1 área	119,603 square yards; 0,024 acre
1 hectárea	2,417 acres
6,4513 centímetros cuadrados	1 square inch
0,0928 metro cuadrado	1 square foot
0,8360 metro cuadrado	1 square yard
40,4671 áreas	1 acre

CONVERSIÓN DE PESOS

Medidas españolas	Valor inglés	
1 gramo	15,4323	grains troy
1 gramo	0,6430	pennyweight
1 gramo	0,032	ounce troy
1 kilogramo	2,205	pounds (avoir du pois)
1 quintal	220,5	» »
1 tonelada	2205	» »

Medidas inglesas	Valor español	
1 pennyweight	1,5551	gramo
1 ounce (troy)	31,1034	gramos
1 ounce (avoir du poids)	28,3495	»
1 pound (avoir du poids)	453,5926	»
1 stone (28 pounds)	6,350	kilos
1 quarter (28 pounds)	12,7	»
1 hundredweight (cwt)	50,802	»
1 ton (20 cwt)	1016,048	»

Nota. — Las medidas llamadas «Troy weight» sólo se utilizan para metales preciosos y, antes de julio de 1953, en farmacia.

Las medidas llamadas «Avoir du poids» son las medidas usuales. Para el oro y la plata se cuenta por onzas (oz) de 31,103496 g, «deniers» (dwt) de 1,55 g y «grains» (grn) de 0,0647 g.

El mercurio se evalúa generalmente en botellas («flasks», «bottles») de 34,65 kg.

Además de la tonelada de 1016 kg (2240 pounds), existe una tonelada de 907 kg (2000 pounds) llamada «short ton», poco usada en Inglaterra, pero de empleo generalizado en los EE.UU., donde sirve para designar pesos de carbón; para otras masas pesadas (locomotoras, por ejemplo), los pesos se expresan generalmente en libras y no en toneladas.

Nota. — Desde julio de 1953, todas las medidas de la industria farmacéutica inglesa se efectúan con las unidades del sistema métrico, en substitución de las unidades de medida el «grain» y el «drachm», que correspondían originalmente, el primero al peso de un trigo secado, el segundo al peso de la antigua moneda griega, el dracma.

CONVERSIÓN DE PRESIONES

Medidas españolas	Valor inglés
1 kilogramo por centímetro cuadrado.	14/228 pound per square inch
1 kilogramo por centímetro cuadrado.	0,00635 ton per square inch
1 atmósfera	0,00656 ton per square inch

Medidas inglesas	Valor español
1 pound per square inch	0,0703 Kg. por cm² = 0,0680 atmósfera
1 ton per square inch ...	157,49 Kg. por cm² = 152,38 atmósfera

MEDIDAS BAROMETRICAS (BAROMETRICAL MEASURES).

Inches	mm.	Inches	mm.	Inches	mm.	Inches	mm.
28,15	715	29,65	753	30,14	765,5	30,49	774,5
28,35	720	29,69	754	30,16	766	30,51	775
28,54	725	29,73	755	30,18	766,5	30,53	775,3
28,74	730	29,77	756	30,20	767	30,55	776
28,94	735	29,81	757	30,22	767,5	30,57	776,5
29,13	740	29,85	758	30,24	768	30,59	777
29,17	741	29,89	759	30,26	768,5	30,61	777,5
29,21	742	29,92	760	30,28	769	30,63	778
29,25	743	29,94	760,5	30,30	769,5	30,65	778,5
29,29	744	29,96	761	30,31	770	30,67	779
29,33	745	29,98	761,5	30,33	770,5	30,69	779,5
29,37	746	30,00	762	30,35	771	30,71	780
29,41	747	30,02	762,5	30,37	771,5	30,75	781
29,45	748	30,04	763	30,39	772	30,79	782
29,49	749	30,06	763,5	30,41	772,5	30,83	783
29,53	750	30,08	764	30,43	773	30,87	784
29,57	751	30,10	764,5	30,43	773,5	30,90	785
29,61	752	30,12	765	30,47	774	30,94	786

1 millibar (mb) = 1/1000, bar = 1000 barias = 3/4 mm.

1 pulgada = 25,4 mm. = 33,87 mb.

CONVERSIÓN DE UNIDADES DE TRABAJO

Medidas españolas	Valor inglés
1 kilográmetro	80,832 inch-pounds
1 kilográmetro	7,236 foot-pounds
1 tonelada-metro	38,762 inch-tons
1 tonelada-metro	3,231 foot-tons

Medidas inglesas	Valor español
1 inch-pound	0,0115 kilográmetro
1 inch-ton	25,707 kilográmetros
1 foot-pound	0,138 kilográmetro
1 foot-ton	309,564 kilográmetros

CONVERSIÓN DE UNIDADES DE CAPACIDAD

Medidas españolas	Valor inglés
1 litro	1,7607 pint
1 hectólitro	176,0773 pints
1 hectólitro	22,0096 gallons

	Medidas inglesas	Valor español	
Pt.	1 pint (1/8 gallon)	0,5679	litro
t.	1 quart (2 pints)	0,1358	litro
Gal.	1 gallon	4,5434	litros
Pck.	Peck (2 gallons)	9,0869	»
Bu.	Bushel (4 pecks)	36,3477	»
	Quarter (8 bushels)	290,7813	»
	Load (5 quarters)	1453,9065	»
	1 hogshead (56 gallons)	245,34	»
	1 pipe (2 hogsheads)	490,69	»
	1 tun (2 pipes)	981,38	»
Cerveza	1 firkin (9 gallons)	40,89	»
Cerveza	1 kilderkin (18 gallons)	81,78	»
Cerveza	1 barrel (36 gallons)	163,56	»

El petróleo se mide oficialmente en América por barriles de 42 galones (159 litros). En la práctica, llega en barriles de 50 a 52 galones.

COMPARACION DEL TERMOMETRO DE FAHRENHEIT CON EL TERMOMETRO CENTIGRADO.

Fahrenheit	Centígrado	Fahrenheit	Centígrado	Fahrenheit	Centígrado
— 4°	—20,00°	+36°	+ 2,22°	+76°	+24,44°
3	19,44	37	2,78	77	25,00
2	18,89	38	3,33	78	25,56
— 1	18,33	39	3,89	79	26,11
0	17,78	40	4,44	80	26,67
+ 1	17,22	41	5,00	81	27,22
2	16,67	42	5,56	82	27,78
3	16,11	43	6,11	83	28,33
4	15,56	44	6,67	84	28,89
5	15,00	45	7,22	85	29,44
6	14,44	46	7,78	86	30,00
7	13,89	47	8,33	87	30,56
8	13,33	48	8,89	88	31,11
9	12,78	49	9,44	89	31,67
10	12,22	50	10,00	90	32,22
11	11,67	51	10,56	91	32,78
12	11,11	52	11,11	92	33,33
13	10,56	53	11,67	93	33,89
14	10,00	54	12,22	94	34,44
15	9,44	55	12,78	95	35,00
16	8,39	56	13,33	96	35,56
17	8,33	57	13,89	97	36,11
18	7,78	58	14,44	98	36,67
19	7,22	59	15,00	99	37,22
20	6,67	60	15,56	100	37,78
21	6,11	61	16,11	101	36,33
22	5,56	62	16,67	102	38,89
23	5,00	63	17,22	103	39,44
24	4,44	64	17,78	104	40,00
25	3,89	65	18,83	105	40,56
26	3,33	66	18,89	106	41,11
27	2,78	67	19,44	107	41,67
28	2,22	68	20,00	108	42,22
29	1,67	69	20,56	109	42,78
30	1,11	70	21,11	110	43,33
31	— 0,56	71	21,67	111	43,89
32 f. (1)	0, g. (2)	72	22,22	112	44,44
33	0,56	73	22,78	113	45,00
34	1,11	74	23,33	114	45,56
35	1,67	75	23,89	115	46,11

(1) f. freezing.

(2) g. hielo

Fórmula general para convertir un número C de grados centígrados en Fahrenheit:

$$1{,}8\,C + 32.$$

Fórmula general para convertir un número F de *Fahrenheit* en grados centígrados:

$$T_C = \frac{T_F - 32}{1{,}8}.$$

Nota. — Desde la ley del 2 de abril de 1919, «centigrade» en los Estados Unidos significa solamente «centésima de grado». La palabra española «centígrado» ya no es aplicable a los grados del termómetro y ha sido sustituida por «centesimal».

En Inglaterra, la palabra «centigrade» sigue conservando su sentido termométrico.

Escala Kelvin. — Escala de temperaturas en grados C absolutos. Para obtener los grados K hay que añadir 273° a la temperatura en grados C ordinarios.

Restar 273° a los grados K para tener los grados C.

MEDIDAS «AVOIR DU POIS»

(Medidas empleadas ordinariamente)

27 11-32 grains	1 dram
16 drams	1 ounce = 437 ½ grains
16 ounces	1 pound (lb) = 7000 grains
28 pounds	1 quarter (qr)
4 quarters	1 hundredweight (cwt)
20 cwt (112 lbs)	1 ton (1120 lbs)

MEDIDAS TROY

(Medidas empleadas para los *metales preciosos*)

4 grains	1 carat
6 carats	1 pennyweight
20 pennyweights	1 ounce
12 ounces	1 pound
25 pounds	1 quarter
100 pounds	1 hundredweight
20 hundredweight	1 tun (of gold or silver)

MEDIDAS DE LOS FARMACÉUTICOS

(Empleadas en farmacia)
(*Ver* la nota en la pág. XII)

20 grains	1 cruple
3 cruples	1 drachm
8 drachms	1 pound
12 ounces	1 pound

El «pound» y el «ounce» son los mismos que en las medidas troy.

60 minims	1 drachm
8 drachms	1 ounce
28 ounces	1 pint
8 pints	1 gallon
60 drops	1 drachm
4 drms	1 tablesp' ful
2 ozs	1 wine gls' ful
3 ozs	1 teacupful

MEDIDAS SECAS (DRY MEASURES)

4 gills	1 pint
2 pints	1 quart
2 quarts	1 pottle
2 pottles	1 gallon
2 gallons	1 peck
4 pecks	1 bushel
3 bushels	1 bag
4 bushels	1 coomb
5 bushels	1 sack of flour
8 bushels	1 quarter
12 bags	1 chaldron
5 quarters	1 wey
2 weys	1 last

MEDIDAS PARA EL VINO Y EL ALCOHOL

4 gills	1 pint = pt
2 pints	1 quart = qt
4 quarts	1 gallon = gal
63 gallons	1 hogshead = hhd
84 gallons	1 puncheon = pun
2 hogsheads (126 gallons)	1 pipe or butt = pipe
4 hogsheads (252 gallons)	1 tun = tun

MEDIDAS PARA LA CERVEZA

4 gills	1 pint = pt
2 pints	1 quart = qt
4 quarts	1 gallon = gal
9 gallons	1 firkin = fir
2 firkins	1 kilderkin = kild
2 kilderkins	1 barrel = bar
3 kilderkins	1 hogshead = hhd
2 hogsheads	1 bult = bult
30 gallons	1 american barrel = am. bar.

MEDIDAS ESCOCESAS DE LÍQUIDOS

4 gills	1 mutchkin
2 mutchkins	1 choppin
2 choppins	1 pint

MEDIDAS PARA LA LANA

Clove, cl	7 lbs
Stone, st	2 cloves 14 pounds
Tod, td	2 stones 1 gr
Wey, wy	6 ½ Tod 1 cwt 2 qrs 14 lbs
Pack, pk	240 lbs
Sack, sk	2 weys 13 grs
Last, la	12 sacks 39 cwt

MEDIDAS DE SUPERFICIE O DE LONGITUD

Square foot, 144 square inches.
Yard = 9 feet = 1296 inches.
Rod, pole, or perch = 30 ¼ yards = 272 ¼ feet.
Chain = 16 rods 484 yards = 4356 feet.
Rood = 40 rods = 1210 yards = 10 890 feet.
Acre = 4 roods = 160 rods = 4840 yards.
Yard of land = 30 acres = 120 roods.
Hide = 100 acres = 400 roods.
Mile = 640 acres = 2560 roods = 6400 chains = 102 300 roods, poles o perches = 3 097 600 square yards.

MEDIDAS DE VOLUMEN

Cubic foot	1728 cubic inches
Cubic yard	27 cubic feet
Stack of wood	108 cubic feet
Shipping ton	40 cubic feet merchandise
Shipping ton	42 cubic feet of timber
Ton of displacement of a ship	35 cubic feet

MEDIDAS PARA EL CARBÓN

14 lbs	1 stone
28 lbs	1 quarter
112 lbs	1 cwt
20 cwt	1 ton
1 sack	1 cwt
1 large sack	2 cwt
21 tons 4 cwt	1 barge or keel
20 keels (424 tons)	1 ship load
7 tons	1 room

MEDIDAS DE LONGITUD DE LOS HILOS DE ALGODÓN Y SEDA

Thread	½ yard
Lea or skein	120 yards
Hank	7 skeins or leas
Spindle	18 hanks

DENOMINACIONES DEL PAPEL

Periódicos

	Pulgadas		Pulgadas
Post	19 ½ × 15 ½	Super Royal	27 ½ × 20 ½
Demy	22 ½ × 17 ½	Double Crown	30 × 20
Sheet and Half Post	23 ½ × 19 ½	Imperial	30 × 22
Medium	24 × 19	Double Post	31 ¼ × 19 ¾
Royal	25 × 20	Double Demy	35 × 32 ½
Double Foolscap ...	27 × 17	Double Royal	40 × 25

Libros

	Pulgadas		Pulgadas
Demy 8 vo	8 8/7 × 5 3/4	Demy 16 mo	5 1/2 × 4 3/8
Post 8 vo	7 7/8 × 5	Imperial 32 mo	5 1/2 × 3 3/4
Crown 8 vo	7 7/1 × 5	Foolscap 12 mo. ...	5 1/2 × 3 3/4
Demy 12 mo	7 1/2 × 4 3/8	Royal 32 mo	5 × 3 1/8
Foolscap 8 vo	6 3/4 × 4 1/4	Demy 32 mo	4 3/8 × 2 7/8
Demy 18 mo	5 7/8 × 3 3/4	Crown 32	3 3/4 × 2 1/2

Papel de envolver

	Pulgadas		Pulgadas
Casing	46 × 36	Imperial Cap	29 × 22
Double Imperial	45 × 29	Haven Cap	26 × 21
Elephant	34 × 24	Bag Cap	24 × 19 1/2
Double four pound	31 × 21	Kent Cap	21 × 18

MÉTODOS DE REGISTRO DE LOS NAVÍOS COMERCIALES

Se llama *tonelaje* de un navío comercial al volumen de las capacidades interiores susceptibles de recibir mercancías.

Se llama *registro* a la operación por la cual se determina el tonelaje.

Las principales naciones marítimas han adoptado un método único de registro, el método Moorsom. La unidad de registro es la tonelada Moorsom de 100 pies cúbicos, o sea = 2,832 m³.

1 tonelada de registro = 100 pies cúbicos ingleses = 2,832 m³.

1 m³ = 0,363 toneladas de registro = 35,32 pies cúbicos ingleses.

1 pie cúbico inglés = 0,01 toneladas de registro = 0,0283 m³.

PODER CALORÍFICO

Para convertir:	Multiplicar por:
British Thermal Units (B. T. U.) en calorías	0,252
B. T. U. per pound en calorías por kilogramo	0,554
B. T. U. per square foot en calorías por metro cuadrado.	2,713
Calorías por kilogramo en B. T. U. per pound	1,8
Calorías por metro cuadrado en B. T. U. per square foot.	0,369

FILETEADOS

British Association Standard Thread (B. S. A.)

Ángulo al vértice = 47 1/2 grados.
Vértice y fondo del filete redondeados según un radio de 2/11 del paso.

British Standard Withworth Thread

Ángulo al vértice = 55 grados.

$$\text{Paso} = \frac{1}{\text{número de filetes por pulgada}}.$$

Profundidad = paso × 0,64033.

American Standard Thread (Sellers)

Ángulo al vértice = 60 grados.

$$\text{Paso} = \frac{1}{\text{número de filetes por pulgada}}.$$

Profundidad = paso × 0,6495.

International Standard Thread (Sistema métrico)

El mismo que el paso Seller, salvo que el fondo está redondeado a 1/8 del paso en vez de ser plano.

Cycle Engineer's Standard Thread

Ángulo al vértice = 60 grados.
Vértice y fondo del filete redondeados según un radio de 1/6 del paso.

PERNOS Y TUERCAS

Whitworth Standard (Cabezas de pernos)

Entre caras }
Entre aristas } Dimensiones dadas en el cuadro que sigue.
Espesor = 7/8 del diámetro.

Whitworth Standard (Tuercas)

Caras y aristas. — Las mismas dimensiones que la cabeza.
Espesor = diámetro.

Contratuercas (Standard)

Caras y aristas. — Las mismas dimensiones que la cabeza.
Espesor = 2/3 del espesor de la tuerca.

Cabezas de tornillos pequeños (British Standard)

Diámetro = 1,75 del diámetro por encima del filete.
El espesor varía según la utilización.

Cabezas de pernos y tuercas (American Standard)

Entre caras = 1 1/2 diámetro = 1/16 pulgada.
Espesor = 1 diámetro = 1/16 pulgada.

Tuerca de corona (Standard)

Altura total = 1,25 diámetro del filete.
Altura de la parte exagonal = 0,75 diámetro.
Diámetro de la parte cilíndrica = anchura entre caras = 1/16 de pulgada.
Parte cilíndrica para 6 almenas = profundidad = 0,4375 diámetro.

CALIBRES (ALAMBRES Y CHAPAS FINAS)..

El cuadro siguiente da las dimensiones comparadas de los alambres y las chapas finas en los calibres más comúnmente empleados. Las dimensiones dadas son los diámetros en pulgadas. Para convertirlas en milímetros dividir por 0,03937.

Números	Standard Wire Gauge, S.W.G.	Birmingham or Stubs, B.W.G.	Brown and Sharpe/B and S. (Americana)	Birmingham Sheets (Chapas de hierro o de acero)	Birmingham Sheets (Chapas que no sean de hierro ni de acero)	Birmingham Wire Gauge/Metales preciosos	Warrington Wire Gauge	Stub's Steel Wire Gauge	Withworth's Wire Gauge	Cuerda de piano	U.S.S. Standard para chapas
000000...	0,464	–	–	–	–	–	0,469	–	–	–	0,4688
00000...	0,432	–	–	–	–	–	0,437	–	–	–	0,4375
0000...	0,400	0,454	0,460	–	–	–	0,406	–	–	–	0,4063
000...	0,372	0,425	0,4096	–	–	–	0,375	–	–	–	0,3750
00...	0,348	0,380	0,3648	–	–	–	0,344	–	–	–	0,3438
0...	0,324	0,340	0,3249	–	–	–	0,326	–	–	–	0,3125
1...	0,300	0,300	0,3893	0,004	0,3125	0,004	0,300	0,227	0,001	–	0,2813
2...	0,276	0,284	0,2576	0,005	0,2813	0,005	0,274	0,219	0,002	–	0,2656
3...	0,252	0,259	0,2294	0,008	0,2500	0,008	0,25	0,212	0,003	–	0,2500
4...	0,232	0,238	0,2043	0,010	0,2344	0,010	0,229	0,207	0,004	–	0,2344
5...	0,212	0,220	0,1809	0,012	0,2188	0,012	0,209	0,204	0,005	–	0,2188
6...	0,192	0,203	0,1620	0,013	0,2031	0,013	0,191	0,201	0,006	–	0,2031
7...	0,176	0,180	0,1443	0,015	0,1875	0,015	0,174	0,199	0,007	–	0,1875
8...	0,160	0,165	0,1285	0,016	0,1719	0,016	0,159	0,197	0,008	–	0,1719
9...	0,144	0,148	0,1144	0,019	0,1563	0,019	0,146	0,194	0,009	–	0,1563
10...	0,128	0,134	0,1019	0,024	0,1406	0,024	0,133	0,191	0,010	–	0,1406
11...	0,116	0,120	0,0907	0,029	0,1250	0,029	0,117	0,188	0,011	–	0,1250
12...	0,104	0,109	0,0808	0,034	0,1125	0,034	0,100	0,185	0,012	0,029	0,1094
13...	0,092	0,095	0,0720	0,036	0,1000	0,036	0,090	0,182	0,013	0,031	0,0938
14...	0,080	0,083	0,0641	0,041	0,0875	0,041	0,079	0,180	0,014	0,033	0,0781
15...	0,072	0,072	0,0571	0,047	0,0750	0,047	0,069	0,178	0,015	0,035	0,0703

16.....	0,064	0,065	0,0508	0,051	0,0625	0,051	0,0625	0,175	0,016	0,037	0,0625
17.....	0,056	0,058	0,0453	0,057	0,0563	0,057	0,053	0,172	0,017	0,039	0,0563
18.....	0,048	0,049	0,0403	0,061	0,0500	0,061	0,047	0,168	0,018	0,041	0,0500
19.....	0,040	0,042	0,0359	0,064	0,0438	0,064	0,041	0,164	0,019	0,043	0,0438
20.....	0,036	0,035	0,0320	0,067	0,0375	0,067	0,036	0,161	0,020	0,045	0,0375
21.....	0,032	0,032	0,0285	0,072	0,0344	0,072	0,0315	0,157	—	0,047	0,0344
22.....	0,028	0,028	0,0253	0,074	0,0313	0,074	0,028	0,155	0,022	0,052	0,0313
23.....	0,024	0,025	0,0226	0,077	0,0281	0,077	—	0,153	—	—	0,0281
24.....	0,022	0,022	0,0201	0,082	0,0250	0,082	—	0,151	0,024	—	0,0250
25.....	0,020	0,020	0,0179	0,095	0,0234	0,095	—	0,148	—	—	0,0219
26.....	0,018	0,018	0,0159	0,103	0,0219	0,103	—	0,146	0,026	—	0,0188
27.....	0,0164	0,016	0,0142	0,113	0,0203	0,113	—	0,143	—	—	0,0172
28.....	0,0148	0,014	0,0126	0,120	0,0188	0,120	—	0,139	0,028	—	0,0156
29.....	0,0136	0,013	0,0113	0,124	0,0172	0,124	—	0,134	—	—	0,0141
30.....	0,0124	0,012	0,010	0,126	0,0156	0,126	—	0,127	0,030	—	0,0125
31.....	0,0116	0,010	0,0089	0,133	0,0141	0,133	—	0,120	—	—	0,0109
32.....	0,0108	0,009	0,0079	0,143	0,0125	0,143	—	0,115	0,032	—	0,0102
33.....	0,010	0,008	0,0071	0,145	—	0,145	—	0,112	—	—	0,0094
34.....	0,0092	0,007	0,0063	0,148	—	0,148	—	0,110	0,034	—	0,0086
35.....	0,0084	0,005	0,0056	0,158	—	0,158	—	0,108	—	—	0,0078
36.....	0,0076	0,004	0,0050	0,167	—	0,167	—	0,106	0,036	—	0,0070
37.....	0,0068	—	0,0045	—	—	—	—	0,103	—	—	0,0066
38.....	0,0060	—	0,0040	—	—	—	—	0,101	0,038	—	0,0063
39.....	0,0052	—	0,0035	—	—	—	—	0,099	—	—	—
40.....	0,0048	—	0,0031	—	—	—	—	0,097	0,040	—	—
41.....	0,0044	—	—	—	—	—	—	0,095	—	—	—
42.....	0,0040	—	—	—	—	—	—	0,092	—	—	—
43.....	0,0036	—	—	—	—	—	—	0,088	—	—	—
44.....	0,0032	—	—	—	—	—	—	0,085	—	—	—
45.....	0,0028	.	.	—	—	—	—	0,081	0,045	—	—
46.....	0,0024	—	—	—	—	—	—	0,079	—	—	—

Paso de la British Association.

Número	Diámetro					Superficie del núcleo en mm².	Paso		Altura del filete en mm.	Número de filetes por pulgada
	Real en mm.	Aprox. en pulgadas	Fracción equivalente más cercana	Efectivo en mm.	Núcleo en mm.		Real en mm.	Aprox. en pulgadas		
0......	6,0	0,236	15/64 +	5,4	4,8	18,10	1,0	0,0394	0,6	25,4
1......	5,3	0,209	13/64 +	4,76	4,22	13,99	0,9	0,0354	0,54	28,2
2......	4,7	0,185	3/16 —	4,215	3,73	10,93	0,81	0,0319	0,485	31,4
3......	4,1	0,161	5/32 +	3,66.	3,22	8,14	0,73	0,0287	0,44	34,8
4......	3,6	0,142	9/64 +	3,205	2,81	6,20	0,66	0,026	0,395	38,5
5......	3,2	0,126	1/8 +	2,845	2,49	4,87	0,59	0,0232	0,355	43
6......	2,8	0,110	7/64 +	2,48	2,16	3,6	0,53	0,0209	0,32	47,9
7......	2,5	0,098	3/32 +	2,32	1,92	2,89	0,48	0,0189	0,29	52,9
8......	2,2	0,087	3/32 —	1,94	1,68	2,22	0,43	0,0168	0,26	59,1
9......	1,9	0,075	5/64	1,665	1,43	1,61	0,39	0,0154	0,235	65,1
10......	1,7	0,067	5/64 —	1,49	1,28	1,29	0,35	0,0138	0,21	72,6
11......	1,5	0,059	1/16 —	1,315	1,13	1,00	0,31	0,0122	0,185	81,9
12......	1,3	0,051	3/64 +	1,13	0,96	0,72	0,28	0,011	0,17	90,7
13......	1,2	0,047	3/64	1,05	0,9	0,64	0,25	0,0098	0,15	101
14......	1,0	0,039	3/64 —	0,86	0,72	0,41	0,23	0,0091	0,14	110
15......	0,9	0,035	1/32 +	0,775	0,65	0,33	0,21	0,0083	0,12	121
16......	0,79	0,031	1/32	0,675	0,56	0,25	0,19	0,0075	08,115	134
17......	0,70	0,028	1/32 —	0,6	0,50	0,20	0,17	0,0067	7,105	149
18......	0,62	0,024	–	0,53	0,44	0,15	0,15	0,0059	60,09	169
19......	0,54	0,021	–	0,455	0,37	0,11	0,14	0,0055	05 0,0	181
20......	0,48	0,019	–	0,41	0,34	0,091	0,12	0,0047	5 00,0	212
21......	0,42	0,017	–	0,355	0,29	0,066	0,11	0,0043	0,	231
22......	0,37	0,015	1/64	0,31	0,25	0,049	0,10	0,0039	0,06	259
23......	0,33	0,013	–	0,275	0,22	0,038	0,09	0,0031	0,05	317
24......	0,29	0,011	–	0,24	0,19	0,028	0,08	0,0031	0,05	317
25......	0,25	0,010	–	0,21	0,17	0,023	0,07	0,0028	0,04	353

mm. = 0,03937 pulgada. mm². = 0,00155 pulgada cuadrada. Pulgada = 25,39954 mm. Pulgada cuadrada = 645,1 mm².

Diámetro				Superficie del núcleo en pulgadas cuadradas.	Altura del filete	Paso	Número de filetes por pulgada.	Cabeza hexagonal			Altura de la tuerca	Altura de la contratuerca
Macizo		Efectivo	Núcleo					Caras	Aristas	Altura		
Fracción	Decimal											
1/4	0,25	0,2180	0,186	0,0272	0,032	0,05	20	0,525	0,6062	0,2187	0,25	0,17
5/16	0,3125	0,2769	0,2414	0,0458	0,0356	0,0556	18	0,6014	0,6944	0,2734	0,3125	0,21
3/8	0,375	0,335	0,295	0,0683	0,04	0,0625	16	0,7094	0,8191	0,3281	0,375	0,25
7/16	0,4375	0,3918	0,346	0,094	0,0457	0,0714	14	0,8204	0,8473	0,3828	0,4375	0,29
1/2	0,5	0,4466	0,3933	0,1215	0,0534	0,0833	12	0,9191	1,0612	0,4375	0,5	0,33
9/16	0,5625	0,5091	0,4558	0,1632	0,0534	0,0833	12	1,011	1,1674	0,4921	0,5625	0,38
5/8	0,625	0,5668	0,5086	0,2032	0,0582	0,0909	11	1,101	1,2713	0,5468	0,625	0,42
11/16	0,6875	0,6293	0,5711	0,2562	0,0582	0,0909	11	1,2011	1,3869	0,6015	0,6875	0,46
3/4	0,75	0,686	0,6219	0,3038	0,64	0,1	10	1,3012	1,5024	0,6562	0,75	0,50
13/16	0,8125	0,7485	0,6844	0,3679	0,064	0,1	10	1,39	1,605	0,7109	0,8125	0,54
7/8	0,875	0,8039	0,7327	0,4216	0,0711	0,1111	9	1,4788	1,7075	0,7656	0,875	0,58
1	1,0	0,92	0,8399	0,554	0,08	0,125	8	1,6701	1,9284	0,875	1,0	0,67
1 1/8	1,125	1,0335	0,942	0,6969	0,0915	0,1429	7	1,8605	2,1483	0,9843	1,125	0,75
1 1/4	1,25	1,1585	1,067	0,8942	0,0915	0,1429	7	2,0483	2,3651	1,0937	1,25	0,83
1 3/8	1,375	1,2683	1,1616	1,0597	0,1067	0,1667	8	2,2156	2,5571	1,2031	1,375	0,92
1 1/2	1,5	1,3933	1,2866	1,3001	0,1067	0,1667	6	2,4134	2,7867	1,3125	1,5	1,0
1 5/8	1,625	1,4969	1,3689	1,4718	0,1281	0,2	5	2,5763	2,9748	1,4218	1,625	1,08
1 3/4	1,75	1,6219	1,4939	1,7528	0,1281	0,2	5	2,7578	3,0844	1,5312	1,75	1,17
2	2,0	1,8577	1,7154	2,3111	0,1423	0,2222	4,5	3,1491	3,6362	1,75	2,0	1,33
2 1/4	2,25	2,0899	1,9298	2,9249	0,1601	0,25	4	3,546	4,0945	1,9687	2,25	1,25
2 1/2	2,5	2,3399	2,1798	3,7318	0,1601	0,25	4	3,894	4,4964	2,1875	2,5	1,67
2 3/4	2,75	2,567	2,3841	4,4641	0,183	0,2857	3,5	4,181	2,8278	2,4062	2,75	1,83
3	3,0	2,817	2,6341	5,4496	0,183	0,2857	3,5	4,531	5,2319	2,625	3,0	2,0
3 1/4	3,25	3,053	2,856	6,4063	0,197	0,3077	3,25	4,85	5,6002	2,843	3,25	2,17
3 1/2	3,5	3,303	3,106	7,5769	0,197	0,3077	3,25	5,175	5,9755	3,062	3,5	2,33
3 3/4	3,75	3,5366	3,3231	8,6732	0,2134	0,3333	3	5,55	6,4085	3,218	3,75	2,50
4	4,0	3,7866	3,5731	10,0272	0,2134	0,3333	3	5,95	6,8704	3,5	4,0	2,67
4 1/2	4,5	4,2773	4,0546	12,9118	0,2227	0,3478	2,875	6,825	7,8819	3,937	4,0	3,0
5	5,0	4,7672	4,5343	16,1477	0,2328	0,3636	2,75	7,8	9,0066	4,375	5,0	3,33
5 1/2	5,5	5,2561	5,0121	19,7301	0,2439	0,381	2,625	8,85	10,219	4,812	5,5	3,67
6	6,0	5,7439	5,4877	23,6521	0,2561	0,4	2,5	10,0	11,547	5,25	6,0	4,0

Paso de la British Standard.

Diámetro				Superficie del núcleo en pulgadas cuadradas	Altura del filete	Paso	Número de filetes por pulgada
Macizo		Efectivo	Núcleo				
Fracción	Decimal						
1/4	0,25	0,2244	0,1988	0,031	0,0256	0,04	25
5/16	0,3125	0,2834	0,2543	0,0508	0,0291	0,0455	22
3/8	0,375	0,3430	0,311	0,076	0,032	0,05	20
7/16	0,4375	0,4019	0,3664	0,1054	0,0356	0,0556	18
1/2	0,5	0,46	0,42	0,1385	0,04	0,0625	16
9/16	0,5625	0,5225	0,4825	0,1828	0,04	0,0625	16
5/8	0,625	0,5793	0,5335	0,2235	0,0457	0,0714	14
11/16	0,6875	0,6418	0,596	0,279	0,0457	0,0714	14
3/4	0,75	0,6966	0,6433	0,325	0,0534	0,0833	12
13/16	0,8125	0,7591	0,7058	0,3913	0,0534	0,0833	12
7/8	0,875	0,8168	0,7586	0,452	0,0582	0,0909	11
1	1,0	0,936	0,8719	0,5971	0,064	0,1	10
1 1/8	1,125	1,0539	0,9827	0,7585	0,0711	0,1111	9
1 1/4	1,25	1,1789	1,1077	0,9637	0,0711	0,1111	9
1 3/8	1,375	1,295	1,2149	1,1593	0,08	0,125	8
1 1/2	1,5	1,42	1,3399	1,41	0,08	0,125	8
1 5/8	1,625	1,545	1,4649	1,6854	0,08	0,125	8
1 3/4	1,75	1,6585	1,567	1,9285	0,0915	0,1429	7
3	2,0	1,9085	1,817	2,593	0,0915	0,1429	7
2 1/4	2,25	2,1433	2,0366	3,2576	0,1067	0,1667	6
2 1/2	2,5	2,3933	2,2866	4,1065	0,1067	0,1667	6
2 3/4	2,75	2,6433	2,5366	5,0535	0,1067	0,1667	6
3	3,0	2,8719	2,7439	5,9133	0,1281	0,2	5
3 1/4	3,25	3,1219	2,9939	7,0399	0,1281	0,2	5
3 1/2	3,5	3,3577	3,2154	8,1201	0,1423	0,2222	4,5
3 3/4	3,75	3,6077	3,4654	9,4319	0,1423	0,2222	4,5
4	4,0	3,8577	3,7154	10,8418	0,1423	0,2222	4,5
4 1/2	4,5	4,3399	4,1798	13,7215	0,1601	0,25	4
5	5,0	4,8399	4,6798	17,2006	0,1601	0,25	4
5 1/2	5,5	5,317	5,1341	20,7023	0,183	0,2857	3,5
6	6,0	5,817	5,6341	14,931	0,183	0,2857	3,5

Paso de la American Standard Sellers.

Diámetro			Paso en pulgadas	Paso en milímetros	Anchura de cara en pulgadas	Filetes por pulgadas
Macizo		Núcleo				
Fracción	Decimal					
1/4	0,25	0,185	0,05	1,27	0,0062	20
5/16	0,3125	0,24	0,0555	1,41	0,0069	18
3/8	0,375	0,294	0,0625	1,587	0,0078	16
7/16	0,4375	0,345	0,0714	1,814	0,0089	14
1/2	0,5	0,4	0,0769	1,95	0,0096	31
9/16	0,5625	0,454	0,0833	2,116	0,0104	12
5/8	0,625	0,506	0,0909	2,39	0,0114	11
3/4	0,75	0,62	0,1	2,54	0,0125	10
7/8	0,875	0,731	0,1111	2,822	0,0139	9
1	1,0	0,837	0,125	3,175	0,0156	8
1 1/8	1,125	0,939	0,1428	3,628	0,0178	7
1 1/4	1,25	1,064	0,1428	3,628	0,0178	7
1 3/8	1,375	1,158	0,1666	4,233	0,0208	6
1 1/2	1,5	1,283	0,1666	4,233	0,0208	6
1 5/8	1,625	1,389	0,1818	4,62	0,0227	5 1/2
1 3/4	1,75	1,49	0,2	5,08	0,025	5
1 7/8	1,875	1,615	0,2	5,08	0,025	5
2	2,0	1,711	0,2222	5,644	0,0277	4 1/2
2 1/4	2,25	1,961	0,2222	5,644	0,0277	4 1/2
2 1/2	2,5	2,175	0,25	6,35	0,0313	4
2 3/4	2,75	2,425	0,25	6,35	0,0313	4
3	3,0	2,628	0,2857	7,257	0,0357	3 1/2
3 1/4	3,25	2,878	0,2857	7,257	0,0357	3 1/2
3 1/2	3,5	3,1	0,3077	7,815	0,0384	3 1/4
3 3/4	3,75	3,317	0,3333	8,466	0,0416	3
4	4,0	3,567	0,3333	8,466	0,0416	3
4 1/4	4,25	3,798	0,3478	8,834	0,0434	2 7/8
4 1/2	4,5	4,027	0,3636	9,236	0,0454	2 3/4
4 3/4	4,75	4,255	0,3809	9,676	0,0478	2 5/8
5	5,0	4,48	0,4	10,16	0,05	2 1/2
5 1/4	5,25	4,73	0,4	10,16	0,05	2 1/2
5 1/2	3,5	4,953	0,421	10,68	0,0526	2 3/8
5 3/4	5,75	5,203	0,421	10,68	0,0525	2 3/8
6	6,0	5,423	0,444	11,29	0,0555	2 1/4

PASO PARA TUBOS DE GAS Y DE AGUA.

Las dimensiones de los fileteados para los tubos adoptadas por el Engineering Standards Committee difieren algo, en ciertos casos, de los fileteados en el paso del Gas Withworth.

El cuadro que sigue da las dimensiones relativas y uno y otro.

Diámetro interior del tubo	Diámetro exterior del filete en pulgadas		Diámetro interior del filete en pulgadas		Número de filetes por pulgada	
	British Standard	Paso de Gas Whitworth	British Standard	Paso de Gas Whitworth	British Standard	Paso de Gas Whitworth
1/8	0,383	0,382	0,337	0,336	28	28
1/4	0,518	0,518	0,451	0,451	19	19
3/8	0,656	0,656	0,589	0,589	19	19
1/2	0,825	0,826	0,734	0,734	14	14
5/8	0,902	0,902	0,811	0,811	14	14
3/4	1,041	1,040	0,950	0,949	14	14
7/8	1,189	1,189	1,098	1,097	14	14
1	1,309	1,309	1,193	1,192	11	11
1 1/4	1,650	1,650	1,534	1,533	11	11
1 1/2	1,882	1,882	1,766	1,765	11	11
1 3/4	2,116	2,047	2,000	1,930	11	11
2	2,347	2,347	2,231	2,230	11	11
2 1/4	2,587	2,587	2,471	2,470	11	11
2 1/2	2,96	3,000	2,844	2,882	11	11
2 3/4	3,21	3,247	3,094	3,130	11	11
3	3,46	3,485	3,344	3,368	11	11
3 1/4	3,70	3,698	3,584	3,581	11	11
3 1/2	3,95	3,912	3,834	3,795	11	11
3 3/4	4,20	4,125	4,084	4,008	11	11
4	4,45	4,340	4,334	4,223	11	11
4 1/2	4,95	–	4,834	–	11	–
5	5,45	–	5,334	–	11	–
5 1/2	5,95	–	5,834	–	11	–
6	6,45	–	6,334	–	11	–
7	7,45	–	7,322	–	10	–
8	8,45	–	8,322	–	10	–
9	9,45	–	9,322	–	10	–
10	10,45	–	10,322	–	10	–
11	11,45	–	11,29	–	8	–
12	12,45	–	12,29	–	8	–
13	13,68	–	13,52	–	8	–
14	14,68	–	14,52	–	8	–
15	15,68	–	14,52	–	8	–
16	16,68	–	16,52	–	8	–
17	17,68	–	17,52	–	8	–
18	18,68	–	18,52	–	8	–

TORNILLOS PARA MADERA.

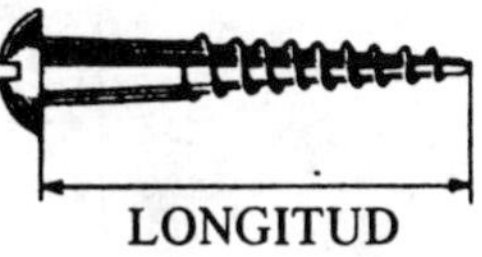

Número	Diámetro en pulgadas		Filetes por pulgada aproximadamente	Paso francés más cercano	Longitud en pulgadas
	Real	Aprox.			
0000.....	0,054	3/64 +	38	–	1/8
000.....	0,057	1/16 —	36	10	3/16
00.....	0,060	1/16 —	34	–	1/4
0.....	0,063	1/16 +	32	11	5/16
1.....	0,066	5/64	28	12	3/8
2.....	0,080	5/64 +	26	14	7/16
3.....	0,094	3/32 +	24	16	1/2
4.....	0,108	7/64 —	22	17	5/8
5.....	0,122	1/8 —	20	18	3/4
6.....	0,136	9/64 —	18	19	1
7.....	0,150	5/32 —	16	20	1 1/8
8.....	0,164	11/64 —	15	20	1 1/4
9.....	0,178	11/64 +	14	21	1 1/2
10.....	0,192	3/16 +	13	21	1 3/4
11.....	0,206	13/64 +	12	22	2
12.....	0,220	7/32 +	11	23	2 1/4
13.....	0,234	15/64	11	23	2 1/2
14.....	0,248	1/4 —	10	24	2 3/4
15.....	0,262	17/64 —	10	24	3
16.....	0,276	9/32 —	9	25	3 1/4
17.....	0,290	19/64 —	8	25	3 1/2
18.....	0,304	5/16 —	8	26	3 3/4
20.....	0,332	21/64 +	7	27	4
22.....	0,360	23/64 +	7	28	4 1/2
24.....	0,388	25/64 —	6	29	5
26.....	0,416	27/64 —	6	30	5 1/2
28.....	0,444	7/16 +	6	–	6
30.....	0,472	15/32 +	6	–	7
32.....	0,500	1/2	6	–	–

COMPARACION ENTRE MEDIDAS INGLESAS Y ESPAÑOLAS.

Valor de las libras inglesas hasta 9.975 (en kilogramos).

(El valor base de este cuadro es la libra inglesa = 0,4536 kg.)

Libras	0 libras	1000 libras	2000 libras	3000 libras	4000 libras	5000 libras	6000 libras	7000 libras	8000 libras	9000 libras
	kg	kg	kg	kg	kg	kg	kg	kg	kg	kg
0....	–	453,6	907,1	1360,7	1814,3	2267,9	2721,5	3175,1	3628,7	4082,3
25....	11,34	464,9	918,4	1372,0	1825,6	2279,2	2732,8	3186,4	3640,0	4093,6
50....	22,68	476,3	929,8	1383,4	1837,0	2290,6	2744,2	3197,8	3651,4	4105,0
75....	34,02	487,6	941,1	1394,7	1848,3	2301,9	2755,5	3209,1	3662,7	4116,3
100....	45,36	498,9	952,5	1406,1	1859,7	2313,6	2766,9	3220,5	3674,1	4127,6
125....	56,70	510,2	963,8	1417,4	1871,0	2324,9	2778,2	3231,8	3685,4	4139,0
150....	68,03	521,6	975,2	1428,8	1882,4	2336,0	2789,6	3243,2	3696,8	4150,3
175....	79,38	532,9	986,5	1440,1	1893,7	2347,3	2800,9	3254,5	3708,1	4161,6
200....	90,71	544,3	997,9	1451,4	1905,0	2358,6	2812,2	3265,8	3719,4	4173,0
225....	102,06	555,6	1009,2	1462,7	1916,3	2369,9	2823,5	3277,1	3730,7	4184,3
250....	113,40	567,0	1020,6	1474,1	1927,7	2381,3	2834,9	3288,5	3742,1	4195,7
275....	124,73	578,3	1031,9	1485,4	1939,0	2392,6	2846,2	3299,8	3753,4	4207,0
300....	136,07	589,6	1043,2	1496,8	1950,4	2404,0	2857,6	3311,2	3764,8	4218,4
325....	147,41	601,0	1054,5	1508,1	1961,7	2415,0	2868,9	3322,5	3776,1	4229,7
350....	158,75	612,3	1065,9	1519,5	1973,1	2426,7	2880,3	3333,9	3787,5	4241,1

425....	192,77	646,3	1099,9	[illegible]	2007,1	2460,7	2914,2	[illegible]	[illegible]	[illegible]
450....	204,11	657,7	1111,3	1564,9	2018,5	2472,1	2925,6	3379,2	3832,8	4286,4
574....	215,45	669,0	1122,6	1576,2	2029,8	2483,4	2936,9	3390,5	3844,1	4297,7
500....	226,80	680,3	1133,9	1587,5	2041,1	2494,7	2948,3	3401,9	3855,5	4309,1
525....	238,13	691,6	1145,2	1598,8	2052,4	2506,0	2959,6	3413,2	3866,8	4320,4
550....	249,47	703,0	1156,6	1610,2	2063,7	2517,4	2971,0	3424,6	3878,2	4331,8
575....	260,81	714,3	1167,9	1621,5	2075,0	2528,7	2982,3	3435,9	3889,5	4343,1
600....	272,15	725,7	1179,3	1632,9	2086,5	2540,1	2993,7	3447,3	3900,9	4354,4
625....	283,50	737,0	1190,6	1644,2	2097,8	2551,4	3005,0	3458,6	3912,2	4365,7
650....	294,84	748,4	1202,0	1655,6	2109,2	2562,8	3016,4	3470,0	3923,6	4377,1
675....	306,17	759,7	1213,3	1666,9	2120,5	2574,1	3027,7	3481,3	3934,9	4388,4
700....	317,50	771,1	1224,6	1678,2	2131,8	2585,4	3039,0	3492,6	3946,2	4399,8
725....	328,15	782,4	1235,9	1689,5	2143,1	2596,7	3050,3	3503,9	3957,5	4411,1
750....	340,20	793,8	1247,3	1700,0	2154,5	2608,1	3061,7	3515,3	3968,9	4422,5
775....	351,53	805,1	1258,6	1711,3	2165,8	2619,4	3073,0	3526,6	3980,2	4433,8
800....	362,90	816,4	1270,0	1723,6	2177,2	2630,8	3084,4	3538,0	3991,6	4445,2
825....	374,21	827,7	1281,3	1734,9	2188,5	2642,1	3095,7	3549,3	4002,9	4456,5
850....	385,55	839,1	1292,7	1746,3	2199,9	2653,5	3107,1	3560,7	4014,3	4467,9
875....	396,90	850,4	1304,0	1757,6	2211,2	2664,8	3118,4	3572,0	4025,6	4479,2
900....	408,23	861,8	1315,4	1769,0	2222,6	2676,2	3129,7	3583,3	4036,9	4490,5
925....	419,60	873,1	1326,7	1780,3	2233,9	2687,5	3141,0	3594,6	4048,2	4501,8
950....	430,90	884,5	1338,1	1791,7	2245,3	2698,9	3152,4	3606,0	4059,6	4513,2
975....	442,25	895,8	1349,4	1803,0	2256,6	2710,2	3163,7	3617,3	4070,9	4524,5

EMPALMES EMBRIDADOS.

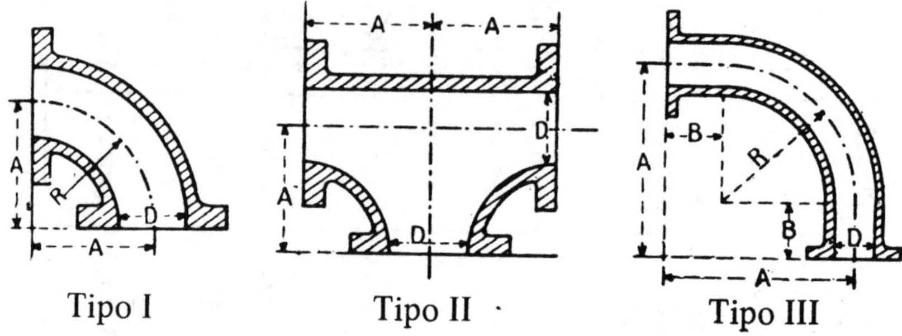

Tipo I Tipo II Tipo III

D.	Tipo I		Tipo II		Tipo III		
	A.	R.	A.	R.	A.	B.	R.
1/2. . . .	3 1/2	2 1/2	3 1/2	2 1/2	4 1/2	2	2 1/2
3/4. . . .	3 3/4	2 3/4	3 3/4	2 3/4	5	2 1/2	2 1/2
1.	4	2 3/4	4	2 3/4	6	3	3
1 1/4. . . .	4 1/4	3	4 1/4	3	6 3/4	3 3/4	3
1 1/2. . . .	4 1/2	3	4 1/2	3	7 1/2	4 1/2	3
2.	5	3 1/4	5	3 1/4	9 1/2	6	3 1/2
2 1/2. . . .	5 1/2	3 3/4	5 1/2	3 3/4	11 1/2	7 1/2	4
3.	6	4	6	4	13	9	4
3 1/2. . . .	6 1/2	4 1/2	6 1/2	4 1/2	15 1/2	10 1/2	5
4.	7	4 3/4	7	4 3/4	17	12	5
5.	8	5 1/2	8	5 1/2	21	15	6
6.	9	6 1/2	9	6 1/2	25	18	7
7.	10	7 1/4	10	7 1/4	31 1/2	24 1/2	7
8.	11	8 1/4	11	8 1/4	36	28	8
9.	12	9	12	9	39 1/2	31 1/2	8
10.	13	10	13	10	49	40	9
12.	15	11 3/4	15	11 3/4	58	48	10
14.	17	13 1/2	17	13 1/2	74	63	11
16.	19	15 1/4	19	15 1/4	80	80	13
18.	21	17	21	17	104	90	14
20.	23	18 3/4	23	18 3/4	126	110	16

Estas dimensiones están dadas en pulgadas. Son las que ha adoptado el Engineering Standards Committee (tipo I y II: tubos de fundición; tipo III: hierro forjado y acero).

A

A —, Borne negativo; **— +**, borne positivo.

A, Ampere, angstrom unit (10^{-8} cm), área (superficie); **— battery**, batería de hornos; **— flat**, a ras de tierra, de nivel; **— frame**, bastidor en pirámide, caballete; **— shaped**, montante en A.

A.A., Antiaircraft (antiaéreo); **— gun**, cañón antiaéreo; **— weapons**, armas antiaéreas.

Ab, Absolute.

Abac or **Abacus**, Abaca, ábaco (mat.), artesón, lavadero (minas), vasija donde el amalgamador lava el mineral.

Abaca, Abacá, cáñamo de Manila.

Abacterial, Abacterial.

Abaft, A popa; **— amidships**, a popa de la maestra.

Abaiser, Negro animal, negro de marfil.

Abampere, Unidad de intensidad (10 amperios).

Abamurus, Estribo.

Abandon (To), Renunciar; **to — a patent**, renunciar a una patente.

Abandonment, Abandono (nav.); **— clause**, cláusula de abandono.

Abatement, Rebaja.

Abbcite, Abichita.

Abc, Automatic bass compensation (Compensación automática de bajos).

Abcoulomb, Unidad de cantidad de electricidad (10 culombios).

Abeam, Por el través.

Abelian, Abeliano; **— groups**, grupos abelianos.

Aberration, Aberración (óptica); **— oblique spherical**, aberración de zona; **chromatic —**, aberración cromática; **crown of —**, círculo de aberración; **newtonian —**, aberración newtoniana; **photogrammetric —**, aberración fotogramétrica; **spherical —**, aberración por esfericidad; **wave front —**, aberración de frente de onda.

Abfarad, Unidad de capacitancia (10^9 faradios).

Abhenry, Unidad de inductancia (10^9 henrios).

Ability (plural **Abilities**), Aptitudes; **— motor truck**, esfuerzo tractor de camiones; **recuperative —**, regenerabilidad.

Able, Álamo blanco.

Abmho, Unidad de conductancia (10^{-9} mho).

Abnormal, Anormal; **— propagation**, propagación anormal.

Abohm, Unidad de resistencia (10^{-9} ohmios).

About sledge, Almadona, macho.

Above ground, A cielo abierto, superficial; **— ground hands**, operarios de superficie; **— the average**, por encima de la media.

Abradad, Abrasivo; — **land**, resalto abrasivo.

Abradant, Abrasivo, polvos de diamante para pulimentar.

Abrade (To), Excavar para extraer objetos cubiertos de arena, minar, quitar estregando, raer.

Abrasion, Abrasión, ramoneo, rozamiento; — **resistance**, resistencia a la abrasión; — **test**, prueba de desgaste por abrasión.

Abrasionmeter, Abrasímetro.

Abrasive, Abrasivo; — **cleaning compound**, pasta abrasiva para pulimentar; — **cutter**, máquina de cortar de muela; — **sand**, arena abrasiva; — **sawing**, aserrado por frotamiento; — **wheel**, muela para pulverizar.

Abrasives, Substancias abrasivas.

Abraum, abraun, Tierra roja con la que se trata la caoba.

Abreast, Montado en derivación, montado en paralelo; — **connection**, acoplamiento en paralelo.

Abrid, Pata de araña.

Abroach, Empezado (hablando de un tonel).

Abs, Absolute (absoluto).

Absciss (plural abscisses), Abcisa.

Absolute, Absoluto; — **alcohol**, alcohol absoluto; — **ampere**, unidad absoluta de intensidad; — **electrometer**, electrómetro absoluto; — **liability**, responsabilidad incondicional; — **pressure**, presión absoluta; — **standard**, patrón absoluto; — **system**, sistema absoluto; — **temperature**, temperatura absoluta; — **unit**, unidad absoluta; — **vacuum**, vacío absoluto; — **value**, valor absoluto; — **zero**, cero absoluto.

Absorb (To), Absorber.

Absorbent, Absorbente, ávido de; — **earth**, tierra absorbente; — **grounds**, pintura al temple; — **power**, poder de absorción.

Absorber, Absorbedor, amortiguador; **air-oil shock** —, amortiguador neumático; **liquid spring shock** —, amortiguador hidráulico; **neutron** —, absorbedor de neutrones; **oscillating** —, absorbedor oscilante; **pneumatic** —, amortiguador neumático; **shock** —, amortiguador.

Absorbing, Aplanamiento; — **tower**, torre de absorción; — **wall or tank**, pozo de fondo arenoso.

Absorptance, Factor de absorción.

Absorptiometer, Absorciómetro; **photo-electric** —, absorciómetro fotoeléctrico.

Absorption, Absorción; — **bands**, bandas de absorción; — **chamber**, cámara de absorción; — **coefficient**, coeficiente de absorción; — **current**, corriente de absorción; — **dynamometer**, dinamómetro de absorción; — **econometer**, económetro de absorción; — **frequency meter**, frecuencímetro de absorción; — **hygrometer**, higrómetro de absorción; — **keying**, manipulación de absorción; — **line**, raya de absorción; — **modulation**, modulación por absorción; — **pyrometer**, pirómetro de absorción; — **tower**, torre de absorción; — **wavemeter**, ondámetro de absorción; **chemical** —, absorción química; **dielectric** —, absorción dieléctrica; **digit** —, absorción de cifras; **ground** —, absorción de tierra; **ionospheric** —, absorción ionosférica; **rotational** —, absorción de rotación; **spectrum** —, espectro de absorción.

Absorptive, Absorbente, absortivo.

Absortiveness or **absortivity**, Absorcividad.

Abstract, Racional; — **mathematics**, matemática pura; — **mechanics**, mecánica racional; **to** —, extraer por destilación (química), hacer un presupuesto de un proyecto; **to — the water**, extraer el agua.

Abstracter, Extractor técnico.

Abut (To), Colocar a tope dos piezas de construcción, empalmar; **to — on,** casar.

Abutment, Arbotante, aserradura de plano (carpintería), estribo (de puente), tope, unión a tope; **— impost,** rótula en el apoyo: **— line,** línea de cierre; **tunnel —,** pie derecho de túnel.

Abutting, Empalme; **— joint,** junta de escuadra, junta vertical.

Abvolt, Unidad de diferencia de potencial (10^8 voltios).

A.C. (alternating current), Corriente alterna.

Acacia, Falsa acacia.

Acacin, Goma arábiga.

Acanthine, Acantina (química).

Acanthite, Acantita.

Accelarative, Acelerador.

Accelerate (To), Acelerar; **to — the combustion,** activar la combustión, activar los fuegos.

Accelerated, Acelerado; **— motion,** movimiento acelerado.

Acceleration, Aceleración; **— due to gravity,** aceleración debida a la gravedad; **— nozzle,** tobera acelerante; **— of the slide valve,** aceleración del distribuidor; **— voltage,** tensión entre cátodo y ánodo.

Accelerating, Acelerador, acelerante, de aceleración; **— electrode,** electrodo acelerador; **— lane,** faja de aceleración (aeródromos); **— power,** fuerza acelerante; **post — electrode,** electrodo acelerador posterior.

Acceleration, Aceleración; **— low speed,** aceleración desde baja velocidad; **— obtained in barrel rolls,** aceleración obtenida en los toneles.

Accelerator, Acelerador; **— pedal,** pedal del acelerador; **— pump,** bomba de aceleración (autos); **— to carburettor rod,** varilla de control de la chispa; **— throttle rod adjusting trunnion,** muñón de ajuste de varilla del acelerador; **exhaust —,** acelerador de escape; **linear —,** acelerador lineal; **particle —,** acelerador de partículas; **proton —,** acelerador de protones; **standing wave —,** acelerador de ondas estacionarias; **to allow the — to return to its normal position,** soltar el pedal acelerador.

Accelerograph, Acelerógrafo.

Accelerometer, Acelerómetro.

Accentuation, Acentuación; **— of bass frequencies,** acentuación de bajas frecuencias.

Acceptance, Recepción (máquinas); **— flight,** vuelo de recepción; **— stamp,** punzón de recepción; **— test,** prueba de recepción; **boiler —,** recepción de la caldera.

Acceptor, Aceptador, aceptante; **— circuit,** circuito resonante; **— level,** nivel aceptador; **— semiconductor,** semiconductor aceptante.

Access, Acceso; **— door,** puerta de acceso; **random —,** acceso fortuito.

Accessibility, Accesibilidad.

Accessible, Accesible.

Accession number, Número de matrícula.

Accessory (plural Accesories), Accesorio; **— drive gear,** mecanismo de impulsión de los accesorios; **automotive —,** accesorios de automóviles.

Accident, Accidente; **— prevention,** prevención de accidentes.

Acclivity, Rampa.

Accomodate (To), Acomodar, instalar.

Accomodation, Alojamiento para la tripulación; **— for mass production,** comodidades para la producción.

Account, Cuenta, descuento, informe, suma; **— engine,** locomotora de refuerzo; **— of building expenses,** cuenta de gastos de la construcción; **bank —,** cuenta de banco; **current —,** cuenta corriente.

Accountancy, Contabilidad.

Accountant, Contable.

Accounting, Contabilidad; **automatic message** —, cómputo automático de llamadas.

Accoupled, Acoplado, gemelado, gemíneo.

Accretion, Acrescencia; — **of crystals,** acrescencia de los cristales.

Accrument, Acrecencia.

Accumulate (To), Acumular.

Accumulation, Acumulación; — **steam pressure,** acumulación de presión de vapor; — **test,** ensayo de acumulación, ensayo de aislamiento, ensayo de impermeabilidad.

Accumulator, Acumulador; — **battery,** batería de acumuladores; — **case,** recipiente del acumulador; — **jar,** recipiente del acumulador; — **lamp,** lámpara de acumuladores; — **plate,** placa de acumulador; — **plunger,** émbolo del acumulador; **alkaline** —, acumulador alcalino; **air hydraulic** —, acumulador hidroneumático; **cadmium-nickel** —, acumulador cadmioníquel; **hydraulic** —, acumulador hidráulico; **iron-nickel** —, acumulador de ferroníquel; **self containing pressure** —, acumulador de presión equilibrada; **steam** —, acumulador de vapor; **tray** —, acumulador de cubeta; **weight** —, acumulador de pesos.

Accuracy, Precisión.

Accurate, Preciso.

Ace, Piloto experto de combate.

Acerdese, Acerdesia, manganita.

Acetaldehyde, Acetaldehido.

Acetate, Acetato; — **basic copper,** acetato básico de cobre; **amyl** —, acetato de amilo; **cellulose** —, acetato de celulosa; **lead** —, acetato de plomo.

Acethydrazide, Hidrácido acético.

Acetic, Acético; — **acid,** ácido acético.

Acetone, Acetona.

Acetyl, Acetilo; — **peroxide,** peróxido de acetilo.

Acetylation, Acetilación.

Acetylene, Acetileno; — **black,** negro de humo de acetileno; — **blowpipe,** soplete oxiacetilénico; — **gas line,** tubería de distribución de acetileno; — **generator,** generador de acetileno; — **lamp,** lámpara de acetileno; — **lighting,** alumbrado por acetileno; — **welding,** soldadura autógena por acetileno; — **welding hose,** manguera para soldadura por acetileno.

Acetylenic, Acetilénico.

Achromatic, Acromático; — **lens,** lente acromática.

Achromatism or **Achromaticity,** Acromatismo; **spherical** —, acromatismo por esfericidad.

Achromatized, Acromatizado.

Acicular, Acicular.

Aciculine, Acicular.

Aciculity, Acidulidad.

Acid, Ácido; — **blow case,** tanque inyector de ácido; — **chemically pure,** ácido químicamente puro; — **diluted sulfuric,** ácido sulfúrico diluído; — **esters,** esteres ácidos; — **number,** número de ácido; — **proof alloy,** aleación antiácida; — **proof tank,** recipiente a prueba de ácido; — **soluble pipe,** tubo soluble en ácido; **acetic** —, ácido acético; **acylamino acids,** ácidos acilaminados; **alginic** —, ácido algínico; **carbolic** —, ácido carbólico; **conjugated acids,** mezcla de ácidos; **fatty acids,** ácidos grasos; **hydrochloric** —, ácido clorhídrico; **mineral** —, ácido mineral; **nitric** —, ácido nítrico; **organic** —, ácido orgánico; **refractory** —, con revestimiento refractario; **stream** —, fuselado; **sulphuric** —, ácido sulfúrico.

Acidifiable, Acidulable.

Acidification, Acidificación.

Acidity, Acidez.

Acidize (To), Tratar con ácido.

Acidizing, Acidación de pozos de petróleo.

Acidoid, Acidoide.

Acidophen hearth, Hogar de solera ácida.

Acidproof, Inatacable por los ácidos.

Acidulate or **Acidulated,** Acidulado; — **water,** agua acidulada.

Acilketene, Acilceteno.

Acknowledgement, Acuse de recepción; — **signal,** señal de acuse de recepción.

Aclinic, Isoclina.

Acorn, Bellota; — **shaped tube,** tubo de altas frecuencias.

Acoustic, Acústico; — **choke,** choque acústico; — **clarifier,** amortiguador acústico; — **electric apparatus,** aparato acústico eléctrico; — **feedback,** regeneración acústica; — **filtre,** filtro acústico; — **impedance,** impedancia acústica; — **labyrinth,** laberinto acústico; — **reading,** lectura al sonido (telegrafía).

Acoustical, Acústico; — **panel,** panel acústico, panel insonoro; **characteristic** — **impedance,** impedancia acústica característica; **instantaneous** — **speech power,** potencia vocal instantánea; **unit area** — **impedance,** impedancia acústica por unidad de superficie.

Acoustics, Acústica; **room** —, acústica de locales.

Across a field winding, Al través de un arrollamiento de campo.

Acquest, Adquisición.

Acquitting, Pago.

Acre, Medida de superficie (Véanse las Tablas de superficies).

Acreage, Extensión por acres.

Acridine, Acridina.

Acrobatic, Acrobático; — **flight,** vuelo acrobático.

Acrobatics, Acrobacia aérea.

Across, A través; **to file** —, limar transversalmente.

Acrylate, Acrilato; **ethyl** —, acrilato de etilo.

Acrylic, Acrílico; — **plastics,** plásticos acrílicos; — **resins,** resinas acrílicas.

Acryloid, Acriloide; — **polymer,** polímero acrílico.

Acrylyl, Acrílico; — **chloride,** cloruro acrílico.

Acting, Acción de, efecto, en funciones; **back** — **engine,** máquina de biela invertida; **backward** — **regulator,** regulador retroactivo; **backward** — **selector,** selector de progresión inversa; **direct** —, de conexión directa; **direct** — **engine,** máquina de biela directa; **double** —, de doble efecto; **forward** — **regulator,** regulador activo; **forward** — **selector,** selector de progresión directa; **quick** —, de acción rápida; **self** —, de acción automática; **single** —, de simple efecto; **steam** — **on one side,** acción unilateral del vapor; **triple** —, de triple efecto.

Actinic, Actínico; — **arc,** puente actínico.

Actinide, Actinido.

Actinism, Actinismo.

Actinium, Actinio.

Actinization, Actinización.

Actinolitic, Actinolítico.

Actinometer, Actinómetro; **manometric** —, actinómetro manométrico.

Actinometric, Actinométrico.

Actinometry, Actinometría.

Actinon, Actinón.

Actinote, Actinote.

Action, Acción, efecto, juego de un mecanismo, proceso, trabajo; — **turbine,** turbina de acción; **capillary** —, capilaridad; **catalytic** —, efecto catalítico; **cutting** —, cizallamiento; **cycle of** —, ciclo de trabajo; **delay — fuse,** espoleta de retardo; **double —,** de doble efecto; **eccentric —,** accionamiento por excéntrica; **fly wheel —,** mando de volante; **lever — mechanism,** mecanismo de palanca; **phototransistor —,** acción fototransistora; **shearing —,** cizallamiento; **single —,** de simple efecto; **slide — mechanism,** mecanismo de repetición por bomba; **snap — contacts,** contactos de separación brusca (termostato); **step by step —,** acción paso a paso.

Activate (To), Activar.

Activated, Activado; **— alumina,** alúmina activada; **— bath,** baño activado; **— charcoal,** carbón vegetal activado; **— luminescent material,** material luminiscente activado.

Activation, Activación.

Activator, Activador.

Active, Activo; **— catch,** cuña de arrastre; **— cross section,** sección transversal activa; **— current,** corriente activa; **— dope,** base activa; **— energy,** energía cinética; **— length,** longitud inducida (electricidad); **— parameter,** parámetro activo; **— power,** potencia activa; **— pressure,** presión efectiva; **— transducer,** transductor activo; **radio — decay,** desintegración radioactiva.

Activisation, Activación.

Actograph, Actógrafo.

Actual, Eficaz, real; **— combustion temperature,** temperatura real de combustión; **— energy,** energía cinética, energía desarrollada; **— horse power,** potencia-efectiva; **— power,** potencia efectiva; **— tooth induction,** inducción eficaz en los dientes (elec.).

Actuary, Actuario.

Actuate (To), Accionar.

Actuated, Gobernado por; **air —,** de mando neumático; **electrically —,** de mando eléctrico; **powder — tool,** herramienta accionada por explosivo.

Actuating, De maniobra; **— arm,** brazo de ataque; **— lever,** palanca de mando; **— rod,** varilla de mando; **loop — signal,** señal resultante en bucle.

Actuation, Fuerza viva, mando.

Actuator, Accionador, biela de accionamiento; **— brake shoe,** empujador de zapata de freno; **— flotation gear,** disparador del dispositivo de flotación; **valve —,** servoválvula.

Acuity, Acuidad; **auditory —,** agudeza auditiva; **visual —,** agudeza visual.

Acutangular, Acutangular.

Acutate, Ligeramente aguzado.

Acute, Agudo; **— angle,** ángulo agudo; **— angled,** acutángulo.

Acuteness, Acuidad de una punta, agudeza del filo de una cuchilla.

Acyclic, Acíclico.

Acylation, Acilación.

Adamantine, Adamantino; **— drill,** sonda de granalla de acero; **— spar,** corindón.

Adamine or **Adamite,** Adamita o Adamite.

Adapt (To), Adaptar, ajustar, perfilar.

Adaptability, Adaptabilidad.

Adapter, Abertura de enlace, adaptador, alargadera, aro ajustador, estribo (hormigón armado), toma; **— broach holder,** adaptador de soporte de barrena fresa; **— grease retainer,** adaptador del retén de aceite; **— hub puller,** horquilla para el saca rueda; **— loud speaker,** adaptador para bocinas; **— metal tube,** adaptador de válvulas metálicas; **— universal joint,** adaptador a cardan; **— wrench handle,** adaptador para manijas de llaves; **coax-to-coax —,** adaptador coaxil; **valve base —,** adaptador de zócalo de válvula; **wave-guide-to-coax —,** adaptador guía-coaxil.

Adapting the iron work, Preparación de armaduras.

Adaptor, Toma.

Adcock, Adcock; — **antenna,** antena Adcock.

Add, Véase **Addition.**

Add (To), Empalmar piezas de madera por sus extremos, engastar, referir, sumar; **to — an excess of oxide,** sobresaturar de óxido; **to — water to the battery,** echar agua en el acumulador.

Addend, Sumando.

Addendum, Altura de la cabeza de un diente, cabeza del diente, saliente (diente de engranaje); — **circle,** círculo de cabeza (rueda de engranaje), circunferencia de la corona, circunferencia interna; — **line,** círculo primitivo.

Addice, Véase **Adze.**

Adding, De sumar; — **machine,** máquina de sumar.

Addition, Adición.

Additional, Auxiliar; — **port,** luz auxiliar.

Addittament, Adición; **to prepare the —,** añadir fundentes.

Addle, Véase **Attle.**

Addlings, Paga, salario.

Address, Dirección; **public — amplifier,** amplificador megafónico; **three addresses system,** sistema de tres direcciones.

Addressee, Destinatario.

Addresser, Remitente.

Adelpholite, Adelfolita.

Adenylic, De adenolino.

Adhere (To), Adherir.

Adherence, Adherencia.

Adherent, Adherente.

Adhesión, Adherencia, adhesión; — **of a steel wheel on a steel rail,** adherencia de una rueda de acero contra un riel de acero; — **wheel,** embrague de discos; **limit of —,** adherencia límite.

Adhesive, Adherente, adhesivo; — **power,** poder adherente; — **tape,** cinta adhesiva; — **weight,** peso adherente; **rubber —,** cinta adhesiva.

Adhesiveness, Adherencia, adhesión.

Adhesivity, Adhesividad.

Adiabat, Línea o curva adiabática.

Adiabatic, Adiabático; — **compression,** compresión adiabática; — **curve,** curva adiabática; — **diagram,** diagrama adiabático; — **efficiency,** rendimiento adiabático; — **expansion,** expansión adiabática; — **saturation,** saturación adiabática; — **temperature change,** cambio adiabático de temperatura; — **transformation,** transformación adiabática.

Adiabatically, Adiabáticamente.

Adiaphory, Neutralidad (química).

Adit, Adoquín, galería de desagüe, galería subterránea; — **level,** galería de desagüe (minas); — **mining,** explotación a cielo abierto; **deep —,** galería inferior, transversal principal; **to make an —,** hacer un sondeo.

Adjacence or **Adjacency,** Adyacencia.

Adjacent, Adyacente; — **angles,** ángulos adyacentes; — **piece,** cayailla.

Adjust (To), Ajustar, calar (escobilla), hacer trabajo de ajuste, hacer variar, igualar, levantar (un mapa), marcar, poner en punto, regular; **to — angles by curves,** empalmar; **to — the ignition,** regular el encendido; **to — the pinion to ring gear for depth,** ajustar el piñón a la profundidad necesaria en la corona; **to — the water level,** reducir al nivel normal; **to — to zero,** poner a cero.

Adjustability, Ajustabilidad.

Adjustable, Regulable, variable; — **bearings,** cojinetes regulables; — **blades,** paletas regulables; — **for take up,** con ajuste del huelgo, con compensación del huelgo; — **reamer,** escariador extensible; —

spanner, llave de moleta; — **spark gap,** espinterómetro regulable; — **speed,** velocidad regulable; — **stop,** tope graduable; — **stroke,** carrera variable; — **tail plane,** plano fijo de incidencia variable, plano inclinado; — **tripod,** trípode de patas telescópicas; **height** —, ajustable en altura; **self** —, autoregulable.

Adjusted spring link, Varilla de suspensión.

Adjuster, Ajustador; — **remote control,** dispositivo o aparato de telereglaje; — **socket system,** sistema ajustador de bobina de reversión; — **straight line pumping,** regulador de bombeo de conducto recto; **cord** —, tendedor de cinta.

Adjusting, Ajuste, regulación; — **bolt,** tornillo de regulación; — **cone,** cono de regulación; — **clasp,** mecanismo de desembrague; — **device,** dispositivo de regulación; — **key,** cuña; — **line,** referencia; — **nut,** tuerca de ajuste fijo, tuerca de graduación, tuerca tensora; — **point,** referencia; — **ring,** anillo regulador; — **screw,** tornillo de ajuste, tornillo de presión, tornillo de regulación; — **spring link,** puntal de suspensión; **clutch** — **collar,** cojinete de tope.

Adjustment, Calaje de las escobillas (electricidad), puesta en punto, reglaje; — **by throttling the intake,** reglaje por la estrangulación de la admisión; — **distance type,** reglaje de control remoto; — **fan belt,** regulación de la tensión de la correa del ventilador; — **full load,** ajuste a plena carga; — **high economy,** regulación con máxima economía; — **hot air,** regulación del aire caliente; — **intermediate speed,** regulación para velocidades medias; — **lever,** palanca de regulación; — **notch,** muesca de ajuste; — **of the light beam,** orientación del haz luminoso; — **plate,** plato de ajuste; — **push rod,** graduación del juego libre de las válvulas; — **screw and nut,** ajuste mediante tornillo y tuerca; — **templet or template,** gabarit de regulación; **accurate or fine** —, reglaje de precisión; **height** —, reglaje en altura; **radial** —, ajuste radial (ferrocarril); **short wave** —, ajuste de onda corta; **voltage** —, regulación del voltaje.

Adjustor, Adaptador.

Adjutage, Véase **Ajutage.**

Admiralty unit, Unidad de capacidad (200 pies cúbicos).

Admission, Admisión; — **gear rod,** émbolo de admisión; — **period,** período de admisión; — **port,** lumbrera de admisión; — **space,** volumen de admisión; — **valve,** válvula de admisión; — **valve box,** caja de la válvula de admisión; **full** —, plena admisión (turbina); **later** —, admisión retardada; **lead** —, avance a la admisión; **partial** —, admisión parcial (turbina); **real** —, admisión eficaz; **ring of** — **ports,** corona de admisión; **steam** —, caja de admisión del vapor; **steam** — **line,** curva de admisión del vapor.

Admit, Admitido; — **in height,** altura admitida.

Admittance, Admitancia; **free** —, admisión en franquicia; **transfer** —, admitancia de transferencia.

Admix (To), Mezclar.

Admixture, Dosage; — **of water vapor,** aportación de vapor de agua.

Adsorb (To), Adsorber.

Adsorbant, Adsorbente.

Adsorbate, Adsorbato.

Adsorbed, Adsorbido.

Adsorber, Adsorbedor; **odor** —, desodorizante.

Adsorption, Adsorción; **chromatographic** —, adsorción cromatográfica; **rotational** —, adsorción por rotación.

Adsorptive, Adsorbente.

Adulterate (To), Falsificar.

Adulteration, Adulteración.

Aduncity, Curvatura.

Adustion, Afinidad por el oxígeno, inflamabilidad.

Advance, Adelanto, avance; — **along the flight path,** avance en la trayectoria de vuelo; — **exhaust opening,** avance a la apertura de escape; — **in automobile design,** adelanto experimentado en el automóvil; — **lever arm,** brazo de palanca de avance; — **lever ball stud,** rótula para palanca de avance; — **lever hole,** orificio de palanca avance; — **stop screw,** tornillo de tope de avance; — **with vacuum and centrifugal control,** avance regido por mecanismo de vacío y centrífugo; **angle of —,** ángulo de avance; **to —,** avanzar; **to — along the flight path,** avanzar en la trayectoria de vuelo; **to — the altitude control,** avanzar la corrección altimétrica; **to — the brushes,** calar las escobillas (electricidad); **to — the firing of the motor,** adelantar el encendido del motor.

Advanced, Avance; — **ignition,** avance al encendido; — **opening,** avance a la abertura; — **sparking,** avance al encendido (auto).

Adventitious, Accidental.

Advertise (To), Anunciar.

Advertisement, Anuncio, publicidad.

Advertising, Publicidad.

Adviser, Consejero.

Adze, Azuela de mano, doladera (tonelería); — **round edge,** azuela de filo redondo; **cooper's —,** azuela de tonelero; **flat —,** azuela recta; **hollow —,** azuela doladera; **notching —,** azuela recta de martillo; **rounding —,** azuela curva; **spout —,** azuela curva; **to —,** cajear traviesas, entallar, entallar a la azuela.

Adzing, Entalladura de traviesas; — **gauge,** calibre para la entalladura de traviesas.

Aeolian, Eólico; — **rocks,** rocas eólicas.

Aereo (Water), Hidrobase.

Aereous, Gaseoso.

Aerial, Aéreo, antena (radio). (La palabra «aerial» se aplica especialmente a la radiodifusión; en América se prefiere la palabra «antenna». Véase esta palabra); — **Adcock,** antena Adcock; — **capacity,** capacidad de antena; — **carrier,** transportador aéreo; — **circuit,** circuito de antena; — **conductor,** conductor de antena; — **crossing,** cruce aéreo de líneas; — **direction finder,** antena direccional; — **drogue,** contrapeso de antena; — **drum,** tambor de antena; — **extension,** haz de antena; — **feeder,** alimentador de antena; — **ferry,** puente transbordador; — **frog,** aguja aérea; — **lead,** bajada de antena; — **line,** línea aérea; — **network,** red de antena; — **photography,** fotografía aérea; — **railway,** ferrocarril aéreo; — **resistance,** resistencia de antena; — **ropeway,** transportador aéreo; — **survey,** fotografía aérea; — **transporter,** transportador aéreo; — **tuning inductance,** autoinducción de la antena; — **variometer,** variómetro de antena; — **view,** vista aérea; — **weight,** contrapeso de antena; — **wire,** antena (radio); **average — height,** altura media de antena sobre el suelo; **bent —,** antena acodada; **built-in —,** antena incorporada; **cage —,** antena de jaula; **cartwheel —,** antena de rueda; **discone —,** antena discocónica; **divide broadside —,** antena dirigida hacia los lados; **fan shaped —,** antena en abanico; **flat top —,** antena en tejado; **Hertz —,** antena Hertz; **loaded —,** véase **loaded**; **loop —,** cuadro receptor; **multiple-tune —,** antena de sintonía múltiple; **parasitic —,** elemento parásito de una antena; **prismatic —,** antena prismática; **quadrant —,** antena de cuadrante; **receiving —,** antena de recepción; **reflector type —,** antena con reflector; **sending —,** antena de emisión; **slot —,** antena ranurada; **spaced — direction finder,** radiogoniómetro de antenas separadas;

standing-wave —, antena de ondas estacionarias; **steerable —,** antena orientable; **stranded — wire,** hilo de antena; **submerged —,** antena sumergida; **top-capacitor —,** antena con capacidad terminal; **trailing —,** antena colgante; **travelling-wave —,** antena de ondas progresivas; **tripole —,** antena tripolo; **tuned —,** antena sintonizada; **umbrella —,** antena en forma de paraguas.

Aerian, Aéreo.

Aerify (To), Combinar con el aire.

Aero, Aéreo; **— foil shape,** con perfil de ala.

Aeroballistics, Aerobalística.

Aerobatics, Acrobacias aéreas.

Aerobic, Aeróbico.

Aerocruiser, Dirigible.

Aerodrome, Aeródromo; **— beacon,** faro de aeródromo.

Aerodynamic, Aerodinámico; **— centre,** centro de empuje; **— scales or balanced,** balanza aerodinámica.

Aerodynamical, Aerodinámico; **— volume displacement,** desplazamiento del aire.

Aerodynamics, Aerodinámica.

Aerodynamicist, Aerodinamicista.

Aerodyne, Aerodino.

Aeroelastic, Aerolástico.

Aeroengine, Motor de aviación.

Aerofoil, Ala portadora, perfil, plano aerodinámico, superficie sustentadora; **— section,** perfil de ala portadora.

Aerogenerator, Aerogenerador.

Aerography, Aerografía.

Aerohangar, Hangar para aviones.

Aerolar, Aerolar.

Aerology, Aerología.

Aerometer, Aerómetro.

Aeronaut, Aeronauta.

Aeronautical, Aeronáutico.

Aeronautics, Aeronáutica.

Aeroplane, Aeroplano; **— effect,** efecto aeroplano; **all metal —,** avión metálico; **four engine or four engined —,** avión cuatrimotor; **high wing —,** avión de alas altas; **low wing —,** avión de alas bajas; **three engine —,** avión trimotor; **two engine —,** avión bimotor.

Aerosol, Aerosol.

Aerostat, Aeróstato.

Aerostatic, Aerostática.

Aerotriangulation, Aerotriangulación.

Aeruginous, Recubierto de cardenillo.

Aerugo, Ojo (cardenillo).

Aether, Véase Ether.

Aethiops martialis, Protóxido de hierro; **— mineral,** protosulfuro de mercurio.

A.F. or **Audio Frequency,** Baja frecuencia, frecuencia musical.

Affect (To) the rubber hose, Atacar el tubo del caucho.

Affile (To), Afilar.

Affinity, Afinidad; **electro- —,** electroafinidad.

Affirmative quantities, Cantidades positivas de electricidad.

Afflux, Flujo.

Afforest (To), Repoblar de árboles.

Affreight (To), Fletar un buque.

A. F. L., American Federation of Labor.

After, Post; **— admission,** admisión subsecuente; **— blow,** sobresoplado; **— burner,** aparato de postcombustión, dispositivo de postcombustión; **— burning,** postcombustión; **— current,** corriente de retorno; **— damp,** gases deletéreos; **— fermentation,** fermentación secundaria; **— glow,** incandescencia residual; **— hours,** horas extraordinarias; **— part of an airship,** parte de popa de un dirigible.

Afterglow, Luminiscencia residual.

Aftermath, Resultados.

Aftward, Hacia popa.

Against, En función de.

Agallocum, Madera de áloe.

Agar-agar, Agar-agar.

Agaric, Agárico; **mineral —,** agárico mineral.

Agate, Ágata; **— burnisher,** piedra de bruñir, piedra de dorar.

Agatize (To), Agatificar.

Age hardening, Endurecimiento por envejecimiento, envejecimiento; **to — iron sheets,** envejecer planchas de hierro.

Aged, Envejecido.

Agent, Agente; **— for fusion,** fundente; **reducing —,** reductor; **shipping —,** agente marítimo.

Agency (Exploding), Efecto explosivo.

Agglomerate (To), Aglomerar.

Agglutinated, Aglomerado.

Agglutinating, Aglutinante.

Agglutination, Aglutinación.

Aggregate, Agregado (en plural: **Aggregates**), materia añadida; **— body,** cuerpo formado por agregación; **to —,** agregar, añadir.

Aggregation, Agregación.

Aging, Envejecimiento; **thermal —,** envejecimiento térmico.

Agitation, Agitación; **thermal —,** agitación térmica.

Agitator, Agitador (máquinas); **— pressure container,** manija para mover la pintura del recipiente.

Agreement, Convenio; **private wire —,** contrato de alquiler de un circuito.

Agricultural, Agrícola; **— machine accessory,** accesorio de máquina agrícola; **— machinery,** maquinaria agrícola.

Ahead, Marcha hacia adelante; **— motion,** marcha adelante; **— turbine,** turbina de marcha adelante.

A. I. C., Anglo-Iranian Oil Co (Compañía petrolífera Anglo-Iraniana).

Aid, Filón metálico; **radio directional —,** ayuda radiogoniométrica; **meteorological aids service,** servicio de ayuda meteorológica; **radio-aids,** radioayuda.

A. I. E. E., American Institute of Electrical Engineers (Instituto Norteamericano de Ingenieros de Electricidad).

Aigremore, Carbón vegetal pulverizado.

Aileron, Alerón; **— backset hinge balanced,** alerón equilibrado de charnela propuesta; **— cable and pulley tipe,** mando de alerones del tipo cables y poleas; **— compensating surface,** superficie de compensación del alerón **— compensation cable,** cable de compensación de alerones; **— control,** mando del alerón; **— deflection angle,** ángulo positivo de desplazamiento del alerón; **— down-motion,** mando de alerones descendentes; **— dynamically balanced,** alerón compensado aerodinámicamente; **— hand wheel,** volante de mandos de alabeo; **— hinge,** charnela de alerón; **— hinge fittings,** herrajes de bisagra del alerón; **— interceptor type,** alerón con interceptor; **— large surface,** alerón de grande superficie; **— lateral control,** alerón de estabilidad lateral; **— level,** borde del alerón; **— mass balanced,** alerón compensado con pesas; **— shaft lever,** palanca de la varilla de mando de alerones; **— short wide,** alerón corto y ancho; **— statically balanced,** alerón compensado estáticamente; **— stick and cable,** sistema de alerones accionado por cables y varillas; **— to put on full opposite,** dar a fondo alerones contrarios; **— trailing edge,** alerón de borde de salida; **— wing section,** alerón de perfil de ala; **balanced —,** alerón compensado; **slotted —,** alerón con ranuras; **warped —,** alerón deformado

Aiming, Puntería; **automatic —,** puntería automática.

Air, Aire; **— adjustment screw,** tornillo de ajuste de aire; **— alert status,** estado de alerta aéreo; **— and ladder way,** chimenea de aire; **balance pumping unit,** grupo de bombear del contrapeso neumático; **— bed,** colchón de aire; **— belt driven,** compresora de aire movida por correa; **— bleed,** evacuación de aire, extracción de aire; **— blower,** ventilador; **— borne,** instalado sobre avión, transportado por aire; **— borne radar,** radar de bordo; **— brake,** freno aerodinámico, freno neumático; **— brick,** adobe, ladrillo cocido al aire; **— brush hand,** brocha de aire de mano; **— bubble,** venteadura (metales); **— buoyancy,** boyantez en el aire; **— capacitor,** condensador de aire; **— cargo,** cargamento aéreo; **— carrier service,** servicio de transportes aéreos de encomienda; **— case,** camisa de chimenea; **— cask,** chimenea; **— cataract,** catarata de aire; **— cell,** pila con despolarizante de aire; **— cells,** venteaduras; **— centre,** centro de aire; **— chamber,** cámara de viento, cilindro del cuerpo de la bomba situado debajo del pistón; **— channel,** canal de aire (hornos); **— characteristic,** curva característica del aire; **— chest,** regulador de aire; **— chute,** paracaídas (véase **Parachute**); **— cleaner,** filtro de aire; **— compressor,** compresor de aire; **— condenser,** condensador de aire; **— conditioning,** acondicionamiento del aire; **— control valve,** válvula de control; **— convection type,** calentador de aire de tipo de convección; **— cooled,** enfriado por aire; **— cooler,** refrigerador de aire; **— cooling,** enfriamiento por aire; **— core barrel,** linterna; **— core transformer,** transformador sin hierro; **— course,** pozo de ventilación (minas); **— craft,** véase **Aircraft; — current,** corriente de aire; **— cushion,** amortiguador de aire; **— dashpot,** amortiguador neumático; **— defense,** defensa aérea; **— deflector clamp,** retenedora del deflector de aire; **— direct driven,** bomba de aire con impulsión directa; **— directing vane,** plato deflectorio del depurador de aire; **— directing vane assembly,** conjunto de platos del depurador de aire; **— door or — gate,** puerta de ventilación; **— drain,** defecto de mina; **— draught,** corriente de aire; **— drift,** galería superior (minas); **— drive,** extracción de líquido por aire comprimido; **— drum,** depósito de aire; **— drum hanger,** soporte del depósito del aire; **— drum head,** fondo del depósito de aire; **— dust laden,** aire con polvo; **— ejector,** eyector de aire; **— engine,** motor de aire caliente; **— escape,** purga de aire; **— exhauster,** aspirador de aire, extractor de aire, ventilador aspirante; **— express business,** transporte de encomiendas aéreas, **— fare,** tarifa aérea; **— ferried,** transportado por el aire; **— field,** campo de aviación, campo en el entrehierro (electricidad); **— filter,** filtro de aire; **— flap type,** freno aerodinámico de aletas; **— flooding,** inyección de aire; **— flow,** corriente de aire; **— foil,** véase **Aerofoil; — foil rigid model,** perfil de modelo rígido; **— Force** (Royal) R.A.F., Real Fuerza Aérea; **— frame,** célula de avión; **— freely rotating,** hélice molinillo; **— freight,** flete aéreo; **— friction,** rozamiento del aire; **— furnace,** horno de reverbero, horno de viento; **— gap or path,** entrehierro (electricidad), espacio de aire; **— gauge,** calibre neumático; **— governor,** regulador neumático; **— heater,** recalentador de aire; **— heavy duty,** depurador de aire de servicio pesado; **— high altitude,** aparato de acondicionamiento para altura; **— hoist,** malacate para elevar cargas; **— holder,** depósito de aire; **— hole,** defecto de mina, perforación para ventilación, respiradero, toma de aire, venteadura, ventosa; — **indicator gauge,** indicador de presión del velocímetro; — **indicator vacuum reservoir,** cámara estanca del velocímetro; — **inlet for slow running,** orificio para entrada de aire restringida; — **intake,** cebolla; — **intake plug screw,** tornillo-tapón de orificio de aire; — **intake ring,** anillo de entrada de aire; — **jig,** criba neumática; — **level,** nivel de burbuja de aire; — **lever,** palanca del aire; — **liaison,** enlace de aviación; — **liaison marine craft,** aparato marino de enlace aéreo; — **lift,** extracción neumática, inyección de aire comprimido; — **line,** línea aérea; — **line clip,** abrazadera de tubería de aire; — **liner,** avión de línea; — **lock,** bolsa de aire (auto), chapaleta neumática, esclusa de aire; — **locomotive,** locomotora de aire comprimido; — **low type,** poste para aire; — **mail,** correo aéreo; — **mail bag,** saco de correo aéreo; — **mail contract,** contrato para la explotación de servicios aeropostales; — **mail military,** correo aéreo militar; — **man,** aviador; — **mattress,** colchón de aire; — **meter,** contador de aire; — **mortar,** mortero aéreo; — **motive engine,** motor de aire; — **naval reserve,** base aeronaval de reserva; — **navigation act,** código de navegación aérea; — **oil bath,** depurador de aire de baño de aceite; — **pad,** almohadilla neumática; — **passage auxiliary,** paso auxiliar de aire; — **path,** recorrido (o trayecto) en el entrehierro; — **pipe,** canal de ventilación (minas), conducto de aire, grieta de mina, hendidura por la que pasa el aire, silbato de chimenea, tubo dc ventilación; — **pit,** pozo de ventilación (minas); — **plug,** tapón de evacuación del aire; — **pocket,** bolsa de aire, olla (remolino); — **poise,** aerómetro; — **port,** aeropuerto; — **precaution service,** servicio de precauciones contra ataques aéreos; — **pression engine,** máquina de presurización de aire; — **pressure gauge,** dispositivo de presión de aire; — **pressurization,** presionización del aire; — **pump,** bomba de aire, máquina neumática; — **raid,** ataque aéreo; — **reaction,** reacción del aire; — **reducing valve,** válvula de expansión de aire; — **regulating accessory,** accesorio regulador de presión de aire; — **regulator,** regulador de aire; — **release valve,** válvula de evacuación de aire; — **reservoir,** depósito de aire; — **resistance,** resistencia del aire; — **road,** via de ventilación (minas); — **rotatable inlet,** codo de entrada de aire giratorio; — **safety board,** comisión de seguridad aérea; — **scoop,** tolva de aire, toma de aire; — **screw,** hélice aérea (Inglaterra; véase **Airscrew** y **Propeller,** América); — **scuttle,** portilla de ventilación; — **seal,** obturador de aire; — **self cleaning,** depurador de aire autolimpiador; — **separator,** separador de aire; — **shaft,** respiradero (minas); — **shutter,** obturador de aire; — **sleeve,** tolva de aire; — **sluice,** esclusa de aire; — **space,** bolsa de aire, colchón de aire; — **speed indicator,** indicador de velocidad de aire; — **speed scale,** escala del velocímetro; — **squadron,** escuadrilla aérea; — **steam driven,** compresora de aire movida por vapor; — **stove,** calorífero; — **strainer,** filtro de aire, filtro humedecido con aceite; — **stream,** vena de aire; — **strength numerical,** potencia aérea numérica; — **system scheduled,** sistema de transportes aéreos regulares; — **test fixture,** aparato de probar por aire; — **tight,** impermeable al aire; — **tool,** herramienta neumática; — **traffic,** tráfico aéreo; — **trap,** bolsa de aire, separador de aire comprimido, ventilador aspirante; — **trunk,** compartimiento del ventilador, ventilador para habitaciones; — **tube,** cámara de aire (neumáticos); — **tunnel,** túnel aerodinámico;

— **vacuum,** aneroide; — **valve,** chapaleta neumática, purgador de aire, válvula de aire; — **valve screw,** tornillo de válvula de aire auxiliar; — **vane,** molinete regulador; — **vessel,** depósito de aire; — **washer tank,** depósito recogedor de agua del purificador de aire; — **way,** galería de ventilación de minas; — **wing,** molinete regulador; — **worthiness,** véase **Airworthiness; auxiliary** —, aire adicional; **burning** —, aire comburente; **circulating** —, aire circulante; **compressed** — **drill,** perforador de aire comprimido; **extra** —, aire adicional (auto); **foul** —, aire viciado; **ground-to-** —, tramo tierra-aire; **ground-to-** — **communication,** comunicación aire-tierra; **ground-to-** — **way of transmission,** sentido de transmisión tierra-aire; **night** — **traffic,** tráfico aeropostal nocturno; **oil bath** — **cleaner,** filtro de aire de baño de aceite; **ram** —, aire dinámico; **scavenger or scavenging** —, aire admitido en sentido de la marcha (aviones); **still** —, viento nulo; **still** — **range,** radio de acción en viento nulo; **supercharge** —, aire comprimido; **tank for** — **supply,** depósito de aire; **uniplanar oscillating** — **flow,** corriente de aire oscilante uniplanar; **to** —, airear, secar al aire.

Airbag, Ballonet (globos).

Airborne, Airdraught... etc..., etc..., Véase **Air.**

Airbound, Obturado por aire.

Airbroking, Corretaje aéreo.

Aircool (To), Aerorrefrigerar.

Aircraft, Aeronave, aeroplano, véase **Airplane** y sobre todo **Plane**; — **brake,** freno de avión; — **carrier,** buque portaaviones; — **dynamic lift,** aeronave de sustentación dinámica; — **high perfomance,** aeronave de elevada perfomance; — **large scale,** aeronave de gran carga; — **low wing,** aeronave de alas bajas; — **mechanically driven,** aeronave impulsada por medios mecánicos; — **of foreign registry,** aeronave de matrícula extranjera; — **production type,** aeronave de serie; — **public service,** aeronave de servicio público; **double decked** —, avión de dos pisos; **executive** —, avión para uso del personal director de una empresa; **fixed wind** —, avión de alas fijas; **high wing** —, avión de alas altas; **jet-power** —, avión a reacción; **low wing** —, avión de ala baja; **nuclear powered** —, aeronave de propulsión nuclear; **prototype** —, avión prototipo; **research** —, avión experimental; **tanker** —, avión cisterna; **three engined** —, avión trimotor; **trainer** —, avión de prácticas; **transport** —, avión de transporte; **twin engined** —, avión bimotor.

Airer, Ventilador.

Airfoil, Perfil; — **full size,** perfil de tamaño natural; — **of infinite span,** plano de envergadura infinita; — **slow speed,** perfil de baja velocidad; — **thin section,** perfil o plano delgado.

Airing or **Airiness,** Aireacción; — **machine,** máquina a viento; — **ventilator,** ventilador.

Airline, Línea aérea; — **long range,** línea aérea de gran recorrido; — **public service,** línea de servicio público; — **short range,** línea aérea de corta distancia; — **state controlled,** línea aérea oficial.

Airliner, Aeronave de línea; — **high altitude,** aeronave de transporte de gran altura.

Airman, Aviador; — **night pursuit,** aviador de caza nocturno.

Airplane, Avión (véase **Airplane** y sobre todo **Plane**); — **biplane type,** avión tipo biplano; — **fixed wing,** avión de alas fijas; — **for day operations,** avión para viajes diurnos; — **of variable gap,** avión de distancia variable entre planos;

— **single fuselage,** avión de un fuselaje; — **single propellered,** avión de una sola hélice; **photographic** —, avión para levantamientos fotográficos; **twin-engine** —, avión bimotor (véase **Plane**).

Airport, Aeropuerto; — **apron,** pista de aeropuerto, plataforma para aeronaves; — **flying school,** aeródromo de escuela de aviación; — **fully lighted,** aeropuerto completamente iluminado; — **partially lighted,** aeropuerto parcialmente iluminado.

Airscrew, Hélice; — **blade,** pala de la hélice; — **boss,** núcleo de hélice; — **brake,** freno de hélice; — **disc area,** superficie barrida por la hélice; — **draught,** viento de hélice; — **efficiency,** rendimiento de hélice; — **hub,** núcleo de hélice; — **hub flange,** brida de núcleo de hélice; — **hub spinner,** fuselado giratorio del núcleo de la hélice; — **path,** paso de hélice aérea; — **pitch,** paso de hélice; — **setting,** calzado de la hélice; — **shaft,** árbol de hélice; — **sheathing,** blindaje de la hélice; — **slip,** retroceso de hélice aérea; — **torque,** par de la hélice; **adjustable blade** —, hélice de paso variable; **blade** —, hélice aérea calada; **constant, adjustable pitch** —, hélice de paso constante; hélice de paso regulable, hélice de paso variable; **driving** —, hélice de propulsión; **geared** —, hélice con engranaje reductor; **left handed (L. H.)** —, hélice de paso a la izquierda; **metal** —, hélice de metal; **out ot truth** —, hélice aparejada; **pusher** —, hélice propulsora; **reversible pitch** —, hélice de paso reversible; **right handed (R. H.)** —, hélice de paso a la derecha; **three bladed** —, hélice de tres palas, hélice tripala; **tractor** —, hélice tractora; **two bladed** —, hélice bipala, hélice con dos palas; **wooden** —, hélice de madera.

Airship, Dirigible; — **engine,** motor de dirigible; — **engine driven,** aeronave propulsada por motor; — **for photographic work,** aerostato fotográfico; — **pressure rigid,** dirigible rígido por presión; — **public service,** aeronave de servicio público; — **shed,** hangar para dirigibles; **moored** —, dirigible amarrado; **non rigid** —, dirigible deformable; **rigid** —, dirigible rígido.

Airland (To), Aerotransportar tropas o material.

Airway, Ruta aérea; — **straight line,** ruta aérea rectilínea.

Airworthiness, Aeronavegabilidad; **certificate of** —, certificado de aeronavegabilidad.

Airworthy, Con condiciones de aeronavegabilidad.

Aisle, Ala, nave lateral (iglesia); — **front seat,** paso entre los asientos delanteros.

Ajutage, Cebolla.

Alabastrine, Alabastrino.

Alarm, Alarma; — **contact,** cocodrilo (ferrocarril); — **control system,** red de mando de alarma; — **check valve,** válvula de detención de alarma; — **drop indicator type,** timbre con disco indicador; — **float,** flotador avisador; — **ground plate,** cañón de alarma; — **high level,** alarma de alto nivel; — **motor car,** aparato de aviso para automóvil; — **siren type,** alarma del tipo de sirenas; — **telegraph,** telégrafo de alarma; — **valve,** válvula de seguridad; **battery** —, alarma de batería; **office** —, alarma de central; **wire break** —, avisador de ruptura de alambre.

Albata, Albata (metal).

Albite, Albita.

Alburn, Albura.

Alclad, Alclad.

Alcohol, Alcohol; — **torch,** lámpara de soldar de alcohol de los plomeros; **allyl** —, alcohol alílico; **anhydrous** —, alcohol absoluto; **denatured** —, alcohol desnaturalizado; **deshydrogenized** —, alcohol aldehído; **ethyl** —, alcohol etílico; **hexyl** —, alcohol hexílico; **high grade** —, alcohol de buena clase; **lower alcohols,** alcoholes inferiores; **methyl** —, alcohol metílico; **polyvinyl** —, alcohol polivinílico; **propyl** —, alcohol propílico.

Alcoholize (To), Alcoholar, alcoholizar.

Alcoholysis, Alcoholisis; **catalysed** —, alcoholisis catalizada.

Aldehyde, Aldehido; **unsatured** —, aldehido insaturado.

Aldonic, Aldónico; — **acids,** ácidos aldónicos.

Alembic, Alambique; **cast iron** —, alambique de descomposición.

Algae, Algas; — **eliminator,** destructor de algas.

Algebraic or **Algebric,** Algebraico; — **geometry,** geometría algebraica; — **sum,** suma algebraica.

Algebraisation, Algebrización.

Algorithms, Algoritmos.

Alhylic, Alílico.

Alidade or **Alhidade,** Alidada, pinula; **open sight** —, alidada de pinulas; **plane table** —, alidada de anteojos para planchetas; **telescopic** —, alidada de anteojo.

Alight (To), Amarar, aterrizar.

Alighting, Aterrizaje; — **gear,** tren de aterrizaje.

Align (To), Alinear.

Aligned, Alineado.

Aligner, Alineador ;— **engine mount,** máquina alineadora de bancada.

Aligning, Para alinear; — **fixture piston,** dispositivo para alinear émbolos; **self** — **bearing,** soporte de rótula.

Alignment, Alineamiento; — **chart,** abaco, monografía de alineación; — **chart for altitudes,** tabla de correcciones de las alturas altimétricas; — **for landing on the runway,** alineamiento para aterrizar en la pista; **in** —, en línea; **out** —, fuera de alineamiento.

Aline (To), Alinear.

Aliphatic, Alifático; — **acid,** ácido alifático; — **aldimines,** aldehidoiminas alifáticas; — **ketones,** cetonas alifáticas.

Alive, Explotable, recorrido por la corriente eléctrica bajo tensión; **keep-** — **anode,** ánodo auxiliar (tubos de gas); **keep-** — **cap,** cabeza de electrodo excitador.

Alkali, Álcali; — **of tar,** álcali de alquitrán; — **waste,** cernada de sosa, residuos de fabricación de álcalis; — **works,** horno de fabricación de carbonatos calcinados; **mineral** —, carbonato de sosa; **vegetable** —, álcali vegetal.

Alkaline, Alcalino; — **battery,** batería de electrolito alcalino; — **dichromate treatment,** tratamiento por dicromato alcalino; — **earth metals,** metales alcalino-térreos; — **metals,** metales alcalinos.

Alkalinity, Alcalinidad.

Alkalious, Alcalioso.

Alkaloid, Alcaloide.

Alkanet, Orcanete.

Alkannin, Ancusina.

Alkenyl, Alcohilénico; — **silanes,** silanos alcohilénicos.

Alkyl, Alquílico; — **ether,** éter alquílico.

Alkylate, Alcohilato, alquilato.

Alkylation, Alcohilación, alquilación.

Alkylbenzenes, Alquilbencenos

Alkylol-amide, Alcoholamida.

All, Totalmente; — **electric,** totalmente eléctrico; — **frosted,** completamente esmerilada; — **level sample,** muestra media; — **mains,** universal (aparatos eléctricos); — **metal aeroplane,** avión metálico; — **pass filter,** filtro de todo paso; — **relay plant,** instalación totalmente electrificada; — **service,** todos los servicios, universal; — **wave,** para todas ondas; — **wave receiver,** receptor de toda onda; — **waves set,** toda onda; — **weather ventilation,** sistema de ventilación para todo tiempo; — **welded,** totalmente soldado; — **wing aircraft,** ala volante.

All-metal, Enteramente metálico; — **construction,** construcción enteramente metálica.

All-purpose, Universal.

All-steel, Todo de acero.

Alley arm, Angular, entibación a escuadra.

Allied, Conexo; — **industries,** industrias conexas.

Alligation, Aligación; — **of gold with copper and silver,** liga de oro y plata; **alternate —,** aleación invertida; **medial —,** aligación directa; **rule of —,** regla de aligación.

Alligator crusher, Machacadora de mandíbulas; — **wrench,** llave para tubos.

Allision, Choque.

Allocation, Distribución; **frequency — table,** cuadro de distribución de frecuencias; **group or supergroup —,** distribución de grupos y subgrupos.

Alloted, Adjudicado; **frequency —** (to a country or to an area), frecuencia adjudicada (a un país o un área).

Alloter switch, Conmutador de asignación.

Allotment, Adjudicación; **frequency —** (to a geographical area), adjudicación de frecuencia (a un área geográfica).

Allotropic, Alotrópico.

Allotropy, Alotropia.

Allow (To), Coagularse.

Allowance, Excusa (comercio), reducción de tarifa, sobreespesor de mecanizado, tolerancia; — **drift angle,** margen para el ángulo de deriva; — **fixed monthly,** asignación mensual fija; — **for machining,** sobreespesor para el maquinado; — **piston clearance,** juego a dejar entre el cilindro y el émbolo; **free —,** tolerancia de mecanización; **grinding —,** creces de mecanizado.

Alloy, Aleación, esmeril, ley de una aleación; — **battery tester,** aleación para ensayador de batería; — **cast iron,** fundición aleada; — **copper nickel,** aleación cobre níquel; — **chrome molybdenum,** aleación cromo molibdeno; — **electric resistance,** aleación para resistencia eléctrica; — **lead base,** aleación a base de plomo; — **low percentage,** aleación pobre en; — **platinum gold,** aleación platino oro; — **silicon aluminum,** aleación de aluminio y silicio; — **solid solution,** aleación de solución sólida; — **tin base,** aleación a base de estaño; — **white metal,** aleación blanca; **binary —,** aleación binaria; **copper base —,** aleación a base de cobre; **high temperature —,** aleación resistente a las altas temperaturas; **light or light weight —,** aleación liviana: **low — steel,** acero débilmente aleado; **quaternary —,** aleación cuaternaria; **ternary —,** aleación ternaria; **to —,** alear.

Alloyability, Aleabilidad.

Alloyed, Aleado.

Alloying, De aleación; — **elements,** componentes de aleación.

Alluvia, Terrenos de aluvión.

Alluvial, Aluvial, de aluvión; — **deposit,** yacimiento aluvial; — **stone,** toba.

Alluvium, Aluvión.

Allyl, Alílico; — **alcohol,** alcohol alílico.

Allylic, Alílico.

Aloe, Aloe; — **rope,** cabo de aloe.

Along (Come) — clamp, Tensor de hilo aéreo.

Alpax, Alpax.

Alpha, Alfa; — **particules,** partículas alfa.

Alphabet, Alfabeto; **telegraphic** —, alfabeto telegráfico.

Alphabetic, Alfabético; — **key board,** teclado alfabético.

Altait, Telururo de plomo.

Alteration, Alteración, variación; — **in length,** cambio del largo; — **of angle,** deflección, deformación angular; — **of load,** variación de carga.

Alternate, Alternado; — **polarity poles,** polos de polaridad alternada.

Alternateness, Alternación.

Alternating, Alterno (elect.); — **bending test,** ensayo de plegado alternativo en sentido inverso; — **current,** corriente alterna; — **current commutator motor,** alternomotor con colector; — **current motor,** motor de corriente alterna; — **current side,** lado de corriente alterna; — **current welding,** soldadura por corriente alterna.

Alternation, Alternancia.

Alternative, Invariante; — **route,** vía supletoria.

Alternator, Alternador; — **generator,** generador alternador; — **revolving field,** alternador de campo giratorio; **asynchronous** —, alternador asíncrono; **heteropolar** —, alternador heteropolar; **high frequency** —, alternador de alta frecuencia; **homopolar** —, alternador homopolar; **monophase** —, alternador monofásico; **multiphase or polyphase** —, alternador polifásico; **radio-frequency** —, alternador de hiperfrecuencia; **umbrella type** —, alternador de eje vertical con rangua interior.

Altimeter, Altímetro; — **direct reading,** altímetro de lectura directa; — **sensitive pressure,** altímetro sensible de presión; **barometric** —, altímetro barométrico; **electronic** —, radioaltímetro; **radio** —, sonda altimétrica; **recording** —, altímetro registrador; **reflection** —, altímetro de reflexión; **sonic** —, altímetro acústico.

Altimetric, Altimétrico.

Altimetry, Altimetría.

Altitude, Altura, zénit (astr.); — **chamber,** cámara de altura; — **control lever,** palanca de mando altimétrico; — **effective service,** altura eficaz de utilización; — **indicator visual,** indicador visual de altitud; — **maximum power,** altura máxima de potencia; — **minimum safe,** altura mínima de seguridad; — **pointer needle,** aguja índice de altura; **operating** —, altitud operacional (aviones); **rated** —, altitud a la que un avión sobrealimentado da su máxima potencia (aviación).

Altitudinal, Altitudinal.

Alum, Alumbre; — **bath,** baño de alumbre; — **battery,** pila de alúmina; — **boiler,** caldera de alúmina; — **calcined burnt,** alumbre calcinado; — **maker,** alumbrera; — **mine,** alumbrera; — **shales,** esquistos aluminosos; — **slate,** esquisto aluminoso; **ammonium** —, alumbre amoniacal; **chromic** —, alúmina de cromo; **iron** —, alumbre de hierro; **potash** —, alumbre de potasa; **to** —, alumbrar, aluminar; **volcanic** — **stone,** trisulfuro de alúmina.

Alumen, Alumbre.

Alumina, Alúmina; **activated** —, alúmina activada; **sinter** —, alúmina sinterizada.

Alumination, Aluminaje.

Aluming, Aluminaje.

Aluminite, Aluminita.

Aluminium or **Aluminum,** Aluminio; — **alloy,** aleación de aluminio; — **cable,** cable de aluminio; — **foil,** hoja de aluminio; — **hammered cast,** aluminio fundido batido; — **paint,** pintura de aluminio; — **powder,** polvo de aluminio; — **sheet,** chapa de aluminio.

Aluminizing, Aluminización.

Aluminous, Aluminoso; — **cement,** cemento aluminoso; — **flux,** fundente aluminoso; — **pit coal,** hulla aluminosa.

Aluminothermy, Aluminotermia.

Alumish, Alumbroso.

Alundum, Alúmina hidratada para afilar, alundum; — **wheel,** muela de alundum.

Alunite, Alunita.

Alveograph, Alveógrafo.

A. M. (Amplitude Modulation), Modulación de amplitud.

Amalgam, Amalgama; — **for copper silvering,** amalgama para platear cobre; — **gilding,** dorado al fuego.

Amalgamate (To), Amalgamar.

Amalgamated, Amalgamado; — **zinc plate,** placa de zinc amalgamada.

Almagamating, De amalgamación; — **barrel or tub,** tonel de amalgamación; — **mill,** molino de amalgamación; — **pan,** caldera de amalgamación; — **skin,** gamuza de amalgamación.

Amalgamation, Amalgamación.

Amalgamator, Máquina de amalgamación.

Amateur, Aficionado; — **station,** estación de aficionado.

Amazon stone, Feldespato verde, piedra de las amazonas.

Amber, Ámbar; — **varnish,** barniz de ámbar; **mineral** —, mineral de ámbar.

Ambient, Ambiente; — **temperature,** temperatura ambiente.

Ambroin, Ambroina.

Ambulance, Ambulancia; — **plane,** aeroambulancia.

Ambulator, Hodometro, odometro.

Amend (To), Enmendar.

American red spruce fir wood, Madera de abeto negro de América; — **twist joint,** empalme de torsión.

Americium, Americio.

Amiantine, Asbesto; — **wood,** asbesto leñoso.

Amianthus, Amianto.

Amide, Amida; **alkali** —, amida alcalina.

Amidines, Amidinas.

Amidochloride of mercury, Cloroamida de mercurio.

Amidone, Almidina.

Amidrazones, Hidracidinas.

Amines, Aminas; **acetylenic** —, aminas acetilénicas; **diazotized** —, aminas diazomidadas.

Amino acids, Aminoácidos.

Ammeter, Amperímetro (véase también **Voltmeter** en ciertas expresiones); — **burned out,** amperímetro quemado; — **commutator,** amperímetro conmutador; — **generator field,** amperímetro de inductor; — **surface type,** amperímetro instalado al ras; **clamp** —, amperímetro de abrazadera; **dead beat** —, amperímetro aperiódico; **eccentric iron disk** —, amperímetro de disco excéntrico; **electrostatic** —, amperímetro electrostático; **hot band** —, amperímetro térmico; **hot wire** —, amperímetro térmico; **magnetic vane** —, amperímetro de repulsión; **magnifying spring** —, amperímetro de resorte amplificador; **marine** —, amperímetro de resorte; **milli** —, miliamperímetro; **moving coil** —, amperímetro de cuadro móvil; **pointer stop** —, amperímetro de parada de la aguja; **recording** —, amperímetro registrador; **spring** —, amperímetro de muelle antagonista; **steel guard** —, amperímetro de balanza; **thermal** —, amperímetro térmico.

Ammonal, Amonal.

Ammonia, Amoníaco, gas amoníaco; — **alum,** alumbre amoniacal; — **casting,** fundición resistente al amoníaco; — **leaching,** colada al amoníaco; — **salt,** sal amoníaco; **hydrosulphur of** —, hidrosulfato de amoníaco; **synthetic** —, amoníaco sintético.

Ammoniated, Amoniacado, amoniacal.

Ammonio, Amoniacal; — **muriatic copper,** hidroclorato de cobre amoniacal.

Ammonite, Amoniuro.

Ammonium, Amonio; — **alum,** alumbre amoniacal; — **carbonate,** carbonato amónico; — **magnesium phosphate,** fosfato amónico; — **nitrate,** nitrato amónico; — **sulphate,** sulfato amónico.

Ammonuriet of liquid copper, Licor cuproamoniacal.

Ammunition, Explosivos, municiones, proyectiles; — **belt,** cinta de cartuchos (ametralladora); — **box,** caja de municiones; — **feed,** alimentación de municiones.

Amorphous, Amorfo; — **phosphate,** fosfato amorfo.

Amortization or **Amortizement,** Amortización; — **charges,** gastos de amortización.

Amount, Aplanamiento (en construcciones de tierras), suma; — **of displacement,** amplitud del desplazamiento; — **of over balance,** tara de corrección; — **of permissible play,** amplitud de desplazamiento permitida; **to** — **to,** sumar.

Amp. (abreviatura de **Ampere**), Amperio.

Amperage, Amperaje; — **dry cell,** intensidad de corriente producida por una pila seca.

Ampere, Amperio; — **hour,** amperio-hora; — **ring,** amperio-vuelta; — **turn,** amperio-vuelta; — **turns,** contra-amperios-vueltas; — **volt,** vatio; **magnetising** — **turn,** amperivuelta magnetizante.

Amperemeter or **Amperometer** (véase **Ammeter**), Amperímetro; **hot wire** —, amperímetro térmico.

Amperometric, Amperimétrico; — **titration,** valoración amperimétrica.

Amphibian, Anfibio, avión anfibio; — **single engined,** avión monomotor.

Amphibious, Anfibio; — **vehicle,** vehículo anfibio.

Amp-hr (Ampere hour), Amperio-hora.

Amplidyne, Amplidino.

Amplification, Amplificación; — **factor,** coeficiente de amplificación; — **resistor voltage,** amplificador de voltaje por resistencias; — **wide band,** amplificador de ancha banda; **power** —, amplificación de potencia.

Amplifier, Amplificador; — **general purpose,** amplificador para uso general; — **intermediate frequency,** amplificador de frecuencia intermedia; — **pentode speech,** pentodo amplificador microfónico; — **screen grid,** válvula de rejilla blindada; — **three tube,** amplificador de tres válvulas; — **volume limiting,** amplificador limitador de volumen; **battery-coupled** —, amplificador acoplado por batería; **broad band** —, amplificador de banda ancha; **cascade** —, amplificador en cascada; **cathode-coupled** —, amplificador acoplado por cátodo; **chain** —, amplificador en cadena; **choke-coupled** —, amplificador de acoplo por impedancia; **clamp** —, amplificador corrector; **crystal** —, amplificador de cristal de cuarzo; **d.c.** —, amplificador de corriente continua; **decade** —, amplificador de década; **differential** —, amplificador diferencial; **double-tuned** —, amplificador de sintonía doble; **electronic** —, amplificador electrónico; **equalizing** —, amplificador igualador; **fidelity of an** —, fidelidad de un amplificador; **floating paraphase** —, amplificador parafásico flotante; **grid-grounded** —, amplificador con rejilla a tierra; **grounded grid** —, amplificador de rejilla a masa; **high frequency** —, amplificador de alta frecuencia; — **high gain** —, amplificador de alta ganancia; **integrating** —, amplificador integrador; **inverted** —, amplificador invertido; **limiter** —, amplificador limitador; **low frequency** —, amplificador de baja frecuencia; **magnetic** —, amplificador magnético; **maximal flatness** —, amplificador de aplanamiento máximo; **monitoring** —, amplificador de vigilancia; **multistage** —, amplificador de varios pasos; **noise in** —, ruido de amplificador; **one stage** —, amplificador de una etapa; **operational** —, amplificador operacional; **paraphase** —, amplificador parafásico; **pentriode** —, amplificador pentriodo; **plate-modulated** —, amplificador modulado en placa; **poly-stage** —, amplificador de varias etapas; **power** —, amplificador de potencia; **public address** —, amplificador megafónico; **push-pull** —, amplificador en contrafase; **resistance-coupled** —, amplificador acoplado por resistencia; **retroactive** —, amplificador retroactivo; **rotating** —, amplificador rotativo; **shunt-feed** —, amplificador con alimentación en paralelo; **signal frequency** —, amplificador previo; **speech-input** —, amplificador de voz; **stagger-tuned** —, amplificador de sintonía escalonada; **transformer coupled** —, amplificador acoplado por transformador; **two, three or four stage** —, amplificador de dos, tres o cuatro etapas; **videofrequency** —, amplificador de videofrecuencia, videoenlace; **weighted** —, amplificador compensador; **wide band** —, amplificador de amplia banda.

Amplifying, Amplificador; — **detector,** detector amplificador.

Amplitude, Amplitud; — **compass,** compás de amplitudes; — **modulation,** modulación de amplitud; — **of rotary oscillation,** amplificador de la rotación; **magnetic** —, desviación magnética; **pulse** — **modulation,** modulación de impulsos en amplitud; **resonance** —, amplitud de resonancia; **vertical** —, amplitud ortiva.

A. m. u. (Atomic mass unit), Unidad de masa atómica.

Amyl, Amílico; — **acetate,** amilacetato; — **alcohol,** alcohol amílico.

Anaglyphs, Anáglifos.

Analizer, Analizador; **harmonics** —, analizador de armónicos.

Anallagmatic, Analagmático.

Analog, Análogo, por analogía; — **method,** método analógico.

Analyse or **Analysis,** Análisis; — **by dry process or in the dry way,** análisis por vía seca; — **by wet process,** análisis por vía húmeda; **colorimetric** —, análisis colorimétrico; **conducimetric** —, análisis por conductibilidad; **dimensional** —, análisis dimensional; **harmonic** —, análisis armónico; **polarographic** —, análisis polarográfico; **proximate** —, análisis inmediato; **qualitative** —, análisis cualitativo; **quantitative** —, análisis cuantitativo; **spectrochemical** —, análisis espectroquímico; **spectrographic** —, análisis espectrográfico; **spectroscopic** —, análisis espectroscópico; **volumetric** —, análisis volumétrico.

Analyser, Analizador, prisma de dispersión; **delivery rate or flow** —, analizador de caudal; **electric** —, analizador de electrolisis; **electrostatic** —, analizador electrostático; **flight** —, analizador de vuelo; **flue gas** —, analizador de gas de combustión; **gas** —, analizador de gas; **harmonic** —, analizador de armónicos; **ignition** —, analizador de ignición; **infrared** —, analizador de rayos infrarrojos; **panoramic** —, analizador panorámico; **sound** —, analizador de sonido; **spectrum** —, analizador del espectro; **water** —, analizador de agua; **wave** —, analizador de ondas.

Analysing, De análisis; — **ruler**, regla de análisis.

Analytic, Analítico; — **continuation**, extensión analítica; — **geometry**, geometría analítica.

Analytical, Analítico; **micro** —, microanalítico.

Analyzability, Analizabilidad.

Anamorphosis, Anamorfosis.

Anastase, Anastasa.

Anastigmat (lens), Objetivo anastigmático.

Anchor, Ancla, armadura (electricidad), arpeo (marít.), tirante, zapata de tornillo; — **bolt**, cepo del ancla; — **bushing**, garras del ancla; — **plate**, placa de anclaje, varadero del ancla; — **pull back spring**, anclaje de resorte de retracción; — **shackle bolt**, perno de horquilla de ancla; — **shoe or** — **shank**, caña del ancla; — **stick or** — **stock**, cepo de ancla; — **stock hoop**, zuncho del cepo de ancla; — **tubing catcher**, ancla atrapadora de tubería; — **wire insulating**, aislador de cable de amarre; **backing** —, galga de ancla; **blades of the** — **or palms of the** —, pestañas del ancla; **cross** —, cruz del ancla; **crown of the** —, arganeo; **drag** —, ancla de deriva; **expanding** —, ancla de expansión; **explosive** —, ancla explosiva; **log** —, ancla de madera; **rock** —, ancla para roca; **rocket propellant** —, ancla de aterrizaje por cohete; **schackle of the** —, cadena del ancla; **sea** —, ancla de capa; **tie** —, ancla de bóveda.

Anchorage, Ancoraje; — **patrol plane**, fondeadero de aviones de patrulla; — **snatch block**, anclaje con cornamusa de amarra; — **torque tube**, soporte para el tubo de reacción.

Anchoring, Amarre, anclaje.

Anchusa, Véase **Alkanet**.

Ancillary services, Servicios de a bordo.

Ancony, Tocho parcialmente martillado.

And-circuit, Circuito por conjunción.

And-gate, Compuerta por conjunción.

Andalusite, Andalusita.

Andaman red-wood, Coral ramoso.

Anechoic or **Anechoid chamber**, Cámara anecoica, cámara sin eco.

Anelasticity, Anelasticidad.

Anemobarometer, Anemobarómetro.

Anemograph, Anemógrafo.

Anemometer, Anemómetro; **cup** —, anemómetro de cónicas, anemómetro de copas; **hot wire** —, anemómetro de hilo electrocalentado; **ionisation** —, anemómetro de ionización; **recording** —, anemómetro registrador; **windmill** —, anemómetro de molinete.

Aneroid, Aneroide; — **barometer**, barómetro aneroide; — **capsule**, cápsula barométrica.

Angle, Ángulo, cantonera, codo, escuadra; — **angle**, ángulo de desfase; — **at a slight**, ligeramente en ángulo; — **at top**, ángulo de talla; — **bar**, abrazadera angular, perfil angular; — **bevel**, falsa escuadra; — **blocks**, picaderos (dique seco), taco de ángulo cuña; — **bottom**, ángulo de fondo de los dientes; — **brace**, grapa angular de hierro, puntal oblicuo de madera, riostra angular; — **bracket**, consola en escuadra; — **collar**, corbata de angular (buques); — **course beam**, cartela apoyada de una viga (construcción); — **dihedral lateral**, ángulo diedro lateral; — **dihedral longitudinal**, ángulo diedro longitudinal; — **dozer**, bulldozer de tablero inclinado; — **effective helix**, ángulo efectivo de hélice; — **eye level**, ángulo de nivel de los ojos; — **fillet**, filete de ángulo; — **filleted**, ángulo redondeado; — **fishplate**, brida angular; — **flange**, brida de hierro en ángulo; — **gashing**, ángulo de entallado; — **gauge**, goniómetro; — **ground**, ángulo con el suelo; — **heel**, ángulo de la quilla; — **hexagon**, ángulo hexagonal; — **horizontal**, ángulo horizontal; —

iron, abrazadera metálica, hierro en ángulo; — **iron bumper,** placa de tope de superficie convexa; — **iron diaphragm,** escuadra de cierre de ensambladura; — **joint,** unión de ángulos; — **jump,** error en la salida del proyecto; — **lever,** palanca acodada; — **locking,** espiga oblicua (carpintería); — **meter,** goniómetro; — **normal,** ángulo normal; — **of adrance,** avance angular; — **of attack critical,** ángulo de ataque crítico; — **of attack geometrical,** ángulo de ataque geométrico; — **of backing off,** ángulo de corte de la cuchilla; — **of bend,** ángulo de plegado; — **of bite,** ángulo de contacto (laminación); — **of contact,** ángulo de contingencia; — **of departure,** ángulo de proyección (balística); — **of depression,** ángulo de depresión; — **of descent,** ángulo de caída; — **of dispart,** ángulo de tiro (balística); — **of displacement,** ángulo de amplitud; — **of dive,** ángulo de sondeo; — **of draft,** ángulo de tracción; — **of elevation,** ángulo de elevación; — **of flange,** brida de hierro en ángulo; — **of friction,** ángulo de rozamiento; — **of incidence,** ángulo de incidencia; — **of inflection of a plane,** jaira; — **of lag,** ángulo de desfase; — **of lapping,** ángulo de recubrimiento; — **of lead,** ángulo de avance (electricidad), ángulo de calaje, ángulo de dirección; — **of obliquity,** ángulo de oblicuidad; — **of polar span,** ángulo de las piezas polares; — **of projection,** ángulo de tiro; — **of rake,** ángulo de corte; — **of repose,** ángulo de reposo; — **of resistance,** ángulo de rozamiento; — **of roll,** ángulo de balance; — **of side slip,** ángulo de deslizamiento; — **of sight,** ángulo de situación (balística); — **of the shoe,** despunte del taco; — **of throat,** ángulo de un diente (sierra); — **of wires,** ángulo de línea; — **of yaw,** ángulo de giro; — **patching,** remendado de las chapas en los ángulos; — **picker,** taco angular; — **pipe,** enlace acodado, tubo curvado; — **plate,** placa de apoyo del ancla; — **reducer,** codo de reducción; — **ring,** banda angular; — **ring stiffening,** refuerzo de abrazadera; — **seam,** junta de palastro embutido; — **slecker,** escuadra para repasar (moldeo); — **splice bar,** brida en escuadra; — **stiffening,** refuerzo angular; — **stop,** escuadra de detención; — **table,** soporte de la mesa; — **terminal,** ángulo al vértice; — **tie,** cuadral, tirante inclinado; **acute** —, ángulo agudo; **adjacent angles,** ángulos adyacentes; **apsidial angles,** ángulos apsidales; **blade** —, ángulo de paleta; **boiler** — **seam,** mordaza de caldera; **boom** —, abrazadera de moldura; **boundary** —, ángulo de enlace (mat.); **bulb** —, escuadra de rodete; **bull angles,** reborde de rueda; **clearance** —, ángulo de despulle; **continous** —, ángulo adyacente; **corner** —, ángulo de ataque; **corresponding** —, ángulo correspondiente; **critical** —, ángulo crítico; **cutting** —, ángulo de talla; **dihedral** —, ángulo diedro; **draft** —, ángulo de despulle; **drift** —, ángulo de deriva; **exit** —, ángulo de salida; **external** —, ángulo externo; **fishing** —, ángulo de la chapa (forja); **gliding** —, ángulo de planeo; **grinding** —, ángulo de biselado; **groove for** — **web,** ranura del cilindro de la máquina de atorar las aletas; **ground** —, ángulo de despegue; **high-** — **radiation,** radiación con ángulo elevado; **intermediate** —, ángulo intermedio; **internal** —, ángulo horario, ángulo interno; **lead** —, ángulo de avance (electricidad); **limit** —, ángulo límite; **loss** — (in dielectrics), ángulo de pérdidas dieléctricas; **negative** —, ángulo negativo; **obtuse** —, ángulo obtuso; **offset** —, ángulo de calaje; **optical** —, ángulo óptico; **overlap** —, ángulo de superposición; **plane** —, ángulo llano; **pressed** —, escuadra embutida; **projection** —, ángulo de impulsión; **rake** —, ángulo de desprendimiento; **relief** —, ángulo de despulle; **reserved** — **iron**, abrazadera vuelta; **roll** —, ángulo de rodadura; **running board** —, soporte de estribo; **sharp** —, ángulo vivo; **sharpening** —, ángulo de afilado; **solid** —, poliedro; **stalling** —, ángulo crítico; **tail setting** —, ángulo de calaje de cola; **thread** —, ángulo de inclinación de tornillos; **tilt** —, ángulo de inclinación; **tooth** —, ángulo de inclinación del diente; **wide** —, gran angular.

Angstrom unit (10^{-8} cm), Unidad Angstrom (10^{-8} cm).

Angular, Angular; — **cutter,** fresa de ángulo; — **distance,** distancia angular; — **frequency,** frecuencia angular; — **gearing,** engranaje cónico; — **iron band,** fleje de hierro angular; — **momentum,** momento angular; — **motion,** movimiento angular; — **part,** pieza angular; — **point,** vértice; — **retaining wall,** muro de sostenimiento con aletas de retorno; — **section,** sección angular; — **thread,** filete triangular; — **velocity,** velocidad angular.

Angularity, Oblicuidad; — **of rollers,** posición viciosa de rodillos.

Angulometer, Aparato medidor de ángulos externos.

Angulous, Anguloso.

Anhydrid or **Anhydride,** Anhidrc.

Anhydrous, Anhidro (adj.).

Aniline, Anilina; — **eosine,** anilina de eosina; — **for safranine,** anilina para safranina; — **tailings,** colas de anilina.

Anion, Anión, ión negativo.

Anionic, Aniónico.

Anisotropic, Anisotrópico; — **alloy,** aleación anisotrópica; — **conductivity,** conductividad anisotrópica; — **radiator,** radiador anisótropo.

Anisotropy, Anisotropía; **paramagnetic** —, anisotropía paramagnética.

Anlage, Instalación de maquinaria.

Anneal, Recocido; — **medium,** recocido mediano; **to** —, recocer (metal); **to** — **bricks,** cocer ladrillos.

Annealed, Recocido, templado; **cast iron** —, fundición maleable.

Annealing, Pintura al temple, recocido; — **arch,** carcasa; — **bath,** baño de recocidc; — **box,** pote de cementación; — **colour,** color de recocido; — **furnace,** horno de recocer; — **kiln,** véase **Arch**; — **ordinary,** recocido ordinario; — **ore,** mineral para fundición maleable; — **oven,** horno de recocer; **isothermal** —, recocido isotérmico.

Announcer, Indicador; **call** —, indicador acústico de llamada.

Announcing, Notificador; **delay** — **equipment,** equipo notificador de demora.

Annuity, Anualidad.

Annular, Anular; — **chamber,** cámara anular; — **engine,** máquina anular; — **float,** flotador anular; — **gear and pinion,** engranaje de dientes interiores; — **kiln,** horno circular; — **ring,** anillo anular; — **saw,** sierra circular; — **valve,** válvula anular.

Annulation, Formación anular.

Annulus, Anillo tórico, corona; **exhaust** —, corona de exhaustación.

Annunciator, Indicador; — **board,** cuadro indicador; — **pneumatic,** anunciador neumático.

Anodal, Anódico; — **light,** luz anódica.

Anode, Ánodo, electrodo positivo; — **final,** ánodo final; — **follower,** seguidor de ánodo; — **oscillator,** ánodo oscilador; — **spots,** puntos anódicos; — **supply,** alimentación anódica; **cooled** —, ánodo enfriado; **grid-** — **characteristic,** característica de rejilla-placa; **hollow** —, ánodo hueco; **keep-alive** — (gas tubes), ánodo auxiliar (tubos de gas); **magnesium** —, ánodo de magnesio; **split** —, ánodo hendido; **split** — **magnetron,** magnetrón de ánodo hendido.

Anodic, Anódico; — **oxidation,** oxidación anódica; — **voltage,** tensión anódica.

Anodize (To), Anodizar.

Anodized, Anodizado, oxidado anódicamente.

Anodizer, Anodizador.

Anodizing, Anódico; — **process,** proceso anódico; — **tank,** cuba para anodizar.

Anointing, Engrase.

Anolyte, Anolito.

Anomalistic, Anomalístico.

Ant., Antenna, Antena.

Antacid, Antiácido.

Antagonistic spring, Resorte antagónico.

Ante meridiem (A. M.), De la mañana.

Antechamber, Antecámara, cámara de precombustión.

Antenna (plural **Antenae**), Antena (en Inglaterra se usa especialmente para la recepción; véase **Aerial** para la emisión. En América, **Antenna** se usa para los dos casos); — **array,** red de antenas; — **bent,** antena plegada; — **dummy,** antena no irradiante; — **emergency,** antena de emergencia; — **feeding,** alimentación de antenas; — **line,** línea artificial; — **loaded,** antena cargada — **marine,** antena marina; — **model,** modelo de antena; — **multicoupler,** multiacoplador de antena; — **numbers,** logaritmos; — **portable,** antena ambulante; — **rod,** antena de varilla; — **strand,** hilo de antena; — **system,** sistema de antenas; — **tilt,** antena inclinada; — **tuning,** sintonización de antena; — **vertical,** antena vertical; — **wire,** antena de alambre; **array of linear antennas,** sistema de antenas rectilíneas; **artificial** —, antena artificial; **artificial or dummy** —, antena artificial; **bay turnstile** —, antena torniquete; **beam or directional** —, antena direccional; **broadband** —, antena de banda ancha; **bumper** —, antena de parachoques; **capacitive** —, antena capacitiva; **cheese** —, antena tipo queso; **circular loop** —, antena de cuadro circular; **circularly polarized** —, antena de polarización circular; **cloverleaf** —, antena dipolo magnético de cuatro bucles; **collecting** —, antena colectiva; **complementary antennas,** antenas complementarias; **cylindrical** —, antena cilíndrica; **directive** — **array,** sistema directivo de antenas; **doublet** —, antena doblete; **dumb** —, antena muda; **element of an** — **array,** elemento de un sistema de antenas; **fishbone** —, antena raspa; **flush** —, antena de fosa; **flush mounted** —, antena ranurada; **folded dipole** —, antena de dipolo plegado; **free space** —, antena libre en el espacio; **full-wave** —, antena de onda completa; **gain of an** —, ganancia de una antena; **grid** —, antena de rejilla; **ground-plane antennas,** antenas con placa de tierra; **half wave** —, antena de media onda; **harp** —, antena direccional en abanico; **helical** —, antena helicoidal; **image** —, antena imagen; **image of an** —, imagen de una antena; **inverted** —, antena en L invertida; **lens** —, antena de lente; **loop** — **frame,** bastidor de antena de cuadro; **mute** —, antena muda; **omni-directional** —, antena omnidireccional; **parabolic** —, antena parabólica; **power pattern of an** —, diagrama de potencia de una antena; **prolate spheroidal** —, antena elipsoidal; **radar** —, antena radárica; **receiving** —, antena receptora; **resonant** —, antena resonante; **rhombic** —, antena rómbica; **sending** —, antena de emisión; **several-bay super-tunstile** —, antena de mariposa de varios picos; **single vertical wire** —, conductor vertical (antena tipo); **sleeve antennas,** antenas con manguito; **slot** —, antena de ranura; **slotted cylinder** —, antena de cilindro ranurado; **square loop** —, antena de cuadro rectangular;

supertunstile —, antena de mariposa; **T** —, antena en T; **television** —, antena de televisión; **television master** —, antena principal de televisión; **thin linear** —, antena lineal delgada; **tilted** —, antena inclinada; **transmitting** —, antena de emisión; **triangle** —, antena triangular; **unidirectional** —, antena unidireccional.

Anthracene, Antraceno.

Anthracite, Antracita; — **coal,** hulla antracitosa; **fibrous** —, carbón mineral.

Anthraflavic acid, Ácido antraflávico.

Anti-attrition, Antifricción, grasa para ejes.

Anti-icing, Anti-hielo.

Anti-priming pipe, Randa.

Anti-rolling, Antibalance.

Anti-rumble, Antirresonante.

Anti-skid, Antiderrapante; — **chain,** cadena antiderrapante.

Anti-smoke, Fumívoro.

Anti-tank, Anticarro; — **gun,** cañón anticarro.

Antiaircraft, Antiaéreo; — **artillery,** artillería antiaérea; — **company,** compañía antiaérea; — **gun,** cañón antiaéreo; — **gunnery,** artillería antiaérea; — **protection,** protección antiaérea; — **sight,** mira antiaérea.

Antibacklash, Dispositivo de ajuste.

Antibiotic, Antibiótico.

Antibouncer, Amortiguador de choque.

Anticapacitance, De mínima capacitancia.

Anticer, Antihielo (alas de avión).

Anticipator, Anticipador.

Anticlastic, Anticlástico.

Anticlinal theory, Teoría anticlinal.

Anticline, Anticlinal.

Anticoincidence, Anticoincidencia.

Antidazzle, Antideslumbrante.

Antiferromagnetism, Antiferromagnetismo.

Antiflash, Contradestello.

Antifouling, Anticorrosivo, preservativo; — **composition,** revestimiento preservativo.

Antifreeze, Anticongelante.

Antifreezing, Anticongelante; — **mixture,** mezcla anticongelante.

Antifriction, Antifricción (metal); — **characteristics,** condiciones de antifricción; — **pipe carrier,** soporte de roldana con pivotes oscilantes; — **pivot,** manivela antifricción.

Antigas, Antigás.

Antiknock, Antidetonante.

Antileak, Estanco.

Antilogarithm, Cologaritmo.

Antimere, Antímero.

Antimonial, Antimonioso; — **led,** plomo antimonioso.

Antimonides, Antimoniuros.

Antimonious, Antimonioso.

Antimony, Antimonio; — **fluoride,** fluoruro de antimonio; — **glance,** antimonio sulfurado; **compact grey streaked** —, antimonio gris compacto; **flowers of** —, flores de antimonio; **grey** — **ore,** sulfuro de antimonio; **oil of** —, aceite de antimonio; **red** —, oxisulfuro de antimonio, rojo de antimonio.

Antinode, Vientre (véase también **Loop**); **current** —, vientre de intensidad.

Antiozonant, Agente antiózono.

Antiquarian, Papel de dibujo inglés.

Antiresonance, Antirresonancia.

Antiresonant, Antirresonante.

Antirust, Anti-herrumbre.

Antiscian, Antecos.

Antistatic, Antiestático; — **headset,** auriculares antiparásitos.

Antisub or **Antisubmarine,** Antisubmarino.

Antivibration, Antivibración.

Antoecian, Anteco.

Anvil, Bigorneta, jacena, yunque; — **and hammer,** yunque de martinete, yunque y martillo de hierro colado; — **bed,** cepo del yunque, pie del yunque, saliente cónico de la bigorneta, zócalo del yunque; — **block,** cepo del yunque, tajo de bigornia, tajo del yunque; — **chisel,** tajadera de yunque; — **cinders,** batiduras de forja, escorias; — **cushion,** bloque de fijación; — **dross,** batiduras de forja; — **edge,** arista del yunque; — **effect,** efecto de yunque; — **face,** mesa del yunque; — **foot,** pie del yunque; — **for cutting files,** yunque para tallar limas; — **for slatters,** yunque de plomero; — **horn,** bigornia; — **pallet,** estampa del yunque; — **pillar,** cuerpo del yunque; — **plate,** mesa del yunque; — **riveting,** yunque de remache; — **side,** pie de yunque; — **sleeve,** manguito del yunque; — **smith,** herrero; — **stake,** bigorneta, tás de espiga; — **stock,** tajo del yunque; — **with one arm,** yunque de un brazo; **bench** —, bigornia pequeña; **bottom** —, yunque para formar el fondo; **chasing** —, yunque de embutir, yunque de redondear chapas; **embossing** —, yunque de embutir; **file cutting** —, yunque para tallar limas; **grooved** —, yunque de acanalar; **hand** —, bigorneta de mano, yunque de mano; **horn for the** — **beak,** cuerno de yunque; **little** —, bigornilla; **single arm** —, cortahierro de calafate; **small** —, bigorneta, bigornia pequeña, clavera; **sock** —, jacena; **thin** —, bigornia; **two-beaked** —, yunque de dos pies; **to** —, forjar al yunque.

A. O. V. (Automatically operated valve or automatic valve), Válvula automática.

Aperiodic, Aperiódico; **antenna** —, antena aperiódica.

Aperture, Abertura, orificio, rendija, ventana; — **distortion,** distorsión de apertura; — **full,** abertura completa; **collecting** —, área de captación; **discharge** —, ojo de descarga, piquera de descarga de colada; **effective** —, abertura eficaz; **gun** —, tronera; **lens** —, abertura del objetivo; **loss** —, área de pérdidas; **maximum effective** —, abertura eficaz máxima; **multiple** —, de abertura múltiple; **plane** — **of a reflector,** abertura plana de un reflector; **scattering** —, abertura de re-radiación; **tone control** —, abertura del diagrama de control.

Apex (plural **Apices**), Punta, vértice de la curva; — **of arch,** vértice del arco; **bridge** —, vértice de un puente.

Aphlogistic lamp, Lámpara de seguridad (minas).

A. P. I. (American Petroleum Institute), Instituto Americano de Petróleo.

Aplanat, Lente aplanática.

Aplanetic, Aplanético.

Aplanetism, Aplanatismo.

Apparatus (plural **Apparatuses**), Aparato, tren; — **for disengaging,** mecanismo de desembrague; — **model,** aparato tipo; — **of resistance,** puente de Wheatstone; **deodorising** —, aparato desodorizante; **electric display** —, luminoso; **electro-medical** —, aparato electromédico; **fire extinguishing** —, extinctor de incendios; **margin of «start-stop»** —, margen de aparatos arrítmicos; **normal margin of start-stop** —, margen normal arrítmico; **self acting** —, aparato automático; **smoke consuming** —, aparato fumívoro; **subscriber** —, aparato de abonado; **synchronous margin of start-stop** —, margen interno de aparato arrítmico; **wireless** —, aparato de radio.

Apparent, Aparente; — **diameter,** diámetro aparente; — **power,** potencia aparente.

Appearance of the car, Aspecto del auto.

Appendage, Accesorio (secundario).

Appendix, Apéndice.

Appliance, Aparejo, mecanismo; — **radio,** artículo para radio; **domestic or household appliances,** artefactos domésticos; **lifting —,** aparatos de elevación.

Appliances, Aparatos, artículos, utensilios.

Applicate, Número concreto.

Application, Aplicación; — **of the turning tool,** movimiento de aproximación de la herramienta de corte del torno; **correct — of cutter,** afilado recto del borde cortante; **theory and —,** teoría y práctica.

Applicator, Aplicador; — **rubber,** aplicador de goma.

Appointed, Designado.

Apport, Aporte.

Appraise (To), Estimar, evaluar.

Appreciation, Comprensión; **inmediate — percentage,** porcentaje de comprensión inmediata.

Apprentice, Aprendiz.

Apprenticeship, Aprendizaje.

Approach, Aproximación, aterrizaje, recalada (aviones); — **area,** área de aproximación; — **lighting,** luces de aterrizaje; — **lights,** luces de aterrizaje; — **portal,** pasillo de aterrizaje; — **secondary,** acceso secundario; — **speed,** velocidad de aproximación; **blind —,** aterrizaje sin visibilidad; **crossing or raised —,** rampa de acceso; **ground controlled —,** aproximación controlada desde tierra; **instrument —,** aproximación por instrumentos; **landing —,** toma de tierra; **methods of approaches,** método de aproximaciones sucesivas.

Approachability, Accesibilidad.

Approximate weight, Peso aproximativo.

Apron, Contrarroda, corredera, encachado de esclusa, pavimento de dársena, plataforma de una esclusa, tableros (autos); — **lathe,** placa-cubierta; — **pieces,** alma; **airport —,** área de aterrizaje; **concrete —,** pista de concreto.

Apsidial, Apsidial; — **angles,** ángulos apsidiales.

Apyrous, Incombustible, infusible.

Aqua fortis, Agua fuerte.

Aquadac, Revistimiento de grafito coloidal.

Aqueous, Acuoso; — **solution,** solución acuosa.

Aquifer, Roca acuífera.

Arabic, Arábico; — **acid,** ácido arábico.

Arachid oil, Aceite de cacahuete.

Araneous, De araña; — **paws,** patas de araña (cojinetes).

Arbitrage analysis, Análisis arbitral.

Arbitror, Árbitro.

Arbor, Árbol (máquinas). Se usa sobre todo en los Estados Unidos, véase **Shaft,** mandril; — **clamping,** árbol de fijación; — **saw,** árbol de sierra; — **shaft,** junta cardan; — **support,** portaeje, soporte de eje; — **wheel,** cabria; — **work,** alambrera, enrejado; **cutter —,** árbol portafresas; **milling —,** mandril portafresas; **turning —,** árbol de ballesta en un torno.

Arbritrage or **Arbitration,** Arbitraje

Arc, Arco (geometría, electricidad); — **back,** retroceso del arco; — **carbon,** carbón de lámpara de arco; — **chamber,** foso del arco; — **column,** batiente de arco; — **drop,** caída de arco; — **lamp,** lámpara de arco; — **of action,** arco de engrane; — **of progression,** arco de progresión; — **parallel,** arco de paralelo; — **quencher,** extinctor del arco; — **rupturing,** ruptura del arco; — **rupturing capacity,** capacidad de ruptura de arco; — **shears,** cizallás de arco; — **theoretical,** arco teórico; — **welding,** soldadura con arco eléctrico; — **wing,** arco de ala; **auxiliary** — (PBX hunting), arco auxiliar; **breack** —, arco de ruptura; **carrier** — **and guide** —, deslizamiento del acoplamiento; **concentrated** — **lamp,** lámpara de arco concentrado; **flaming** —, arco voltaico; **grip-hold** —, arco de apriete (frenos); **hissing** —, silbido del arco; **interruption** —, arco de ruptura (electricidad); **Poulsen** —, arco Poulsen; **shunt wound** — **lamp,** lámpara de arco excitado en derivación; **singing** —, arco musical; **submerged** —, arco sumergido; **to** —, cebar el arco (electricidad), hacer saltar el arco.

Arcade, Arcada; **intersecting** —, arcada intersectada.

Arcasse, Peto de popa.

Arcature, Arcatura.

Arch, Apeo (construcción), arcada, arco, arqueadura, arrufo (mar.), cimbra, comba (carpint.), disposición radial de las armaduras, marco de entibación (minas), ojo (de un puente); — **ashlar,** bóveda de sillares; — **brace,** arbotante, contrafuerte; — **brick,** ladrillo de bóveda, ladrillo de cuña; — **buttress,** arbotante; — **cusped,** arco lobular; — **dam,** presa en arco; — **geostatic,** arco geostático; — **lancet,** arco de lanceta; — **lid,** cubierta de bóveda; — **like,** abovedado, en forma de bóveda; — **pillar,** pie derecho; — **plate,** placa de bóveda; — **rear,** bóveda de descarga; — **rib,** nervadura de arco; — **secondary,** arco secundario; — **stalactited,** arco estalactítico; — **stone,** clave, clave del arco de una bóveda; — **triangular,** arco triangular; — **union,** unión de arco; — **wall,** arco de refuerzo; — **way,** arcada, pasaje abovedado; — **way or arch-way,** arcada, pasaje abovedado; **elliptic arches,** arcos elípticos; **entire** —, arco de centro pleno; **fire** —, bóveda del horno; **full center** —, bóveda de medio punto; **hinged** —, arco articulado; **multiple** — **dam,** presa de bóvedas múltiples; **stilled** —, arco peralteado; **three hinged** —, arco de las tres articulaciones; **to** —, abovedar, arquear, construir bóvedas; **tuyere** —, bóveda de la tobera, tejadillo de la tobera; **tympo** —, bóveda de la timpa de alto horno; **upholding the** —, puntal lateral de la bóveda; **voussoir** —, dovela del arco.

Archaeologist, Arqueólogo.

Archaeology, Arqueología.

Arched, Arqueado, cimbrado; — **false work,** cimbra; — **girder,** viga en arco; — **hollow,** vaciamiento en arco; — **roof with smooth surface,** tejado abovedado de intradós liso.

Archimedean, De Arquímedes; — **drill,** fresa de perfil constante; — **water screw,** tornillo hidráulico de Arquímedes.

Arching (of a flue), Recubrimiento de la chimenea de evacuación del humo; — **of a flue,** techo de un humero.

Architect, Arquitecto; **naval** —, ingeniero naval.

Architecture, Arquitectura.

Archivist, Archivero.

Archlike, Abovedado.

Arcing, Encebado de arco, formación del arco, salto de chispa; — **device,** dispositivo inductor de arco; — **horn,** extinguidor de arco; — **ring,** anillo de guarda; — **time,** duración del arco.

Arcuature, Curvatura de un arco.

Ardent spirit, Espíritu de vino.

Area, Área, campo de acción, superficie, zona; — **balancing,** área compensadora; — **city,** superficie en la ciudad; — **effective,** área efectiva; — **for roasting,** lecho de tostación; — **frontal,** superficie frontal; — **maximum,** máximo de superficie; — **minimum,** mínimo de superficie; — **of bearing,** área de la superficie de apoyo (de un cojinete); — **of fire bars,** área de la rejilla; — **of site,** área de emplazamiento; — **served by crane,** campo de trabajo de la grúa; — **work,** área del trabajo; **approach** —, área de aproximación; **beam** —, ángulo sólido del haz; **carrying** —, superficie portante; **central office** —, área de una central; **clearance** —, área de separación de juntas; **combustion** —, cámara de combustión; **deficiency** —, área negativa (diagrama); **departure** —, zona de partida; **excess** —, área positiva (diagrama); **frontal** —, superficie frontal; **grate** —, superficie de parrilla; **holding** —, zona de estacionamiento (aviación); **landing** —, zona de aterrizaje; **power** —, área de influencia; **reduction of** —, estricción (probetas); **sail** —, superficie de vela; **silent** —, sector de silencio; **slewing** —, campo de alcance de una grúa; **stressed** —, área de la sección de fatiga; **tail** —, superficie de cola; **testing** —, área de pruebas; **unit** —, unidad de superficie; **walled** —, superficie de la rejilla; **wing** —, superficie de las alas.

Arefy (To), Secar.

Arena, Arena, arena arcillosa.

Arenoid, Arenoide.

Arenulous, Arenoso.

Areometer, Areómetro.

Argent, Brillante, de plata.

Argentate, Argentato.

Argil, Arcilla.

Argillaceous, Arcilloso.

Argilo-siliceous, Arcillosilíceo.

Argiroid, Argiroide.

Argol or **Argal,** Tártaro bruto.

Argon, Argón; — **arc welding,** soldadura por arco en atmósfera de argón; — **lamp,** lámpara argón.

Argyrodamas, Mica.

Arithmetic, Aritmético; — **mean,** media aritmética; — **unit,** unidad aritmética.

Arithmetics, Aritmética.

Arithmometer, Aritmómetro.

Arizonite, Arizonita.

Arm, Biela, brazo, brazo de un motor, crucero de vidriera, radio de una rueda; — **central,** brazo central; — **clamp,** brazo de fijación; — **defensive,** arma de defensa; — **file,** limatón cuadrado; — **frame,** armazón del descansabrazos; — **integral,** brazo solidario; — **of a wheel,** radio, radio de una rueda; — **of the sieve,** arco de criba; — **outward,** brazo exterior; — **pillow,** rodillo de apoyabrazo; — **rest,** antepecho; — **saw,** sierra de mano; — **side,** costado de asiento; — **triangular,** brazo triangular; **axle** —, caja de cojinetes; **beam** —, jabaleón; **control** —, palanca de comando; **extension** —, brazo de extensión; **hinged dog hook** —, brazo de grapón; **lengthened** — **of a wheel,** radio; **linked** —, biela articulada; **overhanging** —, garganta (de sierra), soporte en saliente; **reversing** —, palanca de cambio de marcha; **rocking** —, guimbalete; **set of arms,** juego de palancas; **steering drop** —, brazo de la dirección (auto); **supporting table** —, bastidor de la mesa; **swivelling overhanging** —, muñeca inclinable de fresadora; **tail** —, brida de apoyo; **trolley** —, pértiga de toma de corriente; **to** —, armar, equipar, guarnecer; **to** — **a piece of timber,** armar una pieza de carpintería.

Armament, Armamento; — **auxiliary,** armamento auxiliar; — **defensive,** armamento defensivo; — **heavy,** armamento de grueso calibre; — **race,** carrera de armamentos; — **secondary,** armamento secundario.

Armature, Armadura, inducido, rotor; — **bar,** barra del inducido; — **circuit,** circuito del inducido; — **construction,** armadura giratoria; —

copper, cobre del inducido; — **core,** núcleo del inducido; — **cross,** estrella del inducido; — **disc,** disco del inducido; — **double,** inducido doble; — **factor,** número de espiras del inducido; — **grooves,** ranuras del inducido; — **ignition,** inducido del encendido; — **inductor,** hilo del inducido; — **iron,** hierro del inducido; — **leakage,** dispersión del inducido; — **pawl,** gatillo de armadura; — **pocket,** ranura del inducido; — **radial,** inducido radial; — **reactance,** reacción del inducido; — **rotation,** rotación del inducido; — **shoe,** pieza polar del intercambiable; — **slot,** ranura del inducido; — **stray flux,** flujo de dispersión en el inducido; — **structure,** cuerpo del inducido; — **teeth,** dientes del inducido; — **tooth,** diente del inducido; — **tunnel,** inducido perforado; — **wave,** arrollamiento ondulado; — **winding,** arrollamiento del inducido, devanado del inducido; **balanced** —, inducido centrado; **bar wound** —, inducido de barras; **boiler** —, accesorios de caldera; **cylindrical** —, arrollamiento de tambor; **disc** —, inducido de disco; **double spoke** —, inducido de brazos dobles; **drum** —, inducido al tambor; **girder** —, inducido Siemens; **H** —, inducido de doble T; **hinged** —, inducido articulado; **isthmus** — **relay,** relé de armadura estrangulada; **milled** —, inducido fresado; **radial coil** —, inducido de polos interiores; **revolving** —, inducido giratorio; **shuttle** —, inducido de doble T; **tunnel** —, inducido de agujeros; **two circuit** —, inducido de dos circuitos; **wire wound** —, inducido devanado con alambre.

Armed (short or long) (balance), Balanza de cuadrante.

Armenian stone, Lápiz-lázuli.

Armilla, Cojinete.

Armour or **Armor,** Armadura, blindaje, coraza (de barco); — **belt,** cintura acorazada (buques); — **plate or plating,** placa de blindaje; — **shield,** placa de protección; **blast furnace** —, blindaje de alto horno; **side** —, coraza vertical (buques); **to** —, armar.

Armoured or **Armored,** Armado (cable), blindado; — **belt,** cintura acorazada; — **flexible,** funda flexible; — **hose,** tubo armado; — **top,** tapa reforzada; — **wood,** madera armada.

Armourer, Armero (persona).

Armouring, Armadura; **iron** —, armadura de cinta de hierro.

Arms, Brazo de una palanca, pezón de un eje, piernas (de tenazas), ramas del puente de Wheatstone (electricidad).

Aromatic, Aromático; — **compounds,** compuestos aromáticos; — **distillate,** destilado aromático; — **hydrocarbon,** hidrocarburo aromático; — **ring,** núcleo aromático; — **series,** serie aromática; **highly** —, de alto contenido en aromáticos.

Around (Read) — number in charge storage tubes, Cifra de independencia en tubos de memoria por carga.

Arrange (To), Colocar, disponer; **to** — **the sand round the mould,** disponer la arena alrededor del modelo.

Arrangement, Disposición, dispositivo, preparativo; — **floor,** disposición de los pisos; — **internal,** disposición interna; — **of controls,** disposición de los mandos; — **of drive,** disposición de los órganos de mando; — **of valves,** disposición de las válvulas; — **receiver,** sistema de recepción; **cut up** — **of workshops,** instalación de talleres en edificios separados; **improved arrangements,** instalaciones afirmadas; **relief** —, dispositivos de estabilización; **rock** —, capa del terreno.

Array, Sistema; — **directional,** sistema de antenas direccional; — **of arrays,** sistema de sistemas; — **of slots,** sistema de ranuras; — **phased,** sistema en fase; — **rotatable,** antena direccional giratoria; **antenna —,** sistema de antenas acopladas; **binomial —** (antennas), distribución binómica (antenas); **broadside —,** sistema de radiación transversal; **curtain —,** antena de cortina; **directive antenna —,** sistema directivo de antenas; **element of an antenna —,** elemento de un sistema de antena; **end-fire —,** sistema de radiación longitudinal; **linear — of radiators,** sistema lineal de radiadores; **phase center of an —,** centro de fase de un sistema; **volume — of point radiators,** sistema tridimensional de radiadores puntuales.

Arrears, Atrasos.

Arrester, Pararrayos, separador; — **horn,** pararrayos de antena; **electrolytic —,** pararrayos electrolítico; **expulsion —,** pararrayos de expulsión; **fire —,** parallamas; **flame —,** evitador de llama, extinguidor de llama; **flyash —,** separador de cenizas de hulla; **lightning —,** parachispas, pararrayos; **oxyde film —,** pararrayos de capa de óxido; **roller —,** pararrayos de rodillos; **saw-tooth —,** descargador de puntas; **spark —,** arresta-chispas; **vacuum —,** descargador de vacío.

Arris, Arista.

Arrival, Llegada; **angle of —,** ángulo de llegada.

Arrow, Cero de un nonio, flecha, perno de agrimensor; — **head,** flecha de un dibujo; — **point,** contraventeamiento en triángulo; **broad —,** marca del Estado (Inglaterra).

Arsenal, Arsenal.

Arsenate, Arseniato; — **of lead,** arseniato de plomo.

Arseniate, Arseniato.

Arsenic, Arsénico (adj.); **containing —,** arseniacales, arsenífero; **flaky —,** ácido arsenioso; **red —,** rejalgar; **yellow —,** oropimente.

Arsenical, Arsenical.

Arsenide, Arseniuro.

Arsenious, Arsenioso; — **oxyde,** óxido arsenioso.

Arsine, Hidrógeno arseniurado.

Arson, Incendio intencionado.

Artesian, Artesiano; — **well,** pozo artesiano.

Article, Artículo; — **rubber,** artículo de goma.

Articulated, Articulado; — **shoe,** zapata articulada; — **tool,** herramienta articulada; **8 wheel —,** juego de ejes acoplados.

Articulation, Articulación; **band —,** nitidez de banda; **equivalent — loss,** atenuación equivalente de nitidez; **ideal —,** nitidez ideal; **logatom —,** nitidez en logotomos; **phrases —,** nitidez de frases; **sound —,** nitidez de sonido; **stone —,** articulación de piedra; **syllable —,** nitidez de palabra.

Artificial, Artificial; — **black,** negro artificial; — **mass,** masa artificial; — **radioactivity,** radioactividad artificial; — **sand,** arena de escorias; **antenna —,** antena artificial; **horizon —,** horizonte artificial; **lighting —,** alumbrado artificial.

Artillery, Artillería; — **mountain,** artillería de montaña; — **naval,** artillería naval; **anti-aircraft —,** artillería antiaérea; **field —,** artillería de campaña; **heavy —,** artillería pesada; **light —,** artillería ligera.

As cast, Fundición bruta, recién fundido; — **drawn,** hierro batido; — **forged,** fundición para forja; — **machined,** fundición para mecanizado; — **rolled,** tosco de laminación.

A. S. A. (American Standard Association), Asociación de Normas Americanas.

Asap, Tan pronto como sea posible.

Asbestine, Asbestina.

Asbestos, Amianto; — **board,** cartón de amianto; — **clothing,** vestido de amianto; — **cord,** fieltro de amianto para calderas; — **dish,** cápsula de amianto; — **fabric,** tejido de amianto; — **millboard,** cartón de amianto (para junta); — **paper,** papel de amianto; — **plaited yarn,** trenzas de cáñamo provistas de amianto; — **purple,** púrpura de amianto; **ring,** anillo de amianto; — **sheathing,** forro de asbesto; — **steam packing,** con guarnición de amianto; — **string,** cordón de amianto; — **twine,** cuerda de amianto; — **washer,** rodaja perforada de amianto; **woven** —, amianto tejido.

Ascend (To), Realzar.

Ascending, Ascendente; — **pipe,** columna ascendente; — **slope,** pendiente ascendente; — **working,** ataque ascendente.

Ascensional, Ascensional; — **power,** fuerza ascensional.

Ascent, Ascenso.

Ascoloy, Acero al cromo.

Asdic, Asdic; — **equipment,** asdic (aparato para detectar submarinos).

Ascent of a hill, Ascensión de una ladera; — **vertical,** subida vertical.

Ash, Madera de fresno; — (plural **Ashes**), ceniza (cenizas); — **blue,** fresno azul; — **box,** cenicero, cubo de cenizas; — **cellar,** cueva de cenizas, pañol de cenizas; — **chamber,** cámara de embrascado; — **chest,** cenicero; — **deposition,** lecho de cenizas; — **discharge,** evacuación de las cenizas; — **door,** puerta de báscula de cenicero; — **ejector,** eyector de cenizas; — **extraction,** extracción de cenizas; — **fire,** fuego cubierto; — **furnace,** horno de cenizas; — **green,** fresno verde; — **hole,** cenicero; — **hopper,** tolva de cenizas; — **pan,** cenicero; — **pan dump,** puerta corredera del cenicero; — **pit,** cenicero; — **sluicings,** evacuación de las cenizas; — **sluicing system,** eyector hidráulico de cenizas; — **stop,** registro de cenicero; — **tray,** cenicero; — **tub,** cenicero; **coke** —, cenizas de coque; **flasky ashes,** cenizas volantes; **fly** —, cenizas volantes; **light ashes,** cenizas volantes; **lixiviated** —, cernada; **loose ashes,** finos de las cenizas; **mixed with ashes,** cendra; **to** —, tratar con ceniza; **volcanic ashes,** cenizas volcánicas.

Ashlar, Morrillo, piedra de talla; — **rough,** canto sin labrar; — **work,** sillería de adoquines; **dressed** —, canto labrado; **rugged** —, morrillo; **small** —, adoquín pequeño.

Ashlering (A. S. I.), Indicador de velocidad de aire.

Ashless, Sin cenizas.

A. S. I. (N knots), N nudos del indicador Badin.

Aside (Swing) — **bracket,** Soporte eclipsable.

Askarel, Dieléctrico a prueba de chispas.

Askew arch, Arco trapezoidal.

A. S. M. E. (American Society of Mechanical Engineers), Sociedad Americana de Ingenieros Mecánicos.

Aspect, Alargamiento; — **aileron,** alargamiento de alerón; — **ratio,** coeficiente de alargamiento de un ala, relación de la altura al ancho.

Aspen, Tiemblo.

Aspersivity, Aspersividad.

Asphalt, asphaltum, Asfalto, bitumen, brea; — **block,** bloque de asfalto; — **covering,** asfaltaje; — **mastic,** mastique de asfalto; — **pavement,** asfalto para pavimento; — **raw,** asfalto basto; **barbary** —, asfalto berberisco; **compressed** —, asfalto comprimido; **concrete** —, hormigón de asfalto; **liquid** —, asfalto líquido; **melted** —, asfalto colado; **oxidized** —, asfalto oxidificado; **paving** —, asfalto para pavimentos; **steam treated** —, asfalto soplado al vapor.

Asphaltenes, Asfaltenos.

Asphaltic, Asfáltico; — **concrete,** hormigón asfáltico; — **roofing felt,** cartón asfaltado para techos.

Asphaltite, Asfáltico.

Asphaltus, Betún de Judea.

Asphyxiant, Asfixiante.

Aspirator, Aspirador; — **double,** aspirador doble.

Aspiring, De aspiración; — **tube,** tubo de aspiración.

Assay, Ensayo, ensayo de los minerales por vía seca, muestra de ensayo (a veces); — **balance,** balanza de ensayo; — **furnace,** horno de copelación, horno de ensayo; — **grain,** botón de ensayo, botón fundido en crisol, régulo; — **grain for lead,** granalla para sondeo; — **lead,** plomo de revestimiento de chapas; — **plate,** cápsula de ensayo; — **spoon,** cuchara de ensayos; — **test,** escudilla de ensayo; **cold** —, ensayo en frío; **cup** —, copelación; **dry** — **or** — **by dry way,** ensayo por vía seca; **humid** — **or** — **by the wet way,** ensayo por vía húmeda; **little** — **crucible,** crisol de ensayo; **to** —, copelar (metales preciosos), ensayar.

Assaying, De ensayo; — **beam,** probeta; — **piece,** barrita de comparación; — **vessel,** escorificante; **art of** —, docimástica.

Assemblage, Ensamblaje; — **of veins,** encrucijada; — **point,** nudo; **to** —, confundirse, ensamblar, montar; **to** — **by mortises,** empalmar por los extremos; **to** — **the moulds,** amoldar los peldaños.

Assembled, Ensamblado, montado; **being** —, en montaje; **factory** —, montado en la fábrica.

Assembler, Montador.

Assembling, Confección de las piezas sueltas, ensamblado, ensamblaje, montaje; — **piece,** llave (ensambladuras); — **plant,** fábrica de montaje; — **pressure,** presión de montaje; — **shop,** taller de montaje; — **tool,** herramienta para armar juntas universales.

Assembly, Ensamblado, grupo, montaje, montura; — **detail,** plano detallado; — **hall,** taller de montaje; — **in the works,** montaje en fábrica; — **line,** cadena de montaje; — **of blades,** pluralidad de aspas; — **of vanes,** trabajos de armado final; — **operation,** operación de montaje; — **plate,** plano de conjunto; **continuous** —, montaje en cadena; **during** —, en montaje; **mass** —, montaje en serie.

Assets, Activo.

Assign (To), Ceder, transferir.

Assignation, Cesión, transferencia.

Assigne, Cesionario, síndico de quiebra.

Assigned, Asignado; **frequency** — **to a station,** frecuencia asignada a una estación.

Assignment, Asignación, transferencia.

Assist, Apoyo; — **cord,** cordón de apoyo.

Assistance, Apoyo; — **signals,** señales de socorro.

Assistant, Ayudante; — **glider,** ayudante del planeador.

Associative, Asociativo; — **systems,** sistemas asociativos; **non** — **valuations,** evaluaciones no asociativas.

Associativity, Asociatividad.

Assumption, Hipótesis.

Assymetrical, Asimétrico.

Astatic, Astático; — **coil,** bobina astática; — **couple or pair,** par astático; — **galvanometer,** galvanómetro astático; — **lift,** carrera astática de seguridad (regulador de máquinas de vapor); — **needle,** aguja astática (brújula); — **suspension,** suspensión astática.

Astel, Techo protector de tablas.

Astern turbine, Turbina de marcha atrás.

Astigmatism, Astigmatismo.

A. S. T. M. (American Society for Testing Materials), Sociedad Americana para el Ensayo de Materiales.

Astraline, Astralina.

Astralish, Nativo, primario.

Astray in the mails, Extraviado en el correo.

Astrolabe, Astrolabio; **prism** —, astrolabio de prisma.

Astronautical, Astronáutico.

Astronautics, Astronáutica.

Astronavigation, Astronavegación.

Astronomical, Astronómico.

Astronomy, Astronomía; **radio** —, radioastronomía.

Astrophotographic, Astrofotográfico.

Astrophysics, Astrofísica.

Astyllen, Véase **Astel.**

Asunder, En dos partes.

Asymmetric or **Asymmetrical,** Asimétrico; — **conductivity,** conductividad asimétrica.

Asymmetrical, Asimétrico; — **deflection,** desviación asimétrica.

Asymmetry, Asimetría.

Asymptote, Asíntota.

Asymptotic, Asintótico; — **integration,** integración asintótica.

Asynchronous, Asíncrono (electricidad); — **motor,** motor asíncrono.

a. t. (ampere-turn), Amperivuelta.

A. T. cut crystal, Cristal tallado a 35° grados del eje del cristal madre.

A. T. C. (Aerial tuning condenser), Condensador sintonizador de antena.

at. wt. (atomic weight), Peso atómico.

Ataunt, Enteramente aparejado.

Athanor, Hornillo digestor.

Athermanous, Atérmico.

A. T. I. (Aerial tuning inductance), Autoinducción de antena.

Atm (Atmosphere), Atmósfera.

Atmidometer, Atmidómetro.

Atmosphere, Atmósfera; **acid** —, atmósfera ácida; **explosive** —, grisú; **protective** —, atmósfera protectora; **refraction in the** —, refracción atmosférica; **stale** —, aire viciado.

Atmospheric, Atmosférico; — **absorption,** absorción atmosférica; — **discharge,** descarga atmosférica; — **exhaust,** escape al aire; — **pressure,** presión atmosférica; — **railway,** ferrocarril neumático; — **refraction,** refracción atmosférica; — **steam engine,** máquina de vapor atmosférico; — **stratum,** estrato atmosférico.

Atmospherics, Parásitos atmosféricos.

Atom, Átomo; — **bomb,** bomba atómica; — **smasher,** acelerador de partículas, desintegrador atómico; **combined power of atoms,** atomicidad; **radiation from excited atoms,** radiación de átomos excitados.

Atomfair, Feria atómica.

Atomic, Atómico; — **blast,** explosión atómica; — **bomb,** bomba atómica; — **energy,** energía atómica; — **explosion,** explosión atómica; — **fission,** fisión atómica; — **gun,** cañón atómico; — **hydrogen,** hidrógeno atómico; — **pile,** pila atómica; — **powered,** de propulsión atómica; — **war head,** cabeza de combate atómica; — **weight,** peso atómico.

Atomiser or **Atomizer,** Atomizador, nebulizador, pulverizador (Diesel); — **flow,** caudal de inyector; — **petroleum,** atomizador de petróleo; **centrifugal** —, atomizador centrífugo; **nozzle,** pulverizador de tobera; **swirl type** —, inyector de turbulencia (motores); **tubular** —, pulverizador de cilindros.

Atomization, Atomización, pulverización.

Atomize (To), Pulverizar.

Atomized, Pulverizado.

Atomizer, Véase **Atomiser.**

Atomizing, Pulverización; **steam** —, pulverización de vapor; **swirl** —, pulverización por rotación.

Atry, A la capa (buque de vela).

Attach (To), Fijar, montar.

Attachable by bolts, Atornillable.

Attacher automatic, Aparato automático de enganchar.

Attaching, Conexión; — **blades,** montaje de los álabes; — **point,** punto de conexión.

Attachment, Accesorios, embargo, fijación, unión; — **cable,** sujeción del cable; — **lathe,** accesorio de torno; — **motor,** accesorio para motor; **automatic** —, dispositivo automático; **automatic feed** —, dispositivo de alimentación automática; **reproducing or copying** —, dispositivo de reproducción; **tapping** —, dispositivo de terrajado; **tracer** —, dispositivo de reproducir; **wing** —, junta del ala.

Attack, Ataque, corrosión; — **frontal,** ataque desde el frente; — **incendiary,** agresión incendiaria; — **multiplace,** avión multiplaza; — **night,** ataque por la noche; — **tank,** ataque de tanque; **intergranular** —, corrosión intergranular.

Attacking pilot, Piloto atacante.

Attal, Véase Attle.

Attemperator, Refrigerante para cuba de fermentación, regulador de temperatura.

Attend (To) (the engine), Mantener la máquina, vigilar la máquina.

Attendance, Conducción, vigilancia de las máquinas.

Attended station, Estación atendida.

Attenuation, Atenuación, debilitamiento; — **constant,** constante de atenuación; — **of rocks,** eflorescencia; **composite** —, atenuación compuesta; **conjugated** — **coefficient,** componente de atenuación conjugada; **far-end crosstalk** —, atenuación telediafónica; **image** —, atenuación imagen; **image** — **coefficient constant,** constante de atenuación imagen; **iterative** — **coefficient,** componente de atenuación literativa; **near-end crosstalk** —, atenuación paradiafónica; **radio** —, atenuación radio; **wave** —, amortiguación de las ondas.

Attenuator, Atenuador; **acoustical** —, amortiguador acústico; **cueing** —, amortiguador avisador; **piston** —, atenuador del pistón.

Attestor, Testigo instrumental.

Attle, Estériles, ganga, labores abandonadas (minas).

Attractibility, Atracción, fuerza de atracción.

Attraction, Afinidad molecular; — **bilateral,** atracción bilateral; — **capillary,** atracción capilar; — **mutual,** atracción mutua; — **unilateral,** atracción unilateral; **cohesive** —, atracción cohesiva; **counter** —, atracción contraria; **elective** —, afinidad.

Attractor, Atrayente (matemáticas).

Attrite, Desgastado.

Attrition, Atricción, trituración.

Atwist, Alabeado, curvado, torcido.

Auction, Subasta, venta en pública subasta.

Auctioneer, Subastador.

Audibility, Audibilidad; **normal threshold of** —, umbral normal de audibilidad; **range of** —, intervalo audible.

Audible, Audible; — **frequency**, frecuencia audible; — **reception**, recepción audible; — **signal**, señal audible.

Audio, Sonido (televisión); — **amplifier**, amplificador de baja frecuencia; — **frequency**, audiofrecuencia; — **measurements**, oscilador de audiofrecuencia; — **metry**, audiometría; — **oscillator**, oscilador de audiofrecuencia; — **signal**, señal de audiofrecuencia.

Audiometer, Medidor de audiofrecuencia.

Audion, Audión; **ultra- — oscillator**, oscilador ultraaudión.

Auger, Barrena, barrenilla, berbiquí, botón de punta de mira, pasador, taladro; — **bit**, mecha de barrena; — **bit with advance cutter**, mecha espiral con labios cortantes; — **for hollow mortising chisel**, espiga helicoidal de escoplo; — **holder**, cepo de barrena; — **long**, taladro de media caña; — **maker**, tornero; — **pump**, barrena para tubos de bomba; — **shank**, espiga de barrena; — **smithery**, tornería; — **twister**, barrena espiral; — **worm**, barrena de gusano; **double lipped —**, barrena de dos bocas; **earth boring —**, sonda trépano; **expanding — or expansion —**, barrena de expansión, barrena hueca de expansión; **felloe —**, barrena de unir las pinas de las ruedas; **ground —**, barrena de sondeo; **jaunt —**, barrena para llantas; **large —**, barrena de asegurar los pernos; **long eye —**, barrena para boca profunda; **power —**, barrena de impulsión mecánica; **rivet —**, barrena de remache; **screw —**, barrena de tornillo, barrena helicoidal; **shell —**, barrena de cuchara; **single lip screw —**, barrena de una boca; **small —**, barrenilla; **taper —**, barrena cónica; **turning —**, barrena giratoria.

Augmenter, Aumentador.

Auncel weight, Romana.

Aural, Acústico; — **reception**, recepción auditiva; — **reproduction**, reprodución auditiva; — **signal**, señal acústica; — **transmitter**, transmisor de señal.

Aurate, Aurato; — **of potassium**, aurato potásico.

Aurated, Áureo.

Aureous, Aurífero.

Auric, Áurico.

Aurichaleum, Latón.

Auroral, Auroral; — **zone**, zona auroral.

Aurum massivum, Oro macizo.

Auscultator, Auscultador.

Austempering, Temple bainílico, temple isotermo.

Austenite steel, Acero austenítico.

Austenitic, Austenítico; — **electrode**, electrodo austenítico; — **steel**, acero austenítico.

Austenite, Austenita.

Authority, Autoridad; — **dock**, autoridades de la dársena; — **public**, autoridad pública; — **state**, autoridad del estado.

Auto, Auto; — **car**, autocar; — **chrome**, autocromo; — **clave**, autoclave; — **collimation**, autocolimación; — **chromy**, autocromía; — **dyne**, autodino; — **feed**, avance automático; — **feeder**, alimentador automático; — **frettage**, autozunchado; — **genous welding**, soldadura autógena; — **genously**, autogénicamente; — **gire or gyre**, autogiro; — **gyro blade**, aspa del autogiro; — **gyro demonstration**, demostración con autogiro; — **gyro roadable**, autogiro para camino; — **jigger**, autojigger; — **lapper**, lapidadora automática; — **loading**, auto-cargador; — **matic**, automático; — **matic full**, totalmente automático; — **matic lifting**, levantado automático; — **matic operation**, funcionamiento automático; — **matic pilot**, piloto automático; — **matic stabiliser**, estabilizador automático; — **matically operated valve (A. O. V.) or automatic valve,** válvula automática; — **meter,** hygrómetro; — **mobile,** automóvil; — **mobile official,** automóvil oficial; — **mobile work,** mecánica del automóvil; — **mobilism,** automovilismo; — **motive,** automóvil (adj.), de automóvil; — **motive accessories,** accesorios de automóvil; — **motive industry,** industria automotriz; — **motive production,** fabricación de automóviles; — **motive type,** tipo automóvil; — **oxidation,** autooxidación; — **patrol,** motoniveladora; — **sight,** alza automática (armas); — **strengthened,** autolorigado; — **timing,** avance automático (magneto); —. **transformer,** autotransformador (elec.).

Autodyne, Autodina; — **detector,** detector autodina; — **method,** método autodina.

Autoexciter, Autoexcitador.

Autographic, Autorregistrador.

Autoionization, Autoionización.

Automatic, Automático; — **bias,** polarización automática; — **ejector,** eyector automático; — **lead magneto,** magneto de avance automático; **instantaneous — gain control,** control automático de ganancia instantánea; **relay — system,** sistema automático de relé; **Wheatstone — system,** sistema automático Wheatstone.

Automation, Automatización.

Auxiliary, Auxiliar; — **air valve,** válvula auxiliar; — **device,** dispositivo auxiliar; — **electrode,** electrodo auxiliar; — **float,** flotador auxiliar; — **plant,** instalación auxiliar; — **stop valve,** válvula suplementaria de detención que toma directamente el vapor en las calderas; — **tank,** nodriza.

Availability, Rendimiento; — **space,** espacio disponible; — **surface,** superficie disponible; **full —,** aprovechamiento pleno; **full — group,** desviación a tope; **limited —,** aprovechamiento limitado.

Available, Disponible, utilizable; — **capacity,** capacidad disponible; — **head,** caída disponible; — **height,** altura libre; — **rating,** potencia disponible.

Availment, Disponibilidad.

Avalanche, Alud; — **gallery,** túnel contra aludes.

A. V. C. (automatic volume control), Control de volumen automático.

Avenue, Camino de acceso; — **of trade,** ruta comercial.

Average (s), Avería (comercio), media, medio; — **head,** caída media; — **load,** carga media; — **particular,** avería particular; — **pilot,** piloto medio; — **speed,** velocidad media; — **statement,** reglamento de averías; — **voltage,** tensión media; **traffic per — working day,** tráfico medio en días laborables; **to take averages,** escoger una muestra media.

A. V. G. (average), Medio.

Aviation, Aviación; — **battle,** aviación de batalla; — **colonial,** aviación colonial; — **gasoline,** gasolina de aviación; — **sporting,** aviación deportiva; — **transport,** aviación de transporte; **civil —,** aviación civil; **commercial —,** aviación comercial; **naval —,** aviación naval.

Aviatics, Aviación.

Aviator, Aviador; — **naval,** aviador naval; — **war,** aviador de guerra.

Avigation, Navegación; — **celestial,** navegación astronómica.

Avigational, Navegación aérea.

Avigator, Navegante aéreo.

Avoiding, De derivación; — **canal,** canal de derivación.

Awash, A flor de agua.

Away (Cut) — drawing, Dibujo en sección.

A. W. G. (American wire gauge), Calibrador americano de alambres.

Awl, Lezna, punzón, taladro; — **handle,** cabo de lezna; **marking —,** punta de trazar.

Awry, Oblicuo.

Ax, Hacha (América).

Axe, Destral, hacha; — **for bursting stones,** pica de minero; — **handle,** mango de hacha; — **head,** hierro de hacha; — **hole,** ojo de hacha; — **stone,** ofita; **bench** —, hacha de carpintero, hachuela; **broad** —, azuela doladera; **chip** —, hachuela; **cross** —, hacha de pico; **falling** —, contramerlín; **holing** —, azuela; **mortise** —, hachuela de dos filos, pico; **to** —, cuadrar la piedra, desbastar, labrar, tallar.

Axial, Axial; — **compression,** compresión axial; — **flow,** flujo axial; — **flow turbojet,** turborreactor de flujo axial; — **spring,** resorte longitudinal; **bending produced by — compression,** pandeo; **to yield to — compression,** doblegar.

Axiality, Axialidad.

Axially, Axialmente; — **symmetric,** de simetría axial.

Axifugal, Centrífugo.

Axine, Axina.

Axipetal, Centrípeto.

Axis, Pasador de balanza; — (plural **Axes**), eje (geometría); — **central,** eje central; — **differential,** eje del diferencial; — **directional,** eje de dirección; — **oblique,** eje oblicuo; — **of a waveguide,** eje de un guíaondas; — **spindle,** eje del husillo; — **wheel,** eje de rueda; — **wing,** eje del ala; **crosswise** —, eje transversal; **horizontal** —, eje horizontal; **lengthwise or longitudinal** —, eje longitudinal; **magnetic** —, eje magnético; **major** —, eje mayor; **minor** —, eje menor de una elipse; **neutral** —, fibra neutra; **optical** —, eje óptico; **swing** —, eje de báscula; **transversal** —, eje transversal; **vertical** —, eje vertical.

Axle, Ábol, eje; — **arm,** caja de cojinetes, gorrón del eje; — **assembly,** eje completo; — **auxiliary,** eje auxiliar; — **bar,** galera de asiento de los cabezales; — **base,** intereje; — **bearing,** caja del eje, cojinete, soporte del eje; — **box,** caja de grasa, placa de guarda (ferrocarril); — **box yoke,** brida oscilante de la caja de grasas; — **broken,** eje roto; — **car,** eje de vehículo; — **center,** eje central; — **chain,** eje con cadena articulada; — **circular,** eje de sección circular; — **driving,** eje motor; — **emergency,** eje de emergencia; — **end,** gorrón del eje; — **grease,** grasa para ejes; — **guard,** buje, placa de guarda; — **heavy,** eje para vehículos pesados; — **hop,** loriga; — **housing,** puente trasero; — **journal,** muñón del eje; — **lathe,** torno para los cuerpos de los ejes; — **locomotive,** eje de locomotora; — **lone,** eje de cardan; — **neck,** espiga del eje; — **nut,** tuerca del eje; — **patent,** eje patentado; — **pin,** pezonera del eje, piñón de eje; — **pit,** foso para montar ejes; — **radial,** eje radial; — **rear,** eje posterior; — **shaft,** árbol motor; — **sleeve,** soporte de seguridad; — **solid,** eje enterizo; — **spacer,** anillo espaciador del eje; — **tree,** biela, cabria, eje de un automóvil, (of a water-mill), cojinetes del eje de un molino de agua; — **tree bed,** apoyo de la biela, cojinete; — **tree washer,** armadura de la caja de un vagón; — **trussed,** eje reforzado; — **turning shop,** taller de tornos para ejes; — **wad,** revestimiento de un eje; **articulated axles,** sistema de ejes articulados; **back — or rear** —, eje trasero; **bearing** —, eje portador; **body of** —, cuerpo del eje; **carrying** —, eje portante; **clamped — box,** apoyo de eje; **core** —, eje macizo; **crank or cranked** —, eje de manivelas; **cross** —, eje de sección en T, eje motor con manivelas a 90° (locomotoras); **curved** —, árbol de palancas opuestas; **drive or driving or motive** —, eje motor; **fixed** —, eje rígido; **flexible** —, eje orientable; **floating** —, eje flotante; **front** —, eje anterior; **greasing** —, eje de engrase; **leading** —, eje delantero; **live** —, eje motor, puente trasero (auto); **loose** —, falso-eje; **n** — **car**, coche con n ejes; **overhanging** —, eje saliente; **plain** —, eje de engrase; **power** —, árbol de transmisión de la potencia; **projecting** —, eje saliente; **sliding** —, eje móvil; **splint of the** —, buje; **steering** —, eje director; **turning** —, eje móvil; **uncoupled** —, eje libre.

Axofugal, Axífugo.

Axonometric, Axonométrico.

Ayr stone, Piedra de pulir.

Azaleine, Rojo de anilina.

Azeotropic, Azeotrópico; — **distillation**, destilación azeotrópica.

Azimide, Azimida.

Azimuth, Azimuth; — **circle**, círculo azimutal; — **sight**, alidada azimutal; — **table**, mesa azimutal.

Azimuthal, Azimutal.

Azimuthwise, En dirección azimutal.

Azindone, Azindona.

Azoboronic, Azobórico; — **acid**, ácido azobórico.

Azobenzene, Azobenceno.

Azocompounds, Compuestos azoicos.

Azocosine, Azocosina.

Azote, Nitrógeno.

Azulene, Azuleno.

Azulmine, Azulmina.

Azure stone, Lapizlázuli.

Azurine, Azurina.

Azurite, Azurita.

B

B, Símbolo de susceptancia, símbolo que representa la intensidad del campo magnético; — (battery), batería, batería de placa.

B. A., British Association.

Babbit, Antifricción; — **metal**, babbit, metal antifricción (84 % de estaño, 8 % de cobre, 8 % de antimonio), metal Babbit, patente; — **old**, antifricción vieja; **to** — **or Babbitt**, antifriccionar, guarnecer un cojinete de la fricción, patentar.

Babbitted or **Babbited**, Antifriccionado, patentado; — **bearing**, cojinete antifriccionado.

Back, Artesa, cabeza de mortero, cara dorsal, dorso de la hoja de una herramienta, lomo (de una sierra), pantalla, solar de alto horno, techo (minas), tope de puente, trasdós; — **arrester**, amortiguador de llamas; — **axle**, eje trasero; — **axle and differential**, eje trasero y diferencial; — **axle driving shaft**, eje de mando del puente; — **(or rear) axle**, puente trasero; — **balance**, contrapeso (en el plano inclinado de una mina); — **bending test**, ensayo de plegado alternativo en sentido inverso; — **board**, gabarit, placa de revistimiento; — **calipers**, compás de gruesos de cremallera; — **carpenters**, escuadra de carpintero; — **centre or center**, contrapunta, punta del cabezal móvil de un torno — **center socket**, casquillo de la contrapunta (torno); — **chamfer**, bisel de una lima; — **coupling**, acoplamiento de reacción; — **edge**, dorso del borde cortante de una herramienta de torno; — **electromotive force**, fuerza electromotriz; — **end**, fondo de cilindro; — **fill**, relleno de zanjas; — **filler**, rellenazanjas; — **filling**, labor de relleno de los huecos, relleno; — **filling machine**, máquina de rellenar; — **filling materials**, materiales de relleno; — **fire or firing**, retorno de encendido, retorno de llama; — **flashing**, retroceso de la llama; — **flow**, contracorriente; — **gear**, contramarcha (torno), engranaje reductor; — **glass**, cristal de ventanilla de capota; — **ground noise**, ruido de fondo; — **iron**, contrahierro de cepillo; — **lash**, contragolpe a cada inversión del movimiento, descarga de vuelta de la corriente alterna de los tubos de vacío, efecto reactivo, juego de las piezas de las máquinas; — **links**, guías del cuadrante; — **locomotive**, distribución de marcha atrás de locomotora; — **magnetisation**, contramagnetización; — **motion**, retroceso de llamada; — **of a blast furnace**, placa de la piquera de salida de la escoria de la caldera, solar de alto horno; — **of a lode**, hastial posterior de un filón; — **plaque**, lienzo de herrero, taco de solar de horno; — **plate**, espejo del cilindro, placa de apoyo; — **porch**, umbral posterior (televisión); — **pressure**, contrapresión; — **pressure valve**, válvula de contrapresión constante; — **rest**, barra de telar; — **saw**, sierra de trasdós; — **secondary**, engranaje reductor secundario; — **sheet**, placa trasera; — **shock**, choque de retorno; — **shot wheel**, rueda hidráulica de admisión trasera; — **sight**, alza de puntería; — **square**, escuadra de soporte, escuadra técnica; — **starling**, tajamar; — **stay,** cadena de amarre, cadena de retención, contraplacado, soporte del contrapunto; — **stone,** solar de alto horno; — **stope,** grada invertida; — **stroke,** choque de retorno; — **surge,** retención de ondas; — **sweep,** regresión del ala; — **titration,** revalorización, valoración repetida; — **tools,** peines (herramientas de torno); — **turbine,** turbina de reacción; — **twist,** contratorsión; — **up,** soporte; — **up eccentric rod,** árbol o varilla de excéntrica de marcha atrás; — **uphill,** subir en marcha atrás; — **wash,** remolino, resalto hidráulico; — **yard,** fondo de casa; **ampere turns** —, contra amperivueltas; **angle of sweep** —, flecha de un ala; **answer** — **signal,** señal de contestación; **arc** —, arco de descarga; **cat's** —, albardilla; **dry** — **boiler,** caldera sin volumen de agua trasero; **feed** — **coupling,** acoplamiento a reacción; **front-to-** — **radiation ratio,** relación entre la radiación deseada y la opuesta; **knife** — **iron,** contrahierro; **to** —, hacer marcha atrás, invertir, poner detrás, retroceder.

Back-out, .Supresión de haz.

Backer, Promotor de un negocio.

Backfire, Retroceso del arco.

Backing, Almohadillado de la coraza de un buque, blocaje, marcha atrás, negro de humo; — **deals,** agujas (minas); — **layer,** capa dorsal (minas); — **masonry,** mampostería de relleno; — **off,** despojo, destalonado; — **paper,** almohadilla de papel; — **up,** retenida; — **up flange,** brida; **angle of** — **off,** angular de cubrir juntas.

Backlash, Backplate, Backpressure, Backstay, Backsweep, Backtools, etc., Véase **Back.**

Backscatter, Dispersión de retorno.

Backward, Regresivo; — **facing seat,** asiento blindado; — **signal,** señal regresiva.

Badger plane, Guillamen inclinado.

Baff, Primera semana sin jornal.

Baffle, Compuerta, deflector, difusor de altavoz, pantalla, tabique; — **boiler,** tabique de separación de caldera, — **feed heater,** calentador de platillos; — **plate,** bóveda de horno, compuerta, deflector, pantalla, placa de contraviento, piaca de dama, tabique de reparto; — **separator,** separador de choque, separador de tabiques; — **shield,** contrapuerta; — **stone,** dama (alto horno); **intercylinder** —, deflector entre cilindros; **oil** —, tabique para aceite.

Baffling, Conducción de los gases; — **tube,** estrechamiento de la luz de tubos.

Bag, Cavidad rellena de agua o de gas, saco; — **bumping,** amortiguador de aterrizaje; — **holder,** sujetasacos; — **house,** depurador de filtro, instalación de filtración; — **water,** cámara de agua; **anode** —, funda para ánodo; **ballast** —, saco de lastre; **carbon** — **electrode,** electrodo con saquete de carbón; **cement** —, saco de cemento; **filter** —, manga filtrante; **head** —, saetín de aguas arriba; **narrow** —, crucero en un pilar, hendidura; **sand** —, saco de lastre; **to** —, ensacar.

Baggage, Equipaje; — **car,** furgón de equipajes.

Bagged, Ensacado.

Bagging, De ensacar; — **apparatus,** máquina de ensacar.

Bail, Caución, cogedero de una palanca, cogedero de una pieza, estribo; **to** —, poner en libertad bajo fianza; **to** — **out,** saltar en paracaídas.

Bailer, Achicador, cuchara (sondeo); — **top,** cabeza del achicador; — **tubular,** bomba de arena; **dump** —, cuchara para cimentación.

Bailing, Achique; — **pump**, bomba de achique.

Bailment, Caución.

Bainite, Bainita.

Bake (To), Cocer.

Bakelite, Bakelita; — **case**, envoltura de bakelita.

Bakelize (To), Bakelizar.

Bakelizing, Bakelización.

Bakery, Panificación.

Baking, Cocción, cocimiento de ladrillos, hornada; — **soda**, bicarbonato sódico; **core** —, estufado de machos.

Balance, Balance, balancín, balanza, equilibrio, saldo; — **beam**, fleje de balanza; — **bob**, balanzón; — **credit**, saldo acreedor; — **debit**, saldo deudor; — **decimal**, balance decimal; — **favorable**, balance favorable; — **feature**, factor de nivelación; — **knife edge**, balanza de cuchillas; — **of a pump**, balancín de bomba; — **secondary**, compensación secundaria; — **sensitive**, balance sensible; — **torsion**, balanza de torsión; — **trade**, saldo en el comercio; — **waves**, olas equilibradas; **ampere** —, electrodinamómetro; **analytical** —, balanza de precisión; **back** —, contrapeso; **bridge** —, equilibrio de puente; **candle** —, balanza portabujía; **coin** —, pesillo de monedas; **counter** —, contrapeso; **current** —, electrodinamómetro; **dial** —, báscula de índice o de aguja; **direct reading ampere** —, electrodinamómetro de resorte; **electric** —, contracapacidad eléctrica, contrapeso eléctrico; **heat** —, balance térmico; **off** —, en desequilibrio; **plating** —, balanza galvanoplástica; **spring** —, espiral de volante de reloj; **static** —, equilibrio estático; **thermal** —, balance térmico; **watt** —, vatímetro de balanza; **to** —, descargar, descargar una válvula, equilibrar.

Balanced, Compensado, equilibrado; — **aileron**, alerón compensado; — **cone clutch**, embrague cónico equilibrado; — **crane**, grúa equilibrada; — **crank**, manivela equilibrada; — **engine**, balanza hidrostática; — **flap**, alerón compensado; — **gate**, chorro de colada; — **gear**, diferencial (auto), véase también **Differential**; — **gear or differential gear**, compensador, diferencial (auto); — **handle**, manivela equilibrada; — **indicator**, indicador de compensación; — **lever**, palanca de contrapeso; — **mass**, compensado con pesas, masa de equilibrio; — **method**, método del cero; — **peedle valve**, compuerta de aguja equilibrada; — **piston**, pistón compensador, pistón de equilibrio; — **pit**, jaula del contrapeso; — **rudder**, timón compensado; — **screw**, tornillo de equilibrio; — **slide valve**, distribuidor equilibrado; — **trough**, artesa basculante; — **web**, lima de balancín; — **weight**, contrapeso, tara de equilibrio; **double phantom** — **telegraph circuit**, circuito telegráfico superfantasma equilibrado; **dynamically** —, equilibrado dinámicamente; **self** — **bridge**, puente autoequilibrado.

Balancer, Compensador, compensatriz, igualadora; — **aerodynamic**, compensador aerodinámico; — **equalizer**, máquina compensadora; — **gun**, compensador de ametralladora; — **ring**, anillo del balanceador; — **set**, grupo balanceador.

Balancing, Compensación, equilibrio; — **chamber**, cámara de equilibrio; — **control**, control de estabilización; — **dynamo**, dínamo de compensación; — **fixture**, herramienta para equilibrar; — **machine**, máquina de equilibrar; — **space**, cámara de equilibrio; — **thermopile**, pila termoeléctrica diferencial; — **transformer**, transformador compensador; **dynamic** —, equilibrio dinámico; **dynetric** —, equilibrio electrónico.

Bale, Bala (de algodón, etc....).

Baled, En balas.

Baling, Embalar; — **can,** achicador; — **strap,** correa de embalar.

Balk, Contracción de una veta, filón de poco valor; **false racking** —, falsa maniobra.

Balking, Pérdida de potencia (motores).

Ball, Billa, bola, carga de cenizas negras (procedimiento Leblanc), lupia, mandrino para soldar tubos de acero, martillete, masa de escorias para refundir, mina de estaño, palanqueta, válvula esférica, zamarra; — **and cone,** bola y cono; — **and socket** (joint), cojinete esférico, junta de rótula, rótula; — **bearing,** rodamiento de bolas; — **bearing race,** corona de rodamiento; — **cage,** jaula de bolas, linternas de bolas; — **check,** válvula de retención de bolas; — **cock,** grifo de flotador; — **collar,** anillo de apoyo; — **compensating,** bola de equilibrio; — **crusher,** molino de bolas; — **driver,** tope de arrastre a bolas; — **flexible,** unión esférica flexible; — **float,** flotador de bola; — **gudgeon,** muñón esférico; — **head,** péndulo, taquímetro de bolas de un regulador; — **joint,** articulación esférica; — **joint housing,** caja de rótula; — **journal,** muñón esférico; — **lock,** cierre de bolas; — **longitudinal,** cojinete de bolas longitudinal; — **male,** rótula macho; — **mill,** molino de bolas; — **of solder,** gota de soldadura; — **pivot bearing,** rangua de bolas; — **plane,** cojinete de bolas liso; — **plate,** placa soporte de cojinete de bolas; — **race,** anillo de rodadura, corona de rodamiento a bolas; — **race bearing,** palier de rodamiento; — **removable,** cojinete de bolas desmontables; — **rest,** carro de tornear esferas; — **rocking,** apoyo esférico oscilante; — **socket housing,** caja de rótula; — **spherical,** bola esférica; — **test,** ensayo a la bola; — **testing,** ensayo de dureza de la bola; — **thrust,** tope de arraastre a bolas; — **thrust bearing,** cojinete de empuje a bolas; — **train,** laminador de bolas; — **valve,** válvula esférica de bola; — **vein,** veta nodular; **fly balls,** bolas de regulador; **thrust,** tope de arrastre a bolas; **raw** —, galleta de cagafierro; **universal** — **joint,** junta universal; **wet** — **milling,** molino en húmedo; **to** —, aglomerar (pudelaje), amontonar; **to** — **test,** comprobar las bolas.

Balland, Concentrado de plomo.

Ballast, Balasto (ferrocarril), bobina de inducción (elec.), lastre (buques); — **bag,** saco de lastre; — **concrete,** concreto; — **gravel,** balasto de grava; — **piping,** tubería para agua de lastre; — **pit,** balastera, cantera de arena; — **plate,** plancha guardabalasto; — **resistance,** resistencia de autorregulación, resistencia de equilibrio; — **resistor,** resistencia autorreguladora; — **tube,** tubo «ballast»; **burnt** —, arcilla calcinada; **crushed stone** —, balasto de piedras troceadas; **in** —, sobre lastre; **solid** —, lastre sólido; **water** —, lastre de agua, lastre líquido; **to** —, balastar, empedrar, lastrar.

Ballasting, Balastaje.

Balling, De recalentar; — **furnace,** horno de recalentar; — **process,** esferoidización; — **rake or tool,** paleta, rable; — **up,** formación de lupias.

Ballistic, Balístico; — **density,** densidad balística; — **measurement,** medida balística; **floating** —, girocompás (buques).

Ballistics, Balística; **electron** —, balística electrónica.

Ballonet, Ballonet.

Balloon, Globo; — **auxiliary**, globito compensador; — **barrage**, barrera de globos cautivos; — **captive**, globo cautivo; — **drill**, maniobra de los globos; — **metereological**, globo metereológico; — **naval**, globo de la marina; — **registering**, globo sonda; — **sidings**, rejilla doble; — **stable**, globo estable; **captive** —, globo cautivo; **drachen** —, globo cautivo; **flexible**, globo ligero; **free** —, globo libre; **observation** —, globo de observación; **radio** —, globo radio-sonda; **sausage** —, globo salchicha; **semi-rigid** —, globo semi-rígido; **sounding** —, globo sonda; **spherical** —, balón esférico; **target** —, globo para tiro; **test** —, globo de ensayo; **to** — **off**, rebotar sobre la pista al aterrizar.

Balloonery, Aeronáutica.

Ballooning, Aerostática.

Balloonist, Aeróstero.

Balsa, Balsa (madera).

Balustrade, Balaustrada.

Bamboo, Bambú; — **rod**, varilla de bambú.

Banana oil, Aceite de banana.

Band, Banda, chapa fina (forja), grupo, lecho, playa, zuncho; — **amateur**, banda para aficionados; — **brake**, freno de cinta; — **chain**, cadena Vaucanson; — **coupling**, acoplamiento de cinta; — **crimping press**, prensa para anillar (obuses); — **driver**, herramienta para reparar correas; — **entertainment**, banda de entretenimiento; — **external**, banda externa; — **friction**, tira de fricción; — **iron**, fleje; — **meter**, banda de metros; — **night**, banda para comunicaciones nocturnas; — **pass filter**, filtro de paso de banda; — **plane**, cepillo de ranura; — **pulley**, polea para correa; — **saw**, sierra de cinta; — **scanning**, banda exploradora; — **spreading**, ensanche de banda; — **spring**, cinta de resorte; — **suspensión**, banda de aparejo; — **switch**, llave de cambio de banda; — **television**, banda de televisión; — **wave**, banda de onda; — **wheel**, polea de sierra de cinta, polea para correa; **absorption** —, banda de absorción; **allowed energy** —, banda de energía permitida; **angular iron** —, fleje angular; **barrel** —, zuncho; **characteristic** — (of a vocal sound), banda característica de un sonido vocal; **clay** —, mineral de hierro arcilloso; **conducting** —, banda de conducción; **energy** —, banda de energía; **filter pass** —, filtro de frecuencia; **forbidden energy** —, banda de energía prohibida; **frequency** —, banda de frecuencia; **guard** —, banda de guarda (de seguridad); **iron** —, fleje; **n meter** —, banda de n metros; **out-of** — **radiation**, radiación fuera de banda; **out-of-** — **signalling**, señalización fuera de banda; **radiation outside of occupied** —, radiación fuera de la banda ocupada; **scatter** —, banda de dispersión; **signalling in** —, señalización en banda; **single side** —, banda lateral única; **slip bands**, franjas, líneas de Neumann; **spectral** —, banda espectral; **transmission** —, banda de transmisión; **vestigial** —, banda residual; **wide** —, banda ancha; **X** — **oscillator**, oscilador de margen X; **to** —, enflejar.

Banded, Acanalado, enflejado, rayado, zunchado (resorte).

Banding, Zunchado; — **plane**, cepillo de ranurar; — **press**, prensa de anillar (obuses).

Bandsman, Cargador (minas).

Bandwith, Anchura de la banda; **equivalent noise** —, anchura de banda equivalente de ruido; **gain** — **product**, producto de ganancia por anchura de banda.

Bango connection, Junta móvil.

Bank, Banco, banqueta (tierras), batería, brocal, escora (aviac.), estación (minas), fila (de cilindros), grupo de quemadores, rampa, serie, solera, talud, terraplén, viga de abeto sin hendiduras; — **clerk,** empleado de banco; — **cutting,** corte de talud; — **gyroscopic,** indicador de inclinación; — **indicator,** indicador de inclinación transversal de un avión; — **level,** piso (minas); — **maximum,** inclinación máxima; — **medium,** inclinación media; — **minimum,** inclinación mínima; — **multiple,** múltiple de arcos; — **of a drawing shaft,** palier de descarga de un pozo de extracción; — **sloping,** conformación de taludes; — **the wings,** inclinar las alas; **account** —, cuenta bancaria; **branch** —, sucursal; **contact** —, campo de contactos; **from — to** —, tiempo que transcurre entre la bajada y la subida (minas); **rotary selector** —, campo de selección rotatorio; **to** —, construir un dique, empinar, empujar el fuego al fondo de un horno, inclinar, inclinarse al virar (avión), poner en paralelo; **to — up,** terraplenar; **to — up the fires,** cubrir los fuegos; **to over** —, virar en un plano; **to under** —, virar demasiado inclinado.

Banked, Inclinado; — **track,** pista peraltada; — **turn,** viraje inclinado.

Banker, Banco de taller, banquero, mesa de moldear ladrillos.

Banket, Conglomerado aurífero.

Banking, Estación (minas), montaje en paralelo, represa de agua; — **house,** banco particular; — **vertical,** vuelo en 90 grados; **control** —, control de alerón; **dead** —, extinción de un alto horno; **equipment** —, material para estación de minas.

Bankman, Amainador, engachador receptor (minas).

Bankrupcy, Bancarrota.

Banks, Remaches.

Bannocking, Roza (minas).

Bar, Barra, barreta (de un cilindro), barrote, distancia entre ejes, filón de crucero (minas), lámina, segmento, vara larga; — **bearing,** traviesa de parrilla; — **capacity,** capacidad de barra; — **collets,** pinzas portabarras; — **corrugated,** barra acanalada; — **frame,** durmiente de parrilla, soporte de rejilla; — **free,** barra de avance; — **guide,** guiado por deslizaderas; — **heating furnace,** horno de recalentar las barras; — **iron,** hierro en barras; — **jumper,** atacador, barra de mina, barreno; — **lathe,** torno de barra, torno de varilla; — **lock,** barra en doble T de calaje de las chapas de tubo; — **master,** capataz de mina; — **muck,** hierro pudelado en redondos; — **notched,** barra entallada; — **of a bar lathe,** varilla de torneado al aire; — **of a fire grate,** barrote de parrilla; — **of a rack and pinion jack,** cremallera de un gato de doble piñón; — **of the parallelogram,** vástago del paralelógramo de Watt; — **plane,** barra lisa; — **rail,** barra-carril; — **side,** barra lateral; — **slice,** barra picafuegos; — **spike,** pie de cabra; — **splice,** eclisa; — **standard,** barra tipo; — **support,** soporte de barra; — **surface,** superficie de parrilla; — **tightener,** mordaza de barras (máq.-herr.); — **triangular,** barra triangular; — **way,** paso de barra; — **wimble,** barrena de ajustar, malacate; **angle** —, angular; **battery bus** —, barra ómnibus de batería; **bus** —, barra de distribución; **C shaped — iron,** hierro en C; **channel** —, barra en U; **claw** —, palanca de pie de cabra; **clinker** —, barra de cenicero; **commutator** —, delga de colector; **connection** —, barra de conexión; **control** —, palanca de mando; **crown** —, viga del cielo del hogar; **cross** —, barra transversal de calaje, tranca; **crow** —, espeque; **cutter** —, árbol portaherramienta, barra de rozadora; **feed** —, barra de avance del torno; **fire** —, barrote de parrilla; **flat** —, plano, plano (de rueda); **grate** — **bearer**, marco de suspensión; **H** — **or I** —, perfil en doble T; **handle** —, manillar (bicicleta); **holding** —, barra de retención; **index** —, alidada; **interlocking grate** —, barrote de rejilla en zigzag; **iron** —, hierro en barra; **parallel bars**, bielas del paralelogramo de Watt; **pinch** —, garfio, palanca alzaprima, pie de cabra; **pricked** —, hurgón; **rudder** —, pedal de gobierno del timón; **selecting** —, barra selectora; **set** —, cerrojo; **sheet** —, llantón; **sole** —, larguero; **steel** —, barra de acero; **stress limiting** —, limitador de esfuerzos; **strong** —, armadura de un horno; **T** —, barra en T; **tapping** —, atizador; **tie** —, tirante; **tin** —, barra de estaño; **torsion** —, barra de torsión; **writing** —, cuchillo de impresión; **zed** —, barra en Z.

Barbed, Espinoso; — **wire,** alambre de espino.

Barbiturates, Barbitúricos.

Bare, Débil (detrás de un número), descubierto, desnudo, matriz; — **light,** luz descubierta; — **wire,** alambre de nudo; **3** —, 3 pulgadas débiles; **to** —, desnudar.

Bargain (To), Regatear.

Barge, Barcaza, gabarra, pinaza; — **couple,** empalme de lengüeta doble; **block carrier** —, gabarra portabloques; **coal** —, gabarra de carbón; **self propelled** — **or motor** —, gabarra automotora.

Barimetry, Barimetría.

Baring, Desmonte.

Barings, Menudos de carbón producidos durante el lavado.

Barium, Bario; — **carbonate,** carbonato de bario.

Bark, Corteza; **with the** — **on,** madera sin desbastar; **to** —, descortezar.

Barked, Descortezado.

Barking, Ruido de explosiones en el silenciador; — **drum,** cilindro para descortezar.

Barkometer, Tanímetro.

Barn car, Galpón para carros.

Barograph, Barógrafo; — **drum,** cilindro del barógrafo.

Barometer, Barómetro; — **correction,** corrección barométrica; — **falling,** barómetro descendente; — **gauge,** indicador de vacío; — **wheel,** barómetro de cuadrante; **aneroid** —, barómetro aneroide; **diagonal** —, barómetro de tubo inclinado; **open cistern** —, barómetro de depósito abierto; **recording** —, barómetro registrador; **rise of** —, subida del barómetro.

Barometric, Barométrico; — **discharge pipe,** tubo de caída barométrica; — **pressure,** presión barométrica; **altimeter** —, altímetro barométrico; **correction** —, corrección barométrica.

Barometry, Barometría.

Baroscope, Baroscopio.

Barostat control, Regulador barométrico.

Barothermograph, Barotermógrafo.

Barotropic, Barotrópico.

Barrage, Presa; — **gate,** compuerta de presa; — **of fragments,** nube de fragmentos.

Barrel, Barril, barrilete, bidón de petróleo, cañón (de fusil), casquillo de contrapunta, cuerpo cilíndrico, cuerpo del cilindro, mangueta, medida de capacidad (el barrel americano: 42 galones = 159 litros; el barrel inglés: 41 galones = 185 litros), tambor (torno de elevar); — **band,** zuncho; — **bushing,** orificio de casquillo; — **casing,** carcasa; — **copper,** cobre nativo; — **curb,** gabarit para la apertura de un pozo (mina); — **howel,** azuela de tonelero, doladera; — **petroleum,** barril de petróleo; — **plane,** gubia; — **plating,** rotogalvanostegia; — **plug,** cilindro verificador; — **pro-**

cess, procedimiento de extracción del oro (el mineral se agita en un tonel con el reactivo adecuado); — **roof**, techo abovedado; — **saw**, tambor para hacer duelas, tambor para hacer respaldos de silla; — **sliding**, tambor corredizo; — **tumbling**, acabado al barril; — **vault**, bóveda de cañón; — **vaulted**, en forma de tonel; — **winding**, devanado de tambor; **amalgamating** —, barril de amalgamación; **core** —, linterna para machos; **indicator** —, tambor indicador; **loom beam** —, enjullo; **machine gun** —, cañón de ametralladora; **on trip** —, a barril perdido; **plain** —, cañón liso; **polishing** —, barril de desbarbar; **pump** —, cuerpo de bomba; **working** —, cilindro (bomba).

Barreled (Single, double), De uno, de dos cañones (fusil).

Barren, Estériles; — **area**, región despoblada; — **saw**, sierra de duelas; — **setter**, broca de ajustar.

Barreter, Otro término para **thermal detector** (detector término).

Barrier, Muro de seguridad entre dos minas, muro de sostenimiento; — **customs**, barrera aduanera; — **layer**, capa barrera; — **layer cell**, célula fotovoltaica con capa de detención; **heat** —, muro térmico; **potential** —, barrera de potencial; **sound** —, barrera del sonido.

Barring, De arranque; — **engine**, servomotor de arranque, virador; — **gear**, aparato de arranque en el volante; — **motor**, motor de virador; **worm** — **gear**, aparato de lanzamiento con tornillo sinfín.

Barrow, Carretilla, carretón, escorial, escurridor, montón de carbón; — **man**, carretillero (minas); — **tray**, carretilla con carga; — **way**, ferrocarril de tracción animal (minas); **tip** —, volquete; **wheel** —, carretilla.

Barrowful, Carretillada.

Barycentric, Baricéntrico.

Barye or bar, Baria o bar (unidad absoluta de presión).

Barytron, Baritrón.

Basalt, Basalto; **to** —, fabricar pavés o ladrillos de escorias.

Bascule, Báscula; — **bridge**, puente de báscula.

Base, Armazón, basamento, basamento inferior de prensa, base (de aviación), base (quím.), cabeza de apoyo (de raíl), capa dè asiento de las carreteras, casquillo de lámpara eléctrica, culote, culote (de obús), pie de talud, placa del tiro (chimenea), zócalo; — **auxiliary**, base auxiliar; — **block**, fondo de crisol; — **board**, plinto radiante; — **boiler**, asiento para calderas; — **bullion**, bullión; — **cap**, culote; — **circle**, círculo de base; — **control**, base de control; — **chamber**, cámara de carga; — **fixed**, placa de base fija; — **geometrical**, fundamento geométrico; — **graduated**, base graduada; — **length**, longitud de la base; — **metal**, metal común; — **mobile**, área móvil; — **of a triangle**, base de un triángulo; — **pin**, base de patas; — **plane**, plano de base; — **plate**, placa de fondo, placa de fundación; — **position**, posición de base; — **primary**, base primaria; — **ring**, base anular; — **strength**, basicidad; — **supporting**, base de apoyo; — **terminal**, base término; — **wheeled**, plataforma transportable; **bayonet** —, casquillo de bayoneta; **engine** —, zócalo de un motor; **fishing** — **plate**, eclisa, silleta de raíl; **lead** — **solder**, soldadura blanda a base de plomo; **octal** —, culote de ocho brocas; **pedestal** —, pie de pilar; **repair** —, base de reparación; **strong** —, base fuerte; **time** — **generator**, generador de base de tiempos; **valve** — **adapter**, adaptador de zócalo de válvula; **wheel** —, longitud de rodado; **to** —, alterar, reducir (un metal); **to a** —, en función de.

Basement, Basamento.

Basic, Básico; — **industry,** industria básica; — **open hearth furnace,** horno de solera básica, horno Martin básico; — **production,** producción básica; — **slag,** escoria básica.

Basicity, Basicidad.

Basil, Bisel, jaira de cepillo.

Basin, Estanque; — **and gate,** piquera de colada; — **canal,** artesa de canal; — **grate,** horno de parrilla abierta; — **of payment,** base para los pagos; **tidal** —, antepuerto, dique flotante, varadero.

Basis, Base, fundación, punto de apoyo.

Basket, Capacho (de carbón), cesto, nacela, pantalla de cimentación; — **differential,** cuna para el diferencial.

Basquili, Báscula (cerr.); — **lock,** cerradura de cremona.

Bass, Bajo; — **boosting,** refuerzo de tonos bajos; — **loudspeaker,** altavoz de bajos; **automatic** — **compensation,** compensación automática de bajas frecuencias.

Basset, Afloramiento de una capa (minas); **to** —, aflorar (minas).

Bassy, Con predominio de las bajas frecuencias.

Bastard, Bastardo; — **cannel,** carbón de calidad muy inferior; — **cut,** picadura bastarda (minas); — **file,** lima bastarda; — **rifler,** lima bastarda de punta cónica y curvada; — **wheel,** engranaje casi recto.

Baster, Vasija para extraer agua.

Basting, Fabricación de lámparas en crisol.

Basyl, Base oxigenada.

Bat, Atacador de horno, bate, esquisto, sierra de marmolista; **bat's wing burner,** quemador de gas de hendidura, quemador de mariposa.

Batch, Amasado, capa, carga de un horno, de un alambique, colada, lecho de fusión, lote; — **distillation,** destilación intermitente; — **intermittent,** porción intermitente; — **mixer,** mezclador por cargas; **concrete** —, capa de cemento; **first** —, brasca del horno; **input** —, amasado dilatado; **output** —, amasado inalterado; **to** —, engrasar.

Batcher, Medidor; — **volume,** medidor de volumen.

Batchwise, En forma discontinua.

Bath, Baño; — **brick,** ladrillo inglés, piedra de cuchillas; — **fixing,** baño fijador; — **grease,** baño de grasa; — **hopper,** tolva de descarga; — **lead,** baño de emplomado; — **metal,** aleación de 1/8 de zinc y 7/8 de cobre; — **neutral,** baño neutro; — **rapid,** baño rápido; — **sand,** baño de arena; — **stove,** parrilla descubierta; **dipping** — **development,** revelado en cubeta vertical; **electroplating** —, baño de galvanoplastia; **nickel plating** —, baño de niquelado; **oil** —, baño de aceite; **oil** — **air cleaner,** filtro de aire con baño de aceite; **salt** —, baño de sal; **steel** —, baño de acerado; **tempering** —, baño de temple; **tin** —, baño de azogado; **water** —, baño-maría.

Batt, Esquisto.

Batten, Cubre-juntas, listel, paleta de vidriero, plegador, regla plegable, ripia, tirante; — **and space,** con claraboya; — **body,** nervio de carrocería; — **ends,** entramado; **to** —, construir con tablas, entramar.

Battening, Colocación de listones.

Batter, Inclinación, talud, talud del paramento; — **gauge,** gabarit, perfil de explanación; — **post,** tornapunta; **down-stream** —, talud del paramento de aguas abajo; **up-stream** —, talud del paramento de aguas arriba.

Batteries, Baterías.

Battery, Batería, pila, tabiquería para mantener el carbón en su lugar; — **artillery,** batería de artillería; — **aviation,** batería para aviación; — **calling,** batería de llamada; — **cascade,** batería en cascada; — **charge or charging,** carga de batería; — **charger,** cargador de baterías; — **chloride,** batería de cloruro; — **clip,** presilla para batería; — **contact,** contacto de batería; — **cup,** batería de copas; — **current,** corriente de batería; — **diffusion,** batería de difusión; — **dual,** batería gemela; — **element,** elemento de acumulador; — **frame,** batería con marco; — **jar,** vaso de acumulador; — **lighting,** batería de iluminación; — **low,** batería débil; — **multicell,** caja celular de batería; — **plug,** tapón de batería; — **switch,** reductor; — **switch board,** cuadro de distribución de los acumuladores; — **terminal,** borne de batería; — **testing,** batería de ensayo; — **two cell,** batería de dos elementos; **alkaline —,** batería alcalina; **assisted discharge of a —,** descarga suplementaria de una batería; **automobile —,** batería de auto; **B —,** batería de placa; **balancing —,** batería compensadora; **banked —,** pila de varios circuitos; **booster —,** batería de refuerzo; **boosting —,** batería auxiliar; **buffer —,** batería compensadora; **C —,** batería de rejilla (radio); **cell of a —,** elemento de una pila; **circulation —,** pila de circulación; **common —,** batería central; **common — system,** sistema de batería central; **divided — float scheme,** montaje de batería seleccionada en tampón; **dry —,** pila seca; **emergency —,** emisor batería de socorro; **equalizing —,** batería compensadora; **filament —,** batería de filamento; **firing —,** pila de encendido; **flashlight —,** pilas secas; **floating —,** batería flotante; **immersion or plunge —,** batería de inmersión; **lead —,** batería de plomo; **local — system,** sistema de batería local; **n cell —,** batería de n elementos; **parallel — float scheme,** carga y descarga de batería en tampón; **plate —,** batería de placa; **polarisation —,** pila de polarización; **positive — metering,** cómputo por batería positiva; **primary —,** batería de pilas; **quiet —,** batería silenciosa; **reverse — metering,** cómputo por inversión de alimentación; **rundown —,** batería descargada; **signalling —,** batería de señales; **stamp —,** batería de bocartes; **stand by —,** batería de emergencia; **starting —,** batería de arranque; **storage or secondary —,** batería de acumuladores; **talking —,** batería de conversación; **test —,** batería de pruebas; **trickle —,** batería compensadora; **trickle charging —,** carga lenta.

Batteture, Batiduras de forja.

Batting waste, Borra de pelusa de algodón.

Battle, Batalla; — **cruiser,** crucero de batalla.

Battledore, Aplanador.

Battleship, Acorazado.

B. A. U. (British Association Unit = 1 ohm B. A.), Unidad de la Asociación Británica.

Baulk, Viga; **to —,** desbastar madera de construcción.

Bauxite, Bauxita.

Bawk, Madera de unión de dos cabrios, tope, traviesa.

Bay, Bahía, cabeza de compuerta, chimenea interior (de un horno de ladrillos), emplazamiento, entrepaño, intervalo entre los pozos de una mina, malla, tramo (de puente, etc.), tramo de un pozo de mina oblicuo; — **drag,** vano del ala superior; — **of joists,** tabique de celosía; — **rail,** traviesa de mamparo; — **wing,** vano del ala; — **work,** entramado metálico; **bomb —,** compartimento para las bombas, pañol de bombas; **inner —,** tramo interior; **outer —,** tramo exterior.

Baybolt, Perno arponado.

Bayonet, Bayoneta; — **base,** casquillo de bayoneta; — **joint,** junta de bayoneta; — **socket,** cubo de bayoneta.

Bayshon, Tabique de ventilación (minas).

Bazooka, Bazuca.

B. B. C. (British Broadcasting Company), Compañía Británica de Radiodifusión.

B. D. C. (Bottom Dead Center), Punto muerto inferior.

Beach dolly, Carro de transporte; **to** —, encallar.

Beaching gear, Balsa de salvamento, carro para poner en tierra los hidroaviones.

Beachrock, Roca formada por restos de esqueletos calizos cementados por carbonato cálcico.

Beacon, Faro baliza; — **acetylene,** faro de acetileno; — **airport,** faro de acetileno; — **line,** línea de faros; — **oscillating,** faro oscilante; — **red,** faro de color rojo; — **signal,** señal de faro; — **toe,** punta de talón del reborde; — **tower,** torre para faros; **aerodrome** —, faro de aerodromo; **airport location** —, faro de aerodromo; **approach** —, radiobaliza de aterrizaje; **circular beam** —, faro de haz circular; **directive** —, radiofaro direccional; **equisignal** —, radiofaro equiseñal; **fan marker** —, radiobaliza en abanico; **localizer** —, radioguía de alineación; **neon** —, faro de neón; **non skid** —, talón anti-derrapante; **radar** —, baliza radar; **radio** —, radiofaro; **radio range maker** —, radiobalizas de guía; **square beam** —, faro de haz cuadrado; **weld** —, cordón de soldadura.

Beaconage, Derechos de faros.

Beaconed, Balizado.

Bead, Baquetilla, botón, cordón, cordón de soldadura, escoria en polvo, media caña, perla de borax para ensayo, talón, talón (neumáticos), testigo; — **clincher,** talón de enganche; **covering** —, cubre-juntas, moldura; **dielectric** —, cuenta dieléctrica (en cadena de aisladores); **plane** —, ensayo a la perla (quím.); **proof** —, cepillo de astrágalo; **tool** —, gubia para molduras convexas; **to** —, esmerilar, mandrilar, rebordear tubos.

Beaded, Esmerilado, mandrilado, rebordeado; — **glass,** perlado.

Beader, Mandril para embutir; — **double,** cilindro doble para cilindrar tubos; — **tube,** difusor.

Beading, Embutido, reborde (de un neumático), rodete; — **hand,** embutido a mano; — **machine,** ribeteadora.

Beak (of an anvil), Bigornia, cuerno (de yunque), pico; — **iron,** bigorneta, bigornia, yunque de un solo brazo; **to** — **the bow,** bigorniar el anillo.

Beaked, Con bigornia, con pico.

Beaker, Cubilete, vaso de precipitación; **lagged** —, cuba calorífugada; **lipped** —, cubilete picudo.

Beam, Abertura, árbol (de torneado al aire), árbol de máquina de ensayo a presión, balancín, bao, báscula de pozo, cabeza de campana, costado de avión, haz, manga, rayo, rayo luminoso, traviesa; — **antenna,** antena direccional; — **blinding,** haz deslumbrante; — **cathode,** haz de rayos catódicos; — **clamp,** abrazadera de viga· — **compasses,** compás de varas; — **course,** haz de ruta; — **de focusing,** desenfoque de haz; — **end,** cabeza de balancín; — **engine,** máquina de balancín; — **filling,** entrevigado; — **gudgeons,** ejes, gorrones del balancín; — **headlamp,** haz de faro; — **indented,** viga de machihembrado; — **of a balance,** fleje, palanca de balanza; — **of a railway,** larguero de vía; — **of neutrons,** haz de neutrones; — **passing,** luz de pase; — **section,** sección por la maestra; — **shear,** larguero dividido; — **shelf,** durmiente; — **support,** apoyo de viga; — **tetrode,** tetrodo de haz; — **traffic,** haz de tránsito; — **voltage,** tensión entre ánodo y cátodo; — **wave,** haz de ondas; — **wide,** haz ancho; — **wooden,** madero; **box** —, viga en cajón multicelular; **built** —, viga de unión; **chief** —, viga maestra; **circular** — **beacon,** faro de haz circular; **convergent** —, haz convergente; **cross-head** —, traviesa de cuerpo de pistón; **dam** —, durmiente de un dique; **divergent** —, haz divergente; **double** —, soporte; **double** — **oscillograph,** oscilógrafo de doble haz; **electron-** — **tube,** tubo de haz electrónico; **fanned** —, haz de abanico (antenas); **fished** —, viga armada; **fishing** —, viga con eclisa; **grooved** —, viga de entramado; **half** —, barrotín; **head** —, cabezal del balancín; **hertzian** —, haz hertziano; **I** —, hierro en I; **intended** —, viga de cremallera; **lifting** —, viga transversal (de puente rodante); **little** —, vigueta; **loom** — **barrel,** enjullo; **orbital** — **tube,** tubo de haz orbital; **perspective** —, haz perpspectivo; **restrained** —, viga empotrada; **rotary** —, haz orientable; **small** —, tronco para aserrar, vigueta; **square** — **beacon,** faro de haz cuadrado; **starboard** —, través de estribor; **strengthened** —, viga armada; **structural** —, viga perfilada; **tie** —, tirante, travesaño; **tong** —, vástago portatenaza; **traverse** —, balancín; **trussed** —, viga armada; **vane** —, volteo del ala; **weigh vibratory beams,** balancín, fleje, reglas vibrantes; **wide flange** —, viga de largas alas; **wind** —, tirante superior.

Beaming, Montaje, viguería; **self stopping** — **machine,** urdidora porta-hilos.

Beamroll, Plegador.

Bean (flow), Niple reductor (pozo petrol.); **beans and nuts,** almendrillas, galletas de carbón; **beans and nuts ore,** mineral en granos.

Bear, Conducto de humo, lobo, punzón a mano; — **frame,** bastidor en C, bastidor en cuello de cisne; **to** — **water,** extraer agua.

Bearance, Punto de apoyo de la palanca.

Beard, Tajo en galería transversal; — **of a cast,** rebaba de una pieza de fundición; **to** — **off,** desbarbar, desbastar.

Bearded, Aristado, rebajado.

Bearer, Caballete, carlinga, corredera, chumacera, montante, portador, soporte, traviesa; — **spring,** apoyo de resorte; — **steamer,** vapor portador; **boiler** —, asiento de caldera; **engine** —, cuna de motor; **grate bar** —, chasis de parrilla, marco de suspensión; **rail** —, traviesa; **step grade side** —, ala de estribo, brida de unión; **to the** —, al portador.

Bearing, Apoyo, articulación, cojinete, collarín, palier, punto de contacto de dos piezas, rodamiento, soporte; — **absolute,** marcación absoluta; — **alloy,** aleación para cojinetes; — **axial,** rangua axial; — **axle,** eje portador; — **bar for furnace,** traviesa de parrilla; — **block,** palier, soporte; — **bolt,** bulón de sombrerete de soporte; — **bracket,** plato de cojinete; — **capacity** (of the ground), resistencia (del terreno); — **carrier,** cojinete portador; — **centre,** alojamiento de la punta, centrado de la punta; — **circumferential,** guía circular; — **computation,** cálculo de marcaciones; — **direct,** apoyo directo; — **disc,** quicionera; — **dummy,** falso cojinete; — **error,** error de marcación; — **faces,** superficies de apoyo; — **field,** campo de relevamiento; — **floating,** cojinete flotante; — **frame,** viga portadora de cojinetes; — **fulcrum,** apoyo, cojinete; — **indication,** indicación del rumbo; — **loose,** cojinete flojo; — **metals,** metales para cojinetes; — **motor,** cojinete del motor; — **neck,** gorrón; — **of a lode,** dirección de una capa;

— **pilot,** cojinete piloto; — **plate,** placa de asiento de raíl; — **precision,** cojinete de precisión; — **rib,** reborde; — **ring,** anillo de cojinete; — **spherical,** camino de rodadura; — **spring,** muelle de suspensión; — **stress,** carga de palier; — **strip,** pletina de apoyo; — **three part,** cojinete en tres piezas; — **toe,** gato de apoyo; — **up,** apeo, soporte, sostenimiento; — **wall,** muro de contención; — **wall bracket,** consola mural; **adjustable bearings,** cojinetes ajustables; **angle pedestal** —, palier oblicuo; **angular contact ball** —, rodamiento a bolas de contacto angular; **ball** —, rodamiento a bolas; **ball — mounted,** montado sobre rodamiento a bolas; **ball — race,** corona de rodamiento; **ball (collar) thrust** —, quicionera a bolas; **blade** —, soporte de cuchilla; **bush** —, cojinete cerrado; **bushed** —, palier con cojinete; **centre** —, palier intermedio (turbinas); **collar step** —, quicionera anular; **collar thrust** —, cojinete de empuje; **collared** —, cojinete de collarín (topes); **crank shaft** —, chumacera del eje, cojinete del cigüeñal; **cross head pin** —, articulación de pie de biela; **direct** —, marcación directa; **drip hanger** —, cojinete de la silleta de suspensión; **end** —, palier frontal; **faulty — of the brushes,** defecto de soporte de las escobillas; **flexible** —, soporte elástico; **fluid** —, soporte fluido; **footstep** —, quicionera, rangua; **frictionless bearings,** rodamientos antifricción; **fulcrum** —, apoyo de cuchilla; **inside** —, apoyo de collarín, palier interior; **journal** —, cojinete de contacto plano, soporte del eje; **line shaft** —, cojinete intermedio; **long distance** —, marcación a larga distancia; **longitudinal wall hanger** —, cojinete cerrado; **magnetic** —, marcación magnética; **main** —, árbol principal, cojinete de cigüeñal, cojinete del árbol horizontal; **neck journal** —, apoyo de collarín; **needle** —, rodamiento de agujas; **observed** —, marcación aparente; **oil saving** —, engrasador de anillo; **outboard** —, cojinete exterior del árbol horizontal; **overhung** —, soporte en ménsula; **pedestal** —, pedestal de chumacera, soporte ordinario; **pillow block** —, chumacera de línea de ejes; **post** — (hanger), silleta de columnas; **reciprocal** —, marcación recíproca; **relative** —, marcación relativa; **rib** —, pestaña (ferrocarriles); **roller** —, rodamiento de cilindros; **seals** —, anillo retenedor del lubricante; **self aligning** —, soporte de rótula; **self oiling** —, cojinete autoengrasante; **Seller's** —, soporte Seller (de rótula); **shaft bearings,** alojamiento de los árboles en los cojinetes; **solid journal** —, cojinete cerrado; **spindle** —, collarín de broca, soporte del huso; **split** —, cojinete seccional; **step** —, rangua; **stuffing box** —, collarín de prensaestopas; **swing** —, apoyo de péndulo; **swivel** —, soporte articulado, soporte de rótula; **tall** —, cojinete exterior, cojinete secundario; **taper or tapered roller** —, cojinete de rodillos cónicos, rodamiento de rodillos cónicos; **thrust** —, cojinete de empuje; **thrust — runner,** espejo de pivote de turbina; **tilting** —, apoyo de rótula; **tin** —, cojinete de estaño; **toe** —, soporte; **true** —, marcación verdadera; **vibrating** —, soporte vibrante; **wall** —, apoyo de consola; **to bush a** —, guarnecer, poner un cojinete; **to line a** —, guarnecer un cojinete; **to scrape a** —, ajustar un cojinete; **to take another** —, cambiar de dirección.

Bearding, Chaflán.

Bearingized, Pulido en fino.

Beat, Golpe, latido, oscilación; — **frequency,** frecuencia pulsada; — **zero,** heterodina cero; **dead — discharge,** descarga instantánea; **dead — galvanometer,** galvanómetro aperiódico; **reception** —, recepción heterodina; **to —**, golpear, machacar; **to — away,** abatir, explotar; **to — hemp,** batir el cáñamo; **to — off,** desprender escorias; **to — ore,** hacer una calicata; **to — out,** ahondar, despojar un tubo, excavar; **to — out the ends of a tube,** embutir un tubo; **to — out the iron,** batir, forjar el hierro; **to — small,** moler fino.

Beater, Agitador, batidor, escobillón, hurgón de cal, mazo, pisón de un mortero; **— bar,** brazo del batidor; **— pick,** punta del batidor; **— press,** prensa de empaquetar.

Beating, Batido; **— mill,** calandria; **— stone,** machacadora de piedra; **engine —,** cilindro de moler; **panel —,** embutido con martillo.

Beavertail, Haz radárico en abanico.

Beckiron, Pico de bigornia.

Bed, Alojamiento, asiento, bancada (de torno), banco, bastidor, capa, empotramiento, fundación, lecho, solera, tablero de cepilladora, taladro, veta (minas), yacimiento; **— die,** matriz, matriz estampa; **— die, Bed piece, Bed plate, Bed ways,** etc., véase **Bed**; **— flat,** asiento plano; **— furnace,** asiento para horno; **— joints,** juntas de capa; **— of coal laid open,** filón superficial de carbón; **— of stones,** sentado de piedras; **— parallel,** capa paralela; **— piece,** placa de fundación; **— plate,** bastidor, placa de fondo, placa de fundación, silleta de uña (para raíles **Vignole**), solera, zócalo; **— rock,** roca de base, roca subyacente; **— slide,** carro porta-herramientas transversal, guía porta-herramienta; **— stone,** muela solera, sillar; **— testing,** ensayo en banco; **— ways,** deslizaderas (máq.-herr.); **— wheel,** plataforma para las piedras; **air —,** colchón de aire; **box pattern engine —,** bastidor cerrado formando cárter; **casting —,** lecho de colada, muelas de goas; **cool or cooling —,** enfriador; **engine —,** bastidor de motor; **filter —,** capa filtrante, lecho de filtración; **fixed —,** banco fijo; **flying test —,** banco de pruebas volante; **fuel —,** capa de carbón; **gap —,** bancada de escote; **gravel —,** lecho de grava; **hot —,** banco de estirado en caliente, lecho caliente; **lathe —,** bancada de torno; **rigid —,** bancada rígida; **straight —,** bancada recta; **swivel —,** bastidor giratorio; **test or testing —,** banco de pruebas; **transfer —,** lecho de transferencia; **weight compensated —,** bastidor de peso compensado; **to —,** asentar, descansar perfectamente sobre su asiento (válvula), fijar.

Bedding, Fundación; **— of a brush,** rodaje de la escobilla; **— of wires,** alojamiento de los conductores en las ranuras (elec.); **— plane,** plano de crucero.

Bede, Azada plana, piqueta, zapapico.

Beech, Haya.

Beecraft, Avión ligero de poco peso.

Beehive, Colmena; **— oven,** horno de colmenas (para fabricar coque).

Beele, Martillo de minero de dos puntas.

Beep (To), Teledirigir un avión sin piloto.

Beer, Cerveza; **— engine,** bomba de cerveza; **— fall,** refrigerador de mosto; **— lever,** palanca de mando.

Beetle, Aplanadora, masa, maza de bombo, mazo, pilón, pisón.

Beetling engine, Batán.

Begin (To) the streak, Hacer una calicata.

Begnave (To) or begnaw, Corroer, roer.

Behaviour, Comportamiento.

Behindhand, Con atraso.

B. H. P. (Brake horse power), Caballo indicado al freno: 76,00884 kilográmetros por segundo.

Bel, Belio (unidad de sonido).

Bell, Campana, campana de gas, cono de cierre (alto horno), martillo; — **adjuster,** tensor de correa; — **base,** base acampanada; — **clapper or** — **crank,** martillo golpeador de badajo, palanca acodada; — **cord,** cuerda de campana; — **crank governor,** regulador de palancas en escuadra; — **jar,** campana de vidrio (de pila Meidinger); — **hanger,** instalador de campanilla; — **metal,** bronce de campanas; — **metal ball,** nódulo de estannina; — **metal ore,** estannina; — **mouth,** cono de entrada, ensanche; — **mouthed,** abocinado, que tiene un orificio en forma de campana; — **movement,** taco de corredera; — **pull,** agarrador de campanilla; — **ringing engine,** carillón; — **roof,** techo en campana; — **strap,** correa para campanilla; — **tinkling,** tintineo de timbre; — **transformer,** transformador para timbre; — **trap,** chapa perforada de entrada de sumidero; — **warning,** timbre anunciador; **biased** —, timbre de armadura polarizada; **big or large** —, cono grande; **dumb-** — **waveguide,** guíaondas fungiforme; **single stroke** —, timbre de golpe sencillo; **small** —, cono pequeño.

Bellows, Fuelle; — **blow-pipe,** soplete; — **flexible,** muelle flexible; — **head,** busca de fuelle; — **pipe,** tobera; — **single,** fuelle sencillo; — **wheel,** rueda de agua para mover los sopletes; **iron armour of** —, armadura de hierro de los fuelles; **part opposite to the centers of** —, culote; **valve of** —, válvula de fuelle.

Belly, Tapa de convertidor, vientre de alto horno; — **brace,** berbiquí, riostra de caldera; — **landing,** aterrizaje de panza; — **of a furnace,** vientre de alto horno; — **of ore,** filón que se enriquece; — **stay,** tirante de placa tubular, viento de chimenea.

Bellying, Bombeamiento; **to** —, aterrizar con el tren de aterrizaje dentro.

Bellyrobber, Cocinero (marina).

Belt, Banda, cincha, correa, zona; — **ammunition,** cartuchera; — **armour or armoured,** cinturón blindado; — **clearance,** juego de la correa; — **conveyor,** transportador de cinta; — **double,** correa doble; — **dressing,** pasta antideslizante para correa; — **drive,** mandado por correa; — **fastener,** grapa para correa; — **glued,** correa encolada; — **guide,** correguía; — **jack,** tornillo de empalme de correa; — **joint,** junta de correa; — **horizontal,** correa horizontal; — **lace,** tireta de unir correas; — **link,** correa articulada, correa de eslabones; — **of an iron chimney,** virola de chimenea; — **of current,** banda de corriente; — **pipe,** tubo de vapor alrededor del cilindro; — **pulley,** polea; — **punch,** formón, sacabocados de coser correas; — **reverse,** inversión de la marcha por correa; — **rubber,** correa de goma; — **shifter,** cambiacorreas, disparador de correa, montacorreas; — **shifting fork,** horquilla de disparador de correa; — **speeder,** polea de escalones; — **stretcher or tightener,** tensor de correa; **cemented** —, correa adherida; **drive with weighted** — **tightener,** transportadora de tensión provocada; **driven side of** —, tiro de correa; **driving** —, correa de transmisión; **driving side of** —, tiro de correa; **endless** —, correa sinfín; **fabric** —, correa de tela; **fan** —, correa de ventilador; **flanged** —, virola de bridas; **flue** —, virola del horno; **free** —, en voladizo; **generator** —, correa de dínamo; **glued** —, correa adherida; **intermediate** — **gearing,** reenvío de correa; **iron** —, cinturón de hierro plano; **leather** —, correa de cuero; **loose side of** —, ramal conducido de la correa; **machine gun** —, banda de ametralladora; **oblique** —, correa inclinada; **open** —, correa recta; **quarter twist — or quarter turn** —, correa semicruzada; **return** —, correa para la marcha atrás; **rubber** —, correa de goma; **safety** —, cinturón de seguridad; **sand** —, lijadora de correa; **sander** —, lijadora de banda; **scraping** —, cinta de raspadores; **shell** —, virola del cuerpo cilíndrico; **slack side of** —, ramal conducido; **slippage** —, deslizamiento de una correa; **slipper** —, montacorreas; **the — flaps,** la correa flota; **tight side of** —, ramal conductor; **transmission** —, correa de transmisión; **trapezoidal** —, correa trapezoidal; **two ply** —, correa doble; **vee** —, correa trapezoidal; **winding** —, correa en V; **to lace the** —, coser la correa.

Belted, Conducido por correa, de correa, de polea.

Belting, Correas, transmisión por correas; — **canvas,** correas de tela; — **conveyor,** correa transportadora; **leather** —, correas de cuero.

B. E. M. T. (Back electromotive force), Fuerza contraelectromotriz.

Bench, Banco, banco de ajustador, banco de carpintero, banco de hojalatero, banco de taller, banqueta, batería de crisoles, borne, caballete; — **clamp,** mordaza, tornillo de banco; — **coal,** capa de hulla superior; — **digging,** excavación por escalones; — **face plate,** mármol; — **folding,** banquillo plegable; — **for plate,** mármol (para enderezar); — **grinding machine,** rectificadora de banco; — **hardening,** endurecimiento en banco de estirado; — **lathe,** pequeño torno; — **mark,** punto de referencia; — **motor,** banco motor; — **movable,** banco portátil; — **plank,** plataforma, superficie del banco; — **press,** tornillo de banco; — **screw,** tornillo de banco; — **shears,** cizallas de mano; — **strip,** abrazadera de banco; — **testing,** ensayo en banco; — **type drilling machine,** taladradora de banco; — **vice,** tornillo de banco; — **work,** banco de trabajo; **axe** —, azuela de carpintero, hacha de mano; **boring** —, banco de alisado; **cold draw** —, banco estirado en frío; **draw or drawn** —, banco de estirado; **optical** —, banco óptico; **push** —, banco para estirado de tubos; **test** —, banco de ensayo; **waveguide — stand,** banco guíaondas; **work** —, banco de taller.

Bend, Arcilla endurecida, cuero de primera calidad, curvado, curvatura, codo, incurvación, nudo, pistola (para dibujo), pliegue, racor (de tubo); — **cold,** dobladura en frío; — **connection,** empalme por cajas acodadas (calderas); — **flat,** abolladura; — **full,** flexión completa; — **pipe,** codo, curva de tubo; — **rotatable,** codo giratorio; — **slight,** ligera curvatura; **cross over** —, codo de cruzamiento; **expansion** —, codo compensador; **flatwise** —, curvatura según la cara ancha; **one height** —, racor curvado; **quarter** —, codo; **return** —, racor en U; **to** —, curvar, plegar; **to — through 90º,** plegar a 90º.

Bendability, Plegabilidad.

Bender, Aparato para curvar; — **apparatus,** aparato de curvar; — **bar,** doblador de barras; — **rail,** máquina para curvar raíles; **beam** —, desviador de haz.

Bending, Alabeo, curvado, curvatura, flecha, flexión, pandeo; — **arm,** viga de curvar; — **drum,** tambor de curvar; — **elasticity,** elasticidad de flexión; — **fixture,** dispositivo de curvar; — **force,** resistencia a la flexión; — **furnace,** horno de curvar; — **head,** cabezal de curvar, curvador (para madera), tensor; — **horse,** caballete para curvar, plantilla de plegado; — **iron,** barra enderezadora; — **line,** fibra elástica; — **machine,** máquina curvadora, máquina de curvar; — **moment,** momento de flexión, momento flector; — **plate,** molde de chapa para curvar; — **pliers,** alicates para curvar los tubos aislantes; — **press,** prensa para curvar chapa; — **produced by axial compression,** pandeo; — **spring,** flexión del resorte; — **stick,** crucera; — **strength,** resistencia a la presión; — **stress,** esfuerzo de flexión, tensión de plegado, trabajo a flexión; — **test,** ensayo de resistencia de flexión o de doblado; — **wood,** madera curvada; **alternating** — **test,** ensayo de plegado alternativo en sentido inverso; **beam** —, desviación de haz; **blow** — **test,** ensayo de flexión al choque; **intensity of stress due to** —, tensión de flexión; **plate** — **roll,** máquina de curvar chapas; **reversed** —, flexión invertida; **rotating** —, flexión por rotación; **unit** — **stress,** flecha.

Beneaped, Varado en seco por mareas vivas.

Benefication, Concentración, enriquecimiento (de los minerales).

Benjamin flowers, Flores de benjuí.

Bent, Acodado, curvado, desviado; — **gouge,** descalcador; — **head,** bastidor de cuello de cisne; — **lever,** palanca acodada, palanca rota, movimiento de badajo; — **spanner or** — **wrench,** llave acodada; — **telescope,** anteojo acodado; **aerial** —, antena acodada; **bolt** —, cerrojo de cola.

Benthoscope, Bentoscopio.

Bentonite, Bentonita.

Bentwood, Madera curvada.

Benzene, Benceno, bencina; — **solution,** solución bencénica.

Benzenoid, Bencenoidico.

Benzine, Benzina (Véase **Gasoline**); — **calcium,** benzoato cálcico; — **series,** serie bencénica.

Benzoate, Benzoato; — **sulphur,** benzoato sulfúrico; **ethyl** —, benzoato de etilo.

Benzoic, Benzoico; — **acid,** ácido benzoico.

Benzoins, Benzoínas.

Benzol or benzole, Benzol; — **recovery,** recuperación del benzol.

Benzole, Benzol.

Benzolic, Benzólico.

Benzoyl, Benzoilo.

Berkelium, Berkelio.

Berm, Berma.

Berth loading, Punto de amarre.

Beryllia, Glucina.

Beryllium, Glucinio; — **carbide,** carburo de glucinio; — **copper,** cobre al glucinio.

B. E. S. A., British Engineering Standards Association.

Bessemer converter, Convertidor Bessemer.

Bessemerize (To), Bessemerizar.

Best-work, Mineral de primera calidad.

Bestick (To), Hacer muescas, hacer trazos, marcar.

Bestod (To), Guarnecer con clavos.

Bet pincer, Tenazas de bisel.

Betasynchrotron, Betasincrotón.

Betatron, Betatrón.

Beton, Hormigón de cemento.

Betron (Ver **Concrete**), Hormigón de cemento; — **mill,** hormigonera.

Betterment, Mejora.

Bevatron, Bevatrón.

Bevel, Bisel, falsa escuadra, saltarregla; — **blade,** hoja de falsa escuadra; — **combination,** falsa escuadra de combinación; — **cut,** corte en bisel; — **differential,** diferencial cónico; — **double,** doble chaflán; — **edge,** canto biselado; — **gear,** engranaje cónico, engranaje de ángulo; — **headed screw,** tornillo de cabeza biselada; — **helical,** engranaje helicoidal; — **joint,** junta en bisel; — **pinion,**

piñón cónico; — **plane,** guillamen de inglete; — **protactor,** cartabón plegable, escuadra-transportador, falsa escuadra, saltarregla; — **reduction,** corona y piñón multiplicador; — **scale,** decímetro; — **seat,** asiento cónico; — **shoulder,** escopleadura; — **square,** falsa regla; — **T,** saltarregla doble; — **way,** de ángulo, oblicuo; — **wheel,** rueda cónica, rueda de ángulo; **skew — wheel,** engranaje cónico helicoidal; **spiral — gears,** engranajes cónicos con dentado espiral; **to —,** achaflanar, biselar, chaflanar, escuadrar, rebajar las aristas, tallar en bisel.

Beveled or bevelled, Biselado, de bisel, en bisel; — **circular saw,** sierra circular en bisel; — **gears,** engranajes cónicos; — **glass,** vidrio biselado; — **punch,** estampa en bisel.

Beveler, Biselador.

Bevelling, Chaflán, escuadrado, ladrillo biselado; — **board,** gabarit de escuadrado; — **machine,** biseladora, máquina de escuadrar; **friction —,** escuadrado en ángulo agudo; **standing — or obtuse —,** escuadrado en ángulo obtuso; **under — or acute —,** escuadrado en ángulo agudo.

Bevil, Cónico; — **gear wheel,** rueda cónica, rueda de ángulo; **friction — gear,** rueda de fricción cónica.

Bezel, Tapa.

Bezelled, Biselado (vidrio).

B. H. curve, Curva de imantación, curva que da B en función de H (elec.).

B. O. L. (Bill of landing), Véase **Bill.**

B. O. T. Unit (Board of Trade Unit), Unidad de energía eléctrica.

Bi-linear, Bilinear.

Bias, Bias; — **or grid —,** potencia de rejilla (radio), tensión negativa de rejilla; — **cell,** pila de polarización; — **coil,** bobina de polarización; — **control,** control por polarización; — **detector,** detector polarizado; — **minute,** pequeño potencial de polarización; — **system,** sistema de polarización; — **voltage,** tensión de polarización; **automatic —,** polarización automática; **bolometric —,** polarización bolométrica; **cathode —,** resistencia de cátodo; **marking —,** polarización de trabajo; **mechanical —,** polarización mecánica; **self —,** polarización automática; **spacing —,** polarización de reposo; **to —,** polarizar; **zero —,** polarización cero.

Biased, Polarizado; — **position,** posición orientada.

Biaxiality, Biaxialidad.

Bibasic, Bibásico.

Bibcock, Grifo de boca curva.

Bicarbide, Bicarburo.

Bice, Azul cobalto.

Bichromate, Bicromato; — **of potash,** bicromato de potasa.

Bickern, Bigornia; **little —,** bigorneta.

Biconical, Bicónico; — **antenna,** antena bicónica.

Biconcave, Bicóncavo.

Biconvex, Biconvexo; — **lens,** lente biconvexa.

Bid or bidding, Oferta (subasta), pliego de condiciones; — **sealer,** pliego sellado.

Bidder, Ofertante.

Bident, Bidente; — **terminal,** terminal bidente.

Bidirectional, Bidireccional.

Bifilar, Bifilar; — **suspension,** suspensión bifilar; — **windings,** devanado bifilar.

Bifurcator, Bifurcador.

Big end of a connecting rod, Cabeza de biela.

Bigness, Calibre, espesor.

Bight, Curvatura.

Bigger, Constructor.

Bilayered, De dos estratos.

Bilge, Barriga (barril), pantoque; — **block,** picadero de pantoque; — **keelson,** sobrequilla lateral; — **pump,** bomba de sentina; — **water,** agua de sentina.

Bill, Declaración, documento negociable, factura, hoja de ruta, justificante, nota, pico, pico cortante, punta; — **freight,** guía; — **hook,** hoz, podadera; — **of exchange or bill,** letra de cambio, letra de cambio aceptada; — **of landing,** carta de porte, conocimiento de embarque; — **tool,** casillero de herramientas; **head** —, descalcador; **oil** —, pico de aceite.

Billet, Astilla, cartela, leña corta, lingote, mandril para hacer tubos, taco, tajo, trochos de hierro, tronco corto; — **continuous mill,** tren continuo de laminación; — **roll,** cilindro desbastador; **flat** —, plato ancho; **sheet** —, pletina.

Billeting, Laminador; — **man,** operario laminador; — **roll,** laminador de barras, tren desbastador.

Billion, Billón (En Francia y en Estados Unidos, 1 billion = 1.000 millones; en Inglaterra y España, 1 billion = cuadrado del millón = 10^{12}).

Billionth, Milimicra.

Bimetal, Aleación bimetálica, bimetálico; — **relay,** relé bimetálico; **compensating** —, aleación bimetálica compensadora; **thermostat** —, termostato bimetálico.

Bimetallic, Bimetálico.

Bimetallism, Bimetalismo.

Bimotored, Bimotórico.

Bin, Alvéolo, casillero, mineral, silo, tolva; **bottle** —, casillero para botellas; **dust** —, baño.

Binary, Binario; — **glasses,** lentes bifocales.

Binaural, Binauricular.

Bind beam, Viga maestra; **to** —, acuñarse, hacer presa, sujetar; **to** — **with iron,** encercar.

Binder, Atadura, encuadernador, ligazón, sombrerete de chumacera, tirante; — **core,** aglomerante de núcleos; — **frame,** chasis regulable de palier; — **pit,** pozo de casca; **binders,** aglomerantes, ligantes.

Binderless, Sin ligante.

Binding, Agarrotamiento de un motor, banda, círculo, desarreglo, instalación eléctrica, ligadura, quicio, zuncho; — **beam,** bastidor de envigado; — **clamp,** borna; — **clip,** estribo de presión; — **course,** lecho de tizones; — **energy,** energía de ligazón; — **gold,** oro en láminas; — **hoop,** abrazadera, cinta, zuncho; — **iron,** brida de enganche, herraje, hierro de unión, tirante; — **material,** material de fijación; — **piece,** cepo (de pilotes); — **post,** borna de tornillo; — **ring,** anillo de graduación; — **rafter,** cabio maestro; — **rivet,** remache de montaje; — **screw,** borna, tornillo de apriete, tornillo de presión; — **strength,** alambre de latón; — **stone,** tizón (muros); — **wire,** hilo de ligadura, zunchado.

Bindings, Ligazones (construcción).

Bing, Depósito de mineral (en algunos casos 405,42 kg.); — **ore,** mineral rico en plomo.

Bioclastic, Bioclástico.

Binocular, Binocular; — **microscope,** microscopio binocular.

Binoculars, Gemelos; **periscopic** —, gemelos periscópicos; **prismatic** —, gemelos prismáticos.

Binomial, Binomial, del binomio; — **coefficients,** coeficientes binomiales; — **theorem,** teorema del binomio.

Biplane, Biplano.

Bipod, Bípode; — **mast,** mástil bípode.

Bipolar, Bipolar; **electrode** —, electrodo bipolar.

Bipost, De dos postes; — **base,** base de dos postes.

Biquinary, Biquinario.

Birch, Abedul; **silver** —, abedul plateado.

Bird, Pájaro; — **mouth scarf,** junta en pico de flauta; **bird's eye view,** vista a vuelo de pájaro; **bird's mouth joint,** empalme de pico de pájaro; **bird's shot,** cendrada.

Birefringence, Birrefringencia.

Birefringent, Birrefringente.

Bisecting, De bisecar; — **gage,** indicador de bisecar.

Bisector, Bisector; — **range,** bisector de radiofaro.

Bisilicate, Bisilicato.

Bismuth, Bismuto; — **glance,** sulfuro de bismuto.

Bisulphide, Bisulfuro; — **of carbon,** bisulfuro de carbono.

Bisymmetry, Bisimétrica.

Bit, Barrena (para perforar), boca de tenaza, borde cortante, broca, mordazas de tornillo, trépano; — **brace or stock,** berbiquí; — **breaker,** desbloqueador de trépano; — **circular,** taladro circular; — **drilling,** perforadora; — **gauge,** calibrador de trépano; — **hook,** gancho para barrenas; — **of the tongs,** mordazas de tenaza; — **percussion,** barrena percutante; — **pincers,** tenazas de bisel; — **rose,** barrena cónica; — **rotary,** barrena giratoria; — **second,** barrena segunda; — **wood,** barrena para madera; **auger** —, gusanillo de rosca, vástago de taladrador; **auger** — **with advance cutter,** mecha espiral con labios cortantes; **boring** —, barrena de berbiquí, cortante de trépano; **centre** —, broca de centrar de tres puntas, broca de tetón, broca inglesa; **chair** —, barrena; **collapsible** —, trépano plegable; **common** —, barrena de punta; **cone** —, fresa circular; **copper** —, hierro de soldar; **copper** — **with an edge;** barra de soldar; **countersinking** —, avellanador, broca para centrar, fresa cónica; **disc** —, trépano de disco; **drag** —, trépano de láminas; **drilling** —, herramienta de brocado; **ducknose** —, barrena en pico de pato, taladradora de pico de pato; **finishing** —, desbastador; **fishtail** —, trépano en cola de carpa; **flat** — **tongue,** pinzas planas; **half twist** —, broca helicoidal; **hollow boring** —, barrena, broca; **multiple blade** —, trépano múltiple; **pilot** —, trépano piloto; **plug centre** —, berbiquí de clavija; **polishing** —, pulidor; **reaming** —, desbastador, escariador, escuadrador, trépano; **rock** —, broca, trépano; **rose** —, fresa cónica; **sharp pointed** —, punzón; **slot mortising** —, broca larga; **spoon** —, trépano de cuchara; **square** —, barreno de cabeza cuadrada, taladrador de corona; **tool** —, probeta tratada, taladro de cabeza postiza; **twisted shell** —, fresador, taladro helicoidal; **wood** —, mecha de madera.

Bitartrate, Bitartrato.

Bite, Picadura, traza de corrosión; — **first,** primer mordiente; **to** —, atacar con ácido, morder.

Biting, Corrosión (chapas); — **in,** acción de morder (trefilería).

Bitstock, Berbiquí.

Bitt, Bita, estribo de presa.

Bitter spar, Carbonato de cal magnesífero.

Bittering, Depósito salino.

Bittern, Agua madre.

Bitumen, Bitumen; — **cable,** cable bituminado; — **solid,** betún sólido.

Bituminize (To), Bituminizar.

Bituminous, Bituminoso; — **coal,** carbón bituminoso; — **deposit,** depósito bituminoso; — **mixture,** mezcla bituminosa.

Bivalency, Bivalencia.

Black, Negro; — **amber,** azabache; — **blend,** pechblenda; — **body,** cuerpo negro; — **burnt,** ennegrecido al fuego; — **damp,** mofeta; — **gunpowder,** pólvora negra; — **iron,** hierro maleable; — **iron wood,** palo de hierro; — **jack,** blenda; — **lead,** grafito, mina de plomo, plombagina; — **lead ore,** plomo espático; — **light,** luz negra; — **oxamine,** negro de oxamina; — **pins,** afloramientos; — **plate,** chapa; — **tin,** mineral de estaño concentrado; — **vitriol,** caparrosa impura; — **wad,** óxido de manganeso; **acetylene** —, negro de acetileno; **artificial** —, negro artificial; **carbon** —, negro de carbono; **channel** —, negro túnel; **coal** —, negro de carbón; **noisy blacks,** alteración del negro por ruido; **reference** — **level,** nivel de negro.

Blacken (To), Ennegrecer.

Blackening, Ennegrecimiento, plombagina a los moldes; **bulb** —, ennegrecimiento de la bombilla.

Blackleading, Plombaginación.

Blacksmith, Herrero; **blacksmith's chisel,** tajadera; **blacksmith's coal,** carbón de fragua; **blacksmith's hearth,** fuego de fragua.

Blackwash (To), Véase **To Blacken.**

Blade, Agitador, ala, álabe (turbina), aleta, cuchilla, hierro de cepillo, hoja, pala, pala de hélice, perfil, tirante de escuadra; — **back,** dorso de pala; — **base,** raíz de la pala; — **curvature,** curvatura de álabe; — **fixed,** pala fija; — **groove,** ranura de fijación del álabe; — **holder,** portasierra; — **knife,** hoja de cuchillo; — **losses,** pérdidas en los álabes; — **multiple,** hoja múltiple; — **narrow,** escala estrecha; — **of a screw,** paleta de hélice; — **pin,** base de la pala; — **pitch,** paso de los álabes; — **pump,** pala de bomba; — **rim,** corona de álabes, corona de paletas; — **ring,** portaálabes; — **root,** pie de pala (de hélice); — **section,** perfil de álabe; — **spacing,** paso de los álabes; — **stripping,** casco de aleta; — **sweep,** desfase angular del eje de las palas de una hélice; — **tilt,** ángulo de calado del perfil de las palas; — **tool,** cuchilla de herramienta; — **wing,** paleta de tipo de ala; **centrifugal** — **wheel,** rueda de álabes (bombas centrífugas); **dovetailed overlapping** —, álabe de cola de milano; **gas turbine** —, álabe de turbina de gas; **guide** —, álabe directriz; **guide** — **disc,** guíacuchilla; **impulse blades,** álabes de acción; **low pressure blades,** álabes de baja presión; **moving** —, álabe motriz; **propeller** —, pala de hélice; **reaction blades,** álabes de reacción; **rotating** —, álabe móvil; **screw** —, paleta de hélice; **shear** —, cortante, hoja de tijera; **stationary** —, álabe fijo; **stop** —, álabe de ajuste; **supporting** —, álabe separador; **switch** —, aguja (ferrocarriles), cuchilla de interrúptor; **three** —, de tres palas; **twisted** —, aleta alabeada; **two** —, de dos palas; **vortex** —, aleta alabeada; **warped** —, aleta alabeada.

Bladed, De láminas, de paletas, laminado, laminar (minerales); — **spindle,** rotor provisto de álabes; **four, six** —, de cuatro, de seis aletas o palas; **silver, steel** —, de hoja de plata, de acero; **three** —, de tres palas; **two** —, de dos palas.

Blading, Colocación de los álabes, empaletado; — **stationary,** corona de álabes fijos; **action or impulse bladings,** álabes de acción; **bulged** —, empaletado con sobreespesor; **impulse stage bladings,** empaletado del tramo de acción (turbinas); **low pressure** —, álabes de baja presión; **reaction bladings,** álabes de reacción; **supersonic** —, empaletado para régimen supersónico.

Blaes, Pizarra carbonosa.

Blanch of ore, Mineral complejo; **to** —, blanquear; **to** — **iron,** estañar las chapas.

Blanched, Blanqueado, desoxidado, estañado.

Blanching, Decapado, desoxidación.

Blank, Bosquejo, desnudo, en blanco, lima forjada, lingote de acero fundido, pastilla, pieza en bruto para mecanizar, plancheta, prueba silenciosa, vacío; — **bushing,** casquillo en bruto; — **flange,** brida de obturación, junta ciega; — **holder,** portaprimordio; — **key,** llave sin cortar; — **liner,** tubo ciego; — **nut,** tuerca en bruto; — **pinion,** piñón sin rematar; — **pipe,** tubo liso; — **punch,** disco cortado; **cut** —, flanco de fresa; **gear** —, cuerpo de una rueda dentada; **propeller** —, pala de hélice; **recording** —, disco virgen.

Blanket, Eliminador (radar); — **sluice,** mesa de lavado (preparación mecánica de los minerales); — **tyre,** bandaje sin pestaña.

Blanketed, Calorifugado.

Blanketing, De bloqueo; — **effect,** efecto de bloqueo (aviación).

Blanking, Punzonado; — **pedestal,** pedestal de blanqueo; — **pulse,** impulso de borrado.

Blare, Toque de sirena; — **intermittent,** toque intermitente.

Blast, Aire inyectado, chorro de vapor para activar el tiro, chorro de viento, escape, fuelle (met.), insuflación, tiro, toque de sirena, vaharada, viento (met.); — **air,** aire insuflado (Diesel), viento (alto horno); — **apparatus,** aparato de insuflación; — **box,** caja de viento; — **capacity,** cantidad de viento; — **cross,** corriente cruzada; — **engine,** máquina soplante, ventilador; — **explosive,** corriente explosiva; — **forge,** salida de aire para fragua; — **furnace,** alto horno, horno insuflado, horno sangrado; — **furnace blowing engine,** fuelle de alto horno; — **furnace cinder,** escoria de alto horno, escorias; — **furnace gas,** motor de gas de horno alto; — **furnace gas blowing engine,** máquina soplante de gas de alto horno; — **furnace slag,** escorias de alto horno; — **furnace structure,** madrasta; — **furnace with open hearth,** alto horno de solera abierta; — **furnace with oval hearth,** alto horno de crisol ovalado; — **gate,** puerta de carga; — **hole,** hueco para la pega, pocillo de aspiración, pozo de mina; — **hot,** chorro caliente; — **indicator,** indicador de tiro; — **inlet,** introducción de viento; — **long,** sonido largo; — **main,** conducto principal de viento; — **pipe,** busa; — **plate,** tubo; — **powder,** salto de barreno; — **short,** sonido corto; — **side,** cara de contraviento; — **slide,** compuerta de deslice; — **tank,** caja de viento; — **tube,** tubo de ventilación; — **wind,** viento de la onda explosiva; **air** —, ventilación forzada; **atom or atomic** —, explosión atómica; **body of a** — **furnace,** vientre de un alto horno; **cased** — **furnace** (véase también **Furnace**), alto horno blindado; **cupola** —, chorro de aire comprimido, fuelle, inyección del cubilote; **divided** —, escape taconeado; **hot** —, aire caliente; **hot stove** —, calentador de aire; **in** —, en marcha; **independent free** — **furnace,** alto horno de chimenea desnuda; **jet** —, viento de los motores a reacción; **low** — **furnace,** horno de manga; **oil** — **furnace,** hogar de combustión de líquido; **out of** —, apagado (alto horno); **warm air** —, corriente de aire caliente.

Blastability, Facilidad para ser volada con explosivos (rocas).

Blaster, Dinamitero.

Blasting, Distorsión, pega de mina, poner barrenos, tiro, voladura con pólvora; — **agent,** explosivo; — **cap,** cápsula; — **fuse,** mecha de cebo de combustión lenta; — **gelatine,** dinamita goma; — **needle,** aguja para perforar el cartucho; — **powder,** pólvora de mina; — **rig,** explosor; **grit** —, limpieza por arena a presión; **jet —**, viento de los motores a reacción; **liquid —**, limpieza por chorro de líquido; **sand —**, decapado con arena; **shot —**, granallado; **underwater —**, dinamitado submarino.

Blaugas, Propano impuro.

Blaze (To) off, Revenir el acero por socarrudo con aceite.

Blazed, Glaseado; — **pig,** lingote glaseado.

Blea, Albura.

Bleach (To), Blanquear.

Bleached, Blanqueado.

Bleacher, Blanqueadora; — **petroleum,** blanqueadora de petróleo; — **rotary,** blanqueadora rotatoria.

Bleaching, Blanqueado; — **liquid,** agua de cloro; — **powder,** cloruro de cal, hipoclorito cálcico.

Bled, Descargado, extraído, purgado, sangrado; — **air,** aire sangrado; — **ingot,** lingote hueco; — **steam,** vapor de extracción.

Bleed, Véase **Bleeding; to —,** descargar, extraer, purgar, sacar gota a gota; **to — off,** reducir la presión; **to — the lines,** purgar las tuberías.

Bleeder, Bolsa de gas, descargador, grifo de purga, grifo de toma de muestra, tubo o válvula de extracción; — **outlet,** salida de derivación; — **pipe,** válvula de extracción; — **resistor,** resistencia reguladora de tensión; — **ring,** anillo de purgar; — **type,** del tipo de toma de vapor; — **valve,** válvula de descarga.

Bleeding or **Bleed,** Agitación de la masa de hierro a pudelar por medio de una hoja o de un matizador, derivación, detracción, extracción (turbina), exudación, muestra, purga, sangría, toma de vapor; — **point,** punto de toma de vapor; — **port,** orificio de extracción de la sangría; — **red,** rojo escurriente; — **screw,** purgador, tornillo de purga; **air —,** muestra de aire; **compressor —,** derivación sobre el compresor.

Blend, Blenda (mineral de zinc); **to —,** mezclar.

Blender, Mezclador; — **brush,** brocha para casar colores.

Blending, Aleación, fusión, mezcla; — **valve,** valor de mezcla.

Blights, Perturbación.

Blimp, Dirigible ligero.

Blimping, Pilotaje.

Blind, Celosía, sin visibilidad, veta sin afloramiento; — **approach,** aterrizaje sin visibilidad; — **blocking,** estampadura en seco; — **bombing,** bombardeo sin visibilidad; — **coal,** antracita; — **flange,** brida de obturación; — **flight or flying,** vuelo sin visibilidad; — **head,** tapadera de cucúrbita; — **hole,** agujero ciego; — **level,** galería de sifón; — **nozzle,** boquilla ciega; — **shaft,** pozo interior (minas); — **spot,** punto negro, zona de recepción deficiente; — **take off,** despegue sin visibilidad; — **track,** vía muerta; — **wall,** muro sin huecos; **to fly —,** volar a ciegas.

Blinding, Enarenamiento; — **power,** poder deslumbrante.

Blink, Parpadeo; — **microscope,** microscopio de destellos.

Blinker, Faro de destellos.

Blip, Mancha luminosa del radar.

Blister, Ampolla (metalurgia), cajón anti-torpedos, calentador de lecho (calderas), paga, póstula, venteadura, vesícula; — **or Blistered copper,** cobre negro; — **tire,** ampolla en la cubierta; **sighting —,** cúpula de puntería.

Blistered, Con venteaduras; — **steel,** acero con ampollas, acero de cementación con venteaduras.

Blistering, Soplado, vesiculación.

Blob, Burbuja.

Block, Bloque, bola, calzo, cepo de yunque, masa, mufla, palier, patín de máquina, picadero, polea, polipasto, taco, taco de escuadrado, tajo, tope, tronco; — **and pulley,**

cuadernal; — **brake,** freno de zapata; — **brass,** latón en galápagos; — **casting,** fundición en bloque; — **cell,** batería de pilas; — **chain,** cadena de rodillos, calas de cojinetes; — **chairs,** clavijas; — **coefficient,** coeficiente de bloque; — **concrete,** bloque de hormigón; — **diamond,** aparato de diamantes para repasar muelas; — **driving,** bloque de accionamiento; — **foundation,** bloque de cimentación; — **furnace,** horno de lupias; — **grip,** bloque de paro; — **machine,** pulidora; — **movable,** bloque desplazable; — **of brake,** zapata de freno; — **of domains,** bloque de dominios; — **pasting,** tajo de engrudar; — **pin,** eje de cureña; — **process,** fototipografía; — **propeller** bloque de hélice; — **rope,** garrucha para cable; — **setting crane,** acarreador; — **shears,** cizallas de mano; — **sheave,** rodete, roldana; — **sister,** motón gemelo; — **strap,** bloque de conexión; — **tin,** estaño común, estaño en galápagos; — **tool,** bloque portaherramienta; — **wood,** bloque de madera; — **work,** grandes obras de acero; **blocks,** aglomerados; **bottom** —, brida de mufla móvil o inferior; **building- — flexibility,** flexibilidad de unidades; **concrete** —, perpiaño; **cutter** —, porta-herramienta; **cutting** —, yunque para limas; **die** —, bloque para matriz, taco de corredera; **differential** —, polipasto; **distributing** —, bloque de terminales; **fiddle** —, polea de violín; **filing** —, bigornia de yunque; **fuse** —, tablero de bornes para fusibles; **grip** —, taco de tope; **head** —, bloque de cabeza, cabeza de enganche; **hoisting** —, mufla; **link** —, taco de corredera; **lower** —, mufla inferior; **n — sheaved,** roldana de polea; **pillow** —, palier ordinario; **pillow — bearing,** chumacera de línea de ejes; **plummer** —, palier soporte; **polishing** —, yunque para aplanar; **protecting** —, bloque protector; **pulley** —, brida de unión de polea, polipasto; **quarter** —, polea de retorno; **roller** —, zapata; **scribing** —, calibre de ajustador; **sheave of a** —, rodete, roldana de polea; **shell of a** —, cuerpo de polea; **slide or sliding** —, taco de corredera; **slide — change speed gear,** cambio de velocidades de tren desplazable; **snatch** —, polea de retorno; **stop** —, bloque de parada, bloque de parada accidental; **straightening** —, yunque de aplanar, yunque de enderezar; **swage** —, estampa, yunque; **terminal** —, tira de conexión de bornes; **threehold** —, polea triple; **thrust** —, cojinete de empuje, tornapunta de apoyo; **upper** —, mufla superior; **wall** —, toma corriente mural aislante; **wood** —, calzo de madera; **wooden** —, falso protector; **worm** —, polea de rosca; **to** —, cerrar la vía, cubrir una sección, engalgar, parar; **to — down,** embutir recubriendo; **to — hard,** apretar a fondo; **to — up,** colocar sillares.

Blockade, Bloqueo; — **air,** bloqueo en el aire.

Blockaxe, Azuela.

Blocked, Enrayado; — **impedance,** impedancia en bloques.

Blocker, De bloqueo; — **cells,** células de bloqueo.

Blockhole, Barreno poco profundo.

Blocking, Atascamiento del crisol, bloqueo, calado, enrayado; — **capacitor,** capacitor de bloqueo; — **device,** dispositivo de chapeado; — **layer,** capa de parada (elec.); — **oscillator,** oscilador de bloqueo; — **tube,** tubo bloqueador.

Blocklayer, Solador.

Blomary, Véase **Bloomery.**

Bloom, Bala, blume, calda al rojo sombra, grandes hierros, lingote, maqueta, reflejo de un aceite, tocho; — **ball,** masa de hierro; — **pass,** acanaladura de laminación; — **plate,** chapa dura; —

roll, cilindro desbarbador; — **shear**, cizalla para tochos; — **steel**, acero en lupias; — **trolley**, vagoneta para lingotes; **doubled** —, unión de dos chapas laminadas; **slab** —, empaquetado; **steel** —, lingote de acero; **to** — **out**, hacer eflorescencia (quím.).

Bloomer pit, Pozo de casca rico.

Bloomery, Taller de refinado; — **fire**, forja catalana, hogar bajo; — **furnace**, horno de lupias; — **iron**, hierro de forja.

Blooming, Formación de lingotes rectangulares; — **machine**, máquina de cinglar; — **rolling mill**, laminador desbarbador (forja), tren desbarbador.

Bloomless oil, Aceite neutro filtrado y decolorado al sol.

Bloopar, Aparato receptor que radia señales.

Blossom or **Blossoming**, Afloramiento.

Blotch, Ampolla, excrecencia, saliente de óxido sobre las paredes de una pieza metálica.

Blotter repair, Borrador de reparaciones.

Blow, Afloramiento sin profundidad, choque, golpe, operación en el convertidor; — **bending test**, ensayo de flexión al choque; — **by**, fuga; — **down**, extracción de fondo, purga; — **down or Blow off**, válvula de vaciado rápido; — **down valve**, grifo de purga; — **gun**, soplete; — **heavy**, golpe fuerte; — **hole**, sopladura; — — **hollow**, cavernoso (metal); — **in**, encendido (alto horno); — **light**, golpe liviano; — **of pipe**, soplete; — **off**, evacuación (calderas), extracción, purga; — **off cock**, grifo de extracción; — **off plug**, tapón fusible; — **oil**, aceite oxidado por una corriente de aire; — **out**, estallido de un neumático, insuflación de chispas; — **out pipe**, soplete; — **pipe apparatus**, aparato de soldar; — **pipe lamp**, lámpara de soldar; — **pipe welding**, soldadura al soplete; — **plug**, tapón de descarga; — **stress**, prueba de choque, trabajo al choque; — **the fire**, soplar el fuego; — **through çock**, grifo de purga; — **through pipe**, tubo de purga; — **torch**, lámpara de soldar; **after** —, viento en exceso (proceso Bessemer); **blows**, a golpes, choques, conmociones violentas; **bottom** — **off**, extracción de fondos (calderas); **bottom** — **off cock**, grifo de extracción de fondo; **continuous** — **off**, extracción continua; **cushioned** —, introducción del vapor durante el descenso; **dead** —, golpe de martillo pilón con introducción del vapor durante el descenso; **gas** — **out pipe**, soplete a gas; **hydrogen gas** — **pipe**, soplete de hidrógeno; **magnetic** — **out**, fuelle magnético; **oxyacetilen** — **pipe**, soplete oxiacetilénico; **oxydrogen** — **pipe**, soplete oxídrico; **side** —, insuflación lateral; **surface** — **off**, extracción de superficie (calderas); **surface** — **off cock**, grifo de extracción de superficie; **welding** — **pipe**, soplete soldador; **to** —, dar viento, escaparse (por una junta), fluir naturalmente (petróleo), soplar, soplar el vidrio; **to** — **a fuse**, saltar un fusible; **to** — **down**, purgar una caldera, quitar del fuego (metalurgia); **to** — **in a furnace**, dar viento al horno; **to** — **off**, **out**, apagar un arco, dar bocazo al barreno (minas), extraer, extraer del fuego (metalurgia), fundirse, purgar; **to** — **through**, purgar; **to** — **up**, hacer explosión, hacer saltar, saltar.

Blower, Compresor, máquina soplante, soplador, soplante, ventilador; — **shell**, envoltura del ventilador; — **vane**, ventilador de paletas; **centrifugal** —, ventilador centrífugo; **gas engine** —, soplante de motor a gas; **magnetic** —, soplador magnético; **sand** —, marmajera; **scavenging** —, soplante de barrido; **soot** —, soplador de hollín; **ventilating** —, ventilador de aireación.

Blowerman, Encargado del soplante o ventilador.

Blowing, Deshollinamiento, sopladura, soplantes; — **cylinder,** cilindro de aire (de un soplante); — **engine,** máquina soplante, motor de máquina soplante; — **iron,** caña de hierro para soplar vidrio, caña de soplado de vidrio, cuña de soplado; — **point,** punto de fusión; — **sound,** ruido de soplido; — **up,** explosión, socavación por las aguas; **circular** —, máquina, fuelles movidos por una rueda de agua; **core** —, soplado de machos; **glass** —, soplado de vidrio; **lateral** —, soplado lateral; **pressure** —, soplado a presión; **slow** —, soplado a presión reducida; **soot** —, soplado de hollín.

Blown, Soplado; — **fuse,** fusible fundido; — **in,** puesto a fuego (alto horno); — **off or** — **out,** puesto fuera del fuego (alto horno); — **out repair,** reparación de ampollas; **side** —, con soplado lateral.

Blownhole or Blown hole in casting, Sopladura en la fundición

Blowout, Reventón de un neumático.

Blowpipe, Véase **Blow.**

Blowpiping, Prueba al soplete.

Blue, Azul; — **aurora or** — **glow,** luminosidad azul de los tubos de vacío; — **azindone,** azul de azindona; — **billy,** residuo de tostación de las piritas cuprosas; — **cobalt,** azul de cobalto; — **cresyl,** azul de cresilo; — **delphin,** azul de delfino; — **glycine,** azul glicina; — **imperial,** azul imperial; — **marine,** azul marino; — **metal,** mata concentrada (con 60 % de cobre); — **milling,** azul batán; — **opal,** azul opalino; — **patent,** azul patentado; — **pigeon,** plomo del escandallo; — **potash,** azul de potasa; — **print or printing,** calco azul (dibujo); — **print copying machine,** máquina de reproducir planos; — **print lamp,** lámpara para copiar; — **print lining machine,** máquina de rebordear planos; — **print reproducer,** máquina de reproducir planos; — **printing machine,** máquina de fotocalcado azul; — **stone,** sulfato de cobre, vitriolo azul; — **toluidin,** azul de tolvidina; — **thymol,** azul de timol.

Blued, Azulado; — **sheet,** plancha azulada.

Blundering, Falsas maniobras.

Blunge (To), Mezclar la pasta.

Blunger, Mezcladora, pala de mezclar, rastrillo de mezclar.

Blunt, Despuntado, obtuso; — **cone,** cono truncado; — **edge,** de ángulo obtuso; — **file,** lima cuadrada, lima de dientes cónicos; **to** —, despuntar.

Bluntness, Embotadura.

Blur, Trozo confuso.

Blurred, Desenfocado (fotografía); — **image,** imagen borrosa.

Blurring, Halo (fotografía).

Blush, A la veladura; — **resistance,** resistencia a la veladura.

B. M. (Bending moment), Momento flector.

Board, Ala de viga, cartón, consejo, madero, plancha, tablero (elec.), tajo, tajo de mina; — **drop stamp,** martillo de plancha; **asbestos** —, cartón de amianto; **bevelling** —, gabarit de escuadrado; **centre** —, deriva (N); **control** —, cuadro de mando, tablero de control; **distributing** —, tablero de distribución; **filing** —, bigornia de forja; **fuse** —, cuadro de fusibles; **growing end of** —, lado de crecimiento (cuadros); **instrument** —, tablero de bordo; **mill** —, cartón muy espeso para juntas; **modelling** —, gálibo; **multiple switch** —, conmutador múltiple; **non-growing end of** —, origen de crecimientos (cuadrados); **running** —, escantillón; **side** —, duela; **silicate** —, cartón de silicato; **sounding** —, tabla de harmonía; **switch** —, cuadro de distribución, cuadro de maniobra; **test** —, cuadro de pruebas; **thick** —, madero; **thin** —, plancha, ripia; **to — a steamer,** embarcarse en un vapor; **toll** —, cuadro interurbano.

Boardable, Accesible.

Boarded, Cubierto, encofrado.

Boarding, Tablazón; — **officer,** oficial encargado de visitar el buque.

Boat, Barco, embarcación, entarimado, recipiente para incinerar; — **of a seaplane,** canoa del hidroavión; **flying** —, hidroavión; **motor** —, canoa automóvil; **steam** —, barco a vapor; **submarine** —, submarino; **tug** —, remolcador.

Bob, Luneta de un péndulo, plomo de plomada; — **gauge,** índice de indicador del flotador; — **plumb,** plomada; **angle** —, movimiento de badajo.

Bobbin, Bobina (tejeduría); — **clutch,** huso de grifos.

Bobs, Piezas de transmisión de movimiento.

Bodied, Viscoso; **light, medium, heavy** — **oil,** aceite muy fluido (hasta 220 SS U a 100° F), semifluido (de 220 a 1000 SS U a 100° F), viscoso (1000 SS U y por encima).

Bodkin, Aguja de jareta, horquilla, punzón.

Body, Bastidor de torno, caja (auto, locomotora), caldera de horno de cal, capa de combustible, carrocería, chasis, chasis de sierra, codo de gancho, cuba, cuba de gasógeno, cuerpo, fuselaje (aviación), fuste de tornillo, zócalo de soporte; — **car,** carrocería de coche; — **contact,** contacto de masa; — **delivery,** carrocería de reparto; — **fitted,** equipado en carrocería; — **mountain,** instalación de carrocería en el bastidor; — **movable,** caja móvil; — **of a blast furnace,** cuba, vientre de un alto horno; — **of carburettor,** cuerpo principal del carburador; — **of revolution,** cuerpo de revolución; — **of the strongest form,** cuerpo de igual resistencia; — **sedan,** carrocería sedán; — **stampings,** piezas embutidas para carrocería; — **unit,** parte de carrocería; — **washer,** arandela del ensanchamiento del eje; — **worker,** carrocero; **black** —, cuerpo negro; **canvas** —, fuselaje de tela; **carbon** —, portacarbón; **detachable** —, carrocería desmontable; **double** —, fuselaje doble; **furnace** —, cuba de horno; **metal** —, fuselaje metálico; **open** —, carrocería abierta; **ore** —, yacimiento en conglomerado; **single** —, fuselaje simple; **truck** —, caja de camión.

Bodyside, Costado de la caja.

Bog, Turbera; — **coal,** lignito de turbera; — **iron ore,** limonita, mineral de turberas; — **manganese,** hidróxido impuro de manganeso.

Boghead, Esquisto bituminoso.

Bogie, Bogie, transbordador, traviesa móvil; — **engine,** locomotora de explanación; — **slide,** cojinete de quicionera (de bogie); — **trailing,** bogie portadora; — **truck,** plataforma de bogie; — **two wheel,** bogie de un solo eje; — **wagon,** vagón de bogie.

Bogy, Espectro.

Boil, Ebullición, efervescencia, trabajo del baño (met.); **to** —, borbotar, hervir; **to — down,** reducir por ebullición.

Boiled bar, Barra de hierro pudelado ordinario.

Boiler, Caldera, generador, hervidor; — **bear,** punzonadora de mano para chapas de calderas; — **bearer,** asiento de caldera; — **brace,** tirante de caldera; — **bracket,** orejeta de caldera; — **circulation,** circulación de agua para caldera; — **composition,** anteincrustante para calderas, selenífugo; — **cradle,** caballete de caldera; —

cramp, grifa (de los agujeros de acceso a la cámara, autoclaves); — **drum**, colector de calderas; — **duty**, gasto de una caldera; — **embrittlement**, fractura intercristalina de chapas de caldera; — **end**, fondo de caldera; — **feeding**, alimentación de una caldera; — **fittings**, accesorios de caldera; — **fluid**, anteincrustante; — **forge**, calderería; — **head**, fondo de caldera; — **header**, colector de caldera; — **lug**, orejeta de caldera; — **maker**, calderero; — **making tools**, herramientas de calderería; — **manufactory**, calderería pesada; — **merchants**, tubo mercantil para calderas; — **mountings**, accesorios de caldera; — **operative**, fogonero; — **out put**, gasto de vapor de la caldera; — **over**, acto de desbordarse un líquido por ebullición; — **pit**, picadura de caldera; — **plate**, chapa para calderas; — **point**, punto de ebullición; — **pressure**, presión de la caldera; — **prover**, bomba para pruebas de calderas; — **room**, sala de calderas; — **scaling appliances**, desincrustantes; — **seating**, ladrillo de unión del tubo; — **setting**, plano de asiento de una caldera; — **shell**, cuerpo de caldera; — **support**, asiento de caldera, soporte de caldera; — **truck**, vagón cisterna; — **tube**, tubo hervidor; — **tubes**, tubos de caldera; — **with high pressure**, caldera de alta presión; — **works**, calderería; **barrel** —, caldera cilíndrica; **barrel of the** —, camisa de caldera, cuerpo cilíndrico de caldera; **battery** —, caldera de hervidores múltiples; **combination** —, caldera semitubular; **concurrent** —, caldera en la cual el agua y los gases circulan en el mismo sentido; **countercurrent** —, caldera en la cual el agua y los gases circulan en sentido inverso; **cover of the** —, parte superior, cúpula de la caldera; **direct flame** —, caldera de llama directa; **donkey** —, caldera auxiliar; **double-ended** —, caldera calentada por los dos extremos; **double-flued** —, caldera cilíndrica con dos hornos interiores; **double story** —, caldera de hornos escalonados; **drog-flue** —, caldera de hervidores de retorno de llama; **dry back** —, caldera sin volumen de agua trasero; **dry bottom** —, caldera de fondo-seco; **elephant** —, caldera de hervidores; **exhaust heat** —, caldera de calor perdido; **fire box of a** —, caja de combustión de una caldera; **fire tube** —, caldera de tubos de humo; **flash** —, caldera de vaporización instantánea; **flue** —, caldera de canales o de galerías; **French** —, caldera de hervidores; **gas fired** —, caldera de gas; **high pressure** —, caldera de alta presión; **knapsack** —, caldera de caja de inversión en forma de mochila; **locomotive** —, caldera de llama directa; **marine** —, caldera marina; **multiple deck** —, caldera de hervidores múltiples; **multiple stage** —, caldera de pisos; **multitubular** —, caldera de tubos múltiples; **oil fired** —, caldera de calefacción por nafta; **pit of a** —, picadura de caldera; **portable** —, caldera transportable; **return flame** —, caldera de retorno de llama; **round** —, caldera cilíndrica; **sectional** —, caldera de secciones; **set of boilers**, equipo de calderas; **setting of boilers**, montaje de la caldera; **sheet flue** —, caldera de láminas; **single ended** —, caldera ordinaria (calentada por un solo lado); **smoke box of a** —, caja de humos de una caldera; **steam** —, caldera de vapor; líquida bajo los ceniceros; **wrough welded** —, caldera sin remaches; **to blow down a** —, purgar una caldera; **to empty, to fill a** —, cargar una caldera, vaciar; **to light fires under a** —, encender una caldera; **to pick a** —, picar una caldera; **to scale a** —, desincrustar una caldera, picar una caldera; **to scale off a** —, quitar los sedimentos de una caldera. **top** —, caldera de recuperación, caldera superpuesta; **top of a —**, parte superior; **tubular —**, caldera tubular; **twin boilers**, calderas separadas con una caja común de vapor; **wagon —**, caldera de volquete; **waste heat —**, caldera de calor perdido, caldera de recuperación; **waste tube —**, caldera seccional en la que el agua circula por tubos calentados directamente en el hogar; **wet bottom —**, caldera de capa

Boilerhouse, Casa de calderas.

Boilery, Casa de calderas.

Boiling, Ebullición, empastado, pudelaje por cocción; **— bulb**, bombona; **— hot**, hirviendo a borbotones; **analysis by —**, análisis por destilación fraccionada; **bulb —**, matraz; **low —**, de bajo punto de ebullición.

Boister, Solera; **— truck**, solera de carro; **spindle —**, cojinete para husos.

Bole, Bol, tierra bolar .

Bollard, Bita de amarre, bolardo.

Bolometer, Bolómetro; **— detector**, detector de ondas bolométricas.

Bolometric, Bolométrico; **— bias**, polarización bolométrica.

Bolster, Bastidor de banqueta, cojinete, collarín, estampa, larguero de asiento, lecho de cantera, repisa, soporte, taladro (forja), travesaño; **swing —**, balancín lateral.

Bolt, Bulón, cabilla, pasador, perno, pestillo; **— and nut**, perno y tuerca; **— auger**, barrena de estaca; **— blank**, perno en bruto; **— boss**, perno de cabeza redonda; **— breaker**, cortapernos; **— cap**, perno de cabeza; **— chisel**, cortafríos de lengua de carpa; **— clasp**, hembra de cerrojo; **— collar**, perno de reborde; **— cutter**, cortapernos; **— driver**, botapernos; **— end**, extremo de perno; **— garnish**, bulón de cabeza biselada; **— gland**, bulón de prensa-estopas; **— head**, alargadera, cabeza de perno, cucúrbita, matraz; **— hole**, artificio de un bulón; **— hook**, grapón roscado, perno de gancho; **— heel**, perno con tuerca de gancho; **— iron**, hierro para pernos; **— making tool**, herramienta de fabricación de pernos; **— mechanism**, mecanismo de cerrojo; **— of a lock**, pestillo de cerradura; **— pin**, pasador de aletas; **— rod**, varilla de hierro para pernos; **— shoulder**, perno de espaldón; **— stop**, perno de retén; **— tie**, perno para llantas; **— valve**, válvula de perno; **— wire**, alambre para pernos; **— yoke**, abrazadera con tuercas; **anchoring —**, bulón de anclaje; **barbed —**, bulón de entallas; **bent —**, cerrojo de colas; **bult —**, pasador de empalme; **capstan —**, tuerca perforada; **catch —**, cerrojo de resorte, tornillo de bloqueo de tope; **check —**, perno de detención, perno de retención; **clamping —**, bulón de unión; **common —**, bulón o cabilla ordinaria; **connecting —**, bulón de unión; **copper —**, hierro de soldar; **corner —**, perno de esquina; **cotter —**, bulón de chaveta, bulón de fundación; **counter sink-headed —**, bulón de cabeza fresada, bulón empotrado; **crab —**, perno de anclaje pasante; **cylindrical —**, perno cilíndrico; **distance sink —**, bulón de arriostrado; **draw —**, perno de apriete, tirafondo; **drop —**, perno prisionero; **eccentric —**, bulón excéntrico; **expansion —**, bulón de cierre; **eye —**, pasador de retención, perno de ojal; **fang —**, perno de cierre; **feathered —**, perno de patilla; **fitted —**, perno ajustado; **flat —**; pestillo; **flat headed —**, perno de cabeza inteligente; **flush —**, perno de cabeza perdida; **forelock —**, pasador de aletas; **frame —**, cabilla; **in and out —**, perno de unión; **iron —**, pasador de hierro; **jagged —**, perno de muescas; **joint —**, perno de unión; **keep —**, perno de sombrerete (de palier); **key —**, perno de clavija; **lock** —, perno de retención; **locking** —, perno de enganche; **pillar** —, traviesa; **pivot** —, rótula; **pointed** —, pasador de punta; **rag** —, pasador dentado, perno de anclaje; **reaming** —, perno ajustado; **retaining** —, perno de retención; **ring** —, pasador de bucle; **round headed** —, pasador de cabeza redondeada; **screw** —, perno de rosca; **self locking** —, bulón de autoapriete; **set** —, cabilla, prisionero; **sliding** —, cerrojo, pestillo; **split** — **connector**, conector de clavija hendida; **spring** —, cerrojo de resorte; **spare** —, perno de recambio; **square** —, perno cuadrado; **square headed** —, cerrojo de cabeza cuadrada; **stay** —, perno de traviesa; **stirrup** —, abrazadera de tornillo; **stone** —, perno de anclaje; **stud** —, cabilla, prisionero; **swing** —, perno articulado; **swivel** —, perno de gancho; **T** —, perno en T; **taper** —, perno cónico; **template** —, perno ajustado; **tie** —, perno de traviesa, tirante, traviesa, viga de travesero; **track** —, perno de brida; **wedge** —, clavija de apriete, clavija de regulación; **to** —, acerrojar, empernar, enclavijar; **to** — **out**, hacer retroceder, rempujar, sacar; **to** — **up dead**, apretar a tope; **to drive a** —, sacar un pasador, sacar un perno.

Bolted, Cerrado con cerrojo, empernado.

Bolter, Cedazo, cernedor, harnero, tambor.

Bolting kutch, Cernedor.

Boltrope, Cable de cáñamo de alta calidad.

Bomb, Bomba; — **bay**, compartimento para bombas, rampa de bombas; — **carrier**, portabombas; — **cell**, célula de bombas; — **trol**, control de bombas; — **door**, compuerta para dejar caer una bomba; — **dropping gear**, lanzabombas; — **exhibition**, exhibición de lanzamiento de bombas; — **nose**, cabeza de bomba; — **storage**, estiba de bombas; — **switch**, interruptor de disparo de bombas; **atom or atomic** —, bomba atómica; **delayed action** —, bomba de acción retardada; **depth** —, bomba explosiva de profundidad; **explosive** —, bomba explosiva; **fragmentation** —, bomba de fragmentación; **gliding** —, bomba planeadora; **hydrogen** —, bomba de hidrógeno; **illuminating** —, bengala de señales; **incendiary** —, bomba incendiaria; **jet** —, bomba a reacción, bomba volante; **oxygen** —, bomba de oxígeno; **radioguided** —, bomba radiodirigida; **shelter** —, alojamiento a prueba de bombas; **signalling** —, bomba de señalización; **time** —, bomba de efecto retardado; **uranium** —, bomba de uranio.

Bombable, Bombardeable.

Bombardment, Bombardeo; — **small**, bombardeo poco intenso; **ionic** —, bombardeo iónico;.

Bomber, Avión de bombardeo, bombardero; — **seaplane**, hidroavión de bombardeo; **dive** —, bombardero en picado; **experimental** —, bombardero experimental; **fast** —, bombardero veloz; **heavy** —, bombardero pesado; **jet** —, bombardero a reacción; **light** —, bombardero ligero; **long range** —, bombadero de gran radio de acción; **medium** —, bombardero medio; **night** —, bombardeo nocturno.

Bombing, Bombardeo; — **attack**, bombardeo de asalto; — **aviation**, aviación de bombardeo; — **base**, base de bombardeo; — **competition**, concurso de bombardeo; — **distance**, distancia de bombardeo; — **installation**, instalación de bombas; — **plane**, avión de bombardeo; — **raid**, raid de bombardeo; — **technique**, técnica de bombardeo; — **unit**, unidad de bombardeo; **dive** —, bombardeo en picado; **ground** — bombardeo terrestre; **vertical** —, bombardeo vertical.

Bombite, Bombita.

Bombolo, Retorta esférica (refinado del alcanfor).

Bombsight, Alza para lanzabombas; **course setting —,** visor de calado del rumbo.

Bonamite, Calamina verde.

Bonanza, Filón rico (de oro o de plata).

Bond, Aglomerante, almacén, bono del tesoro, conexión, enlace (química), ganga, junta, modo de unión, obligación, unión, vilorta; **— arch,** aparejo del arco; **— box,** caja para valores; **— course,** hilada de trabazón; **— energy,** energía de enlace; **— goods,** mercancías en depósito; **— holder,** obligatorio; **— hole,** agujero para ligadura; **— mean,** aparejo medio; **— of union,** lazo de unión; **— stone,** tizón; **— stress,** esfuerzo de cohesión; **— test,** ensayo de adherencia; **— timber,** pieza de unión; **aromatic —,** enlace aromático; **goods in —,** mercancías en depósito; **resinoid —,** con aglomerante de resina; **wrought iron —,** zuncho de hierro forjado; **to —,** aglomerar; **to — mica,** preparar la mica.

Bondability, Adherencia.

Bonded, Aglomerado, almacenado en depósito (aduanas), con aglomerante, conductor; **— clay,** con ganga arcillosa; **electrically —,** conectado.

Bonder, Perpiaño, tizón (muros).

Bonderizing or bonderising, Bonderización; **— rubber,** bonderización por caucho.

Bonding, Metalización, unión eléctrica de seguridad, unión eléctrica de todas las partes de un aparato (aviones); **— electrons,** electrones de enlace; **self —,** autoadhesivo; **static —,** enlace.

Bondsman, Fiador.

Bone, Hueso, veta calcárea o esquistosa en una capa de carbón; **— glass,** vidrio opalino; **charcoal —,** negro animal; **fished bones,** huesos descarnados; **herring — work,** aparejo en espina.

Boning, Deshuesamiento; **— rod,** niveleta.

Bonnet, Capot (de un auto), capota, gorro, parachispas (locomotora), puerta de visita de las válvulas de una bomba, tapa (de válvula de compuerta), techo de jaula (minas); **— cock,** sombrerete de grifo; **— valve,** sombrerete de válvula.

Bonney, Yacimiento rico pero de poca potencia.

Bont, Parte dura de una veta (min.).

Book, Catálogo; **— standard,** catálogo de elementos normales; **pole diagram —,** hojas de replanteo.

Bookbindery, Taller de encuadernación.

Booking, Registro; **— of a call,** petición de comunicación; **— office,** oficina de registro (aduanas).

Bookkeeper, Contable.

Bookkeeping, Contabilidad; **— by double entry,** contabilidad por partida doble; **— by single entry,** contabilidad por partida sencilla; **— machine,** máquina de contabilidad.

Boolean, Booleanos; **— rings,** anillos booleanos (mat.).

Boom, Brazo de pala de grúa, estacada flotante, pértiga de micrófono, puntal de carga; **— angle,** brida angular, nervadura angular; **— height,** altura de flecha; **— hinge,** articulación de brazo; **— hoist,** levantamiento del brazo de la grúa; **— point,** herraje de la cabeza del brazo; **— sheet,** apoyo de ala de viga, placa de apoyo, plataforma; **— side,** botalón lateral; **— swing,** radio de rotación del brazo; **— tail,** botalón de cola; **booms,** membrana;

goose neck —, aguilón en cuello de cisne; **spar** —, placa de apoyo de larguero; **tail** —, viga de ligazón; **tail** — **strut,** montante de vigueta de enlace; **twin** —, doble viga.

Booming, Procedimiento de lavado de los terrenos auríferos por medio de una corriente de agua violenta.

Boon, Hacheta-martillo, tasco.

Boost, Sobrealimentación, sobrevoltage; — **battery,** carga de refuerzo de batería; — **initial,** velocidad inicial; — **venturi,** venturi auxiliar; **full** —, plena alimentación; **gauge** —, manómetro de presión de admisión; **pressure** —, presión de sobrealimentación; **pump** —, bomba de sobrealimentación; **to** —, amplificar, aumentar, elevar el voltage, empujar, llevar al máximo, reforzar una batería (elec.), sobrealimentar.

Booster, Aumentador de presión, elevador de voltaje, reactor generador, todo aparato de características máximas; — **battery,** dínamo auxiliar; — **bomb,** tubo acelerador de bomba; — **charge,** carga de inflamación; — **lead,** conductor elevador de tensión; — **positive,** elevador de tensión; — **pump,** bomba de cebado, bomba de sobrealimentación, bomba de sobrecompresión, bomba nodriza; — **rocket,** cohete de arranque; — **set,** cargador de refuerzo; — **synchronous,** máquina auxiliar sincrónica; **centrifugal** —, aumentador de presión centrífugo.

Boosting, Acción de llevar al máximo, sobretensión; — **battery,** regulación de batería; — **main,** canalización, línea adicional; — **voltage,** sobrevoltaje, tensión adicional; **bass** —, refuerzo de tonos bajos; **high-tones** —, refuerzo de tonos altos; **power** —, amplificación por servo-mando.

Boot (De-icing), Estructura de goma para evitar la formación de hielo; **luggage** —, portamaletas.

Booth, Cabina, tienda; **wash** —, cabina de lavado.

Borable, Taladrable.

Boracid or Boric acid, Ácido bórico.

Borax, Bórax; **powdered** —, bórax en polvo.

Borazon, Forma cúbica del nitruro de boro.

Bord, Cámara, galería; — **and pillar system,** explotación por pilares.

Border, Revestimiento (N.).

Bordering, Rebordeador; — **tool,** suplemento rebordeador.

Bore, Ánima (cañón), calibrado de cilindro, calibre, clavera (forja), hueco, luz (tubo), sonda de horadar, taladro; — **alignement,** alineamiento de calibrado; — **bit,** broca de taladradora, trépano; — **catch,** arranca-sondas; — **chips,** virutas de alisado, virutas de taladrado; — **clear,** escariador; — **cylinder,** taladro cilíndrico; — **dust,** polvo para sondeo o para taladrado; — **express,** rayado express; — **extractor,** aparato para extraer los trozos de sonda trabados en la barrenación; — **frame,** caballete de sondeo; — **gauge,** verificador de calibrador; — **gun,** fusil de ánima lisa; — **hole,** pozo de sondeo; — **hub,** agujero de cubo; — **machine,** sonda; — **mill,** alisadora; — **pipe,** luz de tubo; — **sample,** muestra de perforación, testigo de sondeo; — **spindle,** escariado del árbol; — **split,** agujero de paredes hendidas; — **taper,** taladro cónico; — **well,** agujero de pozo; — **wheel,** hueco de rueda; **cylinder** —, alisado de un motor; **earth** —, barrena; **large** —, grueso calibre; **rifled** —, ánima rayada; **small** — **rifle,** fusil de pequeño calibre; **smooth** —, ánima lisa, interior liso de cilindros; **to** —, abrir un pozo, barrenar, cavar, escariar, horadar; **to** — **away,** desviar; **to** — **out a cylinder,** calibrar interiormente un cilindro.

Bored, Alisado; **choke —,** perforado con estrangulamiento; **diamond —,** taladrado con diamante.

Boreholing, Sondeo.

Borer, Alisador, barrena, barreno, broca, escariador, instrumento de perforar, punzón, taladrador, taladro, trépano de berbiquí; **— centering,** broca para centrar; **— percussion,** barrena de percusión; **— pump,** trépano; **— rail,** aparato de taladrar carriles; **— test,** muestra de sondaje; **— well,** barrena para abrir pozos; **borer's mallet,** martillo de perforar; **core —,** broca anular; **expanding —,** taladro de boca expansible; **long —,** taladro de media caña; **percussion —,** barreno; **pitching —,** barreno corto; **pointer —,** punta de trazar; **self emptying —,** sonda de válvula; **ships —,** taladro de mano; **slot —,** taladro de media caña.

Boric, Bórico; **— acid,** ácido bórico.

Boride, Boruro; **— iron,** boruro de hierro.

Boriferous, Borífero.

Boring, Alisado, barrenado, calibrado, perforación, taladrado; **— and milling machine,** pulidora-fresadora; **— and turning mill,** torno pulidor; **— angle,** taladradora en ángulo; **— bar,** árbol de una pulidora, árbol porta-broca, barra rectificadora; **— bench,** banco de alisado, banco de barrenar; **— bit,** alisador, trépano; **— block,** carro de alisador, porta-cuchilla de una pulidora; **— by means of rods,** sondeo por vástago rígido; **— by rod,** sondeo rígido; **— chisel,** perforador de moldes, trépano de sondeo; **— chuck,** mandril porta-brocas; **— collar,** media luneta; **— diameter,** diámetro de calibrado; **— diamond,** sondeo con el diamante; **— engine,** máquina de perforar; **— frame,** grúa de perforación, máquina de perforar; **— head,** cabezal de pulidora; **— instrument,** herramienta de taladrar; **— machine,** máquina de alisar, perforadora, pulidora, taladradora perforadora; **— mill,** pulidora-fresadora, torno de pulir; **— milling and facing machine,** pulidora-fresadora; **— of the tampings,** limpieza de los dientes de la carda; **— spindle,** barra de pulidora, broca, mandril portapunta, porta-brocas; **— test,** sondeo de terreno; **— tool,** cuchilla, cuchilla de acabado, hoja; **— tools,** herramientas de perforación; **— tower,** torno de perforación; **— wheel,** carro portaherramienta de una máquina de perforar, disco de madera para triturar salitre, manguito, portacuchilla; **axle box — machine,** máquina de acabado de las cajas de cojinetes; **borings,** limaduras; **engine cylinder — machine,** máquina de alisar interiormente los cilindros; **floor type — machine,** máquina alisadora de montante fijo; **funicular —,** sondeo por cable; **hole — cutter,** fresa de alisar; **hollow — bit,** broca barreno; **horizontal — machine,** pulidora horizontal; **jig — machine,** máquina de puntear; **percussive —,** sondeo por percusión; **piston — machine,** máquina para pulir los pistones; **precision —,** pulidora de precisión; **precision — machine,** pulidora de precisión; **rigid — machine,** pulidora rígida; **spindle —,** agujero; **table type — machine,** pulidora de montante móvil; **taking borings,** sondeo del terreno; **turret head — machine,** máquina perforadora de revólver; **tyre — machine,** máquina para alisar las llantas de las ruedas; **universal — machine,** pulidora universal; **upright — mill,** alisador vertical; **vertical — machine,** pulidora vertical; **vertical — mill,** torno vertical.

Borings, Limaduras, recortes.

Borizing, Barrenado con superficie interior lisa.

Borne (Air-) **— noise,** Ruido de aire; **carrier — plane,** avión embarcado (en portaaviones).

Borocitrate, Borocitrato.

Borohydride, Borohidruro.

Boron, Boro; — **carbide,** carburo de boro; — **nitride,** nitruro de boro; — **steel,** acero al boro.

Boronic, Bórico.

Borrow, Préstamo; — **pit,** zanja de préstamos (excavaciones); **to** —, hacer un préstamo, prestar.

Bort, Diamante negro, bort.

Bosh, Cuba para enfriar en el temple.

Boshes, Etalajes (alto horno); **free standing** —, etalajes liberados.

Boss, Abolladura, abollonamiento, artesa de mortero, bola de termómetro, calce de bocarte, capataz de cantera, contramaestre, cubo, cubo de rueda, depósito, estampa de forja, prominencia, realce de piedra, refuerzo; — **attaching,** núcleo de unión; — **exhaust,** brida de orificio de escape; — **for foundation bolt,** saliente de anclaje; — **joint,** unión de cubos; — **mechanic,** jefe montador; — **rod,** varilla de péndulo (aparato regulador); **continuous** —, cubo continuo; **crank** —, disco para triturar el salitre movido por manivela; **runner** —, cubo de rueda; **screw** —, cubo de hélice; **solid** —, cubo continuo; **turbine** —, cubo de turbina.

Bossy, Saliente.

Botch (To), Remendar.

Both, Ambos; **chisel bevelled on** — **sides,** garlopa (de tornero de madera).

Bott chisel, Cincel de lengua de carpa; — **hammer,** martillo acanalado para romper el hierro; **to** —, tapar la piquera de colada.

Botting, Arcilla de atascar.

Bottle, Botella, caja de moldeo, frasco, pera de goma, redoma; — **bin,** casillero para botellas; — **gas,** frasco para gas; — **jack,** gato en forma de botella; — **neck,** gollete de botella; — **pincers,** pinzas para frascos; — **rubber,** botella de goma; **dropping** —, frasco cuentagotas; **levelling** —, frasco de nivel; **reagent** —, redoma con reactivo; **salt mouth** —, frasco de boca ancha; **screw capped** —, frasco de tapadera roscada; **spray air** —, botella de insuflación (Diesel); **washing** —, especie de pipeta (quím.), frasco de lavado; **weighing** —, frasco con tara; **to** —, ojivar (los obuses).

Bottler, Embotellador.

Bottling, Ojivado.

Bottom, Carena, culote, fondo, fundación de bocarte, muro (minas), placa de soporte, residuo, solera, traviesa inferior de una puerta de esclusa; — **blow valve,** válvula de pie (de bomba de aire); — **box flap,** fondo rebatible; — **box or flash,** parte inferior de bastidor; — **captain,** capataz de minas, capataz del fondo; — **casting,** colada en fuente; — **chilled,** base fundida en coquilla; — **cover,** fondo del cilindro; — **die,** estampa inferior, matriz; — **fermentation,** fermentación baja; — **flange,** reborde inferior de larguero; — **flask,** bastidor inferior; — **flue,** canal inferior (horno de coque); — **fluted,** fondo acanalado; — **gate,** válvula de fondo; — **lift,** bomba inferior colocada en el fondo de un pozo de mina; — **loop tip,** casquillo de ojete; — **meter,** fondo de medidor; — **of a ship,** carena de un navío; — **pitching,** basamento de piedras, casquillo; — **plate,** chapa de fondo, placa de fundación; — **plating,** forro de carena; — **rail,** traviesa inferior; — **slanting,** fondo inclinado; — **slide,** carro inferior (torno), narria de la contrapunta del carro; — **stepless,** fondo continuo; — **swage,** parte inferior de estampa (forja); — **tool,** pico de caña de lado; — **wing,** ala inferior; **blind** —, suelo móvil; **core** —, tubo de núcleo; **distribution** —, cofre de distribución; **double** —, doble fondo;

equalization —, compensador; **expansion stuffing —**, prensa-estopas compensador; **false —**, fondo falso; **fire —**, caja de fuego; **gear —**, caja de velocidades, cárter de transmisión; **inner —**, revestimiento de fondo; **outer —**, revestimiento exterior; **pit —**, muro (minas); **push button control —**, caja de mando de botones pulsantes; **reinforced at the top and —**, armado arriba y abajo; **top and — centres**, puntos muertos superior e inferior de una manivela.

Bottomed, Con fondo de, forrado de.

Bottoming, Acción de colocar un fondo, base empedrada, empedrado; **— hole**, boca de horno de vidrio; **— tap**, macho de acabado.

Bottomland, Terreno de aluvión.

Bottomry, Gruesa; **— bond**, contrato a la gruesa.

Boucherise (To), Boucherizar.

Boulder, Rodado; **— stones**, cantos rodados.

Boulter, Palangre (pesca).

Bouncing, Golpe hacia arriba; **— of wheels**, salto de las ruedas.

Bound, Cargado (mar.), ligado, retenido, salida de barco, zunchado; **— charge**, carga latente; **— shot**, tiro de rebote; **— velvet**, bordeado con peluche; **— with iron hoops**, zunchado.

Boundary, Límite, línea de separación; **— condition**, condiciones límites; **— film**, capa de límite; **— layer**, capa límite, superficie de discontinuidad; **— layer separation**, cavitación; **— light**, luz de extremidad (aviación); **fusion —**, límite de fusión; **grain —**, difusión, difusión intergranular, juntas intergranulares, límite.

Bounder, Ayudante de minas, géometra.

Boundery, Linde (de una mina, etc...).

Bounty, Prima.

Bouse, Mineral de plomo no refinado.

Bovey, Bovey; **— coal**, carbón de Bovey (lignito).

Bow, Arco, arco de toma de corriente, curvatura, estrave, estribo, marco de sierra, proa; **— base**, soporte de arco; **— bluff**, proa llena; **— collector**, colector de arco, toma de corriente por arco; **— drill**, berbiquí de violín; **— dye**, escarlata; **— file**, escofina curva, lima de media caña; **— key of a cock**, llave de cerrojo; **— model**, proa afilada; **— of a brace**, manivela de berbiquí; **— of a knot**, gaza de un buzo; **— rudder**, timón de proa; **— saw**, sequeta de arco, sierra de arco, sierra de contornear; **— spring**, resorte en arco; **— support**, soporte de arcos; **— suspension**, arco de suspensión; **rotating or revolving —**, arco pivotante; **sliding —**, arco frotante; **to —**, combarse, curvar, curvarse, torcerse.

Bowl, Alberca, anfiteatro, campana de guía, cangilón, capa, depósito, fuente, rodillo de calandra; **— centrifugal**, vaso de centrifugación; **— oil**, receptáculo de aceite; **cam —**, canto rodado; **rotating —**, cubilete rotatorio.

Bowling ring, Anillo de Faïrbairn.

Bowser, Camión para repostar.

Box, Aparato para lavar minerales, bobina de taladro, caja, cárter, cerrojo, chasis de fundición, cofre, estuche; **— and needle**, brújula; **— beam**, viga tubular; **— bed**, banco en forma de caja; **— casting**, fundición en cajas, fundición en moldes; **— chuck**, tornillo empleado para sostener pequeñas piezas de brida; **— coupling**, acoplamiento por manguito; **— drain**, desaguadero abierto; **— end**, cabeza de biela abrazadera, cabezal de jaula; **— fire**, hogar interior de parrilla horizontal; — **for moulding,** caja de moldeo; — **form,** forma de caja; — **girder,** viga tubular; — **groove,** canal encajonado por hierros cuadrados o planos (laminador); — **hardening,** cementación en cajas de hierros; — **iron,** plancha de caldeo interior; — **key,** llave de muletilla; — **kite,** cometa celular; — **lead,** forro de plomo; — **level,** nivel de burbuja de aire (cuya parte superior solamente es de vidrio); — **mandrel,** mandrino de columna; — **metal,** metal para cojinetes; — **nut,** tuerca ciega; — **of a friction coupling,** manguito de fricción; — **of a wheel,** caja de engrase, cubo de rueda; — **of axle,** caja de engrase, depósito de aceite; — **of the elevating screw,** pasador del tornillo de punteo; — **oil,** caja de aceite; — **pass,** véase **Box groove**; — **pattern engine bed,** bastidor cárter, bastidor cerrado; — **piston,** pistón cerrado; — **purifier,** depurador; — **screw,** cerrojo, tuerca roscada; — **section,** sección rectangular; — **shaped,** en forma de artesón; — **sheave,** bobina de un cajón de taladro; — **solid,** caja robusta; — **sounding relay,** relé fónico; — **spanner,** llave de muletilla; — **spar,** larguero a caja; — **stable,** armella; — **thread,** fileteado hembra; — **tool —,** porta-herramienta de ranura; — **type,** forma de caja; **ammunition —,** caja de municiones; **annealing —,** horno de recocido; **axle —,** caja de engrase; **cable —,** caja de empalme de cables (elec.); **cable terminal —,** caja terminal de cable; **coil —,** caja de bobinas; **coin collecting —,** caja colectora de moneda; **compass —,** bitácora; **connection —,** caja de conexión; **girder —,** viga tubular; **grease —,** caja de engrase; **head —,** cajón de cabezal; **journal —,** caja de engrase, cojinete; **main —,** cojinete de manivela; **multicell — beam,** viga tubular multicelular; **packing —,** prensa-estopas; **resistance —,** caja de resistencias (elec.); **rocker —,** cárter de basculador; **sand —,** arenera, caja de arena; **seal —,** sifón; **signal —,** cabina de señalador; **smoke — of a boiler,** caja de humos de una caldera; **speed —,** caja de velocidades; **speed gear —,** caja de cambios de velocidades; **splice —,** caja de unión de los cables; **spring —,** casquillo de resorte; **steering —,** cárter de dirección; **stuffing —,** caja de carga, prensaestopas; **stuffing — bearing,** collarín del prensa-estopas; **terminal —,** caja de bornes; **test —,** caja de pruebas; **tool —,** carro portaherramienta, portaherramienta de luneta, portaherramientas; **valve —,** cabezal de válvula, caja de válvula, cuerpo de grifo; **wheel —,** caja de cambios de velocidades, caja de engranajes.

Boxed plane, Cepillo que tiene una parte de la caja de boj.

Boxing, Ensamblado de las traviesas (ferrocarriles), marco de puerta, sangradura de pinos para obtener savia.

Boxpile, Pilote metálico de sección redonda o exagonal.

Boyle, Boyle; **Boyle's fuming liquor,** licor fumante de Boyle, sulfohidrato de amoniaco; **Boyle's law,** ley de Boyle (ley de Mariotte).

B. P. (Boiler pressure), Presión de la caldera.

B. R. (Boiling range), Gama de destilación de un carburante.

Brace, Abrazadera, armadura, arriostrado, berbiquí, brazo, corchete, cruceta, cuadral, pie derecho, piso de maniobra exterior, plataforma de terraja, tirante, tornapunta, travesaño de hierro liso; — **and bit,** berbiquí y su broca; — **and tool,** fuste y broca de berbiquí; — **arched,** riostra en arco; — **bit,** broca de berbiquí; — **cable,** cable de pontón; — **collar,** collar de riostra; — **extension,** soporte de extensión; —

fuselage, montante del fuselaje; — **head**, cabezal de sonda, manivela de sonda de minero, torneado a izquierdas; — **laterally**, arriostrar lateralmente; — **longitudinal**, nervadura longitudinal; — **rigid**, abrazadera resistente; — **rod**, tirante de redondo de hierro; — **support**, tirante de soporte; — **wire**, alambre para amarrar; **angle** —, taladro angular; **back** —, tirante horizontal; **bit** —, berbiquí; **breast** —, berbiquí; **corner** —, tornapuntas; **diagonal** —, tirante de extensión; **hand** —, berbiquí; **rail** —, pieza de tope lateral, tornapunta de tope; **ratchet** —, perforador de trinquete; **wind** —, viento; **to** —, anclar, apuntalar, arriostrar, atirantar, consolidar, riostrar.

Braced, Apuntalado, arriostrado, atirantado; — **strongly**, arriostrado lateralmente; **center** —, arriostrado al centro; **cross** —, cruceteado.

Brachypyramid, Braquipirámide.

Bracing, Acción de colocar tirantes de riostras, anclaje, apuntalamiento, arriostrado, atirantamiento, consolidación, contra-apoyo, encofrado, entabicado, riostra; — **cable**, arriostrado de cable; — **external**, arriostrado exterior; — **longitudinal**, arriostrado longitudinal; — **strut**, pie derecho; — **vertical**, arriostrado vertical; **counter diagonal** —, arriostrado de trama en U; **strut** —, viga en U; **wind** —, apuntalamiento; **wire** —, atirantado con hilo de acero.

Brack, Desecho, paja (metales), pequeño defecto en los metales.

Bracket, Asiento de hélice, brida de unión, cogote de martillo pilón, consola, estampa plana, orejeta de caldera, palier, palomilla, pie derecho, soporte, travesaño; — **connection**, escuadra de conexión; — **joint**, eclisa de ángulo; — **ornamental**, brazo de adorno; — **pedestal**, pata de fijación; — **rim**, corona de soporte; — **seat**, traspuntín; — **support**, consola; — **universal**, soporte universal; **angle** —, consola de escuadra; **bridge** —, consola; **cable** —, soporte de cable; **chime** —, entrecinta; **drop** —, soporte vertical; **drop** — **transposition**, transposición vertical; **front spring** —, ballesta delantera; **guide** —, soporte guía; **insulator** —, soporte de aislador; **jet fuel** —, carburreactor; **pole** —, poste de brazo; **rear spring** —, ballesta trasera; **shoulder** —, riostra de palastro; **spring** —, soporte de resorte; **swing aside** —, soporte eclipsable; **trunnion** —, portamuñón; **wall** —, consola.

Bracking, Frenado; — **pull**, esfuerzo de frenado; — **resistance**, par resistente de frenado; — **test**, ensayo de frenado.

Brad, Clavo, punta; — **awl**, broca, punzón afilado; **to** —, hacer coincidir dos agujeros por medio de la broca.

Bradenhead, Cabeza de tubería.

Braid, Trenza; — **rope**, cuerda de hilos torcidos; — **triple**, triple forro trenzado; **copper** —, trenza de cobre; **flat, round, square** —, trenza plana, redonda, cuadrada; **to** —, trenzar.

Braided, Trenzado; — **asbestos**, amianto trenzado; — **cotton**, de funda de trenza de algodón; — **wire**, alambre trenzado; **metal** —, trenza metálica.

Brail, Tirante diagonal.

Braize, Polvo de coque.

Brake, Freno, guimbalete (de bomba); — **actuation**, maniobra de freno; — **anchorage**, anclaje de freno; — **angle plate**, soporte de zapata; — **automatic**, freno automático; — **auxiliary**, zapata de freno auxiliar; — **block**, zapata de freno; — **bracket**, escuadra de freno; — **cable**, cable del freno; — **clutch**, freno por embrague; — **crank**, manivela de freno;

— **direction**, dirección del frenado; — **disc**, disco portafreno; — **drum**, tambor del freno; — **equipment**, equipo de freno; — **expander**, freno de expansión; — **external**, banda externa de freno; — **face**, superficie de zapata de freno; — **flange**, disco de freno; — **flaps**, freno flap; — **fluid**, disco del freno; — **foot**, freno de pedal; — **gear**, mecanismo que hace actuar al freno; — **governor**, freno regulador; — **guide**, guía de freno; — **half**, semicinta de freno; — **hand**, mando de freno de mano; — **head**, portazapata del freno; — **holder**, sujetafrenos; — **Horse Power**, potencia en caballos indicada al freno; — **ineffective**, freno ineficaz; — **internal**, banda interna de freno, freno interior; — **key**, cuña para el brazo del freno; — **lever**, palanca del freno; — **lining**, guarnición del freno; — **load**, fuerza del frenado; — **man**, guardafrenos, maquinista de extracción; — **pawl**, trinquete de freno; — **pedal**, pedal de freno; — **pin**, perno de zapata de freno; — **primary**, zapata de freno primaria; — **pulley**, polea de freno; — **rigid**, zapata de freno rígida; — **scotch**, barra de enrayar; — **shaft**, eje de mando de freno; — **shell**, cubo de freno; — **shoe**, patín de freno, segmento de freno, zapata de freno; — **sieve**, criba hidráulica; — **spray**, barra de enrayar; — **staff**, tornillo del freno; — **step**, apoyo de eje de freno; — **stop**, palanca de retén para frenos; — **strap**, cinta de freno, collar; — **system**, sistema de frenos; — **test**, prueba de frenaje; — **tip**, punta de zapata de freno; — **track**, freno de ferrocarril; — **web**, armadura de zapata de freno; — **wheel**, rueda sobre la que actúa el freno, volante de maniobra de freno; — **wire**, cable de freno; **air** —, freno aerodinámico, freno de aire; **airscrew** —, freno de hélice; **band** —, freno de cinta, freno de collar; **block** —, freno de zapata; **compressed air** —, freno de aire comprimido; **compressor** —, freno de láminas; **decking** —, freno de aterrizaje sobre cubierta; **dive** —, freno de picado (aviación); **electric** —, freno eléctrico; **electromagnetic** —, freno electromagnético; **emergency** —; freno de socorro, freno de urgencia; **expanding** —, freno de expansión; **foot** —, freno al pie, freno de pedal; **four wheel brakes**, freno a las cuatro ruedas; **friction** —, freno de fricción; **hand** —, freno de mano, manivela; **hand — lever**, palanca de freno de mano; **hinged brakes**, palancas articuladas; **hydraulic** —, freno hidráulico; **hydromechanical** —, freno hidromecánico; **hydropneumatic** —, freno hidroneumático; **independent** —, freno independiente; **knee** —, palanca acodada; **link** —, biela de elevación, freno de banda con topes; **locked** —, freno bloqueado; **magnetic** —, freno magnético; **non skid** —, freno antiderrapante; **Prony's** —, freno de Prony; **propeller** —, freno de hélice; **rim** —, freno sobre llanta; **screw spindle** —, freno de tornillo; **shoe** —, freno de zapata; **solenoid** —, freno de solenoide; **steam** —, freno a vapor; **strap** —, freno de cinta; **swing** —, freno de rotación; **track** —, freno sobre raíl; **travelling** —, freno de translación; **V shaped** —, freno en V; **vacuum** —, freno de vacío; **water** —, freno hidráulico; **Westinghouse** —, freno de aire comprimido; **wheel** —, freno sobre rueda; **work** —, aparejo de freno; **to** —, frenar.

Braked, Frenado; **non** —, no frenado.

Braking, Agramado, agramado del lino, espadillado, frenado; — **all axles**, ejes todos con freno; — **effect**, efecto frenador; — **force**, fuerza de frenado; — **net**, red de frenado (aviación); — **period**, duración de frenado; — **surface**, superficie de rodamiento; — **switch**, interruptor de derivación;

continuous —, freno continuo; **differential** —, frenado diferencial; **direct** —, freno directo; **dynamic** —, frenado dinámico; **generative** —, frenado de recuperación; **magnetic** —, frenado magnético; **resistance or rheostatic** —, frenado reostático.

Bramah's lock, Cerradura de bombillo; — **press**, prensa hidráulica.

Brances, Piritas de hierro en el carbón.

Branch, Capa (minas), rama, ramal, ramificación, tubuladura; — **bank**, sucursal; — **chuck**, mandrino formado por cuatro piezas, provista cada una de un tornillo de presión; — **coal**, carbón de muy mala calidad; — **inductive**, ramificación inductiva; — **meter**, contador secundario de derivación; — **nozzle**, tubo de rebose; — **off**, bifurcación (ferrocarril); — **office**, sucursal; — **place**, tubo bifurcado; — **sleeve**, enchufe de unión; — **sloping**, ramal oblicuo; — **terminal**, borne de derivación (elec.); — **Y**, tubo en forma de Y; **Y** —, tubo bifurcado en horquilla; **to** —, derivar (electricidad).

Branching, Bifurcación, bifurcación de un conductor, derivación (elec.), ramificación (tuberías); — **pipe**, bifurcación de tubos; — **repeater**, repetidor de ramificación.

Brand, Pavesa, tizón; **to** —, marcar al fuego.

Branded, Marcado al fuego; — **oil**, aceite de marca.

Branding (Electric), Impresión por medio de un hierro calentado eléctricamente.

Brandrith, Soporte de caja.

Brashy, Quebradizo y tierno.

Brasier or Brazier, Calderero de cobre.

Brasque (To), Brasca.

Brass, Bronce (la palabra **brass** se emplea con frecuencia en este sentido), cobre amarillo, cojinete, collarín, latón, quicionera, rangua; — **bearing**, cojinete soportador; — **block**, latón en lingotes; — **diping**, latón para baños; — **foundry**, fundición de latón; — **goods**, efectos de latón; — **ore**, calamina; — **pipe**, tubo de latón; — **plating**, latonado; — **rod**, varilla de cobre; — **slab**, placa de latón; — **smith**, fabricante de grifería; — **soft**, latón blando; — **stick**, latón en tira; — **ware**, utensilios de azófar; — **white**, latón blanco; — **wire**, hilo de latón; **adjustable** —, cojinete con corrección del huelgo; **hard** —, bronce; **naval** —, latón naval, latón para pernos de navío; **to** —, recubrir de latón.

Brasses, Cojinetes; **to line up the** —, revestir los cojinetes con metal antifricción.

Brassing, Latonaje.

Brattice or brattish, Tabique de ventilación, ventilador.

Bratticing, Remate (edificios).

Braunite, Braunita.

Brayer, Soldar con latón o bronce.

Braze (To), Soldar.

Brazed, Soldado con latón.

Brazen, De latón.

Brazil, Carbón de alto contenido en piritas, pirita de hierro.

Brazing, De soldar; — **equipment**, aparato de soldar; — **forge**, horno de soldar; — **lamp**, lámpara de soldar; — **or hard soldering**, broncesoldadura, soldadura con latón; — **outside**, soldadura fuerte exterior; — **powder**, pólvora de soldar; — **seam**, nudo, soldadura; — **steel**, bronceado de acero; — **tube**, soldadura en tubos; **electric** —, soldadura eléctrica; **electric furnace** —, soldadura con horno eléctrico; **furnace** —, soldadura con horno; **silver** —, soldadura con plata; **torch** —, soldadura con soplete.

Breach, Infracción; — **leather,** delantal de minero.

Breaching, Acción de abrir brecha.

Breadth, Ancho de tela, anchura, bao (N.); — **lines,** batayolas; — **of lap,** altura de recubrimiento (de dos hojas de chapa); **extreme** —, manga de fuera a fuera; **main** —, anchura de manga, parte sólida; **moulded** —, anchura de trazado.

Break, Abertura, boquete, conmutador, encabritamiento de boca, falla (minas), flexión axial por compresión, incisión en media luna del banco escotado, ruptura de circuito; — **back,** trituración; — **board,** base; — **carbon,** contacto de ruptura de carbón; — **double,** interruptor doble; — **down,** avería, perturbación en el servicio; — **down crane,** grúa de maniobra; — **flexing,** rotura debida a la flexión; — **impact,** rotura por choques; — **in,** rodaje; — **induced current,** corriente inducida de desconexión; — **iron,** contrahierro, hierro superior de cepillo; — **jaw,** mordaza del interruptor; — **joint,** junta salteada; — **lathe,** torno de bancada escotada; — **multiple,** rotura múltiple; — **off,** culata; — **post,** barra para desconexión; — **temporary,** interruptor temporal; — **water,** malecón, rompeolas; **field** — **switch,** interruptor de excitación; **fixed** — **corrector,** corrector de apertura; **make and** — **mechanism,** ruptor (auto); **make** — **before-** — **contact,** conmutación sin interrupción; **to** —, abrir trincheras, interrumpir la corriente; **to** — **away the clinker,** liberar las escorias; **to** — **down,** abatir carbón, cortar madera; **to** — **in,** abrir un agujero en la mampostería para acoger el extremo de una puerta, rodar (motores); **to** — **joint,** perder la unión (albañilería); **to** — **off,** desmontar (una máquina); **to** — **lup a drift,** abandonar una galería, desmontar.

Breakable, Quebradizo.

Breakage, Caja, fractura, molido, rotura; **wire** — **lock,** aparato de control de ruptura de hilo.

Breakdown, Avería (de automóvil, de máquina); desbaste, paso de la corriente por el aislante; — **action,** cierre de báscula; — **appliance,** dispositivo de socorro; — **lorry,** camión de socorro; — **mechanical,** desarreglo en las máquinas; — **potential,** potencial de descarga, potencial de ignición; — **strength,** rigidez dieléctrica; — **voltage,** tensión límite; **cable** — **test,** ensayo de perforación de los cables; **to** —, perforarse un dieléctrico, tener una avería.

Breaker, Caja de seguridad (laminador), disyuntor, interruptor, machacadora, ruptor; — **base,** base del ruptor; — **circuit,** disyuntor, fusible, interruptor; — **concrete,** rompedor de concreto; — **control,** palanca de mando del ruptor; — **indoor,** interruptor para servicio interior; — **iron,** retacador (calderas); — **jaw,** trituradora de mandíbulas; — **outdoor,** interruptor para servicio exterior; — **pneumatic,** pico neumático; — **points,** contactos del ruptor; — **starting,** interruptor de puesta en marcha; — **viscosity,** separador de viscosidad; **air blast circuit** —, disyuntor de aire comprimido; **air circuit** —, disyuntor en el aire; **antenna** — **circuit,** disyuntor de antena; **compressed air circuit** —, disyuntor de aire comprimido; **concrete** —, rompe-hormigón; **contact** —, interruptor, ruptor; **no load circuit** —, interruptor a cero; **oil circuit** —, disyuntor en el aceite; **road** —, piqueta mecánica; **scale** —, destructor de óxido; **vacuum** —, interruptor de vacío; **vacuum** — **valve,** válvula vacuorreguladora.

Breaking, Flexión axial por compresión, quebrantado, ruptura; — **distance,** distancia de interrupción; — **down limit,** límite crítico de ruptura; — **down mill,** tren desbastador; — **down point**, punto de deformación permanente; — **down test**, prueba de perforación; — **down torque**, par de desenganche; — **elongation**, alargamiento de rotura; — **link**, eslabón de seguridad; — **load**, carga de rotura; — **of teeth**, ruptura de dientes; — **piece**, caja de seguridad (laminador); — **point**, límite de rotura; — **press**, prensa de romper; — **strain**, esfuerzo de flexión; — **strength**, resistencia a la flexión axial por compresión, resistencia a la rotura; — **stress**, esfuerzo de flexión axial por compresión; — **test**, ensayo de rotura por tracción; — **up**, levantamiento; — **weight**, carga de rotura; **commutator for — contact**, conmutador disyuntor; **intensity of — stress**, tensión de rotura.

Breast, Botarel de puente, cara de colada, frente (minas), quicionera, vientre (alto horno); — **board**, cara anterior de cepilladora, ensanche a mecanizar; — **borer**, berbiquí, taladro de arcilla; — **drill**, berbiquí, berbiquí de pecho; — **electric**, taladro eléctrico de pecho; — **frame**, armazón de berbiquí de pecho; — **hole**, piquera de evacuación de escorias (cubilote); — **line**, amarra del costado; — **of a furnace**, cara de colada de horno, delantera de horno; — **pan**, antecrisol de cubilote; — **plate**, conciencia, plastrón de cerrajero; — **reciprocating**, berbiquí de pecho basculador con placa de apoyo para el pecho; — **stroke**, brazada de pecho; — **summer**, marco de suspensión; — **two speed**, berbiquí de pecho a dos velocidades; — **wall**, antepecho de ventana, muro de sostenimiento; — **(water) wheel**, rueda de costado, rueda hidráulica de costado.

Breastwork, Parapeto.

Breath, Aliento; — **exhaled**, aliento exhalado.

Breather, Respiradero, válvula de aire, válvula de respiración de un depósito; — **cap**, tapa de entrada de aceite al cárter; — **screen**, colador del respirador; — **suction**, respirador al vacío.

Breatherpipe, Tubo de ventilación.

Breathing, Respiratorio; — **apparatus**, aparato respiratorio.

Breccia, Brecha (mineral).

Breech, Bifurcación de tubos, calzón de chimenea, culata; — **block**, bloque de culata; — **bolt**, perno de tapa; — **hinged**, cierre plegable; — **lock**, elevador; — **pipe**, tubo bifurcado en horquilla; — **plate**, plato exterior de cuña; — **screw**, cierre de tornillo; — **wrench**, llave giramachos; **breeches boiler**, caldera tipo Galloway; **to —**, poner una culata.

Breeze, Carbonilla, cisco, menudo de coque; — **coal**, carbón pulverulento; — **light**, brisa ligera; — **oven**, horno de rescoldo.

Brewery, Fábrica de cerveza.

Briar, De ranura; — **teeth**, dientes de ranura, dientes en pico de loro.

Brick, Briqueta, ladrillo; — **arch**, bóveda de horno, bóveda de ladrillos, pantalla; — **bat**, escombros, trozo de ladrillo; — **clay**, arcilla para ladrillos; — **kiln**, horno de ladrillos; — **layer**, albañil que pone ladrillos; — **nog or nogging**, armazón de ladrillos; — **ore**, cobre oxidado ferroso; — **paving**, ladrillo para pavimentar; — **set**, fijado en obra; — **testament**, ladrillo de 5 cms de espesor; — **work**, enladrillado; — **work plastered**, mampostería de ladrillos revestidos; — **works**, ladrillar; — **yard**, ladrillar; **air —**, adobe, ladrillo cocido al aire; **arch —**, cuchilla, ladrillo de bóveda; **bath —**, ladrillo inglés, piedra de cuchillas; **burnover —**, ladrillo semicocido; **checker — heater**, aparato de aire caliente de ladrillos; **clinker —**, ladrillo holandés; **cogging** —, ladrillo dentado; **compass** —, ladrillo cintrado, ladrillo circular; **copper** —, cobre rojo; **dump** —, ladrillo de 17,8 × 11,4 × 6,3 cm; **facing** —, ladrillo de paramento; **feather edged** —, ladrillo en bisel, llave; **fireclay** —, **fire** —, **fire proof** —, ladrillo refractario; **insulating** —, ladrillo aislante; **kiln** —, ladrillo refractario; **laid** —, ladrillo de asiento; **place** —, ladrillo de desecho, ladrillo mal cocido; **shaped** —, ladrillo perfilado; **silica** —, ladrillo de sílice; **slag** —, ladrillo de escorias; **statute** —, ladrillo normalizado (22,8 × 12 × 6,3 cm); **thin** —, ejión, ladrillo delgado; **unbaked** —, adobe.

Bricked, Enladrillado.

Bricketting, Para aglomerar; — **press,** prensa para aglomerar.

Bricking, Construcción de ladrillos, mampostería de ladrillo; — **in,** acción de murar.

Bricky, Hecho de ladrillos.

Bridge, Altar (calderas), alza, barreta, brida de máquina de taladrar, capitel, montaje en derivación (elec.), puente, puente de navío, tabique entre las lumbreras de un motor de explosión; — **abutment,** pilar de puente; — **apex,** vértice de un puente; — **boiler,** barrera de caldera; — **bracket,** consola con empotramiento; — **building,** construcción de puentes; — **canal,** puente de canal; — **capacity,** puente de capacidad; — **carriage,** puente para tráfico carretero; — **connection,** acoplamiento en puente; — **connector,** puente de conexión; — **contact piece,** brida de contacto; — **country,** puente de campo; — **ferry,** puente transbordador; — **floor,** tablero de puente; — **flying,** puente volante; — **foundation cylindres,** caja de cimentación para puentes; — **inductance,** puente de inducción; — **international,** puente internacional; — **iron,** puente metálico; — **joint,** junta de puente; — **method,** método de puente; — **narrow,** puente angosto; — **network,** red en puente; — **on rafts,** puente de balsas; — **operating,** puente de maniobra; — **pipe,** tubo transversal; — **plate,** placa de apriete o de fijación; — **pontoon,** puente de pontones; — **radiating,** puente en abanico; — **rail,** carril Brunnel; — **rails,** pretil de puente; — **resistance,** puente de resistencia; — **road,** puente carretero; — **rod,** vara de hierro para puentes; — **sliding,** puente deslizante; — **suspension,** puente colgante; — **type,** estilo de puente; **bascule** —, puente basculante, puente de báscula; **beam** —, puente de vigas llenas; **box** —, caja de resistencias en forma de puente de Wheatstone; **capacitance** —, puente de capacitancia; **cell** —, célula eléctrica; **crane** —, puente rodante, puente transbordador; **draw** —, puente de báscula; **electric** —, puente eléctrico; **fire** —, altar (caldera); **flame** —, altar (caldera); **frequency** —, puente de frecuencias; **hanging** —, puente colgante; **impedance** —, puente de impedancia; **impulse repetition** —, puente repetidor de impulsos; **induction** —, balanza de inducción, puente de inducción; **lift** —, puente basculante; **meter** —, puente de cursor; **over** —, viaducto; **permeability** —, puente magnético; **pile** —, puente sobre pilotes; **port** —, delga del distribuidor (máquina de vapor); **rectifier** —, puente rectificador; **revolving** —, puente giratorio; **self-balanced** —, puente autoequilibrado; **split** —, altar con entrada de aire; **stationary** —, puente fijo; **suspension** —, puente colgante; **swing** —, puente giratorio, puente levadizo; **transmission** —, puente de transmisión; **Wheatstone** —, puente de Wheatstone.

Bridged, En puente; — **gap,** electrodos en cortocircuito (bujía); — **network,** red en puente.

Bridging, De derivación, de enlace, travesero; — **beam,** viga travesera; — **condenser,** condensador de derivación; — **contact,** contacto de lámina de interruptor; — **joist,** vigueta; — **piece,** viga travesera; **oxygen** —, puente de oxígeno; **spark plug** —, puesta en cortocircuito de los electrodos (bujía).

Bridle, Brida, cuadro, guía de distribuidor, pata de ganso; — **joint,** junta de empotramiento; — **of the slide,** cuadro, guía del distribuidor; — **rod,** brazo de llamada del paralelogramo de Walt, contrabalancín.

Brig, Bergantín.

Bright, Brillante, claro; — **drawn steel,** acero estirado brillante; — **orange,** color naranja vivo; — **picture,** imagen brillante.

Brighten (To), Bruñir, pulir.

Brightening, Abrillantado; — **pulse,** impulso intensificador de brillo.

Brightness, Brillo; — **distribution,** distribución del brillo; — **ratio,** relación de brillo; **background** —, luminosidad de fondo.

Brilliance, Brillo; — **modulation,** modulación del brillo.

Brim, Borde.

Brimmed, De bordes, de rebordes.

Brine, Agua salada; — **cock,** grifo de extracción superficial; — **gauge,** salinómetro; — **pipe,** salmuera; — **pond,** salinas; — **pump,** bomba de extracción de salmuera; **leach** —, aguas madres; **to** —, desaturar.

Brined, Desaturado.

Brineometer, Salinómetro.

Bring (To), Traer; **to — a strain on,** hacer esfuerzo sobre; **to — down,** derribar hulla; **to — out the center,** descentrar; **to — up,** calentar.

Brining, Desaturación.

Briquetable, Aglomerado.

Briquette, Briqueta; — **cement,** aglutinante para la fabricación de briquetas.

Brisk (To) up the fires, Avivar los fuegos.

Bristling, De exudación; — **point,** aguja de exudación.

Brightness, Brillo; — **of lamp,** brillo de lámpara.

Brimstone, Azufre vivo.

Briquet, Briqueta; — **press,** prensa para briquetas.

British gum, Dextrina comercial; — **thermal unit,** véase **Calory.**

Brittle, Agrio (hierro), quebradizo; — **failure,** resiliencia; — **iron,** hierro agrio, hierro duro, hierro quebradizo; — **material,** material frágil; — **silver ore,** estefanita.

Brittleness, Agrura, fragilidad; **hot** —, fragilidad en caliente; **temper** —, fragilidad de revenido.

Broach, Brocha, escariador, escuadrador, punta de un torno, taladro; — **formed,** barrena-fresa de forma especial; — **holder,** portabrochas; — **post,** pendolón, punzón; — **solid,** barrena-fresa maciza; — **standard,** barrena-fresa patrón; **calibrating** —, brocha de calibrado; **drawing** —, escariador de tracción; **fire sided** —, escuadrador de cinco caras; **six square** —, escariador exagonal; **to** —, brochar, desbastar, escuadrar, mandrinar.

Broachability, Escariabilidad.

Broaching, Alisado, brochado, mandrinado; — **internal,** escariado interior; — **machine,** máquina de brochar; — **round,** escariado cilíndrico; — **tool,** brocha de mandrinar, herramienta de brochado; **horizontal — machine,** máquina de brochar horizontal; **inside** —, brochado interior; **outside** —, brochado exterior; **surface — machine,** máquina de brochar exteriormente, máquina de coser exteriormente; **universal — machine,** máquina de brochar universal; **vertical — machine,** máquina de brochar vertical.

Broad, Ancho; — **axe,** doladera (carpintería); — **band,** banda ancha; — **brimmed,** de bordes anchos; — **gauge,** vía ancha; — **glass,** vidrio para cristales; — **side,** bordada, flanco, través (de un navío); — **stone,** piedra de talla; — **wise,** en sentido longitudinal.

Broadcast or **Broadcasting,** Emisión, radiodifusión; — **channel,** canal de radiodifusión; — **station,** estación de radiodifusión; — **transmitter,** emisor de radiodifusión; **multiplex** —, radiodifusión multiplex; **outside** —, retransmisión de exteriores; **studio** —, transmisión desde los estudios; **to** —, radiodifundir.

Broadcaster, Aparato de radiodifusión.

Broadcasting, Radiodifusión; — **sound,** radiodifusión de sonidos.

Broadside, Transversal; — **array,** sistema de radiación transversal; — **radiation,** irradiación lateral.

Broche, Brocha, escariador.

Broil, Indicios de mineral superficial que revelan la presencia de un filón subyacente.

Broiler, Asador; — **grid,** parrilla de asador.

Broken, Galleta de carbón de dimensiones comprendidas entre 10 y 6,3 cm, molido, partido, quebrantado, roto; — **backed,** en forma de sifón, quebrantado (navíos); — **down,** averiado, errado, fallado; — **ground,** terreno quebrado; — **ray,** rayo refractado; — **space saw,** serrucho.

Broker, Corredor; **ship** —, corredor marítimo; **stock** —, agente de cambio.

Brokerage, Corretaje.

Bromal, Bromal.

Bromalin, Bromalina.

Bromanisil, Bromanisilo.

Bromate, Bromato; **sodium** —, bromato de sodio.

Bromic, Brómico, brómico; — **acid,** ácido brómico.

Bromide, Bromuro; — **of mercury,** bromuro mercúrico; — **paper,** papel al bromo, papel sensible (fotografía); **ethyl** —, bromuro de etilo; **hydrogen** —, ácido bromhídrico; **methyl** —, bromuro de metilo.

Bromination, Bromado; **alkaline** —, bromado alcalino.

Bromine, Bromo; — **number,** índice de bromo; — **vapors,** vapores de bromo.

Bromoaurate, Bromoaurato.

Bromobenzoyl, Bromobenzoílo.

Bromobenzoylic, Bromobenzoílico.

Bromoform, Bromoformo.

Bromogelatine, Bromogelatina.

Bromoindigo, Bromoíndigo.

Bromyrite, Bromirita.

Bronze or gunmetal, Bronce; — **common,** bronce natural; — **direct,** bronce directo; — **for medals,** bronce para medallas; — **hard,** bronce duro; — **machine,** bronce para máquinas; — **malleable,** bronce maleable; — **powder,** purpurina; — **statuary,** bronce estatuario; — **weld or welding,** soldadura fuerte; — **yellow,** bronce amarillo; **aluminium** —, bronce de aluminio; **bearing** —, bronce para cojinetes; **high tension or high tensile** —, bronce de alta reistencia; **manganese** —, bronce al manganeso; **nickel tin** —, bronce al níquel-estaño; **phosphor** —, bronce fosforoso; **tin** —, bronce de estaño; **to** —, broncear.

Bronzing, Bronceado.

Bronzite, Broncita.

Brood, Estériles (de cobre y estaño), filón, ganga de mineral.

Brookite, Brukita o brookita.

Broom, Viruta de madera; — **fiber,** escoba de fibra; — **track,** escoba de limpiar carriles.

Brougham, Coupé.

Brouse, Masa de mineral o de escoria imperfectamente fundida.

Brow piece, Columna, viga vertical de sostenimiento.

Brown, Color castaño; — **coal,** lignito; — **iron ore,** hematites parda, limonita; — **spar,** dolomía ferruginosa; — **stone,** grés de construcción, mineral de manganeso (bióxido); **to** —, broncear, poner tostado.

Brownian, Browniano; — **movement,** movimiento browniano.

Browse, Véase **Brouse.**

Brucite, Brucita.

Bruise (To), Abollonar, machacar, moler, triturar.

Bruiser, Espiga machacadora.

Bruising, Machacador; — **mill,** machacadora, trituradora; — **roller,** cilindro de majar; — **vibration,** vibración machacadora.

Brush, Cepillo, escobilla (elect.); — **adjustable,** escobilla regulable; — **benzine,** brocha para benzina; — **carpet,** escobilla para alfombras; — **cement,** pincel para cemento; — **chimney,** escobón de chimenea; — **clamp,** mordaza de escobilla; — **collector,** escobilla colectora; — **coupling,** conexión de cepillos; — **current,** corriente de escobillas; — **discharge,** descarga en abanico; — **distemper,** brocha para pinturas; — **elastic,** escobilla elástica; — **fine,** pincel fino; — **fitch,** pincel para artistas plano; — **flare,** escobilla ensanchada; — **floor,** cepillo para el piso; — **friction,** frotamiento de escobillas; — **furniture,** cepillo para muebles; — **glue,** brocha para cola; — **hard,** brocha dura; — **holder,** portaescobilla; — **key,** llave para escobilla; — **lacquering,** brocha para laca; — **machine,** cepillo de máquina; — **main,** escobilla principal; — **mark,** huella de pincelada; — **metal,** escobilla metálica; — **movable,** escobilla móvil; — **negative,** escobilla negativa; — **oil,** cepillo de lubrificación; — **ore,** mineral de hierro; — **paste,** brocha de almidonar; — **pillar,** pivote de portaescobilla; — **pilot,** escobilla de prueba; — **plain,** cepillo liso; — **plate,** pinzas para portaescobillas, placa de escobilla; — **positive,** escobilla positiva; — **rocker,** puente o yugo de portaescobilla; — **roller,** cepillo cilíndrico; — **segment,** puente de portaescobilla; — **shifting,** calaje de la escobilla; — **solid,** frotador compacto del colector; — **spare,** escobilla de repuesto; — **stopping,** pincel de cubrir; — **tip,** punta de escobilla; — **two row,** brocha de dos hileras; — **waxing,** brocha de encerar; — **wheels,** ruedas de arrastre por fricción; — **wire,** alambre para cepillos; **appropiating** —, escobilla colectora (elect.); **block** —, escobilla de carbón; **carbon** —, escobilla de carbón; **commutator** —, escobilla de colector; **electric** —, haz de rayos luminosos; **feeder** —, escobilla colectora; **flue** —, cepillo de limpiar tubos, escobilla limpiatubos, limpiatubos; **leading** — **edge,** arista anterior de escobilla; **oil** —, escobilla engrasadora; **roller** —, cilindro cepillador; **wire** —, escobilla de alambres metálicos; **to** —, arrancar hulla.

Brusher, Picador (minas).

Brushing, Arrancado (minas); — **out the tubes,** limpieza de la carbonilla de los tubos.

Brushless, Sin efluvios.

Bruzz, Vaciador.

B. S. F. (British Standard Fine), Ley británica (para oro y plata).

B. S. G. (Gauge Brown and Sharps), Plantilla de calibre británica.

B. S. W. (British Standard Whitworth), Normas británicas Withworth.

Bubble, Burbuja, venteadura; — **sextant,** sextante de burbuja; — **test,** prueba de viento; — **tower,** torre de fraccionación; — **tray,** platillo de borboteo; — **type,** abombado; — **windshield,** parabrisas abombado; **air** —, venteadura; **to** —, borbotear, bullir.

Bubbler, Borboteador, tubo borboteador; **gas** —, borboteador de gas.

Bubbling, Borboteo, burbujeo, hervor; **vessel for** —, botella de lavado de gas (quím.).

Bubbly, Lleno de burbujas.

Buck, Quebrantadora de mineral, sobretensión (elec.); — **ashes,** cenizas lavadas, cernada; — **axle,** golpeteo en el eje trasero; — **stay,** armadura de horno, viga de anclaje; — **wheat,** granos de carbón que atraviesan el tamiz de mallas de 12 mm y son rechazados por el de mallas de 6 mm; **to** —, cerner a mano, moler, oponerse a, quebrantar, triturar, triturar con el bocarte.

Bucker, Cernedor, martillo de cerner.

Bucket, Álabe, aleta, cubeta-draga, cangilón, cangilón de draga, cubo, cucharón de draga de pala, pala, paleta, pistón de válvula (bomba); — **ash,** cubo de cenizas; — **carrier,** caja de carro; — **chain,** noria; — **chain elevator,** cadena de cangilones, elevador de cadena de cangilones; — **conveyer,** cubo de transportador; — **engine,** rueda hidráulica; — **excavator,** excavadora de cangilones; — **failure,** rotura de álabes; — **fire,** cubo para incendio; — **ful,** capacidad de un cubo; — **grab,** cuchara con garras, pala automática; — **hoist,** montacargas con tolva de alimentación; — **lift,** bomba elevadora interior; — **loader,** cangilón de elevador mecánico; — **rod,** varilla de bomba elevadora (minas); — **segment,** segmento de álabes móviles; — **tar,** balde para alquitrán; — **vane,** álabe de toma de aire; — **wooden,** balde de madera; **circular** —, artesón de muela; **clamshell automatic** —, cuchara; **collapsible** —, cubo plegable; **concrete** —, cubeta de hormigón; **dredger** —, cangilón de draga; **drop** — **trailer,** remolque con descarga por el fondo; **drop bottom** —, cubeta de fondo abatible; **elevator** —, cangilón de elevador; **grapping** —, cuchara con garras; **guide** —, paleta directriz; **orange peel automatic** —, cuchara de valvas mordientes en cuartos de cáscara de naranja; **shaft** —, jaula de extracción; **tipping** —, cangilón oscilante.

Buckeying, Explotación irracional.

Bucking, Cernido a mano, separación de minerales, trituración con bocarte; — **coil,** bobina antagonista, bobina de modulación (altavoz); — **iron,** martillo para romper el mineral; — **of ores,** lavado, trituración; — **ore,** mineral escogido, mineral rico; — **plate,** pasador de bocarte, placa para cerner; — **voltage,** tensión antagonista; **hum-** — **coil,** bobina compensadora de zumbido.

Buckle, Alabeo, depresión en la superficie de una placa; **saw** —, brida de suspensión de sierra; **valve** —, marco del distribuidor; **to** —, curvarse (las chapas), hincharse, pandearse (la madera).

Buckled, Alabeado, combado, hinchado; — **wheel,** rueda torcida.

Buckler, Escudo, tapa de escobén, tapón.

Buckling, Abarquillamiento, alabeo, alimentador de enlace en serie, desviación, flexión, hinchazón, pandeo; **plastic** —, pandeo plástico.

Buddle, Artesa para el lavado de los minerales, caja alemana, de tumba; **nicking** —, mesa de cepillos; **round** —, tabla cónica; **running** —, cuba para aclarar con agua corriente; **standing** —, artesa de minero; **stirring** —, caja de lavado; **to** —, clasificar, lavar minerales.

Buddler, Lavadero de minerales.

Buddling, Lavado de los minerales; — **dish,** área de lavado, mesa de lavado; **filtering board for —,** horquilla de lavado.

Buff, Disco para bruñir el cobre; — **stick,** pulidor; **to —,** pulir.

Buffer, Nivel separador, parachoques, tampón, tope amortiguador de choques; — **auxiliary,** tope elástico auxiliar; — **battery,** batería de compensación; — **block,** tope de choque; — **box,** contratope; — **cap,** sombrerete del tope (ferrocarriles); — **capacitor,** condesador compensador; — **central,** parachoque central; — **crane,** tope de grúa; — **chamber,** cámara separadora; — **neutralized,** separador neutralizado; — **piston,** amortiguador de émbolo; — **plate,** placa de choque; — **portable,** pulidora portátil; — **stop,** tope de parada; — **stroke,** carrera de repulsión; — **test,** ensayo de oclusión (de batería); — **tube,** casquillo de tubo.

Buffered, Tamponado (química).

Buffeting, Vibración estructural (aviones).

Buffing, Pulido, pulido al cuero; — **line,** línea de raspado.

Bug, Cuadrante de referencia, manipulador semiautomático.

Buggy, Vagoneta; — **boot,** pesebrón de calesina.

Build up, Realización (del equilibrio, etc...); — **up table,** mesa de reparaciones; **to —,** construir, edificar; **to — up,** recargar.

Buildability, Construibilidad.

Buildable, Construible.

Builder, Constructor, establecimiento (de la presión); — **boat,** constructor de botes; — **transmission,** fabricante de cambios de velocidades; — **up,** picador, rellenador.

Building, Construcción, en construcción; — **brick,** edificio de ladrillos; — **code,** código de edificación; — **front,** edificio de fachada; — **machinery,** maquinaria de edificación; — **main —,** edificio principal; — **material,** material de construcción; — **paper,** papel de construcción; — **plan,** plan edificio; — **segment,** trabajo de encolado; — **station,** edificio de estación; — **stone,** piedra de construcción; — **tool,** herramienta constructiva; — **the voltage,** elevación de tensión; **current — up time,** tiempo de establecimiento de la corriente; **portable buildings,** construcciones desmontables.

Built, Construído, edificado; — **in,** empotrado; — **member,** pieza compuesta; — **up,** insertado, recargado en varias piezas; — **wheel,** rueda partida; **carved —,** construído con franco bordo; **clinked —,** construído con tingladillos.

Bulb, Bola (de un termómetro), bombilla (elec.), lámpara de radio, pestaña, rodete; — **angle,** escuadra con nervio; — **blackening,** ennegrecimiento de la bombilla; — **floating,** campana de inmersión; — **nose,** saliente del reflector; — **pilot,** luz piloto; — **section,** sección de escuadra con nervio; — **television,** ampolla de televisión; — **tubular,** bombilla tubular; — **vacuum,** bombilla al vacío; **dry —,** de bola seca; **electric —,** bombilla eléctrica; **glass —,** ampolla de vidrio; **hot —,** bola caliente; **quartz —,** ampolla de cuarzo; **wet —,** de bola mojada.

Bulge, Saliente (véase **Bilge**).

Bulged, Dilatado; — **in** (tube), aplastado, dilatado por presión interior (tubo).

Bulginess, Exceso de volumen.

Bulging, Comba, ensanche, prominencia, protuberancia (chapas); — **test,** prueba de mandrilado.

Bulk, Bruto, cargamento estibado, grueso, masa; — **cement,** cemento a granel; — **freight,** mercancía de gran volumen; — **head,** caída bruta (hidráulica); — **modulus,** módulo volumétrico; — **of stream,** volumen de vapor; — **storage,** existencias sin embalar; — **tariff,** tarifa a tanto alzado; **breaking** —, desarrumación; **in** —, a granel; **to break** —, desarrumar.

Bulkhead, Nervadura, pared de retención, tabique, tabiquería; — **element,** elemento de ataguía; — **hinged,** mamparo articulado; — **middle,** mamparo central; — **transverse,** cuaderna transversal; **bottom outlet** —, ataguía para vertedero de fondo; **collision** —, tabique de choque; **cross** —, tabique transversal; **diffuser** —, ataguía difusora; **downstream** —, ataguía aguas abajo; **fireproof** —, tabique parafuegos; **longitudinal** —, tabique longitudinal; **main** —, cercha principal; **pressure** —, tabique de presión; **upstream** —, ataguía aguas arriba; **watertight** —, mamparo estanco.

Bulkheading, Mamparaje.

Bulkiness, Volumen.

Bulky, Voluminoso; — **merchandise,** mercancía voluminosa.

Bull, Calzo, pisón; — **dog,** escorias de un horno de recalentamiento (empleadas para el revestimiento de los hornos); — **dog wrench,** llave para tubos; — **dozer,** bulldozer; — **dozer moldboard,** pala de bulldozer; — **head rail,** carril de doble seta; — **nose,** pequeño cepillo que tiene el borde cortante de la cuchilla en la parte delantera del fuste; — **pinion,** grande piñón; — **planer,** rueda motora de acepilladora; — **rope,** cable del malacate de herramientas; **grade or trail — dozer,** bulldozer de tablero inclinado.

Bulldoze (To), Empujar con hoja empujadora.

Bullet, Bala, bala de cañón; — **expanding,** bala expansiva; — **incendiary,** cartucho incendiario; — **resistant or resisting,** resistente a las balas; **copper pointed** —, bala de punta de cobre; **expansive** —, bala de expansión; **hollow pointed** —, bala de punta hueca; **machine gun** —, bala de ametralladora; **nickel jacketed** —, bala con camisa de níquel; **round nose** —, bala de punta redondeada; **soft nose** —, bala de punta blanda; **solid or full patch** —, bala blindada.

Bullion, Lingote de oro o de plata (antiguamente de todo metal), metálico.

Bullpoint, Rompedor de mano.

Bullwark, Bastión, pavés.

Bullwheel, Tambor de perforación.

Bumboat, Buceta.

Bump, Bache atmosférico, remolino; — **or bumping table,** mesa de sacudidas; — **ground,** promontorio del terreno; — **slight,** obstáculo de pequeña altura; **to** —, aterrizar brutalmente (aviación); **to — out,** expulsar, rechazar.

Bumper, Espátula, parachoques, paragolpe, tope; — **antenna,** antena de parachoques; — **back,** tope trasero; — **block,** bloque amortiguador; — **crosstie,** traviesa de tope trasero; — **fiber,** tapón de fibra; — **plate,** placa de tope; — **pneumatic,** tope neumático; — **railway,** tope de ferrocarril; — **shoe,** tapón de tope; — **window,** tope de ventanilla; **front** —, parachoques delantero; **rear** —, parachoques trasero.

Bumpiness, Inestabilidad del aire.

Bumpy, Agitado; — **air,** aire agitado.

Bunch, Bolsa de mineral, yacimiento de riqueza variable.

Buncher or **Buncher resonator,** Primer resonador de gravedad; — **voltage,** tensión de modulación.

Bunching, Flujo de grupos de electrones del cátado al ánodo (klystron); **electron —,** combado de los electrones.

Bunchy, Yacimiento irregular.

Bundle, Haz, paquete; **— of carbons,** paquete de carbón; **— of sheets,** paquete de chapas; **— shipping,** atado listo para embarque; **compressed bundles,** chatarras empaquetadas (metal.); **conductor —,** conductor múltiple; **sphere —,** espacio fibrado esférico (mat.); **tube —,** haz tubular.

Bung, Agujero de tonel, tapa, tapón.

Bungle (To), Averiar, hacer chapuzas, hacer mal trabajo, trabar la mezcla.

Bunker, Acumulador, carbonera, silos, tolva; **— capacity,** capacidad de carboneras; **— side,** carbonera lateral; **cross —,** compartimento transversal; **to —,** llenar las carboneras.

Bunkerage, Capacidad de carboneras (buques).

Bunny, Véase **Bonney.**

Bunting iron, Caña de hierro para soplar vidrio, caña de vidriero.

Buoy, Baliza, boya; **— gas,** boya de gas; **— signal,** boya de señales; **— spar,** boya de palo; **— wreck,** boya de naufragio.

Bouyage, Balizaje.

Buoyancy, Flotabilidad; **centre of —,** centro de carena.

Buoyant, Ascensional; **— gas,** gas ascensional.

Buoying, Balizaje.

Bur, Borra (véase **Burr**); **— chisel,** cincel de muescas.

Burble point, Punto crítico.

Burden, Carga, cielo (minas), peso muerto de un buque; **— of a chain,** virador (acerería); **— of a furnace,** carga de un horno.

Burdening, Regulación de la carga (horno alto)

Buret or **Burette,** Bureta.

Burk, Parte muy dura.

Burn, Disparo; **— deep,** quemadura profunda; **— slight,** quemadura ligera; **to —,** poner a fuego, quemar; **to — down,** dejar apagarse la caldera; **to — together,** soldar dos piezas conjuntamente.

Burnability, Combustibilidad.

Burned, Cocido, quemado; **— earth,** tierra calcinada; **— iron,** hierro quebradizo; **— off,** perfectamente cocido (horno de coque).

Burner, Horno de combustión del azufre (o de las piritas) (fabricación del ácido sulfúrico), inyector, mechero, boquilla (gas. lámpara), quemador; **— alcohol,** mechero de alcohol; **— benzine,** mechero de bencina; **— chamber,** cámara de combustión; **— circular,** mechero redondo; **— electric,** soldador eléctrico; **— flow,** gasto del inyector; **— forked,** mechero doble; **— flame,** mechero de llama; **— for evaporations,** calentador para evaporaciones; **— fusing,** soplete cortante; **— gas,** gas de los hornos de pirita de azufre; **— heating,** soplete de calentar; **— holder,** portamechero; **— kerosene,** mechero de petróleo; **— multifuel,** mechero multicombustible; **— pipe,** tubo de pulverizador; **— shell,** garnitura de lámpara; **— slot,** mechero de ranura; **— tangential,** mechero tangencial; **— twin,** mechero conjugado; **— vertical,** mechero vertical; **after —,** aparato de postcombustión; **bat's wing —,** quemador de mariposa; **blue flame —,** quemador de llama azul; **Bunsen —,** mechero Bunsen; **exposed —,** mechero abierto; **fan tailed —,** quemador circular, quemador en abanico; **fish tail —,** mechero de dos orificios; **gas —,** quemador de gas; **long slot —,** quemador de ranura; **naked —,** mechero abierto; **oil —,** quemador de aceite pesado; **post —,** aparato de post-combustión; **rat**

tail —, mechero de un orificio; **spill flow** —, inyector de retorno; **straight slot** —, quemador de boca redonda; **sun** —, lámpara de techo.

Burnettize, (To), Burnetizar, inyectar cloruro de zinc.

Burning, Cocción, cocimiento, combustión, formación de un arco entre el colector y la escobilla, tostado de los minerales; — **back,** retorno de llama; — **body,** cuerpo ardiente; — **fluid,** bencina, ligroína; — **hydrocarbon,** quemador de hidrocarbón; — **of limestone,** calcinación de piedra caliza; — **of ores,** tostación de los minerales; — **of valve,** quemadura de válvula; — **point,** punto de combustión (temperatura a la que el petróleo se inflama y sigue ardiendo; — **quick,** de combustión rápida; — **slow,** quemadura lenta; — **turbulent,** quemado turbillonario; **after** —, combustión prolongada (motor de combustión interna), post-combustión (turborreactor); **rate of** —, velocidad de combustión; **short** — **coal,** hulla de llama corta; **slow** —, de combustión lenta; **slow** — **powder,** pólvora lenta; **transient** —, quema por transitorio.

Burnish (To), Bruñir, embutir al torno, pulir, recalcar; **to** — **the surface,** bruñir la superficie.

Burnisher, Bruñidor; — **photograph,** bruñidor para fotografía.

Burnishing, Bruñido, embutido al torno, recalcado; — **final,** bruñido final; — **lathe,** torno de repujar; — **machine,** máquina de bruñir; — **powder,** polvo de pulir; — **stone,** piedra de bruñir; — **wheel,** disco de pulir.

Burnoff, Desaparición de un fenómeno.

Burnout, Disparo.

Burnt, Cocido, quemado; **dead** —, cocido a muerte; **double** —, cocido dos veces; **single** —, cocido una vez.

Burnup, Combustión completa.

Burr, Buril triangular, contra-remachado, desbarbador o escariador acanalado, pequeña sierra circular, rebaba, roseta; — **cutter,** desbarbador; — **nipper,** alisador; — **outside,** rebaba exterior; — **rivet,** arandela para remache; **to** —, rebabar; **to** — **wool,** desmotar lana; **to take off the burrs,** desbarbar.

Burring, Formación de rebordes.

Burrow, Escorial, vaciadero; **to** —, hacer una calicata (minas).

Burrowing for lodes, Labores de prospección (minas).

Bursiform, Bursiforme.

Burst, Rechazo (minas), ruptura, salto de capa; — **of a tyre,** reventón de un neumático; — **of power,** aumento de potencia; — **short,** ráfaga corta; **to** —, estallar, hacer explosión (calderas).

Bursting, Estallido, explosión; — **of a grenade,** detonación de una granada; **axe for** — **stones,** pica de minero.

Burthen, Véase **Burden.**

Burton, Aparejo de palanquín, plataforma pequeña.

Bus, Abreviatura de **Bus-bar** (plural **Buses**), autobús, cuco, zinc (aviación); — **closed,** autobús cerrado; — **company,** empresa de autobuses; — **convertible,** autobús transformable; — **distributing,** pieza de empalme; — **hotel,** autobús para hoteles; — **intercity,** ómnibus interurbano; — **negative,** barra negativa; — **network,** red de autobuses; — **open,** autobús abierto; — **route,** itinerario de autobuses; **battery** — **bar,** barra ómnibus de batería.

Bus-bar, Barra colectora principal de un tablero de distribución (elec.).

Bush, Anillo de fondo de prensaestopas, caja, casquillo de acoplamiento, cojinete, cubo, manguito, pasador, quicionera, virola; — **iron,** guarnecido de hierro; — **metal,** metal para cojinetes; — **packing,** caja anular; — **roller,** dado de rodillo; **cam —,** manguito dentado; **guide —,** manguito guía; **neck —,** forro de caja de estopado; **spindle —,** hornillo de broca (máq.-herramienta); **stay —,** luneta de torno para madera; **to —,** guarnecer, poner un cojinete; **to — hammer,** bujardar.

Bushed, Guarnecidos; — **poles,** polos guarnecidos.

Busheling, Fusión de chatarra de hierro o acero.

Bushing, Anillo, aislador de cruce, borna, borne, cojinete (de polea), columna aislante, cubo, forro metálico, guía, manguito, pasador (de máquina), travesía; — **aligning,** buje de alineamiento; — **ball,** articulación esférica; — **composition,** casquillo de pasta; — **contact,** buje de contacto; — **drive,** buje motor; — **half,** cojinete medio; — **piston,** buje del émbolo; — **removable,** boquilla móvil; — **rubber,** buje de caucho; — **slip,** buje móvil; — **spacer,** casquillo intermedio; — **spring,** buje flexible; **anchor —,** pata de anclaje; **condenser —,** borna tipo condensador.

Business, Comercial, negocios; — **machine,** máquina de oficina; — **method,** método de trabajo; — **trip,** viaje de negocios.

Buss heater, Línea correspondiente al calefactor.

Buster, Roturador; — **ridge,** roturador de surcos.

Busy, Cargado, de gran tráfico; — **airport,** aeródromo de gran tráfico; **circuit group — hour,** hora cargada de un grupo de circuitos; **equated — hour calls,** llamadas reducidas en la hora cargada.

Busway, Conducto para barras colectoras.

Butadiene, Butadieno.

Butalanine, Butalanina.

Butane, Butano.

Butanize (To), Butanizar.

Butment, Arbotante, contrafuerte, pilar de un puente, polígono de tiro (artillería), traviesa, — **cheeks,** lados de una entalladura.

Butt, Culata (fusil), empalme, extremo, juntura, polígono de tiro (artillería), punta; — **and butt,** cabeza a cabeza; — **angle,** angular de unión; — **blank,** bisagra maciza; — **edge,** canto de cabeza; — **end,** cabeza de biela con tapadera, culata de fusil, extremo, extremo grueso de un objeto; — **hinge,** pernio; — **hinges,** goznes; — **joint,** junta plana, soldadura cabeza a cabeza; — **jute,** pie de yute; — **normal,** superficie normal de junta; — **pile,** cabeza de pilotes; — **plate,** banda de recubrimiento, cobrejunta; — **riveting,** remachado de la junta; — **section,** base del poste; — **square,** junta viva; — **strap,** banda de recubrimiento, cubrejunta; — **throttle,** mariposa (válvula); — **tipped,** bisagra con tope; — **valve,** válvula de mariposa; — **vertical,** superficie vertical de junta; — **welded,** soldado a tope; — **welding,** soldadura a tope, soldadura en el extremo; — **wound,** enrollado ajustado; **double — riveting,** cubrejunta doble; **single — riveting,** cubrejunta sencilla.

Butterfly, Mariposa (válvula); — **nut,** tuerca de orejetas; — **oscillator,** oscilador mariposa; — **tail-plane,** cola en V (aviación).

Buttock, Frente de carbón dispuesto para el arranque.

Button, Botón, culote de crisol, grano de ensayador; — **contact,** botón de contacto; — **headed,** con cabeza semiesférica (tornillos); — **light,** botón de alumbrado; — **stock,** material para botones; — **switch,** botón del interruptor;

call —, botón de llamada; **carbon** —, cápsula de carbón microfónica; **push** — **control box**, caja de mando de botones pulsantes; **push** — **tuning**, sintonía por tecla; **starter** —, botón de arranque; **transmit** —, botón de transmisión; **to press a** —, pulsar una tecla.

Buttress, Arbotante, contrafuerte; **arched** — **or flying** —, arbotante; **to** —, estribar.

Buttressing, Arbotamiento.

Butty, Obrero a destajo, vigilante (minas).

Butyl, **butyle**, Butílico, butilo; — **acetate**, acetato butílico; — **acetylene**, butilacetileno; — **alcohol**, alcohol butílico; — **peroxide**, peróxido butílico; **n** — **bromide**, bromuro de n butilo.

Butyleneglycol, Butilenglicol.

Butylic, Butílico.

Butyracetic, Butiracético.

Buying, De compra; — **office**, oficina de compra.

Buzz-planer, Cepilladora rotatoria para madera.

Buzzer, Vibrador, zumbador eléctrico; — **coil**, bobina de vibrador, contacto de vibrador; — **core**, núcleo del zumbador; — **practice**, zumbador para práctica; — **tuned**, vibrador sintonizado.

Buzzing, Zumbido.

B. W. G. (Birmingham wire gauge), Galga de Birmingham para hilos metálicos.

Bx or Bx cable, Tubo metálico ligero que contiene hilos metálicos.

By hand, Hecho a mano; — **hearth**, hogar accesorio; — **pit**, camino de cantera, pozo secundario; — **product**, producto derivado, subproducto; — **product oven**, horno de coque con recuperación de subproductos; — **wash**, tubo de descarga.

By-pass, By-pass (tubería de derivación), derivación; — **capacitor**, condensador de paso; — **cathode**, conexión de pasaje de cátodo; — **component**, componente de pasaje; — **condenser**, condensador de derivación; — **fuel**, conducto lateral de combustible; — **pressure**, toma de presión; — **road**, camino de desvío; — **screen**, pantalla de conducto de paso; — **valve**, válvula auxiliar; **to** —, contornear.

By-passed, Derivado; — **cathode**, cátodo unido al condensador.

By-passing, Derivación; — **effect**, efecto de «paso».

By-path, Derivación conductora.

By-product, Subproducto; — **plant** laboratorio de subproductos.

Bysmalith, Bismalito.

C

C (Candle), Lámpara, (cycles) períodos; — **battery,** batería de rejilla (radio); — **bias,** tensión de rejilla; — **detector,** detector de tensión de rejilla casi negativa; — **shaped bar iron,** hierro en C.

C. A. A., Civil Aeronautics Authority.

C_D (Drag coefficient), Coeficiente de resistencia.

Cm^{-1}, Unidad de frecuencia (inverso de la longitud de onda en cms).

Cab, Cabina, marquesina (de locomotora); — **brace,** soporte para casilla; — **covered,** cabina con techo; — **electric,** cabina eléctrica; — **enclosure,** garita cubierta; — **truck,** casilla de camión; **to — or to cabble,** romper las barras de hierro afinado.

Cabbler, Obrero que rompe barras de hierro.

Cabin, Cabina; — **airplane,** avión de cabina; — **hull,** cabina del casco; — **mahogany,** caja de caoba; — **navigator's,** cámara de navegación; — **pilot's,** cámara de piloto; — **radio,** cámara de radio; — **top,** cámara elevada; **crane —,** cabina de grúa; **glassed —,** cabina vidriada; **pressure —,** cabina estanca.

Cabinet, Cofre (de puesto), mueble; — **file,** lima de ebanista, lima de redondear; — **maker,** ebanista; — **maker's wood,** madera de ebanistería; — **radio,** gabinete de radio; — **shielded,** gabinete blindado; — **standing,** gabinete vertical; — **telephone,** gabinete de teléfono.

Cable, Cable, cadena de ancla; — **airplane,** cable para aeroplanos; — **angular,** terminal de cable; — **artificial,** cable artificial; — **asphalted,** cable con envuelta de asfalto; — **box,** caja de empalme de cables; — **bracket,** tubo conductor para cables; — **breakdown test,** ensayo de perforación de los cables; — **circular,** cable redondo; — **clip,** aprietacable; — **compound,** asfalto aislante, grasa de impregnación para cables; — **connection,** unión de los cables; — **distribution,** cable de distribución; — **double,** cable doble; — **drilling,** cable de perforación; — **drum,** tambor del cable; — **duct,** conductor para cable; — **earth,** cable subterráneo; — **end,** extremidad de cable; — **fault tester,** detector de pérdidas en los cables; — **fiber,** cable de fibra vegetal; — **hauler,** cable tractor; — **head,** cabeza de cable; — **laying,** tendido de cables; — **laying machinery,** aparato para la colocación de cables; — **leather,** cable de cuero; — **lifting,** cable de izar; — **locker,** caja de cadenas; — **main,** cable principal; — **making,** fabricación de cables; — **multiple,** cable múltiple; — **non inductive,** cable no inductivo; — **office,** oficina de cables; — **okonite,** cable de oconita; — **pendant,** cable suspendido; — **pit,** cable de pozo; — **plate,** placa de cables; — **reel,** bobina de cable; — **river,** cable subfluvial; — **screened,** cable blindado; — **service,** servicio de cables; — **sheath,** cubierta de cable; — **shoe,** manguito de cable; — **slack,** cable flojo; — **socket,** terminal para cables; — **spare,** cable de reserva; — **splice,** ayuste de cables; — **stopper,** boza de cadena; — **strand,** torón de cable; — **stranding machine,** máquina de trenzar cables; — **stream,** cable de espía; — **submarine,** cable submarino; — **tensioner,** tensión de cable; — **tool,** herramienta de cable; — **trough,** canal de cable; — **underground,** cable subterráneo; — **varnished,** cable barnizado; — **way,** cable aéreo portante; — **way land,** cable terrestre; — **way line,** línea de transporte aéreo; **aluminium** —, cable de aluminio; **armoured** —, cable armado; **big** —, filoche (de molino); **bread and butter** —, cable de armadura, mitad de filástica, mitad de alambre de latón; **bunched** —, cable con conductores múltiples; **cables length,** cable (200 yardas o 185,2 metros); **carpet** —, cable plano múltiple; **coil-loaded** —, cable con carga discontinua (pupinizado); **composite** —, cable mixto; **continuously-loaded** —, cable con carga continua (krarupizado); **copper** —, cable de cobre; **core of a** —, alma de un cable; **damping constant of a** —, constante de pérdida de un cable; **degaussing** —, cable desmagnetizante; **drag** —, cable de arrastre; **exchange** —, cable urbano; **feeder** —, cable alimentador; **flexible** —, cable ligero; **gravity** —, cable de transporte inclinado; **hoist** —, cable de elevación; **intermediate** —, cable intermedio; **iron coated** —, cable armado; **jute protected** —, cable bajo yute; **landing** —, cable de aterrizaje; **large-capacity** —, cable de gran capacidad; **lashed** —, cable con suspensión continua; **lateral** —, cable lateral; **lead covered** —, cable con camisa de plomo; **leading-in** —, cable de entrada; **locked** —, cable cerrado; **metal screened** —, cable de funda metálica; **multiple conductor** —, cable con varios conductores; **non spinning** —, cable antigiratorio; **nonlossy** —, cable sin pérdidas; **one wire** —, cable aislado con papel, cable con un solo conductor; **paper insulated** —, cable piloto; **pilot** —, cable de envuelta de goma; **quadded** —, cable de cuadrete; **rubber coated** —, cable de envuelta de goma; **shallow water** —, cable para acumulación de tierra en aguas poco profundas; **shore end of the** —, cable de acumulación de tierras en aguas poco profundas; **single conductor** —, cable de conductor único; **small capacity** —, cable de pequeña capacidad; **spare** —, cable de reserva; **stranded** —, cable con guarnición trenzada; **submarine** —, cable submarino; **submarine** — **repeater,** repetidor de cable submarino; **submarine intermediate** —, cable submarino intermedio; **telegraph** —, cable telegráfico; **telephone** —, cable telefónico; **three conductor** —, cable con tres conductores; **toll** —, cable interurbano; **tubular twin-conductor** —, cable bifilar tubular; **twin** —, cable doble; **twin-lead** —, cable bifilar plano; **two wire** —, cable con dos conductores; **warping** —, cable de alabeo (aviación); **to** —, cablear; **to coil the** —, adujar el cable.

Cablet, Amarra de un bote.

Cableway (Elevated) — crane, Grúa de cable aéreo.

Cabling, Cableado.

Caboose, Furgón.

Cabriolet, Cabriolé.

Cacodylate, Cacodilato.

Cacodyle, Cacodilo.

Cacodylic, Cacodílico; — **acid,** ácido cacodílico.

Cadacondensed, Cadacondensado.

Cadastral, Catastral; — **survey,** levantamiento catastral.

Cadastration, Trabajos cadastrales.

Cadmium, Cadmio; — **lamp,** lámpara de cadmio; — **plated,** cadmiado; — **plating,** operación de cadmiar; — **process,** procedimiento de cadmiado; — **sulfide,** sulfuro de cadmio.

Cadrans, Transportador de diamantista.

Caesium or **Cesium**, Cesio; — **chromate**, cromato de cesio; — **coated**, con revestimiento de cesio; — **oxide**, óxido de cesio.

C. A. F. (Cost and freight), Véase p. VII.

Cage, Jaula; — **aerial** or **antenna**, antena prismática; — **nut**, tuerca prisionera; **ball** —, jaula de bolas (cojinete); **drawing** —, jaula de extracción; **hoisting** —, jaula de extracción; **multiple** — **induction motor**, motor de inducción con varias jaulas; **roller** —, corona de rodillos; **skeleton** —, embalaje para materiales frágiles; **squirrel** —, caja de ardilla; **squirrel** — **winding**, devanado de caja de ardilla; **valve** —, caja de válvula.

Caisson, Barco-puerta de dique, cajón (hidráulica).

Cake, Galleta de resudación, roseta; — **coal**, hulla aglutinada.

Caky, Aglutinante.

Cal, Wolframita.

Calcareous, Calcáreo.

Calcimeter, Calcímetro.

Calcine (To), Calcinar, quemar, tostar.

Calciner, Horno de calcinación, horno de tostación.

Calcining test, Copela de ensayo de combustión.

Calcitrant, Refractario (minerales).

Calcium, Calcio; — **carbonate**, carbonato de cal; — **chloride**, cloruro de calcio; — **oxide**, óxido de cal; — **sulphate**, sulfato de calcio; — **tungstate**, tungstato de calcio; **carbide of** — **or** — **carbide**, carburo de calcio.

Calculate (To), Calcular.

Calculating, De calcular; — **instrument**, instrumento de calcular; — **machine**, máquina calculadora.

Calculation, Cálculo; — **mental**, cálculo mental; — **of capacity**, cálculo de la capacidad; — **of results**, cálculo de los resultados; — **of stresses**, cálculo de los esfuerzos.

Calculator, Calculador, máquina calculadora; — **speed**, cálculo de velocidad; **electronic** —, calculadora electrónica; **flow** —, fluidímetro.

Calculus (plural **Calculi**), Cálculo; **differential** —, cálculo diferencial; **integral** —, cálculo integral; **operational** —, cálculo operacional; **sentential calculi**, cálculos proporcionales.

Calender, Calandria; — **stack**, rodillos para satinar; **to** —, calandrar.

Calendered, Calandrado.

Calendering, Satinado.

Calescent, Calescente.

Caliber or **Calibre**, Calibre (artillería), escariado, parte vacía de un núcleo; — **ball**, calibre de bolas; — **roll**, calibre del cilindro del laminador; — **rule**, barra calibradora.

Calibrate (To), Calibrar, graduar, rectificar, verificar; **to** — **an odometer**, graduar un contador kilométrico.

Calibrated, Calibrado; — **ammeter**, amperímetro calibrado; — **valve**, valor de calibración.

Calibrating, Calibración; — **apparatus**, aparato calibrador; — **instrument**, instrumento graduador; — **standard**, patrón de contraste; — **wire**, alambre calibrador.

Calibration, Calibrado, clasificación, dosificación, rectificación, verificación; — **hand**, calibre a mano; — **invariable**, calibre invariable; — **speed**, calibre de la velocidad; **quantitative** —, dosificación cuantitativa.

Calibrator, Calibrador; **quartz crystal** —, calibrador de cristal de cuarzo.

Calibre, Véase **Caliber; heavy or large** —, grueso calibre o gran calibre.

Calibred, De calibre; **heavy** —, de grueso calibre.

Calico, Calico; — **bleached**, calico blanco.

Caliper, Calibre; — **adjustable joint**, calibre de espesores de articulación ajustable; — **ball**, compás para esferas; — **chisel**, calibrador de cincel; — **gauge**, calibre para gruesos; — **rule**, calibre de tornillo; — **square**, pie de rey; — **universal**, compás universal; **inside** —, calibre de interior; **micrometer** —, palmer; **outside** —, calibre de espesores; **slide or sliding** —, pie de rey; **vernier** —, pie de rey; **to** —, medir con el pie de rey.

Calk (To), Calafatear, retacar; **to — rivets**, calafatear remaches.

Calked, Calafateado, retacado.

Calker, Calafate.

Calkin, Grape, grapón.

Calking, Calafateado, calco de un dibujo, esmerilado (metales); — **edge**, canto de calafatear; — **iron**, cincel de calafatear; — **machine**, malla de calafate; — **piece**, taquillo de espaciamiento; — **pneumatic**, retacador neumático; — **ring**, anillo de ajuste; — **seam**, costura biselada, junta biselada; — **tool**, cincel de calafatear, herramienta de calafatear.

Call, Llamada telefónica; — **bell**, timbre de llamada; — **box**, cabina telefónica; — **button**, botón de llamada; — **letter**, indicador de llamada; — **local**, llamada cercana; — **relay**, relé de llamada; — **signal**, señal de llamada; — **telephone**, locutorio telefónico; **booking of** —, petición de comunicación; **collect** —, conferencia de pago en destino; **conference** —, conferencia colectiva; **consult** —, llamada de consulta; **direct international** —, conferencia internacional directa; **distress — in the international service**, conferencia de socorro en el servicio internacional; **effective booked calls percentage**, porcentaje de comunicaciones atendidas; **equated busy hour calls**, llamadas reducidas en la hora cargada; **follow-on** —, llamada sucesiva; **government — in the international service**, conferencia de Estado en el servicio internacional; **international service** —, conferencia internacional de servicio; **lighting** — (in the international service), conferencia inmediata (en el servicio internacional); **malicious** —, llamada maliciosa; **occasional fixed time** — (in the international service), conferencia fortuita a hora fija (en el servicio internacional); **ordinary private** —, conferencia privada ordinaria; **overall lasting of a** —, duración total de la comunicación; **subscription** —, conferencia de abono; **transit international** —, conferencia internacional de tránsito; **two link international** —, conferencia internacional de doble tránsito; **urgent private** —, conferencia privada urgente.

Calling, De llamada; — **battery**, batería de llamada; — **dynamo**, dínamo de llamada; — **jack**, jack de señal de llamada; — **magneto**, magneto de llamada; — **party**, abonado que llama; — **rate**, densidad de llamadas; — **wave**, onda de llamada; **busy hour — rate**, densidad de llamadas en hora cargada.

Callipers or **Calipers**, Calibre de gruesos, compás bailarín; — **scale**, pie de rey; **globe** —, compás de calibrar para esferas; **inside** —, compás de calibrar; **micrometer** —, calibre de gruesos con tornillo micrométrico; **outside** —, calibre de gruesos.

Calomel, Calomel.

Caloric, De aire caliente; — **engine**, máquina de aire caliente.

Calorifer, Calorífero.

Calorific, Calorífico; — **effect,** efecto calorífico; **gross** — **powder,** poder calorífico neto.

Calorimeter, Calorímetro; — **steam,** calorímetro de vapor; — **water,** calorímetro de agua; **choking** —, calorímetro de estrangulamiento; **flow** —, calorímetro de flujo.

Calorimetry, Calorimetría.

Calorization, Calorización.

Calorized, Calorizado; — **steel,** acero calorizado.

Calorizing, Calorización, protección de las superficies metálicas por una solución sólida de aluminio en hierro.

Calory, Caloría inglesa (cantidad de calor necesario para elevar en 1° Fahrenheit la temperatura de la libra inglesa de agua; es igual a la caloría española dividida por 3.97); — **alcohol,** caloría-alcohol.

Calx, Cenizas metálicas, óxidos residuales de la calcinación.

Calyx, Corona dentada.

Cam, Barbilla, camón, leva excéntrica, saliente, tope; — **ball valve,** grifo con flotador; — **bar,** barra excéntrica; — **bowl,** roldana de leva; — **button,** botón de leva; — **centralized,** leva simétrica; — **circle,** círculo primitivo de leva; — **closing,** leva de cierre; — **correcting,** leva correctora; — **disc,** leva de disco; — **drive,** accionamiento de leva; — **exhaust,** cresta de escape; — **fixture,** montaje para levas; — **follower,** leva excéntrica; — **gearing,** distribución por excéntrica; — **incline,** rampa de leva; — **involute,** leva de hélice; — **lifter,** portaleva; — **motor,** leva de motor; — **needle,** leva de aguja; — **negative,** leva negativa; — **oscillating,** distribución de leva oscilante, leva oscilante; — **peg,** leva de topé; — **pin,** eje de palanca de leva; — **pinion,** piñón excéntrico; — **profile,** rampa de leva; — **releasing,** pata de desenganche; — **reverse,** leva de retroceso; — **rider,** cursor de leva; — **ring,** anillo de levas; — **roll,** rodillo de leva, rolete de leva; — **shaft,** árbol de levas; — **shaft lathe,** torno para árboles de levas; — **shaft pinion,** piñón de mando del árbol de levas; **compound** —, leva de varios escalones; **detent** —, excéntrica de escape; **hollow** — **shaft,** árbol de levas hueco; **ignition** — **shaft,** árbol de distribución; **slow speed interrupter** —, leva de interruptor lento; **top of** —, palier de leva.

Camber, Arrufo, combadura, dársena, flecha de un resorte, mangueta horizontal; — **excess,** exceso de comba; — **maximum,** flecha máxima; **lower** —, curvatura inferior; **upper** —, curvatura superior; **wing** —, perfil de ala; **to** —, arquear.

Cambered, Arqueado, combado, curvado; — **double,** de doble curvatura.

Cambering, Bombeo; — **machine,** máquina de dar bombeo.

Cambric, Batista; — **muslin,** percal; — **needle,** aguja cámbrica; **varnished** —, tela aceitada; **varnished** — **tape,** cinta de tela aceitada.

Came, Barra de plomo para unir cristales.

Camelback, Tira de recauchutar.

Camera, Aparato tomavistas, cámara; — **aircraft,** aeronave fotográfica; — **binocular,** cámara binocular; — **exposure,** cámara de toma; — **frame,** marco de cámara; — **ground,** cámara terrestre; — **gun,** ametralladora fotográfica; — **lens,** objetivo fotográfico; — **main,** cámara principal; — **motor,** motor de cámara; — **oblique,** cámara oblicua; — **panoramic,** cámara panorámica; — **pod,** aparato tomavistas; — **tube,** iconoscopio; **air** —, cámara de aire; **automatic** —, tomavistas automática; **copying** —, cámara copiadora; **drum** —, cámara de tambor; **electronic** —, tomavistas electrónico; **hand** —, tomavista de mano; **metrical** —, cámara métrica; **motionpicture** —, cámara cinematográfica; **photographic** —, cámara tomavistas; **plate** —, aparato de placas; **plotting** —, cámara de restitución; **storage** — **tube**, tubo captador de imágenes; **television** —, cámara de televisión.

Camming, Disposición de las levas.

Camouflage, Enmascaramiento; — **paint**, pintura mimética; **radar** —, enmascaramiento antiradar.

Campaign, Programa; — **drilling**, programa de perforación.

Camphogen, Canfógeno.

Camphor, Alcanfor; — **crude**, alcanfor crudo; — **vapor**, vapor de alcanfor.

Camphorate, Canforato.

Camshaft, Árbol de levas (véase **Cam**); — **forward**, árbol de leva para la marcha adelante; — **hollow**, árbol de levas hueco; — **hub**, cubo rueda; — **key**, chaveta del árbol de leva; — **operation**, transmisión del movimiento al árbol de leva; — **reverse**, árbol de leva para la marcha atrás; — **through**, cárter de distribución.

Camwood, Raphia nítida.

Can, Bidón, bureta, calandria para el secado, cámara, vaina; — **mill**, lata para fábricas; — **of oil**, bidón de aceite; — **safety**, bidón de seguridad; — **square**, caja cuadrada; — **varnish**, lata para barniz; — **watering**, regadera; **oil** —, aceitera; **valve oil** —, aceitera de válvula.

Canadian, De Canadá; — **fir wood**, madera de pino del Canadá.

Canal, Canal; — **irrigation**, canal de riego; — **lift**, ascensor de botes; — **navigation**, canal de navegación; — **rays**, rayos positivos; — **tunnel**, canal en túnel; **dead** —, canal de nivel; **drift** —, canal flotable; **head water** —, canal de aguas arriba; **inlet** —, canal de admisión; **weir** —, canal de descarga.

Cancel (To), Anular, rescindir (contrato).

Canceling, Supresión; — **of service**, supresión de los servicios.

Cancellated, Anulado, cuadricuiado, rescindido.

Cancellation, Anulación, rescisión.

Cand, Espato flúor.

Candle, Bujía; — **hour**, candelahora; — **of the lamps**, potencia de las lámparas; — **paraffin**, vela de parafina; — **power**, unidad de intensidad luminosa (1 bujía de inglesa vale 1,01 bujía decimal); — **stearine**, bujía a base de estearina; **of 1500** —, de 1500 bujías (iluminación).

Candohm, Resistencia con envoltura metálica.

Cane, Caña; — **horizontal**, trapiche horizontal; — **knife**, cuchillo para caña; — **steel**, carro de acero para caña.

Canister, Bote de metralla.

Cannel-coal, Carbón de gas (hulla compacta muy rica en materias volátiles).

Cannell, Tintura oscura de anilina.

Cannelure, Ranura.

Canning, Preparación de conservas; — **machinery**, maquinaria para la preparación de conservas; — **of oil**, retención del aceite en depresiones.

Cannon, Cañón; — **seat**, asiento de cañón, asiento lanzable (aviación).

Cannular section, Sección semianular.

Canopy, Arriostramiento o célula central de ala (aviación), campana, capota (de auto), casquete (de paracaídas), cobertizo, domo, gablete; — **frame**, armadura para doseles.

Cans, Teléfono de cabeza.

Cant, Arista, arista matada, declive, inclinación interior de los raíles, sobreelevación; — **board,** entrecinta; — **chisel,** cincel biselado; — **file,** lima espada, lima triangular biselada; — **floor,** cuaderna; — **frame,** cuaderna revirada; — **hook,** palanca de gancho; — **timber,** cuaderna revirada; — **wise,** con arista matada; **to** —, inclinarse; **to** — **over,** hacer un viaje imperial (aeroplano).

Cantaliver (rare) or **Cantilever,** En voladizo, tongada saliente; — **spring,** resorte cantilever, resorte en voladizo; **full** —, viga cantilever llena; **semi** —, medio cantilever.

Canteen, Cantina.

Canter, Volteador de trozas (sierras).

Cantilever. En voladizo; — **monoplane,** monoplano en voladizo; — **roof,** cubierta volada; — **strength,** resistencia de empotramiento; **to** —, volar.

Cantilevered, Apoyado libremente en los extremos; — **part,** parte volada.

Cantle (To), Cortar en pedazos.

Canvas, Tela; — **tire,** leva de refuerzo de neumático; **to** —, entelar.

Caoutchouc, Caucho; **hardened** —, ebonita; **mineral** —, bitumen.

Cap, Afloramiento (minas), aislante de sombrerete, caperuza de chimenea, cápsula, capuchón de frasco, casquillo (de lámpara de incandescencia), cebo, cúpula de un alambique, reverbero (de un horno), sombrerete de palier, sombrerete de prensa-estopas, tapadera, techo, válvula (de bomba); — **ball,** casquete esférico; — **capacitance,** capacitancia; — **concentric,** casquillo concéntrico; — **jar,** cápsula para jarros; — **key,** llave cerrada; — **leather press,** prensa para embutir cueros; — **lower,** listón inferior; — **of mast,** tamborete del palo; — **paper,** papel gris; — **piece,** dintel; — **pot,** crisol cubierto (horno de vidrio); — **rubber,** tapa de caucho; — **screw,** caperuza de cierre (tubo), perno de sombrerete, tornillo de caperuza; — **spherical,** casquete esférico; — **slotted,** tapa ranurada; — **tube,** capa de tubo; **bearing** —, sombrerete de palier; **blasting** —, cápsula; **caps,** topes; **fired** —, cebo percutido; **guide** —, cabezal de dirección (sobrecalentador); **header** — **joint,** caja de cierre (caldera tubular); **keep-alive** —, cabeza de electrodo excitador; **knee** —, reborde; **partition** —, corona intermedia (turbina), tapadera; **prefocus** —, caperuza prefocal; **propeller** —, caperuza de hélice; **protecting** —, tapadera de protección; **prussian** —, bovedilla entre nervaduras; **radiator** —, tapón de radiador; **rain** —, cornisa de chimenea; **screwed** —, tornillo de casquete; **spring** —, aislador, aislador de caperuza, capacete de muelle.

Capability, Capacidad.

Capacitance, Capacitancia; — **altimeter,** altímetro de capacitancia; — **bridge,** puente de capacitancia; — **load,** capacidad de carga; — **meter,** capacitímetro; — **reactance,** reactancia capacitiva; — **relay,** relé capacitivo; — **unequal,** distinta capacidad; **geometric** —, capacidad geométrica (de una figura); **intereclectrode capacitances,** capacidades interelectródicas; **mutual** —, capacidad mutua.

Capacitive, Capacitivo; — **coupling,** acoplamiento capacitivo; — **valve,** valor de capacidad.

Capacitometer, Capacitímetro.

Capacitor, Capacidad, condensador (véase **Condenser**); — **ampere,** capacitor en amperios; — **pick-up,** fonocaptor electrostático; — **unit,** unidad condensadora; **air** —, condensador de aire; **blocking** —, condensador de bloqueo; **buffer** —, condensador compensador; **bypass** —, condensador de desacoplo; **coupling** —, condensador de acoplamiento; **dual** —, condensador doble; **electrolytic** —, condensador electrolítico; **filter** —, condensador de filtrado; **glass plate** —, condensador de placas de vidrio; **grid** —, condensador de rejilla; **mica** —, condensador de mica; **power factor** —, condensador para mejorar el factor de potencia; **receiving** —, condensador de recepción; **rotatory** —, motor síncrono; **series** —, condensador en serie; **stopping** —, condensador de parada; **top** — **aerial**, antena con capacidad terminal; **transmitting** —, condensador de emisión; **tubular** —, condensador tubular; **tuning** —, condensador de sintonización.

Capacitron, Tubo enderezador de vapor de mercurio.

Capacity, Cabida, capacidad (elect.), caudal; — **absolute**, capacidad absoluta; — **double**, doble capacidad; — **filing**, capacidad para archivar; — **high**, alta capacidad; — **hourly**, capacidad por horas; — **of the cell**, capacidad de pila; — **oil**, capacidad de aceite; — **rated**, capacidad normal; — **residual**, capacidad residual; — **surplus**, exceso de capacidad; **ampere-hour** —, capacidad en amperios-hora; **bar** —, diámetro admisible de redondo (máq.-herr.); **carrying** —, capacidad de carga, capacidad de transporte, carga útil; **choke-** — **coupling**, acoplamiento por inductancia y capacidad; **choke-** — **filter**, filtro de inductancia y capacidad; **current carrying** —, capacidad de transporte de corriente; **earning** —, productividad, renta; **earth** —, capacidad a tierra; **effective** —, capacidad efectiva; **hauling** —, potencia de tracción; **high-voltage** —, capacidad de alta tensión; **hoisting** —, potencia de levantamiento; **hole** —, capacidad de perforación; **interrupting** —, capacidad de ruptura, poder de ruptura; **jar** —, capacidad de botella; **large-** — **cable**, cable de gran capacidad; **loading** —, capacidad de carga; **logon** —, capacidad de logonios; **metron** —, capacidad de metronios; **mirror** —, capacidad reflectora; **mixing** —, capacidad de malaxado; **productive** —, capacidad de producción; **round bar** —, capacidad en redondo (sierras circulares); **small** — **cable**, cable de pequeña capacidad; **specific inductive** —, capacidad inductiva específica, constante dieléctrica; **square bar** —, capacidad en cuadrado; **static** —, capacidad estática; **stray** —, capacidad parásita; **work** —, capacidad de explotación.

Cape chisel, Cortafrío.

Capel, Silex córneo.

Capelling, De resudado; — **furnace**, horno de resudado, horno para secar.

Capillarity, Capilaridad.

Capillary, Capilar; — **action**, efecto capilar; — **electrometer**, electrómetro de tubo capilar; — **lamp**, lámpara capilar; — **orifice**, agujero capilar.

Capillometer, Medidor de capilaridad.

Caplike, En forma de cápsula.

Capped, Con mazarota, coronado; — **shell**, proyectil con punta protegida.

Capping, Coronación, coronamiento, sistema de mazarotas, tuerca de empalme; — **machine**, máquina de rematar; — **plane**, cepillo para hacer la parte superior de los raíles.

Capsquare, Sobremuñonera (cañones).

Capstan, Cabrestante; — **compound**, cabrestante múltiple; — **crab**, cabrestante pequeño; — **gear**, cabrestante sencillo; — **hand wheel**, volante de maniguetas; — **head**, cabeza de cabrestante, cabezal revólver, tambor de cabrestante; — **lathe**, torno revólver; — **portable**, cabrestante portátil; — **wheel**, rueda de cabrestante; —

winch, cabrestante para muflas; **electric** —, cabrestante eléctrico; **hydraulic** —, cabrestante hidráulico; **steam** —, cabrestante a vapor.

Capsule, Cápsula; **metallic** —, cápsula metálica; **vacuum** —, cápsula de vacío.

Captain, Capataz; — **aviation,** capitán aviador; — **dresser,** capataz de mina, jefe de explotación.

Capwise, En dirección del cabezal.

Car, Automóvil, carro, coche, vagón, vagón de ferrocarril (Inglaterra); — **coupler,** coche de turismo; — **dumper,** vuelcavagones; — **in motion,** coche en marcha; — **in operation,** automóvil en circulación; — **incline,** coche para funicular; — **load,** 10.000 kg (vagón cisterna); — **tilter or tippie,** vuelcavagones; **armoured** —, coche blindado; **baggage** —, furgón de equipajes; **basket** —, vagón con plataforma; **dining** —, vagón restaurante; **dump** —, vagón basculante; **flat** —, plataforma; **heavy** —, coche pesado; **ignition** —, carro de encendido; **jet** —, automóvil a reacción; **mine** —, berlina; **motor** —, automóvil; **n axle** —, coche de n ejes; **racing** —, coche de carreras; **rail** —, autovía; **rear engine** —, automotor; **refrigerator** —, automóvil de motor trasero; **second hand** —, coche de ocasión; **sleeping** —, coche-cama; **street** —, tranvía; **tank** —, vagón cisterna; **touring** —, coche de turismo; **tram** —, tranvía.

Caracoli, Aleación para joyas falsas (oro, plata, cobre).

Carat, Quilate.

Caravan, Remolque; — **boiler,** caldera con volquete.

Carbamic, Carbámico.

Carbazol, Carbazol.

Carbenes, Carbenos.

Carbethoxylation, Carbetoxilación.

Carbide, Carburo; — **boron,** carburo de boro; — **cutter,** fresa de placa de carburo; — **granulated,** carburo granulado; — **iron,** carburo de hierro; — **precipitation,** precipitación de carburo; — **tips,** cabeza de herramienta de corte, de carburo; — **tools,** herramientas al carburo; **calcium** —, carburo de calcio; **carbolic** —, ácido fénico; **cemented** —, carburo cementado; **sintered** —, carburo sinterizado; **tantalum** —, carburo de tantalio; **titanium** —, carburo de titanio; **tungsten** —, carburo de tungsteno; **wolfram** —, carburo de volframio.

Carbine, Carbina.

Carbinols, Carbinoles.

Carbitol, Carbitol; — **diethyl,** carbitol dietílico.

Carboard packings, Cartonaje.

Carbocyanine, Carbocianina.

Carbodynamite, Carbodinamita.

Carbolic, Fénico; — **acid,** ácido fénico.

Carbolignum, Carbón vegetal.

Carbometer, Aparato para medir el carbono (metalurgia), carbómetro, carbonómetro.

Carbon, Calamina, carbón (electricidad), carbono; — **black,** negro de carbón; — **brushes,** escobillas de carbón (elec.); — **button,** botón de carbón; — **carburizing,** carbono de cementación; — **compound,** compuesto de carbono; — **deposit,** depósito carbonoso; — **deposition,** depósito carbonífero; — **dioxide,** gas carbónico; — **disc,** membrana de carbón; — **dissolved,** bióxido de carbono disuelto; — **double,** carbón doble; — **granules,** granalla de carbón; — **graphitic,** carbón grafítico; — **hard,** carbón cristalizado; — **low,** pobre en carbono; — **microphone,** micrófono de carbono; — **monoxide,** óxido de carbono; — **positive,** carbono positivo; — **residue,** residuo de carbono; — **restora-**

tion, recarburación; — **solid,** carbón homogéneo; — **steel,** acero al carbono; — **straight,** carbono sin aleación; — **tetrabromide,** tetrabromuro de carbono; — **tetrafluoride,** tetrafluoruro de carbono; **active** —, carbono activo; **low** —, de bajo contenido en carbono; **solid** — **dioxide,** nieve carbónica; **to** —, poner los electrodos de carbono a una lámpara de arco.

Carbona, Masa irregular de mineral impregnada de casiterita.

Carbonaceous, Carbonado, carbonoso, que contiene carbono; — **deposit,** depósito carbonífero.

Carbonate, Carbonato; — **cupric,** carbonato de cobre; — **strontium,** carbonato de estroncio; **ammonium** —, carbonato amónico; **baryum** —, carbonato de bario; **sodium** —, carbonato de sodio.

Carbonic, Carbónico; — **acid,** ácido carbónico.

Carboniferian or **Carboniferous,** Carbonífero; — **limestone,** caliza carbonífera.

Carboniferous, Carbonífero; — **system,** sistema carbonífero.

Carboniferosity, Carboniferosidad.

Carbonimeter, Carbonómetro.

Carbonisation, Carbonización.

Carbonised, Véase **Carbonized.**

Carbonising, Calaminado, formación carbonosa en los motores; — **furnace,** horno de carbonizar.

Carbonite, Carbonita.

Carbonitriding, Carbonitruración.

Carbonization, Carbonización, carburación.

Carbonize (To), Carbonizar, carburar (cementación de acero).

Carbonized, Calaminado, carbonizado, carburado, con depósito carbonoso.

Carbonizer, Horno de carbonización.

Carbonyl, Carbonilo.

Carbopetrocene, Carbopetroceno.

Carborundum, Carborundo; — **wheel,** muela de carborundo.

Carbothermic, Carbotérmico.

Carboxyl, Carboxilo.

Carboxylation, Carboxilación.

Carboxylic, Carboxílico; — **acid,** ácido carboxílico.

Carboy, Bombona para ácidos, carboy.

Carburet, Carburo; **to** —, carburar.

Carburetant, Carburante.

Carburetion or **Carburation,** Carburación.

Carburetted, Carburado.

Carburettor or **Carburetter** (rare), Carburador (auto); — **air intake,** toma de aire del carburador; — **conventional,** carburador de serie normal; — **diffuser,** carburador de difusor; — **drain,** purgador de carburador; — **float,** flotador; — **floatless,** carburador sin flotador; — **gas-oil,** carburador de gas-oil; — **gasoline,** carburador de gasolina; — **intake,** admisión de carburador; — **needle,** aguja de carburador; — **ordinary,** carburador corriente; — **rod,** varilla de ajuste de carburador; — **typical,** carburador tipo; — **vertical,** carburador vertical; **combination** —, carburador para diversos combustibles; **down-draught** —, carburador invertido; **duplex** —, carburadores acoplados; **float feed** —, carburador de flotador, carburador de nivel constante; **injection** —, carburador de inyección; **spray** —, carburador de pulverización; **surface** —, carburador de superficie; **updraught** —, carburador vertical.

Carburization or **Carburisation,** Carburación, cementación.

Carburize (To) or **Carburise,** Carburar, cementar.

Carburized or **Carburised,** Cementado; — **steel,** acero cementado.

Carburizing or **Carburising,** Carburación, cementación; — **furnace,** horno de cementación; — **liquid,** cementación a líquido; — **steel,** acero de cementación; **gas** —, cementación por gas.

Carburometer, Carburómetro.

Carcase, Bastidor, carcasa; — **or carcass saw,** sierra de mano.

Carcass, Galleta de resudado; — **padding,** banda protectora; — **six-ply,** carcasa de seis capas.

Carcassing, Instalación de tubería de gas.

Carcel, Carcel (unidad de luminosidad).

Card, Carda, ficha, tarjeta; — **clothing,** limpieza de las cardas; — **deviation,** carta de desviación; — **visiting,** tarjeta de visita; **punched** — **machine,** máquina de tarjetas perforadas; **to** —, cardar.

Cardan, Cardan; — **driven,** con articulación cardan; — **forkpiece,** horquilla Cardan; — **tube,** tubo de cardan; — **yoke,** horquilla de cardan.

Cardboard, Cartón.

Carding, Cardadura; **cotton** —, cardadura del algodón.

Cardioid, Cardioide; — **microphone,** micrófono de diagrama cardiorde.

Care, Cuidado; — **of top,** conservación de la capota; **with** —, frágil (sobre las cajas).

Careen (To), Caer de banda (N.).

Careenage or **Careening,** Carenaje.

Career, Carrera; — **flying,** carrera de vuelo.

Cargo, Carga, cargamento, flete; — **boat,** buque de carga; — **compartment,** compartimiento para equipajes; — **deck,** cargamento de cubierta; — **space,** bodega de carga; **air** —, flete aéreo.

Carlin oil, Aceite de angélica.

Carling, Barrote (N.).

Carload, Vagonada.

Carmine, Carmín: — **violet,** carmín violeta; — **yellow,** carmín amarillo.

Carmonic, Carmónico.

Carotene, Carotina.

Carpenter, Carpintero; — **saw,** sierra de carpintero; **carpenter's line,** compás de carpintería, cordel de albañil, fusta.

Carpentry, Carpintería.

Carpet, Revestimiento; — **bituminous,** lámina de asfalto; — **cross,** carpeta transversal; — **loader,** cargador de cinta móvil; — **log,** carpeta para troncos; — **mortar,** cureña de mortero; — **sweeper,** barredora mecánica para alfombras.

Carriage, Acarreo, afuste, bastidor de prensa de imprenta, carro (torno, grúa), chasis, cola, furgón, parte inferior, pedestal, placa de asiento, soporte, transporte, vagón de ferrocarril (América); — **apron,** plataforma de carro; — **grease,** sebo; — **guiding,** guía del carro; — **of a shaft,** fulcro y cojinete de un árbol; — **return,** retroceso del carro; — **work,** carrocería; **blade holder** —, carro porta-hoja (sierra); **cross tool** —, carro porta-herramienta; **crosswise or transverse** —, carro transversal (máq.-herram.); **front** —, carro delantero; **lengthwise** —, carro longitudinal; **rear** —, carro trasero; **saw** —, carro porta-sierra; **sliding tool** —, carro porta-herramienta (para excavar); **surfacing** —, carro de acabado de superficies; **tool holder** —, carro portaherramientas; **wiper** —, carro de escobillas.

Carriageable, Transitable.

Carried to end, Explotado a fondo (minas).

Carrier, Buque portaaviones, mandril de un torno, nudo de cable, onda portadora, perno de arrastre, pieza de distribución de bomba, plato, portador (catálisis); — **borne plane,** avión embarcado (en portaaviones); — **delivering,** empresa de transporte; — **fillet,** mordaza de arrastre (ferrocarril); — **floating,** onda portadora flotante; — **frequency,** frecuencia portadora; — **gear,** tope de arrastre para las ruedas; — **group,** grupo de aeronaves embarcadas; — **image,** onda portadora de imagen; — **leak,** residuo de portadora; — **municipal,** propietario de servicios urbanos; — **pigeon,** paloma mensajera; — **telephony,** teléfono por corrientes portadoras; — **transmission,** portadora de transmisión; — **wave,** onda portadora, portadora (radio); **aerial** —, transportador aéreo; **aircraft** —, buque portaaviones; **block** — **barge,** gabarra porta-bloques; **grain** —, transporte de granos; **ladle** —, horquilla de crisol de colada; **lifetime of minority carriers,** tiempo de vida de portadoras minoritarias; **parallel** —, tope de estirado; **quiescent** — **system,** sistema de portadora retirada; **ring** —, anillo soporte (máq.); **single sideband suppressed** —, banda lateral única por portadora suprimida; **tool** —, porta-herramienta.

Carrot, Calcio metálico de cuba electrolítica.

Carry (To) — the shear, Tomar el esfuerzo cortante.

Carryall, Excavadora acarreadora.

Carrying, Portador; — **area,** superficie portadora; — **capacity,** carga útil, fuerza portadora, intensidad de corriente admisible; — **member,** pieza portadora; — **out** (of a test), realización de un ensayo; — **power,** capacidad de carga (aviación); — **ring,** colgador de anilla; **current** — **capacity,** capacidad de transporte de corriente.

Carryover, Arrastre de agua.

Carse, Planicie aluvial.

Cart, Camión, carreta; — **hose,** carreta de mano; — **load,** carretada; — **tip,** volquete; — **watering,** carro de riego.

Cartage, Camionaje.

Carter, Arrastrador de vagonetas (minas), camionero.

Cartographic, Cartográfico.

Cartography, Cartografía.

Cartridge, Cartucho, saquete de carga de un cañón; — **bag,** cartuchera; — **case,** caja de cartuchos, casquillo de cartucho, vaina de cartucho; — **chute,** conducto para cartuchos; — **reloader,** recargador de cartuchos; — **sand,** hacha de arena; — **shell,** casquillo de cartucho, vaina de cartucho; — **unit,** cojinete en cilindro; **film** —, carrete de película; **filter** —, cartucho filtrante; **flanged** —, cartucho con reborde; **grooved** —, cartucho sin reborde; **rimless** —, cartucho sin reborde; **rimmed** —, cartucho de culote.

Cartwheel, Tonel (acrobacia aérea); — **aerial,** antena de rueda.

Cartwright, Carretero.

Carucate, Antigua medida de superficie (500 m^2 aproximadamente).

Carve (To), Cincelar, esculpir, grabar.

Carved, Cincelado, esculpido, grabado, vaciado; — **built,** de forro liso (botes).

Carving, Cincel curvado, escultura, hueco, vaciamiento; — **gouge,** gubia.

Cascade, Álabes deflectores, cascada; — **amplifier,** amplificador en cascada; — **grouping,** agrupamiento en cascada; — **limiter,** limitador de cascada; — **stage,** etapa en cascada; — **system,** sistema en cascada; — **tube,** tubo de alta tensión con secciones en cascada; **to** —, conectar en tándem.

Cascated, En cascada.

Case, Arca, caja, caja de un gato, camisa (máquinas), capa, capa de cementación, cárter, cofre, cubierta de turbina, cubo, cuerpo, cuerpo de bomba, estuche, grieta de entrada de aguas (minas), molde superior, torno de pozo, voluta espiral; — **cast**, bastidor de fundición; — **field**, caja de transporte; — **hardened**, cementado; — **microphone**, cápsula de micrófono; — **normal**, caso normal; — **traveling**, estuche de viaje; — **unlined**, cajón sin forro; — **wood**, caja de madera; **accumulator** —, vaso de acumulador; **air** —, revestimiento de chimenea; **brass** —, cubo de latón; **cartridge** —, caja de cartuchos, casquillo de cartucho, vaina; **chain** —, cárter de la cadena; **crank** —, cárter; **figures** —, serie de cifras; **gear** —, caja de engranajes, caja de velocidades; **protecting** —, cofre de protección; **radiator** —, rejilla de radiador; **single** —, de un cuerpo; **slide valve** —, caja de distribuidor; **two** —, de dos cuerpos.

Cased, Blindado; — **blast furnace**, horno alto blindado; — **brass**, revestido de latón; — **with**, recubierto de, rodeado de.

Casehardener, Cementador.

Caser, Máquina de hacer envases.

Cassette, Portaisotopos.

Cash, Dinero contante, efectivo, numerario; — **at strict**, al riguroso contado; — **net**, precio neto al contado; — **on delivery**, contrareembolso; — **ready**, numerario listo; — **register**, caja registradora; **7 % monthly discount for** —, descuento de 7 por 100 en caso de pago a un mes.

Cashier, Cajero.

Casing, Bastidor, blindaje, caja, camisa, camisa de un molde, carcasa, cárter, cubierta, cuerpo de bomba, cuerpo de palier, difusor, encofrado, entibación, entubado, envoltura, funda, guarnición, linterna, maderaje, manguito, moldura de madera para hilos eléctricos, placa de revestimiento, revestimiento, voluta de espiral; — **balloon**, cubierta balón; — **bowl**, cilindro de camisa; — **black**, tubo negro; — **clamps**, abrazadera de tubería; — **coated**, tubo revestido; — **cutter**, cortador de camisa; — **elevator**, elevador de tubos; — **enclosed**, cárter cerrado; — **gun**, caja del mecanismo, perforador; — **head**, cabeza de sondeo de entubación; — **hook**, gancho para tubos; — **knife**, corta-tubos; — **leather**, protector de neumático; — **metal**, vaina metálica; — **of turbine**, tambor de turbina; — **old**, cubierta inutilizada; — **paper**, papel de embalar; — **point**, punto de revestimiento; — **pulley**, polea de tuberías; — **rebuilt**, cubierta reconstruida; — **screen**, tubo colador para pozos; — **spear**, arpón pescatubos; — **spring**, estuche de muelle; — **substitute**, substituto de tubos; — **tester**, prueba-tubos; — **tube**, cangilón; — **wood**, forro de madera; **barrel** —, carcasa; **blast furnace** —, blindaje de alto horno; **differential gear** —, caja de diferencial; **dome** —, tapa del domo; **outer** —, cárter, tabique de panderete; **spiral** —, cubierta en espiral, difusor acaracolado; **steel** —, encofrado en acero; **tail rod** —, sombrerete protector; **tapered** —, entubado cónico; **turbine** —, funda de turbina; **welded** —, blindaje soldado; **wood** —, encofrado en madera.

Cask, Barrica; — **plug**, pasador; **air** —, pocillo de ventilación; **polishing** —, desbastador.

Cassiterite, Casiterita.

Cast, Alabeado, fundido, moldeo, reflejo de un aceite, sangrado, vertido; — **after** —, tirada de mineral con pala de un nivel a otro; — **centrifugally**, colado centrífugamente; — **hollow**, de fundición hueca; — **in one piece with**, producto de fundición; — **in the same piece with**, producto de fundición con; — **integrally**, producto de fundición; — **iron**, fundición, fundición de moldeo (véase **Iron** y **Pig**); — **on day**, explotación a cielo abierto; — **pit**, fundido en foso de colado; — **plate**, placa de piquera; — **sand,** fundido en arena; — **scrap,** escorias de fundición; — **shadow,** sombra arrojada; — **solid with,** producto de fundición; — **steel,** acero fundido, hierro homogéneo; **annealed — iron,** fundición maleable; **as —, just as —, rough —,** bruto de fundición; **crucible — steel,** acero fundido en crisol; **down — dyke,** prolongamiento brusco de una capa; **grey — iron,** fundición gris; **heat —,** moldeado por fusión; **malleable — iron,** fundición maleable; **nodular graphite — iron,** fundición con grafito nodular; **open — iron,** fundición fundida al descubierto; **plaster —,** moldeo en yeso; **white — iron,** fundición blanca; **to —,** alabearse, curvarse, desviarse, fundir, hacer una colada (fundición), moldear; **to — hollow,** fundir en hueco; **to — in open sand,** fundir al descubierto; **to — solid,** fundir una pieza maciza; **to — upon a core,** fundir en hueco; **to — with gate in bottom of mould,** fundir con bebedero en el fondo del molde.

Castability, Colabilidad, moldeabilidad.

Castable, Colable, moldeable.

Castareum, Aceite de castor.

Castellate (To), Entallar (tuercas).

Castellated, Acanalado; — **nut,** tuerca con entallas; — **shaft,** árbol acanalado.

Caster, Ruleta; — **bowl,** encastre de rodaje; — **lead,** fundidor de plomo; — **main,** pieza moldeada,

Casting, Acción de fundir los metales, moldeo, pieza moldeada; — **matrix,** matriz para fundir (tipografía); — **open sand,** fundición hecha en molde abierto; — **ring,** moldeo de piezas anulares; — **top,** pieza fundida de arriba; — **track,** pieza fundida de asiento para carriles; **as —,** bruto de fundición; **black heart castings,** fundición maleable americana; **box —,** moldeo en caja; **caso —,** moldeo en cáscara; **centrifugal —,** colada centrífuga, moldeo; **chill —,** fundición en cáscara, moldeo en cáscara; **continuous —,** colada continua; **die —,** colada en cáscara, pieza moldeada en cáscara; **die — machine,** máquina de fundir a presión; **dry sand —,** colada en arena seca; **flask —,** fundido en caja; **frozen mercury —,** moldeo al mercurio congelado; **gravity die —,** colada en cáscara por gravedad, moldeo; **green sand —,** colada en arena verde; **iron —,** molde de fundición; **loam —,** moldeo en tierra; **lost wax —,** moldeo a la cera perdida; **malleable castings,** moldeos en fundición maleable; **metal mod —,** molde en coquilla metálica; **open sand —,** fundición colada al descubierto; **permanent mold —,** colada en molde permanente; **precision —,** moldeo de precisión; **pressure die —,** moldeo en coquilla bajo presión, pieza moldeada en coquilla bajo presión; **ribbed —,** fundición de una pieza con aletas; **sand —,** colada en arena, colada en arena seca; **semi-continuous —,** colada semicontinua; **white heart castings,** fundición maleable europea; **to dress castings or to trim castings,** desbarbar los objetos de fundición; **to lift the —,** desmoldear la fundición.

Castar, Abrazadera.

Castor, Horquilla; — **oil,** aceite de ricino.

Castoring, Pivotante; — **wheel,** rueda pivotante; **fully —,** orientable bajo todos los ángulos.

Castors, Rodillos viparadores.

Casualty (plural **Casualties**), Pérdida.

Cat and rack brace, Trinquete; — **cracking,** piroescisión catalítica; — **head,** cabrestante; **cat's back,** pequeño torno.

Cataclastic, Cataclástico.

Catalog, Catálogo.

Catalyse, Catálisis; **heterogenous —,** catálisis heterogénea; **to —,** catalizar.

Catalysed, Catalizado; **acid —,** catalizado por ácidos.

Catalysing, Catalizador; **— tube,** tubo catalizador.

Catalyst, Catalizador; **— fluid,** fluido catalítico; **— fresh,** catalizador fresco; **organic —,** catalizádor orgánico.

Catalytic, Catalítico; **— action,** acción catalítica, efecto catalítico; **— cracking,** cracking catalítico; **— fluid,** fluido catalítico; **— process,** proceso catalítico, síntesis catalítica; **— transformation,** transformación catalítica.

Cataplane, Aeroplano modificado para ser catapultado.

Catapult, Catapulta; **— assisted take off,** despegue catapultado; **— engine,** motor de la catapulta; **— run,** carrera de la catapulta; **— seat,** asiento catapultado (aviación); **— take off,** lanzamiento por catapulta; **steam —,** catapulta a vapor; **to —,** catapultar.

Catapultable, Catapultable.

Catapulted, Catapultado; **— plane,** avión catapultado.

Catapulting, Catapultado.

Cataract, Freno hidráulico (de bomba); **— cylinder,** cilindro de la catarata; **— damping,** amortiguamiento fraccionado.

Catch, Cerrojo de arrastre (torno), choque, crampón, diente, diente de arrastre, disparador, gancho, gancho de parada, garra, gatillo, mecanismo de parada, parachoques, parada, pestillo, taco, tope, trinquete, uña de trinquete; **— basin,** depósito de lodos; **— bolt,** cerrojo de arrastre; **— boom,** barrera interceptora; **— button,** botón de disparador; **— double,** doble enganche; **— frame,** pestillo de marco; **— hammer,** martillo de aplanar; **— magazine,** retenida del cargador; **— motion,** movimiento con cambio de velocidad; **— pin,** tornillo de bloqueado de tope; **— pit,** desagüe; **— plate,** plato porta-mandrino, tope de parada (torno); **— point,** punto de parada y de arrastre (ferrocarriles, señales); **— rod,** barra de retén; **— safety,** pinza de seguridad; **— spring,** maneta con resorte, resorte de fiador, trinquete de resorte; **— tappet,** taco de excéntrica; **eccentric —,** tope de excéntrica; **oil — ring,** corona colectora de aceite; **safety —,** seguro de arma de fuego; **to —,** colgar, enganchar, engranar, morder; **to — in,** engranar.

Catcher, Toma de gas, tope de válvula; **— nail,** sacaclavos; **— resonator,** resonador de salida; **— tubing,** pescatubos; **dust —,** captador de polvos, depósito de polvos; **gas —,** separador de polvos; **spark —,** parachispas.

Catching, Engranaje, engrane.

Catchpot, Separador.

Catchy, Fácil de retener.

Catenary, Catenaria; **— curve,** curva catenaria; **— system,** sistema catenario.

Caterpillar, Oruga; **— arches,** arcos eruciformes; **— crane,** grúa sobre orugas; **— tracks,** orugas; **— traction,** tracción sobre orugas; **— tractor,** tractor-oruga; **— truck,** camión-oruga.

Cathautograph, Catautógrafo.

Cathead, Cabrestante pequeño.

Cathetometer, Catetómetro.

Cathetron, Catetrón.

Cathode or **Catelectrode,** Cátodo (elec.); **— bias,** resistencia de cátodo; **— by-pass,** paso de cátodo; **— coating,** revestimiento catódico; **— current,** corriente catódica; **— dark space,** espacio no luminoso (tubo de Crookes); **— desintegration,** desintegración catódica; **— drop,** caída catódica; **— fall,** caída catódica; **— follo-**

wer, seguidor de cátodo; — **hot,** cátodo emisor; — **hum,** zumbido de cátodo; — **indication,** indicación catódica; — **mercury,** cátodo de mercurio; — **oscillograph or cathode ray oscillograph,** oscilador catódico; — **oscillator,** cátodo de la osciladora; — **plate,** placa catódica; — **ray,** rayo catódico; — **ray furnace,** horno de rayos catódicos; — **ray lamp,** lámpara de rayos catódicos; — **ray oscilloscope,** osciloscopio de rayos catódicos; — **ray television tube,** tubo de televisión de rayos catódicos; — **ray tube,** tubo de rayos catódicos; — **ray tuning indicator,** indicador de sintonización de rayos catódicos; — **spot,** electrodo catódico, mancha catódica; — **sputtering,** disposición de metal electrónico; **caesium coated** —, cátodo con revestimiento de cesio; **cold-** — **rectifier,** rectificador de cátodo frío; **cold-** — **tube,** tubo de cátodo frío; **directly heated** —, cátodo de calentamiento directo; **equipotential** —, cátodo de calentamiento indirecto; **evaporated** —, cátodo obtenido por evaporación; **hollow** —, cátodo hueco; **hot-** — **mercury vapor rectifier,** rectificador de vapor de mercurio; **hot** — **tube,** tubo de cátodo caliente; **incandescent** —, cátodo incandescente; **indirectly heated** —, cátodo de calentamiento indirecto; **oxide coated** —, cátodo de óxido; **peak** — **current,** corriente catódica de pico; **potential** —, cátodo de calentamiento indirecto; **target of** — **ray tube,** pantalla de tubo de rayos catódicos.

Cathodic, Catódico; — **deposition,** disposición catódica; — **protection,** protección catódica.

Cathodize (To), Catodizar.

Cathodoluminescence, Cátodoluminiscencia.

Catholyte, Catolito.

Cation, Catión.

Catwalk service, Corredor de servicio.

Catwisker, Hilo flexible de contacto.

Cauf, Vagoneta para transporte de mineral en la mina (espuerta).

Caunter, Filón crucero.

Causalty, Partes terrosas ligeras separadas del mineral por lavado.

Cause (To) — faulty carburetion, Dificultar la carburación.

Caustic, Cáustico; — **curve,** curva cáustica (óptica); — **potash,** potasa cáustica; — **soda,** sosa cáustica; — **solution,** producto cáustico; — **wash,** dar el lavado cáustico.

Caution signal, Señal preventiva.

Cave, Cenicero de horno.

Caveat, Declaración, pleito por falsificación, toma de fecha de una patente de invención.

Caveatee, Defensor contra un pleito por falsificación.

Caveator, Autor de un pleito por falsificación.

Cavern, Cavernoso; — **limestone,** caliza cavernosa.

Caving, Derrumbado; — **formation,** formación derrumbada.

Cavings, Derrumbamientos, escombros.

Cavitation, Cavitación; — **erosion,** erosión por cavitación; — **index,** índice de cavitación; **bubble** —, cavitación en burbujas; **sheet** —, cavitación laminar.

Cavity, Cavidad; — **clamp,** ajuste para vulcanizadora; — **filter,** filtro de cavidad; — **resonator,** resonador de cavidad; — **resonator wave,** ondímetro de cavidad resonante; — **steam,** cavidad de vapor; **cylindrical** — **resonator,** resonador de cavidad cilíndrica; **cylindrical** — **type magnetron,** magnetrón de cavidades cilíndricas; **folded** —, cavidad de efecto acumulativo; **Q of** — **resonator,** Q de cavidad resonante; **resonant** —, cavidad resonante; **shrinkage** —, rechupe.

Cawk, Tierra amarilla de barita.

Caxon, Caja, calote de mineral dispuesto para la afinación.

Cazo, Recipiente para la amalgamación en caliente.

Cedar, Cedro; — **mission,** cedro de misiones; — **tank,** tanque de cedro; — **white,** cedro blanco.

Ceiling, Conjunto de las vagras de buque, techo, techo de un avión, vagra; — **attainable,** techo realizable; — **casting,** roseta de techo; — **garage,** techo de garaje; — **height,** altura de nubes, altura máxima; — **lamp,** lámpara de techo; — **minimum,** techo mínimo; — **range,** amplitud de techo; — **test,** ensayo de altitud; — **unlimited,** plafond ilimitado; **boarded** —, techo de carpintería; **coffered** —, techo de artesones; **grooved** —, techo con nervaduras; **service** —, techo práctico.

Ceilinged, Con techo.

Ceilometer, Telémetro para medir la altura de las nubes.

Cell, Celda (eléct.), elemento de acumuladores, elemento de pila, par, triángulo de bóveda; — **arrangement,** disposición de elementos; — **backward,** elemento defectuoso; — **bottle,** pila botella; — **cable,** pila de cable; — **concentration,** pila de concentración; — **control,** pila patrón; — **cover,** tapa de elemento; — **charged,** elemento cargado; — **double,** elemento doble; — **ebonite,** elemento de ebonita; — **gas,** celda de gas; — **microphone,** pila de micrófono; — **pilot,** elemento testigo; — **simple,** elemento simple; — **standard,** elemento patrón; — **switch,** reductor; — **terminal,** borna de elemento; — **tester,** probador de elementos; — **unit,** célula unitaria; — **voltaic,** pila voltaica; — **wet,** célula húmeda; **additional** —, elemento que puede colocarse fuera de circuito; **agglomerate** —, pila al peróxido de manganeso aglomerado; **air cells,** venteaduras; **alkaline** —, acumulador alcalino; **barrier layer** —, pila fotoeléctrica; **barrier layer photo** — **or blocking layer** —, fotocélula de capa de detención; **battery** —, elemento de batería; **bichromate** —, pila de bicromato de potasa; **cable** —, elemento de cable; **concentration** —, pila de dos líquidos; **conductibility** —, celda de conductibilidad; **Kerr** —, célula de Kerr; **milking** —, elemento lechoso; **n** — **battery,** batería de n elementos; **photo** — **or photoelectric,** célula fotoeléctrica; **photoconductive** —, célula fotoconductora; **photovoltaic** —, célula fotovoltaica; **porous** —, recipiente poroso; **resonance** —, célula de resonancia; **single fluid** —, pila de un solo líquido; **spare** —, elemento que puede colocarse fuera de circuito; **standard** —, elemento patrón; **switchgear** —, célula disyuntiva.

Cellar, Antepozo (petróleo); — **boiler,** cuarto de calderas; — **space,** espacio de sótano; — **truck,** contra-caja de carretilla.

Cellophane, Celofán; — **bag,** bolsa de papel de celofán; — **tissue,** papel fino de celofán.

Cellular, Celular; — **section,** sección celular; — **spar,** larguero celular.

Cellule, Célula.

Celluloid, Celuloide; — **plate,** placa de celuloide; — **sheet,** hoja de celuloide.

Celluloidal, De celuloide.

Cellulose, Celulosa; — **acetate,** acetato de celulosa; — **esters,** esteres celulósicos; — **fibers,** fibras celulósicas; — **gel,** gel celulósico; — **lacquers,** lacas celulósicas; — **nitrate,** nitrato de celulosa.

Cellulosic, Celulósico.

Celotex, Celotex (fibras de caña de azúcar).

C. e. m. f. (Counter electromotive force), Fuerza contraelectromotriz.

Cement, Alto, brasca, cemento, mastique, polvo de cementación; — **acetone,** cemento de acetona; — **bag,** saco de cemento; — **fusible,** cemento fusible; — **gun,** lanzacemento; — **injection,** inyección de cemento; — **injector,** inyector de cemento; — **insoluble,** cemento insoluble; — **kiln,** horno de cemento; — **lining,** capa de cemento; — **mastic,** cemento de almáciga; — **mill,** molino de cemento; — **natural,** cemento natural; — **patching,** cemento para parches; — **plant,** fábrica de cemento; — **repair,** mastic para reparaciones; — **roofing,** cemento para techado; — **sand,** cemento de arena; — **stock,** goma de cemento; — **stone,** piedra de cal hidráulica; — **water,** agua de cemento conteniendo cobre; — **waterproof,** cemento a prueba de agua; **aluminous —,** cemento aluminoso, cemento fundido; **bulk — plant,** silo para cemento a granel; **hydraulic —,** cemento hidráulico; **hydraulic or water —,** agua de cemento; **iron —,** mastique de hierro; **Keene's marble —,** yeso alumbrado; **Portland —,** cemento Portland; **quickly taking — or quick hardening —,** cemento de fraguado rápido; **rust —,** mastique antióxido; **slow setting or slow hardening —,** cemento de fraguado lento; **to —,** cementar (acero).

Cementability, Cementabilidad.

Cementation, Cementación (petroquímica).

Cemented, Cementado; — **belt joint,** correa pegada; — **carbide,** carburo aglomerado, carburo cementado o fritado; — **steel,** acero cementado; **K. C.** (Krupp cemented), acero Krupp cementado; **K. N. C.** (Krupp non cemented), acero Krupp no cementado.

Cementer, Cementador.

Cementing, Aglutinación de combustible, cementación, cementación (petroquímica); — **chest or trough,** caja, crisol de cementación; — **furnace,** horno de cementar; — **head,** cabeza de cementación (petróleos); — **plug,** tapón para cementar; — **powder,** polvo de cementación; — **table,** mesa de aplicar el cemento.

Cementite, Cementita.

Cementitic, Cementítico.

Cementitious, Aglutinante.

Cent, Intervalo igual a 1/1200 de octava.

Center, Véase **Centre**; — **aviation,** centro de aviación; — **feed,** alimentación por el centro; — **frequency,** frecuencia nominal; — **of circle,** centro de círculo; — **of communication,** nudo de comunicación; — **pillar,** montante central; — **transformer,** transformador con derivación central; **automanual switching —,** central semiautomática; **dead — hand tool lathe,** torno de relojero de puntas fijas.

Center (Phase), Centro de fase; **phase — of an array,** centro de fase de un sistema; **toll —,** centro interurbano.

Centered, Centrado; — **on shank,** concéntrico con el cuerpo; **body —,** cúbica centrada.

Centered (Face), De caras centradas (metalurgia).

Centering, Véase **Centring,** armadura de bóveda, cimbra; — **apparatus,** dispositivo de centrar; — **collar,** collar de central; — **gauge,** calibrador para centrar; — **horizontal,** centrado de cuadro; — **machine,** máquina de centrar; — **plate,** plato centrador; — **ring,** véase **centering frame**; — **sleeve,** manguito de centrar; — **vertical,** centrado de línea; **bush —,** casquillo de centrado; **frame —,** corona centradora de moldeo, cuadro para centrar los bastidores; **self —,** centrado automático; **self — chuck,** mandril autocentrador.

Centesimal, Centésimal, centígrado (term.) (E.E.U.U.).

Centigrade, Centésimal, centígrado (centésima de grado); — **scale**, escala centésimal.

Centiliter, Centilitro.

Centimeter, Centímetro.

Centimetric, Centimétrico.

Centipoise, Centipoise (centésima de poise).

Centistoke, Centistoke (centésima de stoke).

Centner, Para los probadores, peso de 1,771 g., peso de 45,399 kg.

Central, Central; — **heating**, calefacción central; — **point of a volute**, ombligo de la voluta.

Centralite, Centralita.

Centralize (To), Centralizar.

Centralizer, Centralizador; — **stop**, tope del centralizador.

Centre or **Center**, Centro, cimbra, punto (torno), punto muerto (máquina); — **arch**, bóveda muerta; — **bit**, broca de centrar, broca de tetón, broca inglesa, taladro de centrar; — **boss**, cubo, dilatación central, refuerzo de traviesa; — **box**, casquillo del tubo en T (máq. de vapor); — **dab**, golpe de punzón; — **drift**, galería central; — **drill**, broca de centrar, taladro de centrar; — **drilling machine**, máquina de centrar; — **filament**, punto medio de filamento; — **finder**, herramienta de centrar; — **frequency**, frecuencia de la corriente portadora, frecuencia de reposo; — **gauge**, calibre de roscado, calibre para verificar el ángulo de las puntas de un torno; — **handle**, puente de campana; — **lathe**, torno de puntas, torno paralelo; — **less**, sin centro, sin puntas; — **less grinding**, moledura, rectificación sin centro, sin punta; — **line**, eje, línea, línea de quilla; — **mark**, golpe de punzón; — **of a lathe**, punta de un torno; — **of gravity**, centro de gravedad; — **of pressure**, **of rotation**, **of thrust**, centro de presión, de rotación, de empuje; — **of projection**, centro de proyección; — **of support**, centro de soporte; — **of symmetry**, centro de simetría; — **piece**, pieza central, rótola de junta Cardan; — **pin**, pasador central, pivote del compás; — **plane**, plano medio; — **plate**, placa para colocar el modelo sobre el torno; — **point**, punta de centro de broca, punzón; — **pop**, golpe de punzón; — **punch**, escariador, herramienta para centrar, punzón; — **punch for rivets**, punzón calibre; — **resistor**, resistencia con derivación central; — **rope**, núcleo de cuerda; — **sash**, centrador para vidriera; — **section**, plano central, sección central; — **square**, escuadra de diámetros; — **steel**, centro de acero; — **stock or — puppet**, cabezal fijo de un torno; — **tap**, derivación central; — **track**, eje de la vía; **back** —, contra-punta (torno); **bearing** —, apoyo del punto; **centres out of line**, puntas descentradas; **centres with endlong movement**, puntas desplazables; **dead** —, contra-punta, punta del cabezal móvil, punta fija de un torno, punto muerto; **distance between centres**, distancia entre ejes, distancia entre puntas; **fixed** —, punta fija; **height of centres**, altura de puntas (torno); **instantaneous** —, polo; **intermediate** —, centro intermedio; **international transit** —, centro de tránsito internacional; **live** —, punta del cabezal móvil de un torno; **loose headstock** —, contrapunta, punta del cabezal móvil; **optical** —, centro óptico; **out of** —, descentrado; **puppet** —, punta del cabezal fijo de un torno; **puppet head** —, contrapunta; **revolving** —, punta giratoria; **ring** —, punta de árbol con anillo tallado en ángulo agudo; **running** —, punta giratoria; **square** —, punta del cabezal fijo de un torno; **switching** —, centro de conmutación; **tape relay** —, centro retransmisor por cinta; **telegraph —,** centro telegráfico; **top and bottom centres,** puntos muertos, superior e inferior de una manivela; **to —,** centrar, granatear un agujero, puntear; **to — or from — to —,** de eje a eje.

Centred, Véase **Centered.**

Centrifugacy, Centrifugacia.

Centrifugal, Centrífugo; **— casting,** colada centrífuga; **— compressor,** compresor centrífugo; **— coupler,** acoplador centrífugo; **— head,** péndulo, taquímetro de un regulador; **— pump,** bomba centrífuga; **— steel,** acero centrifugado.

Centrifugalization, Centrifugación.

Centrifugation, Centrifugación.

Centrifuge, Centrifugadora; **to —,** centrifugar.

Centrifuged, Centrifugado; **— deposits,** depósitos centrifugados.

Centring or **Centering** or **Centreing,** Operación de centrado en un torno (véase **Centering**).

Centripetal, Centrípeta; **— force,** fuerza centrípeta.

Centroid, Centroide.

Centroidal, Centroidal (que se aplica en el centro de gravedad).

Centry, Archivolta.

Ceramic, Cerámico; **— coated,** con revestimiento de cerámica; **— coating,** revestimiento de cerámica; **— metals,** metales cerámicos; **— steatite,** cerámica de esteatita; **— tube,** manguito de cerámica.

Ceramics, Productos cerámicos.

Ceraunite, Ceraunito.

Cere-cloth, Esparadrapo.

Ceresin, Ceresina, ozokerita.

Ceric, Cérico; **— acid,** ácido cérico; **— perchlorate,** perclorato cérico.

Cerimetric, Cerimétrico.

Cerium, Cerio; **— sulfide,** sulfuro de cerio; **— sulphate,** sulfato de cerio.

Cermets (ceramic metals), Cerametales.

Certificate, Boletín, certificado, diploma, papeleta; **— of addition,** certificado de adición; **— of navigability,** certificado de navigabilidad; **— or origin,** certificado de origen; **— of survey,** certificado de visita o de reconocimiento; **— type approval,** certificado de aprobación de tipo; **clearing —,** papeleta de salida; **pilot's —,** diploma de piloto.

Certified, Certificado; **— copy,** copia certificada.

Ceruse, Cerusa.

Cerussite, Cerusita.

Cesium (véase **Caesium**), Cesio.

Cess-pool, Hondón, pozo negro, sumidero.

Cetene, Ceteno; **— number,** índice de ceteno.

C. F. (Cast and Freight).

C. f. m., Pies cúbicos por minuto.

C. f. s., Pies cúbicos por segundo.

C. G. (Centre of gravity), Centro de gravedad.

Cgk, Capacitancia rejilla-cátodo.

Cgp, Capacitancia rejilla-placa.

C. H., Bobina de inducción con núcleo de hierro.

Chace, Véase **Chase.**

Chad, Grava.

Chadless, Chadless; **— perforation,** perforación Chadless; **— tape,** cinta opercutada.

Chafe rod, Caballete de defensa; **to —,** desgastarse, raspar, rozarse una tela.

Chafery, Horno de recalentamiento.

Chaff slab, Baldosa de yeso y bodoque.

Chaffern, Calefactor.

Chafing or **Chaffing,** Desgaste, rozamiento; **— ring,** anillo de ficción, anillo de protección.

Chain, Cadena, cadenada (medida), circuito de una pila, muro de seguridad en las minas, red geodésica; — **adjuster,** tensor de cadena; — **and buckets,** cadena de cangilones; — **axle,** árbol con cadena; — **black,** aparejo diferencial con cadena; — **blowing apparatus,** fuelle de cadenilla; — **case,** cárter de la cadena; — **central,** cadena central; — **course,** cadena de repartición de carga; — **control,** cadena de maniobra; — **cover,** forro de cadena; — **crane,** cadena de grúa; — **cutter,** cadena dentada; — **drive,** transmisión por cadena; — **driven,** con cadena; — **drum,** tambor motor; — **electric,** cadena eléctrica; — **feed,** cadena de avance; — **ferry,** transbordador de tracción sobre cadenas; — **gear,** mando por cadenas, transmisión por cadena; — **grate,** parrilla con cadena sinfín; — **guard,** brida guía-cadena, guíacadena; — **guiding,** guía de cadena; — **hook,** cadena de gancho; — **input,** cadena receptora; — **iron,** eslabón, hierro de cadena; — **jack,** gato de polea de cadenas; — **joint,** grillete, junta de cadena; — **link,** cadena de eslabones; — **log,** cadena para trozos; — **long,** eslabón largo de cadena; — **man,** cadenero; — **of gears,** cadena de engranajes; — **pin,** pasador de cadena; — **pitch,** paso de la cadena; — **pitched,** cadena calibrada; — **pump,** bomba de cangilones; — **reaction,** reacción en cadena; — **ring,** cadena con anilla extrema; — **riveting,** remache en cadena, remache paralelo; — **roller,** cadena de rodillos; — **saw,** sierra de dientes articulados; — **sheave,** polea de cadena, rueda de cadena; — **short,** eslabón corto de cadena; — **silencer,** sordina de cadena; — **silent,** cadena silenciosa; — **slack,** cadena floja; — **staple,** gancho de cadena; — **stay,** viento de cadena; — **stud,** eslabón de cadena con travesaño; — **suspension,** cadena de suspensión; — **tackle,** aparejo de cadena; — **towing,** cadena de remolque; — **triple,** eslabón triple de cadena; — **valve,** cadena de maniobra de válvula; — **wheel,** cadena limpiatubos, piñón grande (bicicleta), polea de cadena, rueda de cadena; **block** —, cadena de rodillos; **bucket** — **dredger,** draga con cadena de cangilones; **drag** —, cadena de arrastre, cadena de enganche; **driving** —, cadena motriz; **endless** —, cadena sin fin; **flat link** —, cadena de articulaciones; **gearing** —, cadena de transmisión; **gunter's** —, cadena de agrimensor empleada en Estados Unidos de América. Tiene 66 pies, 20,116 m. de largo, cada anillo tiene 2,012 m. (En los Estados Unidos la palabra «chain» se usa solo para designar esta medida); **hook link** —, cadena de ganchos; **inside length of the** —, paso de eslabón; **jet** — **commutator,** rectificador de chorros de mercurio; **land** —, cadena ordinaria; **long** — **compounds,** compuestos de cadena larga; **non skid** —, cadena antiderrapante; **open link** —, cadena ordinaria; **path of a** —, carrera de cadena; **pull** —, cadena de tracción; **radioactive** —, cadena radiactiva; **roller** —, cadena de rodillos; **short linked** —, cadena de eslabones estrechos; **silent** —, cadena silenciosa; **sling** —, cadena con los extremos tensos; **sprocket** —, cadena de eslabones, cadena galle; **stud link** —, cadena con tornapuntas; **surveying** —, cadena de agrimensor; **tug** —, cejador; **to** —, encadenar, medir con cadena.

Chained, Con cadenas; — **service,** servicio de cadena.

Chaining, Medición con cadena de agrimensor.

Chair, Caja de eje, cojinete (ferrocarril), cojinete de raíl, cojinete de traviesa, silla, zapata de carril; — **plate,** cojinete, placa de asiento de carril; — **rail,** cojinete de ferrocarril; — **rim,** borde para silla; — **switch,** cojinete de cambiavía; **heel** —, cojinete del talón de aguja.

Chairman, Presidente.

Chalcedony, Calcedonia.

Chalcocite, Calcosina.

Chalcogen, Calcogenado; — **derivatives,** derivados calcogenados.

Chalcopyrite, Calcopirita.

Chaldron, Medida inglesa de carbón (12 sacks; 1 sack = 109,043 litros).

Chalk, Marga, tiza; — **line,** cordel entizado; — **liquid,** agárico mineral, leche de montaña; — **pit,** cantera de yeso; — **red,** tiza roja; **green** —, glaucomia; **line** —, cordel de marcar; **to** — **a line,** linear.

Chalkiness, Naturaleza cretácea.

Chalking, Croquis; — **of paint,** pulverización de pintura.

Chalky, Gredoso; — **negative,** negativa con un velo denso.

Chamber, Bombilla de lámpara, cámara, cámara de esclusa, cofre, cuba, cuerpo de bomba, hornillo de mina; — **battery,** pila Daniell; — **decompression,** cámara de decompresión; — **float,** cámara de nivel constante, cuba de flotador (carburador); — **for condensation,** cámara de condensación; — **liner,** refuerzo de la cámara; — **of Commerce,** Cámara de Comercio; **absorption** —, cámara de absorción; **arc** —, cuba del arco; **air** —, cámara de aire, cámara de aire de bomba, depósito de aire; **altitude** —, cámara de altitud; **altitude test** —, cámara de ensayos en altura; **balancing** —, cámara de equilibrio; **blast furnace with** — **hearth,** alto horno de crisol abierto; **burden** —, virador; **burner** —, cámara de combustión; **checker** —, cámara de regeneración; **cloud** —, cámara Wilson; **combustion** —, cámara de combustión; **compression** —, cámara de compresión; **crank** —, cárter; **echo** —, cámara de eco; **expansion** —, cámara Wilson; **explosion** —, cámara de explosión; **Faraday** —, cámara de ionización; **ionization** —, cámara de ionización; **observation** —, cámara de observación; **resonant** —, cámara resonante; **spray type** —, cámara de combustión de inyección; **steam** —, cofre de vapor (caldera); **test** —, cámara de ensayos; **volute** —, difusor, difusor de ventilador centrífugo; **water** —, cámara de agua (calderas).

Chambered, Levantada (la sesión), tabicado.

Chamfer clamps, Mordazas, tenazas biseladas; — **double,** chanfleado doble; — **edge or chamfer,** canto biselado, chaflán, estría, faceta; **back** —, bisel de una lima; **to** —, achaflanar, biselar.

Chamfered, Achaflanado; — **edge,** borde achaflanado.

Chamfering, Achaflanadora; — **blade,** lámina achaflanadora; — **broach,** buscapunta; — **drill,** fresa plana de dos bordes cortantes; — **iron,** cuchilla abiselada; — **machine,** achaflanadora, máquina de achaflanar; — **off,** biselado; — **tool,** fresa plana de dos bordes cortantes.

Champion lode, Filón principal; — **tooth,** diente doble de sierra.

Championship, Campeonato.

Chandler (Ship), Abastecedor, proveedor (de navíos).

Change, Cambio; — **atmospheric,** cambio atmosférico; — **engine,** cambio de motores; — **frequency,** cambio en la frecuencia; — **gear,** véase **Gear**; — **instantaneous,** cambio instantáneo; — **lever,** palanca de conmutador; — **mechanism,** mecanismo de sustitución (motor de aceite); — **of direction,** cambio de sentido; — **over,** inversor; — **over switch,** conmutador inversor; — **shaft,** árbol de ruedas de recambio; — **speed,** cambio de velocidades; — **speed**

gear, cambio de velocidades (auto); — **speed lever,** palanca de cambio de velocidades; — **temperature,** cambio de temperatura; — **tire,** cambio de neumático; — **wheels,** mecanismo de engranajes (máq.-herram.); **gear** —, cambio de velocidades; **gear changes,** serie de engranajes; **phase** — **coefficient,** desfase; **preselective gear** —, cambio de velocidades preselectivo; **slide block** — **speed gear,** cambio de velocidades de tren desplazable; **to** — **over,** conmutar, permutar.

Changeability, Versatilidad.

Changed (Transformers in which the rind of current is), Transformadores heteromórficos.

Changeover (Antenna) — switch, Conmutador transmitir y recibir (antenas).

Changer, Conmutador (elec.), permutador; — **lamp,** conmutador de lámpara; **load tap** —, variadôr de toma bajo carga; **pole** —, vibrador de llamada; **record** —, cambiador de discos; **speed** —, variador; **tap** —, conmutador de tomas.

Changing, De cambio; — **switch,** permutador; **speed** — **rheostat,** reóstato de cambio de velocidades; **wave** — **switch,** conmutador de longitudes de onda.

Channel, Acanaladura, acequia, banda, canal, canal de descarga, canaliza, clan de una polea, conducto, conducto de ventilación, entalladura, filón estéril, mazarota, paso, permiso, ranura, red, reguera, vía; — **amplifier,** canal amplificador; — **approach,** canal de acercamiento; — **bar,** barra en U; — **beam,** camino del haz; — **communication,** canal de comunicación; — **fish plate,** brida en U; — **for television,** canal de televisión; — **forging,** hierro forjado en U; — **groove,** ranura (carp.); — **head,** ranura de borde; — **iron,** hierro en U; — **notch,** estría; — **pin,** espiga de junta de raíles; — **section,** sección en U; — **stone,** cuneta; — **vertical,** hierro en U colocado verticalmente; **adjacent** — **interference.** interferencia del canal adyacente; **air** —, conducto de ventilación; **broadcast** —, canal de radiodifusión; **buoyed** —, paso balizado; **carrier** —, canal de corriente portadora; **channels mixer,** mezclador de canales; **common** — **interference,** interferencia de canal común; **communication** —, canal de comunicación; **dual** —, paso de dos vías; **dual** — **system,** sistema de doble canal; **grease channels,** ranuras de engrase; **navigable** —, paso navegable; **pilot** —, canal piloto; **radio** —, canal radioeléctrico; **second** — **interference,** interferencia de otro canal; **service** —, canal de servicio; **sow** —, lecho de goas; **T. U. channels,** barras en T en U; **voice** —, canal de conversión; **to** —, escotar; **tone** —, canal de tono; **transmission** —, canal de transmisión.

Channeled, Acanalado, ahuecado, estriado; — **bar,** barra en forma de U.

Channelling, Escotadura, selección de canal, sistema de transmisión multiplex.

Chap, Grieta, hendidura, mandíbula, mordaza, quebraja (madera), zapata; **to** —, agrietarse, henderse.

Chape, Crampón, fijación; **spring** —, plega-resortes.

Chapeling, Círculo completo descrito por un buque de vela.

Chapmanizing, Nitruración por amoníaco activado.

Char, De negro animal; — **filter,** filtro de negro animal; — **oven,** horno de carbonizar; — **treatment,** tratamiento con negro animal; **to** —, carbonizar.

Character, Carnet de obrero, certificado de empleo; — **of traffic,** condiciones de tráfico; — **visible,** carácter visible; — **white,** carácter blanco.

Characteristic, Característica de un logaritmo, característica eléctrica; — **distillation,** característica de destilación; — **heating,** detalle térmico; — **impedance,** impedancia característica; **current-wave-length** —, característica corriente-longitud de onda; **drooping** —, característica descendente; **dynamic** —, característica dinámica; **emission** — **line,** característica de emisión; **grid** —, característica de rejilla; **grid-anode** —, característica de rejilla-placa; **lumped** —, característica total; **no load** —, característica en vacío; **non linear** —, característica no linear; **operating characteristics,** características operatorias; **plate** —, característica de placa; **rising** —, característica ascendente; **short circuit** —, característica de cortocircuito, característica en cortocircuito; **stalling characteristics,** característica de despegue de la vena del paletaje (aviación); **watt less current** —, característica en devatado.

Characteristics, Características, constantes.

Charcoal, Carbón de madera; — **ground,** carbón de leña; — **iron,** hierro al carbón vegetal; — **kiln** (works), horno de carbón o de carbonización; — **peat,** carbón de torba; **activated** —, carbón activado.

Charge, Carga (eléctrica), carga de mineral de fundición, cilindrada; — **accelerating,** carga de aceleración; — **blank,** tiro de salva; — **collection,** comisión de cobro; — **complete,** carga completa; — **cylinder,** cilindrada; — **incoming,** carga de entrada; — **incomplete,** carga incompleta; — **indicator,** indicador de carga; — **initial,** carga inicial; — **latent,** carga latente; — **mileage,** costo total de milla; — **net,** cargo neto; — **opening,** abertura de carga; — **opposite,** carga contraria; — **period,** período de tasación; — **rapid,** carga rápida; — **rate,** régimen de carga; — **slow,** carga lenta; — **unlike,** carga contraria; — **variable,** gasto variable; **bound** —, carga latente; **depth** —, granada submarina; **electrostatic** —, carga electrostática; **explosive** —, carga explosiva; **floating** —, carga flotante; **ionic** —, carga iónica; **level in** — **-storage tubes,** nivel de tubos de memoria de carga; **negative** —, carga negativa; **positive** —, carga positiva; **primer** —, carga de cebo (torpedo); **propelling** —, carga propulsiva; **redistribution in** — **storage tubes,** redistribución en tubos de memoria por carga; **regeneration in** — **storage tubes,** regeneración en tubos de memoria por carga; **resinous** —, carga resinosa; **shaped** —, carga hueca; **space** — **grid tube,** tubo de carga espacial; **spill in** — **storage tubes,** fuga en tubos de memoria por carga; **trickle** —, carga continua de compensación; **unit** — **in a particular international service,** unidad de tasa para un servicio internacional determinado; **vitreous** —, carga positiva; **to** —, cargar (elec.), llenar el cilindro (motor de vapor); **to prime in** — **storage tubes,** sensibilizar en tubos de memoria por carga.

Charged, Cargado.

Charger, Cargador de acumuladores, máquina de cargar el horno; **fast or quick** —, cargador rápido.

Charges, Derechos, gastos, tarifas; **amortizement** —, gastos de amortización; **explosive** —, carga explosiva; **freight** —, gastos de transporte; **incidental** —, gastos falsos.

Charging, Carga, cargamento, doblaje de un metal, enhornado; — **apparatus,** aparato de carga; — **box,** cucharón de carga; — **connections,** conexiones para la carga; — **control,** dispositivo de mando para la carga; — **current,** corriente de carga; — **door,** puerta de carga; — **hole,** boca de carga; — **load or — rate,** régimen de carga; — **machine,** enhornadora (de horno Martín), máquina de cargar; — **magnet,** refuerzo de imanes; — **method,** procedimiento de carga; — **open,** abertura de carga; — **periodic,** carga periódica; — **resistance,** resistencia de carga; — **section,** sección de carga; — **stored,** carga acumulada; — **valve,** válvula de carga (gasógeno); — **voltage,** tensión de carga; — **wire,** cable de carga; **battery** —, carga de batería; **quick** —, carga rápida.

Charman, Jornalero.

Charred, Carbonizado.

Charring, Carbonización.

Charry, Carbonoso.

Chart, Ábaco, carta marina, diagrama, grafito; — **correction,** gráfico de corrección; — **dimension,** cuadro de dimensiones; — **flight,** carta de vuelo; — **limits,** tabla de tolerancias; — **lubrication,** diagrama de lubricación; — **magnetic,** carta magnética; — **pilot,** carta de derrotas; — **sectional,** carta seccional; — **sliding,** gráfico deslizante; — **tuning,** carta de sintonía; **alignment** —, ábaco, monografía de alineación; **approach** —, carta de aproximación; **communication** —, diagrama de comunicaciones; **definition** —, patrón de imágenes; **emission** —, diagrama de emisión; **flow** —, diagrama de caudales; **graphic** —, ábaco; **landing** —, carta de aterrizaje; **runway** —, carta de pista; **Smith** —, diagrama de Smith; **tracing** —, tarjeta de ruta.

Charter, Trabajo a destajo; — **company,** compañía de fletamiento; — **flying,** vuelo fletado (vuelo **Charter**); — **service,** fletamiento especial; **time** —, fletamiento por tiempo; **to** —, fletar;.

Charterer, Fletador.

Charters, Cheurones.

Charwork, Hornada.

Chase, Cojinete de hilera, ranura de junta; **to** —, cincelar con punzones, embutir, filetear con plantilla, repujar, roscar el aire en el torno; **to — the screwthread,** filetear en el torno paralelo; **to — with the mallet,** embutir, repujar con mazo, con martillo.

Chased, Cincelado, fileteado; — **work,** repujado, trabajo con mazo de repujar.

Chaser, Avión de caza, peine de roscar (herramienta de torno), rueda para moler amianto; — **die,** mordaza de roscar; — **external,** peine para machos; — **hand,** peine de roscar a mano; — **inserted,** peine postizo; — **mill,** máquina de cincelar; — **screw,** máquina de cincelar tornillos; **inside** —, peine hembra; **outside** —, peine macho.

Chasing, Cincelado, embutido (calderas), martillo de embutir; — **anvil,** tás; — **hammer,** martillo de embutir; — **punch,** punzón de embutir; — **stake,** estampa plana (calderería), tás; — **tool,** peine de filetear (torno).

Chassis, Chasis; — **base,** chasis; — **bracing,** atirantado del bastidor; — **component,** elemento del bastidor; — **contact,** vibración de contactos; — **industrial,** chasis industrial; — **straight,** chasis recto; **landing** —, tren de aterrizaje; **photographic** —, portaplacas; **tubular** —, chasis tubular.

Chat rollers, Cilindros de molido.

Chats, Pequeños trozos de mineral a los que se adhiere ganga.

Chatter or **Chattering,** Chasquido, vibración; — **clutch,** ruido en el embrague; — **mark,** huella de vibración; **to** —, vibrar (herramienta, pieza de máquina).

Chattering, Martilleo.

Chauffeur, Chofer (de automóvil).

Chaw (To), Mascar, remosquear.

Chaws, Mandíbulas.

Cheap power, Energía a precio módico.

Cheapen (To), Abaratar.

Check, Boletín, cheque (véase **Cheque**), cifra, contracabeza de raíl, control, marca de control, merma (de temple), resguardo; — **brass,** contraseña de latón; — **compression,** inspección de la compresión; — **connection,** conexión de válvula de retención; — **drop,** amortiguador de bajada; — **injector,** válvula de retención para el inyector; — **key,** contraseña para llave, llave de picaporte; — **marked,** agrietado; — **nut,** contratuerca; — **piece,** brida de tope (ferrocarriles); — **pin,** chaveta de retenida; — **rail,** contracarril; — **redundancy,** comprobación con redundancia; — **sash,** falleba para ventanas; — **screw,** tornillo regulador (mechero de gas); — **strap,** mentonera; — **structural,** control estructural; — **up,** control, verificación; — **valve or non return valve,** válvula de detención de vapor, válvula de retención; **ball** — **valve,** válvula de retención a bola; **crossed** —, cheque cruzado; **feed** — **valve,** válvula de retención; **return** — **valve,** válvula de retención; **to** —, agarrotarse, calibrar de nuevo, controlar, suspender el tiro, verificar; **to** — **a fit,** verificar el juego.

Checked, A cuadros; — **oficially,** controlado oficialmente.

Checker, Controlador, recuperador, regenerador; — **brick heater,** aparato de aire caliente de ladrillos; — **chamber,** cámara de regeneración; — **condenser,** probador de condensadores; — **tube,** probador de válvulas; — **work,** pilas de regenerador, trabajo de marquetería.

Checkered, Cuadriculado; — **plate,** chapa estriada o gofrada.

Checking up, Control, verificación; — **capacity,** comprobación de capacidad; — **container,** recipiente de verificación; — **periodic,** revisación periódica; — **station,** estación de control; **weld** —, control de las soldaduras.

Chekweigher, Balanza comprobadora de pesos.

Cheek, Aleta de popa, brida (de un bastidor, etc.), cadera, hastial de una veta (min.), mejilla, montante de una escala, pared de un horno de liquefacción, pata de cabra, resalto; — **guide,** brida portadora (motor de gas); — **lateral,** tuerca-plataforma; — **of a block,** quijada de polea; — **rest,** apoya-cabezas; — **stone,** carafirme de empedrado; **cheeks,** caja intermedia, flancos de cabria, mordazas de prensa, de torno, orejetas de martillo; **cheeks sluice,** esclusa en espolón, hastiales de filón.

Cheese, Lingote de acero; — **head,** cabeza redonda.

Chelate compounds, Compuestos quelatos.

Chemical, Producto químico, químico (adj.); — **absorption,** absorción química; — **change,** modificación química; — **composition,** composición química; — **constitution,** constitución química; — **precipitation,** precipitación química; — **resistant,** resistente a la corrosión; — **substance,** substancia química; — **works,** fábrica de productos químicos; **chemicals,** productos químicos.

Chemically, Químicamente.

Chemiluminescence, Quimioluminiscencia.

Chemist, Químico; — **petroleum,** químico especialista en el ramo de petróleo; — **synthetic,** química sintética.

Chemistry, Química; **analytical** —, química analítica; **applied** —, química aplicada; **co-ordination** —, química coordinativa; **electro** —, electroquímica; **general** —, química general; **nuclear** —, química nuclear; **organic** —, química orgánica; **physical** —, química física; **tracer** —, química trazadora.

Chemotherapeutic, Quimioterapéutico.

Chemotherapy, Quimioterapia.

Cheque, Cheque; — **to bearer**, cheque al portador; — **to order**, cheque a la orden; **crossed** —, cheque cruzado.

Chequer, Véase **Checker**.

Cherry, Fresa redonda (ajust.); — **coal**, hulla semi-grasa no adherente; — **red heat**, calda al rojo cereza (forja); **bright** — **red heat**, calda al rojo cereza claro.

Chess, Madero, tablón.

Chest, Albergue de fuelle, caja, cajón, canaleta de muela de afilar, cofre; **air** —, regulador de aire; **bolting** —, tambor de cribas; **inlet** —, cabezal de válvula de admisión; **single steam valve** —, distribución de cámara única; **slide valve** —, caja de distribución; **smoke** —, caja de humo; **steam** —, cofre de vapor; **valve** —, cabezal de válvula, caja de válvulas.

Chestnut (Dwarf) — wood, Madera de castaño enano.

Chestnut-coal, Carbón de dimensiones comprendidas entre 32 mm y 19 mm.

Chestnut-tree, Castaño.

Chestolite, Macla.

Chickens, Fallos de línea (telefonía).

Chief, Maestro; — **arch**, arco maestro; — **beam**, viga maestra; — **engineer**, ingeniero jefe, mecánico jefe.

Childrenite, Childrenita.

Chilenite, Chilenita.

Chill, Acero endurecido para laminadores, capa endurecida, coquilla, inserción metálica para enfriar un punto del molde, lingotera, molde o porción de molde de fundición; — **casting**, fundición en coquilla; — **moulding**, moldeo en concha; — **roll**, cilindro endurecido; **wind** —, enfriamiento al aire; **to** —, colar en coquilla, endurecer, enfriar.

Chilled, Endurecido, moldeado en coquilla, refrigerado, templado; — **iron**, colada en coquilla, fundición endurecida, fundición templada; — **iron rolls**, cilindros de fundición endurecida para laminadores; — **shot**, plomo templado; — **work**, moldeo en coquilla.

Chiller, Cristalizador.

Chilling, Enfriamiento, temple congelado: — **chamber**, cámara enfriadora; — **machine**. máquina enfriadora.

Chim (To), Lavar los minerales auríferos.

Chimb, Ejión, jable, niel; — **plane**, cepillo curvo.

Chime, Último; — **bracket**, puente de andamio; — **hook**, último hook; — **whistle**, silbato de varios tonos.

Chiming iron, Descalcador.

Chimmer, Buscador de pepitas de oro.

Chimming through, Artesa.

Chimney, Chimenea; — **back**, fondo de chimenea; — **base**, pedestal de chimenea, zócalo; — **board**, bastidor de chimenea, paramento de chimenea; — **cover**, caperuza de chimenea; — **draught**, tiro de la chimenea; — **flues**, corrientes, tubos; — **head**, conducidos hacia la chimenea, conductos que llegan a la chimenea; — **hood**, caperuza de la chimenea; — **lining**, revestimiento interior de chimenea; — **mouth**, boca de la chimenea; — **neck**, remate de chimenea; — **shaft**, caja, caperuza de chimenea, conducto; — **stack**, cuerpo de la chimenea; — **top**, caperuza de chimenea, capitel, cumbrera; — **trimmer**, viga maestra; **shank of a** —, tubo de una chimenea; **ventilating** —, chimenea de ventilación; **Venturi** —, chimenea Venturi.

Chimopelagic, Quimopelágico.

China, Porcelana; — **clay**, caolín; — **ware**, porcelana.

Chinese blue, Azul de Prusia.

Chingle, Carbonilla.

Chink, Crica, grieta, hendidura, rendija; **to —,** agrietarse, henderse (minas).

Chinse (To), Rellenar de estopa.

Chip, Astilla, raedera, rebaba, viruta, viruta de laminación; **— axe,** azuela, doladera; **— breaker,** rompevirutas; **— curling,** viruta encrespada; **— less,** sin virutas; **— metal,** viruta metálica; **— piece,** recortes; **chips cut away,** desechos de corte; **glass —,** astilla de vidrio; **to —,** barilar, desbastar, henderse, picar (calderas), raspar plomo; **to — off,** desconcharse, quitar con el buril; **to — out,** recortar al cincel.

Chipped, Despuntado; **— enamel,** esmalte saltado.

Chipper, Cortadora, desfibradora; **— knife,** cuchillo de desfibrador; **— wood,** máquina de desbastar madera; **pneumatic —,** escoplo neumático, martillo neumático.

Chipping, Burilado, cincelado, picado (de calderas); **— bench,** banco de cincelar; **— chisel,** desbarbador; **— granite,** lámina de granito; **— hammer,** martillo de picar, piqueta; **— piece,** exceso de fundición; **rough —,** rebajado al buril.

Chipings, Gravilla; **— of metals,** rebabas de metales, virutas.

Chiprupter, Rompedor de virutas.

Chirpy signal, Señal chirriante.

Chisel, Broca de punta, buril, cincel, perforador, punzón, tajadera, tajadera de yunque, trépano; **— bevelled on both sides,** garlopa (de tornero de madera); **— blunt,** buril romo; **— burr,** escoplo de limpiar mortajas; **— chipping,** cincel de desbastar; **— concave,** cincel cóncavo; **— dental,** cincel de dentista; **— end,** filo de formón; **— entering,** cincel de cuchara; **— for cold metal,** cincel; **— for hot metal,** tajadera para caliente; **— forked,** escoplo bifurcado; **— handle,** mango de cincel; **— hinge,** escoplo de fijas; **— marteline,** cincel de escultor; **— metal,** buril; **— point,** punta de cincel; **— round,** buril de punta redonda; **— scaling,** cincel para encastradura; **— skew,** cincel de nariz; **— square,** cincel cuadrado; **— tang,** escoplo para hacer espigas; **— tongue,** lengua de carpa; **— track,** cortafrío para carril; **anvil —,** tranchete; **bevelled —,** cincel de hoja oblicua; **blunt —,** punzón; **bolt —,** ganzúa; **bottom —,** tranchete (o formón) **broad —,** hierro a pulir, a aplanar; **cant —,** cincel biselado, cincel para madera; **carving —,** desbastador (grabador); **caulking — or calking —,** punzón; **chasing —,** herramienta de cincelar; **chipping —,** buril para metales; **cold —,** cincel de banco, formón para frío; **cold set —,** tajadera; **corner —,** buril para madera, cuadradillo, gubia triangular; **cow mouth —,** formón; **cross mouthed —,** cincel de minero, trépano; **crosscut —,** formón; **dogleg —,** pujavante de grabador; **dressing —,** desbastador (grabador); **forging —,** cizallas para hierro; **former —,** buril, formón; **great —,** desbarbador; **groove cutting —,** formón; **hammer —,** cortafrío; **hand —,** buril, cincel a mano; **handle —,** tajadera; **hewing —,** cincel para frío, lengua de carpa; **hollow —,** gubia; **hot —,** cincel, tajadera para caliente; **large —,** desbastador; **mortise — or mortising,** escoplo; **notched —,** formón dentado; **paring —,** formón de mano; **pointed —,** grano de cebada; **puncher —,** escuadrador, punta cuadrada; **ripping —,** trencha; **self coring mortising —,** formón de bordes cortantes dispuestos en rectángulo; **skew carving —,** desbastador de punta redonda; **smoothing —,** cincel fino; **stone —,** cincel para piedra; **to —,** burilar, cincelar, tallar con cincel; **tongued —,** lengua de carpa; **toothed —,** formón dentado; **turning —,** cincel de aplanar, garlopa, grano de cebada; **wall —,** pasamuros, perforamuelas.

Chiseled, Escopleado.

Chive, Piquera.

Chlor, Cloro.

Chloracetic, Cloracético.

Chloracetophenone, Cloroacetofenona.

Chloraniline, Cloranilina.

Chloranilic, Cloranílico; — **acid,** ácido cloranílico.

Chlorarsine, Clorarsina.

Chlorate, Cloratado, clorato; — **explosive,** explosivo cloratado; **sodium** —, clorato sódico.

Chloretone, Cloretona.

Chlorhydric, Clorhídrico; — **acid,** ácido clorhídrico.

Chlorhydrin, Clorhidrina.

Chloride, Cloruro; **alkali** —, cloruro alcalino; **alkaline earth chlorides,** cloruros alcalino-térreos; **calcium** —, cloruro de calcio; **ferric** —, cloruro férrico.

Chlorimine, Clorimina.

Chlorinated, Clorado.

Chlorination, Cloración; **dry** —, cloración seca.

Chlorinator, Clorador; — **ore,** aparato de tratar mineral con cloro.

Chlorine, Cloro; — **dioxyde,** bióxido de cloro; — **solvant,** disolvente clorado; **liquid** —, cloro líquido.

Chloring, Cloración.

Chlorite, Clorita; — **clay,** clorita terrosa; — **slate,** clorita esquistosa.

Chlorobenzene, Clorobenceno.

Chloroform, Cloroformo.

Chlorophyll, Clorofila.

Chlorsulphonic, Clorosulfónico.

Chloruret (To), Clorurar.

Choaked or **Choked,** Ampuesa, inducido.

Chock, Calce, cuña, peso, taco, zapata de quilla; — **through,** rumbo de madera; — **wood,** tope de madera.

Chocks, Ampuesa, asiento, cojinete de pivote, fulcros.

Choice (First) — route, Vía preferente; **late** — **call meter,** contador de llamadas al final del múltiple.

Choke, Abreviatura para **choke coil,** difusor, estrangulamiento, obturador; — **bored,** agolletado; — **butterfly,** válvula de estrangulación; — **carburettor,** obturador del carburador; — **circuit,** circuito del estrangulador; — **coil,** bobina de inducción, bobina de protección; — **filter,** impedancia de filtro; — **joint,** junta de choque; — **oil,** regulador de aceite; — **positive,** válvula de cierre fijo; — **set,** asiento del regulador; — **stove,** estufa del estrangulador; — **tube,** difusor; — **valve,** válvula de estrangulación; **acoustic** —, choque acústico; **charging** —, choque de carga; **double** —, difusor doble; **filter** —, bobina de filtrado; **swing-** —, choque con entrehierro ajustable; **twin** —, difusor en paralelo; **to** —, atascarse, obstruirse; **to** — **up,** atascar una lima, obstruirse.

Choked, Obstruído por suciedad; — **up,** atascado.

Chokeless, Sin estrangulación.

Choker, Estrangulador; — **automatic,** estrangulador automático; — **automatic bushing,** casquillo de control de estrangulador; — **flange,** brida del regulador; — **horizontal,** obturador horizontal; — **spring,** resorte del cebador; — **stop,** tope de mariposa del estrangulador; — **support,** soporte de control del estrangulador; — **swile,** articulación de control de estrangulador; — **vertical,** obturador vertical; — **wire,** alambre de estrangulador.

Chocking, Engarzado, obstrucción; — **coil,** bobina de reactancia (elec.); — **frame,** carga de una vela; — **up,** atascamiento.

Chondrification, Condrificación.

Chop, Grieta, hendidura, mordazas de tenazas, mordazas del tornillo; — **hook,** gancho de mandíbulas; **to —,** desbarbar a máquina; **to — fine,** cortar menudo; **to — off,** cortar, cortar con buril, desbarbar, trinchar.

Chopper, Cuchilla, cuchillo, interruptor periódico, macheta; — **nail,** máquina de estampar clavos; — **switch,** interruptor de cuchillas; — **ticker,** interruptor (radio).

Choppy, Agrietado, resquebrajado.

Chord, Ala de viga, cuadro, cuerda de arco, cuerda del ala; — **geometric,** cuerda geométrica; — **lower,** cordón inferior; — **medium,** cuerda media del ala; — **winding machine,** devanado por cuerdas; — **wire,** cable de la cuerda; **length of —,** cuerda de un perfil de ala; **mid —,** cuerda media; **wing —,** cuerda del ala.

C-hr, Candela-hora.

Christmas tree, Conjunto de válvulas que soportan la presión de un surtidor natural de petróleo.

Chromate, Cromato; **alkali —,** cromato alcalino; **ferrous nickel —,** cromato de hierro y níquel.

Chromatic, Cromático; — **aberration,** aberración cromática.

Chromatism, Cromatismo.

Chromatogram, Cromatograma.

Chromatographic, Cromatográfico; — **adsorption,** adsorción cromatográfica.

Chromatography, Cromatografía; **partition —,** cromatografía de fraccionamiento.

Chromazurine, Cromoazurina.

Chrome or **Chromium,** Cromo; — **alloy steel,** acero al cromo; — **iron,** ferrocromo; — **molybdenum,** cromonolibdeno; — **nickel,** níquel-cromo; — **nickel steel,** acero al níquel-cromo; — **orange,** cromonaranja; — **plated,** cromado; — **plating,** cromado; — **steel,** acero al cromo; — **strip,** moldura al cromo; — **tanned,** cromado; — **tanning,** curtición con sales de cromo; — **yellow,** amarillo de cromo; **hard —,** cromo duro; **to —,** cromar, tratar con bicromato de potasa.

Chromed, Cromado; — **color,** color cromado; — **leather,** cuero cromado.

Chromel, Aleación de níquel y cromo.

Chromgelatine, Cromogelatina.

Chomic, Crómico.

Chromic alum, Alumbre de cromo.

Chromicize (To), Cromar (con cromo).

Chromite, Cromita.

Chromizing, Cromado.

Chromones, Cromonas (quím.).

Chromophore, Cromóforo.

Chromopyrometer, Cromopirómetro.

Chromoscope, Cromóscopo.

Chromotropic, Cromotrópico; — **acid,** ácido cromotrópico.

Chromous, Cromoso.

Chrono-release, Cronodisparador.

Chronograph, Cronógrafo; — **electric,** cronógrafo eléctrico; **drum —,** cronógrafo de tambor.

Chronometer, Cronómetro; **to regulate a —,** ajustar un cronómetro.

Chronometric, De relojería; — **movement,** movimiento de relojería.

Chronoscope, Cronoscopio.

Chronostat, Cronostato.

Chronotachometer, Cronotaquímetro.

Chrysolite, Crisolita; — **iron,** peridoto ferruginoso; **brown —,** hialosiderita.

Chrysosulphite, Crisosulfito.

Chuck, Ampuesa, garras (torno), impresión, imprimación, mandril, mandrino, pieza de madera de cualquier forma, plato, tope; — **all steel,** mandril todo acero; — **combination,** mandril combinado; — **eccentric,** mandril de excéntrica; — **equipment,** equipo de mandril; — **geared,** mandril engranado; — **geometric,** mandril geométrico; — **nose,** mandril de nuez; — **jaw,** mandíbula de apriete (torno); — **lathe,** torno al aire, torno de plato de garras; — **oval,** mandril para óvalos; — **planer,** mandril para acepilladora; — **ring,** mandril anular; — **shell,** casco de mandril; — **split,** mandril hendido; — **stem,** vástago de mandril; — **universal,** mandril universal; — **valve,** mandril de válvula; — **wrench,** llave inglesa de mandril; — **with holdfasts,** mandril de puntas; **automatic** —, mandrino automático; **ball turning** —, mandrino hueco para bolas; **bell** —, mandrino de tornillo; **box** —, mandrino para el trabajo de pequeñas piezas; **cement** —, plato de torno sobre el cual la pieza que se va a trabajar está pegada por medio de resina; **center** —, plato de punta giratoria; **clamping** —, mandril de apriete, mandril de fijacción; **claw** —, mandrino de garras; **collet** —, pinzas americanas; **combination** —, mandrino combinado, universal y de garras independientes, plato combinado; **dog** —, mandrino de garras; **drill** —, manguito porta-broca; **driver** —, plato de un torno; **driving** —, plato conductor del mandril; **eccentric** —, mandrino excéntrico o de descentrar; **elastic** —, mandrino extensible; **fork** —, mandril de puntas; **independent** —, mandril de garras independientes; **jaw** —, mandril de mandíbulas o de mordazas; **lathe,** mandril de torno; **lever** —, mandrino de apriete instantáneo por palanca; **magnetic** —, mandril, plato magnético; **monitor** —, plato de fijación orientable; **plain** —, mandril ordinario; **prong** —, mandril de puntas; **rotary screwing** —, hilera rotativa; **screw** —, mandril de rosca; **screwing** —, cabezal para roscar; **scroll** —, mandril de espiral; **self centering** —, mandril autocentrador; **socket** —, mandril hueco; **spiral** —, mandril helicoidal; **split socket** —, mandril de hendiduras; **spring** —, coquilla, mandrino de resorte, nuez (torno); **spur** —, mandril de puntas; **square** —, pasador falso; **strut** —, mandril de puntas; **three jaw** —, mandril de tres mordazas; **universal** —, plato o mandril universal.

Chucker, Mandril, pinza de apriete.

Chucking, Montaje; — **lathe,** torno de plato; — **machine,** máquina de mandrilar; — **method,** sistema de agarre; — **work,** trabajo sobre mandril.

Chunk, Trozo.

Churn, Batidora; — **drilling,** taladro por percusión.

Churning, Pulsación del líquido; — **grease,** agitación de grasa.

Chute, Abreviatura para **Parachute,** canaleta de desagüe, canalón, desaguadero, deslizadera, tobogán; — **automatic,** conducto automático; — **drop,** tubo de derramamiento; — **gravity,** canal de descenso; — **inlet,** canal de admisión; — **sack,** tabla inclinada; **discharge** —, pasillo de eyección; **feed** —, canal de alimentación; **spiral** —, moderador helicoidal.

C. I. F., Cost Insurance Freight.

Cill, Dintel.

Cinder, Cagafierro, carbonilla, ceniza, escorias; — **box,** caja de cenizas; — **fall,** cenicero; — **hole,** piquera de escorias; — **hook,** gancho, picafuegos; — **notch,** pico de canal de escorias; — **pig iron,** fundición escoriosa; — **tip,** escorial.

Cinders, Batiduras de forja, cagafierro, carbonilla, escorias.

Cinefluorography, Cinefluorografía.

Cinematograph or **Kinematograph,** Cinematógrafo.

Cinematographer, Cinematografista.

Cinematographic, Cinematográfico; — **lens,** lente, objetivo cinematográfico.

Cineration, Incineración.

Cinetheodolite, Cineteodolito.

Cinnabar, Cinabrio.

Cinnamic, Cinámico; — **acid,** ácido cinámico.

C. I. O., Committee of industrial organization.

Cipher, Cero, cifra.

Ciphony, Telefonía cifrada.

Cir mil, Milipulgada circular (véase Mil).

Circle, Círculo; — **copper,** círculo de cobre; — **cutter,** cortadora circular; — **diagram,** diagrama circular; — **eccentric,** círculo de excéntrica; — **half,** semicírculo; — **image,** círculo de imagen; — **mallet,** anillo para malletas; — **of curvature,** círculo de curvatura; — **quarter,** cuarto de círculo; — **route,** derrota ortodrómica; — **tread,** círculo de cara de rueda; **addendum** —, círculo de corona; **base** —, círculo de rodamiento (engranajes), círculo primitivo (engranajes); **cutter** —, cortadora circular; **divided** —, círculo dividido; **generating** —, círculo de rodamiento; **graduated** —, círculo graduado; **pitch** —, círculo de los agujeros de los pernos, círculo primitivo (engranajes); **point** —, círculo de la corona; **root** —, círculo de base; **tread** —, círculo de rodadura.

Circlet, Zuncho; — **mallet,** anillo para maletas; — **wire,** anillo de alambre.

Circling, Vuelo en circuito; — **descent,** aterrizaje de defensa; — **flight,** vuelo de viraje.

Circlip, Grapa circular; — **aperiodic,** círculo aperiódico; — **branch,** circuito bifurcado.

Circuit, Circuito; — **grid,** circuito de grilla; — **heating,** circuito de calefacción; — **horn,** circuito de bocina; — **incomplete,** circuito incompleto; — **lighting,** circuito de alumbrado; — **motor,** circuito del motor; — **multiple,** circuito múltiple; — **quadrangular,** circuito cuadrangular; — **receiving,** circuito receptor; — **return,** circuito de retorno; — **shunt,** circuito derivado; — **training,** circuito de entrenamiento; — **triangular,** circuito triangular; — **two part,** circuito de dos partes o columnas; — **water,** circuito de refrigeración; **absorber** —, circuito de absorción; **acceptor** —, circuito resonante; **aerial or antenna** —, circuito de antena; **alarm** —, circuito de alarma; **bass-boost** —, circuito compensador de bajos; **battery supply** — **noise,** ruido de alimentación; **bootstrap** —, circuito de autoarrastre; **branch** —, circuito derivado; **bridge** —, circuito en puente; **clamping** —, circuito de fijación de base; **clipper** —, filtro de manipulación; **closed** —, circuito cerrado; **closed-** — **current,** corriente en circuito cerrado; **coder** —, codificador; **combinational relay** —, circuito estático de relé; **communication** —, vía de comunicación; **complete** —, circuito cerrado; **composite** —, circuito compuesto, circuito mixto; **compressed air** — **breaker,** disyuntor de aire comprimido; **controlling** —, circuito de órdenes; **cord** —, circuito de cordón; **decoder** —, circuito decodificador; **decoupling** —, circuito de desacoplo; **delay** —, circuito de retardo; **delta or mesh** —, circuito en triángulo; **direct (telegraph)** —, circuito (telegráfico) directo; **direct current** —, circuito de corriente continua; **direct international** —, circuito internacional directo; **double phantom balanced telegraph** —, circuito telegráfico superfantasma equilibrado; **driving** —, circuito excitador; **earth return** —, circuito con vuelta por tierra;

earth return double phantom —, circuito superfantasma con vuelta por tierra; **excitation —**, circuito de excitación; **flip flop —**, véase **flip**; **flywheel —**, circuito de volante; **forcible release —**, circuito de reposición forzada; **four-wire —**, circuito de cuatro hilos; **grid —**, circuito de rejilla; **guard —**, circuito de seguridad; **howler —**, circuito de aullador; **howler cord —**, cordón de aullador; **hyperfrequency —**, circuito de hiperfrecuencias; **ignition —**, circuito de encendido; **incoming —**, circuito de llegada; **input —**, circuito de entrada; **integrating —**, circuito integrador; **international telegraph —**, circuito telegráfico internacional; **lighting —**, circuito de iluminación; **live —**, circuito bajo tensión; **load —**, circuito de carga; **lock-over —**, circuito biestable; **logarithmic —**, circuito logarítmico; **losser —**, véase **Losser**; **lumped circuits**, circuitos con características concentradas; **magnetic —**, circuito magnético; **magnification —**, circuito resonador; **metallic —**, circuito metálico; **monostable —**, circuito monoestable; **multi-tone —**, circuito multicanal; **oil — breaker**, disyuntor en el aceite; **open —**, circuito abierto; **oscillatory —**, circuito oscilante; **outgoing —**, circuito de partida; **output —**, circuito de salida; **overall — routine tests**, ensayos sistemáticos de circuitos; **peaker —**, circuito diferenciador; **phase shifting —**, circuito por desplazamiento de fase; **plate —**, circuito de placa; **plugging-up an observation line —**, circuito de toma y observación de líneas; **position load distributing —**, circuito distribuidor; **primary —**, circuito primario; **printed —**, circuito impreso; **pulse halving —**, circuito de impulsos alternos; **pulsing —**, circuito pulsante; **push-pull —**, circuito en contrafase; **radio electronic —**, circuito radioelectrónico; **radio telephone —**, circuito radiotelefónico; **rejection —**, circuito de supresión; **rejectostatic —**, circuito preselector (radio); **resonant —**, circuito resonante; **restoration —**, circuito restaurador; **ringing trip —**, circuito de corte de llamada; **sanaphan —**, circuito sanatán; **scaler —**, circuito escalar; **secondary —**, circuito secundario; **self drive —**, circuito de avance automático; **self interrupted —**, circuito autointerrumpido; **semi-butterfly —**, circuito mariposa asimétrico; **sequential relay —**, circuito secuenciado de relé; **shaping —**, circuito formador; **shell —**, resonador bivalvo; **short —**, corto-circuito; **short — micrometer head**, cabeza micrométrica de cortocircuito; **short — ratio**, relación de corto-circuito; **short — winding**, devanado en cortocircuito; **side —**, circuito real; **squelch —**, silenciador; **stable —**, circuito estable; **superposed —**, circuito superpuesto; **tank —**, circuito resonante paralelo; **telegraph —**, circuito telegráfico; **test —**, circuito de pruebas; **test interception — of M. D. F.**, línea de prueba al repartidor; **toll —**, circuito interurbano; **transit —**, circuito de tránsito; **two-wire —**, circuito de dos hilos; **to break the —**, abrir el circuito; **to close the —**, cerrar el circuito; **to open the —**, abrir el circuito.

Circuitous, Sinuoso.

Circuitry, Circuitería; **radar —**, circuitos de montaje del radar.

Circular, Circular; **— diagram**, diagrama circular; **— mil**, véase **Mil**; **— orbit**, órbita circular; **— path**, paso circular; **— plate**, plato circular; **— polarization**, polarización circular; **— shed**, rotonda para locomotoras; **— sinus**, seno circular; **— tube**, tubo circular; **rack — saw**, sierra circular de carro; **radiophare of — diagram**, radiofaro de diagrama circular.

Circulary, Circularmente; **to mill —**, fresar circularmente.

Circulating, De circulación; — **automatic,** circulación automática; — **current,** corriente circular; — **free,** circulación expedida; — **gravity,** circulación por gravedad; — **hole,** agujero de circulación; — **inlet valve,** válvula de aspiración del mar de las bombas de circulación; — **pump,** bomba de circulación; — **pipe,** tubo de circulación; — **rapid,** circulación intensiva; — **steam,** circulación de vapor; — **water,** agua de circulación; **air** —, aire de circulación; **oil** — **pump,** bomba de aceite; **water** — **pump,** bomba de agua.

Circulation, Circulación; — **pump,** bomba de circulación; **forced** —, circulación forzada; **thermo-syphon** —, circulación por termosifón.

Circulator, Circulador; **oil** —, circulador de aceite; **water** —, circulador de agua.

Circulatory, Aparato de destilación circulatoria, circulatorio.

Circumference, Circunferencia; — **inner,** circunferencia interior; — **propeller,** círculo de la hélice; — **rolling,** circunferencia de rodamiento.

Circumferential, Circunferencial; — **friction wheel,** rueda de fricción circunferencial; — **surface,** superficie circunferencial.

Circumferentor or **Circumventor,** Grafómetro.

Circumfluence, Circunfluencia.

Cistern, Aljibe, cisterna, cubeta (barómetro), depósito; **open** — **barometer,** barómetro de depósito abierto.

Citraconic, Citracónico.

Citrate, Citrato; — **ferrous,** citrato ferroso; — **of ammonia,** citrato de amoníaco; — **of sodium,** citrato de sodio.

Citrene, Citreno.

Citrometer, Citrómetro.

Citrooxalate, Citrooxalato.

City, Urbano; — **trunk,** enlace urbano.

Civary, Faldón de bóveda.

C. L. (Centre line), Eje.

Clack, Trinquete, válvula; — **box,** cabezal de bomba, caja de válvula; — **pump,** clapete de bomba; — **seat,** asiento de válvula; — **valve,** válvula de mariposa; **delivery** —, válvula de presión, de descarga; **exhaust** —, válvula de escape; **hydraulic** —, válvula hidráulica; **pressure** —, válvula de presión; **shutting** —, válvula de detención.

Clad, Chapado; — **steel,** acero chapado; **iron** — **dynamo,** dínamo acorazada; **iron-** — **electromagnet,** electroimán apantallado; **metal** —, acorazado, de célula metálica.

Cladding, Encamisado de electrodos.

Claggum, Cocción dura, melaza.

Claim, Reclamación; — **agent,** agente de reclamaciones; — **for shortage,** reclamo por entrega incompleta; — **mining,** fundo minero.

Claimholder, Concesionario minero.

Clamp, Bloque, collar, crampón, empalmador (elec.), garra, grapa, grifa, ladrillar al aire, montón, mordaza de apriete, mordaza de torno, mortaja, pata de torno, pinza, prensa de sujeción, silo, soporte de banco de carpintero, tenazas, tirafondos; — **adjustable,** abrazadera regulable; — **bent,** hierro acodado para sujetar; — **dog,** taco de arrastre; — **handle,** manivela sujetadora; — **insulator,** presilla aislante; — **nail,** pasador de riostra; — **positive,** amarra perfecta y eficaz; — **rapid,** abrazadera rápida; — **revolving,** abrazadera giratoria; — **spindle,** abrazadera de articulación; — **trunk,** grampa para baúles; — **unit,** grampa del grupo; — **upset,** brida de apriete acodada; — **wire,** grampa de alambre; **adjustable** —, apretajuntas; **bridge** —, puente de apriete; **brush** —, mordaza de escobilla; **cone** —, cono de apriete para hilos; **crossing** —, palanca de cruzamiento; **eccentric** —, palanca de cambio de vía; **frog** —, tenacillas holandesas; **ground** —, toma de tierra; **hanging** —, crampón, mano de hierro; **lockfiler's clamps**, torno de achaflanar; **riveting — for boilers**, tenazas para tubos; **rope** —, grapa para cable; **screw** —, abrazadera, pinza de tuerca; **spring** —, pinzas de resorte (química); **terminal** —, collarín de borna; **transformer** —, borna de transformador; **vice clamps**, mordaza de bisel; **wire** —, borna empalmadora; **to** —, apretar, embridar, empotrar, encajar, fijar.

Clamped, Apretado, embridado, fijado; — **axle box**, apoyo de eje; — **tight**, bloqueado.

Clamper, Acoplador electrónico.

Clamping, Apriete, bloqueado, calado, embridado, fijación, junta, unión con encaje, unión de planchas; — **device**, dispositivo de apriete; — **diode**, diodo de bloqueo; — **method**, método de sujeción; — **piece**, calzo dentado, pieza de agarre; — **pivoted**, colocación giratoria; — **ring**, anillo de fijación; — **screw**, tornillo de apriete, tornillo de parada, tornillo de regulación, tornillo de sujeción; — **segment**, segmento de zuncho; — **strap**, banda de apriete; — **strip**, banda de fijación; **pneumatic** —, apriete neumático; **quick** —, con apriete rápido; **table** — **handle**, empuñadura de bloqueado de la mesa.

Clamps, Cárcel, prensa a mano.

Clamshell, Cuchara; — **crane**, grúa de cuchara.

Clang or **Clank**, Sonido metálico.

Clapper, Badajo (campana), válvula (bomba); — **valve**, obturador de pulsómetro.

Clarifiant, Clarificante.

Clarification, Clarificación; — **commision**, comisión depuradora.

Clarifier, Caldera de clarificar; **acoustic** —, amortiguador acústico.

Clarifying, De clarificación; — **apparatus**, aparato de clarificación; — **powder**, polvo clarificante.

Clark cell, Pila patrón (fuerza electromotriz a 15° C: 1,4322 voltios).

Claroline, Clarolina.

Clash, Choque violento.

Clashing, Entrechoque.

Clasp, Anillo, cerrojo, cierre, gancho, garfia, grapa, virola; — **knife**, cuchilla de báscula, cuchilla de picaporte; — **nail**, abismal (clavo); — **nut**, tuerca embragable sobre el tornillo madre, tuerca de quijadas.

Class, Grado; — **of loading**, tipo de carga; — **of pilot**, categoría de piloto.

Classifiable, Clasificable.

Classification, Clasificación; — **at a race**, clasificación en una prueba.

Classifier, Clasificador (aparato de lavado de mineral o de carbón de corriente horizontal o ascensional); — **mechanical**, clasificador mecánico.

Clastic, Clástico.

Clathrates, Clatrados.

Clavate, Claviforme.

Claw, Descalcador, garfio de correa, garra, palanca de pie de cabra, pata, uña de martillo; — **chips**, espárrago de sujeción; — **coupling**, acoplamiento, embrague de garfios; — **field**, engendrado por las garras de los inductores; — **field generator**, generador de polos dentados; — **foot**, llave de garras; — **hammer**, martillo de uñas; — **hook**, macho de garras; — **revolving**, garra giratoria; — **trussing machine**, máquina de colocar aros de toneles; — **wrench**, desclavador, llave inglesa dentada; **coupling sleeve** —, manguito de acoplamiento; **devil's** —, pinza holandesa; **jack with a double** —, gato de dos garras; **nail** —, mordaza para tensar, palanca de pie de cabra; **reversible** —, trinquete reversible; **starting** —, gancho de arranque; **throw over** —, trinquete reversible.

Clay, Arcilla; — **blanket,** colchón de greda; — **brick,** ladrillo de arcilla; — **cell,** vaso poroso; — **course,** salbanda arcillosa; — **dry,** arcilla seca; — **foundry,** arcilla de fundición; — **grit,** marga arcillosa; — **gun,** máquina para taponar el agujero de colada; — **iron,** pisón de arcilla; — **iron ore,** hierro oxidado macizo arcilloso; — **mill,** molino de arcilla; — **molding,** barro de amoldador; — **pavement,** pavimento arcilloso; — **pit,** arcillera, barrera, cantera de arcilla, margal, marguera; — **plug,** tapón de arcilla (alto horno); — **retort,** retorta de arcilla; — **rich,** arcilla grasa; — **shale or slate,** esquisto arcilloso; — **stick,** hurgón; — **tempering machine,** amasadora de arcilla, mezcladora de arcilla; — **wall,** muro de argamasa; — **ware** objetos de arcilla; — **wash,** lavado con arcilla; — **wrench,** sacaclavos; **baked** —, tierra cocida; **Bradford** —, marga arcillosa azul; **Cologne** —, arcilla plástica; **fire** —, arcilla refractaria; **fulling** —, tierra de bataneros; **gray** —, arcilla gris; **green** —, arcilla magra; **puddled** —, barro trabajado; **soapy** —, arcilla grasa; **sticky** —, arcilla adhesiva; **white** —, arcilla blanca; **to** —, cubrir de tierra, recubrir de arcilla.

Claying, Relleno con arcilla del agujero de un barreno, tierra batida.

Clayish, Arcilloso.

Cleading, Forro de caldera.

Clean, Depurado; — **aircraft,** aeronave depurada; — **body,** fuselaje depurado; — **design,** diseño limpio; — **of impurities,** desprovisto de impurezas; **to** —, decapar, desbarbar, desengrasar una lima, lavar el mineral, limpiar, rectificar una pieza.

Cleaned, Depurado.

Cleaner, Aspirador, depurador, lavador, obturador, rascador; — **automatic,** limpiador automático; — **bottle,** limpiabotellas; — **centrifugal,** depurador centrífugo; — **chemical,** limpiador químico; — **gasoline,** depurador de gasolina; — **pipe,** limpiador de tubos; **air** —, filtro de aire; **electric** —, aspirador eléctrico; **oil bath air** —, filtro de aire con baño de aceite; **suction** —, aspirador.

Cleaning, Decapado, depuración, desengrase, limpieza; — **cable,** cable para limpiar los tubos; — **device,** dispositivo de limpiado; — **door,** puerta de limpieza (calderas); — **equipment,** equipo de limpieza; — **frame,** marco del agujero de limpieza; — **hand,** limpiador a mano; — **materials,** substancias de limpiezas; — **pipe,** tobera de escape; — **shop,** limpieza en la fábrica; **dry** —, depuración en seco.

Cleanliness, Limpieza; — **surface,** nitidez de la superficie.

Cleanout, Limpieza; — **time,** tiempo de limpieza.

Cleansable, Limpiable.

Cleanse (To), Decapar, desarenar, desengrasar, dragar, limpiar, quitar la grava.

Cleanser, Cuchara excavadora, desbarbador, máquina para quitar piedras pequeñas de los cereales.

Cleansing, Detergente; — **compound,** producto detergente; — **tool,** herramienta de desbarbado.

Clear, A distancia conveniente; — **bore,** ánima clara; — **distance,** luz libre; — **lumber,** madera limpia; — **story,** tragaluz; — **varnish,** barniz incoloro; **diameter in the** —, diámetro interior (calderas); **in the** —, por encima de los tubos (caldera); **0,015** —, juego de 0,015; **to** —, afinar (oro o plata), desatascar, desatrancar, desescombrar, desobstruir, liberar; **to** — **and wider ashaft,** desbarrar una estameña; **to** — **away,** descebarse, desescombrar; **to** — **itself,** enlucir; **to** — **the tool,** despejar la herramienta; **to** — **up with gypsum,** enlucir.

Clearance, Despojo, despulle, destalonado, entrehierro, espacio libre, espacio muerto, espacio perjudicial, franquía de aduana, holgura, juego, liberación (de virutas), permiso (de un navío), resguardo, tolerancia; — **angle,** ángulo de despulle; — **at contact,** intersticio de junta; — **bottom,** separación del fondo; — **certificate,** certificado de salida; — **corner,** holgura en los ángulos; — **diameter,** diámetro del intersticio; — **excessive,** juego perjudicial; — **for traffic,** espacio libre para el tráfico; — **hole,** agujero de paso (punzonadora); — **limited,** limitación del espacio libre; — **maximum,** luz máxima; — **minimum,** luz mínima; — **pistón,** juego de émbolo; — **radial,** juego radial; — **running,** juego de funcionamiento; — **vertical,** espacio libre vertical; — **volumetric,** espacio muerto volumétrico; — **with sufficient,** holgadamente; **front — angle,** ángulo de despulle frontal; **lip —,** liberación de garganta; **side —,** despulle o despojo lateral; **swarf —,** despulle de las virutas.

Cleare, Meladura.

Clearer, Minero.

Clearforward signal, Señal de principio de comunicación.

Clearing, Desguarnecido (alto horno), despulle de virutas, escombros, expedición, hueco de una rueda dentada, juego entre dientes, liberación, limpieza; — **copper,** caldera de avivar; — **grain,** lecho de cantera; — **hole,** agujero perforado con dimensiones (no debiendo ser roscado posteriormente); — **house,** cámara de compensación; — **iron,** limpia-toberas; — **lamp,** lámpara de fin de conversación; — **of the cylinder,** descarga del cilindro; — **stone,** piedra para afilar; **earth —,** señal de fin por tierra.

Clearly, Claramente.

Clearness, Visibilidad.

Cleat, Calzo, taco, tajadera; **cross over —,** puente de apriete; **crossing —,** taco aislador; **to —,** afianzar, enchavetar, remachar, roblar.

Cleating, Envoltura.

Cleavage, Disociación (quím.), escisión, expoliación, fisura, hendidura, ruptura; **alkaline —,** escisión alcalina; **hydrolitic —,** hidrólisis; **plane of —,** plano de crucero.

Cleave (To), Hender la madera; **to — wood with the grain,** seguir el hilo de la madera.

Cleaver, Destral, hendedor.

Cleaving, Hendidura; — **grain,** lecho de sillar; — **iron,** contra-hendedor; — **tool,** cortador de banco, hendedor.

Cleft, Crica, entalla, fisura, grieta, grieta por congelación, heladura, paja (metal); **base —,** grieta rellena de mineral sin valor; **full —,** filón metálico.

Clench (To), Aplastar, apretar, remachar.

Clerestory, Claraboya.

Clerk, Empleado; — **time,** cronometrista.

Clevis, Abrazadera; — **control,** horquilla de mando; — **hook,** gancho de pasador.

Click, Gatillo, lingüete, modillón, palanca de retención, perrillo de fusil, pestillo, rueda de trinquete, trinquete, uña de trinquete; — **and spring work,** trinquete; — **catch,** trinquete; — **in the band,** clic en la banda; — **iron,** trinquete; — **of a ratchet wheel,** lingüete de una rueda de escape; — **shutter,** clic del obturador; — **wheel,** rueda de trinquete; **keying clicks,** chasquidos de manipulación.

Cliker hole, Válvula de fuelle.

Clicking, Ruido seco.

Clicks, Parásitos (radio).

Climb, Subida; — **continuous,** ascensión continua; — **excess,** exceso de cabreada; — **maximum,** maximum de cabreada; — **normal,** subida normal; — **rapid,** trepada rápida; **rate of** — **indicator,** variómetro.

Climber, Rueda de rampa; **climbers,** trepador.

Climbing, Acortamiento de cadena por torsión; — **automatic,** subida automática; — **flight,** vuelo cabreado; — **irons,** trepadores; — **speed,** velocidad de subida; — **spur,** crampón, trepador; — **test,** ensayo de ascensión; **ramp for** —, aguja de rampa (transbordador).

Climography, Climografía.

Clinch, Gancho, remache, roblón; — **bolt,** clavija empernada en abrazadera; — **ring,** anillo de llave; **to** —, embridar, remachar; **to** — **a rivet,** abatir un remache.

Clinched, Clavado.

Clincher, Herramienta para engarzar; — **tire,** talón de neumático; — **type,** tipo de garra.

Clinching, Remachado; — **on the rim,** enganche sobre llanta.

Cling (To), Adherirse a tierra.

Clink, Rueda de escape, tintineo.

Clinked built, Construído en tingladillo.

Clinker, Batiduras de forja, colcotar muy basto, escorias, ladrillo fundido superficialmente; — **bar,** traviesa del cenicero; — **cement,** cemento blanco; — **hole,** orificio de escorias; — **scuttle,** cubeta de escorias; — **vitreous,** escoria vítrea; **clinkers,** ladrillos holandeses; **furnace with** — **grinder,** hogar con parrilla de rodillos; **to** —, calcinarse, desescorificar la parrilla, sinterizarse.

Clinkering, Aglutinación de coque.

Clinkerization, Clinkerización.

Clinking, Grieta, resquebrajadura.

Clinkstone, Fonolita.

Clinograph, Clinógrafo.

Clinometer, Clinómetro, indicador de pendiente; — **head,** clinómetro de burbuja; — **liquid,** clinómetro líquido.

Clinometrical, Clinométrico.

Clip, Abrazadera, brida de apriete, cargador de cartuchos, collar para tubos, collarín de excéntrica, garra, grapa, guía, impresión, mordaza, pinza, portacarbón, portalápiz, sombrerete; — **band,** banda de eje; — **control,** grapa de mando; — **frame,** sujetador para el cuadro; — **half,** media brida; — **paper,** pinza sujetadora de papel; — **pulley,** polea de garganta; — **pump,** pinza para sujetador de riel; — **suspension,** estribo de suspensión; — **test,** grampa de prueba; — **tongs,** tenazas de herrero; — **universal,** collar universal; — **wall,** abrazadera de pared; **cable** —, terminal de cable; **filament** —, filamento (bombilla); **pressed up clips,** grampas embutidas; **rail** —, piezas de calaje; **riveted clips,** grapas remachadas; **to** —, cizallar, cortar, desbarbar, trinchar.

Clipper, Separador de señales; — **of iron plate,** cizallador.

Clipping, Alisadura; — **machine,** engrampadora; — **newspaper,** recorte de diario

Clippings, Rebabas, virutas.

Clips, Garras, grapas, tenazas.

Clobber, Pez para aconchegar.

Clock, Péndulo, reloj; — **castings,** movimiento de péndulo; — **meter,** contador de reloj; **control** —, péndulo trazador; **electric** —, reloj eléctrico; **magneto-electric** —, reloj magnetoeléctrico; **quartz** —, reloj de cuarzo; **to** — **over,** girar muy despacio.

Clocked, Controlado; — **minute,** minuto controlado.

Clockwise, Dextrorso, en el sentido de las agujas del reloj; **counter** —, en sentido inverso al de las agujas del reloj, levógiro.

Clockwork, Movimiento de relojería; — **differential,** mecanismo de reloj diferencial; — **recording,** mecanismo registrador.

Clod, Esquisto blando; — **coal,** carbón en trozos, rocas de carbón, terrones; — **crusher,** aparato desterronador, rompeterrones.

Cloddy, Lleno de terrones (suelo).

Clog, Obstrucción, redondo pequeño de entibación; **to** —, atascar la lima, obstruirse, trabarse.

Clogged, Engrasado, incrustado; — **pipe,** tubo obstruído.

Clogging, Atascamiento, atoramiento, engrasado, llenado, obstrucción; **filter** —, obstrucción de un filtro.

Cloorner, Última fosa (curtición).

Close, Próximo; — **connection,** conexión limpia; — **contact,** íntimo contacto; — **escort,** escolta próxima; — **grained,** de grano fino; — **reefed,** con todos los rizos (velas); — **talking,** hablar muy próximo al micrófono; — **tolerances,** tolerancias muy pequeñas; — **up,** primer plano, vista cercana; **to** —, cerrar, enclavar; **to** — **the grain,** forjar en frío.

Closed, Cerrado; — **core,** núcleo cerrado; — **cycle turbine,** turbina en circuito cerrado; — **fold,** pliegue cerrado; — **jet wind tunnel,** túnel de vena cerrada; — **landplane,** avión terrestre del tipo cerrado; — **type,** tipo cerrado.

Closely, Ajustado; — **fitted,** muy ajustado; — **spaced,** poco espaciado.

Closeness, Proximidad.

Closer, Acabador, cierre, llave de bóveda; **circuit** —, conyuntor; **plate** —, pie de cabra de cierre.

Closing, Cierre, forro; — **automatic,** cierre automático; — **delayed,** cierre retardado; — **device,** dispositivo de cierre; — **hammer,** martillo sedero; — **hand,** cierre manual; — **outer,** cierre exterior; — **positive,** cierre forzado; — **quick,** cierre rápido; — **speed,** velocidad de aproximación; — **tube,** tubo sujetador; **cylinder** —, camisa de cilindro; **self** —, con cierre automático.

Closure, Cierre; — **felt,** cierre por fieltro; — **imperfect,** imperfección de cierre; — **plate,** placa de cierre; — **relations,** relaciones de cierre; — **tight,** cierre hermético; — **tube,** cierre de tubo; — **vertical,** cierre vertical.

Clot (To), Engrumecerse.

Cloth, Paño, tela; — **finishing machine,** aprestadora de tejidos; — **pin,** gancho de tendedera; — **wheel,** rueda pulidora recubierta de paño; **botting** —, tela de tamiz; **drafting** —, tela de dibujo; **embossed** —, tela de algodón estampada; **empire** —, tela aceitada; **glass** —, tejido de vidrio; **leather** —, cuero de imitación; **metallic wire** —, tela metálica; **sail** —, tela para velas; **twilled** —, tela de doble trama; **wet** — **on a stick,** tela mojada para enfriar moldes; **writing** —, papel tela, tela de calcar.

Clothing, Afieltrado, envoltura, revestimiento.

Cloud chamber, Cámara de Wilson; — **point,** punto de turbiedad de un aceite (Es la temperatura en grados F, para la que una cera de parafina o cualquier otra substancia sólida empieza a cristalizar o a separarse de la solución cuando se enfría el aceite en determinadas condiciones).

Clough, Presa.

Clout, Banda de hierro; — **nail,** clavo de cabeza plana; **to** —, clavetear.

Clow sluice, Punta de esclusa.

Club, Maza; — **compasses,** compás de punta de bola; — **foot electro magnet,** electroimán de arrollamiento unilateral; — **glider,** club de planeadores; — **tooth,** diente cónico; **braking** —, barra de parada.

Clumb, Bloque grueso; — **sole,** zapata de patín.

Cluster, Grupo; — **instrument,** grupo de instrumentos; — **mill,** laminador de cilindros de apoyos múltiples.

Clutch, Corredera, desembrague, diente, embrague, garra, tenazas para crisoles; — **adjustable,** embrague ajustable; — **assembly,** juego de discos de embrague; — **automotive,** embrague en automovilismo; — **balanced,** embrague equilibrado; — **ball thrust,** cojinete a bolas del tope de desembrague; — **bearing,** cojinete de embrague; — **bolt,** clavija del embrague; — **box,** embrague de dientes, manguito de embrague; — **brake,** freno de embrague; — **bushing,** buje de engranaje de embrague, buje guía; — **compression,** garra de compresión; — **cone,** cono de embrague; — **coupling box,** manguito de acoplamiento; — **diaphagram,** diafragma de embrague; — **disc,** disco de embrague; — **disconnectable,** embrague desenganchable; — **disengaged,** embrague desacoplado; — **double,** doble embrague; — **engine,** embrague del motor; — **finger,** brazo de embrague; — **fly wheel,** plato de embrague volante; — **foot,** pedal de desembrague; — **gear,** embrague de engranajes; — **governor,** regulador de embrague; — **horn,** embrague de cuerno; — **insert,** suplemento de embrague; — **interlock,** entrecierre de embrague; — **lever,** palanca de embrague; — **master,** embrague principal; — **member,** órgano de embrague; — **metal,** disco de embrague de metal; — **motor,** embrague del motor; — **nut,** tuerca de graduación de embrague; — **operating lever,** palanca de mando; — **pedal,** pedal de desembrague; — **plate,** plato de embrague; — **release fork,** horquilla de embrague; — **ring,** corona de embrague; — **single,** disco de embrague monobloc; — **smooth,** embrague suave; — **spring,** resorte de embrague; — **supercharger,** embrague del compresor; — **synchronizer,** embrague sincronizador; — **tooth,** manguito de embrague; — **tube,** tubo del mecanismo de embrague; — **ventilated,** embrague con ventilación; — **woven,** disco de embrague entretejido; **balanced cone** —, embrague cónico equilibrado; **centrifugal** —, embrague centrífugo; **claw** —, embrague de ganchos; **cone or conical** —, embrague de cono; **disc** —, embrague de discos; **dog** —, embrague de dientes; **dog** — **sleeve,** manguito de acoplamiento; **double cone** —, embrague cónico doble; **expanding** —, embrague por segmento; **fiber** — **ring,** corona de embrague de fibras; **friction** —, embrague por fricción; **hydraulic** —, embrague hidráulico; **magnetic** —, embrague magnético; **magnetid fluid** —, embrague de fluido magnético; **magnetic particle** —, embrague de partículas magnéticas; **multiple disc** —, embrague de discos múltiples; **plate** —, embrague de plato; **reverse cone** —, embrague de conos invertidos; **slip** — **coupling,** embrague de platos móviles; **slippage** —, embrague automático; **slipping** —, embrague que resbala; **throw out** —, desembrague; **to** — **the main shaft,** hacer solidario del árbol principal.

Clutchable, Embragable.

Clutches, Garras, mordazas, patas, salientes.

Clutter (Ground), Emborronamiento debido al suelo; **sea** —, reflexión marina.

Co-phasal, En fase.

Coacervate, Coacervado.

Coactivity, Coactividad.

Coach, Coche de ferrocarril; — **passenger,** coche de pasajeros.

Coach-screw, Tirafondo.

Coachwork, Carrocería.

Coachwrench, Llave inglesa.

Coagulant, Coagulante.

Coagulate (To), Coagular, coagularse, cuajarse.

Coagulation, Coagulación, decantación; — **basins,** cubetas de decantación.

Coak and plain, Unión en coia de milano.

Coal, Carbón de piedra, hulla; — **basket,** cesta para carbón; — **blacking,** negro de fundición; — **blind,** carbón seco o antracitoso; — **block,** briqueta de carbón; — **brass,** pirita de hierro; — **bucket,** cubo para carbón; — **bunkers,** carboneras; — **cinders,** carbonillas, cisco; — **closet,** carbonera; — **coke,** briqueta de hulla; — **commercial,** hulla del comercio; — **cutter,** picador de carbón, rozadora de carbón; — **cutting machine,** máquina rozadora; — **dead,** carbón apagado; — **depot,** parque de carbón; — **district,** distrito hullero; — **drawing,** extracción de la hulla; — **drigger,** picador de carbón (minero); — **dross or — dust,** cisco, polvo de carbón; — **field,** región hullera; — **formation,** terreno hullero; — **getting,** laboreo de carbón; — **grizzly,** cribón para carbón; — **handling,** mantenimiento del carbón; — **homogenous,** carbón regular homogéneo; — **hydrogenation,** hidrogenación de la hulla; — **lighter,** gabarra de carbón; — **miner,** minero; — **mining,** explotación hullera, rozado; — **moor,** lignito trapezoide; — **pan,** brasero; — **pit,** mina hullera; — **pitch,** azabache; — **poker,** atizador, hurgón, picafuegos; — **pressed,** carbón comprimido; — **sampling,** muestreo del carbón; — **screened,** carbón cribado; — **scuttle,** banasta, cesta de carbón, cubo para carbón; — **seam,** capa de carbón, veta; — **shed,** carbonera; — **shoot,** pala para carbón; — **shovel,** vía levantada para la descarga de carbón; — **skip,** cesta de carbón; — **slate,** pizarra carbonífera; — **soft,** carbón bituminoso; — **stone,** antracita; — **store,** depósito de carbón; — **stove,** carbón de estufa; — **tar,** alquitrán de hulla; — **tar color,** colorante de alquitrán de hulla; — **tar creosote,** ácido carbólico; — **tip,** estacada, vagón de volquete para carbón; — **unscreened,** carbón sin cribar; — **unsorted,** carbón sin clasificar; — **unwashed,** carbón sin lavar; — **waste,** residuos de carbón; — **wheeler,** acarreador de carbón; — **white,** hulla blanca; — **work,** hullera; — **working,** extracción del carbón; **active** —, carbón activo; **aluminous pit** —, hulla aluminosa; **anthracite** —, carbón antracitoso; **best** —, carbón de roca; **bituminous** —, carbón bituminoso; **black** —, hulla; **blind** —, hulla seca; **brown** —, lignito; **caking or coking** —, hulla aglutinante; **candle** —, carbón de llama larga; **cannel** —, carbón bituminoso, carbón de gas, hulla de llama larga; **cherry** —, carbón flambante, hulla semigrasa; **clod** —, carbón en trozos, hulla magra; **close burning** —, carbón aglutinante; **coking** —, carbón coquificable; **cubical** —, briqueta; **dead** —, carbón mate; **dry burning** —, carbón magro; **fat** —, hulla grasa; **fine** —, finos de carbón; **foliated** —, hulla esquistosa; **forge** —, carbón de forja; **fossil** —, lignito; **free ash** —, carbón magro; **free burning** —, hulla de llama larga; **glance** —, antracita, carbón brillante; **humphed** —, tierra-hulla; **large** —, carbón de roca; **live** —, brasa; **long flaming — or long burning** —, hulla de llama larga; **mean** —, hulla de poco valor, menudo; **mixon** —, hulla semi-grasa; **nut** —, almendrillas, galletas; **open burning** —, hulla flambante, hulla semi-grasa; **pea** —, menudo; **pea cock** —, carbón brillante, carbón luciente; **picked** —, carbón cribado; **pit** —, carbón sin clasificar, hulla; **pulverized — or powdered** —, carbón pulverizado; **returning — seam,** carbón en nódulos; **rich** —, carbón en nódulos; **riddled** —, carbón cribado; **rough —**, carbón sin clasificar; **short burning — or short flaming —**, hulla de llama corta; **slack —**, finos, menudo; **slate —**, hulla esquistosa; **small —**, finos, hulla menuda; **smithy —**, carbón de forja, hulla grasa; **soft —**, carbón bituminoso; **soft brown —**, lignito; **steam —**, carbón de llama corta; **stone —**, antracita.

Coalesce (To), Fundirse.

Coalescence, Coalescencia.

Coaling, Carboneo; **— boat,** barco carbonero; **— crane,** grúa de carboneo; **— door,** puerta del hogar; **— station,** depósito de carbón.

Coalite, Coalita (combustible obtenido por destilación del carbón a baja temperatura).

Coaltitude, Coaltitud.

Coaly, Carbonoso.

Coaming, Brazola (buques), eslora.

Coarse, Bruto, grueso; **— aggregate,** agregado grueso; **— copper,** cobre bruto; **— feed,** material tosco; **— grained iron,** hierro de grano grueso; **— running,** de funcionamiento tosco.

Coast battery, Batería de costa; **— quick wood,** sequoia; **— service,** servicio de costa a costa; **to —**, seguir funcionando gracias a la inercia.

Coaster brake, Freno de contrapedal.

Coasting method, Método de inercia.

Coat, Brea, capa o mano de pintura, chapa, enlucido; **— float,** mano de enlucido; **— regular,** capa normal; **— shop,** capa de taller; **finishing —**, capa de acabado; **ground —**, pintura de fondo; **under —**, capa de apresto, subcapa; **to —**, vestis (cable, hilo metálico); **to — with lime,** enlucir.

Coated, Armado, protegido, revestido; **— wire,** alambre recubierto; **— zinc,** revestido de zinc; **ceramic —**, con revestimiento cerámico; **heavy or heavily —**, con revestimiento espeso; **iron —**, revestido (cable); **lightly —**, con revestimiento fino; **oxide —**, con película de óxido; **rubber —**, bajo caucho.

Coater, Revestidora.

Coating, Afieltrado, armadura de botella Leyden, capa, enlucido, protección, revestimiento; **— copper,** depósito de cobre; **— emissive,** recubrimiento activo; **— of galvanizing,** revestimiento de zinc; **aluminium —**, aluminaje; **electrode —**, encamisado de electrodo; **insulating —**, aislamiento térmico; **outer —**, costra; **protective —**, revestimiento protector; **reflector —**, revestimiento reflector; **transparent —**, mano de pintura transparente.

Coastwise, Costero.

Coax, Coaxil; **coax-to- — adapter,** adaptador coaxil; **waveguide to — adapter,** adaptador guía-coaxil.

Coaxial, Coaxial; **— antenna,** antena coaxial; **— cables,** cables coaxiales; **— wattmeter,** vatímetro coaxil; **termination for — line,** terminacion de línea coaxil.

Coaxing, Tratamiento previo.

Cob, Bobina, cernido manual, mineral, pedazo grande de carbón; **— mortar,** mortero de barro; **— work,** conducción en tierra apisonada, revestimiento; **to —**, clasificar minerales a mano, escoger a mano.

Cobalt, Cobalto; **— bloom,** flores de cobalto; **— colouring,** cobaltaje, cobaltizado; **— glance,** cobaltina, cobalto gris; **— metallic,** cobalto metálico; **— nitrate,** nitrato de cobalto; **— oxide,** óxido de cobalto; **— steel,** acero al cobalto.

Cobaltic, Cobáltico.

Cobaltiferous, Cobaltífero.

Cobaltous, Cobaltoso.

Cobbing, Cernido a mano, residuos de ladrillos de horno metálico.

Cobble, Zamarra mal afinada; — **stones,** pavimento de guijarros; **cobbles,** carbón galleta, galletas.

Cobbling, Carbón galleta, hulla de grosor medio.

Cobler, Martillo de zapatero.

Cock, Dado (de polea), grifo, índice, muesca, perrillo de arma de fuego; — **beam,** brazo de grifo; — **cylinder,** llave de cilindro; — **fume,** grifo de humo; — **handle,** llave de grifo; — **key,** punzón de robinete; — **mobile,** robinetería automóvil; — **nail,** apoyo, reborde de un grifo; — **of a balance,** índice de una balanza; — **saw,** serrucho; — **water,** agua de enjuague de los minerales; **bib** —, grifo de descarga, grifo de tornillo; **blow off** —, grifo de extracción; **blow through** —, válvula o grifo de purga; **body of a** —, cuerpo de grifo; **bottom blow off** —, grifo de extracción de fondo; **brine** —, grifo de extracción; **clearing** —, grifo de descarga; **compression relief** —, grifo de descompresión· **control** —, grifo de control; **delivery** —, grifo de descarga; **distributing** —, válvula de distribución; **double-valve** —, grifo de doble orificio; **drain** —, grifo de purga; **drip** —, grifo de desagüe; **feed** —, grifo de alimentación; **flood** —, válvula de inundación; **gauge** —, grifo de calibración; **globe** —, grifo recto; **grease** —, válvula o grifo engrasante; **heating** —, grifo de recalentamiento; **key of a** —, llave de grifo; **level** —, grifo de nivel; **lubricating** —, válvula o grifo de lubrificación; **mud** —, grifo de purga de sedimentos; **pet** —, válvula o grifo de descompresión; **pit** —, grifo de purga de un cilindro; **plug of a** —, macho de grifo; **relief** —, grifo separador; **safety** —, válvula o grifo de seguridad; **sea** —, grifo de toma de agua al mar; **shell of a** —, cuerpo de grifo; **shut off** —, llave o grifo de detención; **sludge** —, válvula o grifo de descarga; **spigot of a** —, macho de grifo; **stop** —, llave o grifo de interrupción; **surface blow off** —, grifo de extracción de superficie; **taking in** —, válvula o grifo de toma de agua; **tallow** —, válvula de engrase; **test** —, grifo de prueba de nivel; **three end** — **or three way** —, grifo de tres vías; **try** —, grifo de purga; **wateroutlet** —, grifo de purga del cilindro; **to** —, montar un arma de fuego, unir a caja y espiga.

Cockade, Escaparela.

Cockbilled, De aspecto desigual.

Cocked, Armado.

Cockermeg, Armazón de tres riostras para soportar el carbón durante el arranque.

Cocking, De armar; — **lever,** palanca de armas; — **notch,** muesca del percutor; — **nut,** piedra de llave para armar; — **toe,** diente de retenida.

Cockle, Hogar de un horno de secar, horno de desecación de la porcelana después del temple en el baño de vitrificación, todo mineral existente bajo la forma de cristales largos y de color oscuro como la turmalina negra y de la chorlita; — **stairs,** escalera de caracol.

Cockpit, Cabina de puesto de pilotaje, carlinga, habitáculo, macho de grifo, puesto, puesto de pilotaje; — **aft,** puesto ametrallador posterior; — **control,** puesto de mando; — **enclosure,** cubierta corrediza; — **hood or** — **roof,** techo de habitáculo; — **rear,** habitáculo trasero; **gunner's** —, cabina de ametrallador, puesto delantero; **open** —, habitáculo descubierto; **pilot's** —, puesto de pilotaje; **rear** —, puesto trasero.

Coctostable, Coctoestable.

C. O. D. (Cash on delivery), Contrareembolso.

Code, Código; — **instrument,** instrumento para práctica telegráfica; — **message,** telegrama de clave; — **practice,** práctica telegráfica; — **reception,** recepción de radiotelegrafía; — **telegraphic,** código telegráfico; **binary** —, código binario; **cable** —, código para cable; **five-unite** —, código de cinco unidades; **Morse** —, alfabeto Morse, código Morse; **permutation** — **switching system,** selección por señales de código; **three-condition cable** —, código trivalente para cable; **two-condition cable** —, código bivalente para cable; **two-out-five** —, código de dos en cinco.

Codeine, Codeina.

Codling, Vigueta de duelas.

Coe, Abrigo de mina, vigilante.

Coefficient, Coeficiente; — **of amplitude,** coeficiente de amplificación; — **of coupling,** coeficiente de acoplamiento; — **of mutual induction,** coeficiente de inducción mutua; — **of self induction,** coeficiente de auto-inducción; — **of utilization,** coeficiente de utilización; — **of vaporization,** coeficiente de vaporización; — **of viscosity,** coeficiente de viscosidad; **absorption** —, coeficiente de absorción; **block** —, coeficiente bloque; **conjugated attenuation** —, componente de atenuación conjugada; **conjugated phase-change** —, componente de desfase conjugado; **conjugated transfer** —, componente de transferencia conjugada; **decay** —, factor de amortiguamiento; **image phase-change** —, desfase de imágenes; **intermodulation** —, coeficiente de intermodulación; **iterative attenuation** —, componente de atenuación iterativa; **iterative transfer** —, coeficiente de transferencia iterativa; **propagation** —, coeficiente de propagación; **reflection** —, coeficiente de reflexión.

Coercive, Coercitivo; — **force,** fuerza coercitiva.

Coercivity, Coercividad.

Coffer, Artesón, cofre; — **foundation,** encajonamiento; — **work,** cofre, construcción en tierra apisonada.

Cofferdam, Ataguía, dique de presa; — **typical,** ataguía típica de cajón.

Coffering, Arcillado de un pozo, escorial.

Coffin, Crisol grande, explotación escalonada a cielo abierto, horno alemán, obra en escalones, trabajos antiguos a cielo abierto.

Cog, Diente, diente de madera adaptado a una rueda, diente de rueda, diente superpuesto, intrusión de roca, muesca, muro de piedra seca, murtia, pilar de relleno, pitón, relleno; — **railway,** ferrocarril de cremallera; — **shaft,** árbol de levas; — **wheel or cogged wheel,** rueda dentada; **cogs in steps,** dientes escalonados; **to** —, desbastar con laminador, poner dientes, unir a espiga.

Cogged, Con dientes, con entallas; — **rail,** cremallera de funicular.

Cogger, Terraplenador.

Cogging, Desbaste, junta de espiga; — **joint,** ensambladura de almohadón; — **mill,** laminador, tren desbastador; — **wood,** diente de madera para rueda mecánica.

Cohade, Pendiente (geología).

Coherence or **Coherency,** Coherencia, cohesión.

Coherent, Coherente; — **rock,** roca coherente.

Coherer, Cohesor; — **powder,** cohesor de polvo; **filings** —, cohesor de limaduras; **granular** —, cohesor de granalla; **point** —, cohesor de punto de contacto único.

Cohesibility, Cohesibilidad.

Cohesible, Susceptible de cohesión.

Cohesion, Cohesión.

Cohobate (To), Cohobar.

Cohobation, Cohobación.

Cohomology, Cohomología.

Coif stock, Roseta.

Coil, Bobina (elec.), corona, espira de muelle, rosca de cabo, serpentín; — **assembly,** embobinado; — **box,** caja de bobinas; — **cathode,** bobina en el cátodo; — **clip,** anillo de fijación de bobina; — **constant,** relación entre la reactancia y la resistencia eficaz; — **discharge,** bobina de descarga; — **elementary,** bobina elemental; — **field,** bobina inductriz; — **form,** soporte de bobina; — **heating,** serpentín de calefacción; — **indicator,** bobinado del indicador; — **inductance,** bobina autoinductora; — **induction,** bobina de inducción; — **inner,** espiral interior; — **loading,** bobina de carga; — **winding,** bobinado; — **winding machine,** máquina de bobinar; **air core** —, bobina sin hierro; **armature** —, arrollamiento de inducido; **bakelite case** —, bobina con cubierta de bakelita; **balancing** —, bobina de equilibrio; **blowout** —, bobina de soplado de chispas; **caoling** —, serpentín de enfriamiento; **choke or choking** —, bobina de inducción; **closed** —, inducido de devanado cerrado (radio); **coiled- — filament,** filamento doblemente arrollado; **compensating** —, bobina de compensación; **concentrating** —, bobina de concentración; **coupling** —, bobina de acoplamiento; **crossed — aerial,** antena de cuadros cruzados; **deflecting** —, bobina deflectora; **earth** —, inductor de tierra; **edge strip** —, bobina de banda de cobre; **exciting** —, bobina de excitación de campo; **exploring or flip** —, bobina de exploración; **field** —, bobina de campo, bobina inductora; **focusing** —, arrollamiento de enfoque, bobina de enfoque; **form wound** —, bobina devanada sobre forma; **heat** —, bobina térmica; **heating** —, serpentín de calentamiento; **honey comb** —, bobina de alma de panal; **hum-bucking** —, bobina compensadora de zumbido; **hybrid** —, bobina híbrida; **im-tuning** —, bobina de sintonización; **pedance** —, bobina de inducción; **induction** —, bobina de inducción; **iron core** —, bobina con núcleo de hierro; **iron dust core** —, bobina con núcleo de herradura de hierro comprimido; **kicking** —, bobina de autoinducción; **lattice wound** —, bobina de alma de panal; **longitudinal** —, bobina longitudinal; **moving** —, bobina móvil; **multilayer** —, bobina de varias capas; **odd** —, bobina supernumeraria; **operating** —, bobina de trabajo; **pick up** —, devanado detector; **pile-wound** —, bobina en pilas; **primary** —, bobina primaria; **repeating** —, bobina repetidora; **repeating — rack,** bastidor de bobinas de repetición; **resistance** —, bobina de resistencia; **retardation** —, bobina de autoinducción; **Rhumkorff** —, bobina de Rhumkorff; **secondary** —, bobina secundaria; **section wound** —, bobina de secciones; **self-soldering heat** —, bobina térmica autosoldable; **shielded** —, bobina blindada; **shunt** —, bobina de shunt; **single layer** —, bobina de una capa; **smoothing** —, bobina de reactancia de absorción; **spark** —, bobina de inducción; **steam** —, serpentín de vapor; **sweeping** —, bobina de barrido; **tension** —, bobinadora; **winding machine** —, bobinadora; **to** —, bobinar, enrollar; **to — down,** adujar (cabo).

Coiled, Adujado, bobinado, enrollado; — **gun,** cañón zunchado; — **piston ring,** anillo de guarnición helicoidal.

Coiler, Bobinador, bobinadora.

Coiling, Arrollamiento, bobinado, cordón de estopado, trenza; — **of the spiral,** arrollamiento de la espiral; — **of wire,** rollo de alambre; **spring — machine,** máquina de fabricar resortes.

Coin, Moneda (en sentido genérico) moneda (metálico); — **silver** véase **Silver**; **to** —, acuñar mo neda.

Coinage, Contraste, estampillado fabricación de la moneda, sellado

Coincidence, Coincidencia; — **counter,** contador de impulsos; — **telemeter,** telémetro de coincidencia.

Coining, Acuñación, acuñación de moneda; — **by the engine,** acuñación con volante; — **hammer,** troquel de acuñar monedas; — **machinery,** volante de acuñar; — **press,** prensa de acuñar.

Coke, Coque; — **ash,** ceniza de coque; — **backer,** cargador de convertidor; — **blast furnace,** alto horno de coque; — **box,** coкera; — **breaker,** trituradora de coque; — **breeze,** coque menudo; — **dross or — druss,** coque menudo; — **foundry,** coque de fundición; — **kiln or — oven,** horno de coque; — **mixed,** coque mezclado; — **omnibus,** vagoneta para coque incandescente; — **plant,** coquería; — **pusher or — pushing machine,** deshornadora de coque; — **ram,** deshornadora de coque; — **tar,** alquitrán de carbón; — **wagon,** volquete; — **waste,** residuo de coque; **beehive —,** horno de colmena; **blast furnace —,** coque de alto horno; **by product — oven,** horno de coque de recuperación de subproductos; **casting —,** fundición al coque; **cooling —,** apagado del coque; **dry — cooling,** apagado del coque en seco; **foundry —,** coque de fundición; **nut —,** coque en galletas; **to —,** carbonizar la hulla.

Cokefication, Cokificación.

Coker, Obrero coquizador.

Coking, Carbonización de la hulla, coquización; — **capacity,** poder de coquificación; — **chamber,** horno de coquificación; — **coal,** carbón coquificable; — **index,** índice de coquización; — **period,** duración de cocción; — **plate,** mesa de horno.

Colander, Cedazo, colador, criba, harnero, pasador, tamiz.

Colcret, Hormigón coloidal.

Cold, Frío; — **beaten,** agriado (metal), batido en frío, martillado en frío; — **casting,** colada en aire frío; — **cathode,** cátodo frío; — **cathode lighting,** iluminación fluorescente; — **decking,** levantamiento de carga; — **drawn steel,** acero estirado en frío; — **forged,** forjado en frío; — **forming,** trabajo en frío; — **gilding,** dorado en frío; — **hammering,** acritud, agrietamiento; — **intense,** frío intenso; — **iron,** hierro laminado en frío; — **occlusion,** oclusión fría; — **press,** prensa de enderezar en frío; — **punched,** perforado en frío; — **reduced,** laminado en frío; — **resisting,** inalterabilidad a la helada; — **roll formed,** conformado por laminación en frío; — **rolling mill,** laminador en frío; — **set,** cincel de arista plana, tajadera; — **short,** agrio, quebradizo en frío; — **short brittle,** frágil, quebradizo en frío; — **short iron,** hierro quebradizo en frío; — **shot,** gota fría, impurezas arrastradas por el metal durante la colada, mala soldadura por forja; — **starting,** arranque en frío, conformación, trabajo en frío; — **stoking,** acción de caldear, acción de templar (vidrio); — **strip mill,** tren laminador de bandas en frío; — **test,** ensayo a baja temperatura, ensayo en frío; — **work,** agrietamiento; — **zone,** zona fría; **to — hammer,** agriar; **to — shrink,** contraerse en frío.

Collapse, Flexión axial por compresión, pandeo; — **airplane,** rotura del avión; — **of boilers,** rotura de caldera; **to —,** aplastarse, desplomarse, doblarse por compresión en un extremo.

Collapsible, Extensible, plegable, retráctil, transformable; — **load,** esfuerzo de compresión axial.

Collapsing, Aplastamiento; — **load,** carga de derrumbamiento.

Collar, Anillo, anillo de tope, avantrén de arado, clavija, cojinete, collar, collarín, collarín de tubo, cordón (laminador), empotramiento, guarnición de la entrada de un pozo, pasador, rangua, traviesa, virola, zuncho; — **beam,** falso tirante de molino de viento, jabalcón; — **cylinder,** refuerzo de cilindro; — **end,** collar de extremidad; — **flange,** brida de collar; — **float,** collar flotador; — **flush,** collar embutido, — **journal,** perno acanalado; — **lever,** anillo deslizante de regulador; — **nut,** tuerca con resalto o de resalto; — **pin,** pasador de chaveta, perno de chaveta; — **plate,** cabezal de luneta; — **set,** anillo de seguridad; — **space,** collar separador; — **step,** anillo de fondo, grano anular de rangua; — **step bearing,** rangua anular; — **stop,** collar de retén; — **thrust bearing,** cojinete de canaladuras, tope de collarín; — **tool,** troquel de bases; **clutch adjusting** —, cojinete de tope; **leather packing** —, anillo de cuero embutido; **loose** —, anillo de tope; **neck** — **journal,** cojinete intermedio; **reinforcing** —, collarín de refuerzo; **rim** —, nervadura de la corona de una rueda dentada; **shrunk on** —, collarín puesto en caliente; **thrust** —, collarín de tope.

Collaterality, Colateralidad.

Collagene, Colágeno.

Collectible, Cobrable.

Collecting, Colector; — **grid,** rejilla colectora; — **head,** colector; — **information,** recolección de información; — **ring,** anillo colector; **coin** — **box,** caja colectora de moneda.

Collection, Cobranza; — **draft,** cobranza de giros; — **of current,** captación de corriente; — **of taxes,** recaudado de impuestos.

Collector, Colector; **current** —, dispositivo de toma de corriente; **dust** —, colector de polvo; **feeding** —, colector de alimentación; **fire** —, colector de fuegos.

Collet, Anillo de guía, collar de apriete, pinza americana, vidrio adherente al crisol; — **capacity,** capacidad de la pinza portapieza; — **chuck,** pinzas americanas; **bar collets,** pinzabarras; **holding** —, pinza de apriete; **spring** —, anillo de resorte, pinza elástica; **step collets,** pinzas escalonadas; **tailstock** —, pinza de la contrapunta.

Colleting, Montaje a garras.

Collide (To), Chocar con otro auto.

Collier, Buque carbonero, carbonero, hullero, minero.

Colliery, Explotación de carbón, hullera, mina de hulla; — **plant,** instalación o planta hullera.

Collimate (To), Colimar.

Collimation, Colimación; **error of** —, error de colimación.

Collimator, Colimador.

Collinear, Colineal; — **points,** puntos colineales.

Collineations, Colineaciones; — **affines,** colineaciones afines.

Collineator, Colineador.

Colliquation, Fundición, fusión.

Collision, Colisión; — **excitation,** excitación por choque; **electron** —, colisión electrónica.

Collodion, Colodión.

Colloid, Coloide; — **chemistry,** química coloidal; **organic** —, coloide orgánico.

Colloidal, Coloidal; — **carbon,** carbón coloidal; — **electrolyte,** electrolito coloidal; — **graphite,** grafito coloidal; — **particles,** partículas coloidales; — **protector,** protector coloidal.

Collophony, Colofonía.

Cologarithm, Cologaritmo.

Color or **Colour,** Color, colorante, mineral de valor obtenido por lavado; — **artificial,** colorante artificial; — **decorative,** color de adorno; — **dim,** color tierno; — **fireproof,** color a prueba de fuego; — **flicker,** centelleo de colores;

— **light**, color ligero; — **loud**, color subido; — **meter**, colorímetro; — **mineral**, color mineral; — **permanent**, color permanente; — **photography**, fotografía en colores; — **response**, respuesta al color; — **reversion**, virado de un reactivo; — **scale**, escala de colores; — **sensitivity**, sensibilidad cromática; — **stone**, piedra de lijar; — **strong**, color intenso; — **stuff**, fotografía en colores (cine); — **surface**, color de aplicación; — **television**, televisión en color; — **varnish**, tinte con barniz; — **vivid**, color llamativo; — **whitish**, coloración blanquizca; — **wood**, color de madera; **complementary** —, valor complementario; **enamel** —, color fusible, color vitrificable; **false** —, falso tinte; **fast** —, buen tinte; **fire proof** —, color de gran fuego; **glowing red** —, color rojo cereza; **heat** —, color de las caldas; **misty** —, cargado; **muffle** —, color tierno; **primary colors**, colores primarios; **priming** —, color de apresto; **spirit** —, color por sales de estaño; **tempering** —, color de temple; **vegetal colors**, colores vegetales.

Colorama, De color.

Colorific, Colorante.

Colorimeter, Colorímetro.

Colorimetric, Colorimétrico; — **analysis**, análisis colorimétrico; — **method**, análisis colorimétrico.

Colorimetry, Colorimetría.

Coloring or **Colouring**, Coloreado; — **principle**, principio colorante.

Colour (To), Colorear, teñir.

Coloured, Coloreado; — **glass**, vidrio coloreado; — **ring**, franja coloreada; **slightly** —, teñido.

Colouring, Coloración; **chemical** —, coloración química.

Colrake, Badil.

Colt (To) — in, Derruir, hundir.

Colter-beam, Timón de arado.

Coltiness, Hendidura.

Colty, Heladizo.

Columbium, Columbio, niobio.

Column, Bancada de fresadora, batiente, columna, montante; — **battened**, columna de canales con placas corridas; — **battery**, pila de Volta; — **bridae**, pilar de puente; — **building**, columna para construcciones; — **crane**, grúa de columna; — **cylindrical**, columna de sección circular; — **exterior**, columna exterior; — **height**, altura de columna; — **solid**, columna maciza; — **wall**, columna de pared; **ascending** —, serie de tubos elevadores (bomba); **cabled** —, columna ajunquillada; **control** —, palanca de mando (aviación); **distilling** —, columna de destilación; **double** —, de doble montante; **fractionating** —, torre de fraccionamiento; **French** —, columna de destilación fraccionada; **gas bubble** —, columna de borboteo; **imbedded** —, columna adosada, columna embutida; **packed** —, columna con rellenos; **shaft of the** —, fuste de columna; **switch** —, columna de distribución; **travel of** —, carrera de montante.

Colza, Colza.

Coma, Coma.

Comaker, Cofabricante.

Comand, Mando; — **installation**, instalación de mando.

Comb, Colector de máquina eléctrica, inclusión cristalina de una veta, pararrayos de punta, peine, peine de filetear; — **bit**, barrena; — **frame**, hiladora (cordelería); — **screw**, tornillo de peine; **time** — **generator**, generador de tiempos en peine; **weaver's** —, peine de tejedor; **to** —, cardar, guarnecer, peinar, rastrillar, zurrar.

Combat, Combate; — **aircraft**, aeronave de combate; — **crew**, tripulación de combate.

Combatworthy, Apropiado para el combate.

Combed, Cardado, peinado.

Combinant, Combinante.

Combination, Combinación; — **instrument,** instrumento combinado; — **key,** llave de combinación; — **light,** combinación de alumbrado; — **of sound,** combinación de sonidos; — **speed,** combinación de velocidades; — **tool,** instrumento de combinación; — **unit,** unidad de combinación.

Combinations, Combinaciones (mat.).

Combinator, Combinador.

Combine, Cosechadora-trilladora; — **conventional,** máquina combinada de tipo corriente; **to** —, alear, combinar.

Combined, Combinado, mixto; — **machine,** máquina combinada; — **machine tool,** máquina múltiple; — **power atom,** atomicidad; — **strength,** resistencia compuesta; **headlamp with — generator,** faro autogenerador.

Combiner, Combinador (telégrafo).

Combing, Cardado, peinado; — **machine,** peinadora mecánica.

Combining, En combinación; — **cone,** tobera de aspiración (inyector); — **nozzle,** véase **Cone**; — **volume, combining weight,** volumen, peso relativo de un cuerpo en su combinación más sencilla.

Comburation, Combustión completa; — **chamber,** caja de fuego, cámara de combustión; — **smoke,** fumivosidad; **spontaneous** —, combustión espontánea.

Comburent, Comburente; — **air,** aire comburente.

Combustibility, Combustibilidad.

Combustible matter, Compuesto combustible.

Combustibleness, Combustibilidad.

Combustion, Combustión; — **area or — chamber,** cámara de combustión; — **detonating,** combustión detonante; — **efficiency,** rendimiento de combustión; — **head,** cabeza de quemador; — **heater,** recalentador de combustión; — **internal,** combustión interna; — **regulator,** recalentador de combustión; — **shaft,** chimenea de combustión; — **spontaneous,** combustión espontánea; — **turbine or internal — turbine,** turbina de gas; — **zone,** zona de combustión; **actual — temperature,** temperatura real de combustión; **internal** —, combustión internal; **wet** —, combustión húmeda; **to accelerate the** —, activar la combustión.

Combustive, Comburente.

Combustor, Cámara de combustión; **annular type** —, combustor anular; **can type** —, cámara de combustión de elementos separados.

Come along clamp, Tensor de hilo aéreo; **to — down,** amarar, aterrizar; **to — off,** despegar.

Comenic, Coménico; — **acid,** ácido coménico.

Comfort, Acomodamiento; — **operator's,** confort del operador.

Coming through, Destapado.

Command, Orden; — **coastal,** comando costanero; **second in** —, comandante subordinado.

Commandant engineer, Maquinista jefe.

Commander, Aplanadera, pisón.

Commerce, Comercio; **chamber of** —, cámara de comercio.

Commercial, Comercial; — **aviation,** aviación comercial.

Comminute (To), Desmenuzar.

Comminuting, Trituración.

Commissaryman, Cocinero (buques).

Comission, Comisión; — **examining,** comisión examinadora; — **technical,** comisión técnica.

Commissioned (To be), Entrar en servicio.

Commissioner of motor vehicles, Jefe general de tráfico y rodaje.

Commissure, Junta, unión de chapas.

Commitment, Compromiso; **to make a —,** contraer un compromiso.

Committee, Comisión, comité; — **managing,** comisión gestora; **trial —,** comisión de ensayos.

Common, Sencillo; — **hand jack,** gato sencillo; — **mica,** moscovita.

Commotion, Perturbación.

Communicating, De comunicación; — **tube,** tubo de comunicación; **pulse — system,** sistema de comunicación por impulsos.

Communication, Comunicación; — **direct,** comunicación directa; — **engineering,** ingeniería de telecomunicación; — **officer,** oficial encargado de las transmisiones; — **reception,** recepción de comunicaciones; — **telegraphic,** comunicación telegráfica; — **transmitter,** transmisor de comunicación; **ground to air —,** comunicación aire-tierra; **point to point —,** comunicación punto a punto; **refused —,** comunicación rechazada; **ship-to-ship —,** comunicación entre barcos; **sonar —,** comunicación sonar; **two-way —,** comunicación en los dos sentidos.

Communicator, Comunicador.

Commutate (To), Conmutar, rectificar.

Commutated, Conmutado, rectificado.

Commutating pole, Polo auxiliar.

Commutation, Conmutación, rectificación; — **battery,** conmutación de batería; — **cable,** conmutación para cables; — **sparkless,** conmutación sin chispas; **process of —,** procedimiento de conmutación.

Commutator, Colector, conmutador; — **bar,** delga de colector; — **brush,** escobilla de colector; — **distributor,** conmutación de distribuidor; — **double,** conmutador doble; — **end,** lado de conmutador; — **for breaking contact,** conmutador disyuntor; — **for making contact,** conmutador de relé; — **insulation,** aislamiento de conmutador; — **motor,** motor de colector; — **plug,** conmutador de clavijas; — **point,** punto de contacto de conmutador; — **rectifier,** permutatriz; — **ring,** anillo extremo de conmutador; — **segments,** delgas radiales; — **turner,** dispositivo para tornear el conmutador; — **voltage,** tensión en el conmutador; **electronic —,** conmutador electrónico; **jet chain —,** rectificador de chorros de mercurio; **plug —,** conmutador de clavija.

Compact, Comprimido, de poco volumen; — **assembly,** conjunto compacto; — **construction,** construcción de dimensiones reducidas; — **unit,** grupo compacto; **metal —,** comprimido metálico.

Compactibility, Compactibilidad.

Compacting, Compactación; — **tool,** herramienta de compactación.

Compactness, Acumulación, compacidad.

Compactor, Rodillo compresor.

Compactum, Compacto (Topología).

Compacture, Estructura.

Compander, Compresor-expansor.

Companion, Capot, cúpula.

Company, Compañía (comercio); — **operating,** empresa explotadora; — **telephone,** empresa de teléfonos; **joint stock —,** sociedad anónima.

Comparascope, Comparascopio (microscopio).

Comparative, Comparativo; — **curve,** curva comparativa; — **valve,** valor comparativo.

Comparator, Comparador; — **closed,** comparador cerrado; — **level,** comparador de palanca; — **wing,** comparador de ala; **coil —,** comparador de bobinas; **dial —,** comparador de cuadrante; **electron-optical —,** comparador óptico-electrónico; **horizontal —,** comparador horizontal; **optical** —, comparador óptico; **photoelectric** —, comparador fotoeléctrico; **vertical** —, comparador vertical.

Compartition, Reparto.

Compartment, Compartimiento, pañol; **cargo** —, compartimento para equipajes; **crew** —, cabina de la tripulación.

Compartmentation, Compartimentación.

Compass, Compás (brújula); — **azimuth,** brújula azimutal; — **binnacle,** brújula de bitácora; — **boat,** brújula de bote; — **box,** brújula de caja; — **caliber,** compás de calibrar; — **card,** brújula de cuadro magnético; — **damped,** brújula amortiguada; — **float,** flotante de rosa de compás; — **needle,** aguja de la brújula; — **periodic,** rosa de los vientos periódica; — **pivot,** pivote de rosa de los vientos; — **rotatable,** rosa giratoria de compás; — **saw,** serrucho de punta; — **steering,** aguja de derrota; — **universal,** compás universal; — **wireless,** radiogoniómetro; **Anschutz** —, brújula giroscópica Anschutz; **card of a** —, rosa de los vientos; **earth inductor** —, brújula de inducción; **gyro** —, brújula giroscópica; **induction** —, brújula de inducción; **master** —, compás principal (compases giroscópicos); **points of a** —, dirección del viento; **Sperry** —, brújula giroscópica Sperry; **steering** —, compás de ruta; **to adjust a** —, compensar un compás.

Compasses, Compás de dibujo; **bow** —, compás de espesores.

Compensate (To), Compensar (un compás), equilibrar.

Compensated, Compensado, equilibrado; — **series motor,** motor en serie compensado; **temperature** —, compensado para las variaciones de temperatura.

Compensating, De compensación, de equilibrio; — **bar,** barra compensadora; — **gear,** mecanismo de compensación; — **lever,** palanca compensadora; — **pipe,** tubo compensador; — **winding,** arrollamiento de compensación.

Compensation, Compensación; — **bass,** compensación de bajos; — **for wear,** compensación de desgaste; — **method,** método de compensación; — **pressure,** compensación por presión; — **temperature,** compensación de temperatura: — **wave,** onda de compensación, onda de retorno (emisión por arco, radio); **treble** —, compensación de tonos altos.

Compensator, Amantillo, compensador; — **acoustic,** compensador acústico; — **plug,** tapón del compensador; **compass** —, compensador de compás; **hydrogen cooled** —, compensador enfriado con hidrógeno; **rotating** —, compensador rotativo; **synchronous** —, compensador síncrono.

Competency, Competencia; — **test,** prueba de competencia.

Competition, Concurso; — **driver,** conductor de concurso; — **unfair,** competición desleal.

Competitor, Competidor.

Compilation, Recopilación.

Complement, Complemento; — **of angle,** complemento de ángulo; — **of guns,** dotación de armas; — **of shells,** dotación de proyectiles; — **reduced,** dotación reducida; **arithmetical** —, complemento aritmético; **full** —, dotación llena.

Complementary, Complementario; — **antennas,** antenas complementarias; — **colour,** color complementario; — **line,** línea de complemento.

Complete, Completo; — **compression,** compresión completa; — **diffusion,** difusión total; **to** —, terminar; **to** — **the work,** rematar el trabajo; **to** — **with coal,** llenar completamente las carboneras.

Completing a float, Acabando de poner a flote.

Completion, Terminación; **course of —,** en curso de acabado; **well —,** terminación de pozo.

Complex, Complejo; **— impedance,** impedancia compleja; **— ion,** ion complejo; **metallic —,** complejo metálico (quím.).

Compleximetric, Complexímétrico.

Complexity, Complejidad.

Compliance, Desplazamiento (cm) por unidad de fuerza (dina).

Complimentary, A título de obsequio.

Component, Componente; **— forces,** fuerzas componentes; **audio —,** componente audiofrecuente; **electric (or magnetic) field —,** componente del campo eléctrico (o magnético); **extraordinary wave —,** onda componente extraordinaria; **harmonic —,** componente armónica; **horizontal —,** componente horizontal; **lift —,** componente de substentación; **lower —,** componente inferior; **quadrantal — of error,** componente cuadrantal de error; **radial —,** componente radial; **reactive —,** componente reactiva; **semi-circular — of error,** componente semicircular de error; **shock —,** componente de choque; **signal —,** componente de señal; **symmetrical components,** componentes simétricas; **tangential —,** componente tangencial; **upward —,** componente hacia arriba; **vertical —,** componentes verticales.

Composing the scene, Composición de la escena.

Composite, Compuesto (Mar.), mixto (madera y hierro); **— attenuation,** atenuación compuesta; **— plane,** avión que transporta a otro; **— signal,** señal compuesta; **— vertical,** vista vertical compuesta; **— vessel,** buque de composición; **— weld,** soldadura mixta.

Composition, Composición; **— of flux,** composición de los flujos (elec.); **— of motion,** composición de movimientos; **— of velocities,** composición de velocidades; **— plastic,** composición plástica; **— sieve,** tamiz; **chemical —,** composición química; **mineral —,** compuesto mineral; **phosphor —,** pasta fosforada; **rubber —,** composición de caucho.

Componentry, Conjunto de los componentes.

Compositeness, Composición.

Compound, Compound, máquina de vapor de expansiones sucesivas, compuesto, criba de tambor, mixto; **— action,** acción combinada; **— girder,** viga compuesta; **aromatic compounds,** compuestos aromáticos; **azocompounds,** compuestos nitrogenados; **gaseous —,** compuesto gaseoso; **impregnating —,** masa para impregnar; **long chain compounds,** compuestos de cadena larga (quím.); **organic compounds,** compuestos orgánicos; **polynuclear compounds,** compuestos polinucleares; **related compounds,** compuestos afines; **repair —,** mezcla de reparación; **resinous —,** pasta de resina; **resilient —,** preparado elástico; **sealing —,** cemento de unión; **sulphur compounds,** compuestos sulfurados; **to —,** engranar, expansionar por etapas sucesivas; **to — over,** reforzar una máquina.

Compounded, Expansionado por etapas sucesivas; **— oil,** aceite compuesto; **over —,** sobre, hypercompuesta; **specially —,** de composición especial; **under —,** sub, hypocompuesta.

Compounding, Devanado por el sistema compound; **— rubber,** composición de caucho; **— valve,** válvula de compoundaje; **cross —,** escape del vapor de una turbina a una segunda turbina a presión más baja.

Compreg, Madera impregnada con resina sintética y comprimida en caliente.

Compress (To), Comprimir.

Compressed, Comprimido; — **air,** aire comprimido; — **air hammer,** martillo neumático; — **jute,** yute prensado; **starting by means of — air,** arranque por aire comprimido.

Compressibility, Compresibilidad; — **effect,** efecto de comprensión.

Compressible, Compresible; — **body,** cuerpo compresible.

Compressing, De compresión; — **engine,** compresor; — **machine,** máquina de compresión; — **spring,** resorte de presión; — **strength,** resistencia a la compresión; — **tube,** tubo por compresión.

Compression, Compresión; — **chamber,** cámara de combustión; — **control,** control de compresión; — **distance,** distancia de compresión; — **moulding,** moldeo a presión; — **ratio,** relación índice de compresión; — **release,** decompresor; — **ring,** anillo de compresión; — **slope,** cono de unión; — **strut,** barra de compresión; — **work,** trabajo de compresión; **absolute —,** compresión absoluta; **adiabatical —,** compresión adiabática; **axial —,** compresión axial; **elastic —,** composición elástica; **good —,** composición de régimen; **high —,** compresión elevada; **initial —,** compresión inicial; **low —,** baja compresión; **maximum —,** compresión máxima; **mean —,** compresión media; **n stage —,** compresor de n escalones; **permanent —,** compresión permanente; **residual —,** compresión residual; **weak —,** compresión débil.

Compressive, De compresión; — **effect,** efecto de compresión; — **strength,** resistencia a la compresión; — **stress,** esfuerzo de compresión.

Compressometer, Compresímetro.

Compressor, Compresor, estopor; — **auxiliary,** compresor auxiliar; — **bleed,** derivación sobre el compresor; — **duplex,** compresor duplex; — **garage,** compresor para garajes; — **grease,** inyector de grasa a presión; — **impeller,** rueda de compresor; — **mounting,** cárter del compresor; — **pneumatic,** compresor neumático; — **roller,** rodillo compresor; — **stator,** estátor de compresor; — **universal,** compresor universal; **air —,** compresor de aire; **ammonia —,** compresor de amoníaco; **axial —,** compresor axial; **axial flow —,** compresor de flujo axial; **centrifugal —,** compresor centrífugo; **compound —,** compresor compound; **double acting —,** compresor de doble efecto; **feed —,** compresor de alimentación; **gas —,** compresor de gas; **high pressure gas —,** compresor de gas de alta presión; **horizontal —,** compresor horizontal; **multistage or multistaged —,** compresor de varios escalones; **paint —,** compresor para pintura con dos pistolas; **portable —,** compresor móvil; **refrigeration —,** compresor de refrigeración; **spring —,** compresor de muelle; **squeezer —,** comprimidor compresor; **starting —,** compresor de arranque; **supersonic —,** compresor aerodinámico; **trolley —,** bomba con carretilla; **twist —,** compresión de torsión; **two stage —,** compresor de dos escalones.

Compressorless, Sin compresor.

Compressorman, Compresorista.

Compromise, Compromiso; — **feeder,** alimentador de compromiso; — **method,** método de compromiso.

Comptometer, Máquina calculadora.

Computation, Cálculo; **compensating —,** cálculo de compensación; **machine —,** cálculo por máquinas.

Computed, Calculado; — **weight,** peso calculado.

Computer or **Computor,** Calculador, máquina de calcular; **analog —,** calculador analógico; **course —,** calculador de rombo y distancia; **electronic —,** calculadora electrónica; **mechanic —,** calculadora mecánica; **parallel digital —,** calculador aritmético en paralelo; **pictorial** —, integrador cartográfico; **serial digital** —, calculador aritmético en serie.

Computerize (To), Calcular por calculadora electrónica.

Computing, Calculador; — **device,** calculadora; — **machine,** máquina calculadora; — **mechanism,** calculadora.

Concave, Cóncavo; — **mirror,** espejo cóncavo; — **removable,** cóncavo removible; **double** —, bicóncavo; **plano** — **lens,** lente plano-cóncava.

Concave-concave, Bicóncavo.

Concealable, Refractable.

Concealed, Oculto; — **mechanism,** mecanismo oculto; — **wiring,** cableado oculto.

Concentrability, Concentrabilidad.

Concentrate, Concentrado (mineral rico de lavado); **to** —, concentrar.

Concentrated, Concentrado; — **alum,** sulfato de aluminio; — **inductance,** inductancia concentrada; — **system,** sistema concentrado.

Concentrating plant, Planta de concentración.

Concentration, Concentración; — **by flotation,** concentración por flotación; — **cell,** pila de concentración; — **flotation,** concentración por flotación; — **of power,** concentración de potencia; — **process,** procedimiento de concentración; **aeronautical** —, concentración aeronáutica; **degree of** —, grado de concentración.

Concentrator, Concentrador.

Concentric, Concéntrico; — **chamber,** cámara concéntrica; — **circle,** círculo concéntrico; — **iron disk ammeter,** amperímetro de disco excéntrico; — **square,** cuadrado concéntrico; — **windings,** arrollamientos concéntricos.

Concentricity, Devanados en capas concéntricas.

Concern, Asunto, establecimiento, negocio; **automobile** —, firma automovilística; **industrial** —, empresa industrial.

Concerns, Negocios; **public** —, negocios públicos.

Concession, Concesión.

Conchoid, Concoide (curva).

Conchoidal. Concoidal.

Concrete, Aglomerado, concreto, hormigón, revestido de hormigón, solidificado; — **apron,** falda en hormigón; — **asphalt,** hormigón de asfalto; — **batch,** colada en hormigón; — **brick,** hormigón de ladrillo; — **consistency,** consistencia del hormigón; — **gravel,** grava para hormigón; — **mixer,** hormigonera (véase también **Mixer**); — **pavement,** pavimentación de hormigón; — **pouring gantry** (crane), pórtico hormigonador; — **pump,** bomba de hormigón; — **sand,** arena para hormigón; — **screw,** tornillo de cierre; — **slab,** losa de hormigón, soleta de cimentación; — **spreader,** hormigonera; — **steel,** hormigón armado; — **tank,** tanques de concreto; — **wet,** hormigón muy mojado; **ballast** —, balasto; **bituminous** —, hormigón bituminoso; **cast** —, hormigón moldeado; **dry** —, hormigón seco; **fine grain** —, hormigón de grano fino; **heaped** —, hormigón colado; **lead** —, hormigón de plomo; **lining** —, revestimiento de hormigón; **mass** —, hormigón en masa; **mixer** —, mezclador de hormigón; **plain** —, hormigón común, hormigón ordinario; **porous** —, hormigón poroso; **prestressed** —, hormigón pretensado; **ready mixed** — **plant,** central dosificadora; **refractory** —, hormigón refractario; **reinforced** —, hormigón armado; **sunk in** —, embutido en el cemento; **tamped** —, hormigón alquitranado; **tar** —, hormigón apisonado; **vibrated** —, hormigón vibrado; **to** —, hormigonar.

Concreted, Embutido en el hormigón, hormigonado.

Concreting, Hormigonado.

Concretionary, Concrecionado.

Concussión, Choque, sacudida.

Condemned, Contraindicado; — **zone,** zona contraindicada.

Condensate, Agua de condensación, condensado; — **supply,** llegada de agua de condensación.

Condensation, Condensación; — **tube,** tubo de condensación; **dry or external** —, condensación por contacto; **initial** —, condensación inicial; **rotary** —, condensación giratoria; **vapour** —, condensación de vapor.

Condensational, Condensacional.

Condensator (poco empleado), Condensador (véase **Capacitor**).

Condense (Tc), Condensar.

Condensed, Condensado.

Condenser, Condensador (eléctrico), (máquinas), véase **Condensator**; — **block,** condensador en bloque; — **by contact,** condensador tubular; — **coupling,** condensador de acoplamiento; — **dielectric,** condensador dieléctrico; — **frame,** esqueleto de condensador; — **gauge,** indicador de vacío; — **grid,** condensador de grilla; — **head,** cabeza de condensador; — **shell,** caja de condensador; — **support,** soporte para condensadores; **aerial tuning** —, condensador de antena; **air** —, condensador de aire; **auxiliary** —, condensador auxiliar; **balancing** —, condensador de balanceo; **blocking** —, condensador de bloqueo; **calibrated** —, condensador calibrado; **double** —, condensador doble; **ejector** —, condensador de chorro; **electric** —, condensador eléctrico; **electrolytic** —, condensador electrolítico; **evaporative** —, condensador evaporativo; **filter** —, condensador de filtrado; **glass** —, condensador de vidrio; **hydraulic** —, barrilete de condensación; **intermediate** —, condensador intermedio; **jet** —, condensador de inyección; **laboratory** —, refrigerante para laboratorio; **leaking** —, condensador defectuoso; **mercury** —, condensador de mercurio; **mica** —, condensador de mica; **neutralizing** —, condensador de neutralización; **oil** —, condensador de aceite, condensador en el aceite; **open** —, condensador abierto; **paper** —, condensador con papel; **plate of** —, armadura de un condensador; **receiving** —, condensador de recepción; **regenerative** —, condensador de recuperación; **rotating** —, condensador de tipo rotativo; **smoothing** —, condensador de aplanamiento; **static** —, condensador estático; **stepless** —, condensador sin escalones; **surface** —, condensador de superficie; **synchronous** —, condensador síncrono; **transmitting** —, condensador de transmisión; **variable** —, condensador variable; **wire** —, condensador de alambre.

Condensing, De condensador; — **jet,** inyección; — **turbine,** turbina de condensación; **surface** — **engine,** máquina de condensación por superficie.

Condition, Condición; **called-subscriber-hold** —, retención del abonado llamado; **steady** —, régimen permanente; **three** — **cable code,** código trivalente para cable; **two** — **cable code,** código bivalente para cable.

Conditional, Condicional; — **entropy,** entropía condicional.

Conditioner (Air), Instalación de acondicionamiento de aire.

Conditioning (Air), Acondicionamiento de aire, climatización.

Conductance, Conductancia, conductabilidad; **anode** —, conductancia anódica; **dielectric** —, conductibilidad de los dieléctricos; **mutual** —, conductancia mutua; **surface** —, conductancia exterior; **thermal** —, conductibilidad térmica.

Conductimetric, Conductimétrico.

Conducting, Conductor; — **floor,** suelo conductor; — **layer,** capa conductora; — **salt,** sal conductora; — **wire,** hilo conductor; **non** —, no conductor; **non** — **compositions,** enlucidos y revestimientos aislantes.

Conduction, Conducción; — **current,** corriente de conducción; — **particle,** partícula conductora; — **pipe,** conducto de entrada; **electric** —, conducción eléctrica; **electrolytic** —, conducción eletrolítica; **gaseous** —, conducción gaseosa.

Conductive, Conductor; — **tyre,** neumático conductor, neumático metalizado.

Conductivity, Conductibilidad, conductividad; — **of metal,** conductividad del metal; **electrical** —, conductividad eléctrica; **heat** —, conductividad térmica; **high** —, alta conductibilidad; **technical** —, conductividad técnica; **thermal** —, conductividad térmica; **unipolar** —, conductividad unipolar.

Conductometer, Conductímetro, conductómetro.

Conductor, Conductor (elec.), jefe de tren (Estados Unidos); — **of heat,** conductor del calor; **aluminium** —, conductor de aluminio; **bad** —, mal conductor; **bundle** —, conductor múltiple; **copper** —, conductor de cobre; **currentless** —, conductor sin corriente; **good** —, buen conductor; **iron** —, conductor de hierro; **lightning** —, pararrayos; **pointed** —, conductor apuntado; **prime** —, colector; **resonant** —, conductor de resonancia; **roof** —, caída de techo; **round** —, conductor redondo; **single** —, conductor simple; **spherical** —, conductor esférico; **three** — **cable,** cable de tres conductores; **vulcanized** —, conductor vulcanizado.

Conduit, Acueducto, aspillera (molino), canalización, conducto, descarga, tubo productor, vaina; — **arrangement,** conexión tubular; — **assembly,** grupo tubular; — **box,** caja de conductos tubulares; — **connection,** conexión tubular; — **ditch,** conducto de agua; — **lighting,** tubo aislante de alumbrado; — **pipe,** conducción de comunicación, tubo de comunicación; — **system,** sistema de tranvía de trole subterráneo; — **tubes,** canalización bajo tubos; — **wire,** tubo para hilos eléctricos; **connecting** —, vaina de empalme; **pressure** —, conducción forzada; **ventilation conduits,** vainas de ventilación; **to cut off the slags on the** — **pipe,** desescoriar la piquera de la tobera.

Cone, Cono, dardo de un soplete, tobera de inyector; — **brake,** freno de cono; — **clamping,** cono de fijación; — **countersink,** fresa cónica; — **coupling,** acoplamiento por cono; — **mouth,** tubo cónico; — **of flame,** cono de llama; — **of null,** cono de extinción; — **of slag,** punta de la tobera de escorias; — **of spread,** cono de dispersión; — **of vision,** cono de visión; — **plate,** luneta de torno; — **pulley,** polea de gradas; — **pulley driving or continuous speed** — **driving,** mando por poleas-cono; — **rim,** llanta de cono; — **sliding,** cono deslizante; **adjusting** —, cono de regulación; **balanced** — **clutch,** embrague cónico equilibrado; **blunt** —, cono truncado; **combining** —, tobera de aspiración (inyector); **concentric** —, cono concéntrico; **convergent** —, cono convergente; **curvilinear** —, cono parabólico, diafragma parabólico; **deflecting** —, cono deflector; **double** — **clutch,** embrague cónico doble; **feed** —, cono de avance; — **flap** —, tobera móvil; **four stepped** — **pulley,** polea-cono de cuatro gradas; **frustrum of a** —, tronco de cono; **generating** —, cono complementario; **grinding** —, cono de rectificar; **inverse** —, cono invertido; **inverted** —, cono invertido; **melting cones,** conos para medir el tiempo de fusión en un ensayo pirométrico; **mixing** — **or spray,** difusor (auto); **packing** —, cono de guarnición; **propeller** —, cono de apoyo de hélice; **radial** —, cono radial; **reverse clutch**, embrague de conos invertidos; **single — above earth**, cono radiante en presencia de tierra; **spray** —, filtro-tamiz; **standard** —, cono normal; **step** —, gradas de cono de poleas; **tail** —, cono trasero; **tapered** —, cono ahusado; **union** —, junta cónica; **valve** —, aguja de válvula.

Coned, Cónico, conificado; — **end**, lado cónico.

Confidentially, En forma reservada.

Configuration, Trazado; **irregular** —, trazado accidentado; **lead** —, forma de la conexión.

Confirmatory, De confirmación.

Conflicting, Que no armonizan; — **ratios**, relaciones que no armonizan.

Confluence, Confluencia.

Conformal, Reproducción fiel de los ángulos.

Congeal (To), Solidificarse.

Congeneric, Congenérico.

Congested district, Lugar de tráfico complejo.

Congestion vehicular, Concurrencia de vehículos.

Conglomerate, Conglomerado.

Congress ohm, congress volt, Ohmio legal, voltio legal.

Congruence, Congruencia.

Congruent, Congruente.

Conical, Cónico; — **pendulum**, regulador de fuerza centrífuga; — **piece**, pieza cónica; — **scanning**, exploración cónica; — **section**, sección cónica.

Conically, En forma de cono.

Conicalness, Conicidad.

Conifer, Conífera.

Coniferous, De conífera; **wood of — trees**, madera de conífera.

Coniform, Coniforme.

Coning, Formación de conos; — **angle**, ángulo de conos.

Conjugate, Conjugado (mat.); — **foci**, focos conjugados; — **impedances**, impedancias conjugadas.

Conjugated, Conjugados; — **dienes**, dienes conjugados.

Connect (To), Acoplar, articular, asociar, conectar, conjugar, embragar, empalmar, engranar.

Connectable, Conectable.

Connected, Articulado, conjugado, embragado, engranado; **direct** —, en toma directa; **directly — finder**, buscador preferente; **improperly** —, mal conectado; **parallel** —, acoplado en paralelo.

Connectible, Conectable.

Connecting, Embrague, engranaje (acción); — **box**, caja de conexión, caja de derivación; — **branch**, tubuladora de unión; — **conduit**, vaina de empalme; — **gear**, comunicación de movimiento, transmisión del movimiento a los distribuidores; — **in opposition**, conectado en oposición; — **line**, línea de unión; — **link**, corredera, grillete, guía; — **piece**, chorro, colada, mazarota de una pieza fundida, pieza de arriostrado; — **pipes**, tubos de conexión; — **plug**, clavija de conexión; — **rod**, biela; — **rod bottom end**, pie de biela; — **rod fork**, cabeza de biela con carga; — **rod head**, cabeza de biela; — **rod jib**, cuerpo de la biela; — **rod top end**, cabeza de biela; — **surface**, superficie de conexión; — **tube**, tubo de unión; **crank end of the — rod**, cabeza de biela; **end — strip**, tira o banda de plomo terminal (acum.); **foot of the — rod**, pie de biela; **head of the — rod**, cabeza de biela; **lead — strip**, tira o banda de plomo terminal (acumuladores); **return — rod**, biela en retorno; **shank of the — rod**, cuerpo de biela.

Connection, Acoplamiento, articulación, conexión (elec.), contacto (eléctrico), correspondencia, embrague, empalme, engranaje, enlace (trenes), junta, ligazón, montaje; — **channel**, tubo de comunicación; — **diagram**, diagrama de conexiones; — **line**, unión de tuberías; — **piece**, pieza de unión; — **triple**, conexión triple; **armature** —, conexión de inducido; **bango** —, junta móvil; **barrel** —, conexión a enchufe; **bend** —, unión capsular; **delta** —, montaje en triángulo (elec.); **direct** —, toma directa; **direct international (telegraph)** —, comunicación internacional telegráfica, vía directa en el servicio internacional; **drive** —, derivación de mando; **end** —, conexión final; **false** —, falsa conexión; **final** —, bifurcación final; **flange** —, junta de brida; **front** —, conexión frontal; **ground** —, conexión a tierra, toma de tierra; **Jack-in** —, campo de Jacks; **mesh or ring** —, montaje en polígono; **nipple** —, junta de racor; **one-way** —, comunicación unilateral; **parallel** —, acoplamiento en paralelo; **positive** —, contacto eficaz; **rear** —, conexión posterior; **series** —, acoplamientos en series; **sliding** —, conexión corredera; **solderless** —, conexión sin soldaduras; **star** —, montaje en estrella; **switched** —, comunicación por conmutación; **telegraph** —, enlace telegráfico; **test pole** —, conexión para pruebas en poste; **tight** —, conexión apretada; **top** —, conector superior; **transit international telegraph** —, conexión telegráfica internacional de tránsito; **two way** —, comunicación bilateral.

Connectivity, Conectabilidad (máquinas).

Connector, Caja de empalme, caja de junta, conector, conexión, empalmador, racor, toma de corriente; — **box**, caja de junta; **bend** —, caja de empalme acodada; **flanged** —, conectador de bridas; **line** —, conectador de línea; **moisture-proof** —, conectador a prueba de humedad; **split bolt** —, conector de clavija hendida; **terminal** —, conector terminal.

Conning, Gobierno del buque; — **tower**, torre de mando.

Conoid, Conoide.

Conoidal, Conoideo.

Conoscope, Conoscopio.

Consequent, Consecuente; — **poles**, polos consecuentes.

Consignee, Consignatario, destinatario, expedidor.

Consignment, Consignación (mercancías).

Consignor, Cargamento (poco frecuente), consignador.

Consistency, Expedidor; **concrete** —, consistencia del hormigón; **concrete** — **test**, aparato de medida de la consistencia del hormigón.

Consistometer —, Consistómetro.

Console, Alerón de portada, consola.

Consolidation, Consolidación, recarga (ferrocarriles).

Consonant, De acuerdo con.

Constancy, Constancia; — **circuit**, constancia de círculo; — **of mesh**, constancia de engrane; — **potential**, banco de carga para baterías; — **time**, constancia de tiempo; **network** —, constancia de red.

Constant, Constante (mát.), parámetro; — **level**, nivel constante; — **level oiler**, engrasador de nivel constante; — **ratio**, relación constante; — **time**, constante de tiempo; — **velocity**, velocidad constante; **damping** — **of a cable**, constante de pérdida de un cable; **dielectric** —, constante dieléctrica; **galvanometer** —, constante de un galvanómetro; **image attenuation coefficient** —, constante de atenuación imagen; **image transfer coefficient-** —, constante de transferencia imagen; **lattice** —, parámetro de retículo; **lumped cons-**

tants, constantes concentradas; **propagation —,** constante de propagación; **radiation —,** constante de radiación; **time —,** constante de tiempo.

Constantan, Constantán; — **resistance,** resistencia de constantán.

Constituent, Constituyente.

Constrained, Dirigido; — **movement,** movimiento dirigido.

Constituent part, Pieza constitutiva; — **secondary,** elemento secundario; — **usable,** constituyente útil; **gasoline —,** elemento de gasolina; **heavy —,** componente estable; **illuminating —,** elemento iluminante; **volatile —,** componente volátil.

Constitution, Constitución; — **of air,** constitución de aire.

Constricted, Obstruido.

Constructible, Constructible.

Construction, Construcción; — **length,** longitud entre perpendiculares (buques); — **steel,** acero de construcción; — **work,** trabajo de construcción; **all metal —,** construcción completamente metálica; **massive —,** construcción sólida; **minor —,** construcciones menores; **under — or in course of —,** en construcción (buques).

Constructional, De construcción; — **steel,** acero de construcción.

Constructive works, Obras de arte (ferrocarriles).

Constructor, Constructor; **naval —,** ingeniero naval.

Consulting, Consultor; — **engineer,** ingeniero consultor.

Consumer, Abonado.

Consumption, Consumación; — **per B.H.P.,** consumo por caballo-hora; — **test,** ensayo de consumo; **daily —,** consumo diario; **fuel —,** consumo de combustible; **hourly —,** consumo horario; **petrol —,** consumo de gasolina.

Contact, Contacto eléctrico, engrane, plano de separación entre dos rocas diferentes; — **breaker,** interruptor, ruptor, temblador; — **breaker spring,** resorte de temblador; — **forming,** modelado; — **goniometer,** goniómetro cristalográfico; — **maker,** cabezal, distribuidor del encendido, excéntrica de encendido (auto); — **mass,** masa de contacto; — **microphone,** micrófono de contacto; — **pole,** pértiga de contacto; — **resistance,** resistencia de contacto; — **roller,** rodillo de contacto; — **voltmeter,** voltímetro de contacto; — **wheel,** rueda de contacto; **alarm —,** cocodrilo de alarma (ferroc.); **attached — diagram,** diagrama de contactos asociados; **back —,** contacto de reposo (manipulador Morse); **bounce of contacts,** rebote de los contactos; **break (or back) —,** (in a relay or key), contacto de reposo; **bridging —,** contacto de puente de interruptor; **carbon —,** contacto de carbón; **change over —,** conmutación normal; **creep contacts,** contactos de separación muy lenta (termostato); **dead —,** contacto en punto muerto; **detached — diagram,** diagrama de contactos dispersos; **door — switch,** interruptor de puerta; **dry —,** contacto seco; **heavy duty —,** contacto reforzado; **make — in a relay or key,** contacto de trabajo; **make-before-break —,** conmutación sin interrupción; **making — current,** corriente de contacto (elec.); **mercury —,** contacto por mercurio: **path of a —,** longitud de engrane; **passive —,** contacto pasivo; **pressure — switch,** conmutador de contactos a presión; **pull —,** contacto para impresión; **rotary interrupter —,** contacto de interruptor giratorio; **sliding — switch,** conmutador de contactos deslizantes; **snap action contacts,** contactos de separación brusca (termostato): **twin —,** contacto doble; **wet —,** contacto húmedo.

Contactor, Contactor; **controlled —,** accionado por contactor; **magnetic —,** contactor magnético; **radiofrequency —,** contactor de radiofrecuencia.

Container, Botella, cisterna, contenedor, cuadro (ferroc.), cubeta, depósito, recipiente; **accumulator —,** vaso de acumulador; **metal —,** cubeta metálica.

Contaminate, Impureza.

Content, Contenido, proporción; **— moisture,** grado de humedad; **high —,** de alto contenido en...; **high alcoholic —,** con alto grado alcohólico; **high cobalt —,** con alto contenido de cobalto; **information —,** contenido de información; **low alcoholic —,** con baja graduación de alcohol; **selective information —,** contenido de información selectiva; **structural information —,** contenido de información estructural.

Contignation, Unión de estructura; **linked by —,** muescado.

Contingencies, Gastos imprevistos, imprevistos, varios.

Continued, Constante; **— body,** cuerpo constante.

Continuous, Continuo; **— blow off,** extracción continua; **— bucket chain excavator,** excavadora de cadena continua de cangilones; **— casting,** colada continua; **— current,** corriente continua; **— current motor,** motor de corriente continua; **— draw bar,** barra de tracción continua; **— line or shafting,** árbol de transmisión; **— mill,** tren continuo; **— ram jet,** estatorreactor de marcha continua; **— rod mill,** tren máquina continuo; **— rope drive systems,** transmisión por cables múltiples; **— spectrum,** espectro continuo; **— stripper,** desborrador continuo.

Contline, Vacío entre torones.

Contour, Contorno, curva, línea de nivel, perfil; **— forming,** perfilado; **— line,** línea de nivel; **— miller,** fresadora copiadora por plantilla.

Contra-rotating, Contra-rotativo.

Contract, Contrata, contrato; **— price,** a precio alzado; **by —,** a destajo; **the conditions of —,** pliego de condiciones; **to — by the job,** trabajar a tanto alzado; **to make a —,** hacer un contrato.

Contractibility, Contractibilidad.

Contractility, Contractilidad.

Contracting, Contratista; **— firm,** empresa contratista.

Contraction, Contracción, contracción de una veta de hulla, estrangulamiento, retracción; **— rule,** regla para medir modelos teniendo en cuenta la contracción de las piezas moldeadas.

Contractor, Adjudicatario, contratista, proveedor; **contractor's equipment,** material del contratista; **electrical —,** contratista de instalaciones eléctricas.

Contradirectional, Contradireccional.

Contrefort, Contrafuerte.

Contrivance, Diseño, invención, plan.

Control, Dirección, gobierno, mando, reglaje; **— board,** cuadro de mando, tablero de control; **— clock,** reloj de fichar; **— column,** palanca de mando (aviac.); **— cubicle,** cabina de mando; **— damper,** amortiguador de mando; **— desk,** pupitre de mando; **— gate,** válvula de seguridad; **— grid,** rejilla de control (radio); **— inertia,** inductancia; **— length,** longitud eléctrica (de una antena); **— lever,** palanca de mando; **— panel,** cuadro de control; **— surfaces,** superficies de mando; **— tower,** torre de control (aviación); **— trimmer,** aleta compensadora; **— valve,** válvula de control; **— wheel,** volante de mando; **aerial — table,** panel de conmutación de antenas; **aileron —,** control de alerón; **altitude —,** corrector de altitud; **antenna — board,** panel de conmutación de antenas; **automatic brilliance —,** control automático de brillo; **automatic volume —** (A. V. C.) control automático de volumen;

banking —, mando de alerón; **bias** —, control por polarización; **bridge** — **supervision,** supervisión por puente de transmisión; **coaxial** — **station,** estación directriz coaxil; **contrast** —, control de contraste; **dual** —, doble mando; **electronic** —, control electrónico; **elevator** —, mando de profundidad; **feed back** — **system,** sistema de control con realimentación; **flow** —, regulación del caudal; **fuel** — **bar,** afuste de perforación; **gain** —, control de ganancia; **group** — **station,** estación directriz de grupo; **group sub-** — **station,** estación subdirectriz de grupo; **instantaneous automatic gain** —, control automático de ganancia instantánea; **Leonard** —, mando Leonard; **level** —, control de nivel; **multimetering** —, control de cómputo múltiple; **oil** — **ring,** segmento colector de aceite; **phase** — **shift** —, control por desplazamiento de fase; **photoelectric** —, control fotoeléctrico; **pneumatic** —, control neumático; **power operated** —, servomando; **remote** —, mando a distancia; **rudder** —, mando de timón; **sleeve** —, control por tercer hilo; **sleeve** — **supervision,** supervisión por tercer hilo; **sloggy or sloppy** —, mando blando; **speed** —, control de la velocidad; **symmetry** —, control de simetría; **switching** — **pilot,** onda piloto de conmutación; **thermostat** —, termorregulación; **throttle** —, control de gases; **time** — **gear,** reloj de mando; **tone** —, regulación de la tonalidad; **tone** — **aperture,** abertura del diagrama de control; **volume** —, control de volumen; **zero point** —, control del cero; **zero-set** —, control de cero; **to** —, conducir, dirigir, regular.

Controllability, Controlabilidad.

Controlled, Controlado, dirigido; **electronically** —, dirigido electrónicamente; **grid** — **rectifier,** rectificador de rejilla controlada; **ground** — **approach,** aproximación controlada desde tierra; **ground** — **interception,** interceptación controlada desde tierra; **hydraulically** —, dirigido hidráulicamente; **mechanically** — **switch,** interruptor de seccionamiento automático; **remote** — **station,** estación telerregulada.

Controller, Acoplador, combinador, controlador, dispositivo de mando, regulador; **air flow** —, controlador de aire de combustión; **closed feed** —, regulador hermético del circuito de alimentación; **count** —, controlador de cuenta; **drum** —, controlador de tambor; **frequency** —, controlador de frecuencia; **liquid level** —, controlador de nivel de líquido; **pressure** —, manómetro.

Controlling, Regulación; — **exchange,** centro director; — **force,** fuerza antagonista; — **mechanism,** dispositivo de llamada (ferr.); **telemotor** — **gear,** mando a distancia.

Controls, Dispositivos de regulación, equipo de mando, mandos.

Convection, Convección, transporte; **current** —, corriente de convección; **dead** —, convección muerta, **free** —, convección natural; **live** —, convección viva; **superheater** —, recalentador de convección.

Convective, Por convección; — **heating,** calentamiento por convección.

Convector, Convector; **hot water** —, convector de agua caliente.

Converge (To), Converger.

Convergence, Convergencia.

Convergent, Convergente; — **beam,** haz convergente.

Converging, Convergente; — **lens,** lente convergente.

Conversation, Conferencia; **connection for direct** —, conexión para conferencia directa; **delayed** —, conferencia demorada; **telegraph** —, conferencia telegráfica.

Conversely, Inversamente.

Conversion, Transformación; **code** —, conversión de código.

Convert (To), Aserrar madera, convertir, transformar.

Converted, Afinado, convertido; — **steel,** acero cementado.

Converter, Adaptador, convertidor, transformador; — **nose,** boca de convertidor; — **tube,** válvula conversora; — **waste,** proyecciones del convertidor; **acid** —, convertidor ácido; **basic** —, convertidor básico; **Bessemer** —, convertidor Bessemer; **exciting** —, transformador de excitación; **frequency** —, convertidor de frecuencia; **pentagrid** — **tube,** heptodo conversor; **rotary** —, cambiador de frecuencia rotativo, conmutatriz; **side blow** —, convertidor con soplado lateral; **Thomas** —, convertidor Thomas; **vibrating** —, convertidor vibratorio.

Convertible, Descapotable (auto).

Converting, Afino neumático; **frequency** — **network,** red conversora de frecuencia.

Convertiplane, Avión que despega como helicóptero, convertiplano.

Convex, Convexo; — **making,** acaballamiento; — **mirror,** espejo convexo.

Convex-Convex, Biconvexo.

Convexity, Convexidad.

Convey (To), Acarrear.

Conveyance, Transporte; **belt** —, transporte por banda.

Conveyer or **Conveyor,** Conductor (elec.), noria, portador, transportador (aparato); — **belting,** correa transportadora; — **bucket,** cangilón de transportador; — **chain,** cadena de cangilones, cinta transportadora, transportador; — **line,** cadena transportadora; — **trough,** trancanil a sacudidas; — **tube,** tubo de transporte;. — **worm,** tornillo sinfín; **baggage** —, cinta transportadora para equipajes; **belt** —, transportador de cinta, transportador de correa; **chain** —, cadena transportadora; **hook** —, transportador de garfios; **rope** —, transportador por arrastre; **shaker** —, transportador a sacudidas; **spiral** —, sinfín; **tray** —, transformador de plato; **vibrating** —, transportador a sacudidas.

Conveyorised, Transportador por cinta.

Conveyorize (To), Transportar por cinta sinfín.

Convolution, Espira (electr.), paso de hélice; — **of pipes,** serpentín.

Convoy, Convoy.

Cool, Frío; — **hammering,** agriamiento, martilleado en frío; **to** —, refrescar, refrigerar; **to** — **hammer,** agriar, batir en frío.

Coolant, Fluido refrigerante; — **pump,** bomba de líquido refrigerador.

Cooled, Enfriado, refrigerado; **air** —, enfriado por aire; **air** — **transformer,** transformador enfriado por aire; **hydrogen** — **compensator,** compensador enfriado con hidrógeno; **oil** —, enfriado por aceite; **water** —, enfriado por agua; **water** — **tube,** válvula refrigerada por agua.

Cooler, Enfriador, refrigerante; **drain** —, refrigerador de las purgas.

Cooling, Enfriamiento, pulverización, refrigeración, temple; — **bed,** lecho de enfriamiento; — **furnace,** horno de recocer (vidrio); — **gear** or — **machinery,** aparato refrigerante; — **surface,** superficie de enfriamiento; — **towers,** enfriadores de agua, torres de refrigeración; — **turbine,** turbina de enfriamiento; — **vanes,** aletas de enfriamiento; — **water,** agua de enfriamiento; — **water outlet,** salida del agua de enfriamiento; **aero** —, aerorrefrigeración; **air** —, enfriamiento por aire; **coke** —, véase **Coke**; **forced** —, enfriamiento forzado; **forced** — **transformer,** transformador de refrigeración forzada; **forced air** —, enfriamiento por circulación forzada de aire; **forced oil** —, enfriamiento por circulación forzada de aceite; **hydro** —, hidrorefrigerante; **hydrogen —**, enfriamiento por hidrógeno; **interrupted —**, temple interrumpido; **jacket —**, enfriamiento por camisa de agua; **radiational —**, enfriamiento por radiación; **self —**, auto-enfriamiento; **trickling — plant or dripping — plant**, refrigerante de condensación; **tube —**, refrigeración de tubos; **vaporization —**, refrigeración por vaporización; **water —**, enfriamiento por agua; **water — plant**, planta refrigeradora; **water-flow —**, refrigeración por agua.

Coom, Sebo.

Coop, Cuba, tonel, volquete.

Cooper, Tonelero; **cooper's block**, tajo de tonelero, tranchete; **cooper's dog**, cárcel (tonelería), tenaza de tonelero; **cooper's hammer**, martillo de tonelero; **cooper's jointer**, garlopa de tonelero; **cooper's plane**, cepillo curvo de tonelero; **cooper's turrel**, tirafondo de tonelero.

Coordinates, Coordenadas.

Coordination, Coordinación; **— chemistry**, química coordinativa; **— compounds**, compuestos de coordinación; **— link**, relación de coordinación; **frequency —**, coordinación de frecuencias; **level —**, coordinación de niveles.

Coordinatograph, Coordinatógrafo.

Cop, Bobina, canilla, canilla de lanzadera, espolín, husada; **— skeever**, broca para canillas.

Cope, Caja superior de moldeo.

Copilot, Copiloto.

Coping, Alero de cornisa, coronamiento, cumbrera, entablamiento; **— stone**, antepecho, caballete de muro, cordón, piedra de remate; **billet — shear**, cizalla para viguetas; **prussian —**, bovedilla entre nervios.

Copolymerisation, Copolimerización.

Copper, Caldero, cobre; **— asbestos material**, materias metaloplásticas; **— ashes**, batiduras, cenizas de cobre, escamas; **— base alloy**, aleación a base de cobre; **— bars**, cobre en barras; **— bearing**, cuprífero; **— blende**, calcopirita o bornita; **— bottomed**, con fondo de cobre, forrado en cobre; **— braid**, trenza de cobre; **— brick**, cobre roseta; **— cap**, cápsula; **— cleansing liquid**, agua de cobre; **— coin**, moneda de cobre o bronce; **— disk**, placa de cobre roseta; **— dragging or — foiling**, depósito de cobre en las láminas del colector; **— engraving**, grabado en cobre; **— foam**, agujas de exudación; **— foundry**, fundición de cobre; **— glance**, cobre sulfurado; **— ingots**, cobre en lingotes; **— load**, masa; **— loss**, pérdida en el cobre; **— ore**, mineral de cobre; **— oxide**, óxido de cobre; **— oxide rectifier**, rectificador de óxido de cobre; **— planchet**, plancheta de cobre; **— plate**, grabado en dulce, hoja de cobre, placa de cobre; **— plating**, encobrado; **— powder**, bronce rojo; **— printing**, grabado en dulce, huecograbado; **— pyrites**, calcopirita, piritas de cobre; **— reduced by liquidation**, mata resudada; **— refining furnace**, horno de afinado; **— rust**, mata de cobre bruto; **— sheathed**, forrado en cobre; **— sheathing**, forro de cobre; **— sheets**, hojas de cobre; **— smith**, calderero en cobre; **— stone**, granalla de cobre; **— sulphate**, sulfato de cobre, vitriolo azul; **— sulphide**, sulfuro de cobre; **— ware**, utensilios de azófar; **— wire**, hilo de cobre; **— works**, fundición de cobre, taller de encobrado; **— wound**, bobinado en cobre; **beryllium —**, cobre al berilio; **blister or blistered —**, cobre negro; **blue — ore**, azurita; **calamine —**, cobre no desplateado; **cement — or cementatory —**, cobre de cemento; **coarse —**, cobre bruto; **dross of —**, partes de cobre fundido que caen en la colada; **dry —**, cobre quebradizo; **dyeing —**, caldera de tintura; **electrolytic** —, cobre electrolítico; **emerald** —, dioptasa; **float** —, cobre en estado de finas partículas en suspensión en el agua, cobre nativo encontrado lejos de la roca de origen; **manganese** —, cobre al manganeso; **native or nature** —, cobre nativo; **oxidized** —, cobre oxidado; **phosphor** —, cobre fosforoso; **poor coarse** —, cobre negro desplateado; **pure** —, cobre puro; **red** —, cobre rojo, cuprita; **refined** —, cobre afinado, cobre de roseta; **sheet** —, cobre en hojas; **shine of** —, brillo del cobre afinado; **soft** —, cobre blando; **wrought** —, cobre batido; **yellow** —, cobre amarillo; **to** —, encobrar, forrar en cobre; **to** — **solder,** soldar con cobre.

Copperas, Caparrosa; **blue** —, sulfato de cobre; **green** —, sulfato de hierro; **white** —, sulfato de zinc.

Coppering, Encobrado, forrar en cobre (buques); **electro** —, encobrado electrolítico.

Copperplated, Electrocobreado.

Coppers, Moneda de cobre, valores cupríferos.

Coppersmith, Calderero en cobre.

Copping, Plegado; — **plate,** carretilla de continua; — **wire,** canilla, plegador.

Coprime, Coprimero; — **value,** valor coprimero.

Copter, Abreviatura de **Helicopter.**

Copy, Plantilla; — **spindle,** varilla de contacto, varilla palpadora de torno; — **wheel,** rueda de carro (de torno copiador); **to** —, copiar, falsificar, reproducir.

Copying, De reproducir; — **lathe,** torno de formar, torno de plantilla, torno de reproducir; — **machine,** máquina de reproducir; — **milling machine,** fresadora de reproducir, torno copiador de fresa, torno de fresa de copiar; — **press,** prensa de copiar; — **roller,** rodillo de plantilla.

Corb, Tonelada de extracción (minas).

Corbel, Abollanamiento de una bóveda, alerón, cornisamiento, ménsula; — **piece,** viga maestra; — **tree,** viga de fuerza; **to** —, poner hiladas en voladizo.

Corbelled (To be) — out, Estar en voladizo.

Corbelling, Tongada saliente.

Corbie-step, Escalón de un muro de piñón.

Corbond, Masa irregular (filones).

Cord, Conductor flexible, cordón, medida de volumen (que corresponde en América a 3,623 m^3 y en Inglaterra a 3,56 m^3); — **wheel,** retorcedor de filamentos; **asbestos** —, trenza de amianto; **double** —, dicordio; **elastic** —, tensor de hilo; **howler** — **circuit,** cordón de aullador; **plug** —, cordón de clavija; **to** —, encordar, medir la madera.

Cording, Orillo, remetido; — **tools,** instrumentos para acordonar.

Cordite, Cordita.

Corduroy road, Camino de rollizos.

Cordwainer, Cordonero.

Core, Alma de cable, cal viva, cascote, estación (minas), grumo, mandril para la fabricación de tubos de plomo, mecha de carbón de lámpara de arco, muestra de sondeo, núcleo (fundición, electricidad), núcleo de un tornillo, de un molde; — **bar,** alma, mandril; — **barrel,** linterna para machos, tubo portatestigo; — **binder,** aglomerante de núcleos; — **bit,** barrena cilíndrica hueca, corona de sondeos; — **blowing,** soplado de machos; — **blowing machine,** máquina de soplado de machos; — **die,** campana para fabricar tubos de plomo; — **discs,** discos de inducido; — **drill,** corona de sondeo; — **fork,** horquilla de machos; — **frame,** armadura, caja del macho, torno para núcleos; — **groove,** ranura del núcleo; — **hole,** orificio de desarenado; — **iron**, armadura de hierro, hierro del núcleo; — **lathe**, torno para machos; — **losses**, pérdidas en el hierro; — **maker**, obrero fabricante de machos; — **making machine**, máquina de hacer machos; — **mark**, alcance del núcleo; — **moulding machine**, máquina de moler machos; — **moulding shop**, taller de machos; — **piece**, punta de corazón (cambio de vías); — **print**, alojamiento del macho, portada; — **of anticline**, núcleo anticlinal; — **ratio**, relación entre el diámetro del alma y el espesor del aislamiento; — **recess**, ranura de tubo; — **sand**, arena para machos; — **shell**, funda de testigo; — **spindle**, árbol de núcleo; — **strickle**, terraja para machos; — **templet**, terraja para machos; — **wheel**, rueda hendida para poner dientes de madera; **air** — **barrel**, linterna de machos; **air** — **coil**, bobina sin hierro; **air** — **transformer**, transformador de núcleo de aire; **angular** —, núcleo cuadrado; **armature** —, núcleo del inducido; **armature** — **disc**, inducido de disco; **closed** —, núcleo cerrado; **closed-iron** —, núcleo de hierro cerrado; **curved** —, núcleo acodado; **drying** —, secado de los machos; **iron** —, núcleo de hierro; **iron** — **coil**, bobina con núcleo de hierro; **iron** — **transformer**, transformador de núcleo de hierro; **iron dust** — **coil**, bobina con núcleo de herradura de hierro comprimido; **iron plate** —, núcleo de chapas (elec.); **iron wire** —, núcleo de hilos; **magnet** —, núcleo magnético; **moving** — **regulator**, regulador de núcleo móvil; **pole** —, núcleo polar; **toroidal** —, núcleo tórico; **tubular** —, alma de tubo; **to** —, tomar muestras; **to cast upon a** —, fundir con macho.

Coreblower, Soplador de machos.

Cored, En hueco; — **work**, fundición en hueco, colada con macho; **air-** — **coil**, bobina con núcleo de aire.

Coreless, Sin núcleo; — **induction furnace**, horno de alta frecuencia.

Corf, Banasta, cesta de extracción (hullera, minera).

Corindon, Corindón; — **wheel**, rueda de corindón.

Coring, Extracción de testigos; — **out**, ahuecamiento; **self** — **mortising**, formón de bordes cortantes dispuestos en rectángulo.

Cork, Corcho, tapón; — **bungs**, grandes tapones de corcho; — **float**, flotador de corcho; — **screw**, sacacorchos; — **squeezer**, exprimidor de corcho; — **tree**, alcornoque; **agglomerated** —, corcho aglomerado; **fossil** —, variedad muy ligera de amianto.

Corky bark, Casca blanda.

Corn, Harinero; — **mill**, molino harinero; — **tongs**, bruselas (pinzas finas); **to** —, granular.

Corner, Ángulo, ángulo plano, arista de una piedra, escuadra, esquina, rincón; — **angle**, ángulo de ataque; — **band or** — **bracket**, guardaesquina; — **brace**, tornapunta; — **chisel**, buril para madera, cuadradillo, gubia triangular; — **connection**, ejión de extremo, ejión de tope, junta de esquina; — **drill**, taladradora para rincones; — **frame**, cuadro unido; — **guiding**, guía colocada en los ángulos; — **iron**, angular; — **joint**, junta esquinada; — **locking**, pitón recto; — **plate**, escuadra de chapa; — **post**, poste angular; — **stone**, piedra angular, piedra fundamental; — **wall**, rinconada; **inside** — **tool**, cuchilla para tornear interiores; **square** — **reflector**, reflector diédrico rectangular.

Cornerwise, En diagonal.

Corona, Efecto de corona (elec.); — **discharge**, descarga en corona; — **effect**, efecto corona; — **loss**, pérdida por efecto corona.

Coroniform, Coroniforme.

Corradiation, Reunión de rayos luminosos en un punto.

Correctable, Corregible.

Correction, Corrección; — **factor,** factor de corrección; — **from signals,** corrección por las señales del código; **pulse** —, corrección de impulsos; **synchronous** —, corrección de sincronismo.

Corrector, Corrector; **fixed break** —, corrector de apertura; **fixed ratio** —, corrector de relación fija; **frequency** —, corrector de frecuencia; **latitude** —, corrector de latitud; **minimum break** —, corrector de apertura mínima; **minimum make** —, corrector de cierre mínimo; **pulse** —, corrector de impulsos; **speed** —, corrector de velocidad (compás giroscópico).

Corrodant, Agente corrosivo.

Corrode (To), Corroer.

Corrodible, No resistiendo la corrosión; **non** —, inoxidable, resistente a la corrosión.

Corroding, Corrosivo.

Corronization, Corronización.

Corrosibility, Corrosibilidad.

Corrosion, Corrosión; — **resistance,** resistencia a la corrosión; — **resisting,** resistente a la corrosión; — **test,** ensayo de corrosión; **acid** —, corrosión por ácidos; **basic** —, corrosión por bases; **cracking** —, corrosión agrietante; **external** —, corrosión externa; **intergranular** —, corrosión intergranular; **soil** —, corrosión telúrica; **stress** —, corrosión bajo tensión.

Corrosion proofing, Anticorrosivo.

Corrosive, Corrosivo; — **sublimate,** sublimado corrosivo.

Corrosivity, Corrosividad.

Corrugate (To), Abarquillar, ondular.

Corrugated, Abarquillado, ondulado; — **lens,** lente de escalones; — **paper,** papel plisado; — **plate,** chapa ondulada; — **sheet,** chapa ondulada.

Corrugation, Virola.

Corsican, De Córcega; — **pine wood,** madera de pino de Córcega.

Cosmotron, Cosmotrón.

Corticene, Corcho pulverulento.

Corundum, Corindón; — **wheel,** rueda de corindón.

Coruscation, Brillo de la la plata.

Cosecant, Cosecante (mat.).

Cosine, Coseno (mat.).

Cosmic, Cósmico; — **radiation,** radiación cósmica; — **ray,** rayo cósmico.

Cosmology, Cosmología.

Cosolvent, Codisolvente.

Cost, Costas, coste, gasto, precio; — **of upkeep,** gastos de mantenimiento; — **price,** precio de fábrica; **capital** —, gastos de instalación; **first** —, precio de compra; **low in** —, barato; **operating** —, gastos de explotación.

Costean (To), Abrir pozos detrás de los filones para indagar sus direcciones.

Cotangent, Cotangente (mat.).

Cotter, Chaveta, pasador de retención; — **bolt,** bulón de chaveta; — **file,** lima ranuladora plana; — **pin,** pasador de chaveta; — **plates,** orejetas, pivotes, taqués (de caja de moldeo); — **with screw end,** chaveta de regulación; **gib and** —, chaveta doble, chaveta y contrachaveta, contrachaveta; **split** —, chaveta con hendidura; **spring** —, chaveta de resorte; **tapered** —, chaveta cónica; **to** —, chavetear, frenar una tuerca con un pasador; **to drive in a** —, empujar una chaveta en su alojamiento; **to tighten up a** —, apretar una chaveta, repretar una chaveta.

Cottered into, Alojado, chaveteado en.

Cottering, Calaje, unión por chaveta.

Cottles, Lodos de moldes, partes de moldes.

Cotton, Algodón; — **cloth,** tela de algodón; — **fabric,** tejido de algodón; — **factory,** fábrica de hilados de algodón; — **foxes,** trenzas de algodón; — **gin**, desmontadora de algodón, despepitadora; — **mill**, hilandería de algodón; — **powder**, fulmicotón; — **press**, prensa para embalar el algodón; — **rock**, feldespato descompuesto; — **spinning**, hilandería de algodón; — **spirits**, solución de cloruro estannoso; — **stuffs**, tejidos de algodón; — **thread**, algodón retorcido, hilo de algodón; — **tissue**, calicó; — **waste**, borras de algodón; — **wood**, álamo de Canadá; — **wool**, guata; — **yarn**, hilo de algodón; **double — covered**, con doble capa de algodón; **printed —**, algodón estampado; **silicate —**, lana de escorias; **single — covered**, con capa sencilla de algodón; **spun —**, algodón hilado.

Couch (To), Embutir, encajar, encastrar.

Coulomb, Culombio (elec.).

Coulometer, Voltámetro.

Coulometric, Voltamétrico; — **titration**, valoración voltamétrica.

Coumarins, Cumarinas (quím.).

Countable, Contable; — **groups**, grupos contables (topología).

Counter, Bovedilla (buques), cota de un dibujo, contador, falsa pared, marca, marca de disco de presencia, palabras compuestas con «contra», referencia; — **arch**, arco invertido; — **balance**, contrapeso, cruceta (locomotora); — **balanced**, equilibrado; — **batter**, desplome; — **bit**, contrafalleba; — **bore**, agujero para remache o bulón de cabeza embutida, ensanchamiento con fondo plano del orificio de un agujero; — **bracing**, barra de contratensión; — **buff**, contragolpe; — **check**, fuerza antagonista; — **clock wise**, en sentido inverso al de las agujas del reloj; — **clout**, clavo de punta desmochada; — **current**, contracorriente; — **die**, contraestampa, estampa secundaria; — **drain**, cuneta de descarga (para recoger las aguas de filtración); — **electromotive** (force), fuerza electromotriz; — **excavation**, hoja agujereada por encima de otra; — **flow**, a contracorriente; — **flush**, con inyección invertida (sondeo); — **foil**, matriz; — **for revolutions**, contador de revoluciones; — **knocker**, contratope; — **mure**, revestimiento; — **nut**, contratuerca, tornillo de llamada; — **part**, talón de un boleto, de un recibo; — **poise**, compensación de tierra (radio), contrapeso; — **pressure**, contrapresión; — **punch**, contrapunzón; — **scarpe**, contraescarpa; — **set**, contraboterola; — **shaft**, árbol de retorno, eje secundario, transmisión intermedia, transmisión intermedia por correa; — **shaft suspensions arms**, caballetes de transmisión intermedia; — **sink**, ver más abajo; — **slope**, contraescarpa, contratalud; — **spectrometer**, espectrómetro contador; — **spring**, contra-resorte; — **stop**, contratope; — **streaming**, a contracorriente; — **torque**, par antagonista; — **tube**, tubo contador; — **vault**, bóveda invertida; — **voltage**, fuerza contraelectromotriz; — **weight**, contrapeso; — **weight lever**, palanca de contrapeso; — **weighted**, con contrapeso, equilibrado; **crystal —**, contador de cristal; **diagonal —**, contradiagonal; **diamond conduction —**, contador con conducción de diamante; **electronic —**, contador electrónico; **G. M. —**, contador Geiger-Müller; **gamma ray —**, contador de rayos gamma; **gas discharge —**, contador de descarga de gas; **integrating —**, contador totalizador; **radiation — tube**, tubo contador de radiación; **ring —**, contador en anillo; **scintillation —**, contador de centelleos; **wire and plate —**, contador de hilos y placa; **to — balance**, equilibrar; **to — cut**, contra-tallar; **to — draw**, calcar; **to — gauge**, contracalibrar los ensambles; **to — poise**, hacer contrapeso; **to — weight**, equilibrar, hacer contrapeso, proveer de un contrapeso.

Counteragent, Tendencia contraria.

Counterfire, Tiro de contrabatería

Countersink, Avellanador, fresa; — **bit,** avellanador; — **head,** cabeza avellanada; — **hole,** avellanado; — **rivet,** remache de cabeza avellanada; **rose** —, fresa de pulimentar; **to** —, fresar.

Countersunk, Avellanado, embutido.

Counterwork, Contraobra.

Countesses, Ladrillos de segunda calidad.

Counting, Cuenta, recuento.

Country, Lecho de un filón; **transit** —, país de tránsito.

Couple, Cercha, crucero, par (mec., elec.); **magnetic** —, par magnético; **to** —, acoplar, embragar, enganchar, engranar, enjimelgar.

Coupled, Embragado, engranado, enjimelgado; — **oscillator,** oscilador acoplado; — **poles,** postes gemelos; **battery-** — **amplifier,** amplificador acoplado por batería; **cathode** — — **amplifier,** amplificador acoplado por cátodo; **choke** — — **amplifier,** amplificador de acoplo por impedancia; **direct** — **system,** sistema directo; **electron-** — **oscillator,** oscilador de acoplo electrónico; **inductively** — **system,** sistema indirecto; **shunt** — **wring,** montaje en derivación; **transformer** — **amplifier,** amplificador acoplado por transformador; **6** — **double Ender,** avantrén y tres ejes portadores traseros (locomotoras).

Coupler, Acoplador, acoplamiento, junta; **automatic** —, acoplamiento automático; **directional** — (directive feed), acoplador direccional; **long-slot** —, acoplador de ranura larga; **multi-hole directional** —, acoplador direccional multirranura; **resistive-lop** —, acoplador de espira resistiva.

Coupling, Acoplamiento, acoplador, acoplo (radio), atelaje, embrague, enganche, enjimelgado, junta, ligazón, unión; — **box,** manguito de acoplamiento; — **capacitor,** capacitor de acoplamiento; — **chain,** cadena de enganche; — **clip,** grapa de apriete; — **fork,** perno de unión; — **joint,** junta de acoplamiento; — **link,** biela de acoplamiento; — **transformer,** transformador de acoplamiento; — **waves,** ondas de acoplamiento; **antenna** — **condenser,** condensador de acoplo de antena; **back** —, acoplador por reacción; **band** —, acoplamiento por cinta; **bend** —, acoplo curvado; **brush** —, embrague por cepillos; **capacitive** —, acoplamiento por capacidad; **capacitive or capacity** —, por capacidad; **centrifugal** —, acoplador centrífugo; **cheese** —, embrague en T; **claw** —, acoplamiento por garras; **claw** — **sleeve,** manguito de acoplamiento; **close** —, acoplamiento fuerte; **closed** —, acoplamiento rígido; **condenser** —, acoplamiento por condensador; **cone** —, acoplamiento por cono, acoplamiento por cono de fricción; **couplings of shafts,** discos de ferodo de unión de los árboles; **critical** —, acoplamiento crítico; **direct** —, acoplamiento directo; **disc** —, acoplamiento de discos; **electromagnetic** —, acoplamiento electromagnético; **electronic** —, acoplamiento electrónico; **electrostatic** —, acoplamiento electrostático; **expansion** —, acoplamiento con movimiento longitudinal; **fast** —, acoplamiento fijo; **feed back** —, acoplamiento a reacción; **flange** —, junta de bridas; **flexible** —, acoplamiento flexible elástico; **flexible head** —, acoplamiento de cabeza articulada; **friction clutch** —, acoplamiento por fricción; **half** —, coquilla; **impedance** —, acoplamiento por impedancia; **inductive** —, acoplamiento por inducción; **interstage** —, acoplo interetápico; **jointed** —, acoplamiento articulado; **knot** —, unión de nudo; **loose** —, acoplamiento ajustable (radio); **magnetic** —, acoplamiento magnético; **muff** —, acoplamiento por manguito; **needle** —, acoplamiento por pasadores; **optimum** —, acoplamiento crítico, acoplamiento óptimo; **overload** —, acoplamiento por fricción; **pawl** —, acoplamiento de trinquete; **plate** —, acoplamiento de platos; **quartz zero — cut,** corte de cuarzo de acoplo cero; **railway couplings,** enganches de ferrocarriles; **resistance** —, acoplamiento de resistencia; **safety — rod,** barra de seguridad de enganche; **screw — box,** manguito con tornillo; **screw flange** —, acoplamiento de bridas y de bulones; **screw pipe** —, ensamble a rosca de tubos; **shaft couplings,** acoplamiento para árboles de transmisión; **sleeve** —, acoplamiento por manguito; **slip clutch** —, embrague de platos móviles; **split** —, acoplamiento de coquillas; **spring ring** —, acoplamiento de segmentos extensibles; **steel lamination** —, acoplamiento de láminas de acero; **stray** —, acoplo parásito; **tight** —, acoplamiento cerrado; **vice** —, acoplamiento por pasador fileteado; **wedge for** —, cono de presión para acoplamiento.

Coupon, Cupón.

Courier, Aeroplano estafeta.

Course, Apoyo, buzamiento, capa, dirección de filón, filón, hilada, inclinación de un filón, rumbo, ruta, serie de entalladuras paralelas de una lima, vena, veta, veta rica en mineral, virola de cuerpo de caldera; — **computer,** integrador de ruta (aviación); — **setting knob,** botón de corrección de rumbo; **air** —, pozo de ventilación; **angle — beam,** consola sobre vigueta; **broken** —, mampuesta de juntas cruzadas; **corbel** —, cofia; **cross — spar,** filón transversal; **tail water** —, canal de descarga; **track — angle,** ángulo de rumbo.

Coursed work, Mampostería por hiladas.

Coursing, Instalación para la ventilación.

Covalency, Covalencia.

Covalent, Covalente; — **bond,** enlace covalente.

Covariant, Covariante.

Cover, Aislamiento, cabezal (destilador), caperuza (chimenea), envuelta, forro, ganga (minas), placa de recubrimiento, recubrimiento (distribuidores), sombrerete (palier), tapadera; — **less,** sin culata; — **plate,** cubrejuntas, mazo de prensa-uvas; — **plate joint,** junta, nudo, unión; — **with beaded edges,** neumático de pestañas; **butt — plane,** cubrejuntas; **dust** —, guardapolvo; **grooved** —, envuelta con ranuras; **hatch** —, tapa de escotilla; **hinged** —, tapadera abatible; **inspection** —, inspección; **propeller** —, funda de hélice; **square tread** —, envoltura lisa; **valve** —, tapa protectora de válvula; **wire guarded** —, neumático con refuerzo de alambre; **to** —, recubrir, revestir (conductor eléctrico).

Coverage, Cobertura; **photographic** —, zona enfocada; **vertical — pattern,** diagrama de distancias.

Covered, Recubierto, revestido; **lead — cable,** cable con camisa de plomo.

Covering, Afieltrado, carenaje de la cabina, cobertura, encuadernación en tela, envuelta, recubrimiento (distribuidor), revestimiento (aeroplano); — **board,** tapa de regala (buques); — **plate,** chapa de recubrimiento; **fabric** —, arpillera; **metal** —, revestimiento metálico; **ply-wood** —, recubrimiento de contrachapado.

Cowl, Campana, caperuza (de chimenea), capó, sombrerete; — **antenna,** antena de coche; — **flaps,** aletas del capó; — **gills,** aletas de refrigeración del capó; **nose** —, capot delantero.

Cowled, Con capucha.

Cowling, Capó, capotaje (aviac.), carenaje.

Coxswain, Patrón de un bote.

C. P., Abreviatura de **Candle Power** (poder luminoso) y también de **Controllable Pitch** (paso variable).

Cps (cycles per second), Períodos por segundo.

Crab, Cabria, carro (torno puente-grúa), torno elevador; — **bolt,** perno de anclaje pasante; — **claw,** desconexión de distribución Corliss; — **runway,** mando de translación del carro; — **track,** pista de rodadura del carro; — **travel,** desplazamiento del carro; — **traverse,** véase **Crab runway**; — **winch,** torno pequeño; **chain** —, carro mandado por cadena; **crane** —, cabrestante de grúa, carro de puente grúa; **hatch** —, grúa de escotilla.

Crack, Crica, fisura, grieta, grieta por congelación, hendidura; **electromagnetic** — **detector,** aparato electromagnético detector de grietas; **quench** —, oquedad de fundición.

Craked, Agrietado, rajado; — **gasoline,** gasolina de cracking.

Cracker, Enfriamiento brusco del metal por agua.

Cracking, Agrietamiento, cracking (piroescisión), escisión del hidrocarburo (petróleo), fisura, fisuración, formación de cricas, grieta, raja; — **gasoline,** gasolina de cracking; — **kiln,** horno de cracking; — **test,** ensayo de fisuración; **cat or catalytic** —, cracking catalítico; **cold** —, fisuración en frío; **thermal** —, cracking térmico.

Cradle, Andamio volante en un pozo, caja de moldeo, cojinete de carril, criba para el lavado de minerales, cuna de botadura, cuna motora, polín de caldera; **shipping** —, cuna de botadura; **to** —, lavar minerales en criba lavadora.

Cradling, Cimbra (arcos, bóvedas).

Craft, Balsa, barcaza, chalana, gabarra, oficio, pequeños edificios (nombres colectivos), transbordador; **air** —, aeronave, avión; **motor** —, canoa automóvil.

Craftsman, Artesano, obrero.

Cramp, Abrazadera, balancín para perforar, calambre, crampón, garra, grapa, mordaza, prensa de mano, tenazas de punta, tirante; — **frame,** abrazadera, gatillo, soporte de banco de carpintero; — **gauge,** plantilla para el cajeado de traviesas; — **hole,** orificio de grapón; — **iron,** ancla de sujeción, laña, tirante; **folding machine** —, máquina plegadora; **frame** —, prensa de mano; **iron** —, brida de hierro; **jointing** —, abrazadera; **to** —, enganchar, engrapar.

Cranage, Gastos de grúa.

Crane, Cabrestante, cabria, grúa, puente-grúa; — **beam,** aguilón de grúa, brazo de grúa, pluma de grúa; — **bill,** brazo de grúa; — **boom,** brazo de grúa; — **bridge,** puente-grúa; — **frame,** bancada de grúa; — **head,** pluma de grúa; — **hook,** gancho de grúa; — **hut,** cabina de grúa; — **jib,** pluma de grúa; — **man or** — **operator,** accionador de grúa; — **post,** brazo de grúa; — **trolley,** carro de grúa, carro de puente-grúa; — **with jib,** puente de brazo; — **with tongs,** puente con garras; — **winch,** guinche de grúa; **angle** —, grúa de soporte triangular; **bar iron** —, grúa para transportar barras de hierro; **blocksetting** —, acarreador; **bracket** —, grúa de consola; **break down** —, grúa de maniobra; **bridge** —, grúa pórtico sobre pilares; **bucket handling** —, grúa de herrada; **building** —, grúa de construcción; **cantilever** —, grúa de brazos horizontales; **caterpillar** —, grúa sobre orugas; **clamshell** —, grúa de cuchara; **claw** —, grúa de garras; **coaling** —, grúa para carbón; **column** —, grúa de columna; **crawler** —, grúa sobre orugas; **curb ring** —, grúa de placa giratoria; **deck** —, grúa de puente de buque; **derrick** —, derrick-grúa, grúa de retenidas; **double** —, grúa de doble brazo; **elevated cableway** —, cable grúa; **equipment** —, grúa de armamento (astillero); **erecting** —, grúa o puente de montaje; **floating** —, pontón grúa; **forge** —, grúa de martillo pilón; **forging** —, puente de fragua; **frame** —, grúa pórtico; **gantry** —, grúa de pórtico; **giant** — **goliath** —, grúa gigante, grúa titán; **grab or grabbing** —, grúa de cuchara; **gripping** —, puente con pinzas; **hammer head** —, grúa de brazo horizontal, grúa de martillo; **hand** —, grúa movida a brazo, grúa para cargas ligeras; **hatch** —, grúa de escotilla; **helmet** —, grúa con brazo amantillable; **jib** —, grúa de pluma; **ladle** —, puente de colada; **locomotive** —, grúa de mantenimiento, grúa-locomotora, grúa para levantar locomotoras; **luffing** —, grúa de brazo amantillable; **magnet** —, grúa de electroimán; **mast** —, grúa de calafatear, grúa de tijera, grúa para mástiles; **moveable** —, grúa móvil; **overhead travelling** —, puente-grúa aéreo, puente transbordador aéreo; **pillar** —, grúa de fuste; **pivoting** —, grúa con pivote; **pontoon** —, pontón-grúa; **port** —, grúa de puerto; **portable** —, grúa rodante; **portal** —, grúa o puente de manejo rápido, grúa-pórtico; **quick handling** —, puente-grúa de descenso rápido; **quick lowering** —, puente-grúa de descenso rápido; **revolving** —, grúa con pivote; **roof** —, grúa de techo; **screw** —, gato; **self-propelling** —, grúa automotora; **sheer legs** —, grúa de tijera; **shipyard** —, grúa de astillero; **slewing** —, grúa pivotante; **steam** —, grúa a vapor; **stripping** —, grúa de tirantes, puente-grúa desmoldeador; **tower** —, grúa de torno; **transfer or transhipment** —, grúa de transbordo; **travelling** —, grúa desplazable, puente transbordador; **truck** —, camión-grúa; **visor** —, grúa de brazo amantillable; **wall** —, grúa mural o de aplique; **water** —, grúa de alimentación (ferrocarriles); **wharf** —, flecha formada de una viga; **yard** —, grúa de patio.

Craner, Gruista.

Crank, Báscula de serrería, codo, eje, escote de banco de torno, manivela; — **arm,** brazo acodado de manivela, brazo de manivela; — **axle,** eje acodado, eje de manivelas (locomotoras); — **bearing,** larguero principal; — **boss,** cubo de manivela; — **brace,** fuste; — **case or** — **chamber,** cárter; — **cheeks,** brazos de manivela; — **connecting link,** acoplamiento de manivelas; — **disc,** plato de manivela; — **driven,** mandado por biela-manivela; — **effort,** fuerza tangencial; — **gear,** par ejercido por o sobre una manivela, transmisión por manivela; — **guide,** corredera excéntrica, corredera manivela; — **handle,** manilla de manivela, manivela de arranque; — **of centrebit,** arzón; — **pin,** botón de manivela, espiga de manivela; — **pin steps,** palier de botón de manivela; — **pin turning,** torneadora de cigüeñales; — **planer,** cepilladora de manivela, máquina para cepillar las manivelas; — **race,** pozo para la manivela; — **rod,** vástago de manivela; — **shaft,** árbol acodado, árbol de manivela; — **shaft bearing,** cojinete de berbiquí; — **shaft bracket,** palier del árbol de manivela; — **shaft grinding machine,** máquina para rectificar los berbiquíes; — **shaft thrust ball bearing,** rodamiento de cojinete de berbiquí; — **web,** brazo de manivela; — **wrist,** botón de manivela; **bell** —, palanca acodadada; **bell** — **governor,** regulador de palancas en escuadra; **bent** —, palanca curvada o falciforme; **counter** —, botón de manivela en voladizo; **counterbalanced** — **shaft,** berbiquí de botones equilibrados; **disc** —, manivela de plato; **double** —, manivela compuesta; **four** — **shaft,** árbol con cuatro manivelas; **ideal** —, manivela ficticia; **oblique** —, eje de cuerpo oblicuo; **one man** —, manivela accionada por un hombre; **opposite cranks,** manivelas equilibradas; **oscillating** — **gear,** corredera aislante a manivela; **overhung** —, manivela en voladizo; **return** —, contramanivela; **slot and** —, corredera manivela; **slotted** — **plane,** manivela de corredera; **winch and** — **handle,** manivela de brazos; **to** —, acodar, hacer arrancar un motor.

Cranked, Acodado.

Cranking, Arranque.

Crankle (To), Cortar en zigzag.

Craping iron, Mediacaña.

Crash switch, Interruptor automático en el aterrizaje (aviac.).

Crate, Aeroplano fuera de servicio, caja de madera, embalaje para material frágil; **to** —, embalar, poner en cajas.

Crated, En caja.

Crater, Cráter; **positive** —, cráter positivo.

Crating, Colocación en cajas, embalaje.

Craunch, Pilar (minas).

Crawler, Con orugas; — **chain,** tren de orugas; — **crane,** grúa sobre orugas; — **mounted,** sobre orugas; — **truck,** camión-oruga.

Craze mill, Bocarte para mineral de estaño; **to** —, agrietarse, cuartearse.

Crazing, Agrietamientos en el barniz o en la pintura.

Creak (To), Chirriar.

Cream of lime, Lechada de cal.

Crease, Estampa de la máquina de trancanil; **to** —, abatir, desplomar un borde.

Creases, Partes de mineral lavado.

Creasing, Compresión de un doblez a regla; —**die,** troquel de acanalar; — **tool,** copador.

Credit, Crédito; **letter of** —, crédito (escritura, bono).

Creditor, Acreedor.

Creep, Alargamiento gradual y permanente de un metal con la carga, el tiempo y la temperatura, colada, deslizamiento, empuje del suelo, fluencia (metales), levantamiento del muro o del techo de las galerías; — **contacts,** contactos de separación; — **resisting,** con alto límite de fluencia; — **strength,** resistencia a la fluencia; — **testing,** ensayo de fluencia; **to** —, deslizar una correa sobre la polea, trepar.

Creepable, Susceptible de fluencia.

Creeper, Garfio.

Creeping, Ascensión capilar, fluencia, histéresis viscosa (elec.), tornillo sin fin.

Creosote, Creosota; — **oil,** aceite creosotado; **to** —, creosotar.

Creosoted, Creosotado.

Creosoting, Creosotación; — **plant,** utillaje para creosotar.

Creosotonic, Creosótico; — **ester,** éster creosótico.

Crescent, Creciente (luna); — **gearing,** engranajes falciformes; — **shaped,** en cuarto creciente; — **wing,** ala con borde de ataque en media luna.

Cress, Estampa.

Crest, Cresta, punta; — **gate,** válvula de retención; — **of a dam,** coronación de presa; — **tile,** teja de caballete; — **voltage,** voltaje de pico.

Crevet, Crisol.

Crevice, Bolsa de mineral.

Crew, Tripulación; **ground** —, personal de tierra; **operating** —, tripulación de avión.

Crewman, Tripulante.

Crib, Pequeño tren de madera, roldana de entibación, yesca de minero; **tool** —, armario de herramientas.

Cribble, Cedazo, criba, harnero, tamiz.

Cribbing, Entibación en madera, corona del foso de placa giratoria (locomotoras), entibación.

Crimp, Cuero embutido; **to —,** engarzar.

Crimped, Engarzado.

Crimper, Pinzas de engarzar.

Crimping, Embutición del cuero; **— press,** prensa de embutir; **band — press,** prensa para anillar (obuses).

Cringle, Garrucho (marina).

Crippling load, Carga crítica, carga de deformación permanente.

Crith, Peso de 1 litro de hidrógeno.

Critical, Crítico; **— angle,** ángulo crítico; **— damping,** amortiguamiento máximo; **— frequency,** frecuencia crítica, umbral de frecuencia; **— mass,** masa crítica; **— point,** punto crítico; **— pressure,** presión crítica; **— speed,** velocidad crítica; **— voltage,** tensión crítica (elec.).

Crizzlings, Grietas superficiales por enfriamiento lento.

Crocus, Azafrán, óxido férrico para pulimentar; **— of antimony,** cártamo de antimonio; **— of venus,** óxido dc cobre; **martial —,** acero para molde de fundición.

Crook, Atizador, curvado, gancho, garfio.

Crooked, Ganchudo.

Crooking, Alabeo.

Crop, Afloramiento, merma, mineral de estaño bueno para fundir; **to —,** cizallar.

Crophead, Despunte (lingotes).

Croppie, Tenaza de vidriero.

Cropping, Afloramiento, cizallamiento.

Cross, Cruz, en cruz, oblicuo; **— bar,** alzaprima (palanca), barra cruzada de cerrar, larguero de agujero de acceso a la cámara, tirante, tranca, traviesa, traviesa de pilotaje, veta que corta el filón principal, viga transversal de carga, virotillo; **— beam,** balancín transversal; **— braced,** arriostrado; **— branch,** ramal transversal; **— butt,** biela lateral de T (balancín); **— chap,** torno de grandes mandíbulas; **— columns,** cruz de San Andrés; **— connector,** galería transversal; **— course,** filón transversal; **— cut,** galería transversal, trocha; **— cut chisel,** buril; **— cut file,** lima de picadura cruzada; **— cut saw,** sierra de marmolista; **— cutter,** rozadora mecánica; **— cutting chisel,** buril; **— cutting teeth,** dientes contorneados; **— dike,** presa baja de ría; **— engine,** máquina para tallar las ruedas de los engranajes; **— fluid,** fluido de corte; **— flux,** flujo transversal (elec.); **— frames,** bastidores en cruz, estribos; **— gauge,** gramil de cuchilla; **— girder,** eslora de apoyo; **— half lattice iron,** hierro en T doble con cuatro cordones cruzados; **— hammer,** traviesa; **— handle,** manivela de trépano; **— hardness,** dureza para el corte; **— head,** cabeza de biela, cruceta, culata (de pistón), parte superior de arriostrado de prensa, traviesa, tubo en T; **— head guide block,** patín de traviesa o de T; **— head guides,** correderas, deslizaderas, guías, guías de la traviesa; **— head pin,** cojinete de traviesa; **— joint,** junta en falsa escuadra; **— keyed connection,** junta de clavijas transversales; **— leakage,** montaje en derivación; **— mouth chisel,** escoplo cilíndrico de filo transversal; **— opening,** talla transversal; **— over,** travesía; **— piece,** traviesa; **— piling,** colocación en pilas, en paquetes; **— quarter,** riostra cruzada; **— rafter,** viga maestra; **— section,** corte transversal, sección transversal; **— sectional,** transversal; **— shaped,** en forma de cruz; **— sleeper,** traviesa de ferrocarril, traviesa de pilotaje; **— slide,** carro transversal (torno), escuadra de agrimensor; **— staff,** alidada, pínula; — **stay,** cruz de San Andrés; — **stud or — stretcher,** puntal, riostra, traviesa; — **table,** mesa en T; — **tail,** T invertida; — **tail butt,** biela lateral del gran T; — **tail butt or strap,** biela lateral de T; — **tail strap,** biela lateral del gran T; — **tie,** tirante transversal, traviesa; — **valve,** válvula de tres vías; — **way,** galería transversal (minas); — **wire,** retículo; — **wise,** al sesgo, al través, en cruz, transversal; — **working,** galería transversal; **axle —,** eje motor con manivelas caladas a 90º una de la otra; **handle for — hand feed,** manigueta de embrague de avance transversal; **maximum — section,** cuaderna principal; **Saint Andrew's —,** cruz de San Andrés; **to —,** atravesar, estar atravesado, poner en cruz.

Crossbedded, De capas cruzadas.

Crossbuck, Travesaño de poste.

Crosscountry, Carrera a campo través.

Crossed, Cruzado; — **belt,** correa cruzada; **half — belt,** correa semicruzada.

Crossfall, Pendiente transversal.

Crossing, Cambio de vía, corazón de cruzamiento de carriles, cruzamiento, paso, travesía; — **loop,** vía de cruzamiento; — **rails,** raíles de apartadero; **crossings,** travesías; **diamonds —,** cruce oblicuo, cruzamiento doble; **level —,** paso a nivel; **overhead —,** paso elevado; **subway — passage,** paso subterráneo.

Crosstalk, Diafonía telefónica; — **attenuation,** atenuación diafónica; **far-end — attenuation,** atenuación telediafónica; **intelligible —,** diafonía inteligible; **unintelligible —,** diafonía ininteligible.

Crosswise, Transversal; — **carriage,** carro transversal (máq-herr.).

Crotch, Anzuelo (véase **Crutch**), cruz, gancho.

Crotchet, Riostra de presión.

Crotonic, Crotónico; — **acid,** ácido crotónico.

Crow, Abrazadera para sostener un trinquete de perforación, barra, palanca. pinza; — **bar,** palanca gruesa, picafuegos; **claw ended — bar,** palanca de pie de cabra; **crooked — bar,** palanca de uñas; **crow's foot,** barrenas, caracola para extraer varillas de sonda; **heel of a — bar,** talón de palanca; **shackle —,** **lobo** (arrancaclavos); **splitted — bar,** palanca de pie de cabra para separar bloques de pizarra.

Crowdion, Agrupación local móvil de iones.

Crown, Bóveda, cielo de hogar, clave de bóveda, contorno, corona, corona de ancla, cruceta, culata, cúpula de dama, dientes cuyo espesor se reduce hacia cada extremo, manijado de un molino, perfil, rueda de levas; — **bar,** armadura de clave de hogar; — **gate,** puerta de aguas arriba (esclusa); — **gear,** corona dentada; — **glass,** crown glass, vidrio con bollones; — **hinge,** articulación de la clave; — **iron,** azuda; — **joint,** articulación en el vértice; — **lens,** lente convexa de crown-glass; — **of aberration,** círculo de aberración; — **of cups,** batería de corona; — **of the fire-box,** cielo de la caja de fuego; — **plate,** placa de cielo de hogar; — **post,** punzón; — **rail,** brazo transversal, guía transversal (máq.-herr.); — **saw,** sierra anular, sierra circular; — **sheet,** cielo de hogar; — **valve,** válvula de tapa; — **wheel,** corona dentada cónica, rueda de escape; **piston —,** cabeza de pistón.

Crowning, Cuello de eje de polea, obtención de dientes cuyo espesor se reduce hacia cada extremo.

Croze, Jable.

Crucible, Crisol (horno alto, etc...); — **belly,** vientre de crisol; — **cast steel,** acero fundido en crisol; — **furnace,** horno de crisol; — **lined**

with charcoal, crisol con revestimiento refractario; — **shank,** portacrisol; — **stand,** botón de crisol; — **steel,** acero al crisol; **travelling — wagon,** crisol sobre ruedas.

Cruciferous, Crucífero.

Cruciform grooves, Ranuras de engrase (máq.-herr.).

Cruciformism, Cruciformismo.

Crude, Bruto; — **oil,** crudo, petróleo bruto.

Cruising, De crucero; — **range,** radio de acción a la velocidad de crucero; — **speed,** velocidad de crucero; — **turbine,** turbina de crucero.

Crumbling, Choque, corrosión, desmenuzamiento, incrustación de arena (fundición).

Crumbly, Desmoronamiento.

Cruset, Crisol de orífice.

Crush, Choque; — **forming,** rectificado de forma con muela perfilada; **to —,** aplastar, moler, quebrantar, triturar.

Crushability, Aplastabilidad.

Crushed steel, Granalla de acero para bruñir.

Crusher, Laminador, machacadora, molino, quebrantadora; — **crusher or gauge,** dinamómetro de aplastamiento; — **stone,** piedra machacada; **alligator —,** machacadora de mandíbulas; **ball —,** molino de bolas; **bell —,** molino de campana; **fine reduction —,** gravilladora; **giratory —,** molino giratorio; **hammer —,** machacadora de martillos; **jaw —,** quebrantadora de mandíbulas; **rock —,** quebrantadora; **rod —,** molino de barras; **rolling —,** molino de muelas.

Crushing, Machacado, molido, triturado; — **cylinder,** cilindro triturador; — **mill,** trituradora de cilindros; — **rollers,** cilindros trituradores, rodillos trituradores; — **weight,** peso que produce ei aplastamiento; **coarse —,** quebrantado previo; **primary —,** quebrantado primario; **secondary —,** quebrantado secundario.

Crust, Costra; — **of iron,** batiduras de hierro.

Crutch, Chapa de unión, puntal de eslora, soporte, soporte de cremallera.

Cruzol, Escoria de sosa.

Cryogenic, Criógeno.

Cryoscopy, Crioscopia.

Cryostat, Criostato.

Crystal, Cristal; — **amplifier,** amplificador de cristal de cuarzo; — **counter,** contador de cristal de cuarzo; — **detector,** detector de cristales; — **diode,** diodo de cristal piezoeléctrico; — **filter,** filtro de cristal; — **growth,** concrescencia de cristales; — **lattice,** retículo cristalino; — **mounting,** montura para cristal; — **violet,** violeta cristalizada; **balanced — mixer,** mezclador de cristal equilibrado; **cubic —,** cristal cúbico; **free-running — controlled oscillator,** oscilador continuo controlado por cristal; **incoherent —,** cristales libres; **mountain —,** cristal de roca; **non gem —,** cristal sintético; **piezo-electric —,** cristal piezoeléctrico; **quartz —,** cristal de cuarzo; **quartz — calibrator,** calibrador de cristal de cuarzo; **single crystals,** monocristales; **synthetic —,** cristal sintético; **untuned — detector,** detector de cristal sin sintonía.

Crystalline, Cristalino; — **silicate,** silicato cristalino.

Crystallization, Cristalización.

Crystallize (To), Cristalizar, hacer cristalizar.

Crystallizer, Cristalizador.

Crystallography, Cristalografía; **synthetic —,** cristalografía sintética.

Crystolon, Cristolón; — **wheel,** muela de cristolón.

C. S. T., Central Standard Time.

Cu Cm (Cubic centimeter), Centímetro cúbico; — **ft** (cubic foot), pie cúbico; — **in** (cubic inch), pulgada cúbica.

Cubage, Cubicación.

Cubature, Cubatura, cubicación.

Cube, Cubo.

Cubic, Cúbico; — **centimeter,** centímetro cúbico; — **decimeter,** decímetro cúbico; — **meter,** metro cúbico; — **root,** raíz cúbica.

Cubical, Cúbico.

Cubicle, Cabina blindada (elec.); **control** —, puesto de mando.

Cuddy, Tilla.

Cue light, Luz de aviso.

Cueing attenuator, Atenuador advertidor o avisador.

Cuinage, Sellado oficial del estaño menudo.

Cull (To), Escarmenar, escoger a mano el mineral.

Cullender, Cedazo, criba, harnero, pasador, tamiz.

Culm, Antracita que pasa por criba de 3 mm, menudos de carbón, polvo de carbón, tubo, varilla.

Culvert, Alcantarilla, atarjea, canal, canalón, colector, desagüe, reguera.

Culvertail, Cola de milano.

Cumene, Cumel.

Cumulative, Computador, totalizador; — **rule,** regla de cálculo acumulativa.

Cuniform or **Cuneated** or **Cuneal,** En esquina.

Cup, Buterola, campana de aislador, cangilón, cazarremaches, colector, copela; — **and ball joint,** junta de rótula, junta esférica; — **and cone,** aparato Parry (cierre de altos hornos por cono y embudo); — **assay,** copelación; — **grease,** grasa consistente; — **head,** cabeza de remache hemisférica; — **pan,** crisol de la copela, molde de la copela; — **shaped dies,** buterolas acopadas; — **valve,** válvula de campana, válvula de corona; — **weights,** colección de pesos, pila de pesos; — **wheel,** muela de cubeta; **closed** —, vaso cerrado; **concentrating** —, cúpula de concentración; **head** —, tás; **leather** —, cuero embutido; **open** —, vaso abierto; **spherical** —, véase **Spherical; spherical** — **with stem,** semicojinete de rótula con cola; **to** —, embutir.

Cupellation, Copelación.

Cupferrates, Cuproferratos.

Cupping, Embutición.

Cupram, Carbonato de cobre amoniacal.

Cupreous or **Cuprous,** Cuproso; — **chloride,** cloruro cuproso; — **cyanide,** cianuro cuproso; — **oxide,** óxido cuproso.

Cupric, Cúprico; — **salt,** sal cúprica.

Cupronickel, Cuproníquel.

Cupola or **Cuppola,** Cubilote, cúpula, domo, horno circular de techo abombado para cocer, horno de cubilote; — **furnace,** cubilote; **rapid** —, cubilote con canal.

Cupwise, Acopado.

Curb, Cerco, corona, marco, rodete; — **plate,** viga-carrera de armazón; — **ring,** placa giratoria de grúa; — **stone,** brocal de pozo, guardacantón.

Curbing, Brida, zuncho.

Curl, Bucle; **piston** —, anillo tensor de pistón.

Curing, Tratamiento.

Curium, Curio.

Currency, Circulación monetaria, moneda.

Current, Corriente, intensidad; — **balance,** balanza electrodinámica, electrodinamómetro; — **building up time,** tiempo de establecimiento de la corriente; — **carrying capacity,** capacidad de transporte de la corriente; — **density,** densidad de corriente; — **distribution** (on antennas or arrays), distribución de corriente (en antenas o en

sistemas); — **loop**, vientre de la intensidad; — **node**, nudo de intensidad; — **range**, margen de corriente; — **rectifier**, rectificador de corriente; — **relay**, relé de intensidad; — **reverser**, conmutador inversor; — **surges**, puntas de corriente; — **tap**, toma de corriente; — **transformer**, transformador de corriente; — **wheel**, rueda de río; **absolute — level**, nivel absoluto de corriente; **absorption** —, corriente de absorción; **active** —, corriente activa; **air** —, corriente de aire; **alternating** —, corriente alterna; **alternating — commutator motor**, alternomotor con colector; **amplification** —, corriente de amplificación; **back** —, contra-corriente; **belt of** —, brida de corriente; **bias** —, corriente de polarización; **break induced** —, corriente de ruptura; **breaking contact — or extra — on breaking**, sobre corriente de desconexión; **carrier** —, corriente portadora; **carrier — telegraphy**, telegrafía por corrientes portadoras; **charging** —, corriente de carga; **closed-circuit** —, corriente en circuito cerrado; **commutated** —, corriente invertida; **conduction** —, corriente de conducción; — **continuous** —, corriente continua; **convection** —, corriente de convección; **dark** —, corriente de oscuridad; **direct** —, corriente continua; **direct — circuit**, circuito de corriente continua; **discharge or discharging** —, corriente de descarga; **double — key**, manipulador de corriente alterna; **drain** —, corriente de drenaje; **eddy — constant**, constante de las corrientes parásitas; **electric** —, corriente eléctrica; **equalising** —, corriente compensadora; **field** —, corriente inductora; **filament** —, corriente de calentamiento (radio); **high frequency** —, corriente de alta frecuencia; **idle** —, corriente devatada; **induced** —, corriente inducida; **inrush** —, aflujo de corriente; **load** —, corriente de carga; **make and break** —, conmutador inversor; **making contact — or extra — on making**, contacto de cierre; **no load** —, corriente en vacío; **over** —, sobrecarga de corriente; **overload** —, corriente de sobrecarga; **peak** —, corriente de pico; **peak cathode** —, corriente catódica de pico; **periodic** —, corriente periódica; **plate** —, corriente de placa; **primary** —, corriente primaria; **reactive** —, corriente reactiva; **rectified** —, corriente rectificada; **rectifier forward** —, corriente directa de rectificación; **rectifier reverse** —, corriente inversa de rectificación; **residual** —, corriente residual; **return** —, corriente de retorno; **reverse** —, corriente invertida; **ringing** —, corriente de llamada; **rush of** —, aumento súbito de la corriente; **saturation** —, corriente de saturación; **secondary** —, corriente secundaria; **short circuit** —, corriente de cortocircuito; **single — transmission**, transmisión por corriente de una polaridad; **speech** —, corriente de conversación; **starting** —, intensidad de arranque; **thermoionic** —, corriente termoiónica; **transient** —, corriente transitoria; **voltmeter for direct** —, voltímetro de corriente devatada; **to cut in the** —, poner en circuito.
rriente continua; **wattless** —, corriente devatada.

Currier, Curtidor.

Curtail (To), Cercenar, quitar, restar.

Curtain array, Antena de cortina.

Curvature, Curvatura.

Curve, Curva, viraje; — **rail**, carril curvo; — **tracer**, curvígrafo; **Fletcher** —, curva Fletcher (curva de sensibilidad del oído); **flexible** —, regla flexible; **inflected** —, contracurva; **irregular curves**, pistoleta, regla curva; **probability** —, curva de probabilidades; **response** —, curva de respuesta; **single — gear**, engranaje de perfil de evolvente de círculo; **sinusoidal** —, sinusoide; **wing** —, perfil de ala, sección de ala.

Curvilinearity, Curvilinealidad.

Cusec, Pie cúbico por segundo.

Cushion, Cojín, cojinete, colchón de vapor, compresión del vapor en un cilindro, falso pilote, frotador, palier, poste; — **frame,** banqueta; — **tyre,** cubierta hueca; **air** —, colchón de aire; **water** —, colchón de agua.

Cushioning, Amortiguamiento, compresión elástica (cilindro de vapor), efecto de tierra (aviación).

Cusp, Punto estacionario.

Cusped (n), Con n retrocesos (curvas).

Custom or **Customs,** Aduana, derechos de aduana; — **clearance,** operaciones de aduana; — **debenture,** certificado para el reintegro de derechos de aduana pagados; — **declarations,** declaración en aduanas; — **duties,** derechos de aduana; — **security,** fianza en aduanas; — **tariffs,** tarifas de aduana; **customs union,** unión aduanera.

Customer, Abonado, cliente.

Customhouse, Aduana (edificio).

Cut, Cortado, corte, grabado, incisión, muesca, pasada de herramienta, picadura (de lima), pieza, recortado, talla, trozo; — **of a file,** picadura de una lima; — **of petroleum,** fracción de petróleo; — **off,** grado de admisión, mecanismo de parada; — **off valve gear,** distribución por expansión; — **out,** conmutador, cortacircuito, fusible, interruptor-disyuntor, muesca; — **ring,** aro hendido; — **shellac,** goma laca con 25 % de pez rubia; — **sway drawing,** dibujo en sección, perspectiva, sección; — **up,** escote; **cross** — **file,** lima de talla cruzada; **depth of** —, espesor de corte; **double** —, picadura cruzada (lima); **finishing** —, pasada de acabado, última pasada; **heavy** —, paso fuerte; **lower** —, primera picadura (limas); **mitre** —, corte en bisel; **open** —, zanja; **quartz** —, corte de cuarzo; **quartz zero-coupling** —, corte de cuarzo de acoplo cero; **roughing** —, pasada de rebajado; **roughing out** —, primera pasada; **smooth** —, grabado en dulce; **theoretical** — **off frequency,** frecuencia teórica de corte; **upper** —, segunda picadura; **to** —, agarrotarse, cortar, griparse (el motor), picar, roscar interiormente, rozar (la roca), taladrar, tallar, trinchar; **to** — **across,** atravesar un filón, llegar a la capa por una perforación lateral; **to** — **again,** volver a picar una lima; **to** — **down,** abatir (árboles); **to** — **grooves,** hacer ranuras, mortajar, ranurar; **to** — **grossly,** desbastar; **to** — **in,** poner en circuito; **to** — **off,** burilar, cincelar, cortar, expansionar(se) el vapor, trocear; **to** — **off the slags on the conduit pipe,** desescoriar la piquera de la tobera; **to** — **out,** cepillar, desbastar, recortar, trocear; **to** — **screws** (by hand, with a die), taladrar (a mano, con hilera); **to** — **the engine,** parar el motor; **to** — **to fit well,** cortar a la demanda; **to** — **untrue,** descentrar (broca, taladro), rozar; **to** — **up,** trocear madera.

Cutable, Cortable.

Cutch, Catecú.

Cutout, Corta-circuito; **fuse** —, corta-circuito de fusible.

Cuttability, Cortabilidad.

Cutter, Ángulo, broca para centrar, buril, cojinete para filetear, cuchilla, filo, filo de una herramienta, formón, fresa, hendimiento del hierro, máquina de trocear, máquina para hendir el hierro, rozadora, tajadera, tranchete; — **arbor,** cuchilla generadora, eje portafresas, espiga portaherramienta; — **bar,** barra de rozadora; — **blank,** matriz de fresa; — **block or head,** cabezal portacuchilla, disco de perforadora, manguito adaptador, porta-cuchilla; — **block with turned steel cutters,** portaherramienta con cuchillas de disco; — **disc,** disco con cuchillas; — **drill,** cuchilla; — **for fluting taps,** fresa para tallar escariadores; — **for fluting twist drills,** fresa para tallar la ranura de las brocas; — **for gear wheels,** fresa para dentar engranajes; — **grinding machine,** máquina de afilar las fresas; — **head,** cabezal de fresado, plato fresador, porta-cuchilla; — **hole,** entalladura para el paso de una clavija; — **of a centre bit,** cortante de una broca de centrar; — **of a planing machine,** buril, espátula, herramienta de cepilladora; — **of cross galleries,** perforadora de roca; — **of the splitting mill,** cilindro hendedor, hendedor; — **slide,** carro de cuchillas (cepilladora de madera); — **spindle,** árbol portacuchilla, espiga de escariador; — **with inserted teeth,** fresa de dientes insertados; **abrasive** —, máquina tronzadora de muela abrasiva; **angle** —, fresa cónica angular; **angular** —, fresa en ángulo; **backed off** —, fresa de perfil constante; **backed off milling** —, fresa del perfil constante, fresa para retornear; **boring** —, cuchilla de escariar; **boring — block,** portaherramienta de forma de escariador; **carbide** —, cuchilla de placa de carburo; **chain** —, cadena portacuchillas; **coal** —, rozadora de carbón; **cone milling** —, fresa cónica; **conical side milling** —, fresa angular; **convex, concave** —, fresa de forma convexa, cóncava; **cylindrical** —, fresa cilíndrica; **dresser** —, moleta de rectificar; **drunken** —, porta-cuchillas elíptico; **end** —, fresa en punta; **face and side** —, fresa cilíndrica, fresa de disco, fresa de dos caras; **face milling** —, fresa de refrentar, fresa plana; **facing** —, fresa de fresadora cepilladora; **form** —, fresa de forma; **formed** —, fresa de forma, fresa perfilada; **fluting — for taps,** fresa de roscar, fresa de tallar las ranuras; **fly** —, fresa con volante; **flying** —, porta-herramientas pivotante; **gear** —, fresa para engranajes; **grooved milling** —, fresa de dentado acanalado; **grooving** —, fresa de ranurar, fresa de ranuras; **grooving — block,** disco acanalado (máquina de fresar madera); **grouped cutters,** fresas combinadas, tren fresador; **hole boring** —, fresa para escariar; **inserted teeth milling** —, fresa de dientes insertados; **internal milling** —, fresa escariadora; **jointer** —, fresa para hacer juntas; **key way** —, herramienta para pulir ranuras; **milling** —, fresa; **milling — grinder,** máquina para afilar las fresas; **pipe** —, aparato de trocear tubos, corta-tubos; **profile** —, fresa de perfilar, fresa perfilada; **rebating** —, fresa de ranuras; **rounding** —, fresa para redondos; **set of cutters,** juego de fresas; **side** —, fresa de dentado lateral; **side and face** —, fresa de tres cortes; **slot** —, fresa para ranuras, fresa ranuradora; **spherical** —, fresa esférica; **spindle** —, eje portafresa; **thread milling** —, fresa para filetear; **tonguing** —, fresa de machihembrar; **wheel** —, fresa para engranajes.

Cutterman, Minero encargado de una rafadora.

Cuttery, Cuchillería.

Cutting, Corte, desbarbado (chapa, fundición), escombros, fileteado, fresado, mecanizado, pasada, picado de limas, rayado, rayadura, reacondicionamiento de muelas, recorte, rozado, tala de madera, trinchera, zanja; — **across,** perforación subterránea; — **action,** cizallamiento; — **angle,** ángulo de corte, ángulo de entalladura de la superficie de corte, ángulo de filo, ángulo de resistencia, ángulo de talla; — **block,** yunque para limas; — **capacity,** rendimiento del corte; — **depth,** profundidad de la pasada; — **die,** dado cortador; — **down,** tala de árboles; — **edge,** cortante de una herramienta; — **edge of tool,** filo de la herramienta; — **hardness,** dureza específica de corte de herramienta; — **jet,** chorro de corte; — **lathe,** torno de tronzar; — **machine,** máquina para tallar; — **off machine,** máquina de tronzar; — **off tool,**

herramienta de tronzar, herramienta recta de cortar; — **oil,** lubricante de corte; — **point,** cortante de la herramienta, punta de trazar; — **power,** fuerza de corte; — **press,** cizalla, máquina de cizallar, máquina de recortar, punzonadora, sacabocados; — **resistance,** resistencia específica de corte; — **speed,** velocidad de corte; — **stress,** esfuerzo de corte; — **thread on the lathe,** fileteado en el torno; — **tool,** buril, garlopa, herramienta de corte, herramienta de corte en grano de cebada; — **torch,** soplete de oxicorte; — **work,** trabajo de mecanizado; **blunt — edge,** borde cortante desmochado; **channel bar — machine,** máquina de cortar los hierros en U; **coal — machine,** máquina rozadora; **cross —,** cizalladura transversal; **cross — chisel,** buril; **cross — teeth,** dientes contorneados; **cross side — edge,** cortante transversal; **cuttings,** limaduras de hierro; **female — tool or inside screw — tool,** herramienta para roscar; **female — tool or outside screw — tool,** T herramienta para filetear interiormente; **flame —,** oxicorte; **free —,** fileteado; **gear — machine,** máquina de dentar los engranajes, máquina para fresar, máquina para tallar los engranajes; **groove — machine,** máquina de acanalar; **key way — machine,** máquina de ranurar, máquina ranuradora; **level —,** zanja de nivel; **male — tool or outside screw — tool,** herramienta para filetear exteriormente; **mitre — machine,** aparato de cortar en bisel; **oxy —,** oxicorte; **oxyacetylene — machine,** máquina de oxicorte; **plate — machine,** cizalla para chapas; **powder —,** pulvicorte; **sawing and — machine,** máquina de aserrar y trocear; **screw — lathe,** torno de filetear; **screw — machine,** máquina de filetear tornillos; **screw — saddle,** carro de fileteado; **side — edge,** cortante oblicuo; **spiral gear — machine,** máquina para tallar los engranajes helicoidales; **spur gear — machine,** máquina de tallar los engranajes rectos; **stack —,** corte en bloques; **thread —,** fileteado; **thread — machine,** máquina de filetear; **tooth — dimensions,** dimensiones de los dientes; **tooth — face,** flanco de un diente; **toothed —,** mandrino; **torch —,** oxicorte; **underwater —,** corte bajo el agua; **wheel — and dividing machine,** máquina de fresar y dividir las ruedas de engranajes; **width of —,** espesor de corte; **worm — machine,** máquina para tallar los tornillos sinfín; **worm wheel — machine,** máquina de tallar los tornillos sinfín, máquina para tallar las ruedas de tornillos sinfín; **Z bar — machine,** máquina de cortar los hierros en Z.

Cutwater, Tajamar de pila de puente.

C. W. (Continuous waves), Ondas continuas.

Cwt, Abreviatura de centum weight = quintal, 50,802 kg.

Cyanide, Cianuro; **cuprous —,** cianuro cuproso.

Cyaniding, Cianuración.

Cyanines, Cianinos.

Cyanoacetic, Cianoacético; — **ester,** éster cianoacético.

Cyanoethylation, Cianoetilación.

Cyanogen, Cianógeno.

Cyanometric, Cianométrico.

Cyanometry, Cianometría.

Cyanotype, Cianotipo (fotografía).

Cybernetician, Cibernetista.

Cycle, Ciclo, período (elec.); — **of action,** período de trabajo; **closed —,** ciclo cerrado; **duty —,** ciclo de trabajo; **efficiency of —,** rendimiento del ciclo (máq.-herr.); **limit —,** ciclo límite; **magnetization —,** ciclo de magnetización; **major —,** ciclo principal; **minor —,** ciclo secundario; **n — motor,** motor de n períodos; **one- — multivi-**

brator, multivibrador de período simple; **open** —, ciclo abierto; **processing** —, ciclo de operaciones; **reversible** —, ciclo reversible; **two** — **engine,** máquina de dos tiempos, motor de dos tiempos.

Cyclic, Cíclico, periódico; — **compounds,** compuestos cíclicos; — **error,** error periódico; — **ketones,** cetonas cíclicas; — **loading,** carga cíclica; — **pitch,** paso cíclico; — **stresses,** esfuerzos cíclicos.

Cycling, Reinyección.

Cyclization, Ciclación; **reductive** —, ciclización reductiva.

Cyclogiro, Ciclogiro.

Cyclograph, Curvígrafo.

Cyclohexane, Ciclohexano.

Cycloid, Cicloide.

Cycloinverter, Cicloinversor.

Cyclone, Ciclón.

Cyclotron, Ciclotrón.

Cyl, Abreviatura de **Cylinder.**

Cylinder, Barrilete, botella, cilindro, cilindro de revólver; **blowing** —, cilindro de aire (de soplante); **bridge foundation cylinders,** artesones de cimentación para puentes; **casing of the** —, camisa del cilindro; **draining the** —, purga del cilindro; **drying** —, tambor secador; **effective capacity of the** —, capacidad eficaz (volumen del cilindro menos los espacios muertos); **engine** — **boring machine,** máquina de alisar interiormente los cilindros; **gas** —, botella para gas; **high low pressure** —, cilindro de alta, de baja presión; **indicator** —, cilindro portapapel del indicador; **lining of the** —, revestimiento del cilindro; **main** —, cilindro motor (motor de gas); **master** —, cilindro motor; **multi** — **engine,** motor de varios cilindros; **n** — **engine,** motor de n cilindros; **oil** —, cilindro de aceite; **one** —, monocilindro; **oscillating** —, cilindro oscilante; **out of round** —, cilindro ovalado; **paired cylinders,** cilindros acoplados; **piston valve** —, cilindro distribuidor; **power** —, cilindro motor; **printing** —, cilindro impresor; **rebored** —, cilindro retorneado; **ribbed** —, cilindro de aletas; **roughing** —, cilindro desbarbador; **single** —, monocilíndrico; **single** — **engine,** motor monocíclico; **slotted** — **antenna,** antena de cilindro ranurado; **toothed** —, cilindro dentado; **twin cylinders,** cilindros emparejados; **V type cylinders,** cilindros en V; **vertical** —, cilindro vertical; **w type cylinders,** cilindros en w; **working** —, cilindro de trabajo; **working surface of** —, carrera motriz del cilindro.

Cylindered, Con cilindros; **n** —, con n cilindros.

Cylinderer, Cilindrador.

Cylinderful, Cilindrada.

Cylindrical, Cilíndrico; — **reflector,** reflector cilíndrico; — **slide valve,** distribuidor cilíndrico.

Cynometer, Cinómetro.

Cynoscope, Cinoscopia.

Cynurite, Cinurita.

Cystine, Cisteína.

Cytoscope, Citoscopio.

D

D, D; — **valve,** distribuidor de concha.

Dab, Punzón, trazado.

Daily, Jornalero, por día.

Dale, Canal embaldosado, losa.

Dam, Ataguía, dique, disco, malecón, presa; **arch —,** presa de bóveda; **beam —,** durmiente de dique; **earthen —,** dique de tierra; **gravity —,** presa de gravedad; **impounding —,** presa de retenida; **multiple arch —,** presa de bóvedas múltiples; **rockfill —,** escollera; **run of river —,** dique de río; **stone —,** agujero de alto horno, dama (horno alto); **to —,** represar (un río).

Damage, Avería, daño.

Damaged, Averiado, estropeado.

Damages, Daños y perjuicios.

Damascene (To) or **damaskeen,** Damasquinar.

Damasked, Adamascado.

Damasking, Damasquinado.

Damforth's frame, Barra de tubos.

Dammer, Constructor de presas.

Damming up the air, Acumulación de aire; — **water,** agua represada.

Damp, Aire, exhalación, vapor; **choke —,** exhalaciones de gas (minas), gas mefítico; **fire —,** grisú; **fulminant —,** grisú; **to —,** amortiguar, atracar un hornillo de mina, deslustrar, moderar; **to — down,** apagar el horno, cubrir los fuegos.

Damped, Amortiguado, deslustrado; — **down,** fuegos sofocados (alto horno); — **impedance,** impedancia amortiguada; — **oscillations,** oscilaciones amortiguadas; **type B — waves,** ondas tipo B amortiguadas.

Damper, Amortiguador (eléctrico, etc...), apagador, llave, moderador, pantalla de cenicero, puerta de cenicero, registro de chimenea; — **pit,** alojamiento del registro; — **wing,** paleta de amortiguamiento; **ash pit —,** válvula del cenicero; **control —,** amortiguador de mando; **expansion —,** amortiguador de expansión; **pulsation —,** amortiguador de pulsaciones; **revolving —,** registro de humos giratorio; **sliding —,** registro vertical; **swivel —,** registro de humos giratorio; **vibration —,** amortiguador de vibraciones.

Damping, Amortiguamiento, parada momentánea; — **by steam,** deslustre al vapor; — **down,** extinción del coque, parada momentánea de alto horno; — **factor,** decremento, factor de amortiguamiento; — **of oscillations,** amortiguamiento de las oscilaciones (elec.); — **spring,** resorte amortiguador; **copper —,** amortiguamiento por cuadro de cobre; **magnetic —,** amortiguamiento magnético; **viscous —,** amortiguamiento viscoso.

Dampometer, Amortiguacímetro.

Dampy, Mefítico.

Damsel, Saliente de muela.

Danaide, Rueda hidráulica de pera.

Dancing, Funcionamiento desordenado de un mecanismo; **governor —,** oscilaciones incesantes del regulador.

Dandy, Carrillo de dos ruedas para el transporte del mineral, del combustible; — **roll,** cilindro escurridor; — **roller,** cilindro de afiligranar (papel).

Danforth's oil, Producto de destilación del petróleo compuesto en su mayor parte por heptano.

Danks, Esquisto negro mezclado con trozos de carbón.

Dapping, Escopleado.

Daraf, Darafio (unidad de elastancia, inversa de la capacitancia).

Darby, Fratás.

«Daring» type Thornycroft boiler, Caldera de tubos curvos calentados directamente por el hogar con guiado de llama por deflectores tubulares.

Dark, Oscuro; — **adaptation,** adaptación a la oscuridad (aviac.); — **red silver ore,** paragirita.

Darkness, Obscuridad; **late — zone,** zona de obscuridad absoluta.

Dart (To), Picar (aviac.).

Dash, Choque, rasgo de pluma, raya (alfabeto Morse), referencia, señal; — **board,** tablero de puente; — **pot,** amortiguador, cilindro moderador, freno de aceite, retardador; **air — pot,** amortiguador neumático; **Morse —,** raya Morse; **to draw — line,** dibujar punteado recto.

Dashplate, Chapa de choque (hornos).

Dashpot, Véase **Dash**; — **relay,** relé retardado por viscosidad.

Data, Conjunto de resultados, datos, referencias; **statistical —,** datos estadísticos; **test —,** resultados de ensayos.

Datum, Data, referencia; — **line,** línea de nivel, línea de tierra.

Daubing, Enlucido, relleno de inducido.

Davits, Grullas, serviolas.

Davyman, Lampista (minas).

Dawk, Arenisca arcillosa.

Day, Día, jornada; — **coal,** carbón de la capa superior; — **light,** luz de día; — **shift,** trabajo por jornada; — **work,** trabajo por jornada; **cast on —,** explotación a cielo abierto; **lay days,** días de plancha, sobrestadías; **traffic per average working —,** tráfico medio en días laborables; **weather days,** días laborables en los que el tiempo permite trabajar; **working days,** días laborables.

Dayroom, Despacho (buques).

Daze, Mica, piedra brillante.

Db, Abreviatura para decibelio.

D. C. (Direct current), Corriente continua.

D. c. c. (double cotton covered), Con doble capa de algodón.

De-aerated, Desaireado, desgasificado.

De-aerating, Desaireador; — **ring,** anillo desaireador.

De-aerator, Desgaseador.

De-benzoline, Desbenzolado.

De-burr (To), Desbarbar.

De-burring, Desbarbador.

De-enameling, Desesmaltado.

De-icer, Descongelador.

De-icing, Descongelación; — **fluid,** líquido anticongelante; — **paste,** pasta anticongelante; — **strip,** solución de descongelación.

De-inking, Extracción de la tinta del papel impreso hecho pasta.

De-ionisation or **Deionization,** Deionización, desionización; — **potential,** potencial de desionización.

De-ionise (To), Desionizar.

De-ionising, Desionizante.

Deacceleration, Deceleración.

Deactived, Desactivado.

Dead, Calado (hélice), estéril (minas), falso, fijo, hilo sin uso, imitado, mate, podrido (madera), sin tensión (elec.); — **airscrew,** hélice calada; — **beat,** aperiódico; — **beat discharge,** descarga instantánea; — **beat voltmeter,** voltímetro aperiódico; — **burnt,** cocido a muerte; — **centre,** punta del cabezal móvil de un torno, punta fija, punto muerto; — **centre hand tool lathe,** torno de relojero de puntas fijas; — **corner,** ángulo muerto de un conducto de gas;

— **earth**, contacto de tierra perfecto; — **end**, punta muerta; — **ended wire**, hilo telegráfico de extremo perdido; — **engine**, motor calado; — **failure**, fracaso total; — **fall**, plataforma de bascular; — **grate area**, superficie inactiva de la parrilla, superficie obturada de la parrilla; — **ground**, conexión perfecta a tierra, ganga, terreno estéril; — **head**, cabezal fijo de un torno, chorro de colada, mazarota; — **line**, línea sin corriente; — **load**, carga constante, carga estática; — **loan**, préstamo indefinido; — **main**, canalización sin corriente; — **man's handle**, manivela con dispositivo de seguridad para controlador de tranvía eléctrico; — **oil**, aceite de creosota, aceite desprovisto de su gas; — **plate**, solera de horno; — **point**, punto muerto; — **rise**, ángulo de quilla (avión y C. N.); — **roasted**, cocido a fondo, tostado a muerte; — **short circuit**, cortocircuito perfecto; — **smooth cut**, picadura superfina (lima); — **space**, espacio perjudicial; — **spindle of a lathe**, punta fija de un torno; — **spot**, parte mate (metalografía); — **steam**, vapor de escape, vapor perdido; — **stick landing**, aterrizaje con la hélice calada; — **stroke**, carrera sin retroceso; — **stroke hammer**, martinete con amortiguador, martinete con resorte; — **weight**, peso muerto, tonelaje muerto; — **weight valve**, válvula de carga directa; — **well**, pozo muerto; — **wire**, parte muerta de las vueltas (bobinado de dínamos); — **work**, cantera que no produce mineral directamente, trabajo inacabado; — **works**, labores preparatorias (minas); **short — end**, vía muerta (ferrocarriles); **to — melt**, fundir hasta la fusión tranquila; **to turn between — centres**, tornear entre puntas.

Deaden (To), Amortiguar.

Deadener, Amortiguador.

Deadening, Amortiguamiento del sonido, retacado.

Deading, Envuelta calorífuga.

Deadrise, Ángulo de quilla (avión, c. n.).

Deads, Pérdida al fuego (química).

Deadweight, Peso muerto.

Deaeration, Desaireación, desgaseado.

Deaerator, Desaireador.

Deal, Madero para entablonado, plancha de pino; — **boards**, planchas de pino; — **ends**, planchas de menos de 1,80 m de longitud; — **five cut stuff**, planchas de 12,7 mm de espesor y menos; — **wood**, madera de pino; **slit deals**, planchas de 1,6 cm de espesor; **standard deals**, planchas de 7,6 cm a 22,8 cm de espesor y 3,60 m de largo; **whole deals**, planchas de 3,1 cm de espesor.

Dealer, Comerciante, negociante; **wholesale** —, negociante al por mayor.

Dealkalize (To), Desalcalinizar.

Deamination, Desaminación.

Dean, Extremo de galería.

Deaurate (To), Dorar.

Debenture, Obligación (ver también **Customs**).

Debit, Débito.

Debituminize (To), Desbituminar.

Deblooming, Desfluorescencia.

Debris, Escombros.

Debtor, Deudor.

Debunching, Efecto de carga de espacio tendiente a anular el flujo electrónico cátodo-ánodo.

Decaborance, Decaborano.

Decade, Década; — **divider**, divisor de décadas.

Decahedral, Decaédrico.

Decant (To), Decantar.

Decarbonize (To) an engine, Decalaminar un motor, descarbonizar.

Decarboxylation, Descarboxilación.

Decarburation or **Decarburization,** Descarburación.

Decarburize (To), Descarburar.

Decarburized, Descarburador, descementado.

Decay, Debilitamiento, decadencia, declinación, desintegración, deterioro, ruina, vetustez; — **coefficient,** coeficiente de amortiguamiento; — **constants,** constantes de desintegración; — **process,** proceso de desintegración; **meson** —, desintegración del mesón; **radioactive** —, desintegración radioactiva; **to** —, corroer.

Decayed, Corroído; — **lug,** cola corroída.

Decelerate (To), Decelerar.

Deceleration, Aceleración negativa, desaceleración.

Decentered, Descentrado.

Decentering, Descentramiento.

Decibel, Decibelio (unidad de intensidad sonora, abr.: db).

Decibelmeter, Decibelímetro.

Decimal, Decimal.

Decimeter, Decímetro; — **wave,** onda decimétrica.

Decimetric, Decimétrico; — **wave,** onda decimétrica.

Decipher (To), Descifrar.

Decitrate (To), Decitratar.

Deck, Cubierta; — **beams,** baos de cubierta; — **landing,** aterrizaje en cubierta (aviación); — **plating,** forro de la cubierta; **awning** — **vessel,** buque con cubierta de superéstructura; **between decks** —, entrepuente; **double** — **construction,** construcción en doble puente; **flight** —, cubierta de vuelo de portaavión; **main** —, puente principal; **multiple** — **boiler,** caldera de hervidores múltiples; **to** —, aterrizar en cubierta.

Decked (Double), De dos puentes, de dos pisos; **single** —, de una cubierta, de un piso.

Decking, Aterrizaje sobre cubierta; — **brake,** freno de aterrizaje sobre cubierta.

Declession, Inclinación.

Declination, Declinación (aguja imantada); **magnetic** —, declinación magnética.

Declivity, Declividad; **longitudinal** —, pendiente.

Declutch (To) or De-clutch, Desembragar.

Decoder circuit, Circuito decodificador.

Decohere (To), Descohesar (radio).

Decohering Descohesión; — **tap,** choque de descohesión.

Decompression, Decompresión; — **chamber,** cámara de descompresión; — **tap,** grifo de descompresión.

Decoppering, Descobreado.

Decortication, Descortezamiento.

Decoupling, Desacoplamiento; — **circuit,** circuito de desacoplamiento; — **filter,** filtro de desacoplo; — **network,** red de desacoplo; — **resistance,** resistencia de desacoplo.

Decrease, Baja de la corriente, perditancia.

Decrement, Decremento (radio), disminución de la corriente.

Decremeter, Decrementímetro.

Decryptograph (To), Descifrar.

Decuperated or **Decoppered,** Descobreado.

Dedendum, Altura del pie, longitud del pie (engranajes); — **circle,** círculo interior; — **line,** círculo de pie.

Dedust (To), Desempolvar.

Deduster, Desempolvador.

Dedusting, Desempolvado.

Deed, Acto; **private** —, escritura privada (no firmada por un funcionario público).

Deenergise (To) or **Deenergize,** Amortiguar, cortar la corriente en un circuito, deselectrizar.

Deep, Parte inferior de la veta (extracción de carbón); — **level,** galería de fondo, galería de prolongamiento; — **load line,** flotación en sobrecarga; — **pit,** pozo de mina.

Deepen (To), Ahondar, espesar (calderería), profundizar.

Deepfreezing, Criotratamiento.

Defect, Defecto; **surface** —, defecto de superficie; **to make good defects,** corregir (máquinas), reparar.

Defective, Imán defectuoso.

Defectoscopy, Defectoscopio.

Deferrize (To), Desferrificar.

Deficiency area, superficie negativa (diagrama).

Deficit, Déficit.

Definition, Definición (televisión); **high** —, alta definición; **low** —, baja definición.

Deflagrate, (To), Quemar con llama.

Deflagration, Deflagración.

Deflagrator, Deflagrador.

Deflate (To), Desinflar.

Deflect (To), Combar, curvar, desviar, encorvar, flexionar, hacer flecha, plegar.

Deflected, Desviado.

Deflecting, De desconexión; — **cam,** leva de desconexión; — **cone,** cono deflector; — **plate,** superficie de choque (conducto).

Deflection, Amontonamiento. combado, curvado, deformación, desviación, difracción, flexión, flexión elástica, incurvación, plegado, separación; — **pressure,** presión de desviación (turbinas); **angle of** —, ángulo de separación (regulador a bolas); **asymmetrical** —, desviación asimétrica; **central** —, flecha, flexión media; **electromagnetic** —, desviación electromagnética; **electrostatic** — **sensitivity,** sensibilidad de desviación electrostática; **full-scale** —, desviación a tope; **full screen** —, desviación total en pantalla; **jet** —, deflexión del chorro, inversión del empuje (aviación); **magnetic** —, desviación magnética.

Deflectograph, Deflectígrafo.

Deflector, Deflector desviador, muro de repartición; — **cone,** cono deflector; **jet** —, deflector del chorro, retráctil; **retractable jet** —, inversor de empuje de rejilla.

Deflexion, Flujo; **double** —, con doble corriente.

Defocusing, Desenfoque; **beam** —, desenfoque de haz.

Deform (To), Deformar.

Deformation, Deformación; **plastic** —, deformación plástica; **tensile** —, deformación por tracción.

Deformed, Deformado.

Defrayable, Imputable a.

Defrost (To), Descongelar.

Defroster, Descongelador.

Defrosting, Descongelación.

Defuel (To), Vaciar un depósito del combustible.

Defueling, Vaciado del combustible

Defuse (To), Descebar.

Defused, Descebado.

Defusing, Descebado.

Degassed, Desgasado.

Degassing, Desgasado, desgaseado, destilación seca, liberación de gases.

Degauss (To), Desmagnetizar.

Degaussing, Desmagnetización; — **cable,** cable desmagnetizante; — **circuit,** circuito desmagnetizante.

Degeneration, Reacción en sentido inverso.

Degging machine, Máquina para humedecer.

Degrease (To), Decapar, desgrasar.

Degreasing, Decapado, desgrasado; — **tank,** tanque de desgrasado.

Degree, Grado; — **of vacuum,** grado de vacío.

Degression, Degresión.

Dehumidification or **Dehumidifying**, Deshumidificación, secado.

Dehumidificator, Deshumidificado.

Dehumidifier, Secador.

Dehumidity (To), Deshumidificar, secar.

Dehydrate (To), Deshidratar.

Dehydration, Deshidratación; — **vats**, curvas de deshidratación; **vacuum** —, deshidratación en vacío.

Dehydrator, Deshidratador.

Dehydrohalogenation, Deshidrohalogenación.

Delay, Demora, dilación, retraso; — **action fuse**, espoleta de retardo; — **coil**, bobina de retardo; — **equalizer**, compensador de faso; — **lines**, líneas de retardo; — **time**, retardo; **envelope** —, retardo de grupo; **phase** —, tiempo de propagación de fase; **time** —, temporización.

Delayed, Diferido, retardado, temporizado; — **opening**, apertura muy lenta (que determina el laminado del vapor).

Delignify (To), Deslignificar.

Delime (To), Descalcificar.

Delineate (To), Dibujar, esbozar, trazar.

Deliquiate (To), Licuarse.

Deliver (To), Delicuescer, inyectar, presentar despojo (fundic.).

Deliverability, Caudal posible (petróleo).

Delivering plate, Placa de desprendimiento (banco de sierra circular de madera).

Delivery, Altura de descarga, caudal, cesión de calor, conducción, constricción de un crisol, creces de meanizado (fund.), descarga, despojo, entrega, salida; — **canal**, conducto de descarga; — **clack**, válvula de descarga; — **end**, extremo de salida; — **flap**, válvula de descarga; — **free**, entregado franco; — **head**, altura de descarga; — **hose**, tubo de distribución; — **pipe**, conducto de descarga, tubo de llenado; — **rate analyser**, analizador de caudal; — **space**, difusor, difusor de ventilador centrífugo; — **trap**, tubo de emisión; — **valve**, válvula, válvula de descarga, válvula de suministro; — **van**, furgoneta de entregas; **after** —, a la entrega; **for** —, a entregar; **non** —, falta de entrega (seguros); **on** —, a la entrega.

Delta, Triángulo (montaje en); — **connection**, montaje en triángulo; — **matching**, adaptación en delta; — **metal**, metal delta; — **rays**, rayos delta; — **wye**, triángulo-estrella (montaje).

Demagnetisation or **Demagnetization**, Desimantación, desmagnetización.

Demagnetise (To), Desmagnetizar.

Demagnetiser, Desmagnetizante, dispositivo de desimantación.

Demand, Demanda; — **factor**, factor de demanda; **international** — **service**, servicio rápido internacional; **steam** —, petición de vapor.

Demesh (To), Desengranar.

Demi-john, Bombona para ácidos, damajuana.

Demine (To), Desminar.

Demined, Desminado.

Demining, Acción de retirar las minas.

Demodulation, Desmodulación.

Demolition, Demolición.

Demountable, Desmontable.

Demulsibility, Desmulsionabilidad; — **test**, ensayo de desmulsionabilidad.

Demulsification, Desmulsionamiento.

Demulsifying, Desmulsionamiento.

Demurrage, Sobreestadías.

Demy, Formato (567 × 438 mm).

Denature (To), Desnaturalizar (alcohol).

Denatured, Desnaturalizado.

Denaturise (To), Véase **to Denature.**

Dendrite, Dendrito.

Dendritic, Dendrítico.

Denitrification, Desnitrificación.

Denomination, Unidad (de número, de peso, de medida, de valor); — **small denominations**, pequeñas cortaduras.

Denominator, Denominador.

Densener, Cuerpo densificador.

Density, Densidad; **diminution of** —, reducción de densidad (fábrica de cerveza); **metron** —, densidad de metronios; **optical** —, densidad óptica; **photoelectric** — **meter**, densímetro fotoeléctrico; **power** —, densidad de potencia; **radiant flux** —, densidad de flujo radiante; **scanning** —, densidad de exploración; **sound power** —, densidad de potencia sonora; **to** —, densificar.

Densimeter, Densímetro; **acid** —, pesa-ácidos.

Densitometer, Densitómetro.

Densitymeter (Photoelectric), Densímetro fotoeléctrico.

Densometer, Densímetro (humos).

Dent, Diente, muesca.

Dentating, Indentación.

Denunciation, Denuncia (de un contrato).

Deoiler, Aparato de extracción del lubricante arrastrado por el vapor.

Deoxidate (To), Desoxidar, reducir.

Deoxidized, Desoxidado; **fully** — **steel**, acero calmado; **semi** — **steel**, acero semicalmado.

Deozonize (To), Desozonizar.

Department, Centro, servicio; **account** —, servicio de contabilidad; **despatch** —, servicio de expedición; **engineering** —, servicio técnico; **purchase** —, servicio de compras; **research** —, centro de investigación.

Dependability, Seguridad en servicio.

Dependable, De funcionamiento seguro.

Deplet (To), Agotar (un yacimiento), drenar.

Depleted, Agotado (yacimiento).

Depolarization, Despolarización.

Depolarize (To), Despolarizar.

Depolarizer, Despolarizante.

Deposit, Capa de mineral, depósito, incrustación (calderas), yacimiento; — **of scale**, incrustación; **carbonaceous** —, depósito carbonado; **centrifuged deposits**, depósitos centrifugados; **dry** —, depósito seco; **faulted** —, yacimiento dislocado; **inorganic** —, depósito inorgánico; **organic** —, depósito orgánico; **tin** —, yacimiento estannífero; **to** —, depositar. recargar.

Deposited, Encargado; **electro** —, depositado electrolíticamente.

Depositing, Recarga.

Deposition, Depósito; **ash** —, depósito de cenizas.

Depot, Almacén, depósito, estación de ferrocarril (EE.UU.).

Depreservation, Depreservación.

Depressed, Rebajado; — **arch**, arco rebajado.

Depressurized, Descomprimido.

Deproteinized, Desproteinizado; — **rubber**, caucho desproteinizado.

Depth, Cuerda de ala, derrame (arquitectura), hueco de un diente, profundidad; — **charge**, carga submarina, granada; — **gauge**, calibre de profundidades; — **of opening**, derrame; — **of throat**, profundidad del cuello de cisne; **electric** — **finder**, sondador eléctrico; **maximum** — **frequency**, frecuencia de penetración; **perpendicular** —, abatimiento.

Depthometer, Medidor de profundidad.

Depurate (To), Depurar, purificar.

Deputy, Adjunto, vigilante de entibación, vigilante de ventilación.

Derail (To), Descarrilar.

Derailing or **Derailment,** Descarrilamiento.

Derby, Aplanador.

Derivative, Derivada (mat.), derivado (quím.); **first** —, derivada primera.

Derived, Derivado (adj.); — **products,** productos derivados; — **unit,** unidad derivada.

Deriving, Mando.

Derrick, Apeo del pozo, cabria, minador (marít.), minero, puntal de carga, torre de sondeos; — **crane,** pluma; **floating** —, grúa de maniobra de los trépanos; **hand** —, pluma a mano.

Derusting, Desherrumbrado.

Desacetylation, Desacetilación.

Descale (To), Decalaminar, decapar.

Descaling, Decalaminado, decapado.

Descensión, Descendimiento.

Descent, Alero, caída, entrada de mina, inclinación, pendiente.

Deseam (To), Escarpar al soplete.

Deseaming, Proyecto de instalación.

Desensitize (To), Desensibilizar.

Design, Concepción, dibujo, estudio, modelo, objetivo, plano, sistema, sistema de construcción, tipo, trazado, vista; **fault in** —, defecto de construcción; **to** —, concebir, dibujar, proyectar.

Designer, Constructor.

Designing, Estudio, proyecto, trazado; **at** — **stage,** en estudio.

Desilverize (To), Desplatar.

Desintegrate (To), Desintegrar.

Desintegrated, Desintegrado.

Desintegration, Desintegración.

Desk (Chief operator's), Pupitre de mando; **control** —, pupitre de mando; **test** —, mesa de pruebas.

Desline (To), Lavar el carbón.

Deslining, Lavado del carbón.

Desoldering, Desoldeo.

Despatch, Contra-sobrestadía, expedición; — **department,** servicio de expediciones; — **note,** boletín de expediciones.

Despumate (To), Despumar.

Dessicant, Desecante.

Dessicator, Desecador.

Destination, Destino; **office of** –, estación de destino.

Destroyer, Caza-torpedero, destructor.

Destructive, Destructivo; — **distillation,** destilación en vaso cerrado; **non** — **test,** ensayo no destructivo.

Destructor, Incinerador de basuras.

Desulfurisation, Desulphurization or **Desulphurizing,** Desulfurización.

Desulfurizer, Agente eliminador del azufre.

Desuperheat (To), Desrecalentar.

Desuperheated, Desrecalentado.

Desuperheater, Desrecalentador.

Desuperheating, Desrecalentamiento, preenfriado.

Detachability, Desprendibilidad.

Detachable, Desmontable, móvil, separable; — **float,** flotador alargable; — **point tool,** diente de punta insertada; — **rim,** llanta desmontable.

Detached, Libre; — **escapement,** escape libre (relojería).

Detartarise (To), Desalquitranar.

Detartarised, Desalquitranado.

Detartariser, Desincrustante (calderas).

Detecting, Detector; — **valve,** lámpara detectora (radio).

Detection, Detección; — **device,** dispositivo de detección; **plate** —, detección por placa; **sound** —, detección sónica; **square-law** —, detección cuadrática; **submarine** —, detección submarina.

Detectophone, Detectófono.

Detector, Advertidor, buscafugas (gas), detector, galvanómetro portátil para indicar el sentido de una corriente, lámpara detectora (radio), señal de alarma; **amplifying** —, detector amplificador; **amplitude** —, detector de amplitud; **carborundum** —, detector de carborundo; **contact** —, detector de contacto; **crystal** —, detector de cristales; **electrification** —, electroscopio; **electrolytic** —, detector electrolítico; **fire** —, detector de incendios; **flame** —, indicador de extinción; **ground** —, indicador de pérdidas a tierra; **integrating** —, detector integrador; **leak** —, detector de fugas; **leakage** —, busca-pérdidas de corriente; **magnetic** —, detector magnético; **mine** —, detector de minas; **moisture** —, detector de humedad; **neutron** —, detector de neutrones; **phase** —, detector de fase; **scintillation** —, detector con centelleo; **smoke** —, detector de humo; **standing wave** —, detector de onda estacionaria; **thermal** —, detector térmico; **thermionic** —, detector termoiónico; **untuned crystal** —, detector de cristal sin sintonía; **vacuum tube** —, detector de tubo de vacío; **wave** —, detector de ondas.

Detector-oscillator, Lámpara detectora oscilante.

Detent, Disparador, fiador, lengüeta, órgano de parada o de blocaje, trinquete; — **pin,** pasador de detención, pivote de detención, resalto de hoja de ballesta.

Detergency, Detergencia.

Detergent, Detergente, detersivo; — **salt,** polvo para blanqueo; — **wax,** cera detersiva.

Deteriorate (To), Deteriorar.

Deterioration, Deterioro.

Determinability, Determinabilidad.

Determinant, Determinante; **modular** —, determinante modular (mat.).

Determination, Dosificación; **fee** —, fijación de tarifa; **iodometric** —, dosificación iodométrica; **isochrone** —, radiolocalización isócrona; **polarographic** —, dosificación polarográfica; **radio positon-line** —, radiolocalización de línea de posición.

Determinator, Aparato de medida.

Detinue, Detención ilegal de bienes.

Detonant, Detonante; **anti** —, antidetonante.

Detonate (To), Detonar, hacer detonar.

Detonating, Detonante; — **gas,** gas detonante; — **powder,** pólvora fulminante; — **primer,** cebo; — **signal,** petardo para ferrocarril; — **tube,** eudiómetro.

Detonator, Detonador.

Detune (To), Desintonizar (radio).

Detuned, Desintonizado.

Deuterated, Deuterizado.

Deuteration, Deuterización.

Deuterium, Deuterio, hidrógeno pesado.

Deuteromorphic, Deuteromorfo.

Deuteron, Deuterón.

Devaporized, Deshidratado.

Develop (To), Desarrollar, poner a punto, preparar la explotación; **to — the valve face,** dibujar en desarrollo el espejo del distribuidor.

Developer, Revelador.

Developing, Desprendimiento de gas, revelado (fotografía); **colour** —, revelado cromógeno.

Development, Empleo, perfeccionamiento, progreso, revelado (foto); — **bath,** baño de revelado; **dipping bath** —, revelado en cubeta vertical.

Deviation, Desviación; **permissible** —, margen, tolerancia.

Device, Aparato, dispositivo, estimación, medio; **adjusting** —, dispositivo de regulación; **building** —, presupuesto de construcción; **centring or centering** —, dispositivo de centrado; **clamping** —, dispositivo de apriete; **firing** —, aparato de dar fuego, dispositivo de encendido; **input** —, órgano de entrada; **input-output devices,** órganos de recepción y entrega; **output** —, órgano de salida; **reversing** —, inversor; **safety** —, aparato de protección; **truing** —, aparato de perfilado.

Devil, Brasero, deshilachador, diablo (lanas), garfio para escorias, máquina abridora, picaporte de coche, terraja para tornillos de madera; **devil's apple,** daturina; **devil's claw,** garra; **devil's claw dogs,** tenazas de disparador.

Devulcanizer, Desvulcanizador.

Dew-point, Punto de rocío.

Dewater (To), Deshidratar.

Dewatered, Deshidratado.

Dewaterer, Desaguador.

Dewatering, Agotamiento del agua, deshidratación; — **pipe,** tuberías de achique; — **tank,** tanque de deshidratación.

Dextran, Dextrano.

Dezincification, Descincado.

D. F., Véase **Direction Finder**; — (Direction finding), radiogoniometría; — **station,** estación radiogoniométrica.

Di-ester, Diéster.

Diacetate, Diacetato.

Diacrylate, Diacrilato.

Diadrom, Vibración completa.

Diagonal, Diagonal; — **stay,** riostra diagonal.

Diagonally, Curva, en diagonal.

Diaglomerate, Diaglomerado.

Diagram, Corte, curva de indicador, diagrama, esquema, figura, gráfico, plano; — **of stages,** plano de los escalones o del escalonamiento (turbinas); — **of strains,** diagrama de fuerzas; **attached contact a** —, diagrama de contactos asociados; **circle or circular** —, diagrama circular; **circuit** —, esquema de conexiones; **closed stress** —, polígono cerrado; **complete** —, diagrama completo; **connection-** —, diagrama de conexiones; **cylinder** —, diagrama de las cilindradas; **detached contact** —, diagrama de contactos dispersos; **entropy** —, diagrama entrópico; **equilibrium** —, diagrama de equilibrio; **inlet** —, triángulo de entrada (turbina); **jumpering** —, hilo de puente; **logarithmic** —, gráfico logarítmico; **logical** —, diagrama de principio; **oval slide valve** —, diagrama oval de distribuidor; **piston (position time)** —, diagrama de las cilindradas; **piston (pressure time)** —, diagrama de las presiones sobre el cilindro; **polar** —, diagrama polar; **pole** — **book,** hojas de replanteo; **P. V.** —, diagrama presión-volumen; **radiophare of circular** —, radiofaro de diagrama circular; **transposition** —, diagrama de transposiciones; **volume** —, diagrama de las cilindradas.

Diagrammatic or **Diagrammatical,** Esquemático.

Dial, Brújula de trípode de minero, cuadrante, dial; — **comparator,** comparador de cuadrante; — **light,** lámpara de cuadrante; — **lock,** cerradura de abecedario; — **manometer,** manómetro de cuadrante; — **plate,** placa de cuadrante; — **pointer,** aguja del cuadrante; — **thermometer,** termómetro de cuadrante; **luminous** —, cuadrante luminoso; **metering** —, cuadrante de medidas; **micrometer** —, cuadrante micrométrico; **to** —, levantar un plano de mina.

Dialkyl, Dialcohílico; — **phosphite,** fosfito dialcohílico.

Diallage rock, Diálaga.

Dialling out, Marcar a la operadora; **loop** —, marcar en anillo; **operator trunk semiautomatic** —, selección semiautomática; **single wire** —, marcar por un solo hilo con vuelta por tierra; **subscriber's trunk** —, selección automática a distancia del abonado; **toll** —, automático interurbano.

Dialling-out, Marcar a la operadora.

Dialyse (To), Dializar.

Diam (Diameter), Diámetro.

Diamagnetic, De permeabilidad magnética interior a uno, diamagnética.

Diamagnetism, Diamagnetismo.

Diamant mortar, Mortero diamantino.

Diameter, Diámetro; **apparent** —, diámetro aparente; **inside** —, diámetro interior; **outside** —, diámetro exterior; **overall** —, diámetro exterior de tubo; **useful screen** —, diámetro útil de pantalla.

Diamond, Diamante, en rombo; — **bort,** polvo de diamante para pulir; — **carrier,** aparato para diamantar; — **conduction counter,** contador con conducción de diamante; — **crossing,** cruzamiento oblicuo (ferrocarril); — **cutter,** lapidario; — **drilling,** perforación al diamante; — **file,** lima de cobre en la que se ha de martillear diamante; — **grinding wheel,** muela de polvo de diamante; — **nail,** clavo de cabeza rómbica; — **pass,** canal cuadrado de diagonal vertical (laminador); — **point, pavement,** enlosado ajedrezado; — punta de diamante; — **tool,** herramienta adiamantada; — **wheel,** muela adiamantada, rodillo adiamantado.

Diamondwise, Oblicuamente.

Diaphragm, Diafragma, disco director (turbina), membrana (teléfono), vaso poroso; **bellows** —, fuelle (de regulador para el gas); **resonant** —, diafragma resonante.

Diathermy, Diatermia; **short wave** —, diatermia de onda corta.

Diatomic, Biatómico; — **molecule,** molécula biatómica.

Diatomite, Diatomita, tierra de infusorios.

Diazocompounds, Compuestos diazoicos.

Diazonaphtol, Diazonaftol.

Diazonium, Diazonio.

Diazophenol, Diazobenzol.

Diazotisation, Diazoación.

Diazotised, Diazotado; — **amines,** aminas dinitradas.

Dibenzyl, Dibenzilo; — **ether,** éter dibenzílico.

Diborane, Diborano.

Dibromide, Dibromuro; **ethylene** —, dibromuro de etileno.

Dice coal, Carbón que se rompe fácilmente en pequeños cubos; — **scarf,** ensambladura de llave, ensambladora doble.

Dicetones, Dicetonas.

Dichroism, Dicroísmo.

Dichromate or **Dicromate,** Bicromato; **potassium** —, bicromato potásico.

Dichromic, Dicromático.

Dictating machine, Dictáfono.

Die, dye (rare), Bloque para estampas, buterola, cojinete de hilera, estampa, hilera, (plural **dies**), matriz, punzón, punzón de bocarte, punzón sumergido, rizador, taladro, troquel; — **block,** bloque para estampa, portaestampa; — **casting machine,** fundidora a presión, máquina de colar a presión; — **for round head,** buterola esférica; — **head,** cabezal automático de roscar, cabezal de roscar, hileras, primera cabeza (remache); — **holder,** estampa, portahilera, portamatriz, tás; — **pad,** eyector del troquel; — **plate,** estampa, hilera de trefilar, hilera simple, matriz de ribetear o de revestir; — **sinker,** grabador de medallas, huecograbador; — **sinking machine,** máquina para fresar las matrices; — **stamp,** cuño, punzón; — **steel,** acero para matrices; — **stock,** hilera de cojinetes; **bed** —, matriz; **bottom** —, estampa inferior; **closed** —, matriz cerrada o de reborde; **cup shaped** —, martillo-estampa; **dies,** cojinetes de hilera; **female** —, matriz de ribetear; **forging** —, estampa de forjado; **forming** —, matriz de forma; **half stamping** —, media matriz; **hole in the** —, calibre de matriz; **lower** —, estampa inferior (forja); **movable** —, matriz móvil; **plunger** —, punzón embutidor; **pressure** — **cast or casting,** pieza moldeada en coquilla bajo presión; **pressure** — **casting mould,** molde metálico de moldeo a presión; **riveting** —, buterola; **screw dies,** cojinetes de hilera; **self disengaging** —, hilera de desenganche automático; **self opening** — **bead threading machine,** máquina de filetear de terraja abrible; **snap head** —, buterola; **stamping** —, matrices de estampar; **stocks and dies,** terraja de cojinete; **top** —, estampa superior; **trimming** —, matriz de dar forma; **wire drawing dies,** hileras de estirado; **wirestretching and drawing dies,** hileras de estirado y trefilado; **to** — **or die away,** amortiguarse (oscilaciones); **to cut screws with a** —, filetear con hilera, roscar con macho.

Diecasting, Fundición inyectada.

Diedral, Diedro.

Dieing press, Prensa de matrizar.

Dielectric, Dieléctrico; — **absorption,** absorción dieléctrica; — **constant or** — **coefficient,** constante dieléctrica; — **current,** corriente dieléctrica; — **displacement,** desplazamiento dieléctrico; — **guide,** guía dieléctrico de ondas; — **heater,** calentador dieléctrico; — **heating,** calentamiento dieléctrico; — **hysteresis,** histéresis dieléctrica; — **loss,** pérdida dieléctrica; — **strength,** rigidez dieléctrica; — **susceptibility,** susceptibilidad dieléctrica; — **tests,** ensayos dieléctricos; **artificial** — **lens,** lente de dieléctrico artificial.

Dielectrometer, Dielectrómetro.

Dienes, Dienos; **conjugated** —, dienos conjugados.

Diesel, Diesel; — **or Diesel oil engine,** motor Diesel; — **stationary,** diesel fijo; **marine** —, diesel marino.

Dieseling, Autoencendido.

Diethylene, Dietílico; — **peroxide,** peróxido dietílico.

Differentiable, Diferencial (adj.).

Differential, Diferencial (auto); — **braking,** frenado diferencial; — **calculus,** cálculo diferencial; — **coefficient,** derivada; — **expansion thermostat,** termostato de dilatación diferencial; — **gear box,** caja del diferencial; — **housing,** cárter del puente trasero; — **microphone,** micrófono diferencial; — **pinion,** piñón satélite; — **precipitation,** precipitación diferencial; — **relay,** relé diferencial; — **thermometer,** termómetro diferencial; — **winding,** devanado diferencial; **bevel** —, diferencial cónico; **spur wheel** —, diferencial recto.

Differentiale, Producto de diferenciación.

Diffraction, Difracción; — **camera,** cámara de difracción; — **gratings,** retículos de difracción; — **region,** región de difracción; **electron** —, difracción electrónica; **knife-edge** —, difracción en bordes; **spherical** —, difracción esférica.

Diffractometer, Difractómetro.

Diffused, Difuso; — **ilumination,** iluminación difusa.

Diffuseness, Difusividad.

Diffuser, Difusor; **sub-sonic** —, difusor subsónico; **supercharger** — **vane,** difusor del compresor; **supersonic** —, difusor supersónico.

Diffusiometer, Difusiómetro.

Diffusion, Difusión; — **coefficient,** coeficiente de difusión; — **flames,** llamas de difusión; — **pump,** válvula de difusión; — **valve,** válvula de difusión; **complete** —, difusión total; **gaseous** —, difusión gaseosa.

Dig (To), Disponer las excavaciones, excavar, excavar los cimientos, explotar la turba, extraer; **to — a shaft,** fortificar un pozo, fortificar un pozo de mina de carbón; **to — ore,** extraer el mineral; **to — up,** cavar, desguarnecer, excavar; **to — upwards,** arrancar mineral a la bóveda.

Digest (To), Hacer digerir.

Digester, Autoclave, digestivo, digestor; **sludge** —, digestor de lodos; — **tank,** cuba de digestión.

Digestive salt, Cloruro de potasio.

Digit, Dígito; — **storage,** registro de cifras; **binary** —, dígito binario.

Digital, Numérico; — **display,** presentación numérica; **parallel** — **computer,** calculador aritmético en paralelo; **serial** — **computer,** calculador aritmético en serie.

Digger, Excavador, minero picador, varilla de mando de válvula (motor de combustión interna); **back** —, pala retrocavadora.

Digging, Excavación, galería de desagüe, mina, placeres (de oro), terraplenado, trinchera, turbera, zanja; — **cable,** cable de minado; — **drum,** tambor de rozadora; — **face,** frente de arranque; **back** — **shovel,** pala retrocavadora; **bench** —, terracería en gradas, terracería por bancos.

Diggster, Pala excavadora.

Dihedral, Diedro.

Dihydric, Que contiene dos grupos hidroxilos.

Dike, Ataguía, dique, encauzamiento por diques, terraplén, veta de substancias pedregosas; — **dam,** tajamar; **Pascal** —, dique Pascal.

Diketones, Dicetonas.

Dilatancy, Dilatancia.

Dilatation, Dilatación.

Dilatometer, Dilatómetro; **optical** —, dilatómetro óptico.

Dilatometry, Dilatometría.

Dilly, Plataforma (minas).

Dilute, Diluído; — **sulfuric acid,** ácido sulfúrico diluído; **to** —, diluir, lavar el mineral en la cuba.

Diluting, Diluyendo; — **constituent,** agente diluyente.

Dilution, Dilución; **oil** —, dilución del aceite.

Dim, Opaco; **to** —, poner mate.

Dimension, Acotación, dimensión; — **drawing,** plano acotado; — **figure,** acotación; — **line,** línea de cota; **to** —, acotar.

Dimensionability, Dimensionabilidad.

Dimensional, Dimensional; — **analysis,** análisis dimensional; **n** —, con n dimensiones; **one** —, unidimensional; **three** —, tridimensional; **two** —, bidimensional.

Dimensioned, Acotado; — **sketch,** croquis acotado.

Dimensioning, Acotación.

Dimethylether, Éter dimetílico.

Dimetient, Diametral.

Diminish (To), Adelgazar, disminuir.

Diminution, Depreciación (moneda), disminución graduada del espesor de un muro, pérdida (metal), retracción de un muro, talud.

Dimmer, Interrupción de regulación de la intensidad luminosa; — **or dimming switch,** interruptor de resistencia regulable.

Dimming, Atenuación de la luz por lamparilla.

Dinas brick, Dinas; — **clay,** tierra de dinas (grés desagregado muy arcilloso).

Dinge, Impresión.

Dinghy, Balsa; — **or dingy** (plural **dinghies**), bote; **inflatable or pneumatic** —, balsa neumática, bote.

Dinout, Oscurecimiento parcial.

Diode, Diodo, lámpara de dos electrodos, rectificador de diodo; **clamping** —, diodo de bloqueo; **gas-filled thermionic** —, diodo termoiónico de gas; **twin** —, doble diodo; **vacuum thermionic** —, diodo termiónico de vacío; **vapor-filled thermoionic** —, diodo termiónico de vapor.

Diophantine equation, Ecuación diofántica (mat.).

Diopter, Dioptrio, visor micrométrico.

Dioxide, Bióxido; **carbon** —, ácido carbónico, bióxido de carbono, gas carbónico; **chlorine** —, bióxido de cloro; **solid carbon** —, nieve carbónica; **sulphur** —, anhídrido sulfuroso; **titanium** —, rutilo.

Dip, Baño de inmersión, buzamiento, caída (de tensión, etc...), declividad, descenso, flecha, inclinación (brújula), inclinación de un filón, inmersión, inmersión de un horno de reverbero, reducción al horizonte, temple; — **head level,** galería principal; — **meter,** registrador de pendiente; — **pipe,** sifón invertido (conducción de agua), tubo de obturación (gas); — **view,** proyección horizontal; **hot** —, temple en caliente; **to** —, aflorar, decapar, decapar por ácido, inclinar (magn.), limpiar, mojar (cerillas), sumergir, templar.

Diphase, Bifasado, bifásico.

Diphaser, Alternador bifásico.

Diplex reception, Recepción de dos señales independientes en la misma línea o en radio en la misma antena (recepción diplex); — **telegraphy,** telegrafía diplex (simultánea) (doble en igual sentido); — **transmission,** transmisión de dos señales independientes en la misma línea, o en radio en la misma antena (transmisión diplex).

Dipole, Dipolo, par de esferas iguales que forman un oscilador Hertz; — **moment,** momento dipolar; **bent** —, dipolo plegado; **crossed dipoles,** dipolos cruzados; **folded** — **antenna,** antena de dipolo plegado.

Dipper, Cuchara de excavadora, cucharón de pala mecánica, desoxidador, pinzas para retirar las placas fotográficas del baño, vasija para extraer agua; — **interrupter,** interruptor de mercurio.

Dipperful, Carga de cucharón.

Dipping, Decapado, decapado al ácido, inclinación, inmersión ((máq.-herr.), inmersión en un líquido, remojo (tinte); — **circle,** brújula de inclinación; — **compass,** brújula de inclinación; — **needle,** aguja de inclinación; — **plate,** placa de inmersión (regulador eléctrico); — **tube,** tubo inmersor; **table** — **adjustment,** regulación de la inclinación de la mesa (máq.-herr.).

Dips, Líquidos corrosivos.

Dipstick, Varilla de nivel.

Direct, Directo, substantivo (colorante); — **acting,** de acción directa, de efecto directo, de mando directo; — **bearing,** marcación directa; — **center,** centro de semejanza; — **connecting,** de enganche directo; — **drive,** toma directa (auto); — **flame boiler,** caldera de llama directa; — **gaging,** aforo directo; — **pick-up,** captación directa; — **process,** véase **Process**; — **reading,** de lectura directa; — **scanning,** exploración directa; — **taxation,** contribuciones directas; **connection for** — **conversation,** conexión por conferencia directa; **voltmeter for** — **current,** voltímetro de corriente continua.

Directed, Dirigido; — **wireless telegraphy,** radiografía dirigida.

Directing, Director; — **force,** fuerza desviadora; — **magnet,** imán corrector; — **wheel,** rueda de orientación (molino de viento).

Direction, Dirección, dirección de imantación, sentido; — **finder,** radiogoniómetro; — **finding unit,** radiogoniómetro; **aural-null — finder,** radiogoniómetro acústico; **Bellini-Tosi — finder,** radiogoniómetro Bellini-Tosi; **compensated-loop — finder,** radiogoniómetro de cuadro compensado; **crossed loops — finder,** radiogoniómetro de cuadros cruzados; **gain in a —,** ganancia en una dirección; **radio — finder,** radiogoniómetro, radiogoniometría; **radio — finding station,** estación radiogoniométrica; **Robinson — finder,** radiogoniómetro Robinson.

Directional, Direccional; — **antenna,** antena direccional; — **gyro,** brújula giroscópica; — **pattern,** diagrama direccional; — **relay,** relé direccional; **multi-hole — coupler,** acoplador direccional multirranura.

Directionality, Anisotropía.

Directions, Instrucciones para el empleo.

Directive, Directivo; — **aerial,** antena directiva; — **beacon,** radiofaro direccional.

Directly, Directamente; — **heated cathode,** cátodo de calentamiento directo.

Director, Administrador (de una sociedad); — **system,** telepuntería; **board of directors,** consejo de administración; **governing —,** gerente de sociedad.

Directorate, Junta directiva.

Directory, Anuario, guía.

Dirigible, Dirigible; **non rigid —,** dirigible ligero.

Dirt, Aire inflamable, barro, cascajo, depósito fangoso (calderas), granza, lodos de pulido, mugre, tarquín, tierra de aluvión; — **lighter,** draga de vapor.

Dirtproof, Hermético al polvo.

Dirty, Sucio.

Dirtying, Engrasamiento.

Disabled, Averiado, dañado.

Disabling pulse, Impulso barrera.

Disassembly, Desmontaje.

Disbark (To), Descortezar.

Disbarking, Descortezado; — **machine,** máquina de descortezar.

Disc, Platillo, plato, véase **Disk;** — **crank,** manivela de plato; — **mill,** laminador de ruedas; — **piston,** pistón de plato; — **recording,** grabación de disco gramofónico; — **turbine,** turbina de disco o de plato; **atomizing —,** placa de pulverización; **cam —,** leva; **friction —,** disco de fricción; **friction — saw,** sierra de disco de fricción; **full —,** disco macizo; **high pressure —,** rueda de alta presión (turbina); **lateral cut —,** disco de talla lateral; **polishing —,** disco pulidor; **sander —,** disco de lijado; **shaft —,** brida de árbol; **solid —,** plato macizo.

Discal, Discal.

Discard head, Mazarota; **to —,** rechazar.

Discer, Grada de discos.

Discharge, Caída, caudal, desagüe, descarga (calderas, etc.), descarga (eléctrica), despido de un obrero, evacuación, obtención de un tinte por corrosión en una tela teñida anteriormente, quitanza; — **accelerator,** acelerador de caudal; — **aperture,** piquera de un horno de reverbero; — **capacity,** capacidad de descarga; — **chute,** conducto de descarga; — **cone,** tobera de descarga; — **current,** corriente de descarga; — **diameter,** diámetro de salida; — **flange,** brida del lado evacuación; — **head,** altura de impulsión, cabezal de una bomba de perforación de pozos, carga a la salida; — **nozzle,** orificio de descarga, tobera de eyección; — **pipe,** tubo de descarga; **alternating or oscillating or oscillatory —,** descarga oscilante (elec.); **assisted — of a battery,** descarga suplementaria de una batería; **back —,** descarga de retorno; **barometric — pipe,** tubo de caída barométrica; **brush —**, descarga en cepillo; **brush and spray —**, descarga radiante; **coefficient of —**, coeficiente de gasto; **dead beat —**, descarga aperiódica (elec.), **disruptive —**, descarga disruptiva; **free —**, descarga libre; **gas —**, descarga gaseosa; **glow —**, descarga luminosa; **glow- — lamp**, lámpara de descarga luminosa; **overboard —**, evacuación al exterior; **point —**, descarga por las puntas; **rate of —**, caudal; **self —**, descarga espontánea; **steam —**, circulación del vapor; **strain of —**, régimen de descarga; **to —**, derramarse, descargar, desembarcar, despedir (un obrero), verter (líquido), volcar.

Discharger, Apoyo, descargador, descargador de horno, durmiente, excitador (elec.).

Discharging, Descarga, descarga de horno; **— acids**, ácidos para detener un tinte en una tela teñida anteriormente; **— current**, corriente de descarga; **— hole**, abertura de descarga de horno; **— trough**, fondo de pozo.

Disconnect, Corta-circuito, seccionador; **to —**, desconectar, desembragar, interrumpir la comunicación, seccionar.

Disconnected, Desconectado, seccionado.

Disconnecting, Desembrague; **— gear**, escape, mecanismo de desembrague; **— switch**, disyuntor, seccionador.

Disconnector, Disyuntor.

Disconnexion, Corte (de un circuito).

Discontinuity (of a curve), Inflexión de una curva.

Discount, Descuento.

Discriminator, Discriminador; **control —**, discriminador de control, nivel de conversión en baja frecuencia.

Discus, Disco.

Disedged, Embotado, obtuso.

Disencumbered, Sin carga.

Disengage (To), Desconectar, desembragar, desengranar, deshacer, desunir, exhalar, liberar.

Disengaging, Desembrague, disparo; **— clutch**, manguito móvil (de aparato de desembrague); **— coupling**, acoplamiento con desembrague, acoplamiento temporal; **— fork**, horquilla de desembrague; **— gear**, aparato de desembrague, aparato disparador; **— lever**, palanca de desembrague; **— rod**, impulsor de despegue; **— shaft**, árbol de desembrague; **engaging and — gear**, avantrén y tres ejes portadores traseros (locomotoras).

Disgorge (To), Descargar, liberar.

Dish, Artesa de 71 cm de largo, 10 cm de profundidad y 5 cm de ancho que sirve para medir mineral, batea, canon minero que se debe al propietario del terreno: 3,7 l de mineral de estaño apto para fundición, cápsula (química); **ash —**, cenicero de lámpara de arco.

Dished, Abombado, embutido, en forma de cáliz; **— bottom**, fondo embutido; **— electrode**, electrodo de cápsula; **— end**, fondo abombado; **— plate**, chapa ondulada; **convex — end**, fondo convexo (calderas).

Disincrustant, Desincrustante.

Disinfecting apparatus, Aparato de desinfección.

Disinfection, Desinfección.

Disintegration, Desintegración; **nuclear —**, desintegración nuclear.

Disintegrator, Bocarte, desagregador, desintegrador, molino, pulverizador.

Disjoin (To), Desatar, desprender.

Disjunctor, Disyuntor (elec.).

Disk, Disco, tambor de columna, véase **Disc**; **— clutch**, embrague de discos; **— crank**, manivela de disco, manivela de platillo; **— file**, lima giratoria; — **friction wheels,** transmisión por platos de fricción; — **piston,** pistón macizo; — **saw,** sierra circular; — **valve,** válvula de asiento plano, válvula de disco, válvula de platillo; **crank** —, platillo de manivela; **eccentric** —, plato de excéntrica; **microgroove** —, disco microsurco; **phonograph** —, disco de gramófono; **pile** —, pilote de disco.

Dislevelment, Desnivelación.

Dismantle, Desmantelar; **to** —, desmontar.

Dismantled, Desmantelado, desmontado.

Dismantling, Desmantelamiento, desmontaje.

Dismount (To), Desmontar.

Dispatcher, Repartidor; **load** —, central repartidora de carga (elec.).

Dispatching, Servicio de repartición de carga (elec.).

Dispersancy, Dispersancia.

Dispersión, Dispersión; **rotational** —, dispersión rotacional.

Displaceability, Desplazabilidad.

Displacement, Decalaje, deslizamiento, desplazamiento (buques) (química), translación; — **current,** corriente de desplazamiento; **angular** —, desplazamiento angular; **crank** —, calaje de manivelas; **light** —, desplazamiento en lastre (buques); **load** —, desplazamiento en carga; **phase** —, decalaje de fase (elec.); **piston** —, cilindrada.

Displacer, Pistón auxiliar utilizado en algunos motores de gas para comprimir la mezcla explosiva antes de su entrada en el cilindro motor.

Display, Presentación; **cathode-ray** —, presentación en tubos de rayos catódicos; **digital** —, presentación numérica; **electric** — **apparatus,** aparato luminoso de publicidad; **expanded-centre plan** —, presentación con centro dilatado; **meter** —, presentación instrumental; **off-centre plan** —, presentación descentrada; **time bearing** —, indicación de demora.

Disposable load, Carga útil (aviones).

Disposition, Preparación en grandes masas (minas), temple (met.).

Disruptive, Disruptivo; — **discharge,** descarga disruptiva; — **strength,** rigidez dieléctrica (elec.); — **voltage,** tensión disruptiva.

Dissectron, Disectrón.

Dissipation, Disipación (elec.), efluvios; — **factor,** factor de disipación.

Dissociation, Disociación; **catalytic** —, disociación catalítica.

Dissolve (To), Disolver.

Dissolved, Disuelto; — **oxygen,** oxígeno disuelto.

Dissolution, Disolución; **anodic** —, disolución anódica.

Dissue (To), Estrecharse (filones).

Distance, Distancia, intervalo; — **between centers,** distancia entre puntas (máq.-herr.); — **bolt,** perno de arriostramiento; — **piece,** bastidor de arriostramiento, tabique de separación; — **sink bolt,** perno de arriostramiento; — **terminal,** borna de separación (elec.); **angular** —, distancia angular; **long** — **bearing,** marcación a larga distancia; **skip** —, zona de silencio; **sparking** —, distancia explosiva de las chispas.

Distemper painting, Pintura al temple.

Distensibility, Distensibilidad.

Distill (To), Destilar.

Distillate, Destilado.

Distillation, Destilación; — **head,** alargadera para aparato de destilación; **azeotropic** —, destilación aceotrópica; **fractional** —, destilación fraccionada; **isothermal** —, destilación isotérmica; **molecular** —, destilación molecular; **reflux** — **apparatus,** aparato de destilación a reflujo; **steam** —, destilación al vapor de agua; **straight run** —, destilación directa; **vacuum** —, destilación en vacío.

Distilled or **Distillated**, Destilado; — **water**, agua destilada.

Distillery, Destilería.

Distilling, Destilador; — **plant**, destilador; — **water apparatus**, aparato destilador de agua.

Distillor, Aparato para destilar.

Distort (To), Alabearse, combarse, labrar la madera, pandearse, torcerse, trabajar.

Distortability, Alabeamiento.

Distorting (Non), Indeformable.

Distortion, Alabeo, distorsión; **amplitude** —, distorsión de amplitud; **coefficient of harmonic** —, coeficiente de distorsión armónica; **field** —, distorsión de campo; **hysteresis** —, distorsión por histéresis; **image** —, distorsión de imagen; **intermodulation** —, distorsión de intermodulación; **low frequency** —, absorción de capas bajas; **non** —, indeformable; **nonlinear** —, distorsión no lineal; **overload** —, distorsión de sobrecarga; **path** — **noise**, ruido de propagación; **phase** —, distorsión de fase; **scanning** —, distorsión de exploración; **skew** —, distorsión oblicua; **total harmonic** —, distorsión armónica global.

Distress, Deformación (metal).

Distributary, Canal distribuidor.

Distribute, Distribuidor (auto), véase **Distributor; to** —, distribuir.

Distributed, Repartido; — **inductance**, inductancia repartida.

Distributer, Distribuidor; **electronic** —, distribuidor electrónico.

Distributing, De ramificación; — **block**, bloque de terminales; — **board**, tablero de distribución; — **box**, caja de derivación (elec.) o de ramificación o distribución, caja de vapor; — **fuse**, cortacircuito de distribución (elec.); — **lever**, palanca de puesta en marcha; — **net work**, red de distribución; — **track**, vía de clasificación (ferrocarril); **antenna** — **amplifier**, amplificador colectivo de antena; **horizontal** —, repartidor horizontal.

Distribution, Repartición, reparto; — **board**, tablero de distribución; — **box**, caja de distribución; — **gear**, caja de dispersión o de arranque (elec.); — **line**, línea de distribución; — **network**, red de distribución; — **of load**, repartición de la carga; — **of the flux**, reparto del flujo; — **substation**, sub-estación de distribución; — **transformer**, transformador de distribución; **amplitude** — (on an aperture), distribución de amplitud (en una abertura); **charge** —, reparto de cargas; **field** —, repartición del campo (elec.); **phase** — **on an aperture**, distribución de fase en una abertura; **sinusoidal** —, distribución sinusoidal.

Distributor, Distribuidor (auto, etc.); — **disc**, placa de distribuidor; — **head**, cabeza del distribuidor del encendido; — **plate**, véase **Plate.**

Disturbance, Perturbación; **magnetic** —, perturbación magnética; **random** —, perturbación errática.

Disubstituted, Disubstituído.

Disulfide, Disulfuro; **alkyl** —, disulfuro de alkilo.

Ditch, Foso, revestimiento de protección.

Ditcher, Excavadora, excavadora para fosos.

Ditching, Amaraje forzoso (aviac.), percusión en tierra (aviac.); — **drill**, ejercicio de percusión en tierra.

Diterpenes, Diterpenos.

Ditertiary, Biterciario.

Diurnal, Diurno; — **motion**, movimiento diurno (astronomía).

Divable, Buceable.

Dive, Descenso, inmersión; — **angle**, ángulo de picado; — **bomber**, bombardero en picado; — **brake**, freno de picado; — **flaps**, flaps de picado; — **turn,** viraje en picado; **spinning** —, planeo en espiral; **spiral** —, picado en espiral; **throttled** —, picado con los motores reducidos de marcha; **to** —, arfar (marít.), bucear, descender en vertical, picar, sumergir.

Diver, Émbolo buzo, sumergible; — **bib,** peto de buzo; — **breast plate,** placa pectoral; — **collar,** collar de traje de buzo; — **cuffs,** bocamangas herméticas de buzo; — **dress,** traje de buzo; — **helmet,** casco; — **leaden shoes,** botas con plomo de buzo; — **shoulder plate,** placa dorsal.

Divergent or **Diverging,** Divergente; — **beam,** haz divergente; — **lens,** lente divergente.

Diversion, Derivación, desorientación (avión), desvío del tráfico telefónico; — **cut,** bifurcación, reguera.

Diversity, Diversidad; — **curve,** curva de diversidad de la carga; — **factor,** factor de utilización (cociente entre la suma de los consumos individuales y la capacidad de la red eléctrica; — **reception,** recepción en diversidad.

Divert (To), Desviar.

Diverter, Derivador.

Divertible, Desviable.

Divestiture, Desposeimiento.

Divide (To), Colocar travesaños, cortar el vidrio, dividir mármol, graduar.

Divided, En varias piezas, entabicado, graduado; — **blast,** escape tabicado; — **broadside aerial,** antena dirigida hacia los lados.

Dividend, Bonificación, cupón del dividendo, dividendo.

Divider, Bonificación, divisor; **decade** —, divisor de décadas; **frequency** —, divisor de frecuencia; **voltage** —, divisor de tensión.

Dividers, Compás de dividir, compás de medidas, compás de puntas secas.

Dividing, De dividir; — **head,** divisor; — **machine,** máquina de dividir; **circular** —, máquina de dividir circular; **linear** —, máquina de dividir linear.

Diving, De inmersión; — **apparatus,** escafranda; — **bell,** campana de inmersión; — **flight,** vuelo en picado; — **gear,** regulador de inmersión (torpedos); — **plane,** timón horizontal de submarino; — **speed,** velocidad de picado; — **stone,** especie de jaspe.

División (Frequency) multiplex, Múltiplex por división de frecuencia; **time** — **multiplex,** múltiplex por división de tiempo.

Divisor, Divisor (arítm.).

Dobbie, Maquinita para lizos.

Dobby, Maquinita de lizos.

Dobereiner's alloy, Aleación (bismuto, 46,6 por 100; estaño, 19,4 por 100; plomo, 34 por 100) que funde a 99° C.

Dock, Andamiaje, dársena (puerto), dique, ensenada; **dry** —, dique seco; **fitting out** —, dársena de armamento; **floating** —, dique flotante; **graving** —, forma de carena; **portable** —, andamiaje móvil; **tidal** —, dársena de mareas; **to** —, entrar en dársena.

Docker, Cuchillo para cortar la pasta, descargador.

Dockgate, Rangua de esclusa.

Dockgateman, Vigilante de puerta de entrada a los muelles.

Docking, Entrada en dársena.

Dockmaster, Jefe del muelle.

Dockyard, Arsenal marítimo.

Doctor, Aparato para ajustar un cojinete, escobilla de electrodo para la galvanoplastia de piezas que no pueden colocarse en la cubeta de galvanoplastia, herramienta para soldar, pequeño caballo auxiliar, todo aparato para remediar una dificultad, por ejemplo, rascador para quitar el exceso de color de los cilindros de impresión; —

test, ensayo de petróleo al plumbito sódico; — **treating**, tratamiento con plumbito sódico; **to** —, falsificar.

Dod, Matriz para alfarería, prensa para tubos de grés.

Dodecane, Dodecano.

Dodge, Torno de mano; — **chain**, cadena en que las partes de los eslabones en contacto están separados por una pieza móvil.

Doeglic, Doéglico; — **acid or** — **oil**, ácido doéglico (obtenido por saponificación del aceite de ballena).

Doffer, Cilindro descargador.

Doffing, Mudada (carda); — **cylinder**, cilindro descargador.

Dog, Abrazadera, bomba de apriete (para plato de máquina herramienta), caballete, cárcel, cojinete de apriete, conductor de empalme (calderas), gancho, garfio, gatillo, grapón para madera, mandril de torno, soporte de banco de carpintero, taco, tapón, tope, triángulo; — **and chain**, sistema de arrastre a mano (minas); — **bolt**, grapón; — **chuck**, plato de garras (torno); — **clutch**, acoplamiento por garras embrague de dientes; — **clutch sleeve**, manguito de acoplamiento; — **head**, mordaza; — **head hammer**, estampa para hacer las sierras; — **hook**, garra de apriete, grapón; — **house**, alojamiento del sistema de sintonización de antena; — **iron**, garfio para izar madera; — **lead**, guía; — **nail**, calamón, clavo de cabeza ancha, escarpia; — **nose handvice**, tenazas de tornillo de abertura estrecha; — **plate**, plato porta-mandrino; — **spike**, clavo de raíl; — **tail**, véase **Tail**; — **vane**, cataviento; **clamping** —, mordaza; **dog's tooth**, diente de sierra, punzón de acero; **dog's tooth spar**, variedad de calcita; **safety** —, tope de seguridad; **watch** — **switch**, estárter luminiscente térmico.

Dogbolt, Perno de uña.

Doggy, Vigilante (minas).

Dogs, Pinzas, tenazas.

Dole, Lote de mineral.

Dollar, Dólar (moneda americana).

Dolly, Alargadera (hincado de pilotes), aparato para lavar minerales, carretilla de ruedas, cepillo de bruñido, cubeta para lavar el oro, estampa de forja, instrumento de madera para sacudir las telas (preparación mecánica de minerales), martillo de remachar, mortero para la trituración de minerales, plataforma para el transporte de objetos largos y pesados, sufridera de remachar, taco para remaches, taladro de excavación, tás; — **bar**, garfio, juanillo de martinete, palanca de sufridera (remachado); — **device**, contraestampa de martinete; — **tub**, véase **Tub**; **lever** —, palanca de buterola; **nose wheel** —, carro de la rueda delantera; **propeller** —, carro porta-hélices; **screw** —, estirador de alambre, torno de remachar; **to** —, agitar el mineral (preparación mecánica), batir hierro, estirar al martillo el lingote de hierro, lavar los minerales en mesas de telas.

Dolomite, Dolomita.

Dolphin, Pata de ganso.

Dome, Cámara, cazoleta de estampilla, cúpula, domo; — **crown**, cúpula de domo; — **shell**, cuerpo de domo; **nozzle on** —, tobera de cúpula; **stand pipe on** —, tobera de cúpula; **truncated** —, bóveda vaída.

Domelike, Abovedado.

Done, Generado; **work** —, trabajo generado, trabajo suministrado.

Donkey, Abreviatura de donkey pump, donkey engine, etc..., caballo (máquina auxiliar para la alimentación de las bombas); — **boiler**, caldera auxiliar; — **crosshead**, cruceta de bomba de acción directa; — **engine**, pequeño motor auxiliar; — **pump**, bomba de acción directa, bomba de auxiliar de alimentación; **bilge** —, bomba de desecación de la cala, caballo auxiliar.

Donkeyman, Calderetero (buques).

Dook, Tarugo de madera (introducido en un muro).

Doojigger, Aparato mecánico.

Door, Boca de hogar, puerta; — **case,** bastidor de puerta; — **cleaning,** puerta de vaciado; — **contact switch,** interruptor de puerta; — **fire,** puerta de hogar; — **head,** dintel de puerta; — **hinge,** bisagra de puerta; — **latch,** pestillo de puerta; — **post,** montante de puerta; — **push,** contacto de puerta; — **to shaft,** entrada de la jaula o del pozo; **bomb** —, escotilla de las bombas; **charging** —, válvula de llenado; **clam shell** —, puerta de dos batientes; **clamped** —, puerta ensamblada de ranuras y espigas encajada; **hand hole** —, cierre de colector (quemadores); **pit** —, puerta de cenicero (quemadores); **single (swing)** —, puerta de un solo batiente; **sliding** —, puerta deslizante; **sludge doors,** puertas autoclaves; **trap** —, puerta de ventilación; **watertight** —, puerta hermética.

Doorcasing, Marco de puerta.

Dop, Capa metálica de sujeción del diamante (pulido), cápsula de engarce.

Dope, Enlucido para las telas de las alas, esmaltita; **active** —, base activa; **flame resistant** —, barniz incombustible; **tope** —, barnizar con laca (auto), pintar con barniz las alas de los aviones; **to** — **the engine,** introducir gasolina en los cilindros.

Doping, Acción de asegurar la tensión de un ala, de un cable, etc..., barnizado de las alas.

Dormant tree, Viga maestra.

Dorsal fin, Deriva (aviac.).

Dorsel, Cesta para llevar a la espalda.

Dosage, Dosificación; — **meter,** dosímetro.

Dosimetry, Dosimetría.

Dot and dash line, Línea de puntos y rayas (dibujo); **dots and dashes,** puntos y rayas del alfabeto Morse.

Dotted, De puntos, puntuado.

Dotting needle, Aguja de puntear; — **pen,** tiralíneas para trazar líneas de puntos; — **wheel,** rueda de puntear.

Double acting, De doble efecto; — **acting compressor,** compresor de doble efecto; — **acting pump,** bomba de doble efecto; — **acting steam,** máquina de vapor de doble efecto; — **action press,** prensa de doble acción; — **anode valve,** lámpara de tres electrodos (radio); — **ball race,** con doble fila de bolas; — **butt riveting,** cubrejunta doble; — **casing,** doble fondo, doble pared; — **centre lathe,** torno de dos puntas; — **coil dynamo,** dínamo de doble excitación; — **column,** de doble columna (máq.-herr.); — **cone clutch,** embrague cónico doble; — **cotton covered,** con doble capa de algodón; — **covering plate riveting,** remachado de cubrejuntas doble; — **cross motion table,** mesa con movimientos cruzados; — **current dynamo,** dínamo bimórfica; — **current generator,** generador polimórfico; — **current key,** manipulador de corriente alterna; — **cut file,** lima de doble picadura; — **cutting drill,** broca de dos cortantes; — **deflexion,** con doble corriente; — **edged,** de doble bisel; — **entry,** partida doble (contabilidad); — **extraction turbine,** turbina de doble extracción; — **eye lever,** palanca de horquilla o de brida; — **face twill,** sarga de dos caras; — **gear,** véase **Gear;** — **half round file,** lima de hoja de savia; — **headed rail,** carril de doble cabeza; — **helical gear,** engranaje de dientes angulares; — **helical wheel,** rueda de cheurones; — **layer,** con dos capas; — **line,** doble vía; — **loop,** en dobles bucles, en bucles dobles; — **modulation,** modulación doble; — **moquette,** moqueta doble; — **plated,** de doble revestimient (buques); — **ported valve,** válvula de doble orificio; — **reduction gear,** engranaje de doble reducción; — **scale voltmeter,** voltímetro de dos escalas o de dos graduaciones; — **scull,** remo doblado; — **sideband,** banda lateral doble; — **silk covered,** con doble capa de seda, con doble revestimiento de seda; — **slot ring,** aro de doble ranura; — **slotted flap,** flap de doble ranura; — **spindle milling machine,** fresadora de dos husillos; — **split flap,** flaps de dobles bordes de fuga; — **stage air pump,** bomba de aire de dos etapas; — **swept leading edge,** borde de ataque en doble flecha; — **track,** vía doble; — **track rail road,** ferrocarril de dos vías; — **track road,** línea de doble vía; — **trigger,** gatillo doble; — **throw crank,** cigüeñal; — **upright,** con dos montantes; — **upright planing,** cepilladora de dos montantes; — **way,** vía doble; — **webbed girder,** viga de alma doble; — **wire line,** línea de doble hilo; **bookkeeping by — entry,** contabilidad por partida doble; **butt joint with — (treble) chain riveting,** junta a tope con dos filas de remaches en cadena; **four coupled — ender,** avantrén y dos ejes portadores traseros (locomotora); **jack with a — claw,** gato de dos garras; **lap joint with — chain riveting,** unión a solape con dos filas de remaches en cadena; **magnetisation by — touch,** imantación por doble contacto; **two cycle — acting engine,** motor de dos tiempos de doble efecto.

Doubler, Duplicador (eléctrico); **cascade voltage — rectifier;** rectificador doblador de tensión en cascada; **voltage —,** doblador de tensión.

Doublet, Dipolo, doblete, lente doble, sistema de dos partículas cargadas de cantidades iguales de electricidad pero de cargas contrarias; — **antenna,** antena doblete; **close —,** doblete apretado.

Doubling, Doblado, extracción de antimonio por fusión con hierro, pieza de refuerzo, refuerzo, segunda destilación; — **machine,** bastón para retorcer filamentos.

Douk, Material arcilloso.

Dove colour, Color cuello de pichón

Dovetail, Chaveta en cola de milano, cola de golondrina, cola de milano; — **hole,** mortaja de cola de milano, ensamblado en cremallera.

Dovetailed, Ensamblado a cola de milano; — **plane,** cepillo de cola de milano, guillame de cola de milano; — **saw,** sierra para cortar las colas de milano; **to —,** ensamblar a cola de milano.

Dovetailer, Máquina para hacer colas de milano.

Dovetailing, Cola de milano, ensamble a cola de milano; — **machine,** máquina para hacer las chavetas en cola de milano; **concealed —,** junta solapada; **ordinary —,** colas de milano pasantes; **secret —,** cola de milano a media madera; **spindle moulder for —,** máquina para fresar las espigas en cola de milano.

Dowel, Cabilla, calzo de madera, clavija, espiche, lengüeta de unión de dos piezas, pasador, pasador (de unión), tapón; — **axe,** doladera (carp.); — **bit,** barrena de punta, taladro; — **pin,** cabilla; **knob —,** cabilla; **shrunk —,** grapa puesta en caliente; **spiral —,** cabilla espiral; **wall —,** cabilla de muro; **to —,** unir por medio de cabillas.

Dowelling, Clavijas, ensambladura por espigas; **flywheel —,** abrazadera de volante.

Down cast, Corriente de aire que entra en la mina, pozo de ventilación, reforzado de una capa; — **comer,** tubo de descenso (caldera tubular), tubo de evacuación, tubo vertical; — **flues,** corrientes de llamas de arriba hacia abajo; — **go board,** pozo de ventilación descendente; — **pipe,** tubo de descarga; — **stream,** aguas abajo; — **stream gate,** puerta de aguas abajo; — **stroke,** descenso, movimiento descendente; — **take,** toma de gas, tubo de bajada, tubo de evacuación; **blow — valve,** grifo de extracción; **break — crane,** grúa de maniobra; **break — torque,** par máximo que puede soportar un motor de inducción sin caída prohibitiva de velocidad (siempre que esté excitado en serie); **breaking — torque,** par de desenganche; **geared —,** desmultiplicado; **instrument let —,** aterrizaje por instrumentos; **screw — valve,** grifo de tajadera, válvula compuerta; **the steam is —,** no se tiene presión; **up and — movement,** movimiento de ascenso y descenso; **up and — with,** en la vertical de; **to blow — a boiler,** purgar una caldera; **to lay —,** poner en astillero.

Downgate, Agujero de colada.

Downgraded, Con menor porcentaje.

Downing lever, Cruceta.

Downlead, Bajada de antena.

D. p. (Difference of potential), Diferencia de potencial.

D. p. d. t., Interruptor de doble polo bidireccional.

Draff, Escoria, lía, sedimento, ángulo, conicidad, ensanche, extracción de un modelo, porcentaje de reducción de sección (laminador), reducción (fundición), talud; — **or Draught,** Calazón, caudal, circulación, desagüe, dibujo, letra de cambio, libranza, plano, proyecto, tiro (chimenea); — **engine,** bomba; — **indicator,** indicador de tiro; — **scheme,** anteproyecto; — **tube,** tubo de aspiración.

Draftee, Persona elegida sin previo consentimiento.

Drafting, Dibujo, estirado; — **cloth,** tela de dibujo; — **paper,** papel de dibujo; — **room,** arena para dibujo; **mechanical —,** dibujo industrial.

Draftsman or **Draughtsman,** Dibujante; **topographic —,** delineante topográfico.

Drag, Arpón, arrastre de un motor acoplado a otro, carro de aserradora, draga, freno de zapata, gancho, garfio, grapa, parte inferior de bastidor, resistencia aerodinámica, semicaja inferior de moldeo; — **anchor,** ancla de capa; — **bar,** barra de enganche; — **bench,** barra de estirar alambre; — **bolt,** bulón de acoplamiento, perno de acoplamiento; — **cable,** cable de remolque; — **chain,** cadena de enganche, cadena de remolque; — **crank,** manivela doble; — **link,** véase **Link**; — **load,** esfuerzo resistente; — **parachute,** paracaídas de frenado; — **per unit of area,** resistencia por unidad de superficie; — **reducing device,** dispositivo de reducción de la resistencia; — **saw,** sierra alternativa; — **spring,** resorte de tracción; — **stone mill,** molino compuesto por una piedra; — **strut,** montante de compresión (aviac.); — **twist,** hierro de limpiar barrena; — **valve gear,** distribución por arrastre; — **washer,** arandela de gancho; — **wheel,** freno de rueda; — **wire,** cable de tracción; **crank with — link,** contramanivela; **induced —,** resistencia inducida; **lift — ratio,** rendimiento aerodinámico; **profile —,** resistencia de perfil.

Dragade (To), Producir desperdicios echando vidrio fundido en agua.

Dragline, Cuba dragadora, draga de cable, teleférico de cables flojos.

Dragon beam, Arbotante, tornapunta.

Drain, Achicamiento del agua rezumante, atarjea, canal, canal de colada (fund.), canal de desagüe, colector, consumo (gasolina), desagüe, foso, purga, zanja; — **box,** cámara de turbina; — **cock,** grifo de purga, grifo de vaciado; — **cooler,** refrigerante de purgas; — **current,** corriente de drenaje; — **gallery,** galería de desagüe (minas); — **hole,** agujero de vaciado;

— **metal**, moldes de arena para fundición; — **oil**, residuos de fundición; — **pipe**, tubo de escape, tubo de purga; — **plug**, tapón de vaciado; — **tile**, tubo de drenaje; — **trap**, válvula de colector; — **valve**, válvula de purga; **air** —, purga de aire; **atmospheric** —, temple al aire; **cylinder** —, purga del cilindro; **heater** —, purga de recalentador; **low** —, bajo consumo (de gasolina); **metal** —, canal de colada; **oil** —, agujero de vaciado; **to** —, achicar el agua rezumante, desecar, escurrir el cuero, purgar, vaciar; **to** — **off**, vaciar; **to** — **up**, desecar.

Drainability, Drenabilidad.

Drainage, Agotamiento, desagüe, desecado, drenaje; — **basin**, cuenca de alimentación; — **gallery**, galería de achique; — **pump**, bomba de desagüe; **controlled electric** —, drenaje eléctrico regulado; **direct electric** —, drenaje eléctrico directo; **electric** —, drenaje eléctrico; **forced electric** —, drenaje eléctrico forzado; **polarized electric** —, drenaje eléctrico polarizado; **surface** —, drenaje superficial.

Drained, Desecado, purgado, vaciado.

Drainer, Desecado.

Draining, Circulación, desagüe purga de aire, vaciado; — **bac**, cristalizador; — **cock**, grifo de desagüe; — **device**, purgador; — **dish**, pasador; — **engine**, bomba de agotamiento; — **the cylinder**, purga del cilindro; — **well**, sumidero; **quick** —, vaciado rápido.

Drapability, Caída.

Draught or **Draft**, Buen peso, calazón, dibujo, libranza (comercio), llamada, proyecto, tiro de chimenea; — **angle**, ángulo de desprendimiento; — **bar**, timón; — **bolt**, chincheta; — **edge**, arista viva; **gauge**, indicador de tiro, manómetro; — **head**, altura de aspiración; — **hole**, agujero de respiradero, respiradero, ventosa; — **mechanical**, tiro mecánico; — **plates**, registros de chimeneas; — **regulating wheel**, registro de ventosa; — **regulator**, regulador de tiro; — **retarder**, retardador de velocidad de tiro; — **stove**, hornillo de llamada; **air** —, corriente de aire; **airscrew** —, viento de la hélice; **forced** —, tiro forzado; **induced** —, tiro inducido por aspiración; **induced** — **fan**, ventilador por tiro inducido; **light** —, calazón de corcho; **load** —, calazón en carga; **natural** —, tiro natural; **rough** —, boceto, esbozo; **sharp** —, tiro intensivo; **sheer** —, corte longitudinal (navío).

Draughtiness, Corrientes de aire.

Draughtsman or **Draftsman**, Dibujante.

Draw, Extracción de un modelo, revenido; — **back**, adaptadores, entrega de los derechos de aduana, revenido; — **back furnace**, horno; — **back piston**, pistón de llamada; — **bar**, barra de enganche; — **bar horse power**, potencia del garfio; — **bench**, banco de estirar; — **block**, canilla de barra de estirar, rollo de papel de dibujo; — **bolt**, bulón de enganche; — **bore**, agujero de llamada de una espiga en su mortaja; — **bore pin**, véase **Pin**; — **box**, respiradero; — **bridge**, puente basculante, puente giratorio basculante, puente levadizo; — **chain**, cadena de enganche; — **cut**, corte hecho en tirante; — **down**, descenso de un nivel; — **gear**, enganche; — **head**, véase **Head**; — **hole**, orificio de trefilado; — **hook**, gancho de enganche, gancho de tracción; — **in system**, sistema de tracción (colocación de los cables eléctricos); — **key**, clavija móvil o deslizante; — **kiln**, horno continuo; — **knife**, garlopa; — **pipe**, tubería, tubo; — **plate**, hilera de estirar, luneta; — **point**, punta de trazar; — **rod**, vástago de tracción; — **shaft**, pozo ordinario; — **shave**, garlopa; — **spring**, resorte de enganche, resorte de tracción; — **taper**, extracción de un modelo; — **tongs,** tensor; — **tube,** tubo telescópico; — **vice,** tensor; — **well,** pozo de garrucha, pozo de palanca, pozo de polea; — **works,** cabria de perforación, cabria de sondeo; **cold — bench,** banco de estirado en frío; **to —,** aspirar, calar buques, calar velas, descargar retortas (gas), desescoriar un horno, dibujar, estirar, estrangular (el vapor), laminar, marcar con el gramil, reducir los fuegos, restringir, trazar, trefilar; **to — down,** estirar chapa con martillo, extraer; **to — file,** reducir de longitud a la lima; **to — free hand,** dibujar a mano alzada; **to — in,** aspirar (motores de explosión); **to — in lead,** dibujar a lápiz, trazar; **to — off,** destilar, extraer, tirar (chimenea); **to — out,** arrancar los pilotes, batir hierro, bombear, dibujar, estirar el hierro, extraer; **to — to scale,** dibujar a escala; **to — together,** ensamblar; **to — up,** alumbrar agua, cebar un gasógeno, extraer (minas).

Drawable, Estirable.

Drawback, Reintegro de derechos de aduana, revenido (metal).

Drawband, Zuncho de tensión.

Drawbridge, Puente de báscula.

Drawer, Cajón, chasis-almacén (fotografía), dibujante; **tape- —,** cajón de la cinta (telégrafo).

Drawfile (To), Limar a lo largo.

Drawing, Diagrama, dibujo, embutición, estirado, extracción, pasada sobre el banco de estirar, plano, revenido (metal), trazado, trefilado; — **back,** revenido; — **bench,** banco de estirar; — **board,** tablero de dibujo; — **engine,** malacate, máquina de extracción; — **frame,** banco de estirado, hilera de estirado, máquina de estirar; — **hole,** orificio de la hilera; — **in box,** caja para trefilar los cables; — **knife,** garlopa; — **off,** extracción, toma de vapor; — **office,** oficina de dibujo; — **paper,** papel de dibujo; — **pen,** tira-líneas; — **plate,** hilera de estirar; — **pliers,** alicates para estirar; — **press,** prensa de estirar; — **rod,** tirante; — **roller,** cilindro estirador; — **shaft,** pozo de extracción; — **shave,** garlopa; — **sheet,** hoja de papel de dibujo; — **table,** mesa de dibujo **bank of a — shaft,** palier de descarga de un pozo de extracción; **continuous —,** estirado continuo; **cut away —,** dibujo en sección, sección; **deep —,** embutición profunda; **detail —,** dibujo de detalle; **dimension —,** plano acotado; **engineering —,** dibujo industrial; **free-hand —,** dibujo a mano alzada; **perspective —,** dibujo de perspectiva; **preliminary —,** dibujo de proyecto; **sheer —,** proyecto del casco; **single draft —,** estirado discontinuo; **wash or washed —,** dibujo al lavado; **wire — dies,** hileras de estirado, prensas de filado; **working —,** dibujo de ejecución, dibujo de taller.

Drawn, Desprovisto de partículas de hierro por medio de un imán, estirado; — **clay,** arcilla contraída por exposición al fuego; — **out iron,** hierro laminado; — **tube,** tubo estirado; **as —,** bruto de estirado; **seamless —,** estirado sin soldadura; **solid — tube,** tubo estirado.

Drawoff, Trasegado.

Drayage, Carretaje.

Dredge, Cabria, draga, mineral de calidad inferior separado por escogido a mano, substancia muy fina mantenida en suspensión en el agua turbia; — **ore,** véase **Dredge**; **dipper —,** draga de cangilones; **floating —,** draga flotante; **hopper or hydraulic —,** draga aspiradora; **to —,** dragar.

Dredger, Draga, excavadora; — **barge,** draga de vapor; — **bucket,** cangilón de draga; — **hopper,** ganguil de transporte del lino; **bucket chain —,** draga con cadena de cangilones; **deep —,** draga de excavación; **flushing —,** draga de corriente de aire aspirante; **grab —,** excavadora de tenazas; **grip**

—, excavadora de garras; **net** —, draga de saco o de red; **pump** —, draga aspiradora; **seagoing** —, draga de altamar; **sewerage** —, draga de corriente de agua aspirante; **shallow** —, excavadora en altura; **suction** —, chupona.

Dredging, Dragado; — **pump,** bomba de agotamiento.

Dreggish, Turbio (líquidos).

Dregs, Poso, residuos de destilación.

Dress (To), Acabar, adornar, aplanar, apropiar, cortar con dimensiones, desbarbar, desbastar, desmoldear, enderezar, enriquecer (un mineral), limpiar, picar, reacondicionar (una muela), rebajar, rectificar.

Dresser cutter, Moleta de rectificar.

Dressing, Acabado, clasificación del carbón, desbarbado, desmoldeo, preparación mecánica de los minerales, reacondicionamiento de las muelas, rectificado; — **bench,** banco de enderezar; — **floor,** taller de preparación mecánica; — **plate,** mármol, mesa de fundición, placa de enderezar; **belt** —, pasta antideslizante para correas; **flax** —, rastrillaje del lino; **wheel** — **tool,** herramienta de reacondicionar muelas.

Dribbling, Reparación de baches.

Dried, Deshidratado, secado; **kiln** — **wood,** madera secada al horno.

Drier, Secador, secante.

Drierman, Desecadorista.

Drift, Aflojamiento de un cable, avance del pivote de una rueda, broca cónica para ensanchar un agujero, cantera, deriva, derivación, desplazamiento, diferencia entre el diámetro de un perno y el del agujero destinado a recibirlo, empuje de una bóveda, escobillón, esfuerzo, estampa, galería transversal, mandril para montar tubos, punzón; — **bolt,** barra de alineación, cerco, perno; — **hole** orificio de cuña de extracción (portaherramienta), ranura para extractor de pernos; — **indicator,** indicador de deriva; — **maker,** minero que trabaja en una galería; — **meter,** derivómetro; — **sand,** arena movediza; — **sight,** derivómetro; — **way,** cantera, pasadizo subterráneo; **angle** —, escariador rectangular; **spring** —, mandrino de resorte, mandrino elástico; **stretching** —, broca cónica; **toothed** —, mandrino acanalado para acabado; **to** —, amontonar, empujar con violencia, estampar, expulsar, extraer, igualar (agujeros), mandrinar, perforar, perforar galerías.

Driftermen, Marineros dedicados a la pesca de arrastre.

Drifting, Acción de pasar un pasador cónico para igualar los agujeros que no coinciden, mandrinado, movimiento lento de la aguja de un galvanómetro; — **method,** procedimiento de ensamble; — **out,** mandrinado; **angle** —, ángulo de deriva.

Driftpin, Pasador de unión.

Drill, Aguja perforada, barrena, berbiquí, broca, ejercicio, escariador, martillo perforador, perforador, taladro, trépano; — **barrel,** broca; — **bow,** berbiquí de manubrio, taladro de arcilla; — **box,** berbiquí, caja de broca; — **brace,** berbiquí de manubrio, cigüeñal (auto), perforadora de engranaje cónico; — **bushing,** guía-mecha; — **crank,** berbiquí, taladradora de manivela; — **edge,** diente; — **grinding machine,** máquina para afilar brocas; — **hammer,** martillo perforador; — **hole,** agujero de mina; — **holding,** fijación de la broca; — **jar,** trépano; — **pipe,** varilla de sondeo; — **pipe string,** tren de sondeo; — **plate,** disco de perforadora, plomo de trépano; — **press,** máquina de perforar, perforadora de columna; — **rod,** taladro de mano; — **socket,** manguito, manguito para broca; — **speeder,** cambio de velocidades de máquina de perforar; — **spindle,** porta-broca (máq. de perforar), porta-herramienta; — **stock,** berbiquí, porta-broca; — **stroke,** carrera de la broca; — **templet or**

template, gálibo para taladradar; — **test**, ensayo de taladrado; — **with bow**, berbiquí de manubrio, broca de virola; — **with ferrule or ferrule**, taladro con virola; **Archimedean** —, taladro de espiral de Arquímedes; **breast** —, berbiquí de pecho; **carbide** —, taladro de carburo; **centre** —, broca de centrar, broca de telón; **churn** —, sonda; **compressed air** —, perforador de aire comprimido; **corner** —, taladro angular; **countersinking** —, fresa; **culter** —, hoja; **cylindrical shank twist** —, broca de espiga cilíndrica; **ditching** —, ejercicio de percusión en tierra; **double chamfered** —, broca de dos cortantes; **double cutting** —, broca de dos cortantes; **fiddle** —, taladro de relojero; **fire emergency** —, ejercicio de incendio; **flat** —, mecha plana, taladro de lengua de aspid; **hand** —, perforadora de mano; **high speed** —, taladro de gran velocidad; **high speed steel** —, broca de acero de corte rápido; **left hand** —, taladro a izquierdas; **mining hollow** —, trépano hueco; **mining solid** —, trépano macizo; **pin** —, broca de tetón cilíndrico; **pointed (end)** —, broca de lengua de aspid; **ratchet** —, palanca de carraca, taladro de carraca; **right hand** —, taladro a derechas; **rose** —, gubia; **running out of the** —, desviación de la broca; **seed** —, máquina sembradora; **shank of** —, cono de la broca; **single cutting** —, taladro; **sliding** — **arm**, carro de guiado (perforadora); **slotting** —, broca para perforar una mortaja, fresa; **spiral** —, broca de espiral de Arquímedes; **stone** —, barreno de roca; **straight fluted** —, **straight shank** —, broca de labios rectos; **taper shank twist** —, broca de espiga cónica; **twist** —, barrenadora de columna; **wall** —, horca; **to** —, perforar, perforar con taladro, taladradar; **to** — **out rivets**, quitar los remaches por taladrado.

Drillable, Taladrable.

Drilled, Perforado; — **web**, ánima perforada.

Driller, Barrenilla, broca, taladro; **automatic** —, perforadora automática; **bench** —, taladradora de banco; **multispindle** —, taladradora múltiple; **precision** —, perforadora de precisión; **sensitive** —, taladradora de avance manual; **slot** —, taladro de media caña; **straight line** —, perforadora de brocas alineadas.

Drilling, Escariado, perforación, sondeo, taladrado; — **and tapping machine**, perforadora roscadora; — **bench**, máquina de taladradar fija; — **bit**, herramienta de taladrar; — **capacity**, capacidad de perforación; — **clamp**, abrazadera de cable; — **diameter**, diámetro de perforación; — **equipment**, equipo de sondeo; — **fluid**, fluido de sondeo; — **frame**, grúa-ménsula; — **head**, cabezal de sondeo; — **jig**, perforadora transportable a mano; — **lathe**, escariadora horizontal, perforadora horizontal; — **machine**, máquina de perforar, perforadora; — **rigor** — **equipment**, equipo de taladrado; — **shaft**, cuerpo de sondeo; **automatic** — **machine**, perforadora automática; **bench** — **machine**, perforadora de banco; **bench type** — **machine**, perforadora de banco; **boiler shell** — **machine**, máquina de perforar las calderas; **centre** — **machine**, máquina de centrar; **churn** —, taladrado por percusión; **column** — **machine**, perforadora de columna; **deep hole** — **machine**, perforadora de gran carrera; **diamant** —, taladrado al diamante; **drillings**, barrenos; **dry** —, taladrado en seco; **electric** — **machine**, perforadora eléctrica; **gang** — **machine**, perforadora múltiple; **hand** — **machine**, perforadora a mano; **heavy duty** — **machine**, perforadora rígida; **high speed** — **machine**, perforadora rápida; **horizontal** — **machine**, perforadora horizontal; **machine for** — **rivet holes**, máquina de taladrar los orificios de los remaches; **mining** —, barreno; **multiple** — **machine,** perforadora múltiple; **multiple spindle** — **machine,** perforadora de brocas múltiples; **percussive** —, taladrado por percusión; **pillar** — **machine,** perforadora de columna; **pneumatic** — **machine,** perforadora neumática; **radial** — **machine,** perforadora radial; **rail** — **machine,** máquina para perforar carriles; **reverse circulation** —, perforación con inyección inversa (petróleo); **rigid** — **machine,** perforadora rígida; **sensitive** — **machine,** taladradora de avance manual; **slot** — **machine,** máquina de mortajar; **universal** — **machine,** perforadora universal; **upright or vertical** — **machine,** perforadora vertical; **wall** — **machine,** máquina de perforar de aplique, perforadora móvil, perforadora mural.

Drillman, Taladrista.

Drillometer, Indicador de peso del tren de sondeos.

Drills, Herramientas de perforación.

Drip, Escurridor, descenso de una capa, goterón de cornisa, gotà, recipiente para recoger las gotas de aceite, de agua, tubo de purga; — **cover,** tapa escurridora de aislador; — **cup,** colector de aceite, cubeta de escurrido, de destilación; — **furnace,** horno de destilación (de Andouin); — **joint,** junta de ranura; — **loop,** véase **Loop**; — **pan,** recogedor de aceites (palier); — **pipe,** tubo de purga; — **pump,** bombo para purgar de agua las conduciones de gas; — **ring,** anillo de goteo; — **stick,** véase **Stick**; — **stone,** carbonato cálcico en forma de estalactita o estalagmita, piedra filtrante; — **tap,** purgador continuo; **to** —, chorrear.

Dripping, Exudación, pequeña fuga de agua en las calderas, pérdida por fugas; — **board,** flotador, plancha empleada para llevar lubrificante a una herramienta en trabajo; — **cooling plant,** refrigerante de lluvia; — **cup,** bandeja de goteo de aceite (palier); — **tube,** pipeta cuentagotas.

Drive, Arrastre, ataque, conducta, dirección, galería, mando (por correa, por cable), propulsión, toma, transmisión; — **axle,** árbol motor; — **cap,** caperuza para proteger una herramienta puntiaguda; — **head,** véase **Head**; — **plate,** plato de arrastre; — **ratio,** relación de reducción; — **screw,** tornillo hundido con el martillo; — **shaft,** árbol de mando; — **with weighted belt tightener,** transportadora de tensión provocada; **amplidyne** —, sistema amplidino; **angle** —, transmisión angular; **belt** —, mando por correa; **cable** — **scraper,** cuchara mecánica mandada por cable; **cap gas** —, arrastre del petróleo por una bolsa de gas a presión; **compressor** —, mando del compresor; **continuous rope** — **systems,** transmisión por cables múltiples; **direct** —, toma directa; **dissolved gas** —, arrastre del petróleo por los gases disueltos; **eccentric** —, mando por excéntrica; **electric** —, mando eléctrico; **fluid** —, transmisión hidráulica; **four wheel** —, tracción a las cuatro ruedas; **four wheel** — **tractor,** tractor con cuatro ruedas motrices; **friction** —, transmisión por fricción; **front wheel** —, tracción delantera (auto); **governor** —, mando del regulador; **hand** —, mando a mano; **hydraulic** —, mando hidráulico: **inside** — **body,** comportamiento interior; **left hand** —, dirección a la izquierda (auto); **right hand** —, dirección a la derecha (auto); **rotary self** — **hunting,** rotación automática; **screw** —, véase **Screw**; **self** — **circuit,** circuito de avance automático; **top** —, toma directa; **water** —, arrastre del petróleo por el agua salada; **to** —, accionar, arrastrar, avanzar (galerías), bombear, clavar un clavo, clavar una broca, dirigir, hincar pilotes, llevar, mandar, meter, perforar, purgar (máquina de vapor), rastrear, véase to **Drift; to** — **a,**

botar un remache; **to — a rivet,** colocar un remache; **to — home,** hincar a rechazo (pilotes); **to — in,** descoser las costuras remachadas. apretar una clavija, calafatear, colocar un remache, garrear, golpear para meter (pilotes), introduçir, meter, poner una guarnición; **to — in a nail,** clavar un clavo; **to — on cold,** ajustar en frío; **to — out,** hacer salir, purgar, rechazar; **to — out the rivets,** descoser las costuras remachadas; **top —,** toma directa; **water —,** arrastre del petróleo por el agua salada.

Driveaway, Vía de acceso.

Drived, De accionamiento; **power — system,** sistema de accionamiento por motor.

Driveless, Sin conductor.

Driven, Arrastrado por, con tracción por; **— drum,** tambor arrastrado; **— side of belt,** ramal conducido (de correa); **crank —,** mandado por biela; **diesel —,** accionado por motor Diesel; **eccentric —,** accionado por excéntrica; **motor —,** accionado por motor; **motor — switch,** interruptor de motor; **ondulator motor —,** tiracintas de ondulador; **rack —,** accionado por cremallera; **self —,** auto-propulsado.

Driver, Arriero, broca, carretero, de una manera general toda pieza que comunica un movimiento a una segunda, por ejemplo, rueda de un engranaje, diente, herramienta de tonelero, leva, maquinista, maquinista de locomotora, parachoques, piñón, polea de accionamiento, polea motriz, punzón, rompedora de hierro fundido, taco, taqué, tirante, tope, vástago, yuntero; **— assistant,** ayudante mecánico; **— drum,** tambor de arrastre; **— gear,** piñón de arrastre; **— plate,** plato de arrastre; **— stage,** etapa excitadora; **cotter —,** extractor de pernos; **master —,** excitador maestro; **screw —,** atornillador; **slave —,** excitador secundario.

Driving, Accionamiento, apertura de galería, arrastre, hinca (de pilotes), mando, motor, motriz, perforación; **— belt,** correa de accionamiento; **— cap,** cabeza de hincar de sondeo; **— gear,** mando, aparato de mando, mecanismo de transmisión, transmisión; **— head ways,** labores de preparación (minas); **— horn,** véase **Horn**; **— mallet,** martillo, mazo; **— pin,** cerrojo de arrastre; **— pinion,** piñón de mando; **— plate,** plato de arrastre; **— pulley,** polea de arrastre; **— rod,** biela directriz; **— shaft,** árbol accionador, árbol de mando, árbol motor; **— side of belt,** ramal conductor de la correa; **— signals,** señales de exploración; **— spring,** resorte motor; **— up,** impulsión hacia lo alto; **— weight,** peso motor; **— wheel,** rueda motriz; **— with clutch,** mando por acoplamiento de desembrague; **belt —,** transmisión por correa; **electronic —,** mando electrónico; **steam —,** funcionamiento del vapor.

Drogue, Ancla, cono-ancla; **aerial —,** contrapeso de antena (aviac.).

Drone or **Drone airplane,** Avión robot.

Drooping, Declinante; **— characteristic,** característica en que el voltaje varía inversamente con la carga.

Drop, Caída (de presión, de tensión, etc...), distancia del eje de un árbol a la parte inferior de la base de la silleta, escudo de cerradura, golpe del pilón del bocarte, gota, guardamonte de fusil, proyección de chispas en el alto horno; **— arch,** ojiva rebajada; **— bars,** parrilla de báscula; **— bottoms,** fondos basculantes; **— door,** válvula; **— elbow,** codo empleado para el montaje de las tuberías de agua, de gas; **— feed oiling,** lubricación por goteo; **— flue boiler,** caldera de llama invertida; **— forgings,** piezas matrizadas, embutidas; **— glass,** cuentagotas; **— hammer,** martillo de caída libre, martillo mecánico, martillo pilón, martinete; — **hanger bearing,** silleta; — **hanger frame,** soporte suspendido; — **hook,** gancho articulado; — **indicator board,** tablero indicador de chapas (llamadas); — **meter,** pipeta; — **ornament,** pinjante (dovelas); — **out action,** acción de disparo de un cortocircuito; — **pawl,** disparador, linguete, trinquete; — **point,** punta de trazar, punto de fusión; — **press,** martinete de caída libre, martillo de caída amortiguada; — **shutter,** obturador; — **stamp,** martinete de caída libre; — **sulphur,** azufre granulado; — **test,** ensayo a la gota; — **tin,** estaño granulado; — **weight,** martinete, masa abatible; — **work,** martinete para estampar; **arc** —, caída de arco; **board** — **stamp,** martillete de caída libre; **cathode** —, caída catódica; **forging** —, estampación; **friction** — **hammer,** martinete de fricción; **friction roll** — **hammer,** martillo de correa de fricción; **potential** —, caída de potencial (eléctrico); **reactive** —, caída reactiva; **tube voltage** —, caída de tensión en el tubo; **tubular** —, indicador acorazado; **voltage** —, caída de tensión; **to** —, alabear, forjar en el martillo pilón, largar, zafar un trinquete.

Droplet, Gotita; **wax** — **method,** método de las gotículas de cera.

Droppable, Desprendible; — **tank,** depósito desprendible.

Dropper, Filón que parte del fondo de la vena principal, pulverizador; **eye** —, cuentagotas.

Dropping board, Escurridor; — **bottle,** frasco cuentagotas; — **out** (the water), pequeña fuga de agua; — **tube,** pulverizador; **bomb** — **gear,** lanzabombas.

Dross, Corteza, escoria de metal, escorias, espuma, grasa, impurezas, materia de desecho, menudos de coque, menudos de hulla, partes de metal fundido que caen en la ceniza, piquera de la tobera; **to** —, fabricar masicote.

Drossing oven, Horno de espuma.

Drove, Cincel ancho de cantero; **short** — **bolt,** perno sin cabeza.

Drowned tube boiler, Caldera de tubos de agua sumergidos.

Drum, Bobina, caja, colector de caldera, fuste, rodete de turbina, rodillo de fonógrafo, roldana, tambor, tambor de resorte, torno de una grúa; — **armature,** inducido de tambor; — **bench,** hilera de bobina; — **camera,** cámara de tambor; — **controller,** controlador de tambor; — **fed,** alimentado por tambor; — **head,** cabezal de cabrestante, núcleo; — **of a boiler.** domo de una caldera; — **sander,** máquina de tambor lijador; — **saw,** sierra cilíndrica; — **speed,** número de líneas de barrido por minuto (televisión), velocidad del tambor; — **spider,** nervadura de tambor de torno; — **starter,** aparato de arranque de reostato cilíndrico; — **wheel,** rueda para bobinar un cable; **aerial or antenna** —, torno de antena; **air** —, depósito de aire; **brake** —, tambor de freno; **cable** —, tambor de cable; **conical** —, tambor cónico; **corrugations of a** —, virolas de un cuerpo de caldera; **cylindrical** —, tambor cilíndrico; **mud** — **tube,** tubo de lodos (caldera); **paying out** —, tambor de desarrollamiento; **rope** —, tambor para cuerda; **rotating** —, tambor giratorio; **steam** —, depósito de vapor; **spring** —, tambor de resorte; **stepped** —, tambor escalonado; **weight** —, tambor de contrapeso de acumulador; **wind** —, tambor atmosférico.

Drunken cutter, Portacuchillos elíptico.

Druse, Drusa, superficie cubierta de cristales pequeños.

Druss, Carbón fino, menudo de carbón, véase **Dross.**

Dry, Defectuoso, quebradizo, seco; — **bath,** estufa de desecación; — **battery,** batería de pilas secas, pila seca; — **blowing,** concentración de aluviones auríferos por medio de una corriente de aire; — **bone,** carbonato de zinc, esmithsonita; — **bulb thermometer,** termómetro de bola seca; — **casting,** moldeo en arena seca; — **cell,** pila de líquido inmovilizado, pila seca, pila tapada herméticamente; — **concentration,** enriquecimiento de los minerales por medio del aire; — **core cable,** cable telefónico con aislamiento de aire; — **disk rectifier,** rectificador de disco seco; — **dock,** carena, forma seca; — **flexural strength,** resistencia a la flexión en estado seco; — **gas,** ver **Gas**; — **granitization,** granitización seca; — **ice,** hielo seco; — **method,** vía seca (química); — **moulding,** moldeo en arena seca; — **ores,** véase **Ore**; — **pipe,** filtro de paso, tubo secador; — **process,** procedimiento por vía seca (quím.); — **return,** tubería de retorno del agua de condensación y de aire; — **rotten wood,** madera secada al horno; — **sand,** arena estufada; — **sand moulding,** moldeo en arena seca; — **scrubber,** lavador seco (de gases); — **sulfuric acid,** véase **Sulfuric**; — **sulphuric acid,** ácido absorbido por el kieselguhr; — **sump,** colector de lubricante fuera del cárter (motores); — **wall,** pirca; **analyse by — process,** análisis por vía seca; **to —,** cerrar, desecar, estufar, hacer secar, impermeabilizar, orear, secar; **to — up,** desecar completamente, descebar una bomba.

Drycell, Pila seca.

Drydocking, Entrada en dique.

Dryer or **Drier,** Desecador, secadero, secador, secante; — **coater,** secador recubridor; **air —,** desecador de aire; **centrifugal or rotary —,** secador centrífugo, secador rotativo; **steam —,** secador de vapor.

Drying, Desecado, oreado, secado; — **apparatus,** aparato de desecación; — **cylinder,** cilindro secador, desecadora; — **off,** paso de la amalgama de oro; — **oil,** aceite secante; — **oven,** estufa; — **stove,** estufa; — **tube,** tubo secador (química); **air —,** secado al aire (de la madera); **basket or — kettle,** estufa de desecar; **core —,** secado de los núcleos; **fuel —,** deshidratación del combustible; **kiln —,** secado en el horno; **quick —,** de secado rápido.

Dryness fraction, Porcentaje de vapor seco.

D. S. C. (Double silk covered), Con doble revestimiento de seda.

Dual, Doble; — **control,** doble mando; — **element,** de doble elemento (fusible); — **element fuse,** fusible de doble elemento; — **ignition,** doble encendido; — **magneto,** doble magneto; — **purpose,** con doble finalidad; — **rotation propeller,** hélice de doble rotación; — **switching,** doble toma; — **wheels,** ruedas dobles.

Dualism, Teoría dualística (quím.).

Dualization, Supresión de servicio en estaciones regidas por un solo agente cuando la explotación no es rentable.

Dub (To), Cepillar la madera con la doladera, marcar con el gramil; **to — out,** revocar un muro.

Duck nose bit, Barrena de pico de pato, barrena vaciada en media caña.

Duckbill, Barrena de uña; —, **duck's bit,** pico de pato.

Duct, Aislador pasapanel, arandela de caucho, canal, canalización, casquillo (elec.), conducto, funda, tobera, tubo; — **loss,** pérdida de carga; **cable —,** conductor para cable; **exposed —,** conducto abierto; **flexible —,** conducto flexible; **intake —,** conducción de traída; **split —,** conducto de enlace.

Ducted, Conducido, pasando por.

Ductile, Dúctil, maleable; **castiron — iron,** fundición dúctil.

Ductility, Ductilidad.

Ductilize (To), Ductilizar.

Ducting, Canalizaciones.

Ductwork, Tuberías.

Due, Cantidad de carbón o de mineral que corresponde al dueño del suelo, derecho sobre el terreno, deuda, tasa; **to fail —,** vencer el plazo; **when —,** al vencimiento.

Dues, Derechos (a pagar); **mooring —,** derechos de amarraje; **town —,** derechos de consumo.

Duff, Finos de carbón, polvos; **— tail,** en cola de milano (véase **Dovetail**).

Duffer, Mina improductiva.

Dulcify (To), Edulcorar, eterificar (un ácido mineral).

Dull, Despuntado (herramienta); **— coal,** carbón mate; **— edged,** de aristas redondeadas; **to —,** deslucir, despuntar, embotar.

Dulling, Embotamiento de filos.

Dum, Bastidor de madera; **— craft,** gato de gancho.

Dumb antenna, Véase **Antenna**; **— drift,** conducto de aire de una galería ciega para la ventilación; **— furnace,** hogar de aireación (mina).

Dumbwaiter, Grúa.

Dummy, Artificial, falso, herramienta para quitar rebabas a los tubos de plomo, junta en laberinto, locomotora de vapor a condensación, pieza troncocónica de una máquina de perfilar, plural **Dummies,** simulado; **— aerial or antenna,** antena artificial; **— piston,** pistón de compensación; **— rivet,** remache colocado con anticipación, remache de montaje, remache mal colocado; **— slot,** ranura sin arrollamiento; **— valve,** falsa válvula; **automatic —,** desagüe automático.

Dummying, Embutición con el martinete.

Dump, Clavazón a punta perdida, descarga, escorial, lugar de desagüe, montón, montón de carbón, pila, vaciadero, vertedero, volcado, vuelco; **— bolt,** perno de punta perdida; **— buckett,** balde basculante; **— hook,** gancho soltador (grúa); **— (ing) car,** vagón basculante, volquete; **— truck,** camión basculante; **ammunition —,** compartimento de municiones; **bottom —,** volvado por el fondo; **rear — truck,** camión con basculamiento en la parte trasera, camión con vuelco trasero; **self —,** con descarga automática; **side —,** desagüe por el costado; **side — truck,** camión con basculamiento lateral; **to —,** bascular (un vagón).

Dumper, Basculador, bastidor con volquete, volcador; **car —,** basculador de vagones.

Dumping or **Dump,** Báscula, descarga, oscilación, vuelco; **— cart,** volquete; **— grate,** parrilla basculante, parrilla de escorias; **— press,** prensa para hacer las balas de lana; **self —,** con descarga automática; **sideways —,** vuelco lateral.

Dumply level, Nivel de anteojo, nivel telescópico.

Dumpman, Obrero encargado de vaciar vagonetas.

Dung water, Agua de estiércol.

Dunter, Martillo para picar el granito.

Duo cone loudspeaker, Altavoz de dos conos.

Duodiode, Diodo doble.

Duotriode, Triodo doble.

Duplex, Doble; **— carburettor,** carburadores emparejados; **— lathe,** torno de doble herramienta; **— operation,** operación en duplex; **— purchase,** aparejo de dos ruedas perpendiculares la una a la otra; **— steam engine,** máquina de vapor bicilíndrica; **— telegraphy,** recepción y transmisión simultáneas de señales en la misma línea o en radio en la misma estación, telegrafía dúplex simultánea (doble en sentido inverso); **bridge**

— **system,** sistema dúplex puente; **differential** — (system), dúplex diferencial; **incremental** —, dúplex por adición; **opposition** —, dúplex por oposición.

Duplexing, Marcha en dúplex (metal).

Duplicate (To), Reproducir.

Duplicates, Piezas de recambio.

Duplicating printer, Copiadora de contratipos.

Duplicator, Duplicador.

Dural or **Duraluminium,** Duraluminio.

Duration, Duración; **chargeable** —, tiempo tasable; **pulse** — **communication,** modulación de impulsos en duración.

Duressor, Compulsor.

Durns, Marco completo de entibación (minas).

Dust, Brasa, escombros, harina, limaduras, polvo, serrín; — **bin,** tolva; — **catcher,** caja de polvos, eliminador de polvos; — **collector,** captor o colector de polvo; — **cover,** forro de papel; — **shield,** obturador antipolvo; — **shot,** mostacilla (caza); — **sieve,** criba, harnero, tamiz; **carbon** — **microphone,** micrófono de carbón; **cover** — **guard,** guardapolvo; **file** —, polvo de limado; **filing** —, polvo de limado; **saw** —, serrín de madera; **to** —, desempolvar, volverse pulverulento.

Dustiness, Estado polvoriento.

Dustproofer, Sustancia antipolvos.

Dusts, Polvos (partículas sólidas de 150 micras).

Dusty, Ennegrecimiento de los moldes, polvoriento, pulverulento; — **brush,** pincel para negro de humo.

Dutch brass, Tumbaga; — **case,** marco de encofrado (minas); — **foil,** tabaco en hoja delgada; — **liquid,** cloruro de etileno; — **scoop,** pala de irrigación; — **white,** véase **White.**

Duty, Caudal, derecho, efecto útil, rendimiento, tasa de aduanas; — **cycle,** ciclo de trabajo; — **free,** libre de impuestos; **ad valorem** —, derecho proporcional; **differential** —, impuesto diferencial; **export** —, impuesto de salida; **harbour** —, derechos de puerto; **heavy** —, de gran potencia, en condiciones de servicio muy duras; **heavy** — **drilling machine,** perforadora rígida; **heavy** — **machine,** máquina rígida; **high** —, de gran rendimiento; **high** — **metal,** metal de gran resistencia; **import** —, derechos de entrada; **wharf** —, derechos de muelle.

D. W., Deadweight.

Dwarf, Enano; — **boiler,** caldera enana.

Dwang, Especie de pie de cabra, llave grande de tuercas.

Dwell, Breve parada de movimiento.

Dwindle (To), Desaparecer (filones).

Dwt, Abreviatura de penny-weight (1 g, 522).

Dyad, Radical divalente (química).

Dye, Colorante, materias colorantes, plural **Dyes**; — **house,** fábrica de tintes; — **retouching,** retoque por colorantes; — **stone,** arcilla ferruginosa empleada en los tintes; — **stuff,** colorante; — **works,** fábrica de tintes, tintorería; **organic** —, colorante orgánico; **to** —, teñir.

Dyeing, Teñido; **molten metal** —, tintura al metal fundido; **naphtol** —, tintura al naftol.

Dying out of the arc, Ahogo del arco.

Dyke, Falla, fisura.

Dynafocal, Dinafocal.

Dynamic, Dinámico (adj.); — **balancing,** equilibrado dinámico; — **characteristic,** característica dinámica; — **load,** carga dinámica; — **loudspeaker,** altavoz dinámico; — **sensitivity,** sensibilidad dinámica (fototubo).

Dynamically, Dinámicamente.

Dynamite, Dinamita; — **works,** voladuras con dinamita; **gum** —, goma dinamita.

Dynamo, Dínamo; — **car,** coche de iluminación; — **electric,** electrodínamo; — **electric machine,** máquina dinamoeléctrica; — **frame,** bastidor de dínamo; **balancing** —, dínamo compensadora, dínamo equilibradora; **calling** —, dínamo de llamada; **compound wound** —, dínamo de excitación mixta; **disc** —, dínamo de inducido de disco; **double coil** —, dínamo de doble excitación; **double current** —, dínamo bimórfica; **exciting** —, dínamo excitadora; **flywheel** —, dínamo-volante; **gas** —, dínamo a gas; **hypercompound** —, dínamo hipercompuesta; **iron clad** —, dínamo acorazada; **lighting** —, dínamo de iluminación; **long shunt** —, de derivación larga; **multicurrent** —, generatriz polimórfica; **open type** —, dínamo abierta; **overtype** —, dínamo del tipo superior; **power** —, dínamo para fuerza motriz; **self exciting** —, dínamo de autoexcitación; **separate circuit** — **or separately excited** —, dínamo de excitación separada; **series** —, dínamo excitada en serie; **series wound** —, dínamo excitada en serie; **short shunt,** de derivación corta; **shunt** —, dínamo de derivación, dínamo shunt; **shunt wound** —, dínamo excitada en derivación; **steam** —, dínamo de vapor; **the** — **sparks,** la dínamo chispea; **turbo** — **set,** grupo turbodínamo; **undertype** —, dínamo del tipo inferior; **unidirectional** —, dínamo de corrientes rectificadas.

Dynamometer, Dinamómetro; **absorption** —, dinamómetro de absorción; **air friction** —, molinete dinamométrico Renard; **belt** —, dinamómetro de transmisión; **brake** —, dinamómetro de freno; **fan** —, molinete dinamométrico Renard; **heat** —, dinamómetro térmico; **toothed wheel** —, dinamómetro a ruedas dentadas; **torsion** —, dinamómetro de torsión.

Dynamometric, Dinamométrico; — **supplymeter,** contador dinamométrico.

Dynamometrical, Dinamométrico; — **brake,** freno Prony dinamométrico.

Dynamoscope, Dinamoscopio.

Dynamotor, Dinamotor.

Dynation, Dinación (radio).

Dynatron, Dinatrón.

Dyne, Dina (unidad de fuerza del sistema C. G. S.).

Dynetric, Electrónico; — **balancing,** equilibrado electrónico.

Dynode, Dínodo, espejo electrónico.

Dynometer, Dinómetro.

E

E, Capa E (zona reflejante de la ionosfera); — **wave,** onda magnética transversal.

E. and O. E. (Errors and omissions excepted).

Eager, Agrio (met.), quebradizo.

Eaglestone, Piedra de águila.

Ear, Oído, pestaña de rueda; — **bed,** traviesa; — **phone,** auricular; — **piece,** receptor; **splicing** —, brida de empalme (ferrocarriles).

Early warning radar, Radar de vigilancia.

Earning capacity, Productividad financiera, rentabilidad.

Earnings, Ingresos; **net** —, ingresos netos.

Earth, Avería que proviene de un contacto con tierra, tierra; — **bank,** levantamiento de tierra, talud, terraplén; — **borer,** barrena, trépano minero; — **cell,** pila formada por dos electrodos de metales diferentes hundidos en el suelo; — **circuit,** circuito de retorno por tierra; — **connection,** conexión a tierra; — **connection box,** caja de unión subterránea; — **current,** corriente de la placa de tierra; — **currents,** corrientes terrestres; — **digging,** excavación; — **electrode,** electrodo de masa; — **flax,** amianto; — **grab,** cubeta draga, cucharón de excavación; — **hopper,** tolva en subsuelo; — **indicator,** indicador de pérdidas a tierra; — **inductor,** inductor de tierra; — **leakage,** pérdida a la tierra; — **magnetic state,** estado magnético terrestre; — **moving,** movimiento de tierras; — **moving equipment,** material de movimiento de tierras; — **oil,** nafta; — **pitch,** pisasfalto; — **plate,** plancha de tierra; — **plate currents,** corrientes telúricas; — **potential,** potencial de tierra; — **rammer,** aplanadora de mano, pisón; — **retaining,** retención de tierras; — **return,** circuito con pérdida de fluido a tierra, retorno por tierra; — **strap,** cinta metálica de masa (motores); — **terminal,** borna de conexión a tierra; — **wire,** hilo de masa, línea de conexión a tierra; — **work,** escombro, movimiento de tierras, terraplén, tierra de aporte; — **working,** trabajos de terracería; **absorbent** —, tierra absorbente; **dug out** —, descombro; **fuller's** —, arcilla grasa; **good** —, contacto perfecto con tierra; **guarding** — (switching), tierra de seguridad (conmutación); **plane** — **propagation,** propagación sobre tierra plana; **rare** —, tierra rara; **solid** —, contacto completo a tierra; **swinging** —, contacto intermitente con tierra (elec.); **to** —, conectar a tierra, cubrir de tierra, terraplenar; **to connect to** —, conectar a tierra; **to put to** —, poner a tierra.

Earthcover (To), Cubrir de tierra.

Earthed, Conectado a tierra (Inglaterra).

Earthen ware, Alfarería.

Earthing, Conexión a tierra; — **system,** sistema de conexión a tierra; **water jet** — **device,** dispositivo de conexión a tierra por chorro de agua.

Earthshake, Corrimiento de tierras.

Earthy water, Agua dura.

Ease (To), Aflojar un tornillo, dar juego a una pieza.

Easel, Caballete.

Easiness, Soltura.

Easing, Aligeramiento de peso, descarga; — **fish plate,** eclisa de desahogo; — **lever,** palanca de levantamiento (válvula de seguridad); — **rail,** carril de curva de transición; — **valve,** distribuidor secundario (locomotora).

East variation, Declinación de la aguja imantada hacia el nordeste.

Easy return bend, Codo de retorno de gran radio; — **to handle,** manejable.

Eaten, Atacado, roído.

Eave lead, Canalón interior; — **trough** canalón de alero.

Ebonise (To), Imitar ébano.

Ebonite, Ebonita.

Ebony, Ébano.

Ebullient, En ebullición.

Ebulliometer, Ebullómetro, ebulloscopio.

Ebullioscopy, Ebulloscopio.

Ebullition, Ebullición.

Eccentric, Excéntrica (aparato); — **action,** mando por excéntrica; — **beam,** carro de excéntrica; — **beam and balance,** carro de excéntrica con su contrapeso; — **belt,** brida, collar de excéntrica; — **catch,** tope de excéntrica; — **chuck,** mandrino excéntrico (torno); — **clip,** collarín de excéntrica; — **disk or disc,** plato de excéntrica; — **driven,** mandado por excéntrica; — **fork,** biela de excéntrica de horquilla; — **friction,** fricción de excéntrica; — **gab,** horquilla de la biela de la excéntrica; — **gear,** todo el mecanismo de una excéntrica; — **hook,** horquilla de la biela de excéntrica; — **hoop,** collarín de excéntrica; — **motion,** mando por excéntrica; — **press,** prensa de excéntrica; — **pulley,** platillo de excéntrica; — **radius,** radio de excentricidad, radio de la excéntrica; — **ring,** collarín de excéntrica; — **rod,** barra de excéntrica, biela de excéntrica, vástago de excéntrica; — **rod gear,** transmisión de excéntrica; — **shaft,** árbol de excéntrica; — **sheave,** disco de excéntrica, platillo de excéntrica; — **stirrup,** collar de excéntrica; — **stops,** topes de la excéntrica; — **strap,** collarín de excéntrica; — **to,** opuesto a; **adjustable** —, excéntrica de calaje variable; **back — or backward** —, excéntrica para la marcha atrás; **differential — and frame,** curva en corazón que se mueve en un cuadro; **fore — rod,** biela de excéntrica para la marcha adelante; **fore or forward** —, excéntrica para la marcha adelante; **lever with — fulcrum,** palanca montada excéntricamente; **shifting** —, excéntrica en la que se puede desplazar el radio de excentricidad respecto a la manivela; **side** —, excéntrica lateral; **slipping** —, excéntrica móvil; **the — leads,** la excéntrica está adelantada respecto a la manivela; **throw of the** —, radio de excentricidad.

Eccentricity, Excentricidad; **degree** —, grado de excentricidad.

Echo, Eco; — **chamber,** cámara de eco; — **meter,** ecómetro; — **sounding recorder,** ecosonda, registrador de ecos; **electric** —, eco eléctrico; **permanent** —, eco permanente; **pulse — meter,** ecómetro de impulso; **supersonic — recorder,** ultrasonda.

Eco, Oscilador de acoplamiento electrónico.

Econometer, Económetro (aparato registrador de la cantidad de ácido carbónico contenido en el gas de combustión); **absorption** —, económetro de absorción.

Econometrics, Econometría.

Economiser or **Economizer,** Economizador.

Ecosystem, Ecosistema.

Eddies, Remolinos.

Eddy, Remolino; — **current constant,** constantes de las corrientes parásitas; — **currents,** corrientes de Foucault o parásitas; — **effect,**

corrientes de Foucault; — **loss,** pérdida por remolinos (turbina); — **space,** espacio de remolinos (turbina).

Eddying, Remolino, torbellino, vuelta.

Edge, Arcén, arista, bisel, borde, broca, brocal, canto de moneda, cortante, cuchilla, filo, partículas de acero, peña (martillo), reborde; — **crack,** fisura de ángulo; — **fastening,** costura; — **iron,** hierro de bordura; — **joint,** junta angular; — **joint by grooves and dovetail,** junta por machihembrado a cola de milano; — **mill,** molino de muelas verticales; — **milling machine,** máquina de achaflanar; — **of degression,** arista de retroceso; — **of rim,** enganche de la llanta; — **plane,** cepillo de cantear; — **rail,** guardagujas, raíl de reborde; — **runner,** molino de muelas verticales, muela rodante, muela vertical; — **saw,** sierra de descantear; — **seam,** estrato empinado, inclinación vertical (geología); — **side,** arista; — **stone,** muela vertical (ver **Edgemill**); — **strip,** cubrejunta longitudinal; — **strip coil,** bobina de banda de cobre (elec.); — **tool,** brujidor, herramienta cortante, instrumento de arista viva, punta de rebajar; — **tool maker,** herrero de corte; — **tools,** herrería de corte; — **wheel,** ver **Edgemill**; — **wise,** de canto; **angle of cutting — or cutting edge,** ángulo de ataque, arista cortante; **beaded** —, cordón de bordura; **beveled** —, chaflán; **calking or caulking** —, canto calafateado, canto de calafateo; **chamfered** —, bisel, chaflán; **chipped** —, partículas metálicas, rebaba; **cutting** —, borde cortante, filo; **dividing** —, arista medianera (turbinas); **double swept leading** —, borde de ataque en doble flecha; **draught** —, arista viva; **dull** —, costero de madera; **entering** —, borde de ataque; **exposed** —, borde exterior; **feather** —, lima espada; **guiding** —, reborde de guía (carril); **knife** —, cuchilla de balanza, pestaña de rueda desgastada por el roce; **knife- — diffraction,** difracción en bordes; **knife — suspension,** suspensión por cuchillas; **leading** —, arista de acción del distribuidor, borde de ataque o anterior, borde principal; **loading** —, andén de carga o de descarga; **mirror knife** —, cuchilla de soporte de espejo (ensayo de metales); **on** —, de campo; **on — ways,** de campo; **round — joint,** lima de cola de ratón; **rounded** —, redondeado; **running** —, borde de la rueda, borde de rodamiento; **sharp** —, arista viva, bisel; **side cutting** —, cortante oblicuo; **trailing** —, borde de fuga; **wire** —, borde cortante de una herramienta, filo; **to** —, achaflanar, afilar, aguzar, bordear, fortificar por cantoneras, rectificar (muela), ribetear; **to — off,** desbarbar; **to cut off an** —, cortar un chaflán; **to set an** —, afilar, agudizar; **to take off the** —, desmochar.

Edged, Afilado, anguloso, cortante; **belt** —, correa de talón; **dull — wood,** madera groseramente escuadrada; **feather — file,** lima de rombo; **sharp** —, de arista viva.

Edgeless, Sin filo.

Edgeway, De canto.

Edgewise bend, Curvatura según la cara estrecha.

Edging, Arco, borde, codo, cordoncillo, enderezado (de planchas), forro, manguito, picado, repique; — **knife,** saliente de cierre estanco; — **tile,** teja de bordear.

Educt, Residuo (quím.).

Eduction, Descarga, escape, evacuación, salida, vaciado; — **pipe,** tubo de evacuación, de emisión; — **port,** orificio de emisión.

Eductor, Eductor.

Edulcorate (To), Librar de acidez, purificar por lavado.

Edulcorator, Matraz de lavado.

E. E., Errors excepted (Comm.).

Effect, Efecto; **aerial** —, efecto de

antena; **black-out** —, efecto de oscurecimiento; **double** —, doble efecto; **eddy** —, corrientes de Foucault; **Faraday** —, efecto Faraday; **flicker** —, ruido de chispa; **ground** —, efecto de tierra; **gross** —, efecto dinámico, efecto total; **gyroscopic** —, efecto giroscópico; **impeding** —, efecto perdido, efecto perjudicial; **isotopic** —, efecto isotópico; **junction** —, diagrama de puentes; **masking** —, enmascaramiento auditivo; **multipath** —, efecto de trayectos múltiples; **multiple** —, efecto múltiple; **Peltier** —, efecto Peltier; **photoconductive** —, efecto fotoconductivo; **photoelectric** —, efecto fotoeléctrico; **proximity** —, efecto de proximidad; **shot** —, efecto de emisión irregular; **skin** —, efecto peculiar (elec.), efecto superficial; **space charge** —, efecto de carga espacial; **thermoelectric** —, efecto termoeléctrico; **Thomson** —, efecto Thomson; **useful** —, efecto útil, rendimiento, trabajo útil; **whole** —, efecto absoluto, trabajo total.

Effective, Eficaz (elec.); — **capacity of the cylinder,** volumen del cilindro menos los espacios muertos; — **head,** caída eficaz; — **power,** trabajo útil; — **pull,** fuerza transmitida por una correa; — **transmission,** equivalente efectivo de transmisión; **maximum** — **aperture,** abertura eficaz máxima.

Effectuation, Efectuación.

Effervescence, Efervescencia.

Effervescent, Efervescente; — **steel,** acero efervescente.

Efficiency, Coeficiente de rendimiento, efecto útil, eficacia, potencia, rendimiento; — **of a joint,** véase **Joint**; — **of cycle,** pleno del diagrama; — **of supply,** grado de admisión (motor de explosión); **combustion** —, rendimiento de combustión; **electric** —, rendimiento eléctrico; **energy** —, rendimiento energético; **guaranteed** —, rendimiento garantizado; **heat** —, rendimiento térmico; **high** — **modulation,** modulación de alto nivel, modulación de alto rendimiento; **luminous** —, rendimiento luminoso; **measured** —, rendimiento ponderado; **overall** —, rendimiento global, rendimiento industrial; **radiation** —, rendimiento de antena; **volume** —, rendimiento volumétrico; **wing** —, rendimiento del ala.

Efficient, Factor (mat.).

Effloresce (To), Eflorescerse.

Effluve or **Effluvium,** Efluvio.

Efflux, Evacuación de un líquido; **jet** —, escape.

Effort, Esfuerzo; **tractive** —, esfuerzo de tracción.

Effraction, Efracción.

Egg, Tensión de rejilla; — **coal,** carbón calibrado de dimensiones comprendidas entre 44 y 63 mm, ovoide; — **insulator,** aislante de huevo; — **shaped,** ovalado, oviforme.

Egress, Escape, salida.

Eight angled, Octogonal.

Eikonogen, Eiconógeno (fotografía).

Einstein coefficients, Coeficientes de Einstein.

Einthoven galvanometer, Galvanómetro de cuerda.

Eject (To), Eyectar.

Ejected, Eyectado.

Ejection, Eyección; — **seat,** asiento eyectable (aviac.).

Ejector, Eyector; **air** —, eyector de aire; **ash** —, eyector de carbonillas; **pneumatic** —, eyector neumático; **steam jet** —, eyector de chorro de vapor.

Eke (To), Aumentar, perfeccionar.

Elacoptene or **Eleoptene,** Parte líquida de un aceite volátil.

Elaidate, Elayodato; **methyl** —, elayodato de metilo.

Elaidic, Elaídico; — **acid,** ácido elayódico o elaídico.

Elaiding test, Véase **Test**.

Elastance or **Stiffness,** Elastancia (recíproco de la capacitancia).

Elastic, Elástico; — **bitumen,** caucho fósil, elaterita; — **counter stress,** fuerza elástica antagonista; — **limit,** límite de elasticidad; — **limit in bending,** límite de flexión; — **line,** línea de flexión elástica; — **reaction,** deformación elástica subsecuente, fuerza elástica antagonista; — **sleeve,** casquillo elástico; — **stability,** estabilidad elástica; — **support,** soporte elástico; — **time effect,** deformación elástica subsecuente (ensayo de metales); — **wave,** onda eléctrica.

Elasticity, Elasticidad; — **in shear,** elasticidad de cizalladura; — **of elongation,** elasticidad de tracción; **bending** —, elasticidad de flexión; **limit of** —, límite de elasticidad; **modulus of** —, módulo de elasticidad; **modulus of** — **for tension,** coeficiente de alargamiento; **tensile** —, elasticidad de tracción; **torsional** —, elasticidad de torsión; **transverse modulus of** —, coeficiente de deslizamiento.

Elastomery, Elastomería.

Elastometer, Elastómetro.

Elbow, Articulación, codo, conducto acodado, desviación brusca de filón, pieza de ángulo, tubo acodado; — **joint,** acoplamiento acodado en escuadra, muñonera de tubo, unión en T; — **joint lever,** palanca acodada; — **lever,** palanca acodada; — **pipe,** tubo acodado; — **tongs,** atrapador (fundic.), tenazas de crisol; **duct** —, codo; **flanged** —, acoplamiento con bridas en escuadra; **reducing** —, articulación de reducción; **round** —, articulación redondeada, codo; **square** —, codo, codo en ángulo recto; **to** —, acodar.

Electrepeter, Inversor de corriente.

Electret, Electreto.

Electric, Coche eléctrico, cuerpo dieléctrico, eléctrico (adj.), tranvía; — **accumulator,** acumulador eléctrico; — **axis,** eje eléctrico; — **bell,** timbre; — **brazing,** cobre soldadura eléctrica; — **bulb,** bombilla eléctrica; — **charge,** carga eléctrica; — **chronograph,** cronógrafo eléctrico; — **circuit,** circuito eléctrico; — **clock,** reloj eléctrico; — **conduction,** conducción eléctrica; — **controller,** controlador eléctrico; — **current,** corriente eléctrica; — **depth finder,** sondador eléctrico; — **detonator,** detonador eléctrico; — **displacement,** desplazamiento eléctrico; — **display apparatus,** aparato eléctrico de publicidad; — **doublet,** dipolo eléctrico; — **eye,** célula fotoeléctrica; — **field,** campo eléctrico; — **field strength,** intensidad de un campo eléctrico; — **filter,** filtro électrico; — **fittings,** accesorios eléctricos; — **flux,** flujo eléctrico; — **furnace.** horno eléctrico; — **generator,** generador eléctrico; — **heating,** calefacción eléctrica; — **ignitor,** ignitor eléctrico; — **image,** imagen eléctrica; — **induction,** inducción eléctrica; — **intensity,** intensidad eléctrica; — **jar,** botella de Leyden; — **lamp,** lámpara eléctrica; — **lift,** ascensor eléctrico; — **light,** luz eléctrica; — **light station,** fábrica generadora de luz eléctrica; — **lighting,** iluminación eléctrica; — **locomotive,** locomotora eléctrica; — **machinery,** maquinaria eléctrica; — **motor,** electromotor; — **organ,** órgano eléctrico; — **oscillations,** oscilaciones eléctricas; — **phonograph,** fonógrafo eléctrico; — **power,** energía eléctrica; — **precipitation,** precipitación eléctrica; — **shock,** electrochoque; — **signalisation,** señalización eléctrica; — **slewing crane,** electrogrúa giratoria; — **spark,** chispa eléctrica; — **steel,** acero eléctrico; — **supply,** suministro eléctrico; — **tachometer,** electrotacómetro; — **telemeter,** telémetro eléctrico; — **timer,** electrocronomedidor; — **traction,** tracción eléctrica; — **transducer,** transductor eléctrico; — **varnish,** barniz aislante; — **welding,** soldadura eléctrica; **direct** — **drainage,** drenaje eléctrico directo; **forced — drainage,** drenaje eléctrico forzado; **polarized — drainage,** drenaje eléctrico polarizado; **transverse — wave,** onda eléctrica transversal.

Electrical, Eléctrico; — **angle,** ángulo eléctrico; — **center,** centro eléctrico; — **conductivity,** conductividad eléctrica; — **control,** mando eléctrico; — **degree,** grado eléctrico; — **modulation,** modulación eléctrica; — **monitoring,** testificación eléctrica (sondeos); — **precipitation,** precipitación eléctrica; — **transcription,** registro eléctrico; — **twinning,** maclado eléctrico (cristales).

Electricalization, Electrización.

Electrically, Eléctricamente; — **operated,** electroaccionado; — **strained,** sometido a un esfuerzo eléctrico.

Electricals, Aparatería eléctrica.

Electrician, Electricista.

Electricity, Electricidad; — **in motion,** electricidad dinámica; — **works,** central eléctrica; **atmospheric —,** electricidad atmosférica; **dynamic —,** electricidad dinámica; **magneto —,** electricidad magnética; **negative —,** electricidad negativa; **positive —,** electricidad positiva; **static —,** electricidad estática.

Electrification, Electrificación, electrización; **bound —,** electricidad latente; **railroad —,** electrificación de los ferrocarriles; **rural —,** electrificación rural.

Electrify (To), Electrificar, electrizar.

Electrizability, Electrizabilidad.

Electro, Electro; — **acoustic,** electroacústica; — **analysis,** electroanálisis; — **ballistics,** electrobalística; — **bioscopy,** electrobioscopio; — **capillarity,** electrocapilaridad; — **chemical,** electroquímico; — **chemistry,** electroquímica; — **crystallisation,** electrocristalización; — **deposited,** depositado por vía galvánica; — **deposition,** depósito electrolítico; — **dialysis,** electrodiálisis; — **dissolution,** disolución electrolítica; — **dynamometer,** electrodinamómetro; — **extraction,** extracción electrolítica; — **forming,** electromoldeo; — **gilding,** dorado galvanoplástico; — **kymograph,** electrokimógrafo; — **lier,** candelero eléctrico; — **luminescence,** electroluminiscencia; — **lyser,** electrolizador; — **lysis,** electrólisis; — **lyte,** electrolito; — **lytic,** electrolítico; — **lytic arrester,** pararrayos electrolítico; — **lytic cell or pile,** cuba electrolítica; — **lytic condenser or capacitor,** condensador electrolítico; — **lytic conduction,** conducción electrolítica; — **lytic copper,** cobre electrolítico; — **lytic deposition,** deposición electrolítica; — **lytic interrupter,** interruptor electrolítico; — **lytic pickling,** decapado electrolítico; — **lytic plate,** electroplastia; — **lytic solution,** solución de electrolito; — **lytication,** efecto electrolítico; — **magnet,** electroimán; — **magnetic,** electromagnético; — **magnetic field,** campo electromagnético; — **magnetic induction,** inducción electromagnética; — **magnetic unit,** unidad electromagnética; — **magnetic wave,** onda electromagnética; — **mechanical,** electromecánico; — **metallurgy,** electrometalurgia; — **meter,** electrómetro; — **meter amplifier,** amplificador electrométrico; — **migration,** electromigración; — **motive,** electromotor, locomotora eléctrica; — **motive force of rest,** fuerza electromotriz en reposo; — **osmosis,** electroósmosis; — **phoreris,** electroforesis; — **plating,** electroplastia, galvanoplastia; — **plating bath,** baño de electroplastia; — **polishing,** pulido electrolítico; — **P. R.** (periodic reverse current), de corriente invertida periódicamente; — **reduction,** reducción electrolítica; — **refining,** refinado electrolítico; — **scope,** electroscopio; — **static analyser,** analizador electrostático; — **static charge,** carga electrostática; — **static field,** campo electrostático;

— **static focusing,** concentración electrostática; — **static generator,** generador electrostático; — **static precipitation,** precipitación electrostática; — **static separator,** separador electrostático; — **static shield,** pantalla electrostática; — **static unit,** unidad electrostática; — **static voltmeter,** voltímetro electrostático; — **striction,** electroestricción; — **technology,** electrotecnología; — **valve,** electroválvula; **absolute — meter,** electrómetro absoluto; **alkaline — lyte,** electrolito alcalino; **amphoteric — lyte,** electrolito anfótero; **back or counter — motive force,** fuerza contra-electromotriz; **bell — meter,** electrómetro de campana; **bifurcate — magnetic,** electroimán de herradura; **calibrating — meter,** electrómetro patrón; **club foot — magnet,** electroimán de pie zambo; **colloidal — lyte,** electrolito coloidal; **condenser — meter,** electrómetro condensador; **condensing — scope,** electroscopio de condensador; **fibre — meter,** electrómetro de hilo; **field — magnet,** electroimán de campo; **lagging — magnet,** electroimán de pie zambo; **plunger — magnet,** electroimán de núcleo móvil; **quadrant — meter,** electrómetro de cuadrantes; **quartz fibre — scope,** electroscopio de fibra de cuarzo; **sine — meter,** electrómetro de senos; **straw — meter,** electrómetro de pajas; **testing — meter,** electrómetro de ensayo; **thread — meter,** electrómetro de hilo; **weight — meter,** balanza electrométrica.

Electro-acoustic, Electroacústico; **diaphragm of an — transducer,** diafragma de un traductor electroacústico.

Electro-analyzer, Analizador eléctrico..

Electro-dynamic, Electrodinámico.

Electro-galvanic, Electrogalvánico.

Electrochemical, Electroquímico; — **equivalent,** equivalente electroquímico.

Electrocontractility, Electrocontractilidad.

Electrode, Electrodo; — **coating,** revestimiento de electrodo; — **current,** corriente de electrodo; — **holder,** porta-electrodo; — **potential,** potencial de electrodo; — **spacing,** separación de los electrodos; — **susceptance,** susceptancia de electrodo; — **tip,** punta de electrodo; — **voltage,** tensión de electrodo; **austenitic —,** electrodo austenítico; **auxiliary —,** electrodo auxiliar; **back —,** electrodo posterior; **bare metal —,** electrodo desnudo; **bipolar —,** electrodo bipolar; **carbon bag —,** electrodo con saquete de carbón; **coated — or coated metal —,** electrodo revestido; **composite —,** electrodo compuesto; **concave —,** electrodo cóncavo; **concentration —,** electrodo de concentración; **conical shell —,** electrodo cónico; **continuous —,** electrodo continuo; **control —,** electrodo de control; **covered or coated —,** electrodo revestido; **deflecting —,** electrodo deflector; **dished —,** electrodo de cápsula; **dripping —,** electrodo de gotas; **droping mercury — or mercury capillary —,** electrodo de gota de mercurio; **fixed —,** electrodo fijo; **focusing —,** electrodo de control; **front —,** electrodo anterior; **graphite —,** electrodo de grafito; **grid —,** electrodo de rejilla; **naked —,** electrodo desnudo; **negative —,** cátodo; **plate —,** electrodo de placa; **positive —,** ánodo; **post-accelerating —,** electrodo acelerador posterior; **rutile —,** electrodo de rutilo; **sliding —,** electrodo deslizable; **standard —,** electrodo normalizado.

Electrodynamometer, Véase **Electro.**

Electrogilt, Dorado por electrolisis.

Electroindustry, Industria eléctrica.

Electrology, Electrología.

Electrolysis, Véase **Electro.**

Electrolyte, Véase **Electro.**

Electrolytic, Véase **Electro**; — **refining,** afinado electrolítico.

Electrolyzation, Electrolización.

Electromagnet, Véase **Electro**; **iron-clad** —, electroimán apantallado.

Electromagnetic, Véase **Electro**; — **deflaction**, desviación electromagnética; **transverse** — **wave**, onda electromagnética transversal.

Electromanometer, Electromanómetro.

Electromechanical transducer, Transductor electromecánico.

Electrometer, Véase **Electro**; **mechanical** —, electrómetro mecánico.

Electromotive, Véase **Electro.**

Electron, Electrón; — **beam**, haz de electrones; — **bombardment**, bombardeo de electrones; — **commutation**, conmutador electrónico; — **control**, mando electrónico; — **coupling**, acoplamiento electrónico; — **diffraction**, difracción electrónica; — **drift**, desplazamiento de los electrones; — **emission**, emisión de electrones; — **flux**, flujo de electrones; — **generator**, generador de electrones; — **gun**, cañón de electrones, concentrador de electrones; — **instrument**, instrumento electrónico; — **lens**, lente electrónica; — **micrograph**, micrógrafo electrónico; — **microscope**, microscopio electrónico; — **mirror**, espejo electrónico; — **optics**, óptica electrónica; — **orbits**, órbitas electrónicas; — **periscope**, periscopio electrónico; — **photometer**, fotómetro electrónico; — **profilometer**, perfilómetro electrónico; — **rangefinder**, telémetro electrónico; — **rectifier**, rectificador electrónico; — **scanning**, barrido electrónico; — **showers**, chaparrones electrónicos; — **switch**, conmutador electrónico; — **telescope**, telescopio electrónico; — **television**, televisión electrónico; — **transit tube**, tubo de desplazamiento electrónico; — **tube**, tubo electrónico; — **volt**, electrón-voltio; — **voltmeter**, voltímetro electrónico; **focusing of electrons**, enfoque de electrones; **free** —, electrón libre; **ionization by electrons**, icnización por electrones; **low energy** —, electrón de poca energía; **primary** —, electrón primario; **secondary** —, electrón secundario; **thermo** —, termoelectrón.

Electronegativity, Electronegatividad.

Electronic, Electrónico; — **circuit**, circuito electrónico; — **control**, mando electrónico; — **coupling**, acoplamiento electrónico; — **distributer**, distribuidor electrónico; — **excitation**, excitación electrónica; — **flash tube**, tubo electrónico de destellos; — **heating**, calentamiento por histéresis dieléctrica; — **organ**, órgano electrónico; — **ram**, ariete electrónico; — **test meter**, aparato electrónico de medida; — **wattmeter**, vatímetro electrónico; — **weighing**, pesada por medios electrónicos; **radio** — **circuit**, circuito radioelectrónico.

Electronically, Electrónicamente.

Electronics, Electrónica (ciencia).

Electroosmosis, Electroósmosis.

Electropercussion, Electropercusión.

Electrophoresis, Electroforesis.

Electroplating, Véase **Electro**.

Electropolar, Electropolar.

Electroscope, Véase **Electro.**

Electrospectrogram, Electroespectrograma.

Electrospraying, Barnizado electrostático.

Electrostatic, Electrostático, véase **Electro.**

Electrothermic, Electrotérmico.

Electrotrain, Electrotren.

Electrotyper, Galvanotipista.

Electroviscometer, Electroviscosímetro.

Electrowinning, Proceso de electroplastia por ánodos insolubles.

Electrum, Aleación de oro y plata de color amarillo pálido, aleación nativa de oro y plata, ámbar, metales dorados o plateados Ruolz.

Elektron, Elektron; — **sheet,** lámina de elektron.

Element, Elemento, generatriz (de una curva); **code — unit,** elemento unitario de código; **coincident-signal elements,** elementos de señal coincidentes; **director** — (antennas), elemento director (antenas); **driven** — (antenna arrays), elemento excitado (sistema de antenas); **heavy —,** elemento pesado; **passive** — (antenna array), elemento pasivo (sistema de antenas); **picture —,** elemento de imagen; **reflective —,** elemento reflector; **sequential signal elements,** elementos de señal sucesivos; **storage** — (in charge-storage tubes), elementos de almacenamiento (en tubos de memoria por carga); **unit —,** elemento unitario.

Elemental, Elemental; — **area,** área elemental.

Elementariness, Estado elemental.

Elementary, Elemental; — **body,** cuerpo simple (química); — **charge,** carga elemental.

Elephant paper, Corona doble, folio de papel de 28 por 62 cm.

Elevate (To), Apuntar en elevación (cañón), elevar, levantar.

Elevated, Aéreo; — **cableway crane,** cable grúa, grúa de cable aéreo.

Elevating, De elevación; — **screw,** tornillo de puntería en elevación; **box of the — scew,** pasador del tornillo de punteo; **table — screw,** tornillo de elevación de la mesa.

Elevation, Elevación, levantamiento (geología), peralte, sobreelevación, vaporización; — **buffer,** tope amortiguador de elevación; **aerial — pawl,** trinquete elevador de antena; **angle of —,** ángulo de elevación, ángulo de mira (positivo), ángulo de tiro; **end —,** vista de costado (dibujo); **front —,** vista frontal; **side —,** vista de costado.

Elevator, Ascensor, elevador, montacargas, noria, timón de altura (aviac.), timón de profundidad; — **dredge,** draga de cangilones; **belt —,** elevador de banda, elevador de cangilones; **bonnet or casing of an —,** sombrerete de elevador; **bucket —,** elevador de cangilones, montacargas de cubetas; **coal —,** elevador de carbón; **deck edge —,** ascensor para aviones situado al costado de la cubierta de un portaavión; **deep well —,** eyector colocado en un pozo; **freight —,** montacargas; **grain —,** elevador de granos; **hydraulic —,** elevador hidráulico; **portable —,** elevador móvil; **ship's —,** montacargas para barcos; **shore —,** montacargas de muelle; **suction —,** elevador de aspiración.

Eliquate (To), Exudar, someter a la licuación.

Eliquation, Exudación, licuación (aleaciones), resudación.

Ellipse or **Ellipsis,** Elipse.

Ellipsoid, Elipsoide.

Elliptic or **Elliptical,** Elíptico; — **conoid,** elipsoide; — **polarisation,** polarización elíptica; — **spring,** resorte elíptico; **para —,** paraelíptico; **to make —,** rebajar.

Ellipticity, Elipticidad.

Elm, Olmo.

Elongated, De forma alargada.

Elongation, Alargamiento total, desviación, elongación, extensión; — **at rupture,** alargamiento de rotura; — **per unit of length,** alargamiento unitario o específico; — **test,** ensayo de elasticidad, prueba de alargamiento; **breaking —,** alargamiento de rotura.

Elutriate (To), Decantar.

Elutriation, Decantación, lavado, purificación por lavado o decantación, separación (metales).

Elvan, Pórfido feldespático, veta de pórfido feldespático transversal.

Elve, Mango de un mazo, mango de un pico.

E. M., Electromagnetic (units).

Emanation, Efluvio, emanación; **radioactive —,** emanación radiactiva.

Emarginate (To), Quitar el margen, recortar.

Embagged up, Embutido (calderas).

Embank (To), Encajonar.

Embankment, Ataguía, espigón, levantamiento de tierras, terraplén.

Embargo, Embargo, retención (de bienes, sueldo, etc...), secuestro de bienes.

Embed (To) (a cable), Colocar un cable en.

Embeddable, Incrustable.

Embedded, Empotrado, puesto, sentado; **concrete** —, embebido en hormigón.

Embers, Brasa, cenizas.

Emboss (To), Abollonar, grabar en relieve, realzar.

Embossed, Embutido, en relieve, repujado.

Embosser, Véase **Telegraphic**; **Morse** —, receptor Morse de puntas secas.

Embossing, Gofrado, impresión en seco, repujado; — **machine,** máquina de gofrar.

Embrittlement, Tendencia a la fragilidad; **hydrolyse** —, fragilidad del acero por el hidrógeno.

Emdecca, Tejas de cinc.

Emerald, Esmeralda; — **copper,** dioptasa; — **like stone,** madre de esmeralda; — **nickel,** esmeralda de níquel.

Emerge (To), Emerger.

Emergence, Emergencia; **angle of** —, ángulo de emergencia.

Emergency, De socorro, de urgencia; — **brake,** freno de socorro; — **exit,** salida de socorro; — **lighting,** iluminación de socorro; — **route,** vía de socorro; — **tyre,** neumático de socorro; — **wheel,** rueda de socorro.

Emergent, Emergente; — **nodal point,** punto nodal posterior.

Emery, Esmeril; — **canvas** — **cloth,** tela de esmeril; — **cylinder,** tambor de esmeril; — **dust,** esmeril en polvo, polvo de esmeril; — **grinder,** rueda de esmeril; — **grinding machine,** máquina de muelas de esmeril; — **paper,** papel de esmeril; — **stick,** desgastador, pulidor; — **stone,** muela de esmeril; — **tape,** cinta esmerilada; — **wheel,** muela de esmeril, piedra de esmeril, rueda de esmeril; — **wheel dresser,** reavivador de muelas de esmeril; — **wheel truers,** aparato para rectificar muelas de esmeril; **coarse** —, esmeril basto; **F. F.** —, esmeril ultrafino; **finest** —, esmeril superfino; **lapidary's** —, polvos de esmeril; **to** —, desgastar, pulir con esmeril.

E. M. F. (Electro-motive force), Fuerza electromotriz.

Emissarium, Vena emisaria.

Emission, Emisión; — **characteristics,** características de emisión; — **chart,** diagrama de emisión; — **spectrum,** espectro de emisión; **bandwith necessarily occupied by an** —, anchura de banda necesariamente ocupada por una emisión; **disturbed** —, emisión perturbadora; **electron** —, emisión de electrones; **field** —, emisión por campo; **imperfect** —, emisión imperfecta; **jammer** —, conexión enchufable; **parasite** —, emisión parásita; **perfect** —, emisión perfecta; **primary** —, emisión primaria; **secondary** —, emisión secundaria; **thermoionic** —, emisión termoiónica; **time signals** —, emisión de señales horarias; **ultraviolet** —, emisión de luz ultravioleta.

Emissive, Emisivo; — **power,** poder emisivo.

Emissivity, Emisividad.

Emittance, Emitancia.

Emitter, Emisor; **atomic film** —, emisor de película atómica; **oxide** —, emisor de óxido.

Emitting power, Poder emisivo.

Emollescence, Emolescencia.

Empennage, Empenaje (aviación).

Emphasiser, Reforzador.

Empire cloth, Tela aceitada.

Empirical, Empírico; — **equations,** ecuaciones empíricas.

Employe or **Employee,** Empleado.

Employment, Empleo.

Emptier, Vaciador.

Empties, Recipientes vacíos, vagones vacíos.

Empty, Vacío; — **weight,** peso vacío; **to** —, vaciar.

Emptying chain, Cadena de descarga (de cuchara).

Emptyings, Posos.

E. M. U. (Electromagnetic units), Unidades electromagnéticas.

Emulsibility, Emulsionabilidad.

Emulsification, Emulsificación, emulsionamiento.

Emulsified, Emulsionado.

Emulsifier, Emulsor.

Emulsify (To), Emulsionar.

Emulsion, Emulsión; — **number,** índice de emulsión (número necesario de segundos para que se separe un aceite una vez emulsionado y tratado bajo ciertas condiciones); **nuclear** —, emulsión nuclear; **photographic** —, emulsión fotográfica; **sensitive** —, emulsión sensible.

Enamel, Esmalte; — **cloth,** tela encerada; — **colour,** color fusible; — **paper,** papel lustroso gracias a un barniz metálico; **enamel's file,** cortador de esmaltadores; **porcelain** —, esmalte vitrificado; **synthetic** —, esmalte sintético; **to** —, esmaltar.

Enamelled, Esmaltado; — **wire,** alambre esmaltado.

Enamelling, Esmaltado; **cold** —, aplicación de esmalte en frío.

Enantiomorphic, Enantiomorfo.

Encase (To), Blindar, proveer de una envoltura.

Encased, Blindado; **fully** —, enteramente blindado.

Encasement, Envoltura, envuelta, revestimiento.

Enchase (To), Cincelar, embutir, empotrar, encajar, enlazar.

Enclosed, Cerrado; — **motor,** motor cerrado; — **type press,** prensa cerrada; **semi** — **type,** tipo semicerrado; **totally** — **motor,** motor hermético.

Enclosing wall, Muro de cierre.

Enclosure, Caja, capot, cercado, cofre, envuelta.

Encowled, Capotado.

Encroach (To), Avanzar, invadir (minas).

Encrustation, Véase **Incrustation**.

End, Boquilla, cabeza de biela, cabeza de horno, cara de cabeza (horno Martín), culata, extremidad, extremo, extremo de barra, fin, fondo de galería, pie de perpendicular, punta; — **axle,** extremo de árbol; — **bearing,** palier frontal; — **boss,** cubo de extremo; — **cap,** cofia, tapón; — **capacity,** capacidad de extremo (antenas); — **course,** virola de extremidad (caldera); — **curve,** curva final (leva); — **diagonal,** barra diagonal de extremo (armazón metálica); — **effect,** efecto de extremidad; — **elevation or** — **view,** vista de costado; — **feed,** alimentación por un extremo; — **for** —, con los extremos invertidos; — **gauge,** calibre de alturas; — **girder,** cabeza de puente, tirante; — **grain,** madera a contrahilo, madera de testa; — **jointed,** encolado por testa; — **journal,** muñón frontal; — **journal bearing,** palier; — **lap weld,** soldadura en el extremo (eslabón de cadena); — **line,** línea de cierre del polígono funicular; — **measuring rod,** calibre de alturas; — **mill,** fresa de espiga; — **of stroke,** fin de carrera; — **piece,** extremo, talón; — **pin,** canilla de cierre (cadena); — **plane,** plato de cilindro; — **plate,** placa de fondo, placa tubular (calderas); — **play,** holgura, tiempo perdido (tornillo); — **point-post,** montante extremo (armazón metálico); — **product,** producto final (química); — **pulley,** polea de retorno; — **quench test,** ensayo de temple por un extremo; — **ring,** corona de extremo (turbinas); — **shears,** despunte de tijeras; — **shell ring,** virola de extremidad (calderas); — **shield,** escudo lateral (motor eléctrico); — **sleeve,** manguito de extremo de cable; — **tenon,** espiga terminal; — **tipping barrow,** volquete de basculación hacia adelante; — **vertical,** barra vertical extrema (armazón metálica); — **view,** vista de frente; — **wall bracket,** consola de escuadra; — **ways,** en los dos sentidos; — **winding,** bobinaje frontal; **basic** —, culata básica; **big** —, cabeza de biela; **big — of a connecting rod,** cabeza de biela; **boiler** —, fondo de caldera; **box** —, cabeza de biela de abrazadera, cabeza de carga; **butt** —, cabeza de biela con caja, extremo grueso de poste o de árbol; **collecting** —, ramal colector de transportador de bandas; **crop** —, caída; **dead** —, extremo muerto; **distributing** —, ramal distribuidor (de transportador de bandas); **egg** —, fondo hemisférico (caldera); **growing — of board,** lado de crecimiento (cuadros); **hook** —, cola de gancho; **jib and cotter** —, cabeza de biela con caja; **joined — plate,** fondo en varias piezas (caldera); **marine** —, véase **Marine; near- — crosstalk attenuation,** atenuación paradiafónica; **non-growing — of board,** orden de crecimientos (cuadrados); **on** —, de punta, verticalmente; **pressed — plate,** fondo embutido con prensa; **rained** —, **ridged** —, nervadura de extremidad; **scrap** —, caída; **short dead** —, vía muerta (ferrocarriles); **shorted — transmission line,** línea de transmisión cortocircuitada; **small** —, articulación de biela; **solid** —, cabeza de biela de abrazadera, cabeza de caja; **spigot — of a pipe,** extremo macho de un tubo de conducción; **split** —, borde agrietado, borde fisurado; **tang** —, cabeza de tirante del cambio de aguja; **wall's — coal,** carbón de Newcastle; **waste** —, caída; **to beat out the ends of a tube,** embutir un tubo.

Ended, Terminado; **claw — crowbar,** palanca de pie de cabra; **dead — wire,** hilo telegráfico de extremo perdido; **plug — junction,** enlace terminado en clavija.

Endent (To), Engranar.

Ender, Trasero; **4 coupled double** —, avantrén y dos ejes portadores traseros (locomotoras).

Endless, Sin fin; — **belt,** correa sin fin; — **chain,** cadena sin fin; — **screw,** tornillo sin fin.

Endlong (Centres with) movement, Puntas desplazables.

Endodyne, Véase **Self-heterodyne.**

Endorsee, Endosatario.

Endorser, Endosador.

Endothermic, Endotérmico.

Endurance, Radio de acción, resistencia; — **limit,** límite de resistencia, resistencia a la fatiga; — **test,** ensayo de resistencia; **operational** —, autonomía (de un avión).

Energy, Energía; — **meter,** contador de vatios-hora; — **of flow,** energía de circulación; — **spectrum,** espectro de energía; **active** —, energía cinética; **atomic** —, energía atómica; **average sound- — flux,** flujo medio de potencia acústica; **binding** —, energía de enlace; **cinetic** —, energía cinética; **electric** —, energía eléctrica; **free** —, descarga libre, energía libre; **forbidden — band,** banda de energía prohibida; **heat** —, energía térmica; **hysteresis** —, energía de histéresis; **instantaneous sound- — flux,** flujo instantáneo de potencia acústica; **mechanical** —, energía mecánica; **nuclear** —, energía nuclear; **potential** —, energía potencial; **radiated** —, energía radiada; **reactive** —, energía reactiva; **residual** —, energía residual; **resonance** —, energía de resonancia.

Energize (To), Establecer la corriente, excitar, hacer pasar corriente en un circuito, poner bajo tensión.

Energizing, Excitación, puesta bajo tensión.

Enfilade, Tiro de enfilada.

Engage (To), Accionar (una máquina), asentar (mampostería), embragar, enclavar, engranar, llegar al contacto.

Engaged, Ocupado; — **test,** ensayo de ocupación de la línea (teléfono); **group** — **tone,** señal de grupo ocupado.

Engagement, Enganchamiento, enganche, toma; **hook** —, enganche.

Engaging, Embrague; — **and disengaging gear,** acoplamiento de embrague; — **coupling,** embrague; — **gear,** mecanismo de engrane; — **machinery,** maquinaria de embrague; — **scarf,** diente de embrague, muesca de embrague, muesca de trinquete; **side** — **with pulley,** ramal ascendente (correa).

Engine, Locomotora, máquina, motor; — **assembly,** montaje de un motor; — **base,** basada de un motor; — **beam,** balancín de una máquina; — **bearer,** soporte del motor; — **bearers or sleepers,** caballete de una máquina; — **bearings,** cojinetes de los árboles de una máquina; — **bed,** soporte del motor; — **building,** construcción de máquinas, ingeniería mecánica; — **case,** cárter del motor; — **cowl or cowling,** carenaje del motor (aviac.); — **cradle,** soporte del motor; — **driver,** maquinista; — **failure,** avería de un motor; — **filter,** montador; — **fittings,** accesorios de motores; — **flywheel,** volante de la máquina; — **framing,** bastidor de la máquina; — **hatch,** escotilla de la máquina; — **house,** depósito de las máquinas, edificio de las máquinas; — **lathe,** torno de cilindrar y de filetear, torno paralelo; — **minder,** vigilante de las máquinas; — **mounting,** bancada del motor; — **plane,** plano de maniobra; — **priming,** válvula de petróleo en los cilindros para facilitar el arranque; — **room,** sala de máquinas; — **shaft,** árbol horizontal, árbol motor, pozo de la máquina de agotamiento; — **tool,** máquina herramienta complicada; — **type generator,** dínamo cuyo rotor está calado sobre el árbol de la máquina motriz; — **waste,** desecho de algodón; — **works,** taller de construcción de máquinas; **adhesion** —, locomotora de adherencia; **aero** —, motor de avión; **air cooled** —, motor con enfriamiento por aire; **aircraft** —, motor de avión; **airship** —, motor de dirigible; **arrow** —, motor en W; **atmospheric** —, máquina atmosférica de simple efecto; **auxiliary** —, máquina auxiliar, mecanismo auxiliar; **back acting** —, máquina de biela invertida; **balanced** —, motor equilibrado; **bank** —, locomotora de refuerzo; **beam** —, máquina de balancín; **beam steam** —, máquina de vapor a balancín; **beating** —, cilindro triturador; **blast furnace blowing** —, fuelle de alto horno; **blast furnace gas** —, motor de gas de horno alto; **blowing** —, fuelle, máquina soplante; **coal gas** —, motor a gas de alumbrado, motor a gas de hulla; **compound** —, máquina compound (de disparo separado); **condensing steam** —, máquina de condensación; **coverless** —, sin culata; **crosshead** —, motor de cruceta; **dead** —, motor calado; **Diesel oil** —, motor Diesel; **direct acting** —, máquina de biela directa; **direct drive** —, motor con hélice en toma directa; **donkey** —, pequeño caballo de alimentación; **double acting steam** —, máquina de vapor de doble efecto; **driving** —, máquina motriz; **ducted fan turbojet** —, turborreactor de doble flujo o de ventilador auxiliar; **dummy** —, máquina de las locomotoras sin hogar; **duplex steam —**, máquina de vapor bicilíndrica; **expansion — or expansive —**, máquina de expansión; **explosion — or explosive —**, motor de explosión; **fan shape —**, motor en abanico; **fire —**, bomba de incendios; **fixed —**, motor fijo; **flat four —**, motor de cuatro cilindros horizontales opuestos dos a dos; **four —**, cuatrimotor, de cuatro motores; **four cycle (or stroke) —**, motor de cuatro tiempos; **four cylinder —**, motor de cuatro cilindros; **four, six wheeled —**, máquina de cuatro, de seis ruedas acopladas; **gas —**, motor de gas; **gasoline —**, motor de gasolina; **geared —**, motor de producción demultiplicado; **heat —**, máquina térmica, motor térmico; **high compression —**, motor sobrecomprimido; **high speed —**, motor de gran velocidad, motor rápido; **hoisting —**, máquina de extracción, máquina de izar a vapor; **horizontal —**, máquina horizontal; **hydraulic —**, máquina hidráulica; **inboard —**, motor interior; **injection —**, motor de inyección; **internal combustion —**, máquina de combustión interna; **inverted cylinder —**, máquina pilón; **inverted V —**, motor en V invertida; **inverted vertical —**, máquina pilón; **jet —**, motor a reacción; **land —**, máquina terrestre; **lever —**, máquina de balancín; **line —**, motor de cilindros en línea; **marine —**, máquina marina; **mine —**, máquina de agotamiento (minas); **monovalve —**, motor monoválvula; **motor —**, máquina motriz; **multi-cylinder —**, motor de varios cilindros; **multi-fuel —**, máquina que quema combustibles diversos; **n cylinder —**, motor de n cilindros; **non condensing —**, máquina sin condensación; **non expansive —**, máquina sin expansión; **oil —**, motor de petróleo; **one —**, monomotor; **opposed cylinder —**, motor de cilindros opuestos; **opposed piston —**, motor de pistones opuestos; **oscillating —**, máquina oscilante; **outboard —**, motor exterior; **overhead cylinder —**, máquina pilón; **overhead valve —**, motor de válvulas delanteras; **petrol —**, motor de petróleo; **piston —**, motor de pistón; **poling —**, locomotora que maniobra los vagones de una vía lateral por medio de un madero; **portable —**, transportable; **producer gas —**, motor a gas pobre; **propulsion —**, motor de propulsión; **pulse jet —**, motor cohete; **pumping —**, máquina de agotamiento; **rack —**, locomotora de cremallera; **radial or radial type —**, motor en estrella; **ram —**, drao, martinete; **ram jet —**, estatorreactor; **rear end —**, motor trasero; **reciprocating steam —**, máquina a vapor de pistón; **reversible —**, motor reversible; **rotary —**, máquina rotativa, motor rotativo; **rotary steam —**, máquina rotativa a vapor; **scavenging —**, motor de barrido; **self contained steam —**, máquina de vapor independiente; **shunting —**, locomotora de maniobras, locomotora de pruebas; **side lever —**, máquina de balancines laterales; **single —**, de un motor, monomotor; **single acting —**, máquina de simple efecto; **single cylinder —**, motor monocilíndrico; **six —**, de seis motores, hexamotor; **sleeve valve —**, motor de camisa deslizante, motor sin válvulas; **standard —**, motor de ensayo; **star shape —**, motor en estrella; **stationary —**, motor fijo; **steam —**, máquina de vapor; **steam pump —**, bomba de vapor; **Still —**, motor Still; **straight drive —**, motor con hélice en toma directa; **suction —**, máquina aspirante (motor de combustión interna); **supercharged —**, motor sobrealimentado; **surcompressed —**, motor sobrealimentado; **surface condensing —**, motor sobrecomprimido; **tank —**, cuco, locomotora ténder; **three crank —**, máquina de tres manivelas; **three cylinder —**, máquina de tres cilindros; **to back the —**, invertir la máquina; **to crank an —**, hacer arrancar un motor: **to cut the —**, cortar un motor; **to decarbonize an —**, decalaminar un motor; **to head the —**, poner la máquina delante; **to line up or to make true an —**, enderezar una máquina, nivelar; **to reverse the —**, invertir la marcha de una máquina; **to slack the —**, moderar la marcha de una máquina; **to start an —**, arrancar un motor; **to stoke the —**, calentar la locomotora; **to throttle the engines**, moderar la marcha de los motores; **triple expansion —**, máquina de triple expansión; **triple, quadruple expansion —**, máquina de triple, de cuádruple expansión; **trunk —**, máquina con cofre; **trunking —**, máquina para lavar minerales; **turbine —**, máquina de turbinas; **turbocompound —**, motor turbocompound; **turbojet —**, turborreactor; **twin —**, bimotor, de dos motores; **twin screw —**, máquina con hélices gemelas; **two cycle (or two stroke) —**, motor de dos tiempos; **two cycle double acting —**, motor de dos tiempos de doble efecto; **two vapour —**, máquina de vapores combinados; **unsupercharged —**, motor no sobrealimentado; **upright —**, motor vertical; **V —**, motor en V; **V shape —**, motor en V; **valve —**, motor de válvulas; **valve-in-head —**, motor de válvulas en cabeza; **valveless —**, motor sin válvula; **wall-tank —**, locomotora ténder con bastidor de depósito de agua; **waste gas —**, máquina que utiliza los colores perdidos; **water —**, bomba de agua; **water cooled —**, motor con enfriamiento por agua; **winding —**, máquina de extracción; **300 H. P. —**, máquina de 300 H. P.

Engined, Máquina construida por, provisto de máquinas; **diesel —**, con motor Diesel; **four —**, de cuatro motores, cuatrimotor; **piston —**, con motores a pistón; **rear —**, con motores traseros; **twin —**, con dos motores; **twin — airplane**, con dos motores.

Engineer, Constructor mecánico, ingeniero mecánico, maquinista, maquinista de tren (V. S. A.), oficial maquinista (mar.), soldado de ingenieros; **— combat group**, regimiento de zapadores de combate; **consulting —**, ingeniero consultor; **managing —**, ingeniero de explotación, ingeniero del servicio técnico.

Engineering, Aplicaciones, aplicaciones técnicas, mecánica, técnica; **— bricks**, ladrillos resistentes prensados a máquina; **— drawing**, dibujo industrial; **— terminology**, terminología industrial; **— work**, construcción mecánica; **— works**, taller de construcción de máquinas; **civil —**, ingeniería civil; **communication —**, ingeniería de telecomunicación; **electrical or electro —**, electrotecnia; **forest —**, técnica forestal; **mechanical —**, construcción mecánica; **naval —**, ingeniería naval, mecánica naval; **railway —**, técnica ferroviaria; **structural —**, construcción metálica.

Enginehouse, Casa de máquinas.

Enginemen, Maquinistas.

Engler, Engler; **— degrees or — number**, segundos Engler divididos por el tiempo en segundos necesario para que 200 ml de agua destilada a 20° C pasen por el orificio del viscosímetro Engler; **— seconds**, número de segundos necesario para que 200 ml de aceite pasen a temperatura dada por el orificio del viscosímetro Engler.

English oak wood, Madera de roble albar.

Engrave (To), Grabar, imprimir.

Engraver, Grabador; **— miller**, fresadora para grabar; **photo —**, fotograbador.

Engraving, Grabado; **photo —**, fotograbado.

Engyscope, Microscopio de reflexión.

Enhidrite, Enhidrita (mineral).

Enlarge (To), Abocinar, aboquillar (tubos), agrandar, dilatar, embutir, ensanchar.

Enlarged, Ampliado (foto).

Enlargement, Encrucijada de mina.

Enlarging, Ensanchamiento; — **hammer,** estampa plana, martillo de aplanar, martillo de batidor de oro.

Enol, Enol.

Enolizable, Enolizable.

Enrich (To), Enriquecer minerales, lavar.

Enriched, Enriquecido; **oxygen** —, enriquecido en oxígeno.

Ensiform, En forma de espada; — **file,** lima espada.

Ensurance, Seguro (véase **Insurance**).

Entablure, Entablamento.

Entering, De ataque; — **edge,** borde de ataque; — **file,** lima de lengua de pájaro; — **gouge,** gubia de cuchara; — **tap,** macho cónico.

Enthalpy, Entalpía.

Entrained state, En estado de suspensión.

Entrapped gas, Gas ocluido.

Entropy, Entropía; **conditional** —, entropía condicional.

Entry, Inscripción.

Envelope, Envoltura; — **delay,** retardo de grupo; **cylinder** —, camisa del cilindro; **glass** —, bombilla; **pulse** — **viewer,** visor de envolvente de impulsos; **vacuum** —, camisa de vacío.

Enveloping, Envolvente.

Envenomation, Deterioro de la superficie (plásticos).

Eosine, Eosina.

Ep, Tensión de placa.

Epicyclic, Epicicloidal; — **gear,** engranaje epicicloidal; — **reduction gear,** reductor epicicloidal (engranaje); — **train,** tren epicicloidal.

Epicycloid, Epicicloide; — **gear,** engranaje epicicloidal.

Episcotister, Disco giratorio de ranuras.

Epitrochoid, Epitrocoide (epicicloide engendrada por un punto situado fuera de la circunferencia del círculo de rodadura).

Epsom salt, Sulfato de magnesio.

Epurator, Depurador.

Epuré, Asfalto natural refinado.

Equalisation, Compensación; — **box,** compensador; — **passage,** canal de compensación.

Equalise (To) or **Equalize,** Compensar, igualar.

Equaliser or **Equalizer,** Balancín compensador, compensador, compensadora, dínamo compensadora, equilibrador, igualador (de presión), resorte de coche; — **feeder,** conductor de compensación; — **spring,** resorte compensador.

Equalising or **Equalizing,** Compensación, igualación, que compensa, que iguala; — **conductor,** conductor neutro; — **gear,** diferencial (auto); — **mains,** conductores de compensación; — **pressure,** tensión de compensación; — **ring,** anillo equipotencial (elec.); **bell crank** —, palanca angular de compensación; **phase** —, igualador de fase; **pressure** —, igualador de presión; **slope** —, igualador de pendiente.

Equalling file, Lima rectangular.

Equation, Ecuación; **characteristic** —, ecuación característica; **differential** —, ecuación diferencial; **empirical equations,** ecuaciones empíricas; **linear** —, ecuación lineal; **matric** —, ecuación matricial; **non linear** —, ecuación no lineal; **secular** —, ecuación secular; **to reduce an** —, reducir una ecuación.

Equatorial, Ecuatorial; — **telescope,** telescopio ecuatorial.

Equilateral, Equilátero.

Equilaterality, Equilateralidad.

Equilibrated, Equilibrado; — **slide valve,** distribuidor equilibrado.

Equilibria, Equilibrios; **metallurgical** —, equilibrios metalúrgicos.

Equilibrium, Equilibrio; — **diagram,** diagrama de equilibrio; — **potential,** potencial de equilibrio.

Equimileage, Recorrido equivalente.

Equimolecular, Equimolecular.

Equip (To), Equipar, instalar sobre.

Equipment, Accesorios, aparamenta, instalación, material; — **for picking up thread,** aparato para coger el paso (máquina de roscar); **airborne** —, equipo de a bordo; **automatic** —, equipo automático; **control** —, equipo de control; **delay announcing** —, equipo notificador de demora; **earthmoving** —, material de terracería; **electric** —, equipo eléctrico; **multichannel** —, equipo multicanal; **navigational** —, instrumentos de navegación; **pit bank and bottom** —, material de enganche superior e inferior; **shaft** —, armazón de pozo; **sinking** —, material de perforación; **survey** —, equipo de vigilancia; **winning** —, material de arranque.

Equipoise, Equilibrio.

Equipotential, Equipotencial; — **line,** línea equipotencial; — **surface,** superficie equipotencial.

Equipped, Equipado, provisto de; **radio** — **car,** coche provisto de radio.

Equisignal, Equiseñal; — **zone,** zona equiseñal.

Equivalent, Equivalente; — **circuit,** circuito equivalente; — **height,** altura equivalente; — **resistance,** resistencia equivalente; **articulation** — **reference,** atenuación equivalente de nitidez; **effective transmission** — (Am), equivalente efectivo de transmisión; **electrochemical** —, equivalente electroquímico; **Joule's** —, equivalente mecánico del calor; **mechanical** — **of heat,** equivalente mecánico del calor; **reference** —, equivalente de referencia; **relative** —, equivalente relativo; **singing point** —, equivalente del punto del canto; **volume** —, equivalente de referencia.

Erase (To), Borrar, raspar.

Eraser, Goma de borrar.

Erect (To), Erigir, levantar, elevar, montar (máq.), realizar.

Erecter, Montador.

Erecting, Montaje; — **bay,** sala de montaje; — **crane,** puente de montaje; — **machinist,** montador; — **shop,** taller de ajuste, taller de montaje.

Erection, Ensamble, montaje; — **at the plant,** montaje sobre el terreno; **under** —, en montaje.

Erector, Enderezador de imagen, obrero montador.

Eremacausis, Oxidación progresiva.

Erg, Ergio (unidad de trabajo del sistema C. G. S.).

Ergodic, Ergódico (mat.).

Ericsson's screw, Torbellino.

Erosion, Erosión.

Erosional, Erosivo.

Erratic, Irregular; — **vibrations,** vibraciones irregulares imprevisibles.

Erraticness, Irregularidad de funcionamiento.

Error, Aberración, error; — **in bearing,** error de marcación; **cyclic** —, error periódico; **illumination phase** —, error de fase en la iluminación; **instrumental** —, error instrumental; **mean** —, error medio; **night** —, error de noche; **octantal component of** —, componente octantal de error; **polarization** —, error de polarización; **probable** —, error probable; **quadrantal** —, error cuadrantal; **quadrantal component of** —, componente cuadrantal de error; **residual** —, error residual; **semi-circular** —, error semicircular; **semi-circular component of** —, componente semicircular de error; **site** —, error de emplazamiento; **slit width** —, aberración de anchura de rendija; **systematic** —, error sistemático.

Eruginous, Cuproso, de la naturaleza del verdín.

E. S., Electrostático (sistema de unidades).

Escalator, Escalera mecánica.

Escape, Escape (cronómetro), escape de gases, fuga de gas, liberación, purga; — **detector,** detector de fugas; — **pipe,** tubo de escape; **air** —, purga de aire; **air** — **valve,** válvula de escape de aire, válvula de exhaustación; **cylinder** — **valve,** válvula de seguridad del cilindro.

Escapement, Escape (reloj); — **wheel,** rueda catalina; **detached** —, escape libre.

Escutcheon, Entrada, escudo.

Espacto, Escudo de bocallave de cerradura.

Essay, Análisis, ensayo; — **drop,** testigo; — **porringer,** ensayo escarificador; **dry** —, ensayo por vía seca; **spectral** —, análisis espectral; **wet** —, ensayo por vía húmeda; **to** —, ensayar.

Essayer, Ensayo; **essayer's tongs,** pinzas de ensayo.

Essaying, De prueba; — **glass,** lente de prueba.

Essence, Esencia.

Essential, Esencial; — **oils,** aceites esenciales.

E. S. T., Eastern Standard Time.

Establishment, Establecimiento, fundación (de industria), institución.

Estate, Propiedad; **real** —, propiedad territorial.

Ester, Ester; **acid** —, ester ácido; **creosotonic** —, ester creosota; **cyanoacetic** —, ester cianoacético; **methyl** —, ester metílico; **organic** —, ester orgánico; **phosphate** —, ester fosfático; **silicone** —, ester silícico; **sulphuric** —, ester sulfúrico.

Estimate, Estimaciones, presupuesto; **rough** —, presupuesto aproximado.

Estimates, Previsiones.

Estimating office, Oficina de proyectos.

Estimation, Análisis, dosificación; **polarographic** —, análisis polarográfico.

Estimator (Inclination), Inclinómetro.

Estrogens, Estrógenos.

Estuarine deposits, Tierra de aluviones.

E. S. U. (Electrostatic unit), Unidad electrostática.

Etch (To), Atacar con ácido, grabar al agua fuerte.

Etchent, Reactivo.

Etching, Ataque al ácido, decapado con ácido, grabado; — **figures,** figuras de corrosión; — **polishing,** pulido por ataque con ácido; — **test,** ensayo de corrosión; **acid** —, decapado con ácido; **steel** —, grabado con agua fuerte.

Ethane, Etano.

Ethanol, Etanol; **anhydrous** —, etanol anhidro.

Ether, Éter; **alkyl** —, éter alkílico; **dibenzyl** —, éter dibencílico; **dimethyl** —, éter dimetílico; **mesityl** —, éter de mesitilo; **polymeric** —, éter polimérico, éter polímero; **sulphuric** —, éter sulfúrico.

Etheral oils, Aceites esenciales.

Ethyl, Etilo; — **acetate,** acetato de etilo; — **alcohol,** alcohol etílico; — **bromide,** bromuro de etilo; — **cellulose,** etilocelulosa; — **glycol,** etilglicol; — **nitrate,** nitrato de etilo.

Ethylation, Etilación.

Ethylene, Etilénico, etileno; — **oxide,** óxido de etileno; — **resin,** resina etilénica; **polymerised** —, etileno polimerizado, polietileno.

Ethylhydrazine, Etilhidracina.

Eucalyptus, Eucalipto.

Euclidean, Euclídeo; — **space,** espacio euclídeo.

Eureka wire, Alambre para resistencias (cobre y níquel).

Europium, Europio.

Eutectic, Eutéctico.

Eutectoid, Eutectoide.

Evacuate (To), Hacer el vacío.

Evacuated, Donde se ha hecho el vacío; — **space,** espacio de aire rarificado.

Evacuation, Evacuación, vaciado; — **gallery,** galería de evacuación.

Evactor, Bomba de aire.

Evaporate (To), Evaporar, vaporizar; **to — to dryness,** evaporar a sequedad.

Evaporating, Evaporatio; — **apparatus,** aparato evaporatorio; — **channels,** canales de evaporación (met.); — **surface,** superficie evaporatoria.

Evaporation, Evaporación; **vacuum —,** evaporación en vacío.

Evaporative, De evaporación, — **condenser,** condensador de goteo; — **power,** poder de vaporización.

Evaporator, Cápsula de evaporación, evaporador, hervidor, máquina evaporatoria; **tube —,** evaporador tubular; **vacuum —,** evaporador en vacío; **water —,** evaporador de agua.

Evaporatory, De evaporación; — **efficiency,** potencia de evaporación.

Evaporimeter, Evaporímetro.

Even, En equilibrio, par (cifra), plano; — **pitch,** véase **Pitch**; — **with,** al nivel de; **to make —,** aflorar, enrasar, nivelar.

Evenness, Planicidad.

Evolute winding, Devanado frontal.

Evolution, Desprendimiento.

Evolvent, Evolvente.

Exaltation, Exhaustación, refinado, sublimación.

Excavate (To), Minar, zapar.

Excavation, Excavación, productos de excavación, sondeo.

Excavator, Cuchara de tenaza, excavadora; **bucket —,** draga seca; **continucus bucket chain —,** excavadora de cadena continua.

Excelsior, Fibra de madera.

Excess, Excedente, exceso; — **area,** superficie positiva (diagrama); — **of work,** excedente de trabajo; — **voltage,** sobretensión; **air —,** exceso de aire.

Exchange (bill of), Letra de cambio; — **office,** oficina de cambios; **controlling —,** centro director; **dependent —,** central subordinada; **heat —,** intercambio de calor; **international terminal —,** centro terminal internacional; **main —,** central principal; **private —,** central privada; **rural centre —,** centro rural; **rural main —,** centro rural principal; **satellite —,** central satélite; **stock —,** bolsa (La); **tandem —,** central intermedia; **telephonic —,** central telefónica; **toll —,** central interurbana; **urban —,** central urbana.

Exchanger, Agente de cambio, banquero; **heat —,** intercambiador de calor; **thermic —,** intercambiador de temperatura.

Excipient, Excipiente.

Excitability, Excitabilidad.

Excitation, Cebado (dínamo), excitación (elec.); — **anode,** ánodo de excitación; — **circuit,** circuito de excitación; — **curve,** curva de excitación; **collision —,** excitación por choque; **electronic —,** excitación electrónica; **impact — or shock —,** excitación por choque; **no load —,** excitación en vacío; **over —,** sobreexcitación; **refusal of —,** defecto de cebado; **residual —,** excitación residual; **self —,** autoexcitación; **shock- —,** excitación por choque.

Excited, Excitado; **over —,** sobreexcitado; **separately — motor,** motor de excitación independiente; **under —,** subexcitado.

Exciter, Dínamo excitadora; **shaft end —,** excitadora de extremo de árbol; **static —,** excitador estático.

Exciting, De excitación; — **converter,** transformador de excitación; — **current,** corriente de excitación; — **transformer,** transformador de excitación; **self** —, autoexcitador.

Exclusion, Exclusión; **Pauli** — **principle,** principio de exclusión de Pauli.

Excrescence, Nudo de la madera.

Execution, Embargo.

Exesion, Acción de minar, acción de roer.

Exfoliate (To), Desagregarse con la humedad, henderse.

Exhaust, Circulación (turbina), escape (máq. de vapor), evacuación; — **accelerator,** acelerador de escape; — **blower,** ventilador aspirante; — **box,** pozo de la exhaustación, silenciador; — **cam,** leva de escape; — **collector,** colector de escape; — **draft,** tiro inducido, tiro por aspiración; — **fan,** ventilador aspirante; — **flange,** brida de escape; — **fumes,** vapores de escape; — **gear,** mando del escape; — **jet,** tobera de escape; — **lap,** recubrimiento de escape, recubrimiento interior del distribuidor; — **lead,** avance al escape; — **manifold,** colector de escape; — **muffler,** silencioso; — **nozzle,** tobera de exhaùstación; — **pipe,** tubo de escape, tobera de escape (locomotoras); — **port,** lumbrera de exhaustación, orificio de escape; — **pot,** silenciador; — **pressure,** presión de escape; — **silence or — snubber,** silencioso; — **stroke,** carrera de escape, tiempo de escape; — **tank,** silencioso, sordina; — **turbocharger,** tubo compresor de gas de escape; — **valve,** válvula de escape; — **valve box,** cabezal de la válvula de escape; — **valve chest,** cabezal de la válvula de escape; **atmospheric** —, escape al aire libre; **linear** — **lead,** avance lineal interior (distribución por distribuidores); **to** —, agotar (minas), aspirar, escaparse, evacuar, hacer el vacío, vaciar; **to hold the** — **valve,** bloquear la válvula de escape.

Exhauster, Aspirador, bomba de vaciado, bomba de vacío, extractor, ventilador aspirante; **air** —, aspirador, ventilador aspirante; **gas** —, aspirador de gas.

Exhaustibility, Exhaustibilidad.

Exhausting, De agotamiento; — **the cylinder,** vaciado del cilindro.

Exit, Desprendimiento de vapor, emisión, orificio de desagüe, salida; — **gas,** gas de salida; — **side,** lado de salida (laminador); **gas** — **pipe,** toma de gas (horno alto).

Exosphere, Exosfera.

Exothermic, Exotérmico.

Exp, Exponente.

Expand (To), Abocardar, alargar, crecer (mortero), desarrollar (mat.), dilatarse, embutir, ensanchar, esponjarse, expandirse, expansionar, hinchar, mandrinar.

Expanded, Expandido, extendido; — **metal,** metal foraminado.

Expander (Tube), Aparato para mandrinar tubos, expansor, mandril de expansión.

Expanding, Compensador, de expansión, de fuelle, divergente, expansible, expansivo, mandrinado; — **anchor,** ancla de expansión; — **borer,** variable; — **bullet,** bala expansiva; — **centerbit,** broca de tres puntas universales; — **clutch,** embrague por segmentos extensibles; — **pitch,** paso creciente (hélices); — **press,** prensa de mandrinar; — **roller,** rodillo tensor; — **test,** prueba de abocardado, prueba de mandrinado (tubos); — **wedge brake,** freno de cuña.

Expandor, Expansor.

Expansibility, Expansibilidad.

Expansion, Dilatación, esfuerzo, expansión, expansión de gas, extensión; — **bolt,** perno de cierre; — **bracket,** soporte móvil (calderas); — **central plant,** central de expansión; — **damper,** amortiguador de expansión; — **engine,** máquina de expansión; — **gear,** expansor, mecanismo de expansión; — **half on,** introducción de vapor en la mitad de la carrera; — **joint,** compensador, junta de dilatación, junta de fuelle deslizante, manguito compensador; — **line,** corredera de la expansión variable, curva de expansión; — **pipe,** tubo compensador, tubo de dilatación; — **tank,** tanque de expansión; — **waves,** ondas de expansión; **adiabatic —,** expansión adiabática; **adjustable — gear,** mecanismo de expansión variable; **compound stage —,** doble expansión; **gland joint —,** tubo de prensa-estopas; **gridiron — valve,** distribuidor de expansión de rejilla; **linear —,** dilatación lineal; **series —,** desarrollo en serie; **thermal —,** dilatación térmica; **trace —,** expansión de traza; **two stage —,** doble expansión; **variable —,** expansión variable.

Expansive, De expansión; — **engine,** máquina de expansión.

Expansively, De expansión.

Expansivity, Dilatación.

Expansometer, Dilatómetro.

Expedance, Impedancia negativa.

Expenditures, Desembolsos, gastos.

Expense, Gasto, inversión; **maintenance expenses,** gastos de mantenimiento; **tooling up expenses,** gastos de utillaje; **travelling expenses,** gastos de desplazamientos; **working expenses,** gastos de explotación.

Experience (To), Ensayar, experimentar.

Experiment, Experiencia, prueba.

Experimentize (To), Experimentar.

Expert, Especialista, técnico.

Expletives, Cascotes, pequeños sillares.

Explode (To), Estallar, explosionar, hacer saltar.

Exploder, Cebo, explosor.

Exploding, Tiro con pólvora.

Exploit, Explotación (min.).

Exploratory, De prospección; — **works,** trabajos de prospección.

Explorer, Explorador; **magnetic —,** explorador magnético.

Exploring, De exploración; — **coil,** bobina de exploración; — **drift,** galería de reconocimiento.

Explosimeter, Explosímetro.

Explosion, Explosión; — **bulb,** ampolla de explosión (quím.); — **chamber,** cámara de explosión, cámara de Wilson; — **proof motor,** motor antideflagrante.

Explosive, Explosivo; — **charge,** carga explosiva; — **gelatine,** dinamita goma; **high —,** explosivo de gran potencia, explosivo rompedor.

Explosiveness, Explosividad.

Exponent, Exponente (mat.); — **equation,** ecuación exponencial; — **of capacity,** exponente de carga (buques).

Exponential, Exponencial; — **curve,** curva exponencial.

Export (To), Exportar.

Exposed, A cielo abierto, al descubierto; — **ducts,** conductos al aire libre.

Exposure, Cliché, exposición, pose, tiempo de exposición; — **calculator,** calculador de exposición; — **meter,** exposímetro; **over —,** sobreexposición; **under —,** subexposición.

Express type of watertube boiler, Caldera de tubos de agua finos (caldera express).

Expresser, Máquina propulsora de la pasta.

Expulsion, Expulsión, eyección; — **arrester,** pararrayos de expulsión.

Exsec, Secante exterior.

Extend (To), Crecer, empujar, salir.

Extended, Apurado, prolongado; — **rod,** tubo de la válvula del neumático.

Extender (Point), Pigmento para pinturas.

Extensimeter, Extensímetro.

Extension, Prolongamiento, tablón supletorio, tracción; — **arm,** brazo de extensión; — **furnace,** hogar anterior; — **pieces,** alargaderas; — **shaft,** árbol supletorio; **aerial or antenna** —, haz de antenas; **elastic** —, alargamiento elástico unitario; **permanent** —, alargamiento permanente; **strength for** —, resistencia a la tracción.

Extensometer, Extensímetro; **fiber or fibre** —, extensímetro de fibra.

Extensometry, Extensimetría.

Extent, Embargo, estimación.

External, Externo; — **resistance,** resistencia externa; — **safety valve,** válvula de seguridad exterior.

Extinction, Extinción; — **potential,** potencial de extinción.

Extinguisher, Apagador, extinctor; **fire** —, extinctor de incendios; **spark** —, soplador de las chispas.

Extinguishing (Fire) apparatus, Extinctor de incendios.

Extra, Extra; — **poppet,** cabezal de luneta (torno).

Extra-current, Extracorriente.

Extract (To), Extraer.

Extractiform, Extractiforme.

Extraction, Explotación, extracción; — **pressure,** presión de extracción; — **pump,** bomba de extracción; — **residues,** residuos de extracción; — **steam,** vapor de extracción; — **turbine,** turbina de extracción; **double** — **turbine,** turbina de doble extracción; **solvent** —, extracción por disolventes.

Extractor, Extractor; **oil** —, recuperador de aceite; **solvent** —, extractor de disolvente; **valve** —, desmontador de válvulas.

Extrahard, Extrafuerte.

Extrapolate (To), Extrapolar.

Extrapolated, Extrapolado.

Extrapolation, Extrapolación.

Extreme, Extremo.

Extrinsic, Extrínseco; — **semiconductor,** semiconductor extrínseco.

Extrudability, Extrubilidad.

Extrude (To), Hilar, tirar los metales, torcer el hilo antes de encanillarlo.

Extruded, Churreado, extruido, inyectado, tirado, torcido en caliente; — **section or shape,** perfilado.

Extruding, De extruir; — **machine,** máquina de extruir, máquina de fabricar piezas por extrusión, máquina de moldear por inyección; — **press,** prensa de extrusión, prensa de forjar por extrusión.

Extrusion, Extrusión, fluencia, forzamiento en troquel, hilado, perfil extruido; **backward** —, extrusión hacia atrás (metal); **cold** —, hilado en frío; **forward** —, extrusión hacia adelante (metal extruido en el sentido de avance del punzón); **hot** —, hilado en caliente.

Eye, Anilla, anillo de bisagra, mallón, mirilla, ojo, ojo de aguja, ojo del martillo, respiradero; — **bar,** barra de ojal; — **bolt and key,** tornillo de pasador; — **dropper,** cuentagotas; — **glass,** ocular; — **holes,** agujero de mirilla, agujero para visita; — **hook,** gancho de ojo; — **joint,** articulación de viga de celosía, junta de manguito; — **lens,** ocular; — **piece,** mirilla de horno metálico, ocular (lente de telescopio); — **ring,** ojo de cable; — **screw,** anilla de tornillo, armella con espiga roscada; — **sketch,** croquis, levantamiento a ojo; — **stone,** cuarzo ágata; — **tube,** portaocular; — **view,** vista a vuelo de pájaro; **bird's** — **maple wood,** madera de meple moteado; **bored** —, cubo torneado; **bull's** — **indicator,** indicador de ojo de buey; **dead** —, bucle de cable, estrobo; **double** — **lever,** palanca de horquilla o de brida; **fork** —, garganta de horquilla (transportador aéreo); **magic** —, ojo mágico; **small** —, ojal de botón de manivela; **triangular lifting** —, cáncamo para izar; **wall** —, armella mural de empotramiento.

Eyector, Eyector; **spring** —, resorte de eyector.

Eyelet, Armella de articulación, ojal metálico.

Eyewitness, Testigo ocular.

F

F +, Borne positivo; **F —,** borne negativo.

F layer, Capa ionizada de la ionosfera (F_1 la capa más baja, F_2 la capa más alta).

F. A. A. (Free of all average), Libre de averías.

Fabric, Paño, producto manufacturado (poco usado), tejido, tela; — **covered,** entelado (aviac.); — **covering,** entelado; **cotton —,** tejido de algodón, tela; **oil —,** tela encerada; **rubberized —,** tela encauchada.

Fabricability, Fabricabilidad.

Fabricate (To), Fabricar.

Fabrication, Fabricación.

Fabricator, Fabricante.

Fabrikoid, Cuero artificial.

Fabulite, Titanito de estroncio.

Face, Arranque, cabeza de dovela, cara, cortante, cotillo de martillo, cuadrante, espejo de distribuidor, faceta, fondo de galería, frente, frente de ataque, mantenimiento, mesa de yunque, muro de galería, paramento, placa de cepillo, plano principal de expoliación perpendicular a la estratificación, revestimiento de alto horno, superficie, tajo; — **centered,** de caras centradas (met.); — **cog,** diente lateral de rueda dentada; — **guard,** mascarilla protectora; — **jaw,** véase **Jaw**; — **of a tooth,** flanco de un diente; — **of the wheel,** cara de muela, tajadera de la muela; — **plate,** mandril universal, mármol de taller, plato; — **value,** valor nominal (com.); **bearing —,** superficie de apoyo; **guiding —,** cara de guiado; **plane —,** cara plana; **runner —,** espejo (herr.); **slag —,** revestimiento de argamasa; **tooth** — **grinding machine,** máquina de pulir los flancos de los dientes de engranajes; **to —,** ajustar, alisar, aplanar, dar forma, desbastar, labrar; **to — putty,** enmasillar contra la cara del cristal.

Faced (Double), De dos caras.

Facing, Chapeado, forro, guarnición, polvo para espolvorear los moldes de fundición, revestimiento, revestimiento (alto horno), superficie de recubrimiento de una pieza sobre otra; — **board,** fajina, madera de revestimiento; — **lathe,** torno de torneado al aire; **boring, milling and — machine,** pulidora-fresadora; **hard —,** recarga; **rough —,** refrentado de desbaste.

Facsimile, Facsímil, sistema de transmisión de imágenes, telefoto; **type Ay — waves,** ondas tipo Ay facsímil.

Factor, Factor; **absorption —,** factor de absorción; **amplification —,** factor de amplificación; **attenuation —,** coeficiente de atenuación; **correction —,** factor de corrección; **damping —,** factor de amortiguamiento; **deflection —,** coeficiente de deflexión; **deviation —,** factor de desviación; **dissipation —,** factor de disipación; **distorsion —,** factor de distorsión; **feedback —,** coeficiente de realimentación; **force —,** factor de fuerza (transductores); **form —,** factor de forma; **interaction —,** coeficiente de interacción; **loss —,** factor de pérdidas; **magnification —,** factor de sobretensión; **maximum usable frequency —,** factor de frecuencia máxima utilizable; **pick-up —,** factor de captación; **power —,** factor de potencia; **power — capacitor,** condensador para mejorar el factor de potencia; **psophometric weight-**

ing —, peso sofométrico; **range** —, factor de autonomía; **reactive** —, coeficiente de reactancia; **reduction** —, coeficiente de reducción (elec.); **ripple** —, factor de rizado; **screening** —, factor de apantallamiento; **shadow** —, coeficiente de sombra; **splitting** —, factor de separación; **transfer** —, factor de transferencia.

Factory, Fábrica, factoría, hilandería, taller; — **assembled,** montado en fábrica; **cotton** —, hilandería de algodón; **underground** —, fábrica subterránea.

Faculty, Fuerza mecánica.

Fade (To) in, Reducir la intensidad de una señal; **to** — **out,** aumentar la intensidad de una señal.

Fader, Control de volumen.

Fading, Alteración de los colores, debilitamiento (fot.), desvanecimiento de la señal (radio); **artificial** —, desvanecimiento artificial; **selective** —, desvanecimiento selectivo.

Fadding, Barnizado con muñequilla.

Fagot or **Faggot,** Empaquetado, paquete, paquete (pudelado); — **iron,** hierro pudelado en paquete; **to** —, pudelar (met.).

Fagotted, Pudelado; — **iron,** hierro pudelado.

Fagotting, Pudelado en paquete.

Fail (To), Averiarse.

Failure, Avería, desarreglo, mal funcionamiento, rotura; **bucket** —, rotura de álabes; **engine** —, avería de motor; **fatigue** —, rotura por fatiga.

Faint run, Mal colado.

Fairing, Carenaje.

Fairwater, Chapa o pieza fundida currentiforme.

Fake, Arena micácea.

Fall, Bajada, caída, pendiente; **cathode** —, caída catódica; **free** —, caída libre (de un trépano); **to** — **in,** derrumbarse, desmoronar, hundirse.

Fallback, Residuos que vuelven a caer cerca del punto de detonación.

Falling axe, Destral; — **board,** pieza rebatible; — **leaf,** hoja muerta (aviación); — **in,** desplome (pizarrería); — **out of step,** desincronizado (elec.).

False, Toda pieza apoyada contra otra para reforzarla o protegerla; — **cleavage,** crucero falso; — **core,** piezas embutidas.

Falun, Falun (geología).

Famp, Arcilloso.

Fan, Agitador (fabricación de jabón), soplantes, ventilador; — **belt,** correa de ventilador; — **blade,** aleta de ventilador; — **blower,** fuelles de forja; — **driving pulley,** polea de accionamiento de ventilador; — **marker,** marcador en abanico; — **shaped,** en abanico; — **shaped antenna,** antena en abanico; — **spindle,** eje de ventilador; **accomodation** —, ventilador de las instalaciones; **axial flow** —, ventilador helicoidal; **centrifugal** — **or screw** —, ventilador centrífugo; **directed** — **engine,** turborreactor de doble flujo o de ventilador auxiliar; **forced draft** —, ventilador de tiro forzado; **helicoidal** —, ventilador helicoidal; **induced draft** —, ventilador de tiro inducido; **motor** — **set,** grupo motoventilador; **propeller** —, ventilador helicoidal; **ventilation** —, ventilador de aeración; **wind tunnel** —, ventilador de fuelle.

Fang, Cola, espiga de cuchillo, gusanillo, uña de cerradura, vástago; — **of a tool,** cola o vástago de herramienta, espiga.

Fanners, Ventiladores para forja.

Fantascope, Estereoscopio.

Farad, Faradio (unidad de capacidad eléctrica).

Faraday chamber, Cámara de ionización.

Faradic, De Faraday; — **currents,** corrientes de Faraday.

Faradism, Faradización.

Faradmeter, Faradímetro.

Fare, Tarifa; **air** —, tarifa aérea; **off peak** —, tarifa fuera de la hora de puntas (elec.); **return** —, tarifa de ida y vuelta; **single** —, tarifa de ida.

F. A. S. (Free alongside steamer).

Fash, Rebaba, rebaba saliente formada al colar el molde.

Fashion piece or fashion timber, Aleta (buques).

Fast, Adelantado (relojería), compacto, firme, sólido; — **on nut,** tuerca de seguridad; — **pulley,** polea fija; **to make** —, amarrar.

Fasten (To), Apretar, atar, calar, sujetar.

Fastener, Afianzador, aparato de fijación, asegurador, cerrojo; **belt fasteners,** grapas para correas; **strap type** —, cerrojo de correas; **zip** —, cierre de cremallera.

Fastening, Amarraje, anclaje, atadura, clavazón, conjunto de clavijas, fijación, ligazón, moldes; — **of moulds,** cierre del molde; **dumb** —, clavazón de cabeza perdida; **iron** —, clavazón de hierro.

Fat, Graso.

Fathom, Braza (1,829 m); — **wood,** madera de trama.

Fathometer, Sondador acústico.

Fatigue, Fatiga; — **failure,** rotura por fatiga; — **machine,** máquina de ensayo de fatiga; — **strength,** resistencia a la fatiga; — **test,** ensayo de fatiga; — **testing machine,** máquina de ensayo a la fatiga; **photoelectric** —, fatiga fotoeléctrica.

Fats, Cuerpo graso; **animal** —, grasas animales.

Fatty acids, Ácidos grasos.

Fatwood, Pino resinoso.

Faucet, Canilla, muestra, ranura; — **hole,** entalladura; — **pipe,** tubo de enchufe.

Fauld, Tongada de la timpa.

Fault, Carbón malo, defecto, falla, pérdida (elec.); — **finder,** localizador de averías; — **of insulation,** defecto de aislamiento.

Fault finder, Buscafugas.

Faulted, Averiado, en mal estado.

Faulting, Fallamiento.

Fay, Cepillo, guillame; **to** —, aflorar.

Fearnaught, Carda de lana.

Feather, Espárrago, lengüeta, nervadura, nervio, pasador, pitón; — **alum,** alumbre capilar; — **brick,** llave de cornisa; — **edge,** bisel, chaflán; — **edged,** tallado en bisel; — **file,** lima pluma; — **key,** véase Key; — **of a valve,** guía de válvula; — **tongue,** lengüeta de ranura (carp.).

Feathered, Granular (met.).

Feathering, Puesta en bandolera (hélice); — **paddle,** paleta articulada de una rueda.

Featherweight, De escasa importancia.

Features, Características.

Feazings, Estopa.

Fed, Alimentado.

Fee, Tasa; **automatic** — **registration,** registro; **unit** —, tasa unitaria.

Feed, Alimentación (madera), aprovisionamiento, avance, espesor de metal arrancado por una herramienta, mecanismo que gobierna el avance de una herramienta; — **apparatus,** aparato de alimentación; — **apron,** correa sin fin para el aprovisionamiento de una máquina; — **arm,** palanca de alimentación; — **back,** alimentación en retorno, reacción (radio); — **bar,** barra de avance; — **box,** caja de los engranajes de avance; — **by gravity,** alimentación por gravedad; — **chute,** conducto de alimentación; — **compressor,** compresor de alimentación; — **doubler,** duplicador de avances; — **engine,** máquina auxiliar; — **handle,** manecilla de avance; — **head,** chorro de colada, mazarota; — **heater,** recalentador de agua de alimentación; — **index plate,** plato indicador de los avances; — **lever,** palanca de avance; — **mechanism,** mecanismo de avance; — **movement,** avance de una herramienta; — **pawl,** trinquete de arrastre; — **pump,** bomba de alimentación; — **rack,** cremallera de avance; — **screw,** tornillo de accionamiento del avaice; — **shaft,** árbol de mando del carro; — **snout,** canaleta de alimentación; — **tank,** tanque de alimentación; — **tanks,** depósitos de agua; — **tripping,** disparo del mecanismo de avance (torno); — **trough,** canaleta alimentadora; — **water,** agua de alimentación; — **water heaters,** calentadores del agua de alimentación; **auto or automatic** —, aprovisionamiento automático, avance automático; **automatic** — **regulator,** regulador automático de alimentación; **bar** —, barra de avance (máq.-herr.); **base** —, alimentación por la base; **center** —, alimentación por el centro; **center-** — **linear antenna** —, antena lineal alimentada en el centro; **closed** — **controller,** regulador hermético del circuito de alimentación; **cross** —, avance transversal; **degenerative or inverse** —, alimentación invertida; **downwards** —, avance de profundidad; **directive** —, alimentación directiva; **end** —, alimentación por un extremo; **fast** —, avance rápido; **force or forced** —, alimentación bajo presión; **gravity** —, alimentación en carga por gravedad; **gravity** — **tank,** depósito en carga; **hand** —, avance manual de una herramienta; **hand** — **wheel,** volante de avance a mano; **in** —, avance en profundidad; **inverse or negative** — **back,** contrarreacción; **line** —, cambio de renglón; **longitudinal** —, avance longitudinal; **plunge** —, avance de profundidad; **power** —, avance automático, avance mecánico; **pressure** —, alimentación a presión; **rack** — **gear,** avance por cremallera; **rack and pinion** —, avance por piñón y cremallera; **radial** —, avance radial; **sensitive** —, avance manual; **series** —, alimentación serie; **shunt** —, alimentación en paralelo; **shunt** — **amplifier,** amplificador con alimentación en paralelo; **slow** —, avance lento; **stabilized** — **back,** reacción estabilizada; **steam** — **pipe,** tubo de alimentación de vapor; **table** —, avance de la mesa; **traverse or transversal** —, avance transversal; **to** —, alimentar; **to** — **the boiler,** alimentar la caldera.

Feedback, Realimentación; — **factor,** coeficiente de realimentación; **linear** — **control system,** sistema lineal de control con realimentación; **negative** —, realimentación negativa; **nonlinear** — **control system,** sistema no lineal de control con realimentación.

Feeder, Alimentador, aparato de alimentación de una máquina cualquiera, fíder (elec.), filón, nodriza, pequeña veta lateral, ramal (ferr.), ramificación, veta; — **tunnel,** túnel alimentador; **concentric-tube** —, alimentador concéntrico; **flight** —, véase **Flight**; **radial** —, fíder radial.

Feeding, Alimentación; — **box,** caja de alimentación; — **cistern,** cisterna de alimentación; — **funnel,** embudo de alimentación; — **head,** mazarota (fund.); — **pump,** bomba de alimentación; — **vessel,** depósito de alimentación; **power** — **station,** estación alimentadora.

Feedwater, Agua de alimentación.

Feel, Reacción; **proportional** —, reacción proporcional.

Feeler, Palpador; — **gauge,** galga palpadora; **electric** —, palpador eléctrico; **threshold of** —, umbral de sensación dolorosa.

Fees, Derechos, gastos; — **per minute,** pies por minuto.

Feldspar or **Feldspath,** Feldespato; **changeable** —, feldespato opalino.

Fell (To), Talar.

Felled, Talado; — **wood,** conjunto de taladas.

Felling, Talado de árboles; — **axe,** hacha de leñador.

Felloe, Llanta de una rueda, pina; — **auger,** taladro de máquina de montar llantas; **strengthening** —, llanta de refuerzo; **wooden** —, llanta de madera.

Felly, Véase **Felloe,** pina (de rueda de madera).

Felspar, Feldespato.

Felt, Borra, fieltro; — **gasket,** guarnición de fieltro; — **joint,** junta de fieltro; — **lined,** forrado de fieltro; **asbestos** —, fieltro de amianto; **asbestos boiler** —, fieltro de amianto para calderas; **to** —, afieltrar.

Felted, Afieltrado.

Felting, Enfieltrado, revestimiento calorífugo (de caldera, de cilindro); **non** —, antiafieltrado.

Female, Hembra (adaptador, enchufe, etc...); — **screw,** tuerca.

Femic, Femico; — **rock,** roca femica.

Femmer, Filón pequeño.

Fence, Fresa, guía del fuste de una herramienta; — **of a plane,** reborde de cepillo.

Fender, Aleta (auto), amortiguador, defensa, espolón (de pilar de puente), estacada, guardabarros, quitapiedras; **front** —, guardabarros delantero; **rear** —, guardabarros trasero.

Ferberite, Tungstato de hierro.

Fermentation, Fermentación; — **gases,** gases de fermentación; — **vats,** cubas de fermentación; **pure** —, fermentación pura.

Ferrate, Ferrato.

Ferrel, Véase **Ferrule.**

Ferreous (poco frecuente), Véase **Ferreous**; **non** — **metal,** metales no férreos.

Ferric, Férrico.

Ferrite, Ferrita; — **core coil,** bobina con núcleo de ferrita; — **separator,** separador de ferrita.

Ferritic, Ferrítico; — **steel,** acero ferrítico.

Ferro, Ferro; — **chromium,** ferrocromo; — **cyanide,** ferrocianuro; — **electric,** ferroeléctrico; — **magnetic,** ferromagnético; — **magnetic resonance,** resonancia ferromagnética; — **manganese,** ferromanganeso; — **molybdenum,** ferromolibdeno; — **nickel,** ferroníquel; — **phosphor or phosphorus,** ferrofósforo; — **resonance,** ferrorresonancia; — **silicon,** ferrosilíceo; — **vanadium,** ferrovanadio.

Ferrometer, Ferrómetro.

Ferroniobium, Ferroniobio.

Ferroreactance, Ferrorreactancia.

Ferrosic, Ferrósico; — **hydride,** hidruro ferrósico.

Ferrous, Ferroso; — **hydroxides,** hidróxidos ferrosos; — **metals,** metales férreos; **non** —, no férreos.

Ferrule, Bobina de perforador de arco, casquillo, férula, manguito, portaelectrodo enfriado por agua, virola, zuncho; **condenser** —, férula de condensador; **to** —, embutir, encasquillar, ferrar un pilote.

Ferruling, Ferulación.

Ferry, Transbordador; — **boat,** barco transbordador; **aerial** —, puente transbordador; **flying** —, puente volante.

Fertilizers, Fertilizantes; **nitrogenous** —, abonos nitrogenados.

Fescolising, Fescolización.

Fettler, Rebarbador (obrero).

Fettling, De desbarbar; — **machine,** máquina de desbarbar; — **material,** material de protección desbarbado.

Fiber or **Fibre,** Fibra; — **breaker,** desfibrador; — **clutch ring,** corona de embrague de fibra (vulcanizada); — **glass,** fibra de vidrio; — **tube,** tubo de fibra; **cellulosic fibers,** fibras celulósicas; **neutral**

—, fibra neutra; **quartz** —, fibra de cuarzo; **synthetic** —, fibra sintética; **textile** —, fibra textil; **vegetable** —, fibra vegetal; **vulcanized** —, fibra vulcanizada.

Fiberboard, Fibra vulcanizada.

Fibrils, Fibrillas.

Fibrous, Fibroso; **rivet of** — **iron,** remache de nervio.

Fiddle, Cabezal portaherramienta de sector (máquina limadora); — **block,** polea diferencial de cuadernal; — **drill,** taladro de relojero.

Fidelity, Fidelidad (de reproducción); — **of an amplifier,** fidelidad de un amplificador; **high** —, alta fidelidad; **high-** — **receiver,** receptor de alta fidelidad.

Fidley, Guardacalor de calderas.

Fiducial, De fe; — **mark,** línea de fe.

Field, Campaña, campo, cuerpo (matemáticas), yacimiento; — **coils,** bobinas inductoras; — **colours,** banderola; — **control,** regulación de la excitación; — **current,** corriente inductora; — **distribution,** distribución del campo (elec.); — **forge,** fragua portátil; — **grid,** rejilla de campo; — **gun or piece,** pieza de campaña; — **intensity,** intensidad de campo; — **lens,** lente de campo; — **mapping,** representación de un campo; — **of vision,** campo visual; — **pole,** polo inductor; — **rheostat,** reóstato de campo; — **sketching,** dibujo topográfico; — **strength,** intensidad del campo; — **windings,** devanados inductores; — **work,** trabajos de campo; **a** —, campo eléctrico; **air** —, aeródromo; **alternating** —, campo alternativo; **claw** — **generator,** generador de polos dentados; **coal** —, cuenca hullera; **contours of constant** — **intensity,** líneas de intensidad de campo constante; **deflecting** —, campo desviador; **differential** —, campo diferencial (mat.); **disturbing** —, campo perturbador; **electric** — **component,** componente del campo eléctrico; **electric** — **lines,** líneas de campo eléctrico; **electromagnetic** —, campo electromagnético; **electrostatic** —, campo electrostático; **far** —, campo a distancia; **G** —, campo magnético; **gravitational** —, campo gravitatorio; **induction** —, campo de inducción; **magnetic** —, campo magnético; **magnetic** — **line,** línea de fuerza magnética; **meson** —, campo mesónico; **near** —, campo próximo; **oscillating** —, campo oscilante; **patch** —, campo particular; **pulsating** —, campo pulsatorio; **radial** —, campo radial (elec.); **radiation** —, campo de radiación; **radio** — **intensity,** intensidad de campo radioeléctrico; **retarded** —, campo retardado; **retarding** — **tube,** tubo de campo retardador; **rotary or rotatory or rotating current** —, campo giratorio; **scalar** —, campo escalar; **scanning** —, campo de exploración; **shunt** — **relay,** relé de campo derivado; **stray** —, campo de dispersión; **swinging** —, campo oscilante; **unabsorbed** — **intensity,** campo sin aborción; **unifield** —, campo unificado; **uniform** —, campo uniforme; **vector** —, campo vectorial.

Fighter, Avión de caza, cazador (avión); — **gunnery,** práctica de tiro con los cañones fijos de un cazador; **day** —, cazador de día; **jet** —, caza a reacción; **night** —, cazador de noche; **single seat** —, caza monoplaza.

Figure, Cifra, figura (geometría); **integrated noise** —, amplificador integrador; **noise** —, factor de ruido, índice de ruido; **pulling** —, índice de arrastre; **single frequency noise** —, índice de ruido de una sola frecuencia; **to** —, acotar (dibujo), dar forma.

Figuring, De marquetería; — **lathe,** torno de marquetería; — **machine,** máquina de adamascar.

Filament, Filamento (de lámpara de incandescencia); — **battery,** batería de filamento; — **circuit,** circuito de filamento (radio); — **current,** corriente de caldeo; —

resistance or rheostat, resistencia de caldeo; — **voltage,** tensión de caldeo; **coiled-coil** —, filamento doblemente arrollado; **metal** —, filamento metálico.

Filatory, Máquina de hilar.

File, Colección de periódicos o de papeles, escofina, lima, raspador; — **cutter,** picador de limas; — **cutter's chisel,** cincel para limas; — **cutting machine,** máquina para picar limas; — **dust,** limaduras; — **hardening,** temple de las limas; — **plate,** costilla, escudo; — **stroke,** corte de lima, pasador de lima; — **tooth,** diente de lima; **adjusting** —, lima de ajustador; **angular** —, lima angular; **arm** —, lima carretela, lima cuadrada; **auriform** —, lima triangular pequeña abombada por una cara; **balance wheel** —, lima de rueda de encuentro; **banking** —, lima plana triangular; **barrette** —, lima triangular tallada solamente por una de sus caras; **bastard** —, lima basta, lima bastarda; **blade** —, lima de hender, lima de llave; **blunt** —, lima paralela; **bone** —, lima de hueso; **bow** —, escofina curva, lima de media caña; **bundle** —, lima en paquete; **cabinet** —, lima de ebanista; **cant** —, lima para colas de milano, lima triangular en bisel; **circular saw** —, lima circular para sierras, lima redonda; **coarse** —, lima basta; **coarse tooth** —, limatón; **cotter** —, lima plana grande; **cross bar** —, lima almendrilla; **cross cut** —, lima de talla cruzada; **crossing** — **or cross** —, lima de hoja de savia; **currycomb** —, lima de almohaza; **curved** —, lima en bóveda; **cut of a** —, lima giratoria; **dead** —, lima sorda; **dead smooth** —, lima extrafina; **disc** —, lima giratoria; **double cut** —, lima de doble picadura; **double half round** —, lima de hoja de savia; **dovetail** —, lima de cola de milano; **drill** —, lima para bisagras; **entering** —, lima de entrada; **equaling** — **or equalizing** —, lima de igualar; **feather edged** —, lima de rombo, lima espada; **fine toothed** —, lima fina; **five canted** —, lima para colas de milano cuyos lados forman un ángulo de 108°; **flat** —, lima plana; **flat half round** —, lima plana de media caña; **frame saw** —, lima de media caña de sierra; **gin saw** —, lima cuchilla para sierras; **grater** —, escofina para madera; **great American** —, lima triangular abombada por una cara; **guletting** —, lima para las sierras de gatillo o en bisel; **hack** —, lima cuchilla, lima de escudo; **half round** —, lima de media caña; **heavy square** —, limatón cuadrado; **hollow edge pinion** —, lima cuchillas de bordes huecos; **increment cut** —, lima de picadura irregular; **key** —, lima de hender; **knife** —, lima de cuchilla; **lightning** —, véase **Five canted**; **lock** —, lima hexagonal poco gruesa con picadura por una cara solamente; **middle** —, lima semifina; **mill** —, lima de punta afilada de picadura bastarda o semifina; **mill saw** —, lima para sierras; **needle** —, lima de aguja; **noiseless** —, lima sorda; **notching** —, lima de relojero; **overcut** —, lima con primera picadura; **parallel** —, lima paralela; **pillar** —, lima carleta; **pinion** —, lima de piñón; **pippin** —, lima triangular pequeña con una cara abombada; **pitsaw** —, lima de media caña de picadura simple sin picadura en la punta; **pivot** —, lima carleta plana; **planchet** —, lima de desbarbar; **planing** —, lima de alisar; **polishing** —, lima carleta; **potence** —, lima carleta, lima fina; **rasp** —, escofina; **rat-tail** —, lima de cola de ratón; **reaper** —, lima ligeramente cónica para afilar las herramientas de corte; **rifle** —, escofina curva; **rough** —, lima cuadrada, lima gruesa, limatón; **round** —, lima de cola de ratón, lima redonda; **round edge joint** —, lima de cantos redondeados para juntas; **rubber** —, lima sin picadura en una de sus caras por lo menos; **safe edge** —, **off** —, lima de redondear; **saw** —, lima triangular;

screw head —, lima de hender; **second cut** —, lima semifina; **sharp** —, lima viva; **single cut** —, lima de picadura sencilla; **six canted** —, lima para colas de milano cuyos lados iguales forman un ángulo de 120º; **slot or slotting** —, lima espada; **smooth** —, lima fina; **square** —, lima cuadrada; **state saw** —, lima en forma de pan de azúcar; **taper** —, lima puntiaguda; **tarnishing** —, lima cónica, lima de deslustrar; **thin** —, lima de hoja de savia; **thinning** —, lima almendrilla; **three square** —, lima triangular; **toothed** —, lima basta; **topping** —, lima plana de bordes redondos sin picadura en la punta; **triangular** —, lima triangular; **tumbler** —, lima ovalada y puntiaguda; **turning** —, lima giratoria; **up cut** —, lima de doble picadura; **warding** —, lima plana ligeramente puntiaguda para tallar los paletones de las cerraduras; **watch** —, lima de relojero; **to** —, clasificar, limar; **to** — **across**, limar transversalmente; **to** — **lengthwise**, desbarbar a la lima; **to** — **over**, pasar la lima sobre; **to cut a** —, picar una lima.

Filer, Ajustador mecánico, limador, filigrana.

Filigree, Filigrana (joyería).

Filing, Catalogación, clasificación; — **block**, bigornia de yunque; — **board**, bigornia de yunque; — **disk**, disco de limado; — **machine**, limadora, máquina de limar; — **vice**, tornillo de mano, tornillo limador para sierras.

Filings, Limaduras.

Fill, Descarga, terraplén; — **earth**, tierra de desmonte; **to** —, cargar (un horno), hacer el lleno, llenar, llenar (calderas); **to** — **up**, atochar, rellenar, terraplenar.

Filled (Oil) bushing, Aislador de cruce.

Filler, Cargador, piedra de sillería, productos de aporte (soldadura); — **cap**, tapón de relleno; — **materials**, productos de aparte; — **metal**, metal de aporte; — **neck**, boca de llenado; — **pieces**, calas; — **plug**, tapón de relleno; — **strip**, tira de relleno; **back** —, rellenazanjas.

Fillet, Cordón de soldadura, filete (de tornillo), listel, marco de yeso que rodea el cerco de la puerta, patente (máquinas); — **weld**, soldadura de ángulo; **continuous** —, soldadura continua.

Filling, Alma de un cable, cargazón, relleno; — **pile**, pilote de sostén de tablestacado; — **place**, piedra de rustina; — **substance**, materia inerte; — **trowel**, paletín para rejuntar; — **up**, desmonte; — **up putty**, masilla para espátula; **back** —, terraplenado; **back** — **machine**, terraplenadora; **back** — **materials**, materiales de relleno; **beam** —, relleno de mortero o de yeso.

Fillister, Alféizar, ranura de encaje; — **(screw) head**, cabeza redonda de perno, tornillo de cabeza redonda ranurada cilíndricamente.

Film, Membrana, película; — **cartridge**, carrete de película; — **developing machine**, máquina para revelar películas; — **holder**, portapelícula; — **pack**, carrete de película; — **reel**, rodillo de películas; — **splicer**, empalmadora de filmes; — **spool**, bobina de películas; **atomic** — **emitter**, emisor de película atómica; **micro** —, microfilm; **organic** —, película orgánica; **oxide** —, película de óxido; **oxide** — **arrester**, pararrayos de capa de óxido; **resistive** —, película resistiva; **thin** —, capa delgada, película.

Filter, Filtrador (radio), filtro; — **attenuation band**, banda de amortiguamiento de frecuencias; — **cap**, manga para filtrar; — **capacitor**, condensador de filtrador; **cartridge**, cartucho filtrante; — **choke**, bobina de filtrado; — **holder**, portafiltros; — **pass band**, banda de transmisión; — **press**, prensafiltro; — **stop band**, banda de detención de frecuencias; **air** —, filtro de aire; **all pass** —, filtro de todo paso; **band pass** —, filtro de paso banda; **band stop** —, filtro de banda eliminada; **birefringent** —, filtro birrefringente; **capacitor input** —, filtro de entrada capacitiva; **carbon** —, filtro de carbón; **cascade filters,** filtros en cascada; **cavity** —, filtro de cavidad; **channel** —, filtro de canal; **choke-capacity** —, filtro de inductancia y capacidad; **choke input** —, filtro de entrada inductiva; **correcting** —, filtro corrector; **crosstalk suppression** —, filtro supresor de diafonía; **crystal** —, filtro de cristal; **daylight** —, filtro de luz de día; **decoupling** —, filtro de desacoplo; **directional** —, filtro direccional; **electric** —, filtro eléctrico; **folded** —, filtro de pliegues; **high pass** —, filtro de paso alto; **isolation** —, filtro de separación; **junction** —, efecto de contacto; **light** —, pantalla; **line** —, filtro de línea; **low pass** —, filtro de paso bajo; **mechanical** —, filtro mecánico; **noise** —, filtro de ruidos; **optical** —, filtro óptico; **pilot pick-off** —, filtro de selección de piloto; **resonant** —, filtro de resonancia; **sending** —, filtro de emisión; **vacuum** —, filtro de vacío; **wave** —, amortiguador de olas; **to** —, filtrar; **to — into,** infiltrarse.

Filtering board for buddling, Horquilla de lavado.

Filtrate, Filtrado; **micro** —, microfiltración.

Filtration, Filtración; **pressure** —, filtración bajo presión; **vacuum** —, filtración por vacío.

Filty, Grisú.

Fin, Alerón, aleta (de tubos fundidos), apéndice, batiduras de laminación, deriva, estabilizadores, plano de deriva, plano fijo vertical, planos de cola, rebaba de fundición; — **tube,** tubo de aletas; **cooling** —, aleta de enfriamiento; **dorsal** —, deriva (aviac.); **stabiliser** —, apéndice estabilizador, plano; **twin** —, doble deriva.

Finance, Finanzas.

Financing, Financiación.

Finder, Buscador (anteojo), enfocador (foto), palpador; — **view,** buscador, visor; **aural-null direction finder,** radiogoniómetro acústico; **Bellini-Tosi direction** —, radiogoniómetro Bellini-Tosi; **compensated-loop direction** —, radiogoniómetro de cuadro compensado; **direction** —, radiogoniómetro; **directly connected** —, buscador preferente; **fault** —, localizador de averías; **first line** —, buscador primario; **height** —, altímetro; **indirectly connected** —, buscador ordinario; **line — with allotter switch,** buscador preselector; **radio-direction-** —, radiogoniómetro; **range** —, telémetro; **Robinson direction** —, radiogoniómetro Robinson; **rotating direction** —, radiogoniómetro de cuadro móvil; **second line** —, buscador secundario; **spaced-aerial direction** —, radiogoniómetro de antenas separadas; **testing** —, buscador de prueba.

Finding, Determinación; **position** —, determinación de posición; **radio direction** —, radiogoniometría; **sense-** —, indicación del sentido.

Fine, Agudo, de mallas finas, desagregado, fino, hulla menuda, menudo, multa, puntiagudo; — **grained,** de grano fino (hierro, acero, etc...); — **pitch stop,** tope de paso corto (de hélice); — **wire scattering,** pantalla de mallas finas; **returned fines,** finos reciclados; **to** —, afinar (metal), clarificar, depurar; **to — bore,** calibrar, pulir el cañón de un arma de fuego.

Finegrader, Niveladora de precisión.

Fineness, Afinamiento; — **ratio,** rotación de alargamiento.

Finer, Afinador.

Finery, Bajo horno, horno de afinar; — **cinders,** escorias de bajo horno.

Fingelman, Conductor.

Finger, Dedo, manecilla; — **board,** teclado; — **crucible,** crisol hueco; — **grip,** extractor (de instrumentos de sondeo); — **nut,** tuerca de orejetas; **selecting** —, dedo selector.

Fining, Afino, refinado; — **slag,** escoria de afino; **German** — **forge,** forja de afino.

Finish, Terminado; **lap** —, pulido; **mirror** —, acabado especular; **satin** —, pulido satinado; **surface** —, acabado de superficie; **to** — **bore,** taladrar con precisión.

Finishing, Acabado, acabamiento, apresto, fin, última mano; — **bit,** alisador, pulidor; — **cut or pass,** pasada de acabado; — **lathe,** torno de segunda operación; — **machine,** máquina de acabado; — **rate,** régimen de fin de carga (acumuladores); — **tool,** herramienta de acabado; — **work,** acabado; **cloth** — **machine,** aprestadora de tejidos; **satin** —, acabado satinado.

Fink, Esquirol.

Finshaft, Eje de la aleta.

Fir, Abeto; — **joist,** viga de abeto; — **tree,** abeto; **petrified** — **wood,** elatita; **silver** — **tree,** abeto blanco.

Fire, Fuego, incendio; — **assay,** copelación; — **bar,** barrote de parrilla; — **box,** hogar; — **box plate,** placa de cabeza de la caja de fuego; — **box shell,** camisa del hogar; — **box top,** cielo de la caja de fuego; — **bricks,** ladrillos refractarios; — **bridge,** altar de horno, puente de horno; — **chest,** caja de fuego; — **clay,** arcilla refractaria; — **coat,** película de óxido que se forma sobre un metal calentado; — **crack,** crica; — **crown,** cielo de hogar; — **damp,** grisú; — **detector,** detector de incendios; — **door,** puerta de horno; — **engine,** bomba de incendios; — **escape,** escalera para caso de incendio; — **extinguishers,** extinctores de incendios; — **fighting,** lucha contra el incendio; — **flooring,** piso de caldeo; — **grate,** parrilla de horno; — **hazards,** peligros de incendio; — **hole,** boca de un hogar, boca de un horno; — **hook,** hurgón (herramienta de caldeo); — **hose,** manguera; — **irons,** instrumentos de caldeo (hurgones, atizadores, picafuegos, etc...); — **killed,** destruido por el fuego; — **lump,** ladrillo refractario; — **pan,** brasero, chofeta; — **plug,** grifo de extinción de fuegos, grifo de incendios, toma de agua; — **point,** punto de combustión; — **power,** potencia de fuego; — **precautions,** precauciones contra el incendio; — **pricker,** hurgón; — **proof,** a prueba de fuego; — **proof bulkhead,** tabique parafuegos; — **proof wood,** madera no inflamable; — **proofness,** incombustibilidad; — **rake,** hurgón; — **retardant,** retardador del fuego; — **screen,** pantalla de retroceso de llama, tabique parafuegos; — **shovel,** pala de fogonero; — **slice,** picafuego (herramienta de caldeo); — **stone,** pedernal, piedra refractaria, pirita de hierro; — **surface,** superficie de caldeo; — **tile,** ladrillo refractario, teja; — **tongs,** pinzas, tenacillas; — **tube,** hervidor, tubo de humo (calderas); — **vault,** bóveda (horno de vidrio), horno de recalentar (fabricación de tejas); — **wall,** chapa, tabique; — **works,** fuegos artificiales; **area of** — **bars,** superficie de parrilla; **back** —, retorno de llama; **bar of a** — **grate,** barrote de parrilla; **bloomery** —, forja catalana, hogar bajo; **dead** —, fuego que arde mal; **to** — **tin,** estañar a fuego; **to** — **up the engine,** encender los fuegos; **to brisk up the fires,** avivar los fuegos; **to draw the fires engines,** apagar los fuegos; **to let the fires down,** dejar apagarse los fuegos; **to miss** —, errar el disparo; **to put back the fires,** respaldar los fuegos; **to put out the fires,** ahogar los fuegos, apagar los fuegos; **to stir, to urge the fires,** avivar los fuegos.

Fired, Caldeado; — **with oil,** calentado con petróleo; **gas** —, calentado con gas; **oil** — **boiler,** caldera de calefacción por nafta.

Fireman, Bombero, fogonero.

Firesides, Superficies expuestas al fuego.

Firing, Acción de quemar, calda, caldeo, calefacción, cocción, encendido, pega de mina, tiro; — **angle,** ángulo de tiro; — **apparatus or** — **device,** aparato de encendido; — **order,** orden de ignición (motor); — **potential,** potencial de incendio; — **up,** acción de avivar los fuegos; **oil** —, caldeo por aceites combustibles; **pulverized coal** —, caldeo por carbón pulverizado; **quick** —, tiro rápido.

Firkin, Medida (9 galones de cerveza).

Firm, Manufactura, taller.

Firmer, Cincel en bisel, formón.

Firmness, Firmeza.

First, Primero; — **aid,** primeros socorros; — **bit,** instrumento para cebar; — **speed,** primera velocidad (auto); — **speed pinion,** piñón de primera velocidad; — **speed wheel,** rueda de primera velocidad.

Fish, Perno; — **bolt,** perno de brida, perno de cubrejunta; — **joint,** eclisa; — **paper,** fibra aislante; — **plate,** brida; — **tail burner,** quemador de gas de dos orificios; **casing** — **plate,** eclisa de desahogo; **channel** — **plate,** brida en U; **to** —, eclisar, montar una pieza de una estructura por entablillado.

Fished, Armado; — **beam,** viga armada.

Fishing, Eclisaje; — **tap,** macho pescador (sondeos).

Fishplate, Cubrejunta; **exterior** —, eclisa exterior; **interior** —, eclisa interior; **shallow** —, eclisa plana.

Fishtail, En cola de pez; — **mount,** montaje en cola de pez.

Fission, Fisión; — **chamber,** cámara de fisión; — **products,** productos de fisión; **atomic** —, fisión atómica; **nuclear** —, escisión nuclear (fisión), fisión nuclear.

Fissionable, Fisionable.

Fissure, Crica, desplome, grieta, lobo.

F. I. T., Libre de impuesto sobre la renta.

Fit, Ajustado, ajuste, enmangado, unión de chaveta; **clearance** —, ajuste con rebajado; **exact** —, ajuste duro; **force** —, ajustamiento forzado; **form** — **tank,** cuba ajustada (transformador); **form** — **transformer,** transformador de cuba ajustada; **pressed on** —, calado con prensa; **shrink or shrunk on** —, ajuste por contracción, calado por contracción; **tight** —, ajuste con apriete, ajuste duro; **to** —, explotar (minas), montar; **to** — **up an engine,** montar una máquina.

Fitness, Aptitudes, competencia.

Fitted, Ajustado, colocado, equipado, montado.

Fitter, Ajustador, montador.

Fitting, Ajuste, montaje; — **in,** encastramiento; — **out dock,** dársena de armamento; — **shop,** taller de ajuste; — **up of a machine,** montaje de una máquina.

Fittings, Accesorios (de máquinas, etc...); **boiler** —, accesorios de calderas; **electric** —, accesorios eléctricos; **engine** —, accesorios de máquinas; **pipe** —, racor.

Fix, Brasca; **to** —, coagularse, colocar los raíles, fijar, solidificarse.

Fixed, Fijo, no variable; — **bed,** banco fijo; — **capacitor,** condensador no regulable; — **disc,** disco fijo; — **lead magneto,** magneto de avance fijo; — **resistor,** resistencia fija.

Fixedness, Fijeza.

Fixing, Colocación, fijación, fijado (fotografía), montaje, tendido.

Fixings, Accesorios.

Fixture, Aparato, arreglo, equipo, fijación, instalación, montaje, montaje de fabricación.

Fixtures, Aparamenta, objetos de unión.

Fizz (To), Fundirse.

Fizzing, Resudante, sudante; — **heat,** blanco resudante.

Flag basket, Cesta de herramientas.

Flake, Bastidor de abrigo, chispa, copo, escama, trozo de hielo; **graphite flakes,** escamas de grafito; **mica flakes,** escamas de mica.

Flame, Llama, soplete; — **arrester,** dispositivo antirretroceso de llama, parallamas; — **bridge,** altar (caldera); — **cutter,** soplete de corte; — **detector or failure indicator,** indicador de extinción; — **hardening,** cementación a la llama (oxiacetilénica), temple al soplete; — **holder,** quemador; — **microphone,** micrófono de llama; — **proof,** ignifugado; — **resistant,** incombustible; — **spectrophotometry,** espectrofotometría a la llama; — **stability,** estabilidad de la llama; — **thrower,** lanzallamas; — **trap,** parallamas; — **tube,** cámara de combustión (turborreactor), canal de llamas, hervidor; **air acetylene** —, llama aeroacetilénica; **back** —, retroceso de llama; **direct** — **boiler,** caldera de llama directa; **return** —, retroceso de llama; **return** — **boiler,** caldera de retroceso de llama; **to** — **gouge,** ranurar con soplete; **white** —, caldera resudante (forja).

Flaming, En llamas, flameante; — **furnace,** horno de reverbero, horno durmiente.

Flamper, Capas de mineral de hierro arcilloso.

Flange or **Flanch** (rare), Ala de larguero, ala de una viga, brida, cabeza de carril, collarín, cordón, herramienta de moldeador para formar las pestañas, mordaza, pestaña, placa, placa de asiento, plato (de un motor), reborde, saliente, tensor; — **angle,** brida angular; — **assembly,** junta de brida; — **connection,** junta de brida; — **of a wheel,** pestaña de una rueda, reborde; **backing up** —, brida; **blank** — **or blind** —, brida de obturación, junta llena; **bottom** —, reborde inferior de traviesa; **coupling** —, collar de acoplamiento; **exhaust** —, brida de escape; **flanges of the half boxes,** orejetas de las cajas de moldeo (fund.); **hub** —, brida de cubo; **inlet** —, brida emisión; **lower** —, asiento de un carril; **moveable** —, brida móvil (tubo); **screw** — **coupling,** acoplamiento de bridas y de bulones, empalme de bridas roscadas y pernos; **spindle** —, collarín de broca (máq.-herr.); **tyre** —, talón de cubierta de neumático; **wheel** —, pestaña de rueda; **wide** — **beam,** viga de alas anchas.

Flanged, Con aletas, con bordes redondeados, con collar, con collarín, con pestañas, embutido; — **iron sheet,** chapa de bordes redondeados; — **motor,** motor con nervaduras: — **radiator,** radiador de aletas (auto).

Flanger, Pestañadora.

Flanging, Colocación de una brida en tubo, desmonte, embutición, rebordeadora, redondeamiento de un borde; — **machine,** máquina de rebordear, máquina de ribetear.

Flap, Aleta, aleta hipersustentadora (aviac.), paleta, válvula de charnela; — **door,** trampilla; — **extension,** extensión de los flaps; — **shutter,** obturador de aletas; — **sight,** borde de charnela; — **valve,** válvula de mariposa; **balancing** —, alerón; **blast pipe** —, regulador de escape; **brake flaps,** freno flap; **camber** —, flap de curvatura; **cowl flaps,** aleta del capó; **dive flaps,** flaps de picado; **double slotted** —, flap de doble ranura; **double split** —, flaps de dobles bordes de fuga; **flaps deflected, down, lowered,** flaps extendidos, abatidos; **flaps down,** flaps extendidos; **flaps retracted up,** flaps retractados; **full** —, flap extendido; **high lift** —, aleta hipersustentadora; **hinged** —, flap articulado; **landing flaps,** flaps de aterrizaje;

lower —, flap de intradós; **slotted** —, flap con hendiduras; **speed reducing** —, freno flap; **split** —, flap de intradós; **the belt flaps,** la correa da sacudidas; **underwater** —, aleta hidrodinámica; **wing** —, flap de curvatura, flap de intradós, plano de alabeo.

Flapped, Con bordes redondeados.

Flapping, Batimiento, con aleteo.

Flarability, Abocinabilidad.

Flare, Cohete luminoso, mancha central; — **back,** retroceso de llama; **flares,** llamas; **landing** —, cohete de aterrizaje; **parachute** —, cohete con paracaídas; **to** —, brillar, sobresalir.

Flareback, Retroceso de la llama.

Flared up tubes, Tubos abocinados.

Flaring, Brillante, chispeante, destelleante, desviamiento, reviro de cuadernas.

Flash, Arco o aro de fuego en el colector, brillo, carburación de los filamentos de la lámpara de incandescencia, destello, rebaba, relámpago; — **boiler,** caldera de vaporización instantánea; — **burner,** quemador de gas con encendido eléctrico; — **discharge tube,** tubo de descarga condensada; — **drum,** calderín de expansión; — **evaporation,** evaporación por expansión; — **lamp,** lámpara de centelleo; — **light,** flash fotográfico, luz de destellos; — **over,** cebado; — **point,** temperatura de desprendimiento, temperatura de inflamabilidad; — **tower,** torre de expansión; — **tube,** lámpara de destello; **busy** —, indicación luminosa de ocupado; **to** — **over,** cebarse (arco).

Flashboard, Alza móvil.

Flasher, Véase **Flash boiler.**

Flashes, Aro de fuego en el colector.

Flashgun, Disparador de flas.

Flashing, Banda de plomo o de zinc para junta, carburación de un filamento; — **lamp,** lámpara de destello; — **point,** véase **Point.**

Flashlight batteries, Pilas secas.

Flashover or **Flashingover,** Descarga disruptiva, formación de arco eléctrico.

Flask, Cajas superior e inferior de moldeo, gualdera, matraz; — **moulding,** moldeo con cajas (fund.); **air** —, depósito de aire; **bottom** —, caja inferior de moldeo.

Flat, Calzo, de grosor desigual, llano (adj.), plano, plataforma, rotura, veta horizontal; — **bar,** correa plana; — **belt,** buril; — **buffer,** tope plano; — **glass,** vidrio plano; — **grate stoker,** hogar de rejilla plana; — **headed bolt,** perno de cabeza plana; — **headed nail,** clavo de cabeza plana; — **headed screw,** tornillo de cabeza plana; — **loss,** pérdida uniforme; — **pitch,** — **spin,** paso en el ángulo mínimo de la pala; — **pulley,** polea de llanta plana; — **sheet,** chapa plana; — **spin,** barrena plana; — **topped,** de cima plana; — **threaded screw,** tornillo de filete cuadrado.

Flathatting, Postineo (aviación).

Flatlong, De plano.

Flatness, Planeidad; **maximal** — **amplifier,** amplificador de aplanamiento máximo.

Flats, Productos planos.

Flatten (To), Allanar, aplanar, expandir el vidrio, laminar; **to** — **out,** enderezar (avión).

Flattener, Expandidor (vidrio), llama de aplanar.

Flattening, Estirado, laminado, pulimentado de los espejos; — **machine,** máquina de aplanar; — **oven,** horno de estirado; — **stone,** piedra de estirar, piedra de extender.

Flatter, Laminador, llana de aplanar, rodillo.

Flatting, Alisamiento, decapado, laminado, pulido, para algunas palabras compuestas ver **Flattening;** — **furnace,** véase **Oven;** — **mill,** cilindro para pulverizar metales, laminador para alambres, molinillo.

Flatways, De plano.

Flaw, Brecha, crica, grieta, hendidura, mella, paja, rajadura.

Flawy, Agrietando, pajoso.

Flax, Lino; — **brake,** desfibradora de lino; — **breaker,** máquina para cortar el lino; — **comb,** peine para lino; — **dressing,** peinado del lino; — **mill,** manufactura de lino; — **seed coal,** antracita en grano muy fino; — **yarn,** hilo de lino.

Flaxen, De lino.

Fleck, Partícula.

Fleecing, Lana espesa, vellón.

Fleet angle, Ángulo de ataque de un cable.

Flesh (To), Descarnar, rastrillar.

Fleshing, Limpieza de las pieles.

Fletners, Fletners, superficies de compensación de los timones.

Fletz, Capa horizontal (minas); — **formation,** roca secundaria.

Flexibility, Flexibilidad, ligereza; **building-block** —, flexibilidad de unidades.

Flexible, Articulado, flexible, ligero; — **axle,** eje orientable; — **cable,** cable ligero; — **coupling,** acoplamiento elástico, acoplamiento flexible; — **duct,** conducto flexible; — **head,** cabeza articulada; — **resistor,** resistencia ligera; — **shaft,** árbol flexible; — **shafting,** transmisión flexible; — **tube,** tubo flexible.

Fleximeter, Flexímetro.

Flexotraction, Flexotracción.

Flexural, Sometido a flexión; — **members,** barras sometidas a flexión; — **strength test,** ensayo de flexión.

Flexure, Curvatura.

Flicker, Centelleo, destello, variación; — **photometer,** fotómetro de destellos.

Flight or **Flying,** Escuadrilla, vuelo; — **analyser,** analizador de vuelo; — **boat,** hidroavión de casco; — **feeder,** transportador de paletas; — **log,** trazador de ruta (aviac.); — **security,** seguridad aérea; — **simulator,** simulador de vuelo; — **test,** ensayo en vuelo; — **tested,** ensayado en vuelo; — **testing,** ensayos en vuelo; **acceptance** —, vuelo de recepción; **asymetric** —, vuelo asimétrico; **blind** —, vuelo a ciegas, vuelo sin visibilidad; **cruising** —, vuelo de crucero; **diving** —, vuelo en picado; **forward** —, vuelo hacia adelante; **gliding** —, vuelo planeado; **group** —, vuelo de grupo; **high** —, vuelo en altura; **high altitude** —, vuelo en grandes alturas; **horizontal** —, vuelo horizontal; **inverted** —, vuelo invertido; **long** —, vuelo en longitud; **maiden** —, primer vuelo; **night** —, vuelo de noche; **non-stop** —, vuelo sin escalas; **solo** —, vuelo a solas; **stunt** —, vuelo acrobático; **survey** —, vuelo de reconocimiento; **training** —, vuelo de entrenamiento.

Flinching, Descuartizamiento.

Flint, Cuarzo, silex; — **brick,** ladrillo refractario con alto contenido en silex pulverulento; — **clay,** arcilla refractaria; — **coil,** bobina exploradora; — **flop circuit,** circuito de multivibrador.

Flipper, Timón de profundidad (aviones).

Float, Álabe, balsa, balsa para carenar, flotador, paleta (rueda); — **and set,** barniz; — **board,** paleta de rueda hidráulica; — **case,** cajón neumático de cimentación; — **chamber,** cámara, cuba de nivel constante; — **copper,** cobre en estado de finas partículas en suspensión en el agua, cobre nativo encontrado lejos de la roca madre; — **cut,** picadura simple (lima); — **gauge,** nivel de flotador, regulador (calderas); — **hull,** casco de hidroavión; — **needle,** aguja del flotado, vástago del flotador; — **operated valve,** válvula de flotador; — **skin,** enlucido; — **switch,** interruptor de flotador; — **valve,** válvula de flotador, válvula flotante; — **water wheels,** ruedas de álabes; — **weight,** contrapeso del carburador; **alarm** —, flotador de alarma; **amphibious** —, flotador anfibio; **annular** —, flotador anular; **ball** —, flotador esférico; **carburettor** —, flotador de carburador; **detachable** —, flotador alargable; **twin floats,** flotadores emparejados; **wing tip** —, flotador de extremo de ala; **to** —, emitir (un préstamo, acciones), enlucir (un muro), hacer flotar (minerales), lanzar (una compañía, un asunto).

Floating, Flotante; — **altitude,** actitud de flotación; — **battery,** batería flotante; — **charge,** carga flotante; — **derrick,** pontón grúa; — **dock,** dique flotante; — **grid,** rejilla flotante, rejilla libre; — **in,** flotado de un tubo (petróleo).

Floccose, Floculoso.

Flock, Vellón; — **test,** ensayo de floculación; **silk** —, vedija de seda.

Flocking, Aterciopelar.

Flogging chisel, Cortafríos de rebarbar ancho; — **hammer,** martillo para golpear sobre el cortafríos de rebarbar.

Flood, Crecida; — **gate,** alza de presa, compuerta, respiradero de fuelle; **to** —, ahogar (compartimientos, carburador).

Flooding, Ahogo, inundación, llenado (de un recalentador, etc...); **carburettor** —, ahogo de un carburador; **water** —, inyección de agua.

Floodlight, Lámpara de aterrizaje, proyector.

Floodlighting, Iluminación por proyectores.

Floodometer, Escala de crecidas (ríos).

Flookam, Arcilla.

Floor, Encachado (dique seco), fondo, parquet, piso, solado, tablero de puente, varenga; — **board,** piso; — **cloth,** linóleum; — **malting,** maltaje sobre el piso; — **plan,** plano horizontal; — **plate,** chapa varenga; — **space,** cubicación, superficie cubierta; **bridge** —, tablero de puente; **cant** —, varenga; **deep** —, varenga alta; **derrick** —, piso de trabajo (petróleo); **machine** —, sala de máquinas; **shaft** —, sala de árboles; **testing** —, plataforma de pruebas.

Flooring, Entarimado, plataforma, suelo; — **dunnage,** empapado del fondo (buques); — **machine,** máquina de amachambrar.

Floridin, Floridina.

Floss, Escorias de horno de pudelado, fundición blanca para acero, piquera de escorias; — **hole,** véase **Hole**; — **silk,** borra de seda.

Flotation, Flotación, transporte en balsas; — **concentrator,** concentrador por flotación.

Flour, Harina, polvos de esmeril; — **mill,** molino harinero; **to** —, llevar al estado de finas partículas.

Flow, Caudal, circulación, corriente, fluencia, flujo; — **chart,** diagrama de caudales; — **control,** regulador de caudal; — **gauge,** medidor de caudal; — **governor,** regulador de caudal; — **meter or** — **indicator,** fluxímetro, medidor de caudal; — **pattern,** diagrama de circulación; — **rate,** caudal unitario; — **recorder,** registrador de caudal; — **regulator,** regulador de caudal; **air** —, caudal de aire; **axial** —, circulación, flujo axial; **axial** — **compressor,** compresor de flujo axial; **burner** —, caudal del inyector; **cold** —, fluencia en frío; **counter** —, a contracorriente; **double** —, de doble circulación; **free surface** —, circulación libre; **laminar** —, flujo laminar; **multiple** —, de circulación múltiple; **parallel** —, de corrientes de igual sentido; **radial** —, flujo radial; **rate of** —, caudal; **reverse** —, flujo invertido; **ring balance** — **meter,** medidor de caudal de toro pendular; **single** —, de circulación simple; **spill** — **burner,** inyector de retorno; **streamline** —, flujo continuo; **subsonic** —, flujo subsónico; **supersonic** —, flujo supersónico; **turbulent** —, flujo turbulento; **visible** —, caudal visible; **water** — **cooling**, refrigeración por agua; **to** —, circular, correr.

Flowdown (To), Fluir hacia abajo.

Flowers of benzoin, Ácido benzoico; — **of sulphur**, flores de azufre.

Flowing back, Reflujo; — **battery**, pila de circulación; — **furnace**, horno de reverbero.

Flowingness, Fluencia (física).

Flowmeter, Véase **Flow.**

Fluccan, Filón arcilloso, tierra arcillosa.

Fluctuation noise, Ruido de fluctuación.

Flue, Canal de llamas, corriente de llamas, hervidor; — **gas**, gas de combustión; — **gas analyser**, analizador de gas de combustión; — **plate or** — **sheet**, placa de cabeza de los tubos; — **surface**, superficie de caldeo; **bottom** —, canal de llamas por debajo de la solera (horno de coque); **down flues**, corrientes de llamas de arriba hacia abajo; **flash flues**, corriente de llama en sentido de la longitud de la caldera; **sheet** — **boiler**, caldera de láminas; **upper flues**, corrientes de llama de abajo hacia arriba.

Flueless, Sin tubo (estufas).

Fluid, Fluido; — **bearing**, cojinete de fluido; — **dram, drachm**, 1/8 de fluid ounce; — **drive**, transmisión hidráulica; — **mecanics**, mecánica de fluidos; — **ounce**, 29,6 cm^3 (América) 28,4 cm^3 (Inglaterra); **magnetic** — **clutch**, embrague de fluido magnético.

Fluidity, Colabilidad, fluidez; **casting** —, colabilidad.

Fluidize (To), Fluidificar, licuar.

Fluidizer, Fluidizador.

Fluidness, Fluidez.

Flukes, Cola de ballena.

Flume, Canal, conducto; **head** —, canal de cabeza.

Fluoborate, Borofluoruro.

Fluometer, Aparato para la dosificación volumétrica del flúor.

Fluor or **Fluorin**, Flúor; — **spar**, espato flúor; **compact** —, cal compacta impermeabilizada con fluoruros.

Fluorescein, Fluoresceína.

Fluorescence, Fluorescencia; — **lighting**, iluminación por fluorescencia.

Fluorescent, Fluorescente; — **lamp**, lámpara fluorescente; — **screen**, pantalla fluorescente.

Fluoride, Fluoruro; **calcium** —, fluoruro de calcio; **manganous** —, fluoruro de manganeso.

Fluorination, Fluoración.

Fluorite, Espato flúor, fiuorita.

Fluorobenzene, Fluorobenceno.

Fluorocarbon, Fluorocarburo.

Fluorogermanate, Fluorogermanato.

Fluorophosphoric, Fluorofosfórico; — **acid**, ácido fluorofosfórico.

Fluoroscope, Fluoroscopio; **electronic** —, fluoroscopio electrónico.

Fluoroscopic, Fluoroscópico; — **screen**, pantalla fluoroscópica.

Fluoroscopy, Fluoroscopía.

Flush, Encajado, enrasado; — **box**, caja de derivación para cables; — **fitted**, unido con junta lisa; — **valve**, válvula de descarga; — **with**, a flor de, a nivel de; **water** — **system**, sondeo con inyección de agua (petróleo); **to** —, enjugar.

Flushed, Aclarado, enjugado.

Flusher, Aparato para limpieza de alcantarillas.

Flushing, Afloramiento, conexión, empalme, enrasamiento, lixiviación; — **valve**, véase **Flush valve.**

Flushometer, Válvula de limpieza automática.

Flute, Acanaladura, cuchara estriadora (instrumento de modelador para acanalar), ranura; — **bit,** barrena de punta piramidad de sección cuadrada y de dos cortes; **to** —, acanalar, ranurar.

Fluted, Acanalado; — **plug,** tapón acanalado; — **ring,** anillo estriado; **spiral** —, con acanaladuras en espiral; **straight** —, con acanaladuras rectas.

Fluting, Gubia de 150 a 180 grados; — **machine,** máquina de acanalar; — **plane,** cepillo bocel, guillame de acanalar; **cutter for** — **taps,** fresa para tallar los escariadores.

Flutter, Vibración; **airplane** —, radar de cola.

Fluviomarine, Fluviomarino.

Fluviovolcanic, Fluiviovolcánico.

Flux, Castina, caudal, flujo eléctrico, flujo luminoso, fundente (plural **fluxes**); — **meter,** fluxímetro; **aluminous** —, fundente aluminoso; **armature stray** —, flujo de dispersión en el inducido; **average sound-energy** —, flujo medio de potencia acústica; **dielectric** —, flujo dieléctrico; **heat** —, flujo térmico; **instantaneous sound-energy** —, flujo instantáneo de potencia acústica; **limestone** —, castina, fundente calcáreo; **luminous** —, flujo luminoso; **magnetic** —, flujo magnético; **powdered** —, fundente en polvo; **radiant** —, flujo radiante; **radiant** — **density,** densidad de flujo radiante; **reaction** —, flujo de reacción (elec.); **salt** —, fundente salino; **stray or leakage** —, flujo de dispersión; **welding** —, fundente decapante para soldar; **to** —, desagregar.

Fluxed, Atravesado por el flujo (elec.), desagregado.

Fluxgraph, Fluxígrafo.

Fluxibility, Fusibilidad.

Fluxing, Circulación.

Fluxmeter, Fluxímetro.

Fluxoid, Fluxoide.

Fly, Balancín, molinillo regulador de paletas, volante; — **ash,** carbonillas; — **ash arrester,** separador de cenizas volantes; — **cutter,** herramienta pivotante; — **drlll,** perforadora de mano provista de un pequeño volante; — **press,** balancín de tornillo, prensa de balancín; — **reed,** peine desplazable; — **rope,** cable teledinámico; — **wheel,** véase **Flywheel;** — **wheel action,** mando de volante; — **woodbine,** madera de abeto blanco; **to** —, volar contra el viento; **to** — **blind,** volar a ciegas; **to** — **into the wind,** volar contra el viento.

Flying, Véase también **Flight;** — **boat,** hidroavión de casco; — **shear,** sierra pendular; — **spot,** punto luminoso móvil; — **wing,** ala volante; **charter** —, vuelo charter; **high altitude** —, vuelo en grandes alturas.

Flywheel, Volante (máquinas); — **cover,** tapadera del volante; — torno al aire; **boss of the** —, cubo de volante; **overhung** —, volante montado en voladizo; **split** —, volante hendido; **toothed** —, volante dentado.

F. M. (Frequency modulation), Modulación de frecuencias; — **transmitter,** emisor de modulación de frecuencia.

F. O. (For orders), Para órdenes.

Foam, Espuma; — **generator,** generador de espuma; — **rubber,** goma espuma; — **sprayer,** extinctor de espuma.

Foamed, Alveolar, en espuma; — **plastic,** material plástico alveolar.

Foaminess, Formación de espuma.

F. O. B. (Free on board), Puesto a bordo.

Fobs, Cartelas.

F. O. C. (Free of charge), Sin gastos.

Focal, Curva focal, focal (adj.); — **axis,** eje focal; — **distance or** — **length,** distancia focal; — **plane,** plano focal; — **spot,** mancha focal.

Foci, Focos; **conjugate** —, focos conjugados.

Focus (plural **Focuses** or **Foci**), foco (óptica); **depth of —**, profundidad de foco; **pre — cap**, casquete prefocal; **to —**, concentrar, focalizar, poner a punto.

Focuscope, Fococoscopio.

Focused or **Focussed**, Dirigido hacia el foco.

Focusing or **Focussing**, Concentración, focalización, puesta en foco; **— adjustment**, dispositivo de enfoque; **— button**, botón de enfoque; **— coil**, bobina de control del haz eléctrico, devanado de focalización; **— electrode**, electrodo de control; **— of electrons**, enfoque de electrones; **electrostatic —**, enfoque electrostático; **helical —**, focalización helicoidal; **magnetic —**, focalización magnética; **sharp —**, de foco preciso.

Fodder, Medida equivalente a ocho lingotes de fundición; **to —**, cegar una vía de agua.

Fogy, Gratificación por años de servicio.

Foil, Hoja delgada de metal, papel metálico, plano; **aero — section**, plano aerodinámico; **aluminium —**; hoja de aluminio; **dutch —**, tumbaga en hojas delgadas; **gold —**, hoja de oro; **lead —**, hoja fina de plomo; **silver —**, hoja de plata; **thin air —**, plano delgado.

Fold, Arco de timpa, borde redondeado, grapa, inglete, mordaza, pinza, plegamiento, pliegue, repliegue; **to —**, grapar, plegar.

Foldability, Plegabilidad.

Folded, Plegado; **— cavity**, cavidad de efecto acumulativo.

Folder, Plegadora; **time —**, hora de ruta (de tren).

Folding, Curvatura del terreno, plegable, plegamiento; **— hood**, capota plegable; **— machine**, plegadora; **— pannel**, panel plegable; **— press**, prensa plegadora; **— seat**, asiento plegable; **— top**, capota; **cramp — machine**, máquina plegadora.

Foliated, Foliado, lamelar.

Folinic, Fólico; **— acid**, ácido fólico.

Folium, Hoja.

Follow die, Herramienta compuesta que permite realizar varias operaciones con pocos movimientos («gang and follow system»); **— up system**, mecanismo servomotor.

Follower, Alargadera para pilote, collarín de prensaestopas, palpador, pieza accionada por otra, rueda, tapa de pistón; **anode- — amplifier**, amplificador seguidor de ánodo; **ball —**, casquillo de rótula; **cam —**, rodillo de leva.

Following, Seguimiento; **automatic —**, seguimiento automático.

Fontactoscope, Fontactoscopio.

Foodless, Sin alimentos.

Foolproof, A prueba de impericia.

Foot, Depósito, patín de carril, pie (medida), sedimento; **— board**, estribo; **— brake**, freno de pie; **— bridge**, pasarela; **— candle**, bujía-pie; **— guard**, guardapiés; **— hook**, adaptador, codo; **— lbs**, libras-pie (medida de trabajo); **— of a chair**, placa de apoyo de cojinete; **— of a spoke**, soporte de radio de rueda; **— operated**, con mando al pie; **— path**, camino de contrarremolque; **— plate**, piso de caldeo (loc.), plataforma; **— press**, prensa a pedal; **— rest**, reposa-pies; **— screw**, tornillo de calada; **— step**, estribo, pivote, tejuelo; **— step bearing**, rangua; **— stock**, contrapunta; **— ton**, tonelada-pie (medida de trabajo); **— valve**, válvula de pie (condensador); **anvil —**, pie de yunque; **crow's —**, caracola (para extraer varillas de sonda); **cubic —**, pie cúbico; **square —**, pie cuadrado.

Footbridge, Pasadera.

Footing, Base de apoyo, pedestal, pie de muro, zócalo.

Footwall, Muro (mina).

F. O. R. (Franco on rail), Franco sobre vía.

Forbiddenness, Prohibición.

Force, Fuerza; — **feed,** bajo presión (engrase), forzado; — **oscillations,** oscilaciones forzadas; — **pipe,** tubo de impulsión; — **pump,** bomba impelente; **accelerating** —, fuerzas de aceleración; **back or counter electromotive** —, fuerza contraelectromotriz; **carrying** —, fuerza portante (imán); **centrifugal** —, fuerza centrífuga; **centripetal** —, fuerza centrípeta; **coercive** —, fuerza coercitiva; **electromotive** —, fuerza electromotriz; **line, flux of** —, línea, flujo de fuerza (elec.); **magnetomotive** —, fuerza magnetomotriz; **repelling or repellent** —, fuerza repulsiva; **restoring** —, fuerza de recuperación; **stick** — **indicator,** indicador de intensidad de reacción sobre la palanca de mando; **tensor** —, fuerza tensorial; **to** — **back, down, in, out,** hacer bajar, impeler, meter, sacar a la fuerza.

Forced, A presión, forzado; — **draught,** tiro forzado; — **feed,** véase **Force feed;** — **flow boiler,** caldera de circulación forzada; — **lubrification,** engrase forzado; — **oscillations,** oscilaciones forzadas; — **vibrations,** vibraciones forzadas.

Forcer, Bomba pequeña a mano, pistón de bomba impelente.

Forcing pump, Bomba impelente; — **valve,** válvula de expulsión; **lifting and** — **pump,** bomba aspirante e impelente.

Fore, Proa (buques); — **castle,** castillo de proa; — **casts,** previsiones (del tiempo); — **field,** frente de arranque (minas); — **foot,** pie de roda; — **head,** véase **Field;** — **hearth,** antecrisol, antehogar, horno de antecrisol, horno de recalentar; — **hold,** cala de proa; — **lock,** chaveta, espernada, pasador; — **lock bolt,** pasador de chaveta; — **man,** capataz, contramaestre (taller), jefe de equipo; — **nave,** extremo pequeño de cubo; — **poling,** entibación provisional.

Foreboiler, Frente de caldera.

Foreshots, Alcoholes de cabeza (destilación).

Forge, Forja; — **bellows,** fuelles de fragua; — **hammer,** martillo de forja; — **hearth,** fuego de fragua; — **pig,** fundición blanca, fundición de afino; — **scales,** batiduras, óxidos; **boiler** —, calderería; **portable** —, fragua portátil; **rivet** —, horno para calentar remaches; **to** —, corroer, forjar.

Forgeable, Forjable.

Forged, Forjado; — **steel,** acero forjado; **as** —, bruto de forja; **cold hot** —, forjado en frío, en caliente; **solid** —, monobloque.

Forger, Herrero; — **or Forgeman,** forjador.

Forging, Acción de forjar, forjado, pieza de forja; — **alloy,** aleación forjable; — **hammer,** martillo de forja; — **steel,** acero de forja; **drop** —, estampado; **drop** — **press,** prensa de estampar; **drop forgings,** estampados, piezas matrizadas; **internal** —, forjado interno.

Forjoining, Unión.

Fork, Bifurcación de un filón en seco (se dice de una mina cuyo colector está libre de agua), horca; — **anvil,** placa de hierro sobre la que se forjan las horquillas; — **carriage,** soporte de horquilla; — **head,** articulación de horquilla; — **joint,** horquilla de acoplamiento; — **link,** estribo; — **support,** soporte de horquilla; — **wrench,** llave de horquilla; — **yoke,** horquilla; **shifting** —, horquilla de desembrague (correa); **tuning** — **oscillator,** oscilador de diapasón (vibrador); **wheel** —, horquilla de rueda; **to** —, bombear el agua de una mina.

Forked, Ahorquillado, en forma de horquilla; **the water is** —, el agua del colector está agotada.

Forking, Ramificación.

Form, Asiento de bomba de pozo de mina, cama, encofrado, forma, formulario, impreso, matriz, molde para hormigón; — **block,** bloque de embutición; — **factor,** factor de forma; — **tool,** herramienta de forma; **arch** —, encofrado en bóveda; **ceiling** —, encofrado del techo; **invert** —, encofrado interior; **linear** —, forma (mat.), formas lineales; **order** —, pedido; **outside** —, encofrado exterior; **quadratic forms,** formas cuadráticas; **recurrent-wave-forms,** ondas recurrentes; **steel** —, encofrado metálico; **stripping of forms,** desencofrado; **telescopic** —, encofrado telescópico; **to** —, encofrar; **to strip a** —, desencofrar.

Formaldehyde, Formaldehido.

Formamide, Formoamida.

Formant, Formante (acústica).

Formed, Encofrado.

Former, Cama, cincel de plantilla, formón, fundidor, hilera, matriz, terraja.

Formeret, Arco formero (arquitectura).

Formic, Fórmico.

Formica, Compuesto fenólico aislado.

Forming, Conformado, embutición, moldeo, perfilado; — **die,** matriz de forma; — **press,** prensa de formar, prensa de moldear; **cold** —, conformado en frío; **electro** —, reproducción electrolítica; **hot** —, matizado en caliente; **metal** —, tratamiento del metal; **stretch wrap** —, conformado por estirado sobre plantilla.

Formula (plural **Formulae**), Fórmula.

Fornication, Bóveda, cintra, dovela.

Forturntable, Tocadiscos.

Forward, A proa, delante.

Forwarding, Expedición, tránsito.

Foss, Fuerza (de un salto de agua), lingotera.

Fossil coal, Lignito; — **oil,** petróleo.

Fotomat, Negativo patrón.

Foul, Engrasado, obstruido (orificio), sucio; **to** —, engrasar, ensuciarse, taponar.

Fouled, Engrasado, ensuciado.

Fouler, Organismo que ensucia los fondos (buques).

Fouling, Ensuciamiento, obstrucción; **lead** —, ensuciamiento por plomo.

Found (To), Fundir, moldear.

Foundability, Fundibilidad (metalurgia).

Foundation, Cimentación, fundación; —**bolt,** perno de cimentación; — **on piles,** cimentación sobre pilotes; — **plate,** placa de cimentación; — **stone,** piedra fundamental; **boss for** — **bolt,** saliente de anclaje; **bridge** — **cylinders,** artesones de cimentación para puentes, caja de cimentación para puentes; **elastic** —, cimentación elástica.

Founder, Fundidor; **founder's lathe,** torno de calibre, torno de núcleos (fund.).

Foundering, Hundimiento.

Founding, Moldeo.

Foundry, Fundición; — **coke,** coque de fundería; — **pig,** fundición de moldeo; — **pit,** foso de colada; — **sand,** arena de fundición; — **steel,** fundería de acero.

Foundryology, Técnica de la fundición.

Four, Cuatro; — **bladed propeller,** hélice de cuatro palas; — **bladed screw,** hélice de cuatro palas; — **cycle engine,** motor de cuatro tiempos; — **cylinder engine,** motor de cuatro cilindros; — **engine plane,** avión cuatrimotor; — **part vault,** bóveda en rincón de claustro; — **pole magnet,** patín tetrapolar; — **roller flattening machine,** máquina de aplanar de cuatro cilindros; — **stage amplifier,** amplificador de cuatro etapas; — **stranded rope,** calabrote tetratorónico; — **track rail road,** ferrocarril de cuatro vías; — **way cock,** grifo de cuatro vías; — **wheel brakers**

frenos a las cuatro ruedas; **flat — engine,** motor de cuatro cilindros horizontales.

Fourier's series, Series de Fourier (mat.).

Foveal, Foveal.

Fox bolt, Perno hendido para contrachaveta; **— key or — wedge,** contrachaveta; **— lathe,** torno de latonero.

Foxtail, Últimas escorias del afino.

F. P. (Freezing point), Punto de congelación.

F. P. A. (Free particular average), Libre de averías particulares.

f. p. m. (feet per minute), Pies por minuto.

F. P. S., Sistema inglés de unidades (pie, libra, segundo).

f. p. s. (feet per second), Pies por segundo.

Fraction, Fracción (mat.).

Fractional, Fraccionado; **— condensation,** condensación fraccionada; **— distillation,** destilación fraccionada; **— h. p. motor,** motor de fracción de caballo; **— resistance,** resistencia de rozamiento; **— melting,** fusión fraccionada.

Fractionating, Fraccionamiento; **— column or tower,** columna de destilación, torre de fraccionamiento.

Fractionation, Fraccionamiento.

Fractographic, Fractográfico.

Fractography, Fractografía.

Fracture, Fractura (minerales); **coarse granular —,** fractura de grano grueso; **fibrous —,** fractura fibrosa; **fine granular —,** fractura de grano fino.

Fragment, Astilla, brizna.

Fragmentability, Fragmentabilidad.

Fragmentation, Fragmentación; **— bomb,** bomba de fragmentación.

Fraise (To), Cortar a dimensión, ensanchar un orificio, escariar.

Frame, Armazón, bastidor, bastidor (hélice), carcasa (de un motor), chasis (auto), cuaderna (buques), cuadro, cureña (cañón), mesa de lavado de fieltro (preparación mecánica de minerales), rejilla (de acumulador), trama; **— drawing,** hilera (trefilería); **— frequency,** frecuencia de barrido (televisión), frecuencia de cuadro; **— gantry,** pórtico; **— member,** larguero; **— molding,** chambrana (de puerta); **— of a house,** armazón de una casa; **— of a locomotive or — plate,** bastidor, cuadro, larguero de locomotora; **— of a shaft,** cuadro, entibación de un pozo; **— of an engine,** bastidor de una máquina; **— stay,** tirante de bastidor, traviesa; **— with cramps or cramping,** abrazadera, cuello de cisne; **— work,** estructura; **a —,** caballete; **adjusting —,** cuadro adaptador (fot.); **air —,** célula de avión; **boring —,** brazo de perforar, máquina de taladrar; **bracket —,** cartabón de cuaderna; **Brunton's —,** mesa de fieltro sin fin; **cant —,** cuaderna revirada; **chief —,** armadera; **combination distributing —,** repartidor de combinación; **distributing —** (main or intermediate), repartidor (principal o intermedio); **drawing —,** banco de estirado, laminador; **gooseneck —,** bastidor en cuello de cisne; **hard lead —,** cuadro de plomo endurecido (acus.); **head —,** apeo, marco de entibación; **joggled —,** bastidor acodado; **loop antenna —,** bastidor de antena de cuadro; **midship —,** cuaderna maestra; **panel —,** bastidor de panel; **pile —,** armadura de timbre; **pit — saw,** sierra longitudinal; **pit head —,** apeo de pozo de mina; **power —,** cuadro de fuerza; **radiator —,** calandria de radiador; **relief —,** cuadro compensador (distribuidor); **rigid —,** armazón rígida, carcasa rígida; **side —,** larguero; **spacing of frames or — space,** separación de cuadernas; **square —,** cuaderna recta; **stator —,** armadura del estátor; **stern**

—, escuda (buques); **sternmost** —, papel; **stiffening** —, cuadro atirantador; **strut — bridge,** puente de tirantes; **swing** —, bastidor, chasis, cuadro oscilante; **truck** —, bastidor del boque; **tubular** —, chasis tubular; **welded** —, chasis soldado; **to** —, ajustar, ensamblar una armadura, hacer el armazón de, regular, modelar.

Framebender, Curvadora de cuadernas.

Framework, Armazón, bastidor, carcasa, chasis; **metal** —, armazón metálica; **tubular** —, carcasa tubular.

Framing, Ajuste de la imagen, armazón, bastidor; — **chisel,** martillo grueso de mortajar.

Franchise, Franquicia.

Fray (To), Agarrotarse, corroerse.

Fraying, Hilachas.

Frazzle, Desgaste.

Freatimetry, Freatimetría.

Free, Exento, franco (bombas), libre, que tiene juego (máquinas); — **electron,** electrón libre; — **exhaust,** escape libre; — **flight wind tunnel,** túnel para ensayos de vuelo libre; — **grid,** rejilla libre; — **hand drawing,** dibujo a mano alzada; — **machining steel,** acero de fácil maquinado, acero de fileteado; — **milling,** mineral que da oro o plata sin tueste ni otro tratamiento químico; — **of charge,** franco; — **on board** (F. O. B.), franco a bordo; — **oscillation,** oscilación libre; — **port store,** almacén del puerto franco; — **space,** espacio libre; — **surplus,** superávit disponible; — **wave,** onda libre; **duty** —, exento de derechos; **to** —, desembarazar una bomba, desobstruir; **to — the pump,** desatascar la bomba.

Freeboard, Franco bordo.

Freeze (To), Congelarse, solidificarse.

Freezed, Congelado.

Freezer, Congelación.

Freezing, Aprisionamiento (sondeo petrolífero), congelación, gel; — **mixture,** mezcla refrigerante; — **point,** punto de congelación; — **process,** procedimiento de perforación por congelación; **anti** —, antigel; **quick** —, congelación rápida (frío atomizado).

Freight, Cargamento, flete; — **car,** vagón de mercancías; — **compartment,** compartimiento para equipajes; — **elevator,** montacargas; — **rates,** tarifas de transporte; — **train,** tren de mercancías; **air** —, flete aéreo; **to** —, fletar.

Freighter, Avión de carga, fletador.

Freighthouse, Estación de mercancías.

French chalk, Talco.

Freon, Freón.

Frequency or **Frequence,** Frecuencia; — **analyser,** analizador de frecuencia; — **band,** banda de frecuencias; — **bridge,** puente de frecuencias; — **constant,** constante de frecuencia; — **controller,** controlador de frecuencia; — **converter,** convertidor de frecuencia; — **corrector,** corrector de frecuencia; — **changer,** cambiador de frecuencias; — **distorsión,** distorsión de frecuencias; — **doubler,** duplicador de frecuencia; — **modulation,** modulación de frecuencia; — **monitor,** monitor de frecuencia; — **pulling,** arrastre de frecuencia; — **range,** banda, gama de frecuencias; — **regulator,** regulador de frecuencia; — **relay,** relé de frecuencia; — **separator,** separador de frecuencias; — **staggering,** escalonamiento de frecuencias; — **transformer,** transformador de frecuencias; — **thermocouple,** termopar de frecuencia; — **tripler,** triplicador de frecuencia; **allocation of frequencies,** distribución de frecuencias; **asignment of** —, asignación de frecuencia; **atomic — standard,** patrón atómico de frecuencia; **beat** —, frecuencia de batido; **beat — os-**

cillator, oscilador de batido; **carrier** —, frecuencia portadora; **carrier — interconnection,** interconexión en frecuencia portadora; **center** —, frecuencia de la corriente portadora, frecuencia de reposo; **cut-off** —, frecuencia crítica de un filtro, frecuencia de corte; **dot** —, frecuencia de punto; **effective cut-off** —, frecuencia efectiva de corte; **extra high** — (E. H. F.), frecuencia extra alta; **field** —, frecuencia de trama; **frame** —, frecuencia de barrido (televisión), frecuencia de cuadro; **fundamental** —, frecuencia fundamental; **half-power frecuencies,** frecuencias de potencia mitad; **high** —, alta frecuencia; **high — current,** corriente de alta frecuencia; **image** —, frecuencia imagen; **infrasonic** —, frecuencia infraacústica; **instantaneous** —, frecuencia instantánea; **intermediate** —, frecuencia intermedia, frecuencia media; **line** —, frecuencia de línea; **low** —, baja frecuencia; **low — distortion,** distorsión en baja frecuencia; **lowest useful high** — (L. U. H. F.), mínima frecuencia útil; **maximum depth** —, frecuencia de penetración; **maximum usable** —, máxima frecuencia utilizable; **medium** —, frecuencia media; **mid- — range,** margen de frecuencias medias; **natural** —, frecuencia propia; **notification of — assignments,** notificación de asignaciones de frecuencia; **optimum traffic** —, frecuencia óptima de tráfico; **optimum working** —, frecuencia óptima de trabajo; **picture** —, frecuencia de imagen; **psophometric weight of a** —, peso sofométrico de una frecuencia; **pulse — modulation,** modulación de frecuencia de impulsos; **pulse — spectrun,** espectro de frecuencias de impulsos; **pulse repetition** —, frecuencia de repetición de impulsos; **radio** —, alta frecuencia, radiofrecuencia; **recurrence** —, frecuencia de recurrencia; **resistance at high-** —, resistencia en alta frecuencia; **resonance** —, frecuencia de resonancia; **resonant** —, frecuencia resonante; **resting** —, véase **Center**; **side frequencies,** frecuencias de banda lateral; **signal — amplifier,** amplificador previo; **single — noise figure,** índice de ruido de una sola frecuencia; **standard — service,** servicio de patrones de frecuencia; **standard — station,** estación de frecuencia patrón; **sub-audio** —, frecuencia infraacústica; **sub-carrier — modulation,** modulación de subportadora; **super-audio** —, frecuencia ultraacústica; **super high** —, frecuencia superada; **supply** —, frecuencia de alimentación; **theoretical cut-off** —, frecuencia teórica de corte; **two — signalling,** señalización en dos frecuencias; **ultra-high** —, ultra alta frecuencia; **very-high** —, frecuencia muy alta; **very low** —, frecuencia muy baja; **video** —, frecuencia de televisión; **voice** —, frecuencia vocal; **voice — multichannel telegraphy,** telegrafía armónica; **voice — telegraphy,** telegrafía por corriente vocal; **word** —, frecuencia de palabra.

Freshwater, Agua dulce, agua potable.

Fresnel, Unidad de frecuencia (10^{12} ciclos); — **region,** región de Fresnel.

Fret, Incrustación de arena, raedura; **to** —, desgastar frotando, frotar, raer.

Fretting or Fretting corrosion, Arrastre de metal, tipo de corrosión que resulta del arrastre de una pieza pesada que gira sobre otra.

Friction, Fricción, frotamiento; — **brake,** freno de Prony; — **clutch,** embrague de fricción; — **coefficient,** coeficiente de rozamiento; — **disc,** disco de fricción; — **head,** pérdida de carga (hidráulica); — **less,** sin rozamiento; — **less bearings,** rodamientos sin rozamiento; — **of rolling or rolling,** rozamiento de rodadura; — **of sliding,** rozamiento de deslizamiento; — **(screw) press,**

prensa a fricción; — **shoe,** patín de rozamiento, zapata; — **socket,** cono de fricción; **air** —, frotamiento del aire; **angle of** —, ángulo de rozamiento; **box of a** — **coupling,** manguito de fricción; **magnetic** —, fricción magnética; **skidding** —, rozamiento de derrape; **skin** —, rozamiento superficial (aviac.); **sliding** —, rozamiento de deslizamiento.

Frictional, A fricción, de rozamiento; — **losses,** pérdidas por rozamiento.

Friezing, Ratinado.

Frigorie, Frigoría.

Fringe, Alcachofa de bomba o de toma de agua, franja; — **intensity,** intensidad de las franjas.

Fritted, Fritado.

Fro (To and) motion, Movimiento de vaivén.

Frog, Cambio de aguja, carril, corazón de cruzamiento; **aerial** —, aguja aérea.

Front, Delantera, delantero, fachada, proa; — **axle,** eje delantero; — **ball bearing race,** jaula de rodamientos a bolas delantero; — **beam,** traviesa frontal; — **plate,** placa de escorias, placa de piquera; — **slagger,** horno que extrae la escoria por delante; — **spring bracket,** ballesta delantera; — **view,** alzado, vista de frente, vista delantera; **flame** —, frente de llama; **phase** —, frente de fase; **steep or abrupt** —, frente empinado; **wave** —, frente de onda.

Frontal, Frontal.

Froster, Congelador.

Frowy, Blando y quebradizo.

Frozen, Agarrotado, congelado.

Frustrum, Tronco de cono.

F/s (Foot seconds), Pies por segundo.

Ft (foot), Pie; — **ft-cl** (foot candle), bujía-pie; — **lb** (foot pound), libra por pie.

Fud, Borra de lana.

Fuel, Caldeo, carburante, combustible; — **consumption,** gasto de combustible; — **gallery,** colector de combustible; — **gauge,** indicador de gasolina (autos); — **injection,** inyección de combustible; — **oil,** aceite pesado; — **pump,** bomba de gasolina (auto), bomba del combustible (Diesel); — **tank,** depósito del combustible; — **valve,** aguja de inyección (Diesel), inyector, válvula de combustible; **anti-knock** —, combustible antidetonante; **boiler** —, fuel-oil pesado; **bunker** —, mazut; **gaseous** —, combustible gaseoso; **high or highly aromatic** —, combustible con alto contenido de aromáticos; **high octane** —, combustible de índice de octano elevado; **jet** —, carburante para reactores; **jet** — **bracket,** carburreactor; **leaded** —, combustible al plomo; **liquid** —, combustible líquido; **liquid** — **rocket,** cohete de combustible líquido; **low aromatic** —, combustible con bajo contenido de aromáticos; **oil** —, aceite combustible (petróleo, nafta, etc...); **paraffinic** —, combustible parafínico; **patent** —, aglomerados; **premium** —, supercarburante; **pressurized** — **tank,** depósito de combustible, depósito de combustible presurizado; **reserve** —, combustible de reserva; **residual** —, carburante residual; **solid** —, combustible sólido; **solid** — **rocket,** cohete de combustible sólido; **to** —, aprovisionar de combustible.

Fueller, Abastecedor de combustible, cisterna, estación de servicio.

Fuelling, Aprovisionamiento de com bustible, llenado del depósito — **pression,** presión de llenado — **station,** estación de servicio; — **tank,** cuba de almacenamiento; — **vehicule,** camión-cisterna; **overwing** —, llenado sobre el ala; **pressure** —, llenado a presión.

Fugal, Fugal (música).

Fugitometer, Fugitómetro.

Fulchronograph, Fulcronógrafo.

Fulcrum, Cojinete, gorrón, palier,

Fulgurite, Fulgurito.

Fuliginous, Fuliginoso.

Full, Fuerte (detrás de una cifra), lleno; — **left rudder,** a estribor todo (timón); — **level indicator,** indicador de nivel de llenado; — **lock rope,** cable cerrado; — **power,** a toda potencia, a todo vapor; — **repayment,** reembolso total; — **speed,** a toda velocidad; — **speed ahead!,** ¡avante a toda velocidad!; **to be at — speed,** estar en marcha; **to put at — speed,** poner a toda velocidad; **to put on — steam,** poner a todo vapor.

Fuller, Batán, estampa, plana semicircular; **bottom —,** tajadera para alisar (forja); **top —,** alisador, plana redonda.

Fullering, Acción de aplanar, extender un metal de manera que se le haga adherirse al objeto que lo atraviesa.

Fulminate, Fulminato; — **of mercury,** fulminato de mercurio.

Fumes, Humos (partículas de 0,1 a 1 μ), vapores, véase **Smoke**; **exhaust —,** vapores de escape; **gasoline —,** vapores de gasolina; **oil —,** vapores de aceite.

Fumigant, Fumigante.

Fumigate (To), Fumigar.

Fumigation, Fumigación.

Fuming, Fumante; **Boyle's — liquor,** licor fumante de Boyle.

Function, Función (mat.); **analytic —,** función analítica; **circular —,** función circular; **continuous —,** función continua; **delta —,** función delta; **difference transfer —,** función de transferencia complementaria; **explicite —,** función explícita; **exponential —,** función exponencial; **harmonic —,** función armónica; **hyperbolic —,** función hiperbólica; **loop transfer —,** función de transferencia con bucle; **potential —,** función potencial; **rectangle —,** función de rectángulo; **recursive —,** función recurrente; **return transfer —,** función de transferencia regresiva; **scalar —,** función escalar; **through transfer —,** función de transferencia total; **transfer —,** función de transferencia; **trigonometric —,** función trigonométrica; **univalent —,** función univalente; **wave —,** función de onda; **work —,** función trabajo.

Functional, Funcional, para aplicaciones especiales; — **test,** ensayo de funcionamiento; — **transformer,** transformador para aplicaciones especiales; **linear —,** funcional lineal.

Fundamental, Fundamental; — **frequency,** frecuencia fundamental; — **harmonic,** armónico fundamental; — **oscillation,** oscilación fundamental; — **units,** unidades fundamentales; — **wave length,** longitud de onda fundamental.

Fungicide, Fungicida.

Fungistatic, Fungistático.

Funnel, Chimenea, embudo, respiradero; — **casing,** camisa de chimenea; — **cowl,** caperuza de chimenea; **air —,** registro de aire; **hinged —,** chimenea abatible, chimenea de charnela; **telescopic —,** chimenea telescópica.

Fur, Forro, grasa, incrustación (calderas), soplado; **to —,** desengrasar, desincrustar.

Furan, Furano.

Furano compounds, Compuestos furánicos.

Furfural, Furfural.

Furlong, Medida (220 yardas, 1609,314 metros).

Furnace, Alto horno (abr. de «blast furnace»), hogar, hornillo, horno; — **bars,** barrotes de parrilla; — **body,** cuba de horno; — **brazing,** cobresoldadura en horno; — **door,** puerta de horno; — **gas,** gas de horno alto; — **mantle,** envuelta de horno; — **mountings,** accesorios de un horno; — **top,** cielo de hogar, tragante; — **with two hearths,** horno de dos hogares; **air** —, horno de reverbero; **all welded blast** —, horno alto enteramente soldado; **annealing** —, horno de recocido; **annular** —, horno anular; **assay** —, hornillo de ensayo, horno de copela; **back of a blast** —, solar de alto horno; **balling** —, horno de recalentamiento; **bar heating** —, horno para recalentar los barrotes; **batch — or counter currents** —, horno discontinuo; **bending** —, horno de curvar; **blast** —, alto horno; **blast — armour or casing,** blindaje de alto horno; **blast — gas blowing engine,** máquina soplante de gas de horno alto; **blast — mantle or structure,** horno alto forrado; **blast — throat or top,** tragante de alto horno; **blast — with chamber hearth,** horno alto forrado; **blast — with open hearth,** alto horno de crisol abierto; **blast — with oval hearth,** alto horno de crisol; **block** —, horno de lupias; **bloomery** —, horno de lupias; **calcining** —, horno de calcinación; **car bottom** —, horno con carro; **carbusing** —, horno de cementación; **cathode ray** —, horno de rayos catódicos; **cementing** —, horno de cementación; **charge resistance** —, horno de carga haciendo resistencia; **controlled atmosphere** —, horno de atmósfera controlada; **coreless induction** —, horno de inducción de alta frecuencia; **corrugated** —, horno ondulado; **cracking** —, horno de cracking; **crucible** —, horno de crisol; **cupel** —, copela, horno de copelación; **cupola** —, cubilote; **dead plate of a** —, solera de un horno; **direct arc** —, horno de arco directo; **draught** —, horno de reverbero; **draw back** —, horno de revenido; **electric** —, horno eléctrico; **electric — brazing,** soldadura con horno eléctrico; **fully cased blast** —, horno alto enteramente blindado; **glass** —, horno de vidrio; **gutter** —, horno de canal colector; **heating** —, horno de recalentamiento; **high frequency (or ironless) induction** —, horno de inducción de alta frecuencia; **indirect arc** —, horno de arco indirecto; **low frequency** —, horno de baja frecuencia; **melting** —, horno de fusión; **muffle** — horno de mufias; **oil** —, horno de aceite pesado; **open hearth** —, horno de solera, horno Martín; **outer shell of a blast** —, revestimiento exterior de un alto horno; **pot** —, horno de crisol; **preheating** —, horno de precalentamiento; **puddling** —, horno de pudelar; **reformation** —, horno de reformado (petr.); **reheating** —, horno de recalentar; **reverberatory** —, horno de reverbero; **roasting** —, horno de calcinación; **rocking** —, horno oscilante; **scaling** —, horno de decapar, horno de reducción; **shaft** —, horno de cuba; **shell of a** —, camisa de un horno alto; **solar** —, horno solar; **spectacle** —, horno de dos hogares, horno de lentes; **tilting** —, horno oscilante; **to blow down the** —, dejar el horno sin fuego; **to blow in the** —, encender un alto horno; **to blow out the** —, descargar el alto horno; **to charge the** —, cargar el horno; **to clear a** —, limpiar el horno; **to draw the** —, apagar los fuegos de un horno, descargar los fuegos de un horno; **to feed the** —, alimentar el horno, cargar el horno; **top of a** —, cielo de un hogar, tragante de un horno alto; **topping** —, horno de destilación; **welding** —, horno de recalentar.

Furnacer, Fogonero.

Furol, Fuel y aceites bituminosos para carreteras (véase **S. S. Furol**).

Furred, Con incrustaciones

Furring, Desincrustado, engrasado, limpiado, soplado.

Furrow, Acanaladura, incrustación de arena, ranura; **to** —, estriar.

Fuse, Espoleta, mecha; — **block,** cuadro de bornas para fusibles; — **holder,** porta-fusible; — **tester,**

probador de fusibles; **blown —**, fusible fundido; **cartridge —**, fusible cartucho; **delay action —**, espoleta de acción retardada; **dual element —**, fusible de doble elemento; **grasshopper —**, fusible con alarma; **hydrostatic —**, cohete hidrostático; **inertia —**, espoleta de inercia; **mica-slip —**, fusible de lámina de mica; **percussion —**, espoleta de percusión; **proximity —**, espoleta de proximidad; **safety —**, plomo fusible; **time —**, espoleta de tiempo; **tracer —**, bengala trazadora; **to —**, fundir; **to blow a —**, saltar un fusible.

Fuseboard, Cuadro de fusibles.

Fusee, Fósforo de cartón.

Fuselage or **Fusilage**, Fuselaje; **— intersection or — junction**, nudo del fuselaje; **monocoque —**, fuselaje monocasco; **plywood —**, fuselaje de contraplaca; **sharp —**, fuselaje afilado.

Fusible, Fusible; **— plug**, tapón fusible.

Fusinite, Fusinita (carbones).

Fusinization, Fusinización (carbones).

Fusion, Combinación, fusión, síntesis; **— vacuum**, fusión en vacío; **— welding**, soldadura por fusión.

Futtock, Barraganete, genol.

Fuze, Véase **Fuse**.

G

G, Gram (gramo), (generator) generador, (grid) parrilla.

G. A., Asamblea general; — **drawing**, dibujo de conjunto.

Gab, Entalladura, muesca, muesca de trinquete; — **pin**, tope; **eccentric** —, muesca de la biela de excéntrica.

Gablock, Palanca de hierro.

Gad, Aguijón, cuña, escoplo, punta de flecha, punzón, trozo de acero.

Gadget, Accesorio, dispositivo.

Gag, Maza para enderezar carriles, obstáculo en un grifo, templador de sierra; **to** —, agarrar, ajustar, obstruir.

Gagatization, Gagatización (geología).

Gage, Véase **Gauge**.

Gaggle, Aviones en formación.

Gain, Relación entre los valores de una variable (tensión, intensidad, potencia... a la salida y a la entrada); — **control**, control de ganancia; **available power** —, ganancia de potencia disponible; **composite** —, ganancia compuesta; **insertion** —, ganancia de inserción; **net** —, ganancia neta; **standard** — **horn**, bocina de ganancia patrón; **transducer** —, ganancia de un transductor.

Gains, Ranuras, rayaduras.

Gaiter, Manguito, polaina.

Gaize, Arenisca arcillosa friable.

Gal, Galón (4,543 litros).

Galactic, Galáctico.

Galaxy, Galaxia.

Galvanic, Galvánico; — **cell or battery**, elemento galvánico.

Galena, Galena; **silver bearing** —, galena argentífera.

Galvanisation or **Galvanization**, Galvanización.

Galvanise (To) or to **Galvanize**, Galvanizar.

Galvanised, Galvanizado; — **iron**, hierro galvanizado; — **sheet**, chapa galvanizada; — **tank**, tanque galvanizado.

Galvanizing, Galvanización; **hot** —, galvanización en caliente.

Galvanochemistry, Electroquímica.

Galvanometer, Galvanómetro; — **constant**, constante de un galvanómetro; — **shunt**, shunt de un galvanómetro; **absolute** —, galvanómetro absoluto; **aperiodic** —, galvanómetro aperiódico; **astatic** —, galvanómetro astático; **ballistic** —, galvanómetro balístico; **dead beat** —, galvanómetro aperiódico; **differential** —, galvanómetro diferencial; **Einthoven** —, galvanómetro de cuadro; **mirror** —, galvanómetro de reflexión; **sine** —, brújula de senos; **string** —, galvanómetro de cuerda, galvanómetro de Einthoven; **tangent** —, brújula de tangentes; **torsion** —, galvanómetro de torsión.

Gall, Agalla; — **nut**, nuez de agalla; **to** —, desgastar por rozamiento, roer, tascar.

Gallery, Galería; — **frame**, cuadro de entibación de una galería (minas); **drainage** —, galería de drenaje; **evacuation** —, galería de evacuación; **fuel** —, colector de combustible.

Galling, Corrosión, desgaste por rozamiento, fricción; **non** —, no corrosible.

Gallium, Galio.

Gallcn, Medida de capacidad (el galón americano vale de 3,785 l., el inglés vale 4,543 l.).

Gallonage capacity, Capacidad en galones.

Gallows-frame, Castillete de máquina de balancín.

Gammexane, Gammaexano.

Gammoning, Trinca del bauprés.

Gamut, Gama de frecuencia audible.

Ganister, Arena refractaria, mezcla calorífuga; — **mud,** barro refractario.

Gang, Batería, conjunto, equipo (obreros), escuadrón, ganga (mineral), puesto; — **capacitor,** conjunto de condensadores variables de control único; — **control,** aparatos semejantes de control único; — **drill,** perforadora múltiple; — **switch,** véase **Control**; — **tool,** herramienta múltiple.

Gangue, Ganga (mineral).

Gangway, Portalón (mar.), pasamano (mar.), pasarela.

Gannister, Véase **Ganister.**

Gantry, Bancada, consola, pórtico, soporte; — **crane,** grúa-pórtico; — **frame,** pórtico; **braking** —, pórtico de frenado; **concrete pouring** —, pórtico hormigonador; **travelling** —, pórtico acarreador.

Gap, Abertura, agujero, brecha, con escote (tornos), cuello de cisne, espinterómetro, intersticio, intervalo aislante, orificio, profundidad de cuello de cisne; — **bed,** banco escotado; — **bridging,** puesta en cortocircuito de los electrodos; — **frame press,** puesta en cortocircuito de los electrodos; — **gauge,** calibre de mandíbulas; — **width,** separación de los electrodos; **air** —, entrehierro; **air-** — **arrester,** descargador de espacio de aire; **ball spark** —, explosor de bolas; **bed with** —, banco escotado; **bridged** —, electrodos en cortocircuito; **cylindrical antenna with conical section at the** —, antena cilíndrica apuntada; **depth of** —, profundidad del cuello de cisne; **energy** —, vacío energético; **non synchronous spark** —, explosor asíncrono; **plug** —, separación de las puntas (lámpara); **protective** —, pararrayos; **quenched** —, espinterómetro fraccionado; **radiation gaps,** espacios sin radiación; **rotary spark** —, explosor giratorio; **spark** —, descargador; **spark** — **voltmeter,** voltímetro de chispa; **swing in** — **bed,** diámetro máximo admisible sobre la escotadura; **synchronous spark** —, explosor síncrono.

Gape (To), Agrietar, hacer aguas las costuras (N.).

Gaping, Brecha, hendidura.

Gapless, Sin intersticio.

Garage, Garaje; — **mechanic,** mecánico de garaje.

Garboard, Tablón, traca de aparadura; — **strake,** traca de aparadura

Garnet, Aparejo de carga.

Gas (plural **Gases**), Abreviatura de gasolina, gas; — **analyser,** analizador de gas; — **apparatus,** aparato a gas; — **blowpipe,** soplete a gas; — **burner,** quemador de gas; — **cleaner,** depurador de gas; — **clothing,** traje antigás; — **coke,** coque; — **cutting,** oxicorte; — **cylinder,** botella de gas; — **discharge,** descarga en un gas, descarga gaseosa; — **engine,** motor a gas; — **escape,** fuga de gas; — **exit pipe,** toma de gas (alto horno); — **filled cable,** cable lleno de gas; — **filled lamp,** lámpara llena de gas; — **fired boiler,** caldera calentada por gas; — **fired kiln,** horno caldeado con gas; — **generator,** generador de gas; — **holder,** gasómetro; — **ideality,** idealidad del gas; — **lamp,** quemador de gas; — **lever,** mando de los gases (auto); — **line,** conducto de gas; — **main,** tubo de conducción de gases; — **mask,** máscara de gas; — **meter,** contador de gas; — **oven,** horno de gas;

— **pipe,** tubo de gas; — **pipeline,** canalización de gas; — **producer,** gasógeno; — **proof,** impermeable a los gases; — **purger,** depurador de gas; — **reducing valve,** válvula reductora de presión; — **scrubber,** botella para lavaje de gas; — **seeps,** emanación de gas natural; — **station,** estación de servicio; — **suction plant,** gasógeno por aspiración; — **tank,** depósito de gasolina, gasómetro; — **tank on spiral guides,** gasómetro de guías helicoidales; — **tank on straight guides,** gasómetro de guías rectas; — **tar,** coáltar; — **tight,** impermeable a los gases; — **trap,** separador de gas; — **tube or — filled tube,** tubo de gas; — **turbine,** turbina a gas; — **turbine bucket,** paleta de turbina de combustión; — **valve or vent,** válvula de gas; — **welding,** soldadura por gas; — **works,** fábrica de gas; **asphyxiating —,** gas asfixiante; **blast furnace —,** gas de alto horno; **blast furnace — blowing engine,** máquina soplante de gas de alto horno; **blister —,** gas vesicante; **cap — drive,** arrastre del petróleo por una bolsa de gas a presión; **coal —,** gas de alumbrado; **detonating —,** gas detonante; **dry —,** gas para fuerza motriz producido sin envío de vapor en el gasógeno; **entrapped —,** gas ocluido; **exhaust gases,** gases de escape; **flue —,** gas de combustión; **hydrogen — blow pipe,** soplete de hidrógeno; **imperfect —,** gas imperfecto; **inert —,** gas inerte; **lighting —,** gas de alumbrado; **liquefied —,** gas licuado; **marsh —,** gas de los pantanos; **mustard —,** gas mostaza; **n stroke — holder,** gasómetro de n carreras; **natural —,** gas natural; **occluded —,** gas ocluido; **out of —,** sin gasolina; **producer —,** gas de gasógeno; **producer — engine,** motor a gas pobre; **rare —,** gas noble; **smelter gases,** gases de horno de fusión; **tear —,** gas lacrimógeno; **town —,** gas de ciudad; **toxic —,** gas tóxico; **waste — engine,** máquina que utiliza los colores perdidos; **waste gases,** gases perdidos (alto horno); **wasted — engine,** motor a gas de horno alto; **water —,** gas de agua.

Gaseous, Gaseoso; — **conduction,** conducción gaseosa; — **diffusion,** difusión gaseosa; — **fuel,** combustible gaseoso; — **ion,** ión gaseoso; — **mixture,** mezcla gaseosa.

Gasification, Gasificación; **underground —,** gasificación subterránea.

Gasket, Guarnición, mojel, obturador, rebenque, trenza de cáñamo o de algodón; — **sloaked in red or white lead,** trenza barnizada con minio o con blanco de cerusa; **felt —,** guarnición de fieltro; **metal —,** guarnición metálica; **oil soaked —,** trenza embreada; **sparking plug —,** junta de bujía.

Gasoclastic, Gasoclástico (geología).

Gasol, Gas licuado (no debe confundirse con **gas oil**).

Gasolene (rare) or **Gasoline,** Gasolina (E.E.U.U.); — **consumption,** consumo de gasolina; — **engine,** motor de gasolina; — **fumes or vapours,** vapores de gasolina; **aviation —,** gasolina de aviación; **casinghead —,** gasolina de gas natural; **cracked or cracking —,** gasolina de cracking o de piroescisión; **straight run —,** gasolina de destilación; **synthetic —,** gasolina sintética.

Gasometer, Gasómetro.

Gassing, Desprendimiento de gases, que desprende gases.

Gassy tube, Tubo de vacío que contiene algo de gas.

Gat, Canal.

Gate, Compuerta, puerta, puerta de esclusas o de depósito, respiradero, salpicadero, válvula; — **of a mould,** orificio de colada de un molde; — **shear,** cizalla o guillotina; — **valve,** grifo de válvula;

ball —, chorro de colada sencillo; **barrage** —, compuerta de presa; **basin and** —, piquera de colada; **bottom** —, compuerta de fondo; **control** —, válvula de seguridad; **crest** —, válvula de control; **crown** —, compuerta de aguas arriba (esclusa); **draft tube** —, compuerta de ataguía; **downstream** —, compuerta de aguas abajo; **head** —, válvula de cabeza; **lifting** —, puerta levadiza; **lock** —, compuerta de esclusa; **mitre** —, puerta emballenada; **pouring** —, orificio de colada; **regulator** —, válvula de toma de agua (compuerta), válvula reguladora; **reservoir** —, válvula de depósito; **sector** —, válvula de segmento; **slide** —, compuerta-vagón; **sluice** —, compuerta plana de toma; **spillway** —, compuerta de aliviadero; **undersluice** tribuidor; **to cast with — in bottom,** fundir con bebedero en el fondo del molde.
—, aliviadero de fondo, compuerta de descarga; **wicket** —, álabe distribuidor.

Gating pulse, Impulso de selección.

Gauge or **Gage,** Calado, calazón, calibrador, calibre, espesor, galga, indicador; — **cock,** grifo de prueba de nivel, grifo de válvula; — **glass,** tubo de nivel; — **plate,** luneta de un banco de estirar; — **plug,** tapón; — **rod,** sonda, varilla de sonda; — **tap,** grifo indicador; **adjustable** —, calibre regulable; **angle** —, goniómetro; **air** —, calibre neumático; **boost** —, indicador de presión de admisión; **brine** —, salinómetro; **broad** —, vía de gran separación; **caliper** —, calibre de corredera, calibre de mandíbulas; **carpenter's** —, calibrador; **cask** —, pitómetro; **centre** —, calibre de fileteado, calibre para medir el ángulo de las puntas de un torno; **coating thickness** —, calibre de espesor de depósito; **condenser** —, indicador de vacío; **cutting** —, calibrador de cuchilla; **decimal** —, calibre decimal; **depth** —, galga de profundidad; **draft or draught** —, indicador de tiro, manómetro; **end** —, calibre de alturas; **external** —, calibre exterior; **float** —, nivel de flotador; **flow** —, regulador (calderas); **fuel** —, indicador de combustible, indicador de gasolina; **gap** —, calibre de mandíbulas; **high-vacuum** —, medidor de alto vacío; **internal** —, calibre anterior; **ionization** —, medidor de ionización; **level** —, indicador de nivel; **limit** —, calibre de rebajado, calibre de tolerancia; **marking** —, gramil; **master taper** —, verificador cónico; **metallic** —, manómetro metálico; **meter** —, vía métrica; **micrometer** —, galga micrométrica; **oil pressure** —, indicador de presión del aceite; **petrol** —, indicador de gasolina, varilla del nivel de la gasolina; **pitch** —, calibre de tornillo; **plate** —, calibre para chapas; **plug** —, calibre de tapón; **pressure** —, calibre de presión, manógrafo, manómetro; **recording** —, calibre registrador; **resistance wire** —, extensímetro de alambre resistente; **salt** —, pesa-sales; **screw** —, calibre de tornillo; **screw thread** —, calibre de fileteado; **shifting** —, calibrador; **sliding** —, calibrador micrométrico, regla de dividir, vernier; **standard** —, galga patrón; **steam** —, manómetro; **strain** —, medidor de esfuerzos, tensímetro o extensímetro; **thickness** —, calibre, galga de espesores; **thread** —, calibre para fileteado; **water** —, dosificador, tubo de nivel, tubo indicador de la presión hidráulica; **water temperature** —, indicador de temperatura del agua; **weather** —, barómetro; **wind** —, anemómetro; **wire** —, calibre para alambres; **12 — gun,** fusil del calibre 12; **to** —, calibrar, contrastar, medir.

Gauged, Calibrado, contrastado, medido.

Gauger, Calibrador, verificador; **bore** —, verificador de alisado.

Gauging, Calibrado, control, medición.

Gauss, Gaussio (unidad de intensidad del campo magnético); — **theorem,** teorema de Gauss.

Gaussage, Fuerza magnetomotriz expresada en gaussios.

Gaussmeter, Gaussiómetro.

Gauton, Surco estrecho en el piso (mina).

Gauze, Gasa, tejido, tela metálica; — **wire,** tela metálica.

Gazoline, Véase **Gasoline.**

Geanticline, Geanticlinal.

Gear, Accesorios, aparato, engranaje, mecanismo, piñón, todo sistema de transmisión de movimiento, utillaje; — **box,** caja de velocidades, carter de transmisión; — **casing,** cárter de engranajes; — **changes,** serie de engranajes; — **cutting machine or — cutter or — shaper or — shaping machine,** máquina de dentar los engranajes; — **for starting,** mecanismo de arranque; — **grinding machine,** máquina de rectificar los engranajes; — **hobbing machine,** máquina de dentar los engranajes por fresa generatriz; — **lever,** palanca de cambio de velocidades; — **motor,** motor con reductor; — **of wheels,** tren de engranajes; — **oiler,** bomba de aceite para engranajes; — **pump,** bomba de engranajes; — **shaft,** árbol de la caja de engranajes; — **shaving machine or — grinding machine,** máquina para rectificar engranajes; — **shift,** cambio de velocidades; — **shift lever,** palanca de cambio de velocidades; — **shift or shifting,** paso de velocidades; — **shifting arm,** brazo de accionamiento (piñón de cambio); — **tester,** comprobadora de engranajes; — **valve,** mecanismo de distribución por válvulas; — **withdrawer,** saca-piñón; **algebric** —, engranaje de fusión; **alighting** —, tren de aterrizaje; **arresting** —, dispositivo de frenado; **back** —, serie de engranajes; **backward** —, embrague para la marcha atrás; **bevel or beveled** —, engranaje cónico; **bevel — wheel,** rueda cónica; **bevil — wheel,** rueda cónica; **chain** —, transmisión por cadenas; **change** —, cambio de velocidades (auto), mecanismo de inversión de marcha; **change speed** —, caja de cambios (velocidades); **crank** —, mecanismo de movimiento por biela y corredera, transmisión por manivela; **crypto** —, engranaje epicicloidal; **distribution** —, mecanismo de distribución; **double** —, dispositivo de velocidad variable (torno); **double helical** —, engranaje de dientes angulares; **double reduction** —, engranaje de doble reducción; **drag valve** —, distribución por arrastre; **draw** —, enganche; **driver** —, piñón de arrastre; **driving** —, aparato de accionamiento, mecanismo de distribución; **eccentric** —, todo el mecanismo de una excéntrica; **elevating** —, aparato de apuntado en altura; **engaging** —, acoplamiento; **epicyclic** —, engranaje epicicloidal; **epicyclic reduction** —, reductor epicicloidal; **firing** —, dispositivo de ignición; **forward** —, embrague para la marcha hacia adelante; **helical involute** —, engranaje helicoidal de evolvente de círculo; **herringbone gears,** engranaje de dientes angulares; **hoisting** —, aparato de izado; **in** —, en juego; **interlocking** —, aparato de enganche (ferrocarriles, etc.); **landing** —, tren de aterrizaje; **lifting** —, aparato de izado; **mid** —, posición a media carrera (palanca de puesta en marcha, etc...); **mitre** —, engranaje cónico; **movable gears,** mecanismo de cambio de velocidades; **nose** —, rueda de aterrizaje del morro; **operating** —, mecanismo; **oscillating crank** —, corredera oscilante a manivela; **out of** —, desembragado, loca (rueda, hélice); **out off valve** —, distribución de expansión; **planetary — train,** tren de engranajes planetarios; **planetary gears,** engranajes planetarios; **preselective — change,** cambio de velocidades preselectivo; **rawhide gears**, engranaje en cuero crudo; **reciprocal —**, engranaje recíproco; **reducing —**, engranaje desmultiplicador; **reduction —**, engranaje desmultiplicador, engranaje reductor; **reverse —**, inversor; **reversing —**, mecanismo de inversión de marcha; **return to zero —**, aparato de reducción al cero; **screw —**, aparato a tornillo; **single curve —**, dentado de evolvente de círculo; **skew —**, engranaje helicoidal; **sliding —**, tren de engranajes de cambio de velocidad; **speed — box**, caja de cambios; **speed reducing gears**, reductores de velocidad; **spindle gears**, engranajes de la broca; **spiral —**, engranaje helicoidal; **spiral helical —**, engranaje cónico de dentado espiral; **spur —**, engranaje recto; **starting —**, puesta en marcha; **steering —**, aparato para gobernar; **sun —**, engranaje conductor, engranaje principal; **switch —**, mecanismo de conmutación; **telemotor controlling —**, mando; **time-control —**, reloj de mando; **timing —**, engranaje de distribución; **top —**, toma directa (auto); **track tread landing —**, tren de orugas; **training —**, dispositivo de arrastre; **tricyclic —**, tren de aterrizaje (triciclo); **turning —**, virador; **valve —**, mecanismo que comunica el movimiento al distribuidor; **variable —**, engranaje de multiplicación regulable; **to —**, embragar; **to change or to shift gears**, cambiar las velocidades; **to put in —**, engranar; **to shift gears**, cambiar las velocidades; **to throw into —**, embragar; **to throw out of —**, desembragar.

Geared, De engranajes; **— down**, desmultiplicado; **— engine**, motor con reducción; **— turbine**, turbina de engranajes; **low —**, desmultiplicado.

Gearing, Dentado, engranaje, transmisión de movimiento; **— chains**, cadenas de transmisión; **— of 7 to 1**, engranaje en la relación de 7 a 1; **angular —**, engranaje cónico; **bevel —**, engranaje cónico; **cam —**, distribución por levas; **chain —**, transmisión por cadenas; **conical —**, engranaje cónico; **crescent shaped —**, engranaje por dientes angulares; **friction —**, arrastre por fricción; **planet reduction —**, reductor por trenes planetarios; **worm —**, engranaje de tornillo sin fin.

Gearless, Sin engranajes.

Gel, Gel; **— formation**, gelificación; **cellulose —**, gel celulósico; **silica —**, silicagel.

Gelation, Gelificación.

Gelatin or **Gelatine**, Gelatina; **blast —**, dinamita goma; **explosive —**, dinamita goma; **sensitized —**, gelatina sensibilizada.

Gemstone, Piedra preciosa.

Genemotor, Dinamotor mejorado.

Generability, Generabilidad.

General, Carga general (cargamento de un barco), general; **loaded with — cargo**, cargado con carga general.

Generating, Generador; **— set**, gasógeno, grupo electrógeno; **— station**, estación generadora; **self — photocell**, fotocélula autogeneradora.

Generation, Producción; **steam —**, producción de vapor.

Generator, Generador, generatriz; **— set**, grupo electrógeno; **— voltage**, tensión de descomposición; **acetylene —**, generador de acetileno; **alternator —**, generador de alternador; **arc —**, generador de arco; **claw field —**, generador de polos dentados; **double current —**, generador polimórfico; **electric —**, generador eléctrico; **electronic —**, generador electrónico; **electrostatic —**, generador electrostático; **gas —**, generador de gas; **gaseous tube —**, tubo generador de gases; **grating —**, generador de trama; **harmonic —**, generador armónico; **heteropolar —**, generatriz heteropolar o de flujos alternados; **high frequency (h. f.) —**, generador de alta frecuencia; **homopolar** —, generatriz homopolar o de flujos ondulados; **impulse** —, generador de impulsos; **klystron harmonic** —, klistrón generador de armónicos; **marker** —, generador marcador; **motor** —, motor-generador; **multicurrent** —, generatriz polimórfica; **multiphase** —, generatriz polifásica; **normal** —, generador normalizado; **polycurrent** —, generatriz polimórfica; **polyphase** —, generatriz polifásico; **radial pole** —, generatriz de polos radiales; **rectangular wave** —, generador de onda rectangular; **salient pole** —, generatriz de polos salientes; **sawtooth** —, generador de dientes de sierra; **signal** —, generador de señal, generador de señales; **single phase** —, generatriz monofásica; **spark** —, generador de chispas, puesto de descargador; **spike** —, generador de línea vertical; **steam** —, generador de vapor; **surge** —, generador de tensiones muy altas; **sweep** —, generador de barrido; **synchronizing** —, generador de sincronización; **thyratron-saw-tooth-wave** —, tiratrón generador de dientes de sierra; **time-base** —, generador de base de tiempos; **time comb** —, generador de tiempos en peine; **turbine** —, turbogenerador; **two phase** —, generatriz de rueda hidráulica; **ultrasonic** —, generador de ultrasonidos; **waterwheel** —, generatriz de rueda hidráulica; **waveform** —, generador de forma de onda.

Geochemistry, Geoquímica.

Geocryological, Geocriológico.

Geodesical, Geodésico.

Geodesist, Geodesta.

Geodetic, Geodésico.

Geologize (To), Geologizar.

Geology, Geología.

Geomagnetic, Geomagnético.

Geometric, Geométrico.

Geometrical, Geométrico; — **progression**, progresión geométrica.

Geometrically, Geométricamente.

Geometry, Geometría; **analytic** —, geometría analítica; **algebric** —, geometría algebraica; **descriptive** —, geometría descriptiva; **solid** —, geometría descriptiva.

Geophysical, Geofísico (adj.); — **prospecting**, prospección geofísica.

Geophysics, Geofísica (La).

Georgi units, Sistema de unidades Georgi (basadas en el metro, kilogramo, segundo).

Geothermy, Geotermia.

Germanate, Germanato; **magnesium** —, germanato de magnesio.

Germanium, Germanio; — **diode**, diodo de germanio; — **oxide**, óxido de germanio.

Get (To), Obtener, poner; **to — afloat**, poner a flote (buques); **to — off**, desembarrancar, desencallar, poner a flote; **to — steam**, calentar.

Gettability, Explotabilidad (minas)

Getter, Producto químico que absorbe las últimas trazas de gas en un tubo vacío.

Ghost, Defecto en un metal.

Gib, Contrachaveta; — **and cotter**, — **and key**, chaveta y contrachaveta; — **and cotter end**, cabeza de biela con caja.

Gilbert, Unidad de fuerza magnetomotriz.

Gilding, Dorado; **electro** —, dorado galvánico; **pigment** —, dorado por tinte; **water** —, dorado por inmersión.

Gill, 0,14198 litros, tobera de trabajo.

Gilled, De aletas; — **radiator**, radiador de aletas.

Gills (Cooling), Aletas de refrigeración (aviac.); **cowl** —, aletas de refrigeración del capó.

Gimbal (plural **Gimbals**, que se usa más), Suspensión cardan; — **bearing or — frame,** suspensión cardan; — **ring,** círculo de suspensión.

Gimblet or **Gimlet,** Barrena para madera, punzón de tonelero, taladro.

Gin, Cabria, caja de polea, martinete, puntal de carga (aparatos de izar); — **block,** cuadernal de cabria; — **screw,** gato de manivela; **cotton** —, desmontadora de algodón.

Gips, Yeso.

Girder, Alfajía, eslora de apoyo, larguero, marco de suspensión, viga, viga maestra, vigueta; — **box,** viga artesonada; — **rolling mill,** laminador de viguetas; **arched** —, cercha en arco; **articulated** —, viga articulada; **bow string** —, viga en cajón; **box** —, viga en cajón; **built up** —, viga de ensamble; **cantilever** —, viga de celosía, viga en ménsula; **centre** —, carlinga; **cross** —, marco de suspensión; **end** —, cabeza de puente, traviesa; **flitch** —, viga de madera de alma metálica; **hinged** —, viga articulada; **lattice or latticed** —, viga en retículo; **longitudinal** —, tirante longitudinal; **main** —, viga maestra; **overhung** —, viga consola, viga en ménsula; **plate** —, viga de alma llena; **runway** —, viga de rodamiento; **side** —, larguero; **trussed** —, viga armada; **web** —, viga de alma llena.

Girderage or **Girdering,** Conversión en vigas de la madera, viguería.

Git, Chorro de colada, orificio de colada.

Gitter, Red (óptica).

Give, Juego; **to** —, dar de sí (objeto que cede); **to — way,** ceder, henderse, romperse.

Glaciologist, Glaciólogo.

Glacis, Glasis; — **plate,** chapa de glasis.

Glade, Ciénage.

Glance, Galena, sulfuro (de plomo, de cobre); — **coal,** antracita; **copper** —, cobre sulfurado.

Glancing, De reflexión; — **angle,** ángulo de reflexión.

Gland, Bellota, collarín, prensaestopas, sombrerete de prensaestopas; — **housing,** portaguarnición; — **nut,** tuerca de prensaestopas; — **of a stuffing box,** sombrerete de prensaestopas; — **oil,** aceite de enfriamiento de prensaestopas; — **rings,** anillos de estanqueidad; **molecular glands,** casquillos moleculares.

Glandless, Sin prensaestopas.

Glands, Caja de estanqueidad; **sealing water** —, junta hidráulica de estanqueidad.

Glare, Deslumbramiento, reflejo; — **rating,** relación de deslumbramiento; **free or — less,** no deslumbrante; **reflected** —, deslumbramiento por reflexión.

Glarimeter, Aparato para medir el resplandor.

Glass, Anteojo, barómetro, catalejo, cristal de ventana, reloj de arena, vidrio; — **enamel,** esmalte de vidrio; — **staple,** fibra de vidrio; — **stopcock,** tapón de cristal; — **surface plate,** mármol de vidrio; **bevelled** —, vidrio biselado; **binocular glasses,** gemelos; **blown** —, vidrio soplado; **bore** —, vidrio opalino; **broad** —, vidrio para cristal de ventana; **bullet resistant** —, vidrio resistente a las balas; **coloured** —, vidrio coloreado; **crown** —, crown-glass, vidrio crown; **drawn** —, vidrio estirado; **drop** —, cuenta-gotas; **eye** —, ocular; **fiber** —, fibra de vidrio; **field glasses,** gemelos de campaña; **flashed** —, vidrio chapado, vidrio crown; **flat** —, vidrio plano; **frosted** —, vidrio cuarteado; **gauge** —, tubo de nivel; **ground** —, cristal esmerilado; **heat resisting** —, vidrio refractario; **measuring** —, vaso graduado; **metalized** —, vidrio metalizado; **optical** —, cristal óptico; **pane of —**, cristal de ventana; **plate of —**, vidrio para planchas; **rolled —**, vidrio laminado; **safety —**, cristal de seguridad; **stained —**, vidriera; **unbreakable —**, vidrio irrompible; **water —**, silicato de potasa o de sosa; **window —**, vidrio para cristal de ventana.

Glassed, Vítreo; **— cabin,** cabina acristalada.

Glasswork, Viedriería.

Glassy, Vidrioso.

Glauconite, Glauconita.

Glaze, Barniz, enlucido; **to —**, lustrar, satinar.

Glazed, Satinado; **— paper,** papel satinado.

Glazier, Vidriero.

Glazing, Bruñido, esmerilado, pulido; **— of a wheel,** bruñido de una muela.

Glide, Vuelo planeado; **— path,** trayectoria de planeo; **— path transmitter,** radioguía de descenso; **— slope,** trayectoria de descenso; **spiral —**, vuelo planeado en espiral.

Glider, Planeador; **motor —**, motoplaneador.

Gliding, Planeo; **— angle,** ángulo de planeo; **— bomb,** bomba planeadora; **— fall,** descenso en vuelo planeado; **— flight,** vuelo planeado.

Glim lamp, Lámpara de luminiscencia.

Globe or bulb, Bombilla eléctrica.

Glossing, Lustrado.

Glow, Incandescencia; **— lamp,** lámpara de incandescencia; **— plug,** bujía incandescente; **after —**, incandescencia residual; **cathode —**, luminosidad catódica; **permanent —**, descolgado (teléfono).

Glowing coal, Carbón incandescente.

Glucinium, Berilio.

Gluconate, Gluconato; **calcium —**, gluconato de calcio.

Glue, Cola fuerte; **fish —**, cola de pescado; **lip —**, cola de boca; **marine —**, cola marina; **to —**, pegar.

Glued, Pegado.

Glueing or **Gluing,** Encolado; **wood** encolado de la madera.

Glut, Grapa.

Glyceregia, Gliceregia.

Glycerin, Glicerina.

Glycerogen, Glicerógeno.

Glycerol, Glicerol.

Glycogen, Glucosa.

Glycol, Glicol.

Gm, Conductancia mutua de un tubo de vacío.

Gnar, Nudo de la madera.

Gnaw (To), Corroer, morder (libros).

Gnd, Tierra.

Go ahead!, Avante; **— astern!,** atrás; **— devil plane,** plano inclinado de gravedad (minas); **— slow!,** despacio.

Go-devil, Aparato de limpieza de las conducciones, deshollinador.

Goave, Parte ya explotada (minas).

Gobbing, Relleno (minas).

God (Act of), Caso imprevisto, imprevisto.

Gofferer, Estampador.

Goggles, Gafas; **welding —**, gafas protectoras de soldador.

Gold, Oro; **— beater's skin,** badana; **— dust,** polvo de oro; **— foil,** lámina de oro; **— leaf electrometer,** electrómetro de láminas de oro; **sand,** arena aurífera; **solid —**, oro macizo.

Golden, De oro, hecho de oro.

Goldsize, Oro mate.

Goldsmithery, Orfebrería del oro.

Gome, Sebo.

Gondola, Barquilla (de dirigible), vagón batea.

Goniometer, Goniómetro; **panoramic —,** goniómetro panorámico; **Wollaston's —,** goniómetro de reflexión de Wollaston.

Goniometry, Goniometría.

Good, Bueno; **to make —,** reparar, corregir; **to make — defects,** corregir (máquinas).

Goods, Mercancías; **— depot,** almacén de mercancías, depósito.

Goose-foot, Pata de ganso.

Goose-neck, Cuello de cisne; **— boom or jib,** aguilón de cuello de cisne; **— dolly,** sufridera acodada (remachado); **— frame,** bastidor en cuello de cisne.

Gooseberry, Alambrada portátil en espiral.

Gore, Lengua de tierra; **to —,** tallar en punta.

Gorge, Garganta (de polea).

Gossaniferous clay, Arcilla gosanífera.

Gossany, Que tiene quijo (minería).

Gouge, Gubia; **bent —,** gubia descalcadora; **carving —,** cincel curvado; **entering —,** gubia de punta redonda; **to —, to — out,** escoplear con la gubia.

Gouging, Acción de escoplear con la gubia, ranura en una pieza de madera, trabajo con la gubia.

Governing, Regulación (máq.).

Governor, Regulador; **— actuator,** regulador activador; **— drive,** mando de regulador; **— head,** taquímetro del regulador; **— pump,** bomba de regulación; **actuated —,** regulador a pistón; **ball or flyball —,** regulador de bolas; **flow —,** regulador de caudal; **gas —,** regulador del gasto de gas; **oil relay —,** regulador a relé de aceite; **orifice —,** regulador de orificio; **piston propeller —,** regulador de hélice; **speed —,** regulador de velocidad; **water turbine —,** regulador de turbina hidráulica.

Gowl, Frente falso (minas).

G. P. (General Purpose), Para todo uso.

G. P. M., Galones por minuto.

G. P. S., Galones por segundo.

Grab, Cubeta-draga, cuchara; **— crane,** grúa de almeja; **— dredger,** excavadora de valvas mordientes; **earth —,** cubeta-draga, cuchara excavadora.

Grabbing, Puente de cuchara excavadora.

Grad, Grado.

Gradation, Escalonamiento; **grain —,** escalonamiento de los granos.

Gradatory, Gradería (arquitectura).

Grade, Calidad, dureza de una muela, grado, matriz, rampa; **— crossing,** paso a nivel (E.E.U.U.); **low —,** baja calidad; **step — side bearer,** brida de unión.

Grademeter or **Gradometer,** Indicador de pendiente.

Grader, Niveladora; **elevating —,** cargadora.

Gradient, Grada, gradiente, inclinación, pendiente, rampa; **energy —,** gradiente de energía; **high —,** pendiente fuerte; **potential —,** gradiente de potencial; **standard refractive modulus —,** gradiente normal de módulo de refracción; **voltage —,** caída de tensión por unidad de longitud, gradiente de tensión.

Gradienter, Tornillo tangencial micrométrico.

Grading, Véase **Grade.**

Gradometer, Véase **Grademeter.**

Graduate, Matraz graduado; **to —,** graduar.

Graduated, Graduado; **— circle,** círculo graduado; **— scale,** escala graduada.

Grail, Grava.

Grain, Cojinete, fibra (metales y madera), grano (metales), medida de la dureza de un agua calcárea; **— boundary,** contorno, junta; —

growth, crecimiento del grano; — **oriented steel,** acero de granos orientados; — **size,** grosor de' grano; **across the** —, a contrasentido, perpendicularmente a las fibras; **assay** —, botón, régulo, residuo del crisol; **boundary** —, límite; **coarse** —, de grano grueso; **end** —, contrahílo; **fine** —, de grano fino; **i** — (troy), 64,799 miligramos; **in the direction of** —, a contrahilo; **metal in grains, minute grains, refuse** —, granalla; **with the** —, a hilo, en el sentido del hilo.

Grained, De grano; **coarse** — **iron,** hierro de grano grueso.

Graininess, Granulación.

Grains, Granos; — **boundary,** juntas intermoleculares de los granos, límite; **close** —, de granos finos; **coarse** —, de granos gruesos; **fine** —, de granos apretados.

Gramme, Gramme; — **ring,** devanado Gramme.

Gramophone, Gramófono.

Granite, Granito.

Granular, Granulado, granular; **coarse** —, de granos gruesos; **coarse** — **fracture,** fractura de grano grueso; **fine** —, de granos finos; **fine** — **fracture,** fractura de grano fino; **inter** — **attack,** corrosión intergranular.

Granulated, Granulado; — **carbon powder,** polvo de carbón.

Granulation, Granulación.

Granules, Gránulos; **carbon** —, granalla de carbón.

Granulose, Granulosa (química).

Graph, Ábaco, curva, gráfico; **flow** —, gráfico de caudales.

Graphic, Gráfico (adj.); — **chart,** ábaco.

Graphical, Gráfico; — **analysis,** análisis gráfico.

Graphically, Gráficamente.

Graphite, Grafito; — **electrode,** electrodo de grafito; — **flake,** copo de grafito; — **grease,** grasa grafitada; — **resistance,** resistencia de grafito; **colloidal** —, grafito coloidal; **flaky** —, grafito escamoso.

Graphited, Grafitado; — **oil,** aceite grafitado.

Graphitic, Grafítico.

Graphitization, Grafitización.

Grapnel, Garfio; — **rope,** amarra.

Grapple, Arpeo, gancho, garfio; **stone grapples,** garfios de terracería; **wood grapples,** garfios para madera.

Grappling, De garfios; — **bucket,** cuchara de garfios.

Grasp, Asidero.

Grasshopper fuse, Fusible con alarma.

Grate, Parrilla, rejilla; — **area,** superficie de parrilla; — **bar,** barrote de parrilla; — **bar bearer,** asiento de parrilla, chasis de parrilla; — **of tubes,** parrilla tubular; — **surface,** superficie de parrilla; — **with steps,** parrilla de escalones; — **with stories,** parrilla en pisos; **chain** —, parrilla de cadena sin fin; **cylinder** —, parrilla de rodillo; **dumpling** —, parrilla basculante, parrilla de escorias; **interlocking** — **bar,** barrote de rejilla en zigzag; **movable** —, parrilla móvil; **revolving** —, parrilla rotatoria; **steep** —, parrilla inclinada; **travelling** —, parrilla móvil.

Graticule, Micrómetro.

Grating, Emparrillado, enrejado, filtro, rejilla, retículo; **circular** —, retículo circular; **diffracting or diffraction gratings,** redes de difracción; **gratings,** enjaretado de escotillas; **radial** —, red radial; **reciprocal gratings,** redes recíprocas.

Grave (To), Carenar, despalmar (buques).

Gravel, Grava, gravilla; — **bed,** lecho de grava; — **loader,** cargador de gravilla; — **washing and screening plant,** criba lavadora de gravilla; **concrete** —, grava para hormigón.

Gravelly, De grava.

Graver, Grabador, punzón; **square** —, punzón cuadrado.

Gravimeter, Gravímetro.

Gravimetry, Gravimetría.

Graving, Carena; — **beach,** playa de carena (natural); — **dock,** dique de carenas.

Gravitate (To), Gravitar.

Gravitation, Gravitación.

Gravitational, Gravífico, gravitacional; — **current,** corriente gravitacional; — **invariant,** invariante gravitacional; — **wave,** onda gravitacional.

Gravitodynamics, Gravitodinámica.

Gravity, Gravedad, peso; — **A. P. I.,** densidad A. P. I. (véase **A. P. I.**); — **dam,** presa de gravedad; — **fed,** alimentado en carga, alimentado por gravedad; — **feed,** alimentado por gravedad; — **head,** carga estática; — **wave,** onda de gravedad; **centre of** —, centro de gravedad; **specific** —, densidad; **sorting by** —, separación por gravedad.

Gray, Véase **Grey.**

Grayhound, Buque rápido.

Grazing loss, Pérdida por efecto rasante.

Greasable, Engrasable.

Grease, Grasa, lubricante; — **box,** cubeta de grasa; — **channels,** patas de araña (máquinas); — **cock,** grifo engrasador; — **cup,** engrasador de copa; — **gun,** pistola engrasadora; — **injector,** inyector de grasa; **antifreezing** —, grasa anticongelante; **axle** —, grasa para ejes; **carriage** —, sebo; **cup** —, grasa consistente; **fiber** —, grasa consistente fibrosa; **graphite** —, grasa grafitada; **thick** —, grasa consistente; **to** —, engrasar.

Greased, Engrasador.

Greaseproofness, Impermeabilidad a las grasas.

Greaser, Graso.

Greasor, Copa de engrase.

Greasy, Grasiento.

Green, Verde; — **clay,** arcilla magra; — **copperas,** sulfato de hierro; — **stone,** diorita.

Greenhart, Ocotea rodiaei.

Grenade, Granada; **anti-tank** —, granada anti-tanque.

Grey, Gris; — **clay,** arcilla gris; — **iron,** fundición gris; — **manganese ore,** manganita.

Greyslick, Zona tranquila en la superficie del mar.

Grid, Corrosión, enrejado, parrilla, red, rejilla, retículo; — **accumulator,** acumulador de rejilla; — **antenna,** antena de rejilla; — **bias,** potencial de rejilla; — **capacitor,** condensador de rejilla; — **characteristic,** característica de rejilla; — **circuit,** circuito de rejilla; — **conductance,** conductancia de rejilla; — **current,** corriente de rejilla; — **electrode,** electrodo de enrejado, electrodo de rejilla; — **filling,** empastillado de la rejilla; — **leak,** resistencia de rejilla; — **modulation,** modulación de rejilla; — **plate,** placa de rejilla; — **plate capacitance,** capacitancia de rejilla placa; — **resistance,** resistencia de rejilla; — **voltage,** tensión de rejilla; **bar of a** —, barrote de emparrillado; **cathode** —, rejilla de campo; **close meshed** —, placa alveolada; **collecting** —, rejilla colectora; **control** —, rejilla de control; **driving** —, rejilla de mando (control); **field** —, rejilla de campo; **flat** —, rejilla plana; **grounded** — **amplifier,** amplificador de rejilla a masa; **half** — **or free** —, rejilla libre; **interstice of a** —, alvéolo de rejilla; **lead** —, carcasa de plomo; **screen** —, pantalla de rejilla; **split** —, rejilla partida; **squared** —, batidura, rejilla cuadriculada; **suppresor** —, rejilla supresora; **wide meshed** —, emparrillado de grandes alveolos; **wire** —, enrejado emparrillado.

Gridiron, Obrador de carenaje.

Grille, Barrotes.

Grilled, Con aletas; — **radiator,** radiador con aletas.

Grind (To), Amolar, desgastar con muela, pulimentar, rectificar, repasar; **to** — **dry,** desgastar en seco con la muela; **to** — **true,** rectificar; **to** — **wet,** afilar en húmedo.

Grindability, Triturabilidad.

Grinder, Afiladora, cilindro triturador, desbastador, muela, piedra de pulir, rectificadora, triturador; **automatic** —, rectificadora automática; **contour** —, rectificadora copiadora, rectificadora de perfilar; **cutter and reamer** —, máquina para afilar las fresas y los escariadores; **emery** —, muela de esmeril; **internal** —, aparato de rectificación interior; **milling cutter** —, máquina de afilar fresas; **saw blade** —, afiladora de cuchillas; **stone** —, muela de talla; **surface** —, rectificadora plana; **twist drill** —, máquina para afilar las brocas helicoidales; **wheel** —, máquina de pulir las ruedas.

Grinding, Acción de aplastar, acción de prensar, afilado, amolado, esmerilado, molturación, pulido a la muela, rectificación; — **angle,** ángulo de afilado; — **fluid,** refrigerante de rectificación; — **in valves,** esmerilado de válvulas; — **machine,** amoladora, (véase también **Grinder** y **Machine**), máquina de amolar, máquina de rectificar, máquina de triturar, rectificadora; — **powder,** polvo abrasivo; — **slope,** inclinación de afilado; — **spindle,** árbol portamuelas; — **stone,** piedra de afilar; — **tool,** herramienta de rectificar; — **wheel,** muela abrasiva; **allowance** —, creces para el rectificado; **centre hole** — **machine,** máquina de rectificar los centros de árboles; **centreless** —, amolado sin centro; **centreless** — **machine,** máquina de rectificar sin centro; **crankshaft** — **machine,** máquina de rectificar los berbiquíes; **cylinder** — **machine,** rectificadora cilíndrica; **cylindrical** —, moledura cilíndrica; **dry** —, moledura en seco; **flat** — **machine,** rectificadora plana; **form** —, moledura de forma; **gear** — **machine,** máquina de rectificar los engranajes; **internal** —, rectificado interior con muela; **internal** — **machine,** máquina de rectificar interiormente; **oval** — **machine,** máquina de rectificar los óvalos; **plane cylindrical** — **machine,** máquina simple de rectificar cilíndrica; **plane surface** —, amoladura de superficies planas; **roll** — **machine,** máquina de rectificar los cilindros de laminador; **rough** —, desbaste a la muela; **saw blade** — **machine,** afiladora de cuchillas; **slideway** — **machine,** máquina de rectificar las correderas, máquina de rectificar las deslizaderas; **surface** —, andadura de superficies planas; **surface** — **machine,** amoladura de superficies planas; **taper** —, amolado cónico; **thread** — **machine,** máquina de filetear con muela, máquina de rectificar los fileteados; **tool** — **machine,** afiladora de herramientas; **universal** — **machine,** máquina de rectificar interior y exteriormente; **universal cylindrical** — **machine,** máquina universal cilíndrica de rectificar; **valve** — **machine,** máquina de rectificar las válvulas; **wet** —, rectificación húmeda; **to finish by** —, acabar a la muela.

Grindry, Taller de afilado.

Grindstone, Muela de afilar; — **dresser,** aparato para rectificar las muelas; — **set,** máquina de amolar.

Grip, Adherencia, atadura, lazo; — **block,** taco de retenida; — **dredger,** excavadora de garras; **to** —, agarrar.

Gripe, Atadura, toma, trinca (buques); **to —,** agarrotarse (máquinas), apretar (tornillos, tenazas, etc.).

Griping or **Gripping,** Agarrotamiento.

Gripper, Pinza.

Grips, Tenazas (para sujetar troncos).

Grit, Grava, gravilla, greda, grés; — **blasting,** limpieza por chorro de arena; — **rolling,** cilindrado de gravilla; — **stone,** grés; **clay —,** marga arcillosa; **coarse —,** de grano grueso.

Gritter, Engravilladora.

Grizzlyman, Cribonero.

Groin, Aristón (arquitectura).

Grommet, Arandela aislante.

Groove, Acanaladura, alféizar, garganta, muesca, ranura, ranura helicoidal (cañones), surco, surco (disco); — **hole,** ranura de mandrilado; **box —,** véase **Box**; **channel —,** ranura; **cruciform grooves,** patas de araña (máq.); **piston ring —,** ranura de segmento; **V grooves,** ranuras en V; **ventilated grooves,** ranuras ventiladas; **to —,** excavar, machihembrar, recortar, tornear, vaciar; **to cut grooves,** hacer muescas, mortajar, ranurar.

Grooved, Acanalado, excavado, machihembrado, rayado ;— **pulley,** polea de garganta.

Grooving, De ranurar; — **cutter,** fresa de ranurar, fresa de ranuras; — **plane,** acanalador hembra.

Gross, Bruto, global, gruesa; — **head,** caída global, caída total; — **profit,** beneficio íntegro; — **weight,** peso total (cargamento).

Ground, Masa (auto), rectificado, rectificado con muela, suelo, terreno, tierra; — **angle,** ángulo de aterrizaje (aviac.); — **auger,** sonda; — **circuit,** retorno por tierra (elec.); — **clamp,** toma de tierra; — **coat,** pintura de fondo; — **connection,** conexión a tierra; — **detector or indicator,** indicador de pérdidas a tierra; — **disc,** disco de agujas (ferrocarril); — **glass,** vidrio esmerilado; — **handling trials,** ensayos de manejo en tierra; — **leak,** pérdida a tierra; — **loop,** caballito; — **ore,** mineral nativo; — **organization,** infraestructura; — **photogrammetry,** fotogrametría terrestre; — **pipe,** canalización enterrada; — **plate,** placa de tierra (elec.); — **potential,** potencial de tierra; — **resistance,** resistencia de tierra; — **rod,** varilla de conexión a tierra; — **roller,** resaca; — **speed,** velocidad respecto a tierra; — **steel,** acero rectificado con la muela; — **system,** sistema de tierra; — **target,** blanco terrestre; — **telegraphy,** telegrafía por el suelo; — **test,** ensayo en tierra; — **testing,** medición de pérdidas a tierra; **transmilter.** transmisor a tierra; — **wave,** onda de tierra; — **wire,** hilo de masa, toma de tierra; **absorbent grounds,** temple; **dead —,** ganga (minas), terreno estéril; **reflection at —,** reflexión en tierra; **to —,** poner a tierra.

Groundage, Derechos de puerto.

Grounded, Puesto a tierra; — **neutral,** neutro a tierra; **grid- — amplifier,** amplificador con rejilla a tierra.

Grounding, Puesta a tierra; — **rod,** varilla de tierra; **antenna — switch,** conmutador de puesta a tierra; **single wire —,** puesta a tierra por un solo hilo.

Groundometer, Indicador de pérdidas a tierra.

Groundswinging, Acción de mover rodando el avión en varias direcciones para compensar la brújula.

Groundwood, Madera desfibrada.

Group, Grupo (química); — **pilot,** onda piloto de grupo primario; **full availability —,** grupo de utilización total; **grading —,** subgrupo; **methyl groups,** agrupaciones metiladas; **nitro groups,** agrupaciones nitradas; **spare — selector level,**

nivel vacante en selector de grupo; **super-** —, grupo secundario; **to** —, agrupar.

Grouping, Agrupamiento.

Groupoid, Grupoide.

Grout, Lechada, mortero; **to** —, construir con mortero, enlechar, rellenar con lechada.

Grover washers, Arandelas Grover.

Growler, Indicador de cortocircuito.

Growth, Crecimiento, ampliación; — **rings of wood,** anillos anuales o de crecimiento de la madera; **crystal** —, crecimiento del cristal; **grain** —, crecimiento del grano.

Grub screw, Espárrago, tornillo sin cabezal.

Guarantee, Garantía; **to** —, garantitizar.

Guaranteed, Garantizado.

Guard, Calce, dispositivo de seguridad de una máquina, garra, guarda, jefe de tren (Gran Bretaña), parachoques, taco; — **lamps,** lámparas de protección (radio); — **rail,** contracarril, pretil; — **relay,** relé de seguridad; **axle** —, buje, placa de guarda; **chain** —, brida guía-cadena, buje guía-cadena; **mud** —, guardabarros; **propeller** —, guardahélice; **release** — **signal,** señal de comprobación de reposición; **saw** —, aparato protector de sierra; **valve** —, guardaválvula; **wheel** —, protector de muela.

Guarded (Wire) cover, Neumático con refuerzo de alambre.

Gubbin, Mineral de hierro arcilloso.

Gudgeon, Pasador, muñón, perno, todo eje en general; — **pin,** eje de pie de biela; **ball** —, gorrón esférico.

Guidance, Guiamiento.

Guide, Guía, saetín (rueda hidráulica); **axle box** —, placa de guarda (ferrocarriles); **cable** —, deslizadera; **cross-head guides,** deslizaderas, guías de traviesa; **roll** —, cilindro de dirección; **wave** — **packet,** paquete de guiaondas; **to** —, guiar.

Guided, Guiado; — **missile,** proyectil teledirigido; — **wave,** onda guiada; **radio** —, radio dirigido; **radio** — **bomb,** bomba radiodirigida, bomba radioguiada.

Guideway, Deslizadera.

Guiding, De guía, guía; — **edge,** reborde guía (carril); — **face,** cara de guía.

Guijo, Guijo (madero).

Guillotine shears, Tijeras de guillotina.

Gulley siphon, Sifón de depósito.

Gully, Badén.

Gum, Goma; — **lac,** goma laca; — **tree,** árbol gomífero; **British** —, dextrina comercial; **to** — **up,** pegarse a las paredes del cilindro.

Gumbay, Compartimiento interior.

Gumbo, Arcilla muy plástica de color oscuro.

Gumiac, Goma laca.

Gumming up, Espesamiento de los aceites.

Gun, Cañón, fusil, máquina de taponar (metal), pistola, pistola metalizadora; — **bars,** deslizaderas; — **blade,** álabe director; — **blade disc,** plato director; — **block,** patín; — **boat,** lancha cañonera; — **bracket,** caja de dirección; — **cotton,** algodón-pólvora; — **metal,** bronce; — **mounting,** bastidor de cañón, soporte de cañón; — **platform,** plataforma de tiro; — **powder,** pólvora de cañón; — **powder mill,** fábrica de pólvora; — **rails,** carriles de guiado; — **rods,** correderas, patines; — **scale,** alza de un cañón; — **shoe,** zapata de guiado; — **sight,** visor colimador de artillería; — **smith,** armero; — **turret,** torreta; — **vane,** álabe director; **antiaircraft** —, cañón antiaéreo; **antitank** —, cañón antitanque; **atomic** —, cañón atómico; **cement** —, inyector de cemento; **clay** —, máquina de taponar el orificio de colada; **compressed — cotton,** algodón-pólvora comprimido; **dry — cotton,** algodón pólvora seco; **ejector** —, fusil de eyector; **electron** —, cañón de electrones, concentrador de electrones; **field** —, cañón de campaña; **grease** —, pistola de engrasar; **gyro — sight,** visor giroscópico; **machine** —, ametralladora; **machine — turret,** torreta de ametralladora; **recoiless** —, cañón sin retroceso; **river — boat,** cañonera fluvial; **scope sighted** —, fusil con teleobjetivo; **self propelled** —, cañón autopropulsado; **shot** —, fusil de caza; **spray or spraying** —, pistola metalizadora; **steam** —, pistola de vapor; **submachine** —, subfusil; **tapped** —, macho roscador; **underover shot** —, escopeta de cañones superpuestos; **valve** —, guía-válvula; **valve stem** —, guía de varilla de válvula; **wave** —, guía de ondas; **wave conducting** —, guía de ondas; **12 gauge** —, fusil calibre 12.

Gunboring, Barrenado de cañones.

Gunnel, Véase **Gunwale.**

Gunner, Ametrallador, cañonero; **aft** —, ametrallador trasero.

Gunnery, Artillería; **antiaircraft** —, artillería antiaérea.

Gunsmith, Armero.

Gunter's chain, Cadena de gunter (66 pies).

Gunwale, Regala (buques).

Gurt, Cuenta (minas).

Gush (To), Brotar (petróleo).

Gusher, Brote (petróleo), erupción.

Gusset, Cartabón de unión, cartela.

Gustiness, Rafagosidad.

Gut, Canal, garganta, ranura de una pieza de madera, reguera.

Gutta-percha, Gutapercha.

Gutter, Atarjea, canalón, canalón de tejado, reguera, troncanil; — **furnace,** horno de reguera.

Guy, Cuerda de suspensión, retenida, riostra; — **wire,** riostra; **to** —, retener.

Guyed, Venteado.

Guying, Arriostramiento.

Gypseous, Yesoso.

Gypsum, Yeso.

Gyral, Giroscópico.

Gyration, Rotación; **centre of** —, centro de rotación; **radius of** —, radio de giro.

Gyratory, Giratorio.

Gyro, Giroscopio; — **dyne,** girodino; — **gunsight,** visor giroscópico; — **instruments,** instrumentos giroscópicos; **directional** —, compás giroscópico; **main — element,** elemento sensible (compás giroscópico); **vibratory** —, giroscopio de vibraciones.

Gyrocompass (plural **Gyrocompasses**), Compás giroscópico.

Gyroperiod, Giroperíodo.

Gyroplane, Autogiro.

Gyroscope, Giroscopio, véase **Gyro.**

Gyroscopic, Giroscópico; — **compass,** compás giroscópico; — **couple,** par giroscópico; — **effect or — action,** efecto giroscópico; — **level,** nivel giroscópico; — **meter,** contador giroscópico; — **pilot,** aparato de pilotaje giroscópico.

Gyrostabilization, Estabilización giroscópica.

H

H, H; — **armature,** inducido Siemens; — **bar,** hierro en doble T; — **iron,** hierro doble T; — **wave,** onda magnética longitudinal.

Habilitator, Proveedor de fondos (minas).

Hack, Brecha, muesca, pico, zapapico; — **frame,** porta-sierra; — **saw,** sierra alternativa; — **sawing machine,** sierra de movimiento alternativo.

Hackmatack, Larix americana.

Hade, Inclinación de una falla, pendiente de un filón.

Hafnium, Hafnio.

Haft, Empuñadura (de herramienta), mango; **to** —, enmangar.

Hairpin shaped, En forma de horquilla para el cabello.

Hairspring, Resorte espiral.

Hake, Andana de madera para secar ladrillos.

Halated, Con halo (placa fotográfica).

Half, Medio; — **axle-tree,** semieje; — **breadth plan,** proyección horizontal; — **crossed belt,** correa semicruzada; — **hard steel,** acero semiduro; — **hardy,** que resiste los cambios de temperatura pero no las grandes heladas; — **heddle,** calota (tejeduría); — **hitch timber,** de un cote y vuelta de braza (nudo); — **lock rope,** cable semicerrado; — **roll,** medio tonel; — **round set hammer,** plana semicircular; — **round wood,** madera semirredondeada; — **stamping die,** media matriz; — **time or** — **speed shaft,** árbol de distribución, árbol de levas; — **twist bit,** barrena helicoidal; — **wave rectification,** rectificación en semilongitud de ondas; **cross** — **lattice,** hierro en doble T con cuatro pestañas cruzadas; **cross** — **lattice iron,** hierro de T doble de cuatro listones; **flanges of the** — **boxes,** orejetas de las cajas de moldeo (fund.).

Halide, Halogenuro; **alkali** —, halogenuro alcalino; **organic** —, halogenuro orgánico; **silver** —, halogenuro de plata; **vinyl** —, halogenuro vinílico.

Hall, Hall, vestíbulo; **assembly** —, taller de montaje; **scrap** —, nave de chatarra; **storing** —, nave de almacenado.

Halogenation, Halogenación.

Halogens, Halógenos.

Halophosphate, Fosfato halogenado, halofosfato.

Halve (To), Empalmar a media madera.

Halving, Empalme a media madera.

Ham, Radioaficionado.

Hammer, Martillo, percutor; — **crusher,** trituradora de martillos; — **adze,** azuela de carpintero; — **face,** cotillo del martillo; — **forged,** forjado a martillo; — **gun,** escopeta de percutidores exteriores; — **hardening,** agriamiento, batido en frío; — **mill,** triturador de martillos; — **slags,** batiduras de hierro, escamas, pajas; **ball faced** —, martillo de cara redondeada; **bench** —, martillo de remachar; **block** —, martillo pilón; **chasing** —, martillo, martinete de embutir; **chipping** —, martillo de desincrustar; **chop** —, tajadera; **claw** —, martillo de uña; **clinch** —, martillo de uña; **closing** —, martillo de conformar; **coining** —, troquel de acuñar; **compressed air** —, martillo neumático; **dead stroke** —, martillo con amortiguador, martillo de resorte; **dog head** —, martillo para hacer sierras; **drill** —, martillo perforador; **drop** —, martillo de caída libre, martillo neumático, martillo pilón, martinete; **face** —, martillo de pala; **facing** —, martillo de encarrujar; **flatting** —, martillo de alisar; **flogging** —, martillo de fundidor (véase **Flogging**); **fore** —, martillo delantero; **forge or forging** —, martillo de forja; **framing** —, martillo corto y pesado de carpintero; **friction drop** —, martinete de fricción; **friction roll** —, martillo a correa de fricción; **furring** —, martillo de desincrustar, martillo para picar la sal; **granulating** —, bujarda; **great bench** —, maza; **hack** —, martillo de pala plana; **half round set** —, plana semicircular; **hand** —, martillo de mano; **handle of a** —, mango de un martillo; **holding up** —, mandril de abatir (embutidor de remaches); **iron** —, maza; **level** —, martinete; **lift** —, batidor de hierro; **pane of a** —, pala de un martillo; **percussion** —, martillo; **planishing** —, martillo de alisar; **pointed** —, martillo de punta; **power** —, martillo de gran forja, martillo pilón; **rivetting** —, martillo de remachar; **set** —, martillo de aplanar (forja); **shingle** —, martillo de batir hierro; **sledge** —, mandarria, martillo de dos manos; **small bench** —, maceta; **square set** —, plana cuadrada; **steam** —, martillo pilón; **tack** —, martillo de orejas; **tilt** —, martinete; **two handed** —, martillo de dos manos; **water** —, golpe de arriete, martillo de agua; **wooden** —, mazo de madera; **to** —, agriar, batir, forjar, martillar, zurrar pieles; **to — harden**, agriar.

Hammerable, Maleable.

Hammered, Batido, martilleado; — **iron**, hierro martillado; — **sheet iron**, chapa martillada.

Hammering, Batido, curtido, martilleo; **cold** —, agriamiento, batido en frío.

Hammersmith, Forjador.

Hammock, Cuna, soporte, suspensión.

Hand, Hombre, mano a mano, obrero; — **brace**, broca de berbiquí; — **brake**, freno de mano (auto); — **drive**, mando manual; — **feed**, avance de una herramienta a mano; — **forging**, pieza forjada sin estampa; — **hold**, empuñadura; — **hole**, agujero de inspección; — — **lamp**, lámpara portátil; — **made**, hecho a mano; — **of a clock**, manecilla de un reloj; — **operated**, accionado a mano; — **rail**, barandilla; — **railing**, pretil de puente; — **riveting**, rampa; — **saw**, sierra de mano, sierra pequeña; — **throttle button**, botón de acelerador; — **tools**, herramientas manuales; — **wheel**, volante de mano; — **wheel for longitudinal feed**, volante manual de avance longitudinal (máq.-herram.); **capstan — wheel**, volante de maniguetas; **crocodile — lever shearing machine**, cizalla de mano; **fine — saw**, serrucho; **free — drawing**, dibujo a mano alzada; **in** —, disponible, en ejecución, en madera, en mano; **left — drill**, broca a izquierdas; **left — helix**, hélice sinistrórsum; **right — drill**, broca a derechas; **right — helix**, hélice destrórsum; **second** —, de ocasión; **second — car**, coche de segunda mano; **the finishing** —, la primera mano; **to bear a** —, dar un golpe a mano.

Handed (Left, right), A derechas (tornillo), con paso a izquierdas.

Handicraft, Profesión, oficio.

Handiwork, Trabajo manual.

Handle, Empuñadura, mango; — **for cross hand feed**, manigueta de avance transversal; — **for cross power feed**, manigueta de embrague de avance transversal; — **for longitudinal power feed**, manigueta de embrague de avance longitudinal; — **for top slide,** manigueta del soporte del portaherramientas; **back gear shaft —,** palanca de inversión de marcha; **change gears —,** palanca del mecanismo de engranajes; **loose —,** manija (de herramienta); **starting or starting crank —,** manigueta del soporte del portaherramientas; **to —,** manejar, maniobrar.

Handling, Manejo, maniobra, maniobrabilidad, mantenimiento; **coal —,** manejo del carbón; **easy —,** fácilmente manejable; **ground — trials,** ensayos de comportamiento en tierra, ensayos de manejo en tierra; **mechanical or mechanised —,** manejo automático; **quick — crane,** grúa o puente de manejo rápido.

Handrail, Barra de apoyo, pasamanos.

Hands off, Mandos libres (aviac.).

Handspike, Palanca de maniobra.

Hangar, Hangar; **aeroplane —,** hangar para aviones.

Hanger, Consola de palier suspendido, silleta; **cable —,** grapa de suspensión; **door —,** charnela; **drop — bearing,** cojinete de la silleta de suspensión, silleta; **drop — frame,** silleta abierta, soporte suspendido; **drop — frame T form,** silleta abierta; **drop — frame V form,** silleta cerrada; **longitudinal wall — bearing,** consola-palier cerrada; **post —,** silleta de columna; **post — bearing,** consola palier de columna; **ribbed —,** silleta de nervaduras.

Hangfire, Combustión retardada, retraso en la combustión.

Hanging, Colgante, de pie, pendiente, suspendido; — **bridge,** puente colgante.

Hangover, Persistencia (ecos).

Hank, Anillo, guardacabado, ovillo de bramante.

Harbour, Puerto (diques y muelles); — **master,** capitán de puerto; — **of refuge,** puerto de refugio; **commercial —,** puerto comercial; **fishing —,** puerto de pesca; **inner —,** dársena, puerto interior; **outer —,** antepuerto, puerto exterior.

Hard, Véase **Hardfacing**; — **cast iron,** fundición dura; — **chrome,** cromo duro; — **drawn wire,** hilo estirado en frío; — **shell,** de cáscara dura; — **soldering,** aleación para soldaduras, soldadura fuerte; — **tube or — valve,** lámpara de vacío perfecto, tubo de alto vacío; — **wheel,** muela dura.

Hardcore, Piedra gruesa para cimientos.

Harden (To), Endurecor, templar.

Hardenability, Capacidad de temple, templabilidad.

Hardenable, Templable; — **steel,** acero templable; **non —,** no templable.

Hardened, Endurecido, templado, tratado; — **right out,** templado en seco; **case or face —,** acerado superficialmente, cementado, templado en paquete; **hammer — iron,** hierro agriado al martillo; **nitrogen —,** nitrurado.

Hardening, Cementación, endurecimiento, temple, tratamiento; — **furnace,** horno de cementación; — **test,** ensayo de templabilidad; **age —,** endurecimiento estructural, endurecimiento por envejecimiento; **air — or self —,** autotemplable, temple al aire; **case —,** cementación, temple en paquete; **contour —,** temple superficial; **differential or local —,** tempie parcial; **flame —,** cementación a la llama (oxiacetilénica), temple al soplete; **induction —,** temple por inducción; **oil —,** temple al aceite; **precipitation —,** endurecimiento estructural; **quick —,** de fraguado rápido (cemento); **selective —,** temple selectivo; **self —,** autotemplable; **shallow — steel,** acero poco templable, con poca penetración de temple; **slow** —, de fraguado lento (cemento); **strain** —, agriamiento; **surface** —, temple superficial; **temper** —, temple secundario; **through** —, temple profundo; **torch** —, temple al soplete; **work** —, endurecimiento por trabajo.

Hardfacing, Acabado de superficie.

Hardkise, Pirita capilar.

Hardle, Tajadera.

Hardness, Dureza, grado de vacío; — **test,** ensayo de dureza; — **testing machine,** máquina de ensayo de dureza; **abrasion** —, dureza a la abrasión; **red or secondary** —, dureza secundaria; **scratch** —, dureza al rayado.

Hardware, Quincallería.

Hardwood, Véase **Wood.**

Harmonic, Armónico; — **analysis,** análisis armónico; — **component,** componente armónico; — **detector,** detector de armónicos; — **distortion,** distorsión armónica; — **filter,** filtro de armónicos; — **generator,** generador de armónicos; **coefficient of — distortion,** coeficiente de distorsión armónica; **fundamental** —, armónico fundamental; **harmonics analizer,** analizador de armónicos; **Klystron — generator,** Klistrón generador de armónicos; **total — distortion,** distorsión armónica y global; **tuned — ringing,** llamada armónica sintonizada; **undertuned — ringing,** llamada armónica infrasintonizada.

Harmonics, Armónicos; **even** —, armónicos pares; **odd** —, armónicos impares.

Harness, Arnés, rampa (de bujía); **ignition** —, rampa de encendido; **safety** —, arnés de seguridad; **to** —, utilizar (la energía).

Harnessing, Utilización.

Harp antenna, Antena en abanico.

Harpings, Vagras a proa o a popa de un buque.

Harsh, Rugoso.

Hartshorn (spirits of), Amoníaco.

Harvey (To), to **harveyize,** Cementar.

Harveyed, Cementado; — **steel,** acero cementado.

Hash, Chasquido de chispas.

Hasp, Aro de la verga (buques), botón, broche.

Hastelloys, Aleaciones níquel-hierro-molibdeno.

Hat, Sombrero.

Hatch, Escotilla, trampa; — **cover,** escotilla de cala; **close** —, escotilla de mar, escotilla llena; **under hatches,** en la cala; **to** —, rayar (dibujos).

Hatched, Rayado.

Hatchel, Peine para cáñamo, rastrillo para el cáñamo.

Hatchett, Destral, niobio.

Hatching, Rayado; — **or hatching stroke,** rayado (dibujos); **counter** —, rayado cruzado.

Hatchway, Escotilla, trampa.

Haul (To), Apoyar, halar, remolcar, tirar.

Haulage, Arrastre; — **plant,** aparato de arrastre, aparato de halaje.

Hauled, Halado, remolcado.

Hauling, Halaje, remolcado, remolque.

Hawks, Talochas; **vibrating** —, talochas vibrantes.

Hawse, Escobén; — **hole,** escobén; — **pipe,** escobén; — **plug or block,** tapón de escobén.

Hawser, Calabrote, guindaleza; — **laid,** colchado en guindaleza; **steel** —, calabrote de acero.

Hazard (Fire), Peligro de incendio.

Head, Altura de caída, altura de carga, cabeza, cabezal, cabezal de perforación, cabezal de pozo, cono de carga (torpedo), fondo, fondo de presa, objeto principal; — **bag,** canal de subida; — **beam,** travesaño, vigueta de cabeza; — **bolt,** perno con cabezal; — **box,** caja de cabeza de compuerta; — **cup,** contraestampa; — **flume,** canal de cabeza; — **frame,** apeo (minas); — **gear,** apeo de mina; — **ledges,** esloras; — **light,** faro (coche); — **losses,** pérdidas de carga; — **motor,** cabezal motor; — **race,** canal de llegada, canal de subida; — **resistance,** resistencia al avance; — **rest,** cabecera; — **stock,** cabezal (torno), porta-herramienta; — **stone,** llave de bóveda, piedra angular; **atomic war** —, cono atómico; **available** —, caída disponible; **average** —, caída media; **axe** —, hierro de hacha; **ball** —, péndulo, taquímetro de bola; **bank** —, embocadura de un pozo; **bent** —, bastidor de cuello de cisne; **bill** —, descalcador; **boiler** —, fondo de caldera; **boring** —, cabezal barrenador; **brace** —, véase **Brace**; **bulk** —, apretamiento, caída bruta, pared de retención; **bull** — **rail,** carril de doble seta; **capstan** —, cabeza de cabrestante, cabezal revólver; **casing** —, cabezal de sonda; **cat** —, cabrestante, torno pequeño; **centrifugal** —, péndulo, taquímetro (de regulador); **collecting** —, colector; **combustion** —, culata de quemador; **conical** — **rivet,** remache de cabeza cónica; **crane** —, brazo, pluma de grúa; **cross** —, cabeza de biela, cruceta, culata, té o T, traviesa, traviesa guía (prensa hidráulica); **cross** — **and slipper,** guiado de cruceta; **cross** — **block,** deslizadera; **cross** — **center,** perno de cruceta; **cross** — **end,** cabeza de biela; **cross** — **engine,** motor de cruceta; **cross** — **guide block,** patín de la traviesa o del T; **cross** — **guides,** correderas, deslizaderas, guías de la traviesa; **cross** — **pin,** perno de traviesa, pivote de pie de biela; **cross** — **pin bearing,** articulación de pie de biela; **cross** — **slipper,** patín de cruceta; **cup** —, cabeza de remache hemisférica; **cutter** —, cabezal de fresado, plato fresador, portacuchilla; **cylinder** —, culata, culata de cilindro, tapadera; **dead** —, chorro de colada (fund.), mazarota; **delivery** —, altura de impulsión; **die** —, cabezal de roscar; **discharge** —, altura de descarga; **dished** —, fondo abombado; **dividing** —, cabeza divisora (máq.-herr.); **dog** —, mordaza; **draft** —, altura de aspiración; **draw** —, amortiguador en el que está colocada una clavija de enganche, parte de tracción de una máquina de ensayo; **drilling** —, cabezal de perforación; **drive** —, tapón roscado en una parte hueca para protegerla; **drum** —, cabeza de cabrestante; **effective** —, altura eficaz; **escape** —, demasiado lleno; **feeding or feed** —, chorro de colada, mazarota; **flexible** — **coupling,** acoplamiento de cabeza articulada; **flow** —, cabeza de surgencia; **fork** —, articulación de horquilla; **friction** —, altura correspondiente a las pérdidas de carga; **governor** —, péndulo, taquímetro regulador; **gravity** —, carga estática; **gross** —, caída bruta, caída total; **hammer** — **crane,** grúa de martillo; **heads,** cabezas (lavados de minerales), concentrados; **high** —, alta caída; **hob** —, cabezal de fresado; **indexing** —, índice divisor; **low** —, baja caída; **medium** —, caída media; **milling** —, cabezal de fresado; **mine** —, frente de arranque; **multiple** —, cabezal múltiple; **net** —, caída neta; **operating** —, caída útil; **piston** —, cabeza de pistón, culata de pistón; **Pitot** —, tubo de Pitot; **position** —, carga estática; **practice** —, cono de ejercicio; **productive** —, caída útil; **puppet** — **centre,** contrapuntas; **rail** —, cabeza de carril; **reading** —, cabezal lector; **revolving cutter** —, portabroca revólver; **short circuit micrometer** —, cabeza micrométrica de cortocircuito; **stamped** —, fondo embutido; **static** —, altura estática; **steady** —, cabezal de fijación (torno); **suction** —, altura a la aspiración, altura de aspiración, carga; **telephone** — **receiver,** casco telefónico; **tilting** —, cabeza oscilante (máq.-herr.); **total** —, caída total, elevación total o manométrica (de bomba); **turret — boring machine,** máquina perforadora de revólver; **valve —,** somcarga útil; **to —,** poner en cabeza. brerete de válvula; **war —,** cono de combate; **welding —,** cabeza de soldadura; **wheel —,** cabeza portamuela (rectificadora); **work —,** cabeza portapieza; **working —,**

Headache post, Pie de seguridad de grúa derrick.

Headed, De cabeza; **round —,** de cabeza redonda (tornillo, etc.); **round — screw,** tornillo de cabeza redonda.

Header, Cabeza del martillo, cabezal de tubo, colector, distribuidor, estampa, estribo de presa, lámina de agua, pipa, tobera, tubo de retorno de agua; **— box,** caja de retorno; **— tank,** tanque de alimentación; **boiler —,** colector de caldera; **steam —,** colector de vapor.

Headgear, Apeo de mina.

Heading, Fondo de barril, impulsión, morro de avión; **cold —,** extrusión en frío; **dowstream —,** salida aguas abajo.

Headlamp, Faro (coche); **— with combined generator,** faro autogenerador; **— with separate generator,** faro con generador; **electric —,** faro eléctrico.

Headless, Sin cabeza (clavo).

Headlight, Faro (auto).

Headman, Contramaestre.

Headphone, Auricular, casco.

Headrace, Aguas de cabecera.

Headstock, Cabezal fijo (torno), cabezal portapieza (torno, máquina de rectificar de muela, etc...), soporte de una parte giratoria; **loose —,** cabezal móvil.

Headwheel, Cabezal portamuela.

Headwind, Viento de proa.

Heap, Montón; **to place on the scrap —,** colocar una pieza vieja (automóvil, etc...) en los montones de chatarra, en el cementerio de automóviles, etc...

Heaped, En montón.

Heart, Ánima, corazón, mecha, roldana; **— shaped,** en forma de corazón.

Hearth, Crisol, hogar de chimenea, hogar de fusión, solera; **— bricks,** ladrillos refractarios; **— stone,** rustina; **back of a —,** placa de la tobera; **blacksmith —,** fuego de forja; **blast —,** horno escocés de galena; **by —,** hogar accesorio; **fining forge —,** hogar de afino; **fore —,** antehogar, horno de antecrisol, horno de recalentar; **open — furnace,** horno de solera, horno Martín; **rotary —,** solera giratoria.

Heartwood, Duramen.

Heat, Calda (forja), calor, carga (alto horno), colada; **— barrier,** barrera térmica (aviac.); **— capacity,** capacidad calorífica; **— cast,** moldeado por fusión; **— conductivity,** conductibilidad térmica; **— control,** regulador de calor; **— dissipator,** termodisipador; **— dynamometer,** dinamómetro térmico; **— energy,** energía térmica; **— engine,** máquina térmica, motor térmico; **— engine station,** central térmica; **— exchange,** intercambio de calor; **— exchanger,** intercambiador de calor; **— insulation,** aislamiento térmico; **— plasticization,** termoplastificación; **— pump,** bomba de calor; **— resistant or resisting steel,** acero resistente al calor, refractario; **— resistant or resisting steel,** acero refractario; **— resisting steel,** acero resistente al calor; **— shrinkable,** que se contrae por el calor; **— sink,** fuente fría; **— transmissivity,** termotransmisividad; **— treatable,** que puede tratarse al calor; **— treatment or treating,** tratamiento térmico; **— unit,** 0,252 calorías; **abstraction of — from the walls of the cylinder,** pérdida de calor por las paredes del cilindro; **blast —,** calor del viento (alto horno); **blight cherry red —,** calda al rojo cereza claro; **blood red —,** calda a temperatura del rojo oscuro; **boiling —,** temperatura de ebullición; **cherry red —,** calda al rojo cereza; **dark red —,** calda al rojo oscuro; **hysteresis —,** calor por histéresis; **latent —,** calor latente; **radiant —,** calor radiante; **solar —,** calor solar; **sparkling —,** calor exudante; **specific —,** calor específico; **waste — boiler,** caldera de calor perdido; **white —,** calda exudante, calda grasa, incandescencia; **to —,** calentar, tratar al calor.

Heatable, Calentable.

Heated, Calentado; **electrically —,** calentado eléctricamente; **indirectly — cathode,** cátodo de calentamiento indirecto.

Heater, Calentador, elemento de calefacción indirecta, horno; **— drain,** purga de calentador; **air —,** calorífero de aire caliente, recalentador de aire; **combustion —,** recalentador de combustión; **coolant —,** calentador-enfriador; **dielectric —,** calentador dieléctrico; **feed water —,** recalentador de agua de alimentación.

Heating, Caldeo, calefacción, calentamiento (elec.); **— apparatus,** calorífero; **— battery,** batería de calentamiento (radio); **— coil,** serpentín de calentamiento; **— furnace,** horno de recalentar; **— oven,** horno calorífero; **— panel,** panel de calentamiento; **— steam,** vapor de calentamiento; **— surface,** superficie de caldeo; **— valve,** poder calorífugo; **bar — furnace,** horno de recalentar las barras, horno para recalentar los barrotes; **central —,** calefacción central; **convective —,** calefacción por convección; **electronic —,** calefacción electrónica; **fuel —,** calentamiento del combustible; **h. f. —,** calefacción de alta frecuencia; **indirect —,** caldeo indirecto; **induction —,** calefacción por inducción; **radiant —,** calefacción por radiación; **radiofrequency —,** calefacción de alta frecuencia; **ram —,** calentamiento aerodinámico; **sparkling —,** calda exudante; **specific —,** calor específico; **steam —,** calefacción por vapor; **white —,** calda exudante, calda grasa, incandescencia.

Heavage, Levantamiento del terreno.

Heave, Desecho, desplazamiento de una capa, elevación, rechazo; **to —,** halar, virar; **to — away,** virar seguido (al cabrestante, etc...); **to — down,** dar pendol.

Heaver, Cargador de muelle.

Heaviness, Naturaleza arcillosa.

Heaving, Botadura, lanzamiento, sacudida, tirada; **— down,** pendol.

Heaviside, Heaviside; **— layer,** capa de Heaviside (radio).

Heavy, Pesado, pesante; **— cut,** corte profundo; **— duty,** de gran potencia; **— electron,** electrón pesado; **— hydrogen,** hidrógeno pesado; **— plate works,** trabajo en chapa gruesa; **— water,** agua pesada; **medium — loading,** carga semifuerte.

Hectograde, Hectogrado.

Heddle, Lizo (telares).

Hedgehopper, Vuelo rasante.

Heel, Banda de buque, caja (de un mástil), diamante (de pinza), pie, pitón, talón, talón de la quilla; **— chair,** cojinete del talón de aguja; **— of a frame,** pie de un par; **— tool,** escoplo de grano de cebada, espátula, etc. (herramientas de torno); **to — or to — over,** escorar.

Heeling error, Error debido a la escora (compás).

Heelspring, Resorte de retroceso.

Heelstrap, Correa de retroceso.

Height, Altura, elevación; **— adjustable,** regulable en altura; **— finder,** altímetro; **antenna — above terrain,** altura de antena; **available —,** altura libre; **ceiling —,** altura de techo (aviac.); **effective —,** altura eficaz; **equivalent —,** altura equivalente; **hoisting —,** altura de levantamiento; **maximum** —, altura libre; **one** — **bend,** racor curvado; **pulse** — **voltmeter,** voltímetro de amplitud para impulsos; **running** altura de crucero; **spot** —, punto acotado; **stereoscopic** — **finder,** altímetro estereoscópico; **virtual** —, altura virtual; **working** —, altura de trabajo.

Helevision, Toma de vistas por helicóptero.

Helical, En hélice; — **antenna,** antena helicoidal; — **gear,** véase **Skrew gear;** — **involute gear,** engranaje helicoidal de dentado de perfil de evolvente de círculo; — **spring,** resorte helicoidal.

Helicoid, Helicoide.

Helicoidal, Helicoidal; — **fan,** ventilador helicoidal.

Helicometer, Helicómetro.

Helicopter, Helicóptero; **co-axial** —, helicóptero coaxial; **jet propelled** —, helicóptero a reacción; **pressure jet** —, helicóptero de tobera de combustión; **pulse jet** —, helicóptero a pulsorreacción; **ram jet** —, helicóptero de estatorreactor; **rotor of a** —, paleta giratoria de un helicóptero; **tandem rotor** —, helicóptero de rotores en tandem; **torqueless** —, helicóptero sin par motor.

Helicopteric, Helicoptérico.

Heliochromy, Heliocromía.

Heliport, Helipuerto.

Helium, Helio; **liquid** —, helio líquido.

Helix (plural **helixes** o **helices**), Hélice (curva), serpentín; **left hand** —, hélice sinistrórsum; **right hand** —, hélice destrórsum.

Helm, Caña del timón, timón; — **hole,** timonera; — **indicator,** indicador del ángulo del timón.

Helmet, Casco; **smoke** —, casco antihumo.

Helper, Auxiliador de maniobra (obrero).

Helve, Mango de una herramienta; **to** —, enmangar.

Hematite, Hematites; **brown** —, hematites pardo; **red** —, hematites rojo; **yellow** —, hematites amarillo.

Hemicylinder, Semicilindro.

Hemisphere, Hemisferio.

Hemispherical, Hemisférico.

Hemlock, Abeto negro del Canadá.

Hemp, Cáñamo, estopa; — **colling,** trenza de cáñamo; — **comb,** rastrillo para el cáñamo; — **core,** alma de cáñamo; — **hawser,** calabrote de cáñamo; — **packing,** guarnición de cáñamo; **male** —, cáñamo macho; **manilla** —, abacá, cáñamo de Manila; **raw** —, estopa bruta; **to beat** —, moler el cáñamo; **to steep** —, enriar el cáñamo; **to swingle, to tew** —, espadillar el cáñamo.

Hempen, De cáñamo.

Henry (plural **henries**), Henrio (unidad de inducción).

Heptane, Eptano.

Heptode, Tubo de siete electrodos.

Hermatrypic, Hermatrípico.

Hermetically, Herméticamente; — **sealed,** herméticamente cerrado.

Herring bone, Dentado de dientes angulares; — **gears,** engranajes bihelicoidales.

Hertzian, Hertziano; — **oscillator,** oscilador Hertz; — **resonator,** resonador Hertz; — **waves,** ondas hertzianas.

Het, Abreviatura de Heterodina.

Heterochronous, Heterocrono.

Heterocyclic, Heterocíclico.

Heteroderivatives, Heteroderivados.

Heterodyne, Heterodina (radio); — **detector,** detector heterodina; — **receiver,** receptor heterodino; — **reception,** recepción heterodina.

Heterogeneous, Heterogéneo.

Heteropolar, Heteropolar o de flujos alternados.

Hew (To), Cajear (minas), cuadrar, tallar, zapar; **to — down,** cortar; **to — roughly,** desbastar.

Hewer, Picador (mina).

Hexabromoethane, Exabromoetano.

Hexachloroetane, Exacloroetano.

Hexafluoride, Exafluoruro.

Hexagon, Exágono; **— head,** cabeza de seis lados; **— iron,** hierro exagonal; **— turret,** torreta exagonal.

Hexagonal, De seis caras, exagonal; **— bar iron,** barra de hierro exagonal; **— nut,** tuerca exagonal.

Hexametaphosphate, Exametafosfato.

Hexamethylethane, Exametiletano.

Hexapolar, Exapolar.

Hexavalent, Exavalente.

Hexode, Tubo de seis electrodos; **triode — mixer,** triodo hexodo mezclador.

Hexose, Exosa.

Hexyl, Exílico; **— alcohol,** alcohol exílico.

H. F. (high frequency, de 3 a 30 megaciclos), Alta frecuencia; **— circuit,** circuito de alta frecuencia; **— current,** corriente de alta frecuencia; **— heating,** calefacción de alta frecuencia.

H. F. I. (high frequency induction), Inducción de alta frecuencia.

Hick belt, Correa articulada.

Hickory, Hicoria alba, nogal de América.

Hide, Cuero, piel; **— rope,** correa; **raw — gears,** engranajes de cuero crudo.

Hiding, Cubridor; **— power,** poder cubridor (colores).

High, Alto, con alto contenido de; **— alcoholic content,** de alto contenido en; **— ceilinged,** de techo alto; **— chine,** taladradora radial rápida de control centralizado; **— class steel,** acero de primera clase; **— cobalt content,** con alto contenido de cobalto; **— compression engine,** motor sobrecomprimido; **— draft,** gran estiraje (hilatura); **— duty,** de gran rendimiento; **— explosive,** explosivo de gran potencia; **— film,** película rápida (fotografía); **— flux reactor,** reactor nuclear de hiperflujo neutrónico; **— frequency alternator,** alternador de alta frecuencia; **— frequency amplifier,** amplificador de alta frecuencia; **— frequency transformer,** transformador de alta frecuencia; **— frequency voltmeter,** voltímetro de alta frecuencia; **— head runner,** rodete de gran salto; **— lead alloy,** aleación rica en plomo; **— lift flap,** aleta hipersustentadora; **— lime slag,** escoria muy caliza; **— octane fuel,** combustible de índice de octano elevado; **— octane gasoline,** gasolina con elevado índice de octano; **— pass filter,** filtro de paso alto; **— permeability steel,** acero de alta permeabilidad; **— positioned,** con rango elevado; **— power lathe,** torno de gran potencia; **— powered,** de gran potencia; **— pressure cylinder,** cilindro de alta presión; **— pressure engine,** máquina de alta presión; **— pressure gas compressor,** compresor de gas de alta presión; **— pressure mercury lamp,** lámpara de vapor de mercurio a alta presión; **— pressure stage,** escalón de alta presión (turbinas); **— pressure steam,** vapor a alta presión; **— pressure turbine,** turbina de alta presión; **— production machine,** máquina de gran producción; **— rated,** de gran potencia; **— rupture capacity,** alto poder de ruptura; **— sensitivity,** alta sensibilidad; **— set tail,** plano fijo sobrealzado; **— speed motor,** motor de gran velocidad; **— speed steel,** acero de corte rápido, acero rápido; **— speed steel drill,** broca de acero de corte rápido; **— sterned,** alto de popa (buques); **— sulphur,**

con alto contenido de azufre; — **temper steel,** acero carburado; — **temperature alloy,** aleación resistente a las altas temperaturas; — **tensile bronze,** bronce de alta resistencia; — **tensile steel,** acero de alta tensión; — **tension ignition,** cebado a alta tensión; — **tension magneto,** magneto de alta tensión; — **tension spark plug,** bujía de alta tensión; — **tension terminal,** borne de alta tensión; — **trajectory fire,** firo curvo; — **vacuum,** alto vacío; — **voltage line,** línea de alta tensión; **boiler with — pressure,** caldera de alta presión; **extra — frequency,** frecuencia extra alta; **resistance at — frequency,** resistencia en alta frecuencia; **three — mill,** laminador triple; **two, three, four —,** con dos, tres, cuatro cilindros (laminador); **very — frequency,** frecuencia muy alta.

Highlight, Punto sobresaliente.

Highlit, Alumbrado con intensidad.

Hilltop, Vértice.

Hinge, Articulación, charnela, gozne, quicio; — **levers,** bringabalas; — **stocks,** terraja de charnela; **butt —,** quicio; **butt hinges,** goznes; **casement —,** charnela de crucero; **flap —,** bisagra embutida; **T —,** té con charnela; **wing flap —,** charnela de alerón.

Hinged, Abatible, con charnela; — **cover,** tapadera abatible; — **dog hook arm,** brazo de grapón; — **lid,** tapadera con charnela.

Hip, Punta de apoyo.

Hircine, Hircina (mineralogía).

Hissing, Cantante; — **arc,** arco cantante (elec.).

Histogram, Histograma.

Hitch, Enganche, llave, nudo; **automatic —,** enganche automático; **half —,** nudo en el extremo de un cable; **timber —,** nudo de madera.

Hitcher, Pocero.

Hob, Cubo de rueda, fresa, fresa matriz, placa (de chimenea); — **grinder,** máquina de rectificar las fresas; **radial or worm —,** fresa matriz.

Hobber, Máquina de fresar engranajes.

Hobbing (Gear) machine, Máquina de tallar engranajes por tornillo-fresa.

Hodder, Pinche vagonero (minas).

Hodographic, Hodográfico.

Hodoscope, Hodoscopio.

Hoe, Azadón, binadora; **trench —,** retroexcavadora.

Hoeing, Escardadura.

Hog, Cepillo metálico; **to —,** combarse, limpiar fondos.

Hogged, Quebrantado.

Hogging, Limpieza de los fondos, quebranto; — **strains,** esfuerzos de quebranto.

Hogshead, Medida de capacidad (52,5 galones = 240 litros).

Hoist, Aparato de izar, elevador, montacargas, torno de izar; — **conveyor,** elevador transportador; — **drum,** tambor de izar; — **engine,** motor de izar; — **hook,** gancho de izar; — **motor,** motor de izar; **bucket —,** montacargas de cubeta tolva; **electric —,** montacargas eléctrico; **inclined —,** montacargas inclinado; **mine —,** máquina de extracción; **pneumatic —,** montacargas neumático; **ratchet —,** palanca de trinquete; **sinking —,** torno de foración; **staple shaft —,** torno de pozo de mina; **to —,** izar.

Hoister, Máquina de extracción (minas).

Hoisting, De izado, izado, subida; — **block,** mufla; — **cage,** jaula de extracción; — **engine,** máquina de izar a vapor; — **gear,** aparato de izar; — **height,** altura de izada; — **machinery,** maquinaria de izar; — **speed,** velocidad de izada; —

trolley, carro izador; — **winch**, torno de izar.

Hoistman, Obrero de extracción (minas).

Holard, Contenido total de agua (terrenos).

Hold, Agarradero, asidero, bodega (buque), cala de un buque, empuñadura, toma; **after** —, bodega de popa; **called-subscriber- — condition**, retención del abonado llamado; **fore** —, bodega de proa; **to** —, tener firme; **to — the exhaust valve**, bloquear la válvula de escape.

Holdback, Obstáculo.

Holder, Casquillo, portalámparas; **air** —, depósito de aire; **blade** —, portasierra; **blank** —, portaprimordio; **brush** —, portaescobilla; **carbon** —, portacarbón; **crystal** —, soporte de cristal; **die** —, portahilera, portamatriz; **electrode** —, portaelectrodo; **lamp** —, portalámparas; **lens** —, portaobjetivo.

Holderbat, Abrazadera para fijar tubos a la pared.

Holdfast, Trinca.

Holding, Comportamiento, ensamble, mantenimiento; — **bar**, barra de retención; — **bolt**, perno de ensamble; — **down bolt**, perno de cimentación; **automatic** —, mantenimiento automático; **backward** —, retención hacia atrás; **forward** —, retención hacia adelante; **road** —, estabilidad en marcha.

Holdover, Formación de un arco continuo por no desionizarse.

Hole, Agujero, foso, hueco, muesca; — **borer cutter**, fresa de escariar; — **capacity**, capacidad de perforación (perforadora); — **in the die**, calibre de matriz; **air** —, respiradero de un molde; **axe** —, ojo del hacha; **blast** —, agujero de aspiración, hornillo de mina; **blind** —, orificio ciego; **blown** —, veteadura (forja); **bottoming** —, boca de horno de vidrio; **bore** —, orificio de sondeo, taladro; **bored** —, agujero escariado, agujero perforado, agujero taladrado; **breast** —, piquera de evacuación de escorias (cubilote); **bung** —, boca de barril; **clearance** —, agujero de peso de perno roscado (taladrora); **clearing** —, véase **Clearing**; **clicker** —, válvula de fuelle; **clinker** —, orificio de desengrasado; **core** —, orificio de desarenado; **cotter** —, mortaja para el paso de una clavija; **countersunk** —, orificio de grapa; **creep** —, galería pequeña (minas); **discharging** —, agujero de descarga, agujero de deshornado; **draught** —, ventosa de horno; **draw** —, orificio de trefilado, rechupe; **drawing** —, orificio de la hilera; **drift** —, orificio de cuña expulsadora, ranura para extractor de perno; **drill** —, orificio de mina; **feed** —, agujero de llenado; **fire** —, tragante de un hogar, tragante de un horno; **floss** —, agujero de colada, bigotera, piquera de escorias; **hand** —, registro; **knee- — telephone**, teléfono oculto; **lading** —, porta de carga (buques); **lightening** —, aliviadero; **man** —, registro de hombre; **mud** —, agujero de limpieza, orificio de desincrustación, registro; **peep** —, orificio de inspección; **port** —, ojo de huey; **rivet** —, orificio de remache; **shrink** —, rechupe; **sight** —, orificio de inspección; **sink** —, sumidero; **sludge** —, agujero de visita; **spindle** —, escariado; **tapped** —, orificio roscado; **tapping** —, tragante; **to** —, entallar, excavar, perforar; **to blast a** —, perforar un pozo de mina; **to tamp a** —, cargar un pocillo de mina.

Holed, Entallado, excavado, perforado.

Hollow, Hueco; — **of a cock**, cuerpo de grifo; — **of a mould**, macho de molde; — **punch**, sacabocados; — **tyre**, llanta hueca; — **ware**, loza hueca; — **wood**, madera hueca; **mining — drill**, trépano hueco; **to** —, excavar; **to — out**, ahuecar.

Hollowed, Excavado.

Holohedron, Holoedro.

Home, A bloque, a fondo, a rechazo, a tope (empalme), justo, la metrópoli; — **ports,** puertos de la metrópoli; — **trade,** cabotaje (mares del Reino Unido); **screwed** —, atornillado a fondo; **to drive** —, rechazar; **to strike** —, golpear justo.

Homeoblastic, Homoblástico.

Homeomorphic, Homeomórfico.

Homeomorphism, Homeomorfismo.

Homeomorphism, Homeomorfismo. de aviones; **fixer and** —, determinador de posición y acercador.

Homing, De conducción, direccional; — **aerial,** antena direccional; — **arc,** arco de reposición; — **device,** dispositivo de guiado; — **indications,** indicaciones direccionales.

Homogeneous, Homogéneo.

Homogeneousness, Homogeneidad.

Homogenizer, Homogenizador.

Homologated, Homologado.

Homological, Homológico.

Homologous, Homólogo; — **points,** puntos homólogos.

Homolytic, Homolítico; — **reaction,** reacción homolítica.

Homopolar, Homopolar o de flujo ondulado (elec.).

Homotopy, Homotopía.

Hone, Piedra de aceite, piedra de afilar, piedra de rectificar; **to** —, afilar, esmerilar, pasar por la piedra de aceite.

Honer, Máquina de rectificar y bruñir interiores con tacos abrasivos.

Honey box, Colector de lodos (calderas); — **combed,** agrietado, apanalado; — **combing,** afilado.

Honeycomb or **Honey comb,** Grieta, panal, socavación, sopladura; — **coil,** bobina de panal; — **radiator,** radiador de panal.

Honing, Esmerilado mecánico con piedra de esmerilar, rectificado con muela; **superfinition** — **machine,** máquina de esmerilar, máquina de superpulir.

Hood, Campana de laboratorio, caperuza, capó, capota (autos), revestimiento (de cañón, de torreta), sombrerete de chimenea, tambucho (revestimiento de roda o de codaste); **chimney** —, caperuza de chimenea; **lens** —, parasol; **skylight** —, tapa de claraboya; **valve** —, caperuza, tapa de válvula.

Hooded, Con capota (motores).

Hooding, Capot; **fixed** —, capó fijo.

Hook, Anzuelo, gancho, garfio, garra, grapón; — **block,** polea de gancho; — **end,** pico del garfio; — **engagement,** enganche; — **rope,** cric; — **up,** acoplamiento, conexión; **arrester** —, gancho de retenida; **bill** —, hoz; **claw** —, gancho de garras; **cutter block with** — **tool,** portaherramientas con hierro de filo curvo; **dog** —, garra de apriete, grapón, tornillo de banco; **drag** —, garfio; **draw,** anclote, gancho, garfio de enganche, garfio de tracción; **drop** —, garfio articulado; **lifting** —, garfio de izar; **mooring** —, ancla de amarre, anclote; **receiver** —, gancho conmutador; **switch** — **flashing,** rellamada por gancho conmutador; **to** —, enganchar.

Hooke or **Hooke's** joint, Junta universal.

Hookean, Perteneciente a Hook.

Hookmen, Equipo de hombres con ganchos para el manejo de aviones ardiendo.

Hoop, Arandela (tonel, mástil), collarín (máquinas), zuncho (cañón, camisa de forzamiento); — **iron,** fleje; — **stress,** tensión periférica; **binding** —, arandela, banda, zuncho; **eccentric** —, collarín de excéntrica; **to** —, poner aros, zunchar.

Hooped, Con aros, zunchado; **self** —, autozunchado.

Hooper, Tonelero.

Hooping, De poner aros; — **machine,** máquina de poner aros.

Hop, Lúpulo, reflejo en la ionosfera, salto de pulga, vuelo corto de baja altitud; — **horn beam wood,** madera de charmilla; **axle** —, zuncho del eje.

Hopcalite, Mezcla de óxidos en polvo de cobre, manganeso, plata y cobalto.

Hopper, Tolva; — **car,** vagón con tolva; — **dredge,** draga chapadora; — **punt or barge,** gánguil de compuertas, tolva; **ash** —, tolva de cenizas; **bath** —, tolva de carga; **gravel** —, tolva de grava; **sand** —, tolva de arena; **tipping** — **or tippler** —, artesa.

Hopping, Vuelo corto de baja altitud.

Horary, Horario, por horas.

Horizon, Horizonte; **artificial** —, horizonte artificial.

Horizontal, Horizontal.

Horizontality, Horizontalidad.

Horizontalize (To), Rectificar (aerofotografía).

Horizontally, Horizontalmente; — **polarized,** polarizado horizontalmente.

Horn, Antena (torpedo), bocina, claxon, cuerno, trompa; — **antenna,** antena bocina; — **beam,** haya blanca; — **block,** placa de guarda; — **bulb,** pera de bocina; — **reef,** lengüeta de bocina; **biconical** —, bocina bicónica; **circular** —, bocina circular; **conical** —, bocina cónica; **driving** —, cuña de arrastre, cuña de retenida (devanado de los motores eléctricos); **sectoral** —, bocina aplanada; **standard gain** —, bocina de ganancia patrón.

Hornblende, Hornablenda.

Horological, Horológico; — **industry,** industria relojera.

Horse, Caballete, caballo; — **I. H. P.** = **indicated** — **power,** potencia indicada en caballos; — **power,** caballo vapor; — **power hour,** caballo-hora; **B. H. P.** = **brake** — **power,** caballo indicado al freno; **maximum boost** — **power,** potencia máxima en tierra; **N. H. P.** = **nominal** — **power,** caballo nominal; **rated** — **power,** potencia nominal en vuelo; **sea level** — **power,** potencia en tierra; **taxable** — **power,** caballos fiscales; **theoretical** — **power,** caballo teórico.

Horseshoe shaped, En forma de herradura.

Hose, Gorrería, géneros de punto, manguera de una bomba, tubo flexible; — **cock,** grifo de incendios; — **pipe,** tubo flexible; — **reel,** carrete de mangueras; — **trough,** canaleta (minas); **canvas** —, manguera de lona; **delivery** —, tubo de distribución, tubo de llenado; **fire** —, manguera de incendios; **silk** —, medias de seda; **suction** —, manguera de succión.

Hosecock, Grifo de incendios.

Hosiery, Géneros de punto; — **mill,** fábrica de géneros de punto.

Hot, Bajo tensión, caliente; — **blast stove,** aparato de viento caliente (horno alto); — **drawn steel,** acero estirado en caliente; — **forgeability,** forjabilidad en caliente; — **forming,** conformado en caliente; — **mill,** tren de laminar en caliente; — **pressing,** prensado en caliente; — **rolled,** laminado en caliente; — **sawing machine,** sierra en caliente; — **scaffold,** colgadura del revestimiento por marcha muy caliente, — **wire amperemeter,** amperímetro térmico; — **wire anemometer,** anemómetro de hilo electrocalentado; — **wire microphone,** micrófono térmico; — **wire voltmeter,** voltímetro térmico; **red** —, calentado al rojo; **white** —, calentado al blanco; **to** — **stamp,** estampar en caliente; **to run** —, calentarse (puntos de apoyo, cojinetes, etc.).

Hotness, Calor.

Hotwell, Cisterna, depósito, depósito de agua caliente.

Hour, Hora; **busy —,** hora cargada; **circuit or circuit group busy —,** hora cargada de un circuito o grupo de circuitos.

Hourdi, Relleno de mortero.

Hourly, Horario; **— average,** media horaria; **— variation,** variación horaria.

House, Casa; **lamp —,** cuerpo de lámpara; **to —,** alojar, estacionar.

Housed, Alojado, en caja, encerrado; **— contacts,** contactos protegidos.

Household, Doméstico; **— appliances,** aparatos domésticos.

Housing, Albergue (maroma), alojamiento, bastidor, caja, cárter, chasis, cuadro, encofrado, envuelta, garaje, montante; **axle —,** puente trasero (auto); **double —,** de doble montante; **gland —,** portaguarnición; **scavenger —,** colector de barrido (Diesel); **single —,** de un solo montante; **thrust —,** alojamiento de tope; **two —,** de doble bastidor.

Hovercraft, Vehículo levitante por reacción de aire sobre una superficie horizontal.

Hovering, Vuelo estacionario (aviac.).

Howitzer, Obús.

Hoy, Buque costero; **powder —,** barcaza polvorín.

Hr (hour), Hora.

h. r. c., De gran capacidad de desconexión.

h. s. s. (high speed steel), Acero rápido.

H. T. (High tension), Alta tensión.

Hub, Cubo, espiga, manija, saliente, taladro matriz; **— cap,** tapacubos; **— flange,** disco de cubo; **airscrew or propeller —,** cubo de hélice; **wheel —,** cubo de rueda.

Hubcap, Tapacubos (ruedas).

Hubnerite, Tungstato de manganeso.

Hulk, Pontón; **coal —,** pontón de carbón; **shear — or sheer,** pontón arboladura.

Hulks, Buque prisión.

Hull, Casco (de buque, de hidroavión); **blended —,** ala-casco; **to —,** atravesar el casco de.

Hulled, De casco; **steel —,** de casco de acero; **wooden —,** de casco de madera.

Hum, Zumbido; **cathode —,** zumbido de cátodo.

Humectant, Sustancia humectante.

Humidification or **Humidifying,** Humidificación; **— system,** sistema de pulverización de agua.

Humidify (To), Humidificar.

Humidistat, Humidistato.

Humidity, Humedad; **absolute —,** humedad absoluta; **lapse of —,** caída de humedad; **relative —,** humedad relativa; **specific —,** humedad específica.

Hump (of a curve), Máximo de una curva; **— method,** método del lomo de asno.

Hundredweight, Quintal inglés.

Hung up, Con avería.

Hungarian oil, Éter enántico.

Hunter (Junction), Filtro de junta.

Hunting, Condiciones de inestabilidad, desplazamiento automático, fluctuación, oscilación de velocidad, oscilación eléctrica.

Hurricanedeck, Cubierta superior.

Hurrier, Vagonetero.

Hurter, Parachoques, tope.

Hurtle, Ruido de choque.

Husk of walnut, Corteza exterior verde de nuez.

H. V. (High velocity), A gran velocidad; — (high voltage), alta tensión.

Hybrid, Híbrido; **— coil,** bobina híbrida; **transistor — parameters,** parámetros híbridos del transistor.

Hydantoins, Hidantoínas.

Hydrant, Toma de agua; **fire —,** toma de agua contra incendios.

Hydratable, Hidratable.

Hydratation, Hidratación; **heat of —,** calor de hidratación.

Hydrate, Hidrato.

Hydraulic, Hidráulico; **— accumulator,** acumulador hidráulico; **— brake,** freno hidráulico; **— capstan,** cabrestante hidráulico; **— cement,** cemento hidráulico; **— clutch,** embrague hidráulico; **— damper,** amortiguador hidráulico; **— drive,** mando hidráulico; **— engineer,** ingeniero de obras hidráulicas; **— fluid thermostat,** termostato de dilatación de líquido o de gas; **— fracturing,** fracturación hidráulica; **— jack,** gato hidráulico; **— leathers,** cueros para usos hidráulicos; **— lift,** ascensor hidráulico; **— lime,** cal hidráulica; **— mining,** minería hidráulica; **— positioner,** posicionador hidráulico; **— press,** prensa hidráulica; **— pressure,** presión hidráulico; **— ram,** pistón hidráulico; **— shock absorber,** amortiguador hidráulico; **— stowage,** relleno hidráulico (minas); **— turbine,** turbina hidráulica; **— type press,** prensa hidráulica de arco.

Hydraulically, Hidráulicamente; **— controlled or operated,** regulado hidráulicamente.

Hydraulicing, Efecto hidráulico.

Hydraulics, Hidráulica (ciencia); **geometrical —,** hidráulica geométrica.

Hydrazides, Hidrácidos.

Hydrazine, Hidracina.

Hydrazinolysis, Hidracinólisis.

Hydrazones, Hidrazonas.

Hydride, Hidruro; **aluminium —,** hidruro de aluminio; **lithium —,** hidruro de litio; **sodium —,** hidruro de sodio.

Hydro-skis, Hidroesquís.

Hydrobromination, Hidrobromado.

Hydrocarbon, Hidrocarburo; **— mist,** niebla de hidrocarburo; **— oil,** aceite mineral; **aromatic hydrocarbons,** hidrocarburos aromáticos; **higher hydrocarbons,** hidrocarburos de cadena larga; **paraffinic —,** hidrocarburo parafínico.

Hydrocarbonaceous, Hidrocarbonado.

Hydrochloric, Clorhídrico; **— acid,** ácido clorhídrico.

Hydrocodimers, Hidrocodímeros.

Hydrodynamic, Hidrodinámico.

Hydrodynamometer, Hidrodinamómetro.

Hydroelectric, Hidroeléctrico; **— plant,** central hidroeléctrica.

Hydroelectrical, Hidroeléctrico; **— cell,** pila hidroeléctrica.

Hydroflaps, Aleta sumergida junto al codaste.

Hydrofluoric, Fluorhídrico; **— acid,** ácido fluorhídrico.

Hydrogen, Hidrógeno; **— bomb,** bomba de hidrógeno; **— cooled,** con enfriamiento por hidrógeno; **— ion,** catión; **— peroxide,** bióxido de hidrógeno; **— phosphide,** hidrógeno fosforado; **atomic —,** hidrógeno atómico; **atomic — torch,** soplete de hidrógeno atómico; **compressed —,** hidrógeno comprimido; **heavy —,** hidrógeno pesado.

Hydrogenate (To), Hidrogenar.

Hydrogenated, Hidrogenado; **— oil,** aceite hidrogenado.

Hydrogenation, Hidrogenación; **high pressure —,** hidrogenación a alta presión.

Hydrogenolysis, Hidrogenólisis.

Hydrographer, Ingeniero hidrógrafo.

Hydrographic, Hidrográfico.

Hydrography, Hidrografía.

Hydrokineters, Hidrokinetros.

Hydrokinetics, Hidrocinética.

Hydrologic, Hidrológico.

Hydrology, Hidrología.

Hydrolysate, Hidrolizado.

Hydrolyse embrittlement, Fragilidad del acero por el hidrógeno.

Hydrolysed, Hidrolizado.

Hydrometer, Densímetro, hidrómetro.

Hydrophone, Hidrófono.

Hydroplane, Hidroavión, timón de inmersión (submarinos); — **control,** mando del timón de inmersión; **after** —, timón de popa; **fore** —, timón de proa.

Hydroplant, Central hidroeléctrica.

Hydropneumatic, Hidroneumático.

Hydroquinone or **Hydrokinons** or **Hydrochinone,** Hidroquinona.

Hydrostabilizer, Hidroestabilizador.

Hydrostatic, Hidrostático; — **balance,** balanza hidrostática; — **disc or piston** —, pistón hidrostático; — **fuse,** espoleta hidrostática; — **pressure,** presión hidrostática; — **weighing unit,** balanza hidrostática.

Hydrostatics, Hidrostática.

Hydrous, Hidratado.

Hydroxamic, Hidroxámico; — **acid,** ácido hidroxámico.

Hydroxide (Potassium), Potasa; **sodium** —, sosa.

Hydroxysalt, Sal hidroxilada.

Hydroxystearate, Hidroxiesterato.

Hygrofugacity, Higrofugacidad.

Hygrometer, Higrómetro.

Hygrometry, Higrometría.

Hygroscopic, Higroscópico.

Hygroscopicity, Higroscopicidad.

Hygroscopy, Higroscopía.

Hygrostat, Véase **Humidistat.**

Hyperbolic, Hiperbólico.

Hyperboloid, Hiperboloide.

Hyperchromic, Hipercrómico.

Hypercircle, Hipercírculo.

Hypercompound, Hipercompound.

Hyperelliptic, Hipereléptico.

Hypereutectic, Hipereutéctico.

Hypereutectoid, Hipereutectoide.

Hyperfrequency, Hiperfrecuencias; — **circuit,** circuito de hiperfrecuencias.

Hypergeometric, Hipergeométrico; — **identities,** identidades hipergeométricas.

Hyperoxygenation, Hiperoxigenación.

Hypers, Pinzas cortantes.

Hypersonic, Hipersónico; — **flow,** flujo hipersónico.

Hyperspace, Hiperespacio.

Hyperviscosity, Hiperviscosidad.

Hypochlorite, Hipoclorito.

Hypochlorous, Hipocloroso; — **acid,** ácido hipocloroso.

Hypocycloid, Hipocicloide.

Hypoeutectoid, Hipoeutectoide.

Hypoid, Hipoide; - **gear,** engranaje hipoide.

Hyposulphite, Hiposulfito; — **of soda or sodium,** hiposulfito de sosa.

Hypsochromie shift, Desplazamiento hiposocrómico.

Hypsometer, Hipsómetro.

Hypotenuse, Hipotenusa.

Hysteresis, Histéresis; — **curve or loop,** curva de histéresis; — **heat,** calor por histéresis; — **losses,** pérdidas por histéresis; **rotational** —, histéresis giratoria; **time** —, histéresis de tiempo.

Hysterigraph, Histeresígrafo.

I

I, I; — **bar,** hierro en doble T; — **beam,** hierro en T.

Iatrochemistry, Yatroquímica.

I. C. A. O. (International Civil Aviation Organization), Organización internacional de aviación civil.

Ice, Hielo; — **breaker,** rompe-hielo; — **machine,** máquina de hielo; **dry** —, hielo seco.

Icicling, Corrimiento del barniz.

Icing, Congelación, formación de hielo; **aircraft** —, formación de hielo sobre un avión; **non** —, no congelable.

Iconoscope, Iconoscopio, tubo emisor de televisión.

I. C. W. (Interrupted continuous waves), Onda continua.

I. D. (Inside diameter), Diámetro interior.

Ideal transducer, Transductor perfecto.

Idiochromatic, Idiocromático.

Idle, Reactivo; — **current,** corriente reactiva; — **losses,** pérdidas en vacío; — **running,** marcha en vacío; — **time,** tiempo muerto; **to** —, girar con marcha lenta, girar en vacío; **to run** —, marchar en vacío.

Idleness, Parada involuntaria.

Idler, Piñón loco, polea-guía, rodillo tensor, tensor (correa); — **roller,** rodillo-guía; **belt** —, polea-guía de correa; **pulley** —, polea-guía.

Idling, Marcha lenta o en vacío, tiempo muerto.

I. E. S. (Illuminating Engineering Society), Sociedad de ingeniería de la iluminación o sociedad de luminotecnia.

I. F. (Intermediate frequency), Frecuencia media.

I. F. F., Identificación.

Igneous, Ígneo.

Ignite (To), Inflamar, pegar fuego.

Igniter or **Ignitor,** Bujía de encendido, inflamador; **dual** —, dispositivo de encendido doble; **electric igniters,** aparatos de encendido.

Ignitibility, Ignitibilidad.

Ignitible, Inflamable.

Ignition, Encendido (motores), ignición, inflamación (pólvora); — **analyser,** analizador de encendido; — **car,** carro de encendido; — **circuit,** circuito de encendido; — **coil,** bobina de encendido; — **control lever,** palanca de control del encendido; — **key,** llave de contacto; — **lead,** filamento de bujía; — **spark,** chispa de encendido; — **switch,** botón conmutador de encendido; — **system,** sistema de encendido; — **voltage,** tensión de cebado (tubo de vacío); — **wire,** hilo de encendido; **advanced** —, avance al encendido; **burner** —, encendido por quemador; **dual** —, doble encendido; **high tension** —, cebado a alta tensión; **low tension** —, cebado a baja tensión; **low tension and high frequency** —, cebado a baja tensión y alta frecuencia; **magneto** —, encendido por magneto; **pre** —, autoencendido; **retarded** —, retraso de encendido; **self** —, autoencendido, encendido espontáneo; **spark** —, encendido por bujía; **spontaneous** —, encendido espontáneo; **to adjust the** —, regular el encendido; **to cut off** —, cortar el encendido; **to switch off the** —, cortar el encendido.

Ignitor, Véase **Igniter.**

Ignitron, Ignitrón; — **rectifier**, rectificador de ignitrones; — **switch**, contacto; **pumped** —, ignitrón bombeado; **sealed** —, ignitrón sellado.

Ihrigizing, Impregnación de chapas con silicio.

Illuminate (To), Alumbrar.

Illuminating, Iluminante, que ilumina; — **bomb**, bomba iluminante; — **engineer**, ingeniero luminotécnico; — **gas**, gas de alumbrado; — **oil**, aceite de alumbrado.

Illumination, Alumbrado, iluminación; **inverse tappered** —, iluminación gradual «cóncava»; **uniform** —, iluminación uniforme.

Illuminator, Cristal de portillo de luz (buques).

Illuminometer, Fotómetro portátil.

Illuvial, Iluvial.

Ilmenite, Ilmenita.

I. L. S., Sistema de aterrizaje automático.

Image, Imagen; — **distorsion**, distorsión de imagen; — **impedance**, impedancia imagen; — **monitor**, monitor de imagen; **latent** —, imagen latente; **rejection of** — **frequency**, protección contra frecuencia imagen; **virtual** —, imagen virtual.

Imbed (To), Empotrar, encastrar.

Imbedded, Empotrado, incluído.

Imitation, Imitación; **signal** —, señal aparente.

Immerge (To) or to immerse, Incluir, meter, sumergir, zambullir.

Immersed, Sumergido; **oil** —, sumergido en el aceite.

Immersion, Inmersión.

Immiscibility, Inmiscibilidad.

Immiscible, Inmiscible.

Immovable, Fijo, inmóvil.

Impact, Choque, impacto (tiro); — **or shock excitation**, excitación impulsiva (radio); — **strength**, resistencia al choque; — **test**, ensayo de resiliencia; — **value**, resilencia.

Impedance, Impedancia (elec.); — **bridge**, puente de impedancia; — **matching**, adaptación de impedancia; — **mismatching**, desequilibrado de impedancias; **balanced** —, impedancia equilibrada; **blocked or damped** —, impedancia infinita; **characteristic** —, impedancia característica; **characteristic acoustical** —, impedancia acústica característica; **complex** —, impedancia compleja; **conjugate impedances**, impedancias conjugadas; **coupling** —, acoplo por impedancia; **driving point** — (antennas), impedancia de entrada; **image** —, impedancia imagen; **input** —, impedancia de entrada; **inverse** —, impedancia inversa; **iterative** —, impedancia iterativa; **load** —, impedancia de carga; **mechanical** —, impedancia mecánica; **motional** —, impedancia dinámica (acústica); **normal** —, impedancia normalizada; **plate** —, impedancia de placa; **self-** —, impedancia propia (antenas); **stator** —, impedancia de estátor; **surface** —, impedancia superficial; **surge** —, impedancia característica; **terminal** —, impedancia terminal; **terminated** — **line**, línea con impedancia terminal; **transfer** —, impedancia de transferencia; **unit-area acoustical** —, impedancia acústica por unidad de superficie.

Impedor, Impedancia.

Impel (To), Impulsar.

Impeller, Impulsor, rotor, rueda de álabes, rueda motriz; **compressor** —, rueda de compresor; **pump** —, rueda móvil de bomba.

Imperfect, Imperfecto; — **emission**, emisión imperfecta.

Imperial, Papel de 5 1/2 × 3/4 pulgadas; — **system**, sistema legal de pesas y medidas.

Impermeability, Impermeabilidad.

Impermeable, Impermeable.

Impermeator, Engrasador, lubrificador.

Impervious, Hermético, impermeable, impracticable.

Imperviousness, Impermeabilidad.

Impetus, Impulsión.

Implement, Accesorio, utensilio.

Import, Artículo de importación, importación (mercancía importada).

Imported, Importado.

Importer, Importador.

Impoverishment, Emborrascamiento de una mina.

Impregnant, Impregnante.

Impregnate (To), Embeber, impregnar.

Impregnated, Impregnado; — **paper,** papel impregnado.

Impregnation, Impregnación; — **of woods,** imbibición de la madera; — **tank,** tanque de impregnación; **oil** —, impregnación de aceite; **vacuum** —, impregnación en vacío; **varnish** —, impregnación de barniz.

Impression, Grabado, impresión; — **block,** bloque de impresión.

Impressor, Penetrador.

Improvability, Mejorabilidad.

Improved, Perfeccionado.

Improvement, Mejora, perfeccionamiento, progreso.

Impulse, Acción (turbina), choque, impulso; — **blades,** paletajes de acción; — **excitation,** excitación por impulsión; — **generator,** generador de impulsos; — **regeneration,** regeneración de impulsos; — **stage,** escalón de acción; — **stage bladings,** álabes del escalón de acción; — **testing equipment,** instalación de ensayos de ondas de choque; — **turbine,** turbina de acción; — **wheel,** rueda de acción; **break** —, jack de ocupación; **electrical impulses,** impulsiones eléctricas; **make** —, impulso de cierre; **split** —, impulso partido.

Impulser, Impulsor.

Impulsing, Impulso; — **signals,** impulsos numéricos; **end of** — **signal,** señal de fin de impulsos numéricos.

Impulsion, Impulsión; — **loading,** carga de impulsión; **modulated** —, impulsión modulada.

Impurity, Impureza; **donor** —, impureza donadora.

In, Pulgada; — **and out bolt,** perno pasante, perno que atraviesa de parte a parte; — **bulk,** globalmente; — **hand,** en mano; — **phase,** en fase; — **reach,** alcance hacia el interior; — **step,** en fase; — **the piece,** al menudo; — **trade,** en vagón.

Inboard, De vuelta (golpe de pistón), del interior, en el interior, interior (buques); — **engine,** motor interior.

Incandescence, Incandescencia.

Incandescent, Incandescente; — **lamp,** lámpara de incandescencia.

Inch, Pulgada (medida de longitud).

Inched (5), De 5 pulgadas.

Inching, Marcha por sacudidas.

Incidence or **Incidency,** Incidencia; **angle of** —, ángulo de ataque, ángulo de incidencia; **grazing** —, incidencia rasante; **oblique** — **transmission,** transmisión con incidencia oblicua; **point of** —, punto de incidencia.

Incident, Incidente; — **light,** luz incidente; — **ray,** rayo incidente.

Incidental, Imprevisto; — **charges,** gastos imprevistos.

Incidentals or **Incidents,** Cargas imprevistas, gastos varios imprevistos.

Incinerate (To), Incinerar.

Incinerator, Incinerador.

Incipiency, Iniciación.

Inclinable, Inclinable; — **head**, cabeza inclinable.

Inclinated, Inclinado; — **plan**, plano inclinado.

Inclination, Inclinación; — **estimator**, inclinómetro.

Incline, Pendiente, plano inclinado, rampa.

Inclined, Inclinado; — **grate stoker**, hogar de parrilla móvil.

Inclinometer, Inclinómetro.

Include (To), Incluir.

Inclusions, Inclusiones.

Incombustible, Incombustible.

Income, Provecho, renta; **net** —, renta neta.

Incompressible, Incompresible.

Inconel, Inconel.

Inconvertibility, Inconvertibilidad.

Increase (To) engine speed, Embalar el motor.

Increaser, Reforzador; **fall or head** —, reforzador de caída (hidráulica).

Incremental, Incremental; — **duplex**, dúplex por adicion.

Incrustation, Incrustación (calderas).

Indanamine, Indanamina.

Indemnity, Indemnidad.

Indent, Diente (carpintería), marca.

Indentation, Diente, indentación.

Independent, Independiente.

Indestructible, Indestructible.

Index (plural **Indices**), Aguja, alidada (de sextante, etc.), característica (de logaritmo), exponente, índice (de libro o dedo índice), índice (factor), válvula de combustible; — **error**, error de colimación; — **head**, divisor; — **of refraction or refraction** —, índice de refracción; — **plate**, plato divisor (máq.-herramienta), plato indicador; **feed** — **plate**, plato indicador de los avances; **modified refractive** —, índice de refracción modificado; **modulation** —, índice de modulación; **P** —, índice de coquización; **reference modulation** —, índice de modulación de referencia; **refractive** —, índice de refracción; **to** —, girar la torreta del torno hasta llevarla a sus índices.

Indexing, División (máq.-herr.); — **machine**, máquina de dividir (maquinaria).

Indiarubber, Caucho; **vulcanized** —, caucho vulcanizado.

Indicated, Indicado; — **horse power**, caballos indicados, potencia indicada.

Indicator, Indicador, reactivo; — **cards or diagrams**, curvas de indicador; — **cylinder**, cilindro portapapel de indicador; **air speed** —, anemómetro, indicador de velocidad de aire; **balance** —, indicador de compensación; **bank** —, indicador de inclinación lateral; **blast** —, indicador de tiro; **bull's eye** —, indicador de ojo de buey; **call** —, indicador numérico de llamada; **charge** —, indicador de carga; **climb** —, variómetro; **current** —, indicador de corriente; **draft** —, indicador de tiro; **drift** —, indicador de deriva; **earth** —, indicador de pérdidas; **elevation position** —, indicador de distancia y ángulo de elevación; **flame failure** —, indicador de extinción; **flow** —, fluidímetro, indicador de caudal; **full level** —, indicador de llenado; **landing speed** —, indicador de velocidad de aterrizaje; **level** —, indicador de nivel; **light** —, indicador luminoso; **moving target** —, indicador de blanco móvil; **null** —, indicador de cero; **phase** —, indicador de fase; **plan-position** —, presentación panorámica; **pitching** —, indicador de inclinación longitudinal; **polarity** —, indicador de sentido de corriente (elec.); **pressure** —, indicador de presión, manómetro; **radar** —, indicador de radar; **revolution** —, taquímetro; **side slip** —, indicador de deslizamiento lateral; **speed** —, cuenta - revoluciones, registrador indicador de velocidad; **stick force** —, indicador de reacción sobre la palanca de mando; **vacuum** —, indicador de vacío; **visual** — **tube**, tubo indicador visual; **volume** —, indicador de volumen.

Indices (plural de **Index**), Exponentes algebraicos; **refraction** —, índices de refracción.

Indirect, Indirecto; — **light lamp or** — **lamp**, lámpara de iluminación indirecta.

Indirectly, Indirectamente; — **heated cathode**, cátodo de calentamiento indirecto.

Indium, Indio (química); — **selenide**, selenuro de indio; **lead** —, indio al plomo.

Indivertible, Indesviable.

Indole, Indólico; — **compounds**, compuestos indólicos.

Indones, Indonas.

Indoor, En el interior.

Induced, Inducido (adj.); — **current**, corriente inducida; — **draught**, tiro inducido; **break** — **current**, corriente de ruptura.

Inductance, Autoinducción; — **bridge**, puente de inducción; — **coil**, bobina de autoinducción; **distributed** —, inductancia distribuída; **incremental** —, inductancia incremental; **lead** —, inductancia de conexiones; **leakage** —, inductancia de fuga (dispersión); **lumped or concentrated** —, inductancia concentrada; **mutual** —, inductancia mutua.

Induction, Admisión (máquinas), inducción; — **accelerator**, betatrón, — **bridge**, balanza de inducción; — **coil**, bobina de inducción; — **furnace**, horno de inducción (véase **Furnace**); — **generator**, generador de inducción; — **heating**, calentamiento por inducción; — **loudspeaker**, altavoz de inducción; — **motor**, motor de inducción; — **pipe**, tubo de admisión, tubo de llegada; — **regulator**, regulador de inducción; — **tracer**, trazador de inducción; — **valve**, válvula de admisión; **electromagnetic** —, inducción electromagnética; **magnetic** —, inducción magnética; **multiple cage** — **motor**, motor de inducción de varias jaulas; **mutual** —, inducción mutua; **nuclear** —, inducción nuclear; **residual** —, inducción residual; **self** —, autoinducción; **slip ring** — **motor**, motor asíncrono de anillos colectores (elec.) **squirrel cage** — **motor**, motor de inducción de jaula de ardilla; **static** —, inducción estática; **wound rotor** — **motor**, motor de inducción de rotor bobinado.

Inductive, Inductivo; — **capacity**, capacidad inductiva; — **circuit**, circuito inductivo; — **coupling**, acoplo por inducción (radio); — **load**, carga inductiva; **non**- — **winding**, devanado no inductivo; **specific** — **capacity**, capacidad inductiva específica.

Inductor, Bobina de inducción, conductor útil de un inducido, inductor; **alternator** —, alternador de hierro giratorio; **earth** — **compass**, brújula de inducción.

Inductorium, Toda clase de bobina de inducción.

Inductothermy, Inductotermia.

Inductuner, Sintonizador de inducción.

Industrial, Industrial.

Industry, Industria.

Inelastic, No elástico.

Inert, Inerte; — **gas**, gas inerte; — **gas shielded arc welding**, máquina al arco con protección de gas inerte.

Inertia, Inercia; — **fuse**, espoleta de inercia; — **relay**, relé de inercia; — **starter**, arrancador de inercia; — **stress**, esfuerzo de inercia; **axis of** —, eje de inercia; **moment of** —, momento de inercia; **vis inertiae**, fuerza de inercia.

Inertness, Inertidad.

Inexpertness, Impericia.

Inextensible, Inextensible.

Infeed, Calibrado; **auto — attachment,** dispositivo de autocalibrado.

Infitrate (To), Infiltrarse.

Infiltration, Infiltración.

Inflammability, Inflamabilidad.

Inflammable, Inflamable.

Inflatable, Inflable.

Inflate (To), Inflar.

Inflated, Inflado.

Inflation, Hinchazón, inflación.

Inflection, Inclinación; **angle of — of a plane,** jaira (inclinación del hierro del cepillo).

Inflexional, De inflexión.

Inflow, Entrada, flujo.

Inflowing, Afluente.

Influx, Evacuación, flujo.

Information, Información; **request for —,** petición de información; **selective —,** información selectiva; **selective — content,** contenido de información selectiva; **structural — content,** contenido de información estructural.

Inframicroscopic, Inframiscroscópico.

Infrared, Infrarrojo; **— radiation,** radiación infrarroja; **— ray,** rayo infrarrojo; **near —,** infrarrojo próximo.

Infrasonic, Infrasónico.

Infusible, Infusible.

Infusional earth (or **Kieselguhr**), Diatomita, harina fósil, Kieselguhr, sílice empleada en la fabricación de la dinamita, tierra de infusorios.

Ingot, Lingote; **— mould,** lingotera; **run,** expedición de los lingotes; **— turning lathe,** torno de lingotes; **copper ingots,** cobre en lingotes.

Ingoting, Lingotaje.

Inhalator, Inhalador.

Inhauler, Cargadera (buques).

Inhibited, Inhibido; **— oil,** aceite inhibido.

Inhibiting, Inhibición, protección; **dynamic —,** protección dinámica.

Inhibitor, Inhibidor, protector; **corrosion —,** inhibidor de corrosión; **oxidation —,** inhibidor de corrosión; **prickling —,** inhibidor de decapado; **synthetic —,** inhibidor sintético.

Inhomogeneity, Heterogeneidad.

Inhomogeneous, Heterogéneo, no homogéneo.

Initial, Inicial; **— velocity,** velocidad inicial.

Initialize (To), Designar por sus iniciales.

Injectability, Inyectabilidad.

Injection, Insuflación, inyección; **— air,** aire de inyección; **— cock,** grifo de inyección; **— engine,** motor de inyección; **— machine,** máquina de inyección; **— nozzle,** tobera de inyección; **— pipe,** tobera de inyección; **— pump,** bomba de inyección; **— valve,** válvula de inyección; **— water,** agua de inyección; **bilge —,** inyección de sentina; **cement —,** inyección de cemento; **fuel —,** inyección de combustible; **fuel — pump,** bomba de inyección; **pilot —,** inyección piloto; **pneumatic —,** inyección neumática; **solid —,** inyección mecánica; **water —,** agua de inyección.

Injector, Inyector; **— needle,** aguja de inyección; **— pump,** bomba de inyección; **— tester,** verificador de inyector; **cement —,** inyector de cemento; **fuel —,** inyector de combustible; **Giffard's or Giffard —,** inyector Giffard.

Injure (To), Averiar (material), herir (persona).

Injury, Avería (material), herida (persona).

Ink, Tinta; — **eraser,** goma de tinta; — **writer,** aparato con marcador de tinta, receptor impresor a tinta; **china — or indian —,** tinta china; **oily —,** tinta oléica; **printing —,** tinta de imprenta.

Inker, Aparato con marcador de tinta, receptor impresor a tinta.

Inland, Interior; — **trade,** comercio interior.

Inlay (To), Incrustar, taraçear.

Inlet, Conducto, entrada, llegada; — **fitting,** válvula de llenado; — **flange,** brida de admisión; — **gate,** válvula de toma de agua; — **manifold,** colector de aspiración; — **pipe,** tubo de entrada; — **tunnel,** galería de traída; — **valve,** válvula de admisión; **air —,** toma de aire; **double —,** de doble entrada; **gasoline —,** llegada de gasolina; **oil —,** entrada de aceite; **petrol —,** llegada de gasolina; **supercharger — volute,** voluta de aspiración del rótor; **tapered — pipe,** cono de entrada (de conducción forzada); **water —,** llegada de agua, llegada de agua de refrigeración.

In-line machining, Fabricación en serie.

Inmalleable, Inmaleable.

Inner, Interior; — **harbour,** dársena; — **shell,** tubo de chimenea; — **tube,** cámara de aire.

Inoculant, Inoculante.

Inorganic, Inorgánico, mineral; — **chemistry,** química inorgánica; — **depot,** depósito inorgánico; — **electrolyte,** electrolito mineral; — **sulphur,** azufre inorgánico.

Inoxidizable, Inoxidable.

Input, Alimentación, cantidad, caudal de entrada, entrada; — **power,** potencia absorbida; — **transformer,** transformador de entrada; — **tube,** tubo de entrada; **choke — filter,** filtro de entrada inductiva; **speech — amplifier,** amplificador de voz; **water —,** inyección de agua.

Inquiry, Encuesta; — **office,** oficina de información.

Inrush, Aflujo de corriente; — **peak,** cresta de arranque.

Insensitive, Insensible.

Insert, Elemento empotrado, pieza inserta; **to —,** insertar, intercalar.

Inserted, Insertado, intercalado; — **teeth,** dientes insertados.

Insertion, Inserción; — **gain,** ganancia de inserción.

Inside, Dentro, interior; — **drive body,** comportamiento interior (auto); — **screw cutting tool,** peine de roscar interiormente; — **screw tool,** peine hembra de roscar (herramienta de torno).

Inslope, Talud interior (cunetas).

Insolvency, Insolvencia.

Insolvent, Insolvente.

Insolubility, Insolubilidad.

Insoluble, Insoluble; **suspended insolubles,** productos insolubles en suspensión.

Inspection, Inspección, visita; — **cover,** trampilla de inspección; — **door,** puerta de inspección; — **hole,** agujero de inspecckión.

Inspectoscope, Inspectoscopio.

Instability, Inestabilidad; **dimensional —,** inestabilidad dimensional.

Instable, Inestable.

Install (To), Colocar, hacer entregas sucesivas de dinero (en desuso), instalar (función), instalar (máquina, aparato), montar.

Installation, Colocación, instalación (aparato instalado); **command —,** instalación de mando; **wireless —,** instalación de telegrafía sin hilos.

Instalment, A cuenta, paga parcial; — **system,** venta a plazos.

Instant, Instante; **ideal instants of a — modulation,** instantes ideales de una modulación.

Instantaneous, Instantáneo; — **armature,** armadura de desconexión instantánea; — **power,** potencia instantánea (elec.); — **pressure,** presión instantánea; — **value,** valor instantáneo.

Institute, Fábrica, institución, instituto; **steel** —, acerería.

Instroke, Carrera de vuelta (pistón).

Instrument, Aparato, instrumento; — **approach,** aproximación por instrumentos (aviac.); — **board or panel,** tablero de bordo; — **flying,** vuelo con instrumentos; — **let down,** aterrizaje por instrumentos; — **sighting,** instrumento de puntería; **gyro instruments,** instrumentos giroscópicos; **measure** —, aparato de medida; **navigational instruments,** instrumentos de navegación; **portable** —, instrumento portátil; **precision** —, instrumento de precisión; **telegraph instruments room,** sala de aparatos telegráficos.

Insubmergible, Insumergible.

Insulate (To), Aislar (elec.).

Insulated, Aislado; — **neutral,** neutro aislado; — **wire,** hilo aislado; **paper** —, aislado con papel; **rubber** —, aislado con caucho; **silicone** —, aislado con silicona.

Insulating, Aislante, calorífugo; — **brick,** ladrillo aislante; — **oil,** aceite aislante; — **stool,** taburete aislante; — **strength,** rigidez eléctrica; — **tape,** cinta aisladora o de empalme; — **varnish,** barniz aislante.

Insulation, Aislamiento, aislamiento fónico, termoaislamiento; — **materials,** materiales termoaislantes; — **resistance or strength,** resistencia de aislamiento; — **tape,** cinta aislante; — **test,** ensayo de aislamiento; — **testing set,** aparato para medir el aislamiento; **ceramic** —, aislamiento de cerámica; **heat** —, termoaislamiento; **sound** —, aislamiento fónico; **thermal** —, aislamiento térmico.

Insulative, Aislatorio.

Insulator, Aislador, aislante; — **bracket,** soporte de aislador; **disc** —, aislador de discos; **double U, J or S** — **spindle,** soporte doble en U, J o S; **electric** —, aislador eléctrico; **glass** —, aislador de vidrio; **heat** —, materia termoaislante; **interelectrode** —, aislamiento interelectródico; **line** —, aislador de línea; **pin** —, aislador de campana; **shackle** —, aislador de parada; **spark plug** —, aislador de bujía; **standard** —, propagación normal; **suspension** —, aislador de suspensión; **transposition** —, aislador de transposición.

Insulite, Compuesto aislante.

Insurance, Seguro; — **company,** compañía de seguros; **life** —, seguro de vida; **mutual** —, seguro mutuo.

Insure (To), Asegurar.

Insured, Asegurado.

Insurer, Asegurador.

Intaglio printing, Impresión en hueco.

Intake Admisión, aspiración, llegada; — **air,** aire aspirado, aire fresco; — **valve,** válvula de aspiración; **air** —, toma de aire; **carburettor air** —, toma de aire de carburador; **gate for water** —, compuerta de toma de agua; **water** —, toma de agua.

Integer, Entero; — **function,** función entera.

Integral, Integral (adj.), integral (mat.); — **calculus,** integral asociada; — **function,** función entera; — **with,** haciendo cuerpo con, solidario con; **discontinuous integrals,** integrales discontinuas; **related** —, integral asociada.

Integraph, Integrador.

Integrating, Integrador, totalizador; — **circuit,** circuito integrador; — **computer,** calculador integrador; — **meter,** contador totalizador.

Integration, Integración, totalización; **asymptotic** —, integración asintótica; **temporal** —, integración extendida al tiempo.

Integrator, Integrador.

Integro-differential, Integro diferencial.

Intelligencer, Informador.

Intelligible, Inteligible; — **crosstalk,** diafonía inteligible.

Intensifier, Amplificador; **head** —, reforzador de caída (hidr.).

Intensimeter, Intensímetro.

Intensity, Intensidad; — **modulation,** modulación de intensidad; **aperture field** — **distribution,** distribución de campo; **average radiation** —, intensidad media de radiación; **contours of constant field** —, líneas de intensidad de campo constante; **field** —, intensidad de campo; **luminous** —, intensidad luminosa; **maximum radiation** —, intensidad de radiación máxima; **radiant** —, intensidad radiante; **radiation** —, intensidad de radiación; **radio field** —, intensidad de campo radioeléctrico; **radio noise field** —, intensidad de campo perturbador; **sound** —, intensidad sonora; **sound** — **level,** nivel de intensidad sonora; **unabsorbed field** —, campo sin absorción.

Inter, Entre; — **action,** interacción; — **atomic,** inter atómico; — **ceptor,** interceptador; — **ceptor fighter,** avión de caza y de interceptación; — **changeability,** intercambiabilidad; — **changeable,** intercambiable; — **changer,** intercambiador; — **com,** red telefónica interior de bordo (aviac.); — **connected,** interconectado; — **connexion,** interconexión; — **cooler,** refrigerante intermediario; — **crystalline,** intercristalino; — **face,** interfase; — **ference,** interacción, interferencia, parásito, perturbación; — **ference eliminator,** filtro de interferencias; — **ferogram,** interferograma; — **ferometer,** interferómetro; — **ferometry,** interferometría; — **feroscope,** interferoscopio; — **formational,** interformacional; — **granular,** intergranular; — **granular attack or corrosion,** corrosión intergranular; — **laced,** entrelazado; — **laced winding,** devanado imbricado; — **lamellar,** interlaminar; — **leaved,** entrelazado; — **leaved sheets,** chapas entrelaminadas; — **linkable,** acoplable; — **linked,** de fases concatenadas (elec.) (véase **System**); — **linking of phases,** concatenación, unión de fases; — **linking point,** punto de unión de fases; — **lock,** enclavamiento, enganche; — **locking,** enclavamiento, enganche; — **locking gear,** mecanismo de acciones solidarizadas; — **locks,** cerrojos; — **mediate,** intermediario; — **mediate circuit,** circuito intermediario (radio); — **mediate frequency,** frecuencia intermedia; — **meshing,** engrane; — **mittent,** intermitente; — **mittent current,** corriente intermitente; — **modulation,** intermodulación; — **molecular,** intermolecular; — **national,** internacional (amperio, culombio, etc...); — **phone,** véase **Intercom**; — **planar spacing,** distancia reticular; — **planetary,** interplanetario; — **polar,** interpolar; — **polate,** interpolar; — **polation,** interpolación; — **pole,** polo auxiliar; — **resonance,** interresonancia; — **rupted,** interrumpido; — **rupted current,** corriente interrumpida; — **rupter,** interruptor; — **rupter switch,** interruptor disyuntor; — **rupting capacity,** capacidad de ruptura, poder de corte; — **ruption arc,** arco de ruptura (elec.); — **sected,** entrecruzado; — **stage,** entre fases; — **stage coupling,** acoplamiento interfásico; — **stellar,** interestelar; — **stitial,** intersticial; — **valometer,** intervalómetro; **air** — **rrupter,** interruptor de aire; **electrolytic** — **rupter,** interruptor electrolítico; **mercury** — **rupter,** interruptor de mercurio; **mercury turbine** — **rupter,** turbointerruptor; **multiple beam** — **ferometry,** interferometría de haces múltiples; **non** — **linking,** de fases no concatenadas; **to** — **connect,** interconectar; **to** — **lock,** cubrir la vía; **to** — **rupt,** cortar un circuito, interrumpir.

Interaction loss, Atenuación por interacción.

Intercalation, Intercalación.

Interception, Interceptación; **ground controlled** —, interceptación controlada desde tierra; **test** — **circuit of M.D.F.,** línea de prueba al repartidor.

Interconnection, Interconexión; **carrier frequency** —, interconexión en frecuencia portadora.

Interference, Interferencia; — **threshold,** umbral de interferencia; **broadband** —, interferencia de banda ancha; **cable protected against** —, cable con circuitos antiinductivos; **co-channel** —, interferencia en el propio canal; **common channel** —, interferencia de canal común; **harmful** —, interferencia perjudicial; **radio** —, interferencia radioeléctrica; **second-channel** —, interferencia de otro canal.

Interlaced, Entrelazado; — **scanning,** exploración entrelazada.

Intermat (To), Afieltrar.

Intermetallics, Compuestos intermetálicos.

Intermodulation, Intermodulación; — **noise,** ruido de intermodulación; **beam** —, intermodulación de haces.

Internal, Interno; — **combustion engine,** motor de combustión interna; — **combustion turbine,** turbina de gas; — **micrometer,** micrómetro para interiores; — **resistance,** resistencia interna; — **safety valve,** válvula atmosférica de las calderas; — **screw cutting tool,** terraja hembra.

International, Internacional; — **forwarding,** transporte internacional; **direct** — **call,** conferencia internacional directa; **direct** — **circuit,** circuito internacional directo; **direct** — **relation,** comunicación directa internacional; **direct** — **telegraph connection,** conexión telegráfica internacional directa; **transit** — **telegraph connection,** conexión telegráfica internacional de tránsito.

Interphase, Interfásico; — **transformer,** transformador interfásico.

Interphone, Interpolar, Interrupter, etc., Véase **Inter.**

Interrogator-responder, Sistema de pregunta-respuesta.

Interruptable, Interrumpible.

Interrupter, Interruptor; **rotary** —, interruptor giratorio; **rotary** — **contact,** contacto de interruptor giratorio; **toggle** —, interruptor de palanca articulada; **vertical** —, interruptor de elevación.

Interval, Intervalo; **guard** —, intervalo de seguridad; **pulse** — **modulation,** modulación de intervalo de impulsos; **time** — **meter,** medidor de intervalos de tiempo; **unguarded** —, intervalo no asegurado.

Intrados, Intradós.

Intramolecular, Intramolecular.

Introduce (To), Introducir.

Introflexion, Introflexión.

Intuitionistic, Intuicionista; — **numbers,** números intuicionistas.

Invariant, Invariante.

Invent (To), Inventar.

Inventor, Inventor.

Inventory, Inventario; — **of fixtures,** inventario (de enseres); **to take, to draw up the** —, hacer el inventario.

Inverse, Invertido; — **taper wing,** ala en diedro invertido; **peak** — **voltage,** tensión inversa de pico; **peak-anode** — **voltage,** tensión de ánodo inversa de pico.

Inversión, Inversión; **automatic** —, inversión automática.

Invert, Solera; **to** —, invertir (óptica).

Inverted, Invertido; — **amplifier,** amplificador invertido; — **bucket steam,** purgador de cuba invertida; — **cell or element,** pila invertida;

— **cylinder engine,** máquina pilón; — **flying,** vuelo invertido; **engine of the — type,** motor de cilindros en línea debajo del cigüeñal; **Immelmann turn —,** Immelmann invertido.

Inverter, Convertidor, inversor, mutador, ondulador; **phase —,** inversor de fase; **speech —,** inversor de frecuencias vocales.

Investigation, Estudios, investigación.

Investment, Capital, inversión.

Investor, Accionista, capitalista.

Invoice, Envío (de mercancías), factura (comercio).

Involve (To) (a number), Elevar un número a una potencia.

Involute, En evolvente; — **curve,** curva en evolvente de círculo; — **gear cutter,** máquina de tallar los engranajes de perfil de evolvente; **helical — gear,** engranaje helicoidal de dentado de perfil de evolvente de círculo.

Involution, Elevación a una potencia, involución.

Inwall, Pared interior.

Inward, Interior; **turbine with — radial flow,** turbina centrípeta.

Inwards, Adentro, interiormente, para la importación.

Iodacetic, Iodoacético; — **acid,** ácido iodoacético.

Iodide, Ioduro; **potassium —,** ioduro de potasio; **silver —,** ioduro de plata.

Iodimeter, Yodímetro.

Iodimetric, Yodométrico.

Iodinated, Valoración yodométrica.

Iodination, Yodación.

Iodine, Yodo; — **number,** índice de yodo.

Iodometric, Yodométrico; — **determination,** valoración yodométrica.

Iodoplatinate, Yodoplatinato.

Iodose, Yodosa.

Ion, Ión; — **cloud,** nube ionizada; — **counter,** contador de iones; — **gun,** manantial de iones; — **optics,** óptica de los iones; **complex —,** iones complejos; **hydrogen —,** catión.

Ionic, Iónico; — **crystal,** cristal iónico; — **refraction,** refracción iónica; — **resonance,** resonancia iónica.

Ionisation or **Ionization,** Ionización (elec.); — **by impact,** ionización por impacto; — **chamber,** cámara de ionización; — **constant,** constante de ionización; — **current,** corriente de ionización; **grid — chamber,** cámara de ionización de rejillas.

Ionise (To), Ionizar.

Ionised, Ionizado; **heavily —,** fuertemente ionizado.

Ionization, Véase **Ionisation; atmospheric —,** ionización atmosférica; **sporadic-E —,** ionización esporádica.

Ionized, Ionizado; — **layer,** capa ionizada.

Ionizer (Hot wire), Ionización de hilo caliente.

Ionizing, Ionizante; — **particles,** partículas ionizantes; — **potential,** potencial de ionización.

Ionometer, Roentgenómetro.

Ionosphere, Ionosfera; — **layer,** capa ionosférica; **reflection by —,** reflexión ionosférica.

Ionospheric, Ionosférico; — **prediction,** predicción ionosférica.

Ionoplasty, Ionoplastia.

Ions, Iones; **ferric —,** iones férricos.

I. O. U. Pagaré.

I. P. C. (Iraq Petroleum Co), Compañía de petróleos del Irak.

Ipil, Intsia baqueri.

I. P. T. (Institution of Petroleum Technologist), Instituto de técnicios del petróleo (Londres).

I. R. E. (Institute of Radio Engineers), Instituto de ingenieros de telecomunicación.

Iridescence, Iridiscencia, irisación.

Iridium, Iridio.

Iridize (To), Iridiar .

Iron, Cuchilla (de cepillo, garlopa, etc.), fundición (véase **Cast iron**), hierro; — **bar,** barra de hierro; — **bark,** madera de hierro; — **blast furnace,** alto horno para hierro; — **bolt,** perno; — **borings,** virutas de hierro; — **bound,** ferrado (polea, etc...); — **casting,** fundición moldeada; — **cement,** mastique de hierro; — **chain,** cadena de hierro; — **cinder,** escoria de hierro; — **clad,** acorazado (dínamo, etc...); — **clay,** arcilla ferruginosa; — **corners,** cantoneras de hierro; — **crow,** palanca de pie de cabra, pinza; — **crude,** fundición; — **dross,** cagafierro, escoria, espuma; — **dust,** polvo o arena de hierro; — **filings,** limaduras de hierro; — **foundry,** fundería de hierro; — **frames,** armaduras de hierro; — **framing,** armazón de hierro; — — **gray,** gris hierro; — **hammer,** maza; — **hook,** atizador, gancho de hierro; — **hulled,** con casco de hierro; — **in bars,** hierro en barras; — **knee,** escuadra de hierro; — **losses,** pérdidas en el hierro (elec.); — **master,** maestro de forja; — **mill,** forja; — **monger,** quincallero; — **mongery,** quincallería; — **mordant,** gris de hierro; — **pig,** lingote de fundición; — **pin,** pasador, perno; — **plate,** lámina de chapa fuerte, placa de hierro; — **plate core,** núcleo de chapas; — **powder,** polvo de hierro; — **pyrites,** piritas de hierro; — **scale,** batidura de hierro; — **sick,** que se cae a pedazos (buque viejo, etc...); — **slag,** escoria de afino; — **slay,** escoria de afino; — **smith,** herrero; — **spur,** tornapunta; — **square,** escuadra de hierro; — **stud,** trinquete; — **thread,** alambre de hierro; — **tubing,** entubado (pozos); — **ware,** artículos de ferretería, quincallería; — **wire,** alambre de hierro; — **wire core,** núcleo de alambre (elec.); — **work,** gozne, herraje; — **works,** fábrica de hierro; **adapting the — work,** preparación de armaduras; **alloy cast —,** fundición aleada; **angle —,** angular, hierro en ángulo; **angular — band,** fleje angular; **annealed cast —,** fundición maleable; **B. B. —** (Best best iron), hierro de primera calidad; **bar —,** hierro en barra; **belt of on — chimney,** virola de chimenea; **binding —,** herraje, pata de aferrado; **black —,** hierro maleable; **bloom —,** hierro en lupias; **bloomery —,** hierro de forja; **bog — ore,** mineral de turberas; **bound with — hoops,** zunchado; **branding —,** hierro de marcar; **break —,** contrahierro (cepillo para madera); **brittle —,** hierro agrio, hierro duro, hierro quebradizo; **bucking —,** martillo para romper el mineral; **bulb —,** hierro de bulbo (vigueta laminada); **burned —,** hierro quebradizo; **calking or caulking —,** retacador; **cast —,** fundición; **cast — n.º 1,** fundición dura; **cast — n.º 2,** fundición gris; **cast — n.º 3,** fundición gris claro; **cast — n.º 4,** fundición jaspeada; **cast — n.º 5,** fundición blanca; **chain —,** eslabón; **channel —,** hierro en U; **chrome —,** hierro cromado; **clearing —,** desenlodador, contrahendedor; **click —,** trinquete; **closed- — core,** núcleo de hierro cerrado; **coarse grained —,** hierro de grano grueso; **cold short —,** hierro quebradizo en frío; **core —,** armadura de hierro, hierro del macho; **corrugated — plate,** chapa ondulada; **cramp —,** ancla de sujeción, grapón, tirante; **cross —,** hierro en cruz; **cross half lattice —,** hierro de T doble de cuatro listones cruzados; **crotchet —,**

horquilla (vidrio); **crown** —, barra de hierro pudelado; **dog** —, gancho para izar madera, grapón; **double T** —, hierro en doble T; **ductile cast** —, fundición dúctil; **edge** —, hierro de bordura; **fagot** —, hierro pudelado de paquete; **fagotted** —, hierro de paquetes, hierro empaquetado; **feeding head** —, mazarota (fundición); **fine grained** —, hierro de grano fino; **fire** —, herramientas de caldeo (picafuegos, atizadores...); **flat** —, hierro plano; **flawy** —, hierro pajoso; **forged** —, hierro forjado; **galvanized** —, hierro galvanizado; **granular** —, hierro granular; **grey** —, fundición gris; **H** —, hierro; **half round** —, hierro semicircular; **hammer — hardened** —, hierro agriado al martillo; **hammered** —, hierro martilleado; **hammered sheet** —, chapa martilleada; **hard cast** —, fundición dura; **hexagon** —, barra hexagonal; **hoop** —, fleje de hierro; **hot short** —, hierro quebradizo en caliente; **laminated** —, hierro laminado; **magnetic** —, hierro magnético; **malleable** —, hierro maleable; **melt** —, fundición líquida; **metallic** —, hierro metálico; **mottled** —, hierro moteado; **moulding in — moulds**, moldeo en coquilla; **moving** —, hierro móvil; **native** —, hierro nativo; **nodular** —, fundición nodular; **old** —, chatarra; **oligist** —, hierro oligisto; **oligistic** —, hierro oligisto; **open cast** —, fundición fundida al aire; **pig** —, fundición bruta, hierro en lingotes; **plate** —, chapa fuerte; **puddled** —, hierro pudelado; **red short** —, hierro quebradizo; **refined** —, hierro afinado; **refined cast** —, fundición afinada; **rolled** —, hierro laminado; **rolled sheet** —, chapa laminada; **round** —, hierro redondo; **scrap** —, chatarra de hierro; **sectional** —, hierro perfilado; **sheet** —, chapa fina; **short** —, hierro quebradizo; **small flat** —, fleje de hierro; **soft** —, hierro dulce; **soldering** —, hierro de soldar; **spathic** —, hierro espático; **special** —, hierro perfilado; **specular** —, hierro especular; **sponge** —, hierro esponjoso; **strap** —, hierro en cintas; **T** —, hierro en T; **tin plate or tinned sheet** —, hierro blanco; **tilted** —, hierro forjado; **weld or welded** —, hierro soldado; **white pig** —, fundición blanca; **wrought** —, hierro batido, hierro forjado; **wrought — bond**, zuncho de hierro forjado; **Z** —, hierro en Z; **to draw out** —, estirar el hierro; **to flatten** —, aplanar el hierro; **to stretch** —, estirar el hierro.

Irradiate (To), Irradiar.

Irradiated, Irradiado.

Irradiation, Irradiación; **pile** —, irradiación por pila o en reactor.

Irreversibility, Irreversibilidad.

Irreversible, Irreversible; — **cell**, pila irreversible; — **steering**, dirección irreversible (automóvil).

Irrigation, Riego; — **canal**, acequia.

I. S. A. (International Standardization Association), Sociedad internacional de normalización.

Iso, Iso; — **bar**, isobara; — **butene**, isobutileno; — **butyric acid**, ácido isobutírico; — **chromatic**, isocromático; — **chronal**, isócrono; — **chronism**, isocronismo; — **chronous**, isócrono; — **cline**, isoclinal; — **clinic lines**, líneas isoclinas; — **cyanate**, isocianato; — **dimeter**, isodímetro; — **echo**, isoeco; — **gonic lines**, líneas isógonas; — **gonous**, isógono; — **grams**, isogramas; — **lantite**, isolantita; — **lator**, aislador; — **mer**, isómero; — **meric**, isómero; — **merisation**, isomerización; — **methyl cyanide**, isocianuro de metilo; — **metrograph**, isometrógrafo; — **octane**, iso-octano; — **perimetric**, isoperimétrico; — **propyl alcohol**, alcohol isopropílico; — **sceles**, isósceles; — **therm or** —, isotermo; — **thermal annealing**, recocido isotermo; — **thermal expansion**, expansión isoterma; — **thermal lines,** líneas isotérmicas; — **thioxyanate,** isotiocianato; — **tope,** isótopo; — **tope shift,** desplazamiento, separación isotópica; — **topic,** isotópico; — **topic tracer,** trazador isotópico; **odd odd — tope,** isótopo impar-impar; **suspension — lator,** aislador de suspensión.

Isobath, Isobático.

Isocatalysis, Isocatalisis.

Isochrone, Isócrono; — **determination,** radiolocalización isócrona.

Isostath, Línea isóstata.

Isostatic, Isostático.

Isotopy, Isotopia.

Isotropous, Isótropo.

Issue, Distribución, edición, emisión, salida.

Isthmus armature relay, Relé de armadura estrangulada.

Italian oak wood, Madera de roble rojo de Italia.

Itemize (To), Especificar.

Iteration, Iteración.

Iterative, Iterativo; — **solutions,** soluciones iterativas (mat.).

J

Jacinth, Zirconita.

Jack, Cric, enchufe, ficha, gato, interruptor automático, toma de corriente, tornillo; — **body**, cuerpo de cric; — **crow**, prensa de curvar carriles; — **handle**, palanca de cric; — **head**, columna de agua de alimentación; — **latch**, pescador de pestillo (sondeo); — **plane**, garlopa; — **screw**, cric, gato; — **squib**, cebo formado por un pedazo de tubo lleno de detonadores y cartuchos de dinamita; **belt** —, tornillo de correa; **black** —, blenda; **break** — (or busy jack), jack de ocupación; **break-in** —, jack de corte; **busy** — (or break jack), jack de ocupación; **chain** —, cric de polea de cadenas; **common hand** —, gato sencillo; **hand** —, gato manual; **hand — with a claw**, gato manual con un garfio; **hand — with a double claw**, gato manual de dos garfios; **hydraulic** —, gato hidráulico; **local** —, jack local; **multiple** —, jack múltiple; **piston** —, gato de pistón; **rack and pinion** —, cric de piñón y cremallera; **retracting** —, gato retractor del aterrizador; **ring spring of a** —, resorte largo de un jack; **screw** —, gato de husillo; **spikes of a** —, cuernos de un cric, garfios de un cric; **spring** —, relé de conmutador o jack de enlace o de unión; **trunk** —, jack de arranque; **twin** —, jack doble; **undercarriage main** —, gato de elevación del tren de aterrizaje; **to** —, desbastar la madera; **to** —, **to — up**, levantar, levantar con el gato; **to spring of a** —, resorte corto de un jack.

Jacked, Levantado; — **up**, levantado con gato.

Jacket, Camisa, envoltura, manguito (cañones); — **cock**, grifo de purga de la camisa; — **water**, agua de enfriamiento, agua de las camisas; **air** —, camisa o envoltura de circulación de aire; **cylinder** —, camisa exterior de cilindro; **heating** —, envoltura de caldeo; **outer** —, manguito exterior; **steam** —, camisa de vapor; **water** —, camisa de agua, horno metalúrgico de cuba con circulación de agua.

Jacketed, Provisto de camisa; **nickel — bullet**, bala con camisa de níquel.

Jacking, Gateamiento, levantamiento con gato; — **pad**, patín de levantamiento; — **points**, puntos de levantamiento.

Jacks (plural de **Jack**), Carbón de calidad muy inferior.

Jad, Roza (minas).

Jag, Diente de sierra, entalla, espacio entre dientes, muesca, muesca de tarja; **dovetailed** —, muesca en cola de milano; **square** —, muesca cuadrada.

Jagging, Cajeo, entalladura.

Jam (To), Acuñarse (válvulas), atorarse, bloquear, calar, enclavijar, engomar, engranar, escorar, interferir (radio), véase **Jamming**.

Jam-nut, Contratuerca.

Jamb, Chambrana, jamba.

Jammed, Abarbetado (barca, buques), acuñado, agarrotado, atascada (válvula), atorado, embridado, interferido, mordido (cable), mordido (cuerdas); — **cock**, grifo atascado contra su cuerpo;

— **valve,** válvula acuñada sobre su asiento.

Jammer emission, Conexión enchufable.

Jamming, Acuñamiento, bloqueado, engomado, interferencia, pegado.

Japee, Reactor.

Jar, Cuba, jarra, trepidación, unidad de capacidad igual a 1/900 mfd., vibración; **accumulator** —, vaso de acumulador; **drill** —, trépano; **electric** —, botella de Leyden; **Leyden's** —, botella de Leyden; **to** —, chirriar, temblar, trepidar, vibrar.

Jarrah timber, Eucalyptus marginata.

Jarring, Acuñamiento (herr.), trepidación, vibración.

Jars, Corredera de sondeo.

Jato, Despegue ayudado por reactor.

Jaunt, Llanta de una rueda (véase **Rim**).

Jaw, Garganta de polea, mandíbula, mordaza; — **crusher,** machacadora de mandíbulas; **chuck** —, garras de un plato de torno; **cylinder** —, collar de cilindro, collarín de cilindro; **face plate** —, mandíbula fijada a un plato de torno para transformarlo en mandrino; **gripping** —, mordaza; **jaws of a vice,** mandíbulas de un tornillo de banco; **length of jaws,** anchura de mordaza; **opening of jaws,** abertura de mordaza o de boca.

Jawed (Three), De tres mordazas.

Jeft lift, Despegue a reacción.

Jellyfy (To), Gelatinizarse.

Jerk, Corte de sierra, empuje, impulso de salida, sacudida; — **pump,** bomba de sacudidas.

Jerquer, Verificador de aduanas.

Jerquing, Visita de la aduana.

Jerrycan, Lata de reserva de gasolina.

Jet, Abreviatura de **Jet plane**, azabache, chorro de agua, inyección, motor a reacción, reactor, surtidor, surtidor de carburador, tobera; — **blast,** soplido de los motores a reacción; — **bomb,** bomba a reacción, bomba volante; — **bomber,** bombardero a reacción; — **car,** automóvil a reacción; — **condenser,** condensador a reacción; — **deflection,** deflexión del chorro, inversión del empuje; — **deflector,** deflector del chorro; — **efflux,** escape; — **engine,** motor a reacción; — **fighter,** caza a reacción; — **fuel bracket,** carburreactor; — **pipe,** tobera de escape; — **plane,** avión a reacción; — **pod,** motor de chorro suspendido debajo del ala; — **propelled or powered,** de propulsión a chorro; — **propulsion,** propulsión a chorro; — **pump,** eyector; — **resistant,** a prueba de reactores; — **transport,** avión de transporte a reacción; — **turbine,** turbina de reacción; **air** —, eyector de aire; **auxiliary** —, surtidor auxiliar de carburador; **axial flow turbo** —, turborreactor de flujo axial; **bi, tri, quadri** — **plane,** bi, tri, cuatri o tetrarreactor; **bore of** —, calibrado del surtidor; **cold** — **system,** sistema sin calentamiento; **compensating** —, eyector de compensación; **cutting** —, chorro de corte; **exhaust** —, tobera de escape; **four** —, cuatrirreactor; **main** —, eyector principal; **multi-engine** —, multirreactor; **multiple opening** —, eyector de orificios múltiples; **pilot or slow running or slow speed** —, surtidor de marcha lenta; **pulse** —, pulsorreactor; **pure** —, reacción pura; **ram** —, estatorreactor; **ram** — **helicopter,** helicóptero de estatorreactores; **retractable** — **deflector,** inversor de empuje de rejilla retráctil; **steam** —, chorro de vapor; **steam** — **ejector,** eyector de chorro de vapor; **submerged** —, surtidor sumergido; **turbo** — **or turbo** — **engine,** turborreactor; **water** — **earthing device,** dispositivo de conexion a tierra por chorro de agua; **to —**, hincar pilotes con chorro de agua; **to — out**, alabear, combarse, torcerse.

Jetization, Empleo exclusivo del motor de chorro.

Jettison door, Puerta desprendible; **— gear**, dispositivo de vaciado rápido (aviación); **— valve**, válvula de vaciado rápido del depósito.

Jettisonable, Arrojable.

Jettisoning, Deslastre en vuelo.

Jetty, Malecón; **— head**, morro, punta de dique.

Jetsam, Echazón a la mar (de una carga).

Jetways, Pasarela telescópica para aviones.

Jew's harp, Entalingadura del ancla.

Jib, Brazo, brazo de grúa, pescante; **— frame**, bastidor triangular; **— of a crane**, grúa de horca, pluma de grúa.

Jig, Calibre, criba de pistón, montaje de trabajo, plantilla de mecanizado, plantilla de taladrar; **— borer**, punteadora taladradora de plantilla; **— boring machine**, máquina de puntear (tipo taladradora); **— grinder**, máquina de puntear (tipo rectificadora); **— mill**, máquina de puntear (tipo fresadora); **— pin**, chaveta de retención, pasador de retención; **— saw**, sierra de recortar; **assembly —**, bastidor de montaje, plantilla de montaje; **drilling —**, taladradora portátil de mano; **phosphorous — iron**, fundición fosforosa.

Jigger, Aparejo de rabiza, jigger; **— winding**, devanado de jigger.

Jiggerer, Terrajador (cerámica).

Jigging, Plantilla de montaje; **envelope —**, plantilla envolvente.

Jit, Flecha.

Jitter, Soplido de un magnetrón.

Job, Faena, obra, trabajo; **— shop**, taller artesano; **precision jobs**, trabajos de precisión; **tooling jobs**, trabajos de utillaje; **to work by the —**, trabajos a destajo.

Jog, Sacudida, trepidación, vaivén; **to —**, mover, sacudir; **to — a rivet head**, formar la cabeza de un remache.

Jogging, Marcha por sacudidas.

Joggle, Corte de cremallera (vigas), dentado, empalme a espiga, junta ensamblada, mortaja, muesca, pieza de cola de milano; **— spring**, resorte oscilante; **to —**, empujar, endentar (vigas), mover, oscilar, sacudir.

Joggled, Enmuescado, unido a cola de milano, unido a cremallera.

Joggling, Empalme por una fila de muescas.

Join (To), Empalmar (torones), ensamblar, juntar, unir; **to — by coggings**, unir por dientes; **to — up**, acoplar, asociar, ensamblar; **to — up in quantity**, acoplar en cantidad (electr.); **to — up in parallel**, acoplar en paralelo; **to — up in series**, acoplar en serie.

Joiner, Ebanista.

Joinering, Ensambladura.

Joinery, Ebanistería.

Joining, Ajustado (de torones), unión; **— by jags**, unión por dientes; **— by robbets**, unión por empotramiento; **— up**, asociación (elec.), ensamble; **— up in parallel**, acoplamiento en paralelo; **— up in quantity**, acoplamiento en cantidad; **— up in series**, acoplamiento en serie; **flush —**, junta lisa; **metal —**, soldadura o remachado, unión por soldadura.

Joint, Articulación, junta; **— annuity**, anualidad conjunta; **— bolt**, vástago; **— frame**, clavija; **— hinge**, bisagra; **— lever**, palanca acodada; **— liability**, corresponsabilidad; **— pin**, pasador de bisagra, pasador de seguridad; **— pipe**, tubo de unión; **— screw**, conectador de tornillo; **— tongue**, lengüeta de ranura; — **with ball,** junta acodada, junta de rótula; — **with socket and nozzle,** junta de casquillo, junta de manguito; **abutting** —, junta plana o lisa; **American twist** —, empalme por torsión; **angle** —, junta angular; **articulated** —, junta articulada; **ball** —, cojinete a bolas, junta esférica; **ball and socket** —, articulación de nuez, junta de rótula; **bayonet** —, junta de bayoneta; **bellows** —, junta de fuelle; **belt** —, empalme de correa; **bevel** —, junta en bisel; **binding** —, vigueta; **bird's mouth** —, junta en bisel; **board** —, junta de cartón; **bolt** —, perno de charnela; **bracket** —, brida de ángulo; **bridge** —, junta de puente; **bridle** —, junta de empotramiento; **butt** —, junta a tope con cubrejunta; **butt and butt** —, unión cabeza a cabeza; **cable** —, junta de cable; **Cardan** —, junta Cardan; **chain** —, grillete, unión de cadena; **chair** —, cojinete de junta (vía férrea); **choke** —, junta de choque; **cogging** —, junta dentada; **corner** —, tornapuntas; **covering** —, junta a solapas, junta de recubrimiento; **coverplate** —, junta, unión; **cramp** —, junta con grapas; **cross** —, ensambladura de caja y espiga; **crown** —, articulación en el vértice; **cup and ball** —, junta de rótula, junta esférica; **diagonal** —, junta a escuadra, junta en chaflán; **double tongued** —, ensambladura con espiga; **dovetail** —, junta en cola de milano; **drip** —, junta de ranura; **edge** —, junta angular; **edge — by grooves and dovetail,** ensambladura de lengüeta; **efficiency of a** —, relación entre la resistencia a la ruptura de la junta y la de la pieza si no existiese la junta; **elastic** —, junta elástica; **elbow** —, reborde de tubo, unión en T; **elbow — lever,** palanca acodada; **expanding** —, junta de vaina, junta deslizante; **expansion** —, compensador, junta de dilatancia, junta de vaina; **faucet** —, junta de enchufe; **feathered** —, junta de doble espiga; **fish** —, eclisa; **flange** —, junta de brida; **flanged** —, junta de collarín; **flush** —, junta a tope; **following joints,** juntas de embutición (piezas cilíndricas); **fork** —, brida; **frame joints,** ligaduras de cuadernas, vagras de empalme; **gland expansion** —, junta de prensaestopas; **groove and tongue** —, ensamble de ranura y lengüeta; **grooving and feathering** —, ensamble de espiga y mortaja; **halved** —, unión a media madera; **hooke or hooke's** —, junta universal; **joggle** —, empalme de cremallera, junta dentada; **jump** —, junta de solape; **junction** —, empalme; **keyed** —, unión a chaveta; **knuckle** —, junta articulada; **lap** —, unión con recubrimiento, unión con solape; **minium** —, junta al minio; **mitre** —, empalme de inglete; **oil pressure** —, junta a presión de aceite; **paper** —, junta de papel; **pipe** —, brida de tubo; **red lead** —, junta al minio; **revolving** —, articulación giratoria; **riveted** —, junta remachada; **scarfing** —, ensambladura en pico de flauta; **sleeve** —, empalme de manguito; **sliding** —, junta deslizante; **slip** —, junta deslizante; **socket** —, junta de rótula, junta esférica; **spigot and faucet** —, junta de enchufe con chaveta; **splitter** —, junta aislante; **staggered joints,** juntas cruzadas o alternadas; **steam tight** —, junta hermética al vapor; **stiff** —, junta rígida; **straight** —, junta lisa; **swivel** —, gancho, grilleta de motón; **tallow** —, junta de sebo; **tool** —, auricular de inserción; **universal** —, junta universal; **water tight** —, junta hermética al agua; **weld** —, costura a tope; **white lead** —, junta a la cerusa; **to** —, empalmar, juntar, unir.

Jointed, Ajustado, soldado, unido; **coupling** —, acoplamiento articulado; **jump** —, soldado por aproximación.

Jointer, Juntera; **cooper's —**, garlopa de tonelero.

Jointing, Articulación, juntura, unión; **— cramp**, cárcel; **— cutter**, fresa para hacer las juntas; **— material**, material de juntura.

Joist, Alfardón, madera, vigueta; **bridging —**, alfajía; **trussed —**, vigueta armada.

Jolley, Torno para moldear loza hueca.

Jolt, Sacudida, vaivén.

Jolter, Vibrador.

Joule, Julio (unidad de trabajo); **— effect**, efecto Joule.

Journal, Apoyo, cojinete, espiga, gorrón, mangueta de eje, muñón, parte de árbol que gira en el palier, perno, punto de apoyo de una pieza sobre otra; **— bearing**, cojinete, cojinete liso, soporte del eje; **— box**, caja de eje; **— of an axle or axle —**, espiga de un eje; **— of an axle or — journal**, muñón de un eje; **— rest**, cojinete de soporte; **ball —**, muñón esférico; **collar —**, gorrón acanalado; **end —**, gorrón frontal; **neck — bearing**, cojinetes de collarín; **neck collar —**, perno intermediario; **solid — bearing**, cojinete cerrado.

Joy stick, Palanca de accionamiento de profundidad, palanca de mando (avión).

Judd, Bloque grande de carbón.

Jumbal, Balanceo de la mar.

Jumbo, Carro de perforadoras múltiples.

Jump, Anomalía; **picture —**, salto vertical de imagen.

Jumper, Barreno, cable de cierre de un circuito; **— bar**, barreno, escobillón; **— wire**, cable conector.

Jumpiness, Inestabilidad (mercados).

Jumping (of a tool), Vibración.

Junction, Acometida, bifurcación, conexión, juntura, unión; **— bar**, barra de enganche (elec.); **— boxes**, cajas de unión; **— curve**, curva de enlace; **— filter**, filtro de junta; **— line**, línea de enlace; **— plate**, banda de recubrimiento; **plug ended —**, enlace terminado en clavija; **straightforward —**, enlace rápido directo.

Junctor, Conjuntor.

Juncture, Conexión, juntura; **head to shell —**, juntura fondo-pared.

Juniper, Enebro (madera).

Junk, Extremo de cable, revestimiento (calabrote viejo); **— head**, culata de motor sin válvulas; **— ring**, anillo del pistón, empaquetadura.

Jurassic, Jurásico.

Jury, De fortuna (mástil, timón, etc.); **— strut**, montante provisional.

Jut, Saledizo, voladizo.

Jute, Yute (planta, hilo); **— bag**, saco de yute; **— fiber**, fibra de yute; **— yarn**, hilo de yute; **saturated —**, yute saturado (cables eléctricos).

Juxtalinear, Yuxtalineal.

K

K, Cátodo.

Kallirotron, Kallirotrón.

Kaolin, Caolín.

Kapok, Miraguano.

Karri, Eucalipto (madero).

Kathode, Cátodo (poco usado, véase **Cathode**); — **rays**, rayos catódicos.

Kauri or cowdie, Cedro de Virginia.

K. C. (Krupp cemented), Acero Krupp cementado.

K. c. s., Kilociclos por segundo.

Keckle (To), Aforrar un cabo.

Keckling, Forro de cable.

Kedge, Ancla pequeña, anclote.

Kedging, Atoaje, halado.

Keel, Bagarra cambonera (Ingl.), carena, quilla de buque; — **blocks**, picaderos de quilla; — **over**, dar pendol; **angle** —, quilla de ángulo; **bilge** —, quilla de balance; **docking** —, quilla de varado; **false** —, falsa quilla; **lower** —, quilla inferior; **main** —, quilla principal; **on an even** —, sin diferencia de calado; **outer** —, falsa quilla; **upper** —, quilla superior; **vertical** —, carlinga central.

Keelage, Derecho de puerto.

Keelson, Carlinga, sobrequilla; **bilge** —, carlinga de pantoque; **main** —, carlinga principal; **middle line** —, carlinga central; **rider** —, carlinga superpuesta; **sister** — **or side** —, carlinga lateral.

Keen, Afilado, cortante; — **edged**, de punta aguda.

Keep, Guarda, parte superior, protección, sombrerete de cojinete; **keeps**, topes de fin de carrera (jaula de mina); **to** — **taut**, mantener tenso; **to** — **up steam**, mantener a presión.

Keeper, Armadura de electroimán, guardián; **store** —, guarda de almacén.

Kelvin, Kelvin; — **scale**, añadir 273° C a la temperatura en grados centígrados ordinarios, escala de temperaturas en grados centígrados absolutos, escala Kelvin.

Kenetron or **Kenotron**, Kenotrón.

Kentledge, Lastre permanente.

Keratine, Queratina.

Kerb, Declive lateral de carretera.

Kerf, Espacio entre dientes, muesca, ranura.

Kernel, Núcleo.

Kerogen, Kerógeno.

Kerosene or **Kerosine**, Keroseno, petróleo lampante; **aviation** —, keroseno de aviación; **vaporising** —, petróleo más volátil.

Kerr, Kerr; — **cell**, célula de **Kerr**.

Kerving, Socave (minas).

Ketoacids, Ácidos cetónicos.

Ketones, Cetonas; **aliphatic** —, cetonas alifáticas.

Ketonic, Cetónico; — **decarboxylation**, descarboxilación cetónica.

Ketosteroid, Cetoesteroide.

Kettle, Caldera, hervidor, olla; — **maker**, calderero; **drying** —, cesta de secar (fund.); **gas** —, hervidor de gas; **steam** —, hervidor de vapor.

Kevel, Orejetas, taco grueso.

Key, Calce, chaveta, clavija, cuña, llave, manipulador (telégrafo), taco; — **board,** llavero; — **bolt,** perno con chaveta; — **hole,** chavetero, ranura de chaveta, ranura de llave; — **hook,** nariz de picaporte; — **seat,** mortaja, ranura de chaveta; — **sender,** emisor de llamadas; — **stone,** clave de bóveda, dovela; — **way,** mortaja, ranura de chaveta; — **way cutter,** herramienta para tallar las ranuras de las chavetas; — **way milling machine,** máquina para fresar las ranuras; **adjusting** —, calzo; **box** —, llave de muletilla (para tuercas y pasadores); **catch** —, chaveta de barbilla; — **check** —, llave de picaporte; **combination** —, llave de combinación; **draw** —, chaveta móvil o deslizante; **eye bolt and** —, perno con chaveta; **feather** —, chaveta no cónica fijada a una de las piezas y pudiendo deslizar en la ranura; **fox** —, contrachaveta; **headed** —, chaveta de barbilla; **ignition** —, llave de contacto; **latch** —, picaporte; **listening** —, llave de escucha; **master** —, llave maestra; **monitoring** —, llave de observación; **nose** —, contrachaveta; **number** — **set,** teclado numeral; **paracentric** —, llave paracéntrica; **reversing** —, manipulador inversor; **schackle** —, pasador-perno de grillete; **spring** —, chaveta de resorte, chaveta ranurada; **switch** —, llave de contacto; **tightening** —, chaveta de apriete; **wedge** —, chaveta de apriete; **to** —, calar, cerrar, detener, enchavetar (una pieza sobre otra, una rueda en un árbol); **to throw a** —, accionar una llave.

Keyboard, Teclado; **motorized** —, teclado con motor; **printing** — **perforator,** perforador - impresor; **saw-tooth** —, teclado mecánico; **shift-lock** —, teclado con seguro de cambio; **storage** —, teclado con almacenamiento.

Keyed, Calado, con chaveta, enchavetado; — **connection,** unión con chaveta; **cross** — **connection,** junta de clavijas transversales.

Keyer, Manipulador (comunicaciones).

Keying, Enchavetamiento; — **clicks,** chasquidos de manipulación; **absorption** —, manipulación de absorción.

Keyseater, Máquina de ranurar.

Keyway, Véase **Key.**

Kg., Kilogramo.

Kibble, Balde de carbón, cesta para carbón.

Kick, Retroceso; **to** —, retroceder (arma de fuego).

Kies, Pirita.

Kieselguhr, Diatomita.

Kilampere, Kiloamperio.

Kilare, Kiloárea.

Kilderkin, Medida de capacidad equivalente a unos 81 litros.

Kilerg, Kiloergio.

Kill (To), Calmar aceros, detener un brote.

Killed steel, Acero calmado, acero reposado; **semi** — **steel,** acero semicalmado.

Killing, Calmado del acero, desoxidación, tranquilización del baño líquido.

Kiln, Estufa, horno; — **dried wood,** horno secado al horno; — **dryer,** horno secador; — **drying,** secado al horno (de la madera); — **for roasting,** horno de tostación; **annular** —, horno circular; **brick** —, horno de ladrillos; **cement** —, horno de cemento; **charcoal** —, horno de carbón vegetal; **coke** —, horno de coque; **cracking** —, horno de cracking; **draw** —, horno de colada; **dry** —, horno de secar (madera); **humidity regulated dry** —, horno de secar madera con regulación de humedad; **lime** —, horno de cal; **revolving** —, horno rotativo; **roasting** —, horno de tostación; **rotary** —, horno rotativo; **tunnel** —, horno de túnel; **water spray dry** —, horno de secar madera con proyección de agua.

Kilocycle, Kilociclo.

Kilovolt, Kilovoltio.

Kindle (To), Encender, inflamar.

Kinematic, Cinemático.

Kinematograph or **Cinematograph,** Cinematógrafo.

Kinescope, Cinescopio, tubo receptor de televisión.

Kinetic, Cinético; — **energy,** energía cinética.

Kineton, Cinetón.

Kingpin, Clavija maestra.

Kink, Coca de cable; **to** —, formar cocas.

Kinkability, Retorcibilidad.

Kip, Kilo libra (1000 libras).

Kisser, Mancha local por contacto.

Kit, Aparato vendido por piezas sueltas, conjunto, equipo, estuche de herramientas, pequeño utillaje; **kits of parts,** juegos de piezas; **test** —, aparato de ensayo; **tool** —, estuche de herramientas; **to** — **off,** rebotar en el aterrizaje.

Kite, Cometa (una); **box** —, cometa para la antena de emergencia.

Klingelfuss, Klingelfuss; — **coil,** bobina Klingelfuss (radio).

Klydonograph, Clidonógrafo.

Klystron, Klistrón; — **reflex,** klistrón reflex; **frequency multiplier** —, klistrón multiplicador de frecuencia.

Knag, Nudo en la madera, pasador.

K. N. C. (Krupp non cemented), Acero Krupp no cementado.

Kneading mill, Amasadora.

Kneck, Vuelta (de un cable que se fila).

Knee, Codo, consola de escuadra de fresadora, curva llave, rodilla; — **cap or** — **piece,** rodillera de armadura; — **of the deck,** curva de refuerzo del puente; **dagger** —, curva de refuerzo oblicua; **hanging** —, curva de refuerzo vertical; **head** —, espolón de bauprés; **lodging** —, curva de refuerzo horizontal; **square** —, curva de refuerzo horizontal.

Knife, Cuchilla, lima de cuchilla; — **edge,** cuchilla de una balanza; — **edge suspension,** suspensión por cuchillas; **clasp** —, cuchilla de báscula, cuchilla de fiador; **draw** — **or drawing** —, llana; **edging** —, cuchilla de cantear; **erasing** —, raspador (dibujo); **pruning** —, podadera.

Knifing, Corte.

Knight head, Apóstol (buque).

Knit, Anudado, ligado, trenzado **to** —, tricotar.

Knitting, Labor de punto; — **machine,** máquina de hacer punto; — **needle,** aguja de hacer punto.

Knob, Anilla, botón de mando, botón de puesta en marcha, bulto, diente, gancho, leva, prominencia, protuberancia; — **shaft,** eje del botón; **course setting** —, botón de regulación de rumbo (aviac.); **door-** — **transformer,** acoplo línea-guía.

Knobble, Saliente pequeño.

Knobby, Lleno de salientes.

Knock, Golpe brusco, percusión; — **out,** catapultable, expulsador, extractor; — **rating,** índice de detonación; **anti** —, antidetonante; **to** —, chocar, golpear, percutir; **to** — **out a rivet,** cazar un remache, embutir un remache.

Knocker (Counter), Sufridera.

Knocking, Choque, golpeteo, percusión.

Knockoff, Tope de desembrague.

Knot, Nudo (de amarre), nudo (velocidad de buques); **flat** —, nudo plano o llano; **i** —, 1852,3 m/h; **man rope** —, nudo a mano; **reef** —, nudo llano; **tack** —, nudo a mano; **weaver's** —, nudo de tejedor; **to** —, amarrar, anudar, liar.

Knotter, Barco que da tantos nudos; **a 25** —, barco de 25 nudos.

Knotty, Nudoso.

Knuckle, Arista viva (construcción), articulación, juntura, orejeta de un grillete; — **joint,** junta articulada; — **pin,** pasador de enganche, perno de rótula.

Knuckling, Contracción de chapas soldadas a tope.

Knurl, Nudo de la madera; **to** —, moletear.

Knurled, Moleteado.

Knurling, Moleteado.

Krarupization, Krarupización.

Krypton, Cripton; — **lamp,** lámpara de cripton.

Kv, Kilovoltio.

Kvar, Reactivo kilovoltamperio.

Kyanite, Cianita.

Kymograph, Kimógrafo.

Kyun, Teca.

L

L, Lambert, length (longitud), liter (litro), lumen.

Lab, Laboratorio.

Labeler, Marbeteador.

Laboratory, Laboratorio; — **oscillator,** oscilador de laboratorio; **research** —, laboratorio de investigación; **testing** —, laboratorio de ensayos.

Labour (**Labor** en América), Mano de obra, trabajo.

Labourer, Maniobra, trabajador (término genérico).

Labours, Trabajos.

Laburnum, Falso ébano, laburnum anagyroides.

Labworker, Laboratorista.

Labyrinth, Laberinto (juntas); — **packing,** junta de laberinto; — **seals,** cierres de laberinto.

Lac, Laca; **gum** —, goma laca.

Lace (To), Amarrar, coser una correa.

Laced, Cosido; — **belt,** correa cosida.

Lacing, Lazada.

Lacquer, Barniz, laca, sustancia para pegar el pistón al cilindro; **to** —, enlacar.

Lacquering, Enlacado.

Lactate, Lactato; — **n alkyl,** alkil n lactato.

Lactic, Láctico; — **acid,** ácido láctico; — **ester,** éster láctico.

Ladder, Escala; — **beam,** montante de escala; — **step,** escalón; **stern** —, escala de popa; **telescopic** —, escala telescópica; **travelling** —, escalera corrediza.

Lade (To), Cargar un buque. (Sólo se emplea el participio pasado **laden**: en los otros tiempos se emplea **to load**.)

Laden with, Cargado de.

Lading, Carga, cargamento; — **hole,** porta de carga; **bill of** —, conocimiento de embarque.

Ladle or casting **ladle,** Cuchara de fundición, cucharón de colada; — **carrier,** horquilla para cuchara de fundición; **hot metal** —, cuchara de fundición.

Ladler, Encargado de la cuchara.

Lag, Chapa de envoltura, decalado hacia atrás, encofrado, entibación, retraso, revestimiento; — **screw,** tornillo grueso para madera de cabeza cuadrada; **constant time** —, retardo de cierre (en disyuntores); **magnetic** —, histéresis; **operate** —, tiempo de operación; **phase** —, retraso de fase; **release** —, estación teleregulada.

Lagan, Restos balizados de un naufragio.

Lags, Enlistonado.

Lagged, Calorifugado; — **beaker,** cuba calorifugada.

Lagging, Calorifugado, chapa de envuelta, decalado hacia atrás, encofrado, entibación, guarnición, revestimiento; — **electromagnet,** electroimán de pie zambo; — **load,** carga inductiva.

Laid (Bed of coal) — open, Filón superficial de carbón.

Lam, Arcilla grasa.

Lamellar, Lamelar.

Lamelliform, Lameliforme.

Laminae, Láminas.

Laminant, Laminante.

Laminar, Laminar; — **flow section,** perfil laminar; — **profile,** perfil laminar.

Laminarization, Laminarización.

Laminary, Laminar; — **flow,** flujo laminar; — **regime,** régimen laminar.

Laminate (To), Laminar.

Laminated, Contrachapado, en láminas, estratificado, lamelar, laminado; — **iron,** hierro laminado; — **plastics,** materiales plásticos laminados.

Laminates, Productos laminados; **silicone** —, siliconas laminadas.

Laminating rollers, Cilindros del laminador, laminador.

Lamination, Laminación, láminas; **steel** — **coupling,** acoplamiento de láminas de acero.

Lamings, Accidentes.

Lamp, Lámpara, linterna; — **black,** negro de humo; — **carbon,** carbón de lámpara de arco; — **holder,** casquillo de bombilla; — **house,** cubierta de la lámpara; — **locker,** lampistería; — **oil,** keroseno, petróleo purificado; — **trimmer,** lampista; **a 16 candle** —, lámpara de 16 bujías; **acetylene** —, linterna de acetileno; **arc** —, lámpara de arco; **back** —, linterna trasera; **cadmium** —, lámpara de cadmio; **cadmium mercury** —, lámpara de vapor al cadmio; **Carcel's** —, lámpara Carcel; **ceiling** —, lámpara de techo; **concentrated arc** —, lámpara de arco concentrado; **discharge** —, lámpara de descarga; **electric** —, lámpara eléctrica; **enclosed arc** —, lámpara de arco en recipiente cerrado; **flame arc** —, lámpara de arco con llama; **flash** — **or flashing** —, lámpara de destellos; **fluorescent** —, lámpara fluorescente; **front** —, linterna delantera; **glow** —, lámpara de incandescencia; **glow-discharge** —, lámpara de descarga luminosa; **head** —, faro; **high pressure mercury** —, lámpara de vapor a alta presión; **indicator** —, lámpara testigo; **incandescent** —, lámpara de incandescencia; **indirect** — **or indirect light** —, lámpara de iluminación indirecta; **krypton** —, lámpara de cripton; **line** —, lámpara de llamada; **luminescent** —, lámpara luminiscente; **mercury vapour** —, lámpara de vapor de mercurio; **metal filament** —, lámpara de filamento metálico; **miniature** —, lámpara miniatura; **petroleum** —, lámpara de petróleo; **photochemical** —, lámpara fotoquímica; **pilot** —, lámpara de cuadrante, lámpara testigo; **portable** —, lámpara portátil; **resonance** —, lámpara de resonancia; **safety** —, lámpara de seguridad; **short arc mercury** —, lámpara de vapor de arco corto; **shunt wound arc** —, lámpara de arco en derivación; **sodium vapour** —, lámpara de vapor de sodio; **soldering** —, lámpara de soldar; **three** — **system,** montaje de las lámparas en serie de tres; **warning** —, lámpara de advertencia.

Lampist, Lampista.

Lamplighter, Lampista.

Lance, Lanza; **flake** —, lanzanieves; **foam** —, lanzaespuma.

Lanch, Véase **Launch.**

Land, Filete de ranura en saliente, parte plana entre acanaladuras de cañón, recubrimiento (de las chapas de un buque, véase **Lap**), tierra; — **chain,** cadena de agrimensor; — **drainage,** drenaje del suelo; — **plane,** avión terrestre; — **reclaiming,** mejora del suelo; — **sculpture,** gliptogénesis; — **surveying,** agrimensura; **radionavigation** — **station,** estación terrestre de radionavegación; **ring** —, ranura de segmento; **to** —, aterrizar.

Landfall, Corrimiento de tierras.

Landing, Aterrizaje, desembarque, plataforma; — **approach,** toma de tierra (aviación); — **area,** área de aterrizaje; — **brace,** puntal; — **chassis,** chasis de aterrizaje, tren de aterrizaje; — **chart,** carta de aterrizaje; — **flaps,** alerones de aterrizaje; — **flare,** cohete de aterrizaje; — **gear,** tren de aterrizaje; — **gear down,** tren sacado; — **gear up,** tren retraído; — **head lamps,** faros de aterrizaje; — **place,** desembarcadero, embarcadero; — **radar,** radar de aterrizaje; — **run,** distancia de aterrizaje; — **skid,** patín de aterrizaje (aviones); — **speed,** velocida de aterrizaje; — **stage,** embarcadero flotante, muelle de desembarque; — **strut,** puntal; — **T,** T de aterrizaje; — **wheel,** rueda de tren de aterrizaje; — **wire,** cable de aterrizaje; **belly** —, aterrizaje de panza; **blind** —, aterrizaje sin visibilidad; **cross wind** — **gear,** tren de aterrizaje para viento de través; **dead stick** —, aterrizaje con la hélice calada; **deck** —, aterrizaje sobre el puente; **floatation** — **gear,** tren de flotadores; **forced** —, aterrizaje forzoso; **track tread** — **gear,** aterrizador de orugas, tren de aterrizaje de orugas.

Landslip, Corrimiento de tierras.

Landward, De tierra (costado del buque).

Lane, Camino, ruta; **route** —, pasillo aéreo.

Language, Lenguaje; **machine** —, lenguaje de la máquina.

Lantern, Fanal, linterna; — **wheel,** rueda de linterna.

Lap, Guarnición de muela de esmeril, recubrimiento (de las chapas de un buque); — **and lead of the valve,** retraso y avance del distribuidor; — **finish,** pulido; — **joint,** junta de recubrimiento, junta de solape; — **jointed,** con recubrimiento, con solape; — **siding,** apartaderos solapados (ferrocarril); — **stick,** piedra de pulir; — **welded,** soldado con recubrimiento; **exhaust** —, recubrimiento de escape; **inside** —, avance; **outside** —, retraso; **slide valve** —, recubrimiento de las solapas del distribuidor; **to** —, ajustar con recubrimiento, colocar con solape, rectificar con muela, solapar; **to** — **weld,** soldar con recubrimiento.

Lappage, Solapaje.

Lapped, Con recubrimiento, rectificado con muela; — **seam,** costura solapada.

Lapper, Máquina pulidora, piedra de pulir.

Lapping, Pulido, reborde, rectificado a muela, recubrimiento, solape; — **machine,** máquina pulidora; — **over,** imbricado; **cylinder** — **machine,** máquina de rectificar cilindros.

Lapsided, Véase **Lopsided.**

Lapstone, Piedra de batir el cuero.

Larboard, Babor.

Larch, Larix europea.

Large tread under carriage, Tren de vía ancha.

Lark's head knot, Nudo de cabeza de alondra.

Lash (Back), Véase **Back; to** —, abarbetar (mar.), amarrar, liar.

Lashing, Abarbetado, amarradura; — **wire,** alambre que une las puntas de los álabes en las turbinas de baja presión.

Lastage, Cargamento, lastraje, lastre; — **dues or rates,** derechos de carga y descarga.

Lastingness, Durabilidad.

Latch, Pestillo, picaporte; — **key,** llave maestra; **automatic** —, enganche automático; **disengaging** —, cerrojo de desembrague (máq. herram.); **falling** —, aldaba.

Latching, Encerrojamiento, enganche.

Lateen, Vela latina.

Latent, Latente; — **head,** calor latente; — **roots,** raíces latentes (cálculo matricial).

Lateral, Lateral.

Lateroposition, Lateroposición.

Lateropulsion, Lateropulsión.

Latex, Látex.

Latexometer, Latexímetro.

Lath, Varilla; **to** —, enlistonar.

Lathe, Torno; — **bed,** bancada de torno; — **centre,** punta de torno; — **chuck,** bastidor de torno, broca de torno; — **for machining mill rolls,** torno para rodillos de laminador; — **frame,** bastidor de torno; — **tools,** herramientas de torno; **apron** —, torno de escudo; **automatic** —, torno automático; **axle** —, torno de mecanizar los ejes; **axle turning** —, torno para espigas de ejes; **back centre of a** —, contrapunta de un torno; **bar** —, torno al aire, torno de barra, torno de varal; **bar of gantry** —, torno de bancada prismática; **bench** —, torno para banco; **boring** —, torno de escariar; **brass finisher's** —, torno de filetear; **break** —, torno de bancada partida; **camshaft** —, torno para árbol de levas; **capstan** —, torno de revólver; **centering** —, torno de puntas; **centre** —, torno de puntas, torno ordinario, torno paralelo; **chasing** —, torno de embutir; **chuck or chuck plate** —, torno al aire; **chucking** —, torno de mandril; **combination turret** —, torno de combinación, torno de torreta; **contour turning** —, torno de copiar; **copying** —, torno de copiar, torno de reproducir (véase **Copying**); **core** —, torno para machos; **crankshaft** —, torno para cigüeñales; **cutting off** —, torno de recortar; **double centre** —, torno de dos puntas; **drilling** —, máquina horizontal de escariar, máquina horizontal de perforar; **duplex** —, torno de doble herramienta; **engine** —, torno de cilindrar y de filetear, torno paralelo; **face** —, torno al aire; **facing** —, torno al aire, torno de plato de garras; **finishing** —, torno de segunda operación; **flywheel** —, torno de plato; **forming** —, torno de perfilar, torno de reproducir; **founder's** —, torno de calibre, torno de machos; **frame of** —, bastidor de torno; **gap** —, torno de bancada rota; **glass-maker's** —, torno de vidriero; **grinding** —, torno de damasquinar, torno de pulir; **hand** —, torno a mano; **hand tool** —, torno de herramienta de mano; **head of** —, cabezal motor de torno; **high power** —, torno de gran potencia; **high speed** —, torno de gran velocidad; **manufacturing** —, torno de fabricación; **monitor** —, torno de revólver; **motor driven headstock** —, torno de cabezal motor; **multicut** —, torno de herramientas múltiples; **non screw cutting** —, torno de cilindrar; **operation** —, torno de operación; **parallel** —, torno paralelo; **precision** —, torno de precisión; **production** —, torno de producción; **regulator screw of the slide of a** —, tornillo regulador de un carro de torno; **relieving** —, torno de destalonar, torno de retornear; **roll turning** —, torno de tornear los cilindros de laminador; **roughing** —, torno de desbastar redondos; **screw cutting** —, torno de filetear, torno de roscar; **second operation** —, torno de segunda operación; **semi-automatic** —, torno semiautomático; **shafting** —, torno para árboles de transmisión; **short bed** —, torno de bancada corto; **side of a** —, jimelga de un banco de torno; **single pulley** —, torno monopolea; **slicing** —, torno de tronzar; **slide or sliding** —, torno de cilindrar, torno paralelo; **sliding and screw cutting** —, torno de cilindrar y de filetear; **sliding and surfacing** —, torno de cilindrar y de pulir; **spindle** —, broca de torno; **spinning** —, torno de embutir, torno de repujar; **stud** —, torno para pernos; **surface** —, torno al aire, torno de plato; **surfacing —**, torno de pulir superficialmente; **tailstock of a —**, cabezal móvil; **threading or thread cutting —**, torno de filetear; **throw —**, torno de mano; **tool maker —**, torno de herramentista; **tool room —**, torno de utillaje; **trunnioning —**, torno de tornear los muñones; **turning —**, torno de cilindrar; **turret —**, torno de revólver, torno de torreta; **turret — with capstan**, torno de torreta; **tyre —**, torno para llantas de ruedas; **universal —**, torno universal; **5 in-center —**, torno de cinco pulgadas de altura de punta; **to put the work in the —**, montar la pieza en el torno.

Lathed, Enlistonado.

Lathing, Enlistonado.

Laths, Enlistonado.

Latitude, Latitud (de un lugar), tolerancia.

Latten, Hojalata, latón.

Lattice, Cañizo, enlistonado, enrejado, entramado, retículo cristalino; **— constant**, parámetro de retículo; **— girder**, viga en celosía; **— mast**, mástil de celosía; **— points**, puntos del retículo; **— spacing**, distancia reticular, intervalo reticular; **— work**, enrejado, entramado; **— wound coil**, bobina en panal; **cross half —**, hierro en doble T con cuatro pestañas cruzadas; **cross half — iron**, hierro en T doble con cuatro cordones cruzados; **crystal —**, retículo cristalino; **reciprocal —**, retículo recíproco; **spin —**, retículo espín.

Latticoid, Laticoide.

Launch, Botadura, chalupa, lanzamiento; **to —**, botar (un buque).

Launchable, Lanzable.

Launcher, Aparato de lanzamiento; **rocket —**, lanzacohetes.

Launching, Lanzamiento; **— platform**, plataforma de lanzamiento; **— post**, puesto de lanzamiento; **— stand**, rampa de lanzamiento; **ship completing after —**, buque en terminación a flote.

Laundry, Lavandería.

Laurates, Lauratos.

Lava, Lava; **acid —**, lava ácida; **alkaline —**, lava alcalina.

Law, Ley; **Faraday's —**, leyes de Faraday; **square —**, ley cuadrática; **square — detection**, detección **to — down**, poner en astillero; **to — up**, desarmar (buque mercante);

Lay, Capa, hilera, parte de beneficios, plan de ejecución, trazado; **— days**, días de plancha (para la carga y descarga de un buque); **— out**, arreglo, disposición, instalación, montaje; **— shaft**, árbol intermedio; **— sword**, montante del batán; **by the —**, a la parte; **to —**, colocar, toronar (un cable); **to — up**, desarmar (buque mercante); **to — down**, poner en astillero.

Layer, Apoyo, capa, veta; **active peroxide —**, capa activa de peróxido; **backing —**, capa dorsal; **barrier or blocking —**, capa de detención (células fotoeléctricas); **barrier — cell**, pila fotoeléctrica; **boundary —**, capa límite; superficie de discontinuidad; **boundary — separation**, capa límite; **conducting —**, capa de conducción; **double —**, con dos capas; **F —**, capa ionizada de la ionosfera; **heaviside —**, véase **Heaviside; ionospheric layers**, capas de la ionosfera; **insulating —**, capa aislante; **ionized —**, capa ionizada; **low- — absorption**, absorción de capas bajas; **peroxide —**, capa de peróxido (acústica); **single —**, de una sola capa; **single — coil**, bobina de una capa.

Layerage, Propagación por acodos.

Layered (N), De n capas.

Layerwise wound, Arrollado en capas superpuestas.

Laying, Colocación, postura, toronado de un cable; — **down,** colocación en grada, puesta en astillero; — **top,** galapo (cordelería); — **up,** desarme (de un buque).

Layout, Véase **Lay.**

Layshaft, Árbol del cambio de velocidades.

Lawnmover, Cortadora de césped.

Lbs, Abreviatura de libras (peso) o de libras esterlinas.

Leach (To), Lixiviar.

Leachability, Lixivialidad.

Leachable, Lixiviable.

Leachate, Lixiviado (sustantivo).

Leaching, Colada, lixiviación; **ammonia** —, lixiviación al amoniaco.

Lead, Alambre, avance (magneto), avance del distribuidor, conductor (elec.), decalado hacia adelante, plomo, sonda, vuelta (de cable, maroma); — **accumulator,** acumulador de plomo; — **angle,** ángulo de avance; — **battery,** batería de plomo; — **bearing,** plumbífero; — **bromide,** bromuro de plomo; — **chamber,** cámara de plomo; — **checker,** comprobadora del paso; — **chromate,** amarillo de cromo; — **coated,** plomado, revestido de plomo; — **connector,** perfil o puente de conexión de plomo; — **core,** alma de plomo; — **covered,** con funda de plomo; — **desilvering,** desplatación del plomo; — **disc,** disco de plomo; — **dresser,** mazo de plomero; — **dross,** basura de plomo; — **dust,** plomo pulverulento; — **foil,** hoja delgada de plomo; — **fouling,** incrustación de plomo; — **glance,** galena, sulfuro de plomo; — **glass,** vidrio de plomo; — **glaze,** barniz de plomo; — **grid,** carcasa de plomo, rejilla; — **in wire,** véase **Leading in wire;** — **indium,** indio al plomo; — **ions,** iones plomo (elec.); — **matte,** mata de plomo; — **monoxide,** monóxido de plomo; — **ore,** mena de plomo, mineral de plomo; — **oxide,** óxido de plomo; — **oxysulphate,** oxisulfato de plomo; — **peroxide,** peróxido de plomo; — **pig,** lingote de plomo; — **plate,** placa de plomo; — **plug,** tapón de plomo; — **quenching,** temple en baño de plomo; — **salt,** sal de plomo; — **screw,** tornillo de avance; — **sheave,** polea motriz; — **shot,** granalla de plomo; — **smelter,** horno de fundir plomo; — **solder,** soldadura de plomero; — **sulphide or galena,** galena, protosulfuro de plomo; — **tetraacetate,** tetraacetato de plomo; — **vice grips,** mordazas de plomo para banco; — **wall,** pared de plomo; — **washer,** arandela de plomo; — **wire,** hilo de plomo; — **work,** plomería; — **works** fundería de plomo; **adjustable** —, avance regulable (magneto); **aerial** — **in insulator,** aislador de entrada de antena; **angle of** —, ángulo de dirección; **antimonial** —, plomo antimónico; **automatic** —, avance automático; **black** —, grafito, plombagina; **black** — **ore,** plomo espático; **dog** —, guía; **exhaust** —, avance al escape; **filament leads,** conexiones de filamento; **fixed** —, avance fijo; **grid** —, alambre de rejilla; **hard** —, plomo antimónico, plomo duro; **ignition** —, hilo de bujía; **inside** —, avance a la evacuación (distribuidor en coquilla), avance a la introducción (distribuidor en D); **metallic** —, plomo metálico; **metric** — **screw,** husillo métrico; **mock** —, blenda; **oxide of** —, óxido de plomo; **oxybromide** —, oxibromuro de plomo; **phase** —, avance de fase; **pig** —, plomo en lingotes; **plate** —, hilo de placa; **power** —, conectador de alimentación; **red** —, minio; **red** — **joint,** junta al minio; **reguline** —, plomo antimoniado; **rolled** —, plomo laminado; **sheet** —, lámina de plomo, plomo en láminas; **soft** —, plomo dulce; **spongy** —, plomo esponjoso; **tetraethyl or tetraethylene** —, plomo tetraetilo; **threading with** — **screw,** roscado por husillo; **ther-**

mocouple —, hilos de termopar; **tinned** —, plomo estañado; **twin — cable,** cable biilar plano; **white** —, cerusa; **white — paint,** pintura al albayalde; **yellow** —, masicote; **to** —, arrastrar, conducir, cubrir con plomo, dirigir, interlinear (tipografía), plomar.

Leaded, Emplomado; — **cable,** cable envainado de plomo; — **fuel,** combustible al plomo; — **zinc oxide,** pigmento compuesto de óxido de cinc y sulfato básico de plomo; **non** —, sin plomo.

Leaden, De plomo; **diver — shoes,** botas con plomo de buzo.

Leader, Conducto, primera pasada de formación, rueda motriz de cable.

Leading, Conducción, dirección, emplomado, interlineado; — **axle,** eje delantero; — **block,** roldana de conducción; — **edge,** borde de ataque (de un ala); — **in insulator,** aislador de entrada; — **in wire,** bajada de una antena, conductor de alimentación; — **power,** fuerza motriz.

Leadless, Sin plomo.

Leads, Plomos de garantía.

Leadsman, Sondador.

Leadsmithing, Plomería.

Leaf, Gran ramal de un resorte, hoja; — **brass,** latón en chapas; — **brush,** escobilla laminar; — **of gold,** lámina de oro; — **spring,** resorte laminar; **door** —, batiente de puerta; **falling** —, hoja muerta (aviac.); **valve** —, cierre de válvula, obturador de válvula.

League, Liga (metales).

Leak, Diafragma, fuga, infiltración, vía de agua; — **detector,** detector de fugas; **carrier** —, residuo de portadora; **thermal** —, diafragma térmico; **vacuum — detector,** detector de fugas por vacío; **to** —, hacer agua, perder, tener una fuga; **to fother a** —, taponar una vía de agua; **to spring a** —, hacer una vía de agua; **to stop a** —, taponar una vía de agua.

Leakage, Dispersión (véase **Stray**), fuga, vía de agua; — **currents,** corrientes de descarga espontánea, corrientes de pérdida; — **detector,** detector de pérdidas de corriente; — **field,** campo de dispersión; — **flux,** flujo de dispersión; — **of air,** fuga de aire; — **voltage,** tensión de dispersión; **armature** —, dispersión del inducido; **earth** —, pérdida a tierra; **in** —, infiltración (de aire); **magnetic** —, dispersión magnética; **pole** —, dispersión polar; **slot** —, dispersión de ranuras; **steam** —, fuga de vapor.

Leakance, Inversa de la resistencia de aislamiento.

Leaker, Recipiente o pieza fundida que pierde en la prueba hidráulica o en servicio.

Leakhole, Taladro de paso.

Leakproof, Estanco.

Leaky, Que hace agua, que no es hermético, que tiene fugas; — **line,** línea con derivación.

Lean, Magro; — **mixture,** mezcla pobre (auto); — **ore,** mineral pobre; **to** —, desplomar, inclinar, reclinar.

Leaning, Inclinación, inclinado, sobreelevación, tendencia.

Lear, Horno cerrado para recocer vidrio.

Leasable, Arrendable.

Lease, Arriendo, concesión, término.

Least, Mínimo; **line of — resistance,** línea de mínima resistencia.

Leat, Canal de llegada.

Leather, Cuero; — **belt,** correa de cuero; — **cloth,** cuero de imitación; — **cup,** cuero repujado; — **faced clutch,** embrague de cono de cuero; — **strap,** correa de cuero; **cap — press,** prensa para embutir cueros; **morocco —,** tafilete; **pump —,** cuero de bomba.

Leathern, De cuero, en cuero.

Leatherneck, Marinero.

Ledge, Borde, brazola de escotilla, brazola transversal, lista de moldura, listón, nervadura, reborde.

Lees, Lía.

Left, Izquierdo; — **hand drill,** taladro a izquierdas; — **handed rope,** maroma trenzada a izquierdas; — **handed screw,** tornillo con paso a izquierdas; — **handed thread,** con paso a izquierdas.

Leftovers, Sobrantes.

Leg, Muleta, pata, puntal, puntas (de compás); **articulated —,** pata articulada; **receiving —,** rama receptora; **telescopic —,** pata telescópica.

Lemniscate, Lemniscata.

Length, Longitud; — **between perpendiculars,** longitud entre perpendiculares; — **of the stroke,** longitud de la carrera del pistón; — **ripping,** longitud de desgarradura; **focal —,** distancia focal, focal; **inside — of the chain,** paso del eslabón; **overall —,** longitud total (aeroplano); **register —,** extensión del registrador; **threshold wave —,** longitud de onda umbral.

Lengthen (To), Alargar, estirar, estirar el hierro; **to — iron,** estirar el hierro.

Lengthening, Alargamiento; — **coil,** bobina de antena; — **piece,** alargadera.

Lengthways, En sentido longitudinal.

Lengthwise, Longitudinal; — **carriage,** carro longitudinal (torno).

Lens (plural **Lenses**), Depósito, lente, objetivo, yacimiento; — **aperture,** apertura de objetivo; — **finder,** buscador focométrico, enfocador; — **holder or mount,** portaobjetivo; — **hood or shade or pannel,** visera de cámara; — **shaped,** lenticular, lentiforme; — **shutter,** obturador de objetivo; — **tube,** portaobjetivo; **achromatic —,** lente acromática; **annular —,** lente anular; **artificial dielectric —,** lente de dieléctrico artificial; **biconvex —,** lente biconvexa; **camera —,** objetivo fotográfico; **cap of the —,** tapa del objetivo; **condensing —,** lente convergente; **converging —,** lente convergente; **converging convex-concave —,** menisco convergente; **delay —,** lente de retardo; **dioptric —,** lente dióptrica; **dispersing —,** lente divergente; **diverging concavo-convex —,** menisco divergente; **double —,** doble objetivo; **double concave —,** lente bicóncava; **double convex —,** lente biconvexa; **electronic —,** lente electrónica; **electrostatic —,** lente electrostática; **eye —,** lente ocular; **field —,** lente de campo; **focus of a —,** foco de una lente; **Fresnel —,** lente Fresnel; **magnetic —,** lente magnética; **metal-plate —,** lente de placa metálica; **negative —,** lente bicóncava; **non-metallic dielectric —,** lente de dieléctrico no metálico; **plano concave —,** lente plano-cóncava; **plano convex —,** lente plano convexa; **portrait —,** objetivo doble para retrato; **projection —,** lente de proyección; **rectifying —,** lente de rectificado; **single —,** lente simple; **step —,** lente escalonada; **telescopic —,** lente telescópica; **wide angle object —,** objetivo gran angular; **zoned —,** lente escalonada.

Lenticular, Lenticular.

Lentiform, Lenticular.

Leptothermal, Leptotérmico.

Less (Watt) current characteristic, Característica en devatado.

Lessee, Arrendatario, concesionario; **patent —,** concesionario de patente.

Let down, Revenido (met.); — **go,** largar; **instrument — down,** aterrizaje instrumental; **to —,** fletar (un buque); **to — off steam,** dejar escapar el vapor; **to — the fires down,** dejar apagarse los fuegos.

Letter, Carta; — **of advice,** carta de aviso; **registered —,** carta certificada, carta de valores declarados; **rotary — press,** rotativa tipográfica.

Letting, Tolerancia.

Levapap, Placa redonda con un agujero en el centro por donde se inyecta aire a presión consiguiéndose así que la placa se separe del suelo.

Levee, Ataguía, dique, encauzamiento por diques.

Level, Levantamiento, nivel (instrumento), nivel-altura; — **crossing,** paso a nivel; — **cutting,** trinchera en terreno horizontal; — **degeneracy,** peso cuántico; — **flight,** vuelo horizontal; — **gauge,** indicador de nivel; — **hammer,** martinete; — **indicator,** indicador de nivel; — **luffing,** con movimiento horizontal del gancho; — **meter,** nivelímetro; — **of the sea,** nivel del agua, nivel del mar; — **trier,** medidor de la sensibilidad de niveles de burbuja; **absolute current —,** nivel absoluto de corriente; **absolute power —,** nivel absoluto de potencia; **absolute voltage —,** nivel absoluto de tensión; **air —,** nivel de burbuja; **bank —,** estación (minas); **blank —,** nivel de borrado; **carrier —,** nivel de onda portadora; **constant —,** de nivel constante; **deep —,** galería de desagüe, galería de fondo; **drop —,** nivel de descenso; **dumpy —,** nivel de anteojo, nivel telescópico; **echo —,** nivel de eco; **energy —,** nivel de energía; **Fermi —,** nivel de Fermi; **gyroscopic —,** nivel giroscópico; **high- — modulation,** modulacion de alto nivel; **intensity —,** nivel de intensidad; **liquid — controller,** controlador de nivel de líquido; **loudness —,** nivel de intensidad sonora; **mercurial —,** nivel de mercurio; **mid —,** nivel medio; **musical —,** nivel musical; **oil —,** nivel de aceite; **overload power —,** potencia límite admisible; **reference —,** nivel de referencia; **reference black —,** nivel de negro; **reference sound —,** intensidad acústica de referencia; **sea —,** nivel del mar; **selection —,** nivel de selección; **sound —,** nivel de intensidad sonora; **sound intensity —,** nivel de intensidad; **sound — meter,** aparato de medida de ruidos, indicador de nivel sonoro; **spare group selector —,** nivel vacante en selector de grupo; **speech —,** nivel de conversación; **spherical —,** nivel esférico; **spirit —,** nivel de burbuja de aire; **test —,** nivel de ensayo; **video noise —,** nivel de ruido de vídeo; **water —,** clinómetro, nivel de agua; **to —,** aplanar, nivelar.

Leveler, Aplanadora, pulidora.

Levelled, Aplanado, nivelado.

Leveller, Esparcidora (horno de coque).

Levelling or **leveling,** Enrasado, nivelado; — **pole,** jalón de agrimensura; — **screw,** tornillo nivelante; — **staff,** mira para nivelado; **self —,** de nivel automático.

Levelment, Nivelación.

Levelscope, Niveliscopio.

Lever, Palanca; — **action,** véase **Action**; — **arm,** brazo de palanca; — **brace,** taladro de carraca, taladro de palanca; — **brake,** freno de palanca; — **chuck,** véase **Chuck**; — **drawbridge,** puente levadizo de balancín; — **engine,** máquina de balancín; — **for reversing table movement,** palanca de inversión de marcha; — **for table feed,** palanca de mando del avance de la mesa (máq.-herr.); — **valve,** válvula de palanca; **adjustment —,** palanca de ajuste; **aileron —,** palanca de alerón; **air —,**

palanca de aire; **angle** —, palanca acodada; **balance** —, palanca con contrapeso; **bent** —, palanca acodada; **change over** —, palanca de conmutador; **change speed** —, palanca de cambio de velocidad; **clutch** —, palanca de embrague; **compensating** —, palanca compensadora; **control** —, palanca de control; **coupling** —, palanca de embrague; **easing** —, palanca de alzamiento (válvula de seguridad); **elbow** —, palanca acodada; **elevator** —, palanca de timón en profundidad (aviac.); **engaging** —, palanca de embrague; **feed** —, palanca de avance (máq.-herr.); **gab** —, palanca de embrague, palanca de engrane; **gas** —, palanca de los gases (auto); **gear shift** — **or gear** —, palanca de cambio de velocidades; **great** —, balancín; **hand** —, palanca de maniobra; **hand brake** —, palanca de freno de mano; **locking** —, palanca de bloqueado; **operating** —, palanca de embrague; **releasing** —, palanca de desembrague; **reversing** —, palanca de inversión de marcha; **rocking** —, balancín; **shift** —, palanca de velocidades; **side** —, balancín; **side** — **engine**, máquina de balancín; **sparking** —, palanca de avance al encendido; **starting** —, palanca de arranque; **suspension** —, biela de elevación; **switch** —, palanca de maniobra (ferrocarril); **timing** —, palanca de avance al encendido; **tracer** —, trazador.

Leverage, Abatimiento, brazo de palanca, relación de los brazos de la palanca.

Levered, Con palancas, equilibrado; — **suspension,** suspensión equilibrada.

Levigate, Levigado.

Levitation, Levitación; **magnetic** —, levitación magnética.

Leyden, Leyden; — **jar,** botella de Leyden.

L. F. (Low frequency), Baja frecuencia.

L. F. C. (Low frequency current or circuit), Corriente o circuito de baja frecuencia.

L. H., Paso a la izquierda.

Liability, Responsabilidad; — **of fire,** inflamabilidad.

Lichtdruck, Fototipia.

License or **licence,** Licencia, patente, permiso; **pilot** —, licencia de piloto.

Lid, Tapadera; — **of a hatchway,** tapadera de escotilla; — **of the cylinder,** tapa del cilindro; **hinged** —, tapadera con charnela.

Lieberkuhn, Accesorio para concentrar un rayo de luz sobre el campo.

Life, Existencia, vida; — **boat,** lancha de salvamento; — **guard or** — **line,** barandilla.

Lift, Altura de elevación, altura de izado, ascensor, capacidad de carga (aviac.), despegue, diente, excéntrica, extractor neumático, gancho, leva, montacargas, poder ascensional, sustentación; — **and force pump,** bomba aspirante e impelente; — **carry power,** fuerza sustentadora; — **coefficient,** coeficiente de sustentación; — **drag ratio,** rendimiento aerodinámico; — **hammer,** martillo de palanca horizontal; — **pump,** bomba elevadora; — **slot,** rendija de sustentación; — **strut,** montante para dar sustentación adicional (aviones); — **truck,** carro elevador; — **wire,** cable portador; **air** —, extractor neumático, inyección de aire comprimido; **bucket** —, bomba inferior de elevación; **centre of** —, centro de sustentación; **electric** —, ascensor eléctrico; **hydraulic** —, ascensor hidráulico; **jet** —, sustentación por reacción; **static** —, fuerza ascensional; **suction** —, altura de aspiración; **telescopic** —, alzado telescópico; **valve** —, alzado de válvula; **to** —, desmoldear la fundición, izar, levantar, poner a flote un buque.

Lifter, Aparato de izado, empujador, resorte de válvula; **exhaust valve —,** descompresor; **vacuum —,** elevador por vacío; **valve —,** desmontaválvulas.

Lifters, Elevadores.

Lifting, De elevación, desmoldeo de la fundición, elevación, izamiento, leva, levantamiento; **— and forcing pump,** bomba aspirante e impelente; **— appliances,** aparatos de levantamiento; **— gear,** dispositivo de levantamiento; **— height,** altura de levantamiento; **— magnet,** electroimán de levantamiento; **— power,** fuerza de sustentación, poder portante, potencia ascensional; **— pump,** bomba aspirante, bomba elevadora; **— surface,** superficie portante; **automatic —,** levantamiento automático; **triangular — eye,** cáncamo para izar.

Ligature, Ligadura.

Light, Boyante (buque), brillante, claro, faro, fuego, ligero, luz, véase también **Lights; — buoy,** boya luminosa; **— emitter,** cuerpo fotoemisor; **— filter,** pantalla; **— flak,** tiro antiaéreo de pequeño calibre y de débil intensidad; **— gradation,** gradación de la luz; **— indicator,** indicador luminoso; **— magnesia,** magnesia calcinada; **— out put,** intensidad luminosa; **— percussion,** percusión superficial; **— polarisation,** polarización de la luz; **— sensitive,** fotosensible; **— sensitive tube,** fototubo; **— slick,** área superficial brillante en el agua causada por la luz; **— transmittance,** transmitancia de luz; **— water line,** flotación en lastre (buques); **— wave,** onda luminosa; **— weight alloy,** acero débilmente aleado; **— year,** año-luz; **artificial —,** luz artificial; **black —,** luz negra; **boundary —,** luz de balizaje; **cue —,** luz de aviso (indicadora); **day —,** luz solar; **dial —,** lámpara de cuadrante; **electronic flash —,** iluminación estroboscópica; **fixed —,** fuego fijo; **flare up —,** luz de destellos; **flashing —,** luz de destellos; **head —,** faro (auto); **incident —,** luz incidente; **indirect — lamp,** lámpara de iluminación indirecta; **landing —,** luz de aterrizaje; **monochromatic —,** luz monocromática; **pencil of — rays,** pincel luminoso; **revolving —,** luz giratoria; **signal —,** luz de señalización, señal luminosa; **sun —,** luz solar; **ultra —,** ultraligero; **very's —,** cohete iluminador; **visible —,** luz visible; **warning —,** lámpara de advertencia; **to —,** alumbrar, encender, iluminar; **to — fires under two boilers,** encender los fuegos de dos calderas.

Light-boat, Barco faro.

Lighted, Iluminado.

Lighten (To), Aligerar, brillar, descargar, iluminar, lucir.

Lightened, Aligerado; **— web,** alma aligerada.

Lightening, Aligeramiento; **— hole,** agujero de aligeramiento.

Lighter, Alumbrador, barcaza, gabarra; **coal —,** barcaza de carbón; **electric —,** encendedor eléctrico; **mud —,** draga de vapor.

Lighterage, Gabarraje, transporte por gabarras.

Lightfast, Fotorresistente.

Lighthouse, Faro, luz.

Lighting, Iluminación, rayo, trueno; **— arrester,** pararrayos; **— battery,** batería de iluminación; **— conductor,** pararrayos; **— coruscation,** centelleo de la plata (en la copelación); **— dynamo,** dínamo de alumbrado; **— file,** véase **File; — gas,** gas de alumbrado; **— rod,** varilla de pararrayos; **— switch board,** tablero de distribución de iluminación; **— transformer,** transformador de alumbrado; **acetylene —,** iluminación por acetileno; **approach —,** aproximación luminosa; **artificial —,** iluminación artificial; **black —,** iluminación por luz negra; **city street —,** alumbrado urbano; **cold**

cathode —, iluminación fluorescente; **diffused** —, iluminación difusa; **down** —, iluminación directa; **electric** —, iluminación eléctrica; **emergency** —, iluminación de socorro; **flare** —, faro; **flashing** —, luz de destellos; **fluorescence** —, iluminación por fluorescencia; **gas** —, iluminación por gas; **highway** —, iluminación de las vías públicas; **incandescence** —, iluminación por incandescencia; **indirect** —, iluminación indirecta; **luminescence** —, iluminación por luminiscencia; **magnesium** —, destello de magnesio; **polarized** —, luz polarizada; **runway** —, luces de pista.

Lighthouse, Faro; — **tube,** válvula faro.

Lighthouseman, Torrero del faro.

Lightmeter, Fotómetro.

Lightning (Vacuum) arrester, Pararrayos de aire rareficado; **white** —, luz blanca.

Lights, Luces; **additional** —, luces suplementarias; **approach** —, luces de aproximación, rampas luminosas; **flashing** —, fuegos de n destellos; **landing** —, rampa de aterrizaje; **navigation** —, luces de ruta; **parking** —, luces de posición (auto); **runway** —, luces de pista; **side** —, luces laterales; **station** —, luces de posición; **tail parking** —, luz de posición trasera.

Ligneous, Leñoso.

Ligniform, Ligniforme.

Lignin, Lignina.

Lignite, Lignito.

Lignitic, Lignítico.

Lignitize (To), Lignitizar.

Lignum-vitae, Guayacán.

Limacon, Caracol (curva algebraica).

Limb, Limbo (arco graduado); **five — magnetic circuit,** circuito magnético de cinco núcleos.

Limbec, Alambique.

Limber, Avantrén (artillería), imbornal (buques); — **board or plate,** tapa de imbornal; — **chain or rope,** cadena de los imbornales; — **passage,** canal de los imbornales.

Lime, Cal, castina; — **kiln,** horno de cal; — **pit,** cantera de piedra de cal; — **stone,** véase **limestone**; — **wash,** lechada de cal; — **white,** lechada de cal; **quick** —, cal viva; **slack** —, cal apagada; **water** —, cal hidráulica.

Limestone, Piedra calcárea; — **flux,** castina, fundente; **carboniferian** —, caliza carbonífera; **metamorphic** —, caliza metamórfica o sacaroides.

Limey, Calcáreo.

Liminal, Liminar.

Liming, Abono con cal (terreno).

Limit, Límite; — **angle,** ángulo límite; — **gauge,** calibre de tolerancias; — **of elasticity,** límite de elasticidad; **elastic** —, límite de elasticidad; **elastic — in bending,** límite de flexión; **proportional** —, límite de proporcionalidad; **to** —, limitar.

Limitary, Limitado.

Limitator, Limitador; **current** —, limitador de corriente.

Limited, De responsabilidad limitada (sociedad).

Limiter, Limitador; **audio-frequency peak** —, limitador de picos de audiofrecuencia.

Limiting, Limitador; **stress — bar,** limitador de esfuerzos.

Limonin, Limonina.

Limous, Cenagoso.

Limousine, Limosina.

Limp, Flexible.

Limpet, Caja de inmersión que se adhiere a un dique.

Limy, Calizo.

Linch, Borde, reborde.

Linchpin, Chaveta, pasador de un eje, pezonera.

Line, Alineamiento, amarra, cadena, calabrote, camisa, conducto, cordel, cuerda, fila, formas (de buque), hilera, línea (ferrocarril, electr., teléfono), raya, trazo, tubería, vía; — **and** —, arista a arista (distribuidor); — **blanking,** supresión de línea (televisión); — **breadth,** anchura de las rayas; — **etcher,** grabador al buril; — **hauler,** maquinilla pequeña para izar redes; — **involution,** involución de rectas; — **losses,** pérdidas de línea; — **of fire,** línea de fuego; — **of floating,** línea de flotación; — **of force,** línea de fuerza; — **of least resistance,** línea de mínima resistencia; — **of shafts,** línea de árboles; — **of sight,** línea de mira; — **of striction,** arista de retroceso (geometría); — **rehearsal,** ensayo de un papel hablado en la televisión; — **simulator,** línea artificial complementaria; — **squall,** línea de turbonada; — **with a single set of tracks,** línea de vía única (ferr.); — **with two sets of tracks,** línea de dos vías; **absorption** —, raya de absorción; **adjusting** —, señal; **aerial or air** —, línea aérea; **anode characteristic** —, circuito de ánodo; **assembly** —, cadena de montaje; **balanced** —, línea equilibrada; **balanced open** —, línea equilibrada abierta; **bearing** —, línea de levantamiento; **bending** —, fibra elástica; **blocked** —, línea bloqueada; **branch** —, línea de derivación, ramal; **call back** — (in PBX'S), línea de consulta (en centralitas); **centre** —, eje de quilla (c. n.), línea de quilla (c. n.); **center-feed** — **antenna feed,** antena lineal alimentada en el centro; **clear** —, línea libre; **coaxial or concentric** —, línea coaxial; **compensating** —, sección compensadora; **contour** —, línea de nivel; **dash** —, trazo lleno (dibujo); **datum** —, línea de tierra; **dedendum** —, círculo de pie (engranajes); **derived lines,** líneas bifurcadas; **dimension** —, línea de cota; **dotted** —, línea de puntos; **double wire** —, línea de doble hilo; **electric field lines,** líneas de campo eléctrico; **emission characteristic** —, característica de emisión; **expansion** —, curva de expansión; **extension** — (in PBX'S), línea de extensión (en centralitas); **first** — **finder,** buscador primario; **floating** —, línea de agua a flote; **flow** —, conducto de desagüe; **four party** —, línea común de cuatro abonados; **fuel** —, tubería de combustible; **ground** —, línea de tierra (descriptiva); **high voltage** —, línea de alta tensión; **in** —, en línea; **in** — **machining,** fabricación en serie; **international telephone** —, línea telefónica internacional; **isoclinic lines,** líneas isoclinas; **isodynamic lines,** líneas de igual intensidad; **isogonic lines,** líneas isógonas; **junction** —, línea de empalme; **level** —, línea de flotación, línea de nivel; **light** —, flotación en lastre; **load** —, flotación en carga; **loaded** —, línea emplazada; **loop** —, circuito en bucle; **magnetic field lines,** líneas de campo magnético; **main** —, canalización principal, sector (elec.); **main (trunk)** —, línea principal (ferrocarriles); **middle** —, eje medio, línea media; **neutral** —, línea neutra; **party** —, línea compartida; **pickling** —, cadena de decapado; **pipe** —, conducción forzada; **poles toll** —, línea de postes; **power** —, línea de fuerza, sector; **production** — **up,** montaje en cadena; **quarter-wave** —, línea en cuarto de onda; **radiation loss of lines,** pérdida por radiación en líneas; **radio position** — **determination,** radiolocalización de línea de posición; **resonant** —, línea resonante; **resonant** — **oscillator,** oscilador de línea resonante; **scanning** —, línea de exploración; **second** — **finder,** buscador secundario; **selector —,** línea de selectores; **shielded and balanced —,** línea apantallada y equilibrada; **shorted-end transmission —,** línea de transmisión cortocircuitada; **single —,** línea simple; **single wire —,** línea de hilo único; **solid —,** trazo lleno; **spectral or spectrum —,** raya espectral; **stream —,** filete de aire; **stub —,** sección de línea; **subscriber's —,** línea de abonado; **tapped delay lines,** líneas con retardo variable; **telegraph —,** línea telegráfica; **telephone —,** línea telefónica; **terminated impedance —,** línea con impedancia terminal; **termination for coaxial —,** terminación de línea coaxil; **thrust —,** eje de empuje, eje de tracción; **tie —,** línea de acoplamiento; **tie — between PBX'S,** línea de unión entre centralitas privadas; **tow —,** cable de remolque; **trunk —,** línea de enlace; **underground —,** línea subterránea; **vent —,** tubería de ventilación; **water —,** canalización de agua; **to —,** alinear, encamisar, enderezar (pieza metálica), guarnecer (forro buque), revestir; **to — a bearing,** guarnecer un cojinete; **to — up the brasses,** calar los cojinetes; **to — with fur,** forrar un cable.

Lineal, Lineal; **— drawing,** dibujo lineal.

Lineage, Conjunto de línea.

Lineameter, Lineámetro.

Linear, Lineal; **— amplification,** amplificación lineal; **— detection,** detección lineal; **— distorsion,** distorsion lineal; **— expansion,** expansión lineal; **— polarization,** polarización lineal; **— polyamide,** poliamida lineal; **— rectification,** rectificación lineal; **— servomechanism,** servomecanismo proporcional; **array of — antennas,** sistema de antenas rectilíneas; **non —,** no lineal; **non — distortion,** distorsión no lineal; **thin — antenna,** antena lineal delgada.

Linearity, Linealidad; **non —,** no linealidad.

Linearization, Linealización.

Linearize (To), Hacer lineal.

Linearized, Linealizado.

Lineation, Delineación.

Lined, Encamisado, forrado, revestido de; **acid —,** con revestimiento ácido; **basic —,** con revestimiento básico.

Lineman, Celador, vigilante de vía.

Linen, Tela **unbleached —,** tela cruda.

Linenize (To), Linolizar.

Liner, Avión de línea, blindaje, camisa de cilindro, coquilla, cuña (de madera, de hierro), envuelta, forro, paquebote; **air —,** avión de línea; **cargo —,** carguero de línea.

Lineshaft, Eje de transmisión.

Lining, Camisa, forro, guarnición de freno, lineaje, paredes, refuerzo, revestimiento, revestimiento de horno (met.); **— of a ship,** vagras de un buque; **acid —,** revestimiento ácido; **brake —,** forro de freno; **concrete —,** revestimiento de hormigón; **inner —,** armazón de un horno; **refractory —,** revestimiento refractario; **rubber —,** revestimiento de caucho; **shaft —,** entibación; **tunnel —,** blindaje en galería.

Linisher, Cinta de abrasivo.

Linishing, Abrasión con cinta sin fin.

Link, Anillo, balancín, biela, biela de suspensión, brida, cadena, cartucho de fusible, corredera, enlace (quím.), eslabón, estribo, malla; **— block,** corredera de sector; **— chain,** cadena ordinaria; **— lever,** palanca de cambio de marchas; **— motion,** corredera Stephenson; **— of solder,** paja de soldadura; **adjusted spring —,** varilla de suspensión; **back links,** tirantes del paralelogramo; **breaking —,** biela de suspensión de seguridad; **co-ordinate —,** coordinación (quím.); **coupling** —, biela de acoplamiento; **crank with drag** —, contramanivela; **drag** —, acoplamiento de discos, articulación, biela de acoplamiento, grilletes, varilla de arrastre; **flat** — **chain,** cadena de articulaciones; **fork** —, estribo; **fuse** —, cartucho de fusible; **hook** — **chain,** cadena de ganchos; **open** — **chain,** cadena ordinaria; **radio** —, radio enlace; **straight** — **motion**, sector recto; **stud** — **chain,** cadena de contretes, cadena de tornapuntas; **two** — **international call,** conferencia internacional de doble tránsito; **video** —, videofrecuencia; **to** —, arrastrar, juntar, unir.

Linkage, Biela motriz, enlace (quím.), transmisión por bielas.

Linked, Articulado, ligado, unido; — **arm,** biela articulada; **short** — **chain,** cadena de mallas estrechas.

Linoleic, Linoleico; — **acid,** ácido linoleico.

Linoleum, Linóleo.

Linotype, Linotipia.

Linotyper or **linotypist,** Linotipista.

Linseed oil, Aceite de lino.

Linteled, Adintelado.

Lip, Borde, garganta, labio, reborde; **lips of a pair of boxes,** orejetas de una caja de moldeo.

Lipotropic, Lipotrópico.

Lipped, Con garganta, con labios; — **tool,** herramienta con garganta.

Liquability, Licuabilidad.

Liquate (To), Exudar, fundir, licuar.

Liquation, Licuación; — **hearth,** horno de licuación.

Liquefaction, Licuefacción.

Liquefiable, Licuable.

Liquefied, Licuado; — **air,** aire licuado; — **gas,** gas licuado.

Liquefier, Licuefactor.

Liquefy (To), Licuar.

Liquefying, De licuefacción; — **temperature,** temperatura de licuefacción.

Liquid, Líquido; — **expansion thermostat,** termostato de dilatación de líquido; — **fluidized,** fluidizado con líquido; — **fuel,** combustible líquido; — **honing,** acabado por emulsión química abrasiva eyectada por aire a presión; — **life,** duración en estado líquido; — **oxygen,** oxígeno líquido; — **rheostat,** reóstato líquido; **active** —, líquido excitador (elec.); **amalgamating** —, líquido de amalgamar; **exciting** —, líquido excitador; **sealing** —, líquido de llenado.

List, Catálogo, lista; **crew** —, rol; **price** —, catálogo, tarifas.

Listening, Escucha; — **key,** llave de escucha; — **plug,** ficha de escucha.

Lithium, Litio; — **hydride,** hidruro de litio; — **stearate** estearato de litio.

Lithosol, Litosol.

Lithosphere, Litosfera.

Litmus, Tornasol; — **paper,** papel tornasol; — **solution,** tintura de tornasol.

Litzendraht, Conductor de alta frecuencia.

Livability, Viabilidad.

Live, Ardiente, bajo tensión, viviente, vivo; — **centre,** punta del cabezal fijo de un torno, punta giratoria; — **circuit,** circuito bajo tensión, circuito recorrido por la corriente; — **coal,** carbón ardiente; — **oak wood,** madera de encina americana; — **wire,** cable bajo tensión; **coaxial-** — **resonator,** resonador de línea coaxial.

Livelong, Permanente.

Lixivation, Lixiviación.

Lixiviability, Lixiviabilidad.

Lixiviate, Lixiviado.

Lixivium, Lixivio.

Lloyd, Sociedad de seguros marítimos; **Lloyd's Register,** sociedad de clasificación de navíos mercantes.

L. n. (Natural logarithm), Logaritmo natural.

Load, Capa de una mina, carga, filón (véase **Lode**), fuerza (de una grúa), veta; — **center,** centro de carga; — **circuit,** circuito de carga; — **displacement,** desplazamiento de carga; — **factor,** coeficiente de carga (aviac.), factor de carga (elec.); — **indicator,** indicador de carga; — **less,** en vacío; — **less starting,** arranque en vacío; — **line,** flotación en carga, línea de carga; — **manifest,** manifiesto de carga; — **peak,** punta de carga; — **projectile,** proyectil lastrado; — **recorder,** registrador de carga; — **sharing,** repartición de la carga; — **tap changing,** conmutación de toma bajo carga; — **variations,** variaciones del régimen; **artificial** —, carga artificial; **breaking** —, carga de rotura; **charging** —, régimen de carga; **dead** —, carga constante, carga estática, peso muerto; **deep** — **line,** flotación en sobrecarga; **disposable** —, carga útil; **distribution of** —, reparto de cargas; **drag** —, esfuerzo resistente; **dynamic** —, carga dinámica; **full** —, plena carga; **inductive or larging** —, carga inductiva; **no** — **characteristic,** característica de vacío; **no** — **current,** corriente en vacío; **no** — **excitation,** excitación en vacío; **partial** —, carga parcial; **pay** —, carga de pago; **position** — **distributing circuit,** circuito distribuidor; **reactive** —, carga reactiva; **starting** —, carga de arranque; **static** —, carga estática; **useful** —, carga útil, peso útil; **wheel** —, carga rodante; **zero** —, carga en vacío, carga nula; **to** —, cargar, emplazar.

Loadability, Carga de trabajo.

Loaded, Cargado, pupinizado; — **aerial,** antena a la que se añade un condensador o una inductancia en serie; — **premium,** sobreprima; **coil-** — **cable,** cable con carga discontinua; **spring** —, cargado por resorte.

Loader, Cargador, cinta cargadora, excavadora continua; **carpet** —, cargadora de banda transportadora.

Loading, Carga, cargamento, ensuciamiento de la muela; — **bay,** muelle de cargas; — **coil,** inductancia de antena; — **edge,** andén de carga o de descarga; — **hole,** orificio de carga; — **machine,** cargadora; — **station,** estación de carga; — **table,** baremo de calibrado; **carrier** —, carga portadora; **impulsión** —, carga de impulsión; **inductive** —, carga inductiva; **medium heavy** —, carga semifuerte; **modulation by variation of** —, modulación por variación de la resistencia de carga; **muzzle** —, carga por la boca; **off** —, descompresión, dispositivo de seguridad contra las sobrepresiones; **push pull** —, carga de compresión y de tracción; **wing** —, carga de las alas.

Loadless, Véase **Load.**

Loadstone, Magnetita; — **or lodestone,** imán natural.

Loam, Arcilla, tierra de moldear; — **casting,** moldeo en arcilla (fund.); — **core,** macho de arcilla (fund.); — **mould,** molde de arcilla; — **moulding,** moldeo de arcilla.

Loamy, Arcilloso.

Loan, Préstamo.

Lobe, Vientre (Fís.); — **switching,** conmutación de lóbulo.

Lobe-plate, Placa de fundación.

Lobing, Conmutación de lóbulos.

Lobsided, Véase **Lopsided.**

Local, Local; — **attraction,** atracción local; — **call,** conferencia urbana.

Locality, Emplazamiento.

Localizability, Localizabilidad.

Localize (To), Localizar.

Locally, Localmente.

Locate (To), Localizar, señalar.

Location, Agrimensura, concesión minera (E.E.U.U.), levantado o replanteo de plano.

Locator, Detector, indicador; **gas leak —,** detector de fuga de gas.

Lock, Bloqueo, cámara de esclusa, cerradura, cerrojo, esclusa de cámara, llave de arma de fuego; **— bar,** pedal o carril de enclavamiento; **— bay,** cabeza de esclusa; **— chain,** cadena de enrayar (coche); **— chamber,** cámara de esclusa; **— crown,** cabeza de esclusa; **— gate,** compuerta de esclusa; **— keeper or — guard,** esclusero; **— nut,** contratuerca, tuerca inaflojable; **— out,** enclavamiento; **– piston,** pistón de bloqueo; **— sill,** umbral de esclusa; **— with two bolts,** cerradura de dos pestillos; **arm —,** bloqueo del brazo; **ball —,** aparato de cierre a bola; **Bramah's —,** cerradura de bomba; **case —,** cerradura de palastro; **dead —,** cerradura de un solo pestillo; **dial —,** cerradura de combinación; **fore — bolt,** pasador de chaveta; **german —,** pestillo; **hydrostatic —,** agua en los cilindros; **outlet —,** esclusa de fuga; **pitch —,** bloqueo del paso; **safety —,** cerradura de seguridad; **shift — keyboard,** teclado con seguro de cambio; **steering —,** ángulo de viraje, bloqueo de la dirección; **twice turning —,** cerradura de dos vueltas; **vacuum —,** válvula de vacío; **vapour —,** descebado por vaporización, tapón de vapor; **ward of a —,** guarda del pestillo; **wire breakage —,** controlador de rotura de hilo; **to —,** bloquear, cerrar con llave, encerrojar, enclavar, enrayar; **to — in,** dar cohesión a la cinta; **to — mechanically,** enclavar mecánicamente.

Lockable, Bloqueable.

Lockage, Elevación o descenso que permite la esclusa, materiales de esclusa, peaje de esclusa.

Locked, Bloqueado; **— brake,** freno bloqueado; **phase —,** concatenado; **pressure —,** bajo presión, presurizado.

Locket, Broche, picaporte.

Locker, Cajón; **cable —,** pañol de cables (buques).

Lockfiler's clamps, Tornillo de banco.

Locking, Bloqueo, encerrojado, enrayado; **— chain,** cadena de enrayar; **— device,** dispositivo de enclavamiento; **— lampholder,** portalámpara con llave; **— lever,** palanca de bloqueo; **— pin,** chaveta de enganche; **— plate,** placa de enclavamiento; **— wire,** freno (de un tensor); **angle —,** chaveta oblicua; **corner —,** chaveta recta; **self —,** autoenclavador; **self — bolt,** perno autoenclavador; **self — nut,** tuerca autobloqueante; **wheel —,** bloqueo de las ruedas.

Lockout, Cierre voluntario de fábrica.

Locksmith, Cerrajero.

Locksmithery, Cerrajería.

Locomobile, Locomóvil.

Locomotive, Locomotora; **a. c. motor —,** locomotora de motores de corriente alterna; **body of a —,** cuerpo de locomotora; **d. c. motor —,** locomotora de motores de corriente continua; **Diesel electric —,** locomotora Diesel eléctrica; **electric —,** locomotora eléctrica; **frame of a —,** bastidor de locomotora, largueros de locomotora; **gas turbine —,** locomotora de turbina de gas; **mine —,** locotractor de mina; **rectifier —,** locomotora con rectificadores; **steam —,** locomotora a vapor; **steam turbine —,** locomotora de turbina de vapor; **switch —,** locomotora de maniobra.

Locomotivity. Locomotividad.

Locotractor, Locotractor; **electric —,** locotractor eléctrico.

Locus, Lugar geométrico.

Locust, Acacia.

Lode, Capa, estrato de una mina, filón; — **tin,** estaño de roca; **back of a —,** hastial posterior de un filón; **blind —,** filón ciego, filón sin afloramiento; **champion —,** veta principal; **copper —,** filón de cobre.

Lodestone, Imán natural, magnetita.

Lodestuff, Materia filoniana.

Lodicator, Indicador de distribución de la carga.

Loft, Hangar, sala; **mould —,** sala de gálibos; **to —,** trazar.

Lofted, Trazado.

Lofting, Trazado.

Log, Carlinga (véase **Keelson**), carnet, corte, libreta, libro, rollizo, rollo de madera, tala, tocón, tronco, tronco abatido; — **anchor,** ancla de madera; — **book,** diario de navegación; — **frame saw,** sierra de bastidor para rollizos; — **scaling,** cubicación de madera en rollo; **downstream stop —,** ataguía de aguas abajo; **engine —,** libreta del motor; **flight —,** trazador de ruta (aviac.); **flying —,** libro de vuelos; **signal —,** carnet de señalización; **stop —,** ataguía; **upstream stop —,** ataguía de aguas arriba.

Logarithm, Logaritmo; **anti —,** antilogaritmo; **brigg's or common logarithms,** logaritmos ordinarios; **hyperbolic, natural, Neperian or Napier's logarithms,** logaritmos hiperbólicos, naturales, neperianos.

Logarithmic, Logarítmico; — **curve,** curva logarítmica; — **decrement,** decremento logarítmico; — **diagram,** diagrama logarítmico; — **means,** media logarítmica.

Logatom, Logotomo; — **articulation,** nitidez en logotomos.

Logger, Maderero.

Logging, Corte de troncos, extracción de muestras (sondeo), sondeo, taladrado, trazado; — **men,** leñadores; **electric —,** extracción eléctrica de muestras; **selective —,** extracción selectiva de muestras.

Logon, Logonio; — **capacity,** capacidad de logonios.

Loiter (To), Volar sin dirección determinada.

Lollop (To), Estar echado.

Lone, Aislado; — **pair,** par aislado.

Long, Abreviatura de **Longitude**; — **chain compounds,** compuestos de cadena larga (quím.); — **D slide valve,** distribuidor en D largo; — **dozen,** gran docena; — **flax,** lino de fibras largas; — **nailer,** de clavos largos; — **range plane,** avión de gran radio de acción; — **rougher,** peine en grueso; — **stock,** pasta de madera con fibra larga; — **stroking,** de carrera larga (máquinas); — **thread milling machine,** máquina de fresar los aterrajados largos.

Longeron, Larguero.

Longevity, Longevidad de un isótopo.

Longimeter, Longímetro.

Longisection, Longisección.

Longitude, Longitud.

Longitudinal, Longitudinal; — **girder,** viga longitudinal; — **rib,** nervadura longitudinal; — **runner,** larguero; — **section,** sección longitudinal; — **sleeper,** larguero; — **surge,** sacudida en paralelo; — **wall hanger,** consola-palier cerrada; **handle for — power feed,** manigueta de embrague de avance longitudinal.

Longitudinally, Longitudinalmente; — **split,** hendido longitudinalmente.

Longshoreman, Cargador de muelle (E.E.U.U.), descargador.

Loof, Amura (buques).

Loom, Telar; — **beam barrel,** enjullo; — **motor,** motor de telar; — **oil,** aceite para telares; — **shultle,** lanzadera mecánica; **carpet —,** telar de tapicería; **power —,** telar mecánico.

Loop, Anillo, bucle, circuito cerrado, cuadro (radio), curva, lazada, nudo corredizo, ojal, vientre (véase también **Antinode**); — **aerial,** cuadro receptor; — **hole,** abertura; — **lubrication,** lubricación en circuito cerrado; — **of current,** vientre de intensidad; — **of potential,** vientre de potencial; — **reception,** recepción en cuadro; — **scavenge,** barrido en bucle; — **test,** pruebas en anillo; **circular — antenna,** antena de cuadro circular; **closed — system,** sistema de bucle cerrado; **crossing —,** vía de cruce; **current —,** vientre de intensidad; **double —,** en dobles bucles; **drip —,** bucle que hace un conductor al entrar en un edificio; **feed back control —,** circuito de control de realimentación; **ground —,** caballito; **hysteresis —,** ciclo de histéresis; **permanent —,** falsa llamada; **sampling —,** espira de muestra (medidas radioeléctricas); **shielded —,** cuadro blindado; **simpleturn —,** cuadro de una espira; **square — antenna,** antena de cuadro rectangular; **suppressed — aerial,** cuadro receptor antiparásitos; **turn —,** relación de espiras; **voltage —,** vientre de tensión.

Looping, Rizado; — **mill,** tren de alambre de laminador.

Loose, Libre, loco, no apretado, suelto; — **axle,** árbol loco; — **pulley,** polea loca; — **screw,** hélice desembragada, hélice loca; **to work —,** aflojarse, tomar holgura.

Loosen (To), Aflojar, dar huelgo; **to — a screw,** desatornillar un tornillo.

Loosener, Separador de los rodillos de laminar.

Looseness, Juego.

Loper, Gancho de cordelero, moleta.

Lopper, Descretador de crestas de amplitudes.

Lopsided, Escorado.

Lopsidedness, Falta de simetría.

Loran (Long Range Navigation), Loran (sistema de navegación con radar); — **chain,** cadena Loran.

Loricate (To), Esmaltar.

Lorry (plural **Lorries**), Camión (véase **Truck**); — **trailer,** camión remolque; **break down —,** camión de reparaciones; **light —,** camioneta.

Loss (plural **Losses**), Desperdicio, pérdida, perjuicio; — **factor,** factor de pérdidas; — **meter,** indicador de pérdidas; **absorption —,** pérdida por absorción; **copper losses,** pérdidas en el cobre; **core or watt losses,** pérdidas en el núcleo, pérdidas totales; **duct —,** pérdida de carga; **eddy —,** pérdida por torbellinos; **eddy current losses,** pérdida por corrientes de Foucault; **equivalent articulation —** (Am), atenuación equivalente de nitidez; **flat —,** pérdida uniforme; **free space —,** pérdida en el espacio libre; **grazing —,** pérdida por efecto rasante; **head losses,** pérdidas de carga; **hysteresis losses,** pérdidas por histéresis; **idle losses,** pérdidas de carga; **insertion —,** atenuación de inserción, pérdida de inserción; **interaction —,** atenuación por interacción; **iron losses,** pérdidas en el hierro; **line losses,** pérdidas en la línea; **low — steel,** acero de pérdidas débiles; **magnetic —,** pérdida magnética; **minimum net —,** pérdida neta mínima; **minimum working net —,** pérdida neta mínima de funcionamiento; **ohmic losses,** pérdidas óhmicas; **pole-shoe losses,** pérdidas en las piezas polares; **propagation —,** pérdida de propagación; **radiation — of lines,** pérdida por radiación en líneas; **reflection —** (for gain), pérdida o ganancia por reflexión; **return —**, pérdida de retorno; **return — measuring,** equilibrómetro; **shadow —**, pérdida de sombra; **transducer —**, atenuación transductiva; **transmission —**, pérdida de transmisión; **watt —**, pérdida en vatios.

Losses (Blade), Pérdidas en los álabes.

Lossless, Sin pérdida.

Loud speaking telephone, Teléfono de altavoz.

Loudhailer, Altoparlante.

Loudness, Sensación sonora; **equivalent —**, intensidad acústica equivalente; **equivalent — contours,** isofónicas.

Loudspeaker, Altavoz; **bass —**, altavoz de bajos; **crystal —**, altavoz de cristal; **duo cone —**, altavoz de dos conos; **dynamic —**, altavoz dinámico; **electrodynamic —**, altavoz electrodinámico; **electromagnetic —**, altavoz electromagnético; **moving coil —**, altavoz de bobina móvil.

Loudspeaking, De alta voz (teléfono).

Louvered or **Louvred wall,** Cierre de persianas.

Louvre, Boca de ventilación.

Louvres or **Louvers,** Celosías, persianas (de radiador), registros, ventanillos.

Low, Bajo; **— alcoholic content,** con baja graduación de alcohol; **— bidder,** mejor postor; **— browed,** de entrada baja; **— carbon,** con pequeño porcentaje de carbono; **— draw,** revenido lento; **— explosive,** explosivo no detonante; **— framed,** de bastidor bajo; **— frequency oscilloscope,** osciloscopio de baja frecuencia; **— frequency transformer,** transformador de baja frecuencia; **— grade coal,** carbón de baja calidad; **— key,** tonalidad oscura; **— limb,** flanco inferior; **— loader,** vehículo con plataforma de carga cerca del suelo; **— loss steel,** acero con pocas pérdidas, acero de pérdidas débiles; **— mounted,** montado a pequeña altura; **— orbiting,** de órbita cercana a la tierra; **— pass filter,** filtro de paso bajo; **— power factor motor,** motor con débil fuerza de potencia; **— powered,** de poca potencia; **— pressure cylinder,** cilindro de baja presión; **— pressure stage,** escalón de baja presión (turbina); **— pressure steam,** vapor a baja presión; **— pressure turbine,** turbina de baja presión; **— priced,** de poco precio; **— relief,** bajo relieve; **— rudder,** acción de bajar el timón; **— swung,** rebajado (chasis auto); **— tension or — voltage,** baja tensión; **— tension and high frequency,** cebado a baja tensión y alta frecuencia; **— tension ignition,** cebado a baja tensión; **— tension magneto,** magneto de baja tensión; **— tension motor,** motor de baja tensión; **— tension spark plug,** bujía de baja tensión; **— tension terminal,** borne de baja tensión; **— tension transformer,** transformador de baja tensión; **— titered,** de valoración baja; **— waltage,** de bajo vatiaje; **— wall,** labio inferior (fallas); **— water mark,** marca de bajamar; **— water standard,** cero de las cartas marinas; **— wing aeroplane,** avión de alas bajas; **very — frequency,** frecuencia muy baja.

Lower, Comparativo de **Low**; **— block,** mufla inferior; **— box,** caja inferior de moldeo; **— camber,** curvatura inferior; **— cut,** primera picadura (limas); **— flange or edge of a rail,** zapata de carril; **— plane,** plano inferior; **— reinforcement,** armadura inferior; **— sideband,** banda lateral inferior; **— surface of a wing,** intradós (ala de avión); **— turret,** torreta en la parte inferior del fuselaje; **— wing,** ala inferior; **to —**, amainar (mar.), aminorar, rebajar, sacar (tren de aterrizaje).

Lowerator, Descargador eléctrico.

Lowered, Bajado (tren de aterrizaje), rebajado.

Lowering, Disminución; — **speed,** velocidad de descenso; **quick** —, descenso rápido; **quick** — **crane,** puente-grúa de descenso rápido.

Loxodromic, Loxodrómico; — **line,** curva loxodrómica.

Loxodromics, Loxodromía (ciencia).

Lozenge, Rombo.

L. P. (Low pressure), Baja presión.

L. p. w., Lumens per watt.

L. T. (Low tension), Baja tensión.

L. T. D., De responsabilidad limitada.

Lubberly, Chapuceramente (marina).

Lube or **Lube oil,** Aceite de engrasar.

Lubricant, Lubrificante.

Lubricate (To), Lubrificar.

Lubrication, Lubrificación; **central** —, engrase centralizado; **forced or forced feed** —, lubricación forzada; **ring** —, lubrificación por anillo; **splash** —, lubrificación por barboteo; **timed** —, engrase de los cilindros efectuado en un punto determinado de la carrera.

Lubricator, Engrasador; **drip feed** —, engrasador de cuentagotas; **dropping** —, cuentagotas; **hand pump** —, engrasador de bomba de mano; **sight feed** —, engrasador de caudal visible; **Stauffer** —, engrasador Stauffer; **telescopic** —, engrasador de embudo.

Lubricity, Lubricidad.

Lubricous, Lubricoso.

Lucidity, Luminosidad.

Luciphilous, Lucífilo.

Luff or **Luff tackle,** Aparejo de bolinear.

Luffability, Variabilidad de inclinación del brazo.

Luffing, Desplazamiento de una carga; — **crane,** grúa de brazo amantillable.

Lug, Adaptador, asiento o talón de suspensión (de las placas de acústica), orejeta, pata, proyección, punto de unión, punto de soldadura, saliente, taco; — **nut,** tuerca de orejetas; — **of a mould,** palomilla (fund.); — **of a shackle,** orejetas de un grillete; — **union,** unión de orejetas; **current carrying** —, cola conductora (acús.); **decayed** —, cola corroída; **guard** —, pata de retención.

Luggage, Equipaje; — **boot,** portamaletas (coche); — **car,** furgón de equipajes; — **carrier,** portaequipajes; — **room,** compartimiento para equipajes; — **train,** tren de mercancías; — **van,** furgón de equipajes.

Lumber, Cabrión, madera de construcción, madero, vigueta.

Lumen, Lumen; — **output,** intensidad luminosa en lúmenes.

Luminaire, Aparato de iluminación, dispositivo de iluminación, luminaria.

Luminescence, Luminiscencia; **cathode** —, luminiscencia de cátodo; **electro** —, electroluminiscencia.

Luminescent, Luminiscente; — **lamp,** lámpara luminiscente; — **screen,** pantalla luminiscente.

Luminize (To), Luminizar.

Luminophor, Luminóforo.

Luminophors, Sustancias luminiscentes.

Luminosity, Luminosidad; — **curve,** curva de luminosidad.

Luminous, Luminoso; — **efficiency,** rendimiento luminoso; — **flux,** flujo luminoso; — **intensity,** intensidad luminosa; — **lamp,** lámpara de descarga luminosa; — **point,** pintura luminosa; — **tube,** tubo de descarga de cátodo frío.

Lump, Bala, fardo, gabarra, lupia, trozo, zamarra (met.); — **ore,** mineral en trozos.

Lumped, Concentrado; — **characteristic**, característica concentrada (radio); — **inductance**, inductancia concentrada.

Lumper, Descargador, portuario.

Lumpiness, Tendencia a formar terrones.

Lunar caustic, Nitrato de plata.

Lupis, Fibras escogidas de abacá.

Lurch, Bandazo.

Lurking, A flor de agua.

Lute, Mastique, zulaque; **fire** —, ladrillo refractario; **to** —, lutenar, mastiquear.

Luted, Lutenado.

Luting, Enmasillado, mastiqueado.

Luxemburg, Luxemburgo; — **effect**, efecto Luxemburgo.

L. V. (Low velocity), De poca velocidad.

Lux, Lux, unidad de iluminación.

Lymnetic, Limnético.

M

M (meter), Metro.

Ma., Miliamperio.

Macadam, Macadam.

Macadamize (To), Macadamizar.

Mach, Mach; — **No.,** número de Mach.

Machinability, Maquinabilidad, trabajabilidad.

Machinable, Maquinable.

Machine, Máquina; — **computation,** cálculo para máquinas; — **for drilling rivet holes,** máquina de taladrar los orificios de los remaches; — **for making shapes,** máquina plegadora; — **gun,** ametralladora; — **gun barrel,** cañón de ametralladora; — **gun belt,** cinta de ametralladora; — **gun bullet,** bala de ametralladora; — **riveting,** remachado a máquina; — **scarfing,** acción de quitar defectos de tochos durante las fases de laminado: — **shop,** taller de construcciones mecánicas, taller de máquinas; — **table,** bancada de una máquina de mortajar, bancada de una máquina de perforar; — **tool,** máquina herramienta; — **work,** trabajo hecho a máquina; **angle iron cutting** —, máquina de cortar angulares; **automatic weighing** —, báscula automática; **balancing** —, equilibradora, máquina de equilibrar; **bending** —, curvadora, laminadora, máquina de curvar chapas, máquina plegadora; **bevelling** —, máquina de biselar, máquina de escuadrar; **block** —, máquina de fabricar poleas; **blooming,** máquina de batir hierro; **blue print copying** —. máquina de reproducir planos; **blue print lining** —, máquina de ribetear planos: **bolt screwing** —, máquina de roscar; **bolt threading** —, máquina de filetear; **boring** —, escariadora, máquina de escariar (véase **Boring**), máquina de puntear, máquina de rayar (cañones), perforadora; **boring and milling** —, escariadora fresadora; **broaching** —, cosedora, máquina de encuadernar; **bult welding** —, máquina de soldar por aproximación; **calculating** —, máquina calculadora; **cambering** —, máquina de combar; **casting** —, fundidora; **center drilling** —, máquina de centrar; **centering** —, máquina de centrar; **chamfering** —, cepilladora, máquina de cepillar; **channel bar cutting** —, máquina de cortar los hierros en U; **chucking** —, máquina de mandrinar; **circular dividing** —, máquina de dividir circular; **claw trussing** —, máquina de colocar aros de toneles; **clay tempering** —, mezcladora de arcilla; **coil winding** —, bobinadora, máquina de bobinar; **coke pushing** —, deshornadora; **cold sawing** —, sierra en frío; **combined** — **tool,** máquina múltiple; **combing** —, peinadora; **computing** —, máquina computadora; **copying** —, máquina de reproducir; **core blowing** —, sopladora para machos; **core making** —, máquina de hacer machos; **core moulding** —, máquina de moldear machos; **corrugating** —, máquina de ondular; **countersink drilling** —, fresadora; **crank planing** —, máquina de cepillar las manivelas; **crankpin turning** —, retorneadora de muñones de manivelas; **crankshaft grinding** —, máquina de rectificar cigüeñales; **crushing** —, máquina de machacar, pilón; **cutter and reamer grinding** —, máquina de afilar fresas y escariadores; **cutting off** —, máquina de trocear; **cutting out** —, sacabocados; **cylinder boring** —, máquina de escariar los cilindros; **cylinder lapping** —, máquina de pulir cilindros; **dictating** —, máquina de dictar; **die casting** —, fundidora a presión; **die sinking** —, máquina de fresar matrices; **dividing** —, máquina de dividir; **double acting** —, máquina de doble efecto; **double upright planing** —, máquina de cepillar de dos montantes; **doubling** —, máquina retorcedora; **dovetailing** —, máquina de hacer espigas de cola de milano; **drawing** —, laminadora, máquina de estirar; **dredging** —, draga; **drilling** —, máquina de perforar (véase **Drilling**), perforadora (véase **Drilling**); **drilling and tapping** —, máquina de taladrar y roscar; **drum type transfer** —, máquina de transferencia de tambor giratorio; **duplex** —, máquina de dos portaherramientas (fresadora, cepilladora); **embossing** —, máquina de estampar en relieve; **engraving** —, máquina grabadora; **excavating** —, máquina excavadora; **extruding** —, máquina de extruir, máquina de troquelar a inyección; **extrusion** —, máquina a extrusión; **facing** —, máquina de enderezar; **facing and surfacing** —, máquina de enderezar y pulir; **fettling** —, máquina de desbarbar; **file cutting** —, máquina de picar limas; **filing** —, limadora, máquina limadora, torno limador; **fixed type** —, máquina fija; **flanging** —, máquina de bordear pestañas, máquina de ribetear; **flattening** —, máquina de aplanar; **floor type boring** —, máquina de escariar de montante fijo; **flooring** —, máquina de machihembrar; **fluting** —, máquina de acanalar; **folding** —, plegadora; **forging** —, máquina de forjar; **four roller flattening** —, máquina de aplanar de cuatro cilindros; **freezing** —, máquina congeladora; **fret cutting** —, máquina de cantonear, máquina de recortar; **gas welding** —, máquina de soldar con gas; **gear cutting or gear shaping** —, máquina de tallar engranajes; **gear grinding** —, máquina de rectificar engranajes; **gear shaving** —, máquina de rectificar engranajes; **grinding** —, esmeriladora, máquina de afilar, máquina de rectificar, máquina machacadora, pulidora, rectificadora (véase **Grinding**); **grooving — or groove cutting** —, máquina de hacer muescas, máquina de rayar cañones; **hack sawing** —, sierra de movimiento alternativo; **heading** —, máquina de fabricar cabezas de pernos de clavo; **heavy — gun**, ametralladora pesada; **high power** —, máquina de gran potencia; **high production** —, máquina de gran producción; **honing** —, máquina de bruñir; **hooping** —, máquina de poner aros; **horizontal** —, máquina horizontal; **hot sawing** —, sierra en caliente; **indexing** —, máquina de dividir; **injection** —, máquina a inyección; **internal broaching** —, máquina de coser interiormente; **jig boring** —, escariadora, escuadradora, máquina de mandrinar; **key seating** —, fresadora de ranurar; **key way cutting** —, máquina de ranurar; **lapping** —, máquina lapidadora de cilindros; **left hand copying** —, fresadora de reproducir a izquierdas; **lifting** —, máquina elevadora; **linear dividing** —, máquina de dividir lineal; **loading** —, máquina cargadora; **marking** —, máquina de marcar; **milling** —, fresadora (véase **Milling**); **mitre cutting** —, aparato para cortar en bisel; **mortising** —, máquina de mortajar; **moulding** —, máquina de moldear, máquina de moldurar; **multiple drilling (duplex, quadruplex...)** —, máquina de taladrar de cuatro brocas, perforadora múltiple; **nibbling** —, máquina de grujir; **non** —, no maquinable; **notching** —, grujidor, ranuradora; **nut and screw cutting** —, máquina de roscar pernos y tuercas; **nut shaping** —, máquina de tallar tuercas; **openside planing** —, máquina de cepillar de un montante; **oval grinding** —, máquina de rectificar óvalos; **oxyacetylene cutting** —, máquina de oxicorte; **packaging** —, máquina de embalar, máquina de empaquetar; **packet packing** —, máquina de empaquetar; **paring** —, máquina de mortajar; **pillar drilling** —, máquina perforadora fijada a una columna, perforadora fijada a una columna; **pipe** —, máquina de hacer tubos; **pipe bending** —, máquina de curvar tubos; **pipe screwing and cutting** —, máquina de filetear y cortar tubos; **pipe socketing** —, máquina de embutir tubos; **plaiting** —, máquina de trenzar; **planing** — **or planer,** cepilladora, máquina de alisar, máquina de cepillar; **planishing** —, máquina de aplanar; **plate cutting** —, tijera para chapas; **plate edge planing** —, máquina de cepillar las aristas de las chapas; **pneumatic rivetting** —, máquina neumática de ribetear; **polishing** —, máquina de pulir; **pounding** —, bocarte; **processing** —, máquina de transferencia; **production** —, máquina de fabricación, máquina de producción; **profiling** —, máquina de perfilar; **propeller milling** —, máquina de mecanizar hélices; **puddling** —, pudeladora mecánica; **punching** —, punzonadora, sacabocados; **punching and plate cutting** —, máquina punzonadora; **punching and riveting** —, máquina punzonadora y ribeteadora; **punching and shearing** —, punzonadora de cizallas; **radial drilling** —, máquina de perforar radial; **reducing** —, máquina reductora; **refrigerating** —, máquina frigorífica; **relieving** —, máquina de destalonar; **ringing** —, generador de llamada; **riveting or rivetting** —, máquina de ribetear, ribeteadora; **roll grinding** —, máquina de rectificar los cilindros de laminador; **rolling** — **or** — **mill,** laminador, máquina de arrollar; **sawing** —, máquina de aserrar, sierra mecánica; **sawing and cutting off** —, máquina de aserrar y trocear; **scarifying** —, desfondadora, piqueta mecánica; **screw cutting** —, máquina de filetear; **screwing** —, máquina escariadora; **self opening die head threading** —, máquina de filetear de terraja abrible; **sewing** —, máquina de coser; **shaping** —, máquina de conformar; **shaping or shaving** —, limadora, máquina de afeitar, torno limador; **sharpening** —, máquina de afilar; **shearing** —, máquina de cizallar; **shingling** —, máquina de angular; **single acting** —, máquina de simple efecto; **single point tool threading** —, máquina de filetear con herramienta; **single purpose** —, máquina de operación; **slideway grinding** —, máquina de rectificar correderas; **slotting** — **or slot drilling** —, máquina de mortajar; **smoothing** —, máquina de alisar; **spindling** —, tupí; **spiral gear cutting** —, máquina de tallar los engranajes helicoidales; **spring coiling** —, máquina de fabricar resortes; **sprinkling** —, esparcidora; **spur gear cutting** —, máquina de tallar los engranajes helicoidales; **steam shearing** —, cortadora a vapor, máquina cortadora; **straightening** —, aplanadora, máquina de aplanar, máquina de enderezar; **stranding** —, máquina de trenzar; **stretching** —, máquina de estirar; **stripping** —, desfibradora, puente desbarbador; **superfinishing** —, acabadora, máquina de superpulir; **surface broaching** —, máquina de coser exteriormente; **surface grinding** —, máquina de rectificar superficies planas; **surfacing** —, máquina acabadora; **table type boring** —, máquina de escariar de montante móvil; **tap groove sharpening** —, máquina para hacer las ranuras de los machos; **tapping** —, máquina de roscar; **tenoning** —, máquina de sacar espigas; **testing** —, máquina de ensayo; **thrashing**

—, máquina trilladora; **thread cutting** —, máquina de filetear; **thread grinding** —, máquina de filetear a la muela; **thread milling** —, máquina de filetear con la fresa; **threading** —, máquina de filetear; **tool grinding** —, afiladora de herramientas, máquina de afilar herramientas; **training** —, avión de prácticas; **transfer** —, máquina de transferencia; **trimming** —, agramiladora, máquina de desbarbar; **trunnion** —, máquina de tornear muñones; **tube bending** —, máquina de curvar tubos; **turning** —, torneadora de muñones; **type setting** —, máquina cajista; **typewriting — or typewriter,** máquina de escribir; **valve grinding** —, máquina de rectificar válvulas; **veneer cutting** —, sierra de madera contrachapada; **vertical boring** —, perforadora vertical; **watch cleaning** —, máquina de limpiar relojes; **water cooled — gun,** ametralladora con enfriamiento por agua; **weighing** —, balanza, báscula, máquina de pesar; **welding** —, máquina de soldar; **wheel cutting and dividing** —, máquina de tallar y dividir las ruedas de los engranajes; **winding** —, bobinadora, canillera, máquina de bobinar, máquina de enrollar o desenrrollar cables de engranajes, máquina de extracción; **winnowing** —, aventadora; **wire drawing** —, trefilería; **wood** —, máquina para madera; **wood bending** —, máquina de curvar leños; **wood grinding** —, desfibradora; **wood working** —, máquina para trabajar la madera; **worm cutting** —, máquina de tallar los tornillos sin fin; **worm wheel cutting** —, máquina de tallar las ruedas sin fin; **wringing** —, escurridora; **Z bar cutting** —, máquina de cortar los hierros en Z; **to** —, elaborar a máquina.

Machined, Maquinado; **as** —, directo de fábrica; **finish** —, acabado a máquina; **non** —, sin mecanizado; **rough** —, desbastado.

Machinegunner, Ametrallador.

Machinery, Conjunto de las máquinas, mecanaria, mecanismo; — **lay out,** disposición de la maquinaria; — **oil,** aceite para máquinas; **coining** —, balancines para acuñación; **engaging** —, embrague; **hoisting** —, aparatos de elevación.

Machining, Mecanizado; — **for trade,** ajuste mecánico a destajo; — **operations,** trabajos de mecanizado; **free — steel,** acero de fácil maquinado; **in line** —, mecanizado en serie.

Machinist, Mecánico.

Machmeter, Machmetro .

Macro, Macro; — **graph,** macrografía; — **molecular,** macromolecular; — **molecule,** macromolécula; — **photograph,** macrofotografía; — **scopic,** macrográfico, macroscópico; — **scopic test,** ensayo macroscópico o macrográfico; — **segregation,** macrosegregación; — **structure,** macroestructura.

Made, Fabricado; — **mast,** mástil compuesto de varias piezas.

Magazine, Almacén, cargador, depósito; — **rifle,** fusil de repetición; **n plates** —, chasis-almacén de n placas; **powder** —, polvorín.

Maggie, Magnetrón.

Magnascope, Magnascopio.

Magnesia, Magnesia; **fused** —, magnesia fundida.

Magnesian, Magnesiano.

Magnesite, Magnesita.

Magnesitic, Magnesiano.

Magnesium, Magnesio; — **alloy,** aleación al magnesio; — **anode,** magneto; — **chloride,** cloruro de magnesio; — **light,** destello de magnesio; — **oxide,** óxido magnésico; — **ribbon,** cinta de magnesio.

Magnesothermy, Magnesiotermia.

Magnestat, Magnestato.

Magnet, Imán, patín de freno magnético; — **bell**, timbre magnético; — **core**, núcleo de imán; — **corrector**, imán corrector; — **crane**, grúa de electroimán portador; — **metal**, metal magnético; — **microphone**, micrófono magnético; — **mine**, mina magnética; — **moment**, momento magnético; — **needle**, aguja imantada; — **pole**, polo magnético; — **relay**, relé magnético; — **saturation**, saturación magnética; — **separator**, separador magnético; — **sheet**, chapa magnética; — **steel**, acero magnético; — **strate**, lámina magnética; — **tape**, cinta magnética; — **testing**, ensayo magnestocópico; — **transition temperature**, punto de curie; **articulated** —, patín articulado; **circular** —, imán circular; **clutch** —, electrodo de embrague; **compensating** —, imán compensador, imán corrector; **controlling** —, imán director; **directing** —, imán director; **electro** —, electroimán; **field** —, electroimán de campo; **four pole** —, patín tetrapolar; **holding** —, electro de retención; **horseshoe** —, imán de herradura; **lamellar** —, imán lamelar; **laminated** —, imán de láminas; **lifting** —, electroimán de levantamiento; **permanent** —, imán permanente; **poles of a** —, polos de un imán; **selecting** —, electroselector; **sintered** —, imán sinterizado.

Magnetic or **Magnetical** (raro), Magnético; — **amplifier**, amplificador magnético; — **analysis**, análisis magnético; — **blower**, soplador magnético; — **braking**, frenado magnético; — **chuck**, mandrino magnético; — **circuit**, circuito magnético; — **clutch**, embrague magnético; — **contactor**, contactor magnético; — **decay**, pérdida magnética; — **declination**, declinación magnética; — **detector**, detector magnético; — **dip**, inclinación magnética; — **fabric**, estructura magnética (minerales); — **field**, campo magnético; — **flowmeter**, flujómetro magnético; — **flux**, flujo magnético; — **focusing**, enfoque magnético; — **frame**, bastidor magnético; — **induction**, inducción magnética; — **lens**, lente electromagnética; — **loss**, fuga (elec.); — **minesweeping**, rastreo de minas magnéticas; — **repulsion**, repulsión magnética; — **servo amplifier**, servoamplificador magnético; — **striction**, estricción magnética; — **transition temperature**, punto de Curie; — **variation**, declinación magnética; **alternating** — **field**, campo magnético alternativo; **non** —, no magnético; **nuclear** — **resonance**, resonancia magnético-nuclear.

Magnetically, Magnéticamente.

Magnetisation or **Magnetization**, Imanación, magnetización; — **by double touch**, imantación por doble contacto; — **coefficient**, coeficiente de imantación; **back** —, contraimanación; **remanent** —, magnetización remanente.

Magnetise (To) or to magnetize, Imantar, magnetizar; **to** — **to saturation**, imantar hasta la saturación.

Magnetised, Imantado, magnetizado.

Magnetising, Magnetizante; — **or magnetizing coil**, bobina de imantación; — **or magnetizing power**, poder magnetizante; — **ampere turn**, amperivuelta magnetizante.

Magnetism, Magnetismo; **nuclear** —, magnetismo nuclear; **residual** —, magnetismo remanente; **terrestrial** —, magnetismo terrestre.

Magnetite, Magnetita.

Magnetizable, Magnetizable.

Magnetization cycle, Ciclo de magnetización.

Magneto, Magneto; — **advance**, avance de la magneto; — **booster coil**, vibrador de lanzamiento; — **brush**, carbón de magneto; — **coupling**, pinza de la magneto; — **graph**, magnetógrafo; — **meter**, magnetómetro; — **metry,** magnetometría; — **motive,** magnetomotriz; — **motive force,** fuerza magnetomotriz; — **pad,** placa de fijación de magneto; — **resistance,** magnetorresistencia; — **strap,** brida de magneto (auto); — **striction,** magnetoestricción; — **striction microphone,** micrófono de magnetoestricción; — **striction transducer,** transductor de magnetoestricción; **adjustable lead** —, magneto de avance variable; **automatic lead** —, magneto de avance automático; **calling** —, magneto de llamada; **cased** —, magneto blindada; **fixed lead** —, magneto de avance fijo; **high tension** —, magneto de alta tensión; **low tension** —, magneto de baja tensión; **make and break** —, magneto de ruptura; **revolving armature** —, magneto de inducido giratorio; **shuttle type** —, magneto de aleta giratoria; **stationary armature** —, magneto de inducido fijo.

Magnetoacoustics, Magnetoacústica.

Magnetogasdynamic, Magnetogasodinámico.

Magneton, Magnetón (unidad de momento magnético).

Magnetoresistivity, Magnetorresistividad.

Magnetron, Magnetrón; — **cavity,** magnetrón de cavidad; **cylindrical-cavity-type** —, magnetrón de cavidades cilíndricas; **mode skipping in** —, salto de modo de magnetrón; **multicavity type** —, de cavidad, de resonador, magnetrón de resonadores múltiples; **neutral anode type** —, magnetrón de ánodo neutro; **split anode** —, magnetrón de ánodo hendido.

Magniferous, Magnesífero.

Magnification, Ampliación, amplificación, aumento; — **ratio,** relación de amplificación; **high** —, gran aumento.

Magnified, Ampliado, amplificado.

Magnifier, Ampliador, lente de aumento (véase **Amplifier**), lupa; **telegraph** —, amplificador telegráfico.

Magnify (To), Amplificar, aumentar.

Magnifying, De aumento; — **glass,** lente de aumento; — **mechanism,** dispositivo amplificador; — **power,** aumento (óptica).

Magnitude, Magnitud (astr.), tamaño; — **range,** orden de magnitud.

Magnon, Magnón.

Mahogany, Caoba; — **veneer,** lámina de caoba para contrachapado.

Mail, Correo, mallas de hierro; — **boat,** paquebote postal.

Mailgram, Telegrama postal.

Main, Canalización, conducción, conductor, general, grande, principal (adj.), tubería; — **air inlet,** entrada principal de aire; — **beam,** bao maestro, gran balancín; — **bearing,** cojinete del árbol de la máquina; — **bolt,** clavija maestra; — **breadth,** manga principal; — **deck,** cubierta principal; — **eccentric,** excéntrica de distribución; — **feed,** alimentación general; — **girder,** viga maestra; — **gyro element,** elemento sensible (compás giroscópico); — **haulageway,** galería principal de arrastre; — **hold,** bodega principal; — **jet,** surtidor principal; — **keelson,** carlinga principal; — **lever,** balancín de una máquina; — **line,** canalización principal, línea, sector (elec.); — **link,** biela, tirante del paralelogramo; — **lobe,** lóbulo principal; — **mast,** mástil principal; — **pedestal,** palier del árbol de la máquina; — **piece,** madre del timón; — **pipe,** tubo de conducción de vapor; — **pin,** clavija principal del carro, eje, perno del balancín; — **plate,** hoja maestra; — **pump,** bomba real (buques); — **rail,** carril fijo (de cambio de vía); — **rod,** varilla maestra; — **shaft,** árbol de manivelas, árbol principal; — **slide,** carro longitudinal (tornos); — **spring,** resorte principal; — **tank,** depósito principal; — **valve spindle,** eje varilla de registro de vapor; — **vault,** bóveda maestra; — **wheel,** rueda principal; **dead** —, canalización sin corriente (elec.); **equalizing mains,** conductores de compensación; **flow** —, tubería de arranque; **gas** —, conducción de gas; **water** —, conducción de agua.

Mainplane, Sección central (aviac.).

Mains, Canalización principal, conducciones, línea; — **frequency,** frecuencia de alimentación; **electric** —, conducciones eléctricas, sector; **gas** —, conducciones de gas; **water** —, conducciones de agua.

Maintenance, Conservación, mantenimiento (de material); — **costs or expenses,** gastos de mantenimiento.

Major, Mayor; — **axis,** eje mayor (de elipse); — **cycle,** ciclo principal.

Majorization, Mayorización.

Make, Al cierre (elec.); — **and break,** interruptor que sirve para dar paso a la corriente o cortarla, ruptor; — **and break current,** corriente intermitente; — **and break mechanism,** ruptor (auto); — **of machinery,** tipo de maquinaria; — **up water or** — **up,** agua de relleno (calderas); **to** —, conformar, construir, hacer; **to** — **clean,** limpiar; **to** — **even,** aflorar, allanar, aplanar, enderezar, nivelar; **to** — **fast,** amarrar; **to** — **flush,** enrasar; **to** — **good,** reparar; **to** — **good damage,** arreglar averías; **to** — **true,** ajustar, rectificar.

Makefast, Amarra (marina).

Maker, Expediente, fabricante; **tool** —, herramentista.

Makeshift, Expediente, instalación provisional, provisional.

Makeweight, Complemento de peso.

Making, Confección, construcción, fabricación, producción; — **contact current,** corriente de contacto; — **iron,** cincel de calafate; — **practice,** técnica de fabricación; **boiler** —, calderería; **bolt** —, fabricación de pernos; **cable** —, fabricación de cables; **clock** —, relojería; **pattern** —, modelaje; **steam** —, producción de vapor; **steel** —, elaboración del acero; **watch** —, construcción, relojería.

Malachite, Malaquita.

Malaxing, Malaxación.

Male, Macho.

Maleinides, Maleinidas (quím.).

Malequipment, Equipo defectuoso.

Mall, Maza de hierro, mazo grueso.

Malleability, Maleabilidad.

Malleable, Maleable; — **cast iron,** fundición maleable; — **castings,** fundición maleable (objetos de); — **iron,** hierro maleable.

Malleate (To), Forjar, moldear.

Mallet, Mazo; **borer's** —, martillo minero, martillo perforador; **driving** —, mazo.

Malm, Marga.

Malicious call, Llamada maliciosa.

Malonate, Malonato.

Malonic, Malónico; — **acid,** ácido malónico.

Malonitrite, Nitrito malónico.

Maltese cross, Cruz de Malta.

Malthens, Maltenos.

Man, Hombre; — **hole,** véase **Manhole**; — **of war,** acorazados (buques); — **rope knot,** nudo a mano; **old** —, labores antiguas (minas); **one** —, individual; **star** —, carta celeste.

Manage (To), Dirigir, instalar.

Management, Conducta, maniobra, organización; **general works** —, dirección general de las fábricas; **production** —, organización de la producción; **scientific** —, racionalización.

Manager, Contramaestre (taller), gerente.

Managing, Director; — **directors,** consejo de administración.

Mandrel, Mandrino; **expanding —,** mandrino extensible; **locking in —,** apriete de mandril; **to drive in the —,** introducir el mandrino.

Maneuvring, Véase **Manoeuvring.**

Mangachapuy, Mangachapuy (madera).

Manganese, Manganeso; — **bronze,** bronce al manganeso; — **copper,** cobre al manganeso; — **dioxide,** bióxido de manganeso; — **oxide,** manganesa de los pintores, óxido de manganeso; **grey — ore,** manganita; **red — ore,** rodonita; **silico —,** mangano-silicoso.

Manganiferrous, Manganiferroso.

Manganite, Manganita.

Mangle, Máquina de calandrar; — **rack or — wheel,** cremallera, rueda que transforma el movimiento circular continuo en movimiento rectilíneo alternativo, rueda satélite.

Manhandling, Manejo a brazo.

Manhole, 'Registro de hombre; — **cover or door,** puerta de registro de hombre.

Manifest, Manifiesto (declaración de la carga de un buque); **load —,** manifiesto de carga.

Manified, Ampliado; — **photograph,** fotografía ampliada.

Manifold, Colector, múltiple, teclado, tobera, tubería; **air —,** colector de aire, toma de aire (auto); **discharge —,** tubo bifurcado de expulsor de compresor; **ejector —,** colector de escape; **exhaust —,** colector, tobera de escape; **induction or inlet —,** colector de aspiración, tobera de admisión; **silencer —,** colector de silenciador.

Manila, manilla, De Manila; — **manilla line,** jarcia de abacá.

Manipulability, Manipulabilidad.

Manipulate (To), Manipular.

Manipulator, Manipulador.

Manoeuvrability or **Maneuverability,** Maniobrabilidad.

Manoeuvrable, Maniobrable.

Manoeuvre (To) or maneuver, Maniobrar.

Manoeuvring, De maniobra; — **gear,** aparato de maniobra.

Manograph, Manógrafo, manómetro registrador.

Manometer, Manómetro; **dial —,** manómetro de cuadrante; **mercurial —,** manómetro de mercurio; **metallic —,** manómetro metálico.

Manometry, Manometría.

Mantissa, Mantisa (de logaritmo).

Mantle, Camisa (de alto horno), camisa (de mechero de gas), manto.

Manual holding, Retención por la operadora.

Manufacture, Establecimiento en desuso, fabricación, industria, manufacture, producto manufacturado; — **of paper,** fabricación del papel; **to —,** manufacturar.

Manufactured, Manufacturado.

Manufacturing, De fabricación; — **engineer,** constructor mecánico; — **lathe,** torno de fabricación; — **milling machine,** fresadora de fabricación; — **process,** proceso de la fabricación.

Manually, A mano; — **operated,** accionano a mano, dirigido a mano.

Manway, Agujero de hombre.

Map, Carta geográfica; — **case,** portamapas; — **holder,** portamapas; **scale —,** mapa a escala 1/1.000.000.

Maple, Arce; **rock —,** arce duro.

Mapping, Cartografía; **aerial —,** cartografía aérea; **monotone mappings,** aplicaciones monótonas (topología); **photogrammetric —,** cartografía fotogramétrica.

Marble, Mármol.

Marbleize (To), Marmolizar.

Marcasite, Marcasita.

Margin, Excedente, margen; — **of «start-stop» apparatus,** margen de aparatos arrítmicos; **effective** — (of an apparatus), margen efectivo (de un aparato); **nominal** — (of a type of apparatus), margen nominal (de un tipo de aparatos); **normal** — **of start-stop apparatus,** margen normal arrítmico; **power** —, exceso de potencia; **singing** —, margen de canto; **synchronous** — **of start-stop apparatus,** margen interno de aparato arrítmico; **theoretical** —, margen teórico.

Marigraph, Mareógrafo.

Marine, Marino; — **acid,** ácido clorhídrico; — **boiler,** caldera marina; — **end,** cabeza abierta, cabeza de biela marina, extremo de vástago de pistón perfilado en T; — **engine,** máquina marina; — **oil,** aceite de pescado; — **stores,** artículos navales.

Marinist, Marinista.

Mark, Cota (de un dibujo), marca, señal, trazo; **bench** —, señal; **centre** —, golpe de punzón; **fiducial** —, línea de fe; **registration** —, marcas de matrícula; **trade** —, marca registrada (comercio); **to** —, balizar, señalar.

Markedly, Acusadamente.

Marker, Marcador, referencia; **boundary** —, marcador de límite; **T. V. sweep** —, marcador de exploración de televisión; **zone** —, marcador de zona.

Markers (Timing), Marcas de tiempo.

Market, Mercado; — **quotations,** acotación del mercado, cotizaciones, precios.

Marketing expenses, Gastos de venta.

Marking, Balizado, marcación; — **awl,** punta trazadora; — **machine,** máquina de marcar; — **off,** trazado; — **wheel,** rodillo marcador.

Marl, Greda, marga, mezcla de arcilla y arena; **to** —, forrar de piola, relingar.

Marlaceous, Margoso.

Marlinspike, Burel.

Marlpit, Margal.

Marshy, Cenagoso.

Martempering, Temple bainítico inferior, temple diferido martensítico.

Martensite, Martensita.

Martensitic, Martensítico; — **steel,** acero martensítico.

Martensitization, Martensitización.

Martensitize (To), Martensitizar.

Mash (To), Batir.

Mashing, Pudelar.

Mask, Máscara; **filter cartridge of a gas** —, cartucho filtrante de una máscara de gas; **gas** —, máscara de gas; **oxygen** —, máscara de oxígeno.

Masking, Enmascaramiento (acústica).

Mason, Albañil; — **work,** albañilería, mampostería.

Masonry, Albañilería, construcción de piedras.

Masout, Mazut.

Mass, Masa; — **assembly,** montaje en serie; — **production,** fabricación en grandes series; — **spectrograph,** espectrógrafo de masas; — **spectrometer,** espectrómetro de masa; — **spectrometry,** espectrometría de masas; — **spectrum,** espectro de masa; **balance** —, masa de equilibrado; **critical** —, masa crítica; **sub-critical** —, masa subcrítica; **to** — **produce,** fabricar en serie.

Massbalancing, Equilibrado de masa.

Massecuite, Masa cocida.

Massicot, Masicote.

Massless, Sin masa.

Massometer, Medidor de flujo de la masa.

Mast, Mástil; — **hole,** chimenea de mástil metálico; **bipod** —, mástil bípode; **compound** —, mástil desmontable; **crane** —, grúa de arbolar, grúa de tijera, grúa para mástiles; **hole** —, orificio de carlinga; **main** —, mástil principal; **mooring** —, mástil de amarre; **self supporting** —, torre autoestable; **telescope** —, mástil telescópico; **to** —, arbolar.

Masted (Three, four), De tres, de cuatro mástiles.

Master, Capitán (marina mercante), principal (adj.); — **compass,** compás magistral (compás giroscópico); — **cylinder,** cilindro motor; — **lode,** filón principal; — **mounting,** montaje principal; — **sergeant,** acometida maestra; — **switch,** interruptor general; — **taper gauge,** verificador cónico; **coasting master's certificate,** patente de capitán de cabotaje; **master's certificate,** patente de capitán de altura; **television** — **antenna,** antena principal de televisión.

Masthead, Tope del palo (buques).

Masthouse, Taller de arboladura (astilleros).

Mastic, Cemento, mastique; **asphalt** —, cemento asfáltico.

Masticic, Perteneciente al mastique.

Masting, Arboladura.

Mastyard, Taller de arboladura.

Mat, Cincha, pallete; **air** —, colchón de aire.

Match (Color), Equilibrio colorimétrico.

Matchable, Comparable.

Matchet, Machete.

Matching, Adaptación; — **stub,** equilibrador de impedancia; **delta-** —, adaptación en delta; **dielectric** —, dieléctrico de acoplo; **impedance** —, adaptación de impedancia; **impedance** — **transformer,** transformador adaptador de impedancias; **pip** —, adaptación de ecos.

Material, Mampuesto, materia, material; **active** —, materia activa (acus.); **dropping active** —, materia activa con caída (acus.); **engineering materials,** materiales de construcción; **fettling** —, material de guarnición; **mechanics of materials,** resistencia de materiales; **raw** —, materia prima; **refractory** —, material refractario; **through the** —, en la masa.

Materials, Materiales; — **building,** materiales de construcción; **fettling** —, materiales de guarnición; **foreign** —, materias extrañas; **insulating** —, materias aislantes; **resistance of** —, resistencia de materiales.

Mathematical, Matemático (adj.).

Mathematics, Matemáticas; **abstract** —, matemática pura; **applied or mixed** —, matemáticas aplicadas.

Mathematize (To), Considerar matemáticamente.

Matric, Matricial; — **equation,** ecuación matricial.

Matrices, Matrices (mat.); **commuting** —, matrices conmutantes; **permutation** —, matrices de permutación.

Matrix, Forma; — **analysis,** análisis matricial.

Matrixing, Transmisión con matrices.

Matt, Mate, no brillante; **surface paper** —, papel mate (foto).

Matte, Mata (metalurgia); **molter** —, mata fundida.

Matted, Deslustrado (vidrio).

Mattock, Azada plana, pico, piqueta.

Mattress, Colchón; **air** —, colchón de aire.

Maul, Maza (martillo pesado); **pin** —, mandarria, maza puntiaguda.

Maundril, Pico de dos puntas.

Maximality, Maximalidad.

Maximation, Maximización.

Maximize (To), Maximizar.

Maximum, Máximo; — **and minimum thermometer,** termómetro de máxima y mínima; — **cut out,** disyuntor de máxima; — **departure,** separación máxima; — **height,** altura libre; — **thermometer,** termómetro de máxima: — **tooth induction,** inducción máxima en los dientes (elec.); — **value,** amplitud.

Maxwell rule or corkscrew rule, Regla de Maxwell o del sacacorchos.

Maypole, Encargado del proyector.

Mb, 1000 BTU (unidades inglesas de cantidad de calor).

Mbh, 1000 BTU por hora.

Mc, Megaciclo.

mcw (modulated continuous waves), Ondas continuas moduladas.

Meacon, Generador de falsas señales.

Meaconing, Sistema de recibir señales enemigas de radiofaros y retransmitirlas para confundir la navegación enemiga.

Meal (To), Pulverizar.

Mealed powder, Polvorín.

Mealing, Pulverización.

Mean, Intermedio, media; — **aerodymamic centre,** centro de empuje medio; — **draught,** calado medio; — **haul,** distancia media de transporte; — **length of chord,** cuerda media de ala; — **speed,** velocidad media; **boring by means of rods,** sondeo por vástago rígido; **geometric** —, media geométrica.

Measurability, Mensurabilidad.

Measure, Arqueo (comercio), cubicación, medida; — **brief,** certificado de arqueo; — **goods,** mercancías de cubicación, mercancías voluminosas; — **ton,** tonelada de arqueo; **to** —, arquear, medir.

Measurement, Arqueo, dimensión, volumen; **electrical measurements,** electrometría; **measurements of a ship,** dimensiones de un buque; **the mirror method of gain measurements,** método de espejo para determinar la ganancia.

Measurer, Medidor.

Measuring, Medición; — **apparatus,** aparato de medida; — **instruments,** instrumentos de medida; — **rod,** lámina calibradora; — **tape,** decámetro; **gain** — **set,** ganancímetro; **return** — **set,** reflectómetro.

Mechanic, Artesano, mecánico (E.E.U.U.), obrero; **garage** —, mecánico de garaje; **stoker** —, fogonero.

Mechanical, Mecánico (adj.); — **axis,** eje mecánico; — **bias,** polarización mecánica; — **breaker,** ruptor mecánico; — **drawing,** dibujo industrial; — **efficiency,** rendimiento mecánico; — **engineering,** tecnología mecánica; — **handling,** manipulación mecánica; — **momentum,** cantidad de movimiento mecánica; — **press,** prensa mecánica; — **rectifier,** enderezador mecánico; — **scanning,** exploración mecánica; — **shaker,** mecanoagitador; — **work,** trabajo motor; **electro** —, electromecánico.

Mechanicalization, Mecanización.

Mechanically, Mecánicamente; — **operated,** con mando mecánico; — **operated valve,** válvula con mando mecánico.

Mechanics, Mecánica (ciencia); — **of materials,** resistencia de materiales; **abstract** —, mecánica racional; **celestial** —, mecánica celeste; **fluid** —, mecánica de fluidos; **precision** —, mecánica de precisión; **quantum** —, mecánica cuántica; **soil** —, mecánica del suelo; **wave** —, mecánica ondulatoria.

Mechanisation, Mecanización.

Mechanised, Mecanizado.

Mechanism, Mecanismo; **change over —,** mecanismo de cambio (motor de aceite); **controlling —,** dispositivo de reposición (ferrocarril); **feed —,** mecanismo de avance (máq.-herr.); **flexible wire —,** transmisión por hilos flexibles.

Mechanization, Mecanización.

Mechanized, Mecanizado.

Mechanoelectronic, Mecanoelectrónico.

Mechanothermy, Mecanotermia.

Medioslicic, Mediosilícico.

Medium, Agente, instrumento, media (Mat.), medio (Física); **— waves,** ondas medias; **heavy —,** en medio pesado; **quenching —,** baño de temple.

Medullary, Medular; **— ray,** rayo medular.

Meehanite, Meionita.

Meershaum, Sepiolita.

Megacycle, Megaciclo.

Megadyne, Megadina (unidad de fuerza).

Megatron, Megatrón.

Megawatt, Megavatio.

Megerg, Megaergio (unidad de trabajo).

Megger, Megaohmetro.

Megomit, Megomita (mica a la gomalaca).

Meidinger cell, Pila Meidinger.

Melanoscope, Melanoscopio.

Melee, Combate aéreo en que varios contendientes están entremezclados.

Melinite, Melinita.

Melt (To), Fundir.

Meltable, Fusible.

Melting, Elaboración del acero, fundición, fusión; **— furnace,** horno de fusión; **— house,** fundería; **— point or M. P.,** punto de fusión; **— pot,** crisol; **fractional —,** fusión fraccionada.

Member, Cordón; **cross —,** traviesa; **tension —,** tirante.

Memory, Memoria; **— storage,** registro de memoria; **intermediate — storage,** registro intermedio de memoria; **magnetic drum —,** memoria en cilindro; **magnetic tope —,** memoria en cinta magnetofónica.

Mend (To), Reparar.

Mending, Reparación.

Meniscus, Menisco.

Mensurability, Mensurabilidad.

M. E. P. (mean effective pressure), Presión media eficaz.

Mercantile, Comerciante, de comercio; **— navy,** marina comercial, marina mercante.

Mercaptan, Mercaptano.

Mercaptol, Mercaptol.

Mercerization, Mercerización.

Merchandise, Comercio, mercancía, tráfico.

Merchant, Comerciante, comerciante al por mayor, negociante al por mayor (importador o exportador); **— ship,** buque de comercio, buque mercante; **— steel,** acero comercial.

Merchantman, Véase **Merchant ship**.

Mercurial, De mercurio, producto mercurial; **— steam gauge or manometer,** manómetro de mercurio.

Mercuric, Mercúrico; **— chloride,** cloruro de mercurio.

Mercurification, Mercurificación.

Mercurous, Mercurioso.

Mercury, Mercurio; **— arc,** arco de mercurio; **— arc rectifier,** rectificador de vapor de mercurio; **— cathode,** cátodo de mercurio; **— discharge lamp,** lámpara de vapor de mercurio; **— jet interrupter,** interruptor de chorro de mercurio; **— lamp or — vapour lamp,** lámpara de vapor de mercurio; **— ore,** mineral de mercurio; **— pool,** baño de mercurio; **— pool**

rectifier, rectificador de baño de mercurio; — **sulphate,** sulfato de mercurio; — **switch,** interruptor de mercurio; — **vapour rectifier,** rectificador de vapor de mercurio; **amidochloride of —,** amidocloruro de mercurio; **fulminate of —,** fulminato de mercurio; **oxide of —,** óxido de mercurio; **quartz — lamp,** lámpara de vapor de mercurio con ampolla de cuarzo; **short arc — lamp,** lámpara de vapor de mercurio de arco corto.

Merger, Fusión de dos o más sociedades.

Merging, Fusión.

Meridian, Meridiano (geogr.); — **of Paris,** meridiano de París; **geographic —,** meridiano geográfico; **magnetic —,** meridiano magnético.

Mesh, Malla; — **circuit,** circuito en triángulo; — **connection,** montaje en polígono, montaje en triángulo; — **screen,** criba de mallas finas; **in —,** en toma (engranajes, ruedas); **100 gauge —,** menudos, tamiz de 100; **to —,** endentar, engranar; **to put into —,** engranar.

Meshed, De mallas, endentado, engranado; **fine —,** de mallas finas; **narrow —,** de mallas estrechas; **wide —,** de mallas anchas.

Meshing, Engrane; — **point,** punto de engrane.

Meson, Mesón; — **field,** campo mesónico; — **scalar,** mesón escalar; **mu —,** mesón mu; **negative —,** mesón negativo; **neutral —,** mesón neutro; **pi —,** mesón pi; **pseudoscalar —,** mesón pseudoescalar.

Mesothorium, Mesotorio.

Mesotron, Mesotrón.

Message, Mensaje; **automatic — accounting,** cómputo automático de llamadas; **telegraph —,** mensaje telegráfico.

Metabolic, Metabólico.

Metabolism, Metabolismo.

Metacenter, Metacentro.

Metacentric, Metacéntrico; — **height,** altura metacéntrico.

Metachlorite, Metaclorito.

Metachromatism, Metacromatismo.

Metachromy, Metacromía.

Metage, Impuesto de peso.

Metal, Empedrado, firme, macadán, mata, metal; — **calciner,** horno de tostación de las matas; — **clad,** blindado, de celda metálica; — **craft,** metalurgia; — **enameler,** esmaltador sobre metales; — **gauze,** tela metálica; — **lenses,** lentes metálicas; — **mixer,** mezclador de metal licuado; — **oxide,** óxido metálico; — **particle,** partícula de metal; — **powder,** polvo metálico; — **slag,** escoria metálica; — **spray or spraying,** metalización; — **stone,** balastro; — **worker,** obrero metalúrgico; **Admiralty —,** metal utilizado en los tubos de condensación: 70 % de cobre, 29 % de cinc, 1 % de estaño; **alkaline earth —,** metal alcalino-térreo; **all —,** completamente metálico; **antifriction —,** metal antifricción; **antimagnetic —,** metal antimagnético; **Babbit's —,** metal antifricción (véase **Babbit**); **base —,** metal de base; **bath —,** aleación de 1/8 de zinc y 7/8 de cobre; **bell —,** bronce de campanas; **bell — ore,** estannina; **blue —,** mata blanca; **Britannia —,** metal inglés; **bush —,** metal para cojinetes; **ceramic metals** (or cerments), metales cerámicos; **close —,** mata compacta; **coarse —,** mata bruta; **delta —,** metal delta; **drain —,** trozos de metal solidificados en el canal de colada; **Dutch —,** papel metálico; **expanded —,** metal foraminado; **extruded —,** metal extruído; **filler —,** metal de aporte (soldadura); **gun —,** bronce; **hot —,** fundición líquida; **light —,** metal ligero; **magnetic —,** metal magnético; **non ferrous —,** metales no férreos; **perforated —,** metal perforado; **pimple —,** mata vesicular; **powdered —,** metal pulverizado;

sheet — shop, taller de chapistería; **structural metals,** metales de construcción; **vein of —,** filón; **white —,** metal blanco, régulo; **to —,** empedrar, forrar con cobre (carenas), macadamizar; **to — sheathe,** forrar con metal; **to scour metals,** decapar.

Metalation, Metalación.

Metalclad, Blindado.

Metallescency, Metalescencia.

Metallic, Metálico; **— capsule,** cápsula metálica; **— manometer,** manómetro metálico; **— packing,** guarnición metálica; **— wire cloth,** tela metálica; **bi — strip,** elemento bimetálico; **non — dielectric lens,** lente de dieléctrico no metálico.

Metalliferous, Metalífero.

Metalling (White), Rellenado con metal antifricción.

Metallized, Metalizado; **— fabric,** tela metalizada; **— glass,** vidrio metalizado.

Metallizing, Metalización.

Metalloderivative, Metaloderivado.

Metallographic, Metalográfico.

Metallography, Metalografía.

Metallology, Metalología.

Metalloid, Metaloide.

Metalloptrics, Metalóptrica.

Metallurgic or **Metallurgical,** Metalúrgico; **— equilibria,** equilibrios metalúrgicos.

Metallurgist, Metalúrgico (persona).

Metallurgy, Metalurgia; **electro —,** electrometalurgia; **powder —,** polvometalurgia.

Metaphosphate, Metafosfato.

Metastable, Metaestable.

Mete, Medida; **— stick,** nivel, varilla graduada; **— yard,** medida; **to —,** medir.

Meteoroid, Meteoroide.

Meteorological, Meteorológico; **— forecasts,** previsiones meteorológicas.

Meteorologist, Meteorólogo.

Meter, Aparato de medida, contador, metro; **— bridge,** puente de hilo divido; **— display,** presentación instrumental; **air or air flow —,** contador de aire; **angle —,** goniómetro; **branch —,** contador de derivación; **bridge —,** puente de cursor; **direct reading —,** contador de lectura directa; **drift —,** derivómetro; **electromagnetic flow —,** medidor de flujo electromagnético; **exposure —,** exposímetro; **flow —,** indicador de caudal; **fluidity —,** aparato de medida de la fluidez; **gas —,** contador de gas; **group occupancy —,** contador de ocupación de reloj; **group occupancy time —,** contador de tiempo de ocupación de grupo; **gyroscopic —,** contador giroscópico; **hot wire- —,** aparato de hilo dilatable; **hour —,** contador horario; **integrating —,** contador totalizador; **interval —,** medidor de intervalo; **late choice call —,** contador de llamadas al final del múltiple; **late choice traffic —,** contador de tráfico al final del múltiple; **mobility —,** aparato de medida de la mobilidad; **modulation factor —,** medidor de profundidad de modulación; **motor —,** contador motor; **n — band,** banda de n metros (radio); **output power —,** medidor de potencia de salida; **overflow —,** contador de sobrecarga; **photoelectric —,** fotómetro fotoeléctrico; **polyphase —,** contador polifásico; **sound level —,** aparato de medidas de ruidos; **subscriber premises —,** indicador de tasa; **three phase —,** contador para corrientes trifásicas (elec.); **time —,** contador de tiempo; **time-interval —,** medidor de intervalos de tiempo; **torsion —,** indicador de torsión; **traffic —,** contador de tráfico; **watthourmeter —,** contador de vatios-hora, vathorímetro; **Z —,** impedancímetro.

Meterage, Medición.

Metering, Ensayo, medida, recuento; — **dial,** cuadrante de medida; — **pump,** bomba de caudal medido; — **screw,** tornillo de medida, tornillo de regulación; — **stud,** bloque de ensayo; **multiple** —, cómputo múltiple; **positive battery** —, cómputo por batería positiva; **reverse battery** —, cómputo por inversión de alimentación.

Methacrylate, Metacrilato; **polymethyl** —, metacrilato polimetílico.

Methacrylic, Metacrílico; — **acid,** ácido metacrílico.

Methadon, Metadona.

Methane, Grisú, metano.

Methanization, Metanización.

Methanol, Metanol.

Methanometer, Metanómetro.

Method, Método; **balanced** —, método del cero; **dry** —, vía seca (química); **image** —, método de imágenes; **node shift** —, método de desviación de nodo; **null** —, método del cero; **schedule** — **of analyzing oscillograms,** método sistemático de analizar oscilogramas; **shadow** —, método de las sombras; **spectrographic** —, método espectrográfico; **substitution** —, método de substitución; **the mirror** — **of gain measurements,** método de espejo para determinar la ganancia; **zero** —, método del cero.

Methyl, Metilo, metílico; — **alcohol,** alcohol metílico; — **bromide,** bromuro de metilo; — **esther,** ester metílico; — **sulphide,** sulfuro de metilo.

Methylated spirits, Alcohol desnaturalizado.

Methylesters, Esteres metílicos.

Methylic, Metílico; — **alcohol,** alcohol metílico.

Metric, Métrico; — **system,** sistema métrico; — **ton,** tonelada métrica; — **wave,** onda métrica.

Metrical, Métrico; — **pitches,** pasos métricos.

Metron, Metronio; — **capacity,** capacidad de metronios.

m. f. (medium frequency), Frecuencia media.

M. G. set, Grupo motor generador.

Mho, Unidad de conductancia (elec.) inversa del **ohm.**

Mhys, Abreviatura de microhenrios.

Mica, Mica; — **capacitor,** condensador de mica; — **flakes,** escamas de mica; — **foil,** hoja de mica; — **sheet,** placa de mica; — **tape,** cinta de mica; — **washer,** arandela de mica.

Micaceous, Micáceo.

Micanite, Micanita.

Micellar, Micelar; — **charge,** carga micelar.

Micelles, Micelas; **lamellar** —, micelas lamelares; **soap** —, micelas de jabón.

Micro, Micro, millonésima; — **ammeter,** microamperímetro; — **analysis,** microanálisis; — **analyser,** microanalizador; — **calorimeter,** microcalorímetro; — **cavity,** microcavidad; — **chemistry,** microquímica; — **colorimeter,** microcolorímetro; — **constituent,** microconstituyente; — **cosmic salt,** fosfato ácido doble de amoniaco y sosa; — **determination,** microdosificación; — **distillation,** microdestilación; — **drilling,** microperforación; — **estimation,** microdosificación; — **farad,** microfaradio (unidad de capacidad eléctrica, una millonésima de faradio); — **field,** microcampo; — **film,** microfilm; — **filtration,** microfiltración; — **graph,** micrografía; — **groove,** microsurco (disco); — **hardness,** microdureza; — **henry** (plural **microhenries**), microhenrio; — **indentation test,** ensayo de microdureza; — **indenter,** aparato de microindentaciones; — **interferometer,** microinterferómetro; — **lens,** microobjetivo; — **lith,** microlito; — **manipulation,** micromanipulación; — **meter,** micrómetro; — **meter dial,** cuadrante micrométrico; — **meter gauge,** galga micrométrica; — **meter inside,** galga micrométrica; — **meter screw,** tornillo micrométrico; — **meter spindle,** broca micrométrica; — **metric,** micrométrico; — **metric scale,** escala micrométrica; — **ohm,** microohmio (unidad de resistencia eléctrica, una millonésima de ohmio); — **phone,** micrófono; — **photogrammetry,** microfotogrametría; — **photometer,** microfotómetro; — **porosity,** microporosidad; — **potentiometer,** micropotenciómetro; — **radiography,** microrradiografía; — **scope,** microsropio; — **scope objective,** objetivo de microscopio; — **scopic,** microscópico; — **scopy,** microscopía; — **second,** microsegundo; — **stage,** microfase; — **structure,** microestructura; — **switch,** microinterruptor; — **synthesis,** microsíntesis; — **wave,** microonda, onda ultracorta, onda ultrahertziana; — **weighing,** micropesada; **binocular — scope,** microscopio binocular; **blink — scope,** microscopio de parpadeo; **carbon dust — phone,** micrófono de carbón; **cardioid — phone,** micrófono de diagrama en cardiode; **contact — phone,** micrófono de contacto; **crystal — phone,** micrófono de cristal; **diaphragmless — phone,** micrófono sin diafragma; **differential — phone,** micrófono diferencial; **electron — graph,** micrografía electrónica; **electron — scope,** microscopio electrónico; **electron — scopy,** microscopía electrónica; **granular or granulated carbon — phone,** micrófono de granalla de carbón; **hot wire — phone,** micrófono térmico; **magnetostriction — phone,** micrófono de magnetostricción; **moving coil — phone,** micrófono de bobina móvil; **phase contrast — scopy,** microscopía por contraste de fases; **pneumatic — meter,** micrómetro pneumático; **proton — scope,** microscopio de protones; **reading — scope,** microscopio de lectura; **spark — meter,** micrómetro de chispas; **X rays — scope,** microscopio de rayos X.

Micromotor, Micromotor.

Micron, Micrón.

Microphone, Micrófono; **condenser —,** micrófono electrostático; **miniature —,** micrófono miniatura; **piezo-electric —,** micrófono piezoeléctrico; **probe-tube —,** micrófono de válvula; **push-pull —,** micrófono en contrafase.

Microvoltmeter, Microvoltímetro.

Microwave, Microondas; — **resonator,** resonador de microondas.

Mid, En medio de, semi; — **course,** semicarrera; — **section,** sección media; — **way,** semicarrera.

Middle, Medio; — **line,** línea central; — **line keelson,** carlinga central, quilla vertical; — **section,** crujía; — **shaft,** árbol intermedio.

Middleman, Intermediario.

Middy, Guardiamarina.

Midfeather, Tabique de separación entre conductos.

Midget relay, Microrelé; — **valve,** lámpara miniatura (radio).

Midship, Central, del medio del buque; — **bend,** cuaderna maestra; — **frame,** cuaderna maestra.

Migration, Migración (quím.).

Mike, Micrófono.

Mil, Milésima de pulgada inglesa (0,0254 mm); **circular —,** área de un círculo de 1 mil (una milésima de pulgada) de diámetro (0,000506 mm^2), circular de medida de la sección transversal de varillas, tubos, hilos, etc.; **square —,** área de un cuadrado de una milésima de pulgada de lado.

Mild, Dulce; — **steel,** acero dulce.

Mile, Milla (unidad de medida); **geographical —,** milla marina (1253,154 m); **marine —,** milla marina; **measured** —, base, milla geométrica, milla medida; **statute** —, 1809, 3140 m.

Mileage, Equivalente para la «mile» del kilometraje; — **rate,** tarifa por milla.

Milkiness, Opacidad (química).

Mill, Fábrica, fábrica de tejidos, factoría, fresa (véase también **Cutter**), hilandería, laminador, machacadora, mezcladora, molino, tren de laminado; — **bar,** acero desbarbado plano; — **board,** cartón fuerte; — **cog,** diente, espiga; — **dam,** compuerta, esclusa de molino; — **furnace,** horno de recalentar; — **hand,** obrero de hilandería; — **hopper,** tolva de molino; — **retting,** enriado industrial; — **scales,** escamas de laminado; — **stone,** muela de molino, piedra molinera; — **stone grit,** capa de piedra molar; — **stone quarry,** piedra molar; **amalgamating** —, molino de amalgamado; **ball** —, molino de bolas; **beating** —, calandria; **billet** —, tren laminador; **billet continuous** —, tren laminador continuo; **blooming rolling** —, laminador desbarbador (forja); **boring** —, torno escariador; **boring and turning** —, torno escariador; **cement** —, molino de cemento; **clay** —, molino de arcilla; **cluster** —, laminador con cilindros de soporte; **cogging** —, tren desbarbador; **cold rolling** —, laminador en frío; **continuous** —, tren continuo; **continuous rod** —, tren máquina continuo; **continuous strip** —, tren continuo de bandas; **cotton** —, hilandería de algodón; **crushing** —, máquina trituradora; **disc** —, laminador de ruedas; **drawing** —, trefilería; **edge** —, trituradora de millas verticales; **flour** —, molino de trigo; **four high** —, laminador cuarto o doble dúo; **furning** — **with one, two uprights,** torno vertical de uno, de dos montantes; **gun powder** —, fábrica de pólvora; **hosiery** —, fábrica de géneros de punto; **looping** —, tren de bucle; **merchant** —, laminador de hierros comerciales; **mortar** —, mezclador de mortero; **paper** —, fábrica de papel; **piercing** —, laminador perforador; **pounding** —, bocarte; **puddle rolling** —, tren o laminador desbarbador; **pulp** —, molino de pulpa; **reversing** —, tren reversible; **rod** —, tren de alambre; tren para redondos, trituradora de barras; **sheet** —, tren de bandas; **slabbing** —, tren de laminación de desbastes planos; **slitting** —, tren para flejes; **spinning** —, hilandería; **steam** —, molino de vapor; **steel** —, acerería; **strip** —, tren de laminación de bandas; tren de laminación de flejes; **structural** —, tren de laminación de perfiles; **temper** —, laminador en frío; **thin sheet** —, laminador de chapas finas; **three high** —, laminador trío; **turning** —, torno vertical; **two high** —, laminador dúo; **upright boring** —, escariador vertical; **vertical boring** —, torno escariador, torno vertical; **water** —, molino de agua; **wind** — **anemometer,** anemómetro de molinete; **wire** —, trefilería; **to** —, fresar, moler; **to** — **circularly,** fresar circularmente; **to** — **off,** desbastar en la fresa.

Millability, Molturabilidad.

Milled, Dentado, grabado en damasquinado, moleteado; — **edge,** borde recanteado; — **nut,** tuerca moleteada.

Miller, Fresadora (véase **Milling machine**); **bench** —, fresadora de banco; **contour** —, fresadora de reproducir; **engraving** —, fresadora de grabar; **flour** —, molinero; **gear** —, fresadora de tallar engranajes; **handspike** —, fresadora de palanca; **plain** —, fresadora simple; **planer type** —, fresadora cepilladora; **ram type** —, fresadora de carro móvil; **rotary table** —, fresadora de mesa circular; **screw head countersink** —, máquina de fresar cabezas de tornillos; **slab** —, bastidor; **universal** —, fresadora universal.

Milliampere, Miliamperio.

Milliamperemeter, Miliamperímetro; **standard —,** miliamperímetro patrón.

Millibar, Milibar.

Millibarn, Milibarnio.

Milliliter, Mililitro.

Milling, Fresado; **— arbor,** mandrino de fresado; **— cutter,** fresa (véase **Cutter**); **— head,** cabezal fresador; **— horn,** cuerno de mina submarina; **— laying,** fondeo de minas; **— laying plane,** avión fondeador de minas; **— locomotive,** locomotora de mina; **— machine,** fresadora automática; **— plant,** planta minera; **— plummet,** plomo de sonda; **— pump,** bomba de agotamiento o de excavación de aproximación; **— shaft,** pozo de mina; **— shoe,** zapata dentada, zapata fresadora; **— sweeper,** draga de minas; **— tub,** vagoneta de mina; **automatic — machine,** fresadora automática; **backed off — cutter,** fresa para retornear; **column and knee of a — machine,** bastidor y consola de fresadora; **cone — cutter,** fresa cónica; **copying — machine,** fresadora de reproducir, torno de fresa de copiar; **edge — machine,** máquina de achaflanar; **face —,** desbaste a la fresa; **hand — machine,** fresadora a mano; **horizontal or horizontal spindle — machine,** fresadora horizontal; **keyway — machine,** máquina de fresar ranuras; **knee and column — machine,** máquina fresadora de consola; **laying ship or — layer,** fondeador de minas (buque); **long thread — machine,** máquina de fresar los aterrajados largos; **machine —,** fresadora; **manufacturing — machine,** fresadora de fabricación; **plain — machine,** fresadora simple; **portable — machine,** fresadora portátil; **profiling — machine,** fresadora de reproducir; **propeller — machine,** fresadora de fresar hélices; **short thread — machine,** máquina de fresar los aterrajados cortos; **single spindle — machine,** máquina de husillo único; **spindle of a — machine,** broca de fresadora; **thread — cutter,** fresa de filetear; **thread — machine,** máquina de filetear con fresa; **to spring a —,** hacer estallar una mina; **to work a —,** explotar una mina; **tool or tool room — machine,** fresadora de utillaje; **vertical spindle — machine,** fresadora de husillo vertical, fresadora vertical.

Milliohmmeter, Miliohmímetro.

Million, Millón, zapata fresadora.

Millionth, Millonésimo.

Millivoltmeter, Milivoltímetro; **standard —,** milivoltímetro patrón.

Milliwattmeter, Milivatímetro.

Milliwright work, Taller de pequeño utillaje.

Minaddition, Adición mínima.

Minder, Pocero (minas).

Mine, Mina, mina submarina, mineral; **— anchorage,** perno de anclaje de mina; **— buoy rope,** orinque; **— burner,** tostador de mineral; **— car,** vagoneta de mina; **— car tippler,** basculador de vagonetas; **— chamber,** hornillo de mina; **— detector,** detector de minas; **— digger,** minero; **— firing pin,** antena; **— head,** frente de ataque; **— hoist,** máquina de extracción; **— sterilizer,** aparato para desactivar minas; **alum —,** alumbrera; **anchored —,** mina anclada; **coal —,** mina de hulla; **colliery — viewer,** inspector de minas; **contact —,** mina de contacto; **floating —,** mina a la deriva, mina flotante; **gold —,** mina de oro; **iron —,** mina de hierro; **lead —,** mina de plomo; **magnetic —,** mina magnética; **metallic —,** mina metálica; **open pit —,** mina a cielo abierto; **plastic —,** mina de plástico; **submarine —,** mina submarina; **to —,** excavar, extraer un mineral, minar, zapar.

Mineability, Explotabilidad (minería).

Mined, Extraído, minado, zapado.

Miner, Minero; — **crow,** barra de mina, garfio; — **implements,** herramientas de minero; — **pick,** pico en corazón; — **pinching bar,** palanca de pie de cabra; — **pitching tool,** palanca de pie de cabra; — **tools,** herramientas de minero; **mechanical** —, rozadora mecánica; **miner's auger,** sonda de barrena, trépano.

Mineragraphy, Mineragrafía.

Mineral, Mineral; — **carbon,** carbón mineral; — **oil,** aceite mineral; — **waters,** aguas minerales; — **wool,** lana mineral.

Mineralite, Mineralita.

Mineralization, Mineralización.

Mineralize (To), Mineralizar.

Mineralogic or **Mineralogical,** Mineralógico.

Mineralogist, Mineralogista.

Mineralogize (To), Recoger y estudiar minerales.

Mineralogy, Mineralogía.

Mineraloid, Mineraloide.

Minewatcher, Vigilante en tierra de puntos de caída submarinas lanzadas por avión.

Mingle (To), Ligar, mezclar.

Miniate (To), Miniar.

Minimal, Minimal; — **function,** función minimal.

Minimise (To), Reducir a un mínimo.

Minimizer, Atenuador.

Minimum, Mínimo; — **cut out,** disyuntor de mínima; — **thermometer,** termómetro de mínima; — **tooth induction,** inducción mínima en los dientes.

Minimus, Persona de menos edad de varias del mismo apellido.

Mining, Arranque, explotación continua, explotación de hullera, explotación de las minas, extracción, extracción de un mineral, laboreo de minas; — **company,** compañía de explotación minera; — **drill,** perforadora de mina, trépano; — **machine,** rozadora mecánica; — **machinery,** utillaje de las minas; — **motor,** motor de mina; **coal** —, explotación de hullera; **continuous** —, explotación continua; **hydraulic** —, arranque hidráulico.

Minium, Minio; — **joint,** junta al minio.

Minor, Menor; — **axle,** eje menor de elipse.

Mint, Moneda; **to** —, amonedar.

Minus, Menos, polo negativo.

Minute, Minuto.

Mirror, Espejo; — **finish,** acabado especular; **concave** —, espejo cóncavo; **convex** —, espejo convexo; **flat** —, espejo plano; **parabolic** —, espejo parabólico; **rear view** —, retrovisor; **rod** —, reflector de varillas.

Misaligned, No alineado, mal alineamiento.

Miscellaneous, Diverso.

Miscible, Miscible.

Miscomputation, Error de cálculo.

Misfire or **Missfire,** Fallo (de fuego, de encendido); **to** —, tener fallos.

Mismatcher, Desadaptador; **standard** —, desadaptador patrón.

Mismatching, Mala adaptación; — **factor,** factor de transición; **factor** —, factor de reflexión; **impedance** —, mala adaptación de impedancia.

Misscarriage, Extravío (ferrocarriles).

Missile, Proyectil; **guided** —, proyectil (teledirigido, radioguiado).

Missy, Hierro oxidado amarillo.

Mist, Bruma; **hydrocarbon** —, niebla de hidrocarburo.

Mistest, Prueba defectuosa.

Mistune (To), Desintonizar.

Mitre, Inglete, cónico; — **clamp,** junta de inglete; — **cut,** corte de inglete; — **gate,** puerta de batiente; — **gear,** engranaje cónico en ángulo recto; — **joint,** unión a inglete; — **valve,** válvula cónica; — **wheel,** rueda dentada cónica; **clamp** —, junta de inglete; **to** —, tallar a inglete, unir.

Mitred, A inglete.

Mix (To), Amasar, malaxar, mezclar; **to — the ores and fluxes,** mezclar los minerales y los fundentes (met.).

Mixer, Amasadora, difusor (auto), mezcladora; — **stage,** véase **Stage; balanced crystal** —, mezclador de cristal equilibrado; **channels** —, mezclador de canales; **concrete** —, hormigonera, mezcladora de hormigón; **counterflow** —, mezcladora de contracorriente; **rapid action** —, amasadora de acción rápida; **tilting drum** —, mezcladora de tambor basculante; **triode-hexode** —, triodo-hexodo mezclador; **triple cone** —, mezcladora de triple cono; **truck** —, camión-hormigonera.

Mixibility, Miscibilidad.

Mixing, Amasado, mezcla de sonidos (radio), mezclado, trabado; — **capacity,** capacidad de mezcla; — **drum,** mezclador; — **trough,** cuba de mezclar.

Mixture, Mezcla; — **temperature,** temperatura de mezcla; **bituminous** —, mezcla bituminosa; **explosive** —, mezcla detonante; **freezing** —, mezcla refrigerante; **gaseous** —, mezcla gaseosa.

Mizzen, Vela de mesana de cangrejo.

mL, Mililambertio.

M. M. F. (Magnetomotive force), Fuerza magnetomotriz.

Moat, Cuba; **annuler** —, cuba anular.

Mobile (Maritime) **service,** Servicio móvil marítimo; **radionavigation — station,** estación móvil de radionavegación.

Mobility, Movilidad.

Mockup, Maqueta, modelo.

Modal, Maqueta, modal; — **logic,** lógica modal.

Mode, Modo; **axial — of radiation,** modo de radiación axil; **dominant** —, modo fundamental; **evanescent** —, modo desvaneciente; **resonant** —, modo resonante; **wave-guide modes,** modos de un guíaondas.

Model, Maqueta, modelo; — **loft,** taller de modelos; **molecular models,** modelos moleculares; **scale** —, modelo a escala; **to** —, modelar.

Modeler, Modelista (fund.).

Modelling, Modelado; — **board,** plantilla, terraja; **core** —, plantilla; **dead head** —, muestra para la mazarota.

Moderability, Moderabilidad (freno).

Moderator, Moderador.

Modernization, Modernización.

Modifier, Modificador.

Modul, Coeficiente, módulo; — **of elasticity,** módulo de elasticidad.

Modulability, Modulabilidad.

Modulable, Modulable.

Modularization, Modularización.

Modulate (To), Modular.

Modulated, Modulado; — **impulsion,** impulso modulado; — **wave,** onda modulada; **amplitude** —, modulado en amplitud; **frequency** —, modulado en frecuencia; **frequency- — radar,** radar modulado en frecuencia.

Modulating, De modulación; — **electrode,** electrodo de modulación.

Modulation, Modulación; — **index,** índice de modulación; — **products,** productos de modulación; **absorption** —, modulación por absorción; **amplitude** —, modulación de amplitud; **brilliance** —, modulación de luminancia; **cathode** —, modulación de corriente catódica; **class A or class B** —, modulación clase A o B; **constant current** —, modulación de corriente constante; **double** —, modulación doble; **dual** —, modulación según dos tipos distintos; **fork-tone** —, modulación por diapasón; **frequency** —, modulación de frecuencia; **frequency** — **transmitter,** transmisor de modulación de frecuencia; **grid** —, modulación en rejilla; **high efficiency** —, modulación de alto rendimiento; **high-level** —, modulación de alto nivel; **ideal instants of a** —, instantes ideales de una modulación; **intensity** —, modulación de intensidad; **internal** —, modulación interior; **multidimensional** —, modulación multidimensional; **outer** —, modulación por diferencia de fases; **outphasing** —, modulación por diferencia de fases; **percentage** —, modulación perfecta; **perfect** —, modulación perfecta; **pulse** —, modulación por impulsos; **pulse-amplitude** —, modulación de impulsos en amplitud; **pulse code** —, modulación por número de impulsos; **pulse-duration** —, modulación de impulsos en duración; **pulse frequency** —, modulación en frecuencia de impulsos; **pulse-interval** —, modulación de intervalo de impulsos; **pulse time** —, modulación por impulsos en duración variable; **reference** — **index,** índice de modulación de referencia; **sub-carrier frequency** —, modulación de subportadora; **velocity** — **oscillator,** oscilador de velocidad modulada; **vestigial side band** —, modulación asimétrica.

Modulator, Modulador; **double** — **wattmeter,** vatímetro de doble modulación; **reactance** —, modulador de reactancia.

Modulometer, Modulómetro.

Modulus (plural **Moduli**), Coeficiente, modulación, rendimiento de una máquina; — **of elasticity,** módulo de elasticidad; **bulk** —, módulo de compresión, módulo de masa; **refractive** —, módulo de refracción; **Young's** —, módulo de Young.

Mohs scale, Escala de Mohs.

Moiling, Trabajo con maza y punterola.

Moistenable, Humectable.

Moistmeter, Humidímetro.

Moisture content, Contenido de agua.

Mol, Masa molecular, molécula-gramo.

Molasses, Melazas; **cane** —, melazas de caña de azúcar.

Molave, Molaba.

Mold (véase **Mould**), Molde (fund.); **metal** — **casting,** moldeo en coquilla metálica; **permanent** — **casting,** colada en molde permanente.

Molded, Véase **Moulded.**

Molding, Véase **Moulding.**

Mole, Molécula grama, muelle.

Molecular, Molecular; — **glands,** manguitos moleculares; — **models,** modelos moleculares; — **pump,** bomba molecular; — **rearrangement,** transposición molecular; — **structure,** estructura molecular; — **weight,** peso molecular; **sub** —, submolecular.

Molecule, Molécula; — **flow,** flujo molecular; **diatomic** —, molécula biatómica.

Molten, En fusión, fundido; — **lead,** plomo fundido.

Molybdate, Molibdato.

Molybdenate, Molibdenato.

Molybdenous, Molibdenoso.

Molybdenum, Molibdeno; — **disulphide,** bisulfuro de molibdeno; — **steel,** acero al molibdeno.

Molybdic, Molíbdico; — **acid,** ácido molíbdico.

Molykote, Lubricante a base de bisulfuro de molibdeno.

Moment, Momento (mecánica); — **of inertia,** momento de inercia;

bending —, momento flector; **dipole** —, momento dipolar; **magnetic** —, momento magnético; **quadruple** —, momento tetrapolar; **righting** —, momento recuperador; **twisting** —, momento de torsión.

Momentary, Instantáneo; — **current,** corriente instantánea (elec.).

Momentum, Impulso mecánico, momento; **angular** —, momento angular.

Monatomic, Monoatómico.

Monaural, Monoauricular.

Monel, Metal Monel (aleación níquel-cobre).

Monetary, Monetario.

Money, Dinero; **ready** —, dinero disponible.

Monitor, Boquilla de chorro de agua, indicador de control, lucernario, monitor (buque); — **lathe,** torno de revólver; — **receiver,** receptor de control; **frequency** —, monitor de frecuencia; **image** —, monitor de imagen; **radiation** —, monitor de radiación.

Monitoring, Aparato de control, control, mando, regulación; — **amplifier,** amplificador de escucha o supervisión; — **chamber,** cámara reguladora; **visual** —, control visual.

Monitron, Monitrón.

Monk, Recorte de ventilación (minas).

Monkey, Ariete, martinete de mano (para clavar pilotes), maza, pilón; — **block,** pequeña polea con gancho; — **spanner,** llave inglesa; — **walls,** paredes de escorificación; — **wrench,** llave inglesa.

Mono, Mono; — **bloc,** monobloque; — **chloric acid,** monoácido de cloro; — **chloride,** monocloruro; — **chloroacetic acid,** monocloroacético; — **chromatic,** monocromático; — **chromatic light,** luz monocromática; — **chromide,** monocromuro; — **cline,** monoclinal; — **clinic,** monoclínico; — **coque,** monocasco; — **energetic,** monoenergético; — **glyceride,** monoglicérido; — **mer,** monómero; — **meric state,** estado monómero; — **photal,** monofoto; — **plane,** monoplano; — **poly,** monopolio; — **rail,** monocarril; — **scope,** monoscopio; — **spar,** larguero único (avión), monolarguero; — **symmetrical,** monosimétrico; — **tone,** monótono; — **tone mappings,** aplicaciones monótonas (mat.); — **tron,** monotrón; — **valve,** monoválvula; — **xide,** monóxido; **carbon** — **xide,** monóxido de carbono; **semi** — **coque,** semi-monocasco.

Monochromatize (To), Monocromatizar.

Monometer, Monómetro.

Monopack, Conjunto de varias bandas.

Monostable, Monoestable; — **circuit,** circuito monoestable.

Monotonic, Monótono; — **function,** función monótona.

Monotonicity, Monotonicidad.

Monthly, Mensual; — **average,** media mensual.

Montmorillonite, Montmorillonita.

Mooned, En cuarto creciente.

Moorage, Derechos de anclaje.

Mooring, Amarre, anclaje; — **hook,** gancho; — **mast,** mástil de amarre; — **tower,** torre de amarre.

Mordanter, Operario que maneja mordientes.

Mordicant, Corrosivo, mordiente.

Mordication, Corrosión.

Morra, Morra (madera).

Morse, Morse; — **taper,** cono Morse (herramientas).

Mortar, Mortero; — **bumb,** bomba de mortero; — **man,** morterista; — **mill,** mezcladora de mortero; **air** —, mortero aéreo; **cement** —, mortero de cemento; **grubstone** —, hormigón; **rocket** —, mortero de cohetes.

Mortgage, Hipoteca, prenda; **to** —, empeñar, hipotecar.

Mortgagee, Acreedor hipotecario.

Mortgagee, Acreedor hipotecario.

Morticed, Unido a mortaja.

Mortise, Entalla, mortaja; — **bolt,** mandrino acanalado (para terminar mortajas); — **chisel,** escoplo; — **gauge,** gramil de mortaja; **to** —, mortajar; **to assemble by mortises,** ensamblar la mortaja.

Mortised, Mortajado.

Mortising, De mortajar; — **machine,** máquina de mortajar, mortajadora.

Mosaic, Mosaico.

Mosaics, Fotoplano.

Mosciki condenser, Condensador Mosciki.

Motion or **Movement,** Movimiento (mecán.); — **bars,** guías de la cruceta; — **link,** guía del paralelogramo; — **picture apparatus,** aparato cinematográfico; — **pictures,** cinematografía; — **shaft,** árbol del paralelogramo; — **siderod,** biela del paralelogramo de Watt; **accelarated** —, movimiento acelerado; **ahead** —, marcha adelante; **alternate** —, movimiento de vaivén; **angular** —, movimiento angular; **back** —, movimiento de llamada; **double** — **switch,** conmutador de dos movimientos; **eccentric** —, movimiento de excéntrica; **equable** —, movimiento uniforme; **oscillatory** —, movimiento oscilatorio; **pendulum like** —, movimiento pendular; **reciprocating** —, movimiento alternativo; **rectilinear** —, movimiento rectilíneo; **rotary** —, movimiento circular; **rotatory** —, movimiento de rotación; **single** — **switch,** conmutador de un movimiento; **slow** —, a cámara lenta (cine); **taking** —, movimiento arrollador y estirador; **two** — **selector,** selector de dos movimientos; **uniform** —, movimiento uniforme; **uniformly accelerated** —, movimiento uniformemente acelerado; **uniformly retarded** —, movimiento uniformemente retardado; **uniformly variable** —, movimiento uniformemente variado; **to and fro** —, movimiento de vaivén; **to set in** —, poner en movimiento.

Motive, Motor, motriz; — **power,** fuerza motriz; **electro** —, electromotor, electromotriz; **electro** — **force,** fuerza electromotriz; **magneto** — **force,** fuerza magnetomotriz.

Motor, Motor (casi siempre eléctrico); — **barge,** lancha automotora; — **boat,** canoa automóvil; — **bus,** autocar; — **car,** automóvil; — **cycle,** motocicleta; — **driven,** accionado por motor, mandado por motor; — **exciter,** motor de excitación; — **fan set,** grupo motoventilador; — **gasoline,** gasolina para motores; — **generator,** motor generador (véase más abajo); — **lorry,** camión automóvil; — **operated,** con mando a motor; — **output,** gasto de un motor; — **pendulum,** balancín motor; — **pump,** motobomba; — **set,** grupo de motores; — **starting,** arranque de un motor, puesta en marcha; — **synchronous,** motor síncrono; — **truck,** camión automóvil; — **with short circuited rotor,** motor asíncrono con inducido en cortocircuito; — **wound rotor induction,** motor de rotor devanado; **adjustable speed** —, motor de velocidad ajustable; **aero** —, motor de aviación; **air-cooled** —, motor enfriado por aire; **alternating current** —, motor de corriente alterna; **alternating current commutator** —, alternomotor de colector; **asynchronous** —, motor asíncrono; **auxiliary** —, motor auxiliar; **azimuth** —, motor de azimut (compás giroscópico); **barring** —, motor de virador (buques); **capacitor** —, motor de condensador; **capacitor start capacitor run** —, motor de arranque y marcha por condensador; **commutator** —, motor de colector; **compound wound** —, motor compound; **conductive or conduction** —, motor de conducción (de Atkinson); **constant speed** —, motor de velocidad constante; **continuous current** —, motor de corriente continua; **direct current** —, motor de corriente continua; **double commutador** —, motor de doble colector; **driving** —, motor de mando; **electric** —, motor eléctrico; **elevator** —, motor de ascensor; **enclosed** —, motor acorazado; **enclosed ventilated** —, motor cerrado ventilado; **explosion proof** —, anti-grisú, motor antideflagrante; **fixed electric** —, motor eléctrico fijo; **flange cooled** —, motor de aletas; **flanged** —, motor enfaldillado; **geared** —, motor de tren de engranajes; **group** —, motor de grupo; **head** —, cabezal motor; **high speed** —, motor de gran velocidad; **high tension** —, motor de alta tensión; **hoist** —, motor de izar; **hoisting** —, motor de izar; **hysteresis** —, motor de histéresis; **induction** —, motor de inducción; **lift** —, motor de ascensor; **light type** —, motor de tipo ligero; **loom** —, motor de telar; **low tension or low voltage** —, motor de baja tensión; **marine** —, motor de tipo marino; **marine or ship's** —, motor de tipo marino; **monophase** —, motor monofásico; **multiphase** —, motor polifásico; **n HP** —, motor de n caballos; **ondulator — driven**, tiracintas de ondulador; **open type** —, motor abierto; **outboard** —, motor fuera bordo; **permanent split** —, motor de inducción con arranque y marcha por condensador; **phonic** —, motor fónico; **polishing** —, motor para pulido; **polyphase** —, motor polifásico; **propelling** —, motor de propulsión; **pyromagnetic** —, motor piromagnético; **reaction** —, motor a reacción; **reciprocating solenoid** —, motor de armadura oscilante; **regulating** —, motor de regulación; **repulsion** —, motor de repulsión; **repulsion-induction** —, motor de inducción de repulsión; **repulsion start, induction run** —, motor de arranque por repulsión y marcha por inducción; **reversible** —, motor reversible; **rib** —, motor con nervaduras; **rocket** —, motor cohete; **semi-enclosed** —, motor semicerrado; **separately excited** —, motor de excitación independiente; **series or series wound** —, motor (excitado) en serie; **sewing** —, motor de máquina de coser; **shaded pole** —, motor de inducción con devanado auxiliar en cortocircuito; **shunt — or shunt wound** —, motor (excitado) en derivación; **single phase** —, motor monofásico; **single phase induction** —, motor monofásico de inducción; **slewing** —, motor de orientación; **slip ring induction** —, motor asíncrono de anillos colectores; **slow speed** —, motor de poca velocidad; **smooth** —, motor de cuerpo liso; **split phase** —, motor de inducción con devanado; **squirrel cage** —, motor de jaula de ardilla; **starting** —, motor de arranque, motor de lanzamiento; **step** —, motor de mando; **synchronous** —, motor síncrono; **three phase** —, motor trifásico; **three phase induction — with squirrel cage**, motor trifásico de inducción con inducido en cortocircuito; **timing** —, motor para medida del tiempo; **totally enclosed** —, motor cerrado; **traction** —, motor de tracción; **tramcar or tramway** —, motor de tranvía; **variable speed — or varying speed** —, motor de velocidad variable; **ventilated rib** —, motor de nervaduras ventiladas; **weight** —, motor de pesas; **wide speed range** —, motor de amplia gama de velocidades; **wound rotor** —, motor de rotor devanado.

Motorjet, Motor de chorro con su compresor accionado por motor alternativo de gasolina.

Motonautics, Motonáutica.

Motorbus, Autobús.

Motorcar, Automóvil.

Motored, Con n motores.

Motoring, Automovilismo, funcionamiento con motor.

Motorised or **Motorized,** Motorizado.

Motorist, Automovilista.

Motory, Motor.

Mottled, Moteado, tachonado; — **iron,** hierro atruchado; — **pig iron,** fundición atruchada.

Mould (**Mold** en América), Coquilla de moldear, gálibo, lingotera, matriz, molde, molde metálico; — **hole,** foso para los moldes; — **loft,** sala de gálibos; — **of a ship,** gálibo de un buque; — **of green sand,** molde de arena verde o glauconífera; **casting** —, lingotera, molde; **face** —, calibre, perfil; **ingot** —, lingotera; **plaster** —, molde de yeso; **pressure die casting,** molde metálico de moldeo a presión; **to** — (**to mold** en América), cepillar una pieza de madera, conformar, galibar, laminar, modelar, moldear; **to assemble the moulds,** trazar los gálibos; **to lay off in the — loft door,** trazar en el suelo de la sala de gálibos.

Moulded (**Molded** en América), Fuera de cuadernas, galibado, moldeado; — **breadth,** manga de construcción, manga máxima; — **depth,** puntal de trazado.

Moulder, Moldeador; — **sleeker,** espátula de moldeador; — **venting wire,** agujeta de moldeador, punzón de moldeador; **moulder's rammer,** pisón de moldeador; **spindle — for dovetailing,** máquina para fresar las espigas en cola de milano; **to** —, moler, reducir a polvo.

Mouldering, Desmoronamiento.

Moulding (**Molding** en América), aplantillado, galibado, moldeo (acción), moldura, objeto moldeado, vaciado; — **between flasks,** moldeo en cajas (fundición); — **box,** caja de moldeo; — **cutter,** cuchilla de moldurar, fresa de acanalar; — **earth,** arena, tierra de moldear; — **hole,** foso para los moldes; — **in dry sand,** moldeo en arena seca; — **in iron moulds,** moldeo en coquilla; — **loam,** arena, tierra de moldear; — **loft,** sala de gálibos; — **machine,** fresadora para madera, máquina de moldear, máquina de moldurar; — **plane,** cepillo bocel; — **press,** prensa de galibar; — **table,** banco de moldeo; **compression** —, moldeo a presión, moldeo por compresión; **dry sand** —, moldeo en arena seca; **extrusion** —, moldeo por extrusión, moldeo por extrusión por recalcado, moldeo por recalcado; **injection** —, moldeo por inyección; **open sand** —, moldeo al descubierto; **pressure** —, moldeo bajo presión; **shell** —, moldeo en cáscara.

Mouldings, Piezas moldeadas.

Moulds, Pistoletas del dibujante.

Mound, Dique, espigón, malecón.

Mount, Bastidor, montura, suspensión; **fishtail** —, montaje en cola de pez; **lens** —, portaobjetivo; **to** —, levantar, montar; **to — up,** empinarse (avión).

Mounted, Montado, puesto sobre; **crawler** —, sobre orugas; **rail track** —, sobre raíles.

Mounter, Montador (obrero).

Mounting, Afuste (cañones), cárter, montaje, montura, soporte, travesaños; — **pads,** bridas de fijación; **antivibration** —, montaje antivibraciones; **compressor** —, cárter de compresor; **cradle** —, afuste de cuna; **engine** —, bancada; **gun** —, afuste de cañón; **overhung** —, montaje en voladizo; **wing** —, soporte de ala.

Mountings, Accesorios (de máquinas, etc.); **boiler** —, accesorios de calderas.

Mouse trap, Ratonera de trampilla (petróleo).

Mouth, Boca, orificio, separación de las mordazas de un tornillo, de una tenaza, etc.; **artificial** —, boca artificial; **bell —,** abocinadura, cono de entrada (hidr.); **bird's — joint,** empalme de pico de pájaro; **cow — chisel,** formón; **cross — chisel,** escoplo cilíndrico de filo transversal; **salt — bottle,** frasco de boca ancha.

Mouthed, Que tiene un orificio; **bell —,** que tiene un orificio en forma de campana; **cross — chisel,** cincel de minero.

M. O. V. (mechanically operated valve), Válvula accionada mecánicamente.

Movability, Movilidad.

Move (To), Mover, moverse.

Moveable, Móvil; **— disc,** corona móvil; **— flange,** brida móvil (tubo); **— gears,** engranajes de cambio de velocidad.

Movement, Movimiento; **chronometric —,** movimiento de relojería; **feed —,** movimiento de avance de una herramienta.

Mover, Motor, motriz; **prime —,** generador de fuerza motriz.

Movie projector, Proyector cinematográfico.

Movies or **Moving** pictures, Cine.

Mower, Máquina de cortar hierba, segadora; **power —,** segadora mecánica.

Moyle, Cuña (minas).

M. P. (melting point), Punto de fusión.

M. P. G. (Miles per gallon), Millas por galón.

M. P. H. (miles per hour), Millas por hora.

Muching pan, Galería de carga (minas).

Muck bar, Hierro laminado.

Mucker, Máquina para desescombrar.

Muckle, Arcilla en el techo o piso.

Mucks, Carbón terroso malo.

Mud, Barro; **— acid,** lodo acidificado; **— boat,** gánguil; **— guard,** aleta (auto), guardabarros; **— guard flap,** parabarros; **— hole,** agujero de sal (calderas), autoclave, orificio de limpieza; **— lighter,** gánguil; **— plug,** tapón de limpieza; **back — guard,** aleta trasera; **front — guard,** aleta delantera.

Muddler, Agitador (caucho).

Muff, Manguito de tubo.

Muffle, Mufla; **— furnace,** horno de copela, horno de mufla.

Muffter, Insonorizador, silenciador (auto), silenciador de escape; **exhaust —,** silenciador.

Mulberry, Moral.

Mulling, Amasado, remoción; **— machine,** amasadora.

Mullocker, Minero que trabaja en roca.

Multi, Con varios, multi; **— blade,** de hojas múltiples; **— capsular,** multicapsular; **— cavity,** de resonadores múltiples; **— cell or cellular,** multicelular; **— contact,** de varios contactos; **— dentate,** multidentado; **— flash lights,** lámparas de destellos; **— graph,** multígrafo; **— head,** unidad de mecanizado; **— hop,** reflexión múltiple entre la tierra y la ionosfera; **— jet,** multirreactor; **— layer or layered,** de varias capas; **— layer coil,** bobina de varias capas; **— linked,** de enlaces múltiples; **— pactor,** de choques múltiples; **— phase,** polifásico; **— plane,** multiplano; **— propellered,** plurihélices (buques); **— purpose or — purposed,** para varios usos; **— range,** con varias graduaciones; **— seater plane,** avión multiplaza; **— spindle,** con varios husillos; **— stage,** polietápico; **— tool,** de herramientas múltiples; **— vibrator,** multivibrador; **— way,** multidireccional; **— wire,** con varios conductores; **to — drill,** taladrar con taladros múltiples.

Multiaxiality, Multiaxialidad.

Multicylindered, Policilíndrico.

Multielectrode, De varios electrodos; — **welding machine,** máquina de soldar de varios electrodos.

Multigenerator, Multigenerador.

Multiorifice, Multiorificial.

Multipartite, Pluripartido.

Multipath effect, Efecto de trayectos múltiples.

Multiphase, Polifásico; **balanced — system,** sistema polifásico equilibrado; **unbalanced — system,** sistema polifásico no equilibrado.

Multiple, En paralelo (circuito), múltiple, simultáneo; — **antenna,** antena múltiple; — **carrier wave,** onda portadora múltiple; — **cutting,** cortes simultáneos; — **deck boiler,** caldera de plurihervidores; — **disc clutch,** embrague de discos múltiples; — **head,** cabezal múltiple; — **layer punching,** punzonado en paquete de chapas; — **opening jet,** eyector de orificios múltiples; — **process picker,** batán múltiple; — **series battery,** batería de pilas en series paralelas; — **series connection,** conexión en series paralelas o mixtas; — **series transformer,** transformador serie-paralelo; — **twinning,** maclado múltiple; — **way switch,** interruptor pluridireccional.

Multiplex, Multiplex; — **telegraphy,** telegrafía multiplex o múltiple; — **thread screw,** tornillo de varios filetes; **frequency-division —,** múltiplex por división de frecuencia; **time-division —,** multiplex por división de tiempo.

Multiplication, Multiplicación; **pattern —,** multiplicación de diagramas.

Multiplicator, Multiplicador.

Multiplicity, Multiplicidad.

Multiplier, Multiplicador; — **phototube,** fototubo multiplicador; **electron or photo —,** multiplicador de electrones; **frequency — klystron,** klistrón multiplicador de frecuencia.

Multipolar, Multipolar.

Multipolarity, Multipolaridad.

Multisized, De varios tamaños.

Multisorter, Seleccionador múltiple.

Multistiffened, Con rigidizadores múltiples.

Multivariable, De variables múltiples.

Multivibrator, Multivibrador; **oneshot —,** multivibrador de disparo.

Munitions, Municiones.

Muriatic acid, Ácido clorhídrico.

Muscovite, Moscovita.

Mushroom, Champiñón; — **valve,** válvula de asiento cónico, válvula de seta.

Mushy, Recepción con ruidos (radio).

Must, Jugo, mosto; — **preparation,** preparación de los mostos.

Mutator, Mutador.

Mutual, Mutuo; — **impedance,** impedancia mutua; — **inductance,** inductancia mutua; — **induction,** inducción mutua; — **reactance,** reactancia mutua.

Muzzle, Boca (cañón), buza (orificio), tubuladura; — **velocity,** velocidad inicial.

M. V. (Muzzle velocity), Velocidad inicial.

Myoglobine, Mioglobina.

N

Nab, Cerradura.

Nablock, Concreción redondeada.

Nacelle, Barquilla, bastidor, cuna, rueda motriz de las cruces de Malta; **engine —,** cuna de motor; **inboard —,** barquilla interior; **retractable —,** barquilla escamoteable o retráctil; **stream-lined —,** barquilla perfilada.

Nacreous, Nacarado.

Nadiral, Nadiral.

Nagyagite, Nagyagita.

Nail, Clavo, huso, uña; **— catcher,** arranca-clavos; **— claw,** extractor de clavos, palanca de pie de cabra, palanca de uña; **— head,** cabeza de clavo; **— iron,** hierro en barras para clavos; **— maker,** clavero; **— nippers,** tenazas para clavos; **— puller,** arrancaclavos; **— smith,** clavero; **— stake,** bigorneta de clavero; **— stump,** clavera, embutidora; **brad —,** clavo con cabeza de diamante; **clamp —,** pasador de riostra; **clasp —,** clavo de tejador de cabeza doblada; **clench —,** clavo de tornillo; **clincher —,** clavo de tornillo, tornillo para madera; **clip —,** clavijita; **clout —,** clavo de cabeza plana; **diamond —,** clavo de rombo; **dog —,** calamón, clavo de cabeza ancha; **flat headed —,** clavo de cabeza plana; **frost —,** clavo para hielo; **head of a —,** cabeza de clavo; **hook —,** grapón; **point of a —,** punta de un clavo; **round headed —,** clavo de cabeza redonda; **screw —,** clavo de tornillo; **wrought —,** clavo forjado; **to —,** clavar; **to drive in a —,** clavar un clavo; **to take out a —,** arrancar un clavo.

Nailed, Clavado.

Nailer, Clavero.

Nailless, Sin clavos.

Nameplate, Placa del constructor (máquinas).

Nanowatt, Nanovatio.

Naptha, Aceite de nafta, disolvente o aceite pesados.

Naphtalene or **Naphtaline,** Naftalina.

Naphtazazine, Naftazacina.

Naphtene, Nafteno.

Naphtenic, Nafténico.

Naphtyl, Naftilo.

Narra, Pterocarpus indicus.

Narrowchisel, Cincel.

Natgas, Gas natural.

Native, Nativo; **— iron,** hierro nativo.

Natural, Natural, propio; **— current,** véase **Earth current**; **— frequency,** frecuencia propia; **— gas,** gas natural; **— logarithm,** logaritmo hiperbólico; **— period,** período propio; **— resonance,** resonancia propia; **— wave length,** longitud de onda propia.

Nature, Nativo; **— copper,** cobre nativo.

Nautical, Náutico; **— mile,** milla marina.

Naval, Marítimo, naval; **— craft,** arquitectura naval; **— engineering,** ingeniería naval, mecánica naval; **— port,** puerto de guerra; **— yards,** astilleros del Estado.

Navalese, Jerga naval.

Nave, Cubo de una rueda, de una hélice, nave (arquitec.); **— hoop,** guarnición del cubo.

Navel, Central.

Naviform, Naviforme.

Navigation, Navegación; — **by dead reckoning,** navegación a la estima; — **instruments,** instrumentos de navegación; **aerial** —, navegación aérea; **inertial** —, navegación por inercia; **loxodromic** —, navegación loxodrómica; **orthodromic** —, navegación ortodrómica; **steamship** — **company,** compañía de navegación a vapor.

Navigational, De navegación; — **instruments,** instrumentos de navegación.

Navigator, Navegante, sistema de navegación.

Navisphere, Navisferio.

Navy, Marina; **merchant or mercantile** —, marina mercante.

Navvy (plural **navvies**), Obrero empleado en la excavación de canales y por extensión terraplanador, excavador (abreviatura de **Navigator**).

N. C. (no connection), En circuito abierto.

Neal (To), Recocer (véase **To Anneal**).

Neap, Marea de cuadratura.

Near, Próximo; — **infrared,** infrarrojo próximo.

Nebulizer, Nebulizador.

Neck, Collarín, cuello, gorrón, tubuladura; — **of a crane,** pluma de grúa; — **of a shaft,** collarín de árbol, collarín de un eje; — **of an axle,** gorrón de eje, mangueta; **axle** —, gorrón de eje; **goose** — **boom,** aguilón en cuello de cisne; **roll** —, gorrón de cilindro; **swan** —, cuello de cisne.

Necklace, Collar de mástil.

Needle, Aguja, punzón de punta cónica; — **bearing,** rodamiento de agujas; — **scratch,** ruido de la aguja (gramófono); — **thermocouple,** termopar de aguja; — **tubing,** tubería para agujas hipodérmicas; — **valve,** compuerta de aguja, grifo, válvula de aguja; **astatic** —, aguja astática; **balanced** — **valve,** compuerta de aguja equilibrada; **carburettor** —, aguja de carburador; **dipping** —, aguja de inclinación; **float valve** —, aguja de la válvula del flotador (auto); **injector** —, aguja de inyector; **knitting** —, aguja de hacer punto; **magnetic** —, aguja imantada; **single** — **system,** telégrafo de aguja.

Needling, Recalzo de edificios empleando vigas que atraviesan los muros.

Negative, Cliché, negativo (elec., foto.); — **bias,** tensión de rejilla negativa; — **charge,** carga negativa; — **holder,** carro portaclichés; — **pole,** polo negativo; — **terminal,** borne negativo (elec.).

Negatron, Negatrón.

N. E. L. A. (National Electric Light Association), Sociedad nacional de industrias eléctricas o de fabricantes de electricidad.

N. E. M. A., National Electric Manufacturers Association.

Neoabietic, Neoabiético; — **acid,** ácido neoabiético.

Neodymium, Neodimio.

Neofield, Neocuerpo (mat.).

Neon, Neón; — **lamp,** lámpara de neón; — **sign,** anuncio de neón; — **tube,** tubo de neón.

Neper, Unidad (igual a 8,686 decibelios).

Nephanalysis, Análisis nefelométrico.

Nephoscope, Nefoscopio.

Neptunium, Neptunio.

Nerves, Nervaduras.

Net, Red (fluvial de comunicaciones, etc...); — **loss,** pérdida neta; — **or net weight,** peso neto; **braking** —, red de frenado (aviac.).

Network, Red (elec., etc.); — **constants,** constantes de una red; — **impedance,** impedancia de red; — **parameters,** parámetros de red; **aerial** —, red de antenas; **anulling** —, red de anulación; **balancing** —, red equilibradora; **bridge** —, red en puente; **decoupling** —, red de desconexión, de desacoplo; **delay** —, red de retardo; **distributing** —, red de distribución; **dividing** —, circuito divisor; **equivalent** —, red equivalente; **frequency converting** —, red conversora de frecuencia; **ladder** —, red celular; **linear** —, red lineal; **overhead** —, circuito aéreo; **passive** —, red pasiva; **private** —, red privada; **public** —, red pública; **pulse** —, circuito de impulsos; **railway** —, red de ferrocarriles; **secondary** —, red secundaria; **telephone** —, red telefónica; **telegraph** —, red telegráfica; **terminal** —, red terminal; **underground** —, red subterránea; **wave shaping** —, red modeladora de onda; **to bypass a** —, salvar un circuito.

Neutral, Neutro; — **axis,** eje neutro; — **end,** lado neutro; — **fibre,** fibra neutra; — **line,** línea neutra; — **oil,** aceite neutro; — **point,** punto de unión de las fases, punto neutro; — **tint,** tinte neutro (pintura); — **wire,** conductor neutro (elec.); **grounded** —, neutro a tierra; **grounded** — **transformer,** transformador con neutro a tierra; **insulated** —, neutro aislado.

Neutralator, Neutralizador.

Neutralisation, Neutralización; — **or neutralization number,** número de gramos de KOH necesarios para neutralizar 1 g de aceite.

Neutralizer, Dispositivo de neutralización.

Neutretto, Neutreto (quím.).

Neutrinoless, Sin neutrinos.

Neutrodyne (To), Neutrodinar.

Neutron, Neutrón; — **absorber,** absorbedor de neutrones; — **detector,** detector de neutrones; — **scattering,** difusión de los neutrones; **delayed** —, neutrón diferido; **fast** — neutrón rápido; **slow** —, neutrón lento; **thermal** —, neutrón térmico.

Newtonian, Newtoniano; — **aberration,** aberración de refrangibilidad.

Nibbling machine, Recortadora de chapa.

Niccolite, Niquelina.

Nichrome, Níquel-cromo.

Nick, Cran, entalla, hendidura, muesca; **to** —, biselar, entallar.

Nickel, Níquel; — **bath,** baño de niquelado; — **chromium,** níquel-cromo; — **plated,** niquelado; — **plating,** niquelado; — **silver,** alpaca; — **steel,** acero al níquel; — **sulphide,** sulfuro de níquel; **chrome** — **steel,** acero al níquel-cromo; **ferrous** — **chromate,** cromato de hierro y níquel; **to** —, niquelar.

Nickeling, Niquelado.

Nicotinic, Nicotínico; — **acid,** ácido nicotínico.

Nicotinamid, Nicotinamida.

Nidging, Labra de piedras.

Nigger head, Culote de bifurcación del tubo de toma de vapor.

Nigging, Labra de piedras.

Night, De noche; — **error,** error de noche; — **raider,** avión para ataques nocturnos.

Nigrite, Nigrita (variedad de asfalto).

Nigrometer, Nigrómetro.

Nilpotent, Nilpotente (mat.); — **ideals,** ideales semi-nilpotentes; **group** —, grupo nilpotente; **semi** —, semi-nilpotente (mat.).

Nimonic, Nimónico.

Niobide, Nioburo.

Niobium, Columbio, niobio.

Nip, Coca (de cable), estrangulamiento, estrechamiento, línea de contacto; **to** —, apretar, morder.

Nipped, Apretado, mordido, sujetado.

Nipper, Disparador.

Nippers, Pinzas, tenazas; **cutting —,** pinzas cortantes.

Nippiness, Agilidad.

Nipple, Boquilla de soplete, hurgón, mandril de forja, racor; **— connection,** unión con racor; **— flow,** niple de surgencia.

N. I. R. A., National Industrial Recovery Act.

Niril, Vibración.

Nitrate, Nitrato; **— fertilizers,** abonos nitrogenados; **ammonium —,** nitrato amónico; **basic —,** subnitrato; **crude —,** caliche; **ethyl —,** nitrato de etilo; **silver —,** nitrato de plata; **sodium —,** nitrato de sodio; **to —,** nitrar, tratar con ácido nítrico.

Nitrated, Nitrado.

Nitration, Nitración.

Nitrator, Nitradora.

Nitre, Nitro, salitre; **— bed or — works,** nitrera.

Nitric, Nítrico; **— acid,** ácido nítrico; **— dioxide,** peróxido de nitrógeno; **— oxide,** bióxido de nitrógeno.

Nitride, Nitruro.

Nitrided, Nitrurado; **— spindle,** broca nitrurada.

Nitriding, Nitruración.

Nitrification, Nitrificación.

Nitrify (To), Nitrificar.

Nitro, Nitro; **— amines,** nitroaminas; **— benzene,** nitrobenceno; **— cellulose,** nitrocelulosa; **— compounds,** compuestos nítricos, compuestos nitrosados; **— gelatine,** nitrogelatina; **— gen hardened,** nitrurado; **— gen monoxide,** protóxido de nitrógeno; **— gen peroxide,** peróxido de nitrógeno; **— glycerine,** nitroglicerina; **— lysis,** nitrolisis; **— meter,** nitrómetro; **— paraffin,** nitroparafina; **— syl chloride,** cloruro de nitrosilo; **— active — gen,** nitrógeno activo.

Nitrocotton, Algodón pólvora.

Nitrogenous, Nitrogenado.

Nitrometry, Nitrometría.

Nitrostarch, Nitroalmidón.

Nitrous, Nitroso; **— anhydride,** anhídrido nitroso; **— oxide,** óxido nitroso, protóxido de nitrógeno.

Nitroxyl, Nitrilo.

Nitruration, Nitruración.

Nock, Cran, muesca.

Noctilucent, Noctilucente.

Nodal, Nodal; **— point,** punto nodal.

Nodalizer, Nodalizador.

Node, Nodo (astronomía, fís.), punto de retroceso (geom.); **current —,** nodo de intensidad; **front —,** centro de la pupila de entrada (de objetivo); **tropospheric —,** nodo troposférico; **voltage —,** nodo de tensión.

Nodous, Nudoso.

Nodular, Nodular; **— graphite,** grafito nodular; **— graphite cast iron,** fundición con grafito nodular; **— iron,** fundición nodular.

Nodulising, Acumulación de polvos de los conductos.

Nodulize (To), Nodular.

Nog, Clavija de madera, clavija de roble, entramado.

Nogging, Entramado; **brick —,** entramado de ladrillos.

Noise, Ruido; **— cone,** cono de ruido; **— generator,** generador de ruidos; **— spectrum,** espectro de ruido; **— suppressor,** supresor de ruido; **— weighting,** compensador de ruido; **available — power,** potencia de ruido disponible; **back ground —,** ruido de fondo; **battery supply circuit —,** ruido de alimentación; **carrier-to- — ratio,** relación portadora de ruido; **circuit —,** ruido de circuito; **contact —,** ruido de contacto; **equi-**

valent — **bandwith,** anchura de banda equivalente de ruido; **external** —, ruido externo; **fluctuation** —, ruido de fluctuación; **induction** —, ruido de inducción; **integrated** — **figure,** índice total de ruido; **intermodulation** —, ruido de intermodulación; **ion** —, ruido iónico; **microphonic** —, ruido microfónico; **path distortion** —, ruido de propagación; **radio** — **field intensity,** intensidad de campo perturbador; **random** —, ruido de fondo, ruido errático; **receiver** —, ruido de fondo de un receptor; **reference** —, ruido de referencia; **resistance** —, ruido de resistencia; **room** —, ruido ambiente; **set** —, ruido interno; **shot** —, ruido de agitación térmica; **signal-to** — **ratio,** relación señal-ruido; **surface** —, ruido de aguja; **switching** —, ruido de conmutación; **telegraph** —, ruido telegráfico; **thermal** —, ruido térmico; **valve** —, ruido de fondo de una válvula; **white** —, ruido «blanco».

Noiseless, Sin ruidos.

Noisemaker, Aparato fonógeno.

Noisiness, Ruidosidad.

Nominal, Nominal; — **horsepower,** potencia nominal.

Nominee, Nominatario.

Nomogram or **Nomograph,** Ábaco nomograma.

Nomography, Nomografía.

Non, No; — **condensing,** sin condensación; — **conducting,** calorífugo; — **conductive,** no conductor; — **distorsion or** — **distorting,** indeformable; — **electrolyte,** no electrolítico; — **ferrous,** no férrico; — **freezing,** incongelable; — **growth,** austenítico; — **homogenous,** no homogéneo; — **icing,** no congelable; — **inductive,** no inductivo; — **inflamable,** no inflamable; — **linear,** no lineal; **magnetic,** no magnético; — **miscible,** inmiscible; — **porous,** no poroso; — **resonant,** no resonante; — **responsive to,** insensible a la acción de; — **return valve,** válvula antirretroceso, válvula de retenida; — **rust,** inoxidable; — **screen,** sin pantalla; — **sinkable,** insumergible; — **skid or** — **slipping,** antiderrapante; — **spinning,** sin torsión; — **asymmetrical,** asimétrico; — **volatile,** no volátil.

Nonactinic, Inactínico.

Nonadhesiveness, Inadhesividad.

Nonamalgamable, Inamalgable.

Nonamortizable, Inamortizable.

Nonattended, Automático.

Nonblanketing, No recubriente.

Nonchokable, Inobstruible.

Nonconstituted, No constituído.

Noncryogenic, Acoriogénico.

Nonechoic, Anecoico.

Nonextensible, Inextensible.

Nonius, Nonio.

Nonmelting, Infusible.

Nonobligatory, Facultativo.

Nonpitting, Que no se pica (metales).

Nonrecurring, Que no se repite.

Nonrefractive, Aclástico.

Nonstaining, Que no mancha.

Nontaxable, No impomible.

Nontilting, Ininclinable.

Nonweld, Defecto que aparece en la soldadura por puntos de chapas finas de aleación de aluminio.

Noose, Nudo corredizo.

Normal, Nominal, normal; — **a,** perpendicular a; — **speed,** velocidad de régimen.

Normalising or **Normalizing,** Normalización, recocido seguido de enfriamiento al aire, tratamiento de normalización; — **furnace,** horno de normalización.

Normalizability, Normalizabilidad.

Normed, Normado; — **ring,** anillo normado (topología).

North, Norte; — **pole,** polo norte.

Norway spruce fir wood, Madera de abetillo.

Nosc, Pico (tobera).

Nose, Delantera, morro de fuselaje, ojiva (proyectiles), nariz, punta; — **bit,** barrena de cuchara; — **fuze,** espoleta de ojiva; — **key,** contrachaveta; — **piece,** boquerel de manguera; — **pipe,** tobera de soplante de alto horno; — **radius,** radio de proa; — **spar,** larguero (ala de avión); — **wheel,** rueda delantera bajo el morro del avión; — **wheel dolly,** tren de la rueda delantera; **converter** —, pico de colada de convertidor; **dog** — **handvice,** tenazas de tornillo de abertura estrecha; **round** — **bullet,** bala de punta redondeada; **soft** — **bullet,** bala de punta blanda; **spindle** —, cabeza; **to** —, ojivar (proyectiles).

Nosed, Ojivado.

Nosing press, Prensa de ojivar.

Nostril, Orificio de entrada de gas o aire a la cámara de combustión.

Notary, Notario.

Notch, Cran, entalla, hendidura, mortaja, muesca de tarja, ranura; — **of a block,** garganta de polea; — **toughness,** tenacidad a la entalla; **adjustment** —, singlón de regulación; **cinder** —, tobera de escorias; **channel** —, ranura de una pieza de madera; **iron** —, orificio de colada; **moveable** —, muesca de mira móvil (cañón); **to** —, entallar.

Notched, Con ranuras, entallado.

Notches, Muesca, plural de **Notch,** relieves del neumático.

Notcher, Grujidor.

Notching, Entalladura; — **machine,** máquina de rebajar lentamente, muescadora.

Note, Nota; **promissory** —, pagaré.

Notice, Notificación.

Notification, Notificación.

Noxious space, Espacio perjudicial.

Nozzle, Boca, boquilla, boquilla de colada, busa, cuello, eyector, lanza, orificio, tobera, tubuladura; — **atomiser,** pulverizador de tobera; — **body,** cuerpo de la tobera; — **channel,** canal o conducción de tobera; — **contraction,** estrangulamiento de la tobera; — **de Laval,** tobera de Laval; — **fittings,** guarniciones de tobera; — **flap,** lengüeta de tobera; — **inclination,** ángulo de inclinación de la tobera; **branch** —, tubo de rebose; **circular** —, tobera redonda o circular; **combining** —, tobera de aspiración (inyector); **contracting or convergent** —, tobera convergente; **discharge** —, orificio de descarga, tobera de eyección; **diverging** —, tobera divergente; **expanding** —, tobera divergente; **fastening of nozzles,** fijación de las toberas; **final** —, tobera de salida; **fuel** —, inyector de carburante; **fuel valve** —, válvula de inyector; **injection** —, tobera de inyección; **spray** —, boquilla de pulverización, pulverizador; **square** —, tobera cuadrada; **supersonic** —, tobera supersónica; **trigger** —, pistola de distribución.

Nozzleman, Operario de la tobera.

N. R. valve, Válvula de retenida.

ntc (negative temperature coefficient), Coeficiente negativo de temperatura.

Nuclear, Nuclear; — **chemistry,** química nuclear; — **desintegration,** desintegración nuclear; — **detonation,** detonación nuclear; — **emulsion,** emulsión nuclear; — **energy,** energía nuclear; — **fission,** escisión nuclear (fisión), fisión nuclear; — **fuel,** combustible nuclear; — **magnetism,** magnetismo nuclear; — **multiplet,** multiplete nuclear; — **physics,** física nuclear; — **power,** energía nuclear; — **reactor,** reactor nuclear; — **recoil,** retroceso nuclear; — **resonance,** resonancia nuclear; — **spin,** espín nuclear.

Nucleation, Nucleación.

Nuclei, Núcleos; **atomic —,** núcleos atómicos; **heavy —,** núcleos pesados.

Nucleid, Nucleido.

Nucleofusion, Nucleofusión.

Nucleogenesis, Nucleogénesis.

Nucleolysis, Nucleolisis.

Nucleon, Nucleón.

Nucleous, Núcleo.

Nuclide, Núclido.

Nugget, Pepita de oro (minas).

Nuggeting, Sujeción por puntos.

Null, Cero; **— indicator,** indicador de cero; **— method,** método del cero; **cone of —,** cono de extinción.

Nulvalent, Nulivalente.

Number, Cifra, índice, número; **acid —,** índice de acidez; **bromine —,** índice de bromo; **even —,** número par; **intuitionistic —,** números intuicionistas; **Mach —,** número de Mach; **neutralisation —,** véase **Neutralisation**; **odd —,** número impar; **preferred numbers,** números normales o números Renard; **prime —,** número primo; **read- —** (in charge storage tubes), cifra de lectura (en tubos de memoria por carga); **read-around —** (in charge-storage tubes), cifra de independencia (en tubos de memoria por carga); **serial —,** número de serie; **subscriber —,** número de abonado; **unobtainable — tone,** señal acústica de hilo inexistente; **wave —,** número de onda; **whole —,** número entero; **to —,** contar, numerar.

Numbering, Cuenta; **automatic — transmitter,** transmisor numerador automático; **national — plan,** plan de numeración nacional.

Numerator, Numerador.

Nurl, Moleta de tornero.

Nut, Almendrilla (carbón de dimensión comprendida entre 1,9 y 3,1 cm), tuerca; **— lock,** freno de tuerca; **— making machine,** máquina de fabricar tuercas; **— runner,** aprietatuercas mecánico; **— tapping machine,** máquina de roscar tuercas; **adjusting —,** tuerca de fijación, tuerca de regulación; **axle —,** tuerca de eje; **binding —,** tuerca de inmovilización; **bolt —,** tuerca de perno de rosca; **bolt and —,** perno de rosca; **butterfly —,** tuerca de mariposa; **cage —,** tuerca prisionera; **car —,** tuerca de llave; **castellated —,** tuerca de corona; **castle —,** tuerca acanalada, tuerca con muescas; **check —,** contratuerca; **circular —,** tuerca de fijación, tuerca perforada; **clasp —,** véase **Clasp**; **collar —,** tuerca con resalto; **counter —,** contratuerca; **faston —,** tuerca de seguridad; **finger —,** tuerca de orejetas; **groover —,** tuerca de garganta; **hexagonal —,** tuerca exagonal; **jam —,** contratuerca; **lock —,** contratuerca; **locking —,** tuerca de seguridad; **lug —,** tuerca de orejetas; **self locking —,** tuerca autobloqueante; **square —,** tuerca cuadrada; **stopping —,** contratuerca, tuerca de inmovilización; **thumb —,** tuerca de orejetas; **union — joint,** racor roscado; **wing —,** tuerca de orejetas.

Nuzzle (To), Anillar.

Nylon, Nylon; **rubberized —,** nylon cauchotado.

O

O, O; — **wave,** onda ordinaria.

Oak, Roble; — **bark**, corteza de roble; — **timber**, madera de roble; — **tree**, moray, roble; **barren** —, roble negro; **bitter** —, rebollo; **chestnut** —, carvajo, quercus montana; **chestnut white** —, roble blanco; **common** —, roble común; **cork tree** —, alcornoque; **cup white** —, roble de gruesos frutos; **cypress** —, marojo, roble ciprés; **dyer's** —, roble de los tintoreros, roble de nuez de agalla, roble tintóreo; **evergreen** —, carrasca, encina; **gall bearing** —, roble de agallas, roble de tintoreros; **garmander** —, roble pequeño; **ground** —, retoño de roble; **helm** —, carrasca, encina; **hoary** —, roble blanco, roble canescente; **holly** —, carrasca, encina; **Indian** —, roble de las Indias; **iron** —, roble estrellado; **laurel** —, roble de hojas de laurel; **live** —, carrasca, encina de California; **kermes** —, roble kermés; **olive bark** —, roble francés de las Antillas; **red** —, roble rojo; **rock** —, roble de montaña; **scarlet** —, roble kermés; **shingle** —, roble para entramados; **turkey** —, rebollo; **Valonia** —, roble de Valonia; **wainscot** —, roble común; **water** —, roble acuático; **white** —, roble blanco; **willow** —, de hojas de sauce, roble sauce; **yellow** —, roble albar; **young** —, taláya.

Oaken, De roble.

Oakum, Estopa alquitranada.

Oaky, De roble, duro como el roble.

Oarage, Conjunto de remos de un bote.

Object, Objetivo; — **glass**, objetivo (óptica).

Objective, Objetivo; **coated** —, objetivo revestido; **microscope** —, objetivo de microscopio.

Oblateness, Aplastamiento en los polos.

Oblique, Oblicuo; — **belt**, correa inclinada; — **crank**, eje de cuerpo oblicuo.

Obliquely, Al través, oblicuamente.

Obscurement, Oscurecimiento.

Observation, Observación; — **chamber**, cámara de observación; **plugging-up an — line circuit**, circuito de toma y observación de líneas; **submarine — chamber**, cámara de observación submarina.

Observational, Observacional.

Obstruct (To), Obstruir, taponar.

Obstructer, Obstructor.

Obstruction, Atascamiento (tubo), obstrucción.

Obtund (To), Embotar.

Obturate (To), Obturar.

Obturation, Obturación.

Obturator, Obturador; **cop** —, obturador de anilla.

Obtuse, Obtuso; — **angle**, ángulo obtuso.

Obviate (To), Eliminar (defectos...).

Occluded, Ocluído; — **gas**, gas ocluído.

Occluder, Dispositivo para excluir la luz de los ojos.

Occultation, Ocultación.

Occulter, Eclipsador.

Occupancy, Ocupación; **group — meter,** contador de ocupación de reloj; **group — time meter,** contador de tiempo de ocupación de grupo.

Occupied, De ocupación; **porcentage — time,** coeficiente de ocupación de un circuito.

Occupy (To), Estar instalado en.

Oceanographic, Oceanográfico, oceanografía.

Octagon, Octógono.

Octal, Octal; **— base,** casquillo de ocho pitones; **— plug,** zócalo octal.

Octane, Octano; **— number,** índice de octano; **high — gasoline,** gasolina con elevado índice de octano.

Octant, Octante.

Octode, Octodo.

Octogonal, Octogonal.

Octovalent, Octovalente.

Octupole, Octopolar.

Octylene, Octileno.

Ocular, Ocular; **— field,** campo del ocular.

Od (outside diameter), Diámetro exterior.

Odd, Impar; **— coefficients,** coeficientes impares (mat.); **— odd isotope,** isótopo impar-impar.

Odograph, Odógrafo.

Odometer, Contador kilométrico.

Odor absorber, Absorbente de olores.

Oestrogens, Estrógenos.

Off loading, Descompresión, dispositivo de seguridad contra las presiones; **— peak time,** horas descargadas; **— period,** período de bloqueo; **— -take,** galería de desagüe (minas), muestra, toma de vapor; **cut — frequency,** frecuencia crítica portadora (de un filtro); **cut — length,** longitud de onda crítica (de un filtro); **cut — valve gear,** distribución de expansión; **gas — -take,** captación de gas, salida de gas; **on — keying,** manipulación por corte de frecuencia; **to scale — a boiler,** quitar los sedimentos de una caldera.

Offal, Madera de desecho.

Offbeat, Dificultad en la reparación.

Offcentering, Descentramiento.

Offcuts, Recortes.

Offeree, Ofrecido.

Office, Administración (de Correos), compañía (de Seguros), empleo, ministerio, oficina, puesto de mando; **branch —,** sucursal; **central — area,** área de una central; **control —** (Am.), estación directriz de grupo; **drawing —,** gabinete de dibujo; **forwarding —,** oficina transmisora; **forwarding — or sending —,** centro transmisor; **handing-over —,** oficina de cambio; **head —,** domicilio social; **public telegraph —,** oficina telegráfica pública; **receiving —,** oficina receptora; **telegraph —,** central telegráfica; **transit —,** centro de tránsito.

Offing, Alta mar.

Offloading, Descarga de mercancías.

Offset, Descentrado, desviado.

Offseting, Excentricidad.

Offshoot, Ramificación.

Offshore, En mar abierta; **— drilling,** perforación petrolífera en mar abierta.

Offsize, Fuera de medida.

Offtake, Véase **Off-take.**

Ogee, Cimacio, ojiva, talón; **— arch,** arco conopial.

Ogive, Ojiva; **— pointed,** en forma de ojiva, ojival.

Ohm, Ohmio, unidad de resistencia eléctrica.

Ohmic, Óhmico; **— losses,** pérdidas óhmicas; **— resistance,** efecto Joule, resistencia óhmica.

Ohmmeter, Ohmímetro; **volt** —, voltohmímetro.

Oil, Aceite; — **axle,** caja de engrase de un eje; — **baffle,** deflector de aceite; — **bearing,** petrolífero; — **box,** caja de engrase; — **brush,** escobilla de engrase; — **buffer,** freno de aceite; — **burner,** quemador de aceite; — **can,** aceitera; — **cleaner,** depurador de aceite; — **circuit breaker,** disyuntor en aceite; — **circulating pump,** bomba de aceite; — **cock,** grifo de engrase; — **condenser,** condensador de aceite; — **conservator,** conservador de aceite; — **cooler,** refrigerante de aceite; — **cooling,** refrigeración por aceite; — **cylinder,** cilindro de aceite; — **cup,** copa de lubricación; — **dashpot,** freno de aceite; — **dilution,** dilución de aceite; — **drain,** orificio de drenaje de aceite; — **drip tray,** bandeja de goteo del petróleo; — **engine,** motor de petróleo; — **exploration,** prospección petrolera; — **extractor,** recuperador de aceite; — **feeder,** aceitera; — **filter,** filtro de aceite; — **flinger,** retenedor del aceite; — **flotation,** flotación del aceite; — **for lamps,** aceite para alumbrado; — **fuel,** aceite combustible (petróleo, nafta); — **fumes,** vapores de aceite; — **furnace,** horno de aceite pesado; — **gauge,** nivel para aceite; — **gauge cock,** grifo de nivel del aceite; — **groove,** pata de araña; — **holder,** aceitera, bidón de aceite; — **hole,** lumbrera, orificio de engrase; — **hydrometer,** oleómetro; — **immersed,** en baño de aceite, sumergido en aceite; — **impregnation,** impregnación de aceite; — **inlet,** entrada de aceite; — **level,** nivel de aceite; — **level gauge,** indicador del nivel de aceite; — **manifold,** colector de aceite; — **mill,** molino aceitero; — **mud,** lodo al aceite; — **of turpertine,** aguarrás; — **pan,** cárter del aceite; — **pipe,** tubo de engrase; — **port,** puerto petrolero; — **pressure gauge,** manómetro de presión de aceite; — **pulp,** acetato de aluminio; — **pump,** bomba de aceite; — **purifier,** depurador de aceite; — **reclaimer,** depurador de aceite; — **reclamation or** — **reconditioning or** — **rehabilitation,** regeneración del aceite; — **refinery,** refinería de petróleo; — **reservoir,** depósito de aceite; — **ring,** anillo de engrase; — **rotted,** corroído por petróleo; — **sand,** arena petrolífera; — **screen,** filtro de aceite; — **seal,** junta de aceite; — **seepage,** rezumadero de petróleo; — **shale,** esquisto bituminoso; — **stone,** amoladera, piedra para aceite; — **switch,** conmutador de aceite; — **tackle,** pata de araña; — **tank,** depósito de aceite, tanque de petróleo; — **tanker,** buque petrolero; — **varnish,** barniz graso; — **well,** pozo de petróleo; — **whip,** véase **Whip**; **absorption** —, aceite de absorción; **acidizing of** — **wells,** acidación de pozos de petróleo; **air plane** —, aceite para motores de avión; **amber** —, aceite de ámbar; **animal** —, aceite de animal; **arachid** —, aceite de cacahuete; **axle** —, aceite para ejes; **ball bearing** —, aceite para rodamientos a bolas; **bloomless** —, aceite neutro filtrado y decolorado al sol; **boiled linseed** —, aceite de linaza hervido; **branded** —, aceite de marca; **bunker** —, mazut; **burning** —, petróleo lampante; **car** —, aceite para vagones; **castor** —, aceite de ricino; **clock** —, aceite de relojería; **coal or coaltar** —, aceite de alquitrado; **cod liver** —, aceite de hígado de bacalao; **colza** —, aceite de colza; **compounded** —, aceite compuesto de aceites minerales y vegetales; **compressor** —, aceite de compresor; **cotton seed** —, aceite de algodón; **creosote** —, aceite de creosota; **crude** —, aceite pesado, petróleo bruto; **cutting** —, aceite de corte; **cylinder** —, aceite para cilindros; **dead** —, aceite muerto, aceite privado de su gas; **detergent** —, aceite detergente; **doegling** —, véase

Doeglic; **drain** —, aceite de drenaje; **dry** —, aceite de linaza cocido; **drying** —, aceite secante; **earth** —, nafta; **essential** —, aceite esencial, aceite volátil; **etheral oils**, aceites esenciales; **fatty** —, aceite graso; **fish** —, aceite de pescado; **foot** —, aceite de patas de buey; **foots** —, aceite de exudación; **fossil** —, petróleo; **gear** —, aceite para engranajes; **graphited** —, aceite grafitado; **groundnut** —, aceite de nuez; **heary** —, aceite pesado; **hydrocarbon** —, aceite mineral; **hydrogenated** —, aceite hidrogenado; **ice machine** —, aceite para máquina de hielo; **illuminating** —, aceite de alumbrado; **inhibited** —, aceite inhibido; **insulating** —, aceite aislante; **journal** —, aceite para cojinetes; **lamp** —, aceite de quemar, petróleo lampante; **light, medium, heavy bodied** —, véase **Bodied**; **linseed** —, aceite de linaza; **loom** —, aceite para telares; **lube** —, aceite lubrificante; **lubricating** —, aceite de engrasar; **machinery** —, aceite para maquinaria; **mineral** —, aceite mineral; **neat's foot** —, aceite de pata de buey; **neutral** —, aceite neutro; **nut** —, aceite de nuez; **olive** —, aceite de oliva; **paint** —, aceite de pintura; **palm** —, aceite de palma; **paraffin** —, aceite de parafina, petróleo lampante; **peanut** —, aceite de cacahuete; **penetrating** —, aceite muy fluido; **petroleum** —, petróleo lampante; **pine** —, aceite de pino; **polishing** —, aceite de pulir; **poppy — or poppy seed,** aceite de adormidera; **purified** —, aceite depurado; **quench** —, aceite de temple; **rape** —, aceite de colza; **raw linseed** —, aceite de linaza natural; **refining** —, aceite de refinado; **residual** —, aceite residual; **road** —, residuos consistentes; **rock** —, petróleo; **running in** —, aceite de rodaje; **seed** —, aceite de semillas; **sewing machine** —, aceite de máquina de coser; **shale** —, aceite de esquisto; **siccative** —, aceite secante; **slushing** —, aceite antiherrumbre; **solar** —, aceite solar; **sperm** —, aceite de ballena; **spindle** —, aceite para husillos, aceite para pivotes; **tar** —, aceite de alquitrán; **tempering** —, aceite de recocido, aceite de temple; **thick** —, aceite pesado; **transformer** —, aceite para transformadores; **turpentine** —, aceite de trementina; **unused** —, aceite nuevo; **used** —, aceite usado; **valve** —, aceite para válvulas; **vegetable** —, aceite vegetal; de sebo; **to** —, aceitar, engrasar. **volatile** —, aceite volátil; **whale** —, aceite de ballena; **white** —, aceite decolorado; **wool** —, aceite de sebo.

Oilcloth, Hule.

Oiled, Aceitado, engrasado; — **fabric,** tela fabricada.

Oiler, Buque petrolero, engrasador; **constant level** —, engrasador de nivel constante; **gear** —, bomba de aceite para engranajes; **hand** —, engrasador de percusión; **ring** —, engrasador de anillo.

Oiliness, Untuosidad.

Oiling, Engrase; **self** —, con engrase automático.

Oilometer, Oleómetro.

Oily, Aceitoso.

Old, Antiguo; — **man,** labores antiguas (minas).

Oldham, Oldham; — **coupling,** junta Oldham.

Oleaginous, Oleaginoso.

Olefinic, Olefínico; — **content,** contenido de olefinas.

Olefins, Olefinas.

Oleic, Oléico; — **acid,** ácido oléico.

Oleo, Oleo; — **-pneumatic,** oleoneumático.

Oleohydraulic, Oleohidráulico.

Oleophilic, Oleófilo.

Oleoresinous, Oleorresinoso.

Oleosity, Oleosidad.

Oleostrut, Puntal de amortiguador hidráulico.

Oligist or oligistic iron, Oligisto.

Oligodynamic, Oligodinámico.

Olive, Oliva; — **oil,** aceite de oliva; — **tree,** olivo.

Olivine, Olivino; — **rock,** roca de olivino.

Ombrograph, Pluviógrafo.

Omniclimatic, Omniclimático.

Omnidirectional, Omnidireccional.

Omnimeter, Omnímetro.

On peak energy, Energía en la hora de máxima carga; — **plane,** normal al crucero (mineralogía); — **the flat,** de plano; — **the heel,** escorado (buques).

Onchnoid, Oncnoide.

Ondogram, Ondograma.

Ondograph, Ondógrafo.

Ondometer, Ondámetro.

Ondoscope, Ondoscopio.

One, Uno; — **color indicator,** indicador monocromo; — **deck vessel,** buque de un puente; — **grid valve,** lámpara monorejilla; — **lever control,** mando por palanca única; — **many,** de una entrada y varias salidas; — **pass weld,** soldadura de un cordón; — **slot winding,** devanado de una ranura por polo; — **stage amplifier,** amplificador de una etapa; — **staged rocket,** cohete monoetápico; — **step resin,** resol; — **wire cable,** cable con un solo conductor.

Oolite, Oolita.

Oolitic, Oolítico.

Oomph, Fuerza viva (proyectiles).

Ooze, Fango; **to** — **out,** filtrar.

Opacimeter, Opacímetro.

Opalize (To), Opalizar.

Opaque, Opaco; **radio-** —, radioopaco.

Opaqueness, Opacidad.

Open, Abierto, descubierto; — **belt,** correa recta; — **caisson,** cajón de borde cortante; — **cast,** a cielo abierto; — **cell,** pila abierta; — **circuit,** circuito abierto o de corriente intermitente; — **core transformer,** transformador de núcleo abierto; — **culvert,** canal a cielo abierto; — **heap roasting,** tostación en montón; — **hearth furnace,** horno de solera abierta; — **hearth steel,** acero Martín; — **jet wind tunnel,** túnel de vena libre; — **link chain,** cadena ordinaria; — **matter,** composición con plomo; — **mix,** mezcla porosa; — **piled,** apilado al aire libre; — **pit mine,** mina a cielo abierto; — **sliver,** cinta plana; — **staple,** mechón abierto; — **steel,** acero semicalmado; — **stope,** escalón abierto; — **transmission line,** línea de transmisión abierta; — **webbled,** de celosía (vigas); **to** —, abrir; **to cast in** — **sand,** fundir al descubierto; **transformer with** — **magnetic circuit,** transformador de circuito magnético abierto; **voltage on** — **circuit,** voltaje en reposo.

Opened clay, Arcilla desengrasada.

Opening, Abertura, carrera (válvula), excavación, orificio, trinchera, vía (minas); — **of a gallery,** preparación de galería; **advanced** —, avance a la apertura; **cross** —, talla transversal; **delayed** —, véase **Delayed**; **exhaust** —, lumbrera de escape.

Openness, Estructura abierta.

Openside planing machine, Cepilladora monomontante.

Operability, Capacidad de funcionamiento.

Operate, De operación; — **lag,** tiempo de operación.

Operated, Accionado, mandado; **electrically** —, con mando eléctrico; **electrically** — **valve,** válvula de accionamiento eléctrico; **float** — **valve,** válvula de flotador; **hand or manually** —, accionado a mano;

hydraulically —, accionado hidráulicamente; **mechanically** — **valve**, con mando mecánico; **motor** —, accionado por motor; **power** — **control**, servomando; **radar** —, dirigido por radar; **toggle** — **valve**, válvula de palanca acodada.

Operating, De funcionamiento; — **coil**, bobina de trabajo; — **conditions**, condiciones de funcionamiento; — **cost**, gastos de explotación; — **features**, características de funcionamiento; — **gear**, mecanismo; — **lever**, palanca de embrague; — **voltage**, tensión de servicio; **valve** — **mechanism**, mecanismo de accionamiento de válvula.

Operation, Explotación, funcionamiento, mando, marcha, servicio; **air** —, mando neumático; **automatic** —, funcionamiento automático; **duplex** —, funcionamiento en dúplex; **electronic selection and bar** — (ESBO), selección electrónica y mando de barras (ESBO); **logical** —, operación lógica; **machining operations**, trabajos de mecanizado; **parallel** —, funcionamiento en paralelo; **polar** —, funcionamiento polarizado; **second** —, segunda operación; **second** — **lathe**, torno de segunda operación; **silent** —, funcionamiento silencioso.

Operational, De funcionamiento, de marcha; — **amplifier**, amplificador operacional; — **endurance**, autonomía (de un avión); **boiler** —, fogonero.

Operator, Aparato de mando, explotador (servicio aéreo), operador; **chief operator's desk**, pupitre de mando; **controlling** —, operadora principal; **incoming** — (international service), centro de entrada internacional; **valve** —, mecanismo de accionamiento de válvula.

Ophimottling, Ofimoteado.

Opisometer, Opisómetro.

Opoid, Opoide.

Opposed, Opuestos; — **piston engine**, motor de pistones opuestos.

Opposing, Resistente; — **torque**, par resistente.

Opposite, Opuesto; **part** — **of the centers of bellows**, culote.

Opposition, Oposición; — **duplex**, dúplex por oposición; **phase** —, oposición de fase.

Opt (To), Optar.

Optar, Véase **Ranging**.

Optical, Óptico; — **angle**, ángulo óptico; — **axis**, eje óptico; — **center**, centro óptico; — **filter**, filtro óptico; — **glass**, vidrio óptico; — **parallax**, paralaje óptico; — **pyrometer**, pirómetro óptico; **electron-** — **comparator**, comparador óptico electrónico; **twinning** —, bimorfismo.

Opticalman, Persona que repasa el equipo óptico.

Optics, Óptica electrónica; **electron** —, óptica (ciencia); **ion** —, óptica de los iones.

Optimeter, Optímetro.

Option, Opción.

Optional, Facultativo.

Optionnally, Con opción.

Optiscope, Optiscopio.

Optometrist, Optimetrista.

Or-gate, Compuerta por disyunción.

Orbicular, Orbicular; — **texture**, textura orbicular.

Orbit, Órbita; **circular** —, órbita circular; **electronic orbits**, árbitros electrónicos.

Orbital, Orbital (un) (adj.); **molecular** —, orbital molecular.

Orbiter, Satélite artificial.

Order, Consigna, estado, orden (funcionamiento), pedido (a un proveedor); **in working** —, en buen estado de funcionamiento, en orden de marcha; **out of** —, descompuesto; **postal money** —, giro postal; **split** — **wire**, línea de órdenes dividida; **with** —, a la orden; **to** —, encargar (mercancías).

Orderer, Ordenador.

Ordinate, Ordenada (de un punto de una curva).

Ordnance, Artillería; — **procurement,** compras de material de guerra; **heavy** —, artillería gruesa (buque), artillería pesada; **light** —, artillería ligera; **medium** —, artillería media; **piece of** —, pieza de artillería.

Ore, Mineral; — **assaying,** ensayo de minerales; — **bringer,** roca intrusiva portadora de menas; — **crushing,** molido de minerales; — **crushing machine,** bocarte; — **dressing,** preparación mecánica de los minerales; — **furnace,** horno para fundir el mineral; — **grizzly,** parrilla para separar los minerales brutos del menudo; — **lode,** filón de mineral; — **marshalling,** clasificación de menas; — **process,** tratamiento del mineral (met.); — **roasting spot,** plaza de tostación de menas; — **sifter,** tamizador; — **sintering,** sinterización de minerales; — **washing,** lavado del mineral; **best work** —, mineral rico; **brittle silver** —, estefanita; **brown iron** —, hematites parda; **brush** —, mineral de hierro; **bucking** —, mineral escogido, mineral rico; **clay iron** —, véase **Clay**; **copper** —, mineral de cobre; **cube** —, farmacosiderita; **diluvial** —, mineral de aluvión; **dry ores,** mineral de oro o plata conteniendo poco o nada de plomo y mucha sílice; **flax seed** —, arcilla ferruginosa empleada en tintorería; **float** —, mineral que existe lejos de la roca de origen; **fossil** —, hematites fosilífera; **green copper** —, malaquita; **ground** —, mineral nativo; **high grade** —, mineral rico; **iron grade** —, mineral de hierro; **lead** —, mineral de plomo; **lean or low grade** —, mineral pobre; **lump** —, mineral en trozos; **oxidised** —, mineral oxigenado; **raw** —, mineral bruto; **red iron** —, hematites roja; **silver** —, mineral de plata; **spalling of ores,** triturado de los minerales; **squarry iron** —, hierro espático; **tin** —, mineral de estaño; **zinc** —, mineral de zinc; **to buck** —, separar los minerales; **to crush** —, moler los minerales, triturar con bocarte; **to dig** —, extraer el mineral; **to roast** —, tostar el mineral; **to smelt** —, fundir el mineral; **to wash** —, lavar el mineral.

Orebody, Criadero en masa.

Organ, Órgano; **electronic** —, órgano electrónico.

Organic, Orgánico; — **acids,** ácidos orgánicos; — **depot,** depósito orgánico; — **ester,** ester orgánico; — **film,** película orgánica; — **sulpher,** azufre orgánico.

Organization, Organización; **ground** —, infraestructura.

Organography, Organografía.

Organosilanes, Organosilanos.

Organosilicon, Organosilícico; — **compounds,** compuestos organosilícicos.

Orientate (To), Orientar.

Orientation, Orientación; **preferred** —, orientación preferencial.

Oriented, Orientado; — **steel,** acero de granos orientados; **grain** — **silicon steel,** acero al silicio de granos orientados; **grain** — **steel,** acero de granos orientados.

Orienting, Orientador.

Orifice, Entrada, orificio.

Origin, Origen; **office of** —, estación de origen.

Orioscope, Orioscopio.

Orlón, Orlón.

Orlop, Bodega (buques).

Orthicon, Orticonoscopio.

Ortho, Orto; — **baric,** ortobárico; — **chromatic,** ortocromático; — **chromatism,** ortocromatismo; —

gonal series, series ortogonales; — **gonality**, ortogonalidad; — **normal**, ortonormal; — **rhombic**, ortorrómbico.

Orthogonality, Ortogonalidad.

Orthogonalize (To), Ortogonalizar.

Orthoseismometer, Ortosismómetro.

Orthotomic, Ortotómico.

Oryctogeology, Orictogeología.

Oscillatability, Oscilabilidad.

Oscillate (To), Oscilar.

Oscillating, Oscilante; — **crank gear**, corredera oscilante a manivela; — **field**, campo oscilante; **self — sender**, emisor autooscilante.

Oscillation, Oscilación; — **time**, período de oscilación; **continuous —**, oscilación continua; **damped oscillations**, oscilaciones amortiguadas; **forced oscillations**, oscilaciones forzadas; **free oscillations**, oscilaciones libres; **harmonic —**, oscilación armónica; **intermittent —**, oscilación intermitente.

Oscillator, Lámpara osciladora, oscilador; **adiabatic —**, oscilador adiabático; **audio —**, oscilador de baja frecuencia; **balanced —**, oscilador equilibrado; **beat frequency —**, frecuencia de batido; **blocking —**, oscilador de bloqueo; **butterfly —**, oscilador mariposa; **closed —**, oscilador cerrado; **crystal —**, oscilador de cristal; **electron-coupled —**, oscilador de acoplo electrónico; **free-running crystal-controlled —**, oscilador continuo controlado por cristal; **heterodyne —**, oscilador heterodino; **induction —**, oscilador de inducción; **laboratory —**, oscilador de laboratorio; **line-stabilized —**, oscilador estabilizado por línea; **linear —**, oscilador lineal; **master —**, oscilador maestro (patrón); **modulated —**, oscilador modulado; **open —**, oscilador abierto; **polyphase —**, oscilador polifásico; **pulsed —**, oscilador de impulsos; **push-pull —**, oscilador en contrafase; **quartz cristal —**, oscilador de cristal de cuarzo; **relaxation —**, oscilador de relajación; **resistance-stabilized —**, oscilador estabilizado por resistencia; **resonant-line —**, oscilador de línea resonante; **tuning-fork —**, oscilador de diapasón vibrador; **ultra-audion —**, oscilador ultraaudión; **velocity modulation —**, oscilador de velocidad modulada; **X band —**, oscilador de margen X.

Oscillatory, Oscilante, oscilatorio; — **circuit**, circuito oscilante; — **discharge**, descarga oscilante.

Oscillogram, Oscilograma; **schedule method of analyzing oscillograms**, método sistemático de analizar oscilogramas.

Oscillograph, Oscilógrafo; **cathode ray —**, oscilógrafo de rayos catódicos; **double beam —**, oscilógrafo de doble haz; **magnetic —**, oscilógrafo magnético.

Oscillographic, Oscilográfico; — **recording**, registro oscilográfico; — **test**, ensayo oscilográfico.

Oscillography, Oscilografía.

Oscilloscope, Osciloscopio; — **screen**, pantalla de osciloscopio; **cathode ray —**, osciloscopio de rayos catódicos; **low frequency —**, osciloscopio de baja frecuencia; **projection —**, osciloscopio de proyección; **transit time in a cathode ray —**, tiempo de tránsito de un osciloscopio.

Osculating, Osculación.

Osculatrix, Curva osculatriz.

Osmium, Osmio; — **tetroxide**, anhídrido ósmico.

Osmosis or **Osmose**, Ósmosis; **electrical —**, ósmosis eléctrica.

Osmotic, Osmótico; — **pressure**, presión osmótica.

Osometry, Osometría.

Osophone, Osófono.

Ounce, Medida de peso, onza; **fluid —**, véase **Fluid**.

Out, Fuera; — **of gear**, desembragado; — **of season**, fuera de lugar; — **of true**, desviado; **boiler — put**, gasto de vapor de la caldera; **dug — earth**, descombro; **dying — of the arc**, ahogo del arco; **fitting — dock**, dársena de armamento; **in and — bolt**, perno que atraviesa de lado a lado; **to blow — the furnace**, dejar el horno sin fuego; **to bore — a cylinder**, calibrar interiormente un cilindro; **to draw — iron**, estirar el hierro; **to drill — rivets**, quitar los remaches por taladrado; **to throw — of gear**, desengranar; **to throw — the clutch**, desembragar.

Outage, Avería, extinción de un arco, interrupción de servicio.

Outbalance (To), Ser más importante que.

Outbent, Curvado hacia fuera.

Outboard, Fuera de borda; — **engine**, motor exterior.

Outbuildings, Construcciones anexas.

Outcrop, Afloramiento.

Outcropping, Afloramiento.

Outdoor, Al aire libre, exterior; — **barrel**, cuerpo de sonda (petróleo); — **plant**, al aire libre, estación, fábrica exterior.

Outer, Exterior; — **modulation**, modulación por diferencia de fases.

Outfall, Cascada.

Outfit, Conjunto, equipo.

Outfitter, Armador de un buque.

Outflow, Efluente.

Outgoing, De salida; **line for — traffic**, circuito para tráfico de salida.

Outhouse, Edificio exterior.

Outlet, Barbacana, evacuador, orificio de emisión, paso, salida, toma (trépano); — **piping**, tobera de salida; **irrigation** —, toma de riego; **jet** —, tobera de salida de los gases; **water** —, salida de agua.

Outlier, Anexo de una institución

Outline, Bosquejo, esbozo.

Output, Cantidad sacada, caudal, de salida, extracción, potencia, producción (minas), rendimiento; — **power**, potencia de salida, potencia suministrada; — **transformer**, transformador de salida; — **valve**, lámpara de potencia, lámpara de salida; **average power** —, potencia media de salida; **light or luminous** —, intensidad luminosa; **normal** —, potencia nominal; **take off** —, potencia de despegue.

Outrigger, Arbotante; **tail** —, viga de unión (aviones).

Outrush, Fuga (de gas, de vapor).

Outsail (To), Sobrepasar en velocidad (buques).

Outscriber, Descodificador de salida.

Outside, Exterior; — **screw cutting tool**, peine de roscar exteriormente; **radiation — of occupied band**, radiación fuera de la banda ocupada.

Outsider, Compañía independiente.

Outstope, Avance (minería).

Outstroke, Carrera de ida del pistón.

Outwall, Fachada de un edificio, muro exterior.

Outward, Exterior.

Outweight (To), Superar en peso.

Oval, Óvalo; — **grinding machine**, máquina de rectificar ovalado; — **shaped**, ovalado; — **turning device**, dispositivo para tornear ovalado; **blast furnace with — hearth**, alto horno de crisol ovalado; **to wear** —, ovalarse.

Ovalisation, Ovalización.

Oven, Horno; **beehive coke** —, horno de colmena; **by-product coke** —, horno de coque con recuperación de subproductos; **coke** —, horno de coque; **drying** —, estufa; **flattening** —, horno de extender; **gas** —, horno de gas; **heat treat** —, horno de tratamientos térmicos.

Ovening, Acción de meter en el horno.

Ovenpeel, Pala de horno.

Ovenrake, Hurgón.

Over, Sobre; **change** — **contact**, con mutación normal; **fade** —, desvanecimiento gradual; **hunting** — **a PXB group**, explorador de líneas de central privada; **throw** — **claw**, trinquete reversible; **throw** — **switch**, conmutador permutador; **to file** —, pasar la lima sobre.

Over-exposure, Sobreexposición.

Overages, Sobrantes.

Overall, De fuera a fuera, exterior, global; — **balance**, sobrecompensación; — **diameter**, diámetro exterior (tubos); — **efficiency**, rendimiento global, rendimiento industrial; — **length**, longitud de fuera a fuera, longitud total.

Overburn (To), Requemar.

Overcapitalize (To), Sobrecapitalizar.

Overcharge, Sobrecarga (acús.); **to** —, sobrecargar.

Overcharging, Sobrecarga.

Overcompounded, Hipercompound.

Overcrossing, Paso superior (ferrocarril).

Overcurrent, Sobreintensidad; — **relay**, relé de sobreintensidad; — **tripping device**, relé de sobreintensidad.

Overdamped, Sobreamortiguador.

Overdrive or Overdrive transmission, Sobremultiplicación.

Overdriving, Sobrehinca (pilotes).

Overexcitation, Sobreexcitación.

Overexcited, Sobreexcitado.

Overfall, Cascada.

Overfault, Falla inversa.

Overflow, Arrastre, inundación, rebose, vertedero; — **of water**, arrastre de agua, proyección de agua (cald.); — **pipe**, tubo de rebose; — **plug**, tapón de rebose.

Overfly (To), Sobrevolar.

Overgild (To), Incrustar con oro.
Overhand knot, Nudo sencillo.

Overhang, Voladizo; **to** —, avanzar, desbordar sobre, estar en voladizo, sobresalir.

Overhanging, En saliente, en voladizo; — **roof**, tejado en saliente.

Overharden (To), Endurecer demasiado, templar.

Overhaul, Desmontaje, inspección, revisión; **inter** — **period**, período entre dos revisiones sucesivas; **to** —, desmontar, examinar, repasar (rep. de cuerdas), tiramollar (aparejo), verificar, visitar (máquinas).

Overhauled, Desmontado, revisado, visitado.

Overhauling, Desmontaje, revisión, visita.

Overhead, Aéreo; — **cable**, cable aéreo; — **conductor**, conductor aéreo; — **cost**, gastos generales; — **network**, red aérea; — **transmission**, contramarcha de techo; — **traveller**, grúa de cable aéreo.

Overhearing, Control de la conversación.

Overheat (To), Sobrecalentar.

Overheated, Sobrecalentado.

Overheating, En voladizo, tubo recalentador; — **engine**, motor que se calienta; — **pipe**, tubo recalentador.

Overhung, En consola, en saliente, en voladizo; — **bearing**, soporte en ménsula; — **girder**, viga en saliente; — **mounting**, montaje en saliente.

Overladen, Sobrecargado (buque, etc.).

Overlap, Recubrimiento (cajones), solape; — **angle,** ángulo de superposición; **eduction** —, recubrimiento en la evacuación; **to** —, recubrir (junta a solape).

Overlape (To), Enmangar.

Overlapping, Véase **Overlap**; **dovetailed** — **blade,** álabe de cola de milano.

Overlaunching, Ayuste, ensamble, unión.

Overlay, Superpuesto transparente (sobre un plano).

Overlaying, Enchapado, retacado (máq.).

Overleap, En la admisión; **steam** — recubrimiento en la admisión.

Overload or **Overloading,** Sobrecarga; — **capacity,** capacidad de sobrecarga; — **circuit breaker,** disyuntor de máxima; — **distortion,** distorsión de sobrecarga; — **indicator,** indicador de sobrecarga; — **relay,** relé de máximo de intensidad; **to** —, cargar demasiado, sobrecargar.

Overloaded, Sobrecargado.

Overloader, Pala cargadora descargando hacia atrás por encima del chasis.

Overloading, Vigilar.

Overlook (To), Vigilar.

Overlooker, Capitán de armamento (buque mercante), contramaestre, vigilante.

Overlubrication, Engrase exagerado.

Overman, Capataz, capataz obrero.

Overoxygenated, Sobreoxigenado.

Overpenetration, Penetración excesiva.

Overpoled, Sobreagitado (cobre).

Overpoling, Reducción exagerada del cobre por sobreagitación, supercarga.

Overrate (To), Sobreestimar.

Overrefined, Sobrerrefinado.

Overrigid, Redundante (estructuras).

Overscrew (To), Pasar de rosca un tornillo.

Overseer, Contramaestre, inspector, vigilante.

Overshoot, Desagüe, vertedero.

Overshooting, Hipermodulación del sonido.

Overspeed or **Overspeeding,** Velocidad excesiva; — **trip,** desconexión para sobrevelocidad.

Oversteering, Sobreviraje (autos).

Overtemperature, Calentamiento (motores, cojinetes).

Overtime, Horas extraordinarias (arsenales, canteras), horas suplementarias; **without resorting to** —, sin horas extraordinarias.

Overstrain (To), Fatigar, fatigar por exceso de trabajo.

Overstressing effect, Descenso del límite de fatiga de las piezas que han soportado un esfuerzo superior a este límite.

Overtravel (To), Rebasar los enganches.

Overturning, Vuelco.

Overtype, De tipo superior; — **dynamo,** dínamo de tipo superior.

Overtwist (To), Sobretorcer.

Overvoltage, Inducido de tipo superior.

Overwater, Sobre el agua.

Overwet, Demasiado húmedo.

Oviform, Ovoide.

Owner, Armador, propietario; **joint** — **or part** —, armador copropietario.

Oxalacetic, Ácido oxalacético.

Oxalic, Oxálico; — **acid,** ácido oxálico.

Oxazolin, Oxazolina.

Oxhydrogen, Oxhídrico; — **blowpipe,** soplete oxhídrico; — **cell,** pila oxhídrica.

Oxidant, Oxidante.

Oxidase, Oxidasa.

Oxidate (To), Oxidar.

Oxidated, Oxidado.

Oxidation, Oxidación; — **inhibitor,** inhibidor de la oxidación; — **number,** índice de oxidación; — **potential,** potencial de oxidación; — **reduction,** oxidación reducción; — **tower,** torre de oxidación; **anodic** —, oxidación anódica; **coupled** —, oxidación acoplada.

Oxide, Óxido; — **coated,** con película de óxido; — **emitter,** emisor de óxido; — **of calcium,** óxido de calcio; — **of lead,** óxido de plomo; — **of tin,** óxido estannico; — **manganeous,** óxido manganoso; — **slag,** escoria oxidante; **baric** —, óxido bárico; **carbonic** —, óxido de carbono; **copper** —, óxido de cobre; **copper-** — **rectifier,** rectificador de óxido de cobre; **cupric** —, óxido cúprico; **cuprous** —, óxido cuproso; **ferric** —, óxido férrico, sesquióxido de hierro; **hydric** —, óxido hídrico; **manganese** —, óxido de manganeso; **manganic** —, óxido mangánico; **mercuric** —, óxido mercúrico; **mercurous** —, óxido mercurioso; **metal** —, óxido metálico; **nickelic** — **or nickel** —, óxido de níquel; **nitric** —, óxido de nitrógeno; **potassic** — **or potassium** —, óxido de potasio; **red** — **of copper,** óxido cuproso; **red** — **of iron,** óxido férrico; **sodic** —, óxido de sodio; **stannic** —, bióxido de estaño, óxido estannico; **stannous** —, óxido estannoso; **tungstic** —, óxido túngstico; **zinc** —, óxido de zinc.

Oxidiometry, Oxidiometría.

Oxidise (To), Oxidar.

Oxidised, Oxidado; — **ore,** mineral oxidado.

Oxidising, De oxidación; — **tower,** torre de oxidación.

Oxidizability, Oxidabilidad.

Oxidizement, Oxidación.

Oxidoreduction, Oxidorreducción.

Oxifier, Substancia oxidante.

Oxotropic, Oxotrópico.

Oxy-cutting, Oxicorte.

Oxyacetylene, Oxiacetileno; — **blow pipe,** soplete oxiacetilénico; — **cutting machine,** máquina de oxicorte; — **flame,** soplete oxiacetilénico; — **torch,** soplete oxiacetilénico; — **welding,** soldadura autógena, soldadura oxiacetilénica.

Oxyacid, Oxiácido.

Oxyanion, Oxianión.

Oxyarc, Oxiarco; — **cutting,** corte oxieléctrico.

Oxybitumen, Oxibitumen.

Oxybromide, Oxibromuro; **lead** —, oxibromuro de plomo.

Oxychloride, Oxicloruro.

Oxygen, Oxígeno; — **breathing apparatus,** inhalador de oxígeno; — **bomb,** bomba de oxígeno; — **equipment,** inhalador de oxígeno; — **fluoride,** óxido de fluor; — **mask,** mascarilla de oxígeno; — **of iodin,** ácido periódico; **atomic** —, oxígeno atómico; **liquid** —, oxígeno líquido; **migration of** —, transporte de oxígeno (elec.); **molecular** —, oxígeno molecular

Oxygenate (To), Oxigenar.

Oxygenated, Oxigenado.

Oxygenation, Oxigenación.

Oxygraph, Oxígrafo.

Oxyluminescence, Oxiluminiscencia.

Oxysalt, Oxisal, sal oxigenada.

Oxysulphate, Oxisulfato; **lead** —, oxisulfato de plomo.

Oz, Abreviatura de **Ounce.**

Ozokerite, Ozoquerita.

Ozonation, Ozonación.

Ozone, Ozono; — **generator,** generador de ozono; **atmospheric** —, ozono atmosférico.

Ozonide, Ozonida.

Ozonize (To), Ozonizar.

Ozonizer, Ozonizador.

Ozonizor, Ozonizador.

Ozonolysis, Ozonólisis.

Ozonoscope, Ozonoscopio.

P

P, P; — **adic**, P ácido; — **valent**, P valente.

Pacing, Medida a pasos.

Pack cloth, Arpillera; **power** —, batería común; **to** —, embalar, empaquetar, estibar, guarnecer una junta, hacer estanca una junta por medio de un prensaestopas; **to** — **up**, calar (motor).

Packageable, Empaquetable.

Packaging, Embalaje, empaquetadura; — **machine**, máquina de embalar, máquina de empaquetar.

Packbuilder, Rellenador.

Packer, Prensaestopas.

Packet, Paquete; — **packing machine**, máquina de empaquetar; **wave-guide** —, paquete de guía-ondas.

Packfong, Maillechort.

Packing, Acción de guarnecer un prensaestopas, calzo, embalaje, empaquetamiento, guarnición (máq., prensaestopas); — **block**, prensaempaquetaduras; — **bolt**, perno de apriete de un prensaestopas; — **box**, prensaestopas; — **drawer**, arrancacuñas; — **of a boiler**, revestimiento de caldera; — **of a stuffing box**, guarnición de prensaestopas; — **pieces**, calzos; — **plate**, corona de pistón, placa de suplemento; — **rings**, anillos metálicos; — **stick**, retacador para empaquetaduras; — **tow**, trenza para empaquetaduras; — **up**, embalaje; — **washer**, arandela de prensaestopas; — **worm**, desempaquetador; **asbestos** —, guarnición de amianto; **asbestos steam** —, con guarnición de amianto; **card board** —, cartonaje; **cotton** —, guarnición de algodón; **elastic** —, guarnición de junta deslizante; **gland** —, guarnición de prensaestopas; **hemp** —, guarnición de cáñamo; **labyrinth** —, cierre de laberinto; **metallic** —, guarnición metálica; **vulcanized india-rubber** —, guarnición de caucho vulcanizado.

Pad, Arandela, atenuador fijo, chumacera de refuerzo, reborde, tampón, zapata; **die** —, eyector de la matriz; **hold down** —, sacaremaches; **jacking** —, apoyo del gato; **knee** —, plancha rodillera; **mounting** —, brida de fijación; **oscillating** —, patín oscilante; **rubber** —, arandela de caucho; **thrust** —, patín de tope.

Padded, Almohadillado.

Padder, Compensador (electricidad).

Padding, Padder (electrónica).

Paddle, Álabe, paleta (de rueda); — **ship**, buque de ruedas de paletas; — **wheel**, ruedas de álabes; **feathering** —, álabe articulado; **to reef the paddles**, subir las paletas

Paddler, Buque de ruedas.

Padlock, Candado.

Padsaw, Serrucho de contornear.

Pail, Balde, cubo.

Paining, Emparejado (televisión).

Paint, Pintura; — **extender**, pigmento para pinturas; — **house**, taller de pintura; — **pigment**, pigmento para pintura; — **thinner**, disolvente para pintura y barniz; **aluminium** —, pintura al aluminio; **oil** —, pintura al aceite; **ship bottom** —, pintura de carena; **water** —, pintura al agua; **to** —, pintar.

Painted, Pintado; **white —,** pintado de blanco.

Painter, Pintor.

Painting, Pintura; **— machine,** pistola de pintar; **distemper —,** pintura al temple.

Pair, Par (cinemática, química, electrónica, etc...); **astatic —,** sistema astático de agujas imantadas; **coaxial —,** par coaxil; **concentric —,** par concéntrico; **lips of a — of boxes,** orejetas de una caja de moldeo; **twisted pairs splicing,** empalme por pares (hilos cableados).

Paired, Acoplados; **— cylinders,** cilindros acoplados.

Palisander, Palisandro.

Pall, Véase **Pawl.**

Palladium, Paladio.

Pallet, Paleta, plataforma, plataforma de mantenimiento, trinquete, zócalo de prensa.

Palletization, Embandejación.

Palm, Brazo (soporte de eje), oreja (de ancla); **— oil,** aceite de palma; **— tree,** palmera.

Pan, Caldera, cangilón, capa de arcilla, copela de níquel, depósito, pan de oro o de plata; **amalgamating —,** caldera de amalgamación; **breast —,** antecrisol (fund.); **cupel —,** molde crisol de copela; **drip —,** caja de aceite (cojinete); **muching —,** galería de carga (minas); **oil —,** cárter de aceite; **oil — drain plug,** tapón de vaciado del cárter; **settling —,** cubeta de decantación.

Pancake, Pérdida de velocidad (aviac.); **— coils,** serpentines planos.

Panchromatic, Pancromático; **— film,** emulsión pancromática.

Pane, Cara (de una pieza), cristal de ventana, lienzo de muro, peña (martillo).

Panel, Cara de sillar, compartimento (minas), cuadro, panel; **absorbing —,** panel absorbente; **access —,** puerta de visita; **acoustical —,** panel acústico, panel insonoro; **control —,** cuadro de control; **equalizer —,** panel igualador; **glass —,** panel acristalado; **inspection —,** panel de inspección; **instrument —,** tablero de bordo; **ripping —,** banda de desgarre; **to —,** dividir por paneles, laborear por cámaras.

Pannel, Véase **Panel**; **connector —,** cuadro de conexiones.

Pannelled, Con paneles; **oak —,** con paneles de roble.

Pannelling, Tablaje.

Panoramic, Panorámico.

Pant (To), Fatigar (máq.), trepidar, vibrar.

Panting beam, Bao de los raseles.

Pantograph, Pantógrafo.

Pap, Tubo de salida de un canalón de recogida de aguas.

Paper, Papel (véase los cuadros para las denominaciones inglesas de los papeles); **— credit,** crédito basado en efectos, papel moneda; **— disk,** disco o arandela de papel (pila); **— insulated cable,** cable aislado con papel; **— joint,** junta al papel; **— maker,** fabricante de papel; **— making,** fábrica de papel, fabricación del papel; **— (making) machine,** máquina de fabricar papel; **— manufacturer,** fabricante de papel; **— mill,** fábrica de papel, papelería; **— money,** papel moneda; **— pulp,** pasta de papel; **— reel or — pool,** bobina de papel; **— tape,** cinta de papel; **absorbent —,** papel absorbente; **blotting —,** papel secante; **blue print —,** papel al ferroprusiato; **bromide —,** papel al bromuro; **brown —,** papel embreado; **cambric —,** papel de seda; **cartridge —,** papel oleoso; **corrugated —,** papel ondulado; **drafting or drawing —,** papel de dibujo; **filter —,** papel de filtro; **flax —,** papel de calco; **flint —,** papel revestido de silex machacado; **fossil —,** amianto; **impreg-**

nated —, papel impregnado; **laid** —, papel vitela; **litmus** —, papel tornasol; **packing** —, papel de embalar; **photographic** —, papel fotográfico; **sand** —, papel de lija; **tissue** —, papel de seda; **tracing** —, papel de calco.

Par, Par; **at** —, a la par.

Parabay, Compartimiento para el lanzamiento de paracaidistas.

Parabola, Parábola; **metal** —, espejo parabólico metálico.

Parabolic or **Parabolical,** Parabólico; — **antenna,** antena parabólica; — **mirror,** espejo parabólico; — **reflector,** reflector parabólico; — **rifling,** rayado parabólico.

Parabolocylindrical, Parabolocilíndrico.

Paracentric, Paracéntrico.

Parachors, Paracuerda.

Parachute, Paracaídas; — **flare,** bengala con paracaídas; — **harness,** correaje del paracaídas; — **pack,** saco del paracaídas; — **release cord,** cordón de abertura del saco; — **rigging lines,** cordones de suspensión del paracaídas; — **shroud line,** cordón de suspensión del paracaídas; **back type** —, paracaídas dorsal; **canopy of** —, velamen de paracaídas; **drag** —, paracaídas de frenado; **time descent** —, paracaídas de descenso retardado; **wing tip** —, paracaídas de extremo de ala; **to** —, saltar en paracaídas.

Parachuting, Paracaidismo.

Parachutist, Paracaidista.

Paracurve, Cono curvilíneo, diafragma parabólica.

Parados, Espaldón.

Paraffin, En algunos casos petróleo lampante, parafina; — **oil,** aceite de parafina; — **wax,** cera de parafina.

Paraffinic, Parafínico; — **fuel,** combustible parafínico; — **hydrocarbon,** hidrocarburo parafínico.

Parageosynclinal, Parageosinclinal.

Paragon, Clásico.

Parahydrogen, Parahidrógeno.

Parallax or **Parallaxe,** Paralaje; — **free,** sin paralaje.

Parallel, Paralelo; — **bar,** varilla de paralelograma; — **battery,** batería de pilas en derivación; — **connection,** conexión en paralelo; — **flow,** de corrientes del mismo sentido; — **lathe,** torno paralelo; — **misalignment,** malalineación paralela; — **motion,** paralelogramo (de Watt); — **motion gear,** paralelogramo (máquina); — **resonance,** resonancia paralela; — **rod,** biela del paralelograma; — **running,** marcha en paralelo; **series** — **winding,** devanado mixto; **to** —, poner en paralelo (elec.); **to run** —, ser paralelo a.

Paralleling, Puesta en paralelo (elec.).

Parallelism, Paralelismo.

Parallelogram, Paralelogramo.

Parallelopiped, Paralelepípedo.

Parallelopipedic, Paralelopipédico.

Parallely, Paralelamente.

Paramagnetic, Paramagnético; — **anisotropy,** anisotropía paramagnética; — **susceptibility,** susceptibilidad paramagnética; **electronic** — **resonance,** resonancia paramagnética electrónica.

Paramedic, Sanitario adiestrado en lanzarse con paracaídas.

Parameter, Parámetro; **transistor hybrid parameters,** parámetros híbridos del transistor.

Parametric, Paramétrico.

Parametrization, Parametrización.

Parapamp, Amplificador paramétrico.

Paraphase, Parafásico; **floating** — **amplifier,** amplificador parafásico flotante.

Parasitic, Parásito; — **oscillations,** oscilaciones parásitas; — **signals,** tiravira (cable); **power** —, parásitos industriales.

Paraspy, Espía arrojado en paracaídas.

Paravanes, Paravanes (marít.).

Paraxial, Paraxial.

Parbuckle, Tiravira (cable); **to —,** tiravivar.

Parcel (To), Aforrar un cabo, precintar (una costura).

Parcelling, Precinto para cuerdas.

Parchment, Pergamino; **vegetable —,** pergamino vegetal.

Parcolubrizing, Tratamiento con fosfatos de hierro y manganeso.

Pare (To), Aplanar, cortar, desbarbar, recortar.

Parer, Rascador.

Parging, Maestra de chimenea.

Paring, Raspadura (del hierro), recorte; **— knife,** descarnador.

Park (To), Estacionar.

Parking, Aparcamiento; **— light,** luz de estacionamiento; **— meter,** contador de estacionamiento.

Part, Parte; **first — release,** reposición por un abonado unilateral; **standing — of a rope,** jarcia firme de una maniobra; **to —,** ceder, romper.

Partial, Parcial; **— admission,** admisión parcial; **— saturation,** saturación parcial.

Participator, Participante.

Particleboard, Tablero hecho de trozos pequeños de madera comprimidos a gran presión.

Particles, Partículas; **alpha —,** partículas alfa.

Particolored, Bicolor.

Partition, División; **— function,** función de partición; **— rock,** roca encajante.

Partitioning, Tabiquería.

Partner, Socio (comercio).

Parts, Piezas; **aircraft —,** piezas de avión; **automobile —,** piezas de automóvil; **spare — replacement,** piezas de recambio.

Party, Parte (contrato, proceso); **— line,** línea compartida; **charter —,** carta de partida.

Pass, Acanaladura, garganta, pasaje, paso; **— reject indicator,** indicador de aceptación o rechazo; **band —,** paso de banda; **band — filter,** filtro de un paso de banda; **box —,** acanaladura rectangular; **charter —,** carta de fletamiento; **diamond —,** acanaladura en rombo; **finishing —,** pasada de acabado; **gothic —,** acanaladura gótica; **high —,** paso alto (filtro); **low —,** paso bajo; **multiple passes,** pasadas múltiples; **roughing —,** pasada de desbaste.

Passage or **Passageway,** Crujía.

Passbook, Libro de cuenta y razón.

Passenger, Pasajero.

Passivation, Pasivación.

Passivator, Pasivador.

Passive, Pasivo; **— radiobalize,** radiobaliza pasiva; **coded — reflector,** reflector pasivo indicador.

Passivity, Pasividad.

Paste, Engrudo, estrás, materia activa, pasta; **— board,** cartón; **active —,** pasta de materia activa; **falling —,** materia activa que cae; **falling out of the —,** caída de materia activa; **flour —,** engrudo; **to —,** empastar, encolar, pegar, untar; **to — plates,** empastar las placas.

Paster, Empastador, engrudoso.

Pasteurization, Pasteurización.

Pasteurize (To), Pasteurizar.

Pasteurizer, Pasteurizador.

Pastiness, Pastosidad.

Pasting, Empastado, encolado, engrudado; **— machine,** máquina de empastar (acumuladores), máquina de engrudar; **leather —,** empalme con cuero.

Pasty, Pastoso.

Patch, Pieza inserta, pieza pegada, placa; **— effect,** efecto particular; **— field,** campo particular.

Patency, Que no tiene unidad de conjunto.

Patent, Patentado, patente de invención; — **agents,** agentes de patentes; — **coal or** — **fuel,** aglomerados; — **law,** ley de patentes.

Patenting, Temple interrumpido (hilos metálicos).

Patentry, Técnica de las patentes de invención.

Path, Carrera, trayectoria; **air** —, entrehierro, trayectoria de las líneas de fuerza en el entrehierro; **curved** —, trayectoria curva; **feedback** —, coeficiente de realimentación; **forward** —, vía de progresión; **glide** — **transmitter,** transmisor de senda de descenso; **tangential wave** —, radiación tangente; **through** —, vía de paso.

Pathfinder, Avión precursor.

Patinize (To), Dar pátina.

Pattering, Separación cíclica del rediente del agua pero quedando la cola pegada al agua (hidros de canoa).

Pattermaker, Machero (funderías).

Pattern, Diagrama, modelo, muestra, plomeo (escopeta de caza); — **making,** modelaje; — **shop,** taller de modelos; **absolute** —, diagrama absoluto (antenas); **antenna** —, diagrama de radiación de antena; **box** — **engine bed,** bastidor cerrado; **cigar-shaped radiation** —, diagrama de radiación fusiforme; **diffraction patterns,** diagramas de difracción; **directional** —, diagrama direccional; **directivity** —, diagrama de directividad; **doughnut-shaped radiation** —, diagrama de radiación toroidal; **field** — (antennas), diagrama de intensidad de campo (antenas); **flow** —, diagrama de flujo; **normalized** — (antennas), diagrama normalizado (antenas); **phase** — (antennas), diagrama de fase (antenas); **power** — **of an antenna,** diagrama de potencia de una antena; **primary** —, diagrama primario; **radiation** —, diagrama de radiación; **reflection** —, diagrama por reflexión; **relative** — (antennas), diagrama relativo (antenas); **resolution** —, imagen de prueba; **secondary** —, diagrama secundario; **vertical coverage** —, diagrama de distancias.

Patterned, Con figuras geométricas.

Paunch, Pallete (buques).

Pause (Inter-digit), Intervalo entre cifras.

Pave (To), Adoquinar.

Pavement, Adoquinado, andén, enbaldosinado, enlosado, revestimiento, suelo; **concrete** —, revestimiento de hormigón.

Paver, Máquina pavimentadora.

Pavilion, Pabellón; **portable** —, pabellón desmontable.

Paving, Adoquinado, pavimento, revestimiento, solado (de tejas); — **block,** entarugado; — **machine,** pavimentadora; — **stone,** guijarro; **road** —, revestimiento de carreteras.

Pavonine, Iridescente.

Paw, Garfio, pata.

Pawl, Linguete, trinquete; — **coupling,** acoplamiento de trinquete; — **for power feed,** trinquete de avance automático; **disengaging** —, trinquete de desembrague; **drop** —, disparador, fiador, linguete; **to** —, colocar los trinquetes (cabrestante, etc,).

Pay, Paga; — **roll,** hoja de salarios; **to** —, barnizar con alquitrán, embrear, pagar.

Payloader, Tractor pequeño de hoja empujadora que se introduce en la bodega para cargar el cucharón de la grúa de descarga.

Paymaster, Contador (marina).

Payment, Pago; **dues** —, liberación de deuda.

P. c. t. (per cent), Por ciento.

P. D. (Potential difference), Diferencia de potencial.

Pea, Carbón de dimensiones comprendidas entre 12,7 mm y 19 mm, uña de ancla.

Peachstone, Esquisto clorítico.

Peak, Máximo, punta; — **current,** corriente de pico; — **intensity,** intensidad máxima; — **inverse voltage,** tensión inversa de pico; — **load plant,** planta de reposición; — **of a curve,** máximo de una curva; — **response,** respuesta máxima; — **voltage,** tensión de cresta, tensión de punta; **audio-frequency — limiter,** limitador de picos de audiofrecuencia; **in rush —,** punta de demarraje; **load —,** punta de carga; **off —,** en horas de menor consumo; **off — fare,** tarifa en horas de menor consumo; **off — time,** horas de menor consumo.

Peanut, Cacahuete; — **oil,** aceite de cacahuete.

Pearled, Concentrado a punto de perla.

Pearlite, Perlita.

Pearlitic, Perlítico; — **alloy,** aleación perlítica; — **steel,** acero perlítico.

Pearloid, Perloide.

Peat, Turba; — **bog,** turbera; — **moss,** turbera.

Peaty, Con sabor a humo de turba.

Pebble, Guijarro, piedra; — **powder,** pólvora de grano grueso; — **work,** empedrado; **crystal —,** falso cristal.

Pebbled, Guijarroso.

Peck, 2 galones (9,0869 l.).

Pedal, Pedal; **accelerator —,** pedal del acelerador (auto); **brake —,** pedal de freno; **clutch —,** pedal de embrague; **ruddor pedals,** pedales del gobierno del timón de dirección.

Pedestal, Asiento, fulcro, portacojinete, soporte, zócalo; — **bearing,** cojinete ordinario; **angle — bearing,** cojinete oblicuo, soporte ordinario; **jet —,** soporte de turborreactor.

Pedocalcic, Pedocálcico.

Peel, Cáscara; **orange — automatic bucket,** cuchara de valvas mordientes en cuartos de cáscara de naranja.

Peeling, Batidura, escama.

Peen (To), Granallar.

Peening, Apriete, engarce, granallado, martillado; **shot —,** granallado.

Peep, Clavija.

Peep-hole, Mirilla.

Peep-sight, Alza de ranura, mira dióptrica.

Peg, Clavija, clavija de roble, espiga, pasador de madera, taco, tope; — **hole,** mortaja; **to —,** enclavijar.

Pegging, Enclavijado.

Pellet, Bolita, pastilla; — **powder,** pólvora de granos cilíndricos.

Pelletier's phosphorous acid, Ácido hipofosfórico.

Pelletization, Nodulización (siderurgia), operación de reducción a bolas pequeñas.

Pelletize (To), Nodulizar, reducir a pequeñas bolas.

Pelletized, Nodulizado, reducido a pequeñas bolas.

Pelorus, Alidada de reflexión.

Pen, Aguja, pluma; **conical —,** punzón cónico; **dotting —,** tiralíneas de punteado; **drawing —,** tiralíneas; **fountain —,** pluma fuente.

Penalty, Indemnización, multa.

Pencil, Haz de luz, lápiz, pincel; **geodesic —,** haz geodésico; **iron —,** barra-lápiz de soldar.

Pendulation, Pendulación.

Pendulum, Péndulo; — **like motion,** movimiento pendular; — **wheel,** oscilógrafo; **motor —,** balancín motor.

Peneplain, Peniplanicie.

Penetration, Penetración; — **frequency,** frecuencia crítica; **gas** —, soplantes, venida de gas.

Penetrometer, Penetrómetro; **cone** —, penetrómetro de cono.

Penstock, Barrilete de bomba, canal de llegada, conducción, conducción forzada, cuba; — **head gate,** compuerta de cabecera de conducción forzada.

Pentacle, Estrella de cinco puntas.

Pentalene, Pentaleno.

Pentane, Pentano.

Pentatron, Pentatrón.

Penthiazolines, Pentiazolinas.

Pentode, Péntodo (radio).

Pentograph, Pentógrafo.

Pentoxide, Anhídrido; **vanadium** —, anhídrido vanádico.

Pentriode, Pentriodo; — **amplifier,** amplificador pentriodo.

Peptide, Peptida; — **linkage,** enlace peptídico; **acid** —, ácido peptídico.

Peptonisation, Peptonización.

Percentage, Porcentaje; **effective booked calls** —, porcentaje de comunicaciones atendidas; **hourly** — **paid time,** rendimiento horario de un circuito; **inmediate appreciation** —, porcentaje de comprensión inmediata.

Perceptron, Perceptrón.

Perchlorate, Perclorato.

Perchloric, Perclórico; — **acid,** ácido perclórico.

Percussion, Percusión; — **borer,** barra de mina; — **drilling,** perforación por percusión; — **frame,** mesa de lavado de sacudidas; — **priming,** estopín de percusión.

Percussionist, Percusionista.

Percussive, De percusión; — **boring or drilling,** perforación por percusión; — **welding,** soldeo a tope.

Perfect, Perfecto; — **emission,** emisión perfecta.

Perforate (To), Perforar.

Perforated, Perforado.

Perforation, Perforación; **Chadless** —, perforación Chadless.

Perforator, Perforador; **printing key board** —, reperforador con manipulador e impresor.

Perfomance (Transmission), Índice de calidad de transmisión.

Performeter, Conmutador de cavidad resonante de ecos artificiales.

Periclase, Periclasa; — **crystal,** cristal de periclasa.

Perikon, Périkon.

Perimeter, Perímetro.

Perinuclear, Perinuclear.

Period, Período; **admission** —, período de admisión; **charge** —, período de tasación; **natural** —, período propio; **off** —, período de bloqueo; **on** —, período de conducción.

Periode (Overlap), Tiempo de superposición.

Periodic, Periódico.

Periodization, Periodización.

Periodometer, Periodímetro.

Peripheral or **Peripheric,** Periférico; — **electron,** electrón de valencia; — **speed,** velocidad lineal, velocidad periférica.

Periphery, Periferia.

Periscope, Periscopio; **electronic** —, periscopio electrónico.

Periscopic, Periscópico; — **binoculars,** gemelos periscópicos.

Perlite, Perlita.

Perlitic, Perlítico.

Perm, Unidad de permeancia.

Permanent, Permanente; — **echo,** eco permanente; — **magnet,** imán permanente.

Permanganate, Permanganato; **potassium** —, permanganato de potasio.

Permanganimetry, Permanganimetría.

Permatron, Permatron.

Permeability, Permeabilidad (elec.); **magnetic** —, permeabilidad magnética.

Permeable, Permeable.

Permeance, Permeancia.

Permissible, Tolerable.

Permit, Guía, guía de circulación.

Permittance, Capacitancia (elec.).

Permittivity, Constante dieléctrica.

Permittor, Capacidad (elec.), condensador.

Permutation, Permutación; — **matrices,** matrices de permutación.

Perovskite, Perovskita.

Peroxide, Peróxido; — **sediment,** lodo de peróxido (acumulador); **diethylene** —, peróxido dietilénico; **nitrogen** —, peróxido de nitrógeno.

Peroxycarbonic acid, Ácido peroxi carbónico.

Perpender, Tizón (aparejos).

Perpendicular, Perpendicular; **between perpendiculars,** entre perpendiculares; **to let fall a** —, trazar una perpendicular.

Perrhenic, Perrénico; — **acid,** ácido perrénico.

Persimmon, Diospyros virginiana.

Perspective, Perspectiva, perspectivo (adj.); — **beam,** haz perspectivo; — **plan,** plano perspectivo.

Perspectogram, Perspectograma.

Pervibrated, Pervibrado.

Pervibrator, Pervibrador.

Pervious, Permeable.

Pestle, Triturador.

Pet cock, Grifo de descompresión.

Petrochemicals, Productos petroquímicos.

Petrol, Gasolina (en Inglaterra, **Gasoline** en Norteamérica); — **boat,** canoa automóvil; — **chemical,** petroquímico; — **consumption,** consumo de gasolina; — **gauge,** indicador de nivel; — **hydrometer,** densímetro; — **pump,** bomba de gasolina, distribuidor de gasolina; — **tank,** depósito de gasolina; — **vapour,** vapor de gasolina; **pool** —, gasolina ordinaria; **premium** —, supercarburante; **synthetic** —, gasolina sintética.

Petrolens, Petrolenos.

Petroleum, Aceite de petróleo, petróleo; — **ether,** éter de petróleo; — **jelly,** parafina; **crude** —, crudo de petróleo.

Petrology, Petrografía.

Petticoat pipe, Tubo de conos escalonados.

Pewee, Tamaño muy pequeño.

p. f. (power factor), Factor de potencia.

Phantom, Artificial, fantasma; — **circuit,** circuito fantasma; — **load,** carga artificial; — **transpositions,** transposiciones para fantomización.

Phasal, Fásico.

Phase, Fase (elec.); — **advancer,** modificador de fase; — **angle,** ángulo de fase; — **center of an array,** centro de fase de un sistema; — **displaced current,** corriente desfasada o de fases decaladas; — **displacement,** decalado de fase; — **distortion,** distorsión de fase; — **equalizer,** igualador de fase; — **lag,** decalado de fase, retraso de fase; — **lead,** avance de fase; — **locked,** sincronizado; — **meter,** fasímetro; — **quadrature,** cuadratura de fase; — **resistance,** resistencia de fase; — **reversal,** inversión de fases; — **shift,** desfasaje, desplazamiento de fase; — **shifting,** desfasado; — **splitter,** desfasador múltiple; — **wire,** conductor de fase; **conjugated** — **change coefficient,** componente de desfase conjugado; **difference of** —, decalado de fase; **electron** — **meter,** fasímetro electrónico; **illumination** — **error,** error de fase en la iluminación; **image — change coefficient**, desfase de imágenes; **in —**, en fase; **main —**, fase principal; **out of —**, desfasado; **overlapping phases**, fases superpuestas; **retardation of —**, retraso de fase; **single —**, monofásico; **single — full wave bridge rectifier**, rectificador monofásico de onda completa en puente; **single — full wave rectifier**, rectificador monofásico de onda completa; **six — half wave rectifier**, rectificador hexafásico de media onda; **three —**, trifásico; **three — full wave rectifier**, rectificador trifásico de onda completa; **two —**, bifásico.

Phase-white (black), Puesta en fase para blanco (negro).

Phaser, Sincronizador.

Phasing, Fasaje.

Phasmajector, Monoscopio.

Phasor, Fasor.

Phenocrystic, Fenocristalino.

Phenodeviant, Fenodesviante.

Phenol, Fenol.

Phenolic, Fenólico; **— plastic**, plástico fenólico.

Phenyl, Fenilo; **— sulfide**, sulfuro fenílico.

Phone, Abreviatura para **Telephone**, fonio (unidad de intensidad acústica subjetiva); **— call**, llamada telefónica; **— head**, casco telefónico; **— transmitter**, emisor radiotelefónico.

Phonic, Fónico; **— wheel**, rueda fónica.

Phonochemistry, Fonoquímica.

Phonograph, Fonógrafo; **— disc**, disco de fonógrafo; **— record**, grabación; **— styli**, agujas de fonógrafo.

Phonolocator, Fonosituador.

Phonometer, Fonómetro.

Phonometry, Fonometría.

Phoresis, Fóresis.

Phosphatation, Fosfatación; **surface —**, fosfatación superficial.

Phosphate, Fosfato; **— coating**, fosfatación; **— esters**, esteres fosfáticos; **amorphous —**, fosfato amorfo; **trisodium —**, fosfato trisódico.

Phosphatic, Fosfático.

Phosphatide, Fosfatida.

Phosphide, Fosfuro; **hydrogen —**, hidrógeno fosforado.

Phosphite, Fosfito; **dialkyl —**, fosfito dialkílico.

Phosphor, Fósforo; **— bronze**, bronce fosforoso; **— composition**, pasta fosforada; **— copper**, cobre fosforoso; **white —**, fósforo blanco.

Phosphorated, Fosforado.

Phosphorescence, Fosforescencia.

Phosphorescent, Fosforescente.

Phosphorized, Fosforizado.

Phosphorous, Fosforígeno, fosforoso; **— jig iron**, fundición fosforosa.

Phosphors, Substancias fosforescentes; **tungstate —**, tungstatos fosforescentes.

Phosphorus, Fósforo (véase **Phosphor**).

Phosphorylate (To), Fosforilar.

Phosphuret, Fosfurado.

Photo, Foto; **— cathode**, fotocátodo; **— cell**, célula fotoeléctrica; **— condensation**, fotocondensación; **— conductive**, fotoconductor; **— conductivity**, fotoconductividad; **— current**, corriente fotoeléctrica; **— desintegration**, fotodesintegración; **— elastic**, fotoelástico; **— elasticity**, fotoelasticidad; **— electric**, fotoeléctrico; **— electric absorptiometer**, absorciómetro fotoeléctrico; **— electric cell**, célula fotoeléctrica; **— engraving**, fotograbado; **— fluorographic**, fotofluorográfico; **— goniometer**, fotogoniómetro; **— grammetric**, fotogramétrico; **— grammetric survey**, levantamiento fotogramétrico; **— grammetry**, fotogrametría; **—**

grapher, fotógrafo; — **graphic,** fotográfico; — **graphic emulsion,** emulsión fotográfica; — **graphic lens,** objetivo fotográfico; — **graphy,** fotografía; — **gravure,** fotograbado; — **lysis,** fotolisis; — **meter,** fotómetro; — **metric,** fotométrico; — **metric sphere,** esfera fotométrica; — **metry,** fotometría; — **micrograph,** fotomicrografía; — **micrographic,** fotomicrográfico; — **micrography,** fotomicrografía; — **multiplier,** fotomultiplicador; — **nuclear,** fotonuclear; — **reaction,** fotorreacción; — **sensitive,** fotosensible; — **sensitized,** fotosensibilizado; — **sphere,** fotosfera; — **synthesis,** fotosíntesis; — **telegraphy,** fototelegrafía; — **tube or switch,** célula fotoeléctrica, fototubo; **aerial** — **graphy,** fotografía aérea; **automatic scanning** — **meter,** fotómetro de exploración automática; **Bunsen** — **meter or grease spot** — **meter,** fotómetro Bunsen; **colour** — **graphy,** fotografía en colores; **electronic** — **meter,** fotómetro electrónico; **engraving by** — **graphy,** fotograbado; **flash** — **graphy,** fotografía con flash; **flicker** — **meter,** fotómetro de destellos; **ground** — **grammetry,** fotogrametría terrestre; **multiplier** — **tube,** fototubo multiplicador; **recording** — **meter,** fotómetro registrador; **self-generating** —, fotocélula autogeneradora; **soft** — **tube,** fototubo conteniendo algo de gas; **stereoscopyc** — **graphic,** fotografía estereoscópico; **stroboscopic** — **graphy,** fotografía estroboscópica.

Photoconductive, Fotoconductivo; — **effect,** efecto fotoconductivo.

Photodensity, Fotodensidad.

Photodetachment, Fotodesprendimiento.

Photodiode, Fotodiodo.

Photoelasticimeter, Fotoelasticímetro.

Photofissionable, Fotofisionable.

Photogammascopy, Fotogammascopia.

Photoglyphic, Fotoglíptico.

Photogrammetric, Fotogramétrico; — **aberration,** aberración fotogramétrica.

Photogrammetrist, Fotogrametrista.

Photoluminiscence, Fotoluminiscencia; **radio** —, radiofotoluminiscencia.

Photolyze (To), Fotolizar.

Photomagnetism, Fotomagnetismo.

Photomeson, Fotomesón.

Photometer, Fotómetro; **logarithmic** —, fotómetro logarítmico.

Photon, Fotón; — **radiation,** radiación de fotones.

Photonucleon, Fotonucleón.

Photoplasty, Fotoplastia.

Photosensitivity, Fotosensibilidad; **specific** —, fotosensibilidad específica.

Photostatic, Fotostático.

Photosurveying, Fototopografía.

Photozincography, Fotocincografía.

Physic or **Physical,** Físico; — **chemistry,** química física.

Physicist, Físico.

Physiconuclear, Físiconuclear.

Physics, Física (ciencia); **applied** —, física aplicada; **nuclear** —, física nuclear.

Piano, Piano; — **wire,** cuerda de piano (aero).

Pibal, Globo sonda.

Pick, Martillo de desincrustar (calderas), martillo piqueta, pico, piqueta; — **axe or ax,** zapapico; — **off gear system,** guitarra (máq.-herr.); — **up coil,** bobina exploradora; **beater** —, bate; **miner** —, pico de minero; **pilot** — **off filter,** filtro de selección de piloto; **pneumatic** —, martillo neumático; **television** — **up tube,** tubo de televisión; **to** — **a boiler,** desincrustar una caldera; **to** — **up,** recuperar velocidad.

Picked, Acerado, cribado (carbón), desincrustada (caldera), puntiagudo.

Picker, Purgador de hilos.

Picket, Piquete.

Picking, Cribado (carbón), elección, purgado (text.), separación; **equipment for — up thread,** aparato de picada (telares).

Pickle, Decapado; — **liquor,** licor de decapado; **to —,** decapar, desoxidar.

Pickling, Decapado, desoxidación; — **inhibitor,** inhibidor de decapado; **electrolytic —,** decapado electrolítico; **gas —,** decapado con gas; **jet —,** decapado al chorro.

Picksman, Picador de carbón.

Pickup, Atracción, captador, detector, facilidad de aceleración, fonocaptor, gancho, pinza, puesta en marcha, reprise, resorte antagonista, toma de sonido, toma de vistas (televisión); — **circuit,** circuito del fonocaptor; — **factor,** factor de captación; **capacitor —,** fonocaptor electrostático; **direct —,** captación directa; **vibrations —,** captador de vibraciones.

Picocoulomb, Picoculombio.

Picrate, Picrato.

Picric, Pícrico; — **acid,** ácido pícrico.

Pictography, Pictografía.

Picture, Imagen; — **jump,** salto vertical de imagen; — **predistortion,** predistorsión de la imagen; — **tearing,** desgaste de imagen; **color — screen,** pantalla cromática; **motion pictures, moving pictures,** cinematógrafo.

Piebald, Abigarrado (roble, etc.).

Piece, Pieza, trozo; — **of a machine,** pieza de máquina; — **of iron,** lingote de hierro; — **of ordnance,** pieza de artillería; **assembling —,** viga maestra; **bed —,** placa de fundación; **binding —,** cepo de pilotaje; **branch —,** tubo bifurcado; **breaking —,** caja de seguridad (laminador); **bridging —,** viga travesera; **brow —,** columna, viga vertical de sostén; **cap —,** dintel; **cast in one — with,** producto de fundición; **centre —,** rótula de junta Cardan; **check —,** brida de tope (ferr.); **clamping —,** calzo dentado; **connecting —,** véase **Connecting**; **cross —,** traviesa; **end —,** extremo; **extension —,** alargadera; **fashion —,** aleta (buques de madera); **one —,** monobloque; **packing pieces,** calzos; **shelf —,** durmiente; **strenthening —,** refuerzo; **tie —,** tirante; **to take to pieces,** desmontar (una máquina).

Piedouche, Repisa.

Pier, Malecón, muelle, pilar, pilastra (de puente, etc.), pontón; — **head,** cabeza de esclusa.

Pierage, Derechos de muelle.

Pierce (To), Perforar, punzonar.

Piercer, Taladro de mano.

Piercing, Perforación, punzonado, taladrado; — **press,** prensa perforadora; **fusion —,** perforación, taladrado por fusión.

Piezochromy, Piezocromía.

Piezocrystallization, Piezocristalización.

Piezodielectric, Piezodieléctrico.

Piezoelectric, Piezoeléctrico; — **axis,** eje piezoeléctrico; — **effect,** efecto piezoeléctrico; — **indicator,** indicador piezoeléctrico; — **microphone,** micrófono piezoeléctrico; — **oscillator,** oscilador piezoeléctrico; — **resonator,** resonador piezoeléctrico; — **transducer,** transductor piezoeléctrico.

Piezoid, Cuarzo tallado.

Piezotransmissibility, Piezotransmisibilidad.

Pig, Fundición bruta, fundición en lingotes o en galápagos, galápago de metal; — **bed,** lecho de colada, molde para lingotes (fund.), reguera; — **cast iron or — iron,**

fundición en lingotes; — **casting machine**, máquina de moldear los lingotes; — **lead**, plomo en galápagos; **band** —, fundición veteada; **black** —, fundición negra (n.º 1); **cinder** — **iron**, fundición escoriosa; **cold blast** —, fundición de viento frío; **dark grey** —, fundi ción gris oscura; **forge** —, fundición de afino; **grey** — **iron**, fundición gris (n.º 2); **hot blast** —, fundición de aire caliente; **iron** —, galápago de fundición; **light grey** —, fundición gris claro (n.º 3); **mottled** — **iron**, fundición moteada (n.º 4); **white** — **iron**, fundición blanca.

Pigment, Pigmento; **paint** —, pigmento para pintura.

Pigtail, Enrollado de espiral.

Pike, Pico, punta de torno.

Pikeman, Picador (minas).

Pilaster, Pie derecho, pilastra.

Pile, Bloque, estaca, paquete, pila eléctrica, pilote, zamarra; — **bridge**, puente sobre pilotes; — **butt**, tope del pilote; — **driver**, martinete, martinete para hincar pilotes, mazo; — **extractor**, máquina de arrancar pilotes; — **foundation**, cimentación sabre pilotes; — **planks**, tablestacas; — **rings**, zunchos de los pilotes; — **shoes**, azuches de pilotes; — **strutting**, anclaje del pilote; — **weir**, vertedero sobre pilotes; **atomic** —, pila atómica; **chain reacting** —, pila de reacción en cadena; **disc** —, pilote de disco; **dry** —, pila seca; **filling** —, pilote de sostén del estacado; **hand** — **driver**, martinete de mano; **on piles**, sobre pilotes; **screw** —, pilote de rosca; **sheet** —, plancha de estibar; **voltaic** —, pila voltaica; **to drive piles**, hincar pilotes.

Piling, Acción de apilar, empaquetado (met.); **sheet** —, cortina de tablestacas, estacada metálica.

Pillar, Pilar, puntal; — **crane**, grúa de columna; — **drilling machine**, perforadora de columna; — **footing**, base del puntal; **anvil** —, punta de yunque; **board and** — **system**, explotación por pilares; **brush** —, pivote de portaescobillas; **matching** —, varilla de adaptación; **split** —, estay de horquilla.

Pillbox, Línea de transmisión de placas paralelas.

Pillow, Cojinete, collar de cojinete, rangua; — **block**, cojinete, cubo, pedestal, rangua; — **bush**, rangua; — **case**, sombrerete.

Pilot, Piloto; — **cable**, cable piloto; — **injection**, inyección testigo; — **lamp**, lámpara testigo; — **nut**, tuerca de montaje; — **operated**, con servomecanismo; — **plant**, planta piloto; — **seat**, asiento del piloto; — **spark**, chispa piloto; — **wire**, hilo testigo; **auto or automatic** —, piloto automático; **group reference** —, onda piloto de grupo primario; **regulating** — **wave**, onda piloto de regulación; **supergroup reference** —, onda piloto de supergrupo; **switching** —, onda piloto de conmutación; **switching control** —, onda piloto de conmutación; **synchronising** —, onda piloto de sincronización; **test** —, piloto de pruebas.

Pilotage, Pilotaje; — **radar**, radar de piloto.

Piloted, Pilotàdo.

Pilotless, Teleguiado.

Pin, Botón de manivela, chaveta, clavija, clavija de roble, diente adaptado a la rueda, eje, eje de polea, espiga de cuchillo, husillo; — **bit**, broca de tetón cilíndrico; — **drill**, broca de tetón cilíndrico; — **driver**, broca de guía; — **extractor**, botapasadores; — **head**, haz; — **insulator**, aislador de campana; — **maul**, maza puntiaguda; — **of a centrebit**, tetón de broca de centrar; — **of a crame**, pivote de grúa; — **of a joint**, pasador de charnela; — **of the moveable puppet**, punta del cabezal móvil de un torno; — **punch**, botapasadores; — **reamer**, escariador para agujeros de pasadores; — **valve**, aguja de válvula, compuerta; **axle** —, espernada; **banana** —, clavija banana; **blade** —, base de álabe; **centre** —, pasador central; **chain** —, pasador de cadena; **channel** —, chaveta de junta de carriles; — **check** —, pasador de detención; **collar** —, collar de chaveta, perno de chaveta; **cotter** —, collar de chaveta; **crank** —, botón de manivela, muñequilla; **crank** — **steps**, palier de botón de manivela; **cross head** —, gorrón de traviesa, muñón de pie de biela; **cross head** — **bearing**, articulación de pie de biela; **detent** —, pasador, pivote de retenida; **dowel** —, espiga de madera; **draw bore** —, perno cónico destinado a acercar los bordes de una espiga y una mortaja; **end** —, pasador de cierre (de cadena); **firing** —, percutor; **gab** —, tope; **gudgeon** —, eje de pie de biela; **iron** —, bulón, pasador; **joint** —, clavija ,pasador de charnela; **knuckle** —, chaveta de enganche, eje de rótula; **linch** —, espernada, pasador de eje; **main** —, botón de manivela del eje, clavija maestra de coche, eje; **set** —, prisionero; **shackle** —, chaveta, pasador de grillete; **shearing** —, pasador de cizallamiento; **simple** — **transposition**, soporte de transposición sencilla; **split** —, pasador hendido; **standard** —, soporte normal; **stop** —, espiga; **taper** —, chaveta cónica; **transposition** —, soporte de transposición; **to** —, chavetear, encabillar, enclavijar.

Pincer gun, Soldadora de puntos de pinzas.

Pincers, Pinzas, tenazas; **bit** —, tenazas biseladas; **straight** —, pinzas planas.

Pinch or **Pinching** bar, Palanca de pie de cabra.

Pinchcock, Confinado por extricción.

Pincushion, Punteamiento.

Pine, Pino; **Huon** —, pino de Huon; **pitch** —, pino resinero; **pitch** — **wood**, madera de pino de Florida; **red** —, pino rojo; **white** —, pino blanco del Canadá.

Pinging, Autoencendido.

Pinhole, Rechupe (de metal).

Pinholing, Defecto de superficies barnizadas en que aparecen picadas por pequeños agujeros.

Pinion, Piñón; — **grease**, grasa para piñones; **bevel** —, piñón cónico, piñón de ángulo; **cam shaft** —, piñón de mando del árbol de levas; **double-toothed** —, piñón de dentado doble; **driving** —, piñón de arrastre; **spur** —, piñón recto; **valve gear** —, piñón de distribución.

Pinker, Operario calador.

Pinking, Detonación, golpeo por auto encendido.

Pinnace, Canoa grande (buque), pinaza.

Pinny, Con partículas de un metal más duro que el resto.

Pint, Medida de capacidad (0'5679 litros).

Pintle, Macho del timón; — **score**, muesca del timón.

Pip, Imagen de eco del radar, punta, punto de señal horaria (radio); — **matching** adaptación de ecos.

Pipage, Gastos de transporte por tubería.

Pipe, Conducción, rechupe, tubo; — **bending machine**, máquina de curvar tubos; — **burring reamer**, escariador para desrebarbar; **choking**, obstrucción del tubo; — **cutter**, cortatubos, máquina de trocear tubos; — **dog**, llave arancatubos; — **fitting**, racor; — **flange**, collarín o brida de tubo; — **grab**, enganchatubos de sondeo; — **hickey**, curvadora de tubos; — **line**, conducción, conducción forzada; — **machine**, máquina de fabricar tubos; — **manifold**, colector; — **reducer,** manguito de reducción de sección; — **section,** virola; — **socketing machine,** máquina de embutir tubos; — **still,** caldera tubular; — **tongs,** tenazas para tubos; — **way,** conducción; **admission —,** tubo de aspiración; **air —,** conducción de aire, conducto de ventilación (minas), respiradero, tubo de ventilación; **angle —,** empalme acodado, tubo curvado; **ascending —,** columna ascensional (horno de coque); **ascension —,** columna ascensional (fábrica de gas); **bellows —,** tobera; **bellows blow —,** soplete; **bend —,** codo; **bituminized paper —,** tubo de papel bituminizado; **blast —,** tubo de escape de máquina de vapor; **blow —,** soplete; **blow down —,** tubo de evacuación; **blow through —,** tubo de purga; **branch —,** tubo de empalme, tubuladura; **breeches —,** tubo en Y; **chain —,** gatera de cadenas (buques); **conduit —,** tubo de conducción; **cone —,** tubo cónico; **connecting —,** racor, tubo de comunicación; **cooling —,** tubo refrigerante; **delivery —,** conducto de evacuación, tubo de alimentación (loc.), tubo de distribución; **flash —,** tubo de gas perforado por pequeños orificios dispuestos en serie que sirven para propagar el encendido; **force —,** tubería de descarga; **gas —,** tubo de gas; **head —,** tobera de descarga, tubo en cabeza; **induction —,** tubo de admisión; **injection —,** tubo de inyección; **inlet —,** tobera de admisión; **jet —,** tobera de escape; **joint —,** tubo de unión; **junction —,** tubo de empalme; **kneed —,** tubo acodado; **lead of a —,** recorrido de un tubo; **leaden —,** tubo de plomo; **main —,** tubo de conducción de vapor; **nose —,** tobera; **pressure — line,** conducción forzada; **screw — coupling,** acoplamiento roscado de tubos; **stand — on dome,** tobera de cúpula; **stowing —,** tubería de relleno; **suction —,** tubo de aspiración; **tail —,** tobera, tubo de escape, tubo de evacuación, tubo de salida; **waste —,** tubo de desagüe, tubo de escape.

Pipeclay, Marga blanca; **to —,** pasar por tierra grasa.

Pipetful, Pipetada.

Pipette, Pipeta.

Pipetting, De pipetado; — **error,** error de pipetado (química).

Pipeworks, Fábrica de tubos.

Piping, Cañerías, conducciones, formación de cavidades de contracción, rechupe, sifonamiento, tubería; **compresser air —,** tubería de aire comprimido; **dip —,** sifón invertido, tubo de obturación; **distributing —,** tubo de distribución; **down —,** tubo de descarga; **drain —,** tubo de purga; **drip —,** tubo de purga; **dry —,** tubo secador; **eduction —,** tubo de evacuación; **elbow —,** tubo acodado; **entrance steam —,** tubo de entrada del vapor; **exhaust —,** tobera de escape (loc., tubo de escape); **exit steam —,** tubo de salida del vapor; **expansion —,** tubo compensador, tubo extensible; **feed —,** tubo de alimentación; **gas exit —,** toma de gas (alto horno); **oil —,** conducción de aceite; **oil supply —,** tubo de traída de aceite; **outlet —,** tobera de salida, tubo de descarga; **overflow —,** tubo de rebose; **overheating —,** tubo sobrecalentador; **petrol —,** tubo de petróleo; **petticoat —,** tubo de conos escalonados; **shrink —,** rechupe; **slurry —,** tubo de relleno (minas); **smoke —,** chimenea; **starting —,** tubería de arranque (Diesel); **steam feed —,** tubo de conducción del vapor.

Pipy, En forma de tubo.

Pistol, Aparato percutor (torpedos), pistola.

Piston, Pistón, vástago; — **body,** cuerpo de pistón; — **chunk,** fondo de un pistón; — **coal jig,** criba de pistón para carbón; — **cooling,** enfriamiento de los pistones; — **cover,** corona de pistón; — **cover**

and bottom, partes superior e inferior de pistón; — **cover eyebolt,** tirafondo de la corona del pistón; — **crown,** cabeza de pistón, fondo de pistón; — **curl,** anillo tensor de pistón; — **displacement,** cilindrada; — **end,** extremo de pistón; — **engine,** motor a pistón; — **engined,** con motores de pistón; — **head,** cabeza de pistón, parte superior; — **jack,** gato de pistón; — **packings,** empaquetaduras de pistón; — **pin,** eje de pistón; — **retainer,** tope del pistón; — **ring,** segmento de pistón; — **ring slot,** ranura de segmento; — **rings,** anillos metálicos, guarniciones, segmentos del pistón; — **rod,** barra de pistón; — **rod bolt,** perno de cruceta de la barra del pistón; — **rod cap guides,** deslizaderas de la cabeza del vástago del pistón; — **rod collars,** prensaestopas del vástago de un pistón; — **rod cotter,** clavija de unión de la varilla del pistón con la cruceta o la traviesa; — **rod guide,** guía del vástago del pistón; — **skirt,** faldilla del pistón; — **slap,** golpeteo del pistón; — **stroke,** carrera del pistón, embolada; — **tail piece,** enmangado del vástago en el cuerpo del pistón; — **travel,** carrera del pistón; — **valve,** distribuidor cilíndrico; **balance —,** pistón de equilibrio; **catch —,** sumidero; **disc —,** pistón plano; **draw back —,** pistón de llamada; **dummy —,** pistón de equilibrado; **free —,** pistón libre (con); **hydrostatical —,** pistón hidrostático; **loose fitting —,** pistón que tiene juego u holgura; **opposed — engine,** motor de pistones opuestos; **trunk —,** pistón con camisa; **to pack a —,** empaquetar un pistón.

Pit, Agujero, foso (serrería, cantera), mina de carbón, picadura de caldera, pozo de mina; — **bottom,** enganche inferior de pozo de mina; — **circle,** círculo primitivo; — **coal,** carbón de tierra sin clasificar; — **controlling mechanism,** dispositivo de cambio de paso; — **door,** puerta de cenicero; — **eye,** enganche de calle (minas); — **furnace,** horno de cuba (met.); — **head,** bocamina; — **head frame,** castillete de pozo de mina; — **line,** línea de engrane; — **lock,** bloqueado del paso; — **plane,** plano primitivo; — **of a saw,** paso de sierra; — **of drills,** separación de los remaches; — **of holes,** distancia de eje a eje de los orificios; — **saw,** sierra al aire; — **wood,** madera de entibación; **air —,** pozo de ventilación (minas); **ash —,** cenicero; **ash — damper,** válvula del cenicero; **by —,** pozo secundario; **chalk —,** cantera de yeso; **clay —,** cantera de arcilla, gredal, margal; **coal —,** mina, turbera; **crank —,** pozo del cigüeñal; **deep —,** pozo de mina de carbón; **door —,** puerta de cenicero; **drain —,** sumidero; **exhaust —,** silenciador; **foul —,** fosa de grisú; **foundry —,** fosa de colada; **jack head —,** pozo auxiliar; **open — mine,** mina a cielo abierto; **sand —,** arenal; **soaking —,** horno de fosa (forjado), horno Pit, pozo de recalentamiento; **transformer —,** pozo de transformador (elec.); **to —,** picar, picarse (herrumbre).

Pitch, Brea de alquitrán, declive, en pendiente, paso (de un tornillo, etc.), prolongación (minas), separación (de los remaches); — **change,** cambio de paso; — **coke graphite,** grafito a base de cok y de un ligante; — **cylinder,** cilindro primitivo; — **errors,** errores en el paso; — **screw,** tornillo cuyo paso es igual al del tornillo madre o es un submúltiplo exacto; **blade —,** paso de los álabes (turbina); **chain —,** paso de una cadena; **circle —,** véase **Circle**; **coarse —,** paso largo; **commutator —,** paso polar del colector; **controllable —,** paso variable; **cyclic —,** paso cíclico; **fine —,** paso corto; **fine — stop,** tope de paso corto (hélice); **fixed —,** paso constante; **flat —,** paso nulo; **forward —,** paso progresivo (elec.); **high —,**

paso largo; **Jew's —,** bitume de Judea; **low —,** paso corto; **low — stop,** tope del paso corto; **metric —,** paso métrico; **mineral —,** asfalto, bitumen; **pitches device,** dispositivo de pasos rápidos; **pole —,** paso polar; **reverse —,** paso reversible; **reverse — propeller,** hélice de paso reversible; **screw —,** paso de tornillo; **screw — gauge,** calibre para pasos de tornillos; **variable —,** paso variable; **Whitworth —,** paso inglés, paso Whitwork; **winding —,** paso de devanado; **to —,** cabecear, embrear.

Pitchblende, Pechblenda.

Pitchfork, Horca.

Pitching, Acción de arrojar, acción de lanzar, adoquinado, cabeceo, inclinación longitudinal, vuelo en picado; **— borer,** barreno corto; **anti —,** anticabeceo; **bottom —,** bloqueo, empedrado de base.

Pitchometer, Aparato para determinar el paso.

Pitfall, Deficiencia.

Pitman, Biela de sonda.

Pitot, Pitot; **— pressure,** presión dinámica; **— tube,** tubo de Pitot.

Pitted, Corroída, picada (chapa de caldera); **deeply —,** profundamente picada.

Pitting, Corrosión, picadura de un metal.

Pivot, Pivote; **— box,** rangua; **— hole,** rangua; **ball — bearing,** quicionera de bolas, rangua de bolas; **to —,** pivotar.

Pivotability, Pivotabilidad.

Pivoted, Articulado; **— slipper,** patín articulado.

Pivoting, Pivotante; **— crane,** grúa pivotante.

Pix, Imágenes.

Place, Frente de arranque, lugar, sitio, talla; **filling —,** piedra de rustina; **single —,** monoplaza (aviación); **two —,** biplaza.

Placed, Colocado, recibido (hormigón).

Placing, Colocación; **— by gravity,** distribución por gravedad; **pneumatic —,** distribución neumática.

Plagioclastic, Plagioclástico.

Plain, Liso, ordinario; **— barrel,** cañón liso (fusil); **to —,** aplanar, nivelar.

Plaindress, Mensaje cifrado con la dirección sin cifrar en el encabezamiento.

Plainness, Igualdad.

Plaiter, Plegador.

Plan, Dibujo, plan, proyección, proyecto; **— form,** forma en planta; **— of the diagonals,** plano de las vagras planas; **— scantling,** plano de escantillones; **— view,** vista en planta; **body —,** proyección transversal; **face —,** vista de frente; **half breadth —,** proyección horizontal; **off-centre — display,** presentación descentrada; **sheer —,** proyección longitudinal; **to —,** dibujar el plano de, planificar, proyectar.

Planarity, Planaridad.

Plane, Avión (véase también **Aeroplane** y **Airplane**), cepillo de carpintero, plano (superficie plana en geometría); **— hole,** lumbrera del cepillo; **— iron,** hierro del cepillo; **— of cleavage,** plano de crucero (minerales); **— of polarization,** plano de polarización; **— of spin,** plano de rotación; **— stock,** caja del cepillo; **— tree,** plátano; **— wave,** onda plana; **— wedge,** cuña del cepillo; **— with handle,** garlopa; **adjustable supporting —,** superficie sustentadora móvil; **ambulance —,** avión sanitario; **angle of inclination of planes,** ángulo de incidencia de los planos en el descenso; **angle of elevation of planes,** ángulo de incidencia de los planos en la subida; **angle of inflection of a —,** ángulo de ataque del cepillo; **arrangement of planes,** disposición de las superficies sustentadoras;

badger —, guillamen inclinado; **banding** —, cepillo de ranurar; **base** —, plano de base; **bedding** —, plano de estratificación; **bench** —, cepillo de taller; **bevel** —, guillamen de inglete; **boxed** —, véase **Boxed**; **capping** —, cepillo para redondear pasamanos de escalera; **carrier borne** —, avión embarcado en porta-aviones; **catapulted** —, avión catapultado; **central** —, plano central; **centre** —, plano medio; **combat** —, avión de combate; **commercial** —, avión comercial; **composite** —, avión que transporta a otro; **cooper's** —, cepillo curvo de tonelero; **cornice** —, cepillo para cornisas, cepillo para molduras; **cornish** — **or edge** —, cepillo de escuadrar; **dovetail** —, acanalador de cola de milano, cepillo de cola de milano; **face** —, cara plana; **fence of a** —, reborde de un cepillo; **fighting** —, avión caza; **fillet** —, instrumento de filetear; **fluting** —, cepillo de garganta, guillamen de acanalar; **folding** —, avión de geometría variable; **four engine or four engined** —, avión cuatrimotor; **grooving** —, acanalador hembra; **ground-** — **antennas**, ántenas con placa de tierra; **ground attack** —, avión de ataque sobre blancos terrestres; **hydro** —, hidroavión, timón de inmersión (submarinos); **inclined** —, plano inclinado; **jack** —, garlopa (ebanistería); **jet** —, avión a reacción; **land** —, avión terrestre; **land based** —, avión con base terrestre; **light** —, avión ligero; **long** —, cepillo de galera; **long range** —, avión de gran radio de acción; **lower** —, plano inferior; **match** —, acanalador; **military** —, avión militar; **moulding** —, cepillo para molduras; **observation** —, avión de observación; **outward** —, plano extremo; **perspective** —, plano perspectivo; **pitch** —, plano primitivo; **rabbet** —, guillame; **radio controlled** —, avión radiodirigido; **reaction** —, avión a reacción; **reconnaissance** —, avión de reconocimiento; **rigid supporting** —, superficie sustentadora rígida; **round** —, cepillo bocel; **sail** —, velero (avión de vuelo a vela); **sea** —, hidroavión; **setting** —, plano de asiento; **shooting** —, garlopa; **single seater or single seat** —, monoplaza; **six engine or six engined** —, avión examotor; **slip** —, plano de deslizamiento; **smoothing** —, garlopa; **supporting** —, plano sustentador, superficie sustentadora; **tail** —, plano fijo; **target** —, avión que se considera blanco de tiro; **tonguing** —, cepillo para machos; **touring** —, avión de turismo; **training** —, avión de adiestramiento; **transonic** —, avión transónico; **transport** —, avión de transporte; **two engine or two engined** —, avión bimotor; **two seater or two seat** —, avión biplaza; **upper** —, plano superior; **to** —, allanar, cepillar, dolar; **to** — **off**, rectificar por cepillado; **to** — **off timber**, desbastar la madera; **to rough** —, desbastar.

Planer, Aplanadora, cepilladora, cepillo, espátula, máquina de cepillar, raqueta (moldeo); **buzz** —, cepilladora para madera; **crank** —, cepilladora de manivela, máquina de cepillar manivelas; **double housing** —, cepilladora de doble montante; **openside or single housing** —, cepilladora de un solo montante; **road** —, aplanadora de carreteras; **roughing** —, cepilladora en basto; **switch tongue** —, máquina de cepillar las agujas (ferroc.); **table type** —, cepilladora de ménsula.

Planet, Planetario; — **gear**, engranaje planetario; — **reduction gearing**, reductores de trenes planetarios.

Planetary, Planetario, sistema planetario; — **gears**, engranajes planetarios, satélites; — **system**, sistema planetario; — **transmissions**, transmisiones planetarias.

Planigraph, Planígrafo.

Planimetric or **Planimetrical**, Planimétrico.

Planimetry, Planimetría.

Planing, Acabado superficial, cepillado; — **file,** lima de alisar; — **machine,** cepilladora, máquina de aplanar, máquina de cepillar; — **tool,** binadera, cuchilla de cepillar; — **work,** trabajo de cepillado; **angle** —, cepillado oblicuo; **circular** —, cepillado circular; **crank** — **machine,** máquina de cepillar manivelas; **double upright** — **machine,** cepilladora de un montante; **internal** —, cepillado interior; **openside** — **machine,** cepilladora de un solo montante; **side** — **machine,** cepilladora lateral; **vertical** —, cepillado vertical.

Planisher, Aplanador, máquina de aplanar, martillo para aplanar, penúltima pasada, pulidor.

Planishing, Planeado; — **hammer,** martillo de aplanar.

Planispiral, Planiespiral.

Planisymmetry, Planisimetría.

Plank, Plancha, tablazón, tablón; **bench** —, mesa del banco, plataforma; **bilge** —, tablazón del pantoque; **bottom** —, tablazón de carena; **boundary** —, tablazón marginal; **bow** —, tablazón de proa; **buttock** —, tablazón de los cucharros; **fir** —, ripia; **flooring** —, tablón; **garboard** —, tablazón de aparadura; **inside** —, tablazón del forro interior; **margin** —, tablón marginal; **outside** —, revestimiento exterior; **side** —, forro del costado; **to** —, entablar, forrar con vagras (int.), forrar un buque (ext.).

Planked, Forrado; **double** —, con doble forro; **three** —, con forro triple.

Planking, Conjunto de las vagras (int.); revestimiento de un buque (ext.); **diminishing** —, revestimiento de disminución; **inside** —, forro interior; **outside** —, revestimiento exterior; **topside** —, revestimiento de los altos; **to rip off the** —, descoser una chapa remachada (buque de chapas solapadas), desentablar, liberar (descubrir parcialmente).

Planksheer, Regala (buques).

Planning, Fábrica, instalación, planta, trazado de un plano, utillaje; **flight** —, planeado del vuelo.

Plano milling machine, Fresadora cepilladora.

Planotoric lens, Lente planotórica.

Plant, Fábrica, instalación, material, utillaje; **A. C.** —, instalación de corriente alterna; **accumulator** —, planta de carga de acumuladores; **all relay** —, instalación totalmente electrificada; **bulk cement** —, silo para cemento a granel; **concentrating** —, instalación de concentración (de minerales); **concrete mixing** —, central de hormigón; **cooling** —, refrigerador; **D. C.** —, instalación de corriente continua; **dripping cooling** —, refrigerante de lluvia; **generating** —, central eléctrica; **having a good** —, con buen utillaje; **mine** —, instalación minera; **out door** —, instalación al aire libre, planta al aire libre; **peak load** —, instalación de refuerzo; **pilot** —, planta piloto; **power** —, central de energía; **printing** —, imprenta; **reclaiming** —, instalación depuradora (aceite); **refrigerating** —, instalación frigorífica; **stand by** —, instalación de socorro; **thermal** —, central térmica; **welding** —, puesto de soldadura.

Planter, Plantador; **mechanical** —, plantador mecánico (árboles).

Plaquette, Plaquita de metal.

Plasm, Matriz, molde.

Plaster, Yeso; — **cast,** mármol de fundición; — **mould,** matriz de yeso; — **of Paris,** yeso de París; **to** —, enyesar.

Plasterer, Estuquista.

Plastery, Yesoso.

Plastic, Material plástico, plástico; — **buckling,** pandeo plástico; — **deformation,** deformación plástica; — **flow,** flujo plástico; — **glide,** resbalamiento plástico; — **replic,** moldeo plástico; — **seal,** junta plástica; — **stability,** estabilidad plástica; **moulded** —, material plástico moldeado; **phenolic** —, plástico fenólico.

Plastician, Partidario de la teoría de la plasticidad.

Plasticimeter, Plasticímetro.

Plasticine, Plasticina.

Plasticity, Plasticidad.

Plasticization, Plastificación.

Plasticize (To), Plastificar.

Plasticized, Plastificado.

Plasticizer, Plastificante.

Plastics, Materiales plásticos, plásticos; **acrylic** —, materiales plásticos acrílicos; **cellulosic** —, materiales plásticos celulósicos; **laminate** —, plásticos estratificados; **vinyl** —, plásticos vinílicos.

Plastimeter, Plastímetro.

Plate, Chapa, disco, hoja de resorte, mármol de trazar, placa de acumulador, placa de metal, placa de tubo de vacío, placa fotográfica, placa lateral; — **benders,** máquina de plegar chapas; — **bending,** máquina curvadora; — **bending rolls,** máquina de curvar chapas; — **chain,** cadena Galle; — **characteristic,** característica de placa; — **circuit,** circuito anódico; — **conductance,** conductancia de placa; — **current,** corriente de placa; — **cutting machine,** máquina de cortar chapa; — **detection,** detección por placa; — **electrode,** electrodo de placa; — **glass,** cristal de ventanas; — **hook,** chapa con gancho; — **impedance,** impedancia de placa; — **iron,** chapa fuerte; — **keelson,** vagra de chapa; — **of a watch,** platina de un reloj; — **of sheet iron,** lámina de chapa gruesa; — **resistance,** resistencia de placa; — **shears,** tijeras para chapas; — **shop,** taller para trabajar chapas; — **surface,** superficie de placa (acum.); — **template,** plantilla de chapa; — **thickness,** espesor de la placa; — **voltage,** tensión de placa; — **work,** obra de chapa; **accumulator** —, placa de acumulador; **adjustment** —, guitarra; **after diving** —, timón de profundidad trasero; **anchor** —, riostra; **anchoring** —, placa de anclaje; **anvil** —, mesa de yunque, placa de yunque; **armour** —, placa de blindaje; **auxiliary** —, electrodo auxiliar (acumuladores); **back** —, pata de gallo, placa de apoyo; **back number** —, placa de matrícula (auto); **back plates,** espejos; **baffle** —, base, pantalla de chapa; **ballast** —, placa de lastre; **bearing** —, placa de asiento o silleta de raíl, patín de raíl; **bed** —, placa de fundación; **bench face** —, mármol de enderezar; **blast** —, paraviento (alto horno); **boiler** —, chapa para caldera; **bottom** —, placa de fundación; **bridge** —, placa de apriete o de fijación; **buckling of the plates,** deformación de las placas (acum.); **bumper** —, paragolpes; **butt** —, cubrejuntas; **capacitor** —, placa de condensador; **cast** —, mármol de fundición; **catch** —, plato portamandrino, tope de detención (torno); **centre** —, placa para colocar un modelo en el torno; **centre girder** —, eslora de apoyo central; **chair** —, cojinete, silleta; **channel fish** —, eclisa en U; **circular** —, plato circular; **clutch** —, disco de embrague; **collar** —, cabezal de luneta; **cone** —, luneta (torno); **connecting** —, placa de conexión; **copper** —, lámina de cobre; **core** —, placa de núcleo (elec.); **corner** —, angular de chapa; **cover** —, chapa de recubrimiento, cubrejuntas; **covering** —, chapa de recubrimíento, cubrejuntas; **crank** —, plato de manivela; **crown** —, placa colocada sobre el macho, placa de cielo de hogar; **dam** —, placa de dama; **dead** —, solera o mesa de hogar; **deflecting** —, placa deflectora (conducto de gas); **die** —, estampa, hilera de paleta, hilera simple, troquel de rebordear o de entubar; **dipping —,** placa de inmersión; **dished or flashed plates,** chapas embutidas y de borde redondeado; **distributor —,** disco de distribución o de reparto (telegrafía); **diving —,** timón de profundidad (submarino); **dog —,** plato portamandrino; **draw —,** hilera de estirar; **dressing —,** mármol, placa de enderezar; **drill —,** disco de perforadora, plomo de trépano; **drive —,** placa de arrastre; **driver or driving —,** plato de arrastre; **earth —,** placa de tierra (elec.); **easing fish —,** eclisa de desahogo (ferroc.); **end —,** placa de cabeza (acum.), placa extrema; **exposed —,** placa impresionada; **face —,** mandril universal, plato; **feed index —,** plato indicador de los avances; **fire box —,** placa de cabeza de la caja de fuegos (caldera); **fish —,** eclisa; **floor —,** chapa de varenga; **floor plates,** solado (de fragua, etc.); **flue —,** placa tubular de caldera; **foot —,** piso de caldeo, plataforma; **fore diving —,** timón de profundidad delantero; **foundation — or base —,** placa de fundación; **frame —,** placa de bastidor (acum.); **front —,** placa de escorias, placa de piquera de escorias; **garboard —,** chapa de aparadura; **gauge —,** luneta de un banco de estirar; **girder —,** eslora de apoyo; **grid —,** placa de rejilla; **ground —,** placa de tierra; **heavy —,** chapa gruesa; **heel —,** placa de fundación; **horn —,** placa de guarda; **horn — or guard —,** placa de guarda; **horse-shoe —,** chapa de la limera del timón; **hydro — or plane —,** timón de profundidad; **index —,** plato divisor, plato indicador; **iron —,** lámina de chapa gruesa, placa de hierro; **junction —,** cubrejunta, placa de recubrimiento, placa de unión; **laminated —,** placa lamelar; **lead —,** placa de plomo (acum.); **locking —,** placa de cierre; **main —,** hoja maestra; **medium —,** chapa mediana; **metal — lens,** lente de placa metálica; **negative —,** placa negativa (acum.); **packing —,** corona de pistón, placa de empaquetadura; **pasted —,** placa empastada, placa engrudada; **photographic —,** placa fotográfica; **Planté —,** placa Planté (acumuladores); **positive —,** placa positiva (acum.); **pressed end —,** chapa, fondo embutido con prensa, frontal; **pressure —,** placa de presión; **regulation number —,** placa reglamentaria (auto); **ribbed —,** placa con nervaduras (acum.); **safe —,** chapa de caja fuerte; **set of plates,** conjunto de placas (acum.); **side girder —,** eslora de apoyo lateral; **slotted crank —,** manivela de corredera; **sole —,** placa de fundación; **solid —,** placa autógena; **spare —,** placa de recambio; **stator plates,** placas fijas de condensador; **steel —,** chapa de acero; **supporting —,** placa soporte; **surface —,** mármol de trazar; **surfacing —,** plato de pulir; **swash —,** plato oscilante; **terne —,** chapa de hierro, plomo y estaño; **thinned —,** chapa delgada; **tinned —,** chapa estañada, hojalata; **trough —,** chapa de cubetas; **Tudor —,** placa Tudor; **unexposed —,** placa virgen (foto); **wing girder —,** eslora de apoyo de costado; **wire and — counter,** contador de hilos y placa; **wiring —,** placa de fijación de alambres; **zinc —,** placa de zinc; **to —,** forrar, forrar con chapa, revestir; **to copper —,** encobrar.

Plateability, Laminabilidad.

Plated, Forrado con chapa, recubierto, revestido; **cadmium —,** cadmiado; **chromium —,** cromado; **copper —,** encobrado; **double, triple —,** con doble, con triple revestimiento; **nickel —,** niquelado.

Plateen, Mesa (máquina herramienta).

Platelayer, Asentador de vía.

Platen, Plato (de cepilladora).

Platform, Andén de estación, encachado contra infiltraciones (depósito), entarimado, plataforma, tablero de puente; **gun** —, plataforma de tiro; **landing** —, plataforma de aterrizaje; **launching** —, plataforma de lanzamiento; **loading** —, plataforma de carga.

Platine, Platino, véase **Platinum**; — **crucible,** crisol de platino; — **wire,** hilo de platino.

Plating, Abreviatura de **Electroplating** (electroplastia, galvanoplastia), blindaje, forro, planchaje; — **balance,** balanza galvanoplástica; — **generator,** generatriz de galvanoplastia; — **room,** taller de galvanoplastia; **armour** —, blindaje; **barrel** —, electroplastia en cuba; **bottom** —, forro de carena; **chromium** —, cromado; **copper** —, encobrado; **deck** —, revestimiento del puente; **electro** — **bath,** baño de electroplastia; **floor** —, conjunto de vagras, vagra; **gold** —, dorado; **inside, inner, keel** —, aparadura; **nickel** —, niquelado; **nickel** — **bath,** baño de niquelado; **outside** —, revestimiento exterior; **side** —, revestimiento lateral; **silver** —, plateado.

Platinite, Platinito.

Platinization, Platinado.

Platino-bromide, Bromuro de platino.

Platinotype, Platinotipia.

Platinum, Platino; — **contacts,** contactos de platino; — **foil or sheet,** hoja de platino, lámina de platino; — **point,** contacto platinado; — **sponge,** esponja de platino; — **tipped screws,** tornillos platinados; **spongy** —, negro de platino.

Platy, En placas.

Play, Holgura (piezas de máquinas); **side** —, juego lateral; **to** —, tener juego.

Playing time (tape recorder), Tiempo de registro (magnetófono).

Pledge money, Caución.

Pliability, Plegabilidad.

Pliers or **Plyers,** Pinzas, tenazas; **bending** —, pinzas de curvar; **cutting** —, tenazas de curvar; **drawing** —, alicates para estirar; **flat nosed** —, pinzas planas; **gas** —, pinzas para gas; **round** —, alicates de pico redondo; **round nosed** —, descalcador.

Plies, Plural de **Ply.**

Pliodynatron, Pliodinatrón.

Pliotron, Pliotrón.

Plodder, Extrusor de barras.

Plot (To), Dibujar un levantamiento, trazar; **to** — **against,** trazar una curva en función.

Plotter, Aparato para el trazado de curvas.

Plotting, Planimetrado, restitución fotogramétrica; — **gear,** mecanismo de restitución; — **machine,** aparato de restitución (fotogrametría).

Plough (Draw snow), Quitanieves de tracción; **rotary snow** —, quitanieves centrífugo; **snow** —, quitanieves.

Plover, Blanco antiaéreo sin piloto.

Plug, Borne, bujía, clavija, espárrago, llave, macho de grifo, obturador, taco, tapón, toma de corriente; — **and feather,** cuña con guiaderas de media caña para hendir piedras; — **commutator,** conmutador de clavija; — **contact,** contacto de clavijas; — **cord,** cordón de clavija; — **gap,** separación de las puntas de una bujía; — **gauge,** calibre de tapón, tapón calibrador; — **key,** clavija de conexión; — **shelf,** clavijero; — **switch,** interruptor de clavija; — **terminal,** casquete de bujía; **air** —, tapón de evacuación de aire; **boiler tube** —, tapón de tubo de caldera; **calling** —, clavija de llamada; **cask** —, clavija; **clay** —, tapón de arcilla (alto horno); **connecting** —, clavija de contacto; **connection** —, clavija de conexión; **contact** —, plot; **double ended** — **gauge,** tapón calibrador doble; **drain — with filter,** tapón de vaciado con filtro; **drain plug or blow off —,** tapón vaciado; **earth —,** clavija de tierra; **enquiry —,** clavija de toma; **filler —,** tapón de llenado; **fine wire electrode —,** bujía de electrodos finos; **fire —,** grifo de incendios (véase **Fire**); **fluted —,** tapón estriado; **fusible —,** tapón fusible; **hawse —,** tapón de escobén; **lead —,** arandela de plomo, tapón de plomo; **lift —,** cierre de grifo deslizante; **lift — valve,** grifo de cuerpo deslizante; **listening —,** clavija de escucha; **nickel electrode —,** bujía de electrodos de níquel; **octal —,** zócalo octal; **overflow —,** tapón de rebose; **plain — gauge,** tapón calibrador liso; **platinum electrode —,** bujía de electrodos de platino; **porous —,** tapón poroso; **positive —,** borne positivo; **rotary —,** cierre giratorio de grifo; **rubber —,** tapón de goma; **screened sparking —,** bujía blindada; **screw —,** tapón fileteado; **spark — body,** cuerpo de bujía; **spark — bridging,** puesta en cortocircuito de los electrodos (bujías); **spark — insulator,** aislador de bujía, aislante de bujía; **spark — leads,** hilos de bujía; **spark or sparking —,** bujía de encendido; **sparking — gasket,** junta de bujía; **sparking — hold,** tapón de bujía; **testing —,** clavija de ensayo; **two pin —,** clavija de dos espigas; **wall —,** toma de corriente; **wander —,** clavija variable; **to —,** conectar, enchufar, meter una clavija, obturar, taponar.

Plugbridge, Puente de clavijas.

Plugger, Perforadora de percusión a mano.

Plugging, Conexión, frenado por inversión de corriente, obturación, taponamiento.

Plumb, Plomo (de plomada); **— bob,** plomada, plomo de sonda; **— level,** nivel de plomada; **— line,** punto nadiral; **to —,** aplomar muros.

Plumbago, Plombagina.

Plumber, Plomero; **plumber's soil,** suelda de plomero.

Plumbing, Instalaciones sanitarias, plumería.

Plumbness, Verticalidad.

Plummer block, Cojinete soporte.

Plummet, Plomo (de plomada).

Plunge, Torno elevador; **— battery,** batería de torno elevador.

Plunger, Sumergible; **— piston,** émbolo buzo; **— pump,** bomba de pistón tubular; **— valve,** válvula de pistón tubular; **accumulator —,** pistón de acumulador; **die —,** punzón embutidor; **short —,** estribo de cortocircuito; **tuning —,** estribo de sintonía.

Plunging lift, Bomba de pistón tubular.

Pluriaxial, Pluriaxial.

Plus (Speech) duplex, Bivocal; **speech — telegraphy,** telegrafía y telefonía simultáneas.

Plutonium, Plutonio.

Plutonyl, Plutonilo.

Pluviograph, Pluviógrafo.

Pluviometer, Pluviómetro.

Pluvioscope, Pluvioscopio.

Ply, Espesor, espesor de contrachapado; **— web,** alma de contrachapado; **— wood,** madera contrachapada; **— wood covering,** revestimiento de contrachapado; **— wood fuselage,** fuselaje de contraplacado; **three — web,** alma de contrachapado; **three — wood,** contrachapado de tres espesores; **two —,** con dos espesores; **two — belt,** correa doble.

Plyers, Véase **Pliers**.

P. M., De la tarde; **5 —,** 5 de la tarde.

p. m. (permanent magnet), Imán permanente.

Pneudralic, Neumohidráulico.

Pneumatic, Neumático; — **absorber**, amortiguador neumático; — **clamping**, apriete neumático; — **control**, control neumático; — **drilling machine**, perforadora neumática; — **ejector**, eyector neumático; — **hoist**, montacargas neumático; — **micrometer**, micrómetro neumático; — **pick**, martillo neumático; — **relay**, relé neumático; — **riveting**, remachado neumático; — **shock absorber**, amortiguador neumático; — **stowing**, relleno neumático; — **transmitter**, transmisor neumático; — **tyre**, llanta neumática.

Pneumatolysis, Neumatolisis.

Pneumercator, Instrumento para medir el volumen de líquido de los tanques.

P. O. (Postal Order), Giro postal.

Poacher, Tina de blanquear.

Pocket, Caja; **air** —, bache de aire; **valve** —, caja de válvula, cámara de válvula.

Pod, Nacela; **camera** —, aparato tomavistas; **jet** —, carlinga de los motores; **roll** —, filástica de cilindro laminador.

Point, Centésima (por ciento), punta, punto, remachado; — **discharge**, descarga por las puntas (elec.); — **electrode**, electrodo puntual; — **focus**, foco puntual; — **of a lathe**, punta de un torno; — **of application**, punto de aplicación (de una fuerza); — **of inflexion**, punto de inflexión; — **of radius**, centro para trazar el arco; — **of the compass**, dirección del viento; — **of tow**, amarre en el pie de roda del paraván; — **screw valve**, grifo de tornillo de punzón, grifo de vástago roscado; — **to point**, punto a punto; — **tool**, herramienta de punta; **adjusting** —, referencia; **angular** —, vértice; **array of point sources**, sistema de radiadores puntuales; **bleed** —, punto de extracción de vapor; **boiling** —, punto de ebullición; **breaker points**, contactos platinados; **breaking** —, límite de rotura; **burning** —. punto de ignición; **cardinal points**, puntos cardinales; **catch** —, punto de detención y de arrastre (ferrocarriles, señales); **centre** —, punzón; **cloud** —, véase **Cloud**; **consequent** —, punto consecuente; **converging** —, punto de convergencia; **critical** —, punto crítico; **Curie** —, punto de Curie; **cut-in** —, punto de conducción; **cut-out** —, punto de corte; **dead** —, punto muerto (máq.-herr.); **dew** —, punto de rocío; **diamond** — **tool**, herramienta de punta de diamante; **dividing** —, índice divisor; **draw** —, punta de trazar; **driving** — (antenna), punto de excitación (antenas); **driving** — **impedance**, impedancia de entrada; **drop** —, punta de trazar, punto de gota; **ebullition** —, punto de ebullición; **end** —, punto final (de combustible); **feeding** — **of an antenna**, punto de alimentación de una antena; **fire** —, punto de combustión; **first** — **of contact**, primer punto de contacto de un diente de engranaje; **flash** —, punto de destello; **flashing** —, punto de inflamabilidad de los petróleos, temperatura para la que desprenden gases suficientes para arder momentáneamente; **fouling** —, punto peligroso de un cruce (ferr.); **freezing** —, punto de congelación; **guide** —, punto director; **homologous guides**, puntos homólogos; **ignition** —, platinos; **interlinking** —, véase **Star point**; **last** — **of contact**, último punto de contacto de un diente de engranaje; **melting** —, punto de fusión; **neutral** —, punto neutro (elec.); **plumb** —, punto a plomo; **point to** — **communication**, comunicación punto a punto; **pour** —, punto de congelación, punto de fluencia; **screw** — **chuck**, mandril de roscar; **singing** —, punto de canto; **singing** — **equivalent**, equivalente del punto del canto; **smoke** —, índice de humos; **snap** —, cabeza bombeada; **star** —, punto de unión de las fases, punto neutro; **statio-**

nary —, punto de retroceso; **zero — control,** control de cero; **working** —, punto de aplicación; **to — in azimuth,** apuntar en azimut.

Pointed, Con punta, en punta, puntiagudo; — **hammer,** martillo de punta; **copper — bullet,** bala de punta de cobre.

Pointer, Aguja; — **borer,** punta de trazar; **dial** —, aguja de cuadrante.

Pointing, Apuntado, punteados.

Points, Agujas.

Pointsman, Guardaagujas.

Pointwise, Puntiagudo.

Poise, Poise (unidad de viscosidad absoluta: 1 dina-segundo/cm^2 o bien 1,02 $\times$ 10^{-2} kgs/m^2).

Poisoning, Empobrecimiento (catalizadores).

Poke (To), Hurgar.

Poker, Atizador, herramienta de caldeo, hurgón; — **with a lance,** picafuegos (herramienta de caldeo); **crooked** —, garfio (herramienta de caldeo).

Polar, Polar; — **coordinates,** coordenadas polares; — **diagram,** diagrama polar; **reciprocal** —, polar recíproca.

Polarimeter, Polarímetro.

Polarisability, Polarizabilidad.

Polariscope, Polariscopio.

Polarise (To), Polarizar.

Polarised or **Polarized,** Polarizado; — **light,** luz polarizada.

Polarity, Polaridad (elec.); — **indicator,** indicador del sentido de la corriente (elec.); — **reversal,** inversión de polaridad; — **reversing switch,** inversor de polaridad; **reversed or reverse** —, polaridad invertida.

Polarizability, Polarizabilidad; **electronic pole** —, polarizabilidad electrónica; **ionic** —, polarizabilidad iónica.

Polarizable, Polarizable.

Polarization or **Polarisation,** Polarización (elec.); — **error,** error de polarización; **angle of** —, ángulo de polarización; **circular** —, polarización circular; **electrolytic** —, polarización electrolítica; **electrostatic** —, polarización electrostática; **elliptical or elliptic** —, polarización elíptica; **galvanic** —, polarización de los electrodos; **horizontal** —, polarización horizontal; **light** —, polarización de la luz **linear** —, polarización lineal; **plane of** —, plano de polarización; **reversal of** —, inversión de la polarización; **vacuum** —, polarización del vacío.

Polarize (To) or polarise, Polarizar.

Polarized or **Polarised,** Polarizado; — **bell,** timbre de dos badajos; — **light,** luz polarizada; — **relay,** relé polarizado; **circularly — waves,** ondas de polarización circular; **elliptically** —, polarizado elípticamente; **horizontally** —, polarizado horizontalmente; **plane — wave,** onda polarizada en un plano.

Polarizer, Polarizador.

Polarizing, Polarizador, polarizante; — **angle,** ángulo de polarización; — **current,** corriente polarizante.

Polarograph, Polarógrafo; **recording** polarógrafo registrador.

Polarographic, Polarográfico; — **analysis,** análisis polarográfico; — **determination,** dosificación polarográfica; — **reduction,** reducción polarográfica.

Polarography, Polarografía.

Polaroid, Polaroide.

Pole, Jalón, mango de torpedo, pértiga, piquete, polo (elec.), poste; — **box,** carcasa inductora; — **core,** núcleo polar; — **crown,** corona polar; — **drill,** perforadora (sonda); — **face,** expansión polar, masa polar; — **lathe,** torno de puntas; — **leakage,** disposición polar; — **piece,** masa polar; — **pitch,** paso polar; — **saddle,** caperuza para poste; — **shank,** núcleo magnético; — **shoe,** expansión polar, pieza polar; — **shoe angle,** ángulo de expansión; — **shoe leakage,** dispersión de las piezas polares; — **shoe losses,** pérdidas en las piezas polares; — **spacing,** separación de los polos; — **tips,** cuernos polares; **a** —, postes acoplados (telégrafos); **alternate polarity poles,** polos de polaridad; **anchor of guy** —, ancla de riostra de poste; **commutating** —, polo auxiliar, polo de conmutación; **consequent poles,** polos consecuentes; **coupled poles,** postes acoplados; **electronic** — **polarizability,** polarizabilidad electrónica; **four** —, tetrapolar; **levelling** —, jalón de agrimensura; **like poles,** polos de mismo nombre; **magnetic** —, polo magnético; **negative** —, polo negativo; **opposite poles,** polos de signo contrario; **positive** —, polo positivo; **projecting** — **pieces,** expansiones polares; **push** — **brace,** tornapunta; **salient** —, polo saliente; **salient** — **alternator,** alternador de polos salientes; **shaded** — **motor,** véase **Motor**; **similar poles,** polos de mismo nombre; **staggered poles,** polos alternados; **test** — **connection,** conexión para pruebas en poste; **three** —, tripolar; **twin poles,** postes acoplados; **two** —, bipolar; **wood** —, poste de madera; **zinc** —, polo de zinc, polo negativo.

Polewards, Hacia el polo.

Policy, Póliza; **round** —, póliza de seguro de ida y vuelta.

Poling, Berlingado (metalurgia).

Polish, Pulido; **french** —, barniz de muñequilla; **mirror** —, pulido especular; **to** —, alisar, pulir.

Polishable, Pulimentable.

Polished, Pulido; **hand** —, pulido a a mano.

Polisher, Pulidora.

Polishing, Pulido; — **bit,** alisador; — **black,** tás de aplanar; — **cask,** piedra de pulir; — **disk,** discopulidor; — **iron,** pulidor; — **machine,** máquina de pulir; — **powder,** polvo de esmeril; — **rouge or colcothar,** rojo de Inglaterra; — **stone,** piedra esmeril; — **wheel,** disco de pulido; **electrolytic** —, pulido electrolítico; **emery** —, pulido al esmeril; **etching** —, pulido por ataque con ácido.

Polonium, Polonio.

Poly, Poli; — **amide,** poliamida; — **atomic,** poliatómico; — **butyl,** polibutílico; — **butyl acrylate,** acrilato polibutílico; — **chromatic,** policromático; — **condensation,** policondensación; — **crystalline,** policristalino; — **electrolytes,** polielectrolitos; — **ene,** polieno; — **ester,** poliéster; — **ethylene,** polietileno; — **functional,** polifuncional; — **gone,** polígono; — **isobutene,** polisobutileno; — **mer,** polímero; — **mercaptals,** polimercaptales; — **mercaptols,** polimercaptoles; — **meric,** polimérico; — **meric esters,** esteres poliméricos; — **merisation,** polimerización; — **merised,** polimerizado; — **merised ethylene,** etileno polimerizado; — **mers,** polímeros; — **morphism,** polimorfismo; — **nuclear,** polinuclear; — **olefins,** poliolefinas; — **phase,** polifásico (elec.); — **phase current,** corriente polifásica; — **phase generator,** generador polifásico; — **phase motor,** motor polifásico; — **phase transformer,** transformador polifásico; — **photal,** polifoto; — **rod,** antena dieléctrica; — **styrene,** poliestireno; — **tetrafluorethylene,** politetrafluoroetileno; — **thene,** etileno polimerizado, politeno; — **thene disc,** disco de politeno; — **vinyl,** polivinílico; — **vinyl alcohol,** alcohol polivinílico; — **vinyl chloride,** cloruro polivinílico; **acryloid** — **mer,** polímero acriloide; **high** — **mers,** polímeros elevados; **thermal** — **merisation,** polimerización térmica; **vinyl** — **merisation,** polimerización vinílica; **to** — **merise,** polimerizar.

Polydinamism, Polidinamismo.

Polyfunctional, Plurifuncional.

Polygonize (To), Poligonizar.

Polyphase, Polifásico; — **rectifier,** rectificador polifásico.

Polyphonic, Polifónico.

Polytypism, Politipismo.

Pond, Embalse; **head** —, depósito, embalse de aguas arribas.

Ponderability, Ponderabilidad.

Pontoneer, Pontonero.

Pontoon, Flotador, pontón (arsenales, canteras); — **bridge,** puente de barcos; — **crane,** pontón-grúa.

Pony roughing, Pasada de desbaste (laminador).

Pool, Baño, cantera, yacimiento; **mercury** —, baño de mercurio; **mercury** — **rectifier,** rectificador de mercurio; **rectifier** —, cubeta del rectificador.

P. O. O. (Post Office Order), Giro postal.

Poop, Toldilla; — **deck,** toldilla.

Pooping, Golpe de mar por la popa.

Pop (Centre), Golpe de punzón.

Poplar or poplar tree, Álamo; **black** —, álamo negro; **Carolina** —, álamo de Carolina; **Lombardy** — **or pine** —, álamo piramidal de Italia; **white** —, álamo blanco.

Poppet head, Cabezal de torno; **extra** —, cabezal de luneta (torno).

Popping or Popping back, Explosión en el carburador.

Porcelain, Porcelana; — **enamel,** esmalte vitrificado; **enamelled** —, porcelana esmaltada.

Porchway, Atrio (arquitectura).

Pore, Poro; — **pressure,** presión en los poros.

Poroscopy, Poroscopia.

Porosity, Porosidad.

Porous, Poroso; — **cell,** recipiente poroso; — **concrete,** hormigón poroso.

Porphyrogranulitic, Porfidogranulítico.

Porphyroid, Porfiroide.

Porphyry, Pórfido.

Porpoising, Encabritamiento y picado sucesivo (aviones).

Port, Babor, conducto (de gases, de humo), lumbrera, orificio, portañola, puerto de mar; — **bridge,** vástago del distribuidor; — **charges,** derechos de puerto; — **crane,** grúa de puerto; — **hole,** ojo de buey, respiradero; — **of registry,** puerto de armamento; — **side,** babor, costado de babor; — **watch,** guardia de puerto; **admission** —, lumbrera de admisión; **air** —, aeropuerto; **commercial** —, puerto de comercio; **cylinder ports,** lumbreras del cilindro, orificios; **exhaust** —, orificio de escape; **free** —, puerto franco; **intake** —, orificio de admisión; **live steam ports,** orificios de introducción; **naval** —, puerto de guerra; **oil** —, puerto pretolero; **raft** —, porta de carga; **sea** —, puerto de mar; **steam exhaustion ports,** orificios de salida; **waste steam** —, orificio de escape.

Portable, Desmontable, portátil; — **accumulator,** acumulador portátil; — **crane,** grúa rodante; — **engine,** máquina locomóvil; — **forge,** fragua portátil; — **instrument,** instrumento portátil; — **substation,** subestación (elec.).

Portal, Entrada de túnel, portada, pórtico; — **crane,** grúa-pórtico; — **frame,** estructura porticada; **approach** —, cuadro, pasillo balizado de aterrizaje.

Portative, Portátil.

Porterage, Precio de transporte.

Portioner, Marinero que reparte el rancho.

Position, Implantación, posición; — **finder,** posicionador (telefonía); — **sketch,** croquis de la posición; **combined** — **line and recording,** posición combinada de líneas y anotaciones; **controlling** —, posición principal; **dead center** —, posición en punto muerto; **elevation** — **indicator,** indicador de distancia y ángulo de elevación; **operator's** —, posición de operadora;

plan — indicator, presentación panorámica; **pulse — modulation,** modulación de impulsos en posición.

Positioner, Manipulador, montaje de posición, posicionador; **valve —,** indicador de cierre de una válvula.

Positioning, Colocación, posicionamiento; **— flight,** vuelo de emplazamiento.

Positive, Positivo (elec., foto, etc...); **— charge,** carga positiva; **— electricity,** electricidad positiva; **— electrode,** electrodo positivo; **— electron,** positrón; **— feedback,** retroalimentación; **— modulation,** modulación positiva; **— pole,** polo positivo; **— rake,** ángulo de rebaje positivo; **— rays,** rayos canales.

Positon, Positrón.

Post, Codaste, pilar, poste; **binding —,** borne de tornillo; **bow —,** codaste de proa; **crown —,** pie derecho; **ferry —,** castillete; **heel —,** codaste a popa; **listening —,** puesto de escucha; **mile —,** jalón kilométrico; **propeller —,** codaste a popa; **stern —,** codaste a popa; **telegraph —,** poste telegráfico; **twin posts,** postes acoplados.

Postage, Franqueo.

Postal, Postal; **— money order,** giro postal; **rates,** tarifas postales.

Postforming, Posformación.

Postheat, Recocido.

Posttension (To), Postensar.

Postyield flow, Reologia más allá del límite elástico.

Pot, Caldera, crisol, olla; **— furnace,** horno de crisol; **air —,** amortiguador de aire; **dash —,** amortiguador, freno; **exhaust —,** silenciador; **glass —,** crisol; **tin —,** baño de estañado.

Potash, Potasa; **carbonate of —,** carbonato de potasa; **caustic —,** potasa cáustica; **sulphate of —,** sulfato de potasa.

Potassic, Potásico.

Potassium, Potasio; **— bichromate,** bicromato de potasio; **— bromide,** bromuro potásico; **— chlorate,** clorato potásico; **— cyanide,** cianuro potásico; **— hydrate,** lejía de potasa; **— hydroxide,** potasa; **— sulphate,** sulfato de potasa.

Potential, Potencial; **— barrier,** barrera de potencial; **— difference,** diferencia de potencial; **— drop,** caída de potencial; **— equalizer,** igualador de potencial; **— energy,** energía potencial; **— function,** función potencial; **— gradient,** gradiente de potencial; **— tap,** toma de potencial; **absolute —,** potencial absoluto; **accelerating —,** tensión aceleradora; **breakdown —,** potencial de ignición; **charging —,** potencial de carga; **contact —,** diferencia de potencial de contacto, potencial de contacto; **deionization —,** potencial de desionización; **delayed —,** potencial retardado; **difference of —,** diferencia de potencial; **earth or ground —,** potencial de tierra; **electric —,** potencial eléctrica; **exciting —,** potencial de excitación; **extinction —,** potencial de extinción; **fall of —,** caída de potencial; **firing —,** potencial de encendido; **grid-bias —,** tensión de modulación de rejilla; **magnetic —,** potencial magnético; **oxidation —,** potencial de oxidación; **plate —,** potencial de placa; **radiation —,** potencial de radiación; **screen —,** potencial de rejilla pantalla; **stopping —,** potencial de parada; **striking —,** potencial de arco; **transformer —,** transformador de potencial.

Potentiality, Posibilidad en potencia.

Potentiometer, Potenciómetro; **tapped —,** potenciómetro de varias tomas.

Potentiostat, Potenciostato.

Pothead, Aislante de empalme.

Pottery, Alfarería.

Pound, Libra (medida de peso); **to —,** hacer chatarra, hacer ruido (máq.), machacar, quebrantar, triturar, triturar con bocarte.

Poundal, Unidad absoluta de fuerza (13,825 dinas).

Pounding, Trituración, trituración con bocarte; — **machine,** bocarte; — **mill,** bocarte.

Poundstone, Muro arcilloso (de capa de carbón).

Pour, Fluencia; — **point,** punto de congelación, punto de fluencia; **to** —, colar, colar en lingotera, fluir.

Pouring, Colada en lingotera; — **spout,** canal de colada (funderías); **bottom** —, colada en fuente; **top** —, colada en descenso.

Powder, Polvo; — **actuated tool,** herramienta accionada por explosivo; — **cut,** pulvicortado; — **cutting,** polvorín; — **depot,** polvorín; — **factor,** factor de potencia; — **factor correction,** corrección del factor de potencia; — **magazine,** pañol de pólvora; — **metallurgy,** polvometalurgia; **black** —, pólvora negra; **blast** — **or blasting** —, pólvora de mina; **bleaching** —, cloruro de cal, hipoclorito; **brazing** —, polvo de soldar; **cannon** —, pólvora para cañón; **cementing** —, polvo de cementación (forja); **coarse grained** —, pólvora de grano grueso; **detonating** —, pólvora fulminante; **fine grained** —, pólvora de grano fino; **gun** —, pólvora para cañón; **iron** —, polvo de hierro; **magnetic** — **inspection,** magnetoscopía; **mealed** —, polvorín; **metal** —, polvo metálico; **slow burning** —, pólvora lenta; **smokeless** —, polvo sin humos; **talcum or talc** —, polvo de talco.

Powdered, En polvo; **low** —, de poca potencia; **rocket** —, propulsado por cohete.

Powderman, Capataz de barreneros.

Powdery, Pulverulento.

Power, Aumento (ópt.), carrera (máq.-herr.), energía, fuerza, fuerza motriz, mecánico (adj.), poder, potencia; — **amplifier valve,** lámpara superamplificadora; — **auditing,** control de la energía; — **auger,** barrena mecánica; — **axle,** eje motor; — **brushing,** cepillado mecánico; — **busbar,** barra colectora para fuerza; — **capacitor,** condensador para mejorar el factor de potencia; — **circuit,** circuito de transmisión de energía; — **cylinder,** cilindro motor; — **density,** densidad de potencia; — **distribution,** distribución de energía eléctrica; — **dynamo,** dínamo para fuerza motriz; — **engineering,** ergotecnia; — **hammer,** martillo de gran forja, martillo pilón; — **haulage,** tracción mecánica; — **house,** central; — **industry,** industria energética; — **law equation,** ecuación de ley exponencial; — **line,** línea de fuerza; — **mower,** segadora mecánica; — **operated control,** servomando; — **pack,** batería común; — **plant,** central de energía; — **press,** prensa mecánica; — **production,** producción de energía; — **ramming,** atacado mecánico; — **rapid traverse,** avance transversal rápido automático; — **rate,** tarifa de energía; — **rectifying valve,** válvula rectificadora de potencia; — **reel,** devanadera mecánica; — **spin,** barrena con motor en marcha; — **station,** central eléctrica; — **steering,** conducción por la pista por medio de sus motores (aviones); — **supply,** toma de corriente; — **switch,** interruptor principal; — **user,** consumidor de energía; — **valve,** lámpara de salida (radio); **absolute** — **level,** nivel absoluto de potencia; **absorbing** —, poder absorbente; **active** —, potencia activa; **actual** —, potencia al freno, potencia efectiva; **apparent** —, potencia aparente (elec.); **ascensional** —, fuerza ascensional; **atomic** —, energía atómica; **available** —, potencia disponible; **available** — **gain,** ganancia de potencia disponible; **available noise** —, potencia de ruido disponible; **ave-**

rage — **output,** potencia media de salida; **average sound** —, potencia acústica media; **brake** —, potencia al freno; **calorific** —, poder calorífico; **candle** —, intensidad lumínica en bujías; **diffusing** —, poder difusor; **distribution** —, transformador de distribución; **driving** —, potencia de excitación; **effective** —, potencia útil; **effective radiated** —, potencia efectiva radiada; **electric** —, energía eléctrica; **emissive** —, poder emisor; **emitting or emissive** —, poder emisor; **evaporative** —, potencia de vaporización; **fire** —, potencia de fuego; **float — scheme,** montaje en flotación; **full** —, a toda potencia, a todo gas; **full — trial,** ensayo a toda potencia; **half — frequencies,** frecuencias de potencia mitad; **heating** —, poder calorífico; **high — machine,** máquina de gran potencia; **holding** —, fuerza portadora, poder de retención (mandrino magnético); **horse** —, caballo de vapor; **hydroelectric** —, energía hidroeléctrica; **illuminating** —, poder de iluminación; **input** —, potencia absorbida; **instantaneous acoustical speech** —, potencia vocal instantánea; **instantaneous sound** —, potencia acústica instantánea; **insulating** —, poder aislante; **lift or carrying** —, fuerza sustentadora; **lifting** —, fuerza portadora de un imán, potencia ascensional; **low — factor motor,** motor con débil factor de potencia; **magnetic** —, potencia magnética; **magnetising** —, poder magnetizante; **magnifying** —, aumento; **motive** —, fuerza nominal; **n** —, n aumentos; **output** —, potencia útil; **output — meter,** medidor de potencia de salida; **overload — level,** potencia límite admisible; **pawl for — feed,** trinquete de avance automático; **peak** —, potencia de pico; **peak speech** —, cresta de potencial vocal; **phonetic speech** —, potencia fonética; **portative** —, fuerza portadora; **propulsive** —, energía propulsora; **psofometric** —, potencia sofométrica; **pulsed** —, potencia pulsada; **radiating** —, poder emisivo; **rectifier — supply system,** rectificador para alimentación; **repelling** —, fuerza repulsiva; **resolving** —, poder de resolución; **sound — density,** densidad de potencia sonora; **specific** —, potencia específica (elec.); **specific inductive** —, potencia específica inductiva; **stopping** —, poder de parada; **superposed — station,** estación central superpuesta; **syllabic speech** —, potencia silábica; **thermic** —, potencia térmica; **vertical** —, carrera vertical (máq.-herr.).

Powered, Accionado por, alimentado por o con, equipado con, propulsado por; **atomic** —, de propulsión atómica; **atomic — submarine,** submarino de propulsión atómica; **battery — receiver,** receptor de acumuladores; **jet** —, con propulsión a chorro.

Powerful lode, Filón potente.

P. P. I. (Plan Position Indicator), Indicador de posición de radar, pantalla panorámica.

Practice, Práctica, técnica; **making** —, técnica de fabricación.

Pratique, Entrada (comercio); **to admit to** —, dar entrada a.

Preamplifier, Preamplificador.

Pre-ignition, Autoencendido, encendido anticipado.

Pre-selective, Preselectivo; — **gear change,** cambio de velocidad preselectivo.

Pre-selector, Preselector; **hydraulic** —, preselector hidráulico.

Prebriefing, Instrucciones dadas con bastante anticipación antes de empezar la misión asignada (aviación).

Precalculate (To), Precalcular.

Precast, Premoldeado; — **concrete,** hormigón premoldeado; **to** —, pre moldear.

Precession, Precesión.

Precipitability, Precipitabilidad.

Precipitate, Precipitado; **to —,** precipitar.

Precipitated, Precipitado (adj.).

Precipitation, Precipitación; **— hardening,** endurecimiento estructural; **— number,** índice de precipitación; **— statics,** estáticos de precipitación; **chemical —,** precipitación química; **differential —,** precipitación diferencial; **electrical —,** precipitación eléctrica.

Precipitator, Precipitador, precipitador de polvos; **electric —,** separador eléctrico de polvo; **electrostatic —,** precipitador electrostático.

Precipitimetry, Precipitometría.

Precipitron, Precipitrón.

Precision, Precisión; **— casting,** moldeo de precisión; **— mechanics,** mecánica de precisión.

Precomputed, Precalculado.

Preconduction, Preconducción; **— current,** corriente de preconducción.

Predetermine (To), Predeterminar.

Prediction, Predicción; **linear —,** predicción lineal.

Predissociation, Predisociación.

Prefabricate (To), Prefabricar.

Prefabricated, Prefabricado.

Prefabrication, Prefabricación.

Prefabs, Piezas prefabricadas.

Prefilter, Prefiltro.

Preflash tower, Torre de predestilación.

Preflight, Comprobación y preparación para su uso antes de iniciar el vuelo.

Preform (To), Preformar.

Preformed, Preformado.

Preforming, Preformado.

Preheat, Precalentamiento; **to —,** precalentar.

Preheated, Precalentado.

Preheater, Precalentador, recalentador; **waterfeed —,** recalentador de agua de alimentación.

Preheating, Precalentamiento.

Preload, Carga previa; **to —,** precargar.

Preloaded, Precargado.

Premature, Prematuro; **— fire,** encendido prematuro.

Premises (Subscriber), Indicador de tasa.

Premium, Prima (comercio); **— of insurance,** prima de seguros; **of a —,** de importancia capital.

Premixer, Premezclador.

Premolded, Premoldeado.

Prenavigational, Prenavegacional; **— information,** información prenavegacional.

Prentice, Aprendiz.

Prenticeship, Aprendizaje.

Preparation, Preparación; **international service with aduance —,** servicio internacional con preparación previa.

Prepare (To), Preparar.

Prepay (To), Pagar adelantado.

Prescoring, Presonorización.

Prescribable, Adquirible por prescripción.

Presedimentation, Presedimentación.

Presentment, Presentación (comercio).

Preserve (To), Conservar.

Preserved, Conservado, preservar.

Preserving or **Preservation,** Conservación; **oil —,** conservación del aceite; **timber —,** conservación de la madera.

Press, Prensa; **— die,** matriz para prensa; **— fitted,** ajustado en prensa; **— roughing,** desbastado en prensa, punteado; **— screw,** tornillo de apriete; **— stone,** mármol de prensa; **— stud,** botón de presión (de traje); **— work,** embutición, estampación, impresión;

— **working shop**, taller de estampación; **arbor** —, prensa para calar; **baling** —, prensa vertical de embalar; **banding** —, prensa de zunchar obuses; **bending** —, prensa de curvar, prensa plegadora; **Brahmah's** —, prensa hidráulica; **breaking** —, prensa de romper; **briquetting** —, prensa de aglomerar; **cam** —, prensa de excéntrica; **cap leather** —, prensa de embutir cueros; **casting** —, prensa; **coining** —, prensa de acuñar moneda, torniquete; **copying** —, prensa de copiar; **cotton** —, prensa para algodón; **crocodile** —, prensa de cocodrilo, prensa de palanca; **cutting** —, máquina de recortar; **dieing** —, prensa de matrizar; **double action** —, prensa de doble acción; **drawing** —, prensa de estirar; **drill** —, máquina de perforar, perforadora; **drop** —, martinete de caída libre; **drop forging** —, prensa de estampar; **dumping** —, prensa para hacer las balas de lana; **eccentric** —, prensa de excéntrica; **engine** —, prensa mecánica; **expanding** —, prensa de mandrinar; **extruding** —, prensa de forjar por extrusión; **fly** —, balancín de husillo, balancín de tornillo; **folding and forming** —, prensa de plegar y de formar; **forging** —, prensa de forjar; **forming** —, prensa de moldurar; **friction** (screw) —, prensa de fricción; **hand** —, prensa de impresión a mano; **hydraulic** —, prensa hidráulica; **hydrostatic** —, prensa hidrostática; **in the** —, en prensa; **mechanical** —, prensa mecánica; **moulding** —, prensa de moldear; **nosing** —, prensa de ojivar; **notching** —, prensa de hacer muescas; **open front** —, prensa de bastidor en cuello de cisne; **platen** —, prensa de platina; **power** —, prensa mecánica; **printing** —, prensa tipográfica; **punch or punching** —, prensa cortadora, prensa de punzonar; **reducing** —, prensa reductora; **riveting** —, prensa de remachar; **rolling** —, prensa de rodillo; **rotary** —, prensa rotativa; **screw** —, balancín de tornillo, prensa de tornillo; **stamp** —, prensa de embutir; **stamping** —, prensa de estampar, prensa de matrizar; **stretch** —, prensa de estirar; **stretching** —, prensa de estirar; **tyre** —, prensa (para llantas); **upsetting** —, prensa de dilatar; **wedge** —, prensa de uña; **wheel** —, prensa para calar ruedas; **working** —, prensa rodante; **to** —, aprestar (telas), calandrar (papel), embutir, estampar, matrizar, prensar, prensar (pieles), satinar, trabajar con la prensa; **to — on**, calar; **to — out**, expulsar a presión.

Pressability, Comportamiento a los trabajos de prensa.

Pressductor, Calibrador magnético de presión.

Pressed, Embutido, estampado, matrizado, prensado; — **in**, cintrado; — **steel**, acero embutido; — **steel frame**, bastidor de acero embutido; **hot** —, satinado (papel).

Presser, Resorte de presión.

Pressing, Aprestado, apriete, calandrado, embutición, embutida, formación de balas de algodón, pieza matrizada, prensado de pieles, sinterización, trabajo con la prensa; — **machine**, prensa; — **on**, calado; — **pawl**, linguete de presión; **cold** —, prensado en frío; **hot** —, matrizado en caliente, prensado en caliente, sinterización en caliente; **sheet steel** —, chapa embutida.

Pressman, Prensador.

Presspahn, Cartón aislante fabricado con fibra de madera.

Pressure, Empuje del agua, presión; — **blowing**, insuflación a presión; — **bulkhead**, cierre de presión; — **cabin**, cabina hermética; — **charged**, sobrealimentado; — **charging**, sobrealimentación; — **clack**, válvula de descarga; — **conduit**, conducción forzada; — **control unit**, equipo regulador de la presión; — **die cast**, pieza moldeada en coquilla bajo presión; — **distillate,** destilado de craking; — **drilling,** perforación a presión; — **drop,** pérdida de carga; — **equalizer or equaliser,** igualador de presión; — **feed tank,** tanque a presión; — **fluctuation,** fluctuación de la presión; — **gauge,** indicador de presión, manógrafo, manómetro; — **governor,** monorregulador; — **indicator,** indicador de presión, manómetro; — **locked,** bajo presión, presurizado; — **pipe line,** conducción forzada; — **piping,** canalización a presión; — **recorder,** manorregistrador; — **refuelling,** repostaje a presión; — **regulating valve,** regulador de presión; — **regulator,** regulador de presión; — **resonance,** resonancia de tensión (elec.); — **supported,** sostenido por la presión; — **transformer,** transformador de presión; — **vessel,** pozo artesiano; — **wave,** onda de presión, onda de propagación; — **well,** pozo artesiano; **absolute** —, presión absoluta; **active** —, presión efectiva; **actual** —, presión efectiva; **atmospheric** —, presión atmosférica; **back** —, contrapresión, fuerza del freno; **back — valve,** válvula de retención; **barometric** —, presión barométrica; **boost** —, presión de sobrealimentación; **deflection** —, presión de deflección (turb.); **discharge** —, presión de descarga; **downward** —, presión de arriba a abajo; **effective** —, fuerza efectiva; **elastic** —, fuerza elástica; **equalising** —, presión de compensación; **excess** —, sobrepresión; **exhaust** —, presión de escape; **extraction** —, presión de extracción; **high** —, alta presión; **high — disc,** rodete de alta presión (turb.); **high — engine,** máquina de alta presión; **hydraulic** —, presión hidráulica; **hydrostatic** —, presión hidrostática; **internal** —, presión interna; **low** —, baja presión; **low — blading,** álabes de baja presión; **maximum sound** —, presión acústica máxima; **mean** —, presión media; **negative** —, contrapresión; **oil — joint,** junta a presión de aceite; **over all or top** —, presión total; **pitot** —, presión dinámica; **rated** —, presión nominal; **static** —, presión estática; **steam** —, presión de vapor; **total** —, presión total; **undue** —, presión exagerada; **unit** —, presión unitaria; **upward** —, presión de abajo a arriba; **vapour** —, tensión de vapor; **working** —, presión de régimen.

Pressureless, Sin presión.

Pressurestat, Piezostato.

Pressurization, Climatización, presionización, presurización.

Pressurize (To), Presionizar, presurizar.

Pressurized, Bajo presión (cabina), presurizado; — **fuel tank,** depósito de combustible presurizado.

Pressurizing, Presionización, presurización; **fuel** —, presionización del combustible.

Prestaining, Predeformación.

Prestressed, Precompreso; — **concrete,** hormigón precompreso.

Prestressing, Precompresión.

Presulphidation, Presulfidación.

Pretacking, Apuntamiento antes de soldar.

Pretensioning, Pretensado.

Preventive or **Preventative,** Preservador, preventivo; **rust** —, antiherrumbre.

Prewarming, Precalentamiento.

Preweld cleaning, Decapado anterior a la soldadura.

Prewired, Con conexiones ya hechas (electricidad).

Prian, Arcilla blanca.

Price, Precio, precio de costo; — **list,** baremo de precios, catálogo, precio de tarifa; **cost** —, precio de costo; **full** —, precio total, **purchase** —, precio de compra; **retail** —, precio al detalle; **set** —, precio fijo; **upset** —, precio mínimo fijado de subasta; **wholesale** —, precio al por mayor.

Prick, Que pica, que sirve para picar; **scaling** —, martillo de picar sal; **to** —, puntear (una costura).

Pricker, Aguja de polvorero (minas), hurgón, picafuegos; — **bar,** barra de apoyo, barra del cenicero.

Pricking, Acción de picar incrustaciones (calderas).

Prill, Botón de ensayo, lingote nativo, pepita.

Prills, Nódulos metálicos en las escorias.

Primage, Prima de carga.

Primary, Primario; — **battery,** batería de pilas; — **cell,** elemento; — **circuit,** circuito primario; — **colours,** colores primarios; — **cracking,** cracking primario; — **current,** corriente primaria; — **pattern,** diagrama primario; — **shaft,** árbol primario; — **winding,** devanado primario.

Prime cost, Precio de costo; — **mover,** generador de fuerza motriz; **to** —, arrastrar agua con el vapor, cebar, enriquecer la mezcla en el arranque.

Primer, Capa de apresto, cola protectora; — **charge,** carga cebo; — **solenoid,** solenoide de inyección.

Priming, Arrastre de agua por el vapor, cebado, cebo, enrequecimiento de la mezcla en el arranque; — **ejector,** eyector cebador; — **iron,** aguja de cebado; — **jet,** inyector; — **nozzle,** tobera de inyección; — **opening,** orificio de bado; — **plug,** tapón para el cebado (bombas); — **pump,** bomba de cebado; — **screw,** tornillo para cebar; — **tube,** tubo de cebado; — **valve,** válvula de seguridad del cilindro; — **wire,** aguja de cebado; **automatic or self** —, cebado automático; **engine** —, introducción de gasolina en los cilindros para facilitar el arranque; **percussion** —, cebo a percusión.

Principal, Director, jefe, patrón, principal; — **beam,** viga maestra; — **frames,** cuadernas de trazado; — **rafter,** par (cerchas).

Principle, Principio; **Pauli exclusion** —, principio de exclusión de Pauli; **uncertainty** —, principio de incertidumbre.

Print, Estampa, impresión, matriz, molde; **blue** —, calco azul; **blue** — **copying machine,** máquina de reproducir planos; **blue** — **lining machine,** máquina de rebordear planos; **blue** — **reproducer,** máquina de reproducir planos; **core** —, hueco del macho (fund.); **to** —, imprimir; **to** — **(out, off) a negative,** tirar una prueba.

Printed, Imprimido; — **matter,** impresos.

Printer, Impresor, tipográfico; **Hell** — **system,** sistema impresor Hell; **tape** —, impresor en cinta.

Printery necessaries, Artículos para imprenta.

Printing, Impresión, tirada; — **box,** copiadora; — **cam,** leva de impresión; — **cylinder,** cilindro de impresión; — **frame,** chasis-prensa; — **office,** imprenta; — **paper,** papel de impresión; — **plant,** imprenta; — **press,** prensa de imprimir; — **roller,** cilindro impresor; — **telegraph,** telégrafo impresor; — **telegraphy,** telegrafía registrada; **blue** —, copia cianográfica, fotocalco; **calico** —, impresión sobre algodón; **copper** —, huecograbado; **daylight** —, tirada de día; **discharge** —, impresión directa; **screen** —, impresión en cuadro, impresión por estarcido; **sulphur** —, impresión Baumann; **textile** —, impresión de los tejidos.

Prints, Impresos, pruebas.

Prism, Prisma; — **astrolab,** astrolabio de prisma; **reflecting** —, prisma reflejante; **refracting** —, prisma refringente; **rotating** —, prisma giratorio; **total reflection** —, prisma de reflexión total.

Prismatic, Prismático; — **antenna,** antena prismática; — **binoculars** gemelos de prisma; — **slides,** correderas prismáticas.

Private, Privado; **ordinary — call,** conferencia privada ordinaria; **urgent — call,** conferencia privada urgente.

Privateer, Buque corsario.

Probability, Probabilidad; — **curve,** curva de probabilidad.

Probable, Probable; — **error,** error probable.

Probationary, De prueba; — **period,** período de prueba.

Probe, Sonda; — **circuit,** circuito de sonda; — **feeler,** varilla sensible; — **machine,** máquina de explotar; **capacity —,** capacidad de prueba; **sampling —,** sonda de toma de muestra; **travelling —,** testigo sonda móvil; **tunable —,** testigo sonda sintonizable; **to —,** sondar.

Probing, Sondeo.

Probograph, Probógrafo.

Procedure, Procedimiento.

Proceedings, Memorias, procesos verbales, trabajos.

Proceeds, Ingresos.

Process, Operación, procedimiento, proceso, técnica, tratamiento; — **ore,** tratamiento del mineral; — **scraps,** tratamiento de chatarras; — **steam,** vapor de extracción, vapor de sangría; **balling —,** esferoidización; **catalytic —,** proceso catalítico, síntesis catalítica; **direct —,** proceso metalúrgico que da directamente un metal utilizable; **dry —,** proceso por vía seca; **freezing —,** congelación (perforación de pozos de mina, túneles); **manufacturing —,** proceso de fabricación; **to —,** preparar, transformar, tratar.

Processing, Clisado, operación, revelado, trabajo, transformación, tratamiento, utilización, utilización del vapor para usos industriales; — **cycle,** ciclo de operaciones; — **machine,** máquina múltiple de transferencia; **chemical —,** tratamiento químico.

Produce, Producto; **by —,** producto derivado; **to mass —,** fabricar en serie.

Producer, Productor; — **gas,** gasógeno, gas de gasógeno.

Product, Producto (de una multiplicación, etc...); **by —,** producto derivado, subproducto; **by — coke oven,** horno de coque de recuperación de subproductos; **gain-bandwith —,** producto de ganancia por anchura de banda; **intermodulation products,** productos de intermodulación.

Production, Fabricación, producción; — **control,** control de fabricación; — **lathe,** torno de producción; — **line,** cadena de montaje; — **line up —,** montaje en cadena; **allowable —,** contingente de producción; **mass —,** producción en grandes series; **medium —,** producción en series medias; **power —,** producción de energía; **quantity —,** producción en serie; **small or small lot —,** producción en pequeñas series.

Productive, Productivo; — **capacity,** capacidad de producción; — **head,** caída útil (hidráu.).

Profferer, Oferente.

Profile, Perfil, trazado; — **cutter,** fresa de forma, fresa de perfilar, fresa perfilada; **cam —,** perfil de leva; **conjugate —,** perfil conjugado; **curved —,** perfil curvilíneo; **cutter —,** fresa de forma; **zore —,** perfil zore; **to —,** perfilar.

Profiling, Perfilado; — **machine,** máquina de dar forma, máquina de perfilar; — **milling machine,** máquina de copiar, máquina de reproducir; **chipless —,** perfilado sin virutas.

Profilometer, Rugosímetro; **electronic —,** rugosímetro electrónico.

Profit, Beneficio; — **and loss**, beneficios y pérdidas; **clear** —, beneficio neto.

Profitability, Remunerabilidad.

Progression, Progresión; **arithmetical** —, progresión aritmética; **geometrical** —, progresión geométrica.

Progressive, Progresivo; — **tariff**, tarifa progresiva.

Projectability, Proyectabilidad.

Projectile, Proyectil.

Projecting, En voladizo, saliente; — **axle**, eje en voladizo.

Projection, Collarín, proyección, resalto, saledizo, tope; — **lens**, lente de proyección; — **room**, sala o cabina de proyección; — **screen**, pantalla de proyección; **central** —, proyección central; **Mercator's** —, proyección de Mercator.

Projector, Aparato de proyección, proyector; — **lamp**, lámpara de proyector; **movie** —, proyector cinematográfico; **stereo** —, proyector estereoscópico.

Projectoscope, Proyectoscopio.

Projecture, Saledizo.

Proline, Prolina.

Promoter, Sustancia que activa la acción de los catalizadores.

Prompt, Al contado, contante, día, efectivo entregable y pagable inmediatamente, vencimiento.

Prong, Diente (tenedor, horquilla), garra, punta; — **chuck**, mandrino de puntas.

Prood, Instrumento puntiagudo.

Proof, A prueba de, al abrigo de, impermeable, insensible a, prueba, resistente a; — **resilience**, resiliencia de prueba; **air** —, a prueba de aire; **bomb** —, a prueba de bombas; **bullet** —, blindado; **bullet** — **tank**, depósito blindado; **dust** —, al abrigo de polvos; **explosion** —, antideflagrante; **fall** —, prueba con el péndulo metalúrgico; **fire** —, incombustible; **fire** — **color**, color de gran fuego; **flame** —, ignifugado; **heat** —, aislado térmicamente; **moisture** — **connector**, conectador en prueba de humedad; **sound** —, insonorizado; **vacuum** —, hermético al vacío; **water** —, impermeable al agua; **wear** —, a prueba de uso.

Proofed, Puesto al abrigo de; **flame** —, ignifugado; **sound** —, insonorizado.

Prop, Abreviatura de **Propeller**, apeo, apoyo, caballete, estay, puntal, soporte; **screw** —, tornapunta de tornillo; **to** —, apear, apuntalar, apuntalar con escoras, apuntalar las cubiertas.

Propagability, Propagabilidad.

Propagation, Propagación; — **factor or ratio**, relación de propagación; — **velocity**, velocidad de propagación; **constant** —, constante de propagación; **forward-scatter** —, propagación más allá del horizonte, propagación sobre el horizonte (troposférica); **plane-earth** —, propagación sobre tierra plana; **radio waves** —, propagación de ondas radioeléctricas; **standard** —, propagación normal; **tropospheric scatter** —, propagación por difusión troposférica.

Propane, Propano.

Propanize (To), Propanizar.

Propel (To), Propulsar.

Propellant, Propulsor.

Propelled, Propulsado; **jet** —, con propulsión a reacción; **rocket** —, propulsado por cohete; **self** —, autopropulsado.

Propellent, Propulsor.

Propeller, Hélice (de avión en América. Véase **Airscrew**); — **blade**, pala de hélice; — **blank**, esbozo de hélice; — **cap**, sombrerete de hélice; — **clearance**, espacio libre bajo la hélice; — **fan**, ventilador helicoidal; — **frame**, cuadro de hélice; — **governor**, regulador de hélice; — **guard**, guardahélice; — **hub**, cubo de hélice; — **milling machine**, máquina de mecanizar hélices; — **nose,** cono de hélice; — **or prop,** propulsor; — **post,** codaste proel; — **pump,** bomba de hélice; — **rake,** inclinación hacia atrás de las palas de la hélice; — **remover,** sacahélices; — **setting,** calado de la hélice; — **shaft,** árbol porta-hélice; — **sheathing,** blindado de la hélice; — **slipstream,** estela de la hélice; — **turbine,** turbohélice; **contrarotating** —, hélice contrarrotativa; **dual rotation** —, hélice de doble rotación; **electric** —, hélice de mando eléctrico; **four bladed** —, hélice de cuatro palas; **geared down** —, hélice demultiplicada; **pusher** —, hélice propulsora; **reversible** —, hélice reversible; **reversible pitch** —, hélice de paso reversible; **subsonic** —, hélice subsónica; **supersonic** —, hélice supersónica; **three bladed** —, hélice de tres palas; **tractor** —, hélice tractora; **two bladed** —, hélice de dos palas.

Propellerless, Sin hélice.

Propelling, De propulsión; — **charge,** carga propulsora; — **engine or machinery or motor,** motor de propulsión.

Propensity, Propensidad.

Property, Propiedad; **chemical properties,** propiedades químicas.

Propionic, Propiónico; — **acid,** ácido propiónico.

Proportion, Proporción; **harmonical** —, proporción harmónica; **to** —, dosificar.

Proportional, Proporcional; **median** —, media proporcional.

Proportionality, Proporcionalidad.

Proportioneer, Máquina para dosificación de sustancias químicas.

Proposition, Empresa, explotación.

Propped, Apuntalado.

Proppet, Columna de apoyo, puntal.

Propping, Apoyo, apuntalado de cubiertas, sostén.

Propulse (To), Propulsar.

Propulsed, Propulsado.

Propulsion, Propulsión; — **engine,** motor de propulsión; — **turbine,** turbina de propulsión; **automobile** —, tracción automóvil; **jet** —, propulsión a reacción; **marine** —, propulsión de los navíos; **rocket** —, propulsión por cohete.

Propulsive, Propulsivo; — **efficiency,** rendimiento propulsivo.

Propyl, Propílico, propilo; — **alcohol,** alcohol propílico.

Propylene, Propileno; — **oxide,** óxido de propileno.

Propylite, Propilita.

Prorate (To), Reglamentar.

Prosing, Señal de servicio.

Protected, Protegido (navío de guerra, etc...); — **contacts,** contactos protegidos; **cable** — **against interference,** cable con circuitos antiinductivos.

Protection, Protección (armadura); — **ratio,** razón de protección; **aircraft** —, protección contra aviones; **armour** —, protección por blindaje; **trade** — **society,** agencia de información comercial; **underwater** —, protección submarina.

Protective, De protección; — **gap,** explosor de protección, pararrayos; — **relay,** relé protector; — **resistance,** resistencia de protección; — **tube,** tubo protector.

Protector, Anillo, manguito de protección, pararrayos, protector; **network** —, protector de red.

Protein, Proteína; — **fibre,** fibra proteínica.

Protest, Declaración de avería (buque mercante).

Protobitumen, Protobitumen.

Protogeometric, Protogeométrico.

Proton, Protón; — **beam,** haz de protones; **recoil** —, protón de retroceso.

Prototype, Avión prototipo, prototipo.

Protractor, Transportador; **bevel —,** falsa escuadra, pantómetro, transportador de taller.

Prove (To), Hacer el ensayo de, probar.

Proving, Prueba; **— bench,** banco de pruebas; **— ground or yard,** polígono de experiencias.

Provisión, Cláusula, estipulación.

Provisionally, Con gastos imprevistos (temporalmente).

Proxy, Procuración.

Prussiate, Prusiato; **— of potash,** prusiato de potasa.

Prussic, Prúsico; **— acid,** ácido cianhídrico o prúsico.

Pry or **Prybar,** Palanca.

Pseudohalides, Pseudohalogenuros.

Pseudoscalar, Pseudoescalar; **— field,** campo pseudoescalar.

P. s. i. (Pound per square inch), Libra por pulgada cuadrada.

Psofometric voltage, Tensión sofométrica.

Psychrometer, Sicrómetro.

Psychrometric, Sicométrico.

Psychrometry, Sicrometría.

Psychrophilic, Sicrófilo.

Pthalein, Ftaleína.

Pthallic acid, Ácido flático.

Pthalocyanides, Ftalocianuros.

Pteroic, Pteroico; **— acid,** ácido pteroico.

Phtioic, Ftioico.

Puce, Bióxido de plomo.

Puddening, Collar de defensa (marina).

Puddle (To), Batir, corroer el hierro, pudelar, remover la fundición.

Puddled, Pudelado; **— iron,** hierro pudelado.

Puddler, Pudelador (obrero).

Puddling, Pudelado; **— furnace,** horno de pudelar; **— machine,** pudeladora mecánica; **— slag,** escoria de los hornos de pudelar.

Puff, Grisú.

Puffed bar, Barra hueca inflada por presión interior de los gases.

Pugger, Amasadora.

Puking, Arrastre líquido (petróleo).

Pukutukawa, Pukutukawa (madera).

Pull, Esfuerzo, sacudida; **— back,** impulsor; **— chain,** cadena de tracción, cadena de transmisión; **— out or pull up,** desincronización, enderezamiento (avión); **— shovel,** pala retroexcavadora; **bell —,** botón de llamada (elec.); **breaking —,** esfuerzo de frenado; **effective —,** fuerza transmitida; **push — amplifier,** amplificador en contrafase; **push — circuit,** circuito en contrafase; **push — microphone,** micrófono en contrafase; **push — oscillator,** oscilador en contrafase; **to — into step,** enganchar (elec.); **to — out of step,** desenganchar; **to — taut,** tesar.

Pulley, Carrilla, polea de hierro, polea de transmisión, rodillo; **— block,** cuadernal; **— brace,** portapolea; **— bracket,** portapolea; **— housing,** caja de polea; **— sheave,** roldana; **band —,** polea para correa; **chain —,** barbotón; **clip —,** polea de garganta; **cone —,** conos escalonados para la transmisión de movimiento por correa; **cone — driving,** mando por poleas-cono; **dead —,** polea fija (de un polipasto); **differential — block,** polipasto diferencial; **driving —,** polea de arrastre, polea de mando, polea motriz; **eccentric —,** disco de excéntrica, plataforma de excéntrica; **end —,** polea de retorno; **fast —,** polea fija; **fixed —,** polea fija; **fly —,** polea volante; **four stepped cone —,** polea cono de cuatro escalones; **grooved —,** polea de garganta; **guide —,** polea de reenvío, polea-guía; **idler —,** polea tensora; **Koepe —,** polea Koepe; **live —,** polea móvil; **loose —,** polea loca; **machine —,** polea de conos escalonados; **moveable —,** polea móvil; **pitched —,** polea con ranuras; **score of a —,** garganta de una polea; **shell of a —,** cuerpo de la polea; **slot of a —,** garganta de una polea; **stepped —,** polea de conos escalonados.

Pulleyed, Con poleas.

Pullhead, Cabezal de tracción.

Pulling, De arrastre; **— figure,** índice de arrastre; **— into step,** enganche; **frequency —,** radar modulado en frecuencia.

Pulp, Pulpa; **— mill,** molino de pulpa; **— wood,** pasta para papel; **wood —,** pulpa de madera.

Pulpboard, Cartón de pasta de madera.

Pulper, Triturador.

Pulping, Pulpación.

Pulsating, Pulsatorio; **— current,** corriente pulsatoria; **— load,** carga pulsatoria.

Pulsation or **Pulse,** Pulsación o impulsión; **— damper,** amortiguador de pulsaciones; **— generator,** generador de impulsos; **— jet,** turborreactor; **— transformer,** transformador de impulsos; **— voltage,** tensión de impulsión; **high frequency pulsations,** impulsos de alta frecuencia; **sound pulsations,** pulsaciones sonoras; **ultrasonic pulsations,** impulsiones ultrasónicas.

Pulsative, Pulsátil; **— flow,** flujo pulsátil.

Pulsatory, Véase **Pulsating.**

Pulse, Impulso; **— code modulation,** modulación por número de impulsos; **— corrector,** corrector de impulsos; **— decoding system,** sistema descodificador por impulsos; **— front steepness,** inclinación del frente del impulso; **— length,** duración de un impulso; **— repeater,** repetidor de impulsos; **— shape,** forma de impulso; **— steepening,** reducción del tiempo de salida del impulso; **— train,** tren de impulsos; **blanking —,** impulso de borrado; **brightening —,** impulso intensificador de brillo; **coherent — radar,** radar de impulsos coherentes; **disabling —,** impulso barrera; **equalizing — (TV),** impulso de igualación (TV); **gating —,** control de puerta; **line —,** pulsador de línea; **marker —,** impulso de marcador; **meter —,** impulso de cómputo; **radiofrequency —,** impulso de radiofrecuencia; **rest —,** impulso de recomposición; **serrated —,** impulso fraccionado; **synchronizing —,** impulso de sincronismo; **trigger —,** impulso gatillo de disparo.

Pulsed, De impulso; **— oscillator or pulser,** oscilador de impulsos.

Pulsejet, Pulsorreactor.

Pulser, Pulsador; **hard tube —,** pulsador de válvula dura.

Pulsing, Pulsante; **— circuit,** circuito pulsante; **— shoe,** patín pulsante.

Pulsometer, Pulsómetro.

Pulverisation, Pulverización.

Pulverise (To), Pulverizar.

Pulveriser or **Pulverizer,** Pulverizador.

Pulverizable, Pulverizable.

Pulverizing, Pulverización.

Pulvimixer, Máquina para mezclar la nieve y apisonarla.

Pumice or pumice stone, Piedra pómez.

Pump, Bomba; **— barrel or — body,** cuerpo de bomba; **— bore or — box,** pared interior de bomba; **— brake,** guimbalete, palanca de bomba; **— chamber,** cuerpo de bomba; **— connection,** racor; **— dredger,** draga de succión; **— for boring,** bomba de perforación; **— for sinking,** bomba de perforación de pozos; **— governor,** regulador de bomba; **— hose,** manguera de tela; **— impeller,** rueda de la bomba; **— jack,** caballete de bomba; **— ram,** émbolo tubular; **— station,** estación de bombeo; **acid —,** bomba de ácido; **air —,** bomba de aire, máquina neumática;

air — bell, campana de bomba de aire; **air — discharge,** caudal de una bomba de aire; **air — valve,** válvula de bomba de aire; **air compressing —,** bomba de compresión; **aspiring —,** bomba aspirante; **ball of a —,** balancín de bomba; **balling —,** bomba de achique; **bilge —,** bomba de cala; **boost —,** bomba de cebado, bomba de sobrealimentación; **booster —,** bomba de sobrealimentación, bomba de sobrecompresión, bomba nodriza; **borehole —,** bomba de perforación; **bucket wheel air —,** turbobomba de vacío; **centrifugal —,** bomba centrífuga; **chain —,** bomba de rosario hidráulico; **choked —,** bomba obstruída; **circulating —,** bomba de circulación; **concrete —,** bomba de hormigón; **condensate or condensate removal —,** bomba de agua de condensación; **coolant —,** bomba de refrigeración (máq.-herr.); **corrosive liquids —,** bomba para líquidos corrosivos; **crescent —,** bomba de tambor en media luna; **diaphragm —,** bomba de diafragma; **differential —,** bomba diferencial; **diffusion —,** bomba de difusión; **donkey —,** bomba de alimentación auxiliar; **double acting —,** bomba de doble efecto; **double piston —,** bomba de doble pistón; **double stage air —,** bomba de aire de dos etapas; **drainage —,** bomba de exhaustación; **dredging —,** bomba de vaciado; **drip —,** bomba para purgar de agua las conducciones de gas; **dry air —,** bomba de aire seco; **engine driven —,** bomba arrastrada por el motor; **exhaust —,** bomba de exhaustación; **extraction —,** bomba de extracción; **feed —,** bomba de alimentación; **filter —,** bomba filtrante; **fire —,** bomba de incendios; **force or forcing —,** bomba impelente; **foul —,** bomba obstruída; **free —,** bomba libre; **fuel —,** bomba de combustible (Diesel), bomba de gasolina (auto); **gear —,** bomba de engranajes; **governor —,** bomba de regulación; **hand —,** bomba de accionamiento a mano; **heat —,** bomba de calor; **hydraulic —,** bomba hidráulica; **jerk —,** bomba de sacudidas; **jet —,** bomba de inyección; **lift and force —,** bomba aspirante e impelente; **lift or lifting —,** bomba elevante; **lubricating oil —,** bomba de aceite de engrase; **magma —,** bomba para aguas de lodos; **metering —,** bomba de caudal medido; **motor — set,** grupo motobomba; **multiplunger —,** bomba de varios pistones; **n stage —,** bomba multicelular (de n escalones); **oil —,** bomba de aceite; **petrol —,** bomba de gasolina, distribuidor de gasolina; **plunger —,** bomba de pistón buzo; **priming —,** bomba de cebado; **propeller —,** bomba de hélice; **reciprocating —,** bomba alternativa; **rocking lever of the air —,** leva de escape de bomba de aire; **rotary —,** bomba rotativa; **screw —,** bomba de tornillo; **self priming —,** bomba de cebado automático; **sight feed —,** bomba de caudal visible; **single acting —,** bomba de simple efecto; **single plunger —,** bomba de pistón buzo único; **sinking —,** bomba de vaciado; **sliding vane —,** bomba de paleta deslizante; **stand pipe for air — suction,** tobera de aspiración de aire; **steam or steam driven —,** bomba de vapor; **strainer of a —,** filtro de bomba; **sucking —,** bomba aspirante; **supply —,** bomba de alimentación; **three throw —,** bomba de tres cuerpos; **trimming —,** bomba de los tanques de asiento; **turbine —,** bomba de turbina; **two stage air —,** compresor de aire de dos etapas; **unwatering —,** bomba de achique; **vacuum —,** bomba de vacío; **vane —,** bomba de aletas; **water —,** bomba de agua; **water circulating —,** bomba de circulación de agua; **water-methanol —,** bomba de agua con metanol; **wet air —,** bomba de aire húmedo, bomba de condensador; **to —,** bombear; **to — out,** desecar; **to fetch the —,**

cebar la bomba; **to free the —**, desatascar la bomba; **to prime the —**, cebar la bomba.

Pumpability, Bombeabilidad.

Pumpcrete, Bomba impulsora de hormigón.

Pumped, De bombeo; **continuously —**, de bombeo continuo.

Pumphandling, Bombeo.

Pumphouse, Casa de bombas.

Pumping, Bombeo; **— engine,** bomba de agotamiento; **— station,** estación de bombeo, estación de elevación; **air —**, bombeo neumático.

Pumpset, Equipo de bombeo.

Punch, Perforadora, punzón, sacabocados, troquel; **— for rivets,** calibre; **— pliers,** sacabocados; **— press,** prensa de punzonar, punzonadora; **belt —**, sacabocados para perforar la correa; **bevelled —**, punzón biselado; **brad —**, punzón de mano; **centre —**, escariador; **counter —**, contrapunzón; **hollow —**, punzón de taladrar; **hydraulic —**, punzonadora hidráulica; **nail —**, punzón; **rivetting —**, buterola, punzón de remachar; **screw —**, punzón de tornillo; **square —**, plana cuadrada (forja); **steel drift —**, broca de acero; **to —**, perforar con el punzón, punzonar.

Punched, Punzonado, taladrado; **— card calculation,** cálculo por tarjetas perforadas.

Puncheon, Mangueta.

Puncher, Prensa de recortar.

Punching, Chapa taladrada, punzonado, taladrado, troquelado; **— and riveting machine,** máquina de taladrar y remachar; **— and shearing machine,** taladradora recortadora; **— bar,** taladradora de mano; **— machine,** taladradora; **card —**, perforación de fichas.

Punchings, Chapas taladradas.

Punctuate (To), Puntear (dibujo).

Puncture, Pinchazo, reventón neumático; **— proof,** neumático a prueba de pinchazos; **to —**, agujerear perforar (condensador), pinchar, reventar.

Punctured, Agujereado, perforado, pinchado.

Punt, Barco plano, bolsa para carenar; **hopper —**, barcaza, tolva.

Puntist, Barquero que conduce con la pértiga.

Pupil, Pupila; **entrance —**, pupila de entrada; **exit —**, pupila de salida.

Puppet, Cabezal de torno; **— head,** contrapunta; **— sliding,** cabezal móvil; **sliding — of a lathe,** cabezal móvil de torno.

Purchase, Aparejo, compra, polipasto; **— price,** precio de compra; **double —**, con doble potencia; **duplex —**, aparejo de dos ruedas perpendiculares; **fourfold —**, polipastos de cuatro ruedas; **threefold —**, polipastos de tres ruedas; **twofold —**, polipastos de dos ruedas.

Pure, Puro; **— copper,** cobre puro.

Purger, Depurador, purgador; **— gas,** depurador de gas.

Purification, Depuración; **— oil,** depuración de aceite.

Purified, Depurado; **— oil,** aceite depurado.

Purifier, Depurador; **oil —**, depurador de aceite.

Purify (To), Depurar.

Purifying, Depurador; **water — apparatus,** depurador de agua de alimentación.

Purine, Purina.

Purpose, Uso; **general —**, para todo uso.

Pursership, Sobrecarguría (buques).

Pursuit, Profesión.

Purveyor, Proveedor.

Push, Estirado; **— and pull,** ida y vuelta, vaivén; **— bench,** banco para estirado; — **control box,** caja de mandos de botón pulsador; — **pull loading,** carga de compresión y de tracción; — **pull repeater,** repetidor en contrafase; — **pull system,** sistema de amplificación a baja frecuencia (radio); — **rod,** varilla empujadora.

Pushcart, Vagoneta de mano para reconocer la vía férrea.

Pusher or Pusher propeller, Hélice propulsora; — **grade,** rasante que requiere doble tracción.

Pushmike, Micrófono con pulsador.

Put (To), Poner; **to — back the fires,** respaldar los fuegos; **to — in gear,** embragar; **to — into mesh,** engranar; **to — out,** apagar; **to — out the fires,** apagar los fuegos, cubrir los fuegos; **to — to earth,** conectar a tierra; **to — together,** montar una máquina.

Putlog, Fijar en un mechinal.

Putt-putt, Grupo generador portátil.

Putty, Mastique; — **powder,** polvos de estaño; **filling up —,** mastique para espátula; **rust —,** mastique de limadura de hierro; **to —,** tapar con masilla.

Puttying, Emplastecido.

P. V. C. (polyvinyl chloride), Cloruro de polivinilo.

Pycnometer, Picnómetro.

Pyramid, Pirámide.

Pyramidal, Piramidal.

Pyridine, Piridina; — **series,** series piridínicas.

Pyrimidine, Pirimidina.

Pyrites, Piritas; **copper —,** piritas de cobre; **iron —,** piritas de hierro.

Pyritic, Pirítico; — **calcines,** piritas calcinadas.

Pyroacetic spirit, Acetona.

Pyrobitumen, Pirobitumen.

Pyrogallic, Pirogálico; — **acid,** ácido pirogálico.

Pyrogallol, Pirogalol.

Pyrolysis, Pirólisis.

Pirolytic, Pirolítico.

Pyrolyzer, Pirolizador.

Pyrometer, Pirómetro; — **lead,** cable pirométrico; **electronic —,** pirómetro electrónico; **immersion —,** pirómetro de inmersión; **optical —,** pirómetro óptico; **photoelectric —,** pirómetro fotoeléctrico.

Pyrometric, Pirométrico; **control —,** control pirométrico.

Pyrometry, Pirometría.

Pyrorefining, Piroafinación.

Pyrosensitive, Pirosensible.

Pyrotechnic, Pirotécnico.

Pyrotechnics, Pirotecnia.

Pyrrothite, Pirrotina; **artificial —,** pirrotina artificial.

Pythagorean, Pitagórico; — **points,** puntos pitagóricos.

Q

Q, Sobretensión; — **factor,** relación de la reactancia a la resistencia en un circuito resonante; — **meter,** Q-metro (aparato de medida de sobretensiones); **radiation** —, Q de radiación.

Q. R. N. S., Interferencias estáticas (parásitos).

Quad, Conjunto de cuatro conductores aislados; — **wire,** hilo de cuadrete.

Quadded, De cuadrete; — **cable,** cable de cuadrete.

Quadrangle, Cuadrilátero.

Quadrangular, Cuadrangular.

Quadrant, Cuarto, cuarto de círculo, guitarra, lira, sector de cuadrante; — **aerial,** antena de cuadrante; — **electrometer,** electrómetro de cuadrantes; — **guide,** guía del sector; **toothed** —, sector dentado.

Quadrantal, De cuarto de círculo; — **correctors,** imanes compensadores (compás); — **error,** error cuadrantal.

Quadrate, Cuadrado.

Quadratic, Cuadrático, cuadrado de segundo grado; — **equation,** ecuación de segundo grado; — **forms,** formas cuadráticas.

Quadrature, Cuadratura; — **component,** componente en cuadratura; **advanced** —, véase **Advanced; phase** —, cuadratura de fase.

Quadrible, Reducible a un cuadrado.

Quadric, Cuádrica; — **surface,** superficie cuádrica.

Quadrilateral, Cuadrilátero.

Quadruple, Cuádruple.

Quadrupole, Cuadripolo; — **moment,** momento cuadripolar.

Qualify (To), Habilitar.

Qualimeter, Penetrómetro.

Qualitative, Cualitativo; — **analysis,** análisis cualitativo.

Quality, Aptitud, cualidad; **best** —, calidad superior; **transmission** —, calidad de transmisión.

Quanta, Cuanto; **light** —, cuanto de luz.

Quantification, Cuantificación.

Quantimeter, Dosímetro de irradiaciones.

Quantitative, Cuantitativo; — **analysis,** análisis cuantitativo; — **calibration,** dosificación cuantitativa.

Quantity, Cantidad; — **proportion,** producción en serie; **to join up in** —, acoplar en cantidad (elec.).

Quantized, Cuantificado; — **space,** espacio cuantificado.

Quantizer, Cuantificador.

Quantum, Cuántico, cuanto; — **mechanics,** mecánica cuántica; — **numbers,** números cuánticos; — **of action,** cuanto de acción; — **theory,** teoría cuántica.

Quarantine, Cuarentena.

Quarry, Cantera; — **stone,** sillar; **granite** —, cantera de granito; **open** —, cantera a cielo abierto; **slate** —, cantera de pizarra; **underground** —, cantera subterránea; **to** —, extraer de una cantera.

Quarrying, Explotación de cantera.

Quarryman, Cantero.

Quart, Medida que vale 11'358 l.

Quartation, Incuartación.

Quarter, Aleta de popa, cuarto (medida de peso); — **block,** polea de retorno; — **deck,** castillo de popa; — **of a ship,** costado de un buque; — **sawing,** aserrado por cuartos; **raised — deck,** saltillo de popa.

Quarterdecker, Buque con saltillo de popa.

Quartered timber, Madera de raja.

Quartersaw (To), Aserrar en cuartones.

Quartic, Cuártico; — **surface,** superficie cuártica.

Quartil, Cuartil.

Quartz, Cuarzo; — **bulb,** lámpara de cuarzo; — **clock,** reloj de cuarzo; — **crystal,** cristal de cuarzo; — **cut,** corte de cuarzo; — **fibre,** fibra de cuarzo; — **lamp,** lámpara con envuelta de cuarzo; — **oscillator,** oscilador de cuarzo; — **resonator,** resonador de cuarzo; **fused —,** cuarzo fundido.

Quartziferous, Cuarcífero.

Quartzitic, Cuarzítico.

Quasi-groups, Cuasigrupos (mat.).

Quasilinear, Casilineal; **feedback control system —,** sistema casi lineal de control con realimentación.

Quaterly, Trimestral.

Quaternary, Cuaternario; — **alloy,** aleación cuaternaria.

Quaver, Trémolo (acústica).

Quay, Muelle; — **wall,** muro de muelle; **alongside the —,** a lo largo del muelle.

Quayage, Derechos de muelle.

Quench, Temple; — **crack or cracking,** grieta de temple; **end — test,** ensayo de temple por un extremo; **interrupted —,** temple interrumpido.

Quenchability, Templabilidad.

Quenched, Ahogado, amortiguado, apagado, templado; — **spark gap,** explosor fraccionado; — **sparks,** chispas amortiguadas (radio).

Quencher, Amortiguador, extintor; **arc —,** extintor de arco; **spark —,** extintor de chispas.

Quenching, Amortiguamiento, enfriamiento para el temple, enfriamiento rápido, extinción, temple; — **bath,** baño de temple; — **circuit,** circuito amortiguado; **air —,** temple al aire (algunas veces «normalizado»); **self —,** con extinción automática; **spark —,** extinción del arco.

Quick, Rápido; — **acting,** de acción rápida; — **acting relay,** relé de acción rápida; — **break,** con ruptura brusca; — **clamping lever,** palanca de apriete rápido; — **clamping tailstock,** contrapunta de apriete rápido; — **cutting steel,** acero rápido; — **drying,** de secado rápido; — **lime,** cal viva; — **pulley,** rodillo de guía; — **recovery,** recuperación rápida; — **silver,** plata viva; — **union,** empalme rápido; — **works,** obras vivas.

Quicksands, Arenas flotantes (minas).

Quiescent valve, Valor de la corriente o de la tensión en ausencia de señales (tubo de vacío).

Quiet, Silencioso (adj.); — **battery,** batería silenciosa.

Quieter, Menos ruidoso.

Quietorium, Cámara sorda.

Quinazolines, Quinazolinas.

Quincux, Tresbolillo.

Quinol, Hidroquinona.

Quinoline, Quinoleína; — **derivatives,** derivados quinoleicos.

Quinoxalines, Quinosalinas.

Quinquevalence, Pentavalencia.

Quintal, Quintal (medida de peso).

Quoin, Ángulo, arista, cuña para calzar, rincón; **to —,** acuñar, calzar.

Quota, Contingente.

Quotation, Cotización, precio acotado.

Quotidian, Cotidiano.

Quotient, Cociente.

R

Rabbet, Alefriz, ranura; — **of the keel,** alefriz de la quilla; — **plane,** guillamen; **joining by rabbets,** ensamble a media madera; **to** —, alefrizar, hacer una ranura.

Rabble, Rable.

Raccord, Racor.

Race, Embalamiento (de máquina); **ball** —, anillo o arandela de rodadura, pista de rodamiento a bolas; **ball bearing** —, garganta de rodadura; **double ball** —, con doble fila de bolas; **front ball** —, jaula para cojinete a bolas delantero; **head** —, canal de abastecimiento, canal de aguas arriba; **rear ball** —, jaula para cojinete a bolas trasero; **tail** —, canal de aguas abajo, desaguadero; **tail** — **pipe,** canal de descarga; **to** —, embalarse, ponerse fuera de control.

Racemic, Racémico.

Racemization, Racemización.

Racer, Devanadera, plataforma giratoria; **cog** —, devanadera dentada.

Raceway, Superficie de rodamiento.

Racing, Embalamiento, pérdida de control; — **car,** coche de carreras.

Rack, Cremallera, soporte; — **and pinion,** piñón y cremallera; — **and pinion feed,** avance por piñón y cremallera; — **engine,** locomotora de cremallera; — **hob,** fresa matriz para cremalleras; — **segment,** sector dentado; — **wheel,** rueda de escape; **bar of a** — **and pinion jack,** cremallera de un gato de doble piñón; **bomb** —, lanzabombas; **curved** —, sector dentado; **feed** —, cremallera de avance; **overhead** —, puente rodante; **repeating coil** —, bastidor de bobinas de repetición; **segmental** —, arco dentado; **selector** —, armazón de selectores; **side** —, costado articulado; **storage** —, estantería de almacenamiento; **tool** —, estantería para herramientas.

Rackarock, Pólvora de mina.

Racking (False) balk, Falsa maniobra.

Racon, Radiofaro.

Rad, Radiación.

Radar (Radio detection and ranging), Radar; — **antenna,** antena de radar; — **beacon,** baliza, radiofaro; — **echo,** eco radárico; — **operated,** accionado por radar; — **picket,** buque o avión equipado con radar de largo alcance que opera en la periferia de una zona; — **range,** radiobaliza de onda corta; — **scanner,** buscador radárico; — **screen or scope,** pantalla de radar; — **tracking,** dirección por radar; — **wave,** onda de radar; **airborne** —, radar de bordo; **bow** —, radar de proa; **coherent-pulse** —, radar de impulsos coherentes; **early warning** —, radar de vigilancia; **frequency-modulated** —, radar modulado en frecuencia; **landing** —, radar de aterrizaje; **navigation** —, radar de navegación; **pilotage** —, radar de piloto; **primary** —, radar primario; **search** —, radar de vigilancia; **secondary** —, radar secundario; **stern** —, radar de popa; **tracking** —, radar de dirección.

Radarman, Radarista.

Raddle, Ocre rojo.

Radiac, Detección radioactiva.

Radial, Perforadora radial, radial (adj.); — **adjustment,** ajuste radial (ferr.); — **component**, componente radial; — **depth of winding**, profundidad radial del arrollamiento; — **drilling machine**, taladradora radial; — **engine**, motor en estrella; — **feed**, avance radial; — **field**, campo radial (elec.); — **flow**, flujo radial; — **pole generator**, generador de polos radiales; — **rim strain**, tensión radial en la corona; — **turbomachine**, turbomáquina de flujo radial; — **wave**, onda radial; — **wear**, corrosión radial.

Radialized, Radial.

Radian, Radian; — **frequency**, frecuencia angular.

Radiancy, Radiación.

Radiant, Radiante; — **heat**, calor radiante; — **superheater**, sobrecalentador de radiación.

Radiate (To), Brillar, radiar; **wood with — crevices**, madera con grietas radiales.

Radiatics, Ciencia de las radiaciones.

Radiating, Irradiante, radiante; — **power**, poder emisivo; — **slot**, ranura radiante; — **surface**, superficie radiante.

Radiation, Irradiación, radiación; — **monitor**, monitor de radiación; — **pasteurization**, pasteurización por irradiación; — **Q**, Q de radiación; — **shield**, pantalla contra la radiación; **aerial- — resistance**, resistencia de radiación de antena; **angle of** —, ángulo de radiación; **average — intensity**, intensidad media de radiación; **axial mode of** —, modo de radiación axil; **black-body** —, radiación del cuerpo negro; **cigar-shaped — pattern**, diagrama de radiación fusiforme; **cosmic** —, radiación cósmica; **electromagnetic** —, radiación electromagnética; **harmful** —, radiación perturbadora; **high-angle** —, radiación con ángulo elevado; **leakage** —, fugas de radiación; **maximum — intensity**, intensidad de radiación máxima; **normal mode of** —, modo de radiación normal; **out-of-band** —, radiación fuera de banda; **parasitic** —, radiación parásita; **photon** —, radiación de fotones; **residual** —, radiación residual; **spurious** —, radiación espuria; **thermal** —, radiación térmica; **ultraviolet** —, radiación ultravioleta; **useful** —, radiación útil; **visible** —, radiación visible.

Radiational, Por radiación; — **cooling**, enfriamiento por radiación.

Radiator, Radiador (auto, elec.); — **cap**, tapón de radiador; — **case**, rejilla de radiador; — **frame**, rejilla de radiador; — **shutter**, persiana del radiador; **anisotropic** —, radiador anisótropo; **complete** —, radiador integral; **continuous array of point** —, sistema continuo de radiadores puntuales; **directional source or** —, radiador directivo; **flanged** —, radiador con aletas; **flat tube** —, radiador de tubos planos; **front** —, radiador frontal; **furred** —, radiador con incrustaciones; **gilled or grilled** —, radiador de aletas; **honeycomb** —, radiador en panal; **linear array of radiators**, sistema lineal de radiadores; **overhead** —, radiador elevado; **point source** —, radiador puntual; **primary** —, radiador principal; **ribbed** —, radiador de aletas; **sectional** —, radiador de secciones; **tower** —, mástil radiante; **tubular** —, radiador tubular; **twin radiators**, radiadores acoplados; **volume array of point radiators**, sistema tridimensional de radiadores puntuales; **wing** —, radiador de ala.

Radicand, Radicando (matemáticas).

Radicle, Radical (química).

Radii, Radios (geometría).

Radio, Radio; — **active**, radioactivo; — **active decay**, desintegración radioactiva; — **activity**, radioactividad; — **astronomy**, radioastronomía; — **beam**, haz de dirección; — **fallout**, cenizas radioactivas; — **frequency**, alta frecuencia, radiofrecuencia; — **frequency heating,** calefacción a alta frecuencia; — **goniometer,** radiogoniómetro; — **goniometry,** radiogonometría; — **gram,** radiograma; — **graphy,** radiografía; — **guidance,** radioguía; — **guided,** radioguiado; — **guided bomb,** bomba radioguiada; — **haloes,** halos pleocroicos; — **intercept,** interceptación de radiomensajes; — **isotope,** isótopo radioactivo; — **location,** radar; — **meter,** radiómetro; — **nuclide,** radionuclido; — **opaque,** radioopaco; — **phare,** radiofaro; — **range station,** radiofaro; — **reflector,** reflector de ondas radioeléctricas; — **servicing,** servicio de reparación de aparatos de agua; — **sonde,** radiosonda; — **spectrum,** espectro radioeléctrico; — **therapist,** radioterapeuta; — **therapy,** radioterapia; — **thermy,** radiotermología; — **tracking,** rastreo radioeléctrico; — **warning,** radiovigilancia; — **wave,** onda radioeléctrica; **master — frequency record,** registro básico de frecuencias radioeléctricas; **omni-directional — range,** radiofaro de alineación omnidireccional.

Radioactivation, Radioactivación.

Radioactivity, Radioactividad; **induced —,** radioactividad inducida.

Radiobalize, Radiobaliza; **passive —,** radiobaliza pasiva.

Radiobarium, Radiobario.

Radiocesium, Radiocesio.

Radiodiascopy, Radiodiascopía.

Radiofrequency, Frecuencia radioeléctrica; — **record,** registro de frecuencias radioeléctricas.

Radioiodine, Yodo radioactivo.

Radioisotopy, Radioisotopía.

Radiolanding, Radioaterrizaje.

Radiolocation, Radiolocalización; — **service,** servicio de radiolocalización.

Radiometallography, Radiometalografía.

Radionavigation, Radionavegación; — **land station,** estación terrestre de radionavegación; — **mobile station,** estación móvil de radionavegación; **maritime — service,** servicio de radionavegación marítima.

Radiotelephone, Radiotelefónico; — **circuit,** circuito radiotelefónico.

Radiothallium, Radiotalio.

Radiotropism, Radiotropismo.

Radium, Radio.

Radius (plural **radii**), Curva de acuerdo, radio; — **bar,** alidada; — **of action,** radio de acción; — **of gyration,** radio de giro; **eccentric —,** radio de excentricidad, radio de la excéntrica; **turning —,** radio de giro, radio de viraje.

Radiused, Redondeado.

Radome, Radomo, tapa de protección de equipo radar.

Radon, Radón.

Raffia, Rafia.

Rafler, Cheurón; **binding —,** cabio maestro; **cross —,** viga maestra.

Raft, Balsa, balsa de carenar, maderada flotante, pantalla contra infiltraciones.

Raftering, Acción de poner cabios.

Raftsman, Balsero.

Rag bolt, Arponado, perno para rejilla.

Raggle, Ranura.

Rags, Hilachas.

Raider, Avión incursor.

Rail, Barra, barrote, batayola, carril, resbaladera; — **bearer,** traviesa; — **bender or rail bending machine,** máquina de curvar carriles; — **bond,** conexión de carril; — **brace,** pieza de tope lateral, puntal de tope; — **car,** automotor, autovía; — **chair,** cojinete (ferr.); — **clip,** sujetacarril; — **drilling machine,** máquina de taladrar carriles; — **foot,** zapata de carril; — **for turn out,** carril de apartadero; — **guard,** quitapiedras; — **head,** cabeza de carril; — **iron,** hierro en barras para carriles; — **lifter,** levantacarriles; — **mill,** laminador de carriles; — **milling machine,** máquina de fresar carriles; — **press,** prensa de enderezar carriles; — **rolling mill,** laminador de carriles; — **rover ticket,** billete para circular un día determinado en cualquier tren dentro de una zona especificada; — **track mounted,** sobrecarriles; — **transport,** transporte por ferrocarril; **bottom** —, traviesa inferior; **bridge** —, carril Brunel, carril de cabeza, carril en U; **bridge rails,** pretil de puente; **bulb** —, carril de doble cabeza; **bull head** —, carril de doble cabeza; **check** —, contracarril, guardarriel; **cog** —, cremallera de funicular; **crane** —, carril de rodadura; **cross** —, corredera transversal, traviesa; **cross — elevating screw,** tornillo de elevación de la corredera transversal; **crossing rails,** carriles de apartadero; **curve** —, carril curvo; **double** —, carril de doble cabeza; **double headed** —, carril de doble cabeza; **easing** —, carril de curva de transición; **edge** —, carril de reborde, carril saliente, guardaagujas; **fish bellied** —, carril de cordón inferior poligonal, carril ondulado; **flange** —, carril de zapata (vignole); **flat headed** —, carril plano; **foot** —, carril de zapata; **gauge** —, carril Brunel; **grooved** —, carril acanalado; **guard** —, contracarril; **guide** —, carril de dirección, carril guía; **gun** —, torreta; **H** —, carril de doble cabeza; **hand** —, barandilla, batayola; **little** —, listel; **main** —, carril fijo de un cambio de vías; **moveable** —, aguja, carril móvil; **parallel** —, carril prismático; **pointer** —, carril móvil; **rails of the upper works,** regala del castillo; **saddle** —, carril Barlow; **safety** —, contracarril; **single headed,** carril de cabeza única; **slide** —, aguja de cambio de vía; **sliding** —, carril de aguja; **stem of a** —, cuerpo de un carril; **switch** —, carril móvil; **T** —, carril Vignole; **third** —, tercer carril; **tongue** —, aguja móvil; **tram** —, rail con garganta; **two headed** —, doble carril.

Railbus, Ferrobús (ferrocarril).

Railcar, Automotor.

Railed, De vía; **double** —, de doble vía; **single** —, de vía única.

Railholding point, Estación almacén.

Railing, Barandilla, enrejado, guardacuerpos, parapeto; **hand** —, pretil de puente, rampa.

Railless, Sin ferrocarriles.

Railroad, railway, Ferrocarril; — **crossing,** paso a nivel; — **engineering,** técnica ferroviaria; — **line,** línea de ferrocarril; — **network,** red de ferrocarriles; — **sleeper,** traviesa de ferrocarril; — **switch,** aguja; **aerial** —, ferrocarril aéreo; **branch** —, ramal de ferrocarril; **double track, four track** —, ferrocarril de dos vías, de cuatro vías; **elevated** —, ferrocarril aéreo; **narrow gauge** —, ferrocarril de vía estrecha; **rack** —, ferrocarril de cremallera; **rope** —, ferrocarril funicular; **single track** —, ferrocarril de vía única.

Railroader, Obrero ferroviario.

Raise (To), Alzar, elevar, levantar, sobrealzar.

Raiseman, Minero de realce.

Rake, Ángulo del codaste, inclinación, lanzamiento de la roda, rastrillo, rastrillo de salinas, rejilla; — **angle,** ángulo de salida; **angle of** —, ángulo de la cuchilla; **ash** —, picafuegos; **balling** —, paleta, rastrillo de salinas; **bottom** —, rejilla de fondo; **cutting edge** —, oblicuidad de la arista cortante; **fire** —, hurgón; **forward** —, inclinación hacia adelante; **negative** —, ángulo de salida negativo, pendiente negativa; **side — angle,** ángulo de desprendimiento; **top — angle,** ángulo de desprendimiento superior; **to** —, rastrillar.

Raked, Inclinado.

Raking prop, Puntal inclinado.

Rally, Reagrupamiento; — **point,** punto de reagrupamiento.

Ram, Aplanadora, ariete hidráulico, batán, corredera, carro, deshornadora (hornos de coque), empujador, espolón (de buque), gato, martinete, martinete para hincar pilotes, maza, pisón, pistón buzo de prensa hidráulica; — **air,** aire admitido en sentido de la marcha; — **brake,** freno de corredera; — **engine,** martinete; — **guide,** guía de la corredera; — **heating,** calentamiento aerodinámico; — **jet,** estatorreactor; — **jet engine,** estatorreactor; — **jet helicopter,** helicóptero de estatorreactores; — **slideway,** guía de corredera; — **stroke,** carrera de corredera; **coke** —, deshornadora de coque; **continuous** — **jet,** estatorreactor de marcha continua; **hydraulic** —, ariete hidráulico, pistón de prensa hidráulica; **intermittent** — **jet,** estatorreactor de marcha intermitente; **pneumatic** —, gato neumático; **to** —, apretar.

Ramble, Falso techo (minas).

Rammer, Apisonadora, martinete de hinca de pilotes, maza, pisón; **earth** —, aplanadera, pisón; **jolt** —, recalcador de sacudidas, **power** —, aplanadora mecánica.

Ramming, Apisonado, aplanado, atracamiento, compresión; — **machine,** máquina de apisonar arena; **air** —, apisonado mecánico.

Ramp, Rampa; **mobile** —, rampa móvil; **rerailing** —, rampa encarriladora; **retractable** —, rampa elevable.

Ramshorn, Gancho doble.

Rance, Pilar de carbón.

Rancidify (To), Rancificar.

Rand, Reborde.

Random, Errático; — **disturbance,** perturbación errática; — **noise,** ruido de fondo; — **variables,** variables aleatorias.

Randomization, Aleatorización.

Randomness, Aleatoriedad.

Range, Alcance, banda, extensión de una curva, gama, horno, intervalo, parrilla de horno, radio de acción; — **factor,** factor de autonomía; — **of brittleness,** zona de fragilidad; — **selector,** selector de banda; — **straggling,** dispersión estadística de recorrido; — **tracking,** lectura de la distancia; **action** —, radio de acción; **automatic** — **bearing or elevation,** determinación automática de distancia, demora o elevación; **automatic volume** — **regulator,** regulador automático de volumen; **cruising** —, radio de acción; **electric** —, cocina eléctrica; **frequency** —, banda de frecuencias, gama de frecuencias; **gas** —, horno de gas; **long** —, de gran radio de acción; **mid-frequency** —, margen de frecuencias medias; **omni-directional radio** —, radiofaro de alineación omnidireccional; **operating** —, margen de funcionamiento; **radio** —, radiofaro de alineación; **radio** — **marker beacon,** radiobalizas de guía; **wave** —, gama de longitudes de onda; **wide** —, de amplia gama; **wide speed** —, con amplia gama de velocidades.

Ranged, Escalonado.

Rangefinder, Telémetro; **base of a** —, base de un telémetro; **coincidence** —, telémetro de coincidencia; **electronic** —, telémetro electrónico; **stereoscopic** —, telémetro estereoscópico.

Ranging, Replanteo; **optical automatic** — (O. A. R.) (optar), indicación óptica automática; **radio detection and** —, véase **Radar**.

Rank, Clasificación, fila, rango.

Ranse, Pilar estrecho de carbón.

Rapid, Rápido; — **cupola,** cubilote de reguera; — **flow,** régimen torrentuoso; — **steel,** acero rápido.

Rarefaction, Enrarecimiento.

Rarefactive, Rarificante.

Rasing, Acción de marcar las líneas de un buque con la punta de trazar.

Rasp, Escofina.

Rat-tail, Cola de rata.

Ratably, Proporcionalmente.

Ratch, Véase **Ratchet**.

Ratchet, Perforador de trinquete; — **brace**, llave de trinquete, perforador de trinquete; — **click**, carraca; — **drill**, carraca de perforar, perforador de trinquete; — **hoist**, aparejo de trinquete; — **lever**, llave de trinquete; — **wheel**, rueda de trinquete (véase **Wheel**); **click of a — wheel**, lingüete de una rueda de escape.

Rate, Cadencia, cantidad, proporción, régimen, tasa; — **of drawing**, velocidad del estirado; — **of fall**, velocidad de caída; — **of utilization**, porcentaje de utilización; **busy hour calling** —, densidad de llamadas en hora cargada; **calling** —, densidad de llamadas; **charge** —, régimen de carga (acumulador); **charging** —, índice de carga (acumuladores); **delivery — analyser**, analizador de caudal; **differential** —, tarifa diferencial; **flat- — subscriber**, abonado a tanto alzado; **flow** —, caudal unitario; **freight** —, tarifa de transporte; **gaining** —, avance; **goods** —, tarifas de mercancías; **high** —, a fuerte régimen, a gran velocidad; **loosing** —, retraso; **low** —, a débil régimen, a pequeña velocidad; **night** —, tarifa nocturna; **postal rates**, tarifas postales; **power** —, tarifa de potencia; **railway rates**, tarifas ferroviarias; **repetition** —, porcentaje de repeticiones; **steam** —, porcentaje de vaporización; **telephonic** —, tarifa telefónica; **ten hour** —, régimen de carga en diez horas; **working** —, ritmo de trabajo; **to** —, verificar un cronómetro.

Rated, De regulación, de una potencia de, específico, nominal, normal, previsto; — **power**, potencia nominal; — **pressure**, presión nominal; **high** —, de gran potencia.

Ratefixer, Cronometrista de tiempos de fabricación.

Ratemeter, Contador de tarifa.

Rating, Control, evaluación, notación.

Rating, Potencia, tasa, verificación; — **speed**, velocidad de régimen; **available** —, potencia disponible; **full** —, plena carga; **power** —, potencia de salida.

Ratings, Características, especificaciones, potencias; **nameplate** —, placa de características.

Ratio, Contenido en, razón, relación, tasa; **aspect** —, alargamiento de un ala, formato (relación de aspecto); **carrier-to-noise** —, relación portadora (ruido); **compression** —, relación de compresión; **deviation** —, relación de desviación; **drive** —, relación de reducción; **dynamic** —, razón dinámica; **electron-charge mass** —, carga específica del electrón; **feedback** —, relación de realimentación; **fineness** —, relación de finura; **fixed — corrector**, corrector de relación fija; **forward transfer current** —, relación de corriente de transferencia directa; **front-to-back** —, ganancia por inversión de sentido; **front-to-back radiation** —, relación entre la radiación deseada y la opuesta; **guard** —, coeficiente de seguridad; **impulse** —, relación apertura-cierre; **length-beam** —, relación longitud-anchura; **lift drag** —, relación entre la sustención y la resistencia al avance; **propagation or transfer** —, relación de propagación; **reduction** —, desmultiplicación; **reproduction** —, relación de reproducción; **reserve transfer voltage** —, relación de tensión de transferencia inversa; **short circuit** —, relación de cortocircuito; **signal-to-noise** —, relación señal-ruido; **standing-wave** —, relación de onda estacionaria; **transfer** —, relación de transferencia; **turns** —, relación de espiras; **2 to 1** —, relación de 2 a 1.

Ration, Razón; **protection —**, razón de protección.

Rational, Racional; **— number**, número racional.

Rationalized, Racionalizado.

Rattle, Ruido de hierros.

Ravelling, Desmoronamiento en el borde (carreteras).

Ravinement, Barrancada.

Raw, A granel, bruto, crudo; **— brine**, aguas vírgenes; **— material**, materias brutas, materias primas; **— quartz**, cuarzo bruto; **— stocks**. materias primas; **— water**, agua bruta, agua no tratada.

Ray, Rayo; **beta —**, rayo beta; **cathode — oscillograph**, oscilógrafo de rayos catódicos; **cathode — tube**, tubo catódico, tubo de rayos catódicos; **cosmic —**, rayo cósmico; **gamma —**, rayo gama; **harsh —**, radiación dura; **incident —**, rayo incidente; **infra red rays**, rayos infrarrojos; **light —**, rayo luminoso; **medullary —**, rayo medular; **pencil of light rays**, pincel luminoso; **positive rays**, rayos positivos; **refracted —**, rayos refractados; **skimming or tangent —**, rayo rasante; **soft —**, radiación blanda; **spith —**, rayo medular; **ultraviolet rays**, rayos ultravioletas.

Raydist system, Sistema Raydist de navegación (tipo hiperbólico).

Raying, Irradiación.

Raymark, Radiofaro para radar.

Rayon, Rayón.

Razon, Misil radiocontrolado cuatridireccional.

Re-Cut (To), Cortar de nuevo.

Re-Cutting, Acción de cortar de nuevo.

Re-dye (To), Reteñir.

Re-dyeing, Retintado.

Re-fuse (To), Renovar el fusible.

Re-line (To), Realinear, reguarnecer (cojinetes), rehacer el revestimiento.

Re-lined, Reguarnecido.

Re-load (To), Recargar.

Re-loaded, Recargado.

Re-loading, Recarga.

Re-radiation, Reemisión.

Re-recording, Transferencia de la banda sonora de un film a otro.

Re-tracing, Calco.

Re-usable, Reutilizable.

Re-use, Reempleo.

Reach, Espacio de canal entre dos esclusas; **lower —**, canal de descenso; **upper —**, canal superior.

Reactance, Reactancia (elec.); **capacitive —**, reactancia capacitiva; **mutual —** (antennas), reactancia mutua (antenas); **saturable —**, reactancia de núcleo saturable; **self- —** (antennas), reactancia propia (antenas); **stray —**, reactancia de dispersión; **welding —**, reactancia de soldadura.

Reacting, A reacción; **chain —**, reacción en cadena.

Reaction, Reacción; **— blades**, álabes de reacción; **— chamber**, cámara de reacción; **— flux**, flujo de reacción; **— plane**, avión a reacción; **— rate**, velocidad de reacción; **— stage**, escalón de reacción; **— system**, sistema de reacción; **— turbine**, turbina de reacción; **armature —**, reacción del inducido; **chain —**, reacción en cadena; **elastic —**, véase **Elastic**; **integral —**, reacción integral; **nuclear —**, reacción nuclear; **secondary reactions**, reacciones secundarias (elec.); **thermonuclear reactions**, reacciones termonucleares.

Reactivate (To), Reactivar.

Reactivation, Reactivación.

Reactivator, Reactivador.

Reactive, Reactivo; **— coil or reactor**, bobina de reactancia; **— current**, corriente reactiva; **— drop**, caída reactiva; **— energy** energía reactiva; **— load**, carga reactiva; — **metal,** metal reactivo; — **power,** potencia reactiva; — **tenacity,** resistencia al aplastamiento.

Reactivity, Reactividad; — **drift,** variación de la radioactividad; — **factor,** factor de reactividad.

Reactor, Bobina de reactancia, reactor; — **graphite reflector,** reflector de grafito del reactor nuclear; **air core** —, bobina de autoinducción de núcleo de aire sin hierro; **chain** —, pila; **nuclear** —, reactor nuclear; **saturable** —, reactor de núcleo magnético saturable; **thermal** —, reactor térmico.

Readiness force, Fuerza dispuesta para entrar en combate.

Reading head, Cabezal lector; **direct** —, de lectura directa.

Reafforestation, Repoblación forestal.

Reagent, Reactivo.

Real, Efectivo; — **admission,** admisión efectiva; — **estate,** bienes inmuebles; — **estate agent,** agente de bienes inmobiliarios.

Realization, Realización.

Realm (To), Rectificar la puntería.

Realtor, Véase **Real estate agent.**

Ream (To), Escariar.

Reamed, Escariado.

Reamer, Escariador, fresa cónica, trépano de ensanchar; — **grinding machine,** máquina de afilar escariadores; **adjustable** —, escariador ajustable; **spiral fluted** —, escariador de acanaladuras en espiral; **straight fluted** —, escariador de acanaladuras rectas; **taper** —, escariador cónico.

Reaming, Escariado; — **bit,** escuadrador; — **machine,** escariadora.

Reappropiation, Reapropiación.

Rear, Trasero; — **axle tube,** trompeta del puente trasero; — **ball race,** jaula para cojinetes a bolas trasero; — **bumper,** parachoques trasero; — **engined,** con motor trasero; — **mounted spring bracket,** mano fija de la ballesta trasera; — **view,** vista posterior; **to** —, empinarse.

Reared, Empinado.

Rearing, Descarga de un eje; **anti** — **device,** dispositivo contra la descarga de eje.

Rearming boat, Bote para aprovisionar.

Rearrangement, Transposición (química); **aniotropic** —, transposición aniotrópica; **benzidine** —, transposición benzidínica; **molecular** —, reordenación molecular.

Rebabitt (To), Revestir un cojinete con metal antifricción.

Rebabitted, Revestido con metal antifricción (cojinete).

Reballast (To), Recargar con balasto.

Rebate, Brida, collarín, devolución de flete, pestaña, ranura; **to** —, despuntar, hacer una ranura a, rebajar.

Rebatting cutter, Fresa para rebajos.

Rebed (To), Rehacer las camas portadas.

Reboil, Vesiculación de calentamiento.

Reboiler (To), Cambiar las calderas.

Rebore (To), Rectificar.

Rebored, Rectificado.

Reboring, Rectificado.

Rebound, Rebote; **to** —, rebotar.

Rebounding, Rebote.

Rebuild (To), Rebotar, reconstruir.

Rebuilding, Rebote, reconstrucción.

Recalescence, Recalescencia.

Recall (Flashing), Rellamada por destellos.

Recap (To), Recauchutar.

Recapped, Recauchutado.

Recapping, Recauchutado.

Recast (To), Refundir.

Recasting, Refundición.

Receder, Retirador (sierras).

Receipt, Carta de pago, quitanza, recibo, resguardo; **to** —, dar recibo.

Receiver, Colector, depósito, receptor, síndico de quiebra; **broadcast** —, receptor de radiodifusión; **commercial** —, receptor comercial; **communication** —, receptor de telecomunicación; **crystal** —, receptor de cristal; **dual-diversity** —, receptor en doble diversidad; **heterodyne** —, receptor heterodino; **high-fidelity** —, receptor de alta fidelidad; **muting system in receivers**, silenciador para receptores; **radio-** —, radiorreceptor; **radiotelegraph** —, receptor radiotelegráfico; **signal** —, receptor de señales; **single sideband** —, receptor de banda lateral única; **telegraph** —, receptor telegráfico; **telephone-head** —, casco telefónico; **television** —, receptor de televisión.

Receiving, Recepción (radio); — **aerial or antenna**, antena de recepción; — **apparatus**, aparato receptor; — **leg**, rama receptora; **direct coupled** —, recepción directa; **directional** —, recepción directa; **heterodyne** —, recepción heterodina; **inductively coupled** —, recepción indirecta; **shift** — **equipment**, conmutador de recepción.

Receptance, Recaudación, receptancia; — **test**, ensayo de recepción, ensayo de receptancia.

Reception (Cardioid), Recepción en cardioide; **diversity** —, recepción en diversidad; **figure-of-eight** —, recepción con diagrama en ocho.

Receptionist, Recepcionista.

Receptor, Receptor; — **mechanism**, mecanismo receptor.

Recess, Encastre, entrante, muesca, nicho, vaciamiento; **to** —, encastrar.

Recessed, Encastrado.

Recessing, Encastramiento, vaciado; — **tool**, herramienta para ranurar interiormente.

Rechairing, Recajeo (traviesas ferrocarril).

Reciprocal, Recíproco; — **gratings**, redes recíprocas; — **impedance**, impedancia recíproca; **polar** —, polar recíproca.

Reciprocating, Alternativo; — **engine**, máquina alternativa; — **motion**, movimiento alternativo, movimiento de vaivén; — **pump**, bomba alternativa, bomba de pistón.

Recirculatory, Recirculatorio.

Reckless flying, Vuelo temerario.

Reckoning, Estima.

Reclaim (To), Depurar, reclamar, regenerar.

Reclaimed, Recuperado, regenerado; — **rubber**, caucho regenerado.

Reclaimer (Oil), Depurador de aceite.

Reclaiming, Bonificación, depuración; — **plant**, planta depuradora (aceite); **land** —, mejora del suelo.

Reclamation, Depuración, recuperación.

Reclarification, Reclarificación.

Reclose (To), Reconectar, volver a cerrar.

Reclosed, Vuelto a cerrar.

Recloser, Reconectado.

Reclosing or **Reclosure**, Acción de volver a cerrar, dispositivo de reconexión, reconexión.

Recoil, Retroceso; **nuclear** —, retroceso nuclear; **to** —, retroceder (arma).

Recoilless, Sin retroceso; — **gun**, cañón sin retroceso; — **rifle**, fusil sin retroceso.

Reconcile (To), Enlazar dos curvas.

Reconciling, Enlace.

Recondition, Reparación; **to** —, reparar.

Reconditioning, Acabado, regeneración, reparación.

Reconstitute (To), Reconstituir.

Reconstruct (To), Reconstruir.

Recontamination, Recontaminación.

Reconversion, Reconversión.

Recool (To), Enfriar por circulación.

Record, Archivos, disco, grabación, informe, proceso verbal; — **changer,** cambiadiscos; **mater radiofrequency** —, registro básico de frecuencias radioeléctricas; **phonograph** —, grabación fonográfica; **radiofrequency** —, registro de frecuencias radioeléctricas; **speed** —, taquigrama; **to** —, grabar.

Recorded, Grabado.

Recorder, Grabadora; **depth** —, registrador de profundidad; **flow** —, registrador de caudal; **load** —, registrador de carga; **magnetic tape** —, registrador de cinta magnética; **response** —, registrador de respuesta; **siphon** —, sifón registrador; **spectrum** —, registrador de espectro; **time** —, marcador de fecha y hora.

Recordeship, Registraduría.

Recording, Registro; — **altimeter,** altímetro registrador; — **ammeter,** amperímetro registrador; — **apparatus,** aparato registrador; — **gage or gauge,** aforador registrador; — **thermometer,** termómetro registrador; — **trunk,** enlace de anotaciones; — **voltmeter,** voltímetro registrador; **combined position line and** —, posición combinada de líneas y anotaciones; **disc** —, grabación sobre disco; **hill and dale** —, registro en profundidad; **oscillographic** —, registro oscilográfico; **photographic** —, registro fotográfico; **remote** —, registro a distancia; **signal** — **telegraphy,** registro de señal telegráfica; **sound magnetic** —, registro sonoro magnético; **vertical** —, registro vertical.

Recordist, Operador del sonido (cine).

Recovery, Recuperación, restablecimiento; **by product** —, recuperación de sub-productos.

Recrystallisation, Recristalización.

Recrystallize (To), Recristalizar.

Rectangular, Rectangular.

Rectangularity, Rectangularidad.

Rectification, Rectificación; **half wave** —, rectificación en semilongitud de onda.

Rectified, Rectificado; — **current,** corriente rectificada.

Rectifier, Rectificador; — **pool,** cubeta del rectificador; — **valve,** lámpara rectificadora; **cascade voltage double** —, rectificador doblador de tensión en cascada; **cold-cathode** —, rectificador de cátodo frío; **commutator** —, permutatriz; **complementary** —, rectificador complementario; **contact** —, rectificador de contacto; **copper oxide** —, rectificador de óxido de cobre; **crystal** —, rectificador de cristal; **demodulator** —, rectificador demodulador; **disc** —, rectificador de discos; **dry disc** —, rectificador de disco seco; **dry plate** —, rectificador seco; **electrolytic or aluminium cell** —, rectificador electrolítico con ánodo de aluminio, válvula eléctrica con ánodo de aluminio; **electronic** —, rectificador electrónico; **exciting** —, rectificador de excitación; **germanium** —, rectificador de germanio; **grid controlled** —, rectificador de rejilla controlada; **half-wave voltage doubler** —, rectificador de media onda doblador de tensión; **high-vacuum** —, rectificador de alto vacío; **hot-cathode mercury-vapor** —, rectificador de vapor de mercurio; **ignitron** —, rectificador de ignitrones; **mechanical** —, rectificador mecánico; **mercury arc** —, rectificador de vapor de mercurio, válvula eléctrica de vapor de mercurio; **mercury-pool** —, rectificador de mercurio; **metal or metallic** —, rectificador metálico; **metallic** —, rectificador de metal; **polyanode** —, rectificador polianódico; **selenium —**, rectificador de selenio; **semiconductor —**, rectificador de semiconductor; **silicon —**, rectificador de silicio; **single anode —**, rectificador; **single-phase full-wave —**, rectificador monofásico de onda completa en puente; **six-phase half-wave —**, rectificador hexafásico de media onda; **square-law —**, rectificador cuadrático; **thermoionic —**, rectificador termoiónico; **three-phase full-wave —**, rectificador trifásico de onda completa; **transformer for rectifiers**, transformador de alimentación; **vacuum tube —**, rectificador de tubos de vacío; **zigzag —**, rectificador en zigzag.

Rectify (To), Rectificar, rectificar la corriente.

Rectifying, De rectificación; **— apparatus**, aparato de rectificación; **— lens**, objetivo de enderezamiento; **— valve**, tubo rectificador.

Rectilineal, Rectilíneo.

Rectilinear, Rectilinear.

Rectilinearity, Rectilinealidad.

Rectoblique, Rectobílico.

Recuperability, Recuperabilidad.

Recuperative, De recuperación; **— ability**, regenerabilidad; **— or continuous furnace**, horno de recuperación.

Recuperator, Recuperador; **tubular —**, recuperador tubular.

Recurrence frequency, Frecuencia de recurrencia.

Recurrency, Recurrencia.

Recurrent, Recurrente.

Recursion, Recursión; **— equation**, ecuación de recursión.

Recursive, Recursivo; **— function**, función recursiva.

Recycle (To), Reciclar.

Recycling, Reciclado, recirculación.

Red, Rojo; **— brass**, aleación de cobre y zinc; **— cedar wood**, madera de cedro rojo; **— chalk**, sanguina; **— deal of Riga wood**, madera de pino de Riga; **— gum**, liquidambar styraciflua; **— hematite**, hematíes roja; **— hot**, calentado al rojo; **— maple**, acer rubrum; **— mordant**, acetato de alúmina; **— short**, quebradizo en caliente (hierro); **— short iron**, hierro quebradizo; **— tapism**, papeleo, redondos de cuero; **bright —**, rojo blanco, rojo vivo; **brownish —**, castaño dorado; **cherry —**, rojo cereza; **dark —**, rojo oscuro; **dull —**, rojo mate, rojo oscuro; **English —**, rojo de Inglaterra; **faint —**, rojo oscuro; **fiery —**, rojo llama; **full —**, rojo vivo.

Redebit (To), Volver a debitar en cuenta.

Redeem (To), Rescatar.

Redeemable, Amortizable.

Redemption, Retroventa de una concesión.

Redistribution (in charge storage tubes), Redistribución (en tubos de memoria por carga).

Redrawing, Relaminado; **reverse —**, relaminado invertido.

Redressed, Rectificado; **— current**, corriente rectificada.

Redrilling, Reperforación.

Redsear, Fragilidad en caliente.

Reduce (To), Laminar, recalcar, reducir.

Reduced, Reducido; **cold —**, laminado en frío.

Reducer, Reductor; **angle —**, codo de reducción; **speed —**, reductor de velocidad; **worm gear —**, reductor de tornillo sin fin.

Reducibility, Reductibilidad.

Reducing, De reducción; **drag — device**, dispositivo de reducción de la resistencia; **speed — flap**, freno flap; **speed — gears**, reductores de velocidad.

Reduction (Fine) crusher, Gravilladora.

Redundancy, Redundancia; **check —,** comprobación con redundancia.

Redundant, Sobreabundante; **— reactions,** reacciones hiperestáticas (método de).

Redwood, Redwood; **— standard seconds,** número de segundos necesarios para que 50 ml de aceite pasen por el orificio del viscosímetro Redwood a una temperatura dada.

Reed, Lámina; **vibrating —,** lámina vibrante.

Reefing, Explotación de vetas auríferas.

Reel, Banda, bobina, bobinadora, carrete, devanadera, torno para hilar.

Reeler, Devanadera.

Reeling machine, Máquina devanadora.

Reem (To), Pitarrasear.

Reemer, Pitarrasa.

Reeming, Calafateo; **— iron,** pitarrasa.

Reengage (To), Reenganchar.

Reevable sling, Eslinga guarnible.

Reeve (To), Enhebrar cable en un cuadernal, pasar una cuerda por una polea.

Reeving, Guarnimiento.

Reface (To), Revestir de nuevo.

Referee, Árbitro; **court, board of referees,** comisión arbitral, tribunal de arbitrios.

Reference (Group) pilot, Onda piloto de grupo primario; **supergroup — pilot,** onda piloto de supergrupo.

Refill (To), Reguarnecer (cojinetes), rellenar.

Refillable, Rellenable.

Refilled, Reguarnecidos (cojinetes), rellenos.

Refilling, Avituallamiento, rellenado.

Refinability, Refinabilidad.

Refine (To), Afinar (metal), depurar, refinar.

Refined, Afinado, depurado, refinado; **— cast iron,** fundición afinada; **— copper,** cobre fino, cobre roseta; **— iron,** hierro afinado.

Refinement, Afinado.

Refiner, Afinador, refinador.

Refinery, Refinería, taller de afinado; **— cinder,** escoria de afinado; **oil —,** refinería de petróleo.

Refining, Afino, refinado; **electrolytic —,** afino electrolítico.

Refit, Refundición; **to —,** carenar, montar de nuevo, reparar.

Refitted, Reparado.

Reflect (To), Reflejar (la luz).

Reflectance, Factor de reflexión.

Reflecting, De reflexión; **— cercle,** círculo de reflexión; **— shade,** reflector (lámpara eléctrica).

Reflection, Reflexión; **— at ground,** reflexión en tierra; **— factor,** índice de reflexión; **— of waves,** reflexión de ondas; **angle of —,** ángulo de reflexión; **regular or specular —,** reflexión especular; **sporadic —,** reflexión anormal.

Reflective, Reflejante.

Reflectivity, Reflectividad.

Reflector, Reflector; **— coating,** revestimiento reflector; **— pattern,** diagrama por reflexión; **coded passive —,** reflector pasivo indicador; **corner — antenna,** antena de reflector diédrico; **cylindrical —,** reflector cilíndrico; **flat sheet —,** curvatura según la cara ancha; **grid tipe —,** reflector de reja; **parabolic —,** reflector parabólico; **paraelliptic —,** reflector paraelíp tico; **passive —,** reflector pasivo; **plane aperture of a —,** abertura plana de un reflector; **reflex —,** catafoto; **square corner —,** reflector diédrico rectangular; **surface —,** reflector superficial.

Reflectoscope, Reflectoscopio; **supersonic —,** reflectoscopio supersónico.

Reflex, Reflex; **Klystron** —, Klistrón reflex.

Reflux, Reflujo; — **ratio**, relación de reflujo.

Refocused, Reenfocado.

Reforestation, Repoblación forestal.

Reforming, Cracking del aceite, reformado.

Reforward (To), Reexpedir.

Reforwarding, Reexpedición.

Refract (To), Refractar.

Refracted, Refractado; — **ray**, rayo refractado.

Refracting, Refringente; — **prism**, prisma refringente; **double** —, birrefringente.

Refraction, Refracción; — **index or index of** —, índice de refracción; **atmospheric** —, refracción atmosférica; **double** —, doble refracción; **standard** —, refracción normal.

Refractive, Refringente; — **index**, índice de refracción; — **modulus**, módulo de refracción; — **power**, refringencia; **standard** — **modulus gradient**, gradiente normal del módulo de refracción.

Refractivity, Refractividad.

Refractometer, Refractómetro; **dipping** —, refractómetro de inmersión.

Refractorer, Fabricante de productos refractarios.

Refractories, Materias refractarias.

Refractory, Materia refractaria, refractario; — **lined**, con revestimiento refractario; — **materials**, materias refractarias; — **retort**, retorta refractaria; **moulded** —, materia refractaria moldeada.

Refrangibility, Refrangibilidad.

Refrangible, Refrangible.

Refreeze (To), Volver a refrigerar.

Refrigerant, Refrigerante.

Refrigerated warehouse, Almacén frigorífico.

Refrigerating, De refrigeración; — **compressor**, compresor de refrigeración; — **machine**, máquina frigorífica; — **plant**, instalación frigorífica.

Refrigeration, Refrigeración; — **compressor**, compresor de refrigeración; **absorption** —, refrigeración por absorción.

Refrigerator, Aparato frigorífico, camión frigorífico, frigorífico, refrigerador; — **car**, camión frigorífico; — **ship**, buque; **home** —, frigorífico.

Refrigeratory, Refrigerante.

Refuel (To), Repostar.

Refueling, Llenado del depósito, reaprovisionamiento de combustible.

Refugee, Refugiado.

Refundable, Reintegrable.

Refuse, Desecho, residuo.

Regap (To), Ajustar la separación entre los electrodos.

Regelation, Rehielo.

Regeneration, Reacción (radio); **amplifiers** —, regeneración en amplificadores; **impulse** —, regeneración de impulsos.

Regenerative, De recuperación; — **braking**, frenado de recuperación; — **cell**, pila regenerable; — **condenser**, condensador de regeneración; — **furnace**, horno de regeneración.

Regenerator, Regenerador; — **air**, regenerador de aire.

Regia, Regia; **aqua** —, agua regia.

Regime, Régimen.

Region, Zona; **confusion** —, zona de indiscriminación; **diffraction** —, región de difracción; **forbidden** —, región prohibida; **Fraunhofer** —, región de Fraunhofer; **Fresnel** —, región de Fresnel; **ionospheric** —; región ionosférica; **shadow** —, región de sombra.

Regirdering, Renovación de las vigas.

Register, Archivos, contador, lista, matriculación, registro de chimenea, registro de visita (de buque), registro marítimo (de puerto), registrador; — **length,** extensión del registrador; — **tonnage,** tonelaje neto; **circulating** —, registro circulatorio; **kick off spring message** —, contador con resorte de rechazo; **register's translator,** traductor de registrador.

Registered, Certificado, matriculado, registrado.

Registering, Registrador (adj.); — **balloon,** globo sonda.

Registration, Matriculación, registro.

Registry, Registro (de un buque); **certificate of** —, certificado de registro, patente de navegación; **port of** —, puerto de registro.

Regolith, Regolito.

Regrating, Relabrado de paramentos viejos.

Regrind (To), Reafilar.

Regrinding, Reafilado; — **valve,** ajuste de las válvulas; **valve** —, ajuste de las válvulas.

Regrouping, Reagrupamiento.

Regular, Normal; — **steady working,** marcha normal.

Regularization, Regularización.

Regulate (To), Regular (aparatos cronómetros).

Regulated, Regulado; **humidity** — **dry kiln,** horno de secar madera con regulación de humedad.

Regulating, De regulación; — **curve,** curva de regulación (distribuidores); — **disc,** disco de regulación (máq.-herr.); — **line or mark,** referencia; — **mechanism,** regulador; — **system,** sistema de regulación; **boiler** — **valve,** regulador de alimentación; **draught** — **wheel**. registro de ventosa; **pressure** — **screw,** tornillo de regulación de la presión; **throttle** — **screw,** tornillo de regulación de la marcha lenta.

Regulation, Reglaje (de compás), reglamento, regulación (aparatos); — **number plate,** placa reglamentaria (autos); **automatic** —, regulación automática; **voltage** —, regulación de la tensión.

Regulations, Reglamentos.

Regulator, Manómetro reductor, regulador; — **gate,** compuerta de toma de agua, compuerta reguladora; **air** —, regulador de aire; **automatic feed** —, regulador automático de alimentación; **backward-acting** —, regulador retroactivo; **combustion** —, regulador de combustión; **constant current** —, regulador de intensidad constante; **differential pressure** —, regulador de diferencia de presiones; **electronic** —, regulador electrónico; **excess pressure** —, regulador de sobrepresión; **feed water** —, regulador de agua de alimentación; **feedback** —, regulador con realimentación; **flow** —, regulador de caudal; **forward-acting** —, regulador activo; **frequency** —, regulador de frecuencia; **induction** —, regulador de inducción; **moving core** —, regulador de núcleo móvil; **pilot** —, regulador piloto; **pilot wire** —, regulador por hilo piloto; **pressure** —, regulador de presión; **quick action** —, regulador de acción rápida; **rotating** —, regulador de tensión; **single stage** —, manómetro de un escalón; **speed** —, variador de velocidad; **two stage** —, manómetro de dos escalones; **voltage** —, regulador de tensión.

Regulus, Régulo.

Rehabilitation, Depuración; **oil** —, depuración del aceite.

Rehandle, Remanipular.

Rehandling, Remanipulación en montones.

Reheat, Recalentamiento, recalentamiento después de la combustión; — **turbine,** turbina con recalentamiento intermedio del vapor.

Reheating, Recalentamiento, recocido (metalurgia); — **furnace,** horno de recalentar; — **turbine,** turbina con recalentamiento intermedio del vapor.

Rehydration, Rehidratación.

Reignite (To), Reignitir.

Reignition, Reencendido.

Reinforce (To), Reforzar.

Reinforced, Armado, reforzado; — **at the top and bottom,** armado arriba y abajo; — **concrete,** hormigón armado; — **in compression,** armado en compresión; — **in lower face,** armado en la parte inferior.

Reinforcement, Armadura, refuerzo; — **tube,** tubo de refuerzo; **additional** —, armadura de refuerzo; **bent** —, armadura curvo; **compression** —, armadura de compresión; **fan** —, armadura en abanico; **fastening of** —, sujeción de las armaduras; **fixing** —, armadura de empotramiento; **longitudinal** —, armadura longitudinal; **lower** —, armadura inferior; **rectangular** —, cuadro; **spiral** —, armadura en hélice; **symmetrical** —, armadura simétrica; **tension** —, armadura de tensión; **top** —, armadura superior; **transverse** —, armadura transversal; **upper** —, armadura superior.

Reinforcing, De refuerzo; — **collar,** collarín de refuerzo; — **web,** nervio de refuerzo.

Reinsurer, Reasegurador.

Reject, Rechazo; **to** —, rechazar.

Rejectance, Rechazo de piezas inútiles.

Rejected, Rechazado.

Rejectee, No apto.

Rejection, Rechazo; **sound** —, supresión de portadora de sonido.

Rejectostatic, Preselector; — **circuit,** circuito preselector (radio).

Rejoint (To), Rehacer un empalme.

Rel, Unidad de reluctancia.

Relatedness, Connexidad.

Relation, Comunicación; **direct** —, comunicación directa; **direct international** —, comunicación directa internacional; **telegraph** —, comunicación telegráfica.

Relationology, Relacionología.

Relative, Relativo; — **speed,** velocidad relativa; — **wind,** viento relativo.

Relativistic, Relativista.

Relativity, Relatividad.

Relaxation, Relajación; — **methods,** métodos de relajamiento; — **oscillator,** oscilador de relajación; — **time,** tiempo de relajación; **bistable** — **circuit,** circuito biestable de relajación; **dielectric** —, relajación dieléctrica; **plastic** —, relajación plástica.

Relaxer, Relajador (matemática).

Relaxometer, Relaxómetro.

Relay, Relé; — **triping,** desenganchador; **a. c.** —, relé de corriente alterna; **bimetal** —, relé bimetálico; **box** —, relé de caja; **box sounding** —, relé fónico; **call** —, relé de llamada; **capacitor timed** —, relé temporizado por condensador; **closing** —, relé de cierre; **combinational** — **circuit,** circuito estático de relé; **control** —, relé de control; **constancy of a** —, constancia de un relevador; **cut-off** —, relé de corte; **dashpot** —, relé retardado por viscosidad; **differential** —, relé diferencial; **directional** —, relé direccional; **electronic** —, relé electrónico; **fault sensing** —, relé detector de defecto; **field** —, relé de inducción; **flat type** —, relé plano; **guard** —, relé de seguridad; **impulse accepting** —, relé receptor de impulsos; **inertia** —, relé de inercia; **inverse power** —, relé de inversión de corriente; **line** —, relé de línea; **mercury contact** —, relé de contacto de mercurio; **miniature or midget** —, relé enano, relé miniatura; **overcurrent** —, relé de sobreintensidad; **overload**

—, relé de máximo de intensidad; **perforated-tape retransmitter tape** —, retransmisión de cinta perforada; **pneumatic** —, relé neumático; **protective or protector** —, relé protector; **proximity** —, relé de proximidad; **quick acting** —, relé de acción rápida; **reclosing** —, relé de reconexión; **remote control** —, relé de telemando; **reverse current** —, relé para corriente en retorno; **rotating** —, relé giratorio; **sensitive** —, relé sensible; **sequential** — **circuit,** circuito secuenciado de relé; **shorting** —, relé de cortocircuito; **shunt-field** —, relé de campo derivado; **side-stable** —, relé de dos posiciones; **signalling** — **set,** equipo de llamada de frecuencia vocal; **slow acting** —, relé de acción lenta; **sluggish** —, relé lento; **steering** —, relé de gobierno; **supervisory** —, relé de supervisión; **tape** — **centre,** centro retransmisor por cinta; **telegraph** —, relé telegráfico; **testing** —, relé de prueba; **thermal** —, relé térmico; **thermionic** —, relé termiónico; **time delay** —, relé diferido; **time limit** —, relé de enclavamiento diferido; **totalizing** —, relé integrador; **tripping** —, relé desconectador; **under-current** —, relé de corriente mínima; **undervoltage** —, relé mínimo de tensión; **vibrating** —, relé vibrador; **voice operated** —, relé de corriente audible; **wiper-switching** —, relé conmutador de escobillas; **to** —, relevar.

Relayed, Relevado.

Relaying, Instalación de relés.

Release, Evacuación, puesta en marcha, salida; — **lag,** tiempo de reposición; — **spring,** resorte de llamada; **bomb** —, mando de lanzabombas.

Release, Reposición; **chrono** —, cronodisparador; **first part** —, reposición por un abonado unilateral; **forced** —, reposición forzada; **forcible** — **circuit,** circuito de reposición forzada: **last part** —, reposición por ambos abonados, bilateral; **oil** —, salida de aceite; **to** —, desenganchar.

Released, Puesto en marcha; **time** —, cronodesconectado.

Releasing, Desconexión; — **lever,** palanca de desembrague.

Releasor, Cedente.

Relevancy, Aplicabilidad.

Releveling, Puesta a nivel.

Reliability, Regularidad, seguridad de funcionamiento.

Reliable, De funcionamiento seguro.

Relief, Aportación, descompresión, despulle, destalonado, relieve, socorro; — **angle,** ángulo de despulle; — **cam,** leva de descompresión; — **cock,** grifo de descompresión, grifo reparador; — **frame,** cuadro compensador (distribución); — **set,** grupo de socorro; — **valve,** descargador, respiradero, válvula de seguridad; **compression** — **cock,** grifo de descompresión; **front** — **side,** ángulo de despulle frontal; **side** — **angle,** ángulo de despulle lateral.

Relieve (To), Destalonar.

Relieving, De aligeramiento; — **arch,** arco de aligeramiento; — **attachment,** aparato de destalonar; — **cam,** leva de descompresión; — **device,** dispositivo de destalonar; — **lathe,** torno de destalonar; — **machine,** máquina de destalonar; — **tackle,** aparejo de trinca; **stress** —, eliminación de tensiones internas.

Relight (To), Reencender.

Relighter, Encendedor (lámpara seguridad de minas).

Relighting, Reencendido.

Relining, Realineación, realineado.

Reluctivity, Reluctividad.

Remaking, Preparación.

Remanence, Remanencia.

Remanent, Remanente; — **magnetization,** imantación remanente.

Remargin (To), Aumentar el resguardo.

Remodulate (To), Remodular.

Remodulated, Remodulado.

Remote, Lejano; — **control,** mando a distancia; — **control relay,** relé de telemando; — **supervision,** vigilancia a distancia; **to — control,** mandar a distancia.

Removability, Eliminación.

Removable, Desmontable; — **rim,** llanta desmontable.

Remove (To), Desmontar, producir, quitar.

Rend (To), Desgarrarse, hendirse.

Renewal, Renovación.

Renewed lease, Préstamo renovado.

Rent, Alquiler, desgarradura, fisura; **to —,** alquilar; **to — out,** dar en alquiler.

Renter, Inquilino.

Reodorization, Reodorización.

Repack (To), Reguarnecer un prensaestopas.

Repacked, Reguarnecido (prensaestopas).

Repair, Reparación; — **dock,** taller de revisiones; — **outfit,** estuche de reparaciones; — **ship,** buque-taller; — **shop,** taller de reparaciones; **beyond —,** irreparable; **extensive repairs,** refundiciones importantes; **slight repairs,** reparaciones ligeras; **thorough —,** refundición; **under —,** en reparación; **to —,** carenar, reparar.

Repairer, Reparador.

Repairing, De reparación; — **fit,** foso de reparaciones; — **shop,** taller de reparaciones.

Repeatability, Reproductibilidad.

Repeater, Repetidor; — **compass,** compás repetidor (compás giroscópico); **back-to-back —,** repetidor demodulador; **branching —,** repetidor de ramificación; **carrier —,** repetidor de portada; **discriminating —,** repetidor discriminador; **dropping —,** repetidor de depresión; **four-wire —,** repetidor de cuatro hilos; **heterodyne —,** repetidor heterodino; **impulse —,** repetidor de impulsos; **radio —,** repetidor radioeléctrico; **regenerative** repetidor regenerativo; **ringing —,** repetidor de llamada; **rotary —,** repetidor giratorio; **submarine cable —,** repetidor de cable submarino; **telegraph —,** repetidor telegráfico; **telephone —,** repetidor telefónico.

Repeating, De repetición; — **circle,** círculo repetidor; — **shot gun,** fusil de repetición.

Repellent, Repulsivo; — **force,** fuerza repulsiva.

Repetition, Serie; **pulse — frequency,** frecuencia de repetición de impulsos.

Replacement parts, Recambios.

Replenishable, Rellenable.

Replics, Moldeo; **plastic —,** moldeo plástico.

Representative, Agente, representante.

Reproducer, Reproductor; **cam —,** reproductor de excéntrica.

Reproducing attachment, Reproducción.

Reproduct (To), Reproducir.

Reproduction, Reproducción; — **ratio,** relación de reproducción.

Repulsion, Repulsión; — **motor,** motor de repulsión; — **start,** arranque por repulsión; — **stress,** fuerza de repulsión.

Requalify (To), Rehabilitar una licencia, renovar una licencia.

Request, Petición; — **for information,** petición de información.

Requisition, Requisición.

Rerail (To), Encarrilar.

Rerailing ramp, Rampa de encarrilamiento.

Rerolling, Relaminado.

Resaw (To), Desdoblar (madera).

Resawing, Desdoblamiento; — **machine,** máquina de desdoblar.

Rescue, Salvamento; — **apparatus,** aparato de salvamento.

Research, Investigación.

Reseat (To), Poner asiento nuevo; **to — a valve,** poner asiento nuevo a una válvula.

Reseater, Rectificadora de asientos.

Resell (To), Revender.

Reservation, Reserva.

Reserve, Reserva; — **fuel,** combustible de reserva; **under —,** bajo reserva.

Reservoir, Capa de agua, depósito, roca almacén; **air —,** depósito de aire; **oil —,** depósito de aceite.

Reset, Puesta a cero, reenganche; — **spring,** resorte de llamada; **automatic —,** puesta a cero automática; **hand —,** puesta a cero a mano; **to —,** poner a cero, reenganchar.

Resetter, Transformador síncrono medidor del error.

Resetting, Reenganche; **manual —,** reenganche a mano.

Reshoe (To), Poner zapatas nuevas; **to — the brakes,** poner zapatas nuevas a los frenos.

Reshoed, Con zapata nueva (freno).

Residential, De casa, doméstico (adj.).

Residual, Residual; — **compression,** compresión residual; — **charge,** carga residual; — **energy,** energía residual; — **error,** error residual; — **field,** campo residual; — **induction,** inducción residual; — **ionisation,** ionización residual; — **magnetism,** magnetismo residual; — **stresses,** tensiones residuales; **fuel —,** carburante residual; **gas —,** gas residual.

Residuation, Residuación.

Residue or **Residuum,** Residuo; **extraction residues,** residuos de extracción.

Resilience or **Resiliency,** Resiliencia.

Resin, Resina; — **canals,** canales resinosos; — **oil,** resinilo; — **pitch,** miera; **acrylic resins,** resinas acrílicas; **cast —,** resina fundida; **hard —,** resina sólida; **organic resins,** resinas orgánicas; **synthetic —,** resina sintética; **urea formaldehyde —,** resina ureica de formaldehido; **white —,** trementina.

Resinifiable, Resinificable.

Resinify (To), Resinificar.

Resinoid, De resina; — **bonded,** con aglomerado resinoso.

Resinous. Resinoso.

Resinter (To), Resinterizar.

Resistance, Resistencia; — **box,** caja de resistencias; — **braking,** frenado reostático; — **coefficient,** coeficiente de resistencia; — **coupling,** acoplamiento por resistencia; — **head,** pérdida de carga (hidráulica); — **thermometer,** termopar; — **welding,** soldadura por resistencia; — **welding machine,** máquina de soldar por resistencia; **air —,** resistencia del aire; **antenna —,** resistencia de antena; **apparent —,** resistencia aparente; **ballast —,** resistencia con efecto de compensación, resistencia de equilibrado; **bifilar —,** resistencia bifilar; **bleeder —,** resistencia de drenaje; **blocked —,** resistencia bloqueada; **braking —,** par de frenado; **breakdown —,** resistencia disruptiva; **calibrating —,** resistencia de calibración, resistencia de destalonado; **carbon film —,** resistencia peculiar de carbón; **compensating —,** resistencia de compensación; **component —,** resistencia componente; **contact —,** resistencia de contacto; **corrosion —,** resistencia a la corrosión; **decoupling —,** resistencia de desacoplo; **direct-current —,** resistencia en corriente continua; **dynamic —,** resistencia dinámica; **effective —,** resistencia efectiva; **electric —,** resistencia eléctrica; **electrolytic —,** resistencia electrolítica; **equivalent terminal loss** — (antennas), resistencia de pérdidas (antenas); **external** —, resistencia exterior; **filament** —, reóstato de calentamiento; **frictional** —, resistencia de fricción; **graphite** —, resistencia grafítica; **grid** —, resistencia de rejilla; **ground** —, resistencia a tierra; **head** —, resistencia al avance; **inductive** —, resistencia inductiva; **insulation** —, resistencia de aislamiento; **internal** —, resistencia interna; **intrinsic** —, resistencia intrínseca; **limiting** —, resistencia de reducción de luces; **line of least** —, línea de mínima resistencia; **mutual** — (coupled antennas), resistencia mutua (antenas acopladas); **negative** —, resistencia negativa; **non inductive** —, resistencia no inductiva; **ohmic** —, resistencia óhmica; **phase** —, resistencia de fase; **plate** —, resistencia de placa; **protective** —, resistencia de protección; **residual** —, resistencia residual; **resultant** —, resistencia resultante; **shearing** —, resistencia a la cizalladura; **shock** —, resistencia al choque; **shunt** —, resistencia de circuito derivado; **specific** —, resistencia específica, resistividad; **starting** —, resistencia de arranque; **static** —, resistencia estática; **total** —, resistencia total; **water** —, resistencia del agua; **wear** —, resistencia a la usura.

Resistant, Resistente; **bullet** —, resistente a las balas; **chemical** —, resistente a la corrosión.

Resisting, Resistente; **heat** —, refractario, resistente al calor; **wear** —, resistente a la usura; **wear** — **plates,** chapas de desgaste.

Resistive, Resistivo.

Resistivity, Resistividad.

Resistor, Reóstato, resistencia, resistor; **adjustable or tapped** —, resistencia variable; **ballast** — (barreter), resistencia autorreguladora; **bleeder** —, resistencia reguladora de tensión; **cathode** —, resistencia de cátodo; **charging or loading** —, resistencia de carga; **dropping** —, resistencia para rebajar tensión; **fixed** —, resistencia fija; **loading** —, tensión de carga; **metallized** —, resistencia metalizada; **power** —, resistencia de gran disipación; **tapped** —, resistencia con tomas; **wire-wound** —, resistencia devanada.

Resiting, Recolocación.

Resize (To), Recalibrar.

Resizer, Recalibrador.

Resnatron, Resnatrón.

Resonance, Resonancia; — **bridge,** puente de resonancia; — **cell,** celda de resonancia; — **curve,** curva de resonancia; — **frequency,** frecuencia de resonancia; **electronic paramagnetic** —, resonancia paramagnética electrónica; **ferro** —, ferrorresonancia; **ferromagnetic** —, resonancia ferromagnética; **gain at** —, ganancia en resonancia; **magnetic** —, resonancia magnética; **natural** —, resonancia natural, resonancia propia; **nuclear** —, resonancia nuclear; **nuclear-magnetic** —, resonancia magnético-nuclear; **parallel** —, resonancia paralela; **phase** —, resonancia de fase; **series** —, resonancia en serie; **sharpness of** —, agudeza de resonancia; **subharmonic** —, resonancia subarmónica; **subsynchronous** —, resonancia subsíncrona; **velocity** —, resonancia de velocidades.

Resonant or **Resonating,** Resonante; — **cavity,** cavidad resonante; — **chamber,** cámara resonante; — **circuit,** circuito resonante; — **conditions,** condiciones de resonancia; — **extraction,** extracción resonante; — **filter,** filtro de resonancia.

Resonator, Resonador; **annular** —, resonador anular; **buncher** —, primer resonador de cavidad; **cavity** —, resonador de cavidad; **coaxial-live** —, resonador de línea coaxil; **compound** —, resonador compuesto; **cylindrical cavity** —, resonador de cavidad cilíndrica; **microwave** —, resonador de microondas; **Q of cavity** —, Q de cavidad resonante; **quartz** —, resonador de cuarzo.

Resolution, Redisolución, resolución.

Resolver, Dispositivo de resolución.

Resolving, De resolución; — **power,** poder de resolución.

Resorcinol, Resorcinol.

Respondentia, Gruesa, préstamo sobre mercancías; **at** —, a la gruesa.

Response, Respuesta; — **curve,** curva de respuesta; — **recorder,** registrador de respuesta; **flat top** —, respuesta a una banda uniforme de frecuencias; **passband** —, respuesta de paso de banda; **peak** —, respuesta máxima; **quick** — **device,** dispositivo de respuesta rápida; **receiver** — **time,** tiempo de respuesta de un receptor; **transient** —, respuesta en régimen transitorio, respuesta transitoria.

Responsive, Sensible.

Responsor, Respondedor; **interrogator-** —, interrogador-respondeor.

Rest, Luneta, portaherramienta, quicionera, soporte; — **of a lathe,** soporte de un torno; **follow** —, luneta móvil (torno); **hand tool** —, soporte de herramienta a mano; **head** —, cabecera; **journal** —, cojinete de palier; **steady** —, luneta fija; **tool** —, soporte de portaherramienta.

Restart (To), Volver a poner en marcha.

Restarting, Puesta en marcha, recebado; — **injector,** inyector de autocebado.

Resting frequency, Frecuencia de corriente portadora, frecuencia de reposo.

Restone (To), Rebalastar (vía férrea).

Restoration (Carbon), Recarburación.

Restorer (D. C.), Restaurador de la componente continua.

Restoring torque, Par de llamada.

Restow (To), Reestibar.

Restrain (To), Retardar.

Restrained, Empotrado, retardado; — **beam,** viga empotrada.

Restrainer, Retardador (fotografía).

Restriction, Restricción; **route** —, restricción de ruta.

Restrike, Reencendido, retorno de arco; **to** —, reencender (arco).

Restriked, Reencendido (arco).

Resuing, Laboreo por grada (roca de respaldo).

Resultant, Resultante (mec.).

Resuperheat, Recalentado.

Resuperheater, Recalentador.

Reswitching, Reconmutación.

Ret (To), Enriar.

Retail, De detallista; — **prices,** precio de detallista.

Retailer, Detallista.

Retainability, Retenibilidad.

Retained, Residual; — **austenite,** austenita residual.

Retainer (Cement), Prensaestopas de cementación.

Retaining, Abrochadura, sujeción; — **bolt,** perno de retenida; — **ring,** anillo sujetador; — **wall,** muro de contención; — **wall angle,** muro de sostenimiento con aletas de retorno; **earth** —, retenida de tierras.

Retard, Retraso al encendido (auto).

Retardation, Frenado, sinónimo de inductancia; — **coil,** bobina de autoinducción; — **of current,** retraso de corriente.

Retarded, Retardado (encendido).

Retarder, Retardador; — **draught,** retardador de velocidad de tiro.

Retarding spark, Retraso al encendido.

Retemper (To), Retemplar.

Retene, Retén.

Retention, Retención; **maximum — time,** tiempo máximo de retención.

Retentivity, Histéresis, remanencia.

Reticle, Retícula.

Retight (To), Reapretar.

Retightening, Reapriete.

Retimbering, Cambio del entibado (minas).

Retinite, Retinita (mineral)

Retool (To), Reutillar.

Retooling, Reutillaje.

Retort, Alambique, gasógeno, retorta, tolva; **— carbon,** carbón de probeta; **— stand,** soporte de retorta; **clay —,** retorta de arcilla; **refractory —,** retorta refractaria.

Retouch (To), Retocar (foto).

Retouching, Retoque (foto).

Retract (To), Eclipsarse, escamotear, replegar, retraer.

Retractable, Escamoteable, replegable, retráctil; **— nacelle,** góndola retráctil; **— nose wheels,** ruedas escamoteables.

Retracted, Eclipsado, metido (tren de aterrizaje), replegado, retraído.

Retracting, Retractor; **— jack,** gato retractor.

Retraction, Eclipsado, escamoteo, retracción; **— time,** tiempo de retracción.

Retransmission, Retransmisión; **manual —,** retransmisión manual; **tape —,** retransmisión mediante cinta perforada; **tape — automatic routing,** conmutación con retransmisión por cinta perforada; **transit telegram with manual —,** telegrama de escala con retransmisión manual.

Retrapping, Captura; **electron —,** captura de electrones.

Retroaction, Reacción (radio).

Retrograde, Retrógrado.

Retrogression, Retroceso; **— point,** punto de retroceso de una curva.

Retting, Enriado.

Return, Estadística, estado, ganancia, inventario, provecho, rendimiento, renta, retorno; **— belt,** correa de marcha atrás; **— crank,** contramanivela; **— current,** corriente de retorno; **— flame,** retorno de llama; **— shaft,** pozo de salida de aire (minas); **— shock,** choque de retroceso; **— speed,** velocidad de retorno (máq.-herr.); **— spring,** resorte de llamada; **carriage —,** retroceso del carro; **device of — to zero,** aparato de reducción a cero; **dry —,** tubo de retorno de agua de condensación y de aire (sistema de caldeo por vapor); **earth- — double phantom circuit,** circuito fantasma con vuelta por tierra; **earth- — phantom circuit,** circuito fantasma con vuelta por tierra; **ground returns** (radar), ecos de tierra; **non — valve,** válvula sin retroceso; **quick —,** retorno rápido (de la herramienta); **sea returns,** ecos de mar; **wet —,** tubo de retorno del agua de condensación (sistemas de caldeo por vapor).

Returned, Reciclado; **— fines,** finos reciclados.

Returning, Contorneado de la soldadura (llanta, etc.).

Retyre (To), Renovar las llantas (ruedas).

Rev per hr. (revolutions per hour), Revoluciones por hora (r. p. h.).

Rev-counter, Cuenta-revoluciones.

Revamp (To), Modernizar, rehacer, transformar.

Revamping, Refección, transformación.

Revenue, Beneficios, derechos (aduana, etc.), recaudaciones; **— mile,** pago-milla; **operating revenues,** ingresos de explotación.

Reverb, Horno de reverbero.

Reverberation, Reverberación.

Reverberatory, De reverbero; — **furnace,** horno de reverbero.

Reverberometer, Reverberímetro; **relaxation** —, reverberímetro de relajación.

Reversal, Inversión (elec.); — **timer,** aparato inversor; **open hearth** —, inversión de los recuperadores; **partial tone** —, inversión parcial de matices; **phase** —, inversión de fases; **stress** —, alternancias de esfuerzos; **thrust** —, inversión del empuje.

Reverse, Contramarcha, inversión (de marcha); — **circulation,** inyección inversa (petr.); — **cone clutch,** embrague de conos invertidos; — **current,** contracorriente, inversión de corriente; — **flow,** flujo invertido; — **fork,** horquilla de marcha atrás; — **gear,** engranaje de marcha atrás, mecanismo de inversión de marcha; — **idler gear,** piñón loco de marcha atrás; — **pinion,** piñón de marcha atrás; — **polarity,** polaridad inversa; — **polarity arc,** arco de polaridad invertida; — **shaft,** árbol de cambio de marcha; — **speed,** velocidad de retroceso; **belt** —, inversión de marcha por correa; **rectifier** — **current,** corriente inversa de rectificación; **to** —, invertir la corriente, invertir la marcha; **to** — **a motor,** invertir el sentido de marcha de un motor; **to** — **the engine,** invertir el vapor.

Reversed, Invertido; — **flame kiln,** horno de llama invertida.

Reversement, Maniobra para cambiar de dirección (aviones).

Reverser, Inversor (elec.); **current** —, conmutador inversor; **thrust** —, desviador de chorro.

Reversibility, Reversibilidad.

Reversible, Reversible; — **cell,** pila reversible; — **claw,** trinquete reversible; — **engine,** motor reversible; — **pitch,** paso reversible; — **pitch or propeller,** hélice de paso reversible; — **propeller,** hélice de alas orientables, hélice reversible.

Reversibly, Reversiblemente; — **adsorbed,** adsorbido reversiblemente.

Reversing, De inversión de marcha, reversible; — **arm,** palanca de inversión de marcha; — **device,** inversor; — **gear,** engranaje de marcha atrás, mecanismo de inversión de marcha; — **key,** manipulador inversor; — **lever,** palanca de inversión de marcha; — **link,** palanca de inversión de marcha; — **mill,** laminador reversible; — **rod,** barra de cambio de marcha de distribuidor de vapor; — **wheel** volante de puesta en marcha; **lever for** — **table movement,** palanca de inversión de marcha; **polarity** — **switch,** inversor de polaridad, invertidor de polaridad; **stroke dog for** — **table movement,** tope de inversión de marcha de la mesa de una máquina herramienta.

Revet (To), Revestir.

Revetment, Revestimiento, revoco.

Revetted, Revestido.

Revive (To), Reactivar.

Revolution, Revolución (máq.); — **counter,** cuenta-revoluciones; — **indicator,** taquímetro; **to run at 150 revolutions per minute,** girar a 150 revoluciones por minuto.

Revolving, Giratorio; — **collar,** collar de excéntrica; — **joint,** junta giratoria; — **light,** luz giratoria; — **screen,** criba rotativa, trommel cribador.

Revs. (Revolutions), Revoluciones.

Rewind (To), Rebobinar.

Rewinding, Rebobinado.

Rewire (To), Rehacer la instalación eléctrica.

Rewiring, Acción de rebobinado.

Rewound, Rebobinado.

R. H. (Right handed), Paso a derechas.

Rhenium, Renio.

Rheological, Reológico.

Rheoscopy, Reoscopia.

Rheostat, Reóstato; **charge —,** reóstato de carga; **field —,** reóstato de campo; **liquid —,** reóstato líquido; **potentiometer type —,** reóstato potenciométrico; **speed changing —,** reóstato de cambio de velocidades; **starting —,** reóstato de arranque.

Rheostatic, Con reóstato, reostático; **— braking,** frenado reostático; **— control,** control por reóstato.

Rheostriction, Reostricción.

Rheotome, Reotomo.

Rheotron, Betatrón, reotrón.

Rhodium, Rodio.

Rhomb, Rombo.

Rhombic, Rómbico.

Rhomboedral, Romboédrico.

Rhombold, Paralelogramo.

Rhyobasalt, Riobasalto.

Rib, Armadura, puntal, refuerzo (de placa), nervadura, varenga (de buque); **— flange,** chapa de nervadura; **— motor,** motor con nervaduras; **— nose,** borde de costilla; **bearing —,** reborde, talón (ferrocarril); **centre —,** alma de carril, barra de carril, cuerpo de carril; **cutaway —,** nervadura vaciada; **glued —,** nervadura pegada; **hollow —,** nervadura hueca; **iron —,** cuaderna de hierro; **longitudinal —,** nervio longitudinal; **metal —,** nervio metálico; **nose —,** costilla del borde de ataque; **ribs of a ship,** varenga de un buque; **solid —,** nervadura llena; **stiffening —,** nervadura de refuerzo; **strengthened —,** nervadura reforzada; **tacked —,** nervadura clavada; **trailing edge —,** nervadura de borde de fuga; **transversal —,** nervadura transversal; **ventilated — motor,** motor con nervaduras ventiladas; **web of —,** alma de nervadura.

Riband, Vagra de construcción.

Ribbanding, Acción de instalar vagras para enmaestrar.

Ribbed, Con costillas, con nervaduras, dentado; **— radiator,** radiador con aletas.

Ribbing, Nervadura de refuerzo.

Ribbon, Cinta; **— weaving,** fábrica de cintas.

Ribbons, Vagras (véase **Ribband**).

Ricker, Puntal, puntal volante.

Ricochet, Rebote; **to —,** rebotar.

Riddance, Eliminación.

Riddle, Criba gruesa; **to —,** cribar (con criba).

Riddled, Cribado; **— coal,** carbón cribado.

Riddlings, Desperdicios de cribado.

Rideability, Confortabilidad de la marcha de un vehículo.

Rider, Cláusula adicional (seguros), cochinata; **— keelson,** carlinga superpuesta.

Ridge, Arista, nervadura, reborde; **dividing —,** línea de partición de las aguas.

Ridgy, Acanalado.

Riffle, Ranura de mesa de lavado, ranura para retener el agua.

Riffler (Bastard), Lima bastarda de punta cónica y curvada.

Rifle, Fusil de cañón rayado; **recoilles —,** fusil sin retroceso; **small bore —,** fusil de pequeño calibre; **to —,** rayar (un arma de fuego).

Rifler, Lima curva para superficies cóncavas.

Rifling, Acanaladura, rayado, rayadura; **— bench,** máquina de rayar los cañones; **— rod,** varilla portaherramientas; **parabolic —,** rayado parabólico.

Rift, Brecha, grieta, hendidura.

Rifting, Rajado de la estructura cristalina.

Rig, Aparejo, banco de ensayo, encapilladura, torre de perforación; **bearing —,** banco de ensayo para rodamientos; **blasting —,** explosor; **drilling —,** equipo de perforación; **gear** —, banco de ensayo para engranajes; **pumpability** —, estación de bombeo; **test** —, banco de ensayo; **to** —, aparejar, estibar; **to — the capstan,** enjarciar con el cabrestante.

Rigaree, Rigaree (decoración del vidrio).

Rigged, Aparejado; — **oar,** espadilla (botes).

Rigging, Aparejo, arriostrado, cableado, estibación, equipo, reglaje; — **loft,** taller de jarcia; **lower** —, obencadura del palo macho; **nacelle** —, suspensión de góndola; **parachute — lines,** cordones de suspensión del paracaídas; **running** —, obencadura; **standing** —, jarcia firme.

Right, Derecho; — **hand,** derecha; — **hand drill,** taladro a derechas; — **hand lower wing,** ala inferior derecha; — **handed rope,** maroma trenzada a derechas; — **handed screw,** tornillo roscado a derechas; — **handed thread,** paso a derechas; — **of way cost,** coste de expropiación; — **rudder,** mando usado para girar el timón a la derecha (aviones).

Righting, Enderezamiento; — **moment,** momento de enderezamiento.

Rigid, Indeformable, rígido; **half** —, semirrígido.

Rigidify (To), Rigidizar.

Rigidity, Rigidez, robustez; **magnetic** —, rigidez magnética; **modulus of** —, inversa del módulo de elasticidad.

Rill stope, Testero escalonado.

Rim, Corona, llanta; — **collar,** véase **Collar**; — **opener,** abrellantas; **blade** —, corona de álabes (turbina); **detachable** —, llanta móvil; **to** —, escariar.

Rimer, Escuadrador.

Rimfire, De fuego anular.

Riming, Escariado; — **bit,** escariador.

Rimmed steel or rimming steel, Acero esponjoso, efervescente, parcialmente desoxidado.

Rimming, Control de la temperatura y del grado de oxidación (met.).

Rind, Capa superior de roca blanda.

Ring, Anilla, anillo, arandela, argollón (ancla), círculo, corona de freno, franja, guarnición, núcleo (química), segmento; — **carrier,** anillo soporte (máq.-herr.); — **closure,** cierre de núcleo (quím.); — **connection,** conexión en polígono (elec.); — **counter,** contador en anillo; — **hook,** armella; — **labeled,** con el núcleo radioisotopizado; — **land,** ranura de segmento; — **lubrication or oiling,** lubricación por anillo; — **main stripping line,** tubería principal periférica para achique final de tanques; — **opening,** oscilador anular; — **sticking,** pegadura de los aros; — **system,** sistema nuclear; — **transformer,** transformador anular; — **winding,** devanado en anillo; **adjusting** —, milla de detención; **blade** —, porta-álabes; **chafing** —, anillo contra desgaste, anillo de protección; **clamping** —, anillo de fijación; **clutch** —, corona de embrague; **collecting** —, anillo colector; **collector or collecting** —, anillo colector (elec.); **contact** —, anillo de contacto; **curb** —, placa giratoria de grúa; **curb — crane,** grúa de placa giratoria; **cut** —, segmento hendido; **eccentric** —, collarín de excéntrica; **end** —, anillo de cierre (turbinas); **end shell** —, virola de extremo (calderas); **equalizing** —, anillo equipotencial; **equilibrium** —, anillo compensador, cuadro compensador (distribuidores); **eye** —, ojo de cable; **fluted** —, anillo acanalado; **gimbal** —, círculo de suspensión; **gland** —, anillo de estanqueidad; **Gramme** —, anillo Gramme (elec.); **growth rings,** capas anuales o de crecimiento; **Newton's rings,** anillos de Newton; **normed** —, anillo normado (mat.); **oil catch** —, anillo colector de aceite; **oil control** —, segmento colector de aceite; **packing** —, anillo metálico, disco de apriete; **piston** — **slot**, ranura de segmento de pistón; **piston rings**, guarniciones metálicas, segmentos de pistón; **retaining** —, anillo de sujeción; **roller** —, tambor de rodillos; **scraper** —, segmento colector de aceite; **segment** —, segmento (máq.); **shading** —, anillo de arranque de un motor de inducción; **slip** —, anillo colector; **spash** —, deflector; **splacing** —, virotillo; **split** —, anillo partido; **spring** —, anilla elástica, segmento extensible; **spring** — **coupling**, acoplamiento de segmentos extensibles; **stay** —, virotillo; **strengthening** —, collarín de refuerzo; **thiazoline** —, núcleo tiazolínico; **thrust** —, espejo; **wear or wearing** —, anillo antidesgaste, anillo de estanqueidad.

Ringer, Hurgón (alto horno); — **striker**, macillo de timbre.

Ringing (Belt) engine, Carillón; **harmonic** —, llamada armónica; **keyless** —, llamada sin llave; **machine** —, llamada automática; **magnet** —, llamada por magneto; **tuned harmonic** —, llamada armónica sintonizada; **under-tuned harmonic** —, llamada armónica infrasintonizada.

Rinse (To), Enjuagar.

Rinsing, Enjuague; — **vat**, tina de enjuague.

Rip, Desgarradura; — **cord**, cuerda de abertura (de paracaídas); — **saw**, sierra para cortar en la dirección de la fibra; **seam** —, desgarro de una costura de remaches; **snap headed** —, buterola, remache de cabeza abombada.

Rippability, Rasgabilidad.

Ripper, Desfondadora.

Ripping, Desgarro; — **length**, longitud de desgarro; — **line**, cuerda de la banda de desgarre; — **pannel**, panel de desgarre.

Ripple, Arruga, ondulación; — **filter**, filtro de eliminación; — **frequency**, frecuencia de ondulaciones; — **marks**, ondulaciones (madera); **slot ripples**, ondulaciones.

Ripsawing, Aserrado de la madera paralelo a un canto.

Rise, Elevación, subida de barómetro; **dead** —, ángulo de quilla; **to** —, elevarse (aero).

Riser, Columna ascendente, orificio de colada, orificio de evacuación de aire; **supply** —, columna de alimentación.

Rive (To), Entreabrirse, hender, rajarse.

Rivet, Remache; — **auger**, taladro de remaches; — **head**, cabeza de remache; — **heading set**, buterola; **hearts or** — **forges**, hornos para remaches; — **hole**, orificio de remache; — **less**, sin remaches; — **making machines**, máquina de hacer remaches; — **of fibrous iron**, remache de nervio; — **plate**, arandela, contra-remache, roseta de remachado; — **plyers**, pinzas de remaches; — **shank or stem**, fuste de remache; **binding** —, remache de montaje; **clinched head of a** —, cabeza de cierre de remache; **conical head** —, remache de cabeza cónica; **countersunk** —, remache de cabeza fresada; **diameter of a** —, diámetro de un remache; **dummy** —, remache colocado de antemano, remache de montaje, remache mal colocado; **explosive** —, remache explosivo; **flush** —, remache ahogado, remache de cabeza perdida; **flush head** —, remache de cabeza embutida; **frame** —, remache de cuaderna; **keel** —, remache de quilla; **pan headed** —, remache de cabeza plana; **punched** — **hole**, orificio de remache punzonado; **round head** —, remache de cabeza redonda; **row of rivets**, hilera de remaches; **rudder** —, remache de timón; **shaft of a** —, cuerpo de remache; **shell** —, remache de revestimiento exterior;

snapped —, remache abuterolado; **spacing of rivets,** espaciamiento de los remaches; **stem** —, remache del estrave; **stern-post** —, remache del codaste; **tap** —, prisionero; **taper bore** —, remache de orificio cónico; **to** —, remachar; **to drive a** —, poner un remache; **to drive out a** —, botar un remache; **to drive out the rivets,** descoser una costura remachada; **to jog a — head,** formar la cabeza de un remache.

Riveted, Remachado; **double** —, con doble hilera de remaches; **treble** —, con triple hilera de remaches.

Riveter or **Rivetter,** Embutidor de remaches.

Riveting or **Rivetting,** Remachado, remachadora; — **clamp,** tenaza, tenazas de remache; — **die,** buterola; — **for butt fastenings,** remachado de las juntas; — **hammer,** martillo de peña, martillo de remachar; — **machine,** máquina de remachar, remachadora; — **pin,** pasador de unión; — **press,** prensa de remachar de rodillos; — **punch,** buterola, cazarremaches; — **set,** buterola; — **stamp,** buterola de remaches; — **tongs,** tenazas de remachar; — **tool,** buterola, martillo de remachar; **butt** —, remachado de las cabezas; **butt joint with double (treble) chain** —, junta a tope con dos (tres) filas de remaches en cadena; **butt joint with single** —, junta a tope con remachado sencillo; **chain** —, remachado en cadena; **cold** —, remachado en frío; **conical** —, remachado cónico, remachado de punta de diamante; **countersunk** —, remachado fresado; **double** —, remachado doble; **double covering state** —, remachado de cubrejuntas doble; **edge** —, remache de las juntas longitudinales; **hand** —, remachado a mano; **hydraulic** —, remachado en caliente; **hot** —, remachado en caliente; **lap joint with double (treble) chain** —, unión a solape con dos filas de remaches en cadena; **lap joint with single** —, unión a solape (recubrimiento); **pan** —, remachado de cabeza plana; **pneumatic — machine,** máquina neumática de remachar; **punching and — machine,** máquina punzonadora y ribeteadora; **quadruple** —, remachado cuádruple, remachado de cuatro filas; **shell** —, remachado del revestimiento exterior; **single** —, remachado de una fila, remachado sencillo; **single butt plate** —, remachado de cubrejunta sencillo; **snap** —, remachado abombado, remachado abuterolado; **three head — machine,** máquina de remachar de tres cabezas; **triple** —, remachado de tres filas, remachado triple; **watertight** —, remachado estanco; **zigzag** —, remachado en tresbolillo.

Rivnut, Remache taladrado y roscado interiormente.

R. M. S. (Root mean square), Véase **Root** (elec.); — **current,** intensidad eficaz; — **voltage,** tensión eficaz.

Road, Carretera, línea de ferrocarril, rada; — **bed,** asiento de una calzada; — **breaker,** piqueta mecánica; — **holding,** estabilidad de marcha; — **oil,** residuos consistentes; — **roller,** rodillo compresor; — **run or test,** ensayo sobre carretera; — **transport,** transporte por carretera; **air** —, galería de ventilación; **double track** —, línea de doble vía; **metalled** —, carretera empedrada; **narrow gauge** —, línea de vía estrecha; **single track** —, línea de vía única.

Roadbuilder, Mezcladora de materiales bituminosos.

Roadster, Buque anclando en la rada.

Roast (To), Resudar, tostar.

Roaster, Máquina de aglomerar; — **slag,** escoria tostada.

Roasting, Calcinación, exudación, tostación; — **bed,** lecho de tostación; — **in bulk,** tostación en montones; — **kiln,** horno de tostación.

Roadway, Calzada.

Robble, Falla (geología).

Robotism, Automatismo.

Robotize (To), Automatizar.

Robotry. Automática (ciencia).

Rock, Peñón, roca; — **alun,** alumbre de roca; — **bit,** trépano; — **breaker,** machacadora de piedras; — **burst,** golpe de presión; — **crusher,** bocarte; — **crystal,** cristal de roca; — **drill,** martillo neumático, perforadora; — **maple wood,** acer saccharum; — **oil,** aceite de petróleo; — **salt,** sal gema; — **tar,** aceite de petróleo; — **wood,** asbesto lignitiforme; — **work,** rocalla; **farewell** —, grés de muela; **fault** —, escombros de roca que provienen de la formación de una falla; **to** —, balancear, oscilar.

Rockburst, Estalladura por presión.

Rocker, Balancín de reenvío (ferrocarril), balancín de válvula, volquete; — **arm,** balancín empujaválvulas; — **box,** caja de balancín; — **exhaust gas,** gases de exhaustación del cohete; — **fin,** aleta del cohete; **valve** —, balancín de válvula.

Rockered, Curvado; — **keel,** quilla curvada (botes).

Rocket, Cohete; — **launcher,** lanzacohetes; — **mortar,** mortero lanzacohetes; — **motor,** motor-cohete; — **powered,** propulsado por reacción; — **propellant anchor,** ancla de aterrizaje de cohete; — **propelled,** propulsado por cohete; — **propulsion,** propulsión por cohete; **booster** —, cohete de arranque; **ducted** —, cohete de doble efecto; **hydrogene peroxide** —, cohete de peróxido de hidrógeno; **liquid fuel** —, cohete de combustible líquido; **one stage or one staged** —, cohete monoetápico; **solid fuel** —, cohete de combustible sólido; **two stage or two staged** —, cohete bietápico.

Rocketed, Lanzado.

Rocketeer, Cohetero.

Rocketry, Ciencia de los cohetes.

Rockfill dam, Presa de rocalla.

Rockhound, Geólogo especializado que recorre el terreno buscando yacimientos mineros o petrolíferos.

Rocking, Balanceo, oscilación, oscilante; — **arm,** bringabala; — **furnace,** horno oscilante; — **lever,** balancín de suspensión; — **motion,** movimiento circular alternativo; — **pier,** pila articulada (puentes); — **shaft,** árbol oscilante.

Rockoon, Combinación globo-cohete.

Rod, Biela, cabo, pértiga (medida), tirante, varilla, vástago; — **fender,** defensa de faginas; — **mill,** tren laminador de redondos; — **mirror,** reflector de varillas; — **of a buffer,** vástago de tope (ferroc.); — **rolling mill,** laminador para hilo de máquina; **admission gear** —, varilla de admisión; **annular** —, círculo, refuerzo (hormigón); **back up eccentric** —, árbol o varilla de excéntrica de marcha atrás; **backway** —, biela de excéntrica para la marcha atrás; **bent up** —, barra acodada (hormigón armado); **bore** —, varilla de sonda; **bridle** —, véase **Bridle**; **bucket** —, vástago de bomba elevadora; **carrying** —, barra de resistencia (hormigón armada); **compression** —, barra de compresión (hormigón armado); **connecting** —, biela (véase **Connecting**); **connecting** — **bottom end,** pie de biela; **connecting** — **fork,** cabeza de biela con carga; **connecting** — **head,** cabeza de biela; **connecting** — **jib,** cuerpo de la biela; **connecting** — **top end,** cabeza de biela; **corner** —, barra de garganta (hormigón armado); **coupling** —, biela de acoplamiento (ferr.); **draw** —, varilla de tracción; **drawing** —, tirante; **drill** —, torniquete; **driving** —, biela directriz; **eccentric** —, vástago de excéntrica; **end measuring rods,** calibre de alturas; **extended** —, tubo de la válvula;

feeding —, varilla para destaponar los respiraderos; **field** —, palanca de mando (máq.-herr.); **fore eccentric** —, biela de excéntrica para la marcha delante; **four stranded** —, calabrote tetratorónico, maroma de cuatro torones; **from** —, derivado de la barra; **gage or gauge** —, sonda o varilla de sonda; **go ahead eccentric** —, árbol o vástago de excéntrica de marcha adelante; **grounding** —, varilla de tierra; **guard rods**, baranda; **guide rods**, correderas, deslizaderas, patines; **inclined** —, barra inclinada (hormigón armado); **index** —, varilla graduada; **lightning** —, varilla de pararrayos; **main** —, biela motriz (ferrocarril); **measuring** —, lámina calibradora; **operating** —, biela de mando; **parallel** —, biela de acoplamiento, biela del paralelogramo; **piston** —, varilla del pistón; **push** —, vástago empujador; **safety coupling** —, barra de seguridad de enganche; **side** —, biela colgante, biela de acoplamiento (ferroc.); **sounding** —, varilla de nivel de aceite; **supply** —, varilla del distribuidor de admisión; **suspension** —, biela de suspensión; **tail** — **casing**, sombrerete protector; **tension** —, barra de tensión (horm. armado); **thrust** —, biela de empuje, empujador; **tie** —, tirante; **valve** — **or slide valve** —, vástago de distribuidor; **wire** —, hilo de máquina; **wire** — **mill**, tren laminador de alambre.

Roiled, Turbio (líquidos).

Roll, Balanceo, cilindro, laminador, rodillo, rol, tonel (aviación); — **compacting**, compactación por laminador; — **flexibility**, flexibilidad del balance (aviones); — **grinding machine**, máquina de rectificar los cilindros de laminador; — **line or** — **train**, tren laminador; — **neck**, perno de cilindro; — **pod**, filástica de cilindro laminador; — **quenching power**, poder de extinción del balance; — **ragging**, asperezas del cilindro; — **threading**, roscado por troquelación por rulos; — **turning lathe**, torno para tornear los cilindros de laminador; **backing up** —, cilindro soporte; **billet** —, cilindro desbarbador; **blooming** —, cilindro desbarbador; **dandy** —, cilindro escurridor; **finishing** —, cilindro de acabado; **flick** —, tonel rápido (aviac.); **friction** — **drop hammer**, martillo de correa de fricción; **grooved** —, cilindro acanalado; **guide** —, cilindro de dirección; **half** —, medio tonel; **idle** —, cilindro de apoyo; **live** —, cilindro de trabajo; **pay** —, nómina; **plate bending** —, máquina de curvar chapas; **preparing** —, cilindro preparador; **reversing** —, cilindro de movimiento alternativo; **roughing down** —, cilindro rebajador; **to** —, hacer rodar, laminador .

Rolled, Laminado, satinado; — **iron**, hierro laminado; — **sheet iron**, chapa laminada; **as** —, bruto de laminado; **cold** —, laminado en frío; **hot** —, laminado en caliente.

Roller, Laminador, moleta, polea, rodillo; — **back rest**, luneta de rodillos (tornos); — **bearing**, cojinete de rodillos, rodamiento, rodamiento de rodillos; — **bearinged**, con cojinetes de rodillos; — **bit**, trépano; — **block**, zapata; — **brush**, escobilla de rodillos dentados; — **cage**, corona de rodillos; — **chain**, cadena de rodillos; — **clutch**, embrague de rodillos; — **instability**, inestabilidad por balance; — **lift bridge**, puente levadizo rodante; — **mouhted wheel**, rueda montada sobre rodillos; — **path**, pista de rodamiento; — **ring**, corona de rodillos; — **thrust bearing**, chumacera de empuje de rodillos; **back up** —, cilindro de sostén; **blooming** — **mill**, tren desbarbador; **contact** —, rodillo de contacto; **copying** —, rodillo de plantilla; **crushing rollers**, rodillos machacadores; **drawing** —, cilindro de estirado; **drive** — **bearing**, rodillo de arrastre; **expanding** —, rodillo de tensión; **feeding** —, cilindro cardador (hilatura), rodillo de entrada; **fibre —**, bobina de fibra; **finishing —**, cilindro de acabado; **friction —**, rodillo de fricción; **hardened —**, rodillo cementado; **plate rollers**, laminadores de chapa; **road —**, apisonadora; **serrated —**, cilindro acanalado; **sheep's foot —**, rodillo con patas de carnero; **slitting rollers**, cilindros cortadores; **tappet —**, rodillo de empujador.

Rolling, Cilindrado, laminado, mandrilado, mandrinado, rodante (adj.); **— in**, curvado; **— in tool**, herramienta a rebajar por laminado; **— mill or — machine**, laminador; **cold —**, laminado en frío; **friction of or — friction**, fricción de rodamiento; **girder — mill**, laminador de viguetas; **grit —**, cilindrado de gravillas; **hot —**, laminado en caliente; **puddle — mill**, tren o laminador desbarbador; **rail — mill**, laminador de carriles; **reversing — mill**, laminador de cambio de marcha; **rod — mill**, laminador para hilo de máquina; **thread — machine**, máquina de laminar los filetes de los tornillos; **three high — mill**, laminador de tres cilindros superpuestos.

Roof, Techo; **— arch**, bóveda; **— of the firebox**, cielo de la caja de fuego; **— ribs or — stays**, armadura de un cielo de hogar; **— tubes**, tubos de cielo (de alambique); **gable —**, techo a dos aguas; **overhanging —**, techo en voladizo; **shed —**, techo de una vertiente; **shell —**, techo en bóveda.

Roofdeck, Piso del techo.

Roofing, Techumbre; **felt —**, cartón alquitranado para techumbres.

Room, Cámara, espacio; **— acoustic**, acústica de salas; **battery —**, sala de baterías; **boiler —**, cámara de caldeo; **call —**, cabina telefónica; **dark —**, cámara oscura; **engine —**, sala de máquinas; **fire —**, cámara de caldeo; **head —**, altura libre sobre...; **screened —**, cámara blindada; **stock —**, almacén; **stoved —**, cámara de desecación; **telegraph instruments —**, sala de aparatos telegráficos; **tool —**, taller de utillaje.

Root, Basamento, implantación, pie, raíz, talón de álabe; **— angle**, ángulo de fondo; **— mean square**, raíz de la media de los cuadrados; **blade —**, pie de pala de hélice; **cubic or cube —**, raíz cúbica; **latent roots**, raíces latentes; **square —**, raíz cuadrada; **wing —**, raíz del ala.

Rooter, Escarificadora dentada.

Roove, Arandela convexa para clavos.

Rope, Calabrote, cable, cuerda, maroma, relinga; **— driving**, transmisión por cable; **— drum**, tambor de cuerda; **— grab**, grapón para cable; **— house**, cordelería; **— joint**, unión del cable; **— maker**, cordelero; **— pulley**, polea para cable; **— way**, transportador; **aerial — way**, transportador aéreo; **aloe —**, cable de áloe; **cable laid —**, jarcia acalabrotada; **coir —**, cable de esparto; **core of the —**, alma del cable; **driving the ropes**, cuerdas de transmisión; **fly —**, cable teledinámico; **full lock —**, cable cerrado; **half lock —**, cable semicerrado; **hawser laid —**, maroma colchada en guindaleza; **hemp —**, maroma de cáñamo; **hide —**, cuerda de cuero; **hoisting —**, cable izador; **hook —**, grapón para cable; **left handed — or back laid —**, maroma trenzada a izquierdas; **locked —**, cable cerrado; **Manilla —**, maroma de cáñamo de Manila; **mooring —**, amarra; **right handed —**, maroma trazada a derechas; **shroud laid —**, cabo tetratorónico con mecha; **spare —**, maroma de recambio; **steel —**, cable de acero; **steel wire —**, cable de alambre de acero; **strand of the —**, trenza del cable; **tarred —**, cabo alquitranado, maroma alquitranada; **three stranded —**, cabo tritorónico, maroma de tres torones; **tow —**, cable remolcador; **white — or untarred —**, cabo blanco, cabo no alquitranado; **winding —**, cable de extracción; **wire —**, cable de alambre o de acero, cable metálico; **to splice a —**, ayustar un cable; **to unwind a —**, desenrollar un cable; **to wind up a —**, enrollar un cable.

Ropemaker's hitch, Nudo de cordelero.

Ropery, Cordelería.

Ropeway, Funicular, teleférico.

Ropiness, Viscosidad.

Ropy, Cordada (lava).

Rosary, Rosario de noria.

Rose, Alcachofa de toma; **— bit,** fresa angular, fresa cónica; **— drill,** gubia; **— engine,** máquina de grabar; **— engine tool,** buril para grabar en damasquinado; **— wood,** dalbergia nigra, palisandro; **brazilian — wood or rosewood,** dalbergia nigra.

Rosin, Colofonia, resina de trementina.

Rostral, Rostrado; **— column,** columna rostrada (arquitectura).

Rot, Pudrición (madera); **dry —,** caries seca.

Rotary, Rotativamente; **— peeled timber,** madera pelada rotativamente; **— repeater,** repetidor giratorio.

Rotating, Giratorio, rotativo; **— band tester,** probadora de bandas de forzamiento; **— compensator,** compensador giratorio; **— field,** campo rotativo; **— regulator,** regulador rotativo.

Rotation, Rotación; **— clockwise,** rotación dextrorsa; **hindered —,** rotación trabada; **magnetic —,** poder rotativo; **magneto-optical —,** rotación magneto-óptica; **specific —,** rotación específica.

Rotational, De rotación; **— absorption spectrum,** espectro de rotación; **— isomerism,** isomería de rotación; **— speed,** velocidad de rotación.

Rotatory (rare) or rotary, Giratorio, rotativo; **— capacitor,** motor síncrono; **— converter,** conmutatriz (elec.); **— drilling,** taladrado rotativo; **— engine,** máquina rotativa; **— field,** campo rotativo; **— letterpress,** rotativa topográfica; **— pump,** bomba rotativa; **— switch,** conmutador rotativo; **— table,** mesa de rotación (petr.); **— valve,** distribuidor giratorio.

Rotodrill, Barrena rotativa.

Rotoexhauster, Rotoaspirador.

Rotogravure, Rotograbado.

Rotokiln, Rotohorno.

Rotoplane, Rotoplano.

Rotoplunge, Rotativo; **— pump,** bomba rotativa.

Rotor, Rotor (turbina, etc.); **— blade,** álabes de rotor; **— disc,** rueda de rotor; **— of a helicopter,** ala giratoria de helicóptero; **— spacer,** separador de rotor; **— vane,** pala de rotor; **— winding.** arrollamiento rotórico, bobinado de rotor, conjunto de placas móviles de un condensador, devanado; **short circuit —,** rotor en cortocircuito; **smooth —,** rotor liso; **tail —,** hélice de cola (helicóptero); **tandem — helicopter,** helicóptero de rotores en tándem; **wound —,** rotor bobinado.

Rotten, Carcomido, podrido; **— stone,** diatomita.

Rotundity, Forma redonda.

Rough, Crudo; **— coal,** hulla a granel; **— draught,** bosquejo; **— facing,** refrentado de desbaste; **— grained,** de grano grueso; **— grinding,** desbaste, rebajado con la muela; **— hewing,** desbaste de la madera de construcción; **— machined,** desbastado; **— planed,** desbaste de ajuste; **— sketch,** esbozo; **— timber,** madera en rollo; **— wood,** madera repelosa.

Roughener, Escofina.

Roughing, Desbaste (laminado); — **cut,** corte brusco, pasada de desbaste; — **lathe,** torno de descortezar redondos; — **out cut,** primera pasada (máq.-herr.); — **pass,** pasada de desbaste; — **planer,** cepilladora en basto; **pony** —, segundo desbaste (laminada); **press** —, desbaste con la prensa.

Roughneck, Ayudante de perforación.

Roughsetter, Mampostero.

Roughturn (To), Desbastar (torno).

Rougturned, Redondo.

Round, Arandela, barrote redondo (escala), curvatura de barrote, obús; — **elbow,** codo redondeado; — **headed,** de cabeza redonda; — **porosity,** porosidad de poros esféricos; — **tapering file,** lima cola de rata; **out of** —, con defecto de circularidad; **out of** — **cylinder,** cilindro ovalado, cilindro ovaladizo; **to** —, redondear.

Rounding, Brusca de baos, cordón, torón; — **cutter,** fresa para barrotes; — **of the beams,** brus de baos; — **tool,** estampa redonda forja.

Roundway valve, Grifo de macho con orificio circular.

Rouster, Estibador.

Route Via, Encaminamiento; **alternative** —, vía supletoria; **coaxial** —, tráfico sobre cables coaxiales; **direct** — **in the international service,** vía directa en el servicio internacional; **emergency** —, vía de socorro; **first choice** —, vía preferente; **normal** —, vía normal; **secondary** —, vía secundaria.

Router, Buriladora.

Routine, De pruebas; — **tester,** aparato de pruebas; **test** —, rutina comprobatoria.

Rove (To), Torcer el hilo antes de encanillarlo.

Roving, Torcido del hilo antes de encanillarlo; — **machine,** máquina de torcer el hilo.

Row, Fila, piso; **velocity** —, etapa de velocidades (turbina).

Rowboat, Bote de remos.

Royalty, Derecho, regalía.

R. P. (Rocket projectiles), Proyectiles.

R. P. M. (Revolutions per minute), Revoluciones por minuto.

Rub, Juego (máq.), rozamiento entre una pieza fija y otra giratoria; — **plate,** placa de guarda; **to** —, frotar, raer.

Rubber, Caucho, limatón; — **belt,** correa de caucho; — **coated,** con revestimiento de caucho; — **impregnated fabric,** tejido impregnado de caucho; — **laminate,** laminado de caucho; — **lined vat,** cuba revestida interiormente de caucho; — **seal,** junta de caucho; — **solution,** disolución de caucho; — **tube,** cámara de aire; — **tubing,** tubería de caucho; — **tyre,** cubierta de caucho; **cold** —, caucho frío; **foam** —, goma espuma; **natural** —, caucho natural; **silicone** —, caucho de silicona; **sponge** —, goma espuma; **synthetic** —, caucho sintético.

Rubberise (To) or Rubberize, Cauchotar, revestir de caucho.

Rubberised or **Rubberized,** Cauchotado; — **fabric,** tejido cauchotado; — **nylon,** nylon cauchotado; — **silk,** seda cauchotada.

Rubbing, Desgaste, fricción, frotamiento; — **down,** decapado; — **qualities,** cualidades de adherencia.

Rubbish, Zafra (minas).

Rubbly, En bloques.

Rubidium, Rubidio.

Rubstone, Afiladera.

Rudaceous, Rodáceo; — **deposits,** yacimientos rodáceos.

Rudder, Barra del timón, superficie de mando, timón, timón de dirección; — **band or brace,** herrajes del timón; — **bar,** barra del timón;

— **control**, mando del timón; — **head**, eje del timón; — **hinge**, charnela del timón de dirección; — **hole**, timonera; — **lever**, palanca acodada (aviac.); — **pedals**, pedales de gobierno del timón de dirección; **balanced** —, timón compensado; **bow** —, timón delantero; **compensated** —, timón compensado; **diving** —, barra de profundidad; **forward** —, timón de proa; **stern** —, timón de popa; **twin rudders** —, timones acoplados; **vertical** —, timón de dirección, timón vertical; **water** —, timón hidrodinámico.

Rudderhole, Limera del timón.

Rugged, Compacto, sólido.

Rugometer, Rugosímetro.

Ruhmkorff coil, Bobina Ruhmkorff.

Rule, Regla; — **of three**, regla de tres; — **of thumb**, regla empírica; **calculating** —, regla de cálculo; **caliber** —, barra calibradora; **cumulative** —, regla integradora; **slide** —, regla de cálculo.

Ruler, Regla; **analising** —, regla de análisis.

Rumble (To), Mover muy rápidamente la palanca de gases.

Rumbowline, Filástica usada.

Rummel, Excavación para drenaje de aguas.

Rumpf, Núcleo.

Rumpling, Desbastador; — **mill**, banco desbastador (trefilería).

Run, Carrera, ciclo de marcha, rodadura, tirada; — **down**, descargada (batería); — **of hill**, derrumbe; — **off**, caudal; — **out**, aterrizaje; **cable** —, ruta de cable, tambor de arrollamiento para cables; **clear** —, recorrido de aterrizaje; **impulsion** —, marcha en impulsión; **lingot** —, expedición de los lingotes; **road** —, ensayo sobre carretera; **straight** — **distillation**, destilación directa; **straight** — **gasoline**, gasolina de destilación; **take off** —, distancia de despegue; **to** — **at 150 revolutions per minute**, girar a 150 revoluciones por minuto; **trial** —, ensayo de un automóvil; **to** — **down**, descebarse (dínamo); **to** — **in**, rodar un motor; **to** — **logs**, transportar maderas a flote; **to** — **parallel**, ser paralelo a; **to** — **up**, acelerar (un motor).

Runability, Aptitud para funcionar.

Runabout, Automóvil pequeño.

Runby, Espacio entre el techo del ascensor y el del edificio en la posición más alta.

Rung, Peldaño de escala, varenga; — **head**, flor (vértice de varenga).

Runner, Canal de colada, chorro, conducto, lingote, mazarota, muela corriente, muela superior, nudo corredizo, ostaga (de aparejo), reguera, rueda móvil de turbina hidráulica; — **boss**, cubo de rueda; — **face**, espejo (máquinas); — **selvedge**, orillo por hilo de arrastre; **edge** —, muela corriente, muela vertical, triturador de muelas; **high head** —, rodete de gran salto; **Kaplan** —, rueda Kaplan; **longitudinal** —, larguero; **low head** —, rodete de salto pequeño; **nut** —, aprietatuercas mecánico; **Pelton** —, rueda Pelton; **propeller turbine** —, rueda tipo hélice; **thrust bearing** —, espejo de pivote.

Running, Marcha; — **account**, cuenta corriente; — **batch**, mezcla normal (fabricación vidrio); — **board**, estribo; — **costs**, gastos de explotación; — **idle**, marcha en vacío; — **in**, rodaje (de un motor); — **instructions**, instrucciones de funcionamiento; — **maintenance**, entretenimiento corriente; — **off or out**, colada (fund.); — **on wrong line**, circulación a contravía; — **order**, orden de marcha; — **out of true**, ovalización; **fast** —, a gran velocidad; **idle** —, marcha en vacío; **parallel** —, marcha en paralelo; **slow** —, ralentí; **while** —, en marcha.

Runup, Arranque (máquinas).

Runway, Pista (aviación), vía suspendida; — **central line,** eje central de la pista; — **chart,** carta de pista; — **girder,** viga de rodamiento; — **lights,** luces de pista; **active** —, pista en servicio; **bitumen** —, pista de asfalto; **concrete** —, pista hormigonada; **tangential** —, pista tangencial.

Rupining, Rupinización.

Rupture, Ruptura; — **diaphragm,** válvula de seguridad; — **strength,** resistencia de ruptura; — **stress,** carga de rotura; **high** — **capacity,** alto poder de ruptura.

Rupturing, Ruptura; — **diaphragm,** diafragma de seguridad; **arc** —, ruptura de arco; **arc** — **capacity,** capacidad de ruptura de arco.

Ruptor, Ruptor.

Rural, Rural; — **line,** línea rural (elec.); — **load,** carga rural.

Rush, Chorro de vapor; — **of current,** aceleración brusca o salto brusco de la corriente.

Russian oak, Quercus pedunculata.

Rust, Mastique de hierro, óxido; — **joint,** junta al óxido; — **preventive or preventative** —, antióxido; **cap** —, cápsula de óxido; **cement** —, mastique antióxido; **copper** —, mata de cobre; **eaten** —, comido por la herrumbre; **to** —, oxidarse.

Rusted, Oxidado.

Rustfree, Inoxidable.

Rustproof, Inoxidable.

Rut, Gripado (máq.); **to** —, gripar.

Ruthenium, Rutenio.

Rutile, Bióxido de titanio, rutilo; – **electrode,** electrodo de rutilo.

Ruttles, Brecha de falla.

S

Sabien, Erythrochiton (madera).

Sabin, Sabino (unidad de absorción acústica).

Sabot, Casquillo de proyectil.

Sabotage, Sabotaje.

Sack, Medida de volumen (109'043 litros).

Saddening, Operación ligera preparatoria de forja.

Saddle, Asiento, carro, placa de apoyo (máq.), silla de montar; **boring** —, carro de alisado; **expansion** —, carro de dilatación; **main — of carriage,** carro longitudinal; **pole** —, caperuza para poste; **sliding** —, carro deslizante; **tool** —, carro portaherramientas; **turret** —, carro.

Saddleback, Pliegue anticlinal (geología).

S. A. E. N°, Society of Automotive Engineers Viscosity Number.

Safe, Sin peligro; — **ending,** envirolado del extremo de choque; — **plate,** chapa de caja fuerte.

Safetied, A prueba de falsas maniobras; — **nut,** tuerca frenada.

Safety, Seguridad; — **belt,** cinturón de seguridad; — **catch,** muesca de seguridad; — **cook,** grifo de seguridad; — **device,** dispositivo de seguridad; — **dog,** tope de seguridad; — **factor,** coeficiente de seguridad; — **fuse,** plomo fusible; — **glass,** vidrio inastillable; — **harness,** arnés de seguridad; — **latch,** cerrojo de seguridad; — **margin,** margen de seguridad; — **pin,** pasador de seguridad; — **plug,** arandela fusible (calderas), tapón; — **sear,** diente del seguro; — **stop,** tope de seguridad; — **tap,** grifo de seguridad; — **transformer,** transformador de seguridad; — **valve,** válvula de seguridad; **built in** —, seguridad automática; **cylinder — valve,** válvula de seguridad del cilindro; **flight** —, seguridad aérea; **jacket — valve,** válvula de seguridad de camisa de vapor; **to** —, dotar de seguridad, proteger contra falsas maniobras.

Sag, Catenaria (curva), flecha; — **of the line,** flecha de la línea; **to** —, dar arrufo a, hacer flecha, hacerse compacto, tener arrufo (álabes, rotura del buque).

Sagged (To be), Tener arrufo.

Sagging, Arrufo, determinación de la flecha; — **strain,** esfuerzo por arrufo.

Sail, Vela; — **area,** superficie vélica; — **cloth,** tela para velas; — **mail,** velero (obrero); **to** —, zarpar (veleros y vapores).

Sailable, A vela.

Sailing permit, Permiso de circulación.

Saint Andrew's Cross, Cruz de San Andrés.

Sal ammoniac, Cloruro de amonio.

Salary, Asignación, emolumentos (plural **Salaries**), salario.

Sale, Venta.

Salesman, Agente, representante, vendedor.

Salient, Saliente; — **pole,** polo saliente; — **pole alternator,** alternador de polos salientes.

Saliferous, Salífero.

Saline, Salino; — **deposit,** depósito salino.

Saloon, Conducción interior.

Salt, Sal, sal marina, salado; — **bath,** baño de sal (metalurgia); — **flux,** fundente salino; — **gauge,** pesasales; — **marsch,** salinas; — **mine,** mina de sal; — **pan or pit or works,** salinas; — **solution,** solución salina; — **spray,** niebla salina; — **water,** agua salada; **diuretic** —, acetato de potasa; **Epsom** —, sulfato de magnesia; **Glauber's** —, sal de Glauber; **lead** —, sal de plomo; **mineral** —, sal mineral; **neutral** —, sal neutra; **paramagnetic** —, sal paramagnética; **quaternary** —, sal cuaternaria; **Rochelle** —, sal Rochelle o de Rochela; **soluble** —, sal soluble; **sorrel** —, sal de acederas; **to** —, trucar una mina o una muestra mineral por introducción de minerales de otra procedencia.

Saltness, Salinidad.

Saltpeter works, Salitre.

Salty, Náutico.

Salvable, Salvable.

Salvage, Desencalladura, prima de salvamento, salvamento (material, mercancías, etc...); — **agreement,** contrato de salvamento; — **association,** sociedades de salvamento; — **plant,** instalación de desencalladura, material de desencalladura; — **vessel,** buque de salvamento.

Salve (To), Alquitranar, engrasar, salvar.

Salvo, Salva.

Samarium, Samario.

Samel, Cemento mal cocido.

Sample, Muestra; **all level or average** —, muestra media; **check** —, testigo.

Sampleman, Muestreador.

Sampler, Aparato de muestreo.

Sampling, Determinación, muestreo, toma de muestras; — **probe,** sonda de toma de testigo; **coal** —, muestreo del carbón.

Samson, Palanca con cadena (para troncos).

Sanaphan, Sanafán; — **circuit,** circuito sanafán.

Sand, Arena; — **bag,** saco de lastre; — **belt,** correa abrasiva; — **blast machine,** aparato de chorro de arena; — **blasted,** decapado con arena; — **blasting,** decapado con arena; — **blower,** salvadera; — **box,** caja de arena; — **buffing,** pulido con arena o polvo de pómez; — **casting,** moldeo en arena; — **desintegrator,** desintegrador de arenas; — **fineness test,** prueba de finura de la arena; — **glass,** reloj de arena; — **hole,** picadura; — **line,** cable de la bomba de arena; — **paper,** papel de lija; — **pit,** cantera de arena; — **sifter,** criba para arena; — **slinger,** máquina de proyectar arena; — **spraying machine,** arenadora; — **spun,** centrifugado en arena; — **stone,** grés (véase **Sandstone**); — **streak,** zona superficial arenosa; **artificial** —, arena de escoria; **concrete** —, arena para cemento; **dry** — **moulding,** moldeo en arena seca; **facing** —, arena fina de moldeo; **foundry** —, arena de fundición; **gold** —, arena aurífera; **green** —, arena glauconífera; **green** — **moulding,** moldeo en arena glauconífera; **loam** —, arena arcillosa; **open** — **moulding,** moldeo al descubierto; **sea** —, arena de mar; **silica** —, arena silícea; **two handed** —, sierra abrazadera; **to** —, enarenar; **to** — **paper,** lijar con papel de lija.

Sandal, Sándalo; — **wood,** madera de sándalo.

Sandarach, Sandaraca.

Sandblasted, Limpiado con chorro de arena.

Sandblasting, Limpieza con chorro de arena.

Sanded, Enarenado.

Sander, Arenero; — **belt,** correa lijadora; — **disc,** disco de lijado.

Sanding, Enarenado.

Sandiver, Escoria del vidrio.

Sandpapering, Lijado con papel de lija.

Sandrammer, Moldeadora por proyección de arena.

Sandslinger, Véase **Sand.**

Sandstone, Grés; **carboniferian — or coal —,** arenisca carbonífera; **upper red —,** arenisca abigarrada superior.

Sandy, Arenoso.

Sanfordizing, Sanfordización.

Sanguine, Sanguina (color).

Sap, Savia; **— or sapwood,** albura; **— stream process,** procedimiento de tratamiento en verde.

Sapless, Seco, sin savia.

Sapling, Árbol joven.

Saponificate (To), Saponificar.

Saponification, Saponificación; **— number,** índice de saponificación de un aceite (n.º de milígramos de potasa necesarios para saponificar 1 gr de este aceite).

Saponify (To), Saponificar.

Sapphire, Zafiro.

Sapping, Socavón.

Sappropel, Sapropélico; **— clay,** arcilla sapropélica.

Sapwood, Albura.

Sarrussophone, Sarrusófono.

Sash, Cinturón, marco de ventana; **— frame,** marco fijo de ventana; **— window,** marco de guillotina.

Sate, Tajadera.

Satin, Satinado; **— finish,** acabado satinado; **— wood,** madera satinada.

Saturability, Saturabilidad.

Saturable, Saturable; **— core,** núcleo saturable, saturable; **— reactor,** reactor saturable.

Saturant, Material de impregnación.

Saturate (To), Saturar.

Saturated, Saturado; **— steam,** vapor saturado.

Saturating, Saturante; **self- —** autosaturante.

Saturation, Saturación; **— current,** corriente de saturación; **— curve,** curva de saturación; **— pressure,** presión de saturación; **— valve,** valor de saturación; **adiabatic —,** saturación adiabática; **magnetic —,** saturación magnética; **partial —,** saturación parcial; **self —,** autosaturación; **temperature —,** saturación de filamento.

Saturator, Saturador.

Saucer, Platillo, tejuelo para colores.

Save-all, Recogedor de goteo (máq.).

Saver, Dispositivo mecánico que ahorra dinero o tiempo de trabajo.

Saving (Oil) bearing, Engrasador de anillo.

Savings, Ahorro, economías, reducción de gastos; **— bank,** caja de ahorros.

Saw, Sierra; **— blade,** hoja de sierra; **— block,** bloque de aserrado, caballete; **— carriage,** carro portasiento; **— cut,** corte de sierra; **— dust,** serrín de madera; **— engine,** sierra mecánica; **— file,** lima triangular para dientes de sierra; **— frame,** bastidor de sierra; **— guard,** aparato protector de sierra; **— kerf,** corte de sierra; **— like,** dentado; **— log,** véase **Saw block; — mill,** sierra mecánica; **— mill with rollers,** aserradora de cilindros; **— notch,** hilo de sierra; **— pit frames,** caballetes de aserradores; **— set,** hierro de contornear, friscador, friscadora; **— sharpener,** muela de afilar sierras; **— sharpening machine,** máquina de afilar sierras; **— studs,** sierra para madera; **— tooth,** diente de sierra; **— yard,** aserradero; **annular —,** sierra cilíndrica, sierra de cinta; **arm —,** sierra de mano; **back —,** sierra respaldada; **band —,** sierra de cinta; **band — mill,** sierra mecánica de hoja sinfín; **belt —,**

correa de cinta; **bevelled circular —**, sierra en bisel; **bow —**, sierra circular, sierra de perforar; **broken space —**, serrucho; **chain —**, sierra de dientes articulados; **chair —**, sierra de perforar; **chest —**, sierra de mango; **circular —**, sierra circular; **circular — mill**, sierra mecánica de hoja circular; **compass —**, segueta, serrucho de marquetería, serrucho de punta, sierra de rodear; **cross cut —**, sierra de aserrar a hilo, sierra de trocear; **crown —**, sierra anular, sierra circular; **cutting out —**, sierra de arranque; **disc —**, sierra circular; **dovetail —**, sierra para colas de milano; **drag —**, sierra de trocear alternativa; **drum —**, sierra cilíndrica; **edge —**, sierra de escuadrar; **endless —**, sierra de cinta; **fine hand —**, serrucho; **foot —**, sierra de pedal; **frame —**, sierra de bastidor; **framed —**, sierra con marco; **fret —**, sierra mecánica alternativa vertical; **friction disc —**, sierra de disco de fricción; **gang — mill**, aserradora vertical alternativa; **german hand —**, sierra de mano montada; **hack —**, sierra alternativa para metales; **hand —**, sierra de mano; **hinge —**, sierra de charnela; **inlaying —**, sierra de perforar; **jig —**, sierra alternativa vertical; **keyhole —**, serrucho de calar, serrucho de punta; **little span —**, serrote; **lock —**, serrucho de calar, serrucho de punta; **log frame —**, sierra vertical de varias hojas; **long —**, sierra abrazadera; **metal —**, sierra para metales; **metal cutting —**, sierra mecánica; **mill —**, sierra mecánica; **multiple —**, sierra de varias hojas; **pad —**, serrucho, sierra de mano; **pendulum —**, sierra de péndulo; **piercing —**, segueta de vaivén; **pit —**, sierra abrazadera, sierra cabrilla; **pit frame —**, sierra longitudinal; **power —**, sierra mecánica; **rack circular —**, sierra circular de carro movido por cremallera; **ribbon —**, sierra de cinta; **rip —**, sierra longitudinal; **ripping —**, sierra longitudinal; **slitting —**, sierra longitudinal; **strap —**, sierra de cinta; **studs —**, sierra para postes; **sweep —**, sierra de escotar, sierra de perforar; **swing cross-cut —**, sierra de balancín para trocear; **tenon —**, sierra de enrasar; **thyratron — tooth wave generator**, tiratrón generador de dientes de sierra; **turn —**, sierra para madera; **turning —**, sierra de perforar; **veneering —**, sierra de madera contrachapada; **whip —**, sierra longitudinal; **to —**, aserrar madera; **to — out**, aserrar madera; **to — round;** cantonear la madera; **to — up**, aserrar madera.

Sawing, Aserrado; **— and cutting machine**, máquina de aserrar y trocear; **— machine**, máquina de aserrar; **cold — machine**, sierra en frío; **cross —**, aserrado transversal; **fret — machine**, aserradora de marquetería; **hot — machine**, sierra en caliente; **quarter —**, aserrado por cuartos.

Sawyer, Chiquichaque.

Sax, Martillo de pizarrero.

Scaffold, Andamio, depósito (alto horno), obstrucción.

Scaffolding, Andamiaje; **tubular —**, andamiaje tubular.

Scalar, Escalar; **— field**, campo escalar; **— function**, función escalar; **— meson**, mesón escalar; **— quantity**, cantidad escalar.

Scalariform, Escalariforme.

Scald (To), Escaldar.

Scalder, Cuba de escaldar.

Scale, Alza (cañones), batidura, depósito, escala, escama, gama, graduación, incrustación, tartrato; **— arrangement**, disposición de las escalas; **— breaker**, rompedor de óxidos; **— destroying**, desincrustante; **— model**, modelo a escala; **— of a balance**, platillo de una balanza; **— of boilers**, incrustaciones, tartratos de las calderas; **— of copper**, escama; **— of reduc-**

tion, escala de reducción; — **preventing**, antiincrustaciones, desincrustante; — **wax**, escamas de parafina; **Beaufort's** —, escala de Beaufort; **calipers** —, pie de rey; **conceptual** —, escala conceptual; **crude** —, parafina bruta en escamas; **deposit of** —, entartración; **double** —, con dos escalas o graduaciones (voltímetro); **forge scales**, escamas de forja; **full-** — **deflection**, desviación a tope; **«good-bad»** —, escala «bien-mal» (comprobadora de válvulas); **graduated** —, escala graduada; **iron** —, batidura de hierro; **meter** —, escala métrica; **metrical** — **unit**, unidad de escala métrica; **micrometric** —, graduación micrométrica; **mill scales**, escamas de laminado; **reduced** —, a escala reducida; **scales of metal**, escama de metal; **small** —, escala reducida, pequeña escala; **50.000** — **map**, mapa al 1/50.000; **to** —, decapar, desincrustar una caldera, destartrar, flamear un cañón; **to draw to** —, dibujar a escala.

Scalebreaking, Disgregación de la cascarilla de laminación.

Scalene, Escaleno.

Scaler, Escala; **automatic** —, escala automática; **decade** —, escala de contaje por décadas.

Scales, Batiduras.

Scaling, Caída de materia activa (acumuladores), cuenta electrónica de pulsaciones, desincrustación, destartrado; — **furnace**, horno de decapado, horno de reducción; — **hammer**, martillo de desincrustador; — **machine**, máquina de decalaminar; — **oven**, horno de decapado; — **prick**, martillo para picar incrustaciones; **boilers** — **appliances**, desincrustantes para calderas; **log** —, cubicación de la madera en rollo.

Scandium, Escandio.

Scanner, Detector, dispositivo explorador (televisión); **flying spot** —, explorador indirecto de punto móvil; **photoelectric** —, explorador fotoeléctrico; **radar** —, sondador radar.

Scanning, Barrido, exploración; — **disc**, disco analizador; — **head**, cabezal de exploración; — **speed**, velocidad de exploración (TV); **automatic** — **photometer**, fotómetro de exploración automática; **conical** —, bocina cónica; **electrical** —, exploración eléctrica; **electronical** —, exploración electrónica; **interlaced** —, exploración entrelazada; **mechanical** —, barrido mecánico; **progressive** —, exploración progresiva; **rapid** —, exploración rápida; **rectilinear** —, exploración rectilínea.

Scantling, Escantillón, escuadreo (pieza de madera), ripia, tirante; **full** —, con escantillones normales.

Scarf, Escarpado (forja), escarpe (carpintería), travesaño; — **with indents**, ensambladura endentada; **bird mouth** —, junta en pico de flauta; **dice** —, ensambladura de llave, ensambladura en V; **engaging** —, endentación de embrague; **joggled and wedged** —, empalme en rayo de Júpiter; **plain** —, empalme simple; **skew** —, ensambladura en pico de flauta; **to** —, empalmar a media madera, ensamblar, escarpar, unir dos piezas.

Scarfing, Descostrado, eliminación de grietas por rebajado, empalme, empalme a media madera, empotramiento, ensambladura; — **joint**, ensambladura en pico de flauta.

Scarificador. Escarificadora.

Scarifier, Escarificadora.

Scarify (To), Escarificar.

Scarifying machine, Escarificadora.

Scatter, Dispersión; — **band**, banda de dispersión; **forward-** — **propagation**, propagación sobre el horizonte; **tropospheric** — **propagation**, propagación por difusión troposférica.

Scatterer, Difusor (nucleónica).

Scattering, Difusión, dispersión; — **grid**, rejilla de altavoz (radio); — **pipe**, tubo filtro; — **valve**, lámpara pantalla; **back** —, difusión hacia atrás; **elastic** —, difusión elástica; **fine wire** —, pantalla de mallas finas; **inelastic** —, difusión inelástica; **isotropic** —, difusión isotrópica; **light** —, difusión de la luz; **weed** —, rejilla (hidr.); **wind** —, parabrisas (auto).

Scaur, Roca escarpada.

Scavenge (To), Barrer los gases del cilindro (Diesel).

Scavenger, De barrido, producto de depuración; — **air**, aire de barrido; — **housing**, colector de barrido; — **valve**, válvula de barrido.

Scavenging, Barrido, de barrido; — **air**, aire de barrido; — **engine**, motor de barrido; — **pump**, bomba de barrido; — **valve**, válvula de barrido.

Scaw, Barcaza, gabarra.

S. c.c. wire, Hilo con vaina de algodón sencilla.

S. c.e. wire, Hilo con vaina de algodón sobre esmalte.

Schedule, Balance, baremo, horario, inventario.

Scheelite, Scheelita.

Schematic, Esquemático.

Schematize (To), Esquematizar.

Scheme, Plan, presupuesto, proyecto; **divided battery float** —, montaje de batería seleccionada en tampón; **parallel battery float** —, carga y descarga de batería en tampón; **trunking** —, diagrama de enlace.

Schist, Esquisto; — **oil**, aceite de esquisto.

Schistosity, Esquistosidad.

Schock, Choque; — **absorber**, amortiguador; — **wave test**, ensayo de ondas de choque.

Schooner, Goleta.

Schorl, Turmalina negra.

Science, Ciencia; **servosystem** —, servología.

Scintillation, Centelleo, escintilación; — **counter**, contador de escintilación.

Scintillator, Escintilador.

Scissors, Tijeras.

Scleroscope, Escleroscopio.

Scone, Ladrillo de longitud y anchura normal pero de menor espesor.

Scoop, Cangilón colector, cucharón de draga, tobera, toma de aire, vertedor; **air** —, deflector, manguera de aire; **dutch** —, pala de irrigación; **founder's** —, vasija de extraer agua; **skimmer** —, cangilón de niveladora; **water scoops**, máquina de achique de agua.

Scooping, Que extrae agua; — **machine**, máquina de extraer agua.

Scope, Abreviatura de «periscopio», alcance, pantalla de radar, mortaja, muesca, radio, radio de acción.

Score, Garganta, garganta de polea, muesca, ranura, ranura en una pieza de madera, raya; — **of a cock**, señal de un grifo; **to** —, arañar, hacer muescas, rayar.

Scored, Marcado, trazado.

Scoria, Escoria.

Scoriaceous, Escoriáceo.

Scorifier, Escorificador.

Scoring, Desgaste abrasivo, rayado.

Scot, Cala, parada.

Scotch, Bloqueado.

Scotcher, Calzo de bloqueo.

Scotchman, Defensa para las jarcias.

Scotch (Brake), Barra de bloqueo.

Scotopic, Escotópico; — **visibility**, visibilidad escotópica.

Scott's transformer, Transformador Scott.

Scour (To), Decapar (metales), limpiar.

Scoured, Limpiado.

Scouring, Barrido, decapado, lavado, limpieza; **gas** —, barrido de los gases; **piece** —, desgrasado en pieza (textil); **wool** —, lavado de la lana.

Scout, Crucero (laminador).

S. c. p., Candoluminiscencia esférica.

S. C. R. (Short circuit ratio), Relación de cortocircuito.

Scragging, Preestirado de los muelles.

Scramble, Despegue de interceptores en el menor tiempo posible (aviación).

Scramming, Explotación por tramos horizontales por hundimiento (minas).

Scrap, Fragmento, trozo pequeño; — **end**, recortes; — **iron**, chatarra, desecho de hierro; — **metal**, chatarra, desechos; — **stocks**, existencias de chatarra; **cast** —, escorias de arrabio; **scraps process**, tratamiento de chatarras; **to place on the** — **heap**, enviar a colocar una pieza vieja (automóvil, etc...) en los montones de chatarra.

Scrape (To), Demoler, limpiar, rascar, raspar; **to** — **a bearing**, ajustar un cojinete.

Scraped, Raspado.

Scraper, Cuchara mecánica, decapadora, excavadora, niveladora, rascado, rascador, raspador, rasqueta, rastrillo rascador, sonda; — **drag**, pala de arrastre; — **ring**, segmento raspador; **ash** —, picafuegos; **cable drive** —, cuchara mecánica mandada por cable; **chain** —, rascador de cadenas (calderas); **motor** —, tractor con cuchara; **rotary** —, cuchara mecánica giratoria; **wagon** —, cuchara mecánica con remolque.

Scraping, Rascado, raspado.

Scrapped, En demolición.

Scrapyard, Parque de chatarra.

Scratch, Rayado; — **hardness**, dureza al rayado; — **line**, línea de rayado; — **suppresor**, supresor de ruidos de aguja; **needle** —, ruido de aguja de gramófono.

Scree, Cono de desmoronamiento.

Screech, Vibración de alta frecuencia.

Screen, Criba, filtro, pantalla, parabrisas, rejilla, tamiz; — **grid**, rejilla pantalla; — **groove**, garganta de estanqueidad; **air inlet** —, rejilla de entrada de aire; **color picture** —, pantalla cromática; **Faraday** —, pantalla de Faraday; **fire** —, contrafuegos, tabique parafuegos; **fluorescent** —, pantalla fluorescente; **fluoroscopic** —, pantalla fluoroscópica; **graded tone** —, pantalla graduada; **graduated** —, pantalla graduada; **hatchway** —, persiana de escotilla; **jigging** —, criba de sacudidas; **luminescent** —, pantalla luminiscente; **magnetic** —, pantalla magnética; **oil** —, filtro de aceite; **projection** —, pantalla de proyección; **radar** —, pantalla de radar; **revolving** —, criba rotativa, trommel cribador; **sounder** —, pantalla acústica; **television** —, pantalla de televisión; **useful** — **diameter**, diámetro útil de pantalla; **vibrating** —, tamiz vibratorio; **water** —, junta hidráulica, pantalla de agua.

Screenage, Filtración permitida por un recipiente de material radioactivo.

Screened, Bajo pantalla, blindado, con funda, con pantalla, cribado; — **coals**, carbones cribados; — **room**, cámara blindada; **metallic** — **cable**, cable con funda metálica

Screener, Cribador.

Screening, Cribado, efecto de pantalla; — **factor**, factor de apantallamiento; — **plant**, criba mecánica, instalación de cribado.

Screw, Hélice, tornillo; — **and wheel**, engranaje de tornillo sinfín; — **aperture**, jaula de hélice; — **auger**, taladro de tornillo, taladro roscado; — **blade**, pala de hélice; — **block**, soporte de tornillo; — **boss**, cubo de hélice; — **box**, casquillo roscado; — **brake nut,** embrague de tuerca de los conos de fricción; — **caliper,** calibre de tornillo; — **cap,** tapón roscado; — **chain,** acollador; — **cheek,** prensa (de banco); — **chuck,** mandril roscado; — **clamp,** mordaza de tornillo; — **conveyor,** tornillo de Arquímedes (transportador); — **coupling,** acoplamiento de tornillo; — **coupling box,** manguito de tornillo; — **cutting,** escotado, fileteado, roscado; — **cutting lathe,** torno de roscar; — **cutting machine,** máquina de filetear tornillos, máquina de roscar tuercas; — **cutting saddle or slide,** carro de fileteado; — **cutting tool,** terraja; — **dies,** cojinetes de hilera; — **dolly,** gato de remachado, juanillo; — **down valve,** grifo de tajadera; — **drill,** taladro roscado; — **drive,** mando por cremallera de dentadura helicoidal; — **driver,** berbiquí; — **extruder,** prensa extruidora de husillo; — **fan,** ventilador centrífugo; — **flange coupling,** empalme de bridas roscadas y pernos; — **gauge,** calibre para tornillos; — **gearing,** engranaje helicoidal; — **gill,** gill de tornillo sin fin (hilatura); — **head,** cabeza de tornillo; — **jack,** gato; — **joint,** junta roscada; — **key,** llave de apriete, llave para tuercas, llave sencilla; — **lag,** tirafondos; — **lever,** gato, palanca a tornillo; — **machine,** de roscar (véase **Screw**); — **machine steel,** acero de fileteado; — **nail,** tornillo para madera; — **nut,** tuerca roscada interior y exteriormente; — **passage,** paso del árbol portahélices; — **pin,** pasador roscado; — **pipe coupling,** acoplamiento roscado de tubos; — **pitch gauge,** calibre para pasos de tornillos; — **plug,** tapón fileteado, tapón roscado; — **point chuck,** mandril de roscar; — **press,** balancín de rosca, prensa roscada; — **prop,** tornapunta de tornillo; — **propeller with two blades,** hélice propulsiva con dos palas; — **pump,** bomba de husillo; — **ring,** armella; — **shaped,** helicoidal; — **socket,** manguito roscado; — **spanner,** llave inglesa; — **spike,** tirafondos; — **spur wheel,** engranaje recto helicoidal; — **stock,** hilera de cojinetes móviles; — **tap,** macho de roscar tuercas; — **tapped,** roscado; — **terminal,** borne de rosca; — **thread,** filete de tornillo; — **thread gauge,** calibre de fileteado; — **tool,** terraja; — **type structure,** estructura helicoidal; — **with a square thread,** terraja de filete cuadrado; — **with a triangular thread,** terraja de filete triangular; — **worm,** filete de tornillo; — **wrench,** llave de tuercas; **adjusting** —, tornillo de llamada, tornillo de presión, tornillo de regulación, tornillo de tope; **air** —, hélice aérea; **Archimede's** —, tornillo de espiral de Arquímedes; **Archimede's water** —, tornillo hidráulico de Arquímedes; **attachment** —, tornillo de detención; **balance** —, tornillo de equilibrado; **bench** —, prensa de banco; **bevel headed** —, tornillo de cabeza fresada; **binding** —, empalmador, tornillo de presión; **blank part of a** —, parte no fileteada de un tornillo; **breech** —, cierre de tornillo de cañón; **button headed** —, tornillo de cabeza fresada; **cap** —, casquete de cierre, casquete fileteado, perno de sombrerete, tornillo de casquete; **check** —, tornillo regulador (quemador de gas); **clamping** —, tornillo de apriete, tornillo de sujeción; **closing** —, tornillo de cierre; **coach** —, tirafondo; **comb** —, tornillo de peine; **concrete** —, tornillo de cierre; **cornice** —, tornillo con acanaladura; **counter sunk head** —, tornillo de cabeza fresada; **coupling** —, racor de tornillo, tensor de tornillo; **delivery** —, tornillo de descarga; **differential** —, tornillo diferencial; **discharge** —, tornillo de descarga; **double threaded** —, tornillo de filete doble; **ear** —, tornillo de orejas; **elevating** —, tornillo de puntería; **endless** —, tornillo sinfín; **Ericsson's** —, vórtice; **eye** —, arandela roscada, armella con espiga roscada; **feed** —, tornillo de accionamiento del avance; **female** —, tuerca; **fitting** —, tornillo de cierre; **fixing** —, tornillo de fijación; **flat headed** —, tornillo de cabeza plana; **flat threaded** —, tornillo de filete cuadrado; **focussing** —, tornillo de enfoque (fot.); **foot** —, tornillo nivelante (teodolito); **grid** —, con pantalla de rejilla; **grub** —, tornillo sin cabeza; **hand** —, cric sencillo, gato; **hinged** — **stock**, terraja de charnela; **hollow** —, tuerca; **inside** — **tool**, terraja hembra; **inside or internal** — **cutting tool**, terraja hembra; **joint** —, racor de tornillo; **lead** —, husillo, tornillo regulador; **leading** —, husillo (torno); **left handed** —, tornillo con paso a izquierdas; **levelling** —, tornillo de nivelación; **locking** —, tornillo de apriete; **loose** —, hélice desembragada, hélice loca; **male** —, fileteador macho, terraja; **metering** —, tornillo de medición, tornillo de regulación; **mtric lead** —, husillo métrico; **michometer** —, tornillo micrométrico; **micrometer** — **actuated**, accionado por tornillo micrométrico; **multiplex thread** —, tornillo con varios filetes; **outside or external** — **cutting tool**, terraja macho; **perpetual** —, tornillo sinfín; **pinching** —, tornillo de presión; **platinum tipped screws**, tornillos platinados; **point** — **valve**, grifo de rosca de vástago; **pressing** —, tornillo de presión; **pressure regulating** —, tornillo de regulación de la presión; **regulator** —, regulador (torno); **regulating** —, tornillo de llamada; **right handed** —, tornillo roscado a derechas; **round headed** —, tornillo de cabeza redonda; **set** —, tornillo de presión; **sharp** —, tornillo de filete triangular; **single lipped** — **auger**, taladro de filete sencillo; **single threaded** —, tornillo de filete sencillo; **slide** — **tuner**, sintonizador de tuerca; **spring** —, tornillo de cabeza ranurada, tornillo de resorte; **square threaded** —, tornillo de filete cuadrado; **straining** —, tensor de tornillo; **sunk** —, tornillo de cabeza avellanada; **tangent** —, tornillo micrométrico; **telescopic** —, tornillo telescópico; **three bladed** —, hélice de tres palas; **thumb** —, tornillo de presión, tuerca de orejas; **triple thread (ed)** —, tornillo de tres filetes; **two bladed** —, hélice de dos palas; **two, three, four bladed** —, hélice de dos, tres, cuatro palas; **universal** — **wrench**, llave de tuercas universal; **water** —, tornillo hidráulico; **wood** —, tornillo para madera; **to** —, atornillar; **to** — **-cut**, filetear; **to** — **down, in, up**, apretar atornillando; **to** — **off**, desatornillar; **to burr up a** —, desgastar, estropear el filete de un tornillo; **to** — **screws by hand**, roscar a mano; **to** — **screws with a chaser**, filetear al torno; **to** — **screws with a die**, roscar con macho; **to loosen a** —, desatornillar un tornillo.

Screwcutter, Tornero que rosca.

Screwdriver, Atornillador.

Screwed, Atornillado, de rosca, de tornillo, fileteado, roscado; — **cap**, tuerca de casquete; — **ends**, extremos fileteados, extremos roscados; — **home**, atornillado a fondo; — **tight**, apretado a fondo.

Screwing, Atornillamiento, fileteado, roscado; — **chuck**, cabezal de roscar; — **machine**, máquina de roscar; — **table**, terraja sencilla; — **tackle**, aparato de atornillar; **comb** — **tool**, peine de roscar; **rotary** — **chuck**, terraja rotativa.

Screwstick, Atornillador mecánico.

Scribe, Punta de trazar; **to** —, gramilar, trazar sobre madera o metal.

Scriber, Gramil de ebanista, punta de trazar.

Scribing, De trazar; — **awl**, punta de trazar; — **block**, gramil; — **compass**, compás de marcar; — **iron**, punta de trazar.

Scrivener, Muñidor.

Scroll, Espiral, voluta; — **case,** voluta espiral; — **chuck,** mandril de espiral.

Scrubb (To), Frotar, lavar, limpiar, pulir.

Scrubber, Depurador, eliminador de agua, lavador; — **plate,** deflector de limpieza o de humidificación de aire; **air** —, depurador de aire.

Scuff or **Scuffing,** Frotamiento, rozamiento.

Sculper, Buril.

Scum or **Skin,** Espuma, fricción; — **trap,** separador de espumas.

Scumboard, Tablero para detener las materias flotantes.

Scupper, Escoria superficial (metal en fusión); — **hole,** imbornal; — **leather,** guarnición de verga.

Scutch (To), Agramar (textiles).

Scutching, Agramado.

Scuttle, Balde de carbón, escotillón, portillo de luz; — **dash,** chapa del tablero; **air** —, portillo de ventilación; **coal** —, balde de carbón, banasta, cuchara.

Scuttlebutt, Fuente para beber (buques).

Scuttler (Clinker), Cubeta de escorias.

Sea, Mar; — **returns,** ecos de mar; — **speed,** velocidad de crucero; — **wave clutter,** emborronamiento debido al mar.

Seacock, Válvula de toma de agua de mar.

Seaforing, De alta mar.

Seagoing, De alta mar, de mar; — **ship,** crucero.

Seal, Cierre, junta de estanqueidad, obturación; — **factor,** factor de dispersión; — **line,** canalización sumergida; **air** —, junta de estanqueidad; **bearing** —, junta de cojinete; **glass** —, cierre con vidrio; **labyrinth** —, junta de laberinto, junta en zig-zag; **neutron** —, difusión de los neutrones; **plastic** —, junta plástica; **rotating or rotary** —, junta de estanqueidad giratoria; **sliding** —, junta de estanqueidad deslizante; **vapor** —, enlucido impermeable a los gases; **to** —, cerrar, hacer impermeable, obturar.

Sealable, Precintable.

Sealant, Compuesto obturador.

Sealed, Cerrado, estanco, obturado; — **cell,** pila cerrada; — **ignitron,** ignitrón cerrado; **tightly** —, cerrado herméticamente.

Sealing, Cierre, emplomadura, estanqueidad, obturación, sellado; — **box,** caja de empalme; — **compound,** mastique para juntas; — **liquid,** líquido obturador; — **washer,** arandela de estanqueidad; **self** —, autoestanco.

Seam, Capa (minas), cordón de soldadura, costura, veta; — **rending or rip,** desgarrón de la costura; — **welding,** soldadura con rodillo, soldadura continua; **angle** —, unión con chapa embutida; **coal** —, capa de hulla; **edge** —, capa estrato vertical, inclinación vertical; **flanged** —, collarín de unión, costura ribeteada; **gastight** —, junta de estanqueidad; **lapped** —, costura solapada; **longitudinal** —, costura longitudinal; **transversal** —, costura transversal; **weld** —, cordón de soldadura.

Seamer, Máquina para engatillar.

Seamless, Sin costura, sin soldadura; — **drawn,** estirado sin soldadura; — **tube,** tubo sin costura, tubo sin soldadura.

Seamy, Fisurada (rocas) .

Seaplane, Hidroavión, porta-aviones; **float** —, hidroavión de flotadores; **flying** —, hidroavión de casco; **twin flying** —, hidroavión de doble casco.

Seapower, Potencia marítima.

Sear (To), Flamear (a la llama).

Searchlight, Proyector, proyección continua de un haz radárico sobre un objeto.

Season cracking, Corrosión intergranular (grietas que se producen con el tiempo, principalmente en el latón); **to** —, preparar la madera, secar.

Seasoned, Secada (madera).

Seasoning, Envejecimiento (estabilización artificial), secado (de la madera); **air** —, secado natural.

Seat, Asiento de obturador, asiento de válvula; **armoured** —, asiento blindado; **back** —, asiento trasero; **backward facing** —, asiento orientado hacia atrás; **bevel or conical** —, asiento cónico; **cannon** —, asiento proyectable (aviac.); **clack** —, asiento de válvula; **ejectable** —, asiento proyectable; **ejection** —, asiento proyectable; **flap** —, traspuntín; **front** —, asiento delantero; **key** —, asiento de chaveta, mortaja; **single** —, monoplaza; **two** —, biplaza; **valve** —, asiento de válvula; **to** —, aplicar de sobre su asiento (válvula) engarzar.

Seated, De asiento; **double** —, con doble asiento (válvula); **single** —, con un solo asiento, monoplaza.

Seater (Multi) plane, Avión multiplaza; **two** —, biplazas, con dos asientos.

Seating, Asiento de válvula, collarín, conjunto de travesaños, engarce, punto de unión; — **space,** emplazamiento de los asientos; **boiler** —, brida de sujeción de tubo; **key** — **machine,** máquina de ranura.

Seatrain, Buque transbordador.

Seawing, Hidroestabilizador.

Seaworthy, Navegable.

Sec, Secante, segundo.

Secant, Secante (trigonometría).

Secohm, Equivalente del henrio (elec.).

Second, Segundo; — **cut file,** lima semifina; — **hand,** de segunda mano; — **hand car,** coche de ocasión; — **speed pinion,** piñón de segunda velocidad; **centesimal** —, véase **Centesimal**; **cycle per** — (c/s), ciclo por segundo (c/s).

Secondary, De medio calibre, secundario (transformador); — **battery,** acumulador; — **circuit,** circuito secundario; — **current,** corriente secundaria; — **discharge,** descarga secundaria; — **dynamo,** dínamo secundario; — **ingot,** lingote de segunda fusión; — **reactions,** reacciones secundarias; — **shaft,** árbol secundario; — **winding,** arrollamiento secundario; **partial** — **selection,** segunda preselección parcial.

Sectile, Sectil.

Sectility, Sectilidad.

Section, Corte, perfil, perfilado, sección; **aft** —, sección posterior; **angular sections,** angulares y perfiles; **blade** —, perfil de álabe; **brass** —, perfilado en bronce; **center** —, sección central; **control** —, sección de control; **cross** —, corte transversal; **cylindrical antenna with conical** — **at the gap,** antena cilíndrica apuntada; **filter** —, sección de filtro; **impedance transforming** —, sección adaptadora serie; **inner** —, sección en varenga; **laminar flow** —, perfil laminar; **longitudinal** —, corte longitudinal; **outer** —, sección fuera borda; **pipe** —, elemento de conducción, virola; **radio** —, sección de radio; **repeater** —, sección de repetición; **slotted** —, sección ranurada; **squeeze** —, sección estrechada; **T** —, hierro en T; **tooth** —, sección transversal de diente; **transition** —, sección de transición; **transposition** —, sección de transposición; **wing** —, perfil de ala.

Sectional, Seccional.

Sectionaliser, De seccionador.

Sectionalizing, De seccionamiento; — **point,** punto de seccionamiento.

Sectionalyse (To) or sectionalise, Seccionar.

Sectioning, Seccionador.

Sector, Sector; — **gate,** compuerta sectorial; — **gate with flap,** compuerta sectorial con pantalla; — **gate with float,** compuerta sectorial con flotador; — **scanning,** exploración por sectores; **dead** —, sector muerto; **graduated** —, sector graduado; **solid** —, sector sólido.

Sectoral, En forma de sector.

Sectrometer, Potenciómetro con tubo de rayos catódicos.

Secular, Secular; — **equation,** ecuación secular.

Security, Fianza, garantía, seguridad, título; — **bolt,** perno de seguridad; — **custom,** caución de aduana; — **plate,** placa ovalada.

Sediment, Depósito, sedimento; **peroxyde** —, lodo de peróxido (acumul.).

Sedimentation, Decantación, sedimentación.

S. E. No, Índice de emulsión.

Seedlac, Laca en granos.

Seep, Punto de surgimiento; **to** —, filtrar, infiltrarse.

Seepage, Infiltración.

Seer, Gatillo de arma.

Seesaw motion, Movimiento de vaivén.

Segment, Segmento (máq.); — **ring,** segmento (máq.); — **sluice,** válvula-segmento; **commutator segments,** láminas radiales (elec.).

Segregation, Segregación, separación.

Seiner, Buque de pesca por arrastre.

Seismic, Sísmico; — **sounding,** sondeo sísmico.

Seismicity, Simicidad.

Seismograph, Sismógrafo.

Seismology, Sismología.

Seize (To), Agarrotarse (máq.).

Seized, Agarrotado.

Seizing, Agarrotamiento, amarradura.

Seizure, Agarrotamiento; — **signal,** señal de toma de línea.

Selectance, Selectancia.

Selection, Selección; **electronic** — **and bar operation,** selección electrónica y mando de barras; **end of** — **signal,** señal de fin de selección; **frequency** —, modulación de frecuencia; **long distance** —, selección a distancia; **partial secondary** —, segunda preselección parcial.

Selective, Selectivo; — **absorption,** absorción selectiva; — **fading** desvanecimiento selectivo; — **reflection,** reflexión selectiva; **spectral** —, selectividad espectral.

Selector, Selector; — **rack,** armazón de selectores; — **switch,** conmutador selector; — **with sliding contact or slide** —, selector de cursor; **automatic** —, selector automático; **dial** —, selector de disco; **forward acting** —, selector de progresión directa; **group, final or line** —, selector de grupo, final o de línea; **heading** —, selector de rumbo; **metering** — **switch,** conmutador selector de medida; **picking up a** —, toma de selector; **pre-** —, preselector; **rotary** — **bank,** campo de selección rotatorio; **two motion** —, selector de dos movimientos; **200 line final** —, selector final de 200 contactos.

Selenide, Seleniuro; **artificial** —, seleniuro artificial.

Selenious, Selenioso; — **acid,** ácido selenioso.

Selenium, Selenio; — **rectifier,** rectificador de selenio.

Self, Automático, sí mismo; — **absorption,** autoabsorción; — **act,** mando automático; — **acting,** automático; — **acting oiler,** engrasador automático; — **acting valve,** válvula automotriz; — **bonding,** autoadherente; — **caulking,** autocalafateador; — **checking,** autocontrol; — **cleaning,** con limpieza automática; — **closing,** con cierre automático; — **controlled,** autocontrolado; — **cooling**, autoenfriamiento; — **descaling**, autodesoxidante; — **diffusion**, autodifusión; — **discharge**, descarga espontánea; — **disengaging die**, hilera de desenganche automático; — **driven**, autopropulsado; — **excitation**, autoexcitación; — **excited**, autoexcitatriz (dínamo); — **exciting**, autoexcitador; — **feader**, alimentador automático; — **fluxed**, autofundente; — **heterodyne**, autodino, autoheterodina; — **hooped**, autozunchado; — **ignition**, autoencendido; — **impedance**, impedancia propia; — **induction**, autoinducción; — **liquidating**, autoamortizable; — **moving**, automotor; — **oiling**, autoengrasador; — **polar**, autopolar; — **propelled**, autopropulsado; — **propelled test**, pruebas de autopropulsión; — **proportioning**, autodosificación; — **protected**, con autoprotección; — **quenching**, autoextinción; — **regulating**, autorregulador; — **reversing motion**, cambio automático del sentido del movimiento; — **saturation**, autosaturación; — **scrubbing**, autolavador; — **starting**, arranque automático; — **synchronizing**, autosincronizante; — **synchronous**, autosíncrono; — **timer**, disparador automático; — **unloading**, con descarga automática; — **verifying**, autoverificador; **coefficient of — induction**, coeficiente de autoinducción; **to lock the — control**, bloquear el avance automático.

Selsines, Síncronodetectores.

Semi, Medio, semi; — **automatic**, semiautomático; — **circle**, semicírculo; — **circular**, semicircular; — **closed**, semicerrado (motor); — **conduction**, semiconducción; — **conductor**, semiconductor; — **continuous**, semicontínuo; — **finished products**, productos semielaborados; — **hard**, semiduro; — **monocoque**, semimonocasco; — **rigid**, semirrígido; — **trailer**, remolque de dos ruedas, semirremolque; — **welded**, semisoldado; **oxidation — conductor**, semiconductor de oxidación; **reduction — conductor**, semiconductor de reducción.

Semiautomatic, Semiautomático; **operatur trunk — dialling**, selección semiautomática.

Semibulbous bow, Proa de semibulbo.

Semicoated, Semirrevestido.

Semiconductor, Semiconductor; **acceptor —**, semiconductor aceptante; **donor —**, semiconductor donante; **extrinsic —**, semiconductor extrínseco; **impurity-type —**, semiconductor de impurezas; **intrinsic —**, semiconductor intrínseco; **type-n —**, semiconductor tipo n; **type-p —**, semiconductor tipo p.

Semilocked, Semicerrado; — **cable**, cable metálico semicerrado.

Semimechanization, Semimecanización.

Semispan, Semienvergadura (aviones).

Send receive change over or switch, Conmutador de emisión-recepción.

Sender, Expedidor, manipulador; **code —** (radio beacons), transmisor de código (en radiofaros); **controlled —**, emisor controlado; **driven —**, emisor con oscilador maestro; **radio —**, radioemisor; **self-oscillating —**, emisor autooscilante; **tone —**, generador de tono.

Sending, Emisión (radio); — **aerial or antenna**, antena de emisión; — **apparatus**, aparato de emisión; — **station**, estación de emisión; **key —**, marcar por teclas.

Sennet, Trenza (de cáñamo de paja).

Sense, Sentido; — **finding**, determinación del sentido.

Sensing, Sensible; — **unit**, elemento sensible.

Sensitive, Sensible; — **drilling machine**, perforadora de avance automático; — **element**, elemento sensible (compás giroscópico); —

emulsion, emulsión sensible; — **feed,** avance automático (máq.).

Sensitivity, Sensibilidad; **dynamic** —, sensibilidad dinámica (fototubo); **electric** —, sensibilidad eléctrica; **electrostatic deflection** —, sensibilidad de desviación electrostática; **high** —, alta sensibilidad.

Sensitize (To), Sensibilizar.

Sensitized, Sensibilizado; — **paper,** papel sensible (fotografía).

Sentential calculi, Cálculos proporcionales.

Separate, Independiente; — **excitation,** excitación independiente.

Separating, De separación; — **surface,** superficie de separación; — **tank,** tanque de decantación.

Separation, Separación; — **surface,** superficie de separación; **boundary layer** —, separación de las venas líquidas sobre la cara pasiva de la hélice (cavitación).

Separator, Clasificadora, depurador, separador; **air** —, separador de aire; **amplitude** —, separador de amplitud, separador de señales (teplitud, separador de señales (televisión); **baffle** —, separador de choque, separador de deflectores; **cyclone** —, separador ciclón; **electrostatic** —, separador electrostático; **ferrite** —, separador de ferrita; **frequency** —, separador de frecuencia; **magnetic** —, separador magnético; **moisture** —, purgador de humedad; **oil** —, separador de aceite; **oil-water** —, separador de agua y aceite; **steam** —, purgador, separador de vapor; **synchronising** —, separador de señales, separador sincronizante.

Septum, Diafragma.

Sequence, Secuencia; **divergent sequences,** sucesiones divergentes; **negative, positive** —, secuencia negativa, positiva.

Sequencer, Ordenador de secuencia.

Sequential, Secuencial; — **starter,** arrancador secuencial.

Serial, De serie; — **number,** número de serie.

Serializer, Serializador.

Seriatim, Sucesivamente.

Series, En serie, serie; — **circuit,** circuito en serie; — **coil,** devanado en serie; — **connexion,** conexión en serie; — **developments,** desarrollos en serie; — **dynamo,** dínamo de excitación en serie; — **excitation,** excitación en serie; — **expansion,** desarrollo en serie; — **feed,** alimentación serie; — **modulation,** modulación a tensión constante; — **motor,** motor serie; — **parallel,** series mixtas, series múltiples; — **parallel winding,** devanado mixto; — **resonance,** resonancia en serie; — **winding,** devanado en serie; — **wound,** excitado en serie; — **wound motor,** motor serie; **Fourier's** —, series de Fourier; **gap** —, series lagunares; **in** —, en serie, en tensión; **interpolation** —, series de interpolación; **multiple** — **connection,** conexión en series paralelas o mixtas; **time** —, series temporales.

Serine, Serina.

Serpentine, Serpentín.

Serrated, Acanalado, dentado; — **pulse,** impulso fraccionado; — **shaft,** árbol acanalado, árbol estriado.

Serration, Acanaladura, estría.

Serve (To), Aforrar un cabo.

Served (Area) by crane, Campo de alcance de la grúa.

Service, Mantenimiento, servicio; — **area,** zona de servicio; — **box,** caja de empalme, toma de corriente; — **shop,** taller de averías; — **station,** estación de distribución de servicio; — **uniform,** uniforme reglamentario; **amateur** —, servicio de aficionados; **broadcasting** —, servicio de radiodifusión; **continuous** —, servicio permanente; **direct route in the international** —, vía directa en el servicio internacional; **domestic services,** servicios interiores; **fixed —** (radio), servicio fijo (de radiocomunicación); **general —,** servicio general; **grade of —,** calidad de servicio; **inquiries —,** servicio de información; **international — call,** conferencia internacional de servicio; **international — with advance preparation,** servicio internacional con preparación previa; **international demand —,** servicio rápido internacional; **land mobile —,** servicio móvil terrestre; **maritime mobile —,** servicio móvil marítimo; **maritime radionavigation —,** servicio de radionavegación marítima; **measured —,** servicio medido; **meteorological aids —,** servicio de ayuda meteorológica; **mobile —,** estación móvil; **private —,** servicio privado; **public —,** servicio público; **radionavigation —,** servicio de radionavegación; **shared —,** servicio compartido; **special —,** servicio especial; **standard frequency —,** estación de frecuencia patrón; **telegraph —,** servicio telegráfico; **telex —,** servicio télex; **unit charge in a particular international —,** unidad de tasa para un servicio internacional determinado.

Serviceability, Esperanza de duración (materiales).

Serviced, Renovado; **— plug,** bujía renovada.

Servicing, Mantenimiento.

Serving, Aforrado de un cabo; **— mallet,** mazo de aforrar.

Servo, Servo; **— accelerometer,** servoacelerímetro; **— mechanism,** servomecanismo; **— motor,** servomotor; **elevator — motor,** servomotor de profundidad; **rudder — motor,** servomotor de dirección.

Servodyne, Servodino.

Servoflap, Servoflap.

Servomechanize (To), Servomecanizar.

Servooperate (To), Servoaccionar.

Servopiston, Servopistón.

Servotab, Aleta de servomando.

Sesquiplane, Sesquiplano.

Sesquiterpenes, Sesquiterpenos.

Set, Aparato, calado, colocado, conjunto, deformación, grupo, regulado, sentido, vía de sierra; **— back device,** aparato de reducción al cero; **— bolt,** prisionero; **— collar,** collarín de retenida; **— hammer,** plana de forja; **— of cutters,** juego de fresas; **— of plates,** bloque de placas, conjunto de placas; **— screw,** tornillo de presión; **— up,** bastidor, represa de colada (hormigón); **all wave —,** aparato para toda onda; **auto relay —,** relé de enlace interautomático; **booster —,** cargador de refuerzo; **cold — chisel,** tajadera; **fully —,** cintado; **gain measuring —** (Kerdoneter), ganancímetro; **generating or generator —,** grupo electrógeno; **grindstone —,** máquina trituradora; **impedance unbalance measuring —,** equilibrómetro; **insulation —,** aparato para verificar el aislamiento; **motor —,** grupo motor, grupo motoventilador; **motor pump —,** grupo motobomba; **number key —,** teclado numeral; **operator's telephone —,** equipo de operadora; **permanent —,** deformación permanente; **power generating —,** grupo electrógeno; **radio —,** equipo radioeléctrico; **saw —,** aparato para dar vía (sierra); **signalling relay —,** equipo de llamada de frecuencia vocal; **spring —,** juego de resortes; **square — hammer,** plana cuadrada; **table —,** aparato de sobremesa; **television —,** aparato de televisión; **tool —,** juego; **turbo dynamo —,** grupo turbodínamo; **turboalternador —,** grupo turboalternador; **welding —,** grupo de soldadura; **zero — control,** control de cero; **to —,** afilar, armar, calar, coagularse, colocar, fraguar; **to — an edge,** afilar, empotrar; **to — tools,** afilar herramientas, agudizar herramientas; **to**

— **up,** erigir verticalmente, poner a punto, regular; **to — up the tool,** poner a punto; **to take a —,** alabearse, deformarse.

Setbolt, Prisionero (tornillo).

Setee, Místico (embarcadero).

Setscrew, Tornillo de fijación.

Setting, Alabeo, calado, camisa, composición, enlucido, exposición, graduación, montaje, montura, regulación, toma; — **of boilers,** colocación de las calderas; — **plane,** plano de colocación; — **up,** puesta en régimen; **course — knob,** botón de corrección de rumbo, botón de regulación de rumbo (aviac.); **course — sight,** visor con calado de rumbo; **propeller —,** calado de la hélice; **quick —,** fraguado rápido; **slow —,** fraguado lento; **tail — angle,** ángulo de calaje de cola; **type — machine,** máquina de componer.

Settle (To), Establecer, fijarse; **to — together,** amontonarse la granalla del micrófono.

Settleable, Sedimentable.

Settlement, Amontonamiento, asentamiento, cancelación de cuentas, establecimiento, liquidación (bolsa), sucursal de banco.

Settler, Tanque sedimentador.

Settling, Decantación, sedimentación, sedimento.

Setwork, Enlucido en dos capas.

Sew (To), Coser.

Sewage, Aguas cloacales, sistema de alcantarillas; — **treatment,** tratamientos de las aguas cloacales.

Sewerage, Véase **Sewage**; **water —,** evacuación de las aguas cloacales.

Sewerman, Pocero.

Sewing, De coser; — **machine,** máquina de coser; — **motor,** motor de máquina de coser.

Sextant, Sextante; **bubble —,** sextante de burbuja; **periscopic —,** .sextante periscópico.

Shackle, Grillete, grillete del ancla, manija; — **bolt,** perno de grillete; — **key,** clavija, perno de grillete; **disengaging —,** árbol de desembrague; **draw —,** pozo ordinario; **drawing —,** pozo de extracción; **drive —,** árbol de accionamiento; **hold down shackles,** herrajes de amarre; **lugs of a —,** orejetas de un grillete; **pin of a —,** clavija de un grillete; **spring —,** brida de resorte; **tension —,** tensor; **tow —,** brida de remolque; **to —,** encadenar, engrilletar, entalingar; **to join with shackles,** engrilletar.

Shackler, Desviador (minero).

Shade, Sombra, tinte de cristal; **to — off,** degradar (colores).

Shading ring, Anillo de arranque (motor de inducción).

Shadowproof, Inanublable.

Shadow, Sombra, sombra arrojada; — **method,** método de las sombras.

Shadrach, Cuesco (alto horno).

Shaft, Árbol (de máquinas), eje, fuste de columna, pozo, pozo de mina, vientre o blindado de vientre (alto horno); — **angularity,** angularidad del eje; — **bucket,** jaula de extracción; — **carrier,** cojinete de un árbol; — **disc,** brida de árbol; — **end,** extremo de árbol; — **furnace,** horno de Cuba; — **hoisting,** extracción por pozos (minas); — **horse power,** potencia en el árbol; — **lining,** entubación; — **of a mine,** pozo de minas; — **of the column,** fuste de columna; — **sinking,** perforación de un pozo; **air —,** pozo de ventilación, tobera de viento (metálica); **arbor —,** junta Cardan; **axle —,** árbol motor; **cam —,** árbol de levas; **cam — lathe,** torno para árboles de leva; **capacitor —,** eje de condensador; **cardan —,** árbol de cardan; **cog —,** árbol de izado; **counter —,** árbol intermediario, contramarcha; **counter — suspension arms,** caballetes de transmisión intermedia; **coupling —,** árbol de arras tre; **coupling of the shafts,** acoplamiento de los árboles; **crank** —, árbol acodado, árbol de cigüeñal. árbol de manivelas, cigüeñal; **crank — bearing,** chumacera del eje, cojinete de berbiquí; **crank — bracket,** palier del árbol de manivela; **crank — thrust ball bearing,** rodamiento de cojinete de berbiquí; **cross** —, árbol transversal; **driving** —, árbol de mando, árbol motor; **eccentric** —, árbol de la excéntrica; **engine** —, árbol de mando, árbol motor, pozo de la máquina de exhaustación; **extension** —, árbol de alargadera; **feed** —, eje de cilindrado; **flanged** —, árbol con brida; **flexible** —, árbol flexible; **fluted** —, árbol acanalado; **foot-brake** —, árbol de freno al pie; **fore** —, antepozo; **four crank** —, árbol con cuatro manivelas; **gear** —, árbol de arnés de engranajes, árbol de transmisión; **grooved** —, árbol acanalado, árbol con acanaladuras; **hollow** —, árbol hueco; **horizontal** —, árbol horizontal; **horizontal — turbine,** turbina de eje horizontal; **ignition cam** —, árbol de distribución; **intermediate** —, árbol intermediario; **knob** —, eje de botón; **lay** —, árbol intermediario; **line — bearing,** cojinete, cojinete intermedio; **main** —, árbol principal, árboles de manivelas; **neck of a** —, collarín de un eje; **overhead** —, árbol suspendido; **parallel motion** —, vástago de paralelogramo; **primary** —, árbol primario; **propeller** —, árbol portahélice; **regulating** —, árbol de regulación; **reverse** —, árbol de elevación; **reversing** —, árbol de cambio de marcha, árbol de inversión de marcha; **rocker** —, árbol inclinado; **rocking** —, árbol oscilante; **solid** —, árbol macizo; **spline** —, árbol acanalado; **staple — hoist,** cabria de pozo de mina; **starting** —, árbol de puesta en marcha; **thrust** —, árbol de empuje; **tumbl ing,** eje de levas; **valve** —, árbol de distribución; **vertical — turbine,** turbina de eje vertical.

Shafting, Los árboles, transmisión; — **lathe,** torno para árboles de transmisión; **flexible** —, transmisión flexible; **line of** —, línea de árboles.

Shag, Felpa.

Shake, Cienmillonésima de segundo (radar), duela (de barrica), grieta, hendidura, juego (entre los dientes de un engranaje), resquebrajadura; — **out,** máquina de sacar piezas por sacudidas; **to** —, sacudir.

Shaken, Rajada (madera).

Shaker, De sacudidas; — **conveyor,** transportador de sacudidas; — **screen,** criba de sacudidas.

Shaking sieve, Criba de sacudidas.

Shakings, Cuerdas viejas.

Shaky, Agrietado, lleno de grietas.

Shale, Esquisto; — **oil,** aceite de esquisto; **clay** —, esquisto arcilloso.

Shaly, Esquistoso.

Shank, Caña de ancla, cola, cuchara de colar, cuerpo de un tipo de imprenta, núcleo, tubo de chimenea, varilla, vástago; — **of a borer,** cola de una barrena; **anchor** —, caña de ancla; **auger** —, varilla de sonda; **crucible** —, portacrisol; **straight** —, vástago recto.

Shape, Forma, perfil, perfil extruído; **machine for making shapes,** máquina de perfilar; **to** —, conformar, perfilado.

Shapeable, Capaz de recibir una forma.

Shaped, Conformado, en forma de; **bell** —, en forma de campana; **bell — valve,** válvula acampanada; **crescent** —, en forma de media luna; **crescent — gearing,** engranajes por dientes angulares; **cross** —, en forma de cruz; **egg** —, en forma de huevo, ovalado; **heart** —, en forma de corazón; **heart — cam,** leva en forma de corazón; **horseshoe** —, leva en forma de herradura; **I** —, en I;

lens —, lentiforme; **loop** —, en forma de bucle; **S** —, en forma de S; **saddle** —, en forma de silla de montar; **T** —, en forma de T; **Venturi** —, en forma de Venturi.

Shapeless, Amorfo.

Sharper, Estafador.

Shaper, Máquina limadora; **gear** —, máquina de tallar engranajes.

Shaping, Conformable, perfilado, trazado; — **machine,** máquina conformadora, máquina limadora; — **planer,** máquina limadora; **gear** — **machine,** máquina de tallar engranajes; **wave** — **network,** red modeladora de onda.

Share, Acción, obligación, participación; **deferred** —, acción diferida; **dividend** —, acción de actualización; **founder's** —, acciones de fundador; **initial** —, acción de aporte; **nominal** —, acción nominal; **preference or preferred shares,** acciones de preferencia; **qualification** —, acciones entregadas en garantía; **registered** —, acción nominativa; **transferable** —, acción al portador.

Sharp, Afilado, agudo, ligero (aceite de alquitrán), puntiagudo; — **built,** fino (buque); — **edge,** arista viva, bisel; — **edged,** de arista viva; — **fuselage,** fuselaje afilado.

Sharpen (To), Afilar.

Sharpener, Afiladora; **saw** —, afiladora de sierras.

Sharpening, Afilado; — **angle,** ángulo de afilado; — **machine,** afiladora, máquina de afilar; **dry** —, afilado en seco; **wet** —, afiladc con aspersión.

Sharpness, Finura (forma de buque), nitidez (óptica).

Shatter, Fragmento.

Shatterable, Frangible.

Shave or draw or drawing shave, Garlopa.

Shaving, Desbarbado, raedera, viruta; — **machine,** máquina de rectificar engranajes, máquina limadora; — **process,** procedimiento de rectificado de dentado de engranajes; — **tool,** herramienta de desbarbe; **circular** — **tool,** herramienta de desbarbe circular.

Sheaf, Haz (explosión de proyectil).

Shear, Banco de torno, cabria (aparato de izar), cizalla; — **blade,** cuchilla, hoja de tijera o cizalla; — **hulk,** pontón arbolado; — **strength,** resistencia a la cizalladura; — **stress,** esfuerzo cortante; **bar** —, cizalla para barras; **bench shears,** cizalla de mano; **billet croping** —, cizalla para viguetas; **block shears,** cizalla de mano; **bloom** —, cizalla para tochos; **flying shears,** cizalla al aire; **gate shears,** cizalla de guillotina; **guillotine** —, cizalla de guillotina; **lever** —, cizalla de alzaprima; **plate shears,** cizalla para chapa; **shears of a lathe,** guías prismáticas del torno; **universal** —, cizalla universal; **to** —, cizallar, cortar, desbastar; **to** — **off,** cortar el extremo de una barra.

Sheared, Cizallado.

Shearer, Cizallador (obrero).

Shearing, Cizallamiento; — **cone,** cizalla cónica; — **crocodile hand lever** — **machine,** cizalla de mano; — **machine,** cizalladora; — **pin,** pasador de seguridad; — **resistance or strength,** resistencia a la cizalladura; — **washer,** arandela de cizalladura; **punching and** — **machine,** máquina punzonadora y cizalladora.

Shears, Cizallas (véase **Shear**).

Sheath, Placa (tubo de vacío), vaina (cable); **cable** —, cubierta de cable; **tailstock** —, forro de contrapunta.

Sheathe (To), Aforrar, embonar (poner un refuerzo), envainar.

Sheathing, Blindaje, embonado (refuerzo de madera), envainado, forro (metálico); — **sheet,** chapa de forro; **conductor** —, vaina de los conductores; **copper** —, forro de cobre.

Sheave, Roldana, rueda de trócola; — **hole,** escotera; — **pin,** eje de polea; **box** —, bobina de una caja de perforadora; **chain** —, rueda de cadena; **dum** —, polea de cadena; **eccentric** —, carro de excéntrica; **half** —, cajera; **head-** —, moleta de extracción.

Shed, Hangar, voladizo; **airship** —, hangar de dirigible; **circular** —, rotonda para locomotoras.

Sheer or **Shear,** Arrufo; — **draught**, plano de las formas; — **drawing,** plano longitudinal (buques); — **hulk,** pontón arbolado; — **legs,** cabria; — **plan,** elevación, proyección longitudinal; — **pole,** obenque de lugre; — **rail,** cordón, listón; — **strake,** antepecho, traca de cinta.

Sheerlegs, Cabria.

Sheet, Chapa, hoja (de metal, de papel), placa; — **bar,** llantón; — **iron strip,** banda de chapa de hierro — **lead,** lámina de plomo, plomo laminado; — **metal shop,** taller de chapistería; — **mill,** laminador para chapa fina; — **of metal,** chapa delgada, lámina de metal; — **pile,** tablestaca; — **piling,** estacada metálica, tablestacado; — **slitter,** máquina para cortar chapas en tiras; — **steel,** chapas de acero; — **zinc,** zinc laminado; **copper sheets,** cobre en láminas; **corrugated** —, chapa ondulada; **crown sheets,** cielo de hogar; **flat** —, chapa plana; **flat** — **reflector,** reflector plano; **fore sheets,** castillo; **galvanized** —, chapa galvanizada; **light alloy** —, chapa de aleación ligera; **low loss** —, chapa de pérdidas pequeñas; **perforated** —, chapa de rejillas, chapa perforadora; **plate of** — **iron,** lámina de chapa gruesa; **platinum** —, lámina de platino; **stern sheets,** cámara; **thin** —, chapa fina; **thin** — **mill,** laminador de chapas finas; **tin** —, estaño en láminas, hojalata; **zinc sheets,** hojas de zinc.

Sheeting, Chapa de protección.

Sheetlike, Laminar.

Shelf, Durmiente, tablero; — **aging,** envejecimiento en reposo; — **bolt,** pasador de durmiente; **armour** —, batayola; **beam** —, durmiente; **key-** —, tablero de llaves; **on the** —, en reposo.

Shell, Caja de polea, camisa (caldera, hogar, etc.), carcasa, cuerpo de grifo, obús, torpedo (carga de explosivos en un sondeo); — **head brasses,** latones con menos de 30 % de cinc; — **molding,** moldeo en cáscara; — **roof,** techo en bóveda; — **transformer,** transformador acorazado; — **type,** acorazado; **boiler** — **drilling machine,** máquina de perforar las calderas; **cartridge** —, casquillo, funda de cartucho; **end** — **ring,** virola de extremidad (calderas), virola de extremo (calderas); **firebox** —, revestimiento del hogar; **inner** —, tubo bifurcado de chimenea; **outer** —, revestimiento exterior; **smoke** —, obús fumígeno; **star** —, obús iluminador.

Shellac, Laca en escamas.

Shelled, En forma de coquilla; **thin** —, en forma de coquilla fina.

Shelter, Protector; — **deck,** cubierta de intemperie ligera.

Shelving, Declive.

Sherardizing, Cincado por sublimación, protección de las chapas por capa de hierro y zinc.

Sherardize (To), Cincar por sublimación.

Sherardized, Cincado por sublimación.

Sheridome, Esferidomo.

Sherometer, Esferómetro.

Shet, Techo derrumbado (minas).

Shield, Blindaje, contraventana, escudo, máscara (cañón), obturador, pantalla; — **bias,** potencial de placa; — **tube,** tubo de protección; **cable** —, manguito de cable; **dust** —, obturador antipolvo; **electrostatic** —, pantalla electrostática; **Faraday** —, pantalla de Faraday; **magnetic** —, pantalla magnética;

splash —, deflector; **valve** —, blindaje de tubo (radio); **to** —, blindar.

Shielded, Blindado; **argon** — **arc welding**, soldadura argon arco.

Shielding, Blindaje.

S. h. f., Hiperfrecuencia (3.000 a 30.000 megaciclos).

Shift, Decrescencia, desplazamiento, equipo, espaciamiento, puesto de trabajo, turno; — **of butts**, rebajado de los extremos; — **receiving equipment**, conmutador de recepción; **carrier** —, desplazamiento de portadora; **day** —, turno de día; **frequency** —, desplazamiento de frecuencia; **frequency-** — **signalling**, modulación por desplazamiento de frecuencia; **gear** —, cambio de velocidades; **gear** — **lever**, palanca de cambio de velocidades; **isotope** —, separación isotópica; **night** —, turno de noche; **node** — **method**, método de desviación de nodo; **to** —, correrse la estiba, desplazar, ripar; **to** — **gears**, cambiar las velocidades.

Shiftable, Desplazable.

Shifter (Belt), Cambiacorreas, embrague de correa, montacorreas; **phase** —, desfasador.

Shifting, Corrimiento de estiba, decolado de espacio, desplazamiento axial, desplazamiento de una pieza (de máquina), móvil (adj.), ripado; — **board**, tablones anticorrimiento de la estiba; — **eccentric**, excéntrica en la que se puede desplazar el radio de excentricidad relativamente a la manivela; — **fork**, horquilla de desembrague (correa); — **gauge**, gramil; — **gear**, piñón de engranaje corredizo; — **head**, cabezal móvil (torno); — **pedestal**, carro de torno; — **spanner**, llave de mordazas móviles; — **square**, falsa escuadra; **brush** —, decalado de escobillas; **gear** —, cambio de velocidades; **transverse** —, desplazamiento transversal.

Shim, Chapa de relleno para reducir el huelgo, cuña fina para palier.

Shimmed, Suplementado con calzos.

Shimmy, Abaniqueo (automóviles).

Shine (To), Brillar.

Shiner, Reflector (cine).

Shingle, Cantos rodados; — **hammer**, martillo de pudelaje.

Shingler, Cingladora.

Shingling, Cinglado; — **rollers**, cilindros desbastadores.

Shining (To appear), Aparecer.

Ship, Buque; — **breaker**, desguazador de buques; — **builder**, constructor de buques; — **building or construction**, construcción naval: — **chandler**, proveedor de buques; — **load**, cargamento; — **owner**, armador; — **subdivision**, compartimentado; — **worm**, teredo; **wright**, constructor de buques; — **yard**, astillero de construcciones navales; — **yard crane**, grúa de cala; **four mast** —, buque de cuatro palos; **merchant** —, buque de comercio, buque mercante; **ship-to-** — **comunication**, comunicación entre barcos; **sister** —, buque gemelo; **to** —, embarcar (mencancías).

Shipborne, De a bordo.

Shiplift, Ascensor para buques moviéndose en un plano inclinado.

Shiploader, Cargadero de mineral para buques.

Shipment, Embarque, expedición de mercancías.

Shipowner, Véase **Ship**.

Shipper, Cargador, expedidor.

Shipping, Embarque de mercancías marina mercante, navegación; — **agent**, agente marítimo, expedidor; — **broker**, corredor marítimo; — **line**, línea de navegación; — **office**, agencia marítima.

Shiprepairer, Empresa de reparación de buques.

Shipwreck, Desastre.

Shipwright, Véase **Ship.**

Shipyard, Véase **Ship.**

Shoaliness, Falta de profundidad.

Shock, Choque, contraestampa; — **absorber,** amortiguador (auto, etcétera); — **excitation,** excitación por choque; **resistance** —, resistencia a los choques; — **sphere,** esfera formada por la onda de choque; — **wave,** onda de choque; — **wave test,** ensayo con ondas de choque; **back** —, choque de retroceso; **hydraulic** — **absorber,** amortiguador hidráulico; **of** — **tester machine,** máquina de ensayo de choque; **return** —, choque de retroceso.

Shoddy, Escoria de alto horno.

Shode, Filón flotante.

Shoe, Calzo (de bastidor, de perforación), cubierta de neumático, guarnición, patín, placa de soporte (de timón), zapata (de cabria, de ancla); — **holder,** soporte de patín; **anchor** —, cuña de ancla; **articulated** —, patín articulado; **cable** —, terminal de cable; **collecting** —, colector; **friction** —, calzo, patín, zapata de fricción; **horse** —, herradura; **horse** — **shaped,** en forma de herradura; **pile shoes,** azuche de pilotes; **pole** —, pieza polar (véase **Pole**); **pole** — **angle,** ángulo de expansión polar; **pole** — **leakage,** dispersión de las piezas polares; **pulsing** —, patín pulsante; **thrust** —, cojinete de empuje; **to** —, herrar; **to** — **a wheel,** poner llantas a las ruedas.

Shoock, Garfio doble.

Shoofly, Paso superior (ferrocarril).

Shoot, Conducto, deslizadera (para mercancías, briquetas, etc...), vertedero; **shaking** —, con aleta oscilante; **to** —, tirar (cañón); **to** — **over,** aterrizar demasiado largo; **to** — **under,** aterrizar demasiado corto.

Shooter, Disparador.

Shooting, Tiro; **trouble** —, búsqueda de los defectos.

Shop, Sala, taller, tienda; **assembling** —, taller de montaje; **erecting** —, taller de montaje; **fitting** —, taller de ajuste; **machine** —, taller de construcciones mecánicas; **press working** —, taller de estampación; **repair or repairing** —, taller de reparaciones; **service** —, tienda de servicio; **sheet metal** —, tienda de chapistería; **twisting** —, taller de retorcedura; **work** —, taller.

Shorage, Derechos de ribera o de costa.

Shoran, Shoran (sistema de radar para bombardeos sin visibilidad).

Shore, Codal, escora, puntal de escora — **dog,** llave de lanzamiento; **ship to** — **way of transmission,** sentido de transmisión barco-costera; **to** — **or to shore up,** afianzar, apuntalar, escorar.

Shorewards, Hacia la costa.

Shoring or **Shoring up,** Apuntalamiento de cubiertas, codalamiento.

Short, Abreviatura de **short-circuit,** con acritud, corto, quebradizo; — **arc mercury lamp,** lámpara de vapor de mercurio de arco corto; — **butt needle,** aguja de talón corto; — **circuiting,** puesta en cortocircuito; — **circuiting device,** conmutador de puesta en cortocircuito; — **D slide valve,** distribuidor en D corto; — **firing,** tiro de explosivos; — **fuzed,** con espoleta de corto retardo; — **hand,** taquigrafía; — **iron,** hierro con acritud, hierro quebradizo; **cold** — **brittle,** con acritud, quebradizo en frío, seco; **dead** — **circuit,** cortocircuito perfecto; **hot** — **brittle,** ceniciento, pajizo, quebradizo, quebradizo al rojo, quebradizo en caliente; **motor with** — **circuited rotor,** motor asíncrono con inducido en cortocircuito; **red** — **iron,** hierro quebradizo; **sliding** —, cortocircuito deslizante; **to** — **circuit,** poner en cortocircuito; **to write** — **hand,** tomar en taquigrafía.

Shortage, Falta de.

Shorted or **Shorted out**, Abreviatura de cortocircuito.

Shorten (To), Acortar, disminuir.

Shorterize (To), Templar por flameo.

Shorthand, Véase **Short**.

Shorting, Cortocircuitación.

Shortness, Fragilidad; **hot** —, fragilidad en caliente.

Shortshipment, Materiales faltantes en el embarque.

Shortstop, Que detiene el revelado.

Shot, Obús, proyectil; — **blasting or** — **peening**, chorreo con granalla; — **noise**, ruido de agitación térmica; **dust** —, cernada; **snap** —, instantánea (foto); **two**, **three** —, de dos, de tres tiempos.

Shotblasting, Chorreo con granalla.

Shotty gold, Oro granular.

Shoulder, Anclaje, collarín, defensa (armazón), espaldón (mástil), flanco de un diente de engranaje, hombro, media caña; — **block**, polea de talón; — **bracket**, consola; — **of a trunnion**, anclaje de un muñón; — **piece**, culata; **bevel** —, ensambladura.

Shouldered tenon, Espiga embarbillada.

Shovel, Pala; — **equipment**, equipo de excavación; **coal** —, pala para carbón; **Diesel** —, pala con motor Diesel; **electric** —, pala eléctrica; **fire** —, badil; **mechanical or power** —, pala mecánica; **pull** —, retroexcavadora; **racking** — **boom**, brazo de pala excavadora; **skimming** —, pala niveladora; **steam** —, pala a vapor; **to** —, echar con pala, espalear.

Shoveller, Paleadora.

Shovelling, Espaleado.

Showers, Chaparrones; **cosmic ray** —, chaparrones cósmicos; **electron** —, chaparrones electrónicos.

Shredder, Trituradora.

Shrink, Contracción; — **fit**, enmagado por contracción; — **hole**, rechupe; — **resistant**, inencogible; **to** —, contraerse (metales, etc.).

Shrinkage, Contracción; — **cavity**, rechupe.

Shrouded, Amortajado, cubierto (engranaje).

Shrunk, Contraído, restringido; — **on**, puesto en caliente; — **on collar**, collarín puesto en caliente.

Shuffs, Ladrillos rajados.

Shunt, Derivación, shunt (elec.); — **dynamo**, dínamo excitada en derivación; — **line**, apartadero; — **motor**, motor derivación; — **wire**, hilo de derivación; — **wound**, devanado en derivación; — **wound arc lamp**, lámpara de arco en derivación, lámpara de arco excitado en derivación; — **wound motor**, motor derivación; **Ayrton or universal** —, shunt universal; **current** —, shunt de corriente; **galvanometer** —, shunt de un galvanómetro; **with long** —, de larga derivación (dínamo compound); **with short** —, con derivación corta; **to** —, apartar, cambiar de línea, shuntar.

Shunted, Derivado, shuntado; — **reactor**, bobina de autoinducción shuntada.

Shunting, Cambio de vía, shuntaje; — **engine**, locomotora de maniobra.

Shut, Parada; — **down or shut off**, avería de una máquina, parada; — **valve**, válvula de parada; **to** —, cerrar; **to** — **down**, parar una turbina; **to** — **off steam**, cortar el vapor.

Shutter, Compuerta, contraventa, obturador (fotografía), registro; — **release**, disparo del obturador (foto); **flap** —, obturador de persiana; **pressure** —, compuerta de cabeza de presa; **rolling** —, flap giratorio.

Shuttering, Encofrado; **metallic** —, encofrado metálico.

Shutterless, Sin obturador.

Shutting clack, Válvula de parada.

Shuttle, Lanzadera; — **armature,** inducido Siemens o de doble T; — **less loom,** telar sin lanzadera; — **service,** servicio de lanzadera, servicio de vuelo en lanzadera; — **type magneto,** magneto de aleta giratoria.

S. I. C. (Specific inductive capacity), Capacidad inductiva específica.

Siccative, Secativo; — **oil,** aceite secante.

Side, Borda, costado (buque), faceta (de objetos tallados), lado; — **cutter,** fresa de costado, fresa de dentado lateral; — **cutting tool,** fresa de corte lateral; — **ducking keel,** quilla lateral para varada en dique; — **engaging with pulley,** ramal ascendente (correa); — **frames,** largueros; — **glass,** indicador de nivel; — **hole,** agujero de visita; — **joggers,** emparejadores laterales; — **keelson,** carlinga lateral; — **lever engine,** máquina de balancín; — **line,** línea de puntería; — **of a lathe,** mordaza de un banco de torno; — **of delivery,** ramal descendente (correa); — **piling,** caballero (construcción carreteras); — **rack,** costados articulados; — **slip,** derrape, resbalamiento sobre el ala; — **track,** vía de apartadero; — **ways,** lateral; **alternating current —,** lado de corriente alterna; **blast —,** cara de contraviento (horno alto); **continuous or direct current —,** lado de corriente continua; **driven — (of belt),** ramal de tracción (correa); **driving —,** ramal de tracción (correa); **exit —,** lado de la salida (laminador); **single — band,** banda lateral única; **slack — of belt,** ramal conducido (correa); **tapered —,** bisel; **tight — of belt,** ramal conductor; **wrong —,** envés.

Sideband, Banda lateral; **double —,** banda lateral doble; **lower —,** banda lateral inferior; **main —,** banda lateral principal; **single — receiver,** receptor de banda lateral única; **single — suppressed carrier,** banda lateral única por portadora suprimida; **single — transmission,** transmisión por una banda lateral; **vestigial —,** banda lateral residual; **vestigial — modulation,** modulación asimétrica.

Sided (n), Con n facetas.

Siderogenous, Siderógeno.

Siderurgy, Siderurgia.

Sidescattered, Laterodisperso.

Sideshake, Sacudida lateral.

Siding, Cambio de vía, sección (de pieza de madera), vía de apartadero, vía de carga; — **of a beam,** anchura de cuaderna, manga; — **of a keelson,** anchura de vagra; — **of a sternpost,** anchura de codaste.

Siemens, Siemens; — **cell,** pila Siemens.

Sieve, Cedazo, tamiz; — **plate extraction tower,** torre de extracción de platillos perforados; — **test,** granulometría; **composition —,** criba de tambor, tamiz; **shaking or vibrating —,** criba de sacudidas; **to —,** cribar, tamizar.

Sieving, Cribado; **molecular —,** cribado molecular.

Sift (To), Tamizar.

Siftage, Materias tamizadas.

Sifter, Tamizador.

Sight, Alza, guía, mira, presentación (comercio), puntería, visor, vista; — **bar,** alidada; — **feed lubricator,** engrasador de caudal variable; — **glass,** indicador de nivel; **angle of —,** ángulo de mira; **antiaircraft —,** rejilla de puntería; **aperture or peep —,** alza con abertura para apoyar el ojo; **at —,** a la presentación; **back or rear —,** alza; **bill of —,** permiso de reimportación; **course setting —,** visor con calado de rumbo; **flap —,** alza de charnela; **fore or front —,** guía; **leaf —,** alza de librillo; **open —,** alza descubierta.

Sighting, De puntería; — **apparatus**, aparato de puntería; — **blister**, cúpula de puntería; — **instruments**, instrumentos de puntería; — **telescope**, telescopio.

Sights, Aparatos de puntería.

Sightsetter, Sirviente de alza (cañón).

Sigma, Fase sigma; **spheroid** —, fase esferoide.

Sign, Letrero; — **post**, poste indicador; **neon** —, letrero de neón.

Signal, Señal; — **lamp**, lámpara de señalización; — **light**, luz de señalización, señal luminosa; — **recording**, telegrafía no impresa; — **shifter**, oscilador de frecuencia variable; **acknowledgement** —, señal de acuse de recepción; **antenna** — **distributer**, distribuidor de señal de antena; **backward** —, señal regresiva; **black and white signals**, señales de blanco y negro; **blanking** —, señal de supresión; **blocking** —, señal de bloqueo; **call** —, señal de llamada; **clear-down** —, señal de principio de comunicación; **clearforward** —, señal de conexión; **clearing out** —, señal de fin; **compound** —, señal compuesta; **desired** —, señal deseada; **driving signals**, señales de exploración; **end of impulsing** —, señal de fin de impulsos numéricos; **end of selection** —, señal de fin de selección; **forward** —, señal progresiva; **forward transfer** —, señal de asistencia; **free line** —, señal de línea libre; **image** —, señal imagen; **impulsing signals**, impulsos numéricos; **loop actuating** —, señal resultante en bucle; **loop difference** —, señal de bucle complementaria; **loop error** —, señal errónea con bucle; **loop feed back** —, señal para alimentación de bucle; **loop input** —, señal de entrada al bucle; **loop output** —, respuesta del bucle; **loop return** —, señal de retorno en el bucle; **maximal** — **strength**, intensidad máxima de señal; **proceed to send** —, señal de comienzo de impulsos numéricos; **pulsed** —, señal de impulsos; **rejected** —, señal rechazada; **release guard** —, señal de comprobación de reposición; **ringing tone** —, señal de llamada; **sequential** — **elements**, elementos de señal sucesivos; **simple** —, señal simple; **sound** —, señales sonoras; **supervisory** —, señal de supervisión; **telegraph** —, señal telegráfica; **time signals emission**, emisión de señales horarias; **waiting** —, señal de espera; **white signals**, blanco de imagen.

Signalbox, Puesto de señalización.

Signaler, Señalizador.

Signalling, Señalización; — **bomb**, bomba de señalización; **amplitude-change telegraph** —, telegrafía por modulación de amplitud; **carrier** —, señalización en portadora; **electric** —, señalización eléctrica; **under water** —, señalización submarina.

Silane, Silano; **alkenyl** —, silano alcohilénico.

Silence, Silencio; **cone of** —, cono de silencio; **to** —, silenciar.

Silencer or exhaust, Silenciador; — **manifold**, colector de los silenciadores; **noise** —, silenciador de ruido.

Silencing, Amortiguamiento del ruido.

Silent, Silencioso (adjetivo); — **operation**, funcionamiento silencioso.

Silica, Sílice; — **gel**, gel de sílice; — **microgel**, microgel de sílice; — **sand**, arena silícea; **infusorial** —, tierra de Kieselguhr.

Silicate, Silicato; **cristalline** —, silicato cristalino; **zinc** —, silicato de zinc.

Siliceous, Silicoso.

Silicic, Silícico; — **acid**, ácido silícico.

Silicify (To), Silicificar.

Silico, Sílico; — **manganese**, manganosilicoso; — **organic**, sílico-orgánico.

Silicocarbide, Silicocarburo.

Silicon, Silicio; — **iron or steel,** acero al silicio; — **rectifier,** rectificador de silicio; **grain oriented — steel,** acero al silicio de granos orientados.

Silicone, Silicona; — **insulated,** aislado con silicio; — **varnish,** barniz de siliconas.

Siliconization, Siliciación.

Siliconizing, Tratamiento por absorción de silicio.

Silk, De seda, en seda, seda; — **cotton tree,** capoquero; — **goods,** géneros de seda; — **mill,** filatura de seda; — **reel,** devanadera de seda; — **spinning,** filatura de seda; — **thrower,** torcedor de seda; — **throwing,** molinaje de seda; — **weaver,** oficial de fábrica de seda; **double — covered,** con doble capa de seda; **floss** — banco de seda; **single — covered,** con una sola capa de seda.

Sill, Busco (dique), muro de capa de hulla, umbral (dique, aliviadero); — **plate,** soleta; **lock** —, umbral de esclusa; **main** —, plataforma principal.

Silling, Preparación del nivel de fondo (minas).

Silo, Silo.

Siloxene, Siloxeno.

Silt, Arena, finos, limo.

Silty, Fangoso.

Silver, Plata; — **bearing,** argentífero; — **birch,** betula alba; — **gilt,** corladura; — **halide,** halogenuro de plata; — **iodide,** ioduro de plata; — **nitrate,** nitrato de plata; — **paper,** papel con sales de plata, papel de plata; — **plating,** plateado; — **print,** ensayo sobre papel de sales de plata; — **steel,** acero plata; **coin** —, plata de ley para monedas (en Inglaterra ley de 925 milésimas; en América 900 milésimas; **dark red — ore,** pirargirita; **foil** —, lámina de plata; **german** —, alpaca; **quick** —, mercurio; **to** —, platear.

Silvered, Plateado.

Silvering, Azogado (espejo), azogado de vidrio, plateado.

Similarity, Similitud; **physical** —, similitud física.

Similitude, Similitud; **centre of** —, centro de semejanza.

Simplex, Simplex; **two way** —, simplex conjugado.

Simulator, Aparato de adiestramiento, banco de pruebas; **engine** —, banco de pruebas para motores; **flight** —, aparato de adiestramiento de pilotaje, simulador de vuelos.

Sine, Seno; — **galvanometer,** galvanómetro de senos.

Singing, Del eco; — **path,** recorrido del eco; — **suppressor,** supresor de reacción; **passive — point,** punto pasivo de canto.

Single, Mono, uni; — **acting,** de simple efecto (máquinas); — **acting machine,** máquina de simple efecto; — **bend test,** prueba de plegado único; — **break,** de interrupción única; — **crystal,** monocristal; — **cut file,** lima de picadura simple; — **disk brake,** freno monodisco; — **ended amplifier,** amplificador sin transformador de salida; — **operator ship,** buque con un solo radiotelegrafista; — **phase,** monofásico; — **phase alloy,** aleación monofásica; — **phase furnace,** horno de corriente monofásica; — **phase meter,** contador monofásico; — **phase motor,** motor monofásico; — **phase transformer,** transformador monofásico; — **point tool threading machine,** máquina de filetear con herramienta; — **pole,** monopolar; — **purpose machine,** máquina de operación; — **range winding,** devanado dispuesto en un solo plano; — **riveted,** con fila única de remaches; — **screw threaded,** tornillo de un solo filete; — **spindle milling machine,** máquina de husillo único; — **spool,** bobina elemental de inducido; — **stage,**

monoetápico; — **stage turbine,** turbina monoetápica; — **sweep T,** tubo en T con codo; — **way,** de dirección única; — **way switch,** conmutador de dirección única; **line with a — set of tracks,** línea de vía única (ferrocarril).

Singlet, Singulete.

Sinistrogyration, Sinistrogiración.

Sinistrotorsion, Sinistrotorsión.

Sink, Colector, sumidero; — **hole,** sumidero; **distance — bolt,** bulón de arriostrado, perno de arriostramiento; **heat —,** foco frío; **to —,** ahondar, clavar, irse a pique (buques), perforar un pozo.

Sinkable, Sumergible; **non —,** insumergible.

Sinked, Sumergido.

Sinker, Placa de apretamiento; **die —,** huecograbador.

Sinking, Hundimiento, perforación; — **hoist,** con aparejo de perforación; **shaft —,** perforación de un pozo.

Sinomenine, Sinomenina.

Sinter, Aglomerado, sinterizado; — **alumina,** alúmina sinterizada; — **plant,** planta de sinterización; **to —,** aglomerar, sinterizar.

Sinterability, Sinterabilidad.

Sintered, Aglomerado, sinterizado (carburo); — **carbide.** carburo sinterizado.

Sintering, Aglomeración, sinterización; — **furnace,** horno de sinterización; — **tank,** tanque de sinterización; **ore —,** sinterización de los minerales.

Sinusoidal, Sinusoidal; — **curve,** sinusoide; — **distribution,** distribución sinusoidal; — **field,** campo sinusoidal; — **movement,** movimiento sinusoidal; — **wave,** onda sinusoidal; **nearly —,** casi sinusoidal.

Siphon, Véase **Syphon.**

Siphoning, Sifonamiento.

Sirdar, Contramaestre (minas).

Siren, Sirena.

Sisal, Sisal.

Sister, Gemelo; — **block,** montón de dos poleas, polea virgen; — **ship,** buque gemelo.

S. I. T. (Spontaneous ignition temperature), Temperatura de inflamación espontánea.

Site, Emplazamiento, sitio; **assembly in —,** montaje a pie de obra; **in —,** a pie de obra.

Siting, Emplazamiento.

Sizable, Proporcionado (instalaciones).

Size, Apresto (papel), grosor, tamaño; — **reduction,** conminución; **standard sizes,** dimensiones standard; **to —,** calibrar, clasificar, dimensionar, enrolar.

Sized, Dimensionado, encolado; **practical —,** de dimensiones prácticas.

Sizeman, Obrero encolador.

Sizer, Calibrador.

Sizing, Clasificación por dimensiones, dimensionamiento.

Skate, Colector de corriente, patín.

Skating, Patinaje de las ruedas.

Skeg, Talón de quilla.

Skeletton, Armazón; **plotting —,** cuadrícula de restitución.

Skelp, Chapa para tubos.

Skelper, Pletina a banda para fabricar tubos soldados.

Skep, Eskip.

Sketch, Bosquejo, croquis, proyecto; **dimensioned —,** croquis acotado; **eye —,** alzado a mano, croquis; **photogrammetric —,** croquis fotogramétrico.

Skew, Desnivelación, oblicuidad, sesgo, torcido; — **back,** dovela de una bóveda, salmer; — **bending,** flexión oblicua; — **bevel wheel,** engranaje cónico helicoidal; — **determinant,** determinante antisi métrico; — **distortion,** distorsión oblicua; — **gear,** engranaje heli coidal; — **wheel**, rueda cónica, rueda hiperbólica.

Skewed, Oblicuo; — **rigid frame**, estructura rígida oblicua.

Skewgee, Oblicuo.

Skewly, Oblicuo.

Ski, Esquí.

Skid, Guiñada, moleta, posicionador (taller de cañones), puntal articulado contra retroceso (cañón), rodillo de madera (para vigas, etc.); — **resistor**, patín antiderrapante; **anti — or non —**, antiderrapante; **non — head**, talón antiderrapante; **non — brake**, freno antiderrapante; **nose —**, patín de proa; **retractable —**, patín retráctil; **tail —**, patín de cola; **undercarriage —**, patín; **wing tip —**, patín de extremo de ala; **to —**, derrapar, patinar.

Skidding, Derrape, guiñada, patinazo; — **friction**, fricción de derrape.

Skidway, Resbaladera (para madera).

Skilled, Cualificado (obrero).

Skillet, Crisol .

Skimmer equipment, Equipo de niveladora; — **scoop**, colector de niveladora.

Skimming, Rasante; — **dipper**, colector de niveladora; — **ray**, rayo rasante; — **shovel**, pala niveladora.

Skin, Carena, casco de un buque, costra de un metal en fusión, grasa, espuma, película, revestimiento (aviación, etc...); — **effect**, efecto Kelvin, efecto pelicular, localización superficial; — **friction**, fricción superficial (aviación); **casting —**, película de óxido; **gold beater's —**, piel fabricada con tripa de cordero; **thin —**, revestimiento fino; **to —**, enrasar, rozar.

Skinning, Acción de quitar la vaina de un cable, revestimiento; **ply wood —**, revestimiento de contrachapado.

Skintled, Obra de ladrillo cuyo paramento no es plano.

Skip or **Skip hoist**, Cucharón, skip; — **distance**, distancia mínima de transmisión de una radio-onda después de reflejada en la ionosfera, zona de silencio; — **zone**, zona de silencio (radio).

Skirt or **Skirting**, Plinto, zócalo; **piston —**, faldilla de pistón.

Skulling, Formación de lobos de cuchara.

Sky wave, Onda ionosférica.

Skycrane, Helicóptero para transportar cargas pelia pesadas.

Skylift, Transporte aéreo.

Skylight, Claraboya.

Slab, Empaquetado, lingote, losa, mecha, mecha de algodón hilado, suela; — **wood**, tablas de armadura; **brass —**, placa de latón; **casting —**, placa de couada; **concrete —**, losa de hormigón; **to roll slabs**, laminar las chapas.

Slabbed, Desbastado en plano.

Slabber, Fresadora horizontal.

Slabbing, Horizontal; — **mill**, tren de laminación de desbastes planos; — **miller**, fresadora horizontal.

Slack, Flojedad, flojo, juego; — **lime**, cal apagada; — **wire**, hilo flojo; **to — or to slacken**, aflojar, retardar; **to — speed**, disminuir la velocidad, retardar; **to take up the —**, recuperar el juego, recuperar la flecha.

Slacked, Apagado; — **lime**, cal apagada; **air — lime**, cal apagada al aire.

Slackening, Aflojamiento.

Slackness, Holgura.

Slag, Cagafierro, costra de escoria, escorias; — **brick**, ladrillo de escoria; — **cement**, cemento de escoria; — **heap**, escorial; — **hole**, agujero de escorias; — **launder**, canaleta para la escoria; — **wool**, lana de escorias; **fining —**, escoria de afino; **hammer**

slags, batiduras de hierro, escamas; **iron** —, escoria de afino; **oxide** —, escoria oxidante; **to** — **off,** quitar la escoria.

Slagged, Revestido de escorias.

Slagging, Desescoriado, escorificación; **double** —, proceso con dos escorias.

Slaking, Enfriamiento (alto horno).

Slamming, Impacto hidrodinámico en cuerpos cuneiformes.

Slant (To), Inclinarse.

Slanted, Inclinado; — **face,** cara inclinada.

Slanting, Al través, en pendiente, oblicuo.

Slantwise, Al través, oblicuamente.

Slap, Golpeo; **piston** —, golpeo del pistón.

Slashing, Encolado de la urdimbre; **rayon** —, encolado del rayón.

Slat, Aleta del borde de ataque, aleta hipersustentadora.

Slate, Pizarra; — **coal,** hulla esquistosa; **alun** —, pizarra de alumbre; **clay** —, esquisto arcilloso.

Slater, Pizarrero.

Slatiness, Pizarrosidad.

Sled (Sea), Trineo marino.

Sledge or Sledge hammer, Martillo de dos manos; **about** —, macho de fragua.

Sleeper, Asiento, durmiente, larguero, placa de asiento, travesaño de apoyo, traviesa (ferrocarril), viga maestra; — **driller,** perforadora de traviesas; — **screw,** máquina de clavar tirafondos; **cross** —, traviesa de pilotaje.

Sleepering, Colocación de traviesas.

Sleeve, Camisa, casquillo, forro, manguera (aviación), manguito (de unión, de refuerzo, cubrejuntas); — **coupling,** acoplamiento de casquillo; — **joint,** junta de manguito; — **valve engine,** motor de camisa deslizante de forro, motor sin válvulas; **air** —, toma de admisión de aire; **axle** —, soporte para caso de rotura de eje; **claw coupling** —, manguito de acoplamiento; **dog clutch** —, manguito de acoplamiento; **drill** —, manguito para perforadora; **end** —, manguito de extremo de cable; **guide** —, casquillo guía; **reducing** —, casquillo de reducción; **revolving** —, aleta giratoria; **rotating** —, manguito giratorio; **shaft** —, manguito de forro; **spindle** —, manguito de broca; **splined** —, manguito acanalado; **to** —, pivotar.

Slewable, Giratorio.

Slewing, Pivotamiento; — **area,** campo de rotación de una grúa; — **crane,** grúa pivotante; — **motor,** motor de desplazamiento rápido, motor de orientación.

Slice, Espátula, lanza, picafuegos (herramienta de caldeo), placa (de mármol, etc...), tajadera; — **bar,** lanza, picafuegos; **to** —, trocear.

Slicer, Desguazador.

Slicing lathe, Torno.

Slick, Liso, lustroso.

Slidable, Desplazable.

Slide, Brida, carro (máquina-herramienta), chasis, corredera, cursor, deslizadera, dirección, distribuidor, filón, hendidura; — **action,** véase **Slide;** — **bar,** deslizadera, guía de la corredera; — **block,** guía; — **box,** caja de distribución; — **caliper,** calibrador de cursor; — **chest,** caja de distribución; — **faces,** vástagos de la corredera; — **gate,** compuerta de corredera; — **lathe,** torno de carro; — **rest,** carro de torno; — **rest tool,** herramienta de un carro de torno; — **rule,** regla de cálculo; — **selector,** selector de cursor; — **valve,** distribuidor; — **way,** deslizadera; — **way grinding machine,** máquina de rectificar las deslizaderas; — **wire,** resistencia de cursor; **bed** —, carro portaherramienta transversal, corredera portaherramienta; **bottom** —, carro inferior, suela de la contrapunta del carro;

cover of the —, recubrimiento del distribuidor; **cross —**, recubrimiento del distribuidor; **cut off — valve**, distribuidor de expansión; **cutter —**, traviesa; **dark —**, chasis fotográfico; **flanch of the —**, vástago de la corredera; **lap of the —**, recubrimiento de la corredera; **lead of the — valve**, avance de la corredera; **oval — valve diagram**, diagrama oval de distribuidor; **prismatic —**, deslizadera prismática; **revolving — rest**, carro giratorio; **self acting — rest**, carro de torno de mando automático; **shell — valve**, distribuidor de coquilla; **tool —**, carro portaherramienta; **top —**, soporte del portaherramientas (torno); **turret —**, carro portatorreta; **to —**, deslizar, deslizar sobre la corredera.

Sliding, Con corredera, deslizamiento, deslizante; **— and surfacing lathe**, torno de cilindrar y de pulir; **— axle**, eje móvil; **— block**, cruceta; **— bow**, arco de toma de corriente; **— caliper**, calibre de cursor; **— component**, componente de deslizamiento; **— contact**, frotador; **— face**, barreta, espejo del distribuidor; **— friction**, fricción de deslizamiento; **— gauge**, regla de dividir; **— gear**, tren desplazable; **— joint**, junta deslizante; **— keel**, quilla de deriva; **— lathe**, torno de carro, torno paralelo; **— plate**, barreta, placa frotante de distribuidor; **— puppet of a lathe**, cabezal móvil de torno; **— rest**, carro (torno); **— sash**, chasis de corredera; **— square**, falsa escuadra; **— stop valve**, válvula diafragma; **— tongue**, aguja (ferrocarril); **— tool carriage**, carro de portaherramientas; **— way**, resbaladera (lanzamiento); **friction of —**, fricción de deslizamiento; **selector with — contact**, selector de cursor.

Slime, Limo.

Slimline, Lámpara fluorescente de encendido por campo electrostático.

Sling, Eslinga, portafusil; **to —**, eslingar.

Sand **slinger**, Máquina de proyectar la arma; **water —**, deflector, paragotas.

Slinging, Gastos de eslingar.

Slip, Caída, calzo de retenida, deslizamiento, pendiente, rampa (de lanzamiento, de izado), resbalamiento lateral, retroceso (rueda, hélice); **— bands**, franjas, líneas de Newmann; **— bolt**, pestillo; **— cycle**, ciclo de deslizamiento; **— joint**, junta deslizante; **— plane**, plano de deslizamiento; **— regulator**, regulador de deslizamiento; **— ring**, colector; **— ring induction motor**, motor asíncrono de anillos colectores (elec.); **— rope**, cabo pasado por seno; **— scraper**, pala de cuchara de arrastre; **— way**, grada de lanzamiento; **— zone**, zona de deslizamiento; **land —**, corrimiento de tierras; **mag- —**, sincronizador electromecánico; **mercury — ring**, colector de mercurio; **mica- — fuse**, fusible de lámina de mica; **on the slips**, en astillero; **side —**, derrape, deslizamiento sobre el ala; **the belt slips**, la correa patina; **the slips**, en varadero; **to —**, chocar, derrapar, deslizar, filar (cable), lascar (cabrestante), patinar (engranaje de embrague).

Slippage, Deslizamiento; **— clutch**, embrague automático; **belt —**, deslizamiento de una correa.

Slipper, Cara inferior de patín, zapata; **— guide**, deslizadera; **axle —**, patín de eje; **belt —**, montacorreas; **cross head —**, patín de cruceta.

Slipperiness, Lubricidad.

Slipping, Corrimiento de tierras, deslizamiento, patinaje; **— clutch**, embrague que patina.

Slips, Superficies de deslizamiento.

Slipstream, Surco, torbellino de una hélice, viento.

Slipway, Grada de lanzamiento.

Slit, Ensambladura, fisura, hendidura; — **cutter,** chaveta hendida; — **iron,** cuadradillo (hierro); **to** —, cortar, hender.

Slitters, Cilindros rajadores.

Slitting, De hender; — **machine,** cortadora, máquina de hender; — **mill,** máquina para hendir el hierro; — **rollers,** máquina para hendir el hierro; — **saw,** sierra de cortar hierro.

Sliver, Torzal (mecha de engrase), viruta.

Sloat, Mortaja.

Slope, Inclinación, pendiente, talud; — **equalizer,** igualador de pendiente; **angle of** —, ángulo de pendiente; **chip clearance** —, ángulo de desprendimiento de la viruta; **grinding** —, ángulo de afilado; **hoisting** —, extracción por plano inclinado; **to** — **timber,** chaflanar, desbastar una pieza de madera.

Slopewise, Sesgado.

Sloping, En pendiente, pendiente, talud; **back** —, pendiente hacia atrás; **side** —, pendiente lateral.

Sloshing, Bailoteo del líquido.

Slot, Hendidura, mortaja, ranura (electr.); — **aerial,** antena de ranura; — **and crank,** colisa manivela; — **atomiser,** atomizador de ranura; — **borer,** taladro de media caña; — **bridge,** puente o istmo de ranura; — **cutter,** fresa para ranuras; — **dimensions,** dimensiones de las ranuras; — **drilling machine,** máquina de mortajar, máquina de ranurar; — **field,** campo de las ranuras (elec.); — **leakage,** dispersión de ranura; — **milling machine,** máquina de fresar ranuras; — **pitch,** paso de las ranuras; — **stray field,** campo de dispersión de las ranuras; — **wedge,** cuña de ranura; **armature** —, ranura del inducido; **array of slots,** sistema de ranuras; **boxed-in** — **antenna,** antena cajeada; **built in slots,** hendidura; **cut through slots,** ranuras de alas fijas; **depth of** —, profundidad de ranura; **dumb-bell** —, ranura fungiforme; **dummy** —, ranura vacía o sin arrollamiento; **lift** —, ranura de sustentación; **linear** —, ranura rectilínea; **number of slots,** número de ranuras; **permanent slots,** ranuras permanentes; **piston ring** —, ranura de segmento de pistón; **radiating** —, ranura radiante; **rotor** —, ranura de rótor (elec.); **stator** —, ranura de estátor (elec.); **straight** — **burner,** quemador de boca redonda; **suction** —, ranura de succión; **tee slots,** ranuras en T; **track slots,** caminos de arrollamiento; **wavelength** —, ranura de una longitud de onda; **width of** —, anchura de ranura; **wing tip** —, ranura de extremo de ala; **to** —, mortajar, ranurar.

Slotted, Con colisa, con hendiduras, con ranuras, mortajado, ranurado; — **aileron,** alerón con ranura; — **flap,** flap con ranuras; — **wave guide,** guía de ondas de ranuras; **multi** — **wing,** ala de ranuras múltiples.

Slotter, Máquina de mortajar, mortajadora; **inclinable head** —, mortajadora de cabeza inclinable.

Slotting, Mortajado, ranuración; — **cutter,** fresa de ranurar; — **drill,** broca para abrir una mortaja, fresa; — **machine,** máquina de mortajar, mortajadora; **circular** —, mortajado circular; **horizontal** — **machine,** mortajadora horizontal; **keyway** — **machine,** mortajadora ranuradora; **longitudinal** —, mortajado longitudinal; **transverse** —, mortajado transversal.

Slow, Despacio, ¡despacio! (las máquinas), lentamente, lento; — **burning powder,** pólvora lenta; — **speed** (motor), de poca velocidad (motor); **to** —, disminuir la velocidad, moderar la marcha.

Slowdown, Huelga de brazos caídos.

Slub, Nudo flojo (hilos).

Sluck, Huelgo entre piezas.

Sludge, Desechos de refino, grasa, lodo, sebo; — **cock,** grifo de vaciado (calderas); — **digester,** digestor de lodos; — **hole,** agujero de visita; **acid** —, lodos ácidos o alquitranes; **vat** —, fondos de cuba.

Sludger, Barreno de válvula.

Sludging, Depósito (de lodos); — **valve,** índice de alquitrán.

Slue (To), Remover una pieza de madera, revirar.

Slugger, Llanta de cilindro triturador.

Sluice, Aparato de lavado (minas), compuerta, esclusa, reguera; — **board,** pared de compuerta, tablero; — **gate,** compuerta plana de toma, puerta de esclusa; — **master,** jefe de esclusas; — **valve,** válvula de comunicación; **air** —, esclusa de aire; **segment** —, compuerta de segmento; **to** —, excavar.

Slurcock, Leva lineal.

Slurry, Mortero poco espeso; — **pipe,** tubo de relleno.

Slush, Lodo (petróleo), véase **Sludge;** — **pump,** bomba de lodos.

Slyne, Labor según el crucero (minas).

Small, Carbón menudo, cisco, pequeño; — **stuff,** cabo de menos de 25 mm de mena, merlín.

Smash (To), Aplastar, machacar.

Smasher, Desintegrador; **atom** —, desintegrador de átomos.

Smearing, Rayado.

Smectite, Esmectita.

Smelt (To), Fundir (metales).

Smeltable, Fusible.

Smelted, Fundidor.

Smelter, Fábrica metalúrgica; — **gases,** gas de los hornos de fusión.

Smelting, Fundición, fusión — **works,** fundería; **first** — **of pig iron,** fundición de primera fusión.

Smith, Forjador; — **s' poker,** atizador de forja; — **s' shop,** taller de forja; — **s' tongs,** tenazas de forja; — **s' tool,** herramienta de forja; **to** —, dar acritud, forjar.

Smithery, Taller de forja.

Smithy, Forja.

Smog, Niebla.

Smoke, Humo; — **bomb,** bomba fumígena; — **box,** caja de humos (caldera); — **combustion,** fumivorosidad; — **consuming,** fumívoro; — **helmet,** casco parahumos; — **house,** estufa; — **pipe,** chimenea; — **point,** índice de humos; — **shell,** obús fumígeno; — **stack,** chimenea.

Smokeless, Sin humos; — **powder,** pólvora sin humos.

Smokes, Véase **Fumes,** humos (partículas de carbono inferiores a 0,1 μ).

Smokescope, Fumiscopio.

Smooth, Liso (ánima de cañón); — **bore,** de ánima lisa; — **cut,** picadura dulce (limas); — **grinding,** amoladura; — **walls,** paredes lisas; **dead** — **cut,** picadura superfina (lima); **to** —, acepillar (calderas, etc.), desbarbar, pulir, suavizar.

Smother (To) Apagar un fuego.

Smoothing, Acepillado, desbarbado; — **choke,** bobina, circuito, circuito eliminador de ondulaciones de una corriente, filtro; — **coil,** bobina niveladora (elec.); — **machine,** máquina de alisar.

Smoothness, Lisura.

Snag, Raíz de diente de engranaje.

Snagging, Desrebabado.

Snaggy, Lleno de troncos flotantes (ríos).

Snail, Leva con perfil espiraliforme.

Snakeholing, Taqueo de una piedra grande.

Snap, Boterola; — **acting,** de acción instantánea; — **action contacts,** contactos de separación instantánea; — **flask**, chasis de charnelas; — **magnet**, electroimán de ruptura brusca; — **shot**, instantáneo (foto); — **switch**, interruptor de ruptura brusca (elec.); **to — open**, abrirse bruscamente.

Snape, Bisel; **to** —, tallar en bisel (armazón).

Snapping tool, Boterola.

Snapshot, Instantánea (foto).

Snarl (To), Embutir.

Snarling, Embutición.

Snatch block, Galocha, polea pazteca.

Snib, Manigueta de cierre.

Sniffer, Radar de bombardeo automático.

Snifting valve, Válvula de desahogo.

Snips, Tijeras de hojalatero.

Snort, Snort; — **device**, aparato esnorkel o snort, sistema inglés de «Schnorkel» (submarinos).

Snotter, Lanzada para evitar el desplazamiento.

Snout, Boquilla, conducto, tobera, tubo; **feed** —, boca de alimentación.

Snow, Nieve; — **plough or blower**, quitanieves.

Snub, Nudo (madera).

Snubber (Exhaust), Silencioso.

Snug, Anclaje, espárrago de sujeción, tope de excéntrica.

Sny, Curvatura diagonal (de armazón, de buque).

Soakaway, Excavación para drenaje de aguas.

Soaked (Oil) gasket, Trenza embreada.

Soaker drum, Cámara de reacción (petr.).

Soaking in, Absorción eléctrica; — **injection**, inyección mecánica (motor Diesel) (poco empleado), inyección sólida; — **pit**, horno de resudar, horno Pit (forjado).

Soap, Jabón; **filled** —, jabón blando; **floating** —, jabón flotante; **transparent** —, jabón transparente.

Soaring, Vuelo a vela.

Soavenging blower, Turboventilador de barrido.

Socket, Casquillo, colector, manguito, portalámparas, quicionera, soporte, toma de corriente, zócalo; — **chuck**, mandril hueco; — **joint**, junta de casquillo; — **key**, llave de manguito; — **of the rest**, soporte del carro (torno); — **of the spindle**, manguito de montaje; — **pipe**, tubo de enchufe; — **spanner**, llave de muletilla; **back center** —, casquillo de la contrapunta (torno); **ball — housing**, caja de rótula; **ball and — joint**, junta de rótula; **bayonet** —, portalámparas de bayoneta; **bell** —, enchufe de campana, pescatubos; **cable** —, terminal para cables; **drill** —, casquillo de barrena, manguito; **friction** —, cono de fricción; **Morse taper** —, casquillo de cono Morse; **power** —, toma de corriente; **screw** —, portalámparas roscado; **split — chuck**, man dril de hendiduras; **tube** —, soporte de lámpara (radio); **wing** —, implantación de las alas; **wrench** —, llave de tubo.

Socketing, Machihembrado.

Soda, Sosa; — **works**, fábrica de sosa; **caustic** —, sosa cáustica; **common** —, sosa de comercio; **native** —, natrón.

Sodic, Sódico; — **tolerance**, tolerancia al sodio.

Sodion, Ión sódico.

Sodium, Lámpara de sodio, sodio; — **bicarbonate**, bicarbonato sódico; — **bichromate**, bicromato sódico; — **carbonate**, carbonato sódico; — **chloride**, cloruro sódico; — **fluoride**, fluoruro sódico; — **hydrate**, lejía de sosa; — **hydroxide**, sosa; — **hyposulphite**, hiposulfito sódico; — **nitrate**, nitrato sódico; — **silicate**, silicato sódico; — **sulphate**, sal de Glauber, sulfato sódico; — **vapour lamp**, lámpara de vapor de sodio.

Sofar, Sistema acústico para localizar explosiones submarinas.

Soffit, Intradós.

Soft, Dulce, recocido (metal); — **component**, componente blando; — **materials**, materiales blandos; — **metal**, metal antifricción; — **valve**, lámpara blanda, lámpara que contiene poco gas (por oposición a **Hard valve**); **tin** —, soldadura de estaño.

Soften (To), Suavizar.

Softener, Aparato para quitar dureza al agua.

Softening, Aumento de la longitud de onda, suavización; — **agent**, suavizador; — **of metals**, recocido de metales; — **point**, punto de ablandamiento.

Softwood, Véase **Wood**, madera de coníferas.

Soggy, Inefectivo y duro (avión).

Soil, Suelo, terreno; — **compacting**, compactación del suelo; — **corrosion**, corrosión telúrica; — **mechanics**, mecánica de suelos.

Sol, Coloide líquido (química).

Solar, Solar; — **radiation**, radiación solar; — **system**, sistema solar.

Solarimeter, Solarímetro.

Solder, Soldadura (aleación); **brazing** —, producto de aporte de soldadura; **hard** —, soldadura fuerte; **lead base** —, soldadura blanda a base de plomo; **link of** —, paja de soldadura; **rod** —, soldadura en barra (estaño); **silver** —, soldadura con plata; **soft** —, soldadura blanda; **to** —, soldar.

Soldered, Soldado; — **terminal**, borna soldada.

Soldering, De soldar, para soldar, soldadura; — **bit**, hierro de soldar; — **iron**, soldador (herramienta); — **ladle**, cuchara de soldar; — **lamp**, lámpara de soldar; — **spirit**, espíritu de sal; — **tool**, soldador; **soft** —, soldadura blanda; **tin** —, soldadura con estaño.

Solderless, Sin soldadura.

Sole, Solera (hornos), zapata de timón, zócalo (máquinas); — **bolt**, clavija maestra; — **plate**, placa de fundación; **clumb** —, zapata de patín.

Solenoid, Solenoide (elec.); — **brake**, freno de solenoide; — **valve**, válvula accionada por solenoide; **brake** —, solenoide de frenado; **primer** —, solenoide de inyección; **withdrawal** —, solenoide de borrado magnético.

Solfataric, Solfatárico; — **gas**, gas solfatárico.

Solicitor, Procurador.

Solid, En una sola pieza, lleno, macizo, monobloque, sólido; — **disc**, plato macizo; — **electrolyte**, electrolito inmovilizado; — **end**, cabeza cerrada, cabeza de biela en horquilla; — **extruder**, extruido en frío; — **fluidization**, fluidización de sólidos pulverizados; — **forged**, monobloque; — **gold**, oro macizo; — **injection**, inyección mecánica (Diesel), inyección sólida; — **line**, trazo lleno; — **plate**, placa de formación autógena; — **rib**, costilla de alma llena (avión); — **rubber tyre**, con llantas macizas; — **shape**, perfil macizo; — **tyre**, llanta maciza; — **wheel**, rueda maciza; **to cast** —, colar una pieza maciza.

Solidificability, Solidificabilidad.

Solidification, Solidificación.

Solidify (To), Solidificar.

Solifluidal, Solifluido; — **soil**, suelo solifluido.

Solubilisation, Solubilización.

Solubility, Solubilidad; **cold, hot** —, solubilidad en frío, en caliente.

Solubilized, Solubilizado; — **ash**, ceniza solubilizada.

Soluble, Soluble; — **salt**, sal soluble.

Solum, Solar de un edificio.

Solute, Soluto.

Solution, Disolución, solución; **buffer** —, solución de tampón; **electrolytic** —, solución electrolítica; **iterative** —, solución iterativa (mat.).

Solutizer, Disolvente orgánico.

Solvatation, Solvatación.

Solvate, Solvente.

Solvent, Disolvente; **aromatic** —, disolvente aromático; **chlorine** —, disolvente clorado; **oxygenated** —, disolvente oxigenado; **rubber** —, disolvente del caucho.

Solventless, Sin disolvente; — **varnish,** barniz sin disolvente.

Solvolysis, Solvólisis.

Sonance, Sonancia.

Sonar, Ultrasónico (procedimiento).

Sone, Sonido.

Sonic, Sónico; — **depth finder,** aparato de sondeo sónico; — **generator,** generador de ultrasonidos; — **speed,** velocidad del sonido.

Sonobuoy, Boya radioemisora, boya sónica, boya sonora.

Sonovisor, Detector ultrasonoro de defectos.

Soot, Hollín; — **back,** negro de humo; — **blower,** soplador de hollín; — **blowing,** deshollinado.

Sooting, Calaminado, depósito de carbono.

Sorbite, Sorbita.

Sorbitic, Sorbítico.

Sorption, Adsorción.

Sorptive, Adsorbente.

Sort (To), Escoger.

Sortable, Seleccionable.

Sorting, Clasificación; — **by gravity,** clasificación por gravedad.

Soufriere, Azufrera.

Sound, En buen estado, sano, sonido; — **barrier,** barrera del sonido; — **cable,** cable en buen estado; — **concentrator,** reflector parabólico de sonido; — **deadener,** silencioso; — **detection,** detección por el sonido; — **film,** film hablado, film sonoro; — **insulation,** aislamiento sónico o fónico; — **level,** nivel de intensidad sonora; — **level meter,** aparato de medida del ruido, sonómetro; — **motion pictures,** films sonoros; — **out put,** emisión acústica; — **power spectrum,** espectro de energía acústica; — **proof,** a prueba de sonido; — **proofing,** insonorización; — **pulses,** pulsaciones sonoras; — **rejection,** supresión de portadora de sonido; — **waves,** ondas sónicas; **bastard** —, sonido parásito; **instantaneous** — **power,** potencia acústica instantánea; **maximum** — **pressure,** presión acústica máxima; **musical** —, sonido musical; **reference** — **level,** intensidad acústica de referencia; **simple** — **source,** generador sonoro puntual; **stereophonic** —, sonido estereofónico; **strength of a simple source of** —, intensidad de un generador sonoro puntual; **to** —, sondar.

Sounder, Acústico; **polarized** —, acústico polarizado.

Sounding, Que sondea, resonante, sondeo, sonoro; — **balloon,** globo sonda; — **borer,** sonda (minas); — **machine,** máquina de sondar, sondadora; — **relay,** relé golpeador; — **rod,** galga de nivel de aceite; **echo** — **recorder,** registrador de ecos; **ultrasonic** —, sondeo con ultrasonidos.

Soundproofed, Insonorizado; — **cabin,** cabina insonorizada.

Sour, Agrio.

Source, Fuente; — **rock,** roca madre; **light** —, fuente luminosa; **point** — **radiator,** radiador puntual; **simple sound** —, generador sonoro puntual.

Sow, Galápago (de plomo), lingote (de hierro, de fundición).

Sowing resection, Resección en espacio.

Sp. ht., Calor específico.

Sp., st., Single pole, single throw (switch).

Space, Espaciamiento, espacio; — **across the wings,** envergadura; — **charge effect,** efecto de carga de espacio; — **factor,** factor de espacio; — **groups,** grupos espaciales; — **shipwreck,** rotura en vuelo de una cosmonave; — **tracking,** persecución espacial; **admission** —, volumen de admisión; **air** —, colchón de aire; **Aston dark** —, espacio oscuro de Aston; **balancing** —, cámara de compensación; **dead** —, espacio perjudicial; **delivery** —, difusor de ventilación centrífugo; **drift** —, espacio de agrupamiento (de un klistrón); **eddy** —, espacio de torbellinos; **floor** —, acumulación, cubicación; **frame** —, espaciamiento de las vagras, malta; **free** —, espacio libre; **free — antenna,** antena libre en el espacio; **free — loss,** pérdida en el espacio libre; **gas** —, cámara de gas; **noxious** —, espacio perjudicial; **steam** —, volumen de vapor (calderas, etc...); **unshift-on** —, espacio automático; **vector** —, espacio vectorial; **water** —, cámara de agua.

Spacer, Arandela, calzo, espaciador, separador, separador de arcos; **rotor** —, espaciador de rotor.

Spacing, Distancia de implantación, espaciamiento, paso de devanado, separación; — **bias,** polarización de reposo; — **of the frames,** espaciamiento de las vagras, malla; — **ring,** anillo espaciador; **angular** —, espaciamiento angular; **atomic** —, espaciamiento atómico; **blade** —, paso de los álabes; **electrode** —, separación de los electrodos; **interplanar** —, distancia reticular.

Spade, Arado de bastidor, azadón.

Spall (To), Cerner a mano.

Spallable, Lascable.

Spalling, Escamación; — **test,** ensayo de resistencia a los cambios bruscos de temperatura.

Span, Abertura de la bóveda, arco, braguero de cañón, distancia entre apoyos, envergadura, espacio entre los pilares de un puente, luz, ojo de puente, radio de acción, separación de las vagras; **turning** —, tramo giratorio; **wing** —, envergadura del ala.

Spandogs, Grapón doble (eslinga).

Spandrel, Pared de antepecho (ventanas).

Spanner, Llave inglesa, llave para tuercas; **adjustable** —, llave inglesa; **bent** —, llave acodada; **box** —, llave de casquillo, llave de tirafondos; **face** —, llave de garfios; **fork** —, llave de cubo, llave de uñas; **monkey** —, llave inglesa; **shifting** —, llave inglesa; **socket** —, llave de muletilla.

Spanwise, En el sentido de la longitud del ala, transversalmente.

Spar, Cabio (cercha), cabrio, espato, espato flúor, larguero, tablón de pino, vigueta; — **boom,** cabeza de larguero; — **cap,** cabeza de larguero; — **flange,** ala de larguero; — **web,** alma de larguero; **box** —, larguero a caja; **brown** —, dolomía ferruginosa; **cube** —, espato cúbico; **dog's tooth** —, variedad de calcita; **false** —, falso larguero; **fluor** —, espato flúor; **front** —, larguero anterior; **hollow** —, larguero hueco; **main** —, larguero principal; **nose** —, aristero; **rear** —, larguero posterior.

Spardeck, Espardeck, puente superior.

Spare, De recambio, de reserva; — **parts,** piezas de recambio; — **things or spares,** recambios; — **wheel,** rueda de repuesto.

Spark, Arco, chispa; — **advance,** avance al encendido; — **arrester,** parachispas; — **catcher,** parachispas; — **coil,** bobina de inducción; — **damping,** amortiguamiento de las chispas; — **discharge,** paso o descarga de las chispas; — **extinguisher,** soplador de chispas; — **failures,** fallos de encendido; — **frequency,** frecuencia de chispas (radio); — **gap,** espinterómetro; — **generator,** generador de chispas, puesto de explosor; — **ignition,** encendido por bujía; — **plug,** bujía de encendido (véase **Plug**); — **plug gasket,** junta de bujía; — **quenching,** extinción del arco; — **signals,** señales amortiguadas; — **timing variation,** avance o retroceso al encendido; — **transmitter,** emisor de chispa; — **welding,** soldadura por chorro de chispas; — **working,** mecanizado por chorro de chispas; **adjustable — gap,** espinterómetro regulable; **ball — gap,** descargador de esferas; **branched —,** chispa ramificada; **break —,** chispa de ruptura; **break down —,** chispa disruptiva; **closing —,** chispa de cierre; **electric —,** chispa eléctrica; **high tension — plug,** bujía de alta tensión; **low tension — plug,** bujía de baja tensión; **quenched — or short —,** chispa apagada (emisión por impulsión); **rotary — gap,** descargador giratorio; **rupture —,** chispa de ruptura; **screened — plug,** bujía blindada; **singing —,** chispa musical; **surface discharge — plug,** bujía de descarga superficial.

Sparkgap, Espinterómetro.

Sparking, Chisporroteo (de las escobillas, etc.); — **advance,** avance al encendido; — **alloy,** aleación pirofórica; — **distance,** distancia explosiva de las chispas; — **heat,** calda exudante, calda sudante; — **lever,** palanca de avance al encendido; — **plug,** bujía (auto); — **plug hold,** tapón de bujía; **advanced —,** avance al encendido; **screened — plug,** bujía blindada.

Sparkle (To), Brillar, centellear, soltar chispas.

Sparmaker, Carpintero de ribera especializado en construcción e instalación de palos, etc. (buques).

Sparrow, Misil radioguiado de tierra al aire o de aire al aire.

Sparry iron, Hierro espático.

Spathic, Espático; — **iron,** hierro espático.

Spatial, Espacial.

Spatula, Espátula.

Spawl, Gatillo de trinquete.

Speaker, Altavoz (abreviatura de **Loud speaker**).

Speaking tube, Tubo acústico.

Spear, Tirante, varilla; **bulldog —,** arrancatubos.

Specialist, Especialista.

Specialized, Especializado.

Specific, Específico; — **capacity,** capacidad específica; — **heat,** calor específico; — **gravity,** peso específico; — **power,** potencia volumétrica; — **resistance,** resistencia específica, resistividad.

Specification, Características, presupuesto, pliego de condiciones.

Specifications, Especificaciones; **bill of —,** pliego de muestras; **reception —,** condiciones de recepción.

Specificity, Especifidad.

Specimen, Espécimen, muestra.

Speck, Mancha, punto.

Spectra, Espectros.

Spectral, Espectral; — **band,** banda espectral; — **line,** línea espectral; — **source,** fuente espectral.

Spectro, Espectro; — **analysis,** análisis espectroscópicos; — **chemical,** espectroquímico; — **chemistry,** espectroquímica; — **graph,** espectrógrafo; — **graphic,** análisis espectrográfico; — **graphic analysis,** espectrografía; — **graphy,** espectrografía; — **line,** línea del espectro; — **meter,** espectrómetro; — **metry,** espectrometría; — **photometry,** espectrofotometría; — **radiometer,** espectroradiómetro; — **scope,** espectroscopio; — **scopic,** espectroscópico; — **scopically,** espectroscópicamente;

— **scopy**, espectroscopia; **absorption** — **photometry**, espectrofotometría de absorción; **beta ray** — **meter**, espectrómetro de rayos β; **flame** — **photometry**, espectrofotometría de llama; **mass** — **meter**, espectrómetro de masa; **mass** — **metry**, espectrometría de masa; **metal** — **scopy**, espectroscopia de metales; **reflecting** — **meter**, espectrómetro por reflexión; **vacuum** — **graph**, espectrógrafo en vacío.

Spectrofluorimeter, Espectrofluorímetro.

Spectrograph, Espectrógrafo; **mass** —, espectrógrafo de masas.

Spectrohelioscope, Espectrohelioscopio.

Spectroscope, Espectroscopio; **electronic** —, espectroscopio electrónico.

Spectroscopy, Espectroscopia.

Spectrum, Espectro (plural **Spectra**); — **analyser**, analizador de espectro; — **analysis**, análisis espectral; **absorption** —, espectro de absorción; **continuous** —, espectro continuo; **emission** —, espectro de emisión; **energy** —, espectro de energía; **frequency** —, espectro de frecuencias; **infrared** —, espectro infrarrojo; **mass** —, espectro de masa; **microwave** —, espectro ultrahertziano; **noise** —, espectro de ruido; **pulse frequency** —, espectro de frecuencias de impulsos; **radio** —, espectro radioeléctrico; **rotational** —, espectro de rotación; **rotational absorption** —, espectro de rotación; **solar** —, espectro solar; **ultraviolet** —, espectro ultravioleta; **visible** —, espectro visible.

Specular, Especular; — **density**, densidad especular; — **iron**, hierro especular; — **stone**, piedra especular.

Speech inverter, Inversor de frecuencias vocales; **peak** — **power**, cresta de potencia vocal.

Speed, Velocidad (véase también **Velocity**); — **box**, caja de velocidades; — **changer**, variador de velocidades; — **disc**, indicador de velocidad; — **gear box**, caja de cambios; — **governor**, regulador de velocidad; — **indicator**, cuentarrevoluciones; — **record**, taquigrama; — **reducer**, reductor de velocidad; — **reducing gears**, reductores de velocidad; — **regulator**, variador de velocidad; — **rigger**, polea escalonada; — **switching circuit**, circuito velociselector; — **trial**, prueba de velocidad; — **variator**, vaciador de velocidades; **adjustable** —, velocidad regulable, velocidad variable; **air** —, velocidad del aire; **change** — **gear**, caja de cambios, cambio de velocidades (auto); **change** — **lever**, palanca de cambio de velocidades; **climbing** —, velocidad de subida; **closing** —, velocidad de acercamiento; **constant** —, velocidad constante; **critical** —, velocidad crítica; **cutting** —, velocidad de corte (torno); **diving** —, velocidad de picado; **erasing** — (in charge storage tubes), velocidad de borrado (en tubos de memoria por carga); **erasing** — **in charge storage tubes**, velocidad de borrado en tubos de memoria por carga; **full** —, ¡a toda máquina!; **full** — **ahead!**, ¡avante a toda máquina!; **full** — **astern!**, ¡atrás a toda máquina!; **ground** —, velocidad con relación al suelo; **high** —, a gran velocidad; **high** — **engine**, motor de gran velocidad, motor rápido; **hoisting** —, velocidad de levantamiento; **idling** —, velocidad de marcha lenta; **landing** —, velocidad de aterrizaje; **level** —, velocidad en vuelo horizontal; **low** —, marcha lenta, pequeña velocidad; **peak** —, velocidad de punta; **peripheral or tip** —, velocidad periférica; **priming** — (in charge storage tubes), velocidad de sensibilización (en tubos de memoria por carga); **rating** —, velocidad de régimen; **return** —, velocidad de retorno; **rotational** —, velocidad de rotación; **scanning** —, velocidad de barrido; **second — pinion,** piñón de segunda velocidad; **signalling telegraphy —,** velocidad de transmisión telegráfica; **sinking —,** velocidad de descenso vertical; **slow — interrupter cam,** leva de interruptor lento; **sonic —,** velocidad del sonido; **spindle —,** velocidad de broca; **supersonic —,** velocidad supersónica; **translational —,** velocidad de translación; **varying —,** velocidad variable; **wide — range,** con amplia gama de velocidades; **working —,** velocidad de régimen, velocidad de trabajo; **writing —,** velocidad de impresión; **to be at full —,** estar en marcha; **to put at full —,** poner a toda velocidad.

Speeding, Aceleración.

Speedometer, Contador (auto), indicador de velocidades, taquímetro.

Speleogenesis, Espeleogénesis.

Spell, Cuadrilla, equipo, relevo, trabajo intenso de poca duración; **to —,** relevar (cuadrilla).

Spelter, Zinc comercial.

Spent, Agotado (yacimiento).

Sphene, Esfenoide.

Sphere, Esfera; **photometer —,** fotómetro de esfera; **photometric —,** esfera fotométrica.

Spheradian, Estereoradian.

Spherical, Esférico; **— aberration,** aberración de esfericidad, aberración esférica; **— achromatism,** acromatismo de esfericidad; **— balloon,** globo esférico; **— cup,** semicojinete de rótula; **— cup with (without) stem,** semicojinete de rótula con (sin) cola; **— cutter,** fresa esférica; **— harmonics,** armónicos esféricos; **— level,** nivel esférico; **— trigonometry,** trigonometría esférica.

Spheroidal, Esferoidal; **prolate — antenna,** antena elipsoidal.

Spheroidite, Esferoidita, perlita globular.

Spheroidizing, Esferoidización, especie de recocido para mejorar la mecanizabilidad.

Sphragistics, Esfragística.

Spider, Araña de centrado, brazo, brazo de rueda hidráulica, collar de mástil, cruceta, núcleo de armadura, pieza de brazos radiales; **— gear,** satélite (piñón); **— web,** en tela de araña; **— wire,** retículo; **armature —,** alcachofa de regado.

Spigot or **Spiggot,** Espárrago, grifo, sifón; **— and faucet joint,** junta de manguito; **— end of a pipe,** extremo macho de un tubo de conducción; **— faucet joint,** junta de enchufe y cordón.

Spike, Espiga, grapón; **— bar,** palanca de pie de cabra; **— generator,** generador de línea vertical; **dog —,** escarpia de carril; **screw —,** tirafondos; **spikes of a jack,** garfios, uñas de un cric; **to —,** afilar, clavar.

Spiked, Con puntas.

Spiky, Armado de puntas.

Spile or **Spill,** Clavija cónica de madera, cuña de madera, pasador, pilote; **— awl,** punzón para clavijas.

Spilitic, Espilítico; **— rock,** roca espilítica.

Spillproof, Inderramable.

Spillway, Canal de descarga, evacuador de crecidas, vertedero; **— gate,** compuerta evacuadora.

Spilly, Astilloso (metales).

Spin, Barrena (aviación), espín, rotación según una hélice; **flat —,** barrena plana; **nuclear —,** espín nuclear; **plane of —,** plano de rotación; **to —,** entrar en barrena, hacer girar, hilar, repujar al torno.

Spinback, Reversibilidad (dirección de autos).

Spindle, Árbol, broca (de torno, de perforadora), cojinete, eje, huso, mecha (de timón, de cabrestante), pivote, vástago (de corredera); — **boring**, escariado de la broca; — **bush**, portabroca; — **flange**, collarín de la broca; — **head**, cabezal portabrocas; — **hole**, escariado de la broca; — **nose**, nariz del husillo; — **of the slide**, vástago de la corredera; — **oil**, aceite para husillos; — **shaped**, en huso; — **sleeve**, manguito de husillo; — **stroke**, carrera del husillo; — **wharve**, nuez del huso; **axle** —, mangueta del eje; **bearing** —, cojinete del husillo; **bladed** —, rotor con álabes; **boring** —, barra de escariado, broca, portamecha; **capstan** —, mecha de cabrestante; **copy** —, varilla palpadora; **core** —, árbol con núcleo; **cutter** —, árbol, barra de escariado, mandrino portafresa; **dead** —, punta fija de un torno; **double U, J or S insulator** —, soporte doble en U, J o S; **drill** —, portabroca; **drilling** —, broca de perforación; **drive** —, alargadera; **fan** —, eje de ventilador; **live** —, árbol que dirige la punta giratoria de un torno o de una máquina herramienta; **main valve** —, varilla de registro de vapor; **micrometer** —, broca micrométrica; **mill** —, alargadera de laminador; **multi** —, de brocas múltiples; **nitrided** —, broca nitrurada; **socket of** —, casquillo de montaje; **standard** —, broca patrón; **taper in** —, alojamiento de la broca; **tapping** —, broca de escariado; **trip** —, selector de escobilla; **valve** —, vástago de válvula; **wheel** —, portamuela; **to** —, trabajar con la tupí.

Spindled, Trabajado con la tupí.

Spindling machine, Tupí.

Spinel, Espinela.

Spinner, Barrena (aviac.), cono de la hélice, cubo perfilado, hiladora, tupí; — **hub**, caperuza de hélice; **conical** —, casquete cónico; **parabolic** —, casquete parabólico.

Spinning, Barrena (aviac.), hilado, hiladora continua, hilatura, repujado al torno; — **bath**, baño para hilatura; — **dive**, descenso en espiral; — **factory**, hilandería; — **frame**, telar; — **jenny**, máquina de hilar algodón; — **lathe**, torno de embutir, torno de repujar; — **mill**, hilandería; **flame** —, repujado a la llama; **metal** —, repujado de metales; **non** —, antigiratorio; **non** — **cable**, cable antigiratorio.

Spinthariscope, Espintariscopio.

Spintherometer, Espinterómetro.

Spiral, Espiral; — **bevel gears**, engranajes cónicos con dentado espiral; — **casing**, cámara de caracol (turbina), cubierta en espiral, voluta espiral; — **chamber**, cámara espiral; — **chute**, moderadoı helicoidal; — **dive**, picado en espiral; — **dowel**, perno helicoidal; — **drill**, barrena en hélice, taladro helicoidal; — **four**, cable con cuatro conductores aislados; — **gear**, engranaje helicoidal; — **quad**, véase **Four**; — **spring**, devanado espiral, muelle de hélice cilíndrica, muelle espiral; — **wave winding**, arrollamiento abobinado espiral; **Archimedes** —, espiral de Arquímedes; **conveyor** —, tornillo sinfín, tornillo transportador; **indicator** — **spring**, muelle de láminas.

Spirale (To) down, descender en espiral.

Spiraled, En espiral; — **bend**, curva con transición espiral.

Spiralling, Torbellino.

Spirally, En espiral; — **wound**, devanado en espiral.

Spirit, Alcohol, esencia; — **level**, nivel de burbuja; **ardent** —, espíritu de vino; **methylated** —, alcohol desnaturalizado; **motor** —, gasolina para motores; **soldering** —, espíritu de sal; **spirits of turpentine**; aguarrás; **wood** —, alcohol metílico.

Spitting, Proyecciones (en las escobillas...).

Spitzkasten, Cono decantador.

Spkr, Altavoz.

Splash, Chapoteo, salpicadura; — **board,** guardabarros; — **feed,** alimentación en superficie; — **lubrication,** lubricación por chapoteo; — **proof,** protegido contra proyecciones de agua; — **ring or shield,** deflector.

Splat, Listón cubrejunta.

Splice, Empalme; — **bar,** eclisa; — **box,** caja de empalme de cable; **angle — bar,** eclisa angular; **eye —,** empalme de ojal; **to —,** empalmar.

Spliced, Ayustado.

Splicer (Film), Empalmadora de películas.

Splicing, Empalme, montaje, unión; — **clamps,** mordaza de torcer (los cables); — **ear,** orejeta de empalme (ferrocarril); — **fid,** pasador para ayustar cables; — **sleeve,** manguito de conexión.

Spline, Acanaladura, espárrago de sujeción, pitón.

Splined, Acanalado; — **driven,** con arrastre por acanaladura; — **milling machine,** máquina de fresar las ranuras de los árboles acanalados; — **shaft,** árbol acanalado.

Splint of the axle, Buje.

Splinter, Astilla de madera; — **deck,** puente protegido de la metralla; — **free,** inastillable; — **plates,** chapas antimetralla.

Split, Grieta, hendido (adj.), resquebrajadura; — **collet chuck,** mandril de collarín hendido; — **cotter,** chaveta partida; — **duct,** conducto de enlace; — **key,** llave inglesa; — **nut,** tuerca dividida en dos mitades; — **pin,** pasador hendido; — **skirt piston,** pistón de faldilla abierta; **permanent — motor,** motor de inducción con arranque y marcha por condensador; **to —,** dividir, hender.

Splitter, Hendedor; — **joint,** junta aislante.

Splitting, De separación; — **factor,** factor de separación (elec.); — **mill or rollers,** máquina para hendir el hierro.

Splittings, Hojuelas de mica.

Spoiler, Obturador de ranura del ala (aviac.).

Spoiling, Deterioro magnético.

Spoke, Cabilla (extremos de radios, rueda de timón), empuñadura, radio, radio (de rueda); **radial —,** rayo o radio radial; **tangential —,** rayo tangencial; **to —,** engalgar.

Spoked (Wooden), Con radios de madera.

Sponge, Esponja; — **iron,** hierro esponjoso; — **rubber,** goma espuma; **metallic —,** esponja metálica; **titanium —,** esponja de titanio.

Spongiform, Espongiforme; — **quartz,** cuarzo espongiforme.

Spongy, Esponjoso; — **lead,** plomo esponjoso; — **platinum,** negro de platino.

Sponsons, Aletas, estabilizadores de hidroavión de casco.

Spontaneous, Espontáneo; — **combustion,** combustión espontánea; — **ignition,** encendido espontáneo.

Spool, Bobina, rótor; — **jamming,** perturbación de una frecuencia o canal determinado; **cardboard —,** bobina de cartón; **film —,** carrete de película; **paper —,** devanadera; **single —,** bobina elemental del inducido; **two —,** con dos rótors; **wooden —,** bobina de madera.

Spooling, Bobinado.

Spoon, Cuchara; **to —,** bobinar.

Sporadic, Esporádico; — **reflexions,** reflexiones esporádicas.

Spot, Mancha; — **height,** punto acotado; **anode —,** punto anódico; **blind —,** zona de recepción deficiente; **cathode —,** mancha catódica; **flying — scanner,** explorador indirecto de punto móvil; **pulsation — welding,** máquina de puntos por corriente pulsatoria.

Spotfacer, Fresa para refrentar asientos de taladros.

Spotlighting, Iluminación concentrada.

Spotted, Asalmonado, manchado; — **iron,** fundición asalmonada.

Spottedness, Abundancia de manchas.

Spotting, Centrado (artillería).

Spout, Busa, canal, cangilón, eyector, pasadizo, tubo, tubo de descarga.

Spouter, Pozo brotante.

Sprag, Puntal.

Spragger, Guardafreno.

Spragy brake, Barra de bloqueo (minas).

Spray, Atomización, chorro, colada de chorro de fundición, insuflación, polvorín, pulverización, regado — **air,** aire de insuflación; — **air bottle,** botella de aire de insuflación; — **nozzle,** busca de pulverización, inyector; — **proofness,** estanqueidad a los rociones; — **scalder,** cuba de escaldar de chorro; — **type chamber,** cámara con atomización, cámara de combustión con inyección de combustible; — **washer,** lavador de pulverización; — **water,** agua de pulverización; **feather** —, voluta de proa (buque en marcha); **fuel** —, chorro de combustible; **metal** —, metalización; **salt** —, niebla salina; **subsidiary** —, chorro secundario o auxiliar; **water** —, pulverización de agua.

Sprayability, Pulverizabilidad.

Sprayer, Pulverizador (auto, Diesel); **foam** —, extintor de espuma.

Spraygun, Pistola rociadora.

Spraying, Pulverización, vaporización; — **chamber,** cámara de pulverización; — **machine,** aparato vaporizador; **metal** —, metalización, vaporización; **metal** — **gun,** pistola metalizadora; **sand** — **machine,** limpiadora de chorro de arena.

Spread, Desarrollo (armazón), envergadura.

Spreadable, Extendible.

Spreader, Espárcidora, extendedora, verga; — **stocker,** parrilla esparcidora; **concrete** —, hormigonadora; **gravity** —, esparcidora gravimétrica; **star** —, alquitranadora.

Sprig, Pasador, punta.

Spring, Resorte; — **actuated,** accionado por resorte; — **back,** retracción; — **balance,** dinamómetro; — **blased,** de apriete por muellé; — **bolt,** cerrojo de resorte; — **box,** cajera de muelle, portamuelle; — **bracket,** patín de resorte, soporte de resorte; — **bridle,** brida de resorte; — **buckle,** brida de resorte; — **buffer,** tope de resorte; — **caliper,** calibre de resorte; — **cap,** colector de resorte; — **catch,** fiador de resorte; — **chape,** plegarresorte; — **clamp,** pinzas de resorte; — **clip,** pinza de resorte, grillete de muelle de suspensión; — **collet,** collarín de resorte; — **colling machine,** máquina de fabricar resortes; — **cushion,** colchón de vapor; — **drift,** mandril de resorte; — **drum,** barrilete de resorte; — **expander,** mandril de resorte; — **gravitimeter,** gravidímetro de muelle; — **key,** chaveta partida; — **leaf,** lámina de resorte; — **loaded,** cargado por resorte; — **maker,** fabricante de muelles; — **plate,** lámina de resorte; — **rubber bufter,** soporte de caucho para la ballesta; — **shackle,** gemela de ballesta, mano de ballesta; — **stirrup,** gemela de ballesta; — **support,** apoyo de resorte; — **swivel,** gancho de motón (petr.); — **urged,** que se adapta por acción de un muelle; — **washer,** arandela de resorte, arandela Grover; — **winding,** devanado en espiral (elec.); — **wire,** alambre para resorte; **actuating** —, resorte de accionamiento; **antagonistic** —, resorte antagonista; **axial** —, resorte longitudinal; **band** —, **resorte de**

guarnición; **bearing** —, resorte de suspensión; **bow** —, resorte en arco; **buffer** —, resorte de tope; **cantilever** —, resorte cantilever, resorte en voladizo; **carriage** —, resorte de láminas escalonadas; **cee** —, resorte en C; **clutch** —, resorte de embrague; **coil** —, resorte helicoidal; **coiled** —, resorte espiral; **compression** —, resorte de compresión; **connecting** —, resorte de conexión; **clutch** —, resorte de embrague; **damping** —, resorte amortiguador; **disc** —, resorte de disco; **drag** —, resorte de tracción; **driving** —, resorte de accionamiento; **ejector** —, resorte de eyector; **elliptical** —, resorte elíptico; **equaliser** —, resorte compensador; **flat** —, resorte de lámina, resorte plano; **flexion** —, resorte de flexión; **forward or front** —, ballesta delantera; **hair** —, muelle resorte espiral; **helical** —, muelle resorte helicoidal; **hoop** —, muelle resorte de hojas, muelle resorte de láminas; **indicator spiral** —, muelle resorte helicoidal; **kick off** — **message register,** contador con resorte de rechazo; **leaf** —, muelle resorte de láminas; **main** —, muelle, resorte motor; **opposing** —, resorte antagonista; **post** —, muelle arriostrado; **rear** —, ballesta trasera; **release** —, resorte de retroceso; **ring** — **of a Jack,** resorte largo de un Jack; **sear** —, resorte de disparador; **spiral** —, resorte espiral; **split** —, resorte de compresión, resorte de presión; **steel** —, resorte de acero; **step** —, resorte de láminas escalonadas; **suspension** —, resorte de suspensión; **tip** — **of a Jack,** resorte corto de un Jack; **trigger** —, resorte de pestillo; **tumbler** —, resorte de parada; **valve** —, resorte de válvula; **volute** —, resorte espiral; **watch** —, resorte de reloj; **to** — **a leak,** hacer una vía de agua; **to relax a** —, disparar un resorte.

Springer, Dovela de bóveda.

Springiness, Elasticidad.

Springing, Distorsión para destruir, suspensión por resortes o ballestas, tratamiento del latón por flexión — **of a vault,** arranque de bóveda.

Sprinkle, Escobillón; **to** —, espolvorear, gallear (hojalatería), rociar.

Sprinkler, Aparato rociador de ducha, rociador — **system,** sumersión en lluvia; **to** —, instalar un sistema de aspersión automática.

Sprinkling, Rociada; — **machine,** esparcidora.

Sprocket, Huella de rueda; — **chain,** cadena articulada; — **wheel,** cilindro cardador, corona dentada (cabrestante), piñón de cadena, rueda acanalada de trócola, rueda de levas.

Spruce tree, Abeto.

Sprue, Chatarras de fundición, chorro de colada, residuos de fundición, tapón de hierro solidificado; — **extractor or puller,** extractor de tapón de hierro; **casting** —, mazarota de fundición.

Spud, Espátula.

Spudder, Escoplo.

Spudding, Procedimiento de perforación con cable.

Spun, Hilado.

Spur, Arbotante, espolón, talón, uña; — **chuck,** mandril de puntas; — **gear,** engranaje recto; — **pinion,** piñón recto; — **wheel,** rueda dentada; **climbing** —, trepador; **iron** —, pie derecho.

Spurt (To), Brotar (chorro), hacer brotar.

Spurting, Salpicadura.

Sputter (To), Peterrear (motores).

Spyglass, Ventanilla.

Sq. ft. (Square foot), Pie cuadrado.

Sq. in. (Square inch), Pulgada cuadrada.

Squab (To), Aplastar un trozo de tocho en la prensa de forjar para formar un disco grueso.

Squabbed, Aplastado en la prensa de forjar.

Squadron, Escuadra, escuadrilla (aviac.).

Squalene, Triterpeno con 6 enlaces dobles pero que es una mezcla de isómeros de doble enlace.

Squall, Turbonada.

Squander (To), Despilfarrar.

Square, Cuadrado, escuadra, té; — **bit,** barreno de cabeza cuadrada, trépano de corona; — **bolt,** perno cuadrado; — **centimeter,** centímetro cuadrado; — **decimeter,** decímetro cuadrado; — **edge,** arista viva; — **elbow,** codo de ángulo recto, codo vivo; — **file,** limatón cuadrado; — **foot,** pie cuadrado; — **frame,** cuaderna recta; — **headed,** de cabeza cuadrada; — **inch,** pulgada cuadrada; — **jag,** muesca cuadrada; — **meter,** metro cuadrado; — **millimeter,** milímetro cuadrado; — **nut,** tuerca cuadrada; — **stranded,** de torones cuadrados; — **tipped,** con extremo cuadrado; **back** —, escuadra de sombrerete; **bevel** —, pantómetra; **caliper** —, pie de rey; **centre** —, escuadra de diámetro; **chuck** —, falso botón; **framing** —, escuadra de carpintero; **hexagonal** —, escuadra hexagonal; **iron** —, escuadra de hierro; **least squares method,** método de los mínimos cuadrados; **rim** —, escuadra de sombrerete; **shifting** —, falsa escuadra; **sliding** —, falsa escuadra; **T** —, escuada en T; **to** —, elevar al cuadrado, escuadrar, escuadrar la madera.

Squared, Cuadriculado; — **paper,** papel cuadriculado.

Squarer, Operador de ley cuadrática.

Squaring, Cuadriculado, escuadrado, escuadreo.

Squeegee, Rasqueta.

Squegger, Oscilador regulado por oscilaciones de relajación.

Squeezability, Exprimibilidad.

Squeeze, Estrechado — **section,** sección estrechada; **to** —, apretar, tundir paño.

Squeezer, Cinglar, máquina de cinglar, máquina de moldear, prensa moldeadora.

Squibbing, Ensanchamiento del fondo por explosión de cargas (barrenos).

Squidding, Fenómeno de apertura espontánea y cierre.

Squint, Ladrillo para esquinas agudas.

Squirrel, Ardilla; — **cage,** jaula de ardilla (elec.); — **cage wave,** devanado de caja de ardilla; — **winding,** devanado de ardilla; **double** —, doble jaula de ardilla.

Squirt (To), Engrasar, hacer brotar, inyectar con jeringa, manar.

Squish, Efecto del movimiento ascendente del pistón para efectuar la mezcla del combustible y aire.

Stab, Zamarra.

Stabber, Lezna de velero de tres cortes.

Stabilitator, Estabilizador montado en la parte superior del estabilizador vertical.

Stabilise (To) or stabilize, Estabilizar.

Stabilised, Estabilizado; — **line of sight,** línea de mira estabilizada, línea de puntería; — **steel,** acero estabilizado; — **water,** agua esta bilizada (tratado contra los depósitos).

Stabiliser or **Stabilizer,** Empenaje, estabilizador, plano de deriva; — **circuit,** circuito de tensión; — **fin,** plano de tensión; — **gear,** aparato de tensión; **gyroscopic** —, estabilizador giroscópico; **voltage** —, estabilizador de tensión.

Stability, Estabilidad; — **curve,** curva de estabilidad; **combustion** —, estabilidad de combustión; **directional** —, estabilidad direccional; **elastic** —, estabilidad elástica; **frequency** —, estabilidad de frecuencia; **lateral** —, estabilidad lateral; **longitudinal** —, estabilidad longitudinal; **phase** —, estabilidad de fase; **rolling or transversal** —, estabilidad transversal; **transmission** —, estabilidad de transmisión.

Stabilization, Estabilización; **gyro** —, estabilización giroscópica.

Stabilized, Estabilizado; — **feed back,** reacción estabilizada; **line-** — **oscillator,** oscilador estabilizado por línea.

Stabilizer, Véase **Stabiliser; voltage** —, estabilizador de tensión.

Stabilizing, Estabilización.

Stabilovolt, Estabilizador de tensión; — **tube,** válvula estabilizadora de tensión.

Stable, Estable; — **circuit,** circuito estable.

Stably austenitic, Austeníticamente estable.

Stack, Cuba de alto horno, cuba o blindado de cuba, chimenea, empaquetado, empilado, montón, montura, pila, pipa, tobera; — **of wood,** pila de madera; — **oxycutting,** oxicorte en paquete; **rectifier** —, pila de rectificadores; **smoke** —, chimenea; **to** —, apilar.

Stackable, Amontonable.

Stacker (Two), Buque de dos chimeneas.

Stacking, Apilado, factor de espacio.

Stadimeter, Estadímetro.

Staff, Barrote, escalón, personal de fábrica (etc.), mira; **brake** —, tornillo del freno; **cross** —, alidada, escuadra de agrimensor, pínula; **levelling** —. mira para nivelación.

Stage, Andamiaje, andamio, escalón, fase, período; — **builder,** andamiero; — **distance,** longitud de etapa; — **grouting,** inyección de cemento por etapas; **audiofrequency** —, paso de audiofrecuencia; **compound** — **expansion,** doble expansión; **driver** —, etapa excitadora; **first** —, primera etapa (de compresión); **high pressure** —, escalón de alta presión (turbina); **impulse** —, escalón de acción; **impulse** — **blandings,** álabes del escalón de acción; **in stages,** por etapas; **landing** —, apontaje; **landing** —, muelle de desembarco; **low pressure** —, escalón de baja presión (turbina); **mixer** —, etapa de primera detección; **multi** —, plurietápico; **radiofrequency** —, paso de radiofrecuencia; **reaction** —, escalón de reacción (turbina); **selecting** —, paso de selección; **switching** —, paso de conmutación; **two** — **expansion,** doble expansión.

Staged, Con escalones; **n** —, con n etapas o escalones.

Stagger, Decalado de las alas; **front** —, decalado hacia adelante; **rear** —, decalado hacia atrás; **to** —, bambolear, decalar, vacilar.

Staggered, Al tresbolillo, alternados; — **poles,** palos alternados (elec.).

Staging, Andamio (para obreros).

Stain, Colorante, solución colorante; **to** —, estampar (telas), manchar, teñir.

Stained, Estampado, teñido; — **glass,** vitral.

Stainer, Tintorero; **paper** —, fabricante de papeles pintados.

Stainless, Inoxidable; — **iron,** acero con 3 a 28 % de cromo sin níquel y de carácter ferrítico y magnético; — **steel,** acero inoxidable.

Stainlessness, Inoxidabilidad.

Stair, Escalón, peldaño de escalera; — **way,** escalera; **circular** —, escalera de caracol; **electric** — **way,** escalera eléctrica.

Stairs, Escaleras.

Staith, Estacada.

Stake, Jalón, pilote, piquete, traca; **anvil** —, yunque de cola; **nail** —, yunque de clavero; **planishing —**, yunque de aplanar; **to —**, bloquear (una tuerca), frenar, proteger con pilotes, sostener; **to — out**, jalonar.

Stale, Agriado, viciado, viejo; **— atmosphere**, atmósfera viciada; **— check**, cheque caducado.

Stalk, Bebedero (pieza fundida por inyección).

Stall, Desenganche, pérdida de velocidad en vuelo; **to —**, bloquear, calar (un motor), desenganchar, ponerse en pérdida de velocidad.

Stalled, Averiado, calado (motor), perdiendo velocidad.

Stalling, Bloqueado, bombeo, calado, desplome, pérdida de velocidad; **— characteristics**, característica de desplome; **— flutter**, vibración aerolástica de pérdida de velocidad; **— speed**, velocidad de desplome, velocidad límite inferior.

Stallometer, Indicador de velocidad mínima de sustentación.

Stallth, Rampa de carga.

Stamp, Bocarte, botella, cuña, estampa (forja), martinete, matriz, pilón, pisón, punzón, sello; **— battery**, batería de bocartes; **— duty**, impuesto del timbre; **— mark**, filigrana en seco; **— mills**, quebrantadoras; **— press**, prensa de embutir; **— rock**, mineral de bocarte; **acceptance —**, punzón de recepción; **board drop —**, martillo de plancha; **cornish —**, bocarte; **die —**, troquel; **to —**, bocartear el mineral, embutir, estampar, machacar.

Stamped, Bocarteado, embutido, estampado, machacado, timbrado; **— head**, fondo embutido; **— paper**, papel timbrado.

Stamper, Bocarte, martillo pilón, martinete.

Stamping, Estampación; **— engine**, bocarte; **— machine**, máquina de recortar chapa; **— mill**, bocarte; **— press**, prensa de matrizado; **— trimmer**, desrebabador para piezas estampadas; **die —**, matriz de estampación; **sheet —**, estampación de chapas.

Stampings, Chapas recortadas; **body —**, piezas embutidas para carrocería.

Stanbi plant, Instalación de socorro

Stanch, Estanco; **— joint**, junta estanca.

Stanchion, Arbotante, batayola de empalletado, escora, estaca, estay, montante, puntal, soporte.

Stand, Banco, bastidor, pie, soporte, tren de varillas; **— by**, banco de socorro (máq.); **— by battery**, batería de socorro; **— pipe**, columna de agua de alimentación; **engine —**, bancada para motor; **launching —**, rampa de lanzamiento; **stands in line**, bastidores en línea; **test —**, banco de pruebas; **waveguide bench —**, banco guíaondas; **whirling —**, banco giratorio.

Standage, Pozo de desagüe (minas).

Standard, Bastidor, columna, curva de buque, modelo, montante, norma, normalizado, ley (de oro, etc...), poste, soporte; **— ammeter**, amperímetro de precisión; **— cell**, pila patrón; **— engine**, motor de pruebas; **— foot**, pie calibrado; **— gauge**, gabarit; **— gauge track**, vía normal; **— of a solution**, ley de una solución; **— pin**, soporte normal; **— scale**, escala de calibres; **— sizes**, dimensiones standard; **— voltmeter**, voltímetro de precisión; **frequency —**, patrón de frecuencia; **low water —**, cero de las cartas marinas; **main —**, columna (cepilladora); **side —**, montante lateral; **television standards**, normas de televisión.

Standardisation or **Standardization**, Calibración.

Standardise (To) or **Standardize**, Normalizar, tipificación.

Standardized, Normalizado; **— food ration**, ración alimenticia normalizada.

Standbi battery, Batería de socorro; — **fuel,** combustible auxiliar; — **or stand by,** espera (de radio, de conectar), socorro; — **position**, posición de espera.

Stander, Pilar de carbón.

Standing, Durmiente, estacionamiento, fijo; — **jib,** fofoque (goleta); — **part of a rope,** jarcia firme de una maniobra; — **pier,** pila-estribo; — **rigging,** jarcia firme; — **vice,** banco fijo; — **waves,** ondas estacionarias.

Standstill, Parada, parada de máquinas, reposo.

Stannane, Hidruro de estaño.

Stanniferous, Estannífero.

Staple, Cuña de hierro, depósito, grapón, materia bruta, materia prima, pozo de ventilación, uña; — **angles,** corbatas de angular; — **shaft hoist,** cabria de pozo de mina; **caulking or calking** —, grapón de cabeza uñeteada.

Staplers, Máquina de remachar grapas; — **of goods,** naturaleza de las mercancías.

Stapling, Engrapado.

Star, Estrella; — **board,** estribor (buques); — **connection,** montaje en estrella; — **delta switch,** conmutador estrella-triángulo; — **identifier,** planisferio para reconocimiento de estrellas; — **point,** punto neutro; — **wheel,** rueda estrellada; **artificial** — **point,** punto neutro artificial.

Starboard, De estribor, estribor.

Starch, Almidón; — **paste,** engrudo de almidón.

Starlike, En forma de estrella.

Starling, Tajamar (de espigón, de pila de puente).

Starred angles, Columna cruciforme formada por dos angulares.

Start, Arranque, lanzamiento, salida; — **and stop,** marcha y parada; **cold** —, salida en frío; **flying** —, salida lanzada; **repulsion** —, arranque en repulsión; **standing** —, salida parada; **stepped** — **stop system,** sistema arrítmico con arranque sincrónico; **to** —, arrancar, disociar, partir, poner en marcha, soltar (chapas); **to** — **a bolt,** recalcar un perno.

Startability, Facilidad de puesta en marcha.

Starter, Mecanismo de puesta en marcha; — **button,** botón de arranque; **combustion** —, cebador de explosión; **compressed air** —, arrancador de aire comprimido; **crank** —, arrancador de manivela; **drum** —, arrancador de cilindro; **electric** —, arrancador eléctrico; **inertia** —, arrancador de inercia; **self** —, arrancador automático; **sequential** —, arrancador secuencial.

Starting, Arranque, cebado, puesta en marcha, puesta en movimiento, puesta en ruta, puesta en tren; — **air,** aire de arranque (Diesel); — **air vessel,** depósito de arranque (Diesel); — **bar,** palanca de puesta en marcha, palanca de puesta en tren; — **battery,** batería de arranque; — **by means of compressed air,** arranque por aire comprimido; — **catapult,** catapulta de lanzamiento; — **claw,** uña de puesta en marcha; — **crank,** manivela de puesta en marcha; — **fluid,** fluido de arranque; — **gear,** puesta en tren; — **handle,** manivela de puesta en marcha; — **lever,** palanca de puesta en marcha, palanca de puesta en tren; — **load,** carga de arranque; — **motor,** motor de arranque, motor de lanzamiento; — **panel,** tablero de arranque; — **piping,** toberas de aire de arranque; — **rheostat,** reóstato de arranque; — **resistance,** resistencia de arranque; — **torque,** par de arranque; — **trial**, ensayo de arranque; — **up,** puesta en ruta; — **valve,** válvula de arranque; — **winding,** devanado de arranque; **cartridge** —, arranque por cartucho; **cold** —, salida en frío; **kick** —, arranque a pedal (motor); **loadless —,** arranque en vacío; **self —,** arranque automático.

Start-stop (Margin of) apparatus, Margen de aparatos arrítmicos.

Starve (To), Estar falto de gasolina (motor).

State, Estado, usado, marcha de un horno alto; **steady —,** régimen permanente.

Statehood, Estadidad.

Stater, Liquidador tasador de averías.

Stateroom, Camarote de oficial (buques).

Static, Estático (adj.); **— aeroelasticity,** aeroelasticidad estática; **— balance,** equilibrio estático; **— capacity,** capacidad estática; **— charge,** carga estática; **— electricity,** electricidad estática; **— head,** caída estática; **— lift,** fuerza ascensional; **— load,** carga estática; **— pressure,** presión estática **— strength,** resistencia estática **— test,** ensayo estático; **— thrust,** empuje estático; **— torque,** momento torsor de arranque; **precipitation —,** descarga atmosférica.

Statically, Estáticamente.

Staticization, Estaticización.

Statics, Estática (ciencia), parásitos (radio); **precipitation —,** estáticos de precipitación.

Staticsless, Sin perturbaciones parásitas.

Station, Depósito (almacén), estación, estación (establecimiento), puesto; **— index number,** número indicativo de estación; **aircraft —,** estación de avión; **amateur —,** estación de aficionado; **attended —,** estación atendida; **autoexcited —,** estación autoalimentada; **base —,** estación base; **broadcasting —,** estación de radiodifusión; **central —,** estación central; **coaling —,** depósito de carbón; **coast —,** estación costera; **coaxial control —,** estación directriz coaxil; **control —,** estación directriz (servicio internacional), estación reguladora; **dependent —** (GB), estación telealimentada; **electric light —,** central eléctrica, fábrica generadora de luz eléctrica; **experimental —,** estación experimental; **fixed —,** estación fija; **frequency assigned to a —,** frecuencia asignada a una estación; **gas —,** estación de gasolina; **generating —,** estación generadora (elec.); **group control —,** estación directriz de grupo; **group sub-control —,** estación subdirectriz de grupo; **heat engine —,** central térmica; **hydroelectric —,** central hidroeléctrica; **interfering —,** estación perturbadora; **land —,** estación terrestre; **land mobile —,** estación móvil terrestre; **lifeboat —,** estación de salvamento; **loading —,** puesto de carga; **master —,** estación maestra; **master telegraphy —,** estación telegráfica maestra; **portable sub —,** subestación portátil; **power —,** central, fábrica generadora; **power feeding —,** estación alimentadora; **pump —,** estación de bombeo; **pumping —,** estación elevadora; **radio beacon —,** estación de radiofaro; **radio direction-finding —,** estación radiogoniométrica; **radio range —,** radiofaro; **radiolocation —,** estación de localización; **radionavigation —,** estación de radionavegación; **receiving —,** puesto de recepción; **regulated —,** estación regulada; **sending —,** puesto de emisión; **slave telegraphy —,** estación telegráfica corregida; **standard frequency —,** estación de frecuencia patrón; **steam —,** central térmica; **sub —,** subestación (elec.); **subcontrol —,** estación subdirectriz; **television —,** estación de televisión; **terminal —,** aeropuerto; **transmitting —,** estación de emisión; **trig stations,** puntos geodésicos; **unatended —,** estación no atendida; **utility —,** estación de servicio; **way —,** estación intermedia.

Stationary, Estacionario, fijo; **— rectifier,** rectificador estático; —

transformer, transformador estático; — **wave,** onda estacionaria.

Statistic, Estadística.

Statistical, Estadístico; — **impurity,** impureza estadística.

Statistico, Estadístico.

Statistico-thermodynamic, Estadístico-termodinámico.

Stator, Estátor (elec.); — **blade,** paleta estatórica; — **frame,** bastidor del estátor; — **plates,** placas fijas de un condensador; — **slot,** muesca de estátor, ranura; — **winding,** devanado del estátor, devanado estatórico.

Statoreactor, Estatorreactor.

Statoscope, Estatoscopio.

Staunching, De impermeabilización; — **ring,** anillo de impermeabilización.

Stauffer, Stauffer; — **lubricator,** engrasador Stauffer.

Stauroscope, Estauroscopio.

Stave, Duela de barril; **to** —, desfondar, reventar (barril, buque).

Staved, Desfondado.

Staver, Máquina para escuadrar los extremos del tocho caliente y desprender la cascarilla.

Staves, Plural de **Staff.**

Staving off, Jalonado.

Stay, Arbotante, armadura, estay, riostra, tirante (máquinas), viento de chimenea; — **bar,** tirante de caldera; — **of frames,** enlace de los bastidores; — **ring,** arandela de cierre; — **rod,** tirante de caldera; **back** —, cadena de retención, contraplaca, soporte de la contrapunta (torno); **binding** —, brida del cordón inferior de una viga armada; **bridge** —, armadura de una caja de fuego; **buck** —, armadura del horno, viga de anclaje; **chain** —, viento de cadena; **cross** —, Cruz de San Andrés, tirante de Cruz de San Andrés; **dog** —, perno; **gusset** —, cartela, triángulo de palastro; **to** —, afianzar, apuntalar.

Stayed, Con vientos.

Stayer, Pozo de petróleo de gran estabilidad de producción.

Staying, Acodalado, apuntalamiento.

s. t. d., Estandard.

S. T. D., Stand by (T. S. F.).

Steadiness, Estabilidad, fijeza (de la luz eléctrica), rigidez.

Steady, Estable, estacionario, firme, luneta (torno), permanente, sólido; — **head,** cabezal de fijación (torno); — **rest,** luneta (máq.-herr.), soporte fijo; — **state,** régimen permanente; — **swirl,** remolino laminar.

Steadying, Estabilizado; — **circuit,** circuito estabilizador.

Stealer, Traca intercalada.

Steam, Vapor; — **accumulator,** acumulador de vapor; — **atomizing,** pulverización de vapor; — **blanched,** blanqueado con vapor; — **case,** camisa; — **chest,** caja de vapor; — **distributor,** distribuidor; — **distillation,** destilación en corriente de vapor de agua; — **dryer,** secador de vapor; — **dynamo,** dínamo a vapor; — **engine,** máquina de vapor; — **exhauster,** aspirador de vapor; — **feed pipe,** tubo de alimentación de vapor; — **fitter,** montador de calderas y tuberías de vapor; — **gauge,** manómetro; — **hammer,** martillo pilón; — **heating,** caldeo por vapor; — **holder,** cámara de vapor (calderas); — **is down,** no se tiene presión; — **jacket,** camisa de vapor; — **jet grate,** parrilla de tiro forzado por chorro de vapor; — **leakage,** fuga de vapor; — **locomotive,** locomotora a vapor; — **making,** producción de vapor; — **meter,** contador de vapor; — **nozzle,** tobera de vapor; — **overlap,** recubrimiento a la admisión; — **ports,** orificios de admisión y escape de vapor; — **pipe,** tubo de vapor; — **pressure,** presión de vapor; — **pump**, bomba de vapor; — **raiser**, caldera para producir vapor; — **room**, cámara de vapor; — **saver**, economizador de vapor; — **separator**, separador de vapor; — **space**, volumen de vapor; — **station**, central térmica; — **superheater**, sobrecalentador de vapor; — **sweeping**, limpieza al vapor de la chimenea; — **tight**, estanco al vapor; — **tight joint**, junta estanca; — **tightness**, estanqueidad; — **trap**, purgador automático; — **trial**, ensayo de vaporización; — **way**, orificio de admisión; — **winch**, torno de vapor; **back** —, contravapor; **bled** —, vapor de purga; **condensed** —, vapor condensado; **dry** —, vapor seco; **exhaust** —, vapor de escape; **exhaust** — **turbine**, turbina de vapor de escape; **extraction** —, vapor de extracción; **heated** —, vapor sobrecalentado; **heating** —, vapor de caldeo; **high pressure** —, vapor a alta presión; **inverted bucket** — **trap**, purgador de cuba; **low pressure** —, vapor a baja presión; **overheated** —, vapor sobrecalentado; **process** —, vapor de extracción; **reverse** —, contravapor; **saturated** —, vapor saturado; **the** — **is up**, se tiene presión; **the** — **rises**, la presión sube; **to get up** —, calentar; **to have** — **up**, tener presión; **to keep up** —, mantener a presión; **to let off** —, dejar escapar el vapor; **to put on full** —, poner a toda velocidad; **waste** — **pipe**, tubo de escape; **wet** —, vapor húmedo; **with every pound of** —, a toda presión.

Steamboat, Barco a vapor.

Steamchest, Estufa de vapor.

Steamer, Carguero a vapor, vapor (buque); — **lane**, ruta de navegación transatlántica; **paddle** —, buque a vapor de ruedas; **screw** —, buque de vapor de hélices; **single screw** —, buque a vapor de hélice sencilla; **turbine** —, buque a vapor de turbinas; **twin screw** —, vapor de hélices gemelas.

Steaming, De vaporizar; — **skip**, cesto de vaporizar.

Steamotive, Productor de vapor.

Steamship, Buque de vapor.

Steaning, Revestimiento de las paredes de un pozo.

Stearate, Estearato; **lithium** —, estearato de litio; **sodium** —, estearato de sodio.

Stearic, Esteárico; — **acid**, ácido esteárico.

Stediment, Pivote central.

Steel, Acero (ver también en las diferentes designaciones de acero enumeradas en otra parte); — **bath**, baño de aceración; — **belt conveyor**, transportador de banda de acero; — **casting**, acero moldeado; — **dust**, limadoras de acero; — **fabrication**, conjunto hecho soldando rozas de acero; — **foundry**, moldería de acero; — **hawser**, calabrote de acero; — **makers**, acerías, acieristas; — **making**, elaboración del acero; — **melter**, fundidor de acero; — **mill**, acería; — **nobility**, nobleza del acero; — **plate**, chapa de acero; — **powder**, polvo de acero; — **rim**, llanta de acero; — **set**, portada de acero (minas); — **sheet**, chapa fina de acero; — **spring**, resorte de acero; — **strip**, lámina de acero; — **tape**, cinta de acero; — **treater**, acerista; — **turnings**, virutas de acero; — **weldment**, conjunto soldado de piezas de acero; — **wire**, hilo de acero; — **works**, acería; **additional** — **suspension**, cable soporte; **all** —, enteramente de acero; **alloy** —, acero especial; **alloyed** —, acero aleado; **annealed** —, acero recocido; **Bessemer** —, acero Bessemer; **blistered** —, acero vejigoso, acero vesiculado; **boron** —, acero al boro; **bright** —, acero pulido; **bright drawn** —, acero estirado brillante; **carbon** —, acero al carbono; **case hardened** —, acero endurecido en la superficie; **case hardening** —, acero de cementación; **cemented** —, acero cementado; **centrifugal** —, acero centrifugado; **chilled** —, acero endurecido; **chrome** —, acero al cromo; **clad** —, acero chapado; **cobalt** —, acero al cobalto; **cold drawn** —, acero estirado en frío; **concrete** —, hormigón armado; **constructional** —, acero de construcción; **converted** —, acero cementado; **crucible** — **or crucible cast** —, acero al crisol, acero fundido en crisol; **crude** —, acero para bruñir; **crushed** —, acero para bruñir; **dead soft** —, acero extradulce; **die** —, acero para matrices; **fined** —, acero afinado; **forging** —, acero de forja; **free machining** —, acero de fileteado; **ground** —, acero rectificado con la muela; **half hard** —, acero semiduro; **half mild** —, acero semidulce; **hard** —, acero duro; **hardenable** —, acero templable; **hardened** —, acero templado; **heat** —, acero refractario; **heat resisting** —, acero resistente al calor; **high class** —, acero de primera clase; **high permeability** —, acero de alta permeabilidad; **high speed** —, acero rápido; **hoop** —, acero en flejes; **hot drawn** —, acero estirado en caliente; **killed** —, acero calmado; **low loss** —, acero con pocas pérdidas; **magnetic** —, acero magnético; **manganese** —, acero al manganeso; **Martin** —, acero Martín; **medium** —, acero semiduro; **merchant** —, acero comercial; **mild** —, acero dulce; **natural** —, acero natural; **nickel** —, acero al níquel; **non distorsion** —, acero indeformable; **non magnetic** —, acero no magnético; **prealloyed** — **powders**, polvos de acero prealeado; **plugged** —, acero efervescente controlado; **puddled** —, acero pudelado; **quality** —, acero de calidad, acero de marca; **raw** —, acero bruto; **refined** —, acero batido; **rimmed** —, acero efervescente, acero esponjoso; **rolled** —, acero laminado; **rough** —, acero crudo; **screw machine** —, acero de fileteado; **semi** —, acero de fundición acerada; **shallow hardening** —, acero poco templable; **sheared** —, acero batido; **shearing of** —, afinado del acero; **sheet** —, chapas de acero; **silicomanganese** —, acero manganosilicoso; **silver** —, acero plata; **softened** —, acero dulcificado (del que se ha disminuido el temple); **special** —, acero especial; **spring** —, acero para resortes; **stainless** —, acero inoxidable; **strip** —, acero en bandas; **structural** —, acero de construcción; **tempered** —, acero revenido, acero templado (poco frecuente); **Thomas** —, acero Thomas; **tool** —, acero para herramientas; **transformer** —, acero para transformadores; **tubular** —, tubos de acero; **tungsten** —, acero al tungsteno; **untreated** —, acero no tratado; **vanadium** —, acero al vanadio; **vessel** —, buque de acero; **weldable or welding** —, acero soldable; **welded** —, acero soldado; **Wootz** —, acero Wootz; **wrought** —, acero forjado; **to** —, acerar.

Steeling, Aceración, acerado.

Steeled iron, Hierro acerado.

Steelyard, Romana (balanza).

Steep, (To), Enriar.

Steepened, De fuerte pendiente.

Steepening, Enriado.

Steeper, Remojadero.

Steeply graded, Muy inclinado.

Steepwater, Agua de maceración.

Steer (To), Dirigir, gobernar.

Steerable, Orientable; — **aerial**, antena orientable; — **tail wheel**, rueda de cola orientable.

Steering, De gobernar, de la caña del timón, dirección; — **axle**, eje director; — **box**, caja de la dirección, cárter; — **column**, tubo de la dirección; — **compartment**, compartimento de la caña; — **compass**, compás de navegación; — **drop arm**, brazo de la dirección; — **engine**, servomotor; — **gear**, aparato de gobernar; — **indicator**, axiómetro; — **knuckle** —, muñón de dirección; — **lever,** palanca de dirección; — **lock,** agarrotamiento de la dirección, ángulo máximo de giro de las ruedas delanteras; — **receiver,** receptor; — **socket,** manguito de dirección; — **swivel,** pivote de dirección; — **wheel,** volante de dirección (auto); **irreversible** —, dirección irreversible.

Stellar, Estelar.

Stellionate, Estelionato.

Stellite, Estelita.

Stellited, Guarnecido de estelita.

Stem, Roa, vástago; — **guided,** guiada por perno (válvula); **valve** —, tubo de la válvula de un neumático, vástago de válvula; **valve** — **guide,** guía de vástago de válvula.

Stemmer, Atacadera de madera o cobre.

Stemson, Contrarroda.

Stencilmaker, Estarcidor.

Stenode circuit, Circuito superheterodina con cristal piezoeléctrico.

Stenton, Recorte (minas).

Step, Banqueta (dique), escalón, estribo, peldaño de escalera, rangua, rediente de flotador, taco de madera sobre el que apoya el palo; — **bearing,** rangua; — **by,** gradual; — **by** — **relay,** relé gradual (elec.); — **cones,** polea escalonada; — **downtransformer,** transformador de corriente de baja tensión en corriente de alta tensión, transformador reductor; — **function,** función en escalera (mat.); — **lens,** lente en escalones; — **up transformer,** transformador de corriente de baja tensión en corriente de alta tensión, transformador elevador; **by reserve steps,** por etapas; **by steps,** por plataforma; **collar** —, anillo de fondo, grano anular (ranguas); **collar** — **bearing,** quicionera anular, rangua anular; **falling out of** —, desconexión (elec.); **in** —, en fase; **in steps,** conexión (elec.), escalonados (dientes de engranaje); **into steps,** arranque; **pulling into** —, conexión (elec.); **resistance** —, plot de arranque; **to** — **down,** bajar la tensión, reducir la tensión; **to** — **up,** aumentar la tensión, elevar la tensión.

Stepless, Progresivo; — **starting,** arranque progresivo.

Stephenson, Stephenson; **Stephenson's link motion,** colisa-corredera Stephenson.

Stepped, Escalonado; — **area,** sección en escalones.

Stepping pawl, Trinquete de avance.

Stereoblock, Estereobloque.

Stereochemical, Estereoquímico.

Stereochemistry, Estereoquímica.

Stereocomparator, Estereocomparador.

Stereoisomeric, Estereoisómero.

Stereomicrograph, Estereomicrografía.

Stereophonic, Estereofónico; — **sound,** sonido estereofónico; **reception** —, recepción estereofónica.

Stereoprojector, Proyector estereoscópico.

Stereoscope, Estereoscopio.

Stereoscopic, Estereoscópico; — **height finder,** altímetro estereoscópico; — **photography,** fotografía estereoscópica; — **pictures,** imágenes estereoscópicas; — **range finder,** telémetro estereoscópico; — **visión,** visión estereoscópica.

Stereoscopy, Estereoscopía.

Stereotomy, Estereotomía.

Stereotopograph, Estereotopógrafo.

Steric, Estérico; — **effect,** efecto estérico; — **strain,** tensión estérica.

Sterilize (To), Esterilizar.

Stern, Armazón de popa, popa; — **bracket,** asiento de árbol de hélice; — **frame,** armazón de popa; — **ports,** portañolas de armazón de popa; — **post,** codaste; — **rudder,** timón de popa; — **tube,** bocina de codaste.

Sternframe, Marco de la hélice (buques).

Sternmost, Popel; — **frame,** popel.

Sternutator, Agente químico estornutatorio.

Sternpiece or **Sternpost,** Codaste; **inner** —, codaste a proa; **outer** —, codaste a popa.

Steroids, Esteroides.

Sterson, Castillo de popa.

Stethoscope, Estetoscopio; **industrial** —, estetoscopio industrial.

Stevedore, Estibador.

Stevedoring, Estiba y desestiba.

Sthenosize (To), Estenosar.

Stick, Engomado, nervio, pieza de madera de construcción, tronco de árbol, vástago; — **force,** esfuerzo sobre la palanca de mando; — **force indicator,** indicador de intensidad de reacción sobre la palanca de mando; **anchor** —, cepo del ancla; **cold** —, engomado en frío; **drip** —, varilla conductora de agua o de lubricante sobre una herramienta en trabajo; **elevator** —, timonería de profundidad; **emery** —, piedra de pulir; **joy** —, palanca de mando; **meter** —, varilla graduada; **ring** —, engomado de los segmentos; **to** —, estar acuñado, estar calado, estar engomado (grifo, etc.), estar engranado, griparse (motor).

Stickiness, Encolado.

Sticking, Engomado de un segmento, tenaz; — **carbon,** carbono tenaz; — **of a valve,** engomado de una válvula; — **sulfur,** azufre tenaz; **ring** —, engomado de un segmento.

Sticklac, Laca en barras.

Sticky charge, Carga explosiva con envuelta adhesiva.

Stiff, Duro (caña de timón, etc.), tenso.

Stiffen (To), Arriostrar, atiesar, lastrar buques (para la estabilidad), reforzar, tensar.

Stiffening, Enderezamiento, lastre de estabilidad, refuerzo; — **frame,** bastidor de refuerzo; — **girders,** riostras de refuerzo; — **rib,** nervio de refuerzo; **integral** —, refuerzo interno (avión).

Stiffener, Refuerzo, rigidizador, riostra, tensor; **aluminium** —, enderezador de aluminio.

Stiffness, Rigidez, véase **Elastance.**

Stiffnut, Tuerca autorretenedora.

Stigmator, Estigmador.

Stikage, Pérdidas por pegadura del hormigón a la hormigonera.

Stikiness or **Sticking,** Engomado; **ring** —, engomado de los segmentos.

Stilb, Unidad de luminosidad (1 b cm^{t}).

Still, Alambique; **centrifugal** —, evaporador centrífugo.

Stillage, Pequeña plataforma portátil.

Stillman, Destilador.

Stilt, Estaca, pilote.

Stilting, Realce (arcos).

Stimulated, Provocado; — **decay,** desintegración provocada.

Stimuli (Sound), Estímulos sonoros.

Stinkdamp, Sulfuro de hidrógeno.

Stinky, Radar de visión del terreno sobrevolado.

Stir (To), Agitar, remover; **to** — **the fires,** activar los fuegos.

Stirrer, Agitador.

Stirring, Agitación, remoción (de baño metálico); **inductive** —, remoción por inducción.

Stirrup, Brida, estribo; **eccentric** —, collarín de excéntrica; **spring** —, brida de resorte.

Stitcher, Ribeteadora.

Stochiometry, Estoquiometría.

Stock, Aprovisionamiento, astillero, cepo del ancla, cuña de timón, fondos comerciales, martillo, material, mazo, mercancía en almacén, picadero; — **and bit,** berbiquí y broca; — **anvil,** chabota; — **broker,** agente de cambio; — **exchange,** bolsa; — **for rivetting,** mandril de remachado; — **line,** nivel de carga (horno alto); — **market,** mercado de valores; — **of a plane,** fuste de un cepillo; — **of a wheel,** cubo de una rueda; — **of an anvil,** tajo de yunque; — **room,** almacén; — **yard,** depósito; **anchor** —, cepo del ancla; **centre** —, punta de torno; **core** —, caja de machos; **die** —, de cojinetes móviles, hilera partida; **head** —, cabezal (máq.-herr.); **in** —, en almacén, en stock; **rolling** —, material rodante (ferrocarril); **rudder** —, macho del timón; **stocks,** gradas de construcción; **stocks and dies,** hilera doble; **tail** —, cabezal móvil.

Stocker (Spreader), Parrilla de carga.

Stocking, Manguera de aire.

Stockpile (To), Almacenar.

Stockpiling, Acopiar, almacenado.

Stocks, Acciones (véase **Stock**), almacenamiento, efectos, fondos de comercio, fondos del Estado, fondos públicos, grada de construcción, mercancias en almacén, picaderos de grada, rentas.

Stoichimetric, Estequiométrico; — **valve,** relación estequiométrica.

Stoiochimetry, Estequiometría.

Stoke, Unidad práctica de viscosidad cinemática (véase **Kinematic viscosity**); **to** —, caldear; **to** — **the engine,** calentar la locomotora.

Stokehold, Cámara de calderas, piso de calderas (buques), sala de calderas.

Stokeline, Véase **Stock.**

Stoker, Fogonero, maquinista, parrilla u hogar mecánico; **chain** —, hogar de cadena; **flat grate** —, hogar de rejilla plana; **inclined grate** —, hogar de parrilla móvil; **mechanical** —, aparato para el caldeo mecánico, parrilla u hogar mecánico; **overfeed** —, hogar de alimentación superior; **ram** —, hogar a pistón; **screw** —, hogar de hélice; **spindle** —, carrera de la broca; **travelling grate** —, hogar de parrilla móvil; **underfeed** —, hogar de alimentación inferior.

Stoking, Caldeo, conducción del fuego; — **floor,** piso de caldeo; — **tools,** herramientas de caldeo.

Stockless anchor, Ancla sin cepo.

Stomp, Referencia (minas).

Stone, Peso de catorce libras, piedra; — **breaker,** quebrantadora; — **chip,** esquirla de piedra; — **chisel,** escoplo de labrar piedra; — **coal,** antracita; — **cutter,** cantero; — **cutting,** talla de la piedra; — **grinder,** muela lapidar; — **squarer,** escuadrador de piedras; — **work,** mampostería; — **yard,** cantera de piedra; **axe** —, ofita; **back** —, rustina; **baffle** —, dama (horno alto); **ballast** —, piedra quebrantada, piedra rota; **beating** —, piedra de batir; **blue** —, sulfato de cobre, vitriolo azul; **boulder stones,** cantos; **bound** —, tizón; **broad** —, piedra de talla; **broken** —, gravilla, piedra quebrantada, piedra rota; **brown** —, grés de construcción, mineral de manganeso (bióxido); **building** —, piedra de construcción, piedra de talla; **cement** —, piedra de cal hidráulica; **chalk** —, tiza; **channel** —, canalón; **colour** —, piedra de lijar; **corner** —, piedra angular; **course of** —, cimiento de piedra; **cut** —, piedra de sillería; **dam** —, dama (horno alto); **drip** —, véase **Drip**; **emery** —, cuarzo ágata; **eye** —, cuarzo ágata; **figure** —, agalmatolito; **filter** — **or filtering,** piedra filtrante; **finger** —, piedra pequeña; **fire** —, belemnita, pedernal; **flag** —, losa de horno; **float** —, piedra flotante, piedra ligera, variedad porosa de ópalo; **floor** —, losa de revestimiento; **fly —**, arseniuro nativo de cobalto; **foundation —**, piedra fundamental, primera piedra; **free —**, piedra de sillería; **grinding —**, piedra de afilar; **grit —**, grés; **head —**, clave de bóveda, piedra angular; **hewn —**, piedra tallada; **hone —**, piedra de aceite; **polishing —**, esmeril; **pumice —**, piedra pómez; **quoin —**, sillar de esquina; **swine —**, piedra avisante; **toothing —**, adaraja, piedra de arranque; **whet —**, piedra de afilar.

Stonedamp, Hidrógeno sulfurado.

Stoniness, Pedregosidad.

Stooge, Aluminio de aviación.

Stool, Caballete.

Stooper, Picador (minas).

Stop, Bloqueo, parachoques, parada, taco, taqué, tope; **— blade,** álabe de ajuste; **— block,** bloque de enrayado; **— cock,** grifo de parada; **— go scanning,** escansión intermitente (TV); **— log,** ataguía ranurada; **— watch,** cronógrafo; **abutment —**, tope de parada; **adjustable —**, tope regulable; **angle —**, escuadra de detención (ferr.); **ash —**, registro de cenicero; **buffer —**, paragolpes; **depth —**, tope de profundidad; **fine pitch —**, tope de paso corto (de hélice); **safety —**, tope de seguridad; **start — system,** sistema arrítmico; **upstream — log,** ataguía de aguas arriba; **to —**, parar, parar las máquinas, taponar; **to — dent,** reparar las mellas; **to — the engines,** poner en oposición.

Stoppage, Parada, parada de máquinas.

Stopper, Boza (amarra), tapón, tapón de colada; **— head,** tapón; **X —**, eliminador de estáticos; **to —**, bozar (mar).

Stoppered ladle, Cuchara con buza (acerías).

Stopping, De parada; **— capacitor,** condensador de parada; **— distance,** distancia de parada; **— potential,** potencial de parada; **— power,** poder de detención.

Storability, Almacenabilidad.

Storage, Almacenaje, almacenamiento (acción y precio pagado); **— battery,** batería de acumuladores; **— camera,** iconoscopio; **— rack,** estantería de almacenamiento; **— tank,** cisterna de almacenamiento; **— yard,** parque de almacenamiento; **bulk —**, almacenaje en bruto; **charge — tube,** tubo de memoria por carga; **digit —**, registro de cifras; **input —**, registro previo; **intermediate memory —**, registro intermedio de memoria; **memory —**, registro de memoria; **thermal —**, acumulación térmica.

Store, Almacén, aprovisionamientos, depósito de mercancías, estufa, material; **— room,** almacén; **coal —**, parque de carbón; **consumable stores,** materias de consumo; **in —**, en reserva; **to —**, almacenar.

Stored energy welding, Soldadura por descarga de condensador.

Storekeeper, Almacenista, guardaalmacén.

Storeship, Buque de transporte.

Storey or **Story,** Piso.

Storiel (n), De n pisos.

Storm, Tormenta; **ionospheric —**, tormenta ionosférica; **magnetic —**, tormenta magnética.

Story, Escalonado; **double — boiler,** caldera de hornos escalonados.

Stove, Carbón de dimensiones comprendidas entre 3,1 y 4,4 cm, cowper, estufa, estufa (horno alto), participio pasado de **To Stave**; **— in,** reventado; **air —**, calorífero; **draught —**, horno de socorro; **hot blast —**, aparato de viento caliente (horno alto); **to —**, estufar.

Stoving, Blanqueo al azufre.

Stow (To), Estibar (mercancías).

Stowage, Capacidad utilizable para mercancías (buques), estiba (acción y precio pagado); **broken —**, espacio perdido entre la carga.

Stowce, Torno de extracción accionado a mano (minas).

Stower, Estibador.

Stowing, Relleno; **— pipe,** tubería de relleno; **pneumatic —**, relleno neumático.

Straddled, A caballo.

Straggier, Avión rezagado en una formación.

Straggling, Dispersión estadística.

Straight, Recto; **— bed,** bancada recta (tornos); **— cup wheel,** muela abrasiva de taza cilíndrica; **— joint,** junta a tope; **— lubricant,** lubricante puro; **— pincers,** pinzas planas; **— run gasoline,** gasolina de destilación; **— scanning,** exploración por líneas contiguas; **— shank,** cola cilíndrica (herramientas); **— track haulage,** tracción en recta (ferrocarril).

Straighten (To), Desbastar, enderezar, poner derecho.

Straightened, Desbastado, rectificado.

Straightener, Enderezadora.

Straightening, De aplanar; **— block,** yunque de aplanar, yunque de enderezar; **— machine,** aplanadora, máquina de aplanar, máquina de enderezar; **bar — press,** prensa para enderezar barras.

Straightness, Rectilineidad.

Strain, Alargamiento, cada vez más empleado para designar, no el esfuerzo, sino la consecuencia del esfuerzo, deformación, esfuerzo, estirado, fatiga, tensión, véase también **Stress**; **— free crystal,** cristal perfecto; **— gage,** extensímetro o tensómetro; **— gauges,** galgas de flejes resistentes; **— geometry,** geometría de las deformaciones; **— hardening,** agriamiento; **— indicator,** indicador de deformación; **— meter,** deformímetro; **bending —**, esfuerzo de flexión; **breaking —**, esfuerzo de rotura; **resistance wire — gage,** extensímetro de hilo resistente; **shearing —**, esfuerzo de cizalladura; **stress — relation,** relación de esfuerzo o deformación; **to —**, ejercer un esfuerzo sobre, falsear, fatigar, filtrar, forzar; **to bring a — on,** hacer esfuerzo sobre.

Strained, Deformado, filtrado, sometido a un esfuerzo.

Strainer, Chupador (bomba), filtro, tamiz; **air —**, filtro de aire; **oil —**, filtro de aceite; **self cleaning —**, filtro de limpieza automática; **twin —**, filtros emparejados.

Straining screw, Tensor de tornillo.

Straith, Pontón.

Strake, Traca (buques); **— book,** cuaderno de chapas; **garboard —**, traca de aparadura.

Strand, Cordón de calabrote, torón; **wire —**, torón metálico; **to —**, encallar, romperse un torón.

Stranded, Con n torones; **— cable,** cable de guarnición trenzada; **— copper wire,** cable de cobre; **— wire,** conductor de cables retorcidos; **four — rope,** calabrote de cuatro torones; **three —**, con tres torones.

Stranding, Encalladura; **— machine,** máquina de trenzar; **cable — machine,** máquina de formar cordones.

Strands, Pasadas del techo (laminadores).

Strap, Abrazadera, cabeza de caja de biela, collarín de excéntrica, correa, estrobo, grapa **— brake,** freno de cinta **— iron,** hierro en flejes; **bonding straps,** llantas de adunación; **brake —**, cinta de freno; **butt —**, cubrejuntas; **check —**, mentonera; **clamping —**, banda de apriete; **eccentric —**, collarín de excéntrica; **leather —**, correa de cuero; **to —**, afilar una hoja, estrobar (polea), montar una correa.

Strate (Magnetic), Hoja magnética (elec.).

Stratification, Depósitos; **electrolytic —,** depósitos electrolíticos.

Stratified, Estratificado.

Stratiform, Estratiforme.

Stratify (To), Estratificar.

Stratigraphy, Estratigrafía.

Stratoliner, Avión de línea para vuelo a grandes altitudes.

Stratoscope, Estratoscopio.

Stratosphere, Estratosfera.

Stratovision, Estratovisión, televisión para aviones-relés.

Stray or **Leakage,** Dispersión (elec.); — **capacity,** capacidad parásita; — **currents,** corrientes parásitas; — **field,** campo de dispersión; — **flux,** flujo de dispersión; — **reactance,** reactancia de dispersión; — **voltage,** tensión de dispersión; **head —,** dispersión en la cabeza; **slot — field,** campo de dispersión de las ranuras; **stator — field,** campo de dispersión del estátor; **yoke — field,** campo de dispersión de la culata.

Strays, Parásitos (radio).

Streak, Banda, rayadura.

Stream, Caudal.

Streak free, Sin estriaciones.

Streaking, Prolongación de las líneas horizontales (televisión).

Stream, Chorro, corriente; — **gold,** oro de lavado; — **line,** filete de aire; — **lined,** fusilado; — **lines,** filetes de aire; — **lining,** carenado; **air —,** vena de aire; **gas —,** caudal o flujo gaseoso; **jet —,** caza de aire, chorro de aire; **sap — process,** procedimiento de tratamiento en verde; **slip —,** viento de hélice.

Streamer, Descarga a tierra (rayo), manga de aire.

Streaming, Cavitación; **counter —,** a contracorriente.

Street, Calle; — **car,** tranvía; **city — lighting,** alumbrado urbano.

Strength, Fuerza, resistencia, tenacidad; — **giving,** resistente; — **of shearing,** resistencia a la cizalladura; — **of materials,** resistencia de materiales; **acidic —,** fuerza ácida; **bending —,** resistencia a la flexión; **breakdown —,** rigidez dieléctrica; **breaking —,** resistencia a la ruptura; **compressive —,** resistencia a la compresión; **dielectric —,** resistencia dieléctrica; **disruptive —,** campo disruptivo; **electric —,** campo disruptivo; **fatigue —,** resistencia a la fatiga; **field —,** intensidad del campo; **impact —,** resistencia a la percusión; **insulating —,** resistencia de aislamiento; **magnetic —,** fuerza magnética; **maximal signal —,** intensidad máxima de señal; **rupture —,** resistencia de rotura; **static —,** resistencia estática; **ultimate —,** carga de rotura; **yield —,** límite elástico.

Strengthen (To), Reforzar.

Strengthened, Reforzado; — **beam,** viga armada; — **rib,** nervadura reforzada.

Strengthener, Tensor.

Strengthening, Refuerzo; — **of current,** refuerzo de la intensidad de corriente.

Stress, Carga, esfuerzo, solicitación, tensión; — **analysis,** análisis de elasticidad; — **bar,** barra porta dora; — **coat,** barniz de laca fisurable para recibir la galga medidora; — **corrosion,** corrosión bajo tensión; — **gauge,** probeta; — **lacquer,** laca fisurable para determinar esfuerzos; — **level,** nivel de solicitación; — **limiting bar,** limitador de esfuerzos; — **peening,** chorreo con granalla de acero mientras la pieza está en estado de trabajo — **raising notch,** entalla concentradora de esfuerzos; — **relaxation,** relajación de los esfuerzos; — **reversals,** alternación de esfuerzos; — **strain relation,** relación de esfuerzo a deformación; **bearing —,** carga del cojinete, compresión; **bond** —, fuerza de cohesión; **breaking** —, esfuerzo de presión axial por impresión, esfuerzo de rotura; **breakdown** —, rigidez dieléctrica; **casting** —, tensión de colada; **compression or compressive** —, esfuerzo de compresión; **cutting** —, esfuerzo de corte; **cyclic stresses,** esfuerzos alternados; **dielectric** —, esfuerzo dieléctrico; **electromagnetic** —, tensión electromagnética; **hoop** —, tensión periférica; **inertia** —, esfuerzo de inercia; **intensity of breaking** —, tensión de rotura; **intensity of stress due to bending,** tensión de flexión; **internal stresses,** tensiones de inercia; **mean** —, esfuerzo medio; **proof** —, límite elástico; **relieving** —, eliminación de las tensiones; **repulsion** —, esfuerzo de repulsión; **residual** —, esfuerzo residual, tensión residual; **shear** —, esfuerzo cortante; **shearing** —, esfuerzo cortante, esfuerzo de cilladadura; **tensile** — **or tension** — **or tractive** —, esfuerzo de tensión, esfuerzo de tracción; **torsional** —, esfuerzo de torsión; **ultimate** —, carga de rotura; **ultimate tensile** —, límite de rotura a la tracción; **yield** —, límite elástico.

Stressed, Deformado.

Stresses, Esfuerzos; **alternating** —, esfuerzos alternados; **cyclic** —, esfuerzos cíclicos; **repeated** —, esfuerzos repetidos.

Stressing, Carga, esfuerzo; **over** —, sobrecarga; **under** —, carga inferior a la nominal.

Stretch, De estirar; — **flattening,** enderezamiento por estirado; — **press,** prensa de estirar; **to** —, alargar, cargar un muelle, estirar, extender, tensar.

Stretched, Alargado, cargado, estirado.

Stretcher, Dispositivo de refuerzo, larguero, tensor, traviesa; **belt** —, tensor de correa; **cross** —, puntal, riostra; **wire** —, tensor de cable.

Stretching, Embutición, estirado; — **machine,** máquina de estirar; — **press,** prensa de estirar; — **rolls,** cilindros estiradores; **wire** — **die,** hilera de estirar.

Stria, Estría.

Striate, Estriado.

Striation, Estriación.

Strictor, Estrictor.

Stridulation, Estridulación.

Strike, Huelga (de obreros); — **of beds,** dirección de las capas (minas); **to** —, declararse en huelga, gravitar.

Striker, Empujador, huelguista, percutor, taqué (válvula); **ringer** —, macillo de timbre.

String, Cordel, cuerda de arco, cuerda pequeña, fibras, fila, rosario; — **galvanometer,** galvanómetro de cuerda, galvanómetro de Einthoven; — **of mines,** filón de minas.

Stringent, Riguroso.

Stringer, Batayola, bolsadas de oro, filones, nervadura, tensor, trancanil, vetitas; — **plates,** chapas de trancanil; — **reinforcer,** reforzado por nervaduras.

Stringers, Batayolas.

Stringy, Fibroso.

Strioscopy, Estrioscopia.

Strip, Banda, cubrejuntas, fleje (de chapa, etc.), placa, solapa; — **conductor,** cinta plana; — **line,** línea de transmisión de estrías; — **mill,** laminador para chapas finas, tren laminador para bandas; — **plate,** banda de unión, cubrejuntas; — **sheet,** rollo de banda; — **slitter,** cortadora de tiras; — **steel,** fleje; — **type thermostat,** termostato de cinta; **bearing** —, placa de peraltado; **bench** —, mordaza; **bimetallic** —, lámina bimetálica; **bonding** —, tira de conexión; **cold** — **mill,** tren laminador de bandas en frío; **continuous** — **mill,** tren laminador continuo de bandas; **edge** —, cubrejuntas; **end connecting**

—, tira o banda de plomo terminal (acum.); **fit** —, banda de montaje, espesor; **landing** —, pista de aterrizaje; **lead connecting** —, tira o banda de plomo (acum.); **matching** —, lámina de adaptación; **one** — **color separation,** selección tricroma; **packing** —, banda de unión, cubrejuntas; **test** —, banda de ensayo; **to** —, arrancar, desfibrar, desmoldear, desmontar, destilar, roer los filetes de un torno; **to** — **a wing,** descubrir el ala.

Stripe, Banda.

Striped, A bandas, rayado.

Strippability, Desprendibilidad.

Stripped, Desmoldeado, desmontado.

Stripper, Aparato desmoldeador, decapante, desmoldeador, puente desmoldeador; — **plate,** chapa eyectora.

Stripping, Decapado, desmoldeo, desmontado, desprendimiento, estriping, extracción; — **crane,** puente desmoldeador; — **force,** fuerza de estriping; — **machine,** puente de estriping; — **tower,** torre de destilación (petróleo), torre de estriping; **blade** —, casco de álabes.

Strob, Estroboscópico; — **lines,** líneas estroboscópicas.

Stroboflash, Lámpara estroboscópica.

Stroboglow, Estroboscopio de tubo de neón.

Stroboscope, Estroboscopio; **electronic** —, estroboscopio electrónico.

Stroboscopic, Estroboscópico; — **direction finder,** compás estroboscópico; — **photography,** fotografía estroboscópica; — **tachometer,** taquímetro estroboscópico; — **testings,** ensayos estroboscópicos.

Stroke, Abertura, carrera (máq.), colada, golpe de pistón, levantada de un gasómetro; — **dog for reversing table movement,** tope de inversión de marcha; — **of head,** carrera del cabezal; — **of table,** carrera de la mesa; — **of the slide, of the valve,** carrera del distribuidor de la corredera; **armature** — (relays), recorrido de armadura (relés); **back** —, choque de retroceso; **compression** —, carrera de compresión; **dead** — **hammer,** martinete con amortiguador; **down or downward** —, carrera descendente; **drill** —, carrera de la broca; **exhaust** —, carrera de escape, carrera de exhaustación; **expansion** —, carrera de expansión; **file** —, pasada de lima; **four** — **engine,** motor de cuatro tiempos; **half** —, media carrera; **induction or intake** —, carrera de aspiración; **length of the** —, longitud de carrera (pistón); **mid** —, media carrera; **piston** —, golpe de pistón; **power** —, carrera motriz; **single** — **bell,** timbre de golpe sencillo; **suction** —, carrera de aspiración; **two** — **engine,** motor de dos tiempos; **up or upward** —, carrera ascendente; **working** —, carrera motriz.

Stroking speed, Velocidad del pistón.

Strong, Concentrado, fuerte.

Strongly basic, Hiperbásico.

Strontium, Estroncio; — **sulfide,** sulfuro de estroncio.

Structural, Estructural; — **beam,** viga perfilada; — **board,** panel de construcción; — **metals,** metales de construcción; — **mill,** laminador para perfiles; — **steel,** acero de construcción; — **steel work,** construcciones metálicas; — **test,** ensayo de estructura; — **work,** estructuras; — **wrenches,** llaves de horquilla.

Structure, Bastidor, chasis (en América), construcción, estructura, estructura cristalina; **blast furnace** —, madrastra; **crystalline** —, estructura cristalina; **machinery** —, bastidor de máquina; **molecular** —, estructura molecular; **welded** —, construcción soldada.

Struddle, Riostra (minas).

Strut, Arbotante, montante, pie derecho, riostra, soporte, tornapunta;

— **frame,** unión por riostras; — **frame bridge,** puente de tirantes; **bracing** —, puntal; **drag** —, mástil de arrastre; **front** —, mástil de proa; **hollow** —, montante hueco; **inner** —, mástil interior; **interplane** —, montante entre planos; **jury** —, montante provisional; **landing** —, pata del tren de aterrizaje; **oleo** —, pata oleoneumática; **propeller** —, silleta, soporte de árbol propulsor (turbina); **rear** —, mástil a popa; **tail boom** —, montante de larguero de enlace de cola (avión); **wheel** —, mangueta de rueda; **to** —, apuntalar.

Strutted, Apuntalado, arriostrado.

Stub, Tramo, tronco, trozo; — **axle,** mangueta de rueda; — **line,** sección de línea; — **pipe,** tobera de escape; — **tap,** macho roscador corto; — **wing,** ala corta; — **wings,** aletas sustentadoras; **coaxial** —, sección coaxil; **folded** — **antenna,** conductor vertical plegado (antena tipo).

Stubborn ore, Mineral refractario.

Stuck, Agarrotado.

Stud, Espiga, gorrón, pasador, perno, prisionero, puntal; — **bolt,** tope de aguja (ferrocarril); — **link chain,** cadena de contretes; — **pin,** el mismo sentido que **Stud**; **bearing** —, tope de aguja (ferrocarril); **cross** —, puntal, riostra; **iron** —, trinquete.

Studded, Con contretes (cadenas).

Studio, Estudio; **recording** —, estudio de grabación; **sound** —, estudio de sonido; **video** —, estudio de vídeo.

Studless, Sin contrete.

Stuff, Estopa, materia, materiales; — **grinder,** desfibrador; **to** —, calafatear, topar rendijas.

Stuffing, Borra, empaquetadora, estofa, recalcar, relleno; — **box,** caja de guarnición, prensaestopas; — **box bearing,** cojinete estanco; — **gland,** sombrerete de prensaestopas; **gland of a** — **box,** sombrerete de prensaestopas.

Stump, Mecha de mástil, tocón; **nail** —, clavera, martillo embutidor.

Stunt, Acrobacia (aviación); — **flying,** vuelo de acrobacia.

Stup, Polvo de carbón mezclado con arcilla.

Sturbs, Parásitos (radio).

Sturdy, Robusto.

Styli, Plural de **Stylus.**

Styloid, Estiloide.

Stylus, Aguja, estilete; **cutting** —, aguja registradora; **phonograph** —, aguja de fonógrafo.

Styrene, Estireno.

Sub, Abreviatura de submarino, bajo; — **assemblies,** elementos prefabricados; — **assembly,** subconjunto; — **contracted,** subtratado; — **contractor,** subcontratista; — **frame,** bastidor auxiliar; — **grade,** allanadora de cimientos, capa de asiento, subsuelo; — **harmonic,** subarmónico; — **harmonic resonance,** resonancia subarmónica; — **hedral,** subhedral; — **machine gun,** subfusil; — **marine,** submarino; — **marine cable,** cable submarino; — **marine chaser,** cazasubmarinos; — **marine detection,** detección submarina; — **multiple,** submúltiplo; — **ring,** subanillo; — **soil,** subsuelo; — **sidiary,** auxiliar, filial (de una Sociedad); — **sonic flow,** flujo subsónico; — **sonic propeller,** hélice subsónica; — **station,** subestación (elec.); — **station transformer,** transformador de subestación; — **stitute,** sucedáneo; — **stitution,** substitución; **atomic powered** — **marine,** submarino de propulsión atómica; **to** — **contract,** revender.

Subcentrer, Subcentro; **rural** —, subcentro rural.

Subdepot, Depósito subsidiario.

Submarine, Submarino; — **observation chamber,** cámara de observación submarina.

Submerged, Sumergido; — **aerial,** antena sumergida.

Subsidize (To), Subvencionar.

Subscriber, Abonado; **called** —, abonado llamado; **flat-rate** —, abonado a tanto alzado.

Subset (Desk-stand), Teléfono de columna.

Subsolar, Subsolar; — **point,** punto subsolar.

Subsonic, Subsónico; — **sonic diffuser,** difusor subsónico.

Substitution, Substitución; — **method,** método de substitución.

Substoping, Laboreo por subpisos (minas).

Substract (To), Substraer.

Substratospheric, Subestratosférico.

Subtrusion, Subintrusión del magma (geología).

Subvert (To), Subvertir.

Subway, Subterráneo.

Subzeroing, Empleo de temperaturas bajo cero.

Succesive, Sucesivo; — **approximations,** aproximaciones sucesivas.

Suck (To), Aspirar, chupar.

Sucker, Pistón de una bomba aspirante e impelente; — **rod,** vástago de bomba (petr.).

Suction, Aspiración, depresión, succión; — **dredger,** draga de succión; — **elevator,** silo aspirador; — **engine,** máquina aspirante; — **head,** altura de aspiración; — **hose,** manguera de aspiración; — **pipe,** tubo de aspiración; — **pump,** aspirador; — **slot,** hendidura de succión; — **tank,** depósito de aspersión.

Suds, Espuma de jabón, líquido de aspersión.

Sue (To), Estar demandado.

Suing, Presentación de demanda.

Suit, Surtido.

Sulfate, Sulfato, véase **Sulphate.**

Sulfide, Sulfuro, véase **Sulphide;** **zinc** —, sulfuro de zinc.

Sulfitor, Sulfitador.

Sulfonamides, Sulfamidas.

Sulfonate, Sulfonato.

Sulfonation, Sulfonación.

Sulfone, Sulfona.

Sulfonic, Sulfónico; — **acid,** ácido sulfónico.

Sulfoxide, Oxisulfuro.

Sulfur, Véase **Sulphur.**

Sulfuric or **Sulphuric,** Sulfúrico; — **acid,** véase **Sulphuric**; **dilute** — **acid,** ácido sulfúrico diluido; **fuming** — **acid,** ácido sulfúrico fumante.

Sulfurize (To), Sulfurizar.

Sulfuryle, Sulfurilo.

Sulphate, Sulfato; — **of copper,** sulfato de cobre; — **of soda,** sulfato de sosa; **calcium** —, sulfato de calcio; **copper** —, sulfato de cobre; **ferrous or iron** —, sulfato ferroso, vitriolo verde; **mercury** —, sulfato de mercurio; **to** —, sulfatar (acum.).

Sulphated, Sulfatado.

Sulphating or **Sulphation,** Sulfatado (de acumuladores).

Sulphide, Sulfuro; — **of sodium,** sulfuro de sodio; **zinc** —, sulfuro de zinc.

Sulphite, Sulfito; **sodium** —, sulfito de sodio.

Sulphoacid, Sulfoácido.

Sulphocyanate, Sulfocianato.

Sulphocyanic, Sulfociánico.

Sulphocyanide, Sulfocianuro; **ammonium** —, sulfocianuro de amonio.

Sulphonation, Sulfonación.

Sulphone, Sulfona.

Sulphur, Azufre; — **base,** sulfobase; — **compounds,** compuestos sulfurados; — **dioxyde,** ácido sulfuroso; — **mine,** azufrera; — **ore,** pirita; — **ores,** sulfuro de hierro; — **printing,** impresión Baumann; **drop**

—, azufre granulado; **flowers of** —, flores de azufre; **native** —, azufre nativo; **organic** —, azufre orgánico; **roll or stick** —, azufre en bastoncillos, azufre en cilindros.

Sulphurated hydrogen, Hidrógeno sulfurado.

Sulphuration, Azufrado, blanqueo al azufre, sulfuración, sulfurización.

Sulphurator, Azufrador de lana.

Sulphureous, sulphurous, sulphury, Sulfuroso; — **acid,** ácido sulfuroso.

Sulphuret (rare), Sulfurado.

Sulphuretted (rare), Sulfurado.

Sulphuric, Sulfúrico; — **acid,** ácido sulfúrico; — **ether,** éter sulfúrico; **dilute** — **acid,** ácido diluido, ácido rebajado; **dry** — **acid,** ácido absorbido por el kieselguhr; **fuming** — **acid,** ácido sulfúrico fumante.

Sulphydrate, Sulfohidrato.

Sulphydric, Sulfídrico.

Sum, Suma (arítm.).

Sumless, Incalculable.

Summable, Sumable; — **function,** función sumable.

Summability, Sumabilidad (mat.); — **factor,** factor de sumabilidad.

Summation, Integral, suma.

Summer tree, Travesaño (armazón); **breast** —, viga maestra.

Sump, Cárter, cuba, depósito, pozo, sumidero; **oil** —, cárter de aceite; **oil** — **plug,** tapón de cárter de aceite.

Sun and planet wheel, Movimiento satélite, rueda satélite.

Sundries, Gastos diversos.

Sunk, Abierto, barrenado, perforado; — **in concrete,** embutido en el cemento.

Sunshade, Cubresol.

Sup, Rejilla supresora.

Super, Super; — **aging,** envejecimiento acelerado; — **audible,** superaudible; — **charge air,** aire comprimido; — **charged,** sobrealimentado; — **charged engine,** motor sobrealimentado; — **charger,** compresor, compresor de sobrealimentación, soplante de sobrealimentación; — **charger clutch,** embrague del compresor; — **charger compression,** relación de sobrealimentación; — **charger delivery,** impulsión del sobrealimentador; — **charger diffuser,** difusor del compresor; — **charger diffuser vane,** álabe director del compresor; — **charger impeller,** rótor del compresor; — **charger inlet volute,** voluta de aspiración del compresor; — **charger rotor,** rotor del compresor; — **charging,** sobrealimentación, sobrecompresión; — **charging ratio,** relación de sobrecompresión; — **conductivity,** superconductibilidad; — **conductor or conducting,** superconductor; — **critical,** hipercrítico; — **elevation,** bombeo; — **finition,** acabado superfino; — **gasoline,** supercarburante; — **heat,** recalentamiento; — **heated,** sobrecalentado (vapor); — **heater,** sobrecalentador; — **heating calorimeter,** calorímetro de sobrecalentamiento; — **heterodyne or** — **het,** superheterodina; — **imposed,** superpuesto; — **intendant,** superdirector; — **linear,** superlinear; — **phosphate,** superfosfato; — **posed,** superpuesto; — **posed power station,** estación central superpuesta; — **posed turbine,** turbina superpuesta; — **regeneration,** superreación (radio); — **saturated,** sobresaturado; — **saturation,** sobresaturación; — **sized,** ampliamente calculado, sobredimensionado; — **sonic or supersonic,** de ultrasonidos, supersónico; — **sonic diffuser,** difusor supersónico; — **sonic flow,** flujo supersónico; — **sonic plane,** avión supersónico; — **sonic propeller,** hélice supersónico; — **sonic speed,** velocidad supersónica; —

sonic structure, superestructura; — sonic viser, inspector; — sonic vision service, servicio de control; — sulfated cement, cemento supersulfatado; — vision, control, vigilancia; cabin — charger, compresor de cabina; centrifugal — charger, compresor centrífugo: convection — heater, recalentador de convección; multistage — charger, compresor plurietápico; radiant — heater, sobrecalentador de radiación; remote — vision, vigilancia a distancia; steam — heater, sobrecalentador de vapor; two stage — charger, compresor de dos etapas; two speed — charger, compresor de dos velocidades; to — charge, sobrealimentar; to — heat, sobrecalentar.

Superintend (To), Vigilar (trabajos).

Supervise (To), Supervisar.

Superadditivity, Superaditividad.

Supercavitation, Supercavilación.

Supercool (To), Subenfriarse.

Superfluidity, Superfluidez.

Superhet, Receptor de cambio de frecuencia.

Supermagnet, Imán supraconductor.

Superposability, Superponibilidad.

Supersensitization, Hipersensibilización.

Supersonic, Supersónico;; — **wind tunnel**, canal aerodinámico para aviones supersónicos, túnel supersónico.

Several-bay **superstuntile** antenna, Antena de mariposa de varios picos.

Superviser, Inspector, supervisión, véase **Super**; **bridge control** —, supervisión por puente de transmisión; **sleeve control** —, supervisión por tercer hilo.

Supervisory, De supervisión; — **signal**, señal de supervisión.

Supplier, Proveedor.

Supplies, Suministros.

Supply, Abastecimiento, alimentación, caudal, distribución, fuente de corriente, llegada: — **check valve**, válvula de alimentación; — **circuit**, circuito de alimentación; — **frequency**, frecuencia de alimentación; — **pump**, bomba de alimentación; **condensate** —, llegada de agua de condensación; **electric** —, suministro eléctrico; **electricity** —, distribución de energía; **focus** — **unit**, unidad de enfoque; **main** — **voltage**, tensión de la red de distribución; **mains** —, alimentación por la red; **oil** —, abastecimiento de petróleo; **power** —, alimentación, toma de corriente; **water** —, toma de agua.

Support, Apoyo, carlinga, membradura, soporte; **bar** —, soporte de barra; **elastic** —, soporte elástico; **engine** —, cuna del motor; **insulating** —, aislador de acumuladores; **spring** —, soporte aislante; **square** —, soporte en escuadra; **to** —, sostener.

Supportability, Posibilidad de entretenimiento.

Supporting, Portador; — **axle**, eje portador; — **blade**, álabe-riostra (turbina); — **plane**, plano sustentador; — **plate**, placa soporte (acum.).

Suppressed, Antiparásitos; — **loop aerial**, cuadro receptor antiparásitos.

Suppresor, Supresor; **echo** —, supresión de eco; **noise** —, dispositivo antiparásitos, supresor de ruido; **singing** —, supresor de reacción.

Surd, Cantidad irracional.

Surf, Rompiente en la playa.

Surface, Exterior (minas), mesa, superficie — **action**, acción de superficie — **analyser**, registrador de las irregularidades de superficie; — **based**, con base en tierra; — **blow off**, extracción de superficie (calderas); — **craft**, buques de superficie; — **discharge spark plug**, bujía de descarga superficial; — **finish,** acabado de superficie; — **gauge,** gramil; — **grinder,** rectificadora plana; — **grinding machine,** máquina de rectificar superficies planas; — **hardening,** temple superficial; — **haze,** aspecto nuboso superficial; — **impedance,** impedancia superficial; — **lathe,** torno al aire, torno de plato; — **litter,** barrujo superficial; — **noise,** ruido de aguja; — **plant,** instalaciones exteriores (minas); — **plate,** mármol; — **speed,** velocidad en superficie (submarinos); — **tension,** tensión superficial; — **texture,** textura de la superficie; — **treatment,** tratamiento de superficie; — **wave,** onda de superficie; **balanced** —, plano de dirección compensado (aviac.); **circumferential** —, superficie circunferencial; **effective** —, superficie eficaz (electrodos, etc.); **equipotential** —, superficie equipotencial; **evaporating** —, superficie evaporante; **fire** —, superficie de caldeo; **flue** —, superficie de caldeo; **forward** —, superficie o plano delantero; **glass** — **plate,** mármol de vidrio; **heating** —, superficie de caldeo; **plate** —, superficie de placa (acum.); **rear** —, superficie o plano trasero; **ribbed** —, superficie con nervios; **separation or separating** —, superficie de separación; **skew** —, superficie alabeada; **tail** —, mesa de cola; **testing** —, mesa de un mármol de enderezar; **top** —, extradós; **under** —, intradós; **working** —, superficie útil (máq.-herr.); **working** — **of cylinder,** carrera motriz del cilindro; **to** —, conformar una superficie plana al torno; **to** — **treat,** tratar superficialmente.

Surfaced, Recubierto de; **tar** —, recubierto de alquitrán.

Surfacing, Acabado de superficie, revestimiento, tratamiento de superficie; — **carriage,** carro de acabado; — **machine,** máquina de acabado, máquina de desbastar; — **plate,** plato de acabado; **hard** —, cementación; **sliding and** — **lathe,** torno de cilindrar y de pulir.

Surfactant, Agente superficiativo.

Surfuse (To), Sobrefundir.

Surge, Punta de corriente, sacudida, sobretensión; — **chamber,** cámara antiariete, cámara de equilibrio, cámara de reposo; — **generator,** generador de tensiones muy altas; — **impedance,** impedancia característica; — **phenomena,** fenómenos de descarga; — **proof,** a prueba de puntas de corrientes; — **tank,** tanque de compensación, tanque de equilibrio; — **testing,** ensayos de sobretensión; — **voltage,** tensión de punta; **longitudinal** —, sacudida en paralelo; **recurrent** —, descarga recurrente; **transverse** —, sacudida en serie.

Surging, Bombeo.

Surrebut (To), Triplicar (jurisprudencia)

Survey, Contról, estudio, examen, hidrografía (de costa), inspección, levantado, levantado de plano, medida, peritación (de buque), revista, topografía, triangulación, vigilancia, visita; — **equipment,** equipo de vigilancia; — **flight,** vuelo de reconocimiento; **air** —, fotografía aérea; **air photographic** —, fotogrametría aérea; **cadastral** —, levantamiento catastral; **detailed** —, levantamiento de detalle; **geological** —, levantamiento geológico; **ground photographic** —, fotogrametría terrestre; **ordnance** —, carta del Estado Mayor; **photographic** —, fotogrametría; **photogrammetric** —, levantamiento fotogramétrico; **to** —, hacer la hidrografía de, hacer la triangulación, levantar el plano, medir, peritar (buque), prospectar.

Surveyer, Hidrógrafo, perito.

Surveying, Topografía; — **chain,** cadena de agrimensor; — **instrumentes,** instrumentos de topografía; **aeromagnetic** —, prospección aeromagnética; **geological** —, levantamiento geológico; **land** —, agrimensura, cartografía, levantamiento, prospección; **nautical** —, hidrografía; **photographic** —, topografía fotográfica.

Surveyor, Agrimensor, geómetra, inspector, vigilante.

Survivability, Supervivencia.

S. U. S., Véase **S. S. U.**

Susceptance, Susceptancia; **electrode** —, susceptancia de electrodo.

Susceptibility, Inversa de la reactancia, susceptibilidad (elec.); **magnetic** —, susceptibilidad magnética; **paramagnetic** —, susceptibilidad paramagnética.

Susceptometer, Susceptímetro.

Suspendable, Suspendible.

Suspended, Suspendido; — **sound absorber,** sonoabsorbedor suspendido; — **wall,** muro suspendido; **freely** —, de suspensión libre.

Suspending, De suspensión; — **device,** aparato de suspensión.

Suspension, Suspensión; — **bar,** barra de suspensión; — **bridge,** puente colgante; — **fork,** horquilla de empuje; — **insulator or** — **isolator,** aislador de suspensión; — **spring,** muelle de suspensión; **bifilar** —, suspensión bifilar; **Cardan** —, suspensión Cardan; **independent four wheel** —, suspensión de ruedas delanteras independientes; **knife edge** —, suspensión por cuchillas; **wire** —, suspensión de hilo.

Sustained, Entretenido; — **waves,** ondas entretenidas (radio).

Sustainer, Sustentador.

Sustension, Sustentación.

S. W. (Salt water), Agua de mar; — (switch), interruptor.

s. w. (short wave), Onda corta.

Swab, Pistón, pistón de achique (pozos entubados).

Swabbing, Procedimiento de succión (petr.).

Swage, Estampa (forja); — **block,** estampa; — **shaper,** aparato para aplastar los dientes de sierra; **bottom** —, estampa inferior; **to** —, forjar con estampa.

Swager, Máquina de estampar.

Swaging, Embutición, estampado; — **saw teeth,** aplastamiento de los dientes de una sierra.

Swallow, Garganta; — **scarf,** unión a cola de milano; — **tail,** cola de milano.

Swally, Sinclinal en una capa de carbón (minas).

Swamper, Frenero de atrás (minas).

Swan necked, En cuello de cisne.

Swarf, Virutas; — **clearance,** desprendimiento de virutas.

Swashplate, Plato aislante.

Sweat (To), Sudar.

Sweating, Exudar (met., forja, parafina).

Swedge, Mandril, pera; — **bolt,** perno arponado.

Swedger, Máquina para colocar los aros de refuerzo (bidones).

Sweel (To), Bufarse (revestimientos).

Sweep, Alineamiento (avión), barrido, corvadura, flecha, rastra de timón; — **back or angle of** — **back,** flecha de un ala; — **generator,** generador de barrido; — **oscillator,** aislador de barrido; **blade** —, véase **Blade**; **frequency** —, barrido de frecuencia; **slide** —, arco hendido, sector deslizante; **to** —, barrer, deshollinar (calderas), moldear en terrajas; **to** — **wings,** replegar las alas.

Sweeten (To), Desazufrar (petróleo).

Sweetening, Tratamiento con plumbita.

Swell, Burlete; **to** —, dilatarse.

Swelling, Dilatación, esponjamiento, hinchazón.

Swept, En flecha; **— back,** en flecha; **— back wing,** ala en flecha; **double —,** doble flecha.

Swerve, Viraje.

S. W. G. (Standard wire gauge), Galga normal de los alambres en el Reino Unido.

Swig, Atirantar una cuerda ejerciendo en el centro una tracción normal a su dirección.

Swilling tank, Cuba de lavado.

Swimming pool reactor, Reactor nuclear con defensa de radiaciones por agua en una piscina.

Swing, Balance, desviación, oscilación; **— aside bracket,** soporte retráctil; **— axis,** eje de báscula; **— bearing,** apoyo de péndulo; **— block,** gorrón; **— brake,** freno de rotación; **— bridge,** puente giratorio; **— check valve,** válvula de retención de charnela; **— choke,** bobina de reactancia con entrehierro ajustable; **— frame,** cuadro oscilante; **— grinder,** muela con bastidor pendular; **— in grap bed,** diámetro máximo admisible sobre la escotadura; **— jaw,** mandíbula oscilante (quebrantadora); **— joint,** junta articulada; **— over bed,** diámetro admitido (torno) doble de la altura de punta; **boom —,** radio de la flecha; **frequency —,** desviación de frecuencia; **phase —,** desviación de fase; **to —,** balancear.

Swingability, Oscilabilidad.

Swinging, Basculamiento, oscilación, rotación, variaciones de la intensidad de las señales de radio debidas a causas atmosféricas; **— field,** campo oscilante.

Swingle (To), Agramar (el cáñamo), espadear.

Swirl, Torbellino; **— type atomizer,** inyector de torbellino.

Swirling, Vorticial; **— wake,** estela vorticial.

Swiss **switch,** Conmutador bávaro de tiras.

Switch, Aguja (ferrocarril), arrancador, conmutador, estárter, interruptor, interruptor automático, invertidor, selector, término genérico aplicado a todo dispositivo de abertura, de cierre, de modificación de las conexiones de un circuito; **— apparatus,** aparato de conmutación; **— blade,** aguja (ferrocarriles), cuchilla de interruptor; **— board,** tablero de distribución, tablero de mando; **— column,** columna de distribución; **— ender,** guardaagujas (ferrocarriles); **— gear,** aparamenta, aparamenta de protección de los circuitos eléctricos (pararrayos, disyuntores), disyuntor, interruptor, mecanismo de conmutación; **— in water tight case,** interruptor de envuelta estanca; **— key,** llaves de contacto; **— lever,** palanca de maniobra (ferrocarril); **— locomotive,** locomotora de maniobra; **— man or switcher,** guardaagujas; **— plug,** ficha o clavija de contancto; **— tongue,** aguja (ferrocarril); **— tongue planer,** máquina de cepillar las agujas; **air break —,** interruptor de aire; **allotter —,** conmutador de asignación; **ammeter —,** conmutador de amperímetro; **automatic —,** interruptor automático; **automatic field break —,** interruptor automático de excitación; **auxiliary —,** interruptor auxiliar; **battery — board,** tablero de distribución de los acumuladores; **box —,** interruptor de instalación; **bracket —,** interruptor de consola; **branch —,** interruptor de conexión, interruptor de derivación; **boom type —,** conmutador de aguilón de guía (antenas); **call —,** interruptor de llamada; **carbon break —,** interruptor de contactos de carbón; **centrifugal —,** interruptor centrífugo; **change over —,** conmutador de antena; **changing —,** interruptor permutador; **chopper —,** interruptor de cuchilla; **control —,** conmutador de control; **crash —,** interruptor automático del aterrizaje; **cross bar —,** interruptor conmutador de barras;

cutt-off —, conmutador de corte; **demagnetizing** —, interruptor de desmagnetización; **dial** —, selector giratorio; **discharge** —, interruptor de descarga; **disconnecting** —, interruptor seccionador; **double bladed** —, interruptor de dos cuchillas; **double break** —, interruptor de doble ruptura; **double motion** —, conmutador de dos movimientos; **double pole** —, interruptor bipolar; **double throw** —, conmutador permutador; **electrical — gear,** aparato eléctrico de conexión; **electronic** —, conmutador electrónico; **field break** —, interruptor de excitación; **glow** —, estárter de luminiscencia; **group** —, conmutador de grupo; **hand** —, interruptor de mano; **ignition** —, botón de encendido, contacto; **interrupter** —, disyuntor, interruptor; **knife** —, interruptor de cuchilla; **lamp** —, interruptor de lámpara; **lever** —, interruptor de palanca; **lighting — board,** tablero de distribución de iluminación; **line finder with allotter** —, buscador preselector; **lock up** —, interruptor de cerradura; **main** —, interruptor principal; **master** —, interruptor general, interruptor principal; **mechanically controlled** —, interruptor de seccionamiento automático; **mercury** —, interruptor de mercurio; **metering selector** —, conmutador selector de medida; **motor driven** —, interruptor de motor; **multiple — board,** cuadro conmutador múltiple; **multiple way** —, interruptor pluridireccional; **oil break** —, interruptor de aceite; **on — off** —, interruptor (radio, etc.); **pillar — or pole,** interruptor de poste; **plug** —, interruptor de ficha o de clavija; **polarity reversing** —, invertidor de polaridad; **power — board,** tablero de distribución de fuerza motriz; **press** —, interruptor a presión; **pressure contact-** —, conmutador de contactos a presión; **pull** —, interruptor de cordón; **quick break** —, interruptor de ruptura brusca; **reversing** —, invertidor de marcha; **safety** —, interruptor de seguridad; **section** —, interruptor de seccionamiento; **selector** —, conmutador selector; **send-receive** —, conmutador emisión - recepción; **single break** —, interruptor de ruptura simple; **single motion** —, conmutador de un movimiento; **single pole** —, interruptor unipolar; **single way** —, conmutador unidireccional; **sliding contact** —, conmutador de contactos deslizantes; **snap** —, interruptor de ruptura simple; **spring** —, interruptor de resorte; **star-delta** —, conmutador estrella-triángulo; **step** —, interruptor de escalones; **step by step** —, conmutador paso a paso; **stow break** —, conmutador de ruptura; **swiss** —, conmutador bávaro (de tiras); **tap** —, conmutador de tomas; **thermal** —, estárter térmico; **three position** —, selector de tres posiciones; **three way** —, conmutador tridireccional; **throw over** —, conmutador permutador; **time** —, interruptor horario o de tiempo; **toggle** —, conmutador eléctrico de palanca; **track limit** —, interruptor de fin de carrera de jaula de minas; **tubular** —, interruptor tubular; **tumbler** —, conmutador de pedal; **turn over** —, véase **Crash**; **voltmeter** —, conmutador de voltímetro; **wafer** —, conmutador de sectores; **watch dog** —, estárter luminescente térmico; **waterproof** —, interruptor estanco; **wave change — or wave changing** —, conmutador de ondas; **to** —, cambiar de vía, conmutar; **to — off,** apagar, cambiar las agujas, desconectar, poner fuera de circuito; **to — on,** conectar, poner en circuito; **to — out,** poner fuera de circuito.

Switchable. Conmutable.

Switchboard, Cuadro conmutador; **upright type** —, cuadro conmutador de consola.

Switched, Por conmutación; — **connection,** conexión por conmutación.

Switcher, Locomotora de maniobra.

Switching, Conmutación, de conmutación, disyunción, interrupción — **off**, puesta fuera de circuito; — **on**, puesta en circuito; — **stage**, paso de conmutación; — **surges**, con golpes de conmutación; **auto-manual** — **center**, central semiautomática; **dual** —, doble toma; **electronic** —, conmutación electrónica; **equipment** —, equipo eléctrico de conmutación; **lobe** —, conmutación de lóbulo; **transit telegram with** —, telegrama de tránsito con conmutación; **wiper** — **relay**, relé conmutador de escobillas.

Swivel, Cabeza de inyección, cabeza de rotación, eslabón giratorio, pasador, perno; — **bearing**, cojinete de rótula, soporte; — **block**, montón giratorio; — **bolt**, perno de cáncamo; — **hook**, gancho simple; — **joint**, junta de rótula; — **neck**, collarín giratorio; — **of table**, inclinación de la mesa; — **pivot**, pivote; — **vice**, tornillo giratorio; — **wrench**, horquilla de rótula (petr.).

Swiveling, Pivotante; — **basc**, plato pivotante; — **bogie**, bogie pivotante.

Sycamore, Sicomoro.

Sylvester, Mecanismo para recuperar estemples.

Symbols, Símbolos.

Symmetric or **Symmetrical**, Simétrico; — **alternating current**, corriente alterna síncrona; **non** —, asimétrico.

Symmetrically, Simétricamente.

Symmetrization, Simetrización.

Symmetry, Simetría; **centre of** —, centro de simetría.

Symplesite, Simplesita.

Symplesometer, Simplezómetro.

Sympletic, Simpléctico.

Symposium, Compilación de trabajos.

Synchro (or **Synchro system**), Término genérico aplicado a todo el dispositivo síncrono (motor, etc.); — **generator**, generador síncrono; — **motor or selsyn motor**, receptor síncrono.

Synchrocyclotron, Sincronociclotrón.

Synchroguide, Sincroguía.

Synchromesh, Cambio sincronizado.

Synchronisation, Sincronización.

Synchronise (To) or **Synchronize**, Sincronizar.

Synchroniser or **Synchronizer**, Sincronizador.

Synchronised, Sincronizado.

Synchronism, Sincronismo.

Synchronized, Sincronizado; — **transmitters**, emisores sincronizados.

Synchronizing, Sincronizante; — **pulse**, pulsación sincronizante; — **relay**, relé sincronizante; — **separator**, separador de señales (televisión), separador sincronizante; — **signals**, señales sincronizantes; **self** —, autosincronizante.

Synchronoscope, Sincronoscopio.

Synchronous, De sincronismo; — **capacitor or condenser**, condensador síncrono, motor síncrono; — **clock**, relój síncrono; — **correction**, corrección de sincronismo; — **converter**, transformador síncrono; — **ignitron**, ignitrón síncrono; — **motor**, motor síncrono (elec.); — **repeater**, repetidor síncrono.

Synchrophone, Sincrófono.

Synchroton, Sincrotón.

Syncline, Sinclinal.

Syngony, Singonía (mineralogía).

Synthesis, Síntesis.

Synthesizer, Sintetizador.

Synthetic, Sintético; — **ammonia,** amoniaco sintético; — **approach,** aproximación sintética; — **fibers,** fibras sintéticas; — **inhibitors,** inhibidores sintéticos; — **petrol,** gasolina sintética; — **resin,** resina sintética.

Synthetics, Productos sintéticos.

Synthetiser or **Synthetizer,** Sintetizador; **harmonic** —, sintetizador armónico.

Syntonising or **Syntonizing** coil, Bobina de sintonización.

Syntonism, Sintonía (radio).

Syntonization, Sintonización.

Syntonize (To), Sintonizar.

Syntony, Sintonía.

Syphering, Empalme a media madera.

Syphon, Sifón; — **line,** sifón; — **recorder,** registrador de sifón; — **wick,** mecha de sifón; **acid** —, sifón de ácido.

Syringe, Jeringa.

System, Método, organización, sistema; **A. C. signalling** —, señalización por corriente alterna; **balanced multiphase** —, sistema polifásico equilibrado; **beam** —, sistema de haz; **block** —, sistema de bloque (ferrocarril); **carrier** —, sistema de onda portadora; **closed loop** —, sistema de bucle cerrado; **code** —, sistema de código; **common battery** —, sistema de batería central; **communication** —, sistema de telecomunicación; **controller** —, servocontrolador; **Decay** — (Radio navigation), sistema Decca (Radio-navegación); **draw in** —, véase **Draw**; **dual channel** —, sistema de doble canal; **earth** —, sistema de tierra; **feedback control** —, sistema de control con realimentación; **five phase** —, sistema pentafásico; **forked working** —, sistema bifurcado; **ignition** —, sistema de encendido; **instrument landing** — sistema de aterrizaje instrumental; **interlinked two phase** —, sistema de fases concatenadas; **Lecher wire** —, sistema de hilos de Lecher; **linear feedback control** —, sistema lineal de control con realimentación; **local battery** —, sistema de batería local; **logical systems**, sistemas lógicos; **manual** —, sistema manual; **microwave** —, sistema de microondas; **monocyclic** —, sistema monocíclico; **multiphase** —, sistema polifásico; **non interlinked multiphase** —, sistema polifásico de fases separadas; **nonlinear feedback control** —, sistema no lineal de control con realimentación; **omnibus telegraph** —, sistema telegráfico ómnibus; **optical** —, sistema óptico; **panel** —, sistema «panel»; **permutation code switching** —, selección por señales de código; **planetary** —, sistema planetario; **polycyclic** —, sistema policíclico; **polyphase** —, sistema polifásico; **power-driven** —, sistema de accionamiento por motor; **privacy telephone** —, sistema de telefonía secreta; **pulse communicating** —, sistema de comunicación por impulsos; **quadruplex** —, sistema cuádruplex; **quiescent carrier** —, sistema de portadora retirada; **radio** —, sistema radio eléctrico; **reaction** —, sistema de reacción; **rectifier power-supply** —, rectificador para alimentación; **reference** —, sistema de referencia; **regulating** —, sistema de regulación; **relay automatic** —, sistema automático de relés; **rotary** —, sistema giratorio; **semiautomatic** —, sistema semi-automático; **single needle** —, telégrafo de aguja; **solar** —, sistema solar; **standard working** —, sistema patrón de trabajo; **start-stop** —, sistema arrítmico; **step by**

step —, sistema paso a paso; **unstepped start-stop** —, sistema arrítmico con arranque sincrónico; **synchronous** —, sistema síncrono; **three-addresses** —, sistema de tres direcciones; **three-phase** —, sistema trifásico; **transposition** —, sistema de transposición; **two phase** —, sistema bifásico; **two phase four wire** —, sistema bifásico de cuatro conductores; **unbalanced multiphase** —, sistema polifásico no equilibrado; **VF** —, sistema multicanal armónico; **Wheatstone automatic** —, sistema automático Wheatstone.

Systematic, Sistemático; — **error,** error sistemático.

Systematization, Sistematización.

T

T, T; — **bar,** hierro en T; — **bulb,** hierro en T con nervio; — **iron,** hierro en T; — **slot,** ranura en T; — **square,** escuadra en T; **double — iron,** hierro en doble T; **hybrid —,** T híbrida; **magic —,** T mágica.

T. A. P. -line, Oleoducto transarábico.

T. D. C. (Top dead center), Punto muerto superior.

T. E. wave, Onda eléctrica transversal.

T. E. L. (Tetraethyl lead), Plomo tetraetilo.

T. M. wave, Onda magnética transversal.

T. S. (Tensile strength), Resistencia a la tracción.

Tab, Fijación, oreja; **trim or trimming —,** aleta compensadora (aviones).

Tabby, Muaré.

Table, Mesa, plato; — **clamping handle,** manivela de bloqueo de la mesa; — **dipping adjustment,** regulación de la inclinación de la mesa; — **down,** con el morro levantado; — **driving motor,** motor de accionamiento de la mesa; — **elevating screw,** tornillo de elevación de la mesa; — **feed,** avance de la mesa; — **lamp,** luz de cola; — **length,** longitud de la mesa; — **set,** aparato de sobremesa; — **slides,** deslizaderas de la mesa; — **width,** anchura de la mesa; **angle —,** consola de la mesa; **butterfly — fin,** empenaje en V; **corbel —,** tongada saliente; **cross —,** mesa en T; **distributing —,** mesa de entintar (imprenta); **drawing —,** mesa de dibujo; **drive of the —,** mando de la mesa; **double cross motion —,** mesa con movimientos cruzados; **framing —,** mesa de malla inclinada; **frequency allocation —,** cuadro de distribución de frecuencias; **lever for — feed,** palanca de mando del avance de la mesa (máq.-herr.); **return stroke of the —,** carrera de retorno de la mesa; **rotary —,** mesa giratoria; **solid —,** mesa con transmisión rígida; **speed of the —,** velocidad de la mesa; **supporting — arm,** soporte de la mesa; **tipping of the —,** elevación de la mesa; **transversal —,** elevación de la mesa transversal; **work —,** elevación de la mesa portapiezas; **working stroke of the —,** carrera de trabajo de la mesa.

Tablet, Entablamiento de un muelle.

Tacheometric, Taquimétrico; — **tables,** tablas taquimétricas.

Tachogenerator, Tacogenerador.

Tachometer, Taquímetro; **hand —,** taquímetro de mano; **registering —,** taquímetro registrador; **stroboscopic —,** taquímetro estroboscópico.

Tack, Clavo pequeño; — **bolt,** perno de unión; — **hammer,** martillo de uña.

Tacked, Clavado; — **rib,** nervadura clavada.

Tacker, Ayudante de soldador eléctrico.

Tacking, Abrochadura.

Tackle, Mufla, polea, polipasto, sujeción por puntos de soldadura; **chain —,** polipasto de cadena; **differential —,** polipasto diferencial; **hook —,** polipasto de gancho; **lifting —,** aparejos de izar, polipasto de izar; **oil —,** pata de araña (máq.); **relieving —**, polipasto de recambio; **retaining —**, polipasto de retención.

Tackling, Aparejería (buques).

Tacks or **Carpet**, Semillas.

Tacky, Ligeramente engomado.

Taconite, Taconita.

Tafferel, **taffrail**, Aparejería.

Tag, Punta; **connecting —**, terminal de conexión.

Tagged, Etiquetado.

Taggerstin, Hojalata muy delgada.

Tail, Cola, cola (de polea), empenaje; **— area**, superficie de cola de emplumadura; **— bearing**, cojinete secundario; **— board**, compuerta trasera; **— boom**, vigueta de enlace; **— boom strut**, montante de larguero de enlace de cola (avión), montante de vigueta de enlace; **— cone**, cono de cola; **— jigger**, polipasto de cola; **— less aeroplane**, avión sin cola; **— light**, luz de cola; **— of mercury**, cola del mercurio; **— pipe**, tubo de escape, tubo de evacuación, tubo de salida; **— plane**, empenaje, plano fijo horizontal; **— race**, canal de aguas abajo, canal de escape; **— race pipe**, canal de descarga; **— setting**, regulación del plano fijo; **— setting angle**, ángulo de calado del plano fijo; **— skid**, patín de cola; **— slide**, resbalamiento de cola; **— surfaces**, emplumaduras, superficies de cola; **— trim control**, mando de regulación del plano fijo; **— unit**, empenaje; **— vice**, tornillo de pie; **— water**, aguas abajo; **— wheel**, ruleta de cola; **adjustable — plane**, plano fijo de incidencia variable; **butterfly — plane**, plano fijo en V; **cross —**, T invertido; **cross — butt**, biela lateral del gran T; **cross — strap**, biela lateral del gran T; **dog —**, espátula en forma de corazón y con el mango curvo; **fin —**, empenaje; **high set —**, plano fijo sobrealzado; **rat — burner**, mechero de un orificio; **steerable — wheel**, rueda de cola orientable; **variable incidence — plane**, empenaje de incidencia variable; **to —**, véase **To Tally.**

Tailhook, Gancho de cola.

Tailings, Colas, residuos; **aniline —**, colas de anilina.

Tailshaft, Eje final.

Tailspin, Barrena de cola.

Tailstock, Cabezal móvil de un torno; **quick clamping —**, contrapunta de apriete rápido; **sheath —**, forro de la contrapunta; **to clamp the —**, fijar la contrapunta.

Take off, Despegue; **— off distance**, distancia de despegue; **— off run**, carrera de despegue; **— off spool**, bobina desenrolladora; **— off thrust**, empuje en el despegue; **— output or power —**, potencia en el despegue; **— up magazine**, almacén receptor; **adjustable for — up**, con compensación del huelgo; **blind — off**, despegue sin visibilidad; **catapult assisted — off**, despegue catapultado; **full load — off**, despegue a plena carga; **on — off**, en el despegue potencial; **power — off**, toma de fuerza; **vertical — off**, despegue vertical; **to — a set**, deformarse, falsear, falsearse; **to — off**, despega; **to — off the burrs**, desbarbar; **to — off the edge**, despuntar; **to — out a nail**, arrancar un clavo; **to — the sun**, tomar la altura del sol (navegación); **to — up**, compensar el huelgo; **to — un the slack**, recuperar el juego.

Taking apart, Desmontaje; **— off**, despegue; **— up**, absorción; **— up the axial thrust**, recepción axial del empuje; **quickly — cement**, cemento de fraguado rápido.

Talc earth, Magnesia.

Talcum, Talco; **— powder**, polvos de talco.

Tallate, Talato (química).

Tallow, Sebo; **— cock**, grifo de engrase; **— joint**, junta de engrase;

— **tree,** árbol de sebo vegetal; **to —,** untar con sebo o grasa consistente.

Tally, Anotación de mercancías embarcadas o desembarcadas, muesca, talla; — **wheel,** rueda dentada con trinquete de rodillo; **to —,** ajustar, anotar (mercancías).

Tallyman, Anotador.

Tamara, Tamara (madera).

Tambling drum, Tambor para decapar tubos.

Tamp (To), Apisonar, consolidar; **to — a blast hole,** consolidar un pozo de mina.

Tamper, Apisonadora, bateadora, máquina de apisonar; **vibrating —,** apisonadora de sacudidas.

Tampering, Alteración, falsificación.

Tamping, Cargado de mina; — **bar,** atacadera; — **machine,** apisonadora.

Tan, Curtiente; — **liquor,** licor curtiente; **to —,** curtir.

Tandem, En serie (electricidad), tándem; — **exchange,** central intermedia; — **rotor helicopter,** helicóptero de rotores en tándem.

Tang, Extremo aplastado de la espiga de una broca.

Tangent, Tangente — **galvanometer,** brújula de tangentes; — **ray,** rayo rasante; — **screw,** tornillo de ajuste, tornillo tangente.

Tangential, Tangencial; — **component,** componente tangencial.

Tangle, Acarraladura.

Tank, Balasto, caja (de agua, etc.), cámara de turbina, carro de combate, cisterna, cuba, depósito, recipiente, tubo de descarga con envoltura metálica; — **car,** vagón cisterna; — **circuit,** circuito resonante paralelo; — **engine,** locomotora ténder; — **test,** canal de pruebas (hidrodinámico); — **trailer,** cisterna remolque, remolque cuba; — **truck,** camión cisterna; — **vessel,** buque cisterna; **absorbent —,** pozo de pérdida; **accumulator —,** caja de acumuladores; **anti-rolling —,** cisternas antibalanceo; **blast —,** caja de alimentación; **bullet proof —,** depósito blindado; **collector —,** nodriza; **degreasing —,** cuba de desengrase; **dewatering —,** cuba de deshidratación; **digestion —,** cuba de digestión; **drying —,** cuba de secado; **exhaust —,** silenciador, silencioso; **expansion —,** cámara de expansión; **feed —,** caja de agua; **form fit —,** cuba ajustada (transformación); **fuelling —,** tanque de almacenamiento; **galvanized —,** cuba galvanizada; **gas —,** depósito de gasolina (véase también **Gas**); **gasoline — truck,** camión cisterna de gasolina; **gravity feed —,** depósito en carga; **header —,** nodriza; **heavy —,** carro pesado; **impregnation —,** cuba de impregnación; **main —,** depósito principal; **medium —,** tanque medio; **oil —,** depósito de aceite; **oil tempering —,** cuba de aceite; **petrol —,** depósito de gasolina; **pressure feed —,** depósito bajo presión; **pressurized fuel —,** depósito de combustible presurizado; **rail —,** vagón cisterna; **reserve —,** depósito de socorro; **road —,** camión cisterna; **self sealing tanks,** depósitos de taponamiento automático; **separating —,** tanque de decantación; **service —,** nodriza; **settling —,** tanque de colmatación, tanque de depósito de lodos; **sintering —,** cuba de decantación; **slip or droppable or detachable —,** depósito lanzable; **sump —,** sumidero; **surge —,** chimenea de compensación, chimenea de equilibrio; **transformer —,** cuba de transformador; **trim —,** depósito de centrado; **vacuum —,** bomba de vacío (auto); **water —,** depósito de agua; **wing —,** tanque de ala.

Tankage volume, Capacidad de los depósitos.

Tanker, Petrolero (buque); — **aircraft,** avión cisterna para repostar en vuelo; **air** —, avión cisterna.

Tanned, Curtido.

Tanner, Curtidor.

Tannery, Curtiduría.

Tanning, Curtido; — **extract,** extracto de curtido; **chrome** —, curtido al cromo.

Tantalate, Tantalato.

Tantalum, Tantalio; — **carbide,** carburo de tantalio.

Tap, Colada, derivación, grifo, macho de roscar, piquera de colada (horno alto), salida, toma; — **changer,** cambiador de tomas, conmutador; — **chuck,** boquilla sujetamachos; — **drill,** barreno; — **grinder,** rectificadora para machos de roscar; — **hole,** orificio de colada, orificio de escorias, piquera; — **line,** ramal (ferrocarril); — **rivet,** prisionero; — **switch,** conmutador de tomas; — **wrench,** llave giramachos; **bottoming** —, macho de acabado; **center** —, toma central, **coil** —, toma de bobina; **collapsing** —, macho borrador, macho de desconexión; **current** —, toma de corriente; **cutter for fluting taps,** fresa de tallar escariadores; **decohering** —, choque de descohesión; **decompression** —, grifo de descompresión; **drip** —, purgador continuo; **entering** —, cebador; **expanding** —, macho de expansión; **fishing** —, macho de repesca; **gauge** —, grifo calibre; **inlet** —, grifo de admisión; **load** — **changing,** conmutación de tomas en carga; **taper** —, macho cónico; **testing** —, tanque de ensayos; **topmost** —, toma superior; **transformer** —, toma de regulación de un transformador; **to** —, desviar, perforar el horno alto, roscar.

Tape, Cinta, lazo, trenza plana; — **handler,** mando para cinta magnética; — **line,** metro agrimensor; — **man,** medidor con la cinta; — **recorder,** registrador de cinta, registrador en banda; — **winding machine,** máquina encintadora; **adhesive** —, cinta adhesiva; **emery** —, cinta esmerilada; **insulation or insulating** —, cinta aislante; **magnetic** —, cinta magnética; **magnetic** — **memory,** memoria en cinta magnetofónica; **magnetic** — **recorder,** registrador de cinta magnética; **measuring** —, decámetro de cinta; **mica** —, cinta; **perforated-** — **retransmitter tape relay,** retransmisión de cinta perforada; **plastic** —, cinta plástica; **steel** —, cinta de acero.

Taped, Pegado.

Taper, Ahusamiento, chaflán, cónico, cono, distribución de la resistencia en un potenciómetro o reóstato, llave de cortocircuito; — **auger,** taladro cónico de tornillo; — **curve,** curva de distribución de la resistencia; — **in spindle,** abertura de unión de la broca; — **sleeve,** manguito cónico; — **transition,** transición progresiva; — **turning device,** dispositivo para tornear cónico; — **washer,** arandela en cuña; **draw** —, conicidad de salida de un modelo; **linear** —, distribución lineal; **master** — **gauge,** verificador cónico; **Morse** —, cono Morse; **Morse** — **socket,** casquillo de cono Morse; **non linear** —, distribución no lineal; **seaming** —, cinta perforada; **to** —, achaflanar, tallar en cono.

Tapered, Achaflanado, cónico, tallado en cono; — **inlet pipe,** cono de entrada (de una conducción forzada); — **roller,** cojinete de rodillos cónicos; — **side,** bisel.

Tapering, Con conicidad de salida, cónico, en punta.

Tapestry brick, Ladrillo de superficie rugosa y de distintos colores.

Taping, Revestimiento; — **machine,** máquina encintadora.

Tappable, Bifurcable.

Tapped, Con tomas de regulación, conectado, roscado; — **crude,** residuo de primera destilación; — **resistance,** resistencia variable;

— **transformer,** con tomas de regulación, transformador de tomas variables; **multi- — winding,** arrollamiento con tomas múltiples.

Tapper, Descohesor, golpeador, terrajadora; **frame —,** martillo de vaciar las cajas.

Tappered illumination, Iluminación gradual «convexa».

Tappet, Cruceta, empujador, empujaválvula, leva, tope de empuje; — **clearance,** huelgo de los empujaválvulas; — **guide,** deslizadera; — **roller,** cojinete de empujador; **catch —,** taqué de excéntrica; — **motion,** mecanismo de distribución por impulsor; **valve —,** empujaválvula; **valve — roller,** cojinete de empujaválvula, rodillo de empujador de válvula.

Tapping, Aterrajado, colada de metal fundido, colada en bolsa, derivación, sangría, toma (de agua, de vapor), toma de corriente; — **attachment,** aparato de aterrajar; — **bar,** picafuegos; — **bed,** mesa de colada; — **hole,** véase **Tap hole;** — **machine,** máquina de aterrajar, terrajadora; — **point,** toma de agua; **adjusting —,** toma de regulación.

Tar, Alquitrán; — **concrete,** hormigón de alquitrán; — **oil,** aceite de alquitrán; — **spreader,** alquitranadora; — **works,** alquitranería; **mineral —,** alquitrán mineral; **road —,** alquitrán para carreteras; **swedish — or vegetable —,** alquitrán vegetal; **to —,** alquitranar.

Tare, Tara (peso); **to —,** tarar.

Target, Ánodo de tubo de rayos X, anticátodo; — **plotter,** localizador de ruta del blanco aéreo; — **practice,** tiro al blanco; **moving — indicator,** indicador de blanco móvil.

Tariff, Tarifa.

Taring, Determinación de la tara.

Tarmac, Macadam alquitranado.

Tarnish, Decoloración superficial.

Tarpaulin, Cubre-equipajes de lona.

Tarred, Alquitranado.

Tarring, Embreado.

Tartaric, Tártrico; — **acid,** ácido tártrico.

Tasimeter, Termómetro de presión.

Taut, Cintado, rígido, tenso.

Tautomerism, Tautomería.

Tax, Tasa; **loading —,** tasa de embarque.

Taxeme, Taxema.

Taxi (To), Rodar sobre el suelo (aviones); **to — in,** rodaje sobre el suelo en la llegada; **to — out,** rodaje sobre el suelo en la salida.

Taxiing, Rodaje sobre el suelo.

Teak, Teca (madera).

Team, Equipo; — **working,** trabajo de equipo.

Teamwork, Trabajo cooperativo

Teapot ladle, Cuchara de forma de tetera (acerías).

Tear, Arranque; — **test,** ensayo de arranque; **to —,** desgarrar.

Tearing (Picture) (TV), Desgaste de imagen (TV).

Teaser, Contradevanado en derivación.

Teat, Saliente.

Technetium, Tecnecio.

Technical, Técnico (adj.); — **guarantor,** garantizador técnico.

Technique, Técnico; **model —** (antennas), técnica de modelos a escala (antenas).

Technology, Tecnología.

Tectonic, Tectónico.

Tedge, Bebedero de alimentación.

Tee, Hierro en T, pasador; — **piece,** pieza en forma de T; — **slots,** ranuras en T; **flanged —,** hierro en T con bridas.

Teem (To), Colar en lingoteras.

Teemer, Fundidor.

Teeming, Colada en lingotera.

Teeter, Hidroclasificadora.

Teeth, Dentadura; — (plural de **Tooth,** ver esta palabra), dientes; **armature** —, dientes del inducido; **cross cutting** —, dientes contorneados; **evolute** —, dentado de evolvente de círculo; **inserted** —, dientes insertados; **pin** —, dentado de engranaje de Cruz de Malta; **radial flank** —, dentado de flancos radiales o rectos.

Teethed, Dentado; — **wheel,** rueda dentada.

Teflon, Teflón.

Tele, Tele; — **ammeter,** teleamperímetro; — **autograph,** teleautógrafo; — **autography,** teleautografía; — **communication,** telecomunicación; — **fluoroscopy,** telefluoroscopia; — **graph,** telégrafo, transmisor de órdenes; — **graph cable,** cable telegráfico; — **graph line,** línea telegráfica; — **graphic,** telegráfico; — **graphic embosser,** receptor de punta seca, transmisor de órdenes; — **graphist,** telegrafista; — **graphy,** telegrafía; — **irradiation,** teleirradiación; — **meter,** telémetro; — **metering,** medida a distancia, telemetría; — **motor,** telemotor; — **motor controlling gear,** mando a distancia; — **objective,** teleobjetivo; — **pher,** teleférico; — **phone,** teléfono; — **phone cable,** cable telefónico; — **phone line,** línea telefónica; — **phone rates,** tarifas telefónicas; — **phone receiver,** receptor telefónico; — **phone relay,** relé telefónico; — **phonograph,** telefonógrafo; — **phonometry,** telefonometría; — **phony,** telefonía; — **photo,** telefoto; — **photography,** telefotografía; — **printer,** teleimpresor; — **pyrometer,** telepirómetro; — **scope,** catalejo, telescopio; — **scope lubricator,** engrasador telescópico; — **scopic,** telescópico; — **scopic funnel,** chimenea telescópica; — **scopic lens,** lente telescópica; — **scopic lift,** gato telescópico; — **scopic pipe,** tubo telescópico; — **scopic screw,** tornillo telescópico; — **scoping,** telescópico; — **tube,** tubo amplificador de televisión; — **type,** teletipo; — **vised,** televisado; — **vision,** televisión (véase **T. V.** y **Vídeo**); — **vision antenna,** antena de televisión; — **vision pick up — tube,** tubo tomavistas de televisión; — **vision projection,** proyección de televisión; — **vision receiver,** receptor de televisión; — **vision screen,** pantalla de televisión; — **vision signals,** señales de televisión; — **vision sweep marker,** marcador de barrido de televisión; — **vision transmitter,** emisor de televisión; — **vision tube,** tubo de televisión; — **visional,** televisivo; — **visual,** televisual; — **writer,** teleautógrafo; — **writing,** teleautografía; **bent — scope,** anteojo acodado; **color — vision,** televisión en colores; **diplex — graphy,** telegrafía diplex simultánea (doble de igual sentido); **duplex — graphy,** telegrafía duplex simultánea (doble en sentido inverso); **electron — scope,** telescopio electrónico; **ground — graphy,** telegrafía por tierra; **high, low definition — vision,** televisión de alta, baja definición; **loud speaking — phone,** teléfono de altavoz; **multiplex — graphy,** telegrafía multiplex o múltiple; **sighting — scope,** anteojo; **theater — vision,** televisión en sala; **wireless — graphy,** telegrafía sin hilos; **wireless — phony,** telefonía sin hilos.

Telegram, Telegrama; **alphabetic** —, telegrama alfabético; **direct transit** —, telegrama sin escala; **facsimile** —, telegrama facsímil; **forwarding a** —, curso de un telegrama; **reception of a** —, recepción de un telegrama; **transit** —, telegrama de escala; **transit — with automatic retransmission,** telegrama de escala con retransmisión automática; **transit — with manual retransmission,** telegrama de escala con retransmisión manual; **transit — with switching,** telegrama de tránsito con conmutación; **transmission of a —,** transmisión de un telegrama; **— word,** palabra telegráfica; **international — circuit,** circuito telegráfico internacional; **omnibus — system,** sistema telegráfico ómnibus; **public — office,** oficina telegráfica pública.

Telegraphic, Telegráfico; **— alphabet,** alfabeto telegráfico.

Telegraphy, Telemeter, Telephone, Telescope, etc., Véase **Tele**; **alphabetic —,** telegrafía alfabética; **carrier current —,** frecuencia portadora; **echelon —,** telegrafía escalonada; **facsimile —,** telegrafía facsímil; **four-tone —,** telegrafía con cuatro frecuencias; **printing —,** telegrafía registrada; **signal recording —,** registro de señal telegráfica; **signalling — speed,** velocidad de transmisión telegráfica; **slave — station,** estación telegráfica corregida; **speech plus —,** telegrafía y telefonía simultáneas; **sub-audio —,** telegrafía infraacústica; **super-audio —,** telegrafía supra-acústica; **two-tone —,** telegrafía en dos frecuencias; **voice frequency —,** telegrafía por corriente vocal; **voice frequency multichannel —,** telegrafía armónica.

Telemeter (To), Medir a distancia.

Telephone, Teléfono; **— network,** red telefónica; **coin collecting — set,** teléfono de pago previo; **international — circuit,** circuito telefónico internacional; **international — line,** línea telefónica internacional; **knee-hole —,** teléfono oculto; **operator's — set,** equipo de operadora; **pendant —,** teléfono colgante; **privacy — system,** sistema de telefonía secreta.

Telepix, Imágenes de televisión.

Telescopic, Telescópico; **— tube,** tubo telescópico.

Teleseer, Espectador de televisión.

Televise (To), Televisar.

Televisión, Véase **Tele**; **— standards,** normas de televisión; **— set,** aparato de televisión; **cathode ray — tube,** tubo de televisión de rayos catódicos; **coin-freed —,** televisión de pago previo; **sponsored —,** televisión comercial; **type As — waves,** ondas tipo As (televisión).

Telex, Teleimpresor de frecuencia

Teller, Medidor (instrumentos).

Telltale, Axiómetro (timón), brújula invertida, indicador, indicador de gasto de aceite, tablero de control de bordo.

Tellurium, Teluro.

Temper, Antiguamente temple, revenido, designa actualmente la dureza de las chapas y los flejes desarrollada por el trabajo en frío, también el contenido en carbono de los aceros de herramientas; **— embrittlement,** fragilidad por revenido; **— hardening,** temple secundario; **— mills,** laminadores en frío; **— numbers,** grado de dureza de las chapas; **— passing,** pasada final de rectificación; **magnetic transmission —,** punto de Curie; **to —,** calmar, revenir, templar (Poco empleado actualmente, Véase **To Harden**), trabar la mezcla.

Temperability, Revenibilidad.

Temperature, Temperatura; **— coefficient,** coeficiente de temperatura; **— limiter,** limitador de temperatura; **— recorder,** registrador de temperatura; **— regulator,** regulador de temperatura; **— rise,** elevación de temperatura; **— saturation,** saturación del filamento; **— scanner,** explorador de temperaturas; **— sensitive,** termosensible; **absolute —,** temperatura absoluta; **ambient —,** temperatura ambiente; **color —,** temperatura de color; **firing —,** temperatura de caldeo; **inlet air —,** temperatura del aire en la admisión; **magnetic transition —,** punto de Curie; **out-**

side —, temperatura exterior.

Tempered, Atemperado, calmado, revenido, templado, tras revenido.

Tempering, Laminado en frío, actualmente siempre revenido (véase **Hardening**), antiguamente temple; **clay** — **machine**, mezcladora de arcilla; **self** —, autotemplable.

Tempering (Clay) machine, Amasadora de arcilla.

Templater, Plantillero (obrero).

Templet or **Template**, Calibre, galga, modelo, plantilla; **core** —, caja de machos; **drill** —, plantilla para el taladro; **metal** —, plantilla metálica; **wooden** —, plantilla de madera.

Templug, Microtermómetro que puede medir hasta 100° C.

Tenacity, Resistencia a la tracción, tenacidad.

Tenantable, Locativo.

Tender, Abastecedor, buque auxiliar, gabarra, oferta, pliego de condiciones (para una adjudicación), remolcador, ténder (ferrocarril), transbordador; **aircraft** —, buque portaviones; **competition** —, adjudicación por subasta o licitación; **machine** —, mecánico (USA); **private** —, contratación privada; **sealed** —, pliego sellado; **water** —, buque cisterna; **to** —, ofertar.

Tenderer, Ofertor.

Tenon, Espiga; — **saw**, serrucho de costilla; **end** —, espiga terminal; **to** —, unir por espiga.

Tenoning, De sacar espigas; — **machine**, máquina de sacar espigas.

Tensibility, Extensibilidad.

Tensible, Tensil.

Tensile, A tensión, algunas veces empleado para **Strength**, de tensión; — **deformation**, deformación por tracción; — **test**, ensayo de tracción; **high** — **bronze steel**, acero de alta resistencia; **ultimate** — **strength**, carga límite de rotura.

Tension, Tensión, tracción; — **elasticity**, elasticidad de tensión; — **reel**, bobinadora; — **rod**, tensor; — **strength**, resistencia a la tracción; **belt** —, tensión de correa; **high** — **terminal**, borne de tensión; **interfacial** —, tensión interfacial; **low** —, baja tensión; **low** — **side**, lado de baja tensión; **surface** —, tensión superficial.

Tensioning, Puesta a tensión.

Tensometer, Tensímetro.

Tensometry, Tensiometría.

Tensor, Tensorial; — **factor**, factor de fuerza (transductor); — **force**, fuerza tensorial.

Tensorial, Tensorial; — **analysis**, análísis tensorial.

Tentering, Extricador; — **machine**, máquina extricadora.

Tenters pin, Telar de husillos.

Tenuity, Decrecimiento.

Terbium, Terbio.

Teredo (plural **Teredos**), Teredo (gusano marino).

Terminal, Borna, equipo terminal, estación marítima, término; — **block**, bloque terminal; — **box**, caja de bornas; — **clamp**, taco de apriete; — **connector**, terminal de cable; — **impedance**, impedancia terminal; — **velocity**, velocidad límite; **air** —, aeropuerto; **branch** —, borna de derivación; **cable** —, cabeza de cable; **cell** —, borna de pila; **distance** —, borna de separación; **earth** —, borna de puesta a tierra; **end** —, borna de unión; **equivalent** — **loss resistance**, resistencia de pérdidas (antenas); **high tension**, **low tension** —, borna de alta, de baja tensión; **incoming** — **exchange**, centro de entrada internacional; **international** — **exchange**, centro terminal internacional; **negative** —, borne negativo; **ocean or passenger** —, estación marítima; **positive** —, borne positivo; **plug** —, casquete de bujía; **screw** —, borna de rosca.

Termination, Terminación; **matched** —, terminación adaptada.

Termit or **Thermit,** Termita; — **welding,** soldadura con termita de hierro.

Terms, Condiciones, precios.

Ternary, Ternario; — **alloy,** aleación ternaria.

Terne plate, Chapa de hierro, plomo y estaño.

Terpene series, Series terpénicas.

Terpenes, Terpenos.

Terrane, Macizo autóctono.

Terrigenous, Terrígeno.

Tertiate (To), Verificar el calibre de los cañones.

Test, Ensayo, prueba (calderas, placas, etc.); — **bar,** probeta; — **bed,** banco de pruebas; — **bench,** banco de ensayos; — **desk,** mesa de pruebas; — **glass,** — **piece,** — **tube,** probeta; — **hop,** vuelo de prueba; — **pilot,** piloto de pruebas; — **rig,** caballete de pruebas; — **routine,** rutina comprobatoria; — **stand,** plataforma de pruebas; — **strip,** cinta de pruebas; — **tank,** canal hidrodinámico; **acceptance** —, prueba de recepción; **alternating** —, ensayo de plegado alternativo en sentido inverso; **altitude** — **chamber,** cámara de ensayos en altura; **bending** —, ensayo de doblado o plegado, ensayo de flexión; **blow bending** —, ensayo de flexión al choque; **bond** —, ensayo de adherencia; **braking** —, ensayo de frenado; **breaking** —, ensayo de rotura a la tracción; **breaking down** —, ensayo de disrupción, ensayo de perforación; **buffer** —, ensayo de amortiguamiento (de una batería de acumuladores); **busy** —, prueba de ocupación; **calcining** —, copela de ensayo; **capacity** —, ensayo de capacidad (acumuladores); **carrying out of a** —, ejecución de un ensayo; **ceiling** —, ensayo de techo (aviación); **cell** —, ensayo de pilas; **climbing** —, ensayo de ascensión; **cold** —, ensayo a baja temperatura, ensayo en frío; **concrete consistency** —, aparato de medida de la consistencia del hormigón; **consumption** —, ensayo de consumo; **continuity** —, prueba de continuidad; **corrosion** —, ensayo de corrosión; **cracking** —, ensayo de fisuración; **dielectric** —, ensayo dieléctrico; **double** —, doble prueba; **drift** —, ensayo de perforación, ensayo de punzonamiento de un cuerpo; **drill** —, ensayo de perforación; **dynamic** —, ensayo dinámico; **elaiding** —, ensayo de aceites para determinar acústica (Inglaterra).

Test, Ensayo; **elongation** —, ensayo de elasticidad, prueba de alargamiento; **endurance** —, ensayo de resistencia; **engine** — **car,** banco de ensayo móvil; **etching** —, ensayo de corrosión; **expanding** —, ensayo de alargamiento; **fatigue** —, ensayo de fatiga; **flash** —, ensayo de inflamación; **flight** —, ensayo en vuelo; **ground** —, ensayo en tierra; **hardenability** —, ensayo de templabilidad; **hot** —, ensayo en caliente; **impact** —, ensayo de resiliencia; **insulation** —, ensayo de aislamiento; **Izod** —, ensayo Izod de resiliencia; **life** —, ensayo de duración; **loop** —, pruebas en anillo; **microindentation** —, ensayo de microdureza; **non destructive** —, ensayo no destructivo; **overall circuit routine tests,** ensayos sistemáticos de circuitos; **reception** —, ensayo de recepción; **road** —, ensayo en carretera; **schock wave** —, ensayo de ondas de choque; **sieve** —, granulometría; **speed** —, ensayo de velocidad; **static** —, ensayo estático; **tear** —, ensayo; **tensile** —, ensayo de tracción; **trommel** —, ensayo de trommel, ensayo Micum; **under** —, en ensayo; **water** —, prueba al agua; **to** —, ensayar, probar, verificar; **to ball** —, examinar pericialmente.

Tested, Ensayado, verificado; **flight** —, probado en vuelo.

Tester, Aparato, aparato de medida, máquina de ensayo, verificador; **cable fault** —, detector de pérdidas en los cables; **corrosion** —, aparato de ensayos de corrosión; **dial speed** —, comprobador de velocidad de discos; **fuse** —, probador de fusibles; **injection nozzle or injector** —, verificador de inyectores; **multiple purpose or multipurpose** —, aparato de medida universal; **of shock** — **machine,** máquina de ensayo de choque; **oxygen** —, dosificador de oxígeno; **torque** —, verificador de par.

Testing, Ensayo; — **bed,** banco de pruebas; — **bell,** timbre de ensayo; — **laboratory,** laboratorio de ensayos; — **machine,** aparato de ensayo, máquina de pruebas; — **of the accumulators,** ensayo de acumuladores; — **tank,** canal hidrodinámico; **ball** —, examen pericial; **bed** —, ensayo en banco de pruebas; **creep** —, ensayo de fluencia; **flight** —, ensayos en vuelo; **hardness** — **machine,** máquina de ensayo de dureza; **impulse** — **equipment,** instalación de ensayos de ondas de choque; **insulation** — **set,** aparato para medir el aislamiento.

Testmeter, Aparato de medida; **electronic** —, aparato electrónico de medida.

Tether, Cuerda, ligadura.

Tethering ring, Dispositivo de amarre.

Tetra, Tetra; — **acetate,** tetraacetato; — **bromide,** tetrabromuro; — **chloride,** tetracloruro; — **ethylene or ethyl lead,** plomo tetraetilo; — **gonal,** tetragonal; — **hedral,** tetraédrico; — **hedron,** tetraedro; — **oxysulfate,** tetraoxisulfato; — **polar,** tetrapolar (elec.); — **ploidy,** tetraploidia; — **substituted,** tetrasustituído; **carbon** — **bromide,** tetrabromuro de carbono; **carbon** — **chloride,** tetracloruro de carbono; **lead** — **acetate,** tetracetato de plomo; **lead** — **oxysulfate,** tetraoxisulfato de plomo; **titanium** — **chloride,** tetracloruro de titanio.

Tetrode, Tetrodo; **beam** —, tetrodo de haz.

Tetroxide, Anhídrido; **nitrogen** —, peróxido de nitrógeno.

Tew (To), Espadillar el cáñamo, tascar.

Tewel, Tobera de fragua.

Textile, Textil; — **fiber,** fibra textil.

Thallium, Talio; — **nitrate,** nitrato de talio.

Thallous, De talio.

Theodolite, Teodolito; — **surveying,** levantamiento con el teodolito.

Theorem, Teorema; **gap** —, teorema de discontinuidad; **Thevenin's** —, teorema de Thevenin.

Theoretical, Teórico; — **margin,** margen teórico.

Theory, Teoría; **communication** —, teoría de la comunicación.

Thermal, Termal, térmico; — **convection,** termoconvención; — **reflectance,** reflexión térmica; **british** — **unit,** unidad de cantidad de color.

Thermalization, Termalización.

Thermels, Todos los termómetros termoeléctricos.

Thermic, Térmico; — **expansion,** dilatación térmica; — **power,** poder térmico.

Thermion, Termión.

Thermionic, Termoiónico; **gas-filled** — **diode,** diodo termiónico de gas; **vacuum** — **diode,** diodo termiónico de vacío.

Thermistor, Resistencia térmica, termistor; **bead** —, termistor de cuenta; **electrolytic** —, termistor electrolítico.

Thermit, Termita; — **welding,** soldadura con termita.

Thermity, Termidad.

Thermo, Termo; — **coagulation**, termocoagulación; — **couple**, termopar; — **couple leads**, filamentos de par termoeléctrico; — **duric**, termodúrico; — **dynamical**, termodinámico; — **dynamics**, termodinámica; — **E. M. F.**, tensión termoeléctrica; — **elastic**, termoelástico; — **elasticity**, termoelasticidad; — **electric**, termoeléctrico; — **electric couple**, par termoeléctrico; — **electric current**, corriente termoeléctrica; — **electric series**, escala de fuerzas termoeléctricas; — **electricity**, termoelectricidad; — **element**, termoelemento; — **expansion**, dilatación térmica; — **logy**, termología; — **luminescence**, termoluminiscencia; — **lysis**, termolisis; — **magnetic**, termomagnético; — **meter**, termómetro; — **meter bulb**, depósito del termómetro; — **meter stem**, varilla del termómetro; — **metric**, termométrico; — **negative metal**, metal termonegativo; — **nuclear**, termonuclear; — **nuclear reactions**, reacciones termonucleares; — **nuclear reactor**, reactor termonuclear; — **optical**, termoóptico; — **positive metal**, metal termopositivo; — **phone**, termófono; — **pile**, pila termoeléctrica; — **plastic**, termoplástico (adj.), termoplásticos; — **setting**, termoendurecible; — **spray**, termopulverización; — **stat**, termostato; — **stat control**, termorregulación; — **static**, termostático; — **syphon**, termosifón; — **telephone receiver**, termófono; — **tolerant**, termotolerante; — **tropy**, termotropía; **balancing** — **pile**, pila termoeléctrica diferencial; **creep type** — **stat snap action** — **stat**, véase **Contact**; **dial** — **meter**, termómetro de cuadrante; **differential expansion** — **stat**, termostato de dilatación diferencial; **dry bulb** — **meter**, termómetro de bola seca; **hydraulic fluid** — **stat**, termostato de dilatación de líquido o de gas; **immersion** — **couple**, termopar de inmersión; **liquid expansion** — **stat**, termostato de dilatación de líquido; **maximum** — **meter**, termómetro de máxima; **maximum and minimum** — **meter**, termómetro de máxima y mínima; **minimum** — **meter**, termómetro de mínima; **recording** — **meter**, termómetro registrador; **strip type** — **stat**, termostato de cinta; **suppressed zero** — **meter**, termómetro sin cero; **wet bulb** — **meter**, termómetro de bola mojada.

Thermocouple, Termopar; **frequency** —, termopar de frecuencia; **high vacuum** —, termopar de alto vacío; **wave form** —, termopar de forma de onda.

Thermostatization, Termostatización.

Thevenin, Thevenin; **Thevenin's theorem**, teorema de Thevenin.

Thiazole, Tiazol.

Thiazoline, Tiazolina; — **ring**, núcleo tiazolínico.

Thick, Grueso.

Thicken (To), Rezumar.

Thickness, Espesor; — **gauge**, calibre de espesores.

Thicknesser, Cepillo regruesador.

Thill, Piso (mina).

Thimble, Brida de tubo, manguito (anillo de metal); **union** —, manguito de anillo.

Thin, Delgado, estéril (madera); — **sheet mill**, laminador de chapas finas; — **shell**, bóveda de membrana; — **walled**, con aislamiento de poco espesor (cable); **the** — **part**, el estéril (de la madera).

Thinness, Delgadez.

Thiocyanates, Tiocianatos.

Thiodiacetic acid, Ácido tiodiacético.

Thiols, Tioles.

Thioorganic, Tiorgánico.

Thioureas, Tioureas.

Third, Tercero; — **point**, lima triangular; — **speed wheel**, rueda de tercera velocidad.

Thirl, Galería transversal.

Thixotrope, Tixotropo.

Thixotropic, Tixotrópico.

Thixotropy, Tixotropía.

Thoriated, Toriado; — **filament,** filamento toriado; — **tungsten,** tungsteno toriado.

Thorium, Torio.

Thoron, Torón.

Thrash, Vibración a una velocidad crítica.

hread, Filete de un tornillo, hilado, hilo, paso de un tornillo, viruta; — **grinding machine,** máquina de filetear con la muela, máquina de rectificar los fileteados; — **indicator,** indicador de fileteado; — **milling cutter,** fresa de filetear; — **milling machine,** máquina de filetear a la fresa; — **rolling,** laminado de fileteados; — **rolling machine,** máquina de laminar los filetes de tornillos; — **root,** fondo de la rosca; **box** —, paso de tornillo inglés; **equipment for picking up** —, aparato para coger el paso (máquina de roscar); **iron** —, alambre; **left handed** —, con paso a izquierdas; **multiplex** — **screw,** tornillo de varios filetes; **reverse** —, filete de tornillo invertido; **right handed** —, paso a derechas; **screw** —, paso de tornillo; **screw** — **gauge,** calibre de fileteado; **single screw** —, tornillo de un solo filete; **to** —, aterrajar.

Thread, Fileteado; **cutting** — **on the lathe,** fileteado en el torno; **screw** — **gauge,** calibre de fileteado.

Threaded, Fileteado; **square** — **screw,** tornillo de filete cuadrado

Threader, Véase **Threading machine**

Threading, Fileteado; — **device,** aparato de filetear; — **die,** terraja; — **lathe,** torno de roscar; — **machine,** máquina de filetear; — **with lead screw,** roscado por husillo; **self opening die head** — **machine,** máquina de filetear de terraja móvil; **single point tool** — **machine,** máquina de filetear con herramienta.

Three, Tres; — **bladed,** tripala (hélice); — **column legged transformer,** transformador de tres columnas; — **cylinder engine,** máquina de tres cilindros; — **decker,** buque de tres cubiertas; — **electrode valve or** — **electrode element,** lámpara de tres electrodos, válvula de tres electrodos; — **end cock,** grifo de tres vías; — **legged,** de tres columnas; — **pedal,** pedal de acelerador; — **phase,** trifásico (elec.); — **phase meter,** contador para corrientes trifásicas (elec.); — **phase motor,** motor trifásico; — **pin plug,** clavija de tres tetones; — **pivoted,** triarticulado; — **plane,** triplano; — **ply,** contrachapado; — **ply rib,** nervio del contrachapado: — **ply web,** alma de contrachapado; — **ply wood,** contrachapado de tres espesores; — **pole,** tripolar; — **range winding,** devanado dispuesto sobre tres planos; — **shot,** de tres tiempos; — **way switch,** conmutador tridireccional; — **wheel trailer,** remolque de tres ruedas.

Threefold purchase, Polipastos de tres ruedas.

Threshold, Batiente inferior de puerta de esclusa, dintel; — **bed,** pantalla falsa; — **branch,** tope del batiente de puerta de esclusa; — **frequency,** frecuencia crítica, frecuencia umbral; — **of feeling,** umbral de sensación dolorosa; — **valve,** concentración mínima; **auditory or audiometric** —, umbral de audibilidad; **detection** —, umbral de detección; **increment** —, umbral diferencial; **interference** —, umbral de interferencia; **normal** — **of audibility,** umbral normal de audibilidad; **normal** — **of feeling,** umbral normal de sensación dolorosa.

Throat, Cuello (máquinas), cuello de ancla, curva de acuerdo, garganta, tragante (horno alto), venturi; — **of a horn,** embocadura de una bocina; **angle of —,** ángulo del diente (sierras); **depth of —,** profundidad del cuello de cisne.

Throttle, Maneta, mariposa, registro de vapor, regulador, toma de vapor; — **lever or handle,** palanca de admisión de los gases; — **pedal,** pedal de acelerador; — **pressure,** presión de admisión; — **regulating screw,** tornillo de regulación de la marcha lenta; — **valve,** válvula de mariposa; **butterfly —,** válvula de mariposa; **foot —,** pedal de acelerador; **full —,** a todo gas; **hand — button,** botón de acelerador; **to —,** estrangular el vapor, maniobrar el registro; **to — back or down,** cerrar los gases (auto, etc.), reducir la sección de paso del motor.

Throttleable, Reducible.

Throttled, Estrangulado; — **back,** moderado de marcha (motor); — **dive,** picado con la marcha de los motores reducida.

Throttling, Estrangulamiento (del vapor); — **down,** marcha lenta.

Through, Terminal; — **train,** tren directo.

Throughout, En toda la masa.

Throw, Árbol manivela, carrera (de manivela, etc.); — **of the eccentric,** radio de excentricidad; — **out clutch,** desembrague; — **over,** desconexión; **double — crank,** cigüeñal; **to —,** lanzar, molinar la seda; **to — a key,** accionar una llave; **to — into gear,** embragar, engranar; **to — out of gear,** desembragar, desgranar.

Thrower, Molinador (de seda).

Throwing, Molinaje (de la seda); — **power,** poder cubridor, poder de deposición.

Throwout damper, Registro de inversión.

Thrum, Cabo basto.

Thrust, Empuje, golpe, tope; — **bearing,** cojinete de empuje de bolas; — **bearing pedestal,** soporte de cojinete; — **bearing runner,** espejo de pivote de turbina; — **block,** puntal de empuje, rangua de empuje; — **collars,** collarines de cojinete; — **housing,** apoyo de cojinete; — **line,** eje de empuje, eje de tracción; — **pad,** segmento de empuje; — **reversal,** inversión del empuje; — **reverser,** desviador del chorro, inversor del empuje; — **ring,** espejo; — **roller,** cojinete de rodillos; — **shaft,** árbol de empuje; — **shoe,** cojinete de empuje; — **washer,** arandela de empuje; **ball —,** cojinete de bolas; **ball — bearing,** cojinete de empuje de bolas; **clutch ball —,** cojinete de bolas de desembrague; **collar — bearing,** cojinete de apoyo radial acanalado, cojinete de canaladuras, cojinete de empuje; **static —,** empuje estático; **take off —,** impulso en el despegue; **taking up the axial —** recepción axial del empuje.

Thrustor, Empujador axial.

Thulium, Tulio.

Thumb nut, Tuerca de orejas.

Thump, Ruido telegráfico.

Thwart, Transversalmente; — **ships,** transversal.

Thyonil, Tionilo.

Thyratron, Tiratrón.

Thyrite, Tirolita.

Thyroxine, Tiroxina.

Tick (To) over, Girar en marcha lenta.

Ticker or **Tikker,** Vibrador (telégrafo).

Ticket, Billete; **return —,** billete de ida y vuelta; **single —,** billete de ida.

Ticketing (Automatic foll), Confección automática del «ticket».

Tickler, Bobina de autoinducción, cebador del carburador (auto).

Tidal, Donde se aprecia la marea; — **curve,** mareograma; — **harbour or — port,** puerto de mareas, varadero.

Tide, Marea; — **ball,** bolea de marea; — **gauge,** escala de marca, mareógrafo, mareómetro; — **mill,** molino de mar, molino de mareas; — **predictor,** máquina de predecir las mareas.

Tiderace, Aguaje.

Tie, Conexión, crucero, enlace, grapón, nudo, tirante, travesaño, traviesa, unión; — **bar,** traviesa; — **beam,** tirante; — **bracket,** cartabón de unión; — **in transformer,** transformador de acoplamiento; — **line,** línea de conexión; — **piece,** colector múltiple; — **plate,** chapa de unión, placa de anclaje, placa de asiento de carril; — **rod,** barra de acoplamiento, tirante; **cross —,** tirante transversal, traviesa; **intersuite — bar,** barra de enlace entre filas; **railway —,** traviesa de vía; **to —,** amarrar, juntar, unir.

Tier, Hilera, plano de estiba.

Tight, Apretado, estanco, impermeable, rígido, tenso; **air —,** hermético; **gas —,** estanco a los gases; **steam —,** estanco al vapor; **steam — joint,** junta estanca, junta hermética al vapor; **vacuum —,** estanco al vacío; **water —,** estanco al agua, impermeable; **water — bulkhead,** tabique estanco; **water — joint,** junta hermética al agua.

Tighten (To), Apretar, reducir, tensar.

Tightener, Tensor; **bar —,** mordaza de barras; **belt —,** tensor de correa; **chain —,** tensor de cadena.

Tightening, Apriete (máq.); — **key,** clavija de cátodo.

Tightness, Estanqueidad, rigidez, tensión.

Tiglic, Tíglico; — **acid,** ácido tíglico.

Tikker, Vibrador.

Tikkler, Bobina de reacción (radio).

Tile, Teja; — **kiln,** horno de tejas; **crest —,** teja de cumbrera; **drain —,** teja de drenaje; **edging —,** teja de reborde; **flat —,** teja plana; **roof —,** teja de cumbrera; **to —,** cubrir de tejas, embaldosar.

Tiller, Caña del timón; — **device,** dispositivo de filtrado; — **rope,** guardín.

Tilt, Cubreequipajes de lona (vagón), inclinación, toldo, vuelco; — **angle,** ángulo de inclinación; — **hammer,** martinete de forja de palanca accionada por leva; **blade —,** véase **Blade; wave —,** inclinación de onda; **to —,** bascular, cubrir con un toldo o una lona, forjar, forjar con martinete, inclinar.

Tiltability, Inclinabilidad.

Tilted, Basculado, forjado, forjado con martinete, inclinado; — **antenna,** antena inclinada; **iron —,** hierro forjado.

Tilter, Basculador, martinete de forja, obrero de forja; **car —,** basculador de vagones.

Tilting, Basculable, eclipsable; — **bearing,** apoyo de rótula; — **device,** dispositivo de inclinación; — **furnace,** horno basculante, horno oscilante.

Tiltmeter, Inclinómetro.

Timber, Cuaderna, madera de armazón, madera de construcción; — **and room,** malla de cuaderna; — **hitch,** nudo de la madera; — **lining,** tablestaca; — **yard,** instalación de madera de construcción; — **work,** maderaje; **cant —,** cuaderna revirada; **cleft —,** madera de raja; **fashion —,** aleta de buque de madera; **floor —,** varenga; **half hitch and — hitch,** de un cote y vuelta de braza (nudo); **quartered —,** madera de raja; **rough —,** madera bruta, madera no trabajada; **seasoned —,** madera seca dispuesta para ser utilizada; **square —,** madera escuadrada;

unbarked —, madera en rollizos; **to** —, construir con madera, entibar, hacer una estructura de madera; **to season** —, hacer secar la madera.

Timbered, Entibado; — **mountains,** montañas boscosas.

Timbering, Entibación (de una mina).

Timbrel arch, Arco de varias roscas de rasillas.

Time, Hora, tiempo; — **ball,** bola de observatorio; — **bomb,** bomba de relojería; — **constant,** constante de tiempo; — **delay,** retraso; — **delayed relay,** relé temporizador; — **derivative,** derivada con relación al tiempo; — **flow,** deformación plástica; — **fuse,** espoleta de tiempos; — **length,** longitud virtual; — **minimization,** minimización del tiempo; — **quenching,** temple interrumpido; — **recorder,** marcador de fecha y hora; — **releasing,** desconexión temporizada; — **series,** series temporales; — **shearing system,** sistema con partición de tiempo; — **signal,** señal horaria; — **study,** estudios de tiempo de fabricación; — **symmetric,** temporalmente simétrico; — **table,** tablero horario; — **totalizer,** cronototalizador; **access** —, tiempo de acceso; **constant** — **lag,** retardo de cierre en disyun tores; **current building up** —, tiempo de establecimiento de una corriente; **dead or idle** —, tiempo muerto; **decay** — (in a charge storage tube), tiempo de decaimiento (en tubos de memoria por carga); **holding** — **of an international circuit,** tiempo de ocupación en el servicio internacional; **hourly percentage paid** —, rendimiento horario de un circuito; **insensitive** —, tiempo muerto; **local** —, hora local; **maximum retention** — (in charge storage tubes), tiempo máximo de retención (en tubos de memoria por carga); **mean** —, tiempo medio; **meridian** —, hora del meridiano; **oscillation** —, período de oscilación; **Paris** —, hora de París; **percentage occupied** —, coeficiente de ocupación de un circuito; **receiver response** —, tiempo de respuesta de un receptor; **resolving** —, tiempo de resolución; **round** —, duración de las rotaciones; **splitting** — (signalling receiver), tiempo de corte (de un receptor); **start** — (tape recorder), tiempo de arranque (magnetófono) **transit** —, tiempo de tránsito; **transit** — **in a cathode ray oscilloscope,** tiempo de tránsito de un osciloscopio; **word** —, tiempo de palabra.

Timed lubrication, Véase **Lubrication.**

Timer, Medidor de tiempos.

Times, Multiplicado por.

Timing, Cadencia, distribución, regulación, regulación de tiempo, retraso; — **gears,** engranajes de distribución; — **marker,** marcador de tiempo; — **markers,** marcas de tiempo; **ignition** —, regulación del avance al encendido; **spark** — **variation,** avance o retraso al encendido; **valve** —, regulación de las válvulas.

Timkenized, Con cojinetes de bolas Timken.

Tin, Estaño, hojalata; — **bath,** azogado; — **bearing,** estannífero; — **bearing ore,** casiterita; — **bronze,** bronce de estaño; — **can,** bote de hojalata; — **clad,** forrado de hojalata; — **cup,** arandela de tornillo de culata; — **deposit,** depósito estannífero; — **leaf,** azogado (de espejo); — **lined,** forrado de hojalata; — **liquor,** licor de Libavins; — **mine,** mina de estaño; — **ore,** mineral de estaño; — **plate,** hojalata; — **pot,** baño de estañado; — **sheet,** estaño en hojas; — **smith,** hojalatero; — **solder,** soldadura al estaño; — **soldering,** suelda al estaño; — **stone or** — **stuff,** óxido de estaño; — **ware,** artículos de hojalata; — **works,** fábrica de estaño; **bar** —, estaño en llantones; **black** —, mineral de estaño concentrado; **block** —, estaño común en lingotes; **crystal**

—, moaré metálico; **crystals of** —, cloruro de estaño; **drog** —, estaño granulado; **lode** —, estaño de roca; **nickel** — **bronze,** bronce al níquel-estaño; **oxide of** —, óxido de estaño; **stream** —, estaño de lavado; **to** —, estañar.

Tincture, Tintura; **mother** —, tintura madre.

Tinder, Yesca.

Tines, Brazos (diapasón).

Tinfoil, Papel de estaño, papel de plata.

Tingibility, Tingibilidad.

Tinkal, Bórax.

Tinker, Calderero, estañador, hojalatero.

Tinkling, Tintineo; **bell** —, tintineo de timbre.

Tinnable, Estañable.

Tinned, Estañado; — **iron,** hojalata.

Tinning, Estañado.

Tinsel, Papel metálico.

Tiny bearing, Microcojinete.

Tiophen, Tiofeno.

Tip, Boquilla, cuchilla postiza insertada, pastilla (fresadora), punta; — **car,** vagón, vagoneta de báscula; — **cart,** volquete; — **lorry,** camión de caja de descarga; — **speed,** velocidad periférica; — **wagon,** vagón basculante; **blade** —, extremo de pala; **bottom loop** —, casquillo de ojal; **burner** —, boquilla de quemador; **carbide** —, cuchilla postiza; **electrode** —, punta de electrodo; **pole** —, pieza polar; **tool** —, pastilla de herramienta; **welding** —, punta de electrodo (soldadura); **wing** —, extremo del ala; **wing** — **tank,** depósito de extremo de ala; **to** —, aligerar la carga de un extremo, bascular; **to** — **over,** zozobrar.

Tippable, Basculable.

Tipped, Con punta; **carbide** —, con pastilla de carburo; **platinum** — **screws,** platinos (auto); **square** —, de punta cuadrada.

Tipping, Basculante, con movimiento de báscula, soldadura de las cuchillas postizas insertadas; — **hopper,** cubeta o cuchara basculante; — **motion,** movimiento de vuelco (vagones, etc.); — **of the cable,** alzamiento de la mesa (cepilladora); — **skip,** cuchara de grúa; — **trough,** tenaza basculante; **end** — **barrow,** volquete de basculación hacia delante.

Tipple, Basculador de vagones, descarga.

Tippler, Basculador; — **hopper,** tolva basculante; **mine car** —, basculador de vagonetas de mina.

Tippling, Vuelco.

Tiptank, Depósito en el extremo del ala (avión).

Tire, Véase **Tyre.**

Tissue, Tejido (madera); **hard** —, tejido leñoso; **soft** —, tejido poroso o vascular.

Tit, Punta.

Titanate, Titanato; **barium** —, titanato de bario; **lead** —, titanato de plomo.

Titaniferous, Titanífero; — **magnetite,** magnetita titanífera.

Titanite, Titanita.

Titanium, Titanio; — **carbide,** carburo de titanio; — **hydride,** hidruro de titanio; — **oxide,** óxido de titanio; **metallic** —, titanio metálico.

Titratable, Dosificable.

Titrate (To), Clasificar, valorar.

Titration, Dosificación, valoración.

Titre, Concentración, valoración.

Titrimetric, Valorimétrico.

Titrometer, Valorímetro; **dual** —, valorímetro doble.

Toe, Leva, varilla; — **nail,** clavo oblicuo.

Toggle, Bita, cincel, gatillo, palanca, palanca acodada, pasador pequeño; — **interrupter,** interruptor de palanca articulada; — **joint,** junta de palancas móviles bajo diferentes ángulos; — **operated,** con palanca acodada; — **operated valve,** válvula de palanca acodada; — **press,** prensa de palanca acodada; — **system,** sistema de palancas articuladas; **two, three** —, de dos, de tres palancas articuladas.

Togglier, Persona que lanza las bombas empleando un conmutador eléctrico manual (avión).

Tolerance, Tolerancia; **close** —, tolerancia estrecha; **frequency** —, tolerancia de frecuencia; **frequency** — **of a radio transmitter,** tolerancia de frecuencia de un transmisor.

Toll, Derecho, impuesto, peaje; — **dialing,** automático interurbano; **automatic** — **ticketing,** confección automática del ticket; **poles** — **line,** línea interurbana de postes.

Toluene, Tolueno.

Toluic, Toluídico; — **acid,** ácido toluídico.

Tommy, Pasador de chaveta; — **bar,** palanca de mano.

Ton, Tonelada, tonelada (marítima); **metric** —, tonelada métrica.

Tone, Tonalidad; — **control,** regulación de la tonalidad; — **generator,** generador de señal; **busy** —, señal acústica de ocupado; **fork-** — **modulation,** modulación por diapasón; **four-** — **telegraphy,** telegrafía con cuatro frecuencias; **group engaged** —, señal de grupo ocupado; **partial** — **reversal,** inversión parcial de matices; **pip-pip** —, señal de doble pitido; **ringing** — **signal,** señal de llamada; **test** —, tono de prueba; **two** — **telegraphy,** telegrafía en dos frecuencias.

Toner, Color orgánico.

Tonf, Tonelada de fuerza.

Tong (Chain), Llave de cadena, tenazas de cadena.

Tongue, Hebijón, hoja, lengua, lengüeta, machihembrado; **feather** —, lengüeta; **switch** — **planer,** máquina de cepillar las agujas; **to** —, machihembrar.

Tongs, Pinzas, tenazas; **clips** —, tenazas de forja; **draw** —, tensor; **elbow** —, pinzas de crisol, tenazas de boca curva; **fire** —, pinzas.

Tonguing, Machihembrado; — **cutter,** fresa de machihembrar; — **plane,** acanalador macho.

Tonnage, Tonelaje; **gross** —, tonelaje bruto, tonelaje en grueso; **net** —, tonelaje neto; **register** —, tonelaje neto, tonelaje registrado.

Tonner, Tonelada; **n** —, de n toneladas.

Tool, Herramienta; — **bits,** barrenos; — **box,** carro portaherramienta, portaherramienta, portaherramienta de alojamiento, portaherramienta de luneta; — **carrier,** portaherramienta; — **crib,** armario de herramientas; — **fang,** espiga de la herramienta; — **grinding,** máquina de afilar herramientas; — **heel,** talón de una herramienta; — **holder,** carro, portaherramienta; — **jack,** tornillo de apriete; — **kit,** bolsa de herramientas; — **maker,** herramentista; — **milling machine,** fresadora de utillaje; — **pitch,** paso de los dientes; — **post,** portaherramienta; — **rack,** estantería de herramientas; — **room,** taller de utillaje; — **room lathe,** torno de utillaje; — **saturation,** saturación de los dientes; — **set,** juego de herramientas; — **setting,** montaje de la herramienta; — **slide,** carro portaherramienta; — **wrench,** llave de herramientas; **air** —, herramienta neumática; **articulated** —, herramienta articulada; **back tools,** herramientas de torno; **beading** —, cortafrío; **boiler making tools,** herramientas de calderería; **bolt making tools,** herramientas de fabricación de pernos; **boring** —, cuchilla de acabado (torno de madera), herramienta de perforar o de escariar, hoja; **broaching —**, herramienta de recamado, husillo de mandrinar; **butt —**, cortafrío; **calking —**, cincel; **carbide —**, herramienta con pastilla de carburo; **chamfering —**, fresa plana de dos filos; **chasing —**, peine de filetear (torno); **cleansing —**, herramienta de desbarbar; **cleaving —**, cuchilla para hender; **cooling of the —**, refrigeración de la herramienta; **collar —**, sufridera; **cross —**, carro transversal; **cutting —**, filo de la herramienta, herramienta cortante, herramienta de trocear; **cutting edge of —**, borde cortante; **cutting off —**, herramienta de trocear, herramienta recta de sangrar; **detachable point —**, diente de punta insertada; **diamond —**, diamante de vidriero, herramienta adiamantada; **diamond point —**, herramienta de punta de diamante; **dressing —**, herramienta de reacondicionar las muelas; **edge —**, brujidor, herramienta cortante, punta de rebajar; **edge — maker**, herrero de corte; **fang of a —**, cola de herramienta; **female or inside screw cutting —**, herramienta de filetear interiormente; **finishing —**, herramienta de acabado; **form —**, herramienta de forma; **forming —**, herramienta de conformar; **fullering —**, cincel de calafatear, llama redonda; **gang —**, herramienta múltiple; **grinding —**, piedra de pulir; **hand —**, herramienta de mano; **heating of the —**, calentamiento de la herramienta; **heel —**, escoplo; **hinged — holder**, portaherramienta de charnela; **inside screw —**, peine de roscar interiormente; **knurling —**, herramienta de moletear; **lathe —**, herramienta de torno; **lipped —**, herramienta de garganta; **machine —**, máquina herramienta; **mate or outside screw cutting —**, herramienta de filetear exteriormente; **miner tools**, herramientas de minero; **modelling —**, herramienta de moldeo; **outside screw —**, peine de roscar exteriormente; **parting —**, bedana; **pitching —**, punterola; **planing —**, cuchilla de una máquina de cepillar; **pneumatic —**, herramienta neumática; **portable —**, herramienta portátil; **powder actuated —**, herramienta accionada por explosivo; **power —**, herramienta de motor; **recessing —**, herramienta para ranurar interiormente; **rolling in —**, herramienta de rebajar por laminado; **roughing —**, herramienta de desbastar; **rounding —**, estampa redonda; **screw —**, peine de roscar; **screw cutting —**, herramienta de filetear; **screwing —**, peine de roscar; **second hand —**, herramienta de ocasión; **self acting lift of the —**, levantamiento automático de la herramienta; **shank of the —**, espiga de herramienta; **sharpening of the —**, afilado de la herramienta; **shaving —**, herramienta de rasurar; **side —**, herramienta de corte lateral; **sintered carbide —**, herramienta al carburo aglomerado; **sliding — carriage**, carro porta-herramienta (para excavar); **snapping —**, buterola; **top —**, parte superior de estampa; **turning —**, herramienta de torno; **vibrating tools**, herramientas de choque; **wheel dressing —**, herramienta de reacondicionar muelas; **wood turner's —**, gubia; **to clamp the —**, apretar, calar la herramienta; **to fix the —**, fijar la herramienta; **to set up the —**, poner a punto.

Tooled, Estampado; **— machine**, máquina equipada con su herramienta.

Toolery, Herramental.

Tooling, Utillaje; **— jobs**, trabajos de utillaje; **— up expenses**, gastos de utillaje.

Tooth, Aleta (de motor a reacción), diente, plural **Teeth**; **— angle**, ángulo del diente; **— cutting machine**, máquina de tallar los dientes; **— face grinding machine**, máquina de pulir los flancos de los dientes de engranajes; **— in-**

duction, inducción en los dientes (elec.); **actual — induction,** inducción eficaz en los dientes (elec.); **armature —,** diente del inducido; **champion —,** diente doble (para sierra tipo marmolista); **club —,** diente cónico; **control —,** diente de control; **depth of a —,** hueco de un diente; **dog's —,** diente de sierra, punzón de acero; **face of a —,** cara de un diente; **file —,** diente de lima; **maximum, minimum — induction,** inducción máxima en los dientes (elec.); **rotor —,** diente del rotor (elec.); **saw —,** diente de sierra; **saw — arrester,** descargador de puntas; **saw — generator,** generador de dientes de sierra; **saw — keyboard,** teclado mecánico; **straight —,** diente recto.

Toothed, Con dientes, dentado; **— gearing,** tren de engranajes; **— quadrant,** sector dentado; **— wheel,** rueda dentada; **— wheel dynamometer,** dinamómetro a ruedas dentadas; **fine — file,** lima fina.

Top, Cabria, capitel, parte superior, tapadera, tragante (horno alto), vértice; **— angle,** angular de cabeza; **— box,** caja de encima (fundición); **— clack,** válvula de cabeza (bomba de aire); **— crust,** sales reptantes; **— flask,** caja de debajo; **— fuller,** escariador, estampa redonda; **— gas,** gas de tragante; **— gear,** toma directa (auto); **— heavy,** demasiado cargado en los altos; **— high pressure,** tragante bajo alta presión; **— of the cylinder,** tapa del cilindro; **— pressure,** presión en el tragante; **— sides,** altos (de un buque); **— slide or — tool rest,** soporte de portaherramienta; **— turbine,** turbina con extracción de vapor; **blast furnace —,** tragante de horno alto; **flat — antenna,** antena horizontal; **furnace —,** cielo de hogar (calderas); **opening —,** techo desplazable; **removable —,** tapadera; **wing — surface,** superficie de extradós.

Toplerian, Topleriano; **— bases,** bases toplerianas.

Topographic or **Topographical,** Topográfico; **— draftman,** delineante topográfico.

Topography, Topografía.

Topological, Topológico.

Topology, Topología.

Topotaxy, Topotaxia.

Topping, Primera destilación a presión atmosférica; **— tower,** columna de destilación; **— turbine,** turbina con extracción de vapor; **atmospheric —,** destilación atmosférica.

Torch, Soplete; **alcohol —,** lámpara de soldar de alcohol; **atomic hydrogen —,** soplete a hidrógeno atómico; **blow —,** lámpara de soldar; **cutting —,** soplete de corte; **deseaming —,** soplete de eliminar grietas; **gauging —,** soplete ranurador; **oxyacetylene —,** soplete oxiacetilénico.

Toriconical, Toricónico.

Torispherical, Toriesférico.

Toroidal, Toroidal.

Torpedo, Torpedo; **— boat,** torpedero; **— gear,** dispositivo de torpedo; **— head,** cono; **— heater,** recalentador; **— net,** red paratorpedos; **— sight,** visor lanzatorpedos; **— tube,** tubo de lanzamiento, tubo lanzatorpedos; **acoustic —,** torpedo acústico; **electric —,** torpedo eléctrico; **homing or target tracking —,** torpedo que se dirige automáticamente hacia el blanco; **magnetic —,** torpedo magnético; **submerged — tube,** tubo lanzatorpedos submarino; **wakeless —,** torpedo sin estela.

Torpedoist, Torpedista.

Torque, De par, momento de torsión, par; **— analyser,** analizador de par motor; **— conversion,** conversión del par motor; **— meter,** medidor del par motor; **— tester,** verificador del par motor; **break**

down —, par máximo que puede soportar un motor de inducción sin caída prohibitiva de velocidad; **breaking down** —, par de desconexión; **locked rotor** — **or opposing** —, par antagonista, par resistente; **restoring** —, par sincronizante; **starting** —, par de arranque.

Torshear (To), Cizallar por torsión.

Torsiometry, Torsiometría.

Torsion, Torsión; — **bar,** barra de torsión; — **dynamometer,** dinamómetro de torsión; — **galvanometer,** galvanómetro de torsión; — **meters,** indicadores de torsión; — **wire,** hilo de torsión.

Torsional, De torsión; — **elasticity,** elasticidad de torsión; — **stress,** esfuerzo de torsión; — **vibrations,** vibraciones de torsión.

Torsive, Torsivo.

Total, Total; — **head,** pérdida de carga total; — **reflection prism,** prisma de reflexión total.

Totalizer, Totalizador, totalizador integrador; **impulse** —, integrador de impulsos (contadores radioactivos).

Totalizing relay, Relé integrador.

Totalling, Totalizante.

Totally enclosed motor, Motor cerrado.

Tote (To), Transportar.

Touch, Tacto; — **down,** aterrizaje; — **dry,** seco al tacto (pinturas).

Touchy, Suave (avión).

Tough, Resistente a los choques, tenaz.

Toughness, Tenacidad.

Toughening, Género de temple con revenido aplicado a los aceros con contenido medio de carbono (llamado de doble tratamiento).

Toughness, Plasticidad, resistencia al choque, tenacidad.

Tourer or **Touring** plane, Avión de turismo.

Tournadozer, Bulldozer de ruedas.

Tournarocker, Tenaza basculante de gran capacidad.

Tournatrailer, Semirremolque de fondo basculante hacia atrás.

Tow, Copo para hilar, estopa; — **line,** cable de remolque; — **rail,** arco de remolque; — **ring,** anillo de remolque; — **rope,** cuerda de sirga, guindaleza de atoar; — **shackle,** brida de remolque; **packing** —, trenza para guarniciones; **to** —, remolcar; **to take in** —, llevar a remolque.

Towage, Atoaje, remolcado, remolque (acción a precio pagado); — **fees,** derechos de remolque.

Towboat, Remolcador (poco frecuente), véase **Tug.**

Towed, Remolcado; — **glider,** planeador remolcado.

Tower, Columna, mástil (elec.), torre; **absorption** —, torre de absorción; **boring** —, torre de sondeo; **bubble** —, torre de fraccionamiento; **cooling** —, torre de refrigeración; **conning** —, blocao; **control** —, torre de control; **extraction** —, torre de extracción; **fractionating** —, columna de destilación, torre de fraccionamiento (petr.); **oxidising** —, columna de oxidación; **sieve plate extraction** —, torre de extracción de platillos perforados; **stripping** —, torre de primera destilación; **water** —, torre de agua; **winder** —, caballete de extracción.

Towing, Remolque; — **cable,** cable de remolque; — **hawser,** estacha de remolque.

Towline, Calabrote de espía.

Towpath, Camino de sirga.

Towrope, Cable de remolque.

Toxic, Tóxico; — **gas,** gas tóxico.

Toxicity, Toxicidad.

Trace (To), Calcar, trazar.

Tracer, Calcador, hilo coloreado en un conductor, indicador, inscriptor, trazador; — **attachment,** dispositivo de reproducir; — **head,** cabezal copiador; — **lever,** palpador; — **study,** estudio por medio de trazadores; — **wheel,** rueda trazadora; **electrical** —, inscriptor eléctrico; **induction** —, trazador a inducción; **isotope or isotopic** —, trazador isotópico; **radio** —, radioindicador; **radioactive** —, trazador radioactivo; **signal** —, analizador.

Tracing, Calco, croquis, dibujo, plano, trazado; — **bench,** banco de dividir; — **chart,** tarjeta de ruta; — **paper,** papel de calco; **precision** — **instrument,** gramil de precisión.

Track, Carril, vía; — **brake,** freno sobre carril; — **layer,** instalador de carriles; — **slots,** caminos de rodadura; — **surfacing,** rectificación y nivelación de la vía; — **tread landing gear,** tren de aterrizaje de orugas; — **walker,** recorredor de la vía; **carterpillar tracks,** orugas; **connection** —, vía de enlace; **distributing** —, vía de clasificación; **double** —, vía doble; **ionic** —, trayectoria iónica; **light** —, vía ligera; **narrow gauge** —, vía estrecha; **oil tracks** —, patas de araña (máq.); **rail tracks,** línea de carriles; **railroad tracks,** vía de ferrocarril; **side** —, vía de apartadero; **single** —, vía sencilla; **slippery** —, carril engrasado; **standard gauge** —, vía normal; **to** —, remolcar a la sirga; **two tracks railway,** ferrocarril de dos vías.

Trackage, Remolque.

Tracker, Señalador de recorrido.

Tracking, Descarga superficial (bujía), dirección; **radar** —, dirección por radar; **radio** —, rastreo radioeléctrico.

Tractile, Dúctil.

Traction, Tracción; — **accumulator,** acumulador de tracción; — **motor,** motor de tracción; **a. c.** —, tracción de corriente alterna; **caterpillar** —, tracción sobre orugas; **d. c.** —, tracción de corriente continua; **electric** —, tracción eléctrica; **heavy** —, tracción pesada; **surface** —, tracción de superficie; **underground** —, tracción subterránea (minas).

Tractionability, Traccionabilidad.

Tractive, De tracción.

Tractoline, Tractolina.

Tractor, Tractor; — **scraper,** traílla automotriz; — **screw,** hélice de tracción; — **train,** tren arrastrado por tractor; **caterpillar** —, tractor de orugas; **wheel type** —, tractor sobre ruedas.

Trade, Comercio, oficio; — **mark law,** derecho marcario; — **name,** marca; **agricultural** — **or farm** —, tractor agrícola; **home** —, cabotaje; **in** —, en vagón.

Trader, Buque mercante, negociante.

Trading, Comercial, de comercio.

Traffic, Circulación, tráfico (ferrocarril, etc.); **air** —, tráfico aéreo; **average** — **per trunk,** promedio de tráfico por enlace; **late choice** — **meter,** contador de tráfico al final del múltiple; **line for incoming** —, circuito para tráfico de llegada; **line for outgoing** —, circuito para tráfico de salida; **optimum** — **frequency,** frecuencia óptima de tráfico; **overflow** —, tráfico de sobrecarga.

Trafficability, Transitabilidad.

Trafficators, Flechas de dirección.

Trail, Arrastre, cola de pato (cureña); — **angle,** ángulo de arrastre; **to** —, arrastrar.

Trailable, Talonable (ferrocarril).

Trailer, Remolque; — **housed,** instalado en un remolque; — **lot,** vagón cargado con remolques carreteros; **drop bucket** —, remolque con descarga por el fondo; **flat** —, plato de arrastre; **lorry** —, camión con remolque; **semi** —, remolque de dos ruedas, semirremolque; **tank** —, cisterna remolque; **three**

wheel —, remolque de tres ruedas.

Trailing, Remolcado; — **aerial,** antena suspendida o remolcada; — **axle,** eje trasero; — **edge,** borde de salida posterior.

Train, Tren (ferrocarril), tren de engranajes, tren laminador; — **graph,** registrador del tráfico ferroviario; **ball** —, laminador de lupias; **epicyclid** —, engranaje epicicloidal; **freight** —, tren de mercancías; **passenger** —, tren de pasajeros; **planetary gear** —, tren de engranajes planetarios; **tractor** —, tren remolcado por tractor; **to** —, rectificar, seguir un filón (minas), tallar.

Trainer, Aparato de entrenamiento; — **aircraft,** avión de adiestramiento.

Training, Puntería de azimut (cañón); — **flight,** vuelo de adiestramiento; — **plane,** avión de adiestramiento; — **wheel,** volante de puntería.

Trains of waves or wave trains, Tren de ondas.

Trajectography, Trayectografía.

Trajectory, Trayectoria.

Tramcars, Tranvías.

Trammel, Compás de varas, eclipsógrafo.

Trammer, Empujador (obrero, minas).

Tramp, Vapor irregular.

Trans, Trans; — **actions,** actas; — **aircraft or** — **port,** avión de transporte; — **atlantic,** transatlántico; — **atlantic liner,** transatlántico; — **cendant function,** función transcendente; — **conductance,** conductancia mutua; — **cription,** grabación, transcripción; — **ducer,** transconductor; — **fer,** transferencia; — **fer cull or** — **slug,** cola de colada; — **fer curve,** curva de transferencia (potencia a la salida en función de la potencia a la entrada); — **fer factor,** factor de transferencia; — **fer machine,** máquina de transferencia; — **fer pot or** — **fer well,** cámara de inyección; — **fer type press,** prensa múltiple; — **feror,** transferidor; — **former,** transformador; — **former bushing,** borne aislante de transformador; — **former clamps,** bornes de transformador; — **former connection,** acoplamiento o montaje de transformador; — **former cover,** tapa de transformador; — **former pit,** pozo de transformador; — **former steel,** acero para transformadores; — **former tank,** cuba de transformador; — **former tap,** toma de regulación de transformador; — **former with closed magnetic circuit,** transformador de circuito magnético cerrado; — **former with open magnetic circuit,** transformador de circuito magnético abierto; — **formers connected in parallel,** transformadores montados o acoplados en paralelo; — **formers in which the kind of current is changed,** transformadores heteromórficos; — **formers in which the kind of current is not changed,** transformadores homomórficos; — **forms,** transformados; — **ient,** fenómeno transitorio, transitorio (adj.); — **ient current,** corriente transitoria; — **ient response,** respuesta transitoria; — **ient restriking,** corriente transitoria de retorno; — **ients,** corrientes transitorias; — **ire,** pasavante (aduana), permiso de tránsito; — **istor,** transistor; — **it,** nivel, tránsito (comercio); — **missiometer,** transmisiómetro; — **missitivity,** transmisividad; — **mitter,** emisor, transmisor; — **mitting,** de emisión, de transmisión; — **mitting aerial or** — **antenna,** antena de emisión; — **mitting apparatus,** aparato de emisión; — **mitting capacitor,** condensador de emisión; — **mitting shaft,** árbol de transmisión; — **mutation,** transmutación; — **om,** barra de armazón de popa, listón (carpintería), riostra; — **parence or** — **parency,**

transparencia; — **parent,** transparente; — **pirometer,** transpirómetro; — **ponder,** emisor receptor; — **port,** avión comercial, transporte; — **portation,** transporte; — **porter,** transbordador, transportador; — **relaxation,** transrelajación; — **sonic,** transónico; — **sonic tunnel,** túnel transónico; — **uranian,** transuránido; — **vection,** transvección; — **versal,** transversal; — **versal seam,** costura transversal; — **versal stability,** estabilidad transversal; — **verse,** transversal; — **verse restraint,** rigidez transversal; — **vertor,** conmutatriz; — **wave,** onda transversal; **aerial — porter,** transportador aéreo; **air cooled — former,** transformador enfriado por aire; **arc — mitter,** transmisor de arco; **auto — former,** autotransformador; **balancing — former,** transformador compensador; **bell — former,** transformador para timbre; **booster — former,** transformador elevador; **broadcast — mitter,** emisor de radiodifusión; **circuit — former,** transformador de circuito abierto; **closed circuit — former,** transformador de circuito cerrado; **closed core — former,** transformador de núcleo cerrado; **column — former,** transformador de columnas; **compound — former,** transformador compound; **core — former,** transformador con núcleo, transformador sin núcleo; **current — former,** transformador de intensidad; **damping — former,** transformador de amortiguamiento; **differential — former,** transformador diferencial; **distribution — former,** transformador de distribución; **dry type — former,** transformador de enfriamiento por aire; **electroacoustic — ducer,** transductor electroacústico; **exciting — former,** transformador de excitación; **F. M. — mitter,** véase **F. M.**; **fac-simile — mitter,** emisor de facsímiles; **feeding — former,** transformador de alimentación; **forced cooling — former,** transformador de refrigeración forzada; **form fit — former,** transformador de cuba ajustada; **frequency — former,** transformador de frecuencia; **functional — former,** transformador para aplicaciones especiales; **fused — former,** transformador protegido por fusible; **grounded neutral — former,** transformador con neutro a tierra; **heat — fer,** transmisión de calor; **hedgehog — former,** transformador erizo; **high frequency — former,** transformador de alta frecuencia; **high tension — former,** transformador de alta tensión; **in — it,** en tránsito, transmisión; **input — former,** transformador de entrada; **iron core — former,** transformador de núcleo de hierro; **junction — (j. t.),** transistor de unión; **lighting — former,** transformador de alumbrado, regulador de carga; **liquid filled — former,** transformador lleno de líquido; **load — former,** transformador de carga; **low frequency — former,** transformador de baja frecuencia; **low tension — former,** transformador de baja tensión; **magneto striction — ducer,** transductor de magnetoestricción; **mobile — former,** transformador móvil; **monophase or single phase — former,** transformador monofásico; **multiple series — former,** transformador serie-paralelo; **network — former,** transformador de red; **oil — former,** transformador en baño de aceite; **oil cooled — former,** transformador enfriado por aceite; **open circuit — former,** transformador de circuito abierto; **open core — former,** transformador de núcleo de hierro; **open type — former,** transformador del tipo de circuito abierto; **output — former,** transformador de salida; **phase — former,** transformador de fase; **piezoelectric — ducer,** transductor piezoeléctrico; **position — mitter,** transmisor de posición; **potential — former,** transformador de potencial; **power — former,** transformador de potencia, transformador para fuerza motriz;

pressure — former, transformador de presión; **pulse — former,** transformador de impulsos; **rail — port,** transporte por vía; **reducing — former,** transformador reductor; **regulating — former,** transformador de regulación, transformador regulador; **ring — former,** transformador anular; **road — port,** transporte por carretera; **rural — former,** transformador rural; **safety — former,** transformador de seguridad; **self cooling — former,** transformador de enfriamiento natural; **series — former,** transformador en serie; **shell — former,** transformador acorazado; **short wave — mitter,** emisor de ondas cortas; **shunt — former,** transformador en derivación, transformador shunt; **step down — former.** véase **Reducing transformer; step up — former,** elevador, transformador elevador; **substation — former,** transformador de subestación; **suction — former,** transformador de coeficiente de inducción variable o para intensidad constante; **supply — former,** transformador de alimentación; **tapped — former,** transformador con tomas de regulación; **tension — former,** transformador de tensión; **Tesla — former,** transformador Tesla; **testing — former,** transformador de ensayo; **three column or three legged — former,** transformador de tres columnas; **three phase — former,** transformador trifásico; **tie in — former,** transformador de acoplamiento; **turbo prop — port,** avión de transporte turbopropulsado; **two phase — former,** transformador bifásico; **voltage — former,** transformador de tensión; **welding — former,** transformador de soldadura; **to — illuminate,** transiluminar.

Transducer, Transductivo; **— loss,** atenuación transductiva; **electro-acoustic —,** transductor electroacústico; **electromechanical —,** transductor electromecánico; **ideal —,** transductor perfecto; **linear —,** transductor lineal.

Transfer, Transferencia; **conjugated — coefficient,** componente de transferencia conjugada; **difference — function,** función de transferencia complementaria; **forward — current ratio,** relación de corriente de transferencia directa; **image — coefficient constant,** constante de transferencia imagen; **iterative — coefficient,** coeficiente de transferencia iterativa; **reserve — voltage ratio,** relación de tensión de transferencia inversa; **return — function,** función de transferencia regresiva; **through — function,** función de transferencia total.

Transforation, Transforación.

Transformer, Transformador; **— ratio,** relación de transformación; **— transit, transmission, transmitter, transport,** véase **Trans**; **audio-frequency —,** transformador de audio; **balance to unbalance —** (balun), transformador simétrico asimétrico (balun); **center-tapped —,** transformador con toma central; **constant voltage —,** transformador de tensión constante; **doorknob —,** acoplo línea-guía; **ideal —,** transformador ideal (prototipo); **impedance —,** transformador de impedancias; **impedance matching —,** transformador adaptador de impedancias; **interphase —,** transformador interfásico; **line —,** transformador de línea; **matching —,** transformador de adaptación; **primary of —,** primario de transformador; **quarter-wavelength line —,** transformador de cuarto de onda.

Transforming (Impedance) section, Sección adaptadora serie.

Tranship (To) or **Transship,** Transbordador.

Transient, Transitorio; **— response,** respuesta en régimen transitorio.

Transistor, Transistor; **junction —,** transistor de contacto; **point-contact —,** transistor de puntas.

Transistorization, Transistorización.

Transit, Tránsito; — **time,** tiempo de tránsito; **direct** — **telegram,** telegrama sin escala; **international** — **centre,** centro de tránsito internacional; **traffic** —, tráfico de tránsito.

Transition, Transición; — **section,** sección de transición.

Transitivity, Transitividad.

Translation, Translación; **frequency** —, translación de frecuencia.

Translator, Transductor; **register's** —, transductor de registrador.

Transmission, Transmisión; — **stability,** estabilidad de transmisión; **automatic** —, transmisión automática; **carrier** —, transmisión por onda portadora; **direct-current** —, transmisión por corriente continua; **double current** —, transmisión por corriente de dos polaridades; **effective** — (GB), equivalente efectivo de transmisión; **effective** — **equivalent,** equivalente efectivo de transmisión; **ground-to-air way of** —, sentido de transmisión tierra-aire; **oblique-incidence** —, transmisión con incidencia oblicua; **open** — **line,** línea de transmisión abierta; **pulse** —, transmisión por impulsos; **radio** —, transmisión radioeléctrica; **secret** —, transmisión secreta; **ship-to-shore way of** —, sentido de transmisión barco-costera; **single-current** —, transmisión por corriente de una polaridad; **single-sideband** —, transmisión por una banda lateral.

Transmitter, Transmisor; **aural** —, transmisor de sonido; **automatic numbering** —, transmisor numerador automático; **breast plate** —, microplastrón; **chain of transmitters,** cadena de emisores; **crystal-controlled** —, emisor estabilizado por cristal; **emergency** —, emisor de socorro; **fixed-frequency** —, emisor de frecuencia fija; **frequency tolerance of a radio** —, tolerancia de frecuencia de un transmisor; **glide path** —, radioguía de descenso, transmisor de senda de descenso; **portable** —, emisor transportable; **spark** —, emisor de chispa; **synchronized** —, emisores sincronizados; **telegraph** —, transmisor telegráfico; **vision** —, emisor de imagen.

Transmitting, Transmisor; — **branch,** rama transmisora.

Transposition, Transposición; — **insulator,** aislador de transposición; **drop bracket** —, transposición vertical; **phantom transpositions,** transposiciones para fantomización; **simple pin** —, soporte de transposición sencilla.

Trap, Colector, purgador, separador, sifón, trampa (de humedad); — **door,** puerta de ventilación (minas); — **rock,** trap; **delivery** —, tubo de emisión; **drain** —, sifón de alcantarilla; **steam** —, purgador de vapor; **thermostatic** —, purgador termostático; **to** —, separar.

Trapezium, Trapecio.

Trapezoidal, Trapezoidal; — **belt,** correa trapezoidal.

Trapper, Obrero encargado de las puertas de ventilación (minas).

Trapping, Filtrado.

Travel, Avance, carrera, translación; — **indicator,** indicador de apertura (válvula); — **of table,** carrera de la mesa; — **of the valve,** carrera de la corredera; **approach** —, carrera de aproximación; **automatic** —, avance automático del carro; **downward** —, carrera descendente; **drum** —, carrera del tambor (telefotografía); **piston** —, carrera del pistón; **torret** —, carrera de la torreta; **upward** —, carrera ascendente; **vertical** —, carrera vertical.

Traveller, Puente grúa; —, **on overhead track,** puente grúa sobre vía aérea.

Travelling or **Traveling,** Móvil; — **crab,** carro (puente grúa)· **crane,** puente-grúa; — **grate,** parrilla móvil; — **grate stoker,** hogar de parrilla móvil; — **platform,** carro transportador; — **probe,** testigo sonda móvil; — **table,** mesa de máquina herramienta; **overhead — crane,** puente transbordador aéreo.

Traverse, Transversal; — **drill,** taladro ranurador; — **feed,** avance transversal; — **gallery,** galería transversal; **at one —,** sin recuperación; **quick — lever,** palanca de alimentación rápida; **to —,** apuntar en azimut.

Traverser, Transbordador; **wagon —,** transbordador de vagones.

Traversing platform, Chasis.

Travolator, Plataforma continua móvil.

Trawler, Buque de rastreo.

Tray, Distribuidor, plato; — **accumulator,** acumulador de cubeta; — **veyor,** noria de bateas; **chip —,** colector de virutas.

Tread, Banda de rodamiento, brida, montante (de rueda, de carril), superficie de rodamiento, vía; — **circle,** círculo de rodamiento; — **wear,** banda de rodadura; **square — cover,** envoltura lisa.

Treaded (Wide), Con banda de rodamiento ancho.

Treat (To), Depurar, templar, tratar.

Treated, Templado, tratado.

Treatment or **Treating,** Depuración, temple, tratamiento; **acid —,** tratamiento con ácido sulfúrico; **alcali —,** tratamiento con álcalis; **clay —,** tratamiento por contacto; **heat —,** tratamiento por calor, tratamiento térmico; **re-solution —,** tratamiento de redisolución; **surface —,** tratamiento de superficie; **threshold —,** tratamiento por cantidades extremadamente débiles de materia.

Treble, Triple; — **compensation,** compensación de tonos altos; — **riveted,** con triple fila de remaches.

Treblet, Broca, mandril (para igualar un agujero).

Treddle, Calca.

Tree, Árbol (véase **Wood** para el detalle de las especies de madera); — (of a water mill), tablestacado; **apple —,** manzano; **ash —,** fresno; **axle —,** aparejo, árbol de coche, arbotante, biela; **axle — bed,** cojinete, collarín; **axle — washer,** arandela de eje; **beech —,** abedul; **birch —,** abedul; **broad leaf trees,** árboles de hojas anchas; **cherry —,** cerezo; **chestnut —,** castaño; **citron —,** limonero; **cork —,** alcornoque; **ebony —,** ébano; **fir —,** abeto; **hazel —,** avellano; **larch —,** alerce; **lemon —,** limonero; **lime —,** tilo; **maple —,** arce; **needle leaf trees,** árboles de hojas puntiagudas; **nut —,** nogal; **oak —,** roble; **olive —,** olivo; **orange —,** naranjo; **pear —,** peral; **pine —,** pino; **pitch —,** abeto resinoso; **plane —,** plátano; **sorb —,** serbal; **spruce —,** abeto; **walnut —,** nogal; **wellingtonian —,** sequoia.

Treenail, Cabilla de madera, clavija de roble.

Trellis work, Enrejado.

To **trellis,** Enrejar.

Trembler, Ruptor (electricidad).

Tremograph, Tremógrafo.

Tremor, Trepidación, vibración.

Trench, Capa (minas, cantera), trinchera; — **backfill,** relleno de zanja; — **hoe,** retroexcavadora; **to —,** estibar (lastre).

Trencher or **Trenching** machine, Máquina de cavar zanjas.

Trepan (To), Trepanar.

Trepanning, Perforación, trepanado.

Trestle, Caballete; — **tree,** bastidor (arboladura); **pile —,** pilotaje de puentes.

Tri-motored, Con tres motores.

Trial, Ensayo; — **at moorings,** prueba sobre amarras; — **speed,** velocidad de pruebas; **receptance —,**

ensayo de recepción, recepción; **speed** —, recepción de velocidad; **steam** —, recepción de vaporización; **to make, to undergo trials,** hacer ensayos; **under** —, en ensayo.

Triangle, Triángulo; — **of error,** triángulo de error; **isosceles** —, triángulo isósceles.

Triangulability, Triangulabilidad.

Triangular, Triangular; **screw with a** — **thread screw,** terraja de filete triangular.

Triangulation, Triangulación; — **point,** punto geodésico; **aero** —, aerotriangulación; **photographic** —, triangulación fotográfica; **skeleton** —, red de triangulación.

Triaxial, Triaxial; — **shear,** cizallamiento triaxial.

Trice (To), Izar, levantar.

Trichloride, Tricloruro; **iodine** —, tricloruro de yodo.

Trichromatic, Tricromático.

Trichromoscope, Tricromoscopio.

Trickle battery, Batería tampón; — **charge,** carga continua de compensación; **to** —, chorrear, fluir en hilillo, gotear.

Trickling, Chorreo; — **cooling plant,** refrigerante de chorreo; — **filter,** filtro percolador de las aguas cloacales.

Tricky parts, Piezas complicadas.

Triclinic, Triclínico.

Tricolorimeter, Tricolorímetro.

Tricycle, Triciclo; — **undercarriage,** tren triciclo.

Tridimensionability, Tridemensionabilidad.

Trifluoride, Trifluoruro.

Trifluoroacetic, Trifluoroacético; — **acid,** ácido trifluoroacético.

Triformic, Triformo.

Triforium, Triforio (arquitectura).

Trig stations, Puntos geodésicos.

Trigger, Espernado, gancho, garfio, gatillo; — **circuit,** circuito desconectador; — **nozzle,** pistola de distribución; — **thyratron,** tiratrón desconectador; **double** —, gatillo doble; **single** —, gatillo único; **to** — **off,** desconectar súbitamente; **to pull the** —, apretar el gatillo.

Trigonometrical or **Trigonometric,** Trigonométrico; — **function,** función trigonométrica; — **survey,** retículo trigonométrico.

Trigonometry, Trigonometría.

Triketones, Tricetonas.

Trillion, Trillón, en Francia y en Estados Unidos 1 trillón es un millón de millones (que en España se llama billón), en Gran Bretaña 1 trillón es el cubo del millón.

Trim, Arrumaje, centrado, compensación, equilibrado, equilibrio de un buque; — **tab,** compensador dinámico, flap de compensación; **in flying** —, en orden de vuelo; **lateral** —, equilibrado lateral; **out of** —, desarrumado, que no tiene su asiento; **tail** —, regulación del plano fijo; **to** —, ajustar, desbarbar, desbarbar una pieza de fundición, equilibrar, estibar, quitar rebabas de una pieza moldeada.

Trimer, Trímero.

Trimetal, Trimetal.

Trimetallic, Trimetálico.

Trimethylacetic, Trimetilacético; — **acid,** ácido trimetilacético.

Trimetric, Trimétrico; — **crystal,** cristal rómbico.

Trimetrogon, Trimetrogón.

Trimmed, Compensado, equilibrado.

Trimmer, Aleta compensadora, padder, pañolero.

Trimming, Asiento, centrado de avión, desbarbado, desbarbe, equilibrado; — **die,** matriz de conformar; — **flap,** flap compensador; — **machine,** máquina de desbarbar; — **motor,** motor de orientación; — **of a flash,** desbarbado de las rebabas; — **tab**, aleta de compensación; — **tank**, caja de los raseles.

Trimotored, Trimotórico.

Trims, Compensadores de plano de dirección.

Trinitrate, Trinitrato.

Trinoscope, Trinocopio.

Triode, Triodo.

Trip, Dispositivo de desconexión; — **coil**, bobina de desconexión; — **gear**, distribución con mecanismo de desenganche; — **lever**, palanca de desconexión; — **mechanism**, mecanismo de desenganche; — **out**, desenganche, interrupción de servicio eléctrico; **on** —, perdido (fuste); **overspeed** —, desconectador de velocidad crítica; **ringing** — **circuit**, circuito de corte de llamada; **to** —, derrapar sobre el suelo, desenganchar, poner en marcha una máquina, voltear, zafar.

Triphase, Trifásico.

Tripler, Triplicador; **frequency** —, triplicador de frecuencia.

Triphibious, Trifibio; — **operations**, operaciones trifibias.

Triplug, Clavija triple.

Tripod, De tres pies, trípode; — **mast**, mástil trípode; **adjustable** —, trípode de pie de rey.

Tripole, Tripolar.

Tripositive, Tripositivo.

Tripper, Basculador.

Tripping, Desenganche; — **relay**, relé de fin de llamada; **feed** —, desenganche del avance (máq.).

Trisection, Trisección; **angle** —, trisección del ángulo.

Trisector, Trisectriz.

Trisodium, Trisódico; — **phosphate**, fosfato trisódico.

Trisulfide, Trisulfuro.

Tristimulus, Tricromático; — **integrator**, integrador tricromático.

Triterpenes, Triterpenos.

Tritiation, Tritiación.

Tritium, Tritio (adj.).

Triton, Tritón.

Trizone, Trizonal.

Trochoid, Trocoide.

Trochoidal, Trocoidal; — **wave**, onda trocoidal.

Trochotron, Trocotrón.

Trolley or **Trolly**, Pértiga de toma de corriente, trole; — **arm**, pértiga de toma de corriente; — **bus**, trolebús; — **wheel**, roldana del trole; **crane** —, carro de grúa, carro de puente grúa; **hoisting** —, carro elevador.

Trommel, Tromel; — **test**, ensayo de tromel; **clearing** —, tromel de limpieza.

Trooper, Avión para transporte de tropas.

Tropical, Del trópico; — **hard wood**, ensayo Micum, madera dura de los trópicos.

Tropicproofing, Tropicalización.

Troposphere, Troposfera.

Tropospheric, Troposférico; — **wave**, onda troposférica.

Troptometer, Dispositivo para medir la torsión de una probeta.

Trough, Artesa, cubeta, depósito; — **accumulator**, acumulador de cubeta; — **plate**, placa de cubetas (acum.); **balance** —, cuba basculante; **cementing** —, caja de cementación; **discharging** —, fondo de pozo; **eave** —, molde de tierra; **exhaust** —, ranura de escape; **hose** —, depósito de la manguera; **mixing** —, cuba mezcladora.

Trowel, Trulla; **filling** —, llana de cargar.

Trowelable, Que se puede lanzar con la llana.

Troy, Conjunto de medidas.

Truck, Berlina, bogie, camión (en América), carro, diabla (carro), plataforma de transporte, rueda, vagoneta; — **battery,** batería de cañón; — **body,** caja de camión; — **coupler,** barra de enganche, gancho; — **crane,** grúa sobre camión; — **frame,** bastidor de bogie; **caterpillar** —, camión oruga; **cylinder** —, carro para botellas; **dump** —, camión basculante; **flat** —, vagón de mercancías descubierto; **gasoline tank** —, camión cisterna de gasolina; **lift** —, carro elevador; **mixer** —, camión de hormigonera; **rear dump** —, camión con vuelco trasero; **side dump** —, camión con vuelco lateral; **tank** —, camión cisterna; **utility** —, camión para todo uso.

Trucker, Camionero.

Trucking, Transportes por camión; — **form,** empresa de autotransporte.

True, En línea recta; — **rake,** ángulo de rebaje real; — **slip,** retroceso real (hélices); **to** —, acondicionar una muela, rectificar una superficie; **to** — **up,** rectificar o desbarbar.

Trueing or **Truing,** Acondicionamiento de muela, perfilado, rectificación.

Truer, Perfilador.

Truers (Emery wheels), Aparato para rectificar las muelas de esmeril.

Truncate (To), Truncar.

Trunk, Cámara de un pozo, cofre, línea, pistón tubular; — **engine,** máquina de pistón tubular; — **of the screw,** pozo de hélice; — **piston,** pistón encamisado; — **plunger,** pistón buzo con camisa; **changed number** —, enlace para números cambiados; **common** — (in a grading), enlace común (en un múltiple parcial); **dead line** —, terminal de línea muerta; **individual** — (in a grading), enlace individual (en múltiple parcial); **junction** — (telegraph), circuito (telegráfico) de enlace; **recording** —, enlace de anotaciones; **shaft** —, túnel de hélice; **subscriber's** — **dialing,** selección automática a distancia del abonado.

Trunker, Obrero desrebabador.

Trunnel, Véase **Treenail.**

Trunnion, Muñón, perno; — **bracket,** portamuñón; — **hole,** alojamiento de los muñones, empotramiento; — **shoulder,** apoyo del muñón.

Truss, Armadura, bastidor triangular o poligonal, chapa naval, ligadura, traviesa, viga armada; — **frame,** armadura; — **rod,** estay, riostra, tirante; — **work,** entramado; **bow** —, cercha curva; **roof** —, cercha; **to** —, cubrir con chapa, reforzar.

Trussed, Armado, cubierto de chapa, reforzado; — **beam,** cercha armada cintrada, viga reforzada; — **joist,** vigueta armada.

Trussels, Escuadras, listones.

Trussing, Enlatado, refuerzo; **claw** — **machine,** máquina de colocar aros de toneles.

Trust, Depósito.

Trustee, Administración; **board of** —, consejo de administración; **out of truth** —, alabeada (hélice).

Trustees, Administradores.

Try, Ensayo, prueba; **to** —, ensayar, probar.

Tryout, Prueba.

Tub, Balde, cuba, cuchara para carbón; **amalgamating** —, tina de amalgamación; **dolly** —, cuba de agitación para la amalgamación, cubeta en la que se agitan los fieltros (preparación mecánica de minerales); **tipping** —, cuchara basculable.

Tubbing, Entibación.

Tubby, Cavernoso (acústica).

Tube, Cámara de aire, canal, conducción, estopín (cañón), lámpara de radio, tobera, tubo; — **box,** caja de tubos; — **bundle,** haz tubular; — **cutter,** cortatubos; — **engine,** banco de estirar, máquina de fabricar tubos; — **expander,** aborcadadora de tubos, mandriladora de tubos; — **forger,** forjador de tubos; — **frame,** banco de estirar, máquina de fabricar tubos; — **head,** placa de cabeza; — **less,** sin tubo; — **plate,** placa tubular; — **plug,** tapón para los tubos; — **sampler,** tubo de muestreo; — **tester,** máquina de probar tubos, probador de válvulas; **acorn** —, tubo bellota; **air** —, cámara de aire; **all-glass** —, tubo de vidrio; **aluminium** —, tubo de aluminio; **amplifier** —, tubo amplificador; **armoured** —, tubo transmisor de órdenes; **augmenter** —, tubo aumentador; **boiler** —, tubo de caldera; **capillary** —, tubo capilar; **casing** —, tubo de ademe; **cat kin** —, tubo de vacío con envoltura metálica formando ánodo; **catalysing** —, tubo catalizador; **cathode ray** —, tubo catódicó, tubo de rayos catódicos; **cathode ray** — **voltmeter,** voltímetro de rayos catódicos; **charge storage** —, tubo de memoria por carga; **choke** —, difusor; **cold-cathode** —, tubo de cátodo frío; **concentric-** — **feeder,** alimentador concéntrico; **condenser** —, tubo de condensador; **conduit tubes,** canalizaciones bajo tubos; **converter** —, válvula conversora; **cooled anode** —, tubo de ánodo refrigerado; **copper** —, tubo de cobre; **defective electronic** —, tubo electrónico defectuoso; **dipping** —, tubo sumergido; **discharge** —, tubo de descargo; **dish seal** —, tubo de electrodos en capas paralelas (megatrón), tubo faro; **distance** —, riostra tubular, tirante tubular; **distance sink** —, distanciador tubular; **double grid** —, tubo de doble rejilla; **draught** —, tubo de aspiración; **draw** —, tubo telescópico, tubo estirado; **dropping** —, tubo pulverizador; **drying** —, tubo secador; **duplex** —, tubo doble; **electron** —, tubo electrónico; **electron-beam** —, tubo de haz electrónico; **fire** —, canal de llamas, tubo hervidor; **flexible** —, tubo flexible; **forced air-cooled** —, válvula refrigerada por aire; **gas o gas filled** —, tubo de gas; **gaseous** — **generator,** tubo generador de gases; **gassy** —, tubo de vacío que contiene algo de gas; **glass** —, tubo de vidrio; **grate of tubes,** parrilla tubular, **hard** — **pulser,** pulsador de válvula dura; **heptode** —, tubo de siete electrodos; **high mu** —, tubo de elevado factor de amplificación; **hot cathode** —, tubo de cátodo caliente; **inner** —, cámara de aire; **inside** —, tubo interior; **interchangeable tubes,** tubos intercambia bles; **inverted** —, tubo invertido; **lighthouse** —, válvula faro; **measuring** —, tubo de medida; **metal** —, válvula metálica; **mine** —, vagoneta de mina; **miniature** —, tubo miniatura; **neon** —, lámpara de neón, tubo de neón; **orbital beam** —, tubo de haz orbital; **output** —, tubo de salida; **packed tubes,** tubos de empaquetadura; **pentagrid-converter** —, heptodo conversor; **picture** —, tubo de imagen; **pool** —, tubo de descarga de camisa metálica; **power** —, tubo de potencia; **probe** — **microphone,** micrófono de válvula; **protecting** —, tubo protector; **quartz** —, tubo de cuarzo; **radiant tubes,** tubos radiantes; **radiation counter** —, tubo contador de radiación; **receiving** —, tubo receptor; **resonance** —, tubo de resonancia; **retarding-field** —, tubo de campo retardador; **rubber** —, cámara de aire; **seamless** —, tubo estirado, tubo sin costura; **shock** —, tubo de choque; **space-charge-grid** —, tubo de carga espacial; **speaking** —, portavoz; **stabilovolt** —, válvula estabilizadora de tensión; **stay** —, tubo tirante (calderas); **steel** —, tubo de acero; **stern** —, tubo de codaste; **storage camera** —, tubo captador de imágenes; **sucking** —, tubo de aspiración; **target of cathode ray** —, pantalla de tubo de rayos catódicos; **telescopic** —, tubo telescópico; **television** —, tubo de televisión; **television pick up —,** tubo tomavistas en televisión; **thermionic —,** tubo termiónico; **three electrode —,** tubo de tres electrodos; **torpedo —,** tubo lanzatorpedos; **travelling-wave —,** válvula de onda progresiva; **vacuum —,** tubo de vacío; **vacuum — detector,** detector de tubo de vacío; **vacuum — rectifier,** rectificador de tubo de vacío; **valve —,** tubo de válvula; **variable-mu —,** tubo de mu variable; **visual indicator —,** tubo indicador visual; **water —,** acuatubular; **water — boiler,** caldera en la que el agua circula en tubos calentados directamente en el hogar; **water cooled —,** válvula refrigerada por agua; **welded —,** tubo soidado; **weldless —,** tubo sin soldadura; **to —,** entubar; **to prime in charge-storage tubes,** sensibilizar en tubos de memoria por carga.

Tubeaxial, Tuboaxial.

Tubeless, Sin cámara (neumáticos).

Tubing, Entubación, manguito, tubería; **ceramic —,** camisa de cerámica; **flexible —,** tubería ligera.

Tubular, Tubular; **— atomiser,** pulverizador de tubos concéntricos; **— chassis or frame,** bastidor tubular; **— drop,** indicador acorazado; **— framework,** carcasa tubular; **— recuperator,** recuperador tubular; **— steel,** tubos de acero; **— streamer,** manguera de aire.

Tubulate (To), Dar forma de tubo a.

Tudor, Tudor; **— accumulator,** acumulador Tudor.

Tuff, Toba volcánica.

Tug, Remolcador, remolque; **— chain,** cejador; **— hook,** gancho de enganche; **— master,** patrón de remolcador; **to —,** tirar con fuerza.

Tugboat, Remolcador.

Tugger, Remolcador.

Tulipwood, Magnolio.

Tumble, Inclinación del costado; **— home,** inclinación del costado hacia dentro; **to — home,** tener inclinación del costado hacia dentro.

Tumbler, Contrapeso, disparador del ancla, rodillo de cabrestante, tambor de correa; **— switch,** conmutador oscilante.

Tumbling home, Inclinación hacia dentro; **— machine,** máquina para rodar las bolas de cojinete sobre ellas mismas; **barrel —,** acabado con tambor de frotación.

Tumescent, Tumescente.

Tun, Tonel, tonelada, tonelada marina.

Tunability, Sintonizabilidad.

Tunable, Sintonizable; **— probe,** testigo sonda sintonizable.

Tune, Sintonía; **multiple- — aerial,** antena de sintonía múltiple; **to —,** modular, regular, sintonizar.

Tuneable, Sintonizable.

Tuned, Modulado, sintonizado; **— relay,** relé sintonizado.

Tuner, Circuito de sintonización; **double stub —,** sintonizador de doble sección; **slide screw —,** sintonizador de tuerca; **waveguide —,** sintonizador de guíaondas.

Tungstate, Tungstato.

Tungsten, Tungsteno; **— steel,** acero al tungsteno; **thorium —,** tungsteno toriado.

Tungstic, De wolframio; **— oxide,** óxido de wolframio.

Tunking, Forzamiento por medio de golpes.

Tuning, Puesta a punto de un motor, regulación, resonancia, sintonización; **— capacitor,** condensador de sintonización; **— coil,** bobina de ajuste, bobina de sintonización; **— indicator,** indicador de sintonización; **— out,** sintonización desajustada; **— wheel,** rueda tónica; **aerial — inductance,** autoinducción de antena; **antenna —,** sintonización de antena; **automatic** —, sintonización automática; **cathode ray — indicator,** indicador de sintonización de rayos catódicos; **push-button** —, sintonía por tecla.

Tunnel, Galería, tubo de chimenea, túnel; — **lining,** blindaje de galería, perforación de galerías de túnel; **blizzard wind** —, túnel aerodinámico de baja temperatura; **blow down wind** —, túnel aerodinámico de ráfagas intermitentes; **closed jet wind** —, túnel de vena cerrada; **closed throat wind** —, túnel de vena estanca; **entrance** —, galería de acceso; **free flight wind** —, túnel para ensayos de vuelo libre; **hypersonic wind** —, túnel supersónico; **inlet** —, galería de abastecimiento; **intermittent wind** —, túnel de ráfagas intermitentes; **open jet wind** —, túnel de vena libre; **return circuit wind** —, túnel en circuito cerrado; **shaft** —, túnel del eje (buques); **supersonic wind** —, túnel supersónico; **transonic wind** —, túnel transónico; **water** —, túnel de agua; **wind** —, galería de ventilación, túnel aerodinámico; **wind — fan,** ventilador de túnel aerodinámico; **wind — guide vanes,** álabes directores de túnel aerodinámico; **wind — nozzle,** difusor de túnel aerodinámico.

Tunoscope, Sintoniscopio.

Tup, Martillo de prensa de forjar.

Turbary, Turbera.

Turbidimeter, Opacímetro, turbidímetro.

Turbidimetry, Turbidimetría.

Turbine, Turbina; — **blade,** pala de turbina; — **generator,** turbogenerador; — **interrupter,** turbointerruptor; — **pit,** cámara de turbinas; — **runner,** rodete de turbina hidráulica; — **shaft,** árbol de turbina; — **spindle,** árbol de turbina; — **water,** turbina de agua; — **with inward radial flow,** turbina centrípeta; **action — with pressure stage,** turbina de acción plurietápica; **ahead** —, turbina de marcha hacia delante; **auxiliary** —, turbina auxiliar; **axial flow** —, turbina de flujo axial; **back pressure** —, turbina de contrapresión; **blow down** —, turbina de flujo rápido; **closed cycle** —, turbina de circuito cerrado; **combined** —, turbina combinada; **combustion** —, turbina de gas; **condensing** —, turbina de condensación; **condensing extraction** —, turbina de condensación y extracción; **conical** —, turbina de corona cónica; **cooling** —, turbina de enfriamiento; **cruising** —, turbina de crucero; **disc** —, turbina de disco o de plato; **divided** —, turbina de división parcial; **double extraction** —, turbina de doble extracción; **drum** —, turbina de tambor; **exhaust steam** —, turbina de vapor de escape; **extraction** —, turbina de extracción; **Francis** —, turbina Francis; **gas** —, turbina de gas; **high pressure** —, turbina de alta presión; **horizontal — or horizontal shaft** —, turbina horizontal; **hydraulic** —, turbina hidráulica; **impulse** —, turbina de acción; **impulse reaction** —, turbina de acción y reacción; **internal combustion** —, turbina de combustión interna; **jet** —, turbina a reacción; **Kaplan** —, turbina Kaplan; **low pressure** —, turbina de baja presión; **non condensing** —, turbina de contrapresión y extracción; **partial — or — with variable admission,** turbina de distribución parcial; **pipe** —, turbina tubular; **pressure** —, turbina a reacción; **pressure compounded** —, turbina de presiones escalonadas; **process** —, turbina de contrapresión; **propeller** —, turbopropulsor; **propulsion** —, turbina de propulsión; **radial** —, turbina radial; **reaction** —, turbina de reacción; **reheat** —, turbina de vapor recalentado; **reheating** —, turbina de recalentamiento; **reverse** —, turbina de reversible; **reversing** —, turbina de inversión;

side by side —, turbina compuesta; **single stage** —, turbina monoetápica; **superposed** —, turbina superpuesta (de extracción de vapor); **syphon** —, turbina aspirante; **top or toping** —, turbina de extracción de vapor; **velocity compounded** —, turbina de velocidades escalonadas; **vertical or vertical shaft** —, turbina vertical.

Turbinology, Turbinología.

Turbo, Turbo; — **alternator,** turboalternador; — **booster,** turbosoplante; — **charger,** turbocompresor; — **compressor,** turbocompresor; — **cyclone,** turbociclón; — **gas exhauster,** turboaspirador de gas; — **generator,** turbogenerador; — **jet,** turborreactor centrífugo; — **jet or** — **jet engine,** turborreactor; — **pneumatic,** turboneumático; — **prop,** turbopropulsador; — **prop transport,** avión comercial turbopropulsado; — **pump,** turbobomba; — **reactor,** turborreactor; — **rotary,** turborrotatorio; — **supercharger,** turbocompresor; **axial flow** — **jet,** turborreactor de flujo axial; **centrifugal** — **jet,** turborreactor centrífugo; **exhaust** — **charger,** turbocompresor de gas de

Turbulator, Aparato para producir una corriente turbulenta.

Turbulence, Turbulencia; **isotropic** —, turbulencia isotrópica.

Turbulent, Turbulento.

Turbulizer, Turbulizador.

Turf, Césped, turba.

Turn, Espira, viraje, vuelta; — **buckle,** tarabilla; — **round time,** duración de las rotaciones; — **sole,** papel tornasol; — **table,** placa giratoria; **ampere turns,** amperivueltas; **back ampere turns,** contraamperivueltas; **banked** —, viraje inclinado; **dead** —, espiras inactivas; **dive** —, viraje en picado; **gliding** —, viraje sin motor; **inverted Immelmann** —, Immelmann invertido; **quarter** — **belt,** correa semicruzada; **right angle** —, viraje en ángulo recto; **round** —, vuelta muerta (nudo); **S** —, viraje en S; **simple** — **loop,** cuadro de una espira; **steep** —, viraje cerrado; **unused** —, espiras inactivas; **to** —, cambiar, volver; **to** — **back,** virar en redondo; **to** — **between dead centres,** tornear entre puntas; **to** — **off,** cilindrar, cortar el vapor, tornear interiormente; **to** — **on,** admitir (abriendo una válvula, un grifo, etc.); **to** — **out,** cerrar (gas), tornear exteriormente; **to** — **over or** — **turtle,** capotar.

Turnable, Giratorio.

Turnbuckle, Tarabilla, tensor de tornillo.

Turned, Mecanizado en torno, torneado; **being** —, en torneado; **rough** —, cilindrado basto; **smooth** —, cilindrado fino.

Turner, Tornero.

Turnery, Tornería.

Turning, Escotado, giratoria, inversión, mecanizado en torno, vuelco; — **arbor,** árbol de un torno de arco; — **axle,** eje móvil; — **circle,** círculo de evolución; — **gear,** virador; — **lathe,** torno; — **length,** longitud de torneado; — **machine,** torneadora; — **off,** cilindrado; — **power,** facultades giratorias; — **radius,** radio de evolución, radio de viraje; — **saw,** sierra de cantonear; — **shop,** tornería; **axle** — **lathe,** torno para ejes; **axle** — **shop,** taller de tornos para ejes; **ball** — **chuck,** mandrino hueco para bolas; **crank pin** —, torneadora de cigüeñales, torno para muñequillas de cigüeñales; **ingot** — **lathe,** torno de lingotes; **metal** —, torneado de metales; **oval** —, dispositivo para tornear en óvalo; **oval** — **device,** dispositivo para tornear ovalado; **precision** —, escotado de precisión; **profile** —, perfilado; **roll** — **lathe,** torno de cilindros, torno para tornear los cilindros de laminador; **rough** —, desbastado, desbaste, descostrado; **taper** —, torneado cónico;

taper — device, dispositivo de torneado cónico; **turret — gear,** girador de torreta.

Turnings, Virutas de torno.

Turnplate or **Turntable,** Placa giratoria.

Turnstile, Torniquete contador.

Turpentine, Trementina.

Turquoise, Turquesa.

Turret, Torreta; **— cover,** blindaje de torreta; **— gun,** cañón montado en torreta; **— hexagon,** torreta hexagonal; **— lathe,** torno de portaherramienta revólver; **— press,** prensa revólver; **— slide,** carro portatorreta; **— travel,** carrera de la torreta; **— turning gear,** girador de torreta; **machine gun —,** torreta de ametralladora; **rotating gun —,** torreta pivotante; **square —,** torreta cuadrada.

Turtle, Tortuga; **— back deck,** puente en caparazón de tortuga; **— deck,** puente de tortuga; **to turn —,** capotar.

Tusk, Refuerzo (carpintería).

Tuyere, Tobera.

T. V., Televisión (véase **Tele**).

Tween deck, Entrepuente.

Tweeter, Altavoz para frecuencias acústicas muy altas.

Tweezers, Pinzas finas de resorte (relojería).

Twin, Conjugados, doble, gemelo (hélice, cañón, etc.), gemelos; **— boom,** viga doble; **— cylinders,** cilindros acoplados; **— engined,** con dos motores; **— engined airplane,** avión bimotor; **— radiators,** radiadores acoplados; **— screw,** con dos hélices; **— screw engine,** máquina con hélices gemelas; **— strainers,** filtros gemelos; **— tyres,** llantas gemelas; **tubular — conductor cable,** cable bifilar tubular.

Twine, Hilo de vela, torzal; **asbestos —,** cuerda de amianto; **to —,** retorcer textiles, torcer.

Twinning, Maclaje; **electrical —,** maclaje eléctrico; **optical —,** maclaje óptico.

Twirl, Rotación.

Twist, Cordón, paso del rayado (cañones); **— drill,** barrena helicoidal, broca americana; **American —,** empalme por torsión, junta empalme; **back —,** contratorsión (minas); **half — bit,** barrena helicoidal; **quarter — belt,** correa semicruzada; **taper shank — drill,** broca de espiga cónica; **to —,** alabear, retorcer, torcer, trenzar.

Twisted, Alabeado, torcido; **— auger,** taladro alabeado; **— belt,** correa torcida; **— bit,** barrena espiral; **— wires,** hilos trenzados.

Twister, Banco de retorcer; **auger —,** máquina de barrena.

Twisting, Retorcedura; **— moment,** momento de torsión; **— shop,** taller de retorcedura.

Twitch, Parte estrecha de un filón.

Two, Dos; **— angle,** biangular; **— bladed,** con dos hojas; **— bladed screw,** hélice de dos palas; **— cycled engine,** motor de dos tiempos; **— deck vessel,** buque de dos puentes; **— edged,** con dos bordes cortantes; **— high train,** tren dúo; **— hinged,** biarticulado; **— motor,** bimotor; **— name paper,** giro aceptado; **— phase,** bifásico; **— phase four wire system,** sistema bifásico de cuatro conductores; **— phase transformer,** transformador bifásico; **— pivoted,** de dos articulaciones; **— pole,** bipolar; **— pole winding,** devanado bipolar; **— seater monoplane,** monoplano biplaza; **— shafted ship,** buque bihélice; **— stage air pump,** compresor de aire de dos etapas; **— stage amplifier,** amplificador de dos etapas; **— stage compressor,** compresor de dos escalones;

— **stroke engine,** motor de dos tiempos; — **way,** de dos vías, en los dos sentidos, puesto a puesto; — **way cock,** grifo de dos vías; — **way frog,** cambio aéreo de dos vías; — **wheeled,** con dos ruedas; — **wire cable,** cable bifilar, cable con dos conductores; **furnace with — hearths,** horno de dos hogares; **line with — sets of tracks,** línea de dos vías; **lock with — bolts,** cerradura de dos pestillos; **propeller with — blades,** hélice propulsiva con dos palas; **to light fires under — boilers,** encender los fuegos de dos calderas.

Twyer, Tobera.

Tyndalloscope, Tyndaloscopio.

Type, Letra de imprenta, tipo; — **bar,** línea de linotipia; — **caster,** fundidor de tipos; — **founder,** fundidor de tipos; — **founding,** fundición de caracteres de imprenta; — **metal,** metal para tipos; — **setter,** tipógrafo; — **setting,** composición tipográfica; — **setting machine,** máquina cajista, máquina de componer; **annular — combustor,** combustor anular; **bench — drilling machine,** taladradora de banco; **bench — machine,** perforadora de banco; **bridge- — voltmeter,** voltímetro de puente; **can — combustor,** cámara de combustión de elementos separados; **closed —,** tipo cerrado; **drum — transfer machine,** máquina de transferencia de tambor giratorio; **dry — transformer,** transformador de enfriamiento por aire; **enclosed — press,** prensa cerrada; **engine — generator,** dínamo cuyo rotor está calado sobre el árbol de la máquina motriz; **fixed — machine,** máquina fija; **flat — relay,** relé plano; **floor — boring machine,** máquina alisadora de montante fijo, máquina de escariar los cilindros; **grid — reflector,** reflector de reja; **hydraulic — press,** prensa hidráulica de arco; **impurity- — semiconductor,** semiconductor de impurezas; **in —,** compuesto; **large —,** tipo o carácter de imprenta grande; **neutral anode — magnetron,** magnetrón de ánodo neutro; **open —,** tipo abierto (generador); **open — dynamo,** dínamo abierta; **open — transformer,** transformador del tipo de circuito abierto; **overhung —,** tipo en voladizo; **packet of —,** paquete tipo; **planer — miller,** fresadora cepilladora; **radial — engine,** motor en estrella; **ram — miller,** fresadora de carro móvil; **reflector — aerial,** antenas con reflector; **semi enclosed —,** tipo semicerrado; **shuttle — magneto,** magneto de aleta giratoria; **spray — chamber,** cámara con atomización; **swirl — atomiser,** inyector de turbulencia (motores); **table — boring machine,** máquina de escariar de montante móvil, pulidora de montante móvil; **table — planer,** cepilladora de ménsula; **umbrella — alternator,** alternador de eje vertical con rangua inferior; **upright — switchboard** cuadro conmutador de consola; **V — cylinders,** cilindros en V; **W — cylinders,** cilindros en W; **wheel — tractor,** tractor sobre ruedas; **wing and hull —,** tipo ala-casco; **to — or to typewrite,** dactilografiar; **to — set,** componer.

Typewriter, Máquina de escribir.

Typist, Dactilógrafo.

Typographer, Tipógrafo.

Tyre or **Tire** (América), Aro, bandaje (ruedas locomotoras), llanta, neumático; — **boring machine,** máquina de taladrar las llantas de ruedas; — **burst,** reventón de neumático; — **flange,** talón de cubierta de neumático; — **lathe,** torno para llantas de ruedas; — **press,** prensa de llantas; — **pressure,** presión de los neumáticos; — **tread,** banda de rodadura; **balloon —,** neumático de baja presión; **beaded edge —,** neumático estriado; **blank —,** llanta sin pestaña; **conductive —**, neumático conductor, neumático metalizado; **flanged —**, neumático estriado; **pneumatic —**, cubierta neumática; **rubber —**, cubierta de caucho; **solid — or solid rubber —**, llanta maciza; **twin tyres**, neumáticos gemelos; **wheel —**, cubierta de rueda; **wired —**, cubierta de círculos.

Tyred, Con cubiertas; **rubber — or tired**, con cubiertas de caucho; **solid — or tired**, con llantas macizas.

Tyrosine, Tirosina.

U

U, En forma de U; — **legs,** ramas de la U.

Ubiqueness, Unicidad.

Ubiquitous, En todos los sitios.

U. H. F. (Ultra high frequency), Hiperfrecuencia (300 a 3.000 megaciclos).

Ullage, Merma (de barril).

Ullaged, En merma.

Ultimate, Límite; — **modulus,** coeficiente de rotura; — **tensile strength,** carga límite de rotura.

Ultra, Ultra; — **micrometry,** ultramicrometría; — **oscilloscope,** ultraosciloscopio; — **sonic,** ultrasónico; — **sonic beam,** haz de ultrasonidos; — **sonic detection,** detección de los defectos de un metal por ultrasonidos; — **sonic gear,** aparato de ultrasonidos; — **sonic generator,** generador de ultrasonidos; — **sonic vibrations,** vibraciones ultrasónicas; — **sonic waves,** ultrasonidos; — **sonics,** ultrasonidos; — **sonorizator,** ultrasonorizador; — **soroscopy,** ultrasonoscopia; — **violet,** ultravioleta; — **violet ray,** rayo ultravioleta; **vacuum** — **violet,** ultravioleta lejano.

Umbrella aerial, Antena en paraguas o en sombrilla.

Un, Prefijo que marca la privación, la negación, lo contrario; — **armoured,** no blindado; — **balance,** desequilibrado; — **balanced,** no equilibrado; — **balanced bridge,** puente con desequilibrio; — **ballasted,** deslastrado; — **ballasting,** deslastrado; — **barked,** en rollo (maderas); — **bleached,** no blanqueado; — **bleached linen,** tela cruda; — **breakable,** irrompible; — **breakable glass,** vidrio irrompible; — **burnt,** no quemado; — **coiler,** desbobinadora; — **coupled axle,** eje libre; — **even,** desigual, desnivelado, impar; — **flapped,** sin flaps (ala); — **glazed,** sin cristales; — **grounded,** no a tierra; — **hewn,** en bruto; — **homogeneous,** no homogéneo; — **killed,** efervescente (acero), no calmado; — **known,** incógnita (mat.); — **levelled,** desnivelado; — **lined,** sin entibación, sin revestimiento; — **loader,** descargador; — **loading,** descarga; — **malleable,** inmaleable; — **notched,** sin muescas; — **optionnaly,** sin opción; — **oxidizable,** inoxidable; — **packed,** a granel; — **payable,** improductivo, no remunerador; — **pierced,** no perforado; — **plugged,** desconectador; — **poised,** no equilibrado; — **predictable,** imprevisible; — **pressurized,** no presurizado; — **rated,** no clasificado; — **rolling,** desarrollamiento; — **saponifiable,** insaponificable; — **saturable,** no saturado; — **shipment,** desembarque; — **sinkable,** insumergible; — **slotted,** sin hendiduras (ala); — **solvability,** insolubilidad; — **spooling,** devanado; — **starred,** no embreado; — **starred rope,** cabo blanco; — **steadiness,** giro loco de la aguja imantada; — **strutted,** sin montantes (ala); — **weathered,** no alterado; **dynamic** — **balance,** desequilibrio dinámico; **to** — **furl,** largar velas.

Impedance **unbalance** measuring set, Equilibrómetro.

Unballast (To), Deslastrar.

Unbarked, Unbleached, Unkilled, Unslotted, Véase **Un.**

Unbolt (To), Desempernar, destornillar.

Unbuttoning, Desmontaje de estructuras de acero.

Uncap (To), Descapsular.

Uncertainty principle, Principio de incertidumbre.

Unclamp (To), Desbloquear.

Unclamping, Desbloqueo.

Unclick (To), Zafar un trinquete.

Unclinch (To), Aflojar.

Unclog (To), Limpiar.

Uncouple (To), Desacoplar, desconectar, desembragar.

Uncoupled, Véase **Un.**

Uncrate (To), Desembalar, sacar de la caja.

Uncrating, Desembalado.

Under, Bajo, debajo, par inferior; — **bead,** a lo largo de un cordón de soldadura (y por debajo); — **bid,** oferta baja; — **carburized,** hipocementado (aceros); — **carriage,** aterrizador, tren de aterrizaje; — **carriage chassis,** chasis de aterrizaje; — **carriage indicator,** indicador de elevación del tren de aterrizaje; — **carriage main jack,** gato de elevación del tren; — **carriage well,** alojamiento del tren de aterrizaje; — **coat,** aparejo (pintura), capa de apresto; — **cooling,** retraso a la solidificación; — **cutting,** socavado; — **exposure,** subexposición; — **face,** cara inferior; — **ground,** bajo tierra, subterráneo; — **ground cable,** cable subterráneo; — **ground plant,** instalación de fondo (minas); — **hung,** suspendido; — **ice,** excavado bajo el hielo; — **lier,** piso (minas); — **load,** en carga; — **load circuit breaker,** disyuntor de mínima; — **lying,** subyacente; — **mining,** socavación; — **network,** red subterránea; — **pinning,** recalzado de cimientos; — **reamer,** trépano ensanchador; — **river,** subfluvial; — **seepage,** infiltración subterránea; — **shield,** chapa inferior; — **shot wheel with lowering gear,** rueda de inmersión variable por izamiento; — **signed,** firmado; — **sluice gate,** aliviadero de fondo, compuerta de fondo; — **slung crane,** grúa suspendida; — **stressing effect,** elevación del límite de fatiga de las piezas que han soportado un esfuerzo inferior a este límite; — **structure,** infraestructura; — **taker,** empresario; — **taking,** empresa; — **tightening,** hipoapriete; — **type armature,** inducido de tipo inferior; — **type dynamo,** dínamo de tipo inferior; — **water,** submarino; — **water protection,** protección submarina; — **water rock breaker,** romperrocas submarino; — **water sound wave,** onda sonora submarina; — **writer,** asegurador marítimo; **multiple wheel bogie — carriage,** tren de aterrizaje de bogies múltiples; **releasable — carriage,** tren de aterrizaje retráctil; **retractable — carriage,** tren de aterrizaje escamoteable; **sideways retractable — carriage,** tren de aterrizaje escamoteable lateralmente; **tricycle — carriage,** tren triciclo; **to — cut,** socavar; **to — pin,** apuntalar.

Undiluted, No diluído.

Undo (To), Deshacer.

Undock (To), Hacer salir de la dársena.

Undulator, Ondulador.

Undulatory, Ondulatorio; — **current,** corriente ondulatoria.

Unearthed, No conectado a tierra.

Unemployment, Desempleo.

Unexposed, Virgen; — **plate,** placa virgen (foto).

Uneven, Véase **Un.**

Unfasten (To), Aflojar, desatar.

Unfeathering button, Botón de cambio del ángulo de la pala.

Unflapped, Véase **Un.**

Ungear (To), Desembragar, desengranar.

Ungild (To), Desdorar.

Ungrounded, No a tierra.

Unhitch (To), Descolgar, desenganchar.

Unhook (To), Desenganchar.

Uni, Uni; — **cursal,** unicursal; — **directional,** de corriente rectificada (elec.), unidireccional; — **filar,** unifilar; — **form,** uniforme; — **lateral,** unilateral; — **level,** de nivel constante; — **molecular,** monomolecular; — **pod,** unípode; — **polar,** unipolar; — **valency,** monovalencia; — **velocity,** velocidad uniforme; — **versal,** universal; — **versal ball joint,** junta cardan universal; — **versal chuck,** mandrino universal (torno); — **versal screw wrench,** llave universal (llave inglesa).

Union, Empalme, manguito, unión; — **joint,** junta, manguito, racor; — **nut joint,** racor roscado; — **T,** racor en T; — **thimble,** terminal con guardacabo; **elbow** —, junta acodada, junta en escuadra; **lug** —, empalme de orejas.

Uniqueness, Unicidad.

Uniselector, Preselector; **subscriber** —, preselector de abonado.

Unit, Aparato, bloque, conjunto, elemento, grupo, unidad; — **area,** unidad de área; — **heater,** grupo de caldeo; — **of power of work, etc.,** unidad de potencia; — **pressure,** presión unitaria; **absolute** — (o C. G. S.), unidad absoluta; **British thermal** — (B. T. U.), unidad de cantidad de calor; **channel** —, unidad de canal; **code element** —, elemento unitario de código; **cooling** —, grupo de refrigeración; **conceptual** —, unidad conceptual; **crosstalk** —, unidad de diafonía; **derived** —, unidad derivada; **display** —, unidad de representación; **drag per — of area,** resistencia por unidad de superficie; **electromagnetic** —, unidad electromagnética; **electrostatic** —, unidad electrostática; **elongation per — of length,** alargamiento unitario o específico; **focus supply** —, unidad de enfoque; **fundamental** —, unidad fundamental; **main** —, grupos principales; **metrical scale** —, unidad de escala métrica; **scanner** —, unidad exploradora; **sensing** —, elemento sensible; **strobe** —, unidad de distancia de impulsos; **transmission units,** unidades de transmisión; **volume** —, unidad de volumen.

Unite (Five) code, Código de cinco unidades.

Unitize (To), Unificar.

Universal, Véase **Uni**; — **screw wrench,** llave de tuercas universal, llave universal.

Unkey (To), Desatascar.

Unkilled, Véase **Un.**

Unlade (To), Descargar.

Unlay (To), Descargado.

Unlined, Véase **Un.**

Unload (To), Descargar.

Unloaded, Descargado.

Unloader, Cinta cargadora móvil.

Unloading, Descarga.

Unmask (To), Despejar el campo de tiro.

Unoxidizable, Véase **Un.**

Unpacked, Véase **Un.**

Unpawl (To), Izar los trinquetes de.

Unpayable, Véase **Un.**

Unplugged, Véase **Un.**

Unpoised, Véase **Un.**

Unpressurized, Véase **Un.**

Unrivet (To), Derivar.

Unroll (To), Desenrollar.

Unrolling, Véase **Un.**

Unsaponifiable, Véase **Un.**

Unsaturable, Véase **Un.**

Unsaturation, No saturación.

Unscrew (To), Aflojar, dejar loco (rueda, etc.), desatornillar.

Unseat (To), Despegar.

Unshackle (To), Desengrilletar, desenmallar.

Unsheathe (To), Quitar el forro de.

Unship (To), Descargar mercancías, desembarcar; **to — a mast,** quitar un mástil.

Unshipment, Véase **Un.**

Unsinkable, Véase **Un.**

Unslotted, Véase **Un.**

Unsocket (To), Desencajar.

Unspooling, Véase **Un.**

Unstabilize (To), Inestabilizar.

Unstarred, Véase **Un.**

Unstick, Unsticking, Despegue (aviación); **— speed,** velocidad de despegue; **to —,** despegar.

Unstrutted, Véase **Un.**

Untie (To), Desatar.

Untimber (To), Desentibar.

Untreated, No tratado.

Untune (To), Desintonizar.

Untuned, Desintonizado.

Unward (To), Desalabear.

Unwatering, De achique; **— pump.** bomba de achique.

Unwedge (To), Desacuñar.

Unzipper (To), Poner en servicio activo.

Up, Arriba, en pie; **— and down with,** a plomo sobre; **— converter,** convertidor elevador de potencia; **— gunned,** con mayor potencia artillera; **— hoistery,** guarnición, tapicería; **— right,** en pie, montante, recto, vertical; **— right drill,** perforado de trépano; **— right driller,** perforadora vertical; **— set,** dilatación de una varilla de sondeo; **— set price,** precio de subasta; **— setting,** recalcadura; **— setting press,** prensa de dilatar, prensa de recalcar; **— stream,** aguas arriba; **— take,** tubo de chimenea; **— twister,** retorcedora de paso ascendente; **double — right,** con dos montantes; **gas — take,** salida, subida, toma de gas.

Upholstery, Guarnición, tapicería.

Upper, Superior; **— block,** moldura superior; **— camber,** curvatura superior; **— cut,** segunda picadura (limas); **— die,** contraestampa, sufridera de estampas; **— plane,** plano superior; **— wing.** ala superior; **— works,** obras muertas (buques); **rail for the — works,** regala del castillo.

Upright, Véase **Up**; **— boring mill,** escariador vertical.

Upset (To), Recalcar (forja), volcar.

Upsetting, Véase **Up.**

Uptake, Véase **Up.**

Uptwister, Retorcedora de paso ascendente.

Upwind (To), Devanar (cabrestante, etc.).

Uranium, Uranio; **— bomb,** bomba de uranio; **— nitrate,** nitrato de uranio; **— oxide,** óxido de uranio.

Uranly, Uranilo.

Uranophane, Uranofana.

Uranopilite, Uranopilita.

Uranotite, Uranotita.

Uranyle, Uranilo; **— nitrate,** nitrato de uranilo; **— sulphate,** sulfato de uranilo.

Urge (To) the fires, Activar los fuegos.

Uricolytic, Uricolítico.

Usable, Utilizable; **maximum — frequency,** frecuencia máxima utilizable.

Useability, Utilizabilidad.

Useful, Útil; **lowest — high frequency LUHF,** mínima frecuencia útil.

Utilities (Public utility companies), Empresas que aseguran un servicio público como el abastecimiento de vapor, gas, de agua, de aire comprimido (USA).

Utility, Utilidad; **— station,** estación de servicio.

Utilization, Utilización; **— factor,** factor de utilización.

V

V, De forma de V; — **bob,** balancín de escuadra; — **motor,** motor en V; — **shape engine,** motor en V; — **shaped brake,** freno en V; — **thread,** filete triangular (tornillo); — **type,** tipo en V; **inverted — engine,** máquina pilón.

Vacancy, Vacuidad.

Vacate (To), Dejar un empleo.

Vacform (To), Vacuoformar.

Vacuistat, Vacuostato.

Vacuo, Véase **Vacuum.**

Vacuum, Vacío; — **arrester,** descargador de vacío, protector de vacío; — **breaker,** válvula vacuorreguladora; — **chamber,** cámara de vacío, depósito de aire de aspiración; — **cleaning,** limpieza por aspiración; — **distillation,** destilación en vacío; — **envelope,** envuelta de vacío; — **evaporation,** evaporación bajo vacío; — **evaporator,** evaporador de bajo vacío; — **fan,** ventilador aspirante; — **filter,** filtro de vapor; — **filtration,** filtración por vapor; — **fittings,** juntas de vacío; — **fusion,** fusión bajo vacío; — **impregnation,** impregnación de vacío; — **indicator or gauge,** indicador de vacío; — **leak detector,** detector de fugas por vacío; — **lifter,** aparato de izar por vacío; — **manometer,** manómetro de vacío; — **metallization,** vacuometalización; — **metallurgy,** metalurgia bajo vacío; — **monitor,** indicador de vacío; — **operated,** a depresión; — **proof,** estanco al vacío; — **steaming,** vacuovaporización; — **tank,** bomba de vacío; — **tight,** estanco al vacío; — **tightness,** estanqueidad al vacío; — **trap,** purgador de vacío; — **tube,** tubo de vacío; — **tube detector,** detector de tubo de vacío; — **tube rectifier,** rectificador de tubos de vacío; — **ultraviolet,** ultravioleta lejano; — **wear machine,** aparato de medida de desgaste en vacío; **absolute —,** vacío absoluto; **degree of —,** grado de vacío; **high —,** alto absoluto; **high — thermocouple,** termopar de alto vacío.

Valence or **Valency,** Valencia (química); — **angle,** ángulo de valencia; — **electron,** electrón de valencia.

Valuator, Tasador.

Value, Valía; **plus —,** plusvalía.

Valuedness, Valuación.

Valuta, Valor en cambio.

Valve, Compuerta, distribuidor, grifo, lámpara, registro, trampilla, valor, valva, válvula; — **actuator,** mecanismo de accionamiento de válvula; — **alarm,** válvula de seguridad; — **angle,** válvula de escuadra; — **blade,** compuerta; — **box,** caja de registro, caja de válvula, linterna de válvula; — **buckle,** guía del distribuidor; — **bush,** guía de una válvula; — **cage,** jaula de una válvula; — **cap,** tapón de inspección de las válvulas (autos); — **case,** cabezal de válvula, camisa de distribuidor; — **casing,** caja de distribuidor; — **chamber,** cabezal de válvula; — **clack or — clapper,** registro, válvula, flap; — **cock,** grifo de válvula; — **cone,** parte cónica de la válvula; — **cover,** cubierta de la válvula; — **cup,** asiento de válvula; — **engine,** motor con válvulas; — **extractor,** desmontaválvulas; — **face,** placa frotante de la corredera, solapa; — **flap,** véase **Valve clack;** — **for water,** válvula de aspersión (muela); — **gear,** mecanismo de distribución por válvulas, mecanismo de distribución y cambio de marcha, mecanismo que comunica el movimiento al distribuidor; — **grinding machine,** máquina de rectificar las válvulas; — **guard,** tope de válvula; — **guide,** guía de válvula; — **hinge,** charnela de mariposa; — **hood,** tapón de válvula; — **in head,** válvula en cabeza; — **leaf,** cierre de válvula, obturador de válvula; — **lever,** vástago que comunica el movimiento a la corredera; — **lift,** carrera de válvula; — **lifter,** levanta-válvulas; — **link,** grillete del distribuidor; — **mechanism,** sistema de válvulas; — **motion,** distribución por válvulas; — **operating mechanism,** mecanismo de accionamiento de válvula; — **piston,** pistón de válvulas; — **plug,** obús de la válvula; — **pocket,** caja de válvula; — **positioner,** indicador de cierre de válvula; — **refacing,** repaso del asiento de la válvula; — **rocker,** balancín de válvula; — **rod,** vástago de la corredera; — **seat bridges,** tabique entre las lumbreras; — **setting,** regulación; — **shield,** blindaje de lámpara; — **spindle,** guía de válvula, varilla de corredera, varilla de válvula; — **spring,** resorte de válvula; — **stem,** tubo de la válvula, vástago de válvula; — **stem guide,** guía del vástago de válvula; — **tappet,** empujador de válvula; — **tappet roller,** rodillo de empujador de válvula; — **timing,** regulación de las válvulas; — **tube,** tubo de válvulas; — **voltmeter,** voltímetro electrónico; **admission** —, válvula de admisión; **admission — box,** caja de la válvula de admisión; **air** —, purgador de aire, registro de aire, válvula atmosférica, válvula de aire; **air escape** —, válvula de escape de aire; **air inlet** —, válvula de toma de aire; **air pump** —, válvula de bomba de aire; **air reducing** —, válvula de expansión de aire; **air release** —, válvula de evacuación de aire; **annular** —, válvula anular; **atmospheric** —, válvula atmosférica; **automatic** —, válvula automática, **auxiliary** —, válvula de introducción a los cilindros de expansión para asegurar la puesta en marcha del aparato; **auxiliary stop** —, válvula suplementaria de detención que toma directamente el vapor en las calderas; **back pressure** —, válvula de contrapresión constante; **balance** —, válvula esférica; **balanced slide** —, distribuidor equilibrado; **ball** —, válvula de bola; **bell shaped** —, en forma de campana, en forma de copa, válvula acampanada, válvula de campana, válvula de corona, válvula de sombrero; **bleeder** —, compuerta de descarga; **blending** —, válvula mezcladora; **blow** —, respiradero, válvula de bomba de aire; **blow down** —, grifo de extracción, grifo de purga; **blow through** —, respiradero, válvula de purga de condensador; **bucket** —, válvula de pistón; **butterfly** —, compuerta de mariposa, válvula de mariposa; **by pass** —, válvula de introducción directa en los orificios de los cilindros de las máquinas compound; **chamber** —, caja de válvula; **change** —, válvula de introducción directa en los cilindros de expansión para el funcionamiento como máquina ordinaria; **charging** —, válvula de cierre (gasógeno); **check** —, registro, válvula de parada, válvula de retención; **check — with screwed tails,** válvula de codo; **check thrust** —, válvula de control de empuje; **chest** —, caja de distribuidor, caja de válvula; **circulating inlet** —, válvula de aspiración del mar de las bombas de circulación; **circulating outlet** —, válvula de descarga de las bombas de circulación; **clack** —, obturador de válvula, registro de charnela; **clapper** —, obturador de pulsómetro; **communication** —, válvula de toma de vapor; **conical** —, válvula cónica; **control** —, válvula de control; **converting** —, véase **Change valve; coplanar**

grids —, válvula de rejillas coplanarias; **corner** —, válvula de codo; **cornish** —, válvula equilibrada; **cross** —, válvula de tres vías; **crown** —, válvula de sombrero; **cup** —, distribuidor, válvula de corona; **cut off** —, mariposa de expansión; **cut off slide** —, corredera de expansión, distribución de expansión; **cylinder escape** —, válvula de seguridad del cilindro; **cylinder safety** —, válvula de seguridad del cilindro; **cylindrical slide** —, distribuidor cilíndrico; **D** —, distribuidor en D; **D slide** —, distribuidor en D; **dead weight** —, válvula de carga directa; **delivery** —, válvula de descarga; **diffuser** —, válvula de difusión; **disc** —, válvula de Cornouaille, válvula de disco, válvula de plato; **discharge** —, válvula de descarga; **distributing** — **chest**, caja de válvulas; **double** —, doble válvula; **double anode** —, lámpara de tres electrodos; **double ported** —, válvula de doble orificio; **double seated** —, válvula de doble asiento; **drain** —, compuerta de vaciado, válvula de purga; **drop** —, válvula invertida; **dull emitter** —, válvula de poco consumo; **easing** —, distribuidor secundario (locomotora); **eduction** —, válvula o distribuidor de emisión, de evacuación; **electric or electrically operated** —, válvula de accionamiento eléctrico; **electro** —, electroválvula; **electronic** —, válvula electrónica; **equilibrated** —, válvula equilibrada; **equilibrated slide** —, distribuidor equilibrado; **equilibrium** —, válvula de equilibrio; **escape** —, válvula de exhaustación; **exhaust** —, válvula de evacuación, de escape; **expansion** —, válvula de expansión; **external safety** —, válvula de seguridad exterior; **feather of a** —, guía de válvula; **feed** —, válvula de alimentación; **feed check** —, válvula de retención; **firing** —, válvula de lanzamiento (torpedo); **fixed** —, válvula durmiente; **flap** —, válvula de bomba de aire, válvula de mariposa; **float** —, válvula flotante; **flooding** —, toma de agua, válvula de inundación; **foot** —, válvula de pie; **fuel** —, aguja de inyección (Diesel), inyector, válvula de combustible; **flush or flushing** —, grifo, válvula de vaciado; **gas** —, válvula de gas; **gas reducing** —, válvula manorreductora; **gate** —, válvula de compuerta; **geared** —, válvula de movimiento conducido; **globe** —, válvula de bola, válvula esférica; **governing** —, válvula reguladora; **gridiron** —, distribuidor de rejillas; **hanging** —, válvula de charnela, válvula de mariposa; **hard** —, lámpara de vacío perfecto; **head** —, válvula de cabeza, válvula de impulsión, válvula en cabeza; **heating** —, poder calorífico; **hinged** —, válvula de charnela; **hydromatic** —, válvula hidromática; **induction** —, válvula de admisión; **injection** —, válvula de inyección; **inlet or intake** —, válvula atmosférica de las calderas, válvula de admisión, de aspiración; **inlet** — **chest**, cabezal de válvula de admisión; **internal safety** —, válvula de seguridad interna; **isolating** —, válvula de seccionamiento; **jacket safety** —, válvula de seguridad de camisa de vapor; **jammed** —, válvula acuñada en su asiento; **jettison** —, válvula de vaciado rápido de depósito; **Kingston** —, válvula Kingston; **lead of the slide** —, avance de la corredera; **leaf** —, válvula de mariposa; **lever safety** —, válvula de seguridad de palanca; **lift** —, válvula de elevación; **lift plug** —, grifo de cuerpo deslizante; **lifting** —, válvula de levantamiento; **load of a** —, carga de una válvula; **long D slide** —, distribuidor en D largo; **main feed** —, regulador principal de alimentación, válvula de alimentación principal; **manoeuvring** —, válvula de maniobra; **master** —, válvula maestra; **maximum** —, amplitud; **mechanically operated** —, válvula accionada mecánicamente; **midget** —, lámpara miniatura; **miniature**

—, válvula miniatura; **mitre** —, válvula abombada; **mushroom** —, válvula circular, válvula champiñón; **needle** —, grifo de punzón, válvula de aguja (Diesel); **non return** —, válvula registro de retención; **one way** —, válvula de una vía; **outlet** —, válvula de detención, válvula de retención, válvula de retención de emisión; **output** —, lámpara de potencia, lámpara de salida; **overflow** —, válvula de rebose; **pass** —, véase **By-pass; peak** —, valor máximo (o de cresta); **pet** —, válvula de ensayo; **pin** —, válvula de punzón; **piston** —, distribuidor cilíndrico; **piston** — **cylinder,** cilindro distribuidor; **plunger** —, válvula de émbolo buzo; **point screw** —, grifo de vástago roscado; **poppet** —, válvula circular, válvula champiñón; **potlid** —, válvula de coquilla; **power** —, lámpara de potencia; **pump** —, válvula de bomba; **rectifying or rectifier** —, lámpara rectificadora; **reducing** —, registro, descompresor; **regulating** —, compuerta reguladora, regulador, válvula de expansión variable; **relief** —, descargador, respiradero, válvula de seguridad; **return** —, válvula de rebose; **return check** —, válvula de retorno; **reversible** —, válvula reversible; **rotary** —, distribuidor rotatorio; **rotary plug** —, grifo de cuerpo giratorio; **rubber** —, válvula de caucho; **safety** —, válvula de seguridad; **safety** — **load,** carga de la válvula de seguridad; **scavenger or scavenging** —, válvula de barrido (Diesel); **screen** —, lámpara de pantalla; **screw down** —, válvula compuerta; **sea valves,** válvulas de inundación; **selector** —, válvula selectora; **self acting or self closing** —, válvula de parada automática; **sentinel** —, válvula avisadora; **shell slide** —, distribuidor de coquilla, válvula de coquilla; **short D slide** —, distribuidor en D corto; **shut off** —, registro de vapor, válvula de cierre, válvula de detención; **single steam** — **chest,** distribución de cámara única; **sleeve** — **engine,** motor de camisa deslizante; **slide** —, corredera, válvula de corredera; **slide or sliding** —, válvula, compuerta deslizante; **slide** — **case,** caja de distribuidor; **slide** — **chest,** caja de distribuidor; **slide** — **lap,** recubrimiento de las solapas del distribuidor; **slide** — **ports,** lumbreras del distribuidor; **slide** — **rod,** vástago de la corredera; **slide** — **shaft,** árbol de la corredera; **slide** — **spindle,** vástago de la corredera; **sliding stop** —, diafragma; **sluice** —, compuerta; **sniff or sniffing** —, respiradero, válvula de entrada de aire, válvula de purga; **soft** —, véase **Soft; solenoid** —, válvula de accionamiento por selenoide; **spherical** —, compuerta, registro esférico, válvula de bola; **spindle** —, válvula de guía; **starting** —, válvula de arranque (Diesel) (véase **Auxiliary**); **steam** —, registro de vapor; **steam control** —, toma de vapor; **steam reducing** —, registro; **sticking of a** —, agarrotamiento de una válvula; **stop** —, válvula de parada; **suction** —, registro de aspiración, válvula de aspiración; **superheater** —, válvula de retención que toma el vapor de la parte superior del recalentador; **superheater safety** —, válvula de seguridad del recalentador; **supply** —, distribuidor de admisión; **supply check** —, válvula de retorno de alimentación; **testing** —, válvula de ensayo; **thermionic** —, tubo termoiónico; **three electrode** —, válvula de tres electrodos; **throttle** —, registro de vapor, toma de vapor, válvula de estrangulamiento, válvula de toma de vapor; **tipping** —, válvula de báscula; **transmitting** —, lámpara emisora; **turning** —, válvula giratoria; **ungeared** —, válvula de movimiento libre; **upper** —, válvula de cabeza; **vacuum** —, tubo de vacío, válvula atmosférica; **vacuum breaker** —, válvula vacuorreguladora; **variable lift** —, válvula de alzamiento variable; **variable orifice —**, válvula de abertura variable; **warming —**, grifo recalentador; **warped —**, válvula alabeada; **waste water —**, válvula de descarga; **water inlet —**, regulador de llegada de agua; **weather —**, grímpola; **weight on the —**, carga de una válvula; **to develop the — face**, dibujar en desarrollo el espejo del distribuidor.

Valveless, Sin válvulas.

Valver, Tasador.

Valves, Compuertas de un barco.

Valving, De válvulas; **— mechanism**, sistema de válvulas.

Vamp (To), Reparar.

Van, Cedazo, criba, furgón, tamiz.

Vanadic, De vanadio; **— vanadates**, vanadatos de vanadio.

Vanadinite, Vanadinita.

Vanadium, Vanadio; **— steel or — alloy steel**, acero al vanadio.

Vane, Aleta, molinete, pínula, tablilla de mira, válvula, veleta; **— pump**, bomba de aletas; **cooling vanes**, aletas de refrigeración; **guide —**, álabe distribuidor; **guide vanes**, distribuidor; **turning —**, aletas de refrigeración; **wind —**, veleta.

Vanner, Vibroseparador.

Vapography, Vapografía.

Vapor, Véase **Vapour**; **— permeable**, vapor permeable; **— tight**, hermético a los gases.

Vaporating, De vaporización; **— point**, punto de vaporización.

Vaporation, Evaporación.

Vaporiser, Vaporizador.

Vaporizable, Vaporizable.

Vaporization or **Vaporizing**, Vaporización; **— cooling**, refrigeración por vaporización.

Vaporize (To), Vaporizar, vaporizarse.

Vapour or **Vapor**, Cualquier vapor distinto de vapor de agua, humo, (Estados Unidos) vapor; **— condensation**, condensación de vapor; **— lock**, tapón de vapor; **— pressure**, presión de vapor, tensión de vapor; **aqueous —**, vapor de agua; **bromine vapours**, vapores de bromo; **gasoline vapours**, vapores de gasolina; **mercury — lamp**, lámpara de vapor de mercurio; **petrol —**, vapor de petróleo; **sodium — lamp**, lámpara de vapor de sodio.

Vaporous, Gaseoso; **— corrosive attack**, ataque corrosivo vaporoso.

Var, Var (unidad de potencia reactiva); **— hour meter**, contador de voltiamperios-hora reactivos.

Varactor, Varactor.

Variability, Variabilidad.

Variable, Variable; **— camber plane**, ala de curvatura variable; **— condenser**, condensador variable; **— inductor**, inductor variable; **partial turbine with — admission**, turbina de distribución parcial.

Variation, Declinación (magnética gastronómica); **load variations**, variaciones de carga, variaciones de régimen (elec.); **modulation by — of loading**, modulación por variación de la resistencia de carga; **speed —**, cambiador de velocidades.

Variometer, Variómetro; **aerial —**, variómetro de antena.

Varistor, Varistor.

Varnish, Barniz; **— impregnation**, impregnación de barniz; **insulating —**, barniz aislante; **quick drying —**, barniz secante; **rubbing —**, barniz de lijar; **silicone —**, barniz de siliconas; **solventless —**, barniz sin disolvente; **transparent —**, barniz transparente; **to —**, barnizar, pulir, vidriar (alfarería).

Varnished, Barnizado; **— cambric**, batista barnizada.

Vaseline, Vaselina.

Vat, Cuba, recipiente; — **sludge,** fondos de cuba; **closed** —, cuba cerrada; **fermentation** —, cuba de fermentación; **rinsing** —, cuba de enjuague.

Vats, Cubas.

Vault, Bóveda, canalón abovedado, refugio; **fan** —, bóveda de nervaduras radiantes; **fire** —, horno de recocer (tejas), horno de vidriero; **main** —, bóveda maestra.

Vector, Vector; — **diagram,** diagrama vectorial; — **space,** espacio vectorial; **information** —, vector información; **Poynting** —, vector de Poynting.

Vectorially, Vectorialmente.

Vectometer, Vectormetro.

Vectorscope, Vectorscopio.

Vee, V; — **belt,** correa en V, correa trapezoidal.

Veer (To), Arriar.

Vegetable, Vegetal; — **oil,** aceite vegetal.

Vehicle, Vehículo; **amphibious** —, vehículo anfibio; **fuelling** —, camión de abastecimiento; **motor** —, vehículo a motor.

Veil, Velo (fotografía).

Vein, Capa (minas), filón, vena; **by** —, vena de filón.

Veining, Veteado.

Velocimeter, Velocímetro.

Velocity, Velocidad (véase también **Speed**); — **on impact,** velocidad al choque; — **row,** escalón de velocidades (turbina); **angular** —, velocidad angular; **constant** —, velocidad constante; **group** —, velocidad de grupo; **high** —, a gran velocidad; **initial** —, velocidad inicial; **muzzle** —, velocidad inicial; **phase** —, velocidad de fase; **remaining** —, velocidad remanente; **uniform** —, velocidad uniforme.

Veneer, Hoja de chapeado, placa de chapeado; — **cutting machine,** sierra de contrachapado; **mahogany** —, hoja de caoba para contrachapado; **to** —, chapear, taracear.

Veneered, Contrachapado.

Veneering, Contrachapeado; — **saw,** sierra de contrachapeado.

Vent, Chimenea de ventilación, luz, respiradero, toma de aire; — **hole,** respiradero; — **line,** tubería de ventilación; — **opening,** abertura de ventilación; — **valve,** válvula de respiración (de un depósito); **copper** —, grano del fogón (cartucho); **gas** —, válvula de gas.

Ventilate (To), Ventilar.

Ventilated, Ventilado; — **grooves,** muescas ventiladas; — **ribs** nervaduras ventiladas.

Ventilating, De ventilación; — **course,** galería de ventilación.

Ventilation, Aeración, ventilación; — **conduits,** pozos de ventilación; **core** —, ventilación del núcleo; **mechanical** —, ventilación mecánica; **natural** —, ventilación natural.

Ventilator, Ventilador.

Venting, Aireación, ventilación; — **opening,** abertura del tragaluz; — **unit,** grupo de ventilación; — **wire,** alambre para hacer respiraderos.

Vents, Purgas.

Venturi, Venturi.

Venus (Crocus of), Óxido de cobre.

Veratramine, Veratramina.

Veratrine, Veratrina.

Vermiculate (To), Grabar en damasquinado.

Vermiculating, Grabado en damasquinado.

Vernier, Vernier; — **caliper,** pie de rey.

Versatile, Para todo uso, universal.

Versene, Sinoverso.

Vertical, Vertical; — **axis,** eje vertical; — **comb,** peine vertical; — **component,** componente vertical;

— **polarisation,** polarización vertical; — **rudder,** timón vertical; — **shaft turbine,** turbina de eje vertical, turbina vertical; — **spotting,** desvío vertical; — **stiffener,** refuerzo vertical; — **take off,** despegue vertical (aviac.); **end** —, barra vertical de extremo (armazón metálica); **single** — **wire antenna,** conductor vertical (antena tipo).

Verticality, Verticalidad.

Vertically, Verticalmente.

Verticalness, Verticalidad.

Verticity, Verticidad.

Vessel, Barco, barril, navío, recipiente, tonel, vasija; **air** —, depósito de aire; **awning deck** —, buque con cubierta de superestructura; **composite** —, buque compuesto; **escort** —, buque de escolta; **feeding** —, depósito de víveres; **iron** —, buque de hierro; **net** —, fondeador de redes; **one deck** —, buque de un puente; **patrol** —, patrullero; **pressure** —, depósito en presión; **spardeck** —, buque con cubierta superior; **steel** —, buque de acero; **tank** —, buque cisterna, petrolero; **three deck** —, buque de tres puentes; **two deck** —, buque de dos puentes; **web frame** —, buque con cochinata.

V. F., Frecuencia vocal; — **system,** sistema VF (sistema multicanal armónico).

V. H. F., Muy alta frecuencia (30 a 300 megaciclos).

Viaduct, Viaducto.

Viameter, Odómetro.

Vibraswitch, Interruptor de vibración.

Vibrate (To), Vibrar.

Vibrated, Vibrado.

Vibrating, Vibrante; — **diaphragm,** placa vibrante (teléfono); — **screen or sieve,** tamiz de sacudidas; — **sifter,** cernedor vibrante; — **table,** mesa de sacudidas; — **tamper,** solera de sacudidas; — **tools,** herramientas de choque.

Vibration, Vibración; — **damper,** amortiguador de vibraciones; — **frequency,** frecuencia de vibraciones; **anti** — **mounting,** montaje antivibraciones; **damped** —, vibración amortiguada; **erratic vibrations,** vibraciones irregulares; **forced vibrations,** vibraciones forzadas; **steady vibrations,** vibraciones regulares; **torsional vibrations,** vibraciones de torsión; **ultrasonic vibrations,** vibraciones ultrasónicas.

Vibrational, De vibración, vibracional; — **spectrum,** espectro de vibración.

Vibrationless, Exento de vibraciones.

Vibrative, Oscilatorio.

Vibrator, Vibrador; **quartz** —, vibrador de cuarzo.

Vibratory, Vibratorio; — **tamper,** pisón vibratorio.

Vibrograph, Vibrógrafo.

Vibroscope, Vibroscopio.

Vice or **Vise** (rare), Tornillo; — **bench,** tornillo de banco; — **chops,** mandíbulas, mordazas de tornillo, mordazas o garras; — **clamps,** mordazas; — **coupling,** acoplamiento de pasador fileteado; — **jaws,** mordazas de tornillo de banco; — **man,** ajustador, **bench** —, tornillo de banco; **dog nose hand** —, pinzas de tornillo de abertura estrecha; **draw** —, tensor; **filing** —, entenalla, máquina limadora; **hand** —, entenalla, tornillo de mano; **parallel** —, tornillo paralelo; **standing** —, tornillo de forja, tornillo de pie; **swivel** —, tornillo de banco sobre base pivotante; **tail** —, tornillo de cola, tornillo de pie; **tube** —, tornillo para tubos.

Victual (To), Abastecer.

Video, Televisión (véase también **Tele**); — **frequency,** frecuencia de televisión; — **studio,** estudio de vídeo; **color** —, televisión en color.

View, Fotografía, vista; — **finder,** buscador, visor; **aerial** —, vista aérea; **bird's eye or eye** —, vista a vuelo de pájaro; **diagrammatic** —, vista esquemática; **dip** —, proyección horizontal; **end** —, vista de frente; **exploded** —, vista detallada; **front** —, vista frontal; **plan** —, corte horizontal, planta horizontal; **rear** —, vista posterior; **rear** — **mirror,** retrovisor; **side** —, vista de costado (dibujo); **upstream** —, vista aguas arriba.

Viewer, Visor; **envelope** —, visor de envolvente.

Viewing, Enfoque.

Vinyl, Vinílico; — **acetate,** acetato de vinilo; — **ethers,** éteres vinílicos; — **plastics,** plásticos vinílicos; — **polimerisation,** polimerización vinílica; — **resin,** resina vinílica; — **sulfide,** sulfuro de vinilo.

Vinylidene, Vinilideno; — **resin,** resina vinilidénica.

Virial, Virial; — **coefficient,** coeficiente del virial; — **tensor,** tensor virial.

Virtual, Virtual (véase **R. M. S.**); — **focus,** foco virtual; — **image,** imagen virtual.

Vis, Fuerza; — **inertia,** fuerza de inercia; — **viva,** fuerza viva.

Viscoelastic, Viscoelástico.

Viscoelasticity, Viscoelasticidad.

Viscoplastic, Viscoplástico.

Viscose, Viscoso.

Viscosimeter or **Viscometer,** Viscosímetro; **rotational** —, viscosímetro de rotación.

Viscosimetry, Viscosimetría.

Viscosity, Viscosidad; **absolute** —, viscosidad absoluta (véase **Poise**); **kinematic** —, viscosidad cinemática (obtenida dividiendo la viscosidad absoluta por la densidad del aceite); **relative** —, viscosidad relativa; **specific** —, viscosidad específica (véase **Engler degrees**).

Viscous, Viscoso; — **damping,** amortiguamiento viscoso.

Vise, Véase **Vice.**

Visibility, Visibilidad; **field of** —, campo de visibilidad.

Visible, Visible; — **radiation,** radiación visible.

Vision, Visión; **stereoscopic** —, visión estereoscópica.

Visor, Mirilla; **oil** —, mirilla de engrase; **protective** —, visera de protección; **sun** —, parasol.

Visual, Visual; — **signalling,** telegrafía óptica.

Vitallium, Vitallium.

Vitreosil, Sílice vítrea.

Vitrifiability, Vitrificabilidad.

Vitrified, Vitrificado; — **porcelain,** porcelana vitrificada.

Vitriol, Caparrosa, vitriolo; **black** —, caparrosa impura; **blue** —, caparrosa azul, sulfato de cobre; **green** —, caparrosa verde, sulfato de hierro.

Vitroclastic, Vitroclástico.

Vitrophyre, Vitrofido.

Vivianite, Vivianita.

Void, Rechupe, vacío; — **pump,** bomba de vacío.

Voidable, Vaciable.

Volalkali, Ácali volátil.

Volatility, Volatilidad.

Volatilizable, Volatilizable.

Volatilization, Volatilización; **zinc** —, volatilización del zinc.

Volatilize (To), Volatilizar.

Volplane (To), Planear; **to** — **down,** descender en vuelo planeado.

Volt, Voltio (elec.); — **ohmmeter,** voltiohmímetro; **electron** —, electrón-volt.

Voltage, Tensión, voltaje; — **acceleration,** tensión entre cátodo y ánodo; — **divider,** divisor de tensión; — **doubler,** duplicador de voltaje; — **drop,** caída de voltaje o de tensión; — **on open circuit,** voltaje en reposo; — **regulator,** regulador de tensión; — **restrictor,** limitador de voltaje; — **stabilizer,** estabilizador de tensión; **absolute — level,** nivel absoluto de tensión; **accumulator** —, voltaje o tensión de acumulador; **additional** —, voltaje suplementario o adicional; **armature** —, tensión del inducido; **auxiliary** —, tensión auxiliar; **average** —, tensión media; **balanced** —, tensión equilibrada; **beam** —, tensión entre cátodo y ánodo; **boosting** —, voltaje excesivo; **break-down** —, tensión disruptiva; **buncher** — (Klystron), tensión de modulación (Klystron); **cell** —, voltaje o tensión de pila; **charging** —, voltaje de carga; **closed-circuit** —, tensión en circuito cerrado; **constant — transformer,** transformador de tensión constatnte; **counter** —, fuerza contraelectromotriz; **crest** —, tensión de cresta; **desintegration** —, tensión de desintegración; **drop-out** —, tensión de disparo; **effective** —, tensión eficaz; **excess** —, sobretensión; **exciting** —, tensión de excitación; **field** —, tensión de inductor; **filament** —, tensión de filamento; **final** —, tensión final; **formation** —, tensión de formación; **half-wave — doubler rectifier,** rectificador de media onda doblador de tensión; **high** —, alta tensión, alto voltaje; **high- — capacity,** capacidad de alta tensión; **high line** —, línea de alta tensión; **ignition** —, tensión de cebado (tubo de vacío); **initial** —, voltaje inicial; **input** —, voltaje de alimentación; **interlinked** —, tensión entre fases concatenadas; **load** —, línea de carga; **low** —, baja tensión, bajo voltaje; **main supply** —, tensión de red; **maximum** —, tensión máxima; **minimum** —, tensión mínima; **peak-anode inverse** —, tensión de ánodo inversa de pico; **psofometric** – , tensión sofométrica; **output** —, tensión de salida; **over** —, sobretensión; **over — relay,** relé de sobretensión; **peak** —, tensión de punta; **plate** —, tensión de placa; **pulsating** —, tensión pulsatoria; **rated** —, tensión nominal; **regulating** —, tensión de regulación; **resultant** —, tensión resultante; **saturation** —, tensión de saturación; **secondary** —, tensión secundaria; **star** —, tensión en estrella, tensión estrellada; **stray** —, tensión de dispersión; **total** —, tensión total; **tube — drop,** caída de tensión en el tubo; **useful** —, tensión útil; **weighted** —, tensión ponderada; **working** —, tensión de régimen.

Voltaic, Voltaico; — **cell,** pila voltaica; — **pile,** pila voltaica.

Voltinity, Voltinidad.

Voltmeter, Voltímetro; **alternating current** —, voltímetro para corriene alterna; **bridge-type** —, voltímetro de puente; **Cardew's** —, voltímetro de Cardew; **cathode ray tube** —, voltímetro de rayos catódicos; **contact** —, voltímetro de contacto; **crystal** —, voltímetro de cristal; **dead beat** —, voltímetro aperiódico; **differential** —, voltímetro diferencial; **diode** —, voltímetro de diodo; **direct current** —, voltímetro de corriente continua; **double** —, voltímetro doble; **double scale** —, voltímetro de dos escalas o de dos graduaciones; **electromagnetic** —, voltímetro electromagnético; **electronic** —, voltímetro electrónico; **electrostatic** —, voltímetro electrostático; **Ferraris** —, voltímetro Ferraris; **generator** —, voltímetro generador; **high frequency** —, voltímetro de alta frecuencia; **hot wire** —, voltímetro térmico; **logarithmic** —, voltímetro logarítmico; **low tension** —, voltímetro de baja tensión; **marine** —, voltímetro de resorte; **milli** —, milivoltímetro; **multicellular** —, voltímetro multicelular; **operating** —, voltímetro de servicio; **peak** —, voltímetro de punta; **phase** —, voltímetro de fase; **pocket** —, voltímetro de bolsillo; **pointer stop** —, voltímetro de parada de aguja; **pulse heigth** —, voltímetro de amplitud para impulsos; **recording** —, voltímetro registrador; **signal** —, voltímetro avisador; **spark-gap** —, voltímetro de chispa; **spring** —, voltímetro de resorte; **thermionic** —, voltímetro termoiónico; **triode** —, voltímetro de triodo; **vacuum tube** —, voltímetro de tubo de vacío; **valve** —, voltímetro electrónico.

Voltolysis, Voltolisis.

Volume, Caudal, volumen; — **control,** potenciómetro (radio); — **efficiency,** rendimiento volumétrico; — **indicator,** indicador de volumen; **acoustic** — **unit,** unidad de volumen sonoro; **automatic** — **control,** control automático de volumen, control automático del nivel sonoro, dispositivo antidesvanecedor; **loudness** — **equivalent GB,** equivalente de referencia; **reference** —, volumen de referencia; **swept** —, cilindrada; **tankage** —, capacidad de los depósitos.

Volumenometer, Volumenómetro.

Volumetric, Volumétrico; — **analysis,** análisis volumétrico; — **yield,** rendimiento volumétrico.

Volute, Difusor (bomba), voluta; — **casing,** difusor en espiral; — **spiral,** cuerpo de bomba; — **spring,** resorte espiral.

Voluted, Con volutas.

Vortex, Torbellino; — **movement,** movimiento vertical; **free** —, torbellino libre; **tip** —, torbellino de extremo.

Vorticity, Vorticidad.

Vouch (To), Pedir en garantía; **to** — **for,** hacerse fiador de, responder de.

Vouchee, Fiador.

Voucher, Fianza, garantía, pieza justificativa, recibo, título; — **register,** registro de comprobantes.

Voussoir, Dovela; — **arch,** arco impostado.

V. P. (Variable Pitch), Paso variable.

Vug, Rechupe.

Vulcaniser, Vulcanizador.

Vulcanizate or **Vulcanisate,** Vulcanizado.

Vulcanization or **Vulcanisation,** Vulcanización.

Vulcanize (To) or **Vulvanise,** Vulcanizar.

Vulcanized or **Vulcanised,** Vulcanizado; — **fiber,** fibra vulcanizada; — **indiarubber,** caucho vulcanizado.

Vulcanizer, Vulcanizador.

Vulcanizing or **Vulcanising,** Vulcanización.

W

Wabler, Trefle de laminador.

Wad, Borra, tapón; **axle —,** guarnición de eje; **black —,** óxido de manganeso.

Wadding, Fieltro para tacos.

Wafer switch, Conmutador de sectores.

Waft, Fluctuación.

Wages, Salarios.

Waggon or **Wagon,** Artesón, carro, furgón, vagón, vagoneta; **— shifter,** obrero para maniobra de vagones; **— traverser,** transbordador de vagones; **coke —,** vagoneta de costado abatible para carbón; **colliery —,** vagón carbonero; **delivery —,** furgón de entrega; **tip —,** vagón basculante.

Wailer, Escogedor (minerales).

Wainscot, Armazón, entabicación, tabique; **— oak,** roble común; **to —,** artesonar, entibar.

Wainscoting, Artesonado, entibación.

Waist, Crujía. pujavantes; **— rail,** listón.

Wake, Estela (buques).

Wale, Cinta, precinta.

Waler, Larguero.

Walkie-talkie, Estación emisora receptora portátil.

Wall, Encofrado, muralla, muro; **— bearing,** palier-consola; **— block,** toma-corriente mural; **— board,** fibra prensada; **— bracket,** consola en escuadra, consola mural; **— crane,** grúa mural; **— drilling machine,** perforadora mural; **— eye,** armella mural de empotramiento; **— plug,** toma de corriente; **acoustic —,** pared acústica; **bearing —,** muro divisorio; **breast —,** muro de sostenimiento; **cell —,** pared de la cuba, pared de la envoltura (acumuladores); **fire —,** tabique parafuegos; **front —,** pared frontal; **lead —,** pared de plomo; **lift —,** muro de caída; **longitudinal — hanger bearing,** cojinete cerrado; **louvred —,** entabicado en persianas; **monkey walls,** paredes de limpieza; **partition walls,** muro divisorio; **quay —,** muro de muelle; **retaining —,** muro de caída, muro de contención, muro retenedor; **suspended —,** muro suspendido; **wall's end coal,** carbón de Newcastle; **water —,** pantalla de agua; **wing —,** muro en ala.

Walled, Con paredes; **double —,** con dobles paredes; **thin —,** con paredes delgadas.

Walling, Muraje de galerías; **rough —,** relleno de mortero o de yeso.

Wallower, Rueda de linterna.

Walnut, Nogal; **— water,** corteza verde de la nuez.

Waney, Defecto de la madera.

Wany, Que tiene gemas (madera).

Ward, Guarda de llave; **— dresser,** tren de encalar y urdir; **— -Leonard group,** grupo Ward-Leonard.

Warehouse, Almacén, depósito, depósito de mercancías; **bonded —,** depósito de aduana; **refrigerated —,** depósito frigorífico; **to —,** almacenar.

Warehouseman, Almacenero, guarda de almacén.

Warehousing, Almacenado, almacenaje, almacenamiento.

Warm (To), Calentar, recalentar (la máquina, etc.); **to — up,** recalentar (un motor)

Warming, Calentamiento; — **up,** calentamiento de una máquina.

Warmth, Calor.

Warner, Aparato ávisador.

Warning, De vigilancia; — **light,** lámpara testigo; **radio** —, radio vigilancia.

Warp, Beta, cadena, calabrote de remolque, guindaleza; **nylon** —, hilado de nilón; **to** —, abarquillarse, alabear, alabearse, atoar (con un cabo), combar, halar, torcer, urdir.

Warpage, Abarquillamiento, atoado, halaje.

Warped, Alabeado, combado, oblicuo, torcido; — **aileron,** alerón alabeado; — **wood,** madera abarquillada.

Warper, Urdidor (máquina).

Warping, Abarquillamiento, alabeo, atoaje, desnivel, halaje, falso escuadrado, urdido; — **cable,** cable de alabeo; — **end,** capirón de chigre; — **line,** calabrote de remolque; — **wire,** cable de alabeo; **wing** —, alabeo de las alas.

Warrant, Certificado de depósito, resguardo; **to** —, garantizar.

Warranty, Garantía de calidad.

Warship, Buque de guerra.

Wash, Aguada, capa (metal), enlucido, lámina, remolinos de la estela de un buque; — **booth,** cabina de lavado; — **drawing,** dibujo de lavado; — **plate,** chapa de balanceo; — **strake,** falca; **airscrew** —, remolinos de hélice; **to** —, lavar (dibujo), lavar mineral.

Washability, Lavabilidad.

Washboard, Falca.

Washer, Arandela, lavador; — **cut,** corta-arandelas; **air** —, máquina de lavar; **balancing** —, arandela de equilibrin; **body** —, arandela de seguridad de un eje; **cyclone** —, lavador ciclón; **drag** —, arandela de gancho; **Grover** —, arandela Grover; **leaden** —, arandela de plomo; **leather** —, arandela de cuero; **lock** —, arandela de freno; **metal** —, arandela metálica; **packing** —, anilla de prensaestopas, empaquetadura; **rubber** —, arandela de caucho; **shearing** —, arandela de cizalladura; **split** —, arandela Grover **spray** —, lavador por pulverización; **spring** —, arandela de resorte.

Washin, Alabeo positivo.

Washing, Aguada, lavado; — **machine,** máquina de lavar; — **out,** extracción de los depósitos solubles (de una turbina), lavado interior con vapor; **gravel** — **and screening plant,** criba lavadora de gravilla; **ore** —, lavado del mineral.

Washpot, Cuba con estaño fundido.

Wastage, Pérdida.

Waste, Desperdicios, pérdida de desechos, perditancia, productos residuales, rebose, residuos; — **cock,** grifo purgador; — **coke,** residuos de coque; — **disposal,** productos residuales; — **gases,** gases perdidos (alto horno), humos; — **pipe,** tubo de rebose; — **steam pipe,** tubo de escape; — **water,** agua de condensación; — **water pipe,** tubo de descarga; — **water valve,** válvula de descarga; — **weir,** aliviadero; **cotton** —, desechos de algodón; **wood** —, desechos de madera.

Wasters, Defectos.

Wastrel, Relleno (minas).

Watch, Reloj (de muñeca o de bolsillo); — **barrel,** cilindro de reloj; — **fulness,** alerta; — **maker,** relojero; — **making,** relojería; **cylinder** —, reloj de cilindro; **stop** —, cronógrafo.

Water, Agua, fondo, marea; — **analyser,** analizador de agua; — **borne,** a flote, flotante; — **borne goods,** transporte por agua; — **carat,** volumen de un peso de un quilate de agua destilada a 4º C;

— **catcher,** secador de vapor; — **cement,** cemento hidráulico; — **circulating pump,** bomba de agua; — **circulation,** circulación de agua; — **cooled,** con refrigeración por agua; — **cooling plant,** planta refrigeradora; — **cushion,** colchón de agua; — **chamber,** cámara o cofre de agua; — **draught,** calazón; — **evaporator,** evaporador de agua; — **finder,** rabdomante; — **flooding,** inyección de agua; — **flush system,** sondeo con inyección de agua (petróleo); — **gauge,** grifo calibrador, tubo de nivel de agua (calderas); — **glass,** indicador de nivel; — **hammer,** golpe de ariete, martillo de agua; — **heater,** calentador de agua; — **horizon,** manto de agua (geología); — **impedance,** colmatado; — **incrustations,** incrustaciones (calderas); — **injection,** inyección de agua; — **intake,** toma de agua; — **jacket,** envoltura de agua, horno metalúrgico de cuba con circulación de agua; — **level,** clinómetro, nivel de agua; — **lifter,** elevador de agua; — **lime,** cal hidráulica; — **line,** canalización de agua, conducción forzada, línea de agua; — **logging,** saturación hídrica; — **main,** tubo principal de una conducción de agua; — **man,** batelero; — **mark,** filigrana (papel), marca de marea alta o baja; — **meter,** contador de agua; — **miscible,** hidromiscible; — **monitor,** radiodetector de agua; — **of crystallisation,** agua de cristalización; — **packed,** con cierre hidráulico; — **point,** aguada; — **power,** hulla blanca; — **press,** prensa hidráulica; — **proof,** impermeable; — **proofer,** impermeabilizador; — **purifying apparatus,** depurador de agua de alimentación; — **ram,** ariete hidráulico; — **repellent,** hidrófobo; — **resistance,** resistencia a la usura, resistencia del agua; — **resisting plates,** chapas de desgaste; — **rudder,** timón hidrodinámico; — **seal,** junta hidráulica; — **seasoning,** curada debajo del agua del mar (madera); — **separator,** separador de agua; — **slug,** bolsa de agua (tubería de vapor); — **softener,** ablandador del agua; — **softer,** ablandador de agua; — **space,** lámina de agua (calderas); — **sprinkler,** rociadora; — **supply,** toma de agua; — **tank,** caja de agua; — **tender,** buque cisterna; — **tight,** estanco; — **tight bulkhead,** tabique estanco; — **tight compartment,** compartimento estanco; — **tight door,** puerta estanca; — **tight joint,** junta estanca; — **tower,** torre de agua; — **trap,** secador de vapor; — **treating,** depuración del agua; — **turbine,** turbina hidráulica; — **vapour,** vapor de agua; — **wall,** pantalla de agua; — **way,** cuneta (dique seco), desaguadero, fuga de agua, lámina de agua (calderas), vía de agua; — **wheel,** rueda hidráulica; — **works,** distribución de agua; **acidulated** —, agua acidulada; **bilge** —, agua de sentina; **bow** —, cofre o caja de agua (caldera); **cement** —, agua de cemento, agua que contiene cobre; **circulating** —, agua de circulación; **cock** —, véase **Cock**; **cooling** —, agua de enfriamiento; **damming** —, agua que fluye desde que se abre hasta que se cierra una esclusa; **distillated or distilled** —, agua destilada; **drinkable** —, agua potable; **earthy** —, agua dura; **fresh** —, agua dulce; **hard** —, agua dura; **head** —, aguas de cabecera; **heavy** —, agua pesada; **high** —, alta mar, marea alta, plenamar; **injection** —, agua de inyección; **light** — **line,** línea de flotación del buque descargado; **lime** —, agua de cal; **load** — **line,** línea de flotación del buque cargado; **low** —, bajamar, marea baja; **make up** —, agua de reposición; **rain** —, agua de lluvia; **raw** —, agua bruta, agua no tratada; **salt** —, agua de mar; **slack** —, agua estancada; **soft** —, agua blanda; **spray** —, agua de pulverización; **tail** — **course,** canal de descarga; **under** —, en zambullida, submarino (adj.); **to —**, tomar agua; **to — cool**, hidroenfriar; **to make —**, hacer agua (no ser estanco), tomar agua.

Watering, Acción de tomar o hacer agua, aguada, alimentación de agua.

Waterproof (To), Impermeabilizar.

Watertight (Switch in) case, Interruptor de envuelta estanca.

Watt, Vatio (elec.); **— balance**, vatímetro de balanza; **— full**, vatiado.

Wattage, Potencia en vatios.

Watthour, Vatio-hora; **— meter**, contador de vatios-hora, vathorímetro; **induction — meter**, vathorímetro de inducción.

Wattless, Carga reactiva; **— characteristic**, característica con factor de potencia cero; **— current**, corriente reactiva.

Wattmeter, Vatímetro; **coaxial —**, vatímetro coaxil; **double modulator —**, vatímetro de doble modulación; **electronic —**, vatímetro electrónico.

Wave, Lámina, ola, onda; **— changing switch**, conmutador de longitudes de onda; **— current**, corriente ondulatoria; **— front**, frente de onda; **— function**, fundición de onda; **— guide**, guía de onda; **— guide reflector**, reflector de guía de ondas; **— length**, longitud de onda; **— like**, oscilante; **— maker**, generador de ondas; **— mechanics**, mecánica ondulatoria; **— meter**, ondímetro; **— shape**, forma de onda; **— shaping**, modelado de onda; **— suppressor**, eliminador de olas; **— train**, tren de ondas; **— winding**, devanado ondulado (elec.); **absorption — meter**, ondímetro de absorción; **absorption of waves**, absorción de ondas; **all waves**, toda onda; **all waves set**, aparato para toda onda; **audio waves**, ondas de baja frecuencia; **balanced waves**, ondas compensadas; **bevel —**. de ángulo; **carrier —**, onda portadora (radio); **cavity resonator — meter**, ondímetro de cavidad resonante; **centimetric waves**, ondas centimétricas; **circularly polarized waves**, ondas de polarización circular; **compensation —**, véase **Compensation**; **complementary —**, onda complementaria; **continuous —**, onda continua; **continuous waves**, ondas continuas; **cut off — length**, longitud de onda crítica (de un filtro); **damped waves**, ondas amotiguadas; **decimetric waves**, onda decimétrica; **direct —**, onda directa; **dual —**, con doble gama de ondas; **elastic —**, onda elástica; **electromagnetic —**, onda electromagnética; **elliptically polarized waves**, transmisor de emergencia; **free —**, onda libre; **full — antenna**, antena de onda completa; **fundamental wavelength —**, longitud de onda fundamental; **gravity —**, onda de gravedad; **ground —**, onda de tierra; **ground-reflected —**, onda reflejada por tierra; **guided —**, onda guiada; **H —**, onda eléctrica longitudinal; **hectometric waves**, ondas hectométricas; **hertzian —**, onda hertziana; **horizontally polarized waves**, ondas de polarización horizontal; **intermediate —**, ondas medias; **ionospheric —**, onda ionosférica; **keyed —**, onda manipulada; **kilometric waves**, ondas kilométricas; **light —**, onda luminosa; **long waves**, ondas largas; **medium waves**, ondas medias; **metric —**, onda métrica; **microwaves**, microondas; **millimetric waves**, ondas milimétricas; **modulated waves**, ondas moduladas; **multiple carrier —**, onda portadora múltiple; **ordinary —**, onda ordinaria; **periodic —**, onda periódica; **periodic electromagnetic —**, onda electromagnética periódica; **pilot —**, onda piloto; **pipe —**, conducción; **plane —**, onda plana; **plane polarized —**, onda polarizada en un plano; **pressure —**, onda de presión, onda de propagación; **quarter — line**, línea en cuarto de onda; **radar** —, onda de radar; **radial** —, onda radial; **radio** —, onda radioeléctrica; **radio waves propagation,** propagación de ondas radioeléctricas; **rectangular** —, onda rectangular; **rectangular** — **generator,** generador de onda rectangular; **recurrent** — **forms,** ondas recurrentes; **reflected** —, onda reflejada; **reflected waves,** ondas reflejadas; **refracted** —, onda refractada; **regulating pilot** —, onda piloto de regulación; **shock** —, onda de choque; **short** — **diathermy,** diatermia de onda corta; **short waves,** ondas cortas; **single** —, de una sola dirección; **single carrier** —, onda portadora única; **sky** —, onda ionosférica; **slotted** — **guide,** guía de onda de rendija; **sound** —, onda sonora; **spacing** —, onda de reposo; **spherical** —, onda esférica; **square-** —, onda cuadrada; **standing** — **aerial,** antena de ondas estacionarias; **standing** — **detector,** detector de onda estacionaria; **standing** — **ratio,** relación de onda estacionaria; **stationary or standing** —, onda estacionaria; **steady** —, onda permanente; **surface** —, onda de superficie; **sustained waves or undamped waves,** ondas continuas; **symmetrical waves,** ondas simétricas; **T. E.** —, onda electrical transversal; **tangential** — **path,** radiación tangente; **tidal** — **or tide,** onda de marea; **travelling** — **aerial,** válvula de onda progresi a; **transverse electric** —, onda eléctrica transversal; **transverse electromagnetic** —, onda electromagnética transversal; **ultra-sonic** —, onda ultrasónica; **ultrashort waves,** ondas ultracortas; **vertically polarized waves,** ondas de polarización vertical; **working** —, véase **Working.**

Waveform, De forma de onda; — **thermocouple,** termopar de forma de onda; **gating** —, forma de onda de compuerta.

Waveguide, Guiaondas; **axis of a** —, eje de un guiaondas; **dumbbell** —, guiaondas funfigorme; **separate** —, guía tabicada longitudinalmente; **termination for** —, terminación de guiaondas; **twisted** —, guiaondas revirado; **vertebrate** —, guiaondas articulado.

Wavelength, Longitud de onda; **current-** — **characteristic,** característica corriente-longitud de onda; **quarter** — **line transformer,** transformador de cuarto de onda.

Wavelike, Oscilatorio.

Wavemeter, Ondámetro; **absorption** —, ondámetro de absorción; **coaxial** —, ondámetro coaxil.

Wax, Cera; **detergent** —, cera detergente; **earth** —, ozokerita; **sealing** —, cera de sellar.

Way, Adelanto del buque en el agua, camino, deslizadera, ruta, vía; — **bill,** carta de porte; — **side,** margen lateral; — **station,** estación intermedia; **air-to-ground** — **of transmission,** sentido de transmisión aire-tierra; **bar** —, paso de barra; **bevel** —, oblicuo; **head** —, tirante de agua bajo una obra; **key** — **cutter,** herramienta para pulir ranuras; **key** — **cutting machine,** máquina ranuradora; **mid** —, mitad de la carrera; **multi** —, de varias vías; **one** —, de sentido único; **one** — **connection,** comunicación unilateral; **one** — **valve,** válvula de una vía; **slide** —, corredera; **three** —, de tres direcciones; **two** —, bilateral, de dos direcciones; **two** — **cock,** grifo de dos vías; **two** — **connection,** comunicación bilateral; **two** — **simplex,** simplex conjugado; **two cock** —, grifo de dos vías.

Ways, Gradas de lanzamiento; **bilge** —, anguilas de astillero.

Weaken (To), Desliarse.

Weakening or **Weakness,** Desliamiento; — **of the accumulator,** debilitamiento de la intensidad de una corriente.

Weapon, Arma; **a. a. weapons,** armas antiaéreas; **anti-submarine**

arma antisubmarina; **antitank** —, arma antitanque.

Wear, Esclusa, rebose, usura, vertedero; — **of the wheel,** desgaste de la muela; — **proof,** indesgastable; **vacuum** — **machine,** aparato de medida de desgaste en vacío; **to** —, usar.

Wearing in, Rodaje.

Weasel, Vehículo que puede funcionar en la nieve.

Weather, Intemperie; — **forecastings,** presiones metereológicas; — **forecasts,** presiones metereológicas; — **proof,** al abrigo de la intemperie; — **wise,** que sabe prever el tiempo.

Weathered, Desgastado por la intemperie.

Weatherometer, Aparato para producir clima artificial.

Weatherseal (To), Hacer hermético a la intemperie.

Weavability, Tejebilidad.

Weave (Picture), Salto horizontal de imagen.

Weaver, Tejedor; **weaver's comb,** peine de tejedor.

Weaving, Tisaje; — **gin,** telar; **ribbon** —, tejeduría de cintas.

Weaze, Palanca de mandíbulo para voltear.

Web, Alma de nervadura, alma de un barrote, bobina, braza, brida, brida de unión; — **frame,** cochinata; — **frame vessel,** buque con cochinata; — **girder,** viga de alma llena; — **of rib,** alma de nervadura; **balance** —, lima de balancín; **crank** —, brazo de manivela; **drilled** —, alma perforada; **lightened** —, alma aligerada; **plywood** —, alma de contrachapado.

Webbed, Con nervaduras.

Weber, Weberio.

Wedge, Calzo, cuña; — **driver,** botador; — **indentation,** indentación en uña; — **iron,** hierro en bisel; — **key,** cuña de apriete; — **press,** prensa de cuña; **falling** —, cuña para abatir árboles; **fox** —, contraclavija; **slot** —, regleta de muesca; **tone** —, escala de matices; **to** —, calzar, chavetear, fijar con cuñas.

Wedged, Acuñado, calzado.

Wedgewise, En forma de cuña.

Wedging, Calce, chaveteado.

Weep (To), Rezumar, sudar, tener fugas (tubos, juntas).

Weeper, weephole, Barbacana.

Weeping, Rezumante.

Weft, Trama; **centrifugal** —, trama centrifugada; **large** — **capacity,** de gran capacidad de trama.

Wehnelt, Wehnelt; — **break,** interruptor Wehnelt.

Weigh, Pesada, peso; — **bar,** barra, biela de relevo o de levantamiento; — **beam,** balancín, fleje; — **bridge,** puente báscula.

Weighing, Pesada, peso; — **machines,** balanzas de resorte, básculas; **automatic** — **machine,** balanza automática; **hydrostatic** — **unit,** balanza hidrostática.

Weighmaster, Basculero.

Weight, Carga, coeficiente, desplazamiento, peso; — **drum,** tambor de contrapeso de acumulador; — **saving,** economía de peso; **adhesive** —, peso adhesivo; **aerial** —, contrapeso de antena; **all up** —, peso total; **atomic** —, peso atómico; **auncel** —, balanza romana; **balance or balancing** —, contrapeso; **breaking** —, carga de rotura; **counter** — **lever,** palanca de contrapeso; **crushing** —, peso que produce el aplastamiento; **dead** —, peso muerto; **dead** — **valve,** válvula de carga directa; **driving** —, peso motor; **drop** —, maza, pilón; **dry** —, peso en vacío; **empty** —, peso en vacío; **feeding** —, peso de alimentación de la pieza (máquina de moldurar); **gross** —, peso bruto; **molecular** —, peso molecular; **net** —, peso neto; **psophometric** — **of a**

frequency, peso sofométrico de una frecuencia; **specific** —, peso específico; **standard** —, peso legal.

Weightage, Coeficiente de ponderación.

Weighted, Afectado de un coeficiente, cargado; **noise** —, compensador de ruido; **psophometric** — **factor,** peso sofométrico.

Weightometer, Báscula registradora.

Weir, Dique, vertedero; — **box,** distribuidor de extracción (torre de fraccionamiento, petróleo); **dam** —, dique.

Welch plug, Tapón de expansión.

Weld, Pieza soldada, soldadura (forja), suelda; — **bead,** cordón de soldadura; — **checking,** control de la soldadura; — **frame,** armazón soldada; — **iron,** hierro soldado; — **seam,** cordón de soldadura; — **steel,** acero soldado; — **stress,** tensión de soldadura; **bronze** —, soudobrasaje; **butt** —, soldadura de contacto; **composite** —, soldadura composite; **end lap** —, soldadura en cabeza (eslabón de cadena); **fillet** —, soldadura en ángulo; **jump or lap** —, soldadura de solape; **inspection of welds,** control de las soldaduras; **to** —, batir el hierro, soldar.

Weldability, Soldabilidad.

Weldable, Soldable.

Welded, Batido (hierro), soldado; **all** —, completamente soldado; **all** — **blast furnace,** horno alto enteramente soldado; **butt** —, soldadura de contacto; **fusion** —, soldado por fusión; **wholly** —, enteramente soldado.

Welder, Máquina de soldar, soldador (operario); — **blow pipe,** soplete de soldar; — **diver,** buzo soldador; — **flux,** flujo decapador; **arc** —, máquina de soldar por arco; **resistance** —, máquina de soldar por resistencia.

Weldery, Taller de soldadura.

Welding, Batido, soldadura, suelda; — **furnace,** horno de recalentar; — **glow,** calda exudante (forja); — **goggles,** gafas de soldador; — **group,** grupo de soldadura; — **head,** cabeza de soldadura; — **heat,** calda exudante; — **machine,** máquina de soldar, soldadora; — **machine or spot** — **machine,** véase más arriba; — **plant,** planta de soldadura; — **plate,** placa de soldadura; — **powder,** polvo de soldadura; — **quality,** soldabilidad de un acero; — **reactance,** reactancia de soldadura; — **rod,** electrodo de soldadura; — **steel,** acero soldable; — **tips,** puntas de electrodo; — **transformer,** transformador de soldadura; **alternating current** —, soldadura por corriente alterna; **arc** —, soldadura al arco; **arc** — **machine,** máquina de soldar por arco; **argon arc** — **or argon shielded arc** —, soldadura al arco en presencia de argón, soldadura argonarco; **autogenous** —, soldadura autógena; **blow pipe** —, soldadura con soplete; **bronze** —, soldadura de bronce; **butt** —, soldadura de extremo; **butt** — **machine,** máquina de soldar por contacto; **capacitor discharge** —, soldadura por descarga de condensador; **cold** —, soldadura en frío; **composite** —, soldadura composite; **deep** —, soldadura profunda; **direct current** —, soldadura por corriente continua; **electric** —, soldadura eléctrica; **flash** —, soldadura por chispas; **flush** —, soldadura enrasada; **fusion** —, soldadura por fusión; **gas** — **machine,** máquina de soldadura de gas; **helium shielded arc** —, soldadura al arco en atmósfera de helio; **high frequency** —, soldadura de alta frecuencia; **inert gas shielded arc** —, soldadura al arco con protección de gas inerte; **lap** —, soldadura de solape; **multielectrode** — **machine,** máquina de soldar de varios electrodos; **non fusion** —, soldadura sin fusión; **oxyacetylene** —, soldadura oxiacetilénica; **percussion** —, soldadura por percusión;

pulsation —, soldadura por corriente pulsatoria; **pulsation spot —,** soldadura de puntos por corriente pulsatoria; **radiofrequency —,** soldadura de radiofrecuencia; **resistance —,** soldadura por resistencia; **resistance — machine,** máquina de soldar por resistencia; **seam —,** soldadura a la moleta, soldadura continua; **spot —,** soldadura por puntos; **spot — machine,** máquina de soldar por puntos; **stored energy —,** soldadura por descarga de condensador; **submerged arc —,** soldadura por arco sumergido; **tack —,** soldadura por puntos; **thermit —,** soldadura por aluminotermia; **underwater —,** soldadura bajo el agua.

Weldings, Piezas soldadas.

Weldless, Sin soldadura; **— tube,** tubo estriado sin soldadura.

Weldment, Construcción soldada, pieza soldada.

Weldor, Soldador.

Well, Depósito, pozo, sondeo; **— bore,** sondeo; **— borer's winch,** cabrestante de perforación de pozos; **— sinking,** perforación de pozo; **artesian —,** pozo artesiano; **bottle necked —,** pozo estrangulado; **deep —,** pozo profundo; **deep — elevator,** eyector colocado en un pozo; **draining —,** sumidero; **draw —,** pozo a polea, pozo a rueda; **intake —,** pozo de inyección (petróleo); **oil —,** pozo de petróleo; **thermometer —,** depósito termométrico; **tube —,** pozo artesiano; **to —,** brotar (petróleo); **to bore a —,** perforar o abrir un pozo.

Welting, Material de ribetear.

Westbound, Con rumbo al Oeste.

Weston, Weston; **— cell,** pila Weston.

Wet, Húmedo; **— bulb thermometer,** termómetro de bola mojada; **— cell,** pila hidroeléctrica; **— dock,** dique flotante; **— essay,** ensayo en vía húmeda; **— sanding,** apomazado en húmedo (autos); **— slag,** escoria fusible; **— steam or — saturated steam,** vapor saturado; **to — peen,** chorrear con granalla mezclada con un inhibidor de corrosión.

Wettability, Humectabilidad.

Wetted surface, Superficie total de un avión.

Wetting, Humectación.

Wharf, Desembarcadero, embarcadero; — (plural **wharfs** en Inglaterra, **wharves** en América), estacada, muelle.

Wharfage, Derechos de muelle.

Wharfing, Muelles y estacadas.

Wharfinger, Guardián de muelle, propietario de muelle.

Wharfinging, Faena de estibas (puertos).

Wheel, Muela, rueda (de turbina, etc.), rueda del timón; **— arbor,** árbol portamuela; **— arm,** radio de rueda; **— armature,** inducido de rueda; **— barrow,** carretilla; **— base,** empate; **— bed,** husada; **— box,** caja de cambio de velocidades, caja de engranajes, domo del timón, tortuga; **— brake,** freno sobre rueda; **— cap,** sombrerete de rueda; **— center,** cuerpo de la rueda; **— chain,** cadena para enrayar (rueda); **— cutter,** fresa para engranajes; **— cutting,** taller de fresadoras para ruedas; **— cutting and dividing machine,** máquina de fresar y dividir las ruedas de engranajes; **— cutting machine,** máquina de fresar ruedas, máquina de fresar ruedas de engranajes; **— fork,** horquilla de rueda; **— grinder,** máquina de cepillar ruedas; **— guard,** guardamuelas; **— head,** cabezal portamuela (rectificadora); **— less,** sin rueda; **— load,** carga rodante; **— lock,** espernada de rueda, pasador; **— locking,** bloqueo de las ruedas; **— nose gear,** rueda de morro; **— press,** prensa de calar las ruedas; **— puller,** sacarruedas (autos); — **rim,** llanta de rueda; — **rope,** guardián del timón; — **running in a shute,** rueda de cursor; — **slide,** carro portamuelas (rectificadora); — **spin,** patinaje de la rueda; — **spindle,** árbol de la muela, árbol portamuela; — **spindle bearings,** cojinetes del árbol de la muela; — **spindle pulley,** polea del árbol portamuelas; — **track,** carrilada; — **type tractor,** tractor sobre ruedas; — **wrench,** desmontaruedas; — **wright,** maestro carretero; **abrasive —,** muela abrasiva; **adhesion —,** rueda de adherencia; **alundum —,** muela de alundón; **angular —,** rueda cónica; **annular —,** rueda dentada interior; **arbor —,** cabria; **arm of a —,** radio de rueda; **axle pin of a —,** buje, eje de una rueda; **back shot —,** rueda hidráulica de admisión trasera; **band —,** polea para correa, rueda de sierra de cinta; **bastard —,** engranaje bastardo; **bevel —,** rueda de ángulo; **bevel gear —,** rueda cónica, rueda de ángulo; **box of a —,** caja del buje; **box water —,** rueda de elevación hidráulica; **brake —,** rueda sobre la que actúa el freno, volante de maniobra del freno; **breast water —,** rueda hidráulica de costado; **brush wheels,** ruedas que engranan por fricción; **bucket —,** rueda de álabes; **buokled —,** rueda alabeada; **buff —,** muela de esmeril, rueda de esmeril; **carborundum —,** muela de carborundum; **castor —,** rueda de reenvío; **chain —,** erizo, plato (bicicleta), polea de cadena, rueda de cadena; **change wheels,** harnés de engranajes; **chest or cellular —,** rueda de álabes; **circular grinding —,** muela periférica; **circular spur —,** rueda dentada cilíndrica; **click —,** rueda de detención; **click and ratchet —,** trinquete; **click of a ratchet —,** lengüeta de una rueda de trinquete; **cloth —,** véase **Cloth**; **cog —,** rueda dentada; **contact —,** rueda de contacto; **contrate —,** rueda de corona, rueda de costado, rueda frontal; **control —,** rueda de accionamiento; **copy —,** rueda del carro; **core —,** véase **Core**; **correcting —,** rueda correctora; **coupled wheels,** ruedas acopladas; **crown —,** erizo de costado; **crystolon —,** muela de crystolón; **cup —,** muela acopada, muela en cubeta; **cut off —,** muela de trocear; **cutter for gear wheels,** fresa para dentar engranajes; **cylinder —,** muela cilíndrica; **detachable —,** muela desmontable; **diamond —,** muela de polvo de diamante; **diamond grinding —,** muela diamante; **disc —,** rueda de disco, rueda maciza; **disc friction wheels,** transmisión por platos de fricción; **dish grinding —,** muela cónica; **dished —,** rueda con copero; **division —,** rueda graduada sobre su llanta; **dotting —,** rueda de punteado; **double —,** rueda doble; **double helical —,** rueda de cheurones; **drag —,** freno; **driving —,** rueda motriz; **drum —,** rueda para bobinar un cable; **dual wheels,** ruedas acopladas; **eccentric —,** rueda excéntrica; **emery —,** muela de esmeril; **emery — dresser,** reavivador de muelas de esmeril; **engaging —,** rueda de accionamiento, rueda motriz; **epicycloïdal —,** rueda epicicloidal; **escapement —,** rueda de escape; **face —,** rueda con dentado de costado; **face of the —,** cara o corte de la muela; **fan —,** rueda de viento; **file —,** muela, muela de acabado; **flange of a —,** reborde de una rueda, saliente de una rueda; **flashing or flash —,** rueda de paletas; **flutter —,** rueda inferior; **fly —,** volante; **fore wheels,** avantrén; **free —,** rueda libre; **friction —,** rueda de fricción, rueda de rozamiento; **front —,** rueda delantera; **glazing of the —,** bruñido de la muela; **grade of the —,** grado de la muela; **grain of the —,** grano de la muela; **grinding of the —,** muela abrasiva; **groove —,** rueda de garganta; **guide —,** rueda directriz; **hand —,** volante; **hand —**

for actuating headstock, volante de mano que acciona el cabezal móvil (máq.-rectificadora); **hand — for reversing table movement** palanca de inversión de la marcha de la mesa (máq.-herramientat); **hand — for setting grinding wheel movement,** volante de mano que regula el descenso de la muela (máquina rectificadora); **hand feed —,** rueda de mano de avance (herramienta); **hand wheel for feeding grinding —,** volante de mano que acciona el avance de la muela (máquina rectificadora); **hard —,** muela dura; **heart —,** rueda en corazón; **high breast —,** rueda por detrás; **idle —,** rueda loca; **inpulse —,** rodete de acción (turbina); **intermediate —,** rodete intermedio; **jam —,** piñón de embrague; **knife —,** rueda de cuchilla; **landing —,** rueda de aterrizaje; **lantern —,** rueda de linterna; **leading —,** rueda de acción, rueda conductora; **led —,** rueda arrastrada; **leading of the —,** depósito de suciedad de la muela; **marking —,** moleta marcadora; **metallic —,** rueda metálica; **middle shot —,** rueda hidráulica de costado; **mitre —,** rueda de ángulo, rueda cónica; **mortise —,** rueda con dentadura postiza de madera; **nose —,** rueda delantera; **overshot —,** rueda hidráulica inferior; **paddle —,** rueda de álabes; **paper —,** rueda envolvente; **Pelton —,** rueda Pelton; **phonic —,** rueda fónica; **plain —,** rueda plana; **plate —,** rueda de disco, rueda maciza; **polishing —,** disco de pulido; **rack —,** rueda de trinquete; **ratchet —,** rueda de trinquete; **rawhide —,** rueda de engranaje de cuero crudo; **rear —,** rueda trasera; **retractable nose —,** rueda delantera retráctil; **retractable wheels,** ruedas escamoteables; **reversing —,** rueda para el cambio de marcha; **right —,** rueda recta; **sandstone —,** muela de grés; **screw —,** rueda en hélice, rueda estriada; **single —,** monorrueda, rueda no recíproca, rueda sencilla; **skew —,** rueda hiperbólica; **sliding gear —,** rueda de engranaje desplazable; **soft —,** rueda blanda; **solid —,** rueda maciza; **spare —,** rueda de socorro; **spiral —,** rueda estriada; **spooling —,** bobinador; **sprocket —,** erizo, rueda catalina; **spur —,** rueda dentada; **square —,** rueda de recambio; **steering —,** volante de dirección (auto); **straight grinding —,** muela plana; **sun and planet —,** rueda satélite; **tail —,** rueda de cola (aviac.); **tangential —,** rodete tangencial; **the — cuts freely,** la muela corta libremente; **toothed —,** rueda dentada; **tracer —,** rueda trazadora; **trailing wheels,** ruedas portadoras; **trolley —,** roldana de trole, rueda de trole; **truing the —,** reavivamiento de la muela; **turning —,** virador; **two row velocity —,** rueda de turbina de dos escalones de velociad; **undershot —,** rueda hidráulica inferior; **vitrified —,** muela vitrificada; **water —,** rueda hidráulica; **water — generator,** generador de rueda hidráulica; **wheels down,** trenes bajados; **wind —,** rueda de viento; **wire —,** rueda de radios metálicos; **worm —,** rueda de sinfín, rueda estriada; **worm — cutting machine,** máquina para tallar los tornillos sinfín; **to shoe a —,** poner llanta a una rueda; **to ungear wheels,** desengranar las ruedas; **to wedge a —,** calar una rueda.

Wheeled, Sobre ruedas; **four —,** con cuatro ruedas; **two —,** con dos ruedas.

Wheeler, Con ruedas; **six —,** con seis ruedas.

Wheeling (Free), Marcha en rueda libre.

Whelp, Nervio de tambor de chigre.

Whet (To), Afilar, amolar (una herramienta).

Whetstone, Afiladera, piedra de afilar, piedra de mano, piedra de repasar.

Whetting, Amolado, repaso.

Tone off **while** idle, Tono de trabajo.

Whim, Cabrestante, torno.

Bar **whimble,** Barra de barrenar, barrena.

Whip, Látigo; **oil —,** efecto de vibración de un árbol en un cojinete demasiado engrasado.

Whipping (Shaft or oil), Véase **Oil whip.**

Whipsaw, Serrucho largo de dos manos.

Whirlbird, Helicóptero (argot.).

Whirler shoe, Zapata de cementación a torbellino.

Whirley, Grúa de pórtico.

Whirling, Rotativo — **arm,** brazo rotativo.

Whistle, Silbato; **alarm —,** silbato de alarma; **steam —,** silbato a vapor.

Whistler, Atmosférico silbante.

White, Blanco; — **cedar wood,** madera de falso ciprés; — **cooper,** fabricante de utensilios de madera; — **copperas,** sulfato de zinc; — **flame,** calda exudante (forja); — **heat,** calda exudante (forja), calda grasa, incandescencia; — **hot,** calentado al blanco; — **lead,** albayalde; — **metal,** metal antifricción, metal blanco; — **oak,** roble blanco; — **pig iron,** fundición blanca; — **rope,** cabo blanco (no alquitranado); — **vitriol,** sulfato de zinc; **dutch —,** pigmento blanco formado por una parte de albayalde y tres partes de sulfato de bario; **zinc —,** blanco de zinc.

Whitewash, Lechada de cal; **to —,** enlucir.

Whitewashing, Enlucido.

Whiting, Blanco de España.

Wholesale, Al por mayor; — **prices,** precios en grueso, al por mayor.

Wholesaler, Vendedor al por mayor.

Wick, Mecha; — **lubricator,** engrasador de mecha.

Wicket door, Puerta de postigo; — **gate,** álabe distribuidor (turbina).

Wide, Ancho; — **angle object,** objetivo gran angular; — **band amplifier,** amplificador de amplia banda; — **meshed,** con mallas anchas; — **ribbed,** con refuerzos a lo ancho; — **speed range motor,** motor de rotor devanado.

Widen (To), Ensanchar; **to — work,** laboreo por huecos y pilares (minas).

Width, Anchura, ayuste; — **of cutting or cutting —,** anchura de corte; **band —,** ancho de banda; **gap —,** separación de los electrodos (bujía); **slit — error,** aberración de anchura de rendija.

Wild heat, Calda efervescente (acero).

Wildcat or **Wildcatting,** Prospección, sondeo de prospección; — **operations,** operaciones de sondeo; — **well,** pozo de sondeo.

Wildfire, Grisú.

Wimble, Barrena, escariador, taladro.

Winch, Aspadera (telas en cuerda), cabrestante, chigre, torno; — **man,** operario encargado del torno; **crab —,** torno pequeño; **crane —,** cabrestante de grúa; **electrical —,** torno elevador eléctrico; **hand —,** torno de mano; **steam —,** torno a vapor; **well borer's —,** cabrestante de perforación de pozos.

Wind, Viento; — **brace,** tirante; — **chill,** enfriamiento debido al viento; — **cone,** manga cónica usada como veleta; — **dividers,** compás con arco; — **funnel,** túnel, canal aerodinámico (véase **Tunnel**); — **gauge,** anemómetro; — **mill anemometer,** anemómetro de molinete; — **milling,** en régimen de molinete; — **scoop,** ventilador para escotilla (buques); — **screen,** parabrisas; — **screen**

wiper, limpiaparabrisas; — **shield,** parabrisas; — **sock,** manga de aire; — **tunnel cascades,** álabes directores de un canal aerodinámico; — **tunnel fan,** ventilador de canal aerodinámico; — **tunnel straighteners,** enderezadores de filetes de aire; — **turbine,** turbina eólica; — **uplift resistance,** resistencia al levantamiento por el viento; **bullet resistant — shield,** parabrisas antibalas; **hot —,** viento caliente; **supersonic — tunnel,** túnel (canal aerodinámico para aviones supersónicos); **to —,** bobinar, dar cuerda a un reloj, torcer, virar; **to — off,** desenrollar un cable; **to — up,** dar cuerda, subir las cuerdas de un reloj de pared; **to — up a rope,** enrollar un cable.

Windage, Fricción de un inducido con el aire.

Windcharger, Aeromotor.

Winder, Aparato de bobinar, devanadera, llave para dar cuerda, polea de extracción; **Koepe —,** polea Koepe; **tower —,** caballete de extracción.

Windfunnel windgauge, véase **Wind.**

Winding, Bobina, bobinado, devanado, enmadejado; — **barrel,** árbol de cabrestante; — **equipment,** equipo de extracción; — **lathe,** torno de bobinar; — **machine,** bobinadora, máquina de bobinar, máquina de extracción; — **pawl,** gatillo del trinquete de un chigre, lengüeta, tope; — **ropes,** cables de extracción; — **up,** liquidación (de una sociedad); — **wire,** hilo de bobinado; **armature —,** devanado o bobinado del inducido; **auxiliary —,** devanado auxiliar; **bias —** (on a polar relay), devanado de resorte (en relé polarizado); **bifilar windings,** devanado no inductor; **bipolar —,** devanado bipolar; **chord or coil — machine,** devanado por cuerdas o de cuerda; **coil — machine,** bobinadora; **compound —,** devanado compound; **concentric windings,** devanados concéntricos; **creeping —,** devanado rastrero; **disc —,** devanado en disco; **distributive —,** devanado distributivo; **drum —,** devanado de tambor; **duplex —,** devanado doble; **edge —,** devanado plano; **end —,** bobinado frontal; **evolute —,** bobinado frontal; **field —,** devanado de campo, devanado de excitación, devanado inductor; **full pitch —,** devanado diametral; **Gramme —,** devanado en anillo o Gramme; **height of —,** altura de arrollamiento; **hemitropic —,** devanado de fases hemitrópicas; **interlaced —,** devanado imbricado; **jigger —,** devanado del variómetro; **lap —,** devanado imbricado; **lateral —,** devanado lateral; **main —,** devanado principal; **multitapped —,** arrollamiento con tomas múltiples; **multiplex —,** devanado múltiple o de varios circuitos; **multipolar —,** devanado multipolar; **non-inductive —,** devanado no inductivo; **ondulate —,** devanado ondulado; **one slot —,** devanado de una ranura por polo; **parallel —,** devanado paralelo; **phase —,** devanado de fases; **polyphase —,** devanado polifásico; **primary —,** devanado primario; **radial depth of —,** profundidad radial del arrollamiento; **ring —,** devanado en anillo o de gramme; **rotor —,** devanado de rótor, devanado rotórico; **round wire —,** devanado con cable redondo; **secondary —,** devanado secundario; **self-protected —,** devanado autoprotegido; **semi-symmetrical —,** devanado semisimétrico; **series —,** devanado en serie; **series parallel —,** devanado mixto; **short-circuit —,** devanado en cortocircuito; **short coil —,** devanado de bobinas cortas; **short pitch —,** devanado de cuerda; **simplex —,** devanado sencillo; **single coil —,** devanado de una ranura por polo; **single range —,** devanado dispuesto en un solo plano; **spiral —,** devanado en hélice, devanado espiral; **spiral wave —,** arrollamiento o bobinado espiral; **squirrel cage —,** devanado de caja de ardilla:

starting —, devanado de arranque; **stator** —, devanado del estátor; **stub** —, ala entroncada; **symmetrical** —, devanado simétrico; **tape** — **machine,** máquina encintadora; **three range** —, devanado dispuesto sobre tres planos; **two pole** —, devanado bipolar; **two range** —, devanado dispuesto sobre dos planos; **wave** —, devanado ondulado.

Windlass, Cabrestante; **hana** —, torno de mano; **spanish** —, palo de atortorar; **to** —, izar con el cabrestante.

Windmill, Véase **Wind**; **to** —, girar en molinete.

Windmilling, En molinete (hélice).

Window, Claraboya, ventana.

Windscreen or **Windshield,** Véase **Wind.**

Wing, Ala (auto, avión), aleta, cedazo, criba, flanco, perfil, tamiz, veladura; — **and hull type,** tipo ala-casco; — **area,** superficie portadora; — **attachment,** fijación del ala; — **bracing,** arriostrado de las alas; — **camber,** curvatura del ala; — **chord,** cuerda de ala; — **curve,** perfil del ala, sección del ala; — **drop,** pérdida de fuerza sustentadora; — **edge,** borde del ala; — **efficiency,** rendimiento del ala; — **fillet,** enlace ala-fuselaje; — **flap,** alerón, flap de curvatura; — **incidence,** incidencia del ala; — **loading,** carga del ala; — **section,** sección o perfil del ala; — **setting,** calado del ala; — **shape,** perfil del ala; — **socket,** insertación del ala; — **span,** envergadura del ala; — **support,** soporte del ala; — **surface,** superficie del ala; — **tank,** tanque de ala; — **tip,** extremo de ala; — **tip float,** flotador de extremo de ala; — **tip parachute,** paracaídas de extremo de ala; — **tip slot,** ranura de extremo de ala; — **tip tank,** depósito de extremo de ala; — **top surface,** superficie de extradós; — **turret,** torreta lateral; — **twisting or** — **warping.** alabeo del ala; **air** —, molinete regulador; **all** — **aircraft,** ala volante; **bottom** —, ala inferior; **cambered** —, ala curva; **cantilever** —, ala en voladizo; **crescent** —, ala en media luna; **delta** —, ala en delta, ala triangular; **double slotted** —, ala de doble hendidura; **elliptical** —, ala elíptica; **flapping** —, ala batiente (helicóptero); **flying** —, ala volante; **folding** —, ala replegable; **front** —, ala delantera; **guide** —, aleta de dirección; **half** —, media ala; **high** —, ala sobrealzada; **inverse taper** —, ala en diedro invertido; **low** —, ala rebajada; **lower** —, ala inferior; **lower surface of a** —, intradós; **multislotted** —, ala de hendidura múltiples; **nut** —, tuerca de mariposa; **one sparred** —, ala de larguero único; **outer** —, ala exterior; **rear** —, ala trasera; **rectangular** —, ala rectangular; **removable** — **tip,** extremo de ala desmontable; **root** —, raíz del ala; **rotary** —, ala giratoria, ala rotativa; **slotted and flapped** —, ala con hendiduras y flaps; **strutted** —, ala atirantada; **swept back** —, ala en flecha; **tapered** —, ala trapezoidal; **thick** —, ala gruesa; **top** —, ala superior; **two sparred** —, ala de doble larguero; **unflapped** —, ala sin flaps; **unslotted** —, ala sin hendiduras; **unstrutted** —, ala sin montantes; **upper** —, ala superior; **upper surface of a** —, extradós; **to strip a** —, descubrir el ala.

Wings, Veladura.

Winning, Arranque (minas), explotación; — **equipment,** equipo de arranque; — **of coal,** arranque del carbón; **fore** —, labor preparatoria.

Winterized, Equipado contra el frío.

Wiper, Brazo, diente, leva, talón; **bridging** —, escobilla ancha; **leading** — (PBX hunting), frotador anterior; **non-bridging** —, escobilla estrecha; **oil** —, segmento de barrido; **wind screen** —, limpiaparabrisas.

Wippletree, Balancín.

Wire, Hilo metálico, hilo telegráfico; — **bracing,** atirantado con cable de acero; — **brush,** cepillo de alambre; — **casing,** envuelta del inducido; — **change over switch,** conmutador de antena; — **clamp,** clema; — **clip,** engarzahilos; — **coil,** enrollamiento del inducido; — **covering machine,** máquina de armar los cables, máquina de revestir los hilos metálicos; — **drawer,** trefilador; — **drawing,** trefilado; — **drawing dies,** hilera de trefilado, prensas de afilado; — **drawing machine,** trefilería; — **edge,** filo de una herramienta; — **ferrule,** pasador, retén; — **gauge,** calibrador de alambre, palmer; — **grid,** rejilla de alambre; — **gun,** cañón zunchado con alambre de acero; — **line,** cable metálico; — **mill,** trefilería; — **recorder,** registrador sobre hilo; — **riddle,** desatascador; — **rod,** hilo de máquina; — **rope,** cable metálico, calabrote metálico; — **spoke,** rayo de alambre; — **strand,** torón metálico; — **stretcher,** tensor; — **stretching die,** terminal de cable; — **working,** trefilería; **aerial** —, antena (radio) (véase **Aerial**), conductor de antena; **anchor** — **insulator,** aislador de cable de amarre; **angle of wires,** ángulo de línea (en poste de ángulo); **barbed** —, alambre espinoso; **bare** —, hilo desnudo; **bedding of wires,** alojamiento de los conductores en las ranuras (elec.); **bell** —, hilo de timbre; **binding** —, alambre de Archal, encintado de un cable; **bonding** —, hilo de unión; **bracing** —, tirante de tensado; **brass** —, alambre de latón; **bridge** —, puente de hilo; **calling** —, hilo de llamada; **collecting** —, hilo colector; **conducting** —, hilo conductor; **connecting** —, hilo de cierre de circuito; **copper** —, hilo de cobre; **creased** —, hilo de Archal plano; **cross** —, retículo; **double** —, hilo doble; **drag** —, cable de arrastre; **drawing-in** —, cable de tiro; **drawn** —, hilo estirado; **drift** —, cable de arrastre; **earth** —, conductor de masa, conductor de tierra; **five** — **system,** sistema de distribución de cinco hilos; **flame proof** —, conductor ininflamable; **flexible** —, hilo flexible; **folded stub** — **antenna or folded vertical** — **antenna,** conductor vertical plegado (antena tipo); **forth** — **metering,** cómputo por cuarto hilo; **four** — **circuit,** circuito de cuatro hilos; **four** — **repeater,** repetidor de cuatro hilos; **fuse** —, hilo fusible; **fusible** —, hilo fusible; **galvanized** —, hilo galvanizado; **ground** —, conductor de masa (auto), toma de tierra; **guard** —, hilo de protección; **hard drawn** —, hilo estirado en frío; **heating** —, conductor térmico; **hot** — **anemometer,** anemómetro de hilo caliente; **hot** — **meter,** aparato de hilo dilatable; **igniting or ignition** —, conductor de encendido; **incidence** —, cable de incidencia; **insulated** —, conductor aislado; **iron** —, alambre de hierro; **iron** — **core,** núcleo de alambre (elec.); **landing** —, cable de aterrizaje; **Lecher** — **system** sistema de hilos de Lecher; **lift** —, cable portador; **live** —, cable bajo tensión; **locking** —, freno de un tensor; **metallic** — **cloth,** tela metálica; **meter** —, hilo de cómputo; **nichrome** —, alambre de níquel-cromo; **piano** —, cuerda de piano; **pilot** —, conductor testigo, piloto; **pilot** — **regulator,** regulador por hilo piloto; **platine or platinum** —, hilo de platino; **private** — **agreement,** contrato de alquiler de un circuito; **rectangular** —, hilo rectangular; **resistance** — **strain gage,** extensímetro de hilo resistente; **return** —, hilo de retorno; **secondary** —, hilo secundario; **silk covered** —, hilo con funda de seda; **single** — **dialing,** marcar por un solo hilo con vuelta por tierra; **slack** —, hilo flojo; **spider** —, retículo; **split order-** —, líneas de órdenes dividida; **spring** —, hilo de resorte; **steel** — **rope,** cable de alambre de acero; **stranded** —, conductor de cables retorcidos; **stranded aerial —,** hilo de antena; **stranded copper —,** cable de cobre; **streamline or streamlined —,** cable fuselado, tirante perfilado; **threaded —,** cable trenzado; **three — system,** sistema de distribución de tres hilos; **trolley —,** conductor de trole; **twisted wires,** hilos trenzados; **two — circuit,** circuito de dos hilos; **venting —,** cable desatrancador; **warping —,** cable de alabeo; **winding —,** hilo de bobinado; **woven —,** hilo metálico tejido; **to —,** cablear, instalar cables o hilos metálicos, telegrafiar; **to draw —,** estirar el hilo, trefilar el hilo.

Wiredraw (To), Estrangular el vapor.

Wiredrawing, Estrangulamiento del vapor.

Wireless, Sin hilos; **— telegraphy,** telegrafía sin hilos; **— telephony,** telefonía sin hilos; **directed — telegraphy,** radiotelegrafía dirigida.

Wiring, Cableado, canalización (elec.), conexiones, montaje; **— diagram,** esquema de conexiones; **— plate,** placa de fijación; **concealed —,** cableado oculto; **direct coupled —,** montaje directo; **inductively coupled —,** montaje indirecto; **piano or bare —,** cableado con hilos desnudos; **shunt coupled —,** montaje en derivación.

Withdraw (To), Arrancar, borrarse, retirar.

Withdrawal, Borrado, desembargo; **— solenoid,** solenoide de borrado.

Wobbing coupling, Acoplamiento de trefle.

Wobble (To), Oscilar irregularmente.

Wobbulator, Modulador de frecuencia.

Wolf, Lingote.

Wood, Madera; **— bending machine,** máquina de curvar madera; **— bit,** barrena para madera; **— block,** calzo de madera; **— burner,** carbonero; **— casing,** moldura de madera; **— cutter,** leñador; **— glueing,** encoladura de la madera; **— grinding machine,** máquina desfibradora, máquina para madera; **— of coniferous trees,** madera de conífera; **— of the maritime fir,** madera de pino de Burdeos, madera de pino de las Landas, madera marítima; **— of the Siberian stone pine,** madera de pinus cembra; **— of the small prickly cupped oak,** madera de encina de bellotas dulces; **— pulp,** pulpa de madera; **— rasp,** escofina; **— rock,** asbesto; **— screw,** tornillo para madera; **— seasoning,** secado de la madera; **— spirit,** alcohol metílico; **— stone,** madera petrificada; **— tar,** alquitrán vegetal; **— with crooked fibres,** madera torcida; **— with radiate crevices,** madera con grietas radiales, madera estrellada; **— wool,** lana de madera; **— work,** enmaderado; **— worm,** gusano de la madera; **— yard,** almacén de madera para quemar; **abel —,** madera de álamo; **adriatic oak —,** madera de roble rojo de Italia; **alder,** aliso, alnus glutinosa, humero, madera de chopo; **all —,** todo en madera; **American red spruce fir —,** madera de abeto negro de América; **apple —,** madera de manzano; **ash —,** fresno; **aspen —,** madera de álamo temblón, madera de tiemblo; **balsannic poplar —,** madera de populus tacamahacca, madera de tacamahacca; **barberry —,** madera de agracillo; **barked —,** madera descortezada; **bean tree —,** madera de citiso, madera de ébano; **beech —,** madera de fabuco, madera de fagus, madera de haya, madera de hayuco, madera de xilosa; **bird's eye maple —,** madera de meple moteado; **black —,** madera negra; **black alder —,** alnus glutinosa, frángula, madera de aliso negro; **black iron —,** palo de hierro; **black rose —,** palisandro; **boca —,** madera de boco, madera de panococo, madera de perdiz; **box —,** boj, madera de boj; **Brazil —,** brasilete, hematóxidon, madera de Pernambuco, madera del Brasil; **bucktorn** —, madera de alaterno, madera de coscollina; **bulged** —, madera retorcida, madera torcida; **burnt** —, madera calcinada; **button** —, madera de plátano de Virginia; **cabinet maker's** —, madera de ebanistería, madera de las islas; **Campeachy** —, madera de campeche; **Canada red pine** —, madera de pino del Canadá, madera de pino rojo; **Canada yellow pine** —, madera de pino amarillo del Canadá, madera de pino del Lord; **Canadian fir** —, madera de pino del Canadá; **caoba** —, caoba hembra, caoba para planchas, de caoba; **carob** —, algarrobo; **cedar** —, madera de cedro; **cembra** —, madera de pinus cembra; **chestnut** —, madera de castaño; **cherry** —, madera de cerezo; **coast quick** —, sequoia; **cotty** —, madera podrida circularmente; **cornel** —, madera de sanguiñuelo; **corsican pine** —, madera de laricio, madera de pino de Córcega, madera de pino larix; **cotton** —, álamo del Canadá; **cracked** —, madera podrida circularmente; **Cretan silver bush** —, madera de abeto argentino de Creta; **cross fibred** —, madera de fibra cruzada, madera nudosa; **cross grained** —, madera a contrahílo, madera a contrapelo, madera rústica; **cuba** —, véase **Caoba wood; curled** —, madera de arce moteado, madera ondulada, madera rizada; **dead** —, madera muerta; **dead sap** —, madera de doble albura; **deal** —, madera de pino; **drift** —, madera flotante; **drifted** —, madera flotada; **dry** —, madera seca; **dry rotten** —, madera secada al horno; **dull edged** —, madera combada, madera groseramente escuadrada, madera torcida; **dwarf chestnut** —, madera de castaño de Virginia, madera de castaño enano; **dye** —, madera de tinte; **dyer's** —, madera coloreante, madera de tinte; **dull edged** —, madera con gemas; **elder** —, madera de saúco; **elm** —, madera de olmo, madera de olmo negro, madera de ormillo; **english oak** —, madera de carvajo; **fathom** —, madera de cuerda; **felled** —, talada; **fir** —, madera de abeto blanco; **fire** —, madera de quemar; **fire proof** —, madera ignífuga, madera no inflamable; **floated or floating** —, madera de flote; **fly woodbine** —, madera de abeto blanco; **foil tree** —, madera de citiso de los Alpes, madera de ébano; **foreign** —, madera exótica, madera extranjera; **grain of** —, fibra de la madera, hilo de la madera; **green** —, madera verde; **growth rings of** —, anillos anuales o de crecimiento de la madera; **half round** —, madera semirredonda; **hard** —, madera dura (los americanos designan con el nombre de **Hardwoods** los árboles de hojas puntiagudas); **hard — of Madagascar**, árbol de coral, enitrina, madera borne, madera de hierro; **hazel tree** —, madera de avellano; **helmlock spruce fir** —, madera de abeto del Canadá; **hickory** —, madera de nogal americano; **hollow** —, madera hueca; **holly** —, madera de acebo; **hoop** —, fleje de madera; **hop hornbeam** —, madera de carpe, madera de charmilla, madera de lúpulo; **hornbeam** —, madera de charmilla; **impregnation of** —, imbibición de la madera, impregnación de la madera; **indian** —, dalbergia latifolia; **indigeneous** —, madera del país; **iron** —, mesua ferrea; **Italian oak** —, madera de roble rojo de Italia; **jacaranda** —, madera de jacaranda; **Jamaica rose** —, madera resinosa, tea limoncillo, palo rosa de las Antillas; **juniper** —, madera de enebral; **kiln dried** —, madera secada al horno; **king** —, dalbergia cearensis; **laminated** —, madera estratificada; **lance** —, madera de las islas; **larch** —, madera de abeto de Europa, madera de alerce; **lilac** —, madera de lilo común; **lime** —, madera de tilo; **live oak** —, madera de encina americana; **locust tree** —, madera de acacia; **log** —, madera de campeche; **mahogany** —, caoba, madera de caoba; **maple** —, madera de arce; **medlar** —, madera de níspero; **mulbery** —, madera de moral; **nettle tree** —, madera de almezo; **New-Zealand cowdie pine** —, madera de pino de Nueva Zelanda, madera de Sammara austral; **norway spruce fir** —, madera de abetillo; **oak** —, madera de encina; **olive** —, madera de olivo; **overseasoned** —, madera demasiado vieja, madera mediocre; **palisander** —, madera de palisandro; **partridge** —, véase **Boca wood**; **pear** —, madera de peral; **Pernambuco** —, madera de Pernambuco, madera del Brasil; **petrified** —, madera petrificada; **pinaster** —, madera de pinastro, madera de pino de Italia, madera de pino piñonero; **pit** —, madera de entibación; **pitch pine** —, madera de pino de Florida, madera de pino de los pantanos, madera de pino resinoso; **plum** —, madera de ciruelo; **ply** —, contrachapado; **pock** —, madera de palo santo; **poplar** —, madera de álamo; **preserving or preservation of** —, conservación de la madera; **prick** —, bonetero; **pulp** —, madera de papel; **purple** —, palisandro; **purpled** —, violeta; **quick — or quickheam** —, madera de fresno salvaje; **red cedar** —, madera de cedro rojo; **red deal of Riga** —, madera de pino de Riga; **red spruce** —, madera de pino de Escocia, madera de pino rojo; **refuse** —, madera de desecho; **resinous** —, madera resinosa; **ripple marks of** —, arrugas de la madera; **rock cherry** —, madera de Santa Lucía; **rock maple** —, acer saccharum; **rose** —, madera de rosal, palisandro; **rotten** —, madera podrida; **royal** —, madera real; **sallow** —, madera de sauce: **sandal** —, madera de sándalo; **sap** —, albura, alburno, madera de albura, madera de sámago; **Sapan** —, madera del Japón; **satin** —, madera satinada; **scotch pine** —, madera de pino salvaje, madera de pino silvestre; **seasoned** —, madera preparada, madera secada; **seasoning of** —, secado de la madera; **service** —, madera de abedul, madera de serbal; **sharp cedar** —, madera de tíndalo; **slab** —, costero; **soft** —, madera blanca, madera blanda (los americanos designan con el nombre de **softwoods** los árboles de hojas anchas), madera fina, madera tierna; **sorb** —, madera de acafresna, madera de serbal; **sound** —, madera sana y limpia, madera sin defectos; **speckled** —, madera moteada; **spindletree** —, bonetero; **split** —, madera hendida; **spruce** —, abeto rojo; **stow** —, madera de estiba; **streak of** —, estrías de la madera; **sycamore** —, madera de sicomoro; **Tamarac** —, alerce de América; **teak** —, falso roble; **trumpet** —, madera abocinada; **violet** —, madera amaranto; **walnut** —, madera violácea; **warped** —, madera alabeada, madera de desecho, madera que trabaja; **weakened** —, madera debilitada; **white** —, madera blanca; **white cedar** —, madera de falso ciprés, madera de tuya; **white poplar** —, madcra de álamo blanco, madera de lamparilla, madera de pobo; **white spruce** —, madera de abeto blanco, madera de epicea alba; **willow** —, madera de sarga; **woven** —, madera tejida; **yellow pine** —, madera de pino amarillo, madera de pino de California; **yew** —, madera de tejo; **to cleave — with the grain,** seguir el hilo de la madera; **to cross cut** —, serrar la madera a contrahilo.

Wooden, De madera, hecho de madera; — **block,** falso protector; — **hammer,** mazo de madera; — **hulled,** con casco de madera; — **liner,** calzo de madera; — **peg or — pin,** clavija de madera; — **vessel,** buque de madera.

Woof, Trama.

Woofer-tweeter, Combinación de altavoces de alta y baja frecuencia.

Wool, Lana; — **carding,** cardado de la lana; — **cloth,** paño; — **comber,** cardador de lana; — **combing,** máquina peinadora, peinado de la lana; — **stuffs,** géneros de lana; **cotton** —, guata; **glass** —, fibras de vidrio; **insulating** —, lana aislante; **mineral** —, lana mineral; **nickel** —, lana de níquel; **slag** —, lana mineral; **steel** —, lana de acero.

Woold (To), Hacer una trinca a, reatar.

Woolding, Reata.

Woolen or **Woollen,** De lana, hecho de lana.

Woolled, Con lana; **long** —, con lana larga.

Woolly, Lanoso.

Wootz, Acero Wootz.

Word, Palabra; — **time,** tiempo de palabra; **telegraph** —, palabra telegráfica.

Work, Construcción, mecanismo, pieza, trabajo; — **bench,** banco de taller; — **capacity,** capacidad de explotación; — **function,** función trabajo; — **hardened,** endurecido por acritud; — **head motor,** motor de accionamiento del cabezal portapieza; — **shop,** taller; — **table,** mesa portapieza; — **yard,** taller; **automobile** —, construcción automóvil; **bay** —, armadura de celosía, armazón mecánica, entramado; **breast** —, avantrén; **brick** —, mampostería; **by** —, roca de pared; **cabinet** —, ebanistería; **chemical works,** fábrica de productos químicos; **copper works,** fundería de cobre, planta de encobrado; **cutting** —, trabajo de mecanizado; **day** —, trabajo por jornadas; **dead works,** obras muertas; **dye works,** taller de tintorería; **dynamite works,** dinamitería; **earth** —, excavación, terraplén, terraplenado, tierras de aporte; **electricity works,** central eléctrica; **engine or engineering works,** taller de construcción de máquinas; **false works,** andamiaje; **fascine** —, cimentación sobre fajinas, fajina; **finishing** —, acabado; **fork wrenches,** llave de horquilla; **frame** —, armadura; **gas works,** fábrica de gas; **head** —, cabezal portapieza, trabajo de toma de agua; **header** —, aparejo a tizón; **herring bone** —, aparejo en espina; **inlaid** —, marquetería; **iron works,** fábrica de hierro; **machine** —, trabajo a la máquina; **panel** —, entramado; **piece** —, trabajo por piezas; **preliminary** —, anteproyecto; **quick works,** obras vivas; **stone** —, mampostería (de piedra); **structural steel** —, construcciones metálicas; **upper works,** obras muertas; **to** —, funcionar, hacer funcionar (una máquina), trabajar; **to** — **by the job,** trabajar a destajo.

Workability, Trabajabilidad.

Worker, Obrero; **metal** —, metalurgista; **wood** —, obrero de la madera.

Working, Arranque, funcionamiento, mecanizado, obra, puesta en marcha, puesta en obra, trabajo que funciona; — **accumulator,** acumulador trabajando o en descarga; — **barrel,** cuerpo de bomba; — **beam,** balancín; — **cylinder,** cilindro de trabajo; — **expenses,** gastos de explotación; — **height,** altura de trabajo; — **house,** taller; — **parts,** piezas móviles; — **pit,** pozo de extracción (minas); — **point,** centro de esfuerzos, punto de aplicación, punto de ataque; — **pressure,** timbre de caldera; — **rate,** cadencia de trabajo; — **speed,** velocidad de régimen, velocidad de trabajo; — **stock,** material de explotación; — **stroke,** carrera motriz; — **stroke of the table,** carrera de trabajo de la mesa; — **up to 500 H.P.,** que desarrolla 500 caballos; — **surface,** superficie útil; — **voltage,** voltaje de régimen; — **wheels,** ruedas motrices; **closed-circuit** —, funcionamiento en circuito cerrado; **coal** —, extracción del carbón; **cold** —, batido en frío del metal, marcha fría (horno alto), trabajo en frío; **earth —**, trabajos de terraplenado; **extra-hot —**, marcha supercaliente; **forked —**, comunicación bifurcada; **forked — system**, sistema bifurcado; **hot —**, marcha caliente; **in — order**, en buen estado de funcionamiento; **minimum — net loss**, pérdida neta mínima de funcionamiento; **open-circuit —**, funcionamiento en circuito abierto; **optimum — frequency**, frecuencia óptima de trabajo; **press — shop**, taller de estampación; **regular steady —**, marcha normal; **spark —**, mecanizado por chispas; **standard — system**, sistema patrón de trabajo; **team —**, trabajo de equipo; **wood — machine**, máquina para madera.

Workings, Labores de mina.

Workman, Obrero; **head —**, jefe de taller.

Workmanship, Calidad de un trabajo, mano de obra.

Works, Explotación, fábrica, trabajos, véase **Work; assembly in the —**, montaje en fábrica; **civil engineer —**, obras de ingeniería civil; **copper —**, planta de encobrado electrolítico; **dead —**, labores preparatorias, obras muertas; **heavy plate —**, trabajo en chapa gruesa; **public —**, trabajos públicos; **soda —**, fábrica de sosa; **stream —**, instalación de lavado de minerales.

Workshop, Taller; **floating —**, buque-taller.

Worm, Broca, paso de tornillo, serpentín, tornillo sinfín, tornillo tangente; **— and wheel**, engranaje de tornillo tangente; **— block**, polea de rosca; **— wheel**, rueda estriada; **— wheel cutting machine**, máquina de tallar las ruedas de tornillo sinfín; **conveyor —**, tornillo sinfín; **round —**, filete redondeado; **single start —**, tornillo sinfín de un filete; **square —**, filete cuadrado; **triangular —**, filete triangular; **to —**, filetear.

Wormhole, Picadura.

Worms, Hilera, terrajas.

Worn, Desgastado, mascado; **— out**, completamente desgastado.

Worsted, Peinado; **— fabric**, tejido peinado.

Wound, Bobinado, devanado, excitado; **aluminium —**, bobinado en aluminio; **butt —**, bobinado con cubrejunta; **compound — dynamo**, dínamo de excitación mixta; **copper —**, bobinado en cobre; **form — coil**, bobina devanada sobre forma; **lattice — coil**, bobina de alma de panal; **machine —**, bobinado a máquina; **pile — coil**, bobina en pilas; **section — coil**, bobina de secciones; **series —**, excitado en serie; **series — dynamo**, dínamo excitada en serie; **shunt — dynamo**, dínamo excitada en derivación; **spirally —**, devanado en espiral; **wire — resistor**, resistencia devanada.

Woven, Tejido; **— wire**, hilo metálico tejido.

Wow, Ululación.

Wrainbolt, Véase **Wringbolt**.

Wranyl, Vranilo.

Wrap or **Wrapper**, Arrollamiento; **stretch — forming**, conformado por estirado sobre plantilla.

Wreck, Casco de un buque naufragado, pecio.

Wrench, Llave de apriete, llave de rosca, llave de tuerca, llave giramachos; **alligator —**, llave para tubos; **bent —**, llave acodada; **breech —**, llave giramachos; **claw —**, arrancaclavos, pieza de garras, tiraclavos; **coach —**, llave inglesa; **monkey —**, llave inglesa; **screw —**, llave de rosca; **socket —**, llave para tubo; **universal screw —**, llave universal; **wheel —**, desmontaruedas.

Wriggle, Vierteaguas (de portillo de luz).

Wring, Torsión; — **nut,** tuerca de mariposa; — **wall,** estribo de puente; **to —,** obstruir, torcer.

Wringbolt, Perno de apriete de la traca sobre la cuaderna.

Wringing machine, Calandria, exprimidor.

Wrist, Botón de manivela, manija, pasador; — **pin,** eje de pie de biela.

Writer (Ink), Aparato de moleta, receptor de tinta.

Wrought, Batido, conformado, forjado, labrado, trabajado; — **iron,** hierro forjado; — **steel,** acero forjado.

Wye connection, Montaje en estrella.

Wye-delta, Estrella-triángulo.

Wt or **Wgt** (abreviatura de **Weight**), Peso, tonelaje.

X

X, X; — **rays,** rayos X; — **rays microscope,** microscopio de rayos X; — **stopper,** eliminador de estáticos; — **wave,** onda extraordinaria.

X's, Parásitos (véase también **Parasitic signals, atmospherics, statics, strays, sturbs**).

Xantophyll, Xantofila.

Xenon, Xenón; — **lamp,** lámpara de xenón.

Xylene, Xileno.

Xylography, Arte de tallar la madera, xilografía,

Y

Y, Símbolo de la admitancia (inversa de la impedancia); — **branch,** tubo bifurcado; — **connection,** montaje en estrella (véase también **Wye**).

Yard, Almacén, astillero de construcciones navales, depósito, medida de longitud, patio, taller, verga; **cubic —,** véase las **Tablas; dock —,** arsenal marítimo; **naval —,** astillero del estado; **retarder —,** estación clasificadora; **shipbuilding —,** astillero; **square —,** véase las Tablas; **storage —,** parque; **timber —,** depósito de madera de construcción; **wood —,** depósito de madera de quemar.

Yarn, Filástica, hilado, hilo; **— package,** bobina de hilo; **cotton —,** hilo de algodón; **flax —,** hilo de lana; **hemp —,** hilo de cáñamo; **rope —,** filástica; **silk —,** hilo de seda; **spinning —,** hilado; **spun —,** meollar; **yute —,** hilo de yute.

Yaw, Ángulo de inclinación del eje del proyectil sobre su trayectoria, coleo (de avión), guiñada.

Yield, Caudal, producción, relación, rendimiento, riqueza, tanto por ciento; **— point,** límite de los alargamientos proporcionales o límite de proporcionalidad, punto de relajamiento; **— strength,** esfuerzo que causa una deformación permanente dada, límite elástico; **— stress,** límite elástico; **volumetric —,** rendimiento volumétrico; **to —,** ceder; **to — to axial compression,** flexar.

Yielding, Límite elástico.

Yeast, Fermento, levadura.

Yellow, Amarillo; **— brass,** latón; **— copper,** cobre amarillo; **— copperas,** caparrosa amarilla; **— hematite,** hematites amarilla; **— lead,** masicote; **— ochre,** amarillo de ocre; **Canada — pine wood,** madera de pino amarillo del Canadá.

Yew, Taxus baccata.

Yoke, Abrazadera, brida, caña partida, culata, par, yugo; **— elm,** haya blanca; **— piece,** culata; **— stray field,** campo de dispersión de culata; **axlebox —,** brida oscilante de caja de engrase; **deflecting —,** bobina desviadora (de un haz de electrones); **fork —,** brida; **stiffness of —,** rigidez de culata; **thickness of —,** espesor de culata; **width of —,** anchura de culata.

Y. P., Véase **Yield point.**

Yttrium, Itrio.

Z

Z, Z; — **bar or zed**, hierro en Z; — **meter**, impedancímetro; — **steel**, acero en Z.

Zero, Cero; — **cut out**, disyuntor o interruptor de vacío; — **method**, método del cero; — **point control**, control del cero; **absolute** —, cero absoluto; **device of return to** —, aparato de reducción a cero; **soppressed** — **thermometer**, termómetro sin cero.

Zig-zag, Zig-zag; — **connection**, montaje en zig-zag; — **rectifier**, rectificador en zig-zag.

Zinc, Zinc; — **accumulator**, acumulador de zinc; — **chloride**, cloruro de zinc; — **cylinder**, cilindro de zinc; — **disc**, disco o arandela de zinc; — **floride**, fluoruro de zinc; — **iron cell**, pila hierro-zinc; — **ore**, mineral de zinc; — **oxide**, óxido de zinc; — **plate**, placa de zinc; — **pole**, polo de zinc, polo negativo; — **rod**, varilla o lápiz de zinc; — **sheets**, zinc en láminas; — **silicate**, silicato de zinc; — **sulphate**, sulfato de zinc; — **sulphide**, sulfuro de zinc; — **white**, blanco de zinc; — **worker**, zincador; **amalgamated** — **plate**, placa de zinc amalgamada; **granulated** —, gramalla de zinc; **sheet** —, zinc laminado; **to** —, zincar.

Zincite, Zincita.

Zip fastener, Cierre relámpago o de cremallera.

Zirconia, Zirconía.

Zirconium, Zirconio; — **dioxyde**, bióxido de zirconio.

Zirconyl, Zirconilo.

Zone, Zona; **aurorale** —, zona auroral; **combustion** —, zona de combustión; **darkness** —, zona de noche; **daylight** —, zona de día; **equiphase** —, zona equifásica; **equisignal** —, zona equiseñal; **free** —, zona franca; **landing** —, zona de aterrizaje; **late darkness** —, zona de oscuridad absoluta; **obscure** —, zona oscura; **skip** —, zona de silencio (radio); **time and** — **metering**, cómputo por tiempo y zona; **toll local** —, zona de tasa local; **twilight** —, zona de crepúsculo.

Zoning, Caldeo por zonas.

Zoom or **Zooming**, Empinada; **to** —, encabritar.

Zootic, Cianhídrico; — **acid**, ácido cianhídrico.

Zore profiles, Perfiles zorès.